Warren Buffett
on Business

WARREN BUFFETT ON BUSINESS
Copyright © 2010 by Richard J. Connors
All rights reserved.

Korean translation copyright © 2017, 2025 by FN MEDIA Co., Ltd.
This translation published under license
with the original publisher John Wiley & Sons International Rights, Inc.
through EYA(Eric Yang Agency).

이 책의 한국어판 저작권은 EYA(에릭양 에이전시)를 통한
John Wiley & Sons International Rights, Inc. 사와의 독점계약으로
주식회사 에프엔미디어가 소유합니다.
저작권법에 의하여 한국 내에서 보호를 받는 저작물이므로
무단 전재 및 복제를 금합니다.

워런 버핏 바이블 완결판

초판 1쇄 2025년 8월 27일
     4쇄 2025년 9월 30일

지은이 | 워런 버핏, 리처드 코너스
옮긴이 | 이건

펴낸곳 | 에프엔미디어
펴낸이 | 김기호
편집 | 백우진, 양은희
기획관리 | 문성조
디자인 | 채홍디자인, 레드코플러스

신고 | 2016년 1월 26일 제2018-00008호
주소 | 서울시 용산구 한강대로 295, 503호
전화 | 02-322-9792
팩스 | 0303-3445-3030
이메일 | fnmedia@fnmedia.co.kr
블로그 | http://www.fnmedia.co.kr

ISBN | 979-11-94322-14-6 03320
값 | 38,000원

* 파본이나 잘못된 책은 구입한 서점에서 바꿔드립니다.

워런 버핏
바이블
완결판

버핏이 직접 말해주는 투자와 경영,
삶의 지혜: 1983~2025

워런 버핏·리처드 코너스 지음
이건 편역
김학균 등 10인 해설

에프엔미디어

내 사무실 벽에는 여전히 버핏의 편지가 걸려 있다.
오마하 사무실에서 시간을 기꺼이 내준 버핏에게 깊이 감사한다.
내가 강좌나 책에 관한 문의를 보낼 때마다,
이튿날이면 어김없이 바로 그 '버핏'의 답장이 도착하곤 했다.
이 책은 그와 내가 함께 쓴 책이다.

- 리처드 코너스

추천사

버핏과 멍거의 철학,
버크셔의 기업문화를 배울 수 있는 명저

  8년 전 《워런 버핏 바이블》이 이건 선생의 번역으로 출간될 때 추천사를 썼었다. 투자 관련 번역으로는 우리나라 원톱인 역자의 편역서여서 주변에 많이 권했다.
  이번에 증보판이 나왔다. 워런 버핏과 함께 버크셔의 구루였던 찰리 멍거가 세상을 떠났고, 버핏은 2025년 말 은퇴를 발표했다. 더 이상 버핏의 주주 서한과 주주총회 즉답은 없다. 그러니 이 책은 마지막 편역서다. 그래서 제목이 '워런 버핏 바이블 완결판'이다. 초판 이후의 주주 서한들을 포함했고, 내용도 재조합되고 많이 바뀌었다.
  이 책은 내용을 시간순으로 단순 정리한 것이 아니라 주제별로 독자들이 공부할 수 있게 정리해놓았다. 매우 체계적이다. 웬만한 버핏의 철학은 다 드러난다. 전반부는 투자의 기본, 기업 인수, 자본 배분, 회계, 가치

평가, 채권, 외환, 파생상품 투자, 지배구조, 버크셔의 기업문화로 구성된다. 8장은 시장에 대한 관점으로서 버핏이 시장을 대하는 태도, 철학을 볼 수 있는 장이다. 여기까지 굳이 정리한다면 버크셔의 투자철학에 대한 원론적인 부분이다. (물론 풍부한 예들이 같이 포함된다.)

후반부는 버크셔가 투자한 회사들에 관한 이야기를 중심으로 투자철학과 일화들을 소개하고 있다. 업종으로 구분해서 보험업, 금융업, 제조·서비스업로 나누어놓았다. 버크셔가 소유한 기업 중 가장 중요한 분야가 보험업이니만큼 보험업에 많은 공간이 할애된다. 보험업이 세상을 보는 눈을 관찰할 수 있으니, 관련 업종 종사자가 아니라도 아주 유익하다. 전편에 비해 제조·서비스업 부분의 내용이 풍부해졌다. 특히 눈여겨볼 부분 중 하나는 12장 버크셔의 경영 실적 보고다. 단순한 실적 보고가 아니라 경제의 문맥에 대한 버핏의 시각을 볼 수 있고 경제 자체에 대해서도 많이 배울 수 있다.

각 장의 후반부에는 주주총회에서 행한 질의응답, 버핏과 멍거의 대화가 소개된다. 짧지 않은 분량으로 두 거장의 철학, 여유, 해학을 음미할 수 있다. 시간 여유가 없는 독자는 이 대화들을 먼저 읽는 것도 좋을 것 같다. 그러면 전반부의 주주 서한을 읽지 않고는 못 배길 것이다. 이 대화를 읽으면 나도 저렇게 나이 들고 싶다는 생각이 들게 된다.

또 한 가지, 각 장 말미에 한국을 대표하는 투자 구루들의 해설을 덧붙였다. 이런 분들을 규합하는 것은 정말 어려운 일인데 신기하게도 이런 분들을 모셔서 해설을 붙였다. 보통의 출판사는 하기 힘든 일이다.

이 책 전체에서 끊임없이 독자를 자극하는 것은 버크셔의 기업문화다. 오만, 관료주의, 자기만족을 가장 큰 해악으로 간주한 버크셔 경영진의 노력을 간접 경험할 수 있다. 유순하고 정직하면서도 치열하다. 크든 작든 기업을 소유하거나 경영하는 사람이라면 이 문화를 간접 경험해보시길 권한다. 이런 것을 알면서 유혹에 빠지지 않기 위한 찰리 멍거의 농담스러운 기도도 웃긴다. "제가 죽을 장소를 말씀해주시면 그곳에는 절대 가지 않겠나이다."

이 책은 버핏의 은퇴를 기념해서, 버핏의 마지막 주주 서한을 포함해 주주 서한과 멍거와의 대화를 편역자의 시각으로 재편집했다. 독자가 스스로 주주 서한과 주총 대화록으로부터 배우려면 도저히 습득하기 힘든, 월등한 체계를 갖춘 책이다. 자신 있게 일독을 권한다.

문병로
서울대 컴퓨터공학부 교수, ㈜옵투스자산운용 대표

옮긴이 서문

버핏 책을 고르는 방법, 가장 한국적으로 읽는 방법

버핏의 은퇴 선언

2025년 5월 4일, 청천벽력 같은 사건이 발생했다. 워런 버핏이 은퇴를 선언한 것이다. 94세인 버핏의 나이를 생각하면 놀랄 일이 전혀 아니지만, 그래도 조금 더 현역으로 활동하면서 조언해주기를 나는 그동안 간절히 바랐다. 지금까지 해마다 나에게 가장 긴장되지만 가장 보람된 기간은 워런 버핏의 주주 서한을 번역할 때와 버크셔 주주총회 Q&A를 번역할 때였다. 버핏의 값진 지혜를 배우면서 조금이나마 내가 성장할 수 있는 기간이었기 때문이다. 이제는 역대 최고(GOAT: Greatest of All Time) 대가에게 배우던 소중한 기회가 사라졌다.

버핏이 은퇴를 선언한 직후 나는 한 일간신문 기자와 인터뷰를 했다.

기자는 이제 버핏이 은퇴했으니 앞으로 우리가 주목해야 하는 최고의 투자자가 누구냐고 물었다. 나는 멍거의 말이 떠올랐다. 사람들이 "현존 인물이든 고인이든 단 한 사람과 점심을 먹을 수 있다면 누구를 선택하시겠습니까?"라고 물으면 멍거는 "나는 그들의 책을 모두 읽었으므로 이미 그들 모두와 점심을 먹은 셈입니다"라고 대답했다.

나는 기자에게 이 말을 전해주면서, 다른 투자의 대가를 찾을 필요가 없다고 대답했다. 지금까지 버핏이 들려준 말을 되새기면 충분하다고 설명했다. 버핏의 말이 담긴 책을 읽으면 버핏과 점심을 먹는 것이나 다름없다는 뜻이다.

이때 갑자기 한 가지 생각이 떠올랐다. 버핏이 평생 나누어준 말과 글을 충실하게 담아 정리한 '완결판'이 나와야 한다는 생각이다. 그러면 버핏이 은퇴했어도 우리는 언제 어디서나 버핏의 가르침을 되새길 수 있다. 나는 버핏에 대한 존경과 감사의 마음을 담아 완결판 준비에 착수했다.

버핏이 자기 생각을 직접 공개하는 주된 경로는 둘이다. 하나는 버핏이 매년 버크셔 연차보고서에 싣는 '주주 서한'이다. 1년 동안 버크셔를 경영해서 거둔 성과를 설명하면서 자신의 경험과 생각을 공들여 정리한 글로서 (http://www.berkshirehathaway.com/letters/letters.html) 세계 투자자들의 필독서로 꼽히는 보석 같은 자료다.

또 하나는 매년 주주총회에서 버핏이 주주들의 질문에 솔직하게 제시하는 답변이다. 주주들이 던지는 단도직입적인 질문에 대해 버핏은 사업상의 비밀이 노출되지 않는 범위에서 최대한 솔직하게 답한다. 게다가 옆에 앉은 찰리 멍거가 간간이 던지는 특유의 재치와 독설 덕분에, 사람들은 웃음을 터뜨리면서 더욱 쉽게 깨닫는다. 주주 서한만으로는 풀리지 않던 의문을 시원하게 해소해주는 사이다 같은 해설이다. (안타깝게도 찰리 멍거는 2023년 11월, 100세 생일을 한 달 앞두고 세상을 떠났다.)

2015년까지만 해도 오마하 주주총회에 참석하지 않으면 버핏의 '주총 답변'을 들을 수가 없었다. 게다가 주총 회의장에는 녹음 장비 반입이 허용되지 않았으므로, 참석하지 않은 사람들은 정확한 주총 답변 내용을 전해 들을 방법도 없었다. 그러나 2016년부터 버크셔 주주총회가 인터넷으로 생방송되니 (https://finance.yahoo.com/brklivestream/) 누구든지 버핏의 답변을 생생하게 들을 수 있다.

요컨대 버핏의 생각을 직접 접할 수 있는 양대 축은 '주주 서한'과 '주총 답변'이며, 영어에 능통한 사람은 인터넷을 통해서 언제든 무료로 볼 수 있다. 그러나 책을 통해서 버핏의 생각을 찬찬히 살펴보고자 한다면, '주주 서한'과 '주총 답변'을 근간으로 삼는 책을 선택해야 할 것이다. 이미 시중에 나와 있는 책 중에서 한 권을 고른다면, 나는 주저 없이 《워런 버핏의 주주 서한(The Essays of Warren Buffett)》을 선택하겠다. '주주 서한'을 섬세하게 정리해서 버핏의 생각을 상당히 충실하게 전달하는 책이기 때문이다. 그러나 안타깝게도 이 책에는 몇 가지 한계가 있다.

첫째, 《워런 버핏의 주주 서한》은 1979~2021년의 43년을 다루므로, 2022~2025년의 4년이 누락되어 있다. 이 4년이 중요할까? 중요할 수 있다! 2025년 주주총회에서 버핏은 3,000억 달러가 넘는 현금성 자산을 유지하는 이유를 묻는 질문(현금성 자산을 역대 최고 수준으로 유지하는 이유, Q 2025)에 대해 "투자 기회는 절대 질서정연하게 찾아오지 않습니다"라고 대답하면서, "아주 가끔은 현금을 보유해서 다행이다 싶을 만큼 좋은 기회가 쏟아지기도 합니다"라고 설명했다. 이는 현재 시장이 고평가 상태여서 매력적인 투자 기회를 찾기 어렵다는 뜻으로 해석할 수 있다.

그리고 2025년 주주총회 Q&A를 마무리하면서 버핏은 충격적인 발표를 했다(오늘의 낚시성 뉴스, Q 2025). 그는 "이제 그레그가 연말에 버크셔의 CEO가 되어야 하는 시점이 왔다고 생각합니다"라고 은퇴를 선언했다. "그러나 내 버크셔 주식은 한 주도 팔 생각이 없습니다. 나보다 그레그가 경영할 때 버크셔의 전망이 더 밝다고 생각하기 때문입니다"라고 덧붙이면서 버크셔의 미래를 낙관했다. 이에 회의장에 모인 약 4만 청중은 환호와 긴 기립박수로 버핏의 은퇴에 존경과 감사를 표했다. 따라서 이 개정판은 버핏의 마지막 주주 서한과 주주총회 Q&A까지 실린 완결판이라고 할 수 있다.

둘째, 《워런 버핏의 주주 서한》에는 가려운 곳을 긁어주는 '주총 답변'이 없다. 버핏은 2013년 주주 서한에 다음과 같이 썼다. "내 유산 중 현금은 아내를 수익자로 하여 수탁자에게 전달될 것입니다. 내가 수탁자에게 주는 조언은 더할 수 없이 단순합니다. 현금의 10%는 단기 국채에 넣고, 90%는 저비용 S&P500 인덱스펀드에 넣으라고 했습니다."(투자에 대한 생각, 2013)

나는 궁금했다. 버핏은 왜 버크셔 주식 대신 S&P500 인덱스펀드를 선택했을까? 인덱스펀드의 수익률이 버크셔 주식보다 높을 것으로 예상했을까? 멍거는 어떻게 생각할까? 그러나 주주 서한을 아무리 뒤져보아도 이에 대해서는 설명이 없다.

아니나 다를까, 주주총회에서 이 질문이 나왔다(아내에게 S&P500 인덱스펀드를 권한 이유, Q 2017). 버핏은 주저 없이 답했다. "아내가 투자하는 목적은 재산을 극대화하는 것이 아닙니다. 남은 생애에 돈 걱정을 전혀 하지 않는 것입니다. (중략) 재산을 모두 버크셔 주식으로 보유하고 있다면, 주위 사람들은 버핏이 살아 있으면 이런저런 말을 했을 것이라고 조언할 것입니다. 심지어 버크셔 주식을 한 주만 갖고 있더라도, (선의든 아니든) 이웃과 친구와 친척들의 조언 탓에 마음의 평정을 상실할 가능성이 있습니다."
버핏의 지혜와 배려가 돋보이는 대답이다. 한편 멍거는 "내 가족은 버크셔 주식을 보유하면 좋겠습니다"라고 말했다. 멍거의 생각이 항상 버핏과 일치하는 것은 아니다.

버핏은 '주총 답변'에서 이처럼 일반인이 궁금해하는 대목에 대해 일반인의 눈높이에 맞춰 쉽게 설명했다. 이 책 《워런 버핏 바이블 완결판》은 버핏의 주주 서한은 물론 2015~2025년 11년 동안 주주총회에서 버핏이 제시한 답변 약 400개 중 한국 독자들에게 유용하리라 판단되는 답변 약 190개를 선정해서 소개한다.

셋째, 《워런 버핏의 주주 서한》은 가독성을 높이려고 주주 서한 내용 중 어려운 부분을 일부 생략했다. 이 과정에서 누락된 중요한 부분 중 하나가 보험 사업이다. 버크셔는 금융업종으로 분류된다. 다양한 사업을 영위하고 있지만 주력 사업이 보험이기 때문이다. 그래서 버핏은 매년 사업 실적을 설명할 때 "이제 버크셔의 다양한 사업 중에서 먼저 가장 중요한 섹터인 보험을 보겠습니다. 손해보험은 (중략) 우리 사업의 확장을 견인한 엔진입니다"라고 말한다. 그러고서 보험 사업 설명에 지면을 아낌없이 할애한다.

버핏이 입에 침이 마르도록 칭찬하는 경영자가 보험 사업을 이끄는 아지트 자인이다. 버핏은 심지어 이런 말까지 했다. "찰리와 나와 아지트가 탄 보트가 침몰한다면, 그리고 우리 중 한 사람만 구할 수 있다면 아지트를 구하십시오."(아지트부터 구해주세요!, 2009)

그런데 보험 사업은 이해하기가 쉽지 않다. 용어도 생소하고 개념도 난해하다. 만일 플로트(float)가 왜 중요한지 모르겠다면 버핏의 기본 전략을 모른다고 보아야 한다. 이 책 《워런 버핏 바이블 완결판》은 보험 사업을 포함해서 다소 어렵더라도 중요하다고 판단되는 주주 서한 내용은 최대한 소개하려고 노력했다.

요컨대 《워런 버핏의 주주 서한》이 '기본 수학의 정석'이라면, 이 책 《워런 버핏 바이블 완결판》은 '실력 수학의 정석 + 해설'이라 하겠다. 즉 '주주 서한' 부분은 다소 난해한 내용도 소개하므로 더 어렵지만, '주총 답변'은 일반인의 눈높이에 맞춰 쉽게 설명해주는 해설에 해당한다.

이 책을 읽는 방법

이 책의 성격을 한마디로 표현하면 '버핏에 관한 백과사전'이다. 그러나 버핏의 흥미로운 신변잡기까지 다루는 백과사전은 아니다. 버핏이 직접 쓴 글과 직접 한 말로, 버핏의 투자와 경영과 사상을 체계적으로 정리한 백과사전이다. 그러므로 다루는 주제가 다양하고, 일부 내용은 난해하며, 분량도 방대하다.

버핏의 광팬이 아니라면, 첫 장부터 끝까지 단숨에 읽으려는 시도는 바람직하지 않다. 각자 자신의 취향에 따라 관심 분야부터 천천히 읽어나가는 방법을 권한다. 몇 가지 예를 들어보겠다.

주주총회 답변부터 읽기

질의응답 형식이며 구어체 표현이므로 이해하기 쉽다. 질문 대부분이 직설적이고, 답변도 솔직담백하며, 주제도 최근 일반인의 관심사이므로 흥미롭다. 과거에 버핏의 글을 읽어본 독자라면, 최근 버핏의 생각이 어떻게 바뀌었는지 확인해본다는 의미도 있다.

주제별로 읽기

투자에 관심 많은 독자라면 '1장. 주식 투자'부터 읽으면 된다. 버핏의 경영 비결을 배우고 싶은 기업의 임원이나 임원을 꿈꾸는 중간관리자라면 '9장. 보험업, 10장. 금융업, 11장. 제조·서비스업'이 유용할지 모르겠다. 시장의 큰 흐름을 보는 버핏의 관점이 궁금하다면 '8장. 시장에 대한 관점'이 흥미로울 것이다. 버핏으로부터 학습과 삶에 대한 지혜를 얻고 싶은 젊은이에게는 '13장. 학습과 삶의 지혜'를 권한다.

해설 먼저 읽기

기존의 《워런 버핏 바이블》은 버핏과 멍거의 오리지널 말과 글로만 구성했기 때문에 초심자가 읽기에 어렵다는 평도 있었다. 이번 완결판은 그런 부분을 보완하기 위해 각 장 말미에 국내 전문가들의 해설을 넣었으니, 본문이 어렵게 느껴진다면 해설을 먼저 읽고서 본문을 읽기를 권한다. 해설은 단순히 버핏의 말을 풀어주는 것이 아니라 '지금 한국 투자자가 어떻게 읽어야 하는가'에 대한 전문가의 탁월한 조언이다.

난해한 주제는 반복해서 도전

일부 주제는 대부분 독자에게 어려울 것이다. 그래도 실망하거나 스트레스 받을 필요 없다. 내용이 깊은 글은 쉽게 읽히지 않는 법이다. 제목에 표시를 해두고, 다른 부분을 읽고 나서 나중에 다시 읽어보기 바란다. 자신이 성장하는 모습을 확인할 수 있을 것이다.

더 실감 나게 읽고 싶다면

이 책은 버핏이 주주들에게 말하는 형식이다. 즉 버핏이 독자가 아닌

제삼자를 대상으로 하는 말이다. 그래서 대부분 독자에게는 '남의 이야기처럼' 들릴 것이고, 일부 독자는 소외감까지 느낄지 모른다. 버핏이 직접 나에게 해주는 말이라면 훨씬 더 실감 나지 않겠는가? 방법이 있다. 어렵지도 않다. 당신도 버크셔 주주가 되는 방법이다.

2025년 5월 현재 (달러 환율 1,380원 기준) 버크셔 A주는 76만 달러 수준이어서 1주만 사려 해도 10억 원 넘게 들지만, B주는 500달러 수준이어서 약 70만 원이면 1주를 살 수 있다. 대부분 증권사에서 외국 주식을 손쉽게 매매하는 시스템을 제공하므로, 약 70만 원이면 당신도 버크셔 주주가 될 수 있다. (내가《워런 버핏 바이블》초판 서문을 쓰던 2017년에는 A주가 27만 달러 수준이어서 1주에 약 3억 원이었고, B주는 180달러 수준이어서 약 20만 원이었다. 약 8년 동안 B주는 250% 상승하여 연 수익률 약 17%를 기록했다.)

그러면 버핏의 말은 동업자인 당신에게 직접 하는 말이 된다. 게다가 B주 1주만 있어도 버크셔 주주총회에 참석할 수 있다. (그러나 2025년 버핏이 은퇴를 발표했으므로 다음 주주총회에서 버핏의 답변을 들을 수는 없다.) 한국 주식만 보유하고 있다면 이참에 국제 분산투자를 고려해보기 바란다.

이 책은 리처드 코너스가 워런 버핏의 말을 편집한《Warren Buffett on Business》를 편역(編譯)한 책이다. 코너스는 버크셔 주주 서한과 주주총회 질의응답, 그리고 각종 인터뷰와 도서 등 다양한 자료에서 선별한 버핏의 말로 원서를 구성했다. 나는 국내 독자에게 유용한 번역서를 만들려고 다음 세 가지 방식으로 원서를 편역했다.

(1) 원서의 내용 중 국내 독자에게 유용성이 높지 않다고 판단되는 부분은 상당량을 과감하게 덜어냈다.

(2) 원서에는 포함되지 않았으나 국내 독자에게 유용성이 높다고 판단

되는 주주 서한과 주총 답변 상당량을 번역서에 새로 포함했다.

(3) 버핏의 아이디어를 최대한 충실하게 전달하려고, 번역서의 틀을 주주 서한과 비슷하게 구성했다.

이와 같은 편역 과정에서 번역서의 모습이 원서와 많이 달라졌음을 밝혀둔다. 이 책이 당신 곁에서 항상 지혜와 용기와 위안을 아낌없이 나누어주는 버핏의 분신이 되기를 바라는 마음이다.

이건

차례

추천사 _ 문병로
버핏과 멍거의 철학, 버크셔의 기업문화를 배울 수 있는 명저 ... 6

옮긴이 서문 _ 이건
버핏 책을 고르는 방법, 가장 한국적으로 읽는 방법 ... 9

서문 ... 35

1장. 주식 투자

유효 기간이 지난 치즈 `2003`	... 41
내 눈의 콩깍지를 벗겨준 책 `2004`	... 43
뉴턴의 제4 운동 법칙 `2005`	... 45
효율적 시장 가설을 배우지 않은 덕분 `2006`	... 49
버크셔의 후계자 조건 `2006`	... 51
사명감 투철한 펀드매니저를 원해 `2010`	... 53
위대한 기업, 좋은 기업, 끔찍한 기업 `2007`	... 55
금과 젖소의 차이 `2011`	... 62
농장에 투자하듯 주식을 매매하라 `2013`	... 68
미국 번영에 수십 년 베팅했더니 `2014`	... 76
미분배 이익의 복리 효과 `2017`	... 79
펀드 오브 펀드와의 내기에서 얻은 교훈들 `2017`	... 81
자산운용사의 운용보수 `2003`	... 86
성공적인 투자 몇 건의 힘 `2022`	... 90
훌륭한 기업을 발견했다면? 계속 보유하세요! `2023`	... 91

옥시덴탈과 일본 종합상사에 투자한 이유 `2023` ... 93
일본 지분을 장기에 걸쳐 보유할 생각 `2024` ... 96
마법공식은 없습니다 `Q 2015` ... 99
승산 없는 싸움 `Q 2016` ... 100
행운의 편지 사기 `Q 2016` ... 102
보유 주식을 매일 점검한다 `Q 2017` ... 104
기술주 피하는 바람에 구글과 아마존을 놓치다 `Q 2017` ... 105
"나는 코카콜라로 당분을 섭취" `Q 2017` ... 108
아내에게 S&P500 인덱스펀드를 권한 이유 `Q 2017` ... 109
인수 대상 기업 목록 1호 `Q 2017` ... 111
펀드에 운용보수를 떼주면 수익이 남을까? `Q 2017` ... 113
미쳤거나, 배우고 있거나 `Q 2017` ... 116
아마존은 불확실성이 크다고 봤다 `Q 2017` ... 117
다시 시작해도 미국에 투자 `Q 2018` ... 118
오리 사냥 클럽에 투자한 경험 `Q 2019` ... 119
아마존 주식 매수는 가치투자 `Q 2019` ... 120
왜 보유 종목을 다 공개하지 않나? `Q 2019` ... 122
좁은 영역에 집중해 우위를 확보하라 `Q 2019` ... 123
버크셔가 매도한 4대 항공사는? `Q 2020` ... 125
인덱스펀드의 시대는 끝났나요? `Q 2020` ... 126
운용자산이 클수록 초과수익이 어려워 `Q 2020` ... 127
주가 폭락기에 주식을 매수하지 않은 이유는? `Q 2021` ... 128
버크셔 주식인가, S&P500 인덱스펀드인가? `Q 2021` ... 130
아내 유산의 인덱스펀드 투자 이유는? `Q 2021` ... 132
애플 주식 일부를 매도한 이유는? `Q 2021` ... 133
고성장주의 가치를 평가하는 방법은? `Q 2021` ... 134
주가 거품기에 보유 현금의 투자는? `Q 2021` ... 138
버크셔 포트에서 빅테크 비중이 증가할까요? `Q 2021` ... 139

버크셔도 퀀트 전문가를 채용하면 어떤가요? `Q 2021` ... 140
최근 투자가 급증한 이유는? `Q 2022` ... 141
버크셔가 매매 시점을 선택하는 방법은? `Q 2022` ... 149
인플레이션이 심해질 때 선택할 주식 `Q 2022` ... 155
주식은 인플레이션을 따라가지 못하는가? `Q 2022` ... 157
최근 상황에서 중국 투자에 대한 견해는? `Q 2022` ... 159
감정 때문에 투자 판단을 그르친 적은? `Q 2023` ... 159
AI가 세상에 미치는 영향은? `Q 2023` ... 161
급변하는 환경에서 가치투자자의 성공법 `Q 2023` ... 162
단기 이익과 장기 해자 구축 사이의 균형 `Q 2023` ... 165
TSMC 주식을 금세 매도한 실제 이유 `Q 2023` ... 166
옥시덴탈과 셰브런을 대량 보유하는 근거는? `Q 2023` ... 167
또 애플 주식 일부를 매도한 이유는? `Q 2023` ... 172
현재 시장 수준이 1999년과 비슷한가? `Q 2024` ... 175
100만 달러로 다시 투자를 시작한다면 `Q 2024` ... 176
금리 때문에 일본 투자를 축소할 가능성은? `Q 2024` ... 178
빅테크는 여전히 경자산 기업인가? `Q 2025` ... 181

[해설] 따라 하지 못할 부분, 따라 할 수 있는 부분 _ 홍진채 ... 185

2장. 기업 인수

1주일 안에 성사된 기업 인수 `1999` ... 193
대학생들에게 '버크셔 PhD 학위'를 준 이유 `2003` ... 196
실적 부진한 기업도 매각하지 않는다 `2011` ... 199
기업 인수 기준 6가지 `2014` ... 200

트럭 휴게소 사업, 부동산 중개업 등 확장 `2017`	… 201
계속 전진하는 미국 `2020`	… 204
훌륭한 경영자와 훌륭한 기업 `2021`	… 209
피트 리글 - 둘도 없는 인물 `2024`	… 213
가장 기억에 남는 실패 사례 `Q 2015`	… 216
투자 기준을 바꾸었나? `Q 2016`	… 217
PER 기준으로 고가에 인수한 까닭 `Q 2016`	… 218
실사 생략한 채 인수하는 위험은? `Q 2016`	… 220
인수에 관심을 둔 섹터는? `Q 2017`	… 222
매클레인은 어떤 기업인가? `Q 2017`	… 225
스팩이 버크셔의 기업 인수에 미치는 영향은? `Q 2021`	… 227
프리시전 캐스트파츠 인수 과정의 실수는? `Q 2022`	… 229
외국 기업을 인수할 의향은? `Q 2022`	… 230
버크셔가 기업 사냥에 당할 가능성은? `Q 2023`	… 232
소유경영자에게 제공하는 매각 유인은? `Q 2023`	… 233
인내심 대신 신속함으로 거둔 성과는? `Q 2025`	… 235
[해설] 평생 동업할 CEO인가? 그렇다면 인수! _홍영표	… 239

3장. 자본 배분

버크셔의 자사주 매입 조건 `2011`	… 249
자사주 매입을 하면 안 되는 두 가지 상황 `2016`	… 252
더 행복해지는 방법 `2012`	… 255
다섯 개의 과수원과 하나의 버크셔 `2018`	… 262
남아 있는 주주의 관점 `2018`	… 268

우리는 버크셔 주가가 하락하길 바랍니다 `2019`	… 270
버크셔와 다른 복합기업의 차이 `2020`	… 271
주주 지분 늘린 자사주 매입 `2020`	… 272
놀라움의 연속 `2021`	… 274
버크셔의 가치를 높이는 세 가지 방법 `2021`	… 278
버크셔의 4대 거인 `2021`	… 280
지난 58년과 몇 가지 숫자 `2022`	… 282
버크셔는 양손잡이 투자자 `2024`	… 284
엉클 샘에게 감사를 `2024`	… 286
향후 잉여현금흐름 전망 `Q 2016`	… 288
초과 현금이 너무 많은데 `Q 2016`	… 289
BPS 1.2배 넘을 때도 자사주 매입하나? `Q 2017`	… 291
버핏 이후의 자사주 매입에 대해 `Q 2017`	… 292
버크셔의 배당 지급 가능성 `Q 2018`	… 294
애플의 대규모 자사주 매입에 대해 `Q 2018`	… 294
주가 하락에도 자사주를 매입하지 않은 이유 `Q 2019`	… 295
현금보다 인덱스펀드가 낫지 않나? `Q 2019`	… 296
코로나19 때 매수에 나서지 않은 이유 `Q 2020`	… 298
후계자들의 자본 배분 능력 `Q 2020`	… 299
아지트 자인을 자본 배분에서 제외한 이유 `Q 2020`	… 300
자사주 매입에 반대하는 주장에 대해 `Q 2020`	… 301
버크셔 주가가 전보다 30% 낮은데 `Q 2020`	… 302
자사주 매입이 주가 조작? `Q 2021`	… 303
자사주 매입 규모를 결정하는 공식 `Q 2022`	… 304
현금 1,000억 달러가 넘는 상황의 자본 배분 `Q 2023`	… 305
현금 1,820억 달러를 운용하지 않는 이유는? `Q 2024`	… 307
현금성 자산을 최고 수준으로 유지하는 이유 `Q 2025`	… 308

[해설] 버크셔 해서웨이, 60년에 걸쳐 완성한 자본 배분 기계 _ 변영진 … 311

4장. 회계, 가치평가

내재가치 계산법 2010	…319
상장회사들이 이익을 짜내는 방법 2017	…321
순이익이라는 변덕스러운 수치 2010	…327
애용되는 속임수 두 가지 2016	…330
플로트와 이연법인세 2018	…334
유보이익과 복리의 기적 2019	…336
연방소득세에 관한 놀라운 사실 2022	…340
영업 실적, 사실과 허구 2023	…342
충격, 충격! 중요한 미국 기록이 깨지다 2024	…346
이연법인세는 영구 플로트인가 Q 2015	…348
미국 세법을 단순화할 필요성 Q 2015	…348
버크셔 채권은 왜 최고 등급이 아닌가 Q 2016	…349
버크셔에 구조조정이 드문 까닭은 Q 2016	…350
가치평가에 BPS 적용이 타당한가 Q 2017	…350
중국 시장과 미국 시장을 비교하는 기준 Q 2017	…352
EBITDA를 불신하는데 Q 2017	…353
은행의 만기 보유 회계에 대해 Q 2023	…355
[해설] '회계적 수치' 말고 '내재가치'를 찾으라 _ 김형균	…358

5장. 채권, 외환, 파생상품 투자

바보 취급당할 위험 1997 ... 367
정크본드와 주식의 공통점 2002 ... 369
여전히 부채를 꺼립니다 2005 ... 370
미안해요, 달러뿐이라서 2004 ... 373
연착륙은 희망 사항 2006 ... 379
잠시 숨을 죽이십시오 2007 ... 382
지옥행 특급열차를 타는 법 2004 ... 384
아내가 절친과 달아났지만 2005 ... 384
애정이 예전과 같지 않구려 2008 ... 387
파생상품은 보험이죠 2010 ... 395
잠자리가 편하려면 2012 ... 398
유가를 장기적으로 예측하나? Q 2015 ... 400
버크셔의 신용부도스왑 프리미엄은? Q 2016 ... 400
가상화폐는 왜 똥인가 Q 2018 ... 402
암호화폐는 가치 없는 인공 금? Q 2021 ... 403
비트코인에 대한 견해에 변화는? Q 2022 ... 404
언젠가 미국 국채가 팔리지 않는 날 Q 2024 ... 406
환위험을 헤지하는 조치는? Q 2025 ... 408

[해설] 주식 주연, 채권·해외 자산 조연 _ 서준식 ... 411

6장. 지배구조

탐욕 타이틀 매치 - CEO의 보수 `2003` ... 421
유니폼이나 달라고 해 `2005` ... 422
CEO 성과 보상의 전염성 `2006` ... 425
돈 밝히는 이사들 `2006` ... 427
신주 발행까지 하면서 BNSF를 인수한 까닭 `2009` ... 429
소녀를 처음 본 10대 소년 `2009` ... 431
버핏과 멍거가 떠난 후의 버크셔 `2019` ... 433
지배구조 측면에서 이사회의 진화 `2019` ... 435
진정한 이사의 요건과 능력 `2019` ... 438
동업자로 대하겠다는 약속 `2020` ... 439
버크셔 주식 보유는 장수를 촉진할까요? `2020` ... 441
행동주의 투자자의 분할 위험 `Q 2015` ... 444
분할 시도에 대한 방어 계획 `Q 2016` ... 445
후계자 보상 방안 `Q 2017` ... 446
버크셔 의결권을 통제할 주체는? `Q 2023` ... 447
연금기금과 자산운용사 등 대응 방법은? `Q 2024` ... 449
오늘의 낚시성 뉴스 `Q 2025` ... 451

[해설] 한미 지배구조 문제, 다른 듯 겹친다 _ 김학균 ... 453

7장. 버크셔의 기업문화

살로먼 주주 서한 겸 보고서 `1991`	… 461
살로먼 근무 `1992`	… 465
배트 보이에게서 배운 경영의 지혜 `2002`	… 466
단기 실적보다 해자 확대를 택해 `2005`	… 468
사후 내 주식이 매각되더라도 `2006`	… 469
뒤집어 생각하라 `2009`	… 471
우리가 만든 집이 우리를 만든다 `2010`	… 475
CEO에게. "당신 후계자를 미리 추천해주세요" `2010`	… 478
버크셔 - 과거, 현재, 미래 `2014`	… 482
부회장의 생각 - 과거와 미래 `2014`	… 510
방송 시작합니다. 스탠바이, 큐! `2015`	… 519
기업문화 유지 방법 `Q 2015`	… 521
비밀 성과보수 `Q 2015`	… 523
본사 직원 20여 명의 다양성 `Q 2016`	… 524
승계 계획에 변화가 있나? `Q 2016`	… 526
차기 CEO 보상 계획 `Q 2016`	… 528
버크셔 내부 위험 관리 `Q 2017`	… 530
투자회사 권한 위임과 가치 창출 `Q 2017`	… 533
기업문화가 유지되고 강화될까? `Q 2018`	… 536
자회사 관리가 어려워지지 않나? `Q 2021`	… 537
경영진 교체 이후 운영에 대해 `Q 2022`	… 539
[해설] 전권 위임이 자회사들을 춤추게 한다 _ 박성진	… 543

8장. 시장에 대한 관점

심각한 소화불량 2007	... 553
아무리 큰 숫자도 0을 곱하면 2010	... 554
지난 240년간 번영해온 것처럼 2015	... 559
생산성과 번영 2015	... 562
기후 변화가 버크셔에 미칠 파장 2015	... 570
시장 시스템이 이룬 기적 2016	... 572
순풍을 타고 가는 미국 2018	... 575
이제 비밀도 아닌 우리 무기 2023	... 579
경제 규모 대비 주가 Q 2015	... 582
버크셔 해서웨이 브랜드 Q 2015	... 583
인플레이션에 버티는 업종은? Q 2015	... 584
소득 불평등 Q 2015	... 586
중국의 구조적 변화에 대해 Q 2015	... 587
트럼프가 대통령이 된다면 Q 2016	... 588
마이너스 금리와 가치평가의 관계 Q 2016	... 589
유가 하락과 통화정책 Q 2016	... 591
부동산시장에 대한 평가 Q 2016	... 592
중국 주식 투자 Q 2017	... 592
크래프트 하인즈 구조조정에 대해 Q 2017	... 593
인공지능이 미칠 영향 Q 2017	... 595
건강보험과 버크셔 Q 2017	... 597
노동시장 유연과 사회 안전망 Q 2017	... 601
미국과 중국의 경쟁과 상생 Q 2018	... 603
트럼프의 무역 전쟁 가능성 Q 2018	... 605

금리 흐름과 국채 매수 `Q 2018`	... 606
혁신과 해자 `Q 2018`	... 607
경자산 기업의 수익성 `Q 2018`	... 608
제품 반응을 실감하는 기법 `Q 2018`	... 609
열정적인 자본주의자 `Q 2019`	... 611
자본주의의 창조적 파괴 `Q 2019`	... 612
코로나19와 주식시장 `Q 2020`	... 614
마이너스 금리는 유지될까? `Q 2020`	... 619
세계 20대 기업 목록: 30년 전, 현재, 30년 후? `Q 2021`	... 621
과도한 경기 부양책이 부르는 인플레이션 위험 `Q 2021`	... 627
이번 인플레이션의 수준 `Q 2022`	... 628
달러의 준비통화 지위 상실 가능성 `Q 2023`	... 633
수입 인증서 제도는 관세와 다른가? `Q 2025`	... 637
[해설] '미스터 마켓'과 '위대한 능멸자' 상대하기 _ 정채진	... 639

9장. 보험업

최악의 시나리오에 투자 확대 `1997`	... 647
안정적인 12%보다 변동성 높은 15% `1998`	... 649
보상은 성과를 낳고 `1998`	... 651
최고의 광고는 입소문 `1999`	... 656
속는 셈 치고 전화주세요 `2004`	... 658
20세 대학원생의 행운 `2010`	... 661
바보들에게만 싸 보이는 `2002`	... 665
나쁜 공에는 스윙하지 마세요 `2004`	... 667

버크셔의 가장 소중한 자산 2001	... 672
아지트부터 구해주세요! 2009	... 674
약속을 지키는 상대가 되렵니다 2014	... 675
해가 져도 건초를 만들겠습니다 2016	... 676
자회사의 지능, 버크셔의 자본 2017	... 682
가이코와 토니 나이슬리 2018	... 685
버크셔 보험사가 유리한 점 2019	... 687
보험 사업 실적 2023	... 690
경제적 위험이 증가하면 손해보험업도 성장 2024	... 691
보험 사업 성공 비결 Q 2015	... 696
버크셔는 대마불사인가 Q 2015	... 697
대체투자로 간주되는 재보험 Q 2015	... 698
독일 재보험사를 매각한 이유 Q 2016	... 699
마이너스 금리와 플로트 운용 Q 2016	... 701
플로트와 재재보험 사업 Q 2016	... 702
소급 재보험 거래에 대해 Q 2017	... 703
사이버 위험 보장 상품 Q 2018	... 704
보험 사업의 내재가치 평가 Q 2019	... 705
보험 가격 산정에 대해 Q 2019	... 708
테슬라가 보험업에 진출한다면 Q 2019	... 710
감염병 보험 상품 Q 2020	... 710
가이코와 프로그레시브의 경쟁력 비교 Q 2021	... 711
제로 금리와 플로트의 가치 Q 2021	... 713
화성 프로젝트 보험에 대해 Q 2021	... 714
플로트의 안정성과 수익성을 낙관하는 이유 Q 2022	... 715
자율주행이 보험업에 미칠 영향 Q 2024	... 719
AI가 보험업에 미칠 영향 Q 2025	... 720
가이코의 장기 경쟁력 강화 Q 2025	... 722

사모펀드들의 보험사 인수가 버크셔에 미칠 영향 `Q 2025` ... 725

[해설] 보험으로 벌고, 플로트 투자로 더 번다 _ 이건규 ... 728

10장. 금융업

현금이 넘치는데도 차입하는 이유 `2003` ... 735
훨씬 합리적인 관행 `2008` ... 736
난장판이 된 이유 `2009` ... 740
내 집 마련이 우선 `2010` ... 743
상상력이 넘치는 투자은행들 `2015` ... 746
기대하지 않은 시너지 `2016` ... 750
클레이턴홈즈가 약탈적 대출을 했나? `Q 2015` ... 752
모든 은행의 예금 보장이 은행에 미치는 영향 `Q 2023` ... 755

[해설] 버크셔는 어떻게 '서브프라임' 사태를 피했나? _ 홍진채 ... 759

11장. 제조·서비스업

보트피플의 역전 드라마 `2004` ... 767
B 여사님, 장수 만세! `1983` ... 768
탭 댄스를 추는 이유 `1999` ... 771
항공기쯤은 가져주는 센스 `1999` ... 773
신문사를 계속 소유하는 이유 `2006` ... 776

나무 말고 숲 `2016`	… 779
철도회사와 전력회사 `2016`	… 780
비보험 자회사의 거대 기업 인수 `2017`	… 783
법인세율 인하와 자회사 이익 증가율 `2018`	… 784
버크셔의 결혼 생활 `2019`	… 786
버크셔 해서웨이 에너지 `2019`	… 789
두 거대 기업 BNSF와 BHE `2020`	… 791
예상을 벗어난 BNSF와 BHE의 실적 `2023`	… 794
재생에너지 `Q 2016`	… 799
3G와 원가 절감 `Q 2016`	… 801
프리시전 캐스트파츠에 대해 `Q 2017`	… 802
온라인 쇼핑이 의류 자회사에 미칠 영향 `Q 2017`	… 805
에너지 분야에서 선호하는 자산 `Q 2017`	… 807
3개 회사의 의료 시스템 개선 `Q 2018`	… 808
소비 습관 변화로 고전하는 소매업 `Q 2020`	… 809
항공산업 침체와 프리시전 캐스트파츠 `Q 2020`	… 810
자본 집약적 기업과 인플레이션 `Q 2020`	… 812
의료 시스템 개선을 위한 합작투자 `Q 2021`	… 813
상업용 부동산의 전망은? `Q 2023`	… 815
버크셔의 전력회사를 산불로부터 보호하려면 `Q 2025`	… 816
[해설] 버핏도 실패했다, 다만 '작게' 했을 뿐 _ 이은원	… 821

12장. 버크셔 경영 실적 보고

2001년 실적 보고 `2001` ... 829
2002년 실적 보고 `2002` ... 831
2007년 실적 보고 `2007` ... 833
버크셔의 실적 평가 척도 `2007` ... 835
2008년 금융위기와 버크셔의 실적 `2008` ... 838
버크셔의 실적 평가 방법 `2009` ... 842
2010년 실적 보고 `2010` ... 845
5년 단위 실적 분석 `2010` ... 847
2011년 실적 보고 `2011` ... 851
2012년 실적 보고 `2012` ... 855
2013년 실적 보고 `2013` ... 856
2014년 실적 보고 `2014` ... 859
2015년 실적 보고 `2015` ... 860
2016년 실적 보고 `2016` ... 867
가장 중요한 척도는 주당 정상 수익력 `2017` ... 872
급변한 GAAP 이익, 일관된 영업이익 `2018` ... 874
회계 장부와 현실 세계의 괴리 `2019` ... 877
유보이익 중 우리 몫 `2020` ... 878
예상보다 좋았던 2024년 실적 `2024` ... 880

[해설] 경영 실적 평가 기준을 바꾼 까닭은? _ 이은원 ... 883

13장. 학습과 삶의 지혜

감사의 말씀 `2021`	… 889
훌륭한 동업자 확보가 최고 `2022`	… 891
찰리 멍거 - 버크셔 해서웨이를 설계한 인물 `2023`	… 893
실수 - 네, 버크셔는 실수를 합니다 `2024`	… 895
젊은이들에게 주는 조언 `Q 2015`	… 896
《국부론》과 자본주의 `Q 2015`	… 897
놀고먹지 못할 만큼 `Q 2015`	… 898
등록금 상승 `Q 2015`	… 899
이례적으로 운이 좋았습니다 `Q 2016`	… 899
유머 감각의 원천은 `Q 2015`	… 900
학습 기계와 소문 `Q 2017`	… 901
가장 늙어 보이는 시체 `Q 2017`	… 903
90세로 돌아가고 싶습니다 `Q 2017`	… 904
남의 자금을 운용하려면? `Q 2019`	… 905
다른 사람의 행동을 이해하라 `Q 2019`	… 907
돈으로 살 수 없는 두 가지 `Q 2019`	… 908
신용카드 대출과 투자 `Q 2020`	… 908
다학제를 실용적으로 적용하는 방법은? `Q 2022`	… 909
천직을 찾는 사람에게 주는 조언 `Q 2022`	… 910
자녀에게 유산을 상속하는 방법은? `Q 2023`	… 913
해로운 사람을 멀리할 수 없다면 `Q 2023`	… 915
머스크가 자신을 과대평가한다고 보시나요? `Q 2023`	… 916
손주와 상속인들에게 지혜를 전수하는 방법 `Q 2023`	… 918
찰리와 하루를 더 지낸다면 하고 싶은 일은? `Q 2024`	… 919
유산 일부를 동일 비중 S&P500 인덱스펀드로 운용할 생각은? `Q 2024`	… 921

투자철학을 개발하려는 젊은이에게 주는 조언 `D 2025` ... 924
인생에서 좌절했을 때 어떻게 극복하셨나요? `D 2025` ... 927

[해설] 행운 없이도 성공과 행복을 얻을지니 _ 홍진채 ... 929

`부록 1` 버크셔와 S&P500의 실적 비교(1965~2024) ... 934
`부록 2` 유머, 명언 ... 936

찾아보기 ... 942

서문

 워런 버핏에 관한 책 대부분은 주로 버핏의 투자 기법을 다루면서 버핏처럼 투자하는 방법을 설명한다. 누군가 "어떻게 하면 워런 버핏처럼 투자할 수 있나요?"라고 물으면 내 대답은 단순명료하다. 버크셔 A주나 B주를 사라고 말한다. 버핏도 1987년 버크셔 주주 서한에서 이렇게 말했다. "실제로 버크셔가 사는 종목을 따라 사고 싶다면 아예 버크셔 주식을 사면 됩니다. 그러나 아마도 너무 싱거운 방법이라고 생각하겠죠."

 또한 버핏은 대부분 개인 투자자들은 인덱스펀드를 사야 한다고 말한다. 비용이 매우 저렴한 데다가, 실적도 대부분 투자 전문가들보다 잘 나오기 때문이다. 2008년 1월, 버핏은 자신의 견해를 입증하려고 50만 달러짜리 내기를 공개적으로 제안했다. 그는 어떤 헤지펀드도 장기적으로는 보수가 매우 낮은 S&P500 인덱스펀드의 실적을 따라갈 수 없다고 주장하면서 프로테제 파트너스와 내기를 했는데, 10년 후 뱅가드 S&P500 펀드의 수익률이 더 높다는 쪽에 돈을 걸었다. 이때 프로테제 파트너스 대표는 이렇게 말했다. "버핏의 실적이 아니라 S&P500의 실적과 경쟁하게 되어서 다행입니다."*

지난 3년 동안 나는 워싱턴대학교 세인트루이스캠퍼스 평생교육원에서 버핏에 관한 강좌를 진행했다. 2006년 4월, 나는 이 강좌를 시작한다고 설명하는 편지를 버핏에게 보냈다. 나흘 뒤 버핏은 나의 강좌를 격려하고 지지하는 답신을 보내주었다. 답신을 받고 몹시 흥분한 나는 버핏의 편지를 액자에 넣어 내 사무실 벽에 걸었다. 이후 버핏과 나는 강좌에 관해서 자주 이메일을 주고받았다. 2007년 1월, 버핏의 초대를 받은 나는 오마하 사무실로 가서 그를 만났다. 바쁜 중에도 버핏은 항상 내게 시간을 내주었다.

이 책은 다르다. 버핏의 투자 기법을 다루거나 버핏처럼 투자하는 방법을 설명하는 책이 아니다. 이 책은 주로 버핏의 경영 원칙과 관행을 다룬다. 여기서 다루는 내용은 종업원 및 주주들과 정직하게 소통하면서 이들을 공정하게 대우하는 방식, 책임감 있는 기업 지배구조, 윤리적 행동, 인내, 실수 인정, 일에 대한 열정, 유머 감각 등이다. 이 모든 것을 한 사람에게서 배울 수 있을까? 나는 가능하다고 본다. 지극히 훌륭하고 매우 특별해서 어떤 말로도 제대로 평가할 수 없는 인물도 있는 법이다. 버핏의 천재성은 그의 인품에서 비롯된다. 그의 진정성은 비길 사람이 없다. 그의 인내, 절제력, 합리성은 비범하다.

버핏의 기업 경영 방식은 모든 경영진, 기업가, 경영대학원생들은 물론 주주, 종업원, 대중에게도 귀감이 될 만하다. 버핏이 떠난 뒤에도 그의 사상과 철학은 오래도록 남을 것이다. 버핏의 경영 방식은 놀라울 정도로

---

* Carol J. Loomis, "Buffett's Big Bet(버핏의 큼직한 내기)," 〈Fortune〉(2008/06/09)

단순명료하다. 그는 자신의 경영 원칙이 "단순하고, 오래되었으며, 소수에 불과"하다고 설명한다.*

찰리 로즈(Charlie Rose)는 이렇게 말했다.

"다양한 장소에서 1년 정도 대화를 나눠보면 그가 어떤 사람인지 알 수 있습니다. 워런 버핏과 그런 방식으로 대화해보면 무엇을 알 수 있을까요? 그는 회사에 열정적이고, 친구들에게 열정적이며, 일에 열정적이고, 삶에도 열정적입니다. 버핏은 즐겁게 살아가는 사람입니다."**

이 책은 버핏이 버크셔 주주 서한에 직접 쓴 글을 주제별로 엄선해서 정리한 책이다. 나는 어떤 글을 제외해야 할지 결정하기가 가장 어려웠다. 여러분은 버핏의 주주 서한을 모두 읽어보시라고 강력하게 권한다. 버크셔 해서웨이 웹사이트(berkshirehathaway.com)에서 누구나 무료로 읽어볼 수 있다.

끝으로, 이 책을 준비한 3년 동안 소중한 시간을 할애해 너그럽게 도와준 워런 버핏에게 깊이 감사한다. 내가 강좌나 책에 관한 이메일을 보낼 때마다 버핏은 대개 이튿날까지 신속하게 답신해주었다. 항상 내게 시간을 내준 버핏에게 감사한다.

리처드 코너스

---

* Carol J. Loomis, "The Inside Story of Warren Buffett(워런 버핏의 비화)," 〈Fortune〉(1968/04/11)
** "In His Own Words - Conversation with Charlie Rose(그 자신의 말 - 찰리 로즈 대담)," PBS(2004/05/02)

일러두기

1. 제목 옆에 있는 [2024]는 '2024년 주주 서한'을 뜻한다. 2024년 버크셔 해서웨이 연차보고서에 실렸고, 2025년 2월 22일 발표되었다. 일반적으로 n년도 주주 서한은 n+1년 2월 말에 발표된다.
2. 본문에서 언급하는 페이지는 해당 주주 서한이 실린 연차보고서의 페이지이고, 본문의 별(*) 선은 워런 버핏이 주주 서한에서 직접 나눈 단락 표시다.
3. 제목 옆에 있는 [Q 2025]는 '2025년 주주총회 질의응답'을 뜻하고, 2025년 주주총회는 2025년 5월 4일 열렸다. 일반적으로 n년도 주주총회는 n년도 5월 첫 번째 토요일에 열린다.
4. 본문의 주주 서한과 주주총회 질의응답 내용 중 2010~2025년 치는 옮긴이가 편역해 추가한 것이다.
5. 단행본은 《 》, 잡지(일·월간지, 비정기 간행물)는 〈 〉, 영화와 기사와 논문은 ' '로 표기한다.
6. 외국 책 중 한국에 번역 출간된 것은 《한국 책 제목(원어 제목)》, 출간되지 않은 책은 《원어 제목(한글 해석)》 형식으로 표기했다.

1장

주식 투자

찰리와 나는 적정한 보상을 받을 수 없다면 조금이라도 위험이 증가하는 것을 몹시 싫어합니다. 수익을 위해 기준을 완화하는 행위는 가끔 유효 기간이 지난 치즈를 먹는 것과 같습니다. `2003`

2023년에 우리는 코크와 아멕스를 단 한 주도 매수하거나 매도하지 않았습니다. 우리가 매매를 중단하고 립 밴 윙클(Rip Van Winkle)처럼 잠을 잔 기간은 이제 20년이 훨씬 넘어갑니다. 작년에도 두 회사 모두 이익과 배당을 증가시켜, 잠만 잔 우리에게 보답했습니다. `2023`

유효 기간이 지난 치즈   2003

2003년에 웰스파고(Wells Fargo) 주식을 추가로 매입했습니다. 나머지 5대 종목의 보유 수량이 바뀐 시점은 코카콜라(Coca-Cola)는 1994년, 아메리칸 익스프레스(American Express)는 1998년, 질레트(Gillette)는 1989년, 워싱턴포스트(Washington Post)는 1973년, 무디스(Moody's)는 2000년이었습니다. 그래서 주식 중개인들은 우리를 좋아하지 않습니다.

우리는 이 포트폴리오를 낙관도 비관도 하지 않습니다. 우리는 탁월한 기업의 일부를 보유하고 있으며(작년에 모두 내재가치가 대폭 증가했음), 현재 주가는 그 탁월함을 반영할 뿐입니다. (중략)

2002년에는 정크본드가 매우 싸져서 약 80억 달러어치 사들였습니다. 그러나 그동안 상황이 급변한 탓에 지금은 이 섹터가 그다지 매력적으로 보이지 않습니다. 어제는 잡초였는데 오늘은 꽃으로 평가받고 있습니다.

그동안 거듭 강조했지만, 버크셔의 실현 이익은 실적 분석에 아무런 의미가 없습니다. 우리 장부에는 막대한 미실현 이익이 있지만, 우리가 특정 시점에 실적을 조절하려고 이익 실현 시점과 방식을 정하는 일은 절대 없을 것입니다. 그렇더라도 우리 투자 활동의 다양성에 관심이 있을 터이므로, 2003년에 보고한 이익을 유형별로 다음 표에 정리했습니다.

보통주에서 나온 이익은 비중이 크지 않습니다. 앞에서도 언급했지만, 주요 종목을 팔아 실현한 매도차익이 아닙니다. 국채에서 얻은 이익은 국채 스트립(STRIPS, 변동성이 가장 큰 국채)을 매각하고 우리 금융 및 금융상품 부서가 특정 전략을 추구한 결과입니다. 정크본드는 일부 종목만 팔고 대부분은 계속 보유 중입니다. 정크본드에서 나온 나머지 이익은 발행자의 수의상환이나 만기상환 결과입니다.

유형별 이익

유형	세전 이익(100만 달러)
보통주	448
미국 국채	1,485
정크본드	1,138
외환 계약	825
기타	233
합계	4,129

2002년 나는 난생처음 외환시장에 진입했고 2003년에는 외환 포지션을 늘렸습니다. 갈수록 달러를 비관하게 되었기 때문입니다. 그러나 예언자들의 묘지에는 (특히 거시경제 예측가들에게) 방대한 면적이 배정되어 있습니다. 실제로 버크셔는 거시경제를 예측한 적도 거의 없고, 거시경제 예측에 계속 성공한 사람도 거의 보지 못했습니다. (중략)

버크셔가 보유한 달러 표시 현금성 자산은 수십억 달러에 이릅니다. 따라서 나는 외환 계약을 통해서 우리 포지션 일부라도 헤지해두어야 마음이 편합니다.

회계 규정에 의하면 외환 계약은 만기에 도달하지 않았어도 가치가 변동할 때마다 즉시 자본손익에 반영해야 합니다. 이 변동 사항은 분기마다 우리 손익계산서의 '금융 및 금융상품' 부문에 표시하고 있습니다. 연말 현재 우리가 맺은 외환 계약은 모두 약 120억 달러이며 5개 통화로 분산되어 있습니다. 또한 2002년에 정크본드를 매입할 때도 가능하면 유로 표시물을 사들였습니다. 현재 우리가 보유한 유로 표시 정크본드는 약 10억 달러입니다.

마땅한 투자 대상을 찾을 수 없을 때 우리가 자동으로 쌓는 포지션은 미국 국채로서, 단기 국채를 사거나 환매 계약(repo)을 합니다. 이들 상품의 수익률이 아무리 낮아도, 수익을 조금 더 높이려고 신용 기준을 완화하거나 만기를 늘리는 일은 절대 없습니다. 찰리와 나는 적정한 보상을 받을 수 없다면 조금이라도 위험이 증가하는 것을 몹시 싫어합니다. 수익을 위해 기준을 완화하는 행위는 가끔 유효 기간이 지난 치즈를 먹는 것과 같습니다.

내 눈의 콩깍지를 벗겨준 책   2004

우리 보유 종목들을 보면서 차트 패턴이나, 주식 중개인의 의견이나, 단기 이익 추정치에 따라 매매해야 한다고 생각하는 사람도 있을 것입니다. 그러나 찰리와 나는 그런 변수들을 무시하며, 우리 주식을 회사 일부에 대한 소유권으로 봅니다. 이런 관점 차이는 중요합니다. 실제로 이런 사고방식은 19세 이후 내 투자 활동의 토대가 되었습니다. 내가 벤저민 그레이엄(Benjamin Graham)의 《현명한 투자자(The Intelligent Investor)》를 읽었을 때, 내 눈에 씌었던 콩깍지가 떨어져 나갔기 때문입니다. (그 이전에도 나는 주식시장에 매료되었지만 투자하는 방법을 전혀 몰랐습니다.)

먼저 우리가 사들인 이후 '4대 종목(아메리칸 익스프레스, 코카콜라, 질레트, 웰스파고)'의 실적이 어떠했는지 보겠습니다. 우리는 4대 종목에 38억 3,000만 달러를 투자했는데 1988년 5월~2003년 10월 동안 여러 차례에 걸쳐 사들였습니다. 종합적으로 보면 금액 가중 매입일은 1992년 7월입니다. 따라서 2004년 말 현재 우리가 이들 '기업 지분'을 보유한 기간은 약 12.5년입니다.

2004년 이들 기업의 이익 중 버크셔의 몫은 12억 달러에 이릅니다. 이 이익은 '정상'으로 인정할 수 있습니다. 물론 질레트와 웰스파고가 옵션 비용을 계산에서 누락했으므로 이익이 부풀려졌습니다. 그러나 한편으로는 코카콜라의 일회성 상각 탓에 이익이 축소되기도 했습니다.

4대 기업의 이익 중 우리 몫은 거의 해마다 증가했으며 지금은 매입원가의 약 31.3%에 이릅니다. 우리가 받은 현금 배당도 계속 증가해, 2004년까지 받은 총액이 4억 3,400만 달러로서 매입원가의 약 11.3%입니다. 전체적으로 보면 4대 종목의 실적이 극적인 수준은 아니지만 대체로 만족스러운 정도입니다.

4대 종목의 주가 흐름도 마찬가지입니다. 우리가 처음 매입한 이후, 주가이익배수(price to earnings ratio, PER)가 높아진 탓에 주가 상승률이 이익 성장률보다 다소 높았습니다. 그러나 연간 기준으로 보면 사업 실적과 주가 흐름은 자주 따로 놀았으며 간혹 그 괴리가 심해지기도 했습니다. 거품이 크게 발생할 때는 주가 상승률이 사업 실적을 훨씬 능가했습니다. 그러나 거품이 붕괴한 다음에는 반대가 되었습니다.

내가 이런 등락을 포착해서 매매했다면 버크셔의 실적이 틀림없이 훨씬 좋았을 것입니다. 잘 보이는 백미러를 통해 시장을 보면 항상 쉬워 보이는 법입니다. 그러나 투자자들이 응시할 수밖에 없는 전면 유리는 항상 뿌옇기 마련입니다. 게다가 우리는 포지션 규모가 거대해서 시장 등락에 따라 민첩하게 비중을 조절하기가 어렵습니다.

그렇더라도 거품이 발생해 주가가 쌍코피 터질 정도로 지나치게 올랐을 때도 내가 수수방관한 행태는 비난받아 마땅합니다. 당시 나는 우리 보유 종목 일부가 과대평가되었다고 말했지만 그 과대평가 수준을 과소

평가했습니다. 나는 행동해야 할 때 말만 앞세웠습니다.

이제 찰리와 나는 조금 움직여보려고 합니다. 수익률이 보잘것없는 현금성 자산을 430억 달러나 깔고 앉은 현재 상황은 유쾌하지 않습니다. 우리는 상장주식의 지분 일부를 사들이거나, 더 바람직하게는 대기업을 추가로 인수하고 싶습니다. 그러나 합리적인 수익률을 기대할 수 있는 가격일 때만 그렇게 할 것입니다.

뉴턴의 제4 운동 법칙 `2005`

그동안 버크셔 등 미국 주식에 투자한 사람들은 어렵지 않게 돈을 벌었습니다. 예컨대 1899년 12월 31일부터 1999년 12월 31일까지 한 세기 동안 다우지수가 66에서 11,497로 상승했습니다. (이런 결과가 나오려면 연 수익률이 얼마가 되어야 하는지 아십니까? 답은 섹션 끝에 있는데, 아마 놀라실 겁니다.) 이렇게 엄청나게 상승한 이유는 간단합니다. 지난 한 세기 동안 미국 기업들의 실적이 이례적으로 좋아서 투자자들이 그 번영의 흐름에 편승했기 때문입니다. 기업들은 계속해서 좋은 실적을 내고 있습니다. 그러나 요즘 주주들은 계속 자해를 하는 탓에, 투자에서 얻을 수 있는 수익이 대폭 감소하고 있습니다.

이런 현상은 근본적인 진실에서 시작합니다. 회사가 파산해서 그 손실을 채권자들이 떠안게 되는 일부 사례를 제외하면, 전체 투자자가 지금부터 심판의 날까지 벌어들일 수 있는 최대 이익은 전체 기업이 벌어들이는 이익입니다. 물론 똑똑하거나 운 좋은 투자자 A가 어리석거나 운 나쁜 투자자 B에게 손실을 떠안기면서 평균보다 많이 벌 수도 있습니다. 그리고 주식시장이 전반적으로 상승하면 모든 투자자가 돈을 벌었다고 생각합니다. 그러나 투자자는 누군가 주식을 받아주어야만 팔고 시장에서 나갈 수 있습니다. 한 투자자가 비싸게 팔면 다른 투자자는 비싸게 사야 합니다. 투자자 전체로 보면, 기업이 번 돈 이상을 기업으로부터 빼내는 마법 같은 방법은 없습니다. 하늘에서 돈이 소나기처럼 쏟아지지 않는다면 말이죠.

실제로는 '마찰 비용' 탓에 투자자들이 버는 돈은 기업이 버는 금액에 미치지 못합니다. 요점을 말하겠습니다. 이런 마찰 비용이 증가한 탓에 현재 투자자들의 수익은 과거 투자자들보다 훨씬 감소하고 있습니다.

마찰 비용이 급증한 과정을 이해하기 위해서, 한 가문이 모든 미국 기업을 계속 소유한다고 가정해봅시다. 이 가문을 고트락스로 부르겠습니다. 배당에 대한 세금을 제외하면, 이 가문의 재산은 전체 기업이 벌어들인 이익만큼 대를 이어 계속 늘어났습니다. 오늘날 이 금액은 매년 약 7,000억 달러에 이릅니다. 당연히 이 가문은 이 돈 일부를 소비합니다. 그러나 저축한 돈은 꾸준히 복리로 증식됩니다. 고트락스 가문 사람들의 재산은 모두 똑같은 속도로 증가하며 모두가 화목하게 지냅니다.

그러나 이제 입심 좋은 조력자들이 가문 사람들에게 개별적으로 접근해서, 어떤 종목을 사고 어떤 종목을 팔면 친척들보다 더 부자가 될 수 있다고 설득합니다. 브로커 조력자들은 수수료를 받고 이런 거래를 도와줍니다. 고트락스 가문은 여전히 모든 미국 기업을 보유하고 있으므로, 거래를 해도 가문 사람들 사이에서 주인이 바뀔 뿐입니다. 따라서 가문이 매년 벌어들이는 재산은 미국 기업들이 벌어들이는 이익에서 수수료만큼 감소합니다. 거래량이 많아질수록 가문의 몫은 줄어들고 조력자들이 받아 가는 몫은 늘어납니다. 브로커 조력자들은 이 사실을 잘 알고 있습니다. 이들에게는 거래가 활발해야 유리하므로 온갖 다양한 방법을 동원해서 가문 사람들이 자주 거래하도록 부추깁니다.

얼마 후 가문 사람들 대부분은 '친척 누르기'가 쉽지 않다는 사실을 깨닫게 됩니다. 이때 새로운 조력자들이 등장합니다. 이들은 가문 사람들을 개별적으로 만나, 현재 방식으로는 절대 친척들을 앞설 수 없다고 설명합니다. 그리고 해결책을 제시합니다. "우리 같은 펀드매니저를 고용해서 일을 전문적으로 해결하십시오." 이 펀드매니저 조력자들도 여전히 브로커 조력자들을 통해서 매매를 실행합니다. 심지어 브로커들이 번창할 수 있도록 거래량을 늘리기까지 합니다. 이제는 파이에서 더 큰 몫이 두 종류의 조력자들에게 돌아갑니다.

가문 사람들은 더욱 실망합니다. 가문 사람들 각자 전문가를 고용했는데도 가문 전체의 재정 상태는 더 나빠집니다. 어떤 해결책이 있을까요? 물론 조력을 더 받아야겠지요.

이번에는 재무설계사와 기관 컨설턴트들이 나타나서, 펀드매니저 조력자 선정에 대해 조언해줍니다. 좋은 종목 고르기도 어렵고 유능한 펀드매니저 고르기도 어려워서 혼란에 빠진 가문 사람들은 이들의 조력을 환영합니다. 그러면 유능한 컨설턴트 고르기는 쉬울까요? 그러나 고트락스 가문 사람들에게는 이런 의문이 떠오르지 않습니다. 물론 컨설턴트 조력자들이 이런 문제를 알려줄 리도 없고요.

이제 값비싼 세 종류의 조력자들을 부양하게 된 고트락스 가문은 실적이 더 나빠졌고 더 깊은 절망에 빠졌습니다. 그러나 희망이 사라진 듯한 시점에 네 번째 집단이 등장했습니다. 이른바 허풍쟁이 조력자들입니다. 이들은 실적이 부진한 이유를 친절하게 설명해줍니다. 기존 조력자들(브로커, 펀드매니저, 컨설턴트)에 대한 동기 부여가 부족해서 이들이 일하는 시늉만 내기 때문이라고요. 허풍쟁이 조력자들이 말합니다. "무기력한 사람들에게 좋은 실적을 기대할 수 있겠습니까?"

이들은 놀랄 만큼 단순한 해법을 제시합니다. 돈을 더 주는 방법입니다. 자신감 넘치는 허풍쟁이 조력자들은 정말로 친척들을 누르려면 (높은 고정보수에 더해서) 막대한 성과보수를 지급해야 한다고 역설합니다.

그런데 일부 허풍쟁이 조력자가 헤지펀드나 사모펀드라는 매력적인 이름으로 옷만 갈아입은 기존의 펀드매니저 조력자와 같다는 사실을 눈치채는 사람은 거의 없습니다. 그러나 새 조력자들은 옷을 갈아입는 행위가 지극히 중요하다고 장담합니다. 온순한 클라크 켄트(Clark Kent)가 슈퍼맨 복장으로 갈아입으면 초인적인 능력을 발휘하는 것처럼, 펀드도 명칭을 바꾸면 마법적인 능력을 발휘한다고 설명합니다. 이 설명을 듣고 안심한 가문 사람들은 보수를 높여주기로 합니다.

이것이 오늘날 우리의 현실입니다. 전에는 주주들이 흔들의자에 가만히 앉아 있기만 해도 기업에서 벌어들이는 이익을 모두 받았지만, 이제는 조력자들에게 넘어가는 몫이 급증해 기록적인 수준에 이르고 있습니다. 특히 요즘 세계적으로 유행하는 이익 분배 방식이 문제입니다. 조력자들이 똑똑하거나 운이 좋으면 막대한 성과급을 받지만, 조력자들이 멍청하거나 운이 나쁘면 (또는 사기꾼이면) 가문 사람들은 높은 고정보수에 더해서 손실까지 모두 떠안기 때문입니다.

결국 동전 앞면이 나오면 조력자들이 막대한 보수를 받고, 동전 뒷면이 나오면 고트락스 가문이 손실을 보는 계약이 증가하면서 가문 사람들은 곤경에 처했습니다. 실제로 오늘날 온갖 마찰 비용은 미국 기업 이익의 20%를 훌쩍 넘어갑니다. 다시 말해서 조력자들에게 지급하는 비용 탓에 미국 주식 투자자들의 이익이 20%나 감소합니다.

오래전 아이작 뉴턴(Isaac Newton) 경은 천재성을 발휘해 세 가지 운동 법칙을 발견했습니다. 그러나 그의 재능도 투자에는 소용이 없었습니다. 그는 남해회사(South Sea Company) 거품 사건에서 막대한 손실을 보고 나서 말했습니다. "천체의 움직임은 계산할 수 있지만 사람들의 광기는 계산할 수가 없더군요." 아이작 뉴턴이 이 손실로 엄청난 충격을 받지 않았다면 네 번째 운동 법칙을 발견했을지도 모릅니다. "투자자 전체로 보면, 운동량이 증가할수록 수익은 감소한다"라는 법칙 말입니다.

섹션 시작 부분에서 낸 문제의 답입니다. 20세기 동안 다우지수가 65.73에서 11,497.12까지 상승했는데, 이때 연복리 수익률은 5.3%였습니다. (물론 투자자들은 그동안 배당도 받았을 것입니다.) 21세기에도 똑같은 수익률이 나오려면 다우지수는 2099년 12월 31일 정확하게 201만 1,011.23까지 상승해야 합니다. 간단히 200만이라고 해둡시다. 금세기 들어 6년이 지났지만 아직 다우지수는 전혀 상승하지 못했습니다.

효율적 시장 가설을 배우지 않은 덕분 | 2006

작년에 90세가 된 나의 오랜 친구 월터 슐로스(Walter Schloss) 이야기입니다. 월터는 1956~2002년에 투자조합을 대단히 성공적으로 운용했는데, 투자자들에게 수익을 내주지 못하면 한 푼도 받지 않았습니다. 나는 그의 성과를 보고 나서 뒤늦게 칭찬하는 것이 아닙니다. 무려 50년 전, 세인트루이스의 한 가족이 정직하고 유능한 펀드매니저를 찾았을 때 내가 추천해준 사람은 월터뿐이었습니다.

월터는 MBA는커녕 대학도 나오지 않았습니다. 1956년, 그의 사무실에는 파일 캐비닛이 하나였습니다. 이후 무섭게 늘어나서 2002년에는 네 개가 되었습니다. 그는 비서도, 사무원도, 경리사원도 두지 않았습니다. 유일한 동료라고는 노스캐롤라이나 미술대학을 졸업한 그의 아들 에드윈(Edwin)뿐이었습니다. 월터와 에드윈은 내부 정보라면 근처에도 가지 않았습니다. 이들은 '외부' 정보조차 가끔 사용할 뿐이었고, 주로 월터가 벤저민 그레이엄 밑에서 일하면서 배운 단순한 통계 기법으로 종목을 골랐습니다. 1989년 〈아웃스탠딩 인베스터스 다이제스트(Outstanding Investors Digest)〉가 "당신의 투자 기법을 어떻게 요약하시겠습니까?"라고 물었을 때, 에드윈은 "싼 주식을 사려고 노력합니다"라고 대답했습니다. 현대 포트폴리오 이론, 기술적 분석, 거시경제, 복잡한 알고리즘 등은 언급하지도 않았습니다.

월터는 실제적 위험('영구적 원금 손실'로 정의)이 없는 전략을 사용하면서, 47년 동안 S&P500을 훨씬 뛰어넘는 실적을 올렸습니다. 게다가 대부분 따분한 종목 약 1,000개에 투자해서 올린 실적이라는 점이 주목할 만합니다. 몇몇 대박 종목으로 이룬 성과가 아닙니다. (중략) 월터가 47년 동안 올린 실적이 단순히 운이었을 가능성은 전혀 없습니다.

내가 월터의 실적을 처음 공개적으로 언급한 시점은 1984년입니다. 당시는 '효율적 시장 가설(Efficient Market Theory)'이 대부분 주요 경영대학원에서 가르치는 투자론의 핵심이었습니다. 주가는 언제든 명백하게 잘못 형성되는 일이 없으므로, 공개 정보만 이용해서는 (운 좋은 일부를 제외하면) 시장 평균보다 높은 실적을 얻을 수 없다고 이 이론은 가정합니다. 23년 전 내가 월터를 언급했을 때, 그의 실적은 이 주장에 대한 강력한 반증이 되었습니다.

이 새롭고도 중요한 반증이 드러났을 때, 학계에서는 어떤 반응을 보였을까요? 안타깝게도 이들의 반응은 너무도 인간적이었습니다. 마음을 여는 대신 눈을 감았습니다. 내가 알기로 월터의 실적을 분석해서 그들의 소중한 이론을 검증해본 학교는 하나도 없었습니다.

오히려 교수들은 효율적 시장 가설을 성서만큼이나 확실한 것처럼 계속 신나게 가르쳤습니다. 아마 효율적 시장 가설에 무례하게 이의를 제기하는 재무학 강사가 교수로 승진할 가능성은 갈릴레오(Galileo Galilei)가 교황으로 선출될 가능성만큼이나 희박했을 것입니다.

따라서 수많은 학생이 모든 주가는 항상 '올바르며'(더 정확하게 표현하면, 명백하게 틀리지는 않았으며), 주식 가치를 평가해도 소용없다고 배운 다음 사회로 배출되었습니다. 그동안 월터는 계속 시장 실적을 뛰어넘었는데, 젊은이들이 학교에서 잘못 배운 덕분에 한결 쉬웠습니다. 모든 학교에서 지구가 평평하다고 가르친다면 해운업자는 사업이 한결 수월해질 것입니다.

월터가 대학을 나오지 않은 것이 그의 투자조합 고객들에게는 천만다행입니다.

버크셔의 후계자 조건   2006

전에도 말했지만 버크셔에는 나를 대신해서 CEO가 될 탁월한 후보자가 세 사람이나 있습니다. 이사회는 내가 오늘 밤 죽으면 누가 CEO가 되어야 하는지 분명하게 알고 있습니다. 세 사람 모두 나보다 훨씬 젊습니다. 이사들은 후계자가 나보다 더 오래 근무해야 한다고 믿습니다.

솔직히 말하면 투자 부문에 대해서는 후계 준비가 충분하지 않습니다. 내력은 이렇습니다. 한때는 투자 업무를 찰리가 대신할 예정이었고, 더 최근에는 루 심프슨(Lou Simpson)이 대신할 예정이었습니다. 루는 가이코

(GEICO)의 주식 포트폴리오를 운용해 장기간 탁월한 실적을 기록한 투자의 달인입니다. 그러나 그는 나보다 겨우 여섯 살 젊습니다. 내가 곧 죽는다면 단기간은 그가 나를 대신해서 탁월한 실적을 올릴 것입니다. 그러나 장기적으로는 다른 답을 찾아야 합니다.

우리는 10월 이사회에서 이 문제를 충분히 논의했습니다. 나는 찰리와 루의 도움을 받아 이사회에서 수립한 계획을 실행할 것입니다.

이 계획에 따라 나는 대규모 포트폴리오 운용 능력을 갖춘 젊은이를 고용할 것이며, 때가 오면 그가 내 뒤를 이어 버크셔의 최고투자책임자가 될 것입니다. 선정 과정에서 우리는 여러 후보자를 확보할 것입니다.

적임자를 고르기는 쉽지 않을 것입니다. 물론 투자 실적이 뛰어난 사람 중 똑똑한 사람을 고르기는 어렵지 않습니다. 그러나 장기간 투자에 성공하려면 훌륭한 최근 실적과 지능만으로는 어림도 없습니다.

장기적으로 시장은 이상하고 심지어 기괴한 행태까지 드러냅니다. 큰 실수 한 번으로 장기간 쌓아 올린 성공을 날려버릴 수도 있습니다. 따라서 '유례없는 위험'까지도 인지해서 피하는 유전적 감각을 갖춘 사람이 필요합니다. 오늘날 금융기관들이 흔히 사용하는 모형으로는 투자 전략 속에 숨어 있는 위험을 감지할 수 없기 때문입니다.

기질도 중요합니다. 독립적 사고, 안정된 심리, 인간과 기관의 행태를 예리하게 이해하는 능력이 장기 투자 성공에 필수적입니다. 매우 똑똑하지만 이런 장점을 갖추지 못한 사람을 나는 많이 보았습니다.

끝으로 우리가 고려해야 하는 특별한 문제는 그를 계속 잡아둘 수 있느냐는 것입니다. 이력서에 버크셔 근무 경력을 추가하면 펀드매니저의 상품성이 대폭 높아집니다. 따라서 다른 곳에서 훨씬 많은 보수를 주겠다고 유혹해도 우리가 그를 계속 잡아둘 수 있어야 합니다.

이런 조건을 갖춘 사람은 틀림없이 존재하지만 찾아내기가 쉽지 않을 것입니다. 1979년, 잭 번(Jack Byrne)과 나는 루 심프슨이 그런 인물이라고 생각했습니다. 그래서 장기간 초과수익을 올리면 높은 보수를 주는 계약을 그와 맺었습니다. 이 계약에 따라 그는 계속 높은 보수를 받았습니다. 루는 오래전에 다른 회사로 옮겨서 더 유리한 조건으로 훨씬 많은 자산을 운용할 수도 있었습니다. 그의 목표가 오로지 돈이었다면 그는 이미 오래전에 떠났을 것입니다. 하지만 루는 떠날 생각을 전혀 하지 않았습니다. 우리는 루와 같은 젊은이를 한두 사람 찾아야 합니다.

사명감 투철한 펀드매니저를 원해   2010

2007년, 나는 찰리와 루와 내가 떠나면 자리를 메워줄 젊은 펀드매니저 한두 사람이 필요하다고 말했습니다. 당시 (현재 우리가 하는) CEO 업무를 맡아줄 탁월한 후보는 여럿 확보했지만, 투자 업무를 뒷받침할 사람은 찾지 못했습니다.

최근 실적이 탁월한 펀드매니저를 찾는 일은 어렵지 않습니다. 그러나 과거 실적이 중요하긴 해도 미래 실적을 전망하기에는 충분치 않습니다. 그 실적을 달성한 과정도 중요하고, 위험(흔히 학계에서 사용하는 베타로 측정해서는 절대 안 됩니다)에 대한 이해와 예리한 감각도 중요합니다. 위험 기준에 대해서 우리는 비범한 능력의 소유자를 찾고 있었습니다. 그것은 전례 없는 경제 시나리오가 미치는 영향을 예상하는 능력입니다. 결국 우리는 단순한 직업을 뛰어넘는 사명감으로 버크셔에 근무할 사람을 원했습니다.

찰리와 내가 만나보니 토드 콤즈(Todd Combs)는 우리 요건에 맞는 사람이었습니다. 루의 경우와 마찬가지로 토드도 급여에 더해서 S&P 대비 실적 기준으로 성과급을 받게 됩니다. 우리는 이연과 손실 이월을 인정해, 급격한 실적 변동 때문에 부당하게 보상하는 일이 없도록 했습니다. 헤지펀드계에서는 그동안 무한책임사원들의 부당한 행태가 나타났습니다. 이들이 실적이 좋을 때 막대한 보수를 챙긴 다음 실적이 나빠졌을 때 떠나버린 탓에, 유한책임사원들은 초기에 얻었던 이익을 상실했습니다. 때로는 이런 무한책임사원들이 과거 손실도 메우지 않은 상태에서 곧바로 새 펀드를 만들어 또다시 이익을 추구하기도 했습니다. 이런 펀드매니저들에게 돈을 맡기는 사람은 투자자가 아니라 봉(鳳)이라 하겠습니다.

내가 CEO로 있는 한, 나는 주식과 채권을 포함해서 버크셔의 보유 자산 대부분을 계속 운용할 것입니다. 토드는 처음에는 펀드 10~30억 달러를 운용하고 해마다 운용 규모를 다시 정할 것입니다. 그는 주식에 주력하게 되지만 업무를 주식 투자에만 한정하지는 않을 것입니다. (펀드 상담사들은 흔히 '롱숏(long-short)' '매크로(macro)' '국제 주식(international equity)' 같은 스타일박스(style box)를 애용합니다. 그러나 버크셔가 사용하는 유일한 스타일박스는 '현명함(smart)'입니다.)

앞으로 우리는 적절한 인재를 발견하면 펀드매니저를 한두 사람 추가할 예정입니다. 그러면 각 펀드매니저의 성과급 중 80%는 각자의 실적을 기준으로 지급하고, 20%는 다른 펀드매니저의 실적을 기준으로 지급할 것입니다. 우리는 개인의 성과에 크게 보상하면서도 경쟁보다는 협력을 촉진하는 보상 시스템을 원합니다.

찰리와 내가 버크셔를 떠난 다음에는 우리 펀드매니저들이 CEO와 이사회가 정하는 기준에 따라 전체 포트폴리오를 책임지게 될 것입니다. 훌륭한 투자자는 기업 인수에 유용한 관점을 제공하므로, 인수 후보 기업을 분석할 때는 우리 펀드매니저들과 상의하기 바랍니다(의결권을 주라는 뜻은 아닙니다). 결국은 이사회가 주요 인수에 대해 결정을 내리게 될 것입니다.

* 주석: 토드가 버크셔에 합류했다고 우리가 발표했을 때, 다수 언론에서는 그가 '무명'이라고 지적하면서 왜 '유명' 펀드매니저 중에서 선발하지 않았는지 의아해했습니다. 그렇다면 1979년에 합류한 루, 1985년의 아지트(Ajit Jain), 1959년의 찰리는 유명한 인물이었나요? 우리 목표는 중후한 거물이 아니라 신인 유망주를 발굴하는 것이었습니다. (아차. 여든 살 먹은 CEO가 쓸 표현은 아니군요.)

위대한 기업, 좋은 기업, 끔찍한 기업 `2007`

이제부터 우리가 어떤 기업에 흥미를 느끼는지 살펴보겠습니다. 그리고 우리가 피하고 싶은 기업에 대해서도 논의하고자 합니다.

찰리와 내가 찾는 기업은 a) 우리가 그 사업을 이해하고 b) 장기 경제성이 좋으며 c) 경영진이 유능하고 믿을 수 있고 d) 인수 가격이 합리적인 기업입니다. 우리는 회사를 통째로 인수하고자 하며, 경영진이 우리 동업자가 될 때는 지분 80% 이상을 인수하려고 합니다. 그러나 위대한 기업의 경영권을 인수할 수 없을 때는 주식시장에서 위대한 기업의 지분을 소량 사들이는 것으로도 만족합니다. 모조 다이아몬드를 통째로 소유하는 것보다는 최상급 다이아몬드의 일부를 소유하는 편이 낫기 때문입니다.

진정으로 위대한 기업이 되려면 탁월한 수익률을 지켜주는 항구적 '해자(垓子)'를 보유해야 합니다. 어떤 기업이 높은 수익을 내면 자본주의 역학에 따라 경쟁자들이 그 성(城)을 끊임없이 공격하기 때문입니다. 따라서 탁월한 실적을 유지하려면 낮은 생산원가(가이코, 코스트코(Costco))나 강력한 세계적 브랜드(코카콜라, 질레트, 아메리칸 익스프레스)처럼 가공할 만한 진입장벽을 보유해야만 합니다. 기업의 역사를 돌아보면 견고해 보이던 해자가 순식간에 사라져버린 '로마 폭죽' 같은 기업들이 넘쳐납니다.

따라서 계속해서 빠르게 변화하는 산업에 속한 기업들은 '항구적' 해자 기준에 따라 우리 관심 대상에서 탈락합니다. 자본주의의 '창조적 파괴'가 사회에는 매우 이롭지만 투자에 대해서는 불확실성을 높이기 때문입니다. 해자를 계속 다시 만들어야 한다면 해자가 없는 것과 마찬가지입니다.
(중략)

훌륭한 경영자는 어느 기업에나 소중한 자산이 되며 버크셔에도 훌륭한 경영자가 많습니다. 이들이 능력을 발휘한 덕분에 수십억 달러의 가치가 창출되었지, 평범한 경영자들이 맡았다면 절대로 이런 실적이 나오지 않았을 것입니다.

그러나 슈퍼스타가 있어야 위대한 실적이 나오는 기업이라면 그 기업은 위대하다고 간주할 수 없습니다. 지역 최고의 뇌외과 의사와 병원을 세워 동업한다면 큰 이익을 얻을 수 있지만 병원의 장래에 대해서는 알 수 없습니다. 그 의사가 떠나면 해자도 사라지기 때문입니다. 그러나 세계 최대 병원인 메이요 클리닉(Mayo Clinic)이라면 CEO가 누구든 해자가 유지될 것으로 믿을 수 있습니다.

안정적인 산업에 속하면서 장기 경쟁우위를 확보한 기업이 바로 우리가 찾는 기업입니다. 그리고 이런 기업이 태생적으로 성장성까지 갖추었다면 위대한 기업이 됩니다. 그러나 이런 기업은 성장성이 높지 않아도 투자할 가치가 있습니다. 이 기업에서 나오는 풍성한 이익으로 비슷한 기업을 인수하면 됩니다. 한 기업에서 번 돈을 그 기업에 재투자해야 한다는 원칙 같은 것은 없습니다. (중략)

이런 꿈같은 기업의 원형이 우리 씨즈캔디(See's Candies)입니다. 씨즈캔디가 속한 초콜릿산업은 따분합니다. 미국의 1인당 초콜릿 소비량은 지극히 적으며, 증가하지도 않습니다. 한때 유명했던 브랜드도 여럿 사라졌고, 지난 40년 동안 미미하게나마 이익을 낸 회사도 3개에 불과합니다. 씨즈캔디는 겨우 몇몇 주에서만 많은 매출을 올리고 있지만 초콜릿산업 전체에서 나오는 이익의 거의 절반을 차지하는 것으로 보입니다.

1972년 블루칩스탬프(Blue Chip Stamps)가 씨즈를 인수할 때, 씨즈의 연간 캔디 판매량이 1,600만 파운드(7,260톤)였습니다. (당시 우리는 블루칩의 경영권을 보유했으며 이후 버크셔와 합병했습니다.) 작년 씨즈의 판매량은 3,100만 파운드(1만 4,060톤)여서 그동안 연간 성장률은 2%에 불과했습니다. 그런데도 50년 동안 시(See) 가족이 키우고 이후 척 허긴스(Chuck Huggins)와 브래드 킨슬러(Brad Kinstler)가 강화한 항구적 경쟁우위 덕분에 씨즈는 이례적인 실적을 안겨주고 있습니다.

우리는 씨즈의 매출이 3,000만 달러이고 세전 이익이 500만 달러에도 못 미칠 때 2,500만 달러를 주고 샀습니다. 당시 사업 운영에 필요한 자본은 800만 달러였습니다. (매년 몇 달 정도는 계절적인 자금 수요도 있었습니다.) 따라서 이 회사의 세전 투하자본이익률(return on invested capital, ROIC)은 60%였습니다. 두 가지 요소 덕분에 회사는 운전자본을 최소화할 수 있었습니다. 첫째, 현금 판매를 했으므로 매출채권이 없었습니다. 둘째, 생산 및 유통 주기가 짧아서 재고자산을 최소화할 수 있었습니다.

작년 씨즈의 매출은 3억 8,300만 달러, 세전 이익은 8,200만 달러였습니다. 지금은 사업 운영에 필요한 자금이 4,000만 달러입니다. 이는 1972년 이후 회사의 실물 자산(그리고 약간의 금융자산) 확대에 우리가 재투자한 자금이 3,200만 달러에 불과하다는 뜻입니다. 그동안 회사가 벌어들인 세전 이익은 모두 13억 5,000만 달러입니다. 여기서 3,200만 달러를 제외한 금액이 모두 버크셔로 입금되었습니다. 그리고 우리는 법인세를 지급하고 남은 돈으로 다른 매력적인 기업들을 인수했습니다. 아담과 이브가 개시한 생산 활동이 60억 인구를 만들어낸 것처럼, 씨즈가 개시한 현금흐름이 오늘의 버크셔를 만들어냈습니다. (버크셔는 "생육하고 번성하라"라는 성경의 지시를 진지하게 받아들입니다.)

미국에 씨즈 같은 회사는 많지 않습니다. 회사 이익을 500만 달러에서 8,200만 달러로 증가시키려면 대개 이 성장 과정에 들어가는 자본 투자가 4억 달러 정도는 되어야 합니다. 매출 증가에 따라 운전자본을 늘려야 하고 고정자산에 대한 투자도 늘려야 하기 때문입니다.

성장에 많은 자본이 들어가는 회사도 만족스러운 투자 대상이 될 수 있습니다. 앞선 사례에서 세전 이익 8,200만 달러를 올리려면 대개 순유형자산에 4억 달러 정도는 투자해야 한다고 말했지만, 이 정도만 해도 전혀 손색없는 실적입니다. 그러나 소유주의 관점에서 보면 씨즈와는 엄청나게 다른 실적입니다. 사실상 큰 자본이 들어가지 않으면서 계속 이익이 증가하는 편이 훨씬 좋습니다. 마이크로소프트(Microsoft)나 구글(Google)에 물어보십시오.

좋은 기업이긴 해도 환상적인 기업과는 거리가 먼 예가 우리 '플라이트 세이프티(FlightSafety)'입니다. 이 회사도 다른 회사들처럼 고객에게 똑같은 혜택을 제공합니다. 그러나 항구적인 경쟁우위를 확보하고 있습니다. 최고가 아닌 회사에서 항공 훈련을 받는 것은 값싼 병원에서 수술을 받는 것과 같기 때문입니다.

그런데도 이 회사는 이익의 상당 부분을 재투자해야 성장할 수 있습니다. 1996년 우리가 플라이트세이프티를 인수할 때, 세전 영업이익은 1억 1,100만 달러였고 고정자산 투자는 5억 7,000만 달러였습니다. 우리가 인수한 이후 감가상각비가 모두 9억 2,300만 달러였습니다. 그러나 자본적 지출은 모두 16억 3,500만 달러였는데, 끊임없이 나오는 신형 항공기 모델에 맞춰 시뮬레이터를 들여오는 데 대부분 지출되었습니다. (시뮬레이터는 한 대에 1,200만 달러가 넘어가기도 하며 273대를 보유 중입니다.) 현재 우리 고정자산은 감가상각 후 10억 7,900만 달러입니다. 2007년 세전 이익은 2억 7,000만 달러로서, 1996년 이후 1억 5,900만 달러가 증가했습니다. 나쁘지 않은 실적이지만, 추가 투자된 5억 900만 달러에 대한 수익률을 따지면 씨즈에는 한참 못 미칩니다. (중략)

이번에는 끔찍한 기업을 보겠습니다. 최악의 기업은 고속으로 성장하고, 이 과정에서 막대한 자본이 들어가지만, 이익은 거의 나오지 않는 기업입니다. 항공사들을 생각해보십시오. 라이트(Wright) 형제가 비행기를 발명한 이래로 항공사들은 항구적 경쟁우위를 확보하기가 어려웠습니다. 당시 키티호크(라이트 형제가 처음으로 비행기를 시승한 곳)에 선견지명을 갖춘 자본가가 있어서 오빌(Orville)의 비행기를 격추했다면 이후 자본가들이 큰 덕을 보았을 것입니다.

라이트 형제의 첫 비행 이후 항공산업은 끝없이 자본을 요구했습니다. 투자자들은 항공산업의 성장성에 매력을 느껴 밑 빠진 독에 돈을 쏟아부었습니다. 그러나 그 성장성은 혐오했어야 옳았습니다. 부끄럽게도 나 역시 1989년 'US에어(U.S. Air)' 우선주를 사면서 이 바보들의 행진에 동참했습니다. 우리가 건넨 수표의 잉크가 마르기도 전에 회사 주가가 폭락했고 머지않아 우선주의 배당 지급도 중단되었습니다. 그러나 우리는 정말 운이 좋았습니다. 사람들의 착각 덕분에 항공산업에 대한 낙관론이 또다시 살아나던 1998년, 우리는 큰 이익을 남기고 우선주를 팔아넘길 수 있었습니다. 우리가 팔고 나서 회사는 2000년이 오기도 전에 파산했습니다. 그것도 두 번이나.

지금까지 설명한 세 가지 기업은 세 가지 '저축계좌'로 비유할 수 있습니다. 위대한 저축계좌는 금리가 이례적으로 높은 데다가 해가 갈수록 금리가 상승합니다. 좋은 저축계좌는 금리가 매력적이고 추가 예금에 대해서도 매력적인 금리를 줍니다. 끝으로 끔찍한 저축계좌는 금리도 낮은 데다가 이렇게 낮은 금리로 계속 예금을 추가해야 합니다.

이제는 고백할 시간입니다. 지금부터 설명하는 실수는 자문사나 이사회나 투자은행 간부가 권유해서 저지른 것이 아닙니다. 테니스에 비유하면 이 실수는 '자책'입니다.

먼저 나는 하마터면 씨즈 인수를 무산시킬 뻔했습니다. 매도자는 3,000만 달러를 요구했고, 나는 2,500만 달러를 넘길 수 없다고 고집했습니다. 다행히 그가 물러섰습니다. 안 그랬다면 나는 기회를 놓쳤을 것이고, 13억 5,000만 달러는 다른 사람에게 넘어갔을 것입니다.

씨즈를 인수할 무렵, 캐피털시티 브로드캐스팅(Capital Cities Broadcasting)을 경영하던 톰 머피(Tom Murphy)가 내게 전화해서, '댈러스 포트워스(Dallas-Fort Worth)' NBC 방송국을 3,500만 달러에 사라고 제안했습니다. 이 방송국은 캐피털시티가 포트워스 신문사를 살 때 딸려왔는데, '상호출자' 규정에 따라 머피는 처분할 수밖에 없었습니다. 내가 알기로 TV 방송국도 씨즈처럼 사실상 추가 자본 투자가 필요 없으면서 성장 전망은 탁월한 사업이었습니다. 운영하기도 쉬우면서 현금이 쏟아졌습니다.

게다가 머피는 당시에도 지금처럼 가까운 친구였고, 비범한 경영자이자 탁월한 인간으로서 내가 존경하는 사람이었습니다. 그는 TV 사업을 훤히 알고 있었으며, 그 인수가 확실하지 않았다면 내게 전화하지도 않았을 것입니다. 실제로 머피는 내 귀에다 대고 "사게"라고 속삭였습니다. 그러나 나는 듣지 않았습니다.

2006년 이 방송국의 세전 이익은 7,300만 달러였고, 내가 제안을 거절한 이후 벌어들인 이익 합계는 10억 달러 이상이었습니다. 거의 모두 소유주가 가져다 쓸 수 있는 돈이었습니다. 게다가 현재 보유 부동산의 자본 가치가 약 8억 달러입니다. 도대체 내가 왜 거절했을까요? 내 두뇌가 아무 말도 없이 휴가를 가버렸기 때문이라고 설명할 수밖에 없습니다. (나의 행동은 몰리 아이빈스(Molly Ivins)가 묘사한 어떤 정치인의 행동과 비슷했습니다. "그의 지능지수가 더 내려가면 하루에 두 번씩 그에게 물을 뿌려주어야 합니다.")

끝으로 1993년 나는 4억 3,300만 달러 상당의 버크셔 주식(A주 2만 5,203주)을 주고 신발회사 덱스터슈(Dexter Shoe)를 인수함으로써 더 큰 실수를 저질렀습니다. 내가 생각했던 이 회사의 항구적 경쟁우위는 몇 년 만에 사라져버렸습니다. 그러나 이것은 시작에 불과합니다. 인수 대금을 버크셔 주식으로 지급한 탓에 내 실수는 복리로 어마어마하게 증가했습니다. 버크셔 주주들에게 발생한 비용이 4억 달러가 아니라 35억 달러가 되었습니다. 요컨대 쓸모없는 기업을 인수하느라, 현재가치가 2,200억 달러에 이르는 버크셔의 지분을 1.6%나 내준 것입니다.

덱스터는 지금까지 내가 체결한 최악의 거래입니다. 그러나 장담하는데 나는 장래에도 실수를 또 저지를 것입니다. 기업 인수에 너무도 자주 나타나는 현상이 바비 베어(Bobby Bare)의 컨트리송 가사에 나옵니다. "함께 자러 갈 땐 모두 미인이었는데, 깨어보니 몇몇은 아니더라."

금과 젖소의 차이   2011

흔히 투자를 설명할 때, 장래에 더 많은 돈을 받을 것으로 기대하면서 현재 자금을 투입하는 행위라고 말합니다. 버크셔가 내리는 투자의 정의는 더 까다로워서, 장래에 (명목 이익에 대한 세금 공제 후) 더 많은 구매력을 받으리라는 합리적인 기대에 따라 현재 구매력을 남에게 이전하는 행위로 설명합니다. 간단히 말하면 투자는 장래에 더 많이 소비하려고 현재 소비를 포기하는 행위입니다.

우리가 내린 정의에서 중요한 추론이 도출됩니다. 투자 위험은 베타(변동성을 가리키는 월스트리트 용어로서 주로 위험 측정에 사용됨)로 측정할 것이 아니라, 예정 보유 기간에 투자자에게 발생할 구매력 손실 확률로 측정해야 한다는 것입니다. 보유 기간에 걸쳐 어떤 자산의 구매력이 매우 확실하게 증가하기만 한다면, 그 자산의 가격이 큰 폭으로 오르내리더라도 위험하지 않다는 말입니다. 이제부터 보겠지만, 가격이 변동하지 않는 자산도 매우 위험할 수 있습니다.

투자 대상은 매우 많고도 다양합니다. 그러나 크게 보면 세 가지 유형이 있으며 각 유형의 특성을 이해해야 합니다. 이제부터 각 유형을 알아봅시다.

- 첫 번째는 일정 금액으로 표시되는 투자로서 MMF(머니마켓펀드), 채권, 주택담보대출증권, 은행 예금 등이 있습니다. 사람들은 이렇게 금액으로 표시되는 투자가 대부분 '안전'하다고 생각합니다. 그러나 실제로는 이들이 가장 위험한 자산입니다. 베타는 제로일지 몰라도 위험은 매우 큽니다.

지난 한 세기 동안 이런 상품에 투자한 각국 사람들은 계속해서 지급기일에 맞춰 원리금을 받은 경우에도 구매력을 상실했습니다. 그러나 이렇게 언짢은 실적은 앞으로도 영원히 거듭 나타날 것입니다. 화폐 가치는 결국 정부가 결정하는 것이고, 간혹 일부 세력이 정부를 조직적으로 압박해 인플레이션 유발 정책을 이끌어내기 때문입니다. 때때로 정부의 정책은 통제 불능 상태에 빠지고 맙니다.

화폐 가치 안정을 강력하게 원하는 미국에서조차, 내가 버크셔 경영을 맡은 1965년 이후 달러의 가치가 무려 86%나 하락했습니다. 당시 1달러에 살 수 있었던 물건이 지금은 7달러나 합니다. 따라서 면세 기관이라면 채권 투자로 매년 이자를 4.3% 벌었어야 이 기간에 구매력을 겨우 유지할 수 있었습니다. 이렇게 벌어들인 이자 중 일부를 '소득'으로 생각했다면 단단히 착각한 것입니다.

당신이나 나 같은 납세 투자자라면 상황이 훨씬 더 어려웠습니다. 위 47년 동안 미국 단기 국채를 계속 보유했다면 연 수익률이 5.7%였습니다. 얼핏 보기에 만족스러운 수익률 같습니다. 그러나 개인 투자자의 평균 소득세율 25%를 공제하면 이 5.7%에서 나오는 실질 소득은 전혀 없습니다. 눈에 보이는 소득세가 명목 수익률 5.7% 중 1.4%를 떼어 간 다음, 눈에 보이지 않는 인플레이션 세금이 나머지 4.3%를 삼켜버렸기 때문입니다. 이때 눈에 보이지 않는 인플레이션 '세금'이, (사람들이 주로 부담스러워하는) 눈에 보이는 소득세보다 세 배 이상 많다는 사실에 주목해야 합니다. 우리 화폐에는 "우리는 하느님을 믿는다(In God We Trust)"라고 쓰였지만, 정부에서 화폐를 발행하는 작업은 모두 사람이 합니다.

물론 고금리가 인플레이션 위험을 보상해주기도 합니다. 실제로 1980년대 초에는 고금리가 인플레이션 위험을 잘 보상해주었습니다. 그러나 현재 금리는 구매력 위험을 상쇄하기에 턱없이 부족합니다. 지금은 채권에 경고 딱지라도 붙여야 할 지경입니다.

따라서 현재 상황에서 나는 금액 표시 증권을 좋아하지 않습니다. 그렇더라도 버크셔는 금액 표시 증권을 대량으로 보유하며 주로 단기물로 보유합니다. 금리가 아무리 낮아도 버크셔에서는 충분한 유동성 확보가 핵심 업무이며 이 업무는 절대 소홀히 다루어지지 않습니다. 이런 필요성 때문에 우리는 주로 미국 단기 국채를 보유합니다. 이는 경제가 최악의 혼란에 빠졌을 때도 유동성을 믿을 수 있는 유일한 증권입니다. 우리가 일상적으로 유지하는 유동성 수준은 200억 달러이고 절대적으로 유지하는 최소 수준은 100억 달러입니다.

유동성 확보 목적이나 당국의 규제로 보유하는 물량을 제외하면, 우리는 수익 가능성이 이례적으로 높아 보일 때만 금액 표시 증권에 투자합니다. (중략) 지금은 오래전에 월가의 주식 중개인 셸비 컬럼 데이비스(Shelby Cullom Davis)가 말했던 풍자가 적절한 시점입니다. "과거에는 무위험 수익을 제공하던 채권이, 지금은 가격이 터무니없이 상승해 무수익 위험을 제공하는 채권이 되었다."

- 두 번째 투자 유형은 아무런 산출물도 나오지 않는 자산입니다. 사람들은 장차 다른 사람이 (산출물이 나오지 않는다는 사실을 알면서도) 더 높은 가격에 사줄 것을 기대하면서 이런 자산을 사들입니다. 17세기에는 튤립이 이런 사람들이 선호하는 투자 상품이 되었습니다.

이런 투자가 유지되려면 이런 매수자 집단이 계속 증가해야 하며, 이들은 이런 매수자 집단이 훨씬 더 증가할 것으로 믿기 때문에 매수에 가담합니다. 이들은 자산 자체에서 나오는 산출물(영원토록 전혀 나오지 않음)에 매력을 느껴서가 아니라, 장래에 다른 사람이 더 열광적으로 원한다고 믿기 때문에 그 자산을 삽니다.

이런 유형에 속하는 대표적인 상품이 금입니다. 현재 거의 모든 자산에 대해 걱정하며 특히 지폐를 걱정하는 사람들이 절대적으로 좋아하는 투자 대상입니다. (이들이 지폐의 가치를 걱정하는 것은 타당합니다.) 그러나 금에는 두 가지 중대한 결점이 있습니다. 용도가 많지 않고, 산출물도 나오지 않는다는 점입니다. 물론 금이 산업용과 장식용으로 사용되긴 하지만 이런 용도로는 수요가 제한적이어서 신규 생산량을 소화해낼 수가 없습니다. 그리고 금 1온스는 아무리 오래 보유해도 여전히 1온스일 뿐입니다.

금을 사는 것은 주로 향후 걱정하는 사람들이 증가한다고 믿기 때문입니다. 지난 10년 동안은 이런 믿음이 옳았던 것으로 드러났습니다. 게다가 금값 상승 자체가 금 투자 논리를 정당화하는 것처럼 보였으므로 추가 매수자들을 끌어들였습니다. 시류에 편승하는 투자자들이 증가함에 따라 이들은 나름의 실상을 만들어냈습니다. 당분간은 말이죠.

지난 15년 동안 인터넷 주식과 주택 가격이 비정상적으로 과열되면서 합리적인 가설로 가격 상승을 설명할 수 없는 수준까지 치솟았습니다. 이 거품에 대해 처음에는 회의적이었던 투자자들이 시장가격 상승이라는 증거에 굴복하게 되었고, 이런 사람들이 한동안 증가하면서 이 유행도 한동안 유지되었습니다. 그러나 크게 부풀어 오른 거품은 터질 수밖에 없습니다. 그리고 거품이 터지면서 옛 속담의 타당성이 다시 한번 입증되었습니다. "지혜로운 사람이 시작한 일을 바보가 마무리한다."

오늘날 세계의 금 보유고는 약 17만 톤입니다. 이 금을 모두 녹이면 한 변의 길이가 약 21미터인 정육면체를 만들 수 있습니다. (야구장 내야에 충분히 들어가는 크기입니다.) 이 글을 쓰는 시점 현재 금 가격이 온스당 1,750달러이므로 가치는 모두 9.6조 달러가 됩니다. 이 정육면체 금덩이를 자산 A라고 부릅시다.

이제 같은 금액(9.6조 달러)으로 자산 B를 구성해봅시다. 이 돈이면 미국의 모든 농경지(매년 약 2,000억 달러가 산출되는 땅 4억 에이커, 약 1.6조 제곱미터)를 사고 나서, 엑슨모빌(Exxon Mobil, 매년 400억 달러 이상 벌어들이는, 세계에서 가장 수익성 높은 회사) 16개를 살 수 있습니다. 이렇게 사들인 다음에도 약 1조 달러나 남아돕니다. (이렇게 대규모 매수를 하고 나서도 돈이 전혀 부족하지 않습니다.) 이런 상황에서 9.6조 달러로 B 대신 A를 선택하는 투자자가 존재한다고 상상할 수 있습니까? (중략)

지금부터 100년 동안 농경지 4억 에이커는 옥수수, 밀, 면화, 기타 농산물을 엄청나게 생산해낼 것이며, 화폐가 어떻게 되든 값진 보상을 계속해서 산출할 것입니다. 그리고 100년 동안 엑슨모빌은 십중팔구 수조 달러에 이르는 배당을 주주들에게 지급할 것이며, 수조 달러에 이르는 자산도 계속 보유할 것입니다(이런 회사를 16개 보유). 그러나 금 17만 톤은 100년이 지나도 크기가 그대로이며, 여전히 아무것도 산출하지 못합니다. 금덩이를 정성껏 쓰다듬어도 아무 반응이 없습니다.

물론 100년 뒤에도 겁에 질리면 금을 사려고 몰려드는 사람이 많을 것입니다. 그러나 단언컨대 현재가치 9.6조 달러인 자산 A가 100년 동안 증식되는 복리 수익률은 자산 B보다 훨씬 낮을 것입니다.

- 앞에서 설명한 두 유형('일정 금액으로 표시되는 투자'와 '아무런 산출물도 나오지 않는 자산')은 공포감이 극에 달할 때 최고의 인기를 누립니다. 개인들은 경제가 붕괴한다는 공포감에 휩쓸릴 때 금액 표시 자산, 특히 미국 국채를 사들이고, 통화 붕괴가 두려울 때는 금처럼 산출물 없는 자산으로 몰

려듭니다. 그러나 2008년 말 "현금이 왕"이라는 소리가 들릴 때는 현금을 보유할 시점이 아니라 투자할 시점이었습니다. 마찬가지로 "현금이 쓰레기"라는 소리가 들리던 1980년대 초는 채권을 투자하기에 가장 매력적인 시점이었습니다. 두 사례에서 대중이 따라붙을 것으로 기대했던 투자자들은 값비싼 대가를 치렀습니다.

여러분도 짐작하다시피 내가 선호하는 투자 대상은 세 번째 유형으로서, 기업이나 농장이나 부동산 같은 생산 자산입니다. 이 중에서 이상적인 자산은 인플레이션 기간에도 신규 자본 투자가 거의 들어가지 않으면서 구매력 가치가 있는 제품을 생산하는 자산입니다. 이 두 가지 기준을 모두 충족하는 자산이 농장, 부동산, 그리고 코카콜라, IBM, 씨즈캔디 같은 기업들입니다. 그러나 예컨대 우리의 규제 대상 공익기업들은 인플레이션 기간에도 막대한 자본 투자를 해야 하므로 위 기준을 통과하지 못합니다. 돈을 더 벌기 위해 더 투자해야 합니다. 그렇더라도 산출물 없는 자산이나 금액 표시 자산보다는 여전히 나을 것입니다.

지금부터 100년 뒤에 사용되는 화폐가 금이든, 조개껍데기든, 상어 이빨이든, 아니면 지금처럼 지폐든, 사람들은 일해서 번 화폐를 코카콜라나 씨즈 땅콩 캔디와 기꺼이 바꿀 것입니다. 장래에도 사람들은 더 많은 상품을 운송하고, 더 많은 식품을 소비하며, 지금보다 더 넓은 주거 공간에서 살아갈 것입니다. 사람들은 자신이 생산한 것과 다른 사람들이 생산한 것을 끊임없이 교환할 것입니다.

미국 기업들은 사람들이 원하는 상품과 서비스를 계속해서 효율적으로 제공할 것입니다. 비유하자면 이런 상업용 '젖소'들이 여러 세기 살아가면서 갈수록 더 많은 '우유'를 공급할 것입니다. 젖소들의 가치는 교환 매개(화폐)가 아니라 우유 공급량에 따라 결정될 것입니다. 우유를 팔아서 번 돈은 복리로 증식될 것입니다. 마치 20세기에 다우지수가 66에서 11,497로 증가했듯이 말입니다(게다가 막대한 배당도 지급했습니다). 버크셔의 목표는 일류 기업들의 지분을 늘려가는 것입니다. (중략) 장기적으로 보면 이 세 번째 유형이 압도적으로 높은 실적을 낼 것으로 나는 믿습니다. 더 중요한 점은 이 방법이 단연 가장 안전하다는 사실입니다.

농장에 투자하듯 주식을 매매하라 2013

가장 사업처럼 하는 투자가 가장 현명한 투자다.
- 벤저민 그레이엄,《현명한 투자자》

나는 벤저민 그레이엄 덕분에 투자에 대해 알게 되었으므로, 이 논의는 그의 글을 인용하면서 시작하는 편이 어울릴 듯합니다. 먼저 보통주에 대해서 이야기하고 나서 그레이엄에 관해서 더 이야기하겠습니다. 우선 오래전에 투자한 부동산 두 건에 관한 이야기로 시작하겠습니다. 부동산 투자 두 건으로 내 재산이 크게 바뀌지는 않았지만 나는 교훈을 얻었습니다.

이 이야기는 네브래스카에서 시작됩니다. 1973~1981년 동안 중서부에서는 농장 가격이 폭발적으로 상승했습니다. 걷잡을 수 없는 인플레이션이 닥친다고 사람들이 믿은 데다가 소형 지역은행들의 대출 정책이 부동산 가격 상승을 부채질한 탓입니다. 그러다가 거품이 터지자 농장 가격이 50% 이상 하락했고, 대출받은 농부와 대출해준 은행들 모두 엄청난 충격을 받았습니다. 아이오와와 네브래스카 주에서 이 거품 붕괴로 파산한 은행의 숫자가, 최근 금융위기로 파산한 은행 숫자의 다섯 배였습니다.

1986년, 나는 오마하 북쪽 50마일 거리에 있는 농장 400에이커(160만 제곱미터)를 연방예금보험공사(FDIC)로부터 사들였습니다. 가격은 28만 달러였는데, 파산한 은행이 몇 년 전 그 농장을 담보로 대출해준 금액보다 훨씬 적은 액수였습니다. 나는 농장 운영에 대해 아는 것이 없었습니다. 그러나 아들 하나가 농사를 좋아했으므로, 아들의 도움으로 이 농장의 옥수수와 콩의 산출량과 운영 경비를 추산할 수 있었습니다. 이 추정치를 바탕으로 계산해보니 당시 이 농장에서 나오는 표준 수익이 약 10%였습니다. 또한 세월이 흐르면 생산성이 향상되고 곡물 가격도 상승하리라 생각했습니다. 두 가지 예상 모두 적중했습니다.

나는 특별한 지식이나 정보 없이도 이 투자가 손실 위험은 없고 수익 가능성은 크다고 판단할 수 있었습니다. 물론 때때로 흉년도 들고 가격이 하락할 수도 있습니다. 그런들 무슨 문제가 있겠습니까. 때로는 풍년도 들 것이고 나는 서둘러 농장을 팔 필요도 없었습니다. 28년이 지난 지금, 농장에서 나오는 이익은 세 배로 불었고 농장 가격은 다섯 배 이상 뛰었습니다. 나는 지금도 농사를 전혀 모르며 최근에야 두 번째로 농장을 방문했습니다.

1993년에도 나는 소규모로 투자했습니다. 내가 살로먼(Salomon)의 CEO였을 때 회사 건물주였던 래리 실버슈타인(Larry Silverstein)이 부동산 매물 하나를 알려주었습니다. 정리신탁공사(Resolution Trust Corp)에서 매각하는, 뉴욕대학교에 인접한 상가 부동산이었습니다. 이번에는 상업용 부동산 거품이 붕괴했습니다. 저축기관들이 낙관적인 대출 관행으로 거품을 키우다가 파산하자 정리신탁공사가 이들의 자산을 처분하려고 내놓은 매물이었습니다.

이번에도 분석은 간단했습니다. 대출금이 없을 때 이 부동산에서 나오는 수익률이 농장과 마찬가지로 약 10%였습니다. 그러나 당시 정리신탁공사가 이 부동산을 제대로 관리하지 못하고 있었으므로, 비어 있는 여러 매장을 임대하면 수익이 올라갈 수 있었습니다. 더 중요한 사실은, 이 건물의 평균 임대료가 제곱피트당 70달러였는데도 (전체 공간의 약 20%를 점유한) 최대 세입자가 내는 임차료는 약 5달러에 불과했다는 점입니다. 9년 후 이 임대 계약이 만료되면 수익이 대폭 증가할 수밖에 없었습니다. 부동산의 위치도 최고였습니다. 뉴욕대학교가 옮겨 갈 일은 없으니까요.

나는 래리와 내 친구 프레드 로즈(Fred Rose)가 만든 소규모 그룹에 가담해 이 부동산을 사들였습니다. 노련한 일류 부동산 투자자 프레드가 가족과 함께 이 부동산을 관리할 예정이었습니다. 그리고 실제로 프레드 가족이 관리했습니다. 기존 계약이 만료되자 수익이 세 배로 뛰었습니다. 이제는 연간 분배금이 투자 원금의 35%를 넘어갑니다. 게다가 기존 부동산 담보대출금을 1996년과 1999년에 재융자받는 과정에서 특별 분배금까지 여러 번 받았는데, 합계 금액이 투자 원금의 150%가 넘었습니다. 나는 아직 부동산을 구경도 못 했습니다.

앞으로 수십 년 동안 농장과 뉴욕대학교 인접 상가에서 나오는 수익은 십중팔구 증가할 것입니다. 증가율이 극적으로 높지는 않겠지만, 내 평생에 이어 자녀와 손주들에게도 확실하면서 만족스러운 수익을 안겨줄 것입니다.

나는 투자의 기본을 설명하려고 이 이야기를 했습니다.

- 전문가가 아니어도 만족스러운 투자수익을 얻을 수 있습니다. 그러나 전문가가 아니라면 자신의 한계를 인식하고 매우 확실한 방법을 선택해야 합니다. 일을 단순하게 유지해야 하며, 일확천금을 노려서는 안 됩니

다. 누군가 '즉시' 이익을 내주겠다고 약속하면 '즉시' 거절하십시오.

- 자산의 미래 생산성에 초점을 맞추십시오. 그 자산의 미래 이익을 대강이라도 추정하기가 어렵다면 그 자산은 포기하고 다른 자산을 찾아보십시오. 모든 투자 기회를 평가할 수 있는 사람은 없습니다. 그리고 모든 것을 다 알 필요도 없습니다. 자신이 선택한 것만 이해하면 됩니다. 그러나 자산의 장래 가격 변동에 초점을 맞춘다면 그것은 투기입니다. 투기가 잘못이라는 말은 아닙니다. 그러나 나는 투기를 잘하지 못하며, 계속해서 투기에 성공했다는 사람들의 주장을 믿지 않습니다. (중략) 어떤 자산의 가격이 최근 상승했다는 이유로 그 자산을 사서는 절대 안 됩니다. (중략)

- 거시경제에 대한 관점을 세우거나, 남들의 거시경제 예측이나 시장 예측에 귀 기울이는 것은 시간 낭비입니다. 사실은 위험하기까지 합니다. 정말로 중요한 문제의 초점을 흐릴 수 있기 때문이죠. (TV 논평자들이 입심 좋게 시장을 예측하는 모습을 보면 나는 미키 맨틀(Mickey Mantle, 유명 야구 선수)의 통렬한 비판이 떠오릅니다. "방송 중계석에만 앉으면 야구가 무척이나 쉬워 보이나 봅니다.")

- 내가 두 부동산을 산 시점은 1986년과 1993년입니다. 이후 경제, 금리, 주식시장 흐름이 어떻게 될 것인가는 내 투자 결정에 전혀 중요하지 않았습니다. 당시 신문 머리기사와 전문가들이 무슨 말을 했는지도 기억나지 않습니다. 그들이 무슨 소리를 하든, 네브래스카 농장에서는 옥수수가 계속 자라고, 뉴욕대학교 인접 상가에는 학생들이 몰려들 테니까요.

내가 산 두 부동산과 주식 사이에는 커다란 차이가 하나 있습니다. 주식은 실시간으로 가격이 나오지만 내 농장이나 뉴욕 상가의 가격은 한 번도 보지 못했습니다.

이렇게 큰 폭으로 출렁이는 가격이 실시간으로 제공되므로 주식 투자자들에게 엄청나게 유리할까요? 실제로 유리한 투자자도 있겠지요. 만일 내 농장 옆에 사는 변덕스러운 농부가 내 농장을 얼마에 사겠다거나 자기 농장을 얼마에 팔겠다고 매일 소리 지른다면, 그리고 이 가격이 그의 기분에 따라 단기간에도 큰 폭으로 오르내린다면, 그의 변덕 덕분에 내가 이득을 볼 수밖에 없겠지요? 그가 외치는 가격이 터무니없이 싸고 내게 여유 자금이 있다면 나는 그의 농장을 살 겁니다. 그가 부르는 가격이 말도 안 되게 비싸다면 그에게 내 농장을 팔거나 그냥 농사를 지을 것입니다.

그러나 주식 투자자들은 다른 사람들이 변덕을 부리거나 비합리적으로 행동하면 이들처럼 비합리적으로 행동하기 일쑤입니다. 시장, 경제, 금리, 주가 흐름 등에 대한 말이 수없이 쏟아지는 탓에, 일부 투자자는 전문가들의 말에 귀 기울여야 한다고 믿으며 심지어 이들의 말에 따라 행동해야 한다고 생각합니다.

사람들은 농장이나 아파트는 수십 년 동안 계속 보유하면서도, 주가가 계속 오르내리고 전문가들이 "가만 앉아 있지만 말고 어떻게든 해보시죠"라는 취지로 논평을 쏟아내면 흥분 상태에 빠지기 일쑤입니다. 유동성은 절대적인 이점이지만 이런 투자자들에게는 유동성이 저주가 됩니다.

변덕스럽고 말 많은 이웃이 있어도 내 농장의 가치가 떨어지지 않듯이, 시장이 갑작스럽게 폭락하거나 극단적으로 오르내리더라도 투자자가 손실을 보는 것은 아닙니다. 실제로 진정한 투자자에게는 시장 폭락이 오히려 유리할 수 있습니다. 주가가 터무니없이 내려갔을 때 여유 자금이 있다면 말이죠. 투자자에게 공포감은 친구이고, 행복감은 적입니다.

2008년 말, 이례적인 금융 공황이 발생해 심각한 침체가 분명히 다가오고 있었는데도 나는 농장이나 뉴욕 상가 매각을 전혀 생각해보지 않았습니다. 내가 장기 전망이 밝은 견실한 회사의 지분을 100% 보유하고 있었다면, 헐값 매각을 고려하는 것조차 어리석은 짓이었을 것입니다. 그렇다면 내가 여러 훌륭한 기업의 일부 지분인들 팔았겠습니까? 물론 끝내 실망스러운 실적이 나오는 기업도 있겠지만 전체로 보면 틀림없이 좋은 실적이 나올 터였습니다. 미국의 놀라운 생산 자산과 무한한 창의성이 송두리째 땅속에 파묻힐 것이라고 정말로 믿을 수 있습니까?

찰리와 내가 기업의 지분 일부를 사들일 때 분석하는 방법은 기업을 통째로 사들일 때 분석하는 방법과 매우 비슷합니다. 먼저 5년 이상 이익 범위를 합리적으로 추정할 수 있는지 판단합니다. 이익 범위를 추정할 수 있고, 그 이익을 우리가 추정하는 범위의 하한선으로 가정하더라도 현재 주가가 합리적인 수준이라면 그 주식을 삽니다. 그러나 흔히 그렇듯이 미래 이익을 추정할 수 없다면 포기하고 다음 후보로 넘어갑니다. (중략)

그러나 우리의 '능력범위(circle of competence)'는 반드시 인식해야 하며, 확실히 그 안에 머물러야 합니다. 그렇게 하는데도 우리는 주식 투자와 사업에서 실수를 저지릅니다. 그래도 장기 상승장에 현혹되어 주가 상승을 기대하고 주식을 샀다가 재난을 당했을 때처럼 심각한 타격을 입지는 않습니다.

물론 대부분 투자자가 인생을 살아가면서 기업 전망 분석에 매달리는 것은 아닙니다. 현명한 사람은 잘 모르는 사업에 대해서는 미래 수익력을 예측할 수 없다고 판단합니다.

이런 비전문가들에게 좋은 소식이 있습니다. 평범한 투자자에게는 이런 기법이 필요 없습니다. 그동안 미국 기업들은 훌륭한 실적을 기록했고, 앞으로도 계속 그럴 것입니다(물론 틀림없이 들쭉날쭉해서 종잡을 수 없겠지만). 20세기에 다우지수는 66에서 11,497로 상승했고 덤으로 배당까지 계속 높여주었습니다. 21세기에도 지수는 더 상승할 것이며 틀림없이 상승 폭도 클 것입니다. 비전문가들의 목표는 대박 종목 고르기가 되어서는 안 됩니다. (그도, '조력자들'도 고를 수 없습니다.) 전체로 보면 좋은 실적이 나올 만한 대표적인 기업들로 포트폴리오를 구성해야 합니다. 저비용 S&P500 인덱스펀드를 사면 이 목표를 달성할 수 있습니다.

이것이 비전문가들이 투자할 '종목'입니다. 투자하는 '시점' 역시 중요합니다. 초보 투자자는 시장이 극단적으로 과열되었을 때 들어가서 평가손이 발생하면 시장에 환멸을 느낄 위험이 있습니다. (작고한 바턴 빅스(Barton Biggs)의 말을 기억하십시오. "강세장은 섹스와 같다. 끝나기 직전이 가장 좋다.") 이런 실수를 방지하려면 장기간에 걸쳐 주식을 사 모아야 하며, 악재가 나오거나 주가가 고점에서 대폭 하락했을 때는 절대 팔지 말아야 합니다. 이 원칙대로 비용을 최소화하면서 잘 분산해서 투자한다면 '아무것도 모르는 투자자'도 거의 틀림없이 만족스러운 실적을 올리게 됩니다. 자신의 약점을 아는 순진한 투자자의 장기 실적이, 자신의 약점을 전혀 깨닫지 못하는 박식한 전문가보다 높을 것입니다. (중략)

한마디 덧붙이자면 나는 말대로 행동하고 있습니다. 내가 여기에 쓴 조언은 내가 유서에 쓴 지시 사항과 똑같습니다. 내 유산 중 현금은 아내를 수익자로 해서 수탁자에게 전달될 것입니다. (내 버크서 주식은 모두 결산 후 10년에 걸쳐 특정 자선단체에 분배되므로 현금은 개인 유산으로 사용해야 합니다.) 내가 수탁자에게 주는 조언은 더할 수 없이 단순합니다. 현금의 10%는 단기 국채에 넣고, 90%는 저비용 S&P500 인덱스펀드에 넣으라고 했습니다. (나는 뱅가드(Vanguard)의 펀드를 제시했습니다.) 이 정책에 따라 수탁자가 올리는 장기 실적은 고비용 펀드매니저를 쓰는 대부분 투자자(연금기금, 기관, 개인)보다 높을 것이라고 나는 믿습니다.

이제 벤저민 그레이엄으로 돌아가겠습니다. 이런 투자에 관한 생각 대부분은 내가 1949년에 산 벤저민 그레이엄의 저서 《현명한 투자자》에서 배운 것입니다. 이 책을 사고서 내 인생이 바뀌었습니다.

나는 이 책을 읽기 전에는 투자의 세계에서 방황하면서 투자에 관한 글을 닥치는 대로 읽었습니다. 나는 여러 글에 매료되었습니다. 그래서 차트에 손대기도 하고, 시장 지표를 이용해서 주가 흐름을 예측하기도 했습니다. 증권사 객장에 앉아 시세 테이프가 찍혀 나오는 모습을 지켜보기도 하고, 해설자 말에 귀 기울이기도 했습니다. 모두 재미있었지만 아무 성과도 없다는 생각을 떨쳐버릴 수가 없었습니다.

반면에 이 책은 (그리스 문자나 복잡한 공식도 없이) 아이디어를 우아하면서도 이해하기 쉬운 산문으로 논리정연하게 설명해주었습니다. 나중에 나온 개정판의 8장과 20장에서 핵심 포인트를 설명해주었습니다. (1949년 초판은 장 구성이 달랐습니다.) 이 핵심 포인트가 오늘날 나의 투자 판단을 이끌어주고 있습니다.

이 책에서 우연히 얻은 흥미로운 정보가 둘 있습니다. 개정판에는 그에게 대박을 안겨준 투자(종목명은 밝히지 않음)를 설명하는 후기가 들어 있었습니다. 그는 초판을 쓰던 1948년에 이 종목을 샀습니다. 여러분, 놀라지 마십시오. 이 수수께끼의 종목은 바로 가이코였습니다. 가이코의 초창기 시절에 이 회사의 특별한 장점을 그가 알아보지 못했다면 나와 버크셔의 미래는 완전히 달라졌을 것입니다.

1949년 판에서는 당시 주당 이익이 약 10달러인데도 주가가 17달러에 불과했던 철도주도 추천했습니다. (내가 그를 존경한 이유 중 하나는 그가 배짱 좋게도 당시 사례를 사용했다는 점입니다. 실패하면 조롱당할 수 있는데도 말이지요.) 이렇게 저평가된 것은 당시 회계 규정에 따라 관계회사들의 막대한 유보이익을 그 철도회사의 보고이익에서 제외했기 때문입니다.

그 추천주가 바로 '노던퍼시픽(Northern Pacific)'이었고, 가장 중요한 관계회사가 '시카고, 벌링턴 앤드 퀸시(Chicago, Burlington and Quincy)'였습니다. 이들이 나중에 벌링턴 노던 산타페(Burlington Northern Santa Fe, BNSF)를 구성하는 주요 회사가 되었고, 현재 BNSF는 우리가 완전히 소유하고 있습니다. 내가 이 책을 읽을 당시에는 노던퍼시픽의 시가총액이 약 4,000만 달러였습니다. 이제 이 4,000만 달러는 BNSF가 4일마다 벌어들이는 이익에 불과합니다. (물론 그동안 BNSF에 막대한 자산이 추가되었습니다.)

내가 《현명한 투자자》 초판을 산 가격은 기억하지 못합니다. 그러나 그 가격이 얼마였든, 이 책은 그의 가르침 "가격은 내가 치르는 것이고, 가치는 내가 받는 것이다"가 옳았음을 보여줍니다. 내가 지금까지 한 모든 투자에서 이 책을 산 투자가 최고였습니다. (내 혼인신고서 두 건을 제외하면 말이죠.)

미국 번영에 수십 년 베팅했더니　2014

앞서 언급했듯이 나의 사업 경험은 투자에 도움이 되고 투자 경험은 사업에 도움이 됩니다. 한 분야에서 얻은 교훈을 다른 분야에 적용할 수 있기 때문입니다. 그리고 일부 사실은 경험을 통해서만 제대로 터득할 수 있습니다. (프레드 쉐드(Fred Schwed)의 훌륭한 저서 《고객의 요트는 어디에 있는가(Where are the Customers' Yachts?)》에서 피터 아르노(Peter Arno)의 만화는 달아오른 이브를 보며 어리둥절해하는 아담을 묘사하면서 이런 설명을 덧붙였습니다. "말이나 그림으로는 총각에게 제대로 설명할 수 없는 것도 있는 법." 쉐드의 책을 읽어보지 않았다면 우리 주주총회에서 한 권 사십시오. 그 지혜와 유머는 정말이지 값을 매길 수가 없습니다.)

아르노가 설명할 수 없다고 말한 것에 나는 가치평가 기법과 기업 경영 기법을 포함하고 싶습니다. 그래서 우리 펀드매니저 토드 콤즈와 테드 웨슐러(Ted Weschler)가 기업 하나씩은 관리를 맡는 편이 좋다고 생각했습니다. 마침 몇 달 전, 우리가 통상 인수하는 기준보다 규모는 작으나 경제성이 뛰어난 기업 둘을 인수하기로 합의하면서 두 사람에게 좋은 기회가 생겼습니다. 두 기업의 실적을 더하면 연간 이익은 1억 달러이고 유형자산 합계액은 약 1억 2,500만 달러입니다.

나는 토드와 테드에게 각각 회장직을 맡아달라고 부탁했습니다. 다만 대형 자회사에 대한 나의 역할이 매우 제한적인 것처럼, 이들이 맡는 역할도 매우 제한적입니다. 이런 방식으로는 내 업무량이 그다지 줄어들지 않습니다. 그러나 더 중요한 것은 두 사람의 투자 실력이 더 개선된다는 사실입니다. (이미 뛰어난 실력이지만 이제는 최고가 된다는 뜻입니다.)

2009년 말, 경제가 대침체의 수렁에 깊이 빠졌을 때, 우리는 BNSF 인수에 합의했습니다. 버크셔 역사상 최대 규모의 기업 인수였습니다. 당시 나는 이 거래가 "미국 경제의 미래에 대한 올인 베팅"이라고 했습니다.

이는 새삼스러운 투자 방식이 아닙니다. 1965년 버핏투자조합(Buffett Partnership Ltd., BPL)이 버크셔의 경영권을 인수한 이후, 우리는 비슷한 베팅을 이어왔습니다. 그럴 만한 이유가 있었습니다. 찰리와 나는 미국이 지속적으로 번영하는 쪽에 거는 베팅이 거의 확실하다고 언제나 생각했습니다.

실제로 지난 238년 동안 미국이 실패하는 쪽에 베팅해서 이득을 본 사람이 어디 있습니까? 미국의 현재 상황을 1776년과 비교해본다면 깜짝 놀라 두 눈을 비비게 될 것입니다. 내 일생만 돌아보더라도 미국의 1인당 실질 생산량이 6배로 늘었습니다. 1930년에 나의 부모님은 아들이 보게 될 세상을 꿈도 꾸지 못했습니다. 비관론자들은 미국의 문제에 대해 끝없이 떠들어대지만, 나는 외국으로 이민 가려는 사람을 한 번도 본 적이 없습니다. (이민 가려는 사람이 몇 명 나온다면 내가 기꺼이 편도 항공권을 사줄 생각입니다.)

앞으로도 우리 시장경제에 뿌리박힌 활력은 계속해서 마법을 발휘할 것입니다. 발전 과정은 순탄하지도 않고 계속 이어지지도 않을 것입니다. 과거에도 그랬습니다. 우리는 자주 정부에 불만을 품을 것입니다. 그러나 장담하건대 미국의 전성기는 아직 시작하지도 않았습니다.

이렇게 순풍을 타고 찰리와 나는 다음 방법으로 주당 내재가치를 높이고자 합니다. (1) 우리 자회사들의 기본 수익력을 끊임없이 개선 (2) 자회사가 거래하는 기업들을 인수해 자회사의 이익을 증대 (3) 투자한 회사들의 성장에서 이득 (4) 버크셔 주가가 내재가치보다 상당 폭 낮을 때 자사주 매입 (5) 때때로 대규모 기업을 인수. 또한 주주 여러분의 실적 극대화를 위해 노력할 것이므로, 버크셔 주식을 추가 발행하는 일은 드물 것입니다.

이런 방법이 통하려면 기업의 펀더멘털이 바위처럼 단단해야 합니다. 100년 뒤에도 BNSF와 버크셔 해서웨이 에너지(Berkshire Hathaway Energy)는 미국 경제에서 여전히 중요한 역할을 담당할 것입니다. 주택과 자동차는 대부분 가족의 생활에 여전히 중요할 것입니다. 그리고 보험은 기업과 개인 모두에게 항상 필수 요소로서 지위를 유지할 것입니다. 찰리와 나는 버크셔의 장래를 낙관합니다. 버크셔의 경영을 맡은 우리는 행운아들입니다.

미분배 이익의 복리 효과　　　　2017

　2017년 우리 주식 포트폴리오(우리가 보유한 다양한 상장회사의 '소수 지분')가 수령한 배당은 37억 달러였습니다. 이 금액은 우리의 일반회계원칙(Generally Accepted Accounting Principles, GAAP) 이익에 포함되고 분기 및 연례 보고서의 '영업이익'에도 포함됩니다.

　그러나 이 금액은 우리가 보유한 주식에서 나오는 '진정한' 이익의 극히 일부에 지나지 않습니다. 우리는 '주요 사업 원칙'을 수십 년 동안 명시했는데, 이 중 원칙 6은 미분배 이익도 이후 자본이득을 통해서 배당 못지않게 기여할 것이라는 의미를 가지고 있습니다.

　새로운 GAAP 규정에 따르면 미실현 손익도 항상 이익에 포함해야 합니다. 따라서 우리는 예전처럼 자본이득을 정밀하게 인식하지 않을 것입니다. 물론 장기적으로는 앞에서 언급한 원칙 6처럼 우리 포트폴리오 기업의 미분배 이익은 자본이득의 형태로 결국 버크셔에 기여할 것이라고 확신합니다.

　단기적으로는 미분배 이익에 의해 주식의 가치가 상승하는 모습을 보기 힘들 것입니다. 폭등과 폭락을 거듭하는 주가는 해마다 증가하는 내재가치와 무관하게 움직이는 것처럼 보이기 때문입니다. 하지만 벤저민 그레이엄의 금언처럼 "시장은 단기적으로 보면 인기도를 가늠하는 투표소 같지만, 장기적으로 보면 실체를 측정하는 저울이라 할 수 있습니다".

＊＊＊

　장기적으로는 가치가 계속 증가하는데 단기적으로는 주가가 무작위로 오르내리는 모습을 생생하게 보여주는 사례가 바로 버크셔입니다. 지난 53년 동안 버크셔는 이익을 재투자했고 복리의 마법은 버크셔의 가치를 해마다 상승시켰습니다. 그런데도 버크셔 주가는 네 번 폭락했습니다. 그 끔찍한 폭락 사례는 다음과 같습니다.

버크셔 해서웨이 주가 폭락 사례

기간	고가(달러)	저가(달러)	등락률
1973/03 ~ 1975/01	93	38	-59.1%
1987/10/02 ~ 1987/10/27	4,250	2,675	-37.1%
1998/06/19 ~ 2000/03/10	80,900	41,300	-48.9%
2008/09/19 ~ 2009/03/05	147,000	72,400	-50.7%

이 표를 근거로 나는 주식 투자에 차입금을 절대 사용하지 말라고 강력하게 주장하는 바입니다. 주가가 단기간에 얼마나 하락할지 아무도 알 수 없기 때문입니다. 차입금이 소액이라 해도 마찬가지입니다. 무시무시한 뉴스가 숨 가쁘게 쏟아지면 사람들은 불안감에 사로잡힐 수밖에 없습니다. 불안한 마음으로는 좋은 판단을 내리지 못합니다.

지난 53년과 마찬가지로 향후 53년 동안에도 버크셔 (그리고 다른 기업) 주가는 이 표처럼 폭락을 맛볼 것입니다. 이런 폭락이 언제 일어날지는 아무도 모릅니다. 녹색 신호등이 황색을 거치지 않고 곧바로 적색으로 바뀌는 일은 언제든 일어날 수 있습니다. 그러나 차입금에 발이 묶이지 않은 사람에게 주가 폭락은 놀라운 기회입니다. 이때가 바로 키플링(Joseph Rudyard Kipling)의 시 'If(만일)'를 떠올릴 시점입니다.

만일 모두가 흥분해 너를 비난할 때에도 네가 냉정을 유지할 수 있다면…

만일 네가 기다리면서도 지치지 않을 수 있다면…
만일 어떤 생각을 하더라도 그 생각에 매몰되지 않을 수 있다면…
만일 모두가 너를 의심할 때에도 자신을 믿을 수 있다면…
세상 전부가 너의 것이라네.

펀드 오브 펀드와의 내기에서 얻은 교훈들 2017

2007년 12월 19일 나는 10년짜리 내기를 했고, 약 9년이 지난 2017년 초에 그 경과를 자세히 보고했습니다. 이제 최종 결과가 나왔는데 여러모로 깜짝 놀랄 만한 내용입니다.

내가 내기를 한 이유는 두 가지입니다. (1) 내 예상이 적중하면 2018년 초 자선단체 걸즈 잉크 오브 오마하(Girls Inc. of Omaha)가 받게 되는 기부금을 내 지출액 31만 8,250달러보다 대폭 늘리고 싶었습니다. (2) 장기적으로는 저비용 S&P500 인덱스펀드의 실적이, 두둑한 인센티브를 받는 '조력자들'과 투자 전문가들이 운용하는 펀드의 실적보다 높다는 나의 확신을 널리 알리고 싶었습니다.

특히 두 번째 이유가 엄청나게 중요합니다. 미국 투자자들은 여러 단계에 걸쳐 터무니없이 많은 보수를 매년 자산운용사에 지급하고 있습니다. 그 돈은 제 값어치를 할까요? 투자자들이 실제로 얻는 수익이 지급하는 보수만큼 높아질까요?

내 상대였던 프로테제 파트너스(Protégé Partners)는 S&P500 대비 초과수익이 예상되는 '펀드 오브 펀드(fund-of-fund, 다른 펀드에 투자하는 펀드)' 5개를 선정했습니다. 이 펀드는 표본 규모가 작지 않았습니다. 이 5개 펀드에 포함된 헤지펀드가 200개 이상이었으니까요. 월스트리트 사정에 정통한 자산운용사 프로테제가 투자 전문가 5명을 선정했고, 이 5명이 투자 전문가 수백 명이 운용하는 헤지펀드에 투자했습니다. 이들은 두뇌가 우수하고 아드레날린과 확신이 넘치는 엘리트 집단이었습니다.

이 5개의 펀드 오브 펀드를 관리하는 전문가들에게는 유리한 점이 더 있었습니다. 이들은 이 10년 동안 헤지펀드 포트폴리오를 재구성할 수 있었습니다. 유망한 헤지펀드는 새로 들이고 기량이 떨어지는 헤지펀드는 내보낼 수 있었던 것이죠.

프로테제에 참여한 사람들은 모두 두둑한 인센티브를 받았습니다. 5개 펀드 오브 펀드의 관리자와 이들이 선정한 헤지펀드 매니저들은 단지 시장이 전반적으로 상승해서 발생한 이익에 대해서도 두둑한 보수를 받았습니다(우리가 버크셔를 경영한 53년을 10년 단위로 나누면 43개 기간이 나오는데, 이 기간 모두 S&P500 상승 햇수가 하락 햇수보다 많았습니다).

심지어 성과보수는 푸짐한 고정 보수에 딸린 덤이었습니다. 10년 동안 펀드에서 손실이 나도 펀드매니저들은 큰 부자가 될 수 있었습니다. 매년 평균 2.5%에 이르는 고정 보수가 5개 펀드 오브 펀드의 관리자와 이들이 선정한 헤지펀드 매니저들에게 분배되었으니까요.

다음은 내기의 최종 결과입니다.

5개 펀드 오브 펀드는 출발이 좋아서 2008년에는 모두 인덱스펀드를 눌렀습니다. 그러더니 곧 지붕이 무너져 내렸습니다. 이후 9년 동안 한 해도 빠짐없이 인덱스펀드에 뒤처졌습니다.

단언하건대 지난 10년 동안 주식시장 흐름에 이상 현상은 전혀 없었습니다. 2007년 말 투자 '전문가들'을 대상으로 주식의 장기 수익률 예측치 설문 조사를 했다면, 이들의 예측치 평균은 S&P500의 이 기간 실제 수익

펀드 오브 펀드 운용 수익률(2008~2017년, 단위: %)

연도	펀드 A	펀드 B	펀드 C	펀드 D	펀드 E	S&P500 인덱스펀드
2008	-16.5	-22.3	-21.3	-29.3	-30.1	-37.0
2009	11.3	14.5	21.4	16.5	16.8	26.6
2010	5.9	6.8	13.3	4.9	11.9	15.1
2011	-6.3	-1.3	5.9	-6.3	-2.8	2.1
2012	3.4	9.6	5.7	6.2	9.1	16.0
2013	10.5	15.2	8.8	14.2	14.4	32.3
2014	4.7	4.0	18.9	0.7	-2.1	13.6
2015	1.6	2.5	5.4	1.4	-5.0	1.4
2016	-3.2	1.9	-1.7	2.5	4.4	11.0
2017	12.2	10.6	15.6	NA	18.0	21.8
최종 수익률	21.7	42.3	87.7	2.8	27.0	125.8
연 수익률	2.0	3.6	6.5	0.3	2.4	8.5

* 프로테제 파트너스와 합의에 따라 이들 펀드 오브 펀드의 명칭은 공개되지 않았습니다. 그러나 나는 이들의 연례 회계 감사 자료를 받아보았습니다. 펀드 A, B, C의 2016년 실적은 작년에 보고한 실적에서 약간 수정되었습니다. 펀드 D는 2017년 청산되었으므로 연 수익률은 9년 실적으로 계산되었습니다.

률 8.5%와 비슷했을 것입니다. 이런 환경이라면 돈을 쉽게 벌 수 있었습니다. 실제로 월스트리트의 '조력자들'은 거금을 벌었습니다. 그러나 펀드 오브 펀드에 투자한 사람들에게는 잃어버린 10년이 되었습니다.

실적은 좋아지기도 하고 나빠지기도 합니다. 그러나 한번 지급한 보수는 절대 돌아오지 않습니다.

***

이 내기에서 얻은 중요한 교훈이 또 하나 있습니다. 시장은 대체로 합리적이지만 가끔 미친 듯이 움직이기도 합니다. 이때 기회가 생깁니다. 이 기회를 잡는 데는 대단한 지성도, 경제학 학위도, 월스트리트 전문 용어도 필요 없습니다. 집단적 공포와 광기에서 벗어나 단순한 기본 요소 몇 개에 집중하는 능력만 있으면 됩니다. 오랜 기간 상상력이 부족하거나 어리석은 사람처럼 보여도 괘념치 말아야 합니다.

처음에 프로테제와 나는 기부금 100만 달러를 조성하기 위해 제로쿠폰 장기 국채(일명 스트립)를 액면가 50만 달러에 각각 매수했습니다. 10년 후 50만 달러가 상환되는 이 채권의 원가는 31만 8,250달러여서 액면가의 64%에 약간 못 미쳤습니다.

명칭이 말해주듯이 이 채권에서는 이자가 나오지 않습니다. 그러나 할인된 가격에 매수했으므로 만기까지 보유할 때 나오는 수익률이 연 4.56%였습니다. 프로테제와 나는 이 채권을 계속 보유해 2017년 말 만기 상환액 100만 달러를 기부금으로 지급할 생각이었습니다. 그러나 우리가 이 채권을 매수한 후 채권시장에서 매우 이상한 일이 벌어졌습니다. 만기를 5년 남겨둔 2012년 11월, 우리 채권이 액면가의 95.7%에 거래되고 있었습니다.

이 가격이면 만기 수익률이 연 1% 미만이었습니다. 더 정확하게 말하면 연 0.88%였습니다. 수익률이 이렇게 낮은데도 계속 보유하는 것은 정말이지 바보짓이었습니다. 반면 (대표적인 미국 기업들을 시가총액 기준으로 가중평균해 실적을 반영한) S&P500의 자기자본이익률(ROE)은 연 10%를 훨씬 초과했습니다. 게다가 2012년 11월 S&P500의 현금 배당 수익률은 연 2.5%로 우리 국채 수익률의 약 3배였습니다. 이 배당은 향후 증가할 것이 거의 확실했습니다.

이 외에도 S&P500 기업들은 막대한 이익을 유보하고 있었습니다. 이들은 유보이익으로 사업을 확장할 수도 있고 자사주를 매입할 수도 있습니다. 어느 쪽을 선택하든 장기적으로 주당 이익이 대폭 증가하게 됩니다. 그리고 1776년 이래로 늘 그랬듯이, 온갖 사소한 문제에도 불구하고 미국 경제는 계속 발전했습니다.

2012년 말 주식과 국채 사이에서 터무니없는 가격 불균형을 발견한 프로테제와 나는 국채를 매도해 버크셔 B주 1만 1,200주를 매수하기로 합의했습니다. 그 결과 지난달 말 걸즈 잉크 오브 오마하는 처음에 계획되었던 기부금 100만 달러가 아닌 222만 2,279달러를 받게 되었습니다.

분명히 밝히는데 2012년 이후 버크셔의 실적은 탁월하지 않았습니다. 탁월할 필요도 없었습니다. 버크셔 주가 상승률이 국채 수익률 연 0.88% 보다 높기만 하면 충분했습니다. 그다지 어려운 실적이 아니었습니다.

이 교체 투자에 따르는 유일한 위험은 2017년 말 이례적인 약세장이 닥치는 것이었습니다. 프로테제와 나는 그 가능성이 매우 낮다고 판단했습니다. 근거는 두 가지입니다. 2012년 말 버크셔 주가는 합리적인 수준이었고, 이후 5년 동안 버크셔의 순자산가치가 거의 틀림없이 대폭 증가할 것으로 보았습니다. 만에 하나 발생할 수 있는 기부금 감소 위험에 대해서는, 그러니까 2017년 말 버크셔 주식 1만 1,200주 매각 대금이 100만 달러에 못 미칠 경우에는 내가 그 차액을 메워주기로 합의했습니다. (중략)

＊＊＊

내기에서 얻은 마지막 교훈입니다. 중요하면서 '쉬운' 결정에 관심을 집중하고 매매를 삼가십시오. 10년 동안 내기에 참여한 200여 명의 헤지펀드 매니저는 틀림없이 수만 번에 이르는 매수·매도 결정을 내렸을 것입니다. 이들 대부분은 결정에 대해 심사숙고했을 것이며 그 결정이 유리하다고 믿었을 것입니다. 그 과정에서 이들은 10-K(미국 기업이 증권거래위원회에 의무적으로 제출하는 연차보고서) 분석, 경영진 인터뷰, 업계 전문지 구독, 월스트리트 애널리스트 협의도 했을 것입니다.

그러나 그 10년 동안 프로테제와 나는 조사, 통찰, 재능 그 어디에도 기대지 않은 채 단 하나만 결정했습니다. PER 100이 넘는(가격 95.7/수익률 0.88) 국채를 매도해 버크셔 주식을 매수하기로 한 것입니다. 이후 5년 동안 국채에서 나오는 '이익'은 증가할 수 없다고 보았고, 경기가 그저 그런 수준이더라도 유보이익에 힘입어 버크셔의 내재가치 증가율은 연 8% 이상일 것으로 기대했기 때문입니다.

이렇게 단순한 분석을 바탕으로 프로테제와 나는 교체 매매를 실행했고, 시간이 흐르면 8% 수익이 0.88% 수익을 (압도적으로) 누를 것이라고 확신하면서 느긋하게 기다렸습니다.

자산운용사의 운용보수 `2003`

이런(펀드의 운용보수와 관련된 - 편집자) 시스템 장애를 개혁하려면 '독립'이사가 필요하다고 사람들은 주장합니다. 그러나 진정으로 독립성을 자극하는 요소가 무엇인지에 대해서는 무관심합니다.

작년 연차보고서에서 나는 펀드업계에서 규정한 '독립'이사들의 행태를 살펴보았습니다. 1940년 투자회사법(Investment Company Act)에 의하면 펀드에는 독립이사가 있어야 하므로 이 법적 기준에 따라 선정된 독립이사들을 평가할 수 있습니다. 작년 연차보고서에서 우리는 펀드 이사들의 핵심 역할 두 가지를 살펴보았는데 이는 펀드업계뿐 아니라 모든 업계의 이사회에서 공통으로 수행해야 하는 역할입니다. 이 절대적으로 중요한 두 역할은 첫째, 유능하고 정직한 경영자를 확보(유지)하고 둘째, 공정하게 보상하는 일입니다.

우리 조사 결과는 고무적이지 않았습니다. 실적이 아무리 부실해도 이사들이 상투적으로 기존 운용사와 재계약하는 펀드가 해마다 수천 개에 이르렀습니다. 보수가 터무니없이 높아서 깎을 수 있을 때도 이사들은 아무 생각 없이 상투적으로 보수를 승인해주었습니다. 그리고 운용사가 (한결같이 순자산가치보다 훨씬 높은 가격에) 매각되면, 이사들은 이 사실을 공개하지 않은 채 곧바로 새 운용사와 계약을 맺으면서 기존 보수를 그대로 지급했습니다. 따라서 가장 비싼 가격에 기존 운용사를 인수하는 사람이 이후에도 투자자들의 자산 대부분을 운용하는 셈이었습니다.

펀드 이사들이 이렇게 줏대 없는 행태를 보이더라도 우리는 이들이 악인이라고 단정하지는 않습니다. 악인은 아닙니다. 단지 '이사회 분위기' 탓에 수탁자의 본분을 망각한 것이겠지요.

버크셔의 연차보고서가 발표되고 얼마 안 지난 2003년 5월 22일, 미국 자산운용협회(Investment Company Institute) 회장이 회원사 모임에서 업계 현황을 언급하면서 이렇게 말했습니다. "우리가 잘못하는 것처럼 말하는 사람도 있지만, 실제로 우리가 잘못을 저지르고 있다면 업계 현황이 과연 지금과 같을지 의문입니다."

그러나 지나친 기대는 금물입니다.

몇 달 지나지 않아 자산운용사들이 그동안 투자자들의 이익을 침해하면서도 보수를 높여온 사실이 드러나기 시작했습니다. 이런 일탈 행위를 벌이기 전에도 자산운용사들의 유형자산이익률은 미국 기업계가 부러워할 정도로 높았습니다. 그런데도 이익을 더 부풀리려고 이들은 무지막지한 방식으로 펀드 투자자들의 이익을 짓밟았던 것입니다.

그러면 이렇게 약탈당한 펀드의 이사들은 어떤 조치를 취했을까요? 이 글을 쓰는 시점까지 나는 규정 위반 운용사가 계약 해지당한 사례를 한 건도 보지 못했습니다. (물론 운용사 직원 일부가 해고된 사례는 종종 있었습니다.) 이사들이 자기 돈을 사기당했어도 이런 식으로 수수방관했을까요?

게다가 이런 사악한 운용사가 매물로 나오기까지 했습니다. 가장 높은 가격을 부르는 매수자에게 지금까지 운용하던 펀드를 넘겨주겠다는 뜻이지요. 이는 투자자들을 우롱하는 행태입니다. 이런 펀드의 이사들은 어째서 가장 훌륭하다고 판단하는 운용사를 선정해서 직접 운용 계약을 맺지 않는 것일까요? 직접 계약을 맺으면 한 푼도 받을 자격이 없는 수탁 원칙 위반 운용사에 막대한 웃돈을 지급할 필요가 없을 텐데 말입니다. 그러면 새 운용사는 비용을 절감한 만큼 틀림없이 운용보수를 훨씬 낮출 수 있습니다. 진정으로 독립적인 이사라면 이런 방식을 주장해야 마땅합니다.

그러나 현실을 보면 수십 년 묵은 투자회사 이사 관련 규정도, 기업계에 도입되는 새로운 규정도 진정으로 독립적인 이사를 선정하는 데 실질적으로 도움이 되지 않습니다. 두 규정 모두 이사 보수가 수입 전부여서 다른 이사회에도 선임되어 수입을 늘리려는 사람조차 독립적이라고 간주합니다. 터무니없는 생각이지요. 이런 규정에 의하면, 소득이 막대한 버크셔의 이사 겸 변호사 론 올슨(Ron Olson)은 독립이사로 인정받지 못합니다. 버크셔가 그의 회사에 지급하는 변호사 비용이 소득의 3%에 불과한데도 말입니다. 장담하건대 소득원이 무엇이든 소득의 3% 때문에 그의 독립성이 훼손될 일은 없습니다. 그러나 전체 소득의 20%, 30%, 또는 50%가 이사 보수인 사람들은 독립성을 유지하기가 어려울 것이며 특히 전체 소득이 많지 않은 사람들은 더욱 어려울 것입니다. 실제로 펀드업계가 그렇다고 생각합니다.

'독립적' 펀드 이사들에게 자그마한 제안을 하겠습니다. 매년 연차보고서에 다음 사항을 확인해주시면 좋겠습니다. "(1) 다른 운용사들을 조사해본 바로는, 우리 펀드를 담당할 운용사는 이 분야에서 우수한 회사이며 (2) 우리 펀드가 지급하는 운용보수는 유사한 펀드들이 지급하는 운용보수와 비슷한 수준입니다."

(흔히 매년 10만 달러가 넘는 보수를 받는) 이사들에게 투자자들이 이런 역할을 기대해도 무리는 아니라고 생각합니다. 만일 이사들이 자기 돈 거액을 이 펀드에 투자했다면 틀림없이 두 가지 사항을 확인할 것입니다. 이사들이 두 가지 역할을 꺼린다면 "그 사람이 누구 편인지 모르겠다면 십중팔구 내 편은 아니다"라는 격언을 명심하시기 바랍니다.

끝으로 한마디 덧붙입니다. 수많은 펀드는 불법 행위 기회가 있어도 양심적으로 잘 운용되고 있습니다. 이런 펀드를 통해서 투자자들은 혜택을 받고, 운용사들은 정당한 보수를 받습니다. 실제로 내가 펀드 이사라면 위 두 가지 사항을 적극적으로 확인할 것입니다. 그리고 대부분 투자자에게는 뱅가드 등 보수가 매우 낮은 인덱스펀드가 본질적으로 유리한 좋은 대안이 됩니다.

내가 이렇게 강력한 주장을 펼치는 것은 노골적인 악행이 수많은 투자자의 신뢰를 저버렸기 때문입니다. 업계 내부자 수백 명이 틀림없이 실상을 알고 있었을 터인데도 공개적으로 언급한 사람은 전혀 없었습니다. 엘리엇 스피처(Eliot Spitzer)와 내부고발자들이 나오고 나서야 비로소 쇄신이 시작되었습니다. 우리는 펀드 이사들이 소임을 다해달라고 요구합니다. 미국 기업계 전반의 이사들과 마찬가지로, 수탁 책임을 지는 이사들도 이제는 투자자들의 편에 설 것인지, 경영자들의 편에 설 것인지 결정해야 합니다.

성공적인 투자 몇 건의 힘　　2022

이제 나의 성적표를 공개할 시점입니다. 버크셔를 경영한 58년 동안 나의 자본 배분 결정 대부분은 평범한 수준에 불과했습니다. 때로는 매우 큰 행운 덕분에 나의 잘못된 결정이 무사히 지나가기도 했습니다. (자칫 재해가 될 뻔한 US에어와 살로먼을 기억하시나요? 나는 분명히 기억합니다.)

우리가 만족스러운 실적을 달성한 것은 정말로 훌륭한 결정 약 12건(약 5년에 1건)과 (가끔 망각하지만) 버크셔 같은 장기 투자자가 누리는 이점 덕분입니다. 이제 그 내막을 들여다봅시다.

1994년 8월(네, 1994년입니다) 버크셔는 현재 우리가 보유한 코카콜라 주식 4억 주 매수를 7년 만에 완료했습니다. 취득원가 합계액은 13억 달러였는데, 당시 버크셔에는 매우 큰 금액이었습니다.

1994년 우리가 코카콜라에서 받은 현금 배당은 7,500만 달러였습니다. 2022년이 되자 배당은 7억 400만 달러로 성장했습니다. 해마다 어김없이 생일이 찾아오듯 해마다 배당이 성장했습니다. 찰리와 내가 하는 일이라곤 분기마다 코카콜라에서 보내준 배당 수표를 현금화하는 것뿐이었습니다. 우리는 이 배당이 앞으로도 성장할 가능성이 크다고 생각합니다.

아메리칸 익스프레스도 거의 같은 이야기입니다. 버크셔가 아멕스 주식 매수를 완료한 시점은 1995년이었고, 공교롭게도 취득원가 역시 13억 달러였습니다. 연간 배당은 4,100만 달러에서 3억 200만 달러로 성장했습니다. 이 배당도 성장할 가능성이 커 보입니다.

이런 배당 성장이 만족스럽긴 해도 극적인 수준은 절대 아닙니다. 하지만 배당 성장은 커다란 주가 상승을 동반합니다. 지난 연말 우리가 보유한 코카콜라 주식의 시장 평가액은 250억 달러였고 아멕스는 220억 달러였습니다. 현재 두 주식이 버크셔의 순자산에서 차지하는 비중은 오래전과 마찬가지로 각각 5% 수준입니다.

이번에는 내가 1990년대에 비슷한 금액을 잘못 투자했다고 가정해봅시다. 그리고 2022년에도 이 자산의 시장 평가액이 13억 달러로 유지되었다고 가정합시다(예컨대 30년 만기 우량등급 채권에 투자했다고 가정). 그러면 이 실망스러운 자산이 현재 버크셔의 순자산에서 차지하는 비중은 겨우 0.3%에 불과할 것이며 연간 소득도 여전히 8,000만 달러 정도일 것입니다.

이 사례가 주는 교훈은 꽃이 활짝 피면 잡초는 시들어 사라진다는 사실입니다. 세월이 흐르면 성공한 투자 몇 건만으로도 기적이 이루어집니다. 물론 투자를 일찍 시작해서 90세 넘게 장수하는 것도 도움이 됩니다.

훌륭한 기업을 발견했다면? 계속 보유하세요! 2023

작년에는 버크셔가 일부 지분을 장기간 보유 중인 코카콜라와 아메리칸 익스프레스에 대해서 언급했습니다. 두 회사에 대한 투자 규모는 애플(Apple)만큼 크지는 않아서, 버크셔의 GAAP 순자산에서 차지하는 비중이 4~5%에 불과합니다. 그래도 중요한 자산이므로 우리의 생각을 설명해드리겠습니다.

아메리칸 익스프레스는 1850년에 영업을 시작했고, 코카콜라는 1886년

애틀랜타의 한 약국에서 출시되었습니다. (버크셔는 신생 기업에는 큰 관심이 없습니다.) 그동안 두 회사 모두 새로운 분야로 사업을 확장하려 했지만 둘 다 성공하지 못했습니다. 과거에는 둘 다 경영을 잘못한 적도 있습니다.

그러나 기초사업에서는 상황에 따라 구조를 변경하면서 둘 다 큰 성공을 거두었습니다. 결정적인 사실은 이들의 제품이 "다른 나라에서도 팔렸다(traveled)"는 점입니다. 코크(Coke)와 아멕스 둘 다 그들의 제품처럼 세계적으로 유명한 이름이 되었고, 음료와 굳건한 신뢰는 세월이 흘러도 변함없이 세계의 필수품이 되었습니다.

2023년에 우리는 코크와 아멕스를 단 한 주도 매수하거나 매도하지 않았습니다. 우리가 매매를 중단하고 립 밴 윙클(Rip Van Winkle)처럼 잠을 잔 기간은 이제 20년이 훨씬 넘어갑니다. 작년에도 두 회사 모두 이익과 배당을 증가시켜 잠만 잔 우리에게 보답했습니다. 실제로 2023년 아멕스가 벌어들인 이익 중 우리 몫은 오래전 취득원가인 13억 달러보다도 훨씬 많았습니다.

2024년에도 코크와 아멕스의 배당은 거의 틀림없이 증가할 것이며 (2023년 아멕스의 배당은 약 16% 증가), 우리는 1년 내내 보유 주식을 거의 틀림없이 건드리지 않을 것입니다. 우리가 회사를 만들면 세계 시장에서 두 회사보다 더 좋은 실적을 낼 수 있을까요? 버티(Bertie, 버핏의 여동생)라면 "절대 불가능해"라고 말할 것입니다.

2023년에는 두 회사의 주식을 매수하지 않았는데도, 버크셔의 자사주 매입 덕분에 두 회사에 대한 여러분의 간접 지분은 다소 증가했습니다. 이렇게 자사주를 매입하면 버크셔가 보유한 모든 자산에 대한 여러분의 지분이 증가합니다. 이 명백하지만 자주 간과되는 사실에 늘 하던 경고를 덧붙입니다. 자사주 매입의 기준은 반드시 주가가 되어야 합니다. 자사주를 내재가치보다 낮은 가격에 매입하면 합리적이지만, 내재가치보다 높은 가격에 매입하면 어리석은 일이 됩니다.

코크와 아멕스가 주는 교훈은 무엇일까요? 정말로 훌륭한 기업을 발견하면 계속 보유하라는 것입니다. 인내심은 보답받습니다. 훌륭한 기업 하나만 보유해도 신통치 않았던 여러 결정을 상쇄할 수 있습니다.

옥시덴탈과 일본 종합상사에 투자한 이유　2023

올해는 우리가 무기한 보유할 것으로 예상되는 다른 두 투자회사에 대해서 설명하겠습니다. 코크와 아멕스처럼 이 두 회사도 우리 순자산에서 차지하는 비중이 아주 크지는 않습니다. 그래도 둘 다 가치 있는 회사이며 2023년에 둘 다 지분을 증가시킬 수 있었습니다.

연말 기준 버크셔가 보유한 옥시덴탈 페트롤리움(Occidental Petroleum) 보통주 지분은 27.8%이며, 5년 넘게 보유 중인 워런트(warrant, 보통주나 신규 발행 채권의 추가 매입 권리가 주어진 증권 - 옮긴이)로 우리는 고정 가격에 이 지분을 대폭 높일 수 있습니다. 우리는 이 지분이 매우 마음에 들지만, 옥시덴탈의 인수나 경영에는 관심이 없습니다. 특히 옥시덴탈이 미국에서 막대한 석유와 가스를 확보했다는 점이 좋으며, 경제적 타당성은 아직 입증되지는 않았지만 탄소 포집 기술을 선도하고 있다는 점도 마음에 듭니다. 두 사업 모두 우리 국익에 크게 보탬이 됩니다.

얼마 전까지만 해도 미국은 외국 석유에 대한 의존도가 우려스러울 정도로 높았고, 탄소 포집 기술에 대한 지지도는 낮았습니다. 1975년 미국에서 생산된 일당 석유환산배럴(barrels of oil-equivalent per day, BOEPD)은

800만으로서, 국내 수요량보다 훨씬 부족한 수준이었습니다. 미국이 제2차 세계대전 기간에는 에너지 분야에서 유리한 위치를 차지하고 있었지만, 이후에는 (불안정해질 수 있는) 외국의 석유 공급에 크게 의존하는 처지가 되었습니다. 향후 석유 사용은 더 증가하고 석유 생산은 더 감소할 전망이었습니다.

이 비관적 전망은 오랜 기간 적중하는 듯했고, 2007년에는 생산된 일당 석유환산배럴이 500만까지 감소했습니다. 한편 1975년 미국 정부는 석유의 외국 의존도 심화 문제를 완화하려고 전략비축유(비상 상황에 대비하려고 미국 에너지부에서 관리하는 원유 비축분)를 저장하기 시작했습니다.

그러던 중 2011년 기쁘게도 셰일 석유 생산이 경제성을 갖추게 되었고, 미국은 마침내 석유를 외국에 의존하지 않게 되었습니다. 이제 미국에서 생산하는 일당 석유환산배럴은 1,300만을 넘어섰고, 석유수출국기구(OPEC)는 석유시장에서 주도권을 상실했습니다. 현재 옥시덴탈이 매년 미국에서 생산하는 석유의 양은 전략비축유 전체 재고량에 육박합니다. 지금도 국내 생산량이 일당 석유환산배럴 500만에 머물렀다면 미국은 외국 의존도가 엄청나게 높아져서 매우 불안한 상태가 되었을 것입니다. 그런 상황에서 외국으로부터 석유 수입이 중단되었다면 수개월 안에 전략비축유가 바닥났을 것입니다.

비키 홀럽(Vicki Hollub)이 이끄는 옥시덴탈은 미국과 주주들 양쪽에 옳은 일을 하고 있습니다. 다음 달, 내년, 10년 후 유가가 어떻게 될지는 아무도 모릅니다. 그러나 비키는 암석에서 석유를 추출하는 방법을 알고 있습니다. 이는 미국과 주주들에게 가치가 큰 대단한 재능입니다.

＊＊＊

그리고 우리는 버크셔처럼 매우 다양한 사업을 영위하는 5개 일본 대

기업에 장기간 단순 투자를 유지하고 있습니다. 작년 그레그 에이블(Greg Abel)과 내가 도쿄에 가서 경영자들과 면담하고 나서 우리는 5개 기업의 지분을 확대했습니다.

이제 5개 기업 각각에 대한 버크셔의 지분은 약 9%입니다. (사소한 문제이지만 일본 기업들이 유통주식 수를 계산하는 방식은 미국 관행과 다릅니다.) 버크셔는 5개 기업 각각에 지분을 9.9% 넘게 보유하지 않겠다는 약속도 했습니다. 우리의 5개 기업 지분 취득원가 합계액은 1.6조 엔이고 5개 기업의 연말 시장 평가액은 2.9조 엔이었습니다. 그러나 최근 몇 년 동안 엔화가 약세여서 연말 달러 기준 우리의 미실현 이익은 61%에 해당하는 80억 달러였습니다.

주요 통화의 환율은 그레그도 나도 예측할 수 없다고 생각합니다. 그리고 우리는 환율 예측 능력을 갖춘 사람을 고용할 수도 없다고 생각합니다. 그래서 버크셔는 채권을 1.3조 엔 발행하여 5개 기업 투자 자금 대부분을 조달했습니다. 이 채권은 일본에서 매우 순조롭게 소화되었습니다. 내가 알기로 버크셔가 발행한 엔화 표시 채권이 미국 기업 중 최대 규모였습니다. 엔화 약세 덕분에 연말까지 버크셔에 발생한 이익은 19억 달러였는데, 이 금액은 GAAP에 따라 2020~2023년에 걸쳐 이익으로 인식되었습니다.

주요 측면에서 이들 5개 기업(이토추(Itochu), 마루베니(Marubeni), 미쓰비시(Mitsubishi), 미쓰이(Mitsui), 스미토모(Sumitomo))은 모두 미국의 관행보다 훨씬 우수한 주주 친화적 정책을 펴고 있습니다. 우리가 일본 주식 매수를 시작한 이후 5개 기업 모두 매력적인 가격에 자사주를 매입하여 유통주식 수를 축소했습니다.

한편 5개 기업의 경영진은 전형적인 미국 경영진보다 자신의 보상에 대해 훨씬 덜 적극적이었습니다. 그리고 5개 기업 모두 배당으로 지급한 금액은 이익의 약 3분의 1에 불과했습니다. 5개 기업 모두 유보액 중 큰 금액을 다양한 사업 개발에 사용했고 그다음으로 자사주 매입에 사용했습니다. 이들은 버크셔처럼 주식 발행을 꺼립니다.

버크셔가 투자로부터 얻는 추가 혜택은 경영이 훌륭하고 높이 평가받는 5개 기업과 세계 시장에서 동업할 기회를 잡을 수 있다는 점입니다. 이들은 관심 범위가 우리보다 훨씬 넓습니다. 그리고 일본 CEO들은 버크셔가 동업에 즉시 투입할 수 있는 막대한 유동성을 항상 보유하고 있다는 사실에 안심할 것입니다.

우리가 일본 주식 매수를 시작한 시점은 2019년 7월 4일입니다. 현재 버크셔의 규모를 고려하면 공개시장 매수를 통한 포지션 구축에는 큰 인내심이 필요하며 주가도 장기간 우호적이어야 합니다. 이는 전함의 방향을 전환하는 과정과 같습니다. 버크셔 설립 초기에는 경험하지 않았던 중대한 불이익입니다.

일본 지분을 장기에 걸쳐 보유할 생각 `2024`

우리는 미국에 집중적으로 투자하고 있으나, 작지만 중요한 예외가 우리의 일본 투자액 증가입니다.

우리가 버크셔와 비슷한 방식으로 매우 성공적으로 사업을 영위하는 5개 일본 기업 주식 매수를 시작한 지 거의 6년이 되었습니다. 그 5개 기업은 (알파벳순으로) 이토추, 마루베니, 미쓰비시, 미쓰이, 스미토모입니다. 이들 대기업은 다양한 기업의 지분을 보유하고 있는데 다수는 일본에 기반을 두지만 세계 전역에서 영업하는 기업도 있습니다.

2019년 7월 버크셔는 5개 기업 주식을 처음 매수했습니다. 우리는 단순히 이들의 재무 실적을 보았고, 주가가 낮다는 사실에 놀랐습니다. 세월이 흐를수록 이들 기업에 대한 우리의 감탄은 계속 커졌습니다. 그레그가 이들을 여러 차례 접촉했고 나도 진행 과정을 주기적으로 파악했습니다. 우리 둘 다 이들의 자본 배치, 경영진, 투자자들에 대한 태도가 마음에 들었습니다.

5개 기업 모두 적절한 시점에 배당을 인상했고, 합리적인 시점에 자사주를 매입했으며, 이들 경영진은 미국 경영진보다 자신의 보상에 대해 훨씬 덜 적극적이었습니다.

5개 기업에 대한 우리 지분은 매우 장기간 보유할 예정이며, 우리는 이들의 이사회를 전면적으로 지지할 생각입니다. 처음부터 우리는 5개 기업에 대한 버크셔의 지분을 10% 미만으로 유지하기로 합의했습니다. 그러나 우리 지분이 한계에 접근하자 5개 기업은 지분 상한선을 적당히 완화하기로 합의했습니다. 시간이 흐르면 5개 기업에 대한 버크셔의 지분이 다소 증가할 것입니다.

연말 기준 버크셔의 5개 기업 지분 취득원가 합계액은 138억 달러였고 시장 평가액은 모두 235억 달러였습니다.

그동안 버크셔는 엔화 표시 차입금을 (어떤 공식을 따르지는 않았지만) 지속적으로 증가시켰습니다. 모두 고정금리이고, '변동금리'는 없습니다. 그레그와 나는 미래 환율에 대한 견해가 없으므로 통화 중립에 가까운 포지션을 추구합니다. 그러나 우리는 GAAP 규정에 따라 엔화 차입금의 손익을 계산하여 우리 손익으로 정기적으로 인식해야 합니다. 그래서 연말에 달러 강세 때문에 발생한 세후 이익 23억 달러를 포함했는데 이 중 8억

5,000만 달러가 2024년에 발생했습니다.

 나는 그레그와 그의 후계자들도 이 일본 주식 포지션을 수십 년 동안 보유할 것이며, 버크셔는 장래에 이들 5개 기업과 생산적으로 협력할 방법을 찾아내리라 기대합니다.

 우리는 현재 엔화 중립 전략에서 나오는 손익도 마음에 듭니다. 이 글을 쓰는 시점 현재 2025년 일본 주식에서 기대되는 연간 배당 합계액은 약 8억 1,200만 달러이고, 엔화 표시 부채의 이자 비용은 약 1억 3,500만 달러입니다.

Q 2015 마법공식은 없습니다

10년 후 이익이 대폭 증가한다고 확신할 만한 기업의 특성을 5개 정도 알려주시겠습니까?

찰리 멍거 모든 기업에 적용되는 마법공식은 없습니다. 산업마다 특성이 모두 다르며, 우리는 계속 배우는 중입니다. 우리의 능력이 10년 전보다 나아졌길 바랄 뿐입니다. 공식을 제시할 수는 없습니다.

워런 버핏 투자하기 전에 고려하는 항목이 많이 있습니다. 이런 항목들로 종목을 걸러내는 과정에서 투자를 포기하는 사례도 많습니다. 기업별로 적용하는 항목은 매우 다르지만 5~10년 후 기업의 모습을 합리적으로 예측하려고 노력합니다. 그러나 "이 회사의 경영진과 정말로 동업하고 싶은가?"라는 질문에 "아니요"라는 답이 나오면 여기서 분석을 종료합니다. 5대 특성 같은 것은 없습니다. 있더라도 찰리는 나에게조차 알려주지 않을 것입니다.

우리는 미래의 모습을 예측할 수 있는 기업을 찾아다녔습니다. 그러나 자신의 한계를 알기 때문에 멀리한 기업도 많습니다. 초창기에는 판단을 내리기가 훨씬 쉬웠습니다. 우리는 계속 자료를 읽고 생각하면서 상황을 지켜보았습니다. 당시에는 자본이 부족했으므로, 어떤 종목을 매수하려면 보유 종목 일부를 매도해야 했습니다. 우리는 대박을 추구하는 대신, 적당한 실적이 확실시되는 종목을 주로 선택했습니다.

멍거 우리가 가이코를 인수한 것은 어느 정도 행운입니다. 20세 청년이 워싱턴으로 가이코를 찾아간 것 자체가 행운이었습니다. 우리가 큰코다친 것도 행운이었고요.

버핏 우리는 볼티모어 백화점을 많이 안다고 생각하고 투자했다가 큰코다쳤습니다. 부실기업에 투자해서 많은 경험을 얻은 덕분에 우량 기업과 부실기업을 잘 구분할 수 있게 되었습니다. 현재 하는 일을 즐기면 대개 실적이 더 좋아집니다.

멍거 우리를 키워준 가족 덕택이기도 합니다.

Q 2016 승산 없는 싸움

아마존(Amazon)이 비상하면서 푸시 마케팅(push marketing, 기업이 상품을 밀어내는 공급자 중심의 마케팅)이 풀 마케팅(pull marketing, 고객이 상품을 끌어당기는 수요자 중심의 마케팅)으로 바뀌고 있습니다. 이런 변화가 버크셔에 어떤 영향을 미칠까요?

버핏 이 변화는 아마존에 국한되지 않는 거대한 추세입니다. 아마존은 놀라운 성과를 달성했습니다. 우리는 5년, 10년, 20년 뒤 세상의 모습(즉 강력한 추세 변화)에 대해 오랜 기간 숙고하고 나서야 상품 제조, 소매 등을 결정합니다. 우리는 아마존의 텃밭에 들어가서 그들과 대결할 생각이 없습니다. 베이조스(Jeff Bezos)와 승산 없는 싸움을 벌이고 싶지 않으니까요. 프리시전 캐스트파츠(Precision Castparts)에 대해서는 걱정하지 않습니다. 우리 자회사 절대다수에 대해서도 걱정하지 않습니다.

그러나 20년 전에는 사람들의 관심을 끌지 못하던 거대한 추세가 최근 모든 사람의 관심을 끌어모으고 있습니다. 사람들 대부분은 이 추세에 참여하거나 대응하는 방법을 찾아내지 못했습니다. 가이코가 이런 변화에 적응해야 하는 대표적인 사례입니다. 가이코는 인터넷에 신속하게 대응하지 못했습니다. 그동안 전화라는 전통적인 광고 방식이 매우 효과적이었으므로 새로운 광고 방식을 꺼렸습니다. 그러나 인터넷의 위력을 보고 나서 우리는 적극적으로 뛰어들었습니다.

자본주의 사회에서는 우리가 좋은 실적을 내면 항상 경쟁자가 더 좋은 방법을 개발해서 우리 몫을 빼앗으려고 공격합니다. 인터넷이 산업에 미치는 영향은 아직 제대로 드러나지 않았지만, 그 막강한 영향력으로 이미 많은 사람을 무너뜨렸습니다.

다행히 버크셔는 여건이 매우 좋다고 생각합니다. 커다란 이점 하나는 우리가 한 가지 산업에 의존하지 않는다는 사실입니다. 우리는 백화점회사도, 타이어회사도, 철강회사도 아닙니다. 우리는 자본을 배분하는 회사입니다. 만일 우리가 처음부터 한 산업에만 집중하는, 예컨대 더 좋은 타이어 제작에 모든 시간을 쏟아붓는 회사라면, 막대한 자본을 축적하더라도 이 자본을 효율적으로 배분하기가 어려울 것입니다.

아마존도 정말로 중요한 우위를 보유하고 있다고 생각합니다. 고객이 원하는 상품을 편리하게 선택하고 신속하게 배달받게 해줌으로써 매우 만족하는 고객을 다수 확보했기 때문입니다. 내가 쇼핑몰을 다수 보유하고 있다면 10~20년 뒤 쇼핑몰의 모습에 대해 심각하게 고민할 것입니다.

멍거 우리는 젊은 시절 소매업에서 처절한 실패를 맛보았기 때문에, 이제 늙어서는 최악의 문제를 잘 모면했습니다. 우리가 보유한 거대 소매업체들은 매우 강하므로 아마존의 공격을 끝까지 잘 버텨낼 것입니다.

Q 2016 행운의 편지 사기

멍거는 밸리언트(Valeant, 캐나다 제약회사)의 비즈니스 모델이 매우 부도덕하다고 말했습니다. 세쿼이아펀드(Sequoia Fund)는 밸리언트에 포트폴리오의 30% 이상을 집중 투자했는데, 세쿼이아에 대한 견해가 바뀌셨나요?

버핏 어떤 면에서 보면 나는 세쿼이아펀드의 아버지에 해당합니다. 1969년 나는 투자조합을 폐쇄하면서 막대한 자금을 파트너들에게 돌려주었습니다. 파트너들은 이 자금을 어떻게 운용할 것인지 고심했는데, 우리는 먼저 지방채에 투자하려는 사람들을 도와주었습니다. 그러나 대부분은 주식을 선호하는 투자자들이었습니다. 당시 우리가 투자업계에서 깊이 존경하는 인물이 둘이었는데, 우리 이사인 샌디 가츠먼(Sandy Gottesman)과 빌 루안(Bill Ruane)이었습니다. 두 사람은 친구였습니다. 두 사람은 내 파트너들의 투자를 받아주었고 일부 파트너는 지금도 고객으로 남아 있습니다. 그러나 당시 자금 규모가 최소 투자액에 못 미치는 개인 고객도 많았습니다.

다행히 루안이 "내가 펀드를 만들겠습니다"라고 말했습니다. 루안의 사무실은 오마하에 있었는데, 존 하딩(John Harding)이 이곳 대표가 되었습니다. 펀드매니저가 능력도 뛰어나고 정직한 데다 소액투자까지 받아주었으므로 내 파트너들 다수가 세쿼이아에 돈을 맡겼습니다. 루안은 2005년 사망할 때까지 세쿼이아펀드를 운용하면서 환상적인 실적을 기록했습니다.

루안은 S&P500을 훨씬 뛰어넘는 실적을 냈는데, 이보다 실적이 좋은 펀드는 아마 한두 개에 불과할 것입니다. 2005년 루안이 죽은 뒤에도 이 펀드는 2015년경까지 좋은 실적을 유지했습니다. 당시 담당 펀드매니저는 일부 이사들의 반대에도 불구하고 밸리언트 포지션을 이례적으로 크게 가져갔습니다. 이후 그는 포지션을 유지했을 뿐 아니라 더 늘리기까지 했습니다. 최근 밸리언트에서 문제가 발생했는데도 지금까지 세쿼이아펀드의 실적은 평균을 훨씬 웃돌고 있습니다. 밸리언트를 과도하게 편입했던 펀드매니저는 이제 운용에서 손을 뗐습니다. 그가 밸리언트의 비즈니스 모델을 과신한 것은 세쿼이아펀드의 커다란 불운이었습니다. 그렇더라도 세쿼이아 애널리스트들은 똑똑하고 훌륭한 사람들이어서 월스트리트의 일반 애널리스트들보다 십중팔구 훨씬 성과가 좋을 것입니다.

이틀 전, 나는 밸리언트 출신 세 사람이 상원 청문회에서 답변하는 모습을 지켜보았습니다. 그다지 보기 좋은 모습이 아니었습니다. 비즈니스 모델에 심각한 결함이 있었습니다. 이 사례가 말해주는 원칙이 있습니다. 경영자를 찾는다면 똑똑하고 열정적이며 정직한 사람을 골라야 하는데, 똑똑하거나 열정적인 사람보다 정직한 사람이 우선입니다. 정직하지 않은 경영자가 똑똑하고 열정적이면 수많은 문제가 발생하기 때문입니다.

찰리와 나는 절대로 완벽하지 않지만 사람과 기업을 평가할 때 어떤 패턴을 보는 것을 중요하게 생각합니다. 똑같이 되풀이되는 패턴은 하나도 없습니다. 흔히 단기적으로는 지극히 좋아 보이지만 결국은 파국을 맞이하는 패턴들이 계속해서 나타납니다. 작년 내가 언급했던 패턴 하나가 행운의 편지 사기입니다. 이런 사기는 친근한 모습으로 위장해서 다가오므로, 처음부터 알아채고 놀라서 도망가는 사람은 드뭅니다. 상원 청문회를 지켜본 사람들은 밸리언트에서도 그런 패턴을 명확하게 인식할 수 있었습니다. 세쿼이아 사람들에게는 매우 고통스러운 일이었습니다. 이제는 좋은 사람들이 세쿼이아를 운영하고 있습니다.

멍거 세쿼이아가 원래 모습을 되찾았다는 말에 전적으로 동의합니다. 이제는 훌륭한 펀드가 되었습니다. 경영자가 평판 좋은 투자 전문가입니다. 원래 모습을 되찾았으므로 나는 수많은 친구와 고객들에게 거래를 유지하라고 권유했습니다. 물론 밸리언트는 시궁창입니다. 설립자들은 온갖 비난을 받아 마땅합니다.

Q 2017 보유 종목을 매일 점검한다

웰스파고(판매 실적 조작), 아메리칸 익스프레스(거래처 코스트코 상실), 유나이티드항공(고객 서비스 문제), 코카콜라(탄산음료 매출 저하)의 현황을 보면서, 버크셔가 보유 종목 점검에 시간을 얼마나 들이는지 궁금해졌습니다.

버핏 이들은 대규모 보유 종목들입니다. 아메리칸 익스프레스와 웰스파고는 둘 다 보유 평가액이 100억 달러가 넘습니다. 모두 우리가 무척 좋아하는 종목이지만 특성은 다릅니다. 우리는 유나이티드항공(United Airlines)을 포함한 4대 항공사의 최대 주주이기도 합니다. 4대 항공사 모두 문제가 있지만 그래도 일부 항공사에는 큰 장점도 있습니다. 아메리칸 익스프레스의 1분기 보고서를 읽어보면 플래티넘 카드의 실적이 매우 좋다고 나옵니다. 위 기업들은 모두 경쟁을 벌이고 있습니다.

우리가 이들 종목을 매수한 것은 문제가 전혀 없거나 경쟁이 전혀 없을 것으로 생각했기 때문이 아니라 경쟁력이 강하다고 생각했기 때문입니다. 우리는 기업의 확고한 경쟁우위가 무엇인지 살펴봅니다. 어떤 사업의 수익성이 매우 높으면 그 사업을 빼앗으려고 경쟁사들이 몰려듭니다. 그러면 그 기업이 경쟁사들을 물리칠 능력이 있는지 판단해야 합니다.
경쟁사들은 좀처럼 물러나지 않습니다. 기업 이름까지 밝히지는 않겠습니다. 그러나 우리가 투자한 기업들은 경쟁력이 매우 강합니다. 훌륭한 기업은 씨즈캔디처럼 규모가 작더라도 성처럼 견고합니다. 자본주의 체제에서는 그 성을 빼앗으려고 경쟁사들이 몰려듭니다. 성을 지키려면 주위에 해자를 파고 용맹한 기사를 배치해 침략자들을 가차 없이 물리쳐야 합니다. 그래도 침략자들 중 일부는 절대 물러나지 않을 것입니다.

코카콜라는 1886년에 설립되었고, 아메리칸 익스프레스는 기억이 확실치 않지만 1851년이나 1852년에 설립되었으며, 웰스파고의 설립 연도는 모르지만 아메리칸 익스프레스의 개업에도 참여했습니다. 이들 기업은 오랜 기간에 걸쳐 많은 난제를 극복했습니다. 우리 보험 사업도 난제를 겪었지만, 토니 나이슬리(Tony Nicely)와 아지트 자인 같은 경영자들이 수백억 달러를 벌어주었습니다. 보험 사업에도 경쟁이 끊이지 않을 것입니다. 침략자들을 물리치려면 다양한 일을 해야 합니다. 보유 종목 점검에 시간을 얼마나 들이느냐고 물었죠? 매일 점검하고 있습니다.

멍거 나는 보탤 말이 없습니다.

버핏 이렇게 적극적으로 참여하지 않는다면 멍거의 급여를 깎아야 하겠습니다.

Q 2017 기술주 피하는 바람에 구글과 아마존을 놓치다

IBM과 애플은 다르다고 보시나요?

버핏 둘은 다르다고 봅니다. 6년 전 IBM 매수를 시작했을 때, 나는 지금보다 더 좋은 실적이 나올 것으로 기대했습니다. 애플은 소비재회사에 훨씬 가깝다고 생각합니다. 해자와 소비자 행동을 보면 애플은 온갖 기술을 보유한 제품입니다. 그러나 IBM과 애플의 미래 잠재 고객을 비교 분석하는 것은 전혀 다른 문제입니다. 두 분석은 성격이 달라서 정확성을 기대하기 어렵습니다. IBM에 대한 나의 판단은 틀렸습니다. 애플에 대한 나의 판단이 옳았는지는 두고 보면 알겠지요. 나는 두 회사가 똑같다고 보지 않지만, 완전히 다르다고 보지도 않습니다. 그 중간 어디쯤이라고 생각합니다.

멍거 우리는 기술주에 대한 경쟁우위가 없다고 생각했으므로 기술주를 피했습니다. 남들보다 뒤떨어지는 분야에는 접근하지 않는 편이 낫다고 생각하니까요. 되돌아보았을 때 우리가 기술주 분야에서 저지른 최악의 실수가 무엇이냐고 묻는다면 구글을 알아보지 못한 것이라고 생각합니다. 초창기 구글에 광고했을 때, 효과가 다른 어떤 매체보다도 훨씬 좋았습니다. 구글의 광고 효과가 뛰어나다는 사실은 파악하고서도 정작 구글을 알아보지 못한 것이지요.

버핏 우리 가이코가 초창기 구글의 고객이었습니다. 오래전 데이터지만 내 기억에 우리는 클릭당 10~11달러를 지불했습니다. 우리가 비용을 전혀 부담하지 않으면서 고객 반응당 10~11달러를 지불하는 조건이라면 훌륭한 거래입니다. 라식 수술은 다른 비용은 전혀 없으면서 클릭당 60~70달러였던 듯합니다. 구글 투자설명서를 작성한 사람들이 나를 찾아온 적도 있습니다. 그들은 버크셔 소유주 안내서(Owner's Manual)를 조금 본떠서 작성했다고 하더군요. 나는 얼마든지 질문해서 구글을 파악할 기회가 있었는데 놓쳐버렸습니다.

멍거 월마트(Walmart)도 기회를 놓쳐버린 사례입니다. 확실히 잡을 수 있는 기회였지요. 우리는 월마트를 제대로 파악하고서도 놓쳐버렸습니다. 우리 최악의 실수는 놓쳐버린 실수입니다.

버핏 중요한 것은 실행입니다. 내 생각이 옳은지는 모르겠지만, 다양한 기술 분야에서 승자를 예측하기도 어렵고, 클라우드 서비스 같은 분야에서 가격 경쟁 강도를 예측하기도 어려울 것입니다. 그런데 한 사람이 매우 다른 두 분야에서 거의 동시에 이례적인 성과를 거두었다면 정말 놀라운 일입니다.

멍거 빈손으로 시작했는데도 말이지요.

버핏 경쟁자들은 자본이 풍부했고 아마존 CEO 제프 베이조스는 빈손이었는데도 그는 소매와 클라우드 서비스 양 분야에서 성공을 거두었습니다. 물론 멜론(Mellon) 가문 같은 이들은 수많은 산업에 투자했습니다. 그러나 베이조스는 백지상태에서 두 회사를 동시에 설립해 키워낸 CEO입니다. 앤디 그로브(Andy Grove, 인텔을 세계 최고의 반도체회사로 키워낸 CEO)가 즐겨 던진 질문이 있습니다. 경쟁자를 제거할 수 있는 은제 탄환이 한 발 있다면 누구를 쏘고 싶으냐는 것입니다. 소매와 클라우드 서비스 분야라면 베이조스를 쏘고 싶은 사람이 많을 것입니다. 그가 가장 뛰어났기 때문이지요. 경쟁자들이 두려워하는 기업을 둘이나 만들어낸 것은 놀라운 성과입니다. 그는 단지 자금만 공급한 것이 아니라 실제로 회사를 만들어냈습니다.

멍거 멜론과 마찬가지로 우리도 마음에 드는 사람들에게 자금만 공급한 구닥다리입니다. 그러나 베이조스는 전혀 다른 돌연변이입니다.

버핏 우리는 아마존을 완전히 놓쳤습니다. 단 한 주도 보유하지 않았습니다.

Q 2017 "나는 코카콜라로 당분을 섭취"

오랜 시간 질의응답이 이어졌지만 질문의 핵심은 코카콜라 주식 보유인 듯합니다. 코카콜라가 환경을 파괴하고 파렴치하게 노동자들을 착취한다고 하더군요.

멍거 질문이라기보다는 연설처럼 들리는군요.
버핏 질문자가 인용한 말이 옳다고 생각하지 않습니다. 1달러짜리 지폐에는 연준을 신뢰한다고 쓰여 있습니다. 연준에서 발행했으니까요. 나는 질문자가 인용한 것처럼 말한 기억이 전혀 없습니다. 나는 평생 내가 좋아하는 음식을 먹었습니다. 12온스(340ml)짜리 코카콜라를 하루 5개 정도 마십니다. 여기에 들어 있는 당분이 약 1.2온스(34g)입니다. 사람들은 온갖 음식에서 당분을 섭취합니다. 나는 코카콜라를 통해서 당분을 섭취하는 방식을 즐깁니다. 1886년 이래로 사람들은 이 방식을 즐겼습니다.
최근 간행물에서 전문가들이 가장 좋다고 추천하는 음식만 끼니마다 먹겠다면 그렇게 하십시오. 나는 브로콜리와 아스파라거스만 먹으면 1년을 더 산다는 말을 듣더라도 초콜릿 선디와 코카콜라, 스테이크와 해시브라운 등 내가 좋아하는 음식을 평생 먹을 작정입니다. 선택은 내 몫이니까요. 당분이 해롭다고 믿는 사람이라면, 당분 섭취를 금지하라고 정부에 요청하는 방법도 있습니다. 코카콜라에 들어 있는 당분은 그레이프너츠 시리얼에 타 먹는 설탕과 다르지 않습니다. 코카콜라는 오랫동안 미국 등 세계 전역에 매우 긍정적인 역할을 했습니다. 나는 코카콜라를 마시면 안 된다는 말을 듣고 싶지 않습니다.
멍거 나는 코카콜라의 당분 문제를 다이어트 코크로 해결했습니다. 나는 버핏이 코카콜라와 견과를 먹기 전부터 아침 식사에 코크를 마셨습니다.

버핏 맛이 기막히지요.

멍거 계속 그렇게 먹으면 자네는 100세까지 못 살 텐데.

버핏 장수의 비결은 행복한 생활이라고 생각하네.

멍거 물론이지.

Q 2017 아내에게 S&P500 인덱스펀드를 권한 이유

버크셔의 실적이 S&P500보다 좋을 것입니다. 당신이 세상을 떠나면 인덱스펀드에 투자하라고 부인께 조언했는데 이유가 무엇인가요? 멍거는 가족에게 "주식을 파는 바보짓 따위는 하지 마라"라고 조언했습니다.

버핏 버크셔 주식을 팔아서 인덱스펀드를 사라는 조언은 아니었습니다. 나는 버크셔 주식을 모두 자선단체에 기부하기로 약정했습니다. 그래서 나는 버크셔 주식을 보유하고 있다는 생각조차 하지 않습니다. 지금까지 내 주식 중 약 40%가 이미 자선단체에 분배되었습니다. 내 아내는 투자 전문가도 아닌 데다가 내 재산 기부가 완료될 시점에는 나이도 많을 터이므로, 아내에게는 인덱스펀드가 가장 좋은 투자라고 생각했습니다.

가장 좋은 투자는 자신도 크게 걱정할 필요가 없고 주위 사람들도 찾아와서 크게 걱정해줄 필요가 없는 투자입니다. 아내에게 돈이 부족하지는 않을 것입니다. 아울러 돈이 고민거리가 되어서도 안 됩니다. 아내가 S&P500 인덱스펀드를 보유하면 돈이 필요할 때 언제든 쓸 수 있습니다. 물론 유동성 자금도 다소 보유할 것입니다. 증권거래소가 문을 닫더라도 돈은 여전히 충분하다고 생각할 것입니다. 아내가 재산을 2~3배로 늘리는 것은 중요하지 않습니다. 아내가 투자하는 목적은 재산을 극대화하는 것이 아닙니다. 남은 생애에 돈 걱정을 전혀 하지 않는 것입니다.

나의 숙모 케이티(Katie)는 오마하에 살면서 평생 열심히 일했습니다. 8,000달러에 구입한 주택에서 살았습니다. 숙모는 버크셔 주식을 보유한 채 97세까지 살았으므로 재산이 수백만 달러로 불어났습니다. 그런데 4~5개월마다 내게 편지를 보내 물었습니다. "워런, 언젠가 내 돈이 바닥나지 않을까?" 나는 이렇게 답장했습니다. "훌륭한 질문입니다. 숙모가 986년을 산다면 돈이 바닥나겠지요." 그러나 4~5개월 뒤에는 또 똑같은 편지를 보내왔습니다.

돈이 너무 많아서 생활이 불편해지는 일은 절대 없어야 합니다. 그러나 돈 많은 사람 주위에는 (선의든 아니든) 조언자들이 몰려드는 경향이 있습니다. 재산을 모두 버크셔 주식으로 보유하고 있다면, 주위 사람들은 버핏이 살아 있으면 이런저런 말을 했을 것이라고 조언할 것입니다. 심지어 버크셔 주식을 한 주만 갖고 있더라도, (선의든 아니든) 이웃과 친구와 친척들의 조언 탓에 마음의 평정을 상실할 가능성이 있습니다. 기본 틀이 훌륭해야 결과도 훌륭한 법입니다.

멍거 내 가족은 버크셔 주식을 보유하면 좋겠습니다.

버핏 나도 버크셔 주식을 보유하고 싶습니다.

멍거 S&P500 대비 초과수익을 내기가 매우 어렵다는 사실은 인정합니다. 대부분 사람들에게는 거의 불가능하지요. 그래도 나는 버크셔 주식을 보유할 때 마음이 편합니다.

버핏 가족은 다를 수 있지요. 나이가 들면 약해지는 사람이 너무도 많더군요.

멍거 남들의 어리석은 조언으로부터 상속인을 보호하려면 훌륭한 시스템이 필요하겠지요. 그러나 내 관심사는 아닙니다.

Q 2017 인수 대상 기업 목록 1호

버크셔는 대규모로 현금흐름을 창출하고 있습니다. 버크셔가 계속 저자본(capital-light) 기업에 투자하는 편이 주주들에게 유리하지 않을까요?

버핏 우리도 계속 저자본 기업에 투자하고 싶습니다. 성장에 막대한 자본이 필요한 고자본(capital-intensive) 기업보다는, 자산이익률이 높은 고성장 저자본 기업에 투자하는 편이 당연히 낫습니다. 그러나 이런 관점은 시대에 따라 바뀝니다. 미국 시가총액 5대 기업(애플, 알파벳(Alphabet), 마이크로소프트, 아마존, 페이스북(Facebook) - 버크셔는 간혹 포함되기도 하고 제외되기도 함)의 시가총액 합계액은 2.5조 달러가 넘습니다. 미국 시장 시가총액 합계액은 정확히 모르겠지만 위 5대 기업이 차지하는 비중이 십중팔구 10%에 육박할 것입니다. 위 5대 기업이라면 자기자본이 전혀 없어도 기업 운영에 지장이 없을 것입니다. 전혀 없더라도 말이죠.

앤드루 카네기(Andrew Carnegie)는 제철소를 지어 거부가 되었고 록펠러(John D. Rockefeller Sr.)는 정유공장을 짓고 저유탱크를 사들여 거부가 되었지만 지금은 세상이 많이 달라졌습니다. 자본주의의 역사를 돌아보면, 거액을 벌어들이려면 막대한 자기자본을 투자하고 상당한 자본을 재투자해야 하는 환경이 매우 장기간 이어졌습니다. 철도가 대표적인 사례입니다. 하지만 이제는 세상이 정말로 바뀌었습니다. 나는 사람들이 그 차이를 제대로 이해한다고 생각하지 않습니다. 시가총액 합계액이 2.5조 달러가 넘는 위 5대 기업은 운영에 자금이 필요하지 않을뿐더러, 지난 30~40년 동안 포천 500에서 우리가 친숙하게 보았던 엑슨(Exxon)이나 제너럴일렉트릭(GE) 등 유명 대기업들을 넘어섰습니다.

우리는 이런 기업들을 좋아합니다. 자기자본이 필요 없고 추가 자본 없이도 거의 무한히 성장하는 기업이라면 무조건 이상적인 기업이니까요. 우리가 보유한 기업 중에도 몇몇은 ROE가 이례적으로 높지만 성장성은 없습니다. 그래도 우리는 이런 기업을 좋아합니다. 그러나 성장성까지 있는 기업이 존재한다면 장담컨대 우리 인수 대상 목록 1호로 올려놓을 것입니다. 아직 그런 기업은 보이지 않습니다. 질문자의 말씀이 절대적으로 옳습니다. 고자본 기업보다는 저자본 기업에 투자하는 편이 백배 낫습니다.

멍거 고자본 미국 기업들이 한때는 훌륭한 투자 대상이었습니다. 듀폰(DuPont)은 PER 20에 거래되기도 했습니다. 듀폰은 복잡한 공장을 계속 짓고 박사와 화학자들을 계속 채용하면서 세계를 통째로 사들일 기세였습니다. 그러나 이제 대부분 화학제품은 동질재가 되어버렸고 대형 화학회사들은 고전하고 있습니다. 지금은 애플과 구글 같은 기업들이 세계 정상을 차지하고 있습니다. 세상은 많이 바뀌었고, 정확한 판단으로 이런 새로운 기업에 투자한 사람들은 탁월한 실적을 올렸습니다.

버핏 앤드루 멜론(Andrew Mellon, 1855~1937, 전 미국 재무장관)이 지금 자산도 없이 수천억 달러의 가치를 창출하는 위 시가총액 5대 기업을 보았다면 무척 당황했을 것입니다. 지금은 그런 세상입니다. 과거에는 오랜 기간에 걸쳐 제철소를 짓고, 사람들을 고용해서 훈련했으며, 철도로 운송해온 철광석으로 철강을 생산했고, 이를 전국에 공급해서 돈을 벌었습니다. 그러나 지금 구글은 누군가 한 번 클릭할 때마다 가이코로부터 11달러를 받고 있습니다.

이 세상이 처음에는 우리 눈에 보였습니다. 우리 자본주의 시스템은 유형자산을 바탕으로 발명과 혁신과 재투자를 거듭하면서 발전했습니다. 하지만 자본을 전혀 들이지 않고 무형자산을 바탕으로 수천억 달러에 이르는 가치를 창출할 수 있다면 이 방식이 훨씬 낫습니다. 지금 이 세상은 과거에 존재하던 세상이 아닙니다. 그러나 앞으로는 이런 세상이 이어질 것입니다. 이런 추세는 절대 꺾이지 않을 것으로 생각합니다.

멍거 요즘 벤처캐피털 분야에서 이런 추세를 열심히 따라가다가 큰 손실을 본 사람이 많습니다. 멋진 분야지만 모두가 크게 성공하지는 못할 것입니다. 승자는 몇몇에 그치겠지요.

Q 2017 펀드에 운용보수를 떼주면 수익이 남을까?

투자 자문사들에게 보수를 지급해야 하나요? 당신은 찰리 멍거가 대단히 소중하다고 말하는데, 그에게 자산의 1%를 보수로 지급하겠습니까?

버핏 연차보고서에서 밝혔듯이, 내가 지금까지 알고 지낸 사람들 중 장기간 초과수익을 낼 것으로 예상되는 사람이 10여 명입니다. 내가 모르는 사람들까지 포함하면 수백 명이나 수천 명 있겠지요. 찰리도 그중 하나입니다. 나라면 그에게 보수를 지급하겠느냐고요? 물론 지급하죠.

그러나 다른 투자 자문사들이라면 보수 1%를 지급하지 않을 것입니다. 이들이 S&P500 대비 초과수익 1%를 올리더라도 보수 1%를 제외하면 나는 본전에 불과한데, 초과수익 1%를 올리는 투자 자문사조차 거의 없기 때문입니다. 그러나 찰리에게 지급하는 보수 1%는 성격이 다릅니다. 이는 10만 달러를 주고 1919년 레드삭스(Red Sox)에서 활약하던 베이브 루스(Babe Ruth)를 양키스(Yankees)로 데려오는 것과 같습니다. 그야말로 횡재에 해당합니다. 내가 이런 식으로 양키스로 데려올 사람은 많지 않습니다.

투자 자문사들의 실적이 형편없어서가 아닙니다. 보수를 지급하지 않고서도 누구나 이들보다 더 좋은 실적을 얻을 수 있기 때문입니다. 어떤 분야에서든 전문가들은 우리가 직접 문제를 해결할 때보다 더 큰 가치를 창출해줍니다. 예컨대 임신부가 출산할 때는 배우자나 가족보다 산부인과 의사가 훨씬 도움이 됩니다. 그러나 투자 분야는 그렇지 않습니다. 액티브(active) 운용 전문가들이 올리는 실적의 합계는 패시브(passive) 운용 투자자들이 올리는 실적 합계에도 미치지 못합니다. 물론 액티브 운용 전문가들 중에도 탁월한 실력자가 있다는 점에는 동의합니다. 그러나 그런 실력자가 누구인지 패시브 운용 투자자들은 찾아낼 수가 없습니다.

멍거 실제 상황은 더 나쁩니다. 정말로 실력 있는 전문가도 운용자산 규모가 증가하면 실적이 심하게 악화합니다. 고정보수 2%와 성과보수 20%를 받는 헤지펀드를 장기간 운용한 펀드매니저의 실적을 분석해보면 드러납니다. 고객들은 모두 손실을 봅니다. 일부 고객은 초기에 가입해서 한동안 좋은 실적을 얻지만, 이후 자금이 유입되면 펀드의 실적이 악화하기 때문입니다. 투자업계는 잘못된 유인, 왜곡된 보고, 심각한 망상이 가득한 수렁입니다.

버핏 운용자산 규모가 수천억 달러가 되더라도 내가 선택한 10여 명이 초과수익을 낼 것으로 예상하느냐고 묻는다면 나는 십중팔구 아무도 초과수익을 내지 못할 것이라고 대답하겠습니다. 실제로 이들이 운용한 자산은 규모가 크지 않았습니다. 그리고 운용자산 규모가 증가할수록 이들의 초과수익은 감소했습니다. 내가 연차보고서에서 설명한 (나와 10년짜리 내기를 한) 헤지펀드 매니저는 물론 (내기를 회피한) 다른 헤지펀드 매니저들도 모두 마찬가지였습니다. 이런 헤지펀드는 적어도 200개나 있었습니다. 이들은 최고의 펀드를 선정한다는 명분으로 막대한 성과보수를 받았지만 펀드의 장기 실적은 시장 평균에도 미치지 못했습니다.

시장 전체로 보면 절대 나올 수 없는 초과수익을 약속하면서 수많은 사람이 성과보수를 받는다는 점에서 헤지펀드는 참으로 흥미로운 분야입니다. 그래도 이런 시장은 계속 유지될 것입니다. 영업력이 탁월한 사람들은 대부분 자금을 끌어모아 막대한 소득을 올릴 것입니다. 예컨대 의료계나 건설업계 등 다른 분야에서는 상상도 못 할 거금을 벌어들일 것입니다. 이들은 자신이 마법이라도 부릴 것처럼 사람들을 설득합니다. 운용자산 규모를 10억 달러로 늘리면, 실적이 형편없어도 고정보수 2%에 해당하는 2,000만 달러를 받게 됩니다. 다른 어떤 분야에서도 상상하기 어려운 금액입니다. 그러나 투자업계 사람들에게는 익숙한 금액이지요.

버크셔에서는 두 사람이 210억 달러를 운용하고 있습니다. 기본 보수는 연 100만 달러이고 S&P 대비 초과수익 기준으로 성과보수를 지급합니다. 이들은 실제로 가치를 창출해야 성과보수를 받으며 그나마 20%에도 훨씬 못 미칩니다. 실제로 가치를 창출할 때만 보수를 받겠다고 말하는 헤지펀드 매니저가 얼마나 있을까요? 고객이 벌 수 있는 돈 이상을 벌어줄 때만 보수를 받겠다고 말하는 헤지펀드 매니저가 있을까요? 어떤 헤지펀드 매니저에게 이렇게 물어본 적이 있습니다. "보수가 2%와 20%나 되면 양심 불량 아닌가요?" 그가 대답했습니다. "받을 수만 있으면 3%와 30%도 받을 겁니다." 찰리?

멍거 그 정도 두들겨 팼으면 충분하네.

Q 2017 미쳤거나, 배우고 있거나

당신은 아는 기업에 투자하라고 항상 조언했습니다. 또한 기술주 전문가가 아니라고 하면서도 요즘은 기술주에 투자하면서 기술주에 관한 이야기를 더 많이 하고 있습니다. 지난 4년 동안 트위터에 올린 글은 9건뿐입니다.

버핏 내가 수도원에 가서 근신할 때가 되었나 보군요. 그동안 기술주에 관해서 그렇게 많이 언급한 것 같지는 않습니다. 나는 IBM에 거액을 투자했는데 성과가 그다지 좋지 않았습니다. 손실을 보지는 않았지만 그동안 강세장이었으므로 상대적으로 많이 뒤처졌습니다. 최근에는 애플에 거액을 투자했습니다. 나는 경제 특성 면에서 애플을 소비재회사로 간주합니다. 물론 제품의 기능이나 기업들 사이의 경쟁 면에서 보면 기술 요소가 매우 중요합니다. 나중에 밝혀지겠지만, 나는 IBM과 애플 두 종목에서 모두 실패할 것으로는 생각하지 않습니다. 한 종목에서는 성공하겠지요.
나는 기술 분야에 관심 있는 15세 소년처럼 지식수준을 과시할 생각이 전혀 없습니다. 대신 소비자 행동에 대해서는 내게도 어느 정도 통찰이 있을지 모르지요. 나는 소비자 행동에 관해서 입수한 정보를 바탕으로 장래에 어떤 소비자 행동이 나타날지 추론합니다. 물론 투자에서는 다소 실수를 저지를 것입니다. 나는 기술 이외의 분야에서도 실수를 저질렀습니다.

하지만 어떤 분야에서 전문가가 되더라도 타율이 10할에 도달할 수는 없습니다. 나는 보험 분야를 꽤 잘 알지만 그동안 보험주에 투자해서 한두 번 손실을 보았습니다. 게다가 나는 태어난 이후 기술 분야에서는 진정한 지식을 얻지 못했습니다.

멍거 버핏이 애플을 매수한 것은 매우 좋은 신호라고 봅니다. 둘 중 하나를 가리키는 신호인데, 그가 미쳤거나 지금도 배우고 있다는 신호이지요. 나는 그가 배우고 있다는 신호로 해석하고 싶습니다.

버핏 나도 그 해석이 마음에 듭니다.

Q 2017 아마존은 불확실성이 크다고 봤다

제프 베이조스를 높이 평가하면서도 아마존에 투자하지 않은 이유는 무엇인가요?

버핏 내가 너무 어리석어서 제대로 내다보지 못했기 때문입니다. 나는 오래전부터 제프가 하는 일을 지켜보았고 그를 높이 평가했습니다. 그러나 그렇게 크게 성공할 것으로는 생각하지 못했고, 아마존 웹서비스(클라우드 컴퓨팅)까지 성공할 것으로는 상상도 못 했습니다. 제프가 소매업 기반을 구축하던 시점, 그가 와해 기술 분야에서도 성과를 거둘 가능성이 얼마나 되느냐고 내게 물었다면 나는 희박하다고 대답했을 것입니다. 나는 그의 탁월한 실행력을 과소평가했습니다. 첨단 온라인 사업을 구상하기는 쉬워도 실행하려면 많은 능력이 필요하다고 생각했지요. 그는 1997년 연차보고서에서 로드맵을 제시했습니다.

그는 해냈을 뿐 아니라 엄청나게 잘 해냈습니다. 3~4개월 전 그가 찰리 로즈(Charlie Rose)와 한 인터뷰(Charlierose.com)를 보지 못했다면, 보시기 바랍니다. 여러분도 나처럼 많이 깨달을 수 있습니다. 나는 제프가 지금처럼 성과를 거두리라고는 전혀 생각하지 못했습니다. 그래서 주식이 항상 비싸 보였습니다. 그가 정말로 뛰어나다는 생각은 했지만 3년, 5년, 8년, 12년 전에는 이 정도로 성공할 줄 몰랐습니다. 찰리, 자네는 왜 놓쳤나?

멍거 놓치기 쉬웠습니다. 제프는 매우 어려운 일을 해냈습니다. 당시에는 지금처럼 잘 해낼지가 불투명했습니다. 나는 아마존을 놓친 것을 안타깝게 생각하지 않습니다. 그러나 더 쉬운 기회도 있었는데 그 기회를 놓친 것은 다소 안타깝습니다.

버핏 우리가 추구하는 방향은 아니잖아?

멍거 구글 말일세.

버핏 많은 기회를 놓쳤지.

멍거 우리는 앞으로도 계속 기회를 놓칠 것입니다. 다행히 기회를 모두 놓치는 것은 아닙니다. 우리의 비밀이지요.

버핏 다음 질문으로 넘어갑시다. 더 구체적인 질문이 나올지도 모르겠습니다.

Q 2018 다시 시작해도 미국에 투자

포트폴리오 규모가 10억 달러에 불과하다면 신흥 시장에도 투자하시겠습니까?

버핏 가능성을 배제하지는 않겠지만 우리는 규모가 수천억 달러인 신흥 시장보다는 규모가 30조 달러에 이르는 미국 시장에서 우선적으로 기회를 탐색할 것입니다. 우선 미국 시장을 샅샅이 뒤져본 후 다른 나라 몇 곳을 찾아볼지 모르겠습니다만 아주 작은 시장에는 들어가지 않을 것입니다. 중요한 것은 지역이 아니라 시장 규모입니다.

멍거 내 포트폴리오에는 이미 중국 주식이 들어 있으므로 질문자에게 그렇다고 대답하는 셈입니다.

버핏 찰리는 중국이 사냥터로 더 낫다고 말했지요. 아직 성숙기가 아닌데도 규모가 큽니다. 시장은 숙성될수록 효율성이 높아집니다. 30년 전에는 일본 워런트의 가격 흐름이 매우 이상했지만 지금은 그런 현상이 사라졌습니다.

Q 2019 오리 사냥 클럽에 투자한 경험

지금까지 가장 재미있었던 개인적 투자 사례는 무엇인가요?

버핏 대박을 터뜨릴 때가 항상 즐거운 법이지요. 한번은 아틀레드(Atled) 주식 1주를 샀습니다. 유통주식이 98주에 불과해서 유동성은 없는 주식이었습니다. 아틀레드는 세인트루이스에 사는 남자 100명이 100달러씩 출자하기로 하고 설립한 회사인데 두 사람이 약속을 지키지 않아 유통주식이 98주에 불과했습니다. 이들은 루이지애나에 오리 사냥 클럽을 만들고 그곳 토지를 조금 매입했습니다. 오리 사냥 중 누군가 쏜 총알이 땅에 박히자 석유가 솟구쳤습니다. 이 땅에서는 지금도 석유가 나오고 있을 것입니다.

나는 40년 전 이 주식을 2만 9,200달러에 샀습니다. 오리 사냥 클럽이 이 땅을 계속 보유했다면 지금은 주가가 200~300만 달러에 이를 것입니다. 그러나 석유회사에 매각했습니다. 나는 당시 주식 살 돈이 없어서 은행에서 대출을 받았는데, 은행 직원이 "엽총 살 돈도 대출해드릴까요?"라고 묻더군요.

멍거 두 가지 사례가 떠오릅니다. 가난했던 젊은 시절, 나는 1,000달러에 유정 사용권을 샀는데 이후 매우 오랜 기간 사용료로 매년 10만 달러를 받았습니다. 그러나 이런 투자는 평생 한 번뿐이었습니다. 이후 벨리지오일(Belridge Oil) 주식을 몇 주 샀는데 단기간에 30배 상승했습니다. 그러나 나는 기회를 잡은 횟수보다 포기한 횟수가 5배나 많습니다. 어리석은 결정 때문에 후회하는 분은 나를 보면서 위안을 얻으시기 바랍니다.

Q 2019 아마존 주식 매수는 가치투자

최근 아마존 주식 매수는 버크셔의 가치투자 철학에 변화가 생겼다는 뜻인가요?

버핏 지난 1분기에 토드와 테드 중 한 사람이 아마존 주식을 매수했습니다. 장담하건대 둘 다 가치투자자입니다. 사람들은 가치투자가 저PBR(주가순자산배수), 저PER 등과 관련되었다고 생각하지만, 찰리도 말했듯이 장래에 더 많이 얻으려고 하는 투자는 모두 가치투자입니다. 아마존의 PER이 높긴 해도, PBR이 0.7인 은행 주식을 사는 것과 마찬가지로 여전히 가치투자라는 말입니다.

두 사람은 나보다 훨씬 더 넓은 영역에서 수백 개 종목을 조사하면서, 기업이 마지막 날까지 창출하는 현금 등 온갖 변수를 분석해 가치투자 원칙에 따라 투자 대상을 선정합니다. 이 과정에서 두 사람의 의견이 일치할 필요가 없고, 내 의견과 일치할 필요도 없습니다. 두 사람은 매우 똑똑하고 헌신적이며 인품도 훌륭합니다. 지난 60여 년 동안 찰리가 내 결정을 뒤늦게 비판한 적이 없듯이, 나도 두 사람의 결정을 뒤늦게 비판하지 않습니다.

결국 우리는 기원전 600년경 이솝(Easop)이 한 말 "손안의 새 한 마리가 숲속의 새 두 마리보다 낫다"를 생각해야 합니다. 우리도 아마존을 살 때 숲속에 있는 새가 몇 마리인지, 그 새가 손안에 들어오는 시점은 언제가 될 것인지 등을 생각합니다.

멍거 우리는 나이가 많아서 사고의 유연성이 매우 부족합니다. 아마존을 일찌감치 사지 않은 것에 대해서는 후회하지 않습니다. 베이조스는 경이로운 인물입니다.

버핏 어리석게도 나는 구글도 알아보지 못했습니다. 사실 우리는 구글의 위력을 간파할 기회가 있었습니다. 우리는 클릭당 10달러를 지불하면서 구글에서 가이코 광고를 한 적이 있습니다. 당시 구글의 한계 비용이 제로였는데도 우리 광고는 효과가 있었습니다.

멍거 이렇게 광고 효과를 확인하고서도 우리는 손가락만 빨고 있었지요.

버핏 찰리가 더 과격한 표현을 쓰지 않아서 다행입니다.

Q 2019 왜 보유 종목을 다 공개하지 않나?

버크셔가 보유한 상장주식 목록을 모두 공개할 생각은 없나요?

버핏 누구나 어렵지 않게 계산할 수 있듯이 버크셔의 가치 중 약 40%는 상장주식이고 약 60%는 우리 자회사들입니다. 우리가 보유한 상장주식 중 상위 10개 종목을 제외하면 나머지 종목이 버크셔의 가치에서 차지하는 비중은 10% 미만일 것입니다.

우리가 보유한 미국 주식 목록은 분기마다 공개됩니다. 그러나 할 수만 있다면 분기 단위로도 공개하고 싶지 않습니다. 넷젯(NetJets)의 전략, 루브리졸(Lubrizol)의 첨가제 개선 계획, 네브래스카 퍼니처 마트(Nebraska Furniture Mart)의 신규 매장 개설 계획 등을 공개하고 싶지 않듯이 말이지요. 우리는 의무 사항을 넘어서는 종목 정보는 절대 공개하지 않을 것입니다.

우리는 보유 종목을 공개할 이유가 없습니다. 사람들이 앞다투어 우리 보유 종목을 매수할지도 모르니까요. 우리가 보유한 상장주식 2,000억 달러 중 1,500억 달러 이상에 해당하는 기업이 해마다 자사주를 매입해 우리 지분을 높여주고 있습니다. 우리가 보유 종목을 공개하고 사람들이 우리 종목을 매수하면 이들 기업은 자사주를 매입할 때 더 높은 가격을 지불해야 합니다.

사람들은 보유 종목의 주가가 상승하면 매우 기뻐합니다. 그러나 우리는 뱅크 오브 아메리카(Bank of America), 애플 등 주요 종목들의 주가가 예컨대 향후 10년 동안 하락해서 이들 기업이 자사주를 대량으로 매입할 때 우리 실적이 훨씬 좋아집니다. 이는 우리가 이들 종목을 추가로 매수하는 것과 똑같습니다. 단지 우리 돈 대신 기업의 돈으로 매수할 뿐입니다. 이 치는 아주 단순합니다. 그런데도 보유 종목을 공개하고 싶을까요? 게다가 우리는 수시로 주식을 사고팔기도 어렵습니다.

Q 2019 좁은 영역에 집중해 우위를 확보하라

지금처럼 경쟁이 치열한 상황에서 능력범위를 관리한다면 더 확대하겠습니까, 아니면 범위는 좁히고 훨씬 더 깊게 파겠습니까?

버핏 질문자 말씀대로 지금은 내가 투자를 시작한 시점보다 경쟁이 훨씬 치열합니다. 당시 나는 《무디스 제조회사 편람》과 《무디스 금융회사 편람》을 첫 페이지부터 마지막 페이지까지 훑어보면서 관심 종목을 찾아낼 수 있었습니다.
나는 지금도 최대한 많은 자료를 읽으려고 합니다. 최대한 많은 기업을 최대한 많이 파악하고, 대부분의 경쟁자보다 내가 더 많이 알고 더 정확하게 이해하는 기업이 어느 기업인지 찾아내려고 합니다. 또한 제대로 이해하지 못하는 기업도 파악하려고 노력합니다. 나는 능력범위를 최대한 키우는 일에 집중하며, 내 능력범위의 지름이 얼마나 되는지도 현실적으로 파악하려고 합니다.
1951년 1월 어느 토요일 가이코의 로리머 데이비드슨(Lorimer Davidson)을 만났을 때 나는 보험업을 이해할 수 있었습니다. 그가 내게 3~4시간 설명해준 내용이 매우 타당했기 때문입니다. 그래서 나는 보험업을 파고들었고 깊이 이해할 수 있었습니다. 보험에 대해서는 내 머리가 잘 돌아갔습니다. 그러나 소매업은 잘 이해할 수가 없었습니다. 나도 찰리가 일했던 잡화점에서 일했지만, 둘 다 소매업에 대해서 많이 배우지 못했습니다. 고된 일이라서 하기 싫다는 생각만 들었습니다.

좁은 영역에 대해서나마 남들보다 더 많이 파악하고 있다면, 빈번하게 매매하려는 충동을 억제할 수 있다면 승산이 매우 높아질 때까지 기다리세요. 매우 유리한 게임을 하게 될 것입니다.

멍거 대다수 사람에게 훌륭한 전략은 전문화라고 생각합니다. 항문과와 치과를 겸하는 의사에게 치료받으려는 사람은 아무도 없습니다. 통상적으로 성공하는 방법은 범위를 좁혀 전문화하는 것입니다. 워런과 나는 원치 않아서 전문화를 선택하지 않았지만 다른 사람들에게도 우리 방식을 추천할 수는 없군요.

버핏 우리 때는 투자가 일종의 보물찾기였습니다. 보물을 찾기가 어렵지 않았지요.

멍거 당시에는 효과적이었지만 운도 좋았지요. 지금은 올바른 방식이 아닙니다.

버핏 내가 가장 잘 이해하는 사업은 보험이었습니다. 내게는 경쟁자도 거의 없었습니다. 한번은 펜실베이니아 보험사에 대해 확인할 사항이 있어서 해리스버그에 있는 보험과를 찾아갔습니다. 당시에는 인터넷으로 이런 정보를 입수할 수가 없었습니다. 내가 그 회사에 대해 질문하자 담당 공무원이 말했습니다. "그 보험사에 대해 질문한 사람은 당신이 처음입니다." 스탠더드 앤드 푸어스(Standard & Poor's) 자료실을 방문했을 때도 온갖 정보를 요청할 수 있었습니다. 자료실에는 탁자가 많았지만 이용하는 사람이 아무도 없어서 자료를 마음대로 펼쳐놓고 조사할 수 있었습니다. 당시에는 경쟁자가 거의 없었습니다.

하지만 단 하나라도 매우 잘 알면 언젠가 우위를 확보할 수 있습니다. IBM의 토머스 왓슨 1세(Thomas J. Watson Sr.)는 말했습니다. "나는 천재가 아닙니다. 그래서 일부에 대해서만 잘 압니다. 그러나 나는 그 일부를 벗어나는 일이 없습니다." 찰리와 나도 그렇게 하려고 노력했습니다. 당신도 십중팔구 그렇게 할 수 있습니다.

멍거 우리는 여러 분야에서 그렇게 했습니다. 쉬운 일이 아니었죠.

버핏 그래서 큰 손실도 몇 번 보았습니다.

Q 2020 버크셔가 매도한 4대 항공사는?

버크셔가 지분을 매각한 4대 항공사를 밝혀주시겠습니까?

버핏 우리는 항공사 경영진에게 실망해서 매도한 것이 절대 아닙니다. 단지 항공산업에 대한 평가가 달라졌을 뿐입니다. 우리가 매도한 미국 4대 항공사는 아메리칸항공(American Airlines), 델타항공(Delta Airlines), 사우스웨스트항공(Southwest Airlines), 콘티넨탈항공(Continental Airlines)입니다. 이제 항공산업의 환경이 바뀌었습니다. 항공사들의 문제가 조속히 해결되기를 바랍니다. 여러 산업 중에서도 특히 항공산업이 통제 불능 사건에 의해서 큰 타격을 입었다고 생각합니다. 그레그, 보탤 말 있나?

그레그 에이블 보탤 말 없습니다.

버핏 제2의 찰리가 등장했군요. 항공사 투자는 내 실수였습니다. 확률이 낮아도 가끔 발생하는 사건이 있는데 이번에는 항공산업에서 발생했습니다. 투자를 결정한 사람은 바로 나였습니다.

Q 2020 인덱스펀드의 시대는 끝났나요?

최근 액티브 펀드매니저들은 패시브 투자의 시대가 끝났다고 말합니다. 이제는 인덱스펀드에 장기 투자해도 안전하지 않다고 말합니다. 어떻게 생각하시나요?

버핏 나는 유서를 변경하지 않았습니다. 내 아내는 상속받는 돈의 90%를 인덱스펀드로 보유하게 됩니다. 증권업계에서 인덱스펀드를 권유하지 않는 것은 팔아도 돈벌이가 되지 않기 때문입니다. "인덱스펀드의 시대는 끝났다"라는 말은 "미국에 투자하는 시대는 끝났다"라는 말과 다르지 않습니다. 그래서 나는 절대로 동의할 수 없습니다. 인덱스펀드에 뭔가 특별한 문제가 있다는 주장은 그 근거를 찾기 어렵습니다. 높은 보수를 받는 펀드와 낮은 보수를 받는 인덱스펀드 중 장기적으로 어느 쪽이 승리할지 나는 분명히 알고 있습니다.

뛰어난 실적을 안겨줄 수 있다고 고객을 설득해야 돈을 버는 사람이 많습니다. 운이 좋아서 실적을 내는 사람도 일부 있고 실력으로 실적을 내는 사람도 소수 있습니다. 그래서 사람들은 짐 사이먼스(James Simons, 헤지펀드 '르네상스테크놀로지' 설립자) 같은 탁월한 실력자를 찾을 수 있다는 생각에 매료됩니다. 짐 사이먼스는 실력으로 탁월한 실적을 달성했지만 이는 매우 이례적인 경우이며 보수도 매우 높습니다. 게다가 펀드 규모가 커지면 실적을 유지하기 어려워지므로 이런 펀드는 모집을 중단하기도 합니다.

자산운용업계에서는 펀드 판매만 잘해도 돈을 벌고, 판매와 운용을 다 잘하면 더 많이 법니다. 그런데 업계의 실상을 보면 운용을 잘해서 버는 돈보다 판매를 잘해서 버는 돈이 훨씬 많습니다.

Q 2020 운용자산이 클수록 초과수익이 어려워

지난 5~15년 버크셔의 실적이 S&P500보다 저조한 이유는 무엇인가요?

버핏 나는 버크셔의 장기 수익성이 다른 어떤 기업보다도 견실하다고 생각합니다. 그러나 향후 10년 수익률이 S&P500보다 높다는 쪽에 내 목숨을 걸고 싶지는 않습니다. 물론 버크셔의 수익률이 더 높을 가능성도 어느 정도 있다고 생각합니다. 지난 50여 년 중 버크셔가 초과수익을 낸 경우가 몇 번인지는 모르겠지만, 1954년에 기록한 실적이 최고였습니다. 하지만 당시에는 운용자산 규모가 아주 작았습니다. 운용자산 규모가 작을 때는 초과수익을 올리기가 쉽다고 생각합니다.

그러나 운용자산 규모가 커질수록 초과수익을 내기가 더 어려워집니다. 실제로 우리는 운용자산 규모가 커지면서 초과 실적을 내기가 더 어려워졌습니다. 그래서 나는 S&P500 대비 초과수익을 내겠다는 약속을 아무에게도 하지 않을 것입니다. 그러나 나는 재산의 99%를 버크셔에 넣어두겠다는 약속은 하겠습니다. 내 가족도 재산의 대부분을 버크셔 주식으로 보유하고 있습니다. 나는 장기적으로 버크셔가 잘되기를 누구보다도 바라는 마음입니다. 하지만 이런 마음이 실적을 보장해주지는 않습니다.

버크셔가 형편없는 실적을 내는 모습은 상상하기 어렵지만 세상에는 어떤 일도 발생할 수 있습니다. 1분기 말, 다소 감소한 버크셔의 순자산은 약 3,700억 달러지만 그래도 미국 최대 규모이며 아마 세계에서도 최대 규모일 것입니다. 그래서 운용에 어려운 점이 있습니다.

Q 2021 주가 폭락기에 주식을 매수하지 않은 이유는?

코끼리 사냥(대기업 인수) 자금을 장기간 모아왔는데도 2020년 3월 주가 폭락기에 주식을 매수하지 않은 이유는 무엇인가요?

버핏 지금까지 우리 보유 현금 규모는 우리가 보유한 기업 가치의 약 15%인데 이는 건전한 수준입니다. 지금까지 필수 보유 현금 규모는 200억 달러인데 이 금액은 높일 예정입니다. 이제는 버크셔의 규모가 커져서 언제든 500~750억 달러를 사용할 수도 있기 때문입니다.

연준이 행동에 나서기 직전에 우리는 전화를 두 통 받았지만 2~3일 동안은 아무것도 할 수 없었습니다. 3월 23일 연준의 신속하고도 과감한 조처가 나온 뒤에야 멈췄던 경제가 다시 가동되면서 상황이 호전되었기 때문입니다. 그전에는 심지어 국채시장마저 거래가 중단된 상태였습니다. 버크셔도 십중팔구 채권을 발행할 수 없었을 것입니다. 널리 보도되지는 않았지만, MMF 대규모 인출 사태도 발생했습니다. 일별 데이터를 보면 2008년 9월이 반복되고 있었습니다.

당시 나는 버냉키(Ben Bernanke, 당시 연준 의장)와 폴슨(Henry Paulson, 당시 재무장관)을 깊이 신뢰했습니다. 그러나 이번에는 연준이 필요한 조처를 모두 하겠다고 말하는데도, 3월 23일 실제로 행동에 나서기 전날까지 버크셔조차 채권을 발행할 수 없었습니다. 다행히 1~2일 후에는 카니발 크루즈라인(Carnival Cruise Lines)도 채권을 발행할 정도로 상황이 호전되었습니다. 이후 적자 기업들, 영업 중단 기업들의 회사채 발행량마저 기록을 세웠으므로 상상하기 어려운 극적인 반전이 이루어졌습니다. 당시 연준 의장이 "재정정책을 검토해보시죠"라고 말하자, 이번에도 의회가 적극적으로 호응했습니다.

2008~2009년에는 사람들이 부정한 은행들에 자금을 한 푼도 지원하지 말라고 주장했습니다. 그러나 이번에는 지원을 비난하는 사람이 아무도 없었습니다. 그래서 의회도 호응했고 재정정책도 놀라운 방식으로 실행되었습니다. 그 결과 연준, 재무부, 기타 누가 예상했던 것보다도 좋은 성과가 나왔습니다. 지금 경제의 85%는 최고 속도로 가동되고 있으며 인플레이션도 어느 정도 나타나고 있습니다.

우리는 2008~2009년의 교훈을 적용했습니다. 그러나 2008~2009년 상황이 반복될 것으로 확신할 수가 없었습니다. 버크셔는 남에게 의존하기를 원치 않습니다. 우리는 은행이 아니므로, 자금이 필요할 때 연준에 의존할 수가 없습니다. 우리는 어떤 상황에서도 핵전쟁을 막을 수 없음을 명심해야 합니다. 영화 '욕망이라는 이름의 전차(A Streetcar Named Desire)'에서 블랑슈 뒤부아(Blanche DuBois)는 "나는 남들의 친절에 의존한다"라고 말합니다. 그러나 극단적인 상황에서 우리가 친구들의 친절에 의존할 수는 없습니다. 나는 다양한 곳에서 그런 상황을 보았습니다.

작년 3월 중순에는 모든 은행이 신용한도를 축소했습니다. 은행들은 그런 상황을 예상하지 못했습니다. 고객들은 열흘 후에도 자금 인출이 가능할지 확신할 수 없었으므로 MMF에서 서둘러 돈을 인출했습니다. 나는 통화정책과 재정정책 둘 다 깊이 신뢰하지만 상황이 호전될 것으로 확신할 수는 없었습니다. 통화정책과 재정정책이 어떻게 실행될지 나는 알 수 없었지만 확실히 효과가 있었습니다. 누구의 예상보다도 더 효과적이었다고 생각합니다. 찰리도 이에 대한 견해가 있으므로 들어봐야겠지요.

멍거 누군가는 매우 똑똑해서 자금을 모아두었다가 위기가 닥쳤을 때 바닥 시세에 투자할 수 있다고 생각한다면 미친 짓입니다. 물론 우연히 그렇게 투자하는 사람은 항상 존재합니다. 그러나 이는 지나치게 엄격한 평가 기준입니다. 버크셔에 그런 기대를 하는 사람은 제정신이 아니지요.

버핏 찰리와 나는 춤을 잘 춘 적도 없고 잘 출 수도 없습니다.

멍거 우리는 잘 출 수 없으며, 잘 출 수 있는 사람은 거의 없습니다.

버핏 자금이 수백억 달러라면 더 그렇습니다.

멍거 네. 그렇습니다.

버핏 우리 자산은 수천억 달러입니다. 그런데도 지금까지 잘 풀렸습니다. 우리 재무상태표를 보면 1분기에 약 250억 달러를 지출했고 이후에는 더 많이 지출했습니다. 그것도 가장 좋은 방식으로 말이죠. 우리는 우리 회사를 살 때 가장 싸게 살 수 있습니다. 우리가 자사주만큼 싸게 살 수 있는 주식은 없다는 말입니다. 그래서 자사주 매입에 상당한 자금을 투입했습니다. 그러나 돌아보면 더 잘할 수도 있었습니다. 우리는 항공주와 은행주를 매도했습니다. 그러나 이때 다른 주식을 매수했어야 하는지는 다른 문제입니다.

Q 2021 버크셔 주식인가, S&P500 인덱스펀드인가?

지금까지 15년 동안 버크셔는 시장 대비 초과수익을 내지 못했으며, 당신은 장래 버크셔의 초과수익 가능성에 대해서도 신중한 태도입니다. 버크셔 장기 주주들이 인덱스펀드로 분산투자해야 한다는 주장에 대해 어떻게 생각하시나요?

버핏 찰리, 자네가 답해주겠나?

멍거 나는 개인적으로 시장지수보다 버크셔 주식을 선호하므로 버크셔를 보유해도 마음이 매우 편안합니다. 나는 버크셔가 시장 평균보다 낫다고 생각합니다.

버핏 버크셔에 대한 시장의 평가가 공정하지 않다고 생각하시나요?

멍거 시장의 평가는 우연의 산물일 뿐이며 상황은 항상 변동합니다. 종합적으로 볼 때 나는 시장보다 버크셔에 돈을 걸겠습니다. 버핏과 내가 둘 다 죽는다고 가정하더라도 말이지요.

버핏 나는 오래전부터 S&P500 인덱스펀드를 추천했습니다. 그동안 누구에게도 버크셔를 추천하지 않은 것은 내가 무슨 정보라도 제공하는 것으로 사람들이 오해할까 걱정되었기 때문입니다. 향후 버크셔의 주가가 얼마가 되든 상관없이 내가 선언한 내용이 있습니다. 내가 죽으면 내 아내에게 가는 유산 중 90%는 S&P500, 10%는 단기 국채로 구성될 것입니다. 반면 장래에 여러 자선단체에 제공할 기부금은 내가 사망한 후 약 12년에 걸쳐 버크셔 주식 형태로 지급될 것입니다. 나는 버크셔 주식을 좋아하지만 일반인이 선정할 수 있는 주식은 아니라고 생각합니다.

50~60년 전, 어떤 사람들은 주식을 손수 선정하는 대신 돈을 찰리와 나에게 맡겼습니다. 버크셔를 평생의 저축 수단으로 생각한다는 점에서 우리 주주들은 매우 이례적인 집단입니다. 향후 10~20년도 믿고 맡긴다면, 우리가 합리적으로 잘 관리할 터이므로 걱정할 필요가 없습니다. 나는 버크셔를 좋아하지만, 주식을 전혀 모르고 버크셔에 대해 특별한 애착도 없는 사람이라면 S&P500 인덱스펀드를 사야 한다고 생각합니다.

Q 2021 | 아내 유산의 인덱스펀드 투자 이유는?

당신은 수탁자에게 아내 유산의 대부분을 인덱스펀드에 투자하라고 지시했는데 이는 버크셔 경영자들에 대한 불신 의사가 아닌가요?

버핏 아내의 몫은 내 유산의 1% 미만이므로 그렇지 않습니다. 부자들은 모두 유산 상속 내용을 공개하지 않습니다. 그러나 내 유언은 공개될 것이며 여러분은 내가 평소에 한 말이 실제로 이행되는지 확인할 수 있을 것입니다. 내 유산의 약 99.7%는 자선단체나 연방정부로 가게 됩니다. 나는 버크셔가 보유하기에 매우 훌륭한 주식이라고 생각하지만, 특히 내 아내 같은 사람은 유산의 극히 일부만으로도 여생을 풍족하게 보낼 수 있으므로 90%를 S&P500 인덱스펀드로 보유하는 방식이 최선이라고 생각합니다.

요즘 인덱스펀드 회사들은 지속적으로 다양한 인덱스 상품을 개발하여 판매하고 있으며, 미국 대중이 원하면 어떤 지역이나 산업이든 마음대로 선택해서 투자하는 인덱스 상품을 제공하겠다고 말합니다. 그러나 주식을 전혀 모르는 사람은 그냥 전체 시장 인덱스펀드에 투자하십시오. 그래서 나는 아내를 위해서 S&P500 인덱스펀드를 선택했습니다. 이 상품이면 아내는 생계를 충분히 유지하고도 남습니다. 그러나 나는 재산의 99.7%를 버크셔 주식으로 보유해도 걱정이 전혀 없습니다. 그래서 자선단체에 기부하는 재산은 최종적으로 처분될 때까지 버크셔 주식으로 남아 있을 것입니다.

Q 2021 애플 주식 일부를 매도한 이유는?

애플을 버크셔의 네 번째 보석이라고 말하면서, 2020년에 애플 주식을 더 매수하지 않고 일부 매도한 이유는 무엇인가요?

버핏 현재 우리의 애플 지분은 1분기에 다소 증가해서 약 5.3%입니다. 우리도 자사주 매입을 했고 애플도 자사주 매입을 한 덕분입니다. 최근 애플은 추가 자사주 매입 계획을 발표했습니다. 애플은 우리가 지분 5.3%를 보유한 자회사라고 볼 수 있습니다. 다만 시장성 유가증권이므로 우리가 보유한 다른 시장성 유가증권보다 훨씬 많아 보입니다. 참고로 유니언퍼시픽은 시가총액이 약 1,500억 달러이며, 우리 BNSF는 유니언퍼시픽보다 규모가 더 크므로 가치가 조금 더 높을 것입니다.

애플의 팀 쿡(Tim Cook)은 환상적인 경영자입니다. 그는 한동안 능력을 제대로 인정받지 못했지만, 내가 본 경영자 중 세계 정상급 경영자입니다. 애플은 사람들로부터 절대적인 사랑을 받고 있습니다. 애플 사용자들의 만족률은 99%에 이릅니다. 안드로이드폰(Android phone)을 원하는 고객에게는 여러 회사가 제품을 판매할 수 있지만, 애플폰(Apple phone)을 원하는 고객에게는 오로지 애플만 제품을 판매할 수 있습니다.

애플은 정말 놀라운 브랜드입니다. 사람들의 생활에서 애플이 담당하는 역할을 생각하면 애플은 가격이 매우 저렴합니다. 나처럼 애플을 전화기로 사용하는 사람은 미국에 하나뿐일 것입니다. 어쩌면 알렉산더 그레이엄 벨(Alexander Graham Bell, 최초로 '실용적' 전화기를 발명한 인물)의 후손들도 전화기로 사용할지 모르겠습니다. 그러나 사람들에게는 애플이 필수품입니다.

앞으로 5년 동안 3만 5,000달러짜리 자동차와 애플폰 중 하나를 포기해야 한다면 사람들은 어느 쪽을 포기할까요? 작년에 우리는 애플을 더 매수할 기회가 있었는데도 일부를 매도했습니다. 다행히 자사주 매입 덕분에 우리 주주들의 애플 지분은 더 증가했지만 말이지요. 그러나 매도는 십중팔구 실수였습니다. 찰리, 절제된 표현으로 말해주게. 자네도 애플 매도가 실수였다고 생각하지?

멍거 실수였네.

버핏 찰리는 그다지 좋아하지 않았지만 나는 코스트코와 애플을 매도했습니다. 둘 다 찰리의 판단이 옳았을 것입니다. 팀 쿡은 위대한 경영자입니다. 스티브 잡스(Steve Jobs)처럼 혁신적 제품을 창조한 것은 아니지만 회사를 매우 훌륭하게 경영했습니다. 스티브 잡스도 팀 쿡만큼 회사를 훌륭하게 경영하지는 못했을 것입니다.

멍거 버핏이 열거한 선도적 미국 기업들을 보면 신기술 분야에서 미국 기업들이 매우 중요한 역할을 담당하고 있습니다. 나는 이들 선도적 미국 기업이 반독점법 등 때문에 몰락하는 일이 없기를 바랍니다. 나는 이들의 독점에 의한 폐해가 많다고 생각하지 않습니다. 이들은 미국과 문명사회에 기여한다고 생각합니다.

버핏 크게 기여하고 있습니다.

멍거 크게 기여하고 있으므로 우리에게 유리합니다.

Q 2021 고성장주의 가치를 평가하는 방법은?

요즘 대형 기술주들이 불과 1년 만에 50%, 100%, 200%나 급등하는 현상을 어떻게 보시나요? 2016년 당신은 사업과 경영진이 우수하다고 판단하여 애플을 매수했는데 이런 고성장주의 가치를 어떻게 평가하시나요?

버핏 우리는 대형 기술주들의 급등이 광기라고 생각하지 않습니다. 나는 세계 전역에 고객을 보유한 애플의 미래를 어느 정도 이해한다고 생각합니다. 그러나 애플의 주가를 이해하려면 투자의 기본인 금리를 돌아보아야 합니다. 중력이 세상 만물에 영향을 미치듯이, 금리는 모든 자산의 가격에 영향을 미칩니다.

나는 어제 나온 〈월스트리트저널〉에서 기사 한 조각을 오려서 가져왔습니다. 이 기사는 양도 적고 눈에 띄지도 않아서, 읽은 사람이 아마 나 하나뿐일 것입니다. 어제 〈월스트리트저널〉 마지막 페이지의 바닥 구석에 실린 기사로서 4주 만기 국채의 경매 결과입니다. 재무부의 4주 만기 국채 경매에 낙찰된 매수 신청이 430억 달러였는데, 평균 가격이 100.000000으로서 소수점 아래의 0이 6개였습니다. 재무부는 매수 신청 약 1,300억 달러를 받아 단기 국채 430억 달러를 제로 금리로 발행한 것입니다. 재무부 장관 재닛 옐런(Janet Yelen)은 국가 채무 유지비용이 감소했다고 두 번 말했습니다. 작년 4분기에는 국가 채무가 1년 전보다 수조 달러 증가했는데도 이자 비용이 8% 감소했습니다. 모든 자산의 가치평가 척도가 되는 이른바 무위험 단기 국채의 금리가 이렇게 믿기 어려울 정도로 하락했습니다.

중력을 약 80% 줄일 수 있다면 나는 도쿄 올림픽 높이뛰기에 출전할 수 있습니다. 마찬가지로 지금은 금리가 10%일 때보다 자산 가격이 훨씬 높습니다. 지금 무위험 단기 금리가 0이기 때문에 모든 자산의 가격이 믿기 어려울 정도로 상승한 것입니다. 매우 흥미로운 일이지요. 나는 가장 권

위 있는 폴 새뮤얼슨(Paul Samuelson)의 경제학 저서를 25년 전에 샀습니다. 그는 미국 최초로 노벨상을 받은 인물이며 그의 경제학 교과서는 모든 학교에서 교재로 사용되고 있습니다. 놀랍게도 미국에서 두 번째로 노벨상을 받은 케네스 애로(Kenneth Joseph "Ken" Arrow)와 그는 둘 다 래리 서머스(Larry Summers, 재무장관을 역임한 경제학자)의 삼촌입니다.

폴은 매우 훌륭한 최고의 저자였습니다. 내가 산 책은 1973년에 나온 경제학 책입니다. 초창기에 경제학은 존중받는 흥미로운 과학이었습니다. 애덤 스미스(Adam Smith)는 미국이 독립한 1776년 무렵에 수집한 데이터로 《국부론(The Wealth of Nations)》을 출간했습니다. 이후 유명한 경제학자들이 등장했고 폴은 당시에 가장 유명한 경제학자가 되었습니다. 나는 이 책에서 마이너스 금리를 찾아보았지만 발견할 수 없었습니다. 이제 나는 마침내 제로 금리를 발견했습니다. 지난 200년의 경제를 연구한 폴은 말했습니다. "마이너스 금리는 상상할 수는 있어도 실제로 존재할 수는 없다." 폴이 말한 시점은 1970년대이므로 중세 암흑기가 아니었습니다. 이 말을 비판한 경제학자는 한 사람도 없었습니다.

그런데 작년에 실제로 제로 금리가 등장했습니다. 버크셔가 보유한 단기국채는 1,000억 달러가 넘지만 일단 1,000억 달러라고 가정해봅시다. 코로나 유행 이전에는 우리가 받는 이자가 연 15억 달러 수준이었습니다. 지금은 금리가 0.02%이므로 이자 수입이 연 2,000만 달러입니다. 여러분이 받는 임금이 시간당 15달러에서 0.2달러로 바뀌었다고 상상해보십시오. 이는 상전벽해입니다. 그런데 이는 계획했던 대로 나타난 결과물입니다. 연준이 의도적으로 실행한 정책의 결과라는 뜻입니다.

연준은 대규모 경기 부양을 원했습니다. 2012년 유럽에서 마리오 드라기(Mario Draghi, 당시 유럽중앙은행 총재)가 마이너스 금리까지 감수하면서 "어떻게 해서라도" 경기를 부양하겠다고 표명한 것처럼 말이지요. 그러나 연준은 마이너스 금리는 원치 않는다고 말했습니다. 재무부가 어떤 기준을 정한 듯합니다. 하지만 현재 금리가 적정 수준이어서 향후 10년 동안 이 금리가 유지된다면, 질문자가 언급한 기업들의 주가는 헐값입니다. 이들 기업은 자금을 현재 금리로 조달할 수 있으며, 이들 기업의 미래 수익을 현재 금리로 할인하여 가치를 평가하면 주가가 매우 싸다는 뜻입니다. 문제는 장기적으로 금리가 어떻게 되느냐입니다. 향후 30년까지의 금리는 수익률 곡선(yield curve)에 반영되어 있다고 보는 견해도 있습니다.

지금은 대단히 흥미로운 시점입니다. 금융정책에 의해 금리가 거의 제로인 상태에서 지금처럼 재정정책에 의해서도 막대한 자금이 유입되어 사람들이 열광하는 모습은 전혀 유례가 없습니다. 그러나 경제학에서 말하는 "그러면 어떻게 되지?"를 우리는 항상 기억해야 합니다.

미국에 막대한 돈이 풀리고 있습니다. 지난 수요일 대통령은 미국 국민의 85%에게 1,400달러씩 지급한다고 말했습니다. 2년 전만 해도 국민의 40%는 보유 현금이 400달러에도 못 미치는 형편이었습니다. 이제는 국민의 85%가 그 이상을 보유하게 되는데도 아직 역효과가 나타나지 않고 있습니다. 그 돈을 받으면 사람들은 기분이 좋겠지만 대부업자들은 기분이 나쁠 것이며, 기업은 번창하고 주가는 상승할 것입니다. 유권자들은 행복할 것이며 다른 분야도 영향을 받을지 알게 될 것입니다.

다른 분야가 영향을 받지 않는다면 이런 정책이 대대적으로 계속 실행될 것입니다. 그러나 경제학에 의하면 모든 일에는 그 결과가 따릅니다. 구글과 애플은 자본이익률 면에서 놀라운 기업입니다. 이들은 많은 자본을 쓰지 않으면서 막대한 돈을 벌어들이고 있습니다. 우리는 국채를 1,000억 달러 이상 보유하고 있지만 이자 소득이 연 3,000~4,000만 달러에 불과합니다. 이는 금융 당국이 의도했던 상황입니다. 미국 금융 당국은 경기를 부양하고 있으며 유럽은 더 극단적으로 경기를 부양하는 중입니다. 미국은 재정정책까지 동원하고 있으며, 사람들은 이제 매우 만족한 상태에서 숫자에 무감각한 상태로 바뀔 것입니다. 수조 달러는 누구에게도 의미가 없지만 1,400달러는 사람들에게 큰 의미가 있습니다. 과연 어떤 결과가 나올지 보게 될 것입니다. 이는 경제 측면에서 지금까지 우리가 본 영화 중 단연 가장 흥미진진한 영화라고 생각합니다. 그렇지 않은가, 찰리?

멍거 경제 전문가들에게는 당연히 흥미진진하지요. 경제 전문가들은 현재 상황에 매우 놀라고 있습니다. 처칠(Winston Churchill)이 클레멘트 애틀리(Clement Attlee)에 관해서 한 말이 떠오릅니다. "그는 매우 겸손한 사람이었는데, 겸손해야 할 이유가 많았다." 이는 경제 전문가들에게도 그대로 적용되는 말입니다. 경제 전문가들은 만사에 자신이 넘치지만 세상은 그들의 생각보다 복잡하답니다.

Q 2021 주가 거품기에 보유 현금의 투자는?

현재 주가에 거품이 끼었다고 본다면, 버크셔는 주가가 적정 수준으로 하락할 때까지 현금으로 보유하는 편이 나은가요? 아니면 다른 방식으로 투자하는 편이 나은가요?

버핏 찰리와 나는 이에 대해 많은 토론을 했습니다. 우리는 잘 알지 못하는 주식을 사기도 했는데, 마음이 불편했습니다.

멍거 전에는 통에 든 물고기를 잡았는데 이제는 그러기도 어려워졌습니다.

버핏 우리 주주와 고객들을 보호하려면 우리가 곤경에 처하지 않아야 하므로 총자산의 10~15%를 현금으로 보유하고 있습니다. 우리는 장기 주주들의 돈을 절대 잃지 않는 방식으로 버크셔를 안전하게 경영하고 있습니다. 그러나 버크셔 주식을 수시로 사고파는 단기 주주들까지 도와드릴 수는 없습니다. 현재 우리가 보유한 현금은 총자산의 약 10%인 700~800억 달러입니다. 우리는 이 자금을 잘 활용하고 싶지만 현재와 같은 상황에서는 활용 기회를 찾기 어려울 것입니다. 그러나 가끔 시장 상황이 매우 빠르게 바뀌기도 합니다.

지금도 기업을 버크셔에 매각하고 싶어 하는 사람들이 있지만 상장기업은 그렇게 하기가 매우 어렵습니다. 남의 돈을 운용하는 사람들도 인수하겠다고 경쟁적으로 덤벼들기 때문입니다. 우리는 보유 현금 700억 달러에 대해서는 불만스럽지만 보유 주식 7,000억 달러에 대해서는 매우 만족스럽습니다.

Q 2021 버크셔 포트에서 빅테크 비중이 증가할까요?

주주 서한에서 당신은 최소 자산으로 높은 수익을 내는 기업에서 최고의 투자 실적이 나온다고 말했습니다. 앞으로 투자에서 토드와 테드의 역할이 더 커짐에 따라 버크셔 포트폴리오에서 고수익 대형 기술주가 차지하는 비중이 증가할까요?

버핏 아시다시피 그린 비즈니스(green business, 사회에 부정적인 영향을 최소화하거나 긍정적 영향을 미칠 수 있는 기업)가 매우 적은 자본으로 빠르게 성장하는 기업입니다. 애플, 구글, 마이크로소프트, 페이스북 등이 대표적인 예입니다. 애플은 고정자산이 370억 달러인데도, 고정자산이 1,700억 달러인 버크셔보다 버는 돈이 훨씬 많습니다. 그러므로 버크셔보다 훨씬 좋은 사업입니다. 마이크로소프트와 구글 역시 버크셔보다 훨씬 좋은 사업입니다.

우리는 1972년 씨즈캔디를 인수하고서 이 사실을 깨달았습니다. 씨즈캔디는 많은 자본이 필요 없습니다. 주방이라고 부르는 제조 공장이 두 개 있지만 재고자산이 많지 않고 매출채권도 많지 않습니다. 이런 기업이 최고의 기업이지만 가격이 매우 높습니다. 게다가 이런 기업은 흔치 않으며, 항상 최고의 기업으로 유지되는 것도 아닙니다.

우리는 항상 이런 기업을 찾고 있습니다. 우리도 이렇게 훌륭한 기업을 몇 개 보유하고 있지만 규모는 크지 않습니다. 모두가 이런 기업을 찾고 있습니다. 자본주의의 핵심은 자본이익률입니다. 자본이익률을 높이려면 투하자본이 많지 않아야 합니다. 공익기업(utility, 수도, 전기, 가스 사업)처럼 막대한 자본을 투자해야 한다면 매우 높은 자본이익률은 기대할 수 없습니다. 그 자본이익률은 구글 근처에도 못 미칩니다. 우리가 텍사스주에 제안한 거래의 자본이익률은 9.3%였습니다. 찰리, 더 보탤 말 있나?

멍거 없네.

Q 2021 버크셔도 퀀트 전문가를 채용하면 어떤가요?

짐 사이먼스의 메달리온펀드(Medallion Fund)는 30년 수익률이 보수를 제외하고 연 39%입니다. 버크셔도 퀀트 전문가를 채용하면 어떤가요?

버핏 퀀트 전문가 채용은 생각하지 않습니다. 먼저 찰리의 대답을 들어보겠습니다.

멍거 흥미로운 질문입니다. 퀀트 펀드는 단기 트레이딩에서 엄청난 실적을 냈습니다. 이들은 주가 예측력을 높이는 알고리즘을 개발했습니다. 이들은 돈벌이가 되는 한 이 알고리즘을 계속 사용하고 있습니다. 그러나 장기 주가 예측에 똑같은 시스템을 기계적으로 계속 사용하면 실적이 예전만 못했습니다. 단기적으로도 이 시스템에 지나치게 의존하면 이점을 상실했습니다. 그러므로 퀀트 운용 규모에는 한계가 있었습니다.

버핏 하지만 이들은 매우 똑똑합니다.

멍거 네. 이들은 큰 부자가 되었습니다. 매우 똑똑하고 부유하지요. 짐 사이먼스는 매우 우수한 인물입니다.

버핏 그래도 우리는 트레이딩으로 돈을 벌려고 하지 않습니다. 우리는 방법을 모릅니다. 방법을 안다면 이미 트레이딩을 하고 있겠지요. 누군가 대신 해주겠다고 해도 우리는 아무도 믿지 않습니다. 답은 간단합니다.

Q 2022 최근 투자가 급증한 이유는?

2월 26일 주주 서한에서 당신은 시장에 흥미로운 기회가 거의 보이지 않는다고 말했습니다. 그러나 3월 10일경 앨러게이니(Alleghany)를 인수한다는 발표가 나왔고, 그 후에는 옥시덴탈 페트롤리움과 HP 주식 매수가 공개되었습니다. 그사이에 어떤 변화가 있었나요?

버핏 찰리, 자네가 먼저 대답하겠나?

멍거 단기 국채보다 더 마음에 드는 기회를 발견했습니다. (웃음소리)

버핏 늘 그랬듯이 찰리가 완벽한 대답을 했습니다. 나는 실속 없는 이야기를 길게 하겠습니다. (웃음소리)

실제로 2월 26일 서한에서 우리는 기회를 찾을 수가 없다고 인정했습니다. 그러나 바로 전날인 2월 25일 이메일을 한 통 받았습니다. 사실 나는 기계를 다루지 못하므로 내 비서 데비 보사넥(Debbie Bosanek)이 가져다주었습니다. 그녀가 내 책상 모퉁이에 자료를 쌓아두면 나는 가끔 모아서 읽어봅니다.

오래전 버크셔에서 근무했던 내 친구가 보내온 몇 줄짜리 메시지였습니다. 그는 이제 앨러게이니의 CEO가 되었다고 말했습니다. 나는 60년 동안 앨러게이니를 유심히 지켜보면서 연차보고서를 읽었습니다. 흥미로운 회사여서 내 커다란 서류함 네 개에 연차보고서가 가득 들어 있습니다. 그러므로 나는 앨러게이니에 관해서 잘 알고 있었습니다.

조 브랜든(Joe Brandon)은 말했습니다. "연차보고서를 동봉합니다. 내가 CEO가 되어 처음 발간한 연차보고서입니다. 당신이 누이들을 생각하면서 서한을 쓰듯이, 나도 당신을 생각하면서 서한을 썼습니다." 나는 조에게 답장을 보냈습니다. "보내준 연차보고서는 주말에 읽어보겠네. 3월 7일 뉴욕에 갈 예정인데 만날 수 있겠나? 보고 싶기도 하고 아이디어도 하나 있다네." 이렇게 답장을 보낸 날이 2월 26일이었습니다.

나는 가격이 적절하면 앨러게이니를 인수할 생각이었습니다. 조의 이메일을 받지 못했다면 나는 3월 7일 만나자는 메시지를 절대 보내지 않았을 것이며 아무 일도 일어나지 않았겠지요. 이 모든 일은 조가 처음 발간한 연차보고서를 내게 보내주었기 때문에 진행되었습니다.

나는 투자은행에 전화해서 인수에 관한 검토 보고서를 요청한 것도 아니고 조언을 구한 것도 아닙니다. 나는 우리가 제시한 가격에 앨러게이니를 인수할 생각이었습니다. 앨러게이니가 그 가격에 관심이 있다면 좋은 일이지만, 관심이 없다면 어쩔 수 없었죠. 이메일을 받지 못했다면 우리는 앨러게이니에 인수 제안을 하지 않았을 것입니다. 그러므로 인수가 성사된 것은 조가 이메일을 보내준 덕분입니다. 이렇게 해서 110억 달러가 지출되었습니다.

이후 우리는 몇몇 주식에 큰 흥미를 느껴서 또 거액을 지출하게 되었습니다. 주식시장에 대한 이해는 정말 중요합니다. 주식시장은 항상 카지노 요소와 자본시장 요소로 구성됩니다. 간혹 시장은 건전한 투자를 중심으로 흘러갑니다. 흔히 책이나 학교에서 배우는 이른바 자본시장의 모습입니다. 그러나 다른 때에는 완전히 도박장이 되어버립니다. 지난 2년 동안은 주식시장이 심각한 도박장이 되었고 월스트리트가 이런 분위기를 조장했습니다. 사람들은 1965년쯤 버크셔 주식을 사서 계속 보유했다면 경이적인 실적을 냈을 것이라고 말합니다. 하지만 그랬다면 주식 중개인들은 굶어 죽었을 것입니다.

월스트리트는 자본주의라는 식탁에 떨어지는 빵 부스러기로 돈을 법니다. 200년 전에는 상상도 할 수 없었던 방식입니다. 그러나 사람들이 가만있으면 빵 부스러기가 떨어지지 않으므로 월스트리트는 돈을 벌지 못합니다. 이들은 사람들이 투자할 때보다 도박할 때 돈을 훨씬 많이 법니다. 그래서 슬롯머신의 핸들을 연거푸 잡아당기듯 사람들이 흥분해서 하루에 20번씩 매매할 때 훨씬 유리해집니다. 이들이 고객의 과도한 매매를 원한다고 말하지는 않겠지만, 실제로는 고객이 과도하게 매매해야 이들이 돈을 법니다. (웃음소리)

시장이 도박에 휘둘리는 모습을 보여주는 사례가 있습니다. 우리가 2주

동안 옥시덴탈 페트롤리움 지분 약 14%를 사 모은 사례입니다. 게다가 지분 40%를 보유한 블랙록(BlackRock) 등 4대 인덱스펀드는 매매를 거의 하지 않아서 실제 유통주식이 60%에 불과한데도 우리가 14%를 시장에서 사 모은 사례입니다. 나는 마크 밀러드(Mark Millard)에게 대량 매매도 상관없으니까 옥시덴탈 지분 20%를 매수하라고 말했습니다. 그리고 2주 만에 그는 유통주식 60% 중 14%를 사 모았습니다. 이런 방식이면 투자가 아닙니다. (웃음소리) 나도 믿을 수가 없었습니다. 버크셔 주식이라면 불가능한 일이어서, 14%를 사 모으려면 매우 오래 걸릴 것입니다.

이제는 미국 대기업들이 모두 포커 칩이 되었습니다. 사람들은 콜옵션을 사고팔듯이 대기업 주식을 사고팝니다. 이렇게 슬롯머신의 핸들을 당기듯이 주식을 매매하는 사람들이 증가할수록 월스트리트는 돈을 더 많이 법니다. 그러면 투자자들은 어디로 갔을까요? 원래 그 수가 많지 않았던 투자자들은 빈둥거리고 있었으며, 도박하듯 매매하는 사람들 덕분에 돈을 벌고 있었습니다. 그리고 덕분에 우리도 업력이 수십 년이나 되는 대기업의 지분 14%를 2주 만에 사 모을 수 있었습니다.

유통 물량의 40%가 이미 잠겨 있는 미국의 농장이나 아파트나 자동차 대리점의 14%를 사 모은다고 상상해봅시다. 찰리와 나에게는 불가능한 일입니다. 나는 미국 주식시장에서 이렇게 많은 거래가 이루어지는 모습을 본 적이 없습니다. 주식시장이 아니라 도박장의 모습이었으며 돈을 버는 사람들은 도박장 직원들이었습니다. 이후 몇 주 전부터 거래량이 대폭 감소했습니다.

주말에 연차보고서가 발표되었을 때 나는 옥시덴탈의 보고서도 읽어보았습니다. CEO 비키 홀럽의 말이 타당해서 나는 옥시덴탈이 훌륭한 투자 대상이라고 판단했습니다. 비키가 설명한 옥시덴탈의 과거, 현재, 미래는 명확해서 모호한 점이 없었습니다. 그녀는 내년 유가를 알지 못한다고 말했습니다. 사실은 아무도 알지 못합니다. 그러고서 2주 뒤 우리는 옥시덴탈 지분 14%를 매수했습니다.

우리는 옥시덴탈의 우선주와 워런트도 이미 보유하고 있었습니다. 100억 달러에 인수했는데 2020년 3월 말에는 평가액이 55억 달러였으므로 45억 손실 상태였습니다. 그러다가 세상이 바뀌었습니다. 한때 유가가 배럴당 마이너스 37달러까지 떨어졌다가 말이죠. 과거에 미국은 산업이 계속 돌아가게 하려면 외국에서 석유를 하루 1,100만 배럴이나 수입해야 했습니다. 그러나 이제는 하루 약 1,100만 배럴을 미국에서 생산할 수 있으므로 매우 기쁜 일입니다. 찰리, 시장의 광기에 대해서 한마디 하겠나?

멍거 현재 시장의 모습은 거의 투기 광풍입니다. 컴퓨터가 다른 컴퓨터를 대상으로 알고리즘 트레이딩을 하고 있습니다. 주식을 전혀 모르는 사람들이 더 모르는 주식 중개인들의 조언을 받고 있습니다. (웃음소리)

버핏 그래도 주식 중개인들이 수수료는 잘 알고 있지요.

멍거 믿기 어려울 정도로 말도 안 되는 상황입니다. 우리 시장은 도박에 해당하는 활동과 정당한 장기 투자가 뒤섞여 있는 기묘한 시스템입니다. 현명한 국가가 원하는 시장의 모습이 아닙니다. 여러분은 도박꾼들이 판치는 카지노 같은 시장에서 미국 주식이 거래되길 바라시나요? 나는 시장이 미쳤다고 생각합니다. 그런데도 사람들은 이런 시장을 인정하고 있습니다.

버핏 뉴욕증권거래소는 1792년 플라타너스 아래에서 설립되었습니다. 이때 미국이 큰 깨달음을 얻었던 것 같지는 않습니다. 하지만 내 나이의 약 3배(91년×3 = 273년) 동안 미국이 거래소를 이용해서 이룬 성과를 보십시오. 믿기 어려울 정도입니다. 거래소는 자기도 모르게 큰 역할을 해냈고, 미국도 믿기 어려울 정도로 잘 굴러갔습니다. 아무도 상상하지 못했을 정도입니다.

주주총회가 열리는 이곳 네브래스카는 1867년 주(州)가 되었습니다. 벤저민 프랭클린(Benjamin Franklin)이 1789년 헌법 제정회의를 마치고 나올 때 네브래스카주의 전망을 물었다면 어떤 대답을 했을까요? 그동안 네브래스카주가 이룬 성과는 믿기 어려울 정도입니다. 도박을 조장하던 사람들은 이 성과가 유동성 높은 시장 덕분이라고 말할 것입니다. 그러나 찰리라면 그걸 누가 알겠냐고 되물을 것입니다. (웃음소리) 정답은 없습니다.

1952년 4월 19일 결혼한 우리 부부는 고모의 차를 빌려 서쪽으로 달렸고 어느 날 밤 마침내 라스베이거스에 도착했습니다. 라스베이거스에는 유명 인물 셋, 즉 에디 배릭(Eddie Barrick), 샘 지그만(Sam Ziegman), 재키 고헌(Jackie Gaughan)이 있었는데 모두 오마하 출신이었습니다. 이들은 플라밍고 호텔 지분을 조금씩 보유하고 있었습니다. 벅시 시걸(Bugsy Siegel, 라스베이거스 개발을 주도한 마피아)은 몇 년 먼저 급사했습니다.

멍거 총에 맞았지요.

버핏 틀림없이 유탄이었을 겁니다. (웃음소리) 아마 유탄이 5~6발이었을 것이고 어쨌든 벅시는 죽었습니다. 샘 지그만은 현재의 내 집에서 두 블록 떨어진 곳에 살았습니다. 그는 나중에 40~50년 동안 '버펄로뉴스(The Buffalo News)'를 경영한 스탠 립시(Stan Lipsey)의 삼촌이었습니다. 세상에는 온갖 인연이 교차합니다.

우리는 다소 오래된 플라밍고 호텔 카지노로 들어갔는데 당시 나는 21세였고 신부는 19세였습니다. 주위를 둘러보니 모두 잘 차려입은 사람들이었고 수천 마일을 비행기로 온 사람들도 있었습니다. 당시에는 비행기가 지금처럼 빠르지 않았으며 요금은 더 비쌌습니다. 이들은 잘 알면서도 명백하게 어리석은 짓을 열심히 하고 있었습니다. 이들은 서둘러 주사위를 굴리면서 운을 시험하고 있었습니다. 이들의 무리를 보니 자신이 수천 마일이나 날아와서 하는 행동이 명백히 어리석은 짓임을 모두가 알고 있었습니다. 나는 아내에게 이렇게 좋은 기회를 놓칠 리가 없으니 우리는 부자가 될 것이라고 말했습니다. (웃음소리) 부자가 되려는 의지만 있으면 미국은 기회의 나라입니다.

이 사실은 지금도 변함없습니다. 플라밍고 호텔은 성장하여 훨씬 큰 호텔이 되었습니다. 오마하 사람들은 크게 성공한 재키를 매우 자랑스럽게 생각합니다. 그는 1~2년 전에 세상을 떠났습니다. 그는 라스베이거스의 정신적 지도자가 되었습니다. 그리고 샘 지그만의 조카는 나중에 우리가 인수한 버펄로뉴스의 훌륭한 경영자가 되었습니다. 우리 사회에는 뜻밖의 인연이 매우 많습니다. 특히 금융 분야에서 뜻밖의 인연이 많았습니다.

아마도 주식시장의 작동 원리를 가장 잘 설명한 책은 경제사에서도 가장 유명한 존 메이너드 케인스(John Maynard Keynes)의 《고용, 이자, 화폐의 일반이론(General Theory of Employment, Interest and Money)》(1936)입니다. 케인스는 12장에서 시장의 핵심 원리를 아름다운 산문으로 설명하는데, 올해 3월 주식시장이 통째로 광풍에 휩쓸린 덕분에 우리가 옥시덴탈 주식 유통 물량의 4분의 1을 사 모을 수 있었던 과정도 이해할 수 있습니다. 우리는 훨씬 더 사 모을 수도 있었는데, 투자에 관해서 진지하게 생각하는 사람이 있었는지 의심스러울 정도였습니다. 투자는 장래에 더 많은 구매력을 받으리라 기대하면서 현재 구매력을 남에게 이전하는 행위입니다. 즉 장래에 더 많이 소비하려고 현재 소비를 포기하는 행위지요. 이것이 교과서에서 배우는 내용이며 투자가 발생하는 원리입니다.

사람들이 농장을 사면 대개 계속 보유하다가 마침내 자녀들에게 물려줍니다. 이들은 매일 15회씩 호가를 확인하면서 콜옵션과 풋옵션을 사고팔거나 스트래들(straddle)과 스트랭글(strangle) 거래를 하지 않습니다. 대신 농장의 가치를 높이려고 노력합니다. 아파트 소유자도 월세를 높이려고 개보수 등을 합니다. 그러나 사람들은 40조 달러에 이르는 미국 기업들의 소유권(주식)을 포커 칩이나 슬롯머신처럼 취급합니다. 월스트리트는 사람들이 주식을 살 때보다 콜옵션을 살 때 돈을 더 많이 법니다. 그래서 사람들이 3일짜리 콜옵션도 살 수 있는 시스템을 개발하고 사용법까지 가르쳐줍니다. (웃음소리) 농장에 대해서는 콜옵션을 사고파는 사람이 없는데도 말이지요.

이렇게 주식시장이 제정신이 아닌 덕분에 버크셔는 좋은 기회를 잡게 됩니다. 우리가 똑똑해서가 아니라 단지 제정신이기 때문에 기회를 잡는 것입니다. 이것이 투자에 필요한 핵심 요건입니다. 찰리?

멍거 엄청난 주식 거래량과 매일 벌어지는 도박, 도박자를 속이려고 흥분시키는 사람들을 보면 현재와 같은 광기는 유례가 없다고 생각합니다. 도박판에서 주사위를 굴리는 사람들과 다름없으므로 자본주의의 자랑거리도 아니고 아름다운 모습도 아닙니다. 이런 모습이 세상에 무슨 보탬이 되겠습니까?

버핏 어떤 방식으로든 이런 시장 시스템을 이용하면 쉽게 부자가 될 수 있습니다. 때로는 직업이 사람을 선택하기도 합니다. 오래전 나는 월스트리트에도 온갖 친구들이 있었습니다. 그러나 내가 이런 식으로 말하기 시작한 이후 많이 감소했지요. 사람들은 살아가면서 많은 결정을 합니다. 사실 미국 시스템이 전반적으로 보면 지극히 효과적이었지만 여러모로 매우 불공정하기도 합니다. 그러나 미국 시스템 덕분에 지금 나는 할아버지 시대보다 훨씬 뛰어난 상품과 서비스를 이용하고 있습니다. 나는 에어

컨도 없고 이를 뽑기 전에 위스키를 들이켜야 했던 시대로 돌아가고 싶지 않습니다. 지금 이 세상은 전보다 훨씬 좋아졌습니다.

멍거 그 미친 도박 덕분에 우리가 더 잘살게 되었다고 생각합니다. 수십 년 전보다 살기 편해졌습니다.

버핏 우리는 도박에 의존하고 있지요.

멍거 그렇습니다. (웃음소리)

버핏 도박 덕분에 가격이 잘못 설정된 주식을 우리가 이용하고 있다는 뜻입니다. 우리가 오래전에 깨달은 사실이 있습니다. 투자에 필요한 것은 높은 IQ가 아니라 단지 올바른 태도라는 사실입니다.

Q 2022 버크셔가 매매 시점을 선택하는 방법은?

실적을 돌아보면 당신은 매매 시점 선택(market timing)이 탁월했습니다. 1969년과 1970년에 시장에서 빠져나와 주가가 정말 낮았던 1972년과 1974년에 다시 들어갔으며 1987년, 1999~2000년에도 그렇게 했습니다. 지금은 주가가 하락 중인데 막대한 현금을 보유하고 있습니다. 당신은 어떤 방법으로 매매 시점을 선택하시나요?

버핏 당신에게 일자리를 제안하고 싶군요. (웃음소리) 흥미롭게도 월요일 시장이 열릴 때 우리는 향후 주가 흐름이 어떻게 될지 전혀 알지 못합니다. 예측해본 적도 전혀 없고요. 찰리나 나나 함께 일해온 기간 내내 시장 예측을 근거로 매매하자고 말해본 적도 없고 생각해본 적도 없습니다. 우리는 향후 경제가 어떻게 될지도 알지 못합니다. 그런데 재미있게도 모두가 시장을 비관하던 2008년 나의 낙관론이 적중했다는 이유로 사람들이 나를 인정하기도 합니다. 하지만 우리는 어리석게도 매우 불리한 시점에 막대한 금액을 투자했습니다. 정정합니다. '우리'가 아니라 '나'입니다.

과거 우리는 3~4주에 걸쳐 리글리(Wrigley)와 골드만삭스(Goldman Sachs)에 약 150억 달러를 투자했는데, 당시에는 지금보다 엄청나게 큰 금액이었습니다. 그때 나는 유리한 시점인지 불리한 시점인지 알지 못했는데, 지나고 보니 정말 불리한 시점이었습니다. 나는 〈뉴욕타임스〉에 "Buy American(미국을 사라)"이라는 제목으로 기고도 했습니다. 내게 시점 선택 감각이 있었다면 6개월 더 기다렸다가 시장이 저점에 도달한 3월에 기고했을 것이며 CNBC에도 출연했을 것입니다. 그러나 나는 2000년 3월에 찾아온 저점 매수 기회를 완전히 놓쳤습니다.

우리는 시점 선택을 잘 해본 적이 없습니다. 우리가 투자한 돈에 대해서 충분한 가치를 얻는지는 상당히 잘 파악했지만 말이죠. 그리고 어떤 주식을 사기로 하면 우리가 그 주식을 더 살 수 있도록 주가가 한동안 하락하기를 바랐으며, 심지어 매수를 완료해서 우리 돈이 바닥난 뒤에도 더 하락하기를 바랐습니다. 그 기업이 싼 가격에 자사주를 매입해서 우리 지분을 높여주길 기대했으니까요. 이는 초등학교 4학년이면 배울 수 있는 내용입니다. 그러나 학교에서는 가르쳐주지 않습니다. 그러므로 절대 우리가 시점 선택을 잘한다고 칭찬하지 마십시오. 대신 우리가 매우 똑똑하다고 모든 사람에게 말해주십시오. 하지만 우리는 똑똑하지 않습니다. (웃음소리)

우리는 시점 선택을 해본 적이 없습니다. 경제의 흐름을 꿰뚫어 본 적도 전혀 없습니다. 나는 11세였던 1942년 3월 12일 다우지수가 90일 때 주식을 매수했습니다. 오전에는 다우지수가 101이었고 종가는 99였습니다. 지금은 목요일보다 1,000 하락해서 34,000입니다. 그러므로 미국 주식을 보유했다면 좋은 판단을 내린 것입니다. 하버드 기부금 펀드나 GM 연금기금 등이 당시에 투자했다면, 주식과 현금의 균형을 유지해야 한다고 생각하면서 아마 60% 정도를 주식으로 보유했을 것입니다. 그러고서 3개월마다 여러 펀드매니저의 말을 듣고 비중을 조정했겠지요. 그러나 50~100년 투자할 생각으로 다트를 던져 종목을 선정하고 채권 대신 주식으로 계속 보유했다면 실적이 더 좋았을 것입니다.

놀랍게도 증권계 사람들은 정말 단순한 게임을 매우 어렵게 만듭니다. 그러나 이 사람들이 모두에게 투자가 단순한 게임이라고 사실대로 말해주면 수입의 90% 이상이 사라질 것입니다. 그러므로 투자는 혼자 힘으로도 할 수 있으며 증권계 사람들은 실제로 아무 보탬도 되지 않습니다. 그러나 이 사람들이 이 사실을 말해주길 바란다면 인간 본성에 대해 지나친 기대를 하는 셈입니다. 이런 예를 들기는 싫지만, 원숭이에게 다트를 던지게 해서 종목을 선정하면 운용보수 등 온갖 비용을 절감할 수 있습니다. 나는 원숭이를 선택하겠습니다. 그러나 나는 원숭이가 우월한 종이라고 생각하지 않습니다. 그러므로 현재의 이웃 대신 원숭이를 이웃으로 두고 싶지는 않습니다. 찰리, 뭔가 유쾌한 이야기 없나? *(웃음소리)*

멍거 투자자문업계가 돌아가는 방식이 있습니다. 투자자문사에 방문해서 나의 미래를 어떻게 대비해야 하느냐고 펀드매니저에게 물어보면 그는 말합니다. "지금 내게 5만 달러를 주십시오. 내가 당신의 미래에 기여하는 대가입니다." 참으로 특이한 사업이지요. *(웃음소리)*

버핏 부자가 되는 기막힌 방법이군요. 높은 IQ와 열정을 이용해서 큰돈을 벌고 싶어 하는 자녀가 있으면 월스트리트로 가라고 말해주십시오. 성직자가 되라는 말은 하지 마십시오. 정말로 돈을 원하면 스스로 선택하게 됩니다. 항상 그렇게 됩니다. 인간성에 대해 절망할 이유가 없습니다. 사람들은 자신의 이익을 추구하는 법이니까요. 시간이 흐르면 사리사욕을 버릴지도 모르지만 그걸 누가 알겠습니까.

여기 강당에 있는 분들은 살로먼 브러더스 사건을 기억할 것입니다. 제리 코리건(Gerry Corrigan)은 당시 뉴욕 연방준비은행 은행장이었는데 이 은행 위원회가 그에게 질문 공세를 퍼부었습니다. 위원회는 살로먼의 전년도 최고 연봉자가 누구였는지 물었습니다. 코리건은 이름을 밝혔고 1991년 연봉이 약 2,000만 달러라고 말했습니다. 위원회가 나이를 묻자 코리건은 그가 26세라고 답하면서 풋볼 공 던질 줄도 모르는 친구라고 털어놓았습니다.

이제는 풋볼 공을 잘 던지면 전보다 훨씬 많은 돈을 벌 수 있습니다. 나의 영웅인 테드 윌리엄스(Ted Williams)는 연간 수입이 2만~2만 5,000달러였습니다. 이제는 타율이 0.230~0.240인 선수가 메이저리그에 진출하면 수입이 엄청나게 늘어납니다. 선수들은 TV 발명자에게 감사해야 합니다. 전에는 구단주의 수입원이 3~4만 명까지 수용되는 유료 관중뿐이었지만, TV 덕분에 수입이 엄청나게 늘어났기 때문입니다. 이렇게 돈을 벌게 해주는 관중이 누구인지는 아무도 모르지만 자본주의는 매우 특이한 방식으로 후하게 보상해줍니다. 한동안은 월스트리트 증권인의 수입이 메이저리그의 타율 0.220~0.230짜리 타자보다 좋았습니다. 그러나 지금은 TV 등의 발전 덕분에 역전되었습니다.

이제는 정말 이상한 세상이 되었습니다. 보상이 상상을 초월할 정도로 변덕스러워졌습니다. 신학자가 보기에도 그렇고, 한가한 시간에 찰리와 내가 보기에도 온 세상이 미친 듯합니다. 그러나 전체적으로는 세상이 매우 잘 돌아가고 있습니다. 변경된 시스템으로부터 혜택을 받지 못하는 (또는 불이익을 당하는) 사람들조차 형편이 전보다 훨씬 나아졌습니다. 그렇다고 변화를 위해서 노력할 필요가 없다는 뜻은 아닙니다. 다만 우리는 사람들과 함께할 수 있는 일의 한계를 인식해야 합니다. 찰리, 자네가 이 설교를 마무리해주겠나? (웃음소리)

멍거 매우 흥미로운 현상이 있습니다. 투자자문업계 사람들 다수가 실제로는 자산을 거의 인덱스펀드처럼 운용하면서 높은 보수를 받고 있습니다. 운용 실적이 시장과 크게 다르면 아무도 버틸 수 없기 때문입니다. 이들은 운용보수를 잃을까 봐 두려워하고 있습니다. 그래서 모든 투자자문사가 똑같이 행동하고 있습니다. 다소 우스운 현상입니다. 실제로 세상은 다소 우습지요.

버핏 버크셔 홍보영화에서 찰리가 지적했듯이, 찰리와 나는 결혼 전에 두 젊은 여성에게 실제보다 더 매력적인 사람으로 보이려고 노력했습니다. (웃음소리) 사람들이 사익을 추구하지 않으리라고 기대해서는 안 됩니다. 찰리와 내가 결혼 전에 약점을 모두 공개하지 않았다는 사실은 매우 중요합니다.

멍거 이제는 워런과 내가 조금 더 나은 사람이 되려고 노력하고 있습니다. (웃음소리)

버핏 네, 그렇습니다.

멍거 다소 실망을 안겨줄지 모르지만 나는 17세 이후 조금 개선되었습니다. (웃음소리)

버핏 그렇군요. 정말 흥미로운 주장입니다. 온갖 좋은 일이 소나기처럼 쏟아지는 행운을 잡았다면 찰리가 인생 후반전에는 인생 전반전보다 더 나은 사람이 되어야 마땅합니다. 이 정도라면 지나친 기대는 아니겠군요. 당신이 난소 복권(ovarian lottery)에 당첨되어 미국에서 태어났고 온갖 좋은 일이 발생했다고 가정합시다. 그런데 돌아보니 당신이 그동안 온갖 어리석은 일을 저질렀다면 당신의 인생 후반전은 전반전보다 나아져야 마땅합니다.

이번에는 당신이 IQ나 능력은 나쁘지 않으나 흙수저 출신이라서 아무것도 배우지 못했다고 가정합시다. 그래서 사람들과의 교류를 통해서만 배울 수 있다고 가정합시다. 당신이 두 살이라면 그동안 세상에서 온갖 지식을 아무리 많이 습득했어도 머릿속에 든 지식은 많지 않을 것입니다. 그러나 30~40년 동안 실제로 인간의 행동 방식을 체험하면서 계속 지식을 습득하면 이야기가 달라집니다. 그러면 인생 후반전에는 당신이 전반전보다 나은 사람이 될 것입니다.

그리고 인생 후반전에 더 나은 사람이 되었다면, 인생 전반전에도 좋은 사람이었더라도 전반전은 잊어버리십시오. (웃음소리) 후반전을 즐기세요. 찰리와 나는 긴 인생을 사는 호사를 누리고 있으므로 훌륭하고 희망적인 후반전을 보내게 되었습니다. 우리는 무엇이 행복을 주는 요소인지도 알게 되었으며 사람들에게 불행을 주는 요소도 잘 인식하게 되었습니다. 나는 인생의 전반전보다 후반전으로 평가받고 싶으며 찰리도 그럴 것입니다.

멍거 네, 물론입니다. 나는 젊은 시절에 한 일은 돌이켜 보지도 않습니다. 부끄러우니까요.

버핏 나중에 누구든지 찰리에게 구체적인 사례를 물어볼 수 있습니다.

(웃음소리)

Q 2022 인플레이션이 심해질 때 선택할 주식

지금처럼 인플레이션이 심해지는 상황에서 주식을 하나만 선택할 수 있다면 어느 종목을 선택하시겠습니까?

버핏 주식보다 더 좋은 방법을 알려드리겠습니다. (웃음소리) 가장 좋은 방법은 어떤 일이든 유별나게 잘하는 것입니다. 예컨대 도시에서 가장 뛰어난 의사나 변호사가 되면 당신의 서비스에 대한 대가로 사람들이 돈을 얼마든지 지불할 것이며, 자신이 생산하는 것을 무엇이든 제공할 것입니다. 당신이 최고의 가수나 야구 선수나 변호사가 되면 당신은 그 능력을 누구에게도 빼앗기지 않으며 인플레이션에 시달릴 일도 없습니다. 당신의 서비스에 대한 대가로 사람들은 자신이 생산하는 밀, 면화, 기타 무엇이든 제공할 것입니다. 그러므로 단연 최고의 투자는 자신의 능력을 개발하는 것입니다. 게다가 세금도 없습니다. (박수 소리) 이것이 내가 하는 투자 방식입니다.

멍거 나도 조언을 해드리겠습니다. 친한 사람이 퇴직 계좌로 비트코인(Bitcoin)에 몰빵하라고 조언하면 단호하게 거절하십시오. (웃음소리와 박수 갈채)

버핏 당신이 개발한 재능은 아무도 빼앗을 수 없습니다. 이는 변치 않는 사실입니다. 반면 재능을 개발하지 못한 사람에게는 사회의 산물이 상대적으로 적게 제공됩니다. 재능은 교육과 관련된 경우도 있지만 교육과 무관한 경우가 더 많습니다. 당신이 어떤 재능을 얻고 싶은지, 그리고 그 방법은 무엇인지 알고 싶다면 당신이 무엇을 잘할 수 있는지 알아야 합니다. 예를 들어 세상 사람들은 누군가 유튜브에서 상황을 설명해주길 바랍니다. 그러므로 베키 퀵(Becky Quick) 같은 인물을 연구해서 그녀의 강점을 파악하십시오. 그리고 이를 바탕으로 당신의 재능을 개발하십시오.

말콤 글래드웰(Malcolm Gladwell)은 어떤 일이든 1만 시간을 투자해야 한다고 말합니다. 그러나 나도 헤비급 복서가 되려고 1만 시간을 투자할 수 있지만, 투자를 마친 뒤에는 기분이 썩 좋지 않으리라 생각합니다. 그러므로 당신이 정말 좋아하고 잘하며 사회에 유용한 일을 찾아보십시오. 수입이 얼마나 되는가는 중요하지 않습니다. 1센트이든, 0.5센트이든, 0.01센트이든 중요하지 않습니다. 당신이 도시에서 가장 뛰어난 의사가 되면, 사람들은 당신의 재능을 빼앗을 수 없으며 치킨이든 무엇이든 자신이 생산한 것을 당신에게 가져다줄 것입니다.

이 주주총회에 다섯 번이나 참석했다면 당신의 미래는 매우 유망하다고 생각합니다. 당신이 자신의 일부를 팔겠다면 우리가 최고의 투자로 생각하고 사겠습니다. 당신의 미래 이익 10%를 받는 대가로 우리가 지금 현금을 지급하겠습니다. (웃음소리) 우리는 훌륭한 자산을 보유하게 됩니다. 당신은 자신의 미래 이익을 100% 보유할 수도 있습니다. 당신이 훌륭한 댄서가 되는 등 자신의 재능을 개발하면 사람들이 댄스를 보려고 돈을 낼 것입니다.

프레드 아스테어(Fred Astaire)와 그의 누나 아델(Adele)도 오마하 출신입니다. 당시에는 그의 이름이 아우스테어리츠(Austerlitz)였는데 이후 다양한 분야에서 활동했습니다. 진저 로저스(Ginger Rogers)는 하이힐을 신고 댄스를 했지만 여성이라서 그만큼 많은 돈을 받지는 못했습니다. 당신은 잘 해낼 것입니다. 나는 당신에게 거액을 걸겠습니다. (웃음소리)

Q 2022 주식은 인플레이션을 따라가지 못하는가?

1970년대에 당신은 '인플레이션은 어떻게 주식 투자자들을 털어가는가?(How Inflation Swindles the Equity Investor?)'라는 글에서, 기업들은 자기자본이익률을 높일 수 없으므로 주식은 인플레이션을 따라가지 못한다고 말했습니다. 지금도 그렇다고 생각하시나요?

버핏 네. 그리고 인플레이션은 채권 투자자들도 털어갈 수 있습니다. (웃음소리) 인플레이션은 현금을 침대 밑에 숨겨두는 사람들을 포함해서 거의 모든 사람을 털어갈 수 있습니다. 달러의 가치가 90% 감소해서 원가가 10배 상승했다고 가정해봅시다. 이때 추가 자본도 필요 없고 가격도 10배로 인상할 수 있는 기업이라면 여전히 경쟁력을 유지할 수 있습니다. 그러나 대부분 기업에는 추가 자본이 들어갑니다. 언젠가 달러의 가치가 10분의 1이 되면 우리 공익기업은 자본 투자를 10배로 늘려야 합니다. 단지 현상 유지에 들어가는 자본이 이렇게 증가한다는 말입니다.

여러분이 공감할 만한 유명한 이야기가 있습니다. 나는 〈포천(Fortune)〉에 기고하려고 이 인플레이션 관련 글을 썼는데, 마치고 보니 분량이 약 7,000단어였습니다. 분량이 너무 많다고 판단한 〈포천〉은 내 친구 캐럴 루미스(Carol Loomis)를 통해서 이 사실을 설명했습니다. 내가 그녀의 말을 잘 들으리라 생각한 것이죠. 그러나 완고한 사내였던 나는 "모든 단어가 소중합니다"라고 말했으므로 그들은 내 원고를 실을 수도, 버릴 수도 없었습니다. 이번에는 그들이 매우 친절한 편집자를 오마하로 보내왔습니다. 이 남자는 그렇게 많은 단어를 사용해야 꼭 정확한 표현이 되는 것은 아니라고 내게 설명했습니다. 그래서 나는 말했습니다. "알겠습니다.

내 글을 싣기 싫으시다면 다른 곳에 보내겠습니다." 나의 행동은 매우 혐오스러웠습니다.

이후 나는 자꾸 마음에 걸려서 친구 멕 그린필드(Meg Greenfield)에게 내 글을 보냈습니다. 멕은 〈워싱턴포스트〉의 탁월한 편집자였으며 나와 매우 가까운 사이였습니다. 그녀는 대부분 작가의 글을 사정없이 뜯어고치는 강인한 편집자였지만 내게는 상처를 주지 않으려 했습니다. 내가 "멕, 어떻게 생각해?"라고 묻자 그녀가 대답했습니다. "이 글에 네가 아는 걸 모두 쓸 필요는 없어." (웃음소리) 핵심을 짚는 말이었습니다. 그래서 나는 분량은 줄이면서 거의 같은 내용을 다시 썼습니다. 내 글이 개선되었습니다. 향후 100년 동안 지극히 안정적인 화폐 단위를 사용할 수 있다면, 기업과 투자자 모두에게 보탬이 될 것입니다.

문제는 인플레이션의 수준입니다. 인플레이션을 2% 수준으로 유지할 수 있을지는 아무도 모릅니다. 당신이 안다고요? 장담하는데 당신도 모르고 아무도 모릅니다. 온갖 사람들의 말에 귀 기울여보아도 10년, 20년, 50년, 다음 달 인플레이션이 얼마가 될지 아무도 알지 못합니다. 그런데도 답을 알고 싶어서 사람들은 항상 인플레이션 이야기를 합니다. 그러나 돈을 충분히 지급하면 답을 알려주겠다고 말하는 사람이 많습니다. 자기도 모르는 답을 말이죠. 공짜로 답을 알려주겠다는 사람들도 있습니다. 자신의 명성이 높아져서 몸값이 올라간다고 생각하기 때문입니다.

그러나 사실은 그들도 답을 모릅니다. 우리도 모르고요. 인플레이션에 대비하는 가장 좋은 방법은 자신의 수익력을 높이는 것입니다. 뛰어난 바이올린 연주자라면 인플레이션 기간에도 상당히 여유롭게 지낼 수 있습니다. 남들보다 잘 연주하면 사람들이 그만한 대가를 지불하기 때문입니다. 게다가 돈은 남들이 빼앗을 수 있어도 연주 기량은 빼앗지 못합니다.

Q 2022 최근 상황에서 중국 투자에 대한 견해는?

찰리에게 묻습니다. 과거에 당신은 중국 주식이 저평가되어서 유망하다고 말한 적이 있습니다. 최근 중국 공산당의 각종 활동을 고려해도 중국 투자에 대한 당신의 견해에 변함이 없나요?

멍거 훌륭한 질문입니다. 중국 정부가 중국에 투자하는 미국인들을 불안하게 하고 있다는 사실에는 의문의 여지가 없습니다. 최근 수개월 동안 그 정도가 심해져서 투자자들이 긴장하고 있습니다. 그래서 중국 주식, 특히 인터넷 주식의 가격이 그 영향을 받고 있습니다. 하루 이틀 전 중국 지도자는 태도를 바꾸어, 그동안 자신의 정책이 지나쳤으므로 한발 물러서겠다고 말했습니다. 희망적인 신호입니다. 중국은 미국보다 투자하기가 어렵습니다. 확실히 다릅니다. 거리도 매우 멀고 문화와 애국심 등에서도 차이가 있습니다.

내가 중국에 투자한 것은 훨씬 낮은 가격에 훨씬 좋은 기업을 매수할 수 있었기 때문입니다. 그래서 위험도 어느 정도 감수할 용의가 있었습니다. 정반대 결론에 도달한 사람들도 있을 것입니다. 모두가 중국에 대해 2~3년 전보다 더 걱정하고 있습니다. 세상일이 그런 것이죠.

버핏 보탤 말 없습니다. (웃음소리와 박수갈채)

Q 2023 감정 때문에 투자 판단을 그르친 적은?

당신은 감정 때문에 투자 판단을 그르친 적이 있나요? 그런 실수를 어떤 방법으로 방지하시나요?

버핏 우리는 투자 판단을 그르친 적이 많습니다. 내가 찰리보다 더 많이 했습니다. 내가 더 많이 판단하기 때문이라고 생각하고 싶지만 타율도 십중팔구 내가 더 나쁠 것입니다. (웃음소리) 그러나 버크셔의 역사를 통틀어 우리가 감정적으로 판단한 사례는 내 기억에 없습니다.

오늘 홍보영화에 등장한 제이미 리 커티스(Jamie Lee Curtis) 이야기는 우스갯거리일 뿐입니다. 그녀가 유능하긴 해도 찰리와 나를 감정적 판단으로 몰아갈 정도는 아닙니다. (웃음소리) 찰리, 보탤 말 있지 않나?

멍거 대부분 기업에서 보여주는 영화와는 다르지요. (웃음소리)

버핏 우리가 감정적으로 판단한 적이 있던가?

멍거 없지. (웃음소리)

버핏 사업에는 감정을 개입하면 안 됩니다. 절대 안 됩니다. 인생을 감정 없이 살아서는 안 되지만, 투자나 사업을 판단할 때는 반드시 감정을 배제해야 합니다. 아마 과거에 자회사의 초임 경영자에 대해서는 우리가 감정적으로 판단하고서도 그 사실을 무시한다는 주장이 나올 수도 있습니다. 그러나 우리 자회사들은 경영이 매우 훌륭해서 때로는 우리가 직접 경영하는 것보다 낫습니다.

훌륭한 경영자 루이스 빈센티(Louis Vincenti)가 맡은 웨스코파이낸셜(Wesco Financial)이 그런 예입니다. 웨스코는 한동안 자동 조종 방식으로 운영되었지만 아무 문제 없었습니다. 루이스가 우리만큼 노력했다면 우리가 웨스코를 더 일찍 발굴했으리라는 주장도 나올 수 있습니다. 그래도 결과는 달라지지 않았으리라 생각합니다. 내 말에 동의하나, 찰리?

멍거 동의하네. 우리가 웨스코를 그렇게 대해서 기쁩니다. 우리가 수천만 달러에 인수한 웨스코가 20~30억 달러짜리 회사가 되었습니다.

버핏 여러분도 아시겠지만 저축대부조합업계에서는 흔한 사례가 아니었습니다. (웃음소리) 그 업계는 정말 제정신이 아니었지만 우리에게는 훌륭한 경영자 루이스가 있었습니다.

멍거 우리는 제정신이었습니다.

버핏 네. 우리는 제정신이었지요.

Q 2023 AI가 세상에 미치는 영향은?

계속 발전하는 AI와 로보틱스가 주식시장과 사회에 미치는 긍정적 영향과 부정적 영향은 무엇인가요? 가장 큰 영향을 받는 업종과 기업은 무엇이라고 보시나요?

멍거 중국의 BYD 공장에 가보면 놀라운 속도로 가동되는 로봇을 보게 됩니다. 향후 훨씬 더 많은 로봇이 세상에 도입될 것입니다. 그러나 인공지능에 관한 일부 과대선전에 대해서는 회의적입니다. 나는 구식 지능(인간 지능)도 꽤 훌륭하다고 생각합니다. (웃음소리와 박수갈채)

버핏 단언하건대 아지트는 AI로 절대 대체할 수 없습니다. 물론 AI는 놀라운 일을 해낼 수 있습니다. 빌 게이츠(Bill Gates)가 최신판은 아닐지라도 내가 다룰 만한 AI를 세상에 내놓았습니다. (웃음소리) 나를 이끄는 속도가 너무 빠르지 않도록 조심해야 하니까요. AI는 놀라운 일을 해냈습니다. 농담은 하지 못하지만, 빌이 미리 말해주었으므로 예상했던 일입니다. AI는 태초부터 나온 법률 의견을 모두 확인하는 등 온갖 일을 해낼 수 있습니다.

그러나 AI가 이렇게 온갖 일을 해낼 수 있다면 우리가 AI의 발명을 취소할 수 없을 것 같아서 걱정됩니다. 아시다시피 우리는 제2차 세계대전에서 매우 타당한 이유로 원자폭탄을 발명했습니다. 이 발명은 엄청나게 중요한 사건이었습니다. 그러면 원자폭탄의 발명이 향후 200년 동안에도 세계에 유익할까요? 이제 우리에게는 선택의 여지가 없습니다.

원자폭탄이 발명되자 아인슈타인(Albert Einstein)이 말했습니다. "원자폭탄은 인간의 사고방식만 제외하고 세상 모든 것을 바꿔놓았다." 마찬가지로 AI도 인간의 사고방식과 행동 방식을 제외하고 세상 모든 것을 바꿔놓을 수 있습니다. AI는 커다란 도약입니다. 훌륭한 질문이지만, 우리가 할 수 있는 대답은 이 정도입니다.

Q 2023 급변하는 환경에서 가치투자자의 성공법

AI 등 생산성을 크게 높여주는 와해 기술들이 등장하는 이 시대에 가치투자의 미래를 어떻게 전망하시나요? 이렇게 빠르게 변화하는 환경에서 성공하려면 가치투자자들은 어떻게 적응해야 하나요?

멍거 반가운 질문이군요. 기회는 감소했는데 경쟁자는 매우 많으므로 가치투자자들이 고전하리라 생각합니다. 그러므로 가치투자자들은 수익 감소에 익숙해지는 편이 좋습니다.

버핏 찰리는 처음 만났을 때부터 지금까지 내게 똑같이 말하고 있답니다.

멍거 실제로 우리 수익은 감소하고 있습니다. 우리는 젊은 시절에 수익 감소에 익숙해졌습니다.

버핏 그렇습니다. 우리가 5,080억 달러를 운용하리라고는 전혀 생각하지 못했습니다.

멍거 네. 전혀 생각하지 못했죠.

버핏 하지만 장담하는데 기회는 여전히 많을 것입니다. 기술이 발전한다고 기회가 감소하는 것은 절대 아니니까요. 내가 투자를 시작한 1942년 이후 세상이 얼마나 많이 변했는지 생각해보십시오. 1942년에 나는 항공기는 물론 엔진, 자동차, 전기 등에 대해서도 전혀 모르는 아이였습니다. 새 기술이 등장한다고 해서 기회가 사라지는 것은 아닙니다.

기회는 남들이 멍청한 짓을 할 때 나타납니다. (웃음소리와 박수) 우리가 버크셔를 경영하는 58년 동안 멍청한 짓 하는 사람이 엄청나게 증가했습니다. 남의 돈 먹기가 훨씬 쉬워졌다고 생각하기 때문이죠. 엉터리 보험사를 10~15개 설립해서 지난 10년 동안 교묘하게 운영했다면, 보험사가 성공하지 못해도 설립자는 부자가 될 수 있었습니다. 사업을 대규모로 벌이면 부자가 될 수도 있습니다. 58년 전에는 불가능했지만 말이죠.

멋대로 멍청한 짓을 해서는 돈을 벌지 못합니다, 다행스럽게도. (웃음소리) 이 거대한 자본주의 시장에 아무나 끼어들 수 있는 투자 기회는 사라졌습니다. 남들을 설득하면 큰돈을 벌 수 있지만요. 투자로 초과수익을 내기는 어렵습니다. 그러나 우리처럼 운용자산 규모가 너무 크지 않다면 기회는 많다고 생각합니다.

찰리와 나는 이 문제에 대해 항상 생각이 달랐습니다. 찰리는 전망이 매우 어둡다고 즐겨 말하고 나는 "기회를 찾게 될 거야"라고 즐겨 말합니다. 지금까지는 둘 다 어느 정도 옳았습니다. (웃음소리) 찰리, 자네 생각은 요지부동인가?

멍거 이제는 매우 똑똑한 사람들이 매우 큰 자금을 운용하고 있습니다. 이들은 모두 경쟁자보다 실적을 높이고 이를 홍보해서 운용자산을 더 키우려고 노력하고 있습니다. 우리가 투자를 시작했던 시절과는 근본적으로 다른 세상이 되었습니다. 이런 세상에도 기회는 있겠지만 불쾌한 사건들도 있을 것입니다.

버핏 그러나 이들이 경쟁하는 무대에 우리가 끼어들 필요는 없습니다. 예를 들어 단기 국채시장을 생각해봅시다. 우리는 남들을 의식할 필요 없이 우리가 원하는 날에 단기 국채 30억 달러를 매매할 수 있습니다. 하지만 세상에는 단기 실적에 집중하는 사람이 압도적으로 많습니다. IR 행사를 보면 사람들 모두 그해 실적을 예측하려고 노력합니다. 그리고 경영진은 투자자들의 기대 수준을 낮추려고 합니다.

5년, 10년, 또는 20년 할 일을 1년에 하려는 사람들에게 딱 맞는 세상입니다. 나는 지금 다시 태어나도 지나치게 많지 않은 자금이라면 운용해서 크게 키울 수 있으리라 생각합니다. 찰리도 그렇게 생각할 것입니다. (웃음소리) 장담하는데 찰리는 좋은 기회를 찾아낼 것입니다. 전과 똑같은 기회는 아니겠지만 찰리는 기회를 산더미처럼 찾아낼 것입니다.

멍거 나는 산더미 같은 기회가 줄어드는 모습을 떨면서 보고 싶지 않습니다. 내 산더미 같은 기회가 그대로 남아 있으면 좋겠습니다. (웃음소리)

버핏 동의합니다.

멍거 네, 동의합니다. 자네는 산더미 같은 기회를 지극히 사랑하는군. (웃음소리)

Q 2023 단기 이익과 장기 해자 구축 사이의 균형

당신은 경제적 해자가 중요하다고 항상 말합니다. 그러면 경영자들에게 단기 이익과 장기적 해자 구축 사이에서 균형을 어떻게 유지하라고 조언하시겠습니까?

버핏 답은 자신의 운명을 통제하는 것입니다. 버크셔는 지금까지 자신의 운명을 통제할 수 있었습니다. 우리는 월스트리트의 압박을 받지 않습니다. 투자자의 전화도 받지 않습니다. 투자자들에게 약속할 필요도 없습니다. 우리는 실수를 저지르면서 가끔 좋은 방법을 발견합니다. 우리는 여기 모인 주주 여러분 같은 사람들을 위해서 일하는 것이지, 실적이 추정치를 충족하는지 신경 쓰는 사람들을 위해서 일하는 것이 아닙니다.

우리는 훌륭한 기업을 영원히 보유하는 방식에 관심이 있습니다. 우리는 훌륭한 기업들을 통해서 많이 배웠습니다. 찰리와 나는 씨즈캔디 인수를 통해서 정말 많이 배웠다고 자주 말했습니다. 그러나 동부 지역에 널리 퍼진 벤 로스너(Ben Rosner)의 여성복 체인 인수를 통해서도 배웠습니다. 그리고 1966년 백화점 사업 진입을 시도하는 과정에서도 배웠습니다. 백화점 인수계약서의 잉크가 마르기도 전에 우리가 멍청했음을 깨달았지만 말이죠. (웃음소리)

우리는 소비자 행동을 보면서 항상 배우고 있습니다. 사업의 전문 분야는 내가 알 수 없지만 이는 필수 요소가 아닙니다. 아시다시피 이제 우리는 에너지 사업의 비중보다 애플의 비중이 더 큽니다. 우리 애플 지분은 5%, 6%, 7%에 불과할지 몰라도 해마다 증가하고 있습니다. 나는 휴대전화는 전혀 이해하지 못해도 소비자 행동은 이해합니다. 두 번째 차를 장만하려할 때 사람들이 어떤 생각을 하는지도 이해합니다. 어떻게 자동차 대리점을 선택하는지도 압니다. 우리도 자동차 대리점들을 보유하고 있습니다. 우리는 자회사가 가라니멀(Garanimal) 의류를 판매할 때와 다른 의류를 판매할 때 사람들이 어떻게 반응하는지 보면서 모든 사업에서 항상 배우고 있습니다. 씨즈캔디도 눈부신 발견이었습니다. 우리는 사람들의 행동 방식을 보면서, 훌륭한 사업이 부실한 사업으로 바뀔 수도 있고 오래도록 경쟁우위를 유지할 수도 있다는 사실을 계속 배우고 있습니다.

어떤 공식이 있는 것은 아니지만, 투자에 관심이 있는지 질문을 받으면 우리는 10초 안에 대답할 수 있습니다. 이런 질문 전화를 받을 때마다 우리가 요약 설명 자료를 보내는 것은 말도 안 됩니다. 미래 예측 자료를 만들어주고 돈을 받는 사람이 많습니다. 우리는 미래는 알지 못해도 특정 사업은 압니다. 우리는 적정 가격이 얼마인지도 알고 소비자 행동과 사업에 대한 위협도 예측할 수 있습니다. 이것이 우리가 해온 일이고 앞으로도 지속적으로 할 일입니다.

Q 2023 TSMC 주식을 금세 매도한 실제 이유

버크셔는 대만반도체매뉴팩처링(TSMC) 주식을 대규모로 매수했다가 불과 수개월 만에 거의 전량을 매도했습니다. 당신은 지리 정치적 문제 때문이라고 말했지만, 그 수개월 사이에 지리 정치적 문제가 바뀐 것으로는 보이지 않습니다. 그러면 수개월 사이에 실제로 바뀐 것은 무엇인가요?

버핏 TSMC는 세계에서 가장 잘 관리되는 회사 중 하나입니다. 나는 5년,

10년, 20년 후에도 똑같이 말할 수 있다고 생각합니다. 그러나 회사의 위치가 마음에 안 들어서 재평가했습니다. 회사의 위치가 대만이어서는 절대 안 된다고 생각합니다. 장래에는 미국에서도 반도체를 생산할 예정이지만 말이죠. 사실은 우리 자회사 앨러게이니도 TSMC의 애리조나 공장 건설에 참여하고 있습니다. 그러나 애리조나 공장이 대만 공장과 똑같을 지는 의문입니다.

반도체업계에 TSMC 같은 회사는 둘도 없다고 봅니다. 나는 앨버커키에서 91세인 TSMC 창립자와 브리지게임을 한 적이 있는데, 놀라운 인물이었습니다. 이런 사람을 또 찾고 싶어도 반도체업계에서는 찾지 못할 것입니다. TSMC는 사람들도 놀랍고 경쟁력도 놀라운 회사이지만 나는 그런 회사를 미국에서 찾고 싶습니다.

대만보다는 일본에 투자할 때 내 마음이 더 편합니다. 유감스럽지만 이것이 현실입니다. 나는 현재 진행 중인 상황을 고려해서 TSMC를 재평가했습니다. 찰리?

멍거 나는 워런의 마음이 편해야 한다고 생각합니다. (웃음소리)

버핏 좋습니다. 그 발언을 회의록에 넣겠습니다. (웃음소리)

Q 2023 | 옥시덴탈과 셰브런을 대량 보유하는 근거는?

〈월스트리트저널〉 3월 보도에 따르면 석유회사들의 산유량이 감소하고 있으며 페름기(Permian, 고생대의 마지막 지질 시대) 분지 산유량이 정점에 도달했을지도 모릅니다. 옥시덴탈 페트롤리엄과 셰브런(Chevron)은 페름기 분지를 대규모로 확보하고 있는데, 버크셔가 두 회사의 지분을 대량 보유하는 근거를 설명해주시겠습니까?

버핏 석유에 관한 정말 흥미로운 질문입니다. 석유에 대해서는 찰리가 나보다 훨씬 많이 압니다. 자네가 베이커스필드 유정 사용권을 언제 샀지? 나를 만나기 전이었던가?

멍거 자네를 만나기 직전이었네. 그 빌어먹을 사용료가 지금도 매년 7만 달러씩 들어오고 있지.

버핏 유정 사용권을 얼마에 샀나?

멍거 1,000달러에 샀네.

버핏 페름기 대멸종의 정반대군요. 나의 아버지는 1964년 죽기 전에 1,000~1,500달러 상당의 유정 사용권을 샀습니다. 아버지는 이 유정 사용권을 어머니에게 물려주었고 어머니는 두 딸에게 물려주었는데, 큰딸은 죽었고 작은딸(내 여동생)은 오늘 여기 참석했습니다. 내 여동생은 지금도 매달 사용료를 받고 있으며 다양한 유정에서 나오는 산출량을 모두 알고 있습니다. 미국에서 생산되는 석유의 절반은 이렇게 유정에서 나오고 나머지 절반은 셰일에서 나옵니다.

여러분은 영화에서 석유를 뽑아내는 장면을 보았겠지만 캘리포니아 찰리의 유정에서 석유를 뽑아내는 모습은 보지 못했을 것입니다. 페름기 분지 유정에서 석유가 분출하면 첫날에 나오는 양이 1만 2,000~1만 5,000배럴입니다. 분출 첫날은 위험합니다. 옥시덴탈에서는 하루에 1만 9,000배럴이 분출된 적도 있습니다. 그리고 1~1.5년이 지나면 유정의 생산량은 거의 제로가 됩니다.

흥미롭게도 미국의 모습은 다릅니다. 미국이 생산하는 석유는 하루에 1,100만 배럴이 넘습니다. 만일 셰일에서 석유 생산이 중단된다면 미국의 석유 생산량은 600만 배럴로 급감합니다. 하루 생산량 500만 배럴이 사라지는 모습을 상상해보십시오. 그러면 우리는 전략비축유도 소비하게 됩니다. 전략비축유는 시추하지 않아도 석유가 나오는 최후의 유정입니다.

전략비축유 관련 문제에는 정치가 개입됩니다. 그래서 석유 사업을 논할 때는 다른 사업도 논하게 됩니다. 우리는 페름기 분지 분야에서 옥시덴탈이 차지하는 위치는 마음에 들지만 유가에 관련된 문제는 마음에 들지 않습니다. 유가는 하루아침에 마이너스가 될 수도 있는데 실제로 배럴당 마이너스 30달러가 된 적도 있습니다. 말도 안 되는 일이었습니다.

유가가 정상일 때는 석유회사들의 수익성이 매우 좋습니다. 그러나 유가가 절반으로 내려가도 생산원가는 그대로이며 석유 생산량도 바뀌지 않습니다. 그러면 수익성이 악화하여 미국 석유 생산량이 매우 빠르게 감소합니다. 앞으로 유가가 어떻게 될지는 모르지만 우리는 옥시덴탈의 위치가 매우 마음에 듭니다. 그래서 몇 년 전 우리가 자금을 공급했는데 당시에는 끔찍한 실수로 보였습니다. 직후 석유시장이 완전히 붕괴했지만 이후 상황이 바뀌었습니다. 그래서 우리는 주식을 대량으로 매수했습니다. 지난 수개월 동안 옥시덴탈은 우리가 보유하던 우선주 일부를 상환했습니다. 반가운 일은 아니었지만, 그들이 일부나마 상환하지 않았다면 우리는 실망했을 것입니다. 옥시덴탈 입장에서는 현명한 결정이었습니다. 우리가 보유하던 우선주 100억 달러 중 4~5억 달러가 액면가의 110%에 상환되었습니다.

옥시덴탈의 CEO 비키 홀럽은 비범한 경영자입니다. 그녀의 첫 직장은 시티서비스(Cities Service, 1910년 설립된 석유 및 천연가스 유통회사)였는데, 1942년 내가 처음으로 주식을 샀던 회사입니다. 그녀는 지하에서 진행되는 일을 페고 있습니다. 나도 기본은 알지만 유전 현장을 관리하는 방법은 전혀 모릅니다. 하층토에 대해 내가 아는 것이라곤 뒷마당에서 삽질할 때 본 흙이 전부입니다. 찰리가 약 60년 동안 매달 사용료를 받는 유전이나, 지금도 계속 석유를 뽑아내는 내 누이의 다양한 유전을 나는 마음속에 그릴 수가 없습니다.

미국이 셰일에서 석유를 생산한다는 사실은 행운입니다. 그러나 셰일 석유는 영화에서 보는 것처럼 장기간 유지되는 원천이 아닙니다. 찰리, 보탤 말 없나?

멍거 셰일 석유는 정말 빠르게 고갈됩니다. 빠르게 고갈되는 유정을 원하면 셰일을 선택하면 됩니다.

버핏 그러나 옥시덴탈이 진행하는 사업은 유망합니다.

멍거 옥시덴탈은 새 유정을 대량으로 시추하고 있으며 이 과정에서 이익을 내고 있습니다. 이들이 뽑아내는 석유는 종류가 다릅니다.

버핏 종류가 정말 다르지요. 미국에서 생산되는 석유의 거의 절반이 종류가 다른 석유입니다.

멍거 지하에는 생산 방법을 아무도 모르는 석유가 많이 있습니다. 그래서 약 50년째 생산 방법을 개발하고 있습니다. 현재 셰일 석유를 생산하는 기법은 약 50년 동안 개발해서 찾아낸 것입니다. 이렇게 마침내 찾아낸 기법은 기묘할 정도로 복잡합니다. 이 기법에 사용할 수 있는 모래는 한 종류뿐입니다.

버핏 1~1.5마일 지하에서 수평으로 시추하는 모습을 상상할 수 있습니까? 우리가 생각하는 모습과는 전혀 다릅니다.

멍거 수평으로 2~3마일 더 들어갑니다. 이미 지하 2~3마일이나 내려갔는데 여기서 어떻게 수평으로 2~3마일을 더 시추할까요? 이들은 이런 유정에서 석유를 뽑아내는 매우 교묘한 기법들을 터득했습니다.

버핏 우리는 옥시덴탈의 위치가 마음에 들고, 비키가 경영을 맡아서 매우 기쁩니다.

멍거 교묘한 기법을 더 찾아낼 수만 있으면 지하에서 더 많은 석유를 뽑아낼 수 있습니다. 교묘한 기법만 더 찾아내면 됩니다.

버핏 옥시덴탈은 다른 일도 합니다. 그러나 유가는 석유 생산의 경제성에 여전히 엄청나게 중요합니다. 이는 의문의 여지가 없는 사실입니다. 우리가 옥시덴탈의 경영권을 확보하려 한다는 추측이 있지만, 우리는 경영권을 확보할 생각이 없습니다. (웃음소리) 우리는 경영을 원치도 않고 경영하는 방법도 모릅니다. 이미 적임자가 경영하고 있습니다.

멍거 요즘 석탄 광산을 인수하는 것은 암(癌)에 걸리려는 행위와 같습니다. 이제는 석탄 광산을 임차해서 확장할 수도 없습니다. 석탄 광산은 인기가 형편없습니다.

버핏 요즘 나오는 일부 이야기는 터무니없다고 생각합니다. 양쪽 측면 모두 극단적입니다. 석유회사는 물리학은 물론 정치 문제도 다뤄야 합니다. 에너지는 지극히 중요한 문제이므로 선동 정치가, 기금 모금자, 자문 조직 등 온갖 사람들이 개입합니다. 우리는 합리적으로 판단할 것이며, 석유 생산이 반(反)미국적이라고 생각하지 않습니다.

멍거 미국에 페름기 분지처럼 유망한 석유 분지는 없습니다.

버핏 미국에서 페름기 분지가 발견된 시점은 오래전이 아닙니다.

멍거 페름기 분지는 어느 정도 소진되었습니다. 사람들은 셰일 석유의 존재는 오래전부터 알고 있었지만, 영원히 채굴할 수 없으리라 생각했습니다.

버핏 내가 두 번째나 세 번째로 주식을 산 회사가 텍사스 퍼시픽 토지신탁(Texas Pacific Land Trust)이었는데, 이 회사가 보유한 토지가 300만 에이커(121억 제곱미터)였습니다. 이 회사는 엄청난 석유를 깔고 앉아 매년 받는 수익이 1만 달러였는데, 한때 텍사코(Texaco)에 인수되었다가 지금은 셰브런에 인수되었습니다. 지금도 텍사스 퍼시픽 토지신탁은 법인 형태를 유지하면서 토지 사용료를 받고 있으며, 광물은 셰브런이 유리한 조건으로 보유하고 있습니다. 흥미로운 회사입니다.

우리는 옥시덴탈의 경영권 인수 제안을 하지 않을 것입니다. 그러나 주식은 좋아하므로 장래에 더 매수할지도 모릅니다. 우리는 처음 거래할 때 인수한 워런트(인수 가격 주당 59달러)도 대량으로 보유하고 있는데, 행사 기간이 길어서 마음에 듭니다.

Q 2024 또 애플 주식 일부를 매도한 이유는?

애플 주식 일부를 매도하셨는데, 그동안 애플의 경제성이나 투자 매력도에 대한 견해가 바뀌셨나요?

버핏 우리가 애플 주식을 매도하긴 했지만, 연말에도 보유 비중이 가장 큰 주식은 애플이 될 가능성이 지극히 큽니다. 흥미롭게도 찰리와 나는 사람들이 좋아하는 주식이나 유가증권을 사업으로 간주합니다. 우리는 데어리퀸(Dairy Queen)을 보유할 때도 사업으로 보고 코카콜라, 아메리칸 익스프레스, 애플을 보유할 때도 사업으로 봅니다. 이제 우리는 정말로 훌륭한 기업들을 시장에서 매수할 수 있습니다. 기업을 통째로 매수할 수는 없지만 주식은 매수할 수 있습니다. 유통주식의 80%나 90%를 매수할 수는 없지만요.

우리는 코카콜라, 아메리칸 익스프레스, 애플을 사업으로 간주합니다. 세금 면에서는 차이가 있습니다. 경영 책임 면에서도 차이가 있습니다. 그러나 자금 활용 면에서 우리는 모든 주식을 사업으로 보며, 시장을 예측하려 하지 않습니다. 우리는 종목 선정도 시도하지 않습니다. 나는 매우 일찌감치 주식에 흥미를 느꼈고 주식에 매료되었지만 매우 오랜 기간 잘못된 방식으로 투자했습니다.

나는 주식에 관한 책과 기타 자료를 모두 읽었으므로 시간을 낭비하지는 않았습니다. 그러다가 마침내 네브래스카주 링컨에서 《현명한 투자자》를 읽게 되었는데, 문장 몇 개가 말로 표현할 수 없을 정도로 감동적이었습니다. 주식을 사업으로 보고 시장을 스승이 아니라 하인으로 대하면, 차트나 사람들이 말하는 이동평균이나 호가 등에 집중할 때보다 장기적으로 훨씬 더 좋은 실적을 얻게 된다는 글이었습니다. 매우 타당한 말이었습니다.

보유 자금의 규모가 증가함에 따라 찰리와 내가 자금을 활용하는 방식은 계속 바뀌었습니다. 그러나 내가 2달러에 구입한 《현명한 투자자》에서 벤저민 그레이엄이 제시한 기본 원칙은 지금도 그대로 유지하고 있습니다. 그레이엄은 내가 지금은 시간을 낭비하고 있지만 지금까지 내가 읽고 배운 것들을 더 잘 사용할 수 있다고 말해주었습니다.

이후 찰리가 합류하여 더욱더 잘 사용하는 방법을 내게 알려주었습니다. 그렇게 해서 우리는 훌륭한 기업인 아메리칸 익스프레스와 코카콜라를 보유하게 되었습니다. 그리고 더욱더 좋은 기업인 애플도 보유하게 되었습니다. 정말로 이례적인 사건이 발생하지 않는다면, 그레그가 버크셔를 이어받은 후에도 우리는 애플과 아메리칸 익스프레스와 코카콜라를 계속 보유할 것입니다. 거짓말처럼 들릴 정도로 매우 단순한 투자 방식입니다.

우리는 계속 열심히 공부하면 수학이나 물리학을 조금 더 배울 수 있습니다. 그러나 투자는 그럴 필요가 없습니다. 정말로 필요한 것은 적절한 사고방식을 갖추는 것입니다.

실제로 우리 자본 배분 전략을 변경해야 하는 극적인 일이 발생하지 않는다면, 애플은 여전히 우리 보유 종목 중 가장 큰 비중을 유지할 것입니다. 그러나 현재 상황에서는 현금 포지션을 늘리는 것도 나쁘지 않습니다. 현재 주식시장에서 투자 대안을 찾아보거나 세계 시장의 현황을 살펴보면 현금이 매우 매력적이라고 생각합니다.

놀랍게도 내가 아는 거의 모든 사람이 필요 이상으로 절세에 관심을 기울입니다. 그러나 우리 버크셔는 세금 납부를 꺼리지 않습니다. 우리는 애플 매매 차익의 21%를 연방소득세로 납부합니다. 얼마 전까지만 해도 이 세율은 35%였고 과거에는 52%였던 적도 있습니다. 연방정부는 우리 사업에서 나오는 이익 일부를 소유합니다. 자산이 아니라 이익 일부를 소유한다는 말입니다.

연방정부는 언제든 세율을 변경할 수 있습니다. 현재 결정한 세율은 21%입니다. 현재 재정정책을 고려하면 세율 인상 가능성이 매우 큽니다. 정부는 원하기만 하면 여러분과 내 버크셔의 이익 중 더 많은 몫을 가져갈 수 있습니다. 지출은 크게 줄이고 싶지 않고 재정 적자는 확대되는 것을 원하지 않는다면, 언젠가 정부는 우리 소득에서 더 많은 몫을 가져갈지 모릅니다.

우리는 세금을 납부할 것입니다. 버크셔는 항상 막대한 연방소득세를 내고자 합니다. 주주들에게 너그러운 정부에 기업이 세금을 내는 것은 적절하다고 생각합니다. 내가 미국에서 태어난 것도 행운이고 버크셔가 미국에서 설립된 것도 행운입니다. 작년과 비슷한 수준이라면 우리가 연방정부에 내는 세금은 50억 달러가 넘을 것입니다.

우리만큼 세금을 내는 기업이 800개 더 있으면, 다른 미국인은 연방소득세를 단 한 푼도 낼 필요가 없을 것입니다. (박수갈채) 사회보장세와 상속세도 마찬가지입니다.

나는 만사가 잘 풀려서 버크셔가 그 800개 기업 중에서도 상위를 유지하길 바랍니다. 나는 세금 납부를 조금도 꺼리지 않습니다. 미국이 우리 모두에게 너그럽게 베풀어주었으므로, 우리도 세금 납부를 꺼리지 않기를 진심으로 바랍니다. 올해는 세율이 21%이고 이후에는 세율이 더 상승한다면, 올해 우리가 애플을 조금 매도했어도 걱정할 필요가 없다고 생각합니다.

Q 2024 현재 시장 수준이 1999년과 비슷한가?

1999년 주주총회에서 당신은 S&P500의 시가총액은 10.5조 달러이고 이익은 0.3조 달러이므로 투자수익률이 높지 않다고 강조했습니다. 현재는 S&P500의 시가총액은 44조 달러이고 이익은 1.45조 달러이므로 투자수익률이 1999년과 비슷한 수준입니다. 현재 시장 수준이 1999년과 비슷하다고 보시나요?

버핏 나는 정말로 극적인 사건이 발생한 해가 아니면 잘 기억하지 못합니다. 2008년과 2009년은 다른 해보다 잘 기억하지만 1999년은 잘 기억하지 못하므로 시장 수준이 현재와 비슷했는지도 알지 못합니다. 나는 연도별로 시장 수준을 비교하지 않습니다. 그레그?

에이블 그 표현을 사용하겠습니다. 보탤 말 없습니다. (박수갈채)

버핏 많이 들어본 표현이군요.

Q 2024 | 100만 달러로 다시 투자를 시작한다면

당신은 100만 달러로 다시 투자를 시작한다면 연 수익률 50%를 낼 수 있다고 말했습니다. 당신이 내일 20세로 다시 태어나 투자를 시작한다면 어떤 기법을 사용하시겠습니까? 《무디스 편람》 같은 자료 2만 페이지를 뒤져 담배꽁초 기업을 찾으실 건가요? 아니면 위대한 기업을 적정 가격에 매수하실 건가요? 혹은 두 기법을 결합해서 사용하실 건가요?

버핏 좋은 질문입니다. 나는 2만 페이지를 뒤져보겠습니다. 방금 철도에 관해서 설명했는데, 나는 약 1,500페이지인 《무디스 운송 편람》을 두 번 읽었습니다. 나는 20세와 50세 시절에 편람을 읽으면서 온갖 흥미로운 사실을 발견했습니다. 그린 베이 앤드 웨스턴 철도(Green Bay and Western Railroad Company)를 아는 사람은 아마 없을 것입니다. 편람에는 철도회사 수백 개가 들어 있었는데 나는 이들을 모두 즐겨 읽었습니다.

당시에는 모든 철도회사에 별명이 있었습니다. 예를 들어 노던퍼시픽(Northern Pacific)은 별명이 꼬마(Nipper)였습니다. 포비 스노우(Phoebe Snow, 싱어송 라이터)는 동부와 코넬을 잇는 철도 중 하나였습니다. 그린 베이 앤드 웨스턴 철도의 별명은 '짐을 들고 걷다(Grab Baggage and Walk)'였습니다. 그런데 이들이 발행한 채권은 실제로는 보통주였고, 보통주는 실제로는 채권이었습니다.

이 때문에 이례적인 사건이 발생할 수도 있었습니다. 그러나 이례적인 사건이 발생하지 않으면 수백만 달러를 벌 수 있었습니다. 나는 이들을 대량으로 사 모으기 시작했습니다. 처음 만나 내가 이야기했을 때 찰리는 이 사실에 깊은 인상을 받았습니다. 남들은 절대 들어보지도 못했으리라 생각한 서부 해안 소기업들의 세부 사항까지 내가 모두 알고 있었기 때문입니다. 나는 찰리가 자기만 안다고 생각하던 로스앤젤레스 애슬레틱 클럽(Los Angeles Athletic Club)도 알고 있었습니다. 이를 계기로 우리는 즉시 마음이 통했습니다.

현재《무디스 편람》에 해당하는 자료가 무엇인지는 모르지만, 나는 모든 소기업의 모든 정보를 파악해서 뭔가를 찾아낼 것입니다. 그러면 100만 달러로 연 50% 수익을 낼 수 있습니다. 그러나 그 일을 사랑해야 합니다. 단지 돈을 사랑하는 것으로는 안 됩니다. 다른 분야에서 사람들이 갈망하기 때문에 열심히 찾듯이, 우리도 갈망하는 마음으로 열심히 찾아야 합니다. 생물학자는 갈망하기 때문에 뭔가를 찾습니다.

인간의 두뇌가 작동하는 방식은 모르지만 이는 두뇌에 내재하는 특성입니다. 인간 두뇌의 작동 원리를 모두 아는 사람은 없다고 생각하지만 특정 분야에서 자신의 지식 확장에 흥분하는 사람들도 있습니다. 나는 위대한 브리지 선수도 알고 위대한 체스 선수도 압니다. 카스파로프(Garry Kasparov, 러시아의 체스 대가)는 오마하에 와서 B 여사를 만났습니다. 내가 만난 사람 중에는 자신의 분야에는 믿기 어려울 정도로 똑똑하지만 다른 분야에는 믿기 어려울 정도로 멍청한 사람이 많았습니다.

인간의 두뇌가 복잡하긴 해도, 자신에게 정말로 적합한 분야를 찾아냈을 때 최고로 작동합니다. 그 지점을 강렬하게 두드려야 합니다. 바로 이것이 내가 100만 달러로 연 50% 수익을 내고 싶을 때 사용하려는 기법입니다. 그러나 브리지든, 체스든, 아니면 저가 종목 발굴이든, 정말로 흥미를 느끼지 못하면 이 기법을 사용할 수 없습니다.

질문자는 방향을 잘 잡은 듯합니다. 이 주주총회에 어려운 걸음을 해주신 분이 원하는 것은 브리지나 체스가 아니니까요. 와주셔서 기쁘며 내년에도 또 오시기 바랍니다.

Q 2025 금리 때문에 일본 투자를 축소할 가능성은?

당신은 5~6년 동안 일본에 투자해서 크게 성공했습니다. 최근 일본 소비자물가지수가 목표치 2%를 초과하여 3%에 도달하자 일본은행이 금리 인상 의지를 보입니다. 이 때문에 일본 주식시장에 대한 추가 투자를 단념하거나 심지어 이익 실현도 고려하시나요?

버핏 나는 일본에 대해 호의적입니다. 나는 일본 사람들이 경제 측면에서 자신에게 가장 유리한 방식을 선택하길 바랍니다. 약 6년 전 나는 일본 기업 2,000~3,000개가 수록된 편람을 살펴보고 있었습니다. 지금은 편람의 글자가 너무 작아서 읽을 수 없지만, 당시에는 일본 5대 종합상사의 주가가 터무니없이 낮아서 약 1년에 걸쳐 주식을 매수했습니다. 이후 그레그와 나는 5대 종합상사 사람들을 더 잘 알게 되었고 더 좋아하게 되었으므로 지분을 거의 10%까지 확보했습니다.

우리는 허락을 받지 않고서는 보유 지분 10%를 초과하지 않겠다고 약속했으므로, 최근 보유 한도를 늘려도 되는지 문의하여 다소 늘리기로 양해받았습니다. 나는 향후 50년 동안 5대 종합상사 주식을 팔 생각이 없으며, 향후 그레그가 경영을 맡게 되더라도 매도를 생각하는 일이 없으리라 기대합니다.

일본에서는 우리 투자회사들의 실적도 이례적으로 좋았습니다. 짐작건대 팀 쿡은 미국을 제외하면 아이폰 판매 실적이 일본에서 가장 좋았다고 말할 것입니다. 아메리칸 익스프레스도 일본에서 실적이 매우 좋다고 말할 것이며, 역시 우리가 거액을 투자한 코카콜라도 일본에서 실적이 지극히 좋다고 말할 것입니다.

일본 사람들의 생활 습관은 미국 사람들과 여러모로 매우 다릅니다. 일본 사람들은 항상 일본 청량음료를 선호했고 유통 시스템도 전혀 다릅니다. 그러나 5대 종합상사는 우리를 지극히 우대했습니다. 1~2년 전 나는 그레그와 함께 일본에 가서 그들과 면담했습니다. 나보다는 그레그가 더 국제적인 인물이라서 종합상사 대표들은 주로 그가 만나고 있습니다. 그레그, 지금까지 종합상사 대표들을 몇 번 정도 만났지?

에이블 1년에 두 번 만났습니다. 워런과 저는 5대 종합상사에 대한 투자 실적이 매우 좋았다고 생각하며, 워런이 언급했듯이 우리는 50년 또는 영원히 보유할 계획입니다. 아울러 5대 종합상사와의 관계도 점진적으로 강화할 생각이며, 세계 시장에서 이들과 대규모 사업도 함께 하길 바랍니다. 이들은 우리와 다른 관점으로 다른 기회를 발굴하므로 우리는 이들과 장기적인 관계를 구축하고자 합니다.

버핏 이는 대단히 장기적인 관계입니다. 5대 종합상사는 관습도 매우 다르고 세계 시장에서 사업하는 방식도 다릅니다. 이들의 사업은 매우 성공적이었으므로 우리는 이들의 사업 방식을 바꿀 생각이 전혀 없습니다. 우리가 하는 주된 활동은 단지 응원하고 박수 치는 일이며, 94세인 나도 여전히 할 수 있습니다. (박수갈채) 그러므로 우리는 5대 종합상사 주식을 매도하지 않을 것입니다.

내 짐작에 이들은 세계 전역에서 활동하므로 기회를 찾아낼 것이고, 간혹 한 기업이 감당하기 어려울 정도로 대규모 기회를 발견하면 우리가 지원할 방법이 있을 것이며, 그러면 우리 관계는 더 깊어질 것입니다. 다만 버크셔의 규모가 지금처럼 거대해졌다는 점이 유감입니다. 5대 종합상사는 매우 큰 기업이며 일본에서도 대기업에 속하지만, 우리가 투자한 규모는 현재 시장가치로 200억 달러 수준에 불과합니다. 1,000억 달러를 투자할 수 있었다면 더 좋았을 것입니다.

버크셔의 거대한 규모는 실적을 가로막는 걸림돌입니다. 나는 이 문제를 해결할 방법을 알지 못합니다. 찰리는 몇 가지 문제가 있는 편이 낫다고 늘 내게 말했지만 나는 그 말을 제대로 이해한 적이 없습니다. 그러나 여러분은 찰리의 말에 귀 기울이면 불가능한 문제가 아니라는 사실을 어느 정도 이해할 것입니다. 일본 5대 종합상사는 최고의 투자였습니다. 그레그, 보탤 말 있나?

에이블 말씀하셨듯이 최고의 투자라는 점에 전적으로 동의합니다. 장기적으로는 매우 큰 기회가 오리라 믿으며, 이들과 맺은 관계가 우리에게 매우 유용했다고 생각합니다.

버핏 이들이 기회를 제공하면 우리는 자금이 있으므로 받아들일 것입니다. 우리는 서로 매우 좋은 관계를 유지하고 있습니다. 일본 사람들의 생활 습관은 우리와 다릅니다. 일본 사람들이 가장 많이 마시는 코카콜라 제품은 조지아커피입니다. 나는 일본 사람들이 체리코크로 바꾸게 하려고 한 적이 없고, 일본 사람들도 내가 조지아커피로 바꾸게 하려고 하지 않습니다. 그런 점에서 우리는 완벽한 관계입니다.

그런 기업을 더 많이 발굴했다면 좋았겠지만, 그런 생각은 꿈에서도 한

적이 없습니다. 나는 일본 기업들이 담긴 2,000페이지짜리 편람을 모두 넘겨보았습니다. 여러분도 이런 책의 페이지를 모두 넘겨보면 놀라운 발견을 할 수 있다고 생각합니다. 작년에 "페이지를 모두 넘겨라"에 관한 영화를 보여드렸습니다만, 페이지를 모두 넘기는 것이 투자에 중요합니다. 그러나 페이지를 모두 넘기는 사람은 거의 없으며, 페이지를 모두 넘긴 사람은 자기가 발견한 내용을 알려주지 않으므로 여러분 스스로 페이지를 넘겨야 합니다.

Q 2025 빅테크는 여전히 경자산 기업인가?

빅테크(Big Tech, 대형 기술주)에 관한 질문입니다. 2017년 주주총회에서 당신은 애플, 알파벳, 마이크로소프트, 아마존 등 빅테크는 사업 운영 자금이 필요 없으므로 이상적인 사업이라고 말했습니다. 그러나 이들 기업이 이제는 모두 AI 분야에 대규모 자본을 투자한다고 발표했습니다. 당신은 이들이 여전히 경자산(asset light) 기업이라고 생각하시나요?

버핏 자금을 많이 투입해서 돈을 많이 버는 것보다는 자금을 투입하지 않고 돈을 많이 버는 편이 항상 더 좋습니다.

코카콜라 완제품을 생산하는 병입회사(bottling company, 수입한 원액을 병에 담아 유통하는 회사)는 많은 자본을 사용하지만, 코카콜라는 병입회사에 시럽이나 원액을 판매하므로 많은 자본을 사용하지 않습니다. 그러므로 코카콜라는 기막히게 좋은 사업이지만 병입회사는 그렇지 않습니다.

코카콜라는 어디에서나 인기지만 병입회사는 사업에 큰 비용이 들어갑니다. 트럭, 온갖 기계류, 자본적 지출 등이 필요하니까요. 버크셔에도 자본은 거의 사용하지 않는데 자본이익률은 매우 높은 사업이 있습니다. 흔히 정치인들이 말하는 높은 수익률이 자본 측면에서는 실제로 높은 수익률이 아닙니다.

손해보험 사업이야말로 희귀한 사업입니다. 약속을 지키기 위한 보증 기금으로 자본이 필요하긴 하지만, 이 자본으로 다른 경자산 기업을 인수할 수 있습니다. 예컨대 애플 주식을 매수해서 보험 사업을 지원할 수 있습니다. 손해보험은 매우 훌륭한 사업이 될 수 있으며, 그래서 우리는 장기간 보험 사업을 잘하고 있습니다.

매그니피센트 세븐(Magnificent 7, 7대 빅테크)의 자본 집약도가 몇 년 전보다 얼마나 상승했는지 살펴보는 것도 흥미로울 것입니다. 지난 몇 년 동안 애플은 자본이 필요하지 않아서 자사주 매입을 통해서 유통주식을 극적으로 줄였습니다. 미래에도 이런 추세가 이어질지는 두고 보아야 알겠지요.

할리우드가 찾은 해법은 항상 다른 투자자를 통해서 자본을 확보하는 방식이었습니다. 미국에는 남들의 투자를 받는 방법을 찾아내서 거부가 된 사람이 많습니다. 자산운용업계도 마찬가지입니다. 자산운용업계 사람들도 다른 사람들의 자본을 이용해서 거부가 되었습니다.

만일 작년에 여러분 모두 버크셔에 운용보수를 1% 지급했다면 그 금액이 80억 달러에 달했을 것입니다. 물론 그럴 필요가 없었습니다. 자산운용업은 매우 훌륭한 사업입니다. 남들이 제공한 자본을 운용해서 실적이 좋든 나쁘든 운용보수를 받고, 실적이 좋으면 추가로 성과보수를 훨씬 더 많이 받기 때문입니다. 자산운용업계 사람들을 위해서 잘 설계된 사업입니다. 그래도 누가 이들을 비난하겠습니까? 이것이 자본주의입니다.

나는 살로먼에서 이사로 활동할 때 사업이 이렇게 돌아가는 모습을 보았습니다. 나는 기존 관행을 알고 있었으므로, 굳이 볼 필요도 없었습니다. 부자가 되는 비결은 남의 자본을 확보해서 편승하는 것입니다. 찰리와 나는 이는 품격 있는 사업이 아니라고 판단했습니다. 그러나 우리가 이런 사업이 아무 쓸모도 없다고 비판한 것은 아닙니다. 단지 매력을 느끼지 못했을 뿐입니다. 나는 12년 동안 자산운용업을 했지만 말이죠.

찰리와 내가 다른 사람들과 달랐던 점은 우리 돈도 모두 투자했다는 사실입니다. 그러므로 우리는 다른 사람들의 자본에 편승하기도 했지만, 실제로 우리 자본으로 손실도 공유했습니다. 그러나 남들은 자신의 자본은 투자하지 않으면서 다른 사람들의 자본에 편승해서 돈을 벌었습니다. 이것도 매우 훌륭한 사업 방식이지만 심하게 오용될 수 있습니다.

미국의 자본주의는 유례없이 크게 성공했습니다. 그러나 이 자본주의는 세상에 유례없는 경제를 만들어낸 장엄한 성당과 거대한 카지노가 결합한 형태입니다.

카지노에서는 모두가 즐기며, 많은 돈의 주인이 바뀝니다. 그러나 성당도 반드시 돈을 공급해야 하는 곳입니다. 카지노는 마법 상자 등 온갖 도구로 놀라운 것들을 보여주면서 사람들을 매우 강하게 유혹합니다. 사람들은 카지노에서 많은 약속을 들으면서 행복해하고, 이런 약속을 하는 사람들이 큰돈을 법니다.

성당과 카지노는 균형을 유지해야 합니다. 향후 100년 동안 미국에서 성당이 카지노에 절대 압도당하지 않게 해야 합니다. 그러나 사람들은 카지노를 정말 좋아합니다. 훨씬 더 재미있으니까요. 카지노는 손님이 돈을 따면 벨도 울려주고 음료 등 온갖 편의도 제공합니다. 카지노는 돈의 주인이 쉽게 바뀌도록 설계되었습니다.

반면 성당은 3억 3,000만 미국인을 위해서 역사상 유례없는 방식으로 상품과 서비스를 생산하도록 설계되었습니다. 흥미로운 시스템이지만 잘 작동합니다. 그러나 보상 방식은 대단히 변덕스럽습니다. 사람들이 응당한 보상을 받는다고는 말하기 어렵습니다. 다른 시스템이 더 잘 작동한다고 주장하는 사람도 있을지 모르지만 그런 시스템은 아직 발견되지 않았습니다. 그 답은 다음 세대가 제게 보내주시기 바랍니다.

따라 하지 못할 부분,
따라 할 수 있는 부분

버크셔 해서웨이는 주식회사다. 버크셔 해서웨이 연차보고서와 주주총회는 주주에게 하는 경영진의 '업무 보고' 행위다. 이러한 '업무 보고'에서 우리 삶에 도움이 되는 철학이나 원칙을 찾아낸다는 건 어찌 보면 기이한 일이다. 거꾸로 생각해보면, 주식회사와 주주 간의 관계에서 오고 가는 대화이니 그 자체로 주식이란 무엇이며 훌륭한 경영진이 주주에게 지녀야 할 태도가 무엇인지 알려주는 교본이 될 수도 있다. 그리고 버크셔 해서웨이는 바로 그 교본을 60년간 만들어왔다.

워런 버핏은 보험업, 인수합병, 자본 배분 등 여러 분야에 천재적 통찰을 발휘했지만, 그 모든 것은 결국 '주식 투자'를 중심으로 수렴한다. 《워런 버핏 바이블 완결판》의 1장 '주식 투자'는 버크셔 해서웨이 연차보고서와 주주총회 질의 중 주식 투자와 직접 연관되는 내용만 추려낸 장이다. 사실상 이 장의 내용만 소화하더라도 주식 투자를 바라보는 기초 체력은 잡혔다고 보아도 무방하며, 앞으로의 투자 인생에서 무슨 일을 겪더라도 '기본기가 없는' 다른 투자자보다 풍부한 경험치를 쌓을 수 있을 것이다.

그렇게 중요한 장이기에, 기대를 높이기보다는 기대를 낮추며 이야기를 시작하고자 한다. (어차피 내가 뭐라고 하든 당신은 본문을 읽을 테니까!)

나는 흔히 워런 버핏을 소개하면서 '집에서 따라 하지 마세요'라는 부제를 단다. 버핏은 논란의 여지 없이 현시대 최고의 투자자다. 투자 행위를 통해 세계 최고의 갑부가 되었으며, 그가 경영한 버크셔 해서웨이는 미국 비기술 기업 최초로 1조 달러 시가총액을 돌파했다.

수많은 투자자가 버핏을 연구하며, 그의 투자 원칙을 따른다고 스스로 인식한다. (물론 나도 그중 하나다.) 그러나 그가 실제 구사한 투자 기법은 단순히 '스타일'을 넘어서, 근본적으로 다른 투자자가 따라 할 수 없는 '구조적'인 차이가 있다.

그가 경영하는 버크셔 해서웨이는 자산운용사가 아니다. 굳이 표현하자면 '보험업 기반의 지주회사'다. 보험업에서는 '플로트(float)'라고 부르는 유동성이 창출된다. 보험 고객은 보험료를 미리 납부하고, 나중에 보험금을 받아 간다. 그 사이에는 상당한 기간이 존재한다. 확률 계산을 소홀히 하지 않고 고객이 충분히 많다면, 보험사는 거의 확정적으로 대규모의 자금을 장기간 운용할 수 있다.

장기간에 걸쳐 높은 확률로 수익을 낼 수 있는 방법을 고안해냈다면, 이 구조는 운용자에게 이론적으로는 무제한의 이익을 가져다줄 수 있다. 물론 자본 규제 때문에 실제로 무제한이 되지는 않는다. 여기서 말하고자 하는 바는, 그가 일반적인 투자자가 사용할 수 없는 형태의 레버리지를 사용한다는 점이다.

그의 투자 스타일이 장기 투자에 특화된 것은 이렇게 '타인 자본을 장기 운용하는' 구조와 연관이 있다. 초창기 벤저민 그레이엄의 스타일을 추종하던 때에는 투자 기간이 짧을수록 유리한 스타일의 투자를 했다. 특정 투자로부터 얻어낼 수 있는 가치에 한계가 있었고, 그 회수 기간이 짧을수록 연환산 수익률이 높아지는 구조였다.

이를 잘못 이해하면 '버핏은 장기 투자자니까 장기 투자가 모든 투자의 기본이다. 어떤 주식이든 장기 투자하면 돈을 벌 수 있다'는 식의 잘못된 결론으로 이어진다. '버핏은 장기간 타인 자본을 운용할 수 있는 위치에 있었으며, 이 자금을 성공적으로 운용하기 위하여 장기 투자에 특화된 투자 기법을 고안해냈다'가 올바른 해석이다.

또한 버크셔 해서웨이는 지주회사로서 자회사들의 잉여현금을 과세 없이 모회사로 이전시켜서 투자 재원으로 사용할 수 있다. 버핏은 기업을 볼 때 '추가 자본 투입 없이 추가 현금을 창출할 수 있는 능력'을 매우 중요시했다. 씨즈캔디, 버펄로뉴스, 커비, 네브래스카 퍼니처 마트, 보르샤임(Borsheim's) 등은 그러한 기준에 부합하여 1980년대 '버크셔 제국'을 형성한 기틀이 되었다.

버핏 연구자들은 이러한 속성에 초점을 맞추어 높은 투하자본이익률(ROIC), 현금 창출 능력, 낮은 자본적 지출(CAPEX), 증분 ROE 등의 지표를 '버핏 스타일'로 규정했다. 물론 이는 기업의 퀄리티를 측정하는 쓸 만한 지표이기는 하지만, 그것만으로 버핏을 설명할 수도 없음은 물론이며 이러한 속성을 가진 회사에 투자한다 하여 버핏에 준하는 성과를 낼 수 있는 것도 아니다.

버크셔 해서웨이는 경영자들에게 상당한 재량권을 주는 것으로 유명하지만, 자본의 사용에 관해서는 중앙 집중을 선호한다. 깐깐한 버핏은 달러 한 장이라도 소홀히 쓰는 것을 꺼린다. 그가 피투자회사 경영자들에게 위임하는 것은 크고 작은 경영상의 의사결정이며, 경영에 필요하지 않은 잉여현금은 모조리 회수하여 그룹 전체 관점에서 배분한다.

소위 '머니 머신'이라 불리는 '현금 창출 기계'들을 계속 사들이고, 거기서 창출되는 잉여현금을 모아서 새로운 '머니 머신'을 사들이는 게 수십 년간 버핏이 해온 일이다. 일반적인 투자자나 펀드매니저는 회사로부터 주주환원을 유도할 통제력도 강하지 않고, 버크셔만큼의 세금 혜택도 받지 못한다.

　마지막으로 강조하고 싶은 점은, 버핏도 계속 변했다는 사실이다. 초창기 벤저민 그레이엄을 추종하며 기업이 가진 유형의 자산, 당장 현금화 가능한 자산에 집중하다가 시간이 갈수록 비즈니스의 강력함과 경영진의 역량, 신뢰성에 주목했다. 포트폴리오의 기업들은 초창기 보험업에서 '경량' 소비재 기업으로, 이후에는 대규모 자본 투입이 필요한 인프라 기업으로 변해갔다. 기술 기업에 투자하지 않기로 유명한 버핏이지만, 아마존에 투자하지 않은 이유를 '내가 어리석어서'라고 밝힌 바 있다.

　버핏을 연구하는 투자자는 '변한 것'과 '변하지 않은 것'을 구분하는 안목을 지녀야 한다. 버핏은 언제나 본인이 실수할 수 있다고 여기며, 실제로 많은 실수를 저질렀다. 중요한 건 실수를 인정하는 태도이며, 그가 최고의 투자자 자리를 지켜온 데에는 다른 무엇보다도 그러한 태도가 원천이 되었다고 생각한다. 버핏 혹은 버크셔의 '한때의 포트폴리오', '한때의 스타일', '한때의 원칙'에 천착하며 '버핏의 방법을 안다'고 자신하는 일은 버핏의 가장 중요한 원칙에 위배된다.

　버핏이 수많은 실수를 인정하고 스스로를 발전시켜가는 와중에도 변하지 않은 원칙이 있다. 주식이 작동하는 근본 원리, 다른 자산 대비 주식이 가진 특이한 장점, 그 장점을 활용하기 위한 투자자의 태도, 능력범위의 중요성, 그리고 복리의 마술에 대한 믿음 등이다. 그 핵심 내용들을 집약해놓은 장이 바로 1장이다.

　앞서 '집에서 따라 하지 마세요'라고 너무 무게를 잡은 것 같다. 평범한 사람과 버핏 사이에는 어찌할 수 없는 차이가 있다. 그러나 그는 또한 '비상장기업의 전체를 인수할 때나 상장주식의 일부를 매입할 때나, 기업을 평가하고 고르는 기준은 똑같이 적용합니다'라고 여러 차례 강조한 바 있다.

그의 투자 원칙에는 분명 '복제 가능한' 영역이 있다. 논리적으로도 그렇고, 실제로도 그 원칙을 활용하여 큰 성공을 거둔 사례가 많다. 나 또한 그렇게 되기를 바라는 한 명의 투자자로서, 이 책의 첫 장을 소개하게 되어 한없는 영광이다.

자, 이제 여정을 시작해보자.

홍진채
라쿤자산운용 대표. 서울대 학생 시절 투자연구회 SMIC 회장을 지냈다. 2016년까지 10년간 한국투자밸류자산운용에서 펀드매니저로 일하며 3,000억 원 이상 규모의 펀드를 책임 운용했다. 2018년부터 트레바리의 독서 모임을 이끄는 등 독서광이기도 하다. 저서로 《거인의 어깨》《주식하는 마음》이 있고 《다모다란의 투자 전략 바이블》을 공역했다.

2장
기업 인수

협상이 길어지면 대개 무산됩니다. 사람들은 사소한 일에 고집을 부리기도 합니다. 때로는 어리석은 짓인 줄 알면서도 고집을 부리지요. 우리가 믿고 막대한 돈을 건네주는 사람이 장래에 어떤 행태를 보일 것인지 평가하는 작업이 가장 중요합니다. 나는 모든 면에서 우리에게 유리해야 좋은 거래라고 생각하지는 않습니다.

이후 우리 둘 다 평생 행복하게 살았다는 표현으로는 부족합니다. 버크셔가 인수한 시점에는 TTI의 직원이 2,387명이었습니다. 지금은 직원이 8,043명입니다. 증가한 직원 대부분이 포트워스와 그 주변에서 채용되었습니다. 이익은 673% 증가했습니다. 해마다 나는 폴에게 전화해서 그의 연봉을 대폭 인상하라고 말했습니다. 그러면 해마다 그는 대답했습니다. "그 이야기는 내년에 하시죠, 워런. 지금은 너무 바빠서요."

1주일 안에 성사된 기업 인수　　　1999

　　가이코와 이그제큐티브 제트(Executive Jet Aviation) 둘 다 신규 고객을 획득하는 최고의 원천은 우리 서비스에 만족하는 기존 고객들의 추천입니다. 실제로 새 항공기 소유주의 약 65%는 우리 서비스에 매료된 기존 소유주의 소개로 왔습니다.

　　우리가 기업을 인수하는 방식도 똑같습니다. 그러나 다른 기업 경영자들은 투자은행들을 통해서 기업 인수에 주력하며, 지금은 표준이 된 경매 방식을 이용합니다. 이 과정에서 투자은행들은 '분석 자료'를 작성하는데, 이 자료를 보면 내가 어린 시절에 보았던 슈퍼맨 만화가 떠오릅니다. 월스트리트 투자은행의 손을 거치기만 하면 평범한 기업도 단번에 변신해 경쟁자들을 제치고 이익이 총알보다도 빠르게 증가하기 때문입니다. 인수에 굶주린 CEO들은 자료에 나온 기업의 위력을 읽고 흥분해 곧바로 황홀경에 빠져버립니다.

　　이런 자료에서 특히 재미있는 부분은 여러 해 뒤 실적까지도 매우 정밀하게 추정했다는 사실입니다. 그러나 이 자료를 작성한 투자은행에 그 은행의 다음 달 실적 추정치를 물어보면, 담당자는 방어적인 자세를 취하면서 사업과 시장은 너무도 불확실하므로 감히 예측할 수 없다고 말할 것입니다.

　　한 가지 빼놓을 수 없는 이야기가 있습니다. 1985년에 한 대형 투자은행이 스콧페처(Scott Fetzer)를 매각하려고 여러 곳에 제안했으나 실패했습니다. 매각이 실패했다는 기사를 읽자마자 나는 당시와 현재의 스콧페처 CEO인 랠프 셰이(Ralph Schey)에게 인수에 관심이 있다고 편지를 보냈습니다. 나는 랠프를 만난 적이 없지만 1주일 안에 거래가 성사되었습니다.

안타깝게도 스콧페처가 투자은행과 맺은 계약서에 의하면, 투자은행이 인수자를 찾지 못하더라도 매각이 성사되면 즉시 250만 달러를 지급하게 되어 있었습니다. 그 투자은행은 돈을 받고 가만있기가 쑥스러웠는지, 자체 제작한 스콧페처 자료를 우리에게 제공했습니다. 이에 대해 찰리는 특유의 재치로 응수했습니다. "250만 달러는 지급하지만 이 자료는 읽지 않겠습니다."

버크셔가 공들여 개발한 인수 전략은 단지 전화가 오기를 기다리는 방법입니다. 다행히 가끔 전화가 오는데, 대개 우리에게 기업을 매각했던 경영자가 매각을 검토하는 친구에게 우리를 추천해준 덕분입니다.

우리의 가구회사 인수도 이렇게 이루어졌습니다. 2년 전에도 설명했듯이 나는 1983년 네브래스카 퍼니처 마트를 인수하면서 블럼킨 가족과 인연을 맺었고, 그 덕분에 RC월리(RC Willey, 1995)와 스타 퍼니처(Star Furniture, 1997)도 인수하게 되었습니다. 이들과 맺은 인연은 정말 소중했습니다. 나는 탁월한 가구 소매회사들을 인수했을 뿐 아니라, 매우 훌륭한 사람들과 친구가 될 수 있었습니다.

당연히 나는 블럼킨, 빌 차일드(Bill Child), 멜빈 울프(Melvyn Wolff) 가족들에게 당신들 같은 사람이 더 없느냐고 계속 물었습니다. 이들의 변함없는 대답은 뉴잉글랜드에서 훌륭한 가구회사 조단즈(Jordan's)를 운영하는 테이틀먼(Tatelman) 형제였습니다.

작년, 나는 배리(Barry) 테이틀먼과 엘리엇(Eliot) 테이틀먼을 만났고 곧 회사를 인수하기로 합의했습니다. 그동안 우리가 인수한 세 가구회사와 마찬가지로 이 회사도 오랫동안 가족이 운영했습니다. 1927년 배리와 엘리엇의 할아버지가 보스턴 교외에서 시작한 회사입니다. 조단즈는 형제가 경영을 맡으면서 성장해 그 지역을 지배하게 되었고 매사추세츠는 물론 뉴햄프셔에서도 최대 가구 소매점이 되었습니다.

테이블먼 형제는 단지 가구를 팔고 매장을 관리하는 것이 아닙니다. 이른바 쇼퍼테인먼트(shoppertainment, 쇼핑과 오락의 결합)라는 황홀한 경험까지 고객들에게 선사합니다. 매장을 방문하는 가족은 탁월한 진열품을 둘러보는 동시에 멋진 시간도 보낼 수 있습니다. 사업 실적 역시 탁월합니다. 조단즈는 면적당 매출이 미국 주요 가구점 중 가장 높습니다. 보스턴 지역에 사는 분은 꼭 매장을 방문하시기 바랍니다. 특히 최근 개점한 나틱(Natick) 매장을 방문하십시오. 돈도 가져가세요.

배리와 엘리엇은 멋진 사람들입니다. 버크셔의 세 가구회사 사람들처럼 말이지요. 형제는 회사를 매각했을 때, 그동안 조단즈에서 일한 모든 직원에게 근무 시간당 50센트 이상을 지급하기로 했습니다. 이 지급액 합계가 900만 달러였는데 버크셔가 아니라 형제의 주머니에서 나온 돈이었습니다. 게다가 배리와 엘리엇은 신이 나서 지급하더군요.

우리 가구회사들은 모두 해당 지역에서 1위입니다. 현재 우리는 매사추세츠, 뉴햄프셔, 텍사스, 네브래스카, 유타, 아이다호에서 누구보다도 많은 가구를 판매하고 있습니다. 작년 스타 퍼니처의 멜빈 울프와 그의 누이 셜리 투밈(Shirley Toomim)은 두 가지 큰 성과를 거두었습니다. 샌안토니오에 진출했고 오스틴 매장을 대폭 확장했습니다.

경쟁사들은 버크셔 가구회사들의 근처에도 따라오지 못하고 있습니다. 내게는 재미를 주고 여러분에게는 돈을 벌어주는 사업이지요. W. C. 필즈(W. C. Fields, 미국 코미디언 겸 영화배우)는 말했습니다. "나는 한 여자 때문에 술을 마시게 되었는데 그녀에게 고맙다는 말도 못 했네." 나는 이런 실수를 하지 않으렵니다. 가구 사업을 시작하게 해주고 현재의 훌륭한 가구회사들을 인수하도록 확실하게 안내해준 루이(Louie), 론, 어브(Irv) 블럼킨에게 감사합니다.

대학생들에게 '버크셔 PhD 학위'를 준 이유 2003

주주 서한 정기 독자들은 아시겠지만 버크셔의 기업 인수는 종종 이상한 방식으로 이루어집니다. 그러나 작년에 인수한 '클레이턴홈즈'처럼 이례적인 방식은 없었습니다.

이 인수 거래의 시발점은 테네시대학 재무학과 학생들과 인솔 교수 앨 오지어(Al Auzier)였습니다. 지난 5년 동안 앨이 학생들을 오마하로 데려오면, 학생들은 네브래스카 퍼니처 마트와 보르샤임을 견학하고, 고라츠(Gorat's)에서 식사한 다음, 키위트플라자(Kiewit Plaza)에서 나와 질의응답 시간을 가졌습니다. 참여하는 학생이 약 40명이었습니다.

두 시간에 걸친 질의응답을 마치면 전통에 따라 학생들이 내게 감사의 선물을 줍니다. (선물을 줄 때까지 문을 잠가둡니다.) 과거에 내가 받은 선물은 필 풀머(Phillip Fulmer)가 사인한 축구공과, 테네시 유명 여자 농구팀의 농구공 등이었습니다.

지난 금요일 받은 선물은 운 좋게도 최근 발간된 책이었는데, 클레이턴홈즈(Clayton Homes)를 설립한 짐 클레이턴(Jim Clayton)의 자서전이었습니다. 나는 이 회사가 조립주택 분야에서 일류 회사라는 것을 알고 있었습니다. 이전에 내가 실수로 조립주택산업 최대 기업 오크우드홈즈(Oakwood Homes)가 발행한 정크본드를 사면서 알게 되었습니다. 당시 나는 조립주택산업 전반적으로 소비자 금융 관행이 형편없이 나빠졌다는 사실을 알지 못했습니다. 그러나 곧 알게 되었습니다. 오크우드가 즉시 파산했으니까요.

강조하건대 조립주택은 구입자들에게 매우 훌륭한 가치를 제공할 수 있습니다. 실제로 수십 년 동안 조립주택이 미국 주택 건설에서 차지한 비중은 15%가 넘습니다. 게다가 그동안 계속해서 조립주택의 품질이 향상되었고 종류도 다양해졌습니다.

그러나 디자인과 건축 기술은 발전했지만 유통과 금융은 그렇지 못했습니다. 세월이 흐르면서 조립주택산업의 사업 모델은 유통회사와 제조회사 모두 순진한 대출회사에 형편없는 대출을 떠안기는 일에 주력했습니다. 1990년대에 '증권화'가 유행하자 자금 공급자들은 대출 과정에서 더 멀어지게 되었고 산업의 관행은 갈수록 더 나빠졌습니다. 몇 년 전 실행된 대출 상당 규모는 자금을 공급해서는 안 되는 사람들이 공급한 돈으로, 주택을 사서는 안 되는 사람들이 주택을 산 결과였습니다. 그 결과 대규모로 압류가 실행되었지만 대출금 회수율은 한심할 정도로 낮았습니다.

오크우드도 이런 무모한 관행에 본격적으로 가담했습니다. 클레이턴은 이런 관행에서 완전히 벗어날 수는 없었지만 주요 경쟁자들보다는 상당히 절제했습니다.

클레이턴의 책을 받자마자 나는 그의 실적을 매우 높이 평가한다고 학생들에게 말했고, 학생들은 이 메시지를 테네시대학과 클레이턴홈즈가 있는 녹스빌로 가져갔습니다. 이어서 짐의 아들인 CEO 케빈(Kevin) 클레이턴을 직접 만나서 이야기해보라고 앨이 내게 권유했습니다. 직접 이야기해보니 케빈은 확실히 유능하면서도 정직한 인물이었습니다.

곧바로 나는 오로지 짐의 책, 케빈에 대한 나의 평가, 클레이턴이 공개한 재무제표, 오크우드 투자에서 얻은 경험만을 바탕으로 클레이턴을 인수하겠다고 제안했습니다. 클레이턴 이사회는 내 제안을 선뜻 받아들였습니다. 장차 대규모 자금 조달이 어려우리라는 사실을 알고 있었기 때문입니다. 자금 공급자들이 증권화에서 손을 떼고 조립주택산업에서 발을 뺀 탓에, 자금을 조달한다고 해도 전보다 금리도 훨씬 높고 조건도 까다로웠습니다. 클레이턴의 실적은 증권화에 크게 좌우되었으므로 이러한 자금 경색은 매우 심각한 문제였습니다.

현재도 조립주택산업은 여전히 문제투성이입니다. 연체율은 계속 높은 상태이고, 압류 주택은 계속 넘쳐나며, 주택 소매업체의 수는 절반으로 줄었습니다. 새로운 사업 모델이 필요합니다. 소매업체와 판매사원들이 부실화될 수밖에 없는 대출로 주택을 판매하고 막대한 선취 수수료를 챙기게 해서는 안 됩니다. 이런 거래는 주택 구입자와 자금 공급자 모두 곤경에 빠뜨리고, 압류 주택을 양산하며, 신규 주택의 판매 가격을 떨어뜨립니다. 물론 계약 금액을 높이고 대출 기간을 줄이는 등 적정 모델을 도입하더라도 조립주택산업 규모가 1990년대의 규모에는 크게 못 미칠 것입니다. 그래도 이렇게 하면 주택 구입자들은 실망해서 주택을 되파는 대신 주택에 대한 지분을 보유하게 될 것입니다.

충분한 검토를 거쳐 클레이턴은 오크우드를 인수하기로 했습니다. 이 인수가 완료되면 클레이턴의 생산 능력, 영업 영역, 매장이 대폭 증가합니다. 그리고 덤으로, 우리가 대폭 할인된 가격에 샀던 오크우드 채권에서도 십중팔구 약간의 이익이 나올 것입니다.

그러면 학생들은 어떻게 되었을까요? 지난 10월, 우리는 클레이턴에 관심을 일깨워준 학생 40명에게 녹스빌에서 깜짝 졸업식 축하 행사를 열어주었습니다. 나는 사각모를 쓰고 각 학생에게 버크셔 PhD(phenomenal, hard-working dealmaker, 비범한 노력으로 거래를 성사시킨 자) 학위와 B주를 수여했습니다. 그리고 앨에게는 A주를 수여했습니다. 우리 주주총회에서 새 테네시 주주들을 만나면 고맙다고 말해주시기 바랍니다. 아울러 좋은 책이 또 없는지 물어보시기 바랍니다.

실적 부진한 기업도 매각하지 않는다 `2011`

새로 버크셔의 주주가 된 분들은 내가 잘못 인수한 기업들을 계속 보유하는 점이 이상해 보일 것입니다. 이익이 많지 않아서 버크셔의 가치에 큰 도움이 되지도 못하면서 관리에는 더 많은 시간이 들어가기 때문입니다. 경영 컨설턴트나 월스트리트 사람들은 이렇게 뒤처지는 기업들을 팔아버리라고 말할 것입니다.

그러나 팔아버리는 일은 없을 것입니다. 29년 동안 우리는 이 보고서에 버크셔의 경제 원칙들을 계속해서 제시했습니다. 11번 원칙에서 우리는 자회사의 실적이 부진해도(대부분 경영상의 결함 때문이 아니라 산업 요소 때문임) 매각을 꺼린다고 설명했습니다. 우리 방식은 다윈(Charles Darwin)의 진화론과 거리가 멉니다. 이 방식에 반대하는 분도 많을 것입니다. 여러분의 생각을 이해합니다. 그러나 우리는 기업을 인수할 때 기존 소유주에게, 어떤 고난이 있어도 회사를 매각하지 않겠다고 약속했고 앞으로도 약속할 것입니다. 지금까지 이 약속을 지키는 데 들어간 비용은 많지 않으며, 소중한 기업과 충성스러운 직원들을 맡기려는 소유주들에게 그동안 우리가 쌓은 평판으로도 충분히 그 값을 다했습니다. 이런 소유주들은 우리가 제공하는 것을 다른 곳에서는 얻을 수 없으며, 우리가 한 약속은 앞으로 수십 년 동안 지켜진다는 사실을 잘 압니다.

그러나 우리는 마조히스트(피학대 성욕자)가 아니고 극단적인 낙천주의

자도 아닙니다. 11번 원칙에서 제시한 둘 중 하나에 해당하면(장기간 현금이 유출될 전망이거나, 고질적인 노동쟁의가 일어난다면) 우리는 즉시 단호한 조처를 할 것입니다. 하지만 이런 상황은 47년 역사를 통틀어 겨우 두어 번 발생했으며, 현재 매각을 고려할 정도로 곤경에 처한 기업은 하나도 없습니다.

이 섹터에 속한 버크셔 기업들의 내재가치는 전반적으로 순자산가치를 크게 뛰어넘습니다. 그러나 소기업 중에는 그렇지 않은 기업이 많습니다. 나는 소기업들을 인수하면서 많은 실수를 저질렀습니다. 오래전 찰리는 내게 "잘해도 소용없는 일은 할 필요가 없다"라고 말했는데, 이 말을 들었어야 했습니다. 어쨌든 우리가 인수한 대기업들은 대부분 실적이 좋았으며(일부는 이례적으로 좋았음), 이 섹터는 전체적으로 성과가 우수합니다.

기업 인수 기준 6가지 2014

우리는 다음 기준을 모두 충족하는 기업의 사장이나 대리인이 연락해주시기를 고대합니다.

(1) 대기업(우리 기존 사업부에 딱 들어맞는 기업이 아니라면 세전 매출액이 7,500만 달러 이상)
(2) 지속적인 수익력을 입증(미래 예상 수익이나 '회생 기업'은 관심 없음)
(3) 부채가 적거나 없고 ROE가 높은 기업
(4) 경영진이 있는 기업(우리는 경영진을 공급하지 못함)
(5) 사업이 단순(복잡한 기술을 다루는 회사는 우리가 이해하지 못함)
(6) 매각 가격(가격이 미정인 상태에서 협상하느라 시간을 낭비하고 싶지 않음)

규모가 큰 회사일수록 관심이 더 많습니다. 우리는 50~200억 달러 범위에서 기업을 인수하고 싶습니다. 그러나 장내 매수는 관심이 없습니다.

우리는 적대적 인수는 하지 않습니다. 완벽한 비밀 보장과 매우 신속한 답변을 약속합니다. 우리가 흥미를 느끼는지는 대개 5분 이내에 답해드렸습니다. 우리는 현금 인수 방식을 선호합니다. 그러나 우리가 제공하는 만큼 내재가치를 취득하는 거래라면 주식 발행 방식도 고려할 것입니다. 우리는 경매 방식에는 참여하지 않습니다.

찰리와 나는 위 인수 기준의 근처에도 못 미치는 제안을 자주 받습니다. 이는 콜리(양치기 개)에 관심 있다고 광고하는데 코커스패니얼(사냥개)을 팔고 싶다고 전화하는 것과 같습니다. 신생 벤처기업, 회생 기업, 경매 방식 기업 매각에 대한 우리의 생각은 다음 컨트리송 가사 한 줄이 대변해줍니다. "전화벨이 울리지 않는다면 그것이 내 마음이라고 이해해줘요."

트럭 휴게소 사업, 부동산 중개업 등 확장 ｜2017｜

다음 주제는 협력회사 인수입니다. 소규모 협력회사 인수는 설명을 생략하고, 2016년 말~2018년 초에 인수한 대규모 협력회사 몇 개를 설명하겠습니다.

- 2017년 클레이턴홈즈는 재래식 주택 건설회사를 둘 인수했습니다. 콜로라도주의 오크우드홈즈와 앨라배마주 버밍햄의 해리스 도일(Harris Doyle)입니다. 덕분에 겨우 3년 전에 진출한 재래식 주택시장에서 우리 시장점유율이 두 배 이상 증가했습니다. 이제 두 회사가 늘었으므로 2018년 우리 재래식 주택 매출이 10억 달러를 초과할 전망입니다.

그렇더라도 클레이턴의 주력 사업은 여전히 조립주택 건설과 주택담보대출입니다. 2017년 클레이턴이 자체 소매 영업을 통해서 판매한 조립주택은 1만 9,168채였고, 독립 소매상을 통해서 도매로 판매한 주택은 2만 6,706채였습니다. 작년 조립주택시장에서 클레이턴이 차지한 비중은 49%로, 2위 경쟁자의 약 3배였습니다. 2003년 우리가 인수하던 해에는 클레이턴의 시장점유율이 13%에 불과했습니다.

클레이턴과 파일럿 플라잉 J(Pilot Flying J) 둘 다 본사가 녹스빌에 위치해 있는데, 이곳에 살았던 클레이턴 가족과 해슬럼(Haslam) 가족은 오래전부터 가까운 사이였습니다. 케빈 클레이턴은 해슬럼에게 버크셔의 자회사가 되는 편이 유리하다고 말했고, 내게는 해슬럼 가족에 대한 칭찬을 늘어놓았습니다. 덕분에 거래가 원활하게 진행되었습니다.

- 2016년 말경, 우리 카펫 제조 자회사 쇼인더스트리(Shaw Industries)는 고속 성장 중인 고급 비닐 타일 유통회사 US플로어(U.S. Floors)를 인수했습니다. US플로어의 경영자 파이트 도셰(Piet Dossche)와 필립 이라무즈피(Philippe Erramuzpe)는 처음부터 거침없이 달렸습니다. 쇼인더스트리와 합병 작업이 진행되던 2017년에 매출을 40%나 증가시킨 것입니다. 우리는 US플로어를 인수하면서 훌륭한 인적 자산과 훌륭한 사업 자산을 둘 다 획득했습니다.

쇼인더스트리의 CEO 밴스 벨(Vance Bell)이 인수의 기획, 협상, 마무리까지 완수한 덕분에 2017년 쇼의 매출은 57억 달러로 증가하고 직원은 2만 2,000명으로 늘어났습니다. 아울러 쇼는 버크셔의 주요 수익원으로서 입지를 대폭 강화했습니다.

- 그동안 여러 번 말했듯이 홈서비스(Home Services)는 성장을 지속하는 우리 부동산 중개회사입니다. 버크셔는 2000년 미드아메리칸 에너지

(MidAmerican Energy, 현재 회사명은 버크셔 해서웨이 에너지(Berkshire Hathaway Energy))의 지배지분을 인수하면서 부동산 중개업에 진출했습니다.

당시 미드아메리칸의 주력 사업은 전력 분야였으므로 처음에는 홈서비스에 거의 관심을 두지 않았습니다. 그러나 홈서비스는 해마다 중개업소를 늘려나갔고, 2016년 말에는 미국 2위 중개회사로 성장했습니다. 그래도 1위 중개회사인 리얼로지(Realogy)의 규모에는 한참 못 미쳤습니다. 하지만 2017년 홈서비스가 폭발적으로 성장했습니다. 3위 중개회사 롱 앤드 포스터(Long and Foster), 12위 중개회사 홀리안로렌스(Houlihan Lawrence), 글로리아닐슨(Gloria Nilson)을 인수한 것입니다.

이들 인수를 통해서 중개업소 1만 2,300개가 증가해 모두 4만 950개가 되었습니다. 이제는 홈서비스가 2017년에 주선한 주택 거래액이 1,270억 달러에 이르러 미국 1위 중개회사를 바짝 추격하게 되었습니다. 부동산 업계에서는 거래에 참여하는 매수자와 매도자를 '측(side)'이라고 부릅니다. 즉 부동산 거래 1건에는 2개 측이 참여하며 우리가 양측을 모두 주선하면 우리 주택 거래액은 두 번 계산됩니다.

홈서비스는 최근 3개 회사를 인수했는데도 2018년 미국 주택 중개시장의 점유율이 3%에 불과합니다. 따라서 앞으로 97%나 늘릴 여지가 있습니다. 부동산 중개업은 매우 필수적인 사업이므로 가격만 합리적이라면 우리는 중개업소를 계속 늘려나갈 것입니다.

끝으로 인수를 통해서 성장한 프리시전 캐스트파츠는 빌헬름 슐츠 유한회사(Wilhelm Schulz GmbH)를 인수했습니다. 내부식성 부품, 배관 계통 등을 제조하는 독일 회사입니다. 더 자세한 설명은 생략하겠습니다. 내가 부동산 중개업, 주택 건설업, 트럭 휴게소 사업은 이해하지만 제조업은 그다지 이해하지 못합니다.

다행히 이 독일 회사에 대해서는 내가 이해하지 못해도 상관없습니다. 프리시전의 CEO 마크 도네건(Mark Donegan)이 제조업의 달인이어서 그가 맡은 영역은 잘 돌아갈 수밖에 없으니까요. 간혹 실물 자산보다도 사람을 믿는 편이 더 확실할 때가 있습니다.

계속 전진하는 미국　　　2020

미국은 어디에나 성공 사례가 많습니다. 미국이 탄생한 이후 개인들은 아이디어, 야망, 약간의 자본만으로 새로운 것을 만들어내거나 고객의 경험을 개선해 상상 이상으로 성공을 거두었습니다.

찰리와 나는 이런 개인들이나 가족들과 손잡으려고 미국 전역을 여행했습니다. 1972년 우리는 서해안 여행을 시작하면서 씨즈캔디를 인수했습니다. 1세기 전 메리 시(Mary See)는 해묵은 제품을 특별한 요리법으로 재창조해 제공하기 시작했습니다. 그리고 그는 이 제품을 고풍스러운 매장에서 친근한 직원들이 판매하게 했습니다. 처음에는 로스앤젤레스에 위치한 작은 매장 하나뿐이었으나 지금은 서부 전역에 수백 개 매장이 들어섰습니다.

지금도 시 여사가 재창조한 제품이 고객들에게는 기쁨을 안겨주고 있으며, 직원 수천 명에게는 평생 일자리를 제공하고 있습니다. 버크셔는 잘 굴러가는 회사에 간섭만 하지 않으면 됩니다. 회사가 제공하는 제품이 재량 소비재일 때는 고객이 왕입니다. 100년이 지난 지금도 고객이 버크셔에 전하는 메시지는 명확합니다. "내 캔디에 간섭하지 마세요." (웹사이트 https://www.sees.com/ 참조하고 땅콩 캔디를 맛보세요.)

이번에는 워싱턴 D.C.로 가봅시다. 1936년, 리오 굿윈(Leo Goodwin)은 아내 릴리언(Lillian Goodwin)과 함께 자동차보험 사업을 구상했습니다. 당시 자동차보험은 보험 대리점에서 판매하는 표준 상품이었습니다. 부부는 이 자동차보험을 보험사가 직접 판매하면 보험료를 훨씬 낮출 수 있다고 확신했습니다. 부부는 자본금 10만 달러로 그 1,000배의 자본금을 가진 거대 보험사와 맞붙었습니다. 이렇게 가이코(Government Employees Insurance Company, GEICO)가 설립되었습니다.

70년 전 나는 운 좋게 가이코의 잠재력을 알게 되었습니다. 가이코는 곧바로 나의 첫사랑이 되었습니다. 나머지 이야기는 여러분이 아시는 대로입니다. 버크셔는 마침내 가이코의 지분을 100% 보유하게 되었고, 84세가 된 가이코는 지금도 리오와 릴리언의 비전을 그대로 유지한 채 미세한 조정만 하고 있습니다. 그러나 가이코의 규모는 달라졌습니다. 1937년 연간 수입 보험료는 23만 8,288달러였지만 작년(2020년) 연간 수입 보험료는 350억 달러였습니다.

* * *

수많은 금융, 언론, 정부, 기술회사가 해안 지역에 위치해 있습니다. 이 때문에 중서부에서 발생하는 기적들을 간과하기 쉽습니다. 이번에는 미국 전역에 존재하는 재능과 야망의 훌륭한 사례를 보여주는 두 지역에 주목해봅시다.

먼저 오마하부터 살펴보아도 여러분은 놀라지 않으시겠지요. 1940년 (찰리, 나의 아버지, 첫 아내, 나의 세 자녀와 두 손주의 모교인) 오마하 센트럴고등학교 졸업생인 잭 링월트(Jack Ringwalt)는 자본금 12만 5,000달러로 손해보험사를 시작했습니다.

잭의 꿈은 터무니없었습니다. 이름만 거창하지(내셔널 인뎀너티(National

Indemnity Company)) 규모는 볼품없는 이 회사로 풍부한 자본을 가진 거대 보험사들과 경쟁하려 했으니까요. 게다가 경쟁 보험사들은 유서 깊은 지역에서 넉넉한 자금으로 운영되는 대리점들로 구성된 전국 네트워크를 보유하고 있었습니다. 가이코와는 달리 내셔널 인뎀너티는 모든 대리점을 거래처로 받아들이려 했으므로 고객 확보 면에서 원가 우위도 없었습니다. 이렇게 불리한 조건을 극복하기 위해 내셔널 인뎀너티는 거대 보험사들이 하찮게 여기는 '특이 위험(odd-ball risk)'에 주목했습니다. 그리고 이 전략은 성공했습니다.

잭은 정직하고 기민하며 호감 가는 인물이었지만 다소 변덕스러웠습니다. 그는 특히 규제당국을 싫어했습니다. 규제당국 때문에 화가 날 때마다 그는 보험사를 매각하려는 충동을 느꼈습니다. 다행히 내가 잭과 가까운 곳에 있었습니다. 잭은 버크서에 합류하려는 마음이 있었습니다. 1967년 우리는 협의 15분 만에 합병에 합의했습니다. 나는 회계 감사를 전혀 요구하지 않았습니다.

현재 내셔널 인뎀너티는 특정 거대 위험을 인수하는 세계 유일의 보험사입니다. 물론 지금도 이 회사는 오마하에 위치해 있습니다. 버크셔 본사에서 몇 마일 떨어진 곳입니다. 이후 우리는 오마하 가족들로부터 4개 기업을 추가로 인수했습니다. 그중 가장 유명한 기업이 네브래스카 퍼니처 마트입니다. 설립자 로즈 블럼킨(Rose Blumkin, 'B 여사')은 러시아 이민자로, 1915년 시애틀에 왔을 때는 영어를 못했습니다. B 여사는 몇 년 후 오마하에 정착했고, 1936년까지 모은 돈 2,500달러로 가구 매장을 열었습니다.

경쟁자와 공급업체들은 그녀를 무시했습니다. 한동안은 이들의 판단이 옳은 듯했습니다. 제2차 세계대전 탓에 그녀의 사업은 침체했고, 1946년 말에는 회사의 순자산이 7만 2,264달러에 불과했습니다. 계산대 서랍의 현금과 예금을 모두 합해도 50달러뿐이었습니다(오타가 아닙니다).

그러나 이 1946년의 숫자에는 매우 귀중한 자산 하나가 빠져 있습니다. 4년 동안 미국 육군에 복무하고 돌아온 B 여사의 외아들 루이 블럼킨입니다. 루이는 노르망디 상륙 작전 당시 오마하 비치에서 싸웠고, 벌지 전투(Battle of the Bulge)에서 부상을 입어 퍼플 하트 훈장을 받았으며, 1945년 11월 마침내 집으로 돌아왔습니다. B 여사와 루이가 재결합하자 이제는 아무도 네브래스카 퍼니처 마트를 막을 수 없었습니다. 꿈에 사로잡힌 모자는 밤낮으로 일했고 주말에도 일했습니다. 그 결과 소매업의 기적을 일으켰습니다.

1983년 모자는 회사를 6,000만 달러 규모로 키워냈습니다. 그해 내 생일에 버크셔는 네브래스카 퍼니처 마트의 지분 80%를 인수했습니다. 이번에도 나는 회계 감사를 요구하지 않았으며 블럼킨 가족을 믿고 회사 경영을 맡겼습니다. 지금은 3대와 4대가 경영을 맡고 있습니다. B 여사는 103세가 될 때까지 매일 근무했습니다. 찰리와 내가 판단하기에는 터무니없이 젊은 나이에 은퇴했습니다. 이제 네브래스카 퍼니처 마트는 미국 최대 가정용 가구 매장 3개를 보유하고 있습니다. 3개 모두 2020년에 매출 기록을 세웠는데, 코로나19로 6주 이상 영업을 중단한 상황에서 달성한 실적입니다.

B 여사의 모든 것을 말해주는 이야기가 있습니다. B 여사의 대가족이 모여 명절 음식을 먹을 때 여사는 항상 식전에 노래를 부르게 했습니다. B 여사가 선택한 곡은 변함이 없었는데, 어빙 벌린(Irving Berlin)의 '신이여 미국을 축복하소서(God Bless America)'였습니다.

***

이제 동쪽으로 이동해 테네시주에서 세 번째로 큰 도시인 녹스빌로 가 봅시다. 버크셔는 이곳에 놀라운 회사 둘을 보유하고 있습니다. 클레이턴 홈즈(지분 100% 보유)와 파일럿 플라잉 J입니다. 2017년 주주 서한에서 밝힌 것처럼 지금은 지분이 38%지만 2023년에는 80%를 보유할 예정입니다.

두 회사 모두 테네시대학 졸업생이 젊은 시절에 설립했습니다. 두 사람 모두 계속 녹스빌에 살고 있습니다. 이들은 처음부터 자본이 많았던 것도 아니고 부모가 부자였던 것도 아니었습니다. 그래서 어떻게 되었냐고요? 현재 클레이턴과 파일럿 둘 다 연간 세전 이익이 10억 달러를 넘습니다. 두 회사의 직원을 합하면 약 4만 7,000명입니다.

짐 클레이턴은 몇 차례의 모험사업 끝에 1956년 얼마 안 되는 자본으로 클레이턴홈즈를 설립했습니다. '빅 짐 해슬럼(Big Jim Haslam)'은 1958년 6,000달러에 휴게소를 하나 인수해서 이후 파일럿 트래블 센터(Pilot Travel Center)로 키워냈습니다. 두 사람 모두 나중에 자기처럼 열정적이고 합리적이며 총명한 아들을 사업에 끌어들였습니다. 가끔은 유전자가 신비로운 힘을 발휘하기도 합니다.

이제 90세가 된 빅 짐 해슬럼은 최근 영감을 주는 책을 출간했습니다. 이 책에 의하면 짐 클레이턴의 아들 케빈은 빅 짐 해슬럼에게 파일럿의 대규모 지분을 버크서에 팔라고 권유했습니다. 모든 소매업자가 알고 있듯이 가장 유능한 영업 직원은 만족한 고객입니다. 이는 기업 인수시장에도 똑같이 적용됩니다.

***

다음에 녹스빌이나 오마하 상공을 지나갈 때는 클레이턴, 해슬럼, 블럼킨에게 경의를 표하시기 바랍니다. 이들은 1789년에 만들어진 미국의 독특한 번영의 틀 덕분에 잠재력을 발휘할 수 있었습니다. 미국 역시 클레이턴, 해슬럼, 블럼킨 같은 시민 덕분에 건국의 아버지들이 추구했던 기적을 이룰 수 있었습니다.

지금은 세계 전역에서 많은 사람이 비슷한 기적으로 번영을 확산하면서 모든 인류에게 혜택을 제공하고 있습니다. 그러나 미국처럼 건국 232년 만에 사람들이 잠재력을 마음껏 발휘할 수 있게 만든 나라는 없습니다. 심각한 침체기도 있었지만 미국의 경제 발전은 숨이 막힐 정도였습니다. 그리고 미국은 '더 완벽한 연방'이 되려는 근본적인 열망을 유지하고 있습니다. 그 진행 과정은 느리고, 거칠며, 종종 실망스럽기도 했습니다. 그러나 우리는 계속 전진했으며 앞으로도 계속 전진할 것입니다.

우리의 확고한 결론은, 절대 미국이 망하는 쪽에 돈을 걸지 말라는 것입니다.

훌륭한 경영자와 훌륭한 기업　2021

작년에 폴 앤드루스(Paul Andrews)가 세상을 떠났습니다. 폴은 포트워스에 본사를 둔 TTI의 설립자 겸 CEO였습니다. 그는 평생 사업은 물론 사생활에서도 찰리와 내가 찬탄하는 모든 자질을 조용히 보여주었습니다. 이제부터 폴에 관한 이야기입니다.

1971년, 제너럴다이내믹스(General Dynamics)에서 구매 담당자로 근무하던 폴에게 청천벽력 같은 일이 벌어졌습니다. 회사가 대규모 방산 물자 계약을 빼앗기자 폴을 포함한 직원 수천 명을 해고한 것입니다.

첫아이 출산을 목전에 둔 폴은 자신에게 돈을 걸었습니다. 그동안 저축한 500달러로 텍스-트로닉스(Tex-Tronics, 나중에 TTI로 회사명 변경)를 설립한 것입니다. 이 회사는 소형 전자 부품을 유통하여 첫해에 매출 11만 2,000달러를 달성했습니다. 현재 TTI는 100만 개가 넘는 품목으로 연 매출 77억 달러를 기록하고 있습니다.

63세가 되던 2006년, 폴은 자신의 사업과 동료들에게 만족하면서 가족과 행복하게 살고 있었습니다. 그러나 그를 끊임없이 괴롭히는 걱정거리 하나가 있었습니다. 한 친구가 요절하고 나서 그의 가족과 회사가 재난에 빠지는 모습을 본 것입니다. 2006년 그는 자기가 갑자기 죽으면 가족과 수많은 직원이 어떻게 될까 생각해보았습니다.

폴은 1년 동안 여러 대안을 놓고 고심했습니다. 경쟁 회사에 매각할까? 경제적 관점으로만 본다면 이것이 가장 합리적인 선택이었습니다. 마침내 경쟁 회사는 중복 기능 축소를 통한 비용 절감으로 이른바 '시너지' 효과를 추구하겠지만 말이죠.

그리고 경쟁 회사는 틀림없이 자사의 최고재무책임자(CFO), 법률 고문, 인사팀을 남겨둘 것입니다. 그러면 TTI의 CFO, 법률 고문, 인사팀 직원들은 쫓겨나게 됩니다. 저런! 새 물류센터가 필요하면 경쟁 회사는 포트워스보다 자사의 고향 도시를 틀림없이 선호할 것입니다.

금전적 이득이 아무리 크더라도 경쟁 회사에 매각해서는 안 된다고 폴은 즉시 판단했습니다. 그다음으로 그가 검토한 대안은 한때 차입매수회사로 불리던 재무적 매수자(financial buyer)에게 매각하는 방법이었습니다. 그러나 재무적 매수자는 이른바 '출구 전략(exit strategy)'에 집중하는 회사였습니다. 그러면 회사가 어떻게 될지 누가 알겠습니까? 곰곰이 생각해보니 35년 동안 키운 회사를 재판매업자에게 넘겨주고 싶지 않았습니다.

폴은 나를 만나자 위 두 가지 대안을 왜 포기했는지 설명했습니다. 이어서 자신의 딜레마를 이렇게 요약했습니다(실제로는 훨씬 더 재치 있게 표현했습니다). "1년 동안 숙고하고 나서 버크셔에 매각하기로 했습니다. 남은 대안은 당신뿐이라서요." 그래서 나는 조건을 제시했고 폴은 수락했습니다. 딱 한 번 만나 한 번 점심을 먹으면서 합의에 도달했습니다.

이후 우리 둘 다 평생 행복하게 살았다는 표현으로는 부족합니다. 버크셔가 인수한 시점에는 TTI의 직원이 2,387명이었습니다. 지금은 직원이 8,043명입니다. 증가한 직원 대부분이 포트워스와 그 주변에서 채용되었습니다. 이익은 673% 증가했습니다.

해마다 나는 폴에게 전화해서 그의 연봉을 대폭 인상하라고 말했습니다. 그러면 해마다 그는 대답했습니다. "그 이야기는 내년에 하시죠, 워런. 지금은 너무 바빠서요."

그레그 에이블과 내가 폴의 장례식에 참석했을 때, 우리는 그의 자녀, 손주, (TTI가 처음 채용한 직원들을 포함한) 장기근속자들, 그리고 (2000년 버크셔가 인수한 어떤 포트워스 회사의 CEO였던) 존 로치(John Roach)를 만났습니다. 존은 TTI가 버크셔와 잘 어울린다고 직관적으로 판단하여 친구 폴을 버크셔로 안내한 사람입니다.

장례식이 끝난 후 그레그와 내가 들은 이야기인데, 폴은 수많은 사람과 단체를 조용히 후원했습니다. 그의 후원은 보기 드물게 폭넓고 관대했습니다. 그는 항상 남들의 삶을 개선하려고 노력했으며 특히 포트워스 사람들에게 관심을 기울였습니다.

어느 모로 보나 폴은 걸출한 인물이었습니다.

***

버크셔에는 늘 행운(가끔은 기막힌 행운)이 따랐습니다. 폴과 나에게 공통의 친구 존 로치가 없었다면 TTI는 버크셔의 자회사가 되지 않았을 것입니다. 그러나 이렇게 넘치는 행운은 시작에 불과했습니다. TTI는 곧 버크셔가 가장 중요한 기업을 인수하도록 길을 열어주었습니다.

해마다 가을이 오면 버크셔 이사들은 몇몇 이사의 발표를 들으러 모입니다. 가끔 우리는 그 모임 장소를 최근 기업을 인수한 곳으로 정하기도 합니다. 우리 이사들이 새 자회사의 CEO를 만나 그 사업 활동에 대해 듣게 하려는 취지입니다.

2009년 가을, 우리는 TTI를 방문하려고 모임 장소로 포트워스를 선택했습니다. 당시 본사가 마찬가지로 포트워스에 있었던 BNSF는 우리가 보유한 상장주식이 세 번째로 많은 기업이었습니다. 이렇게 많은 주식을 보유하고 있었는데도 나는 이 철도회사의 본사를 방문한 적이 없었습니다.

내 비서 데비 보사넥이 이사회의 첫 만찬 날짜를 10월 22일로 잡았습니다. 나는 오래전부터 성과에 탄복하던 BNSF의 CEO 매트 로즈(Matt Rose)를 만나려고 그날 일찍 도착했습니다. 그런데 그를 만난 날이 우연히도 BNSF의 3분기 실적 발표일이었고 그날 늦게 실적이 나왔습니다.

그날 시장은 BNSF의 실적에 격한 반응을 보였습니다. 3분기에 대침체 (서브프라임 모기지 사태와 세계 금융위기로 촉발된 2008~2009년의 세계적 경기 침체)의 영향이 최고조에 달하여 BNSF의 이익이 급감했기 때문입니다. 경제 전망도 암울했으므로 월스트리트는 철도회사에 대해 비우호적이었습니다.

이튿날 나는 다시 매트를 만나 제안했습니다. BNSF가 버크셔의 자회사가 되면, 상장회사로 남아 있을 때보다 장기적으로 더 크게 성장할 것이라고요. 아울러 버크셔가 지불하려는 최고 가격도 알려주었습니다.

매트는 이 제안을 이사와 고문들에게 전했습니다. 그러고서 11영업일 뒤, 버크셔와 BNSF는 계약이 성사되었다고 발표했습니다. 이 대목에서 나는 좀처럼 하지 않는 예측을 하고자 합니다. 지금부터 1세기 후에 BNSF는 버크셔와 미국의 핵심 자산이 될 것입니다.

폴 앤드루스가 TTI의 모회사로 버크셔를 선택하지 않았다면 버크셔의 BNSF 인수는 절대 이루어지지 않았을 것입니다.

피트 리글 - 둘도 없는 인물 `2024`

잠시 피트 리글(Pete Liegl)에 관한 놀라운 이야기를 해드리겠습니다. 버크셔 주주 대부분은 모르는 사람이지만 그는 버크셔에 수십억 달러를 기여했습니다. 그는 80세에도 여전히 근무하다가 11월에 세상을 떠났습니다.

나는 2005년 6월 21일 처음으로 포리스트리버(Forest River, 피트가 설립하고 경영하던 인디애나주 기업)에 대해 알게 되었습니다. 그날 나는 중개인으로부터 이 레저용 차량(RV) 제조업체에 관한 상세한 데이터가 담긴 편지를 받았습니다. 중개인은 포리스트리버 100% 소유자인 피트가 회사를 버크셔에 확실히 매각하고자 한다고 말했습니다. 그는 피트가 기대하는 가격도 말해주었습니다. 나는 이 간단명료한 방식이 마음에 들었습니다.

나는 RV 대리점들을 확인해보고 마음이 내켰으므로 6월 28일 오마하에서 만나기로 했습니다. 피트는 아내 샤론(Sharon)과 딸 리자(Lisa)도 데려왔습니다. 피트는 회사를 계속 경영하고 싶다고 확언했지만 자기가 가족의 재정적 안정을 보장할 수 있다면 마음이 더 편하겠다고 말했습니다.

피트는 자기가 소유한 부동산을 포리스트리버에 임대했는데 6월 21일 편지에는 이에 대한 설명이 없었다고 말했습니다. 나는 버크셔가 평가할 필요 없이 그의 평가를 수용하겠다고 말했으므로 불과 몇 분 만에 부동산 가격에 합의했습니다.

그러고서 명확히 해야 하는 다른 사항에 대해서도 합의했습니다. 나는 피트에게 그가 원하는 보상이 얼마냐고 물으면서, 그가 얼마를 원하든 수용하겠다고 덧붙였습니다. (이것이 아무 때나 사용하라고 내가 추천하는 방식은 아닙니다.)

그의 아내와 딸과 내가 귀를 기울이자 피트는 잠시 말을 멈추었습니다. 이어서 그는 우리를 놀라게 했습니다. "버크셔 위임장 설명서를 보았는데, 내 상사보다 더 많이 받고 싶지는 않으니 연봉 10만 달러를 주십시오." 내가 자리에서 일어나자 피트가 덧붙였습니다. "하지만 올해 우리 회사 이익은 X가 될 터인데, 이 금액을 초과하는 이익의 10%를 연간 보너스로 받고 싶습니다." 나는 대답했습니다. "좋아요, 피트. 그러나 포리스트 리버가 거액을 들여 기업을 인수하면 추가로 투입되는 자본을 적절히 반영하겠습니다." 나는 '적절한'이나 '거액'을 명확하게 정의하지 않았지만 이 때문에 발생한 문제는 전혀 없었습니다.

우리 네 사람은 저녁을 먹으러 오마하의 해피할로클럽(Happy Hollow Club)으로 갔고 이후 내내 행복하게 살았습니다. 이후 19년 동안 피트는 출중한 실적을 기록했습니다. 그의 실적 근처에 도달하는 경쟁자조차 없었습니다. (중략)

***

CEO 선정에 관해서 한마디 덧붙이자면, 나는 후보자가 나온 학교를 절대 보지 않습니다. 절대로요!

물론 명문 학교를 나온 위대한 경영자들도 있습니다. 그러나 피트처럼 비명문 학교를 나왔거나 심지어 학교를 졸업하지 못하고 성공한 사람도 많습니다. 내 친구 빌 게이츠를 보십시오. 그는 세상을 바꿀 고성장 사업을 시작하는 편이, 한가롭게 지내면서 졸업장을 받는 것보다 훨씬 중요하다고 판단했습니다. (그의 새 저서《소스 코드(Source Code)》를 읽어보십시오.)

얼마 전 나는 제시카 툰켈(Jessica Toonkel, 언론인)과 통화했는데, 그의 새 할아버지 벤 로스너는 오래전 찰리와 나를 대신해서 기업을 경영한 사람입니다. 벤은 소매업의 천재였습니다. 나는 이 서한을 준비하면서 그가 받은 교육이 많지 않았다는 기억이 나서 제시카에게 그의 학력을 확인해 보았습니다. 제시카는 대답했습니다. "벤은 초등학교 6학년을 넘긴 적이 없어요."

나는 운 좋게도 명문대 세 곳에서 교육을 받았습니다. 그리고 나는 평생교육이 필요하다고 굳게 믿습니다. 그러나 지금까지 내가 관찰한 바로는 사업 재능의 대부분이 타고난 본성입니다.

피트 리글은 재능을 타고난 사람이었습니다.

Q 2015 가장 기억에 남는 실패 사례

지난 50년 동안 버크셔에서 가장 기억에 남는 실패 사례는 무엇인가요?

버핏 연차보고서에서 여러 번 논의했지만, 1990년대 중반 4억 달러에 인수한 덱스터슈입니다. 치열한 경쟁 탓에 이 회사의 가치는 결국 제로가 되었습니다. 게다가 덱스터 인수 대금을 주식으로 지급했는데 현재 가치로는 60~70억 달러에 이릅니다. 이 어리석었던 결정이 생각나면 버크셔 주가가 지금 하락하길 바랄 정도입니다. 덱스터는 나를 속이지 않았습니다. 단지 내가 잘못 판단했을 뿐입니다. 우리는 주식을 발행할 때마다 실패했습니다. 그렇지 않은가, 찰리?

멍거 그래서 이제 웬만해서는 주식을 발행하지 않습니다.

버핏 다른 실패 사례는 우리가 초창기에 더 적극적으로 투자하지 않은 것입니다. 그러나 나와 가족과 친구들의 모든 재산이 버크셔에 들어가 있었으므로 매우 신중할 수밖에 없었습니다. 조금 더 적극적으로 투자할 수는 있었겠지요. 하지만 가족이 무일푼이 될 확률이 1%에 불과하더라도, 좋은 기회를 놓칠지언정 더 위험을 떠안고 싶지는 않았습니다. 사람들은 우리가 과거에 큰 기회를 놓쳤다고 말할 것입니다.

멍거 레버리지를 사용했다면 버크셔가 훨씬 더 커졌겠지요. 그러나 우리는 밤잠을 설쳤을 것입니다. 밤잠을 설치는 것은 미친 짓입니다.

버핏 특히 돈 때문에 설친다면 말이지요!

Q 2016 투자 기준을 바꾸었나?

당신은 자본을 적게 사용하는 기업을 인수하고 싶다고 말했습니다. 그러나 지금은 막대한 자본이 필요하고, 과도한 규제를 받으며, ROE도 낮은 기업에 투자하고 있습니다. 어떤 이유인지요?

버핏 그동안 우리가 성공을 거둔 탓입니다. 이상적인 기업은 자본을 쓰지 않으면서 성장하는 기업입니다. 그런 기업은 소수에 불과하며 우리도 몇 개 보유하고 있습니다. 그러나 우리는 그런 기업 중 100~300억 달러 규모인 기업을 인수하고 싶습니다. 그러면 우리 영업이익 증가율을 유지할 수 있지만 그런 기업을 찾기가 갈수록 어렵습니다.

자본을 사용하지 않고 성장하면서 막대한 돈을 벌어주는 기업을 보유하면 이중 효과를 얻게 됩니다. 씨즈캔디가 대표적인 사례입니다. 당시에는 신문사도 그런 기업이었습니다. 버펄로뉴스는 자본을 사용하지 않으면서 연 4,000만 달러를 벌어들였습니다. 우리는 그 4,000만 달러를 모두 다른 기업 인수에 사용할 수 있었습니다.

그러나 자본 규모가 증가하면 수익률이 낮아질 수밖에 없습니다. 예컨대 훨씬 고자본 기업에 투자하게 되니까요. 우리는 풍력발전에 36억 달러를 투자하고 있습니다. 그리고 재생에너지에 모두 300억 달러를 투자하기로 약속했습니다. 버크셔 해서웨이 에너지와 BNSF의 모든 사업에는 막대한 자금이 들어갑니다. ROIC가 괜찮은 수준이긴 하지만 저자본 기업에 비할 바는 못 됩니다. 실제로 우리 자회사 몇 개는 ROIC가 연 100%에 이릅니다. 부류가 다른 기업이지요. 버크셔 해서웨이 에너지의 ROIC는 11~12%로서 꽤 괜찮은 수준이지만 저자본 기업과는 비교가 되지 않습니다. 찰리?

멍거 우리는 상황이 바뀌었을 때 생각을 바꿨습니다.

버핏 마지못해 서서히 바꿨지요.

멍거 초창기에는 우리가 인수한 기업 중 곧 연 100% 수익을 낸 기업이 많았습니다. 계속해서 이런 기업을 인수할 수 있었다면 당연히 그렇게 했을 것입니다. 그러나 그럴 수가 없었으므로 대안을 선택했습니다. 대안도 꽤 효과적이어서 나는 이 방식이 여러모로 마음에 듭니다. 자네는 어떤가?

버핏 동감이지. 피할 수 없다면 즐겨야지요. 그렇게 될 줄 알고 있었습니다. 관건은 '환상적인 실적 대신 만족스러운 실적을 수용할 것인가'입니다. 우리는 만족스러운 실적을 기꺼이 수용했습니다. 대안은 운용자산을 매우 소규모로 축소하는 것이었는데, 찰리와 나는 진지하게 논의해보지 않았습니다.

Q 2016 PER 기준으로 고가에 인수한 까닭

프리시전 캐스트파츠의 CEO 마크 도네건을 신뢰하시겠지만, 이례적으로 높은 PER을 지불할 만큼 마음에 드는 회사의 장점은 무엇인가요?

버핏 프리시전 캐스트파츠 인수 작업은 올해 1월 말에 완료되었습니다. 합의가 이루어진 시점은 작년 8월입니다. 질문자께서도 지적했듯이 프리시전 캐스트파츠의 가장 중요한 자산은 탁월한 경영자 마크 도네건입니다. 그동안 나는 수많은 경영자를 보았지만 그를 거의 독보적인 인물로 꼽습니다. 그는 항공기 부품 제작에 지극히 중요한 역할을 하고 있습니다. 감히 말하건대 그가 경영하는 회사가 상장폐지하는 탓에 불리해지는 면은 전혀 없습니다. 오히려 상당히 유리해질 것입니다. 예컨대 이제 그는 항공기 엔진 개선 작업에 시간을 100% 투입할 수 있습니다. 그는 처음부터 이런 작업을 무척 좋아해서 많은 시간을 투입했지만, 애널리스트들에게 분기 실적을 설명하거나 은행과 대출 협상도 벌여야 했습니다.

그러나 이제 그는 시간을 가장 합리적으로 사용할 수 있습니다. 10억 달러짜리 기업을 인수하려고 오마하로 와서 내게 설명할 필요도 없습니다. 비생산적인 업무에 시간을 낭비할 필요가 전혀 없습니다. 상장회사를 경영하려면 비생산적인 업무에 많은 시간을 낭비할 수밖에 없지만요. 그는 원래 프리시전 캐스트파츠의 핵심 자산이었지만, 우리가 인수하면서 더 값진 자산이 되었습니다. 프리시전 캐스트파츠는 그동안 계속해서 많은 기업을 인수했지만, 이제 버크셔의 자회사가 되었으므로 기업을 무제한 인수할 수 있습니다. 그의 무대가 대폭 확장된 것입니다. 그에게 불리해진 면은 없다고 봅니다. 자본이 필요하면 내게 전화만 하면 됩니다. 지금까지 배당을 많이 지급한 것은 아니지만 이제는 배당을 전혀 지급하지 않아도 됩니다. 프리시전 캐스트파츠는 지금까지 독자적으로도 매우 훌륭하게 운영되었지만 앞으로는 더 훌륭하게 운영될 것입니다.

멍거 초창기에는 우리가 주제넘은 말을 자주 했습니다. 워런은 바보도 경영할 수 있는 회사를 사야 한다고 말하곤 했습니다. 조만간 바보가 경영하게 될 테니까요. 초창기에는 실제로 그런 회사들을 인수했습니다. 그런 회사가 많았으니까요. 물론 우리는 그런 회사를 계속 인수하고 싶습니다. 그러나 갈수록 경쟁이 치열해지고 있으므로 우리는 더 강력한 경영 기법을 계속 배워야 합니다. 프리시전 캐스트파츠 같은 기업에는 장기간 경쟁우위를 유지해내는 매우 탁월한 경영진이 필요합니다. 우리는 이런 기업의 비중을 점차 늘렸는데 그 성과는 정말 놀랍습니다. 과거에는 바보도 경영할 수 있는 기업을 찾아냈듯이, 지금은 우리가 탁월한 경영자들을 잘 발굴하고 있다고 생각합니다.

버핏 프리시전 캐스트파츠 같은 기업을 더 찾아낼 수 있으면 좋겠지만 이런 기업은 정말 희귀합니다. 그래도 서너 개 더 찾아내면 좋겠습니다. 생산하는 제품의 품질이 엄청나게 중요하고, 고객들이 절대적으로 의존하며, 계약이 장기간 이어지는 그런 기업 말입니다. 그러나 제품 품질만으로는 부족합니다. 특히 경영 능력이 탁월하고, 항공기 및 엔진 제조회사들 사이에서 평판이 절대적으로 높은 경영자도 반드시 확보해야 합니다.

Q 2016 실사 생략한 채 인수하는 위험은?

흔히 실사(due diligence)도 생략한 채 며칠 만에 인수 거래를 완료하면 위험하지 않은가요?

버핏 변호사들이 내게 자주 하는 질문입니다. 우리가 실사를 했다면 변호사들에게 값비싼 자문료를 지불했을 것입니다. 우리는 인수 과정에서 실수를 많이 했는데 대부분이 마땅히 인수해야 할 기업을 인수하지 않은 이른바 부작위(不作爲)의 실수였습니다. 모두 기업의 경제 환경이나 미래를 적절하게 평가하지 못한 실수였습니다. 모든 대기업의 인수 점검 목록에는 들어 있지 않은 실수들이지요.

정말로 중요한 것은 그 기업의 기본 경제성, 해당 산업의 진행 방향, 아마존 같은 경쟁자의 시장 지배 가능성 등입니다. 그러나 이런 실제 위험들이 기업 인수 점검 목록에 들어 있는 사례를 우리는 본 적이 없습니다. 우리가 기업 인수에서 저지른 부작위의 실수는 6건 이상입니다. 하지만 실사를 더 많이 했더라도 이런 실수는 단 한 건도 감소하지 않았을 것입니다. 다만 우리가 조금 더 현명했다면 실수가 감소했을지 모르지요.

지극히 중요한 것은, 10억 달러를 받고 지분을 양도할 소유경영자가 앞으로도 변함없는 태도로 기업을 경영할 것인지를 판단하는 일입니다. 따라서 관련 항목이 점검 목록에 들어 있다면 당연히 확인해야 하겠지만, 점검 목록에 들어 있지 않더라도 기업의 미래 경제 전망 평가에 중요한 항목들은 반드시 분석해야 합니다. 씨즈캔디는 인수 당시 임차 매장이 약 150개였습니다. 프리시전 캐스트파츠는 인수 당시 공장이 170개였습니다. 일부 공장에는 공해 문제가 있었을 것입니다. 그러나 중요한 것은 개별 공장이 아니라 10~20년 후의 사업 전망입니다.

이렇게 실사를 생략하는 우리의 기업 인수 방식이 적어도 일부 사람들에게는 유용할 것이라고 믿습니다. 사소한 일로 다투는 과정에서 거래가 무산되는 사례를 나는 많이 보았습니다. 흔히 사소한 일로 시작된 논쟁에서도 자존심이 상하면 마지노선을 그어버리는 사례가 많기 때문입니다. 그러나 우리가 협상을 시작하면 대개 완결됩니다.

멍거 임차계약서를 꼼꼼하게 확인하는 것보다는 대개 기업의 질 평가가 더 중요합니다. 기업을 계속 운영할 경영진의 자질도 매우 중요한데 점검 목록으로 확인할 방법이 있나요? 기업의 질과 경영진의 자질 평가 실적이 버크셔보다 좋은 기업을 나는 보지 못했습니다. 우리가 실사에 의지했다면 이렇게 평가하지 못했을 것입니다. 우리는 올바른 방법을 쓰고 있습니다.

버핏 협상이 길어지면 대개 무산됩니다. 사람들은 사소한 일에 고집을 부리기도 합니다. 때로는 어리석은 짓인 줄 알면서도 고집을 부리지요. 나는 협상이 진행되길 바라므로 상대에게 어느 정도 신뢰감을 표시합니다. 그러면 대개 상대도 내게 신뢰감을 표시합니다. 그러나 암적인 존재도 분명히 있습니다. 서류를 보아서는 이런 사람들을 찾아낼 수 없습니다. 우리가 믿고 막대한 돈을 건네주는 사람이 장래에 어떤 행태를 보일 것인지 평가하는 작업이 가장 중요합니다.

우리는 회사의 실적과 인수 가격을 모두 알고 있으므로 협상이 순조롭게 진행되길 바랍니다. 나는 모든 면에서 우리에게 유리해야 좋은 거래라고 생각하지는 않습니다. 톰 머피는 모든 면에서 유리한 조건을 얻으려 하지 말고 단지 적당한 거래를 하라고 내게 가르쳐주었습니다. 상대가 부정직한 사람이라면 거래 과정에서 그런 징후가 나타납니다. 운이 좋으면 협상 초기에 이런 징후를 발견하게 됩니다.

멍거 여기 행복한 결혼 생활을 하는 주주 여러분 중 배우자의 출생증명서를 세심하게 확인한 사람이 얼마나 있을까요? 우리가 사용하는 기법은 이미 널리 사용되는 듯합니다.

버핏 동감입니다.

Q 2017 인수에 관심을 둔 섹터는?

앞으로 5년 동안 어떤 섹터에서 낚시할 생각인가요?

버핏 찰리와 나는 섹터나 거시 환경에 대해 그다지 논의하지 않습니다. 우리는 항상 모든 기업을 지켜봅니다. 일종의 취미지요. 우리는 어떤 기회가 오든 유연하게 투자하므로 항상 기업 인수 제안을 기다립니다. 그러나 다양한 필터를 적용해서 기회를 걸러냅니다. 우리는 제안을 들어보면 체결 가능성이 있는 거래인지를 십중팔구 5분 이내에 알아냅니다.

우리가 던지는 첫 번째 질문은 "과연 우리가 이 기업을 제대로 파악해서 올바른 판단을 내릴 수 있는가?"입니다. 이런 기업은 드뭅니다. 우리는 해자를 갖춘 기업을 좋아합니다. 첫 번째 필터를 통과하면 거래 가능성이 어느 정도 생깁니다. 우리는 먼 장래까지도 고객의 행동을 예측할 수 있는 기업을 좋아합니다. 그러나 갈수록 예측하기가 어려워지고 있으며 지금은 더 어렵습니다. 우리는 현재 ROE와 미래 ROE도 살펴봅니다. 사람들이 보내주는 신호를 보면 우리가 실제로 만족스러운 거래를 하게 될지 알 수 있습니다. 우리는 각 기업의 특성을 보고 인수 여부를 판단하는 것이지, 특정 섹터에서 인수 대상 기업을 찾는 것은 아닙니다.

멍거 자회사들 중 일부는 수시로 협력회사를 인수합니다. 물론 이는 환영할 만한 일입니다. 그러나 기업 인수시장 전반적으로는 경쟁이 매우 치열해졌습니다. 과거 차입매수를 주도하던 거대 시장이 지금은 이른바 사모펀드(private equity)로 불리고 있습니다. 그러나 이는 일개 경비원이 최고기술책임자(chief of engineering)를 자처하는 것과 같습니다. 이들은 자금을 얼마든지 조달 가능하므로 매우 높은 가격을 제시할 수 있습니다. 따라서 우리가 이들과 경쟁해서 기업을 인수하기는 매우 어렵습니다. 하지만 사모펀드에 기업을 매각하지 않으려는 사람들도 일부 있습니다. 이들은 자신의 기업을 매우 사랑하므로, 사모펀드를 거쳐 다시 팔려나가는 모습을 보려 하지 않습니다.

버핏 몇 년 전, 한 사내가 나를 찾아왔습니다. 당시 61세였던 그는 이렇게 말했습니다. (실제로 이렇게 말한 사람은 또 있었습니다.)

"나는 돈은 남아돌 정도로 많습니다. 그러나 출근할 때마다 걱정하는 일이 딱 하나 있습니다. 오늘이라도 내게 무슨 일이 생긴다면 아내가 회사를 맡게 됩니다. 그런데 임원들이 회사를 헐값에 인수하거나 경쟁사에 팔아넘기려는 사례를 나는 많이 보았습니다. 나는 회사를 아내에게 맡기고 싶지 않습니다. 인수해줄 기업을 내가 결정하고 싶지만, 이후에도 경영은 내가 계속 하고 싶습니다. 경쟁사에 매각하는 방법도 생각해보았습니다. 하지만 그러면 경쟁사의 CFO가 합병회사의 CFO가 될 것이고, 지금까지 나와 함께 회사를 일군 사람들은 모두 밀려날 것입니다. 나는 막대한 돈을 받고 떠나겠지만 이들 중 일부는 실직할 것입니다. 내가 원하는 모습이 아닙니다. 자칭 사모펀드라고 하는 차입매수자에게 매각할 수도 있습니다. 이들은 최대한 부채를 일으켜 회사를 인수하고서, 치장해 다시 팔아넘길 것입니다. 결국 내가 키운 회사는 흔적도 남지 않을 것입니다. 나는 당신이 특별해서가 아니라 대안이 당신밖에 없어서 찾아왔습니다."

청혼할 때는 그가 내게 한 마지막 표현은 사용하지 않는 것이 좋겠네요. 나는 그의 제안을 받아들여 거래를 체결했습니다. 그와 같은 사람이 없다면 우리는 기업 인수시장에서 번번이 패배할 것입니다. 우리는 순전히 자기자본으로 기업을 인수하려 하지만 경쟁사들은 매우 싼 금리로 거액을 빌릴 수 있습니다. 예컨대 경쟁사가 평균 금리 4%로 인수 대금 대부분을 조달한다면 우리는 경쟁하기 어렵습니다.

멍거 주가가 하락해도 차입매수자는 손실을 보지 않습니다. 그러나 주가가 상승하면 차입매수자는 이익을 봅니다.

버핏 차입매수자가 계산하는 방식은 우리와 매우 다릅니다. 그는 자금을 얼마든지 조달할 수 있습니다. 원하는 것이 오로지 높은 매각 가격이라면 우리에게 전화할 필요가 없습니다. 대신 우리는 색다른 제안을 할 수 있습니다. 앞에서 설명한 인수 사례는 소유경영자 세 사람이 한 이야기를 거의 그대로 전한 것입니다. 이들은 모두 거래에 매우 만족했습니다. 돈도 매우 많이 받았고, 원하던 대로 지금도 기업을 계속 경영하고 있습니다. 가족은 물론 평생 함께 일한 임직원들에게도 최선의 결정이었습니다. 그러나 다른 결정을 하는 소유경영자도 많습니다. 차입매수자가 제시하는 가격과, 우리처럼 자기자본으로 인수할 때 제시하는 가격 사이에 격차가 커지면 소유경영자의 고민도 커집니다.

멍거 이런 결정은 오래전부터 어려웠습니다. 그래도 우리는 좋은 기업을 꽤 많이 인수했습니다.

Q 2017 매클레인은 어떤 기업인가?

매클레인(McLane)은 매출 규모가 큰 자회사인데도 설명을 많이 듣지 못했습니다.

버핏 매출에 관한 연방통신위원회(Federal Communications Commission) 규정에 따라 매클레인의 매출은 연차보고서에 별도로 표시됩니다. 매클레인은 내재가치나 순이익에 비해 매출이 이례적으로 많은 회사입니다. 유통회사이기 때문입니다. 주요 고객은 식품회사, 캔디회사, 담배회사, 편의점 상품 공급회사 등입니다. 우리 최대 고객인 월마트로부터 인수했습니다. 정확한 매출 규모는 모르겠지만 월마트와 샘스(Sam's Club)의 매출 합계가 전체 매출에서 차지하는 비중이 20%를 초과합니다. 총이익률은 약 6%이고 영업비용은 5%입니다. 따라서 재고자산 회전율을 매우 높게 유지해야 총자산이익률(ROA) 1%(세전)를 얻을 수 있습니다. 실제로 매클레인은 재고자산을 매우 빠르게 반입·반출하면서 대단히 효율적으로 관리하고 있습니다.

매클레인은 주류 유통회사도 몇 개 보유하고 있는데 이익률이 더 높습니다. 매클레인의 기본 매출은 450억 달러가 넘으며 세전 매출 이익률은 1%입니다. ROE도 매우 양호합니다. 월마트로부터 인수하기 전부터 탁월한 CEO 그래디 로지어(Grady Rosier)가 경영하고 있습니다. 나는 한 번 방문해보았습니다. 트럭 수천 대가 전국에 산재한 대형 유통센터 사이를 오가면서 도매점에 상품을 유통하는 중추 역할을 하고 있습니다. ROIC와 인수 가격 대비 수익률도 훌륭합니다. 매출채권회전율도 이례적으로 높습니다. 매출이 매출채권의 30배, 매입채무의 30배, 재고자산의 35배입니다. 상품을 대규모로 유통하는 사업이기 때문입니다. 중요한 자회사지만 매출만 보고 평가할 회사는 아닙니다.

멍거 버핏이 모두 설명했습니다.

버핏 월마트 CFO가 매클레인을 매각하려고 우리를 찾아왔습니다. 그는 우리와 한동안 협의하고 다른 방으로 가서 CEO와 통화하더니, 돌아와서 거래가 성사되었다고 말했습니다. 이후 월마트는 버크셔와의 거래처럼 빠르게 성사된 사례가 없었다고 말하더군요. 우리는 대금을 현금으로 지급했습니다. 우리도 매우 신속하게 처리했지만 월마트도 처리가 훌륭했습니다.

멍거 우리는 신속하고 절차가 단순하며 약속을 잘 지킨다는 평판 덕분에 자주 좋은 인수 기회를 얻습니다.

버핏 그런 평판이 없었다면 좋은 기업들을 인수하지 못했을 것입니다.

Q 2021 스팩이 버크셔의 기업 인수에 미치는 영향은?

새로 상장되는 수많은 스팩(Special Purpose Acquisition Company, SPAC, 기업 인수목적회사)이 버크셔의 기업 인수에 어떤 영향을 미치나요?

버핏 치명적입니다. 이들 스팩은 보유 자금으로 대개 2년 안에 기업을 인수해야 합니다. 여러분이 내 머리에 총을 겨누면서 2년 안에 대기업 둘을 인수하라고 해도, 아마 나는 변변치 않은 기업 하나 정도 인수할 것입니다. 우리가 아무리 찾아다녀도 사모펀드와 경쟁하면서 훌륭한 대기업을 인수하기는 쉽지 않습니다. 그러나 성과보수를 받으면서 남의 돈을 운용하는 사람이라면 아무 기업이든 인수할 것입니다.

여러 해 전 매우 유명한 기업 인수 전문가가 내게 재보험 사업에 관해서 전화로 물었습니다. 내가 "재보험 사업은 그다지 훌륭한 사업이라고 생각하지 않습니다"라고 대답하자 그가 말했습니다. "그러나 내가 이 돈을 6개월 안에 지출하지 않으면 투자자들에게 돌려줘야 한단 말입니다." 이는 서로 이해관계가 일치하지 않는다는 의미입니다. 성과보수를 받으면서 남의 돈을 운용하는 사람이 아무 활동도 하지 않아서 돈을 돌려줘야 하면 경쟁력을 상실하게 됩니다.

스팩의 인기가 영원히 이어지지는 않겠지만 지금은 스팩으로 돈이 몰리고 있습니다. 월스트리트 사람들은 돈 되는 일이라면 무엇이든 가리지 않습니다. 스팩은 한동안 성과가 좋아서 명성을 얻고 있습니다. 그러나 말하자면 주식시장에서 벌이는 '도박의 확장판'에 해당합니다.

주식시장의 문제점을 잘 요약하는 케인스의 말이 있는데 아마 역사상 가장 유명한 인용문일 것입니다. 아파트나 사무실 건물에 투자하려면 계약 체결에 수개월이 걸리지만, 시장에서 주식에 투자할 때는 매우 낮은 비용으로 즉시 거액을 투자할 수 있습니다. 그러나 증권사들이 큰돈을 벌려면 빈번하게 매매하면서 터무니없이 많은 수수료를 지급하는 투기꾼이 주식시장에 많아야 합니다.

그러므로 주식시장은 인류에게 대단히 중요한 자산이지만, 사람들이 멍청하게 행동해야 큰돈을 법니다. 1936년 케인스는 《고용, 이자, 화폐의 일반이론》에 이렇게 썼습니다. "기업 활동이 안정적일 때는 투기꾼들이 거품을 일으켜도 해가 되지 않는다. 그러나 투기가 극심해져서 기업 활동에서 거품이 발생하면 상황이 심각해진다. 한 나라의 핵심 자본이 도박의 부산물이 된다면 기업 활동은 부실해지기 쉽다."

작년에는 카지노처럼 바뀐 주식시장에 수많은 사람이 몰려들었습니다. 수많은 사람이 계좌를 신설해서 빈번하게 매매했습니다. 아마 주식 도박꾼 수가 기록적으로 증가했을 것입니다. 주식 도박이 주(州)에서 발행하는 복권보다 기댓값은 높겠지만 실제로 좋은 실적을 얻은 사람은 많지 않습니다. 단지 주식을 사서 계속 보유하기만 했어도 양호한 실적을 얻었을 것입니다.

세계 어느 나라나 도박 충동은 매우 강합니다. 간혹 주식시장에 수많은 사람이 몰려들어 한동안 독특한 상황이 벌어집니다. 이 무도회장에는 시계가 없습니다. 그래도 12시가 되면 모든 마차와 말이 호박과 쥐로 바뀝니다. 이런 시장에서 우리는 남의 돈 거액을 운용하는 사람들과 경쟁하기 어렵습니다. 전에도 그런 적이 있지만 지금은 가장 극단적인 상황으로 보입니다. 그렇지 않나, 찰리?

멍거 물론 그렇지. 이는 이른바 '보수 따먹기 인수'입니다. 다시 말해서 유망해서 기업을 인수하는 것이 아니라 보수를 받으려고 인수하는 것입니다. 이런 기업 인수가 많아질수록 우리 문명사회는 더 퇴보하며 도덕적 해이가 만연하게 됩니다. 스팩 등으로 쉽게 돈 버는 사람이 많아지면 이런 시장이 과열되어 문명사회에 심각한 문제가 발생하고, 스팩 투기자들과 규제당국은 신뢰를 잃게 됩니다. 그러므로 우리는 현재 상황을 부끄러워해야 합니다.

버핏 그래도 돈벌이가 되니까 사람들이 몰리지요.

멍거 그래도 부끄러운 일입니다. 걱정거리가 아니라 수치입니다. 나는 도박판에 뛰어드는 개미들이 아니라, 이들을 빨아먹는 전문가들이 싫습니다.

Q 2021 프리시전 캐스트파츠 인수 과정의 실수는?

주주 서한에서 당신은 2016년 프리시전 캐스트파츠의 정상 수익 잠재력을 지나치게 낙관한 실수 탓에, 인수에 지나치게 높은 가격을 지불했다고 말했습니다. 구체적으로 어떤 실수를 하셨나요?

버핏 인수 대상 기업을 찾을 때 우리는 기업의 경쟁력, 인수 가격, 경영진 등을 모두 평가합니다. 경영진 평가에서는 실수하지 않았지만 평균 수익력 평가에서 실수했습니다. 보잉 737 맥스에서 문제가 발생하면 그것은 확률의 문제입니다. 거대 기업에서는 언제든 온갖 일이 발생할 수 있습니다. 그리고 실제로 온갖 일이 발생하는 모습을 보았는데도 나는 평균 수익력에 대해 지나치게 높은 금액을 지불했습니다. 물론 훌륭한 기업이고 경영진 등 모든 면이 만족스럽지만 GE의 엔진 수요가 우리 생각만큼 많지는 않습니다. GE는 전력 등 다양한 사업을 하고 있습니다. 프리시전 캐스트파츠의 사업들이 침체할 것으로는 생각하지 못했습니다. 우리는, 아니 나는 앞으로도 계속 실수를 할 것입니다.

Q 2022 외국 기업을 인수할 의향은?

외국 기업이더라도 인수 가능성이 있으면 주도적으로 인수를 시도할 생각이 있나요?

버핏 실제로 나는 몇 번 해외 출장을 갔으며 한 번은 찰리와 함께 갔습니다. 20~25년 전이었는데 목적은 전 세계 버크셔 자회사들의 지분 추가 등이었습니다. 이 기간에 우리는 50억 달러 이상을 지출하여 독일 기업 세 곳과 일본 기업 한 곳의 주식을 매수했으며 일본 기업 한 곳의 주식을 소량 추가 매수했습니다.

우리는 외국 기업도 기꺼이 인수하겠지만 그 과정은 쉽지 않습니다. 미국에는 내가 오랜 기간 지켜본 기업에서 이메일을 보내주는 사람이 많습니다. 이들은 내가 쉽게 만나볼 수도 있고 내 제안을 이사회에 전달해주기도 합니다. 그러나 외국에는 그런 사람이 없어서 외국 기업을 손쉽게 인수해본 경험이 없습니다. 반면 미국은 기업들의 시가총액이 무려 40조 달러이므로 인수 대상 기업을 찾기가 더 쉽겠지요.

그렇다고 우리에게 외국 기업에 대한 편견이 있는 것은 아닙니다. 상대 기업에서 10분 만에 의사결정을 할 수 있다면 우리도 10분 만에 그 기업을 인수할 수 있습니다. 그러나 일부 국가에서는 기업을 인수하는 과정이 훨씬 복잡하며 규제를 두기도 합니다. 이런 문제로 오래전 나는 우리 독일 자회사에서 전화를 받았습니다. 우리 독일 자회사를 훌륭하게 경영하는 두 친구였습니다. 내가 어제 만났으므로 아마 여기 앉아 있을 것입니다. 오늘 아침 상영한 홍보영화에도 이들의 사진이 나왔습니다.

우리는 좋은 아이디어를 찾기가 매우 어려워서 어떤 제안도 무시할 수 없는 처지입니다. 그래도 이제는 기업의 규모가 일정 수준 이상이 되어야 합니다. 하지만 규모가 큰 기업은 정말 많지 않습니다. 나는 독일에서 인수한 기업을 매우 좋아하며, 이들과 교류하게 되어 기쁩니다. 그러나 자릿수가 하나 더 늘어난 대규모 거래였다면 더 좋았을 것입니다. 규모가 작으면 버크셔의 실적에 미치는 영향이 미미하기 때문입니다. 그래도 우리는 독일 기업을 아끼고 사랑합니다. 여러분도 보고 느낄 수 있습니다. 우리가 기꺼이 보유하려는 유형의 기업이므로, 자회사로 두게 되어서 매우 행복합니다.

그러나 이제 이런 기업을 한 번에 하나씩 인수할 수는 없습니다. 그리고 우리는 이런 자회사를 절대 매각하지 않습니다. 그레그, 내가 자네를 보고 있네. (웃음소리)

그러나 내일 독일, 프랑스, 영국, 일본 등 어느 나라에서든 전화가 와서 100~200억 달러짜리 기업을 매각하겠다고 하면 우리는 인수할 것입니다. 2년 전 우리는 일본 5대 종합상사의 지분을 매수했으며 이후에도 소량을 추가 매수해서 끝자리를 맞추었습니다. 그러나 나는 처음부터 5대 종합상사에, 우리는 지분을 대규모로 매수하지 않을 것이고 그들의 승인 없이 지분을 대폭 변경하지도 않을 것이라고 말했습니다.

최근 자료에 의하면 우리는 5대 종합상사의 지분을 5.85%씩 보유하고 있습니다. 취득원가는 수억~20억 달러입니다. 우리는 좋은 기업을 발굴할 수만 있다면 어떠한 난관도 마다하지 않을 것이며 어떠한 가격이라도 치를 것입니다.

그러나 우리는 기업이 제 발로 찾아오는 편을 선호합니다. 예컨대 몇 년 동안 만나지 못했던 사람으로부터 메일을 받고 나서 그 기업의 적정 인수 가격을 산정합니다. 그 기업 이사회가 그 가격에 만족하면 우리는 기꺼이 인수합니다. 거래가 마무리된 후에도 우리는 그 기업을 담보로 대규모 부채를 일으키지도 않고 함부로 조직을 변경하지도 않습니다. 앨러게이니 이사회는 그 거래가 최선이라는 점을 의심하지 않았으므로 우리는 그날 110억 달러를 지출했습니다.

기회는 어디에서든 나올 수 있습니다. 예컨대 우리는 이스라엘에도 정말 훌륭한 기업을 보유하고 있습니다. 게다가 규모도 상당히 큽니다. 이런 기업을 하나 더 인수하고 싶으냐고요? 그럼요. 단지 그런 기업이 어디에 있는지 모를 뿐입니다.

Q 2023 버크셔가 기업 사냥에 당할 가능성은?

당신이 사망한 뒤에는 당신의 A주가 B주로 전환되어 다양한 자선단체에 전달되고, 이 주식은 12~15년에 걸쳐 모두 매각될 것이라고 말했습니다. 언젠가 칼 아이칸(Carl Icahn) 같은 기업 사냥꾼이 버크셔 주식을 매집해서 기존 경영 방식을 뒤집어 놓을 우려는 없다고 보시나요?

버핏 나도 그런 가능성에 대해 많이 생각하지만 크게 걱정하지는 않습니다. 다른 사람들의 의결권은 그대로 유지될 것이므로 그레그와 이사들은 장기간 밀월 관계를 유지할 것입니다. 그러나 이들은 결국 타사 대비 우리 실적이 얼마나 좋은가를 기준으로 평가받게 될 것입니다.

우리가 12~15년 동안 배당을 지급하지 않으면 버크셔 인수에 필요한 자금은 1.5조 달러에 이를 것입니다. 그렇다면 버크셔를 인수할 수 있는 집단은 한정되어 있습니다. 이들은 버크셔를 담보로 최대한 차입하려고 할 것입니다. (웃음소리) 하지만 그런 방식은 통하지 않습니다. 이들이 차입할 수 있는 금액은 1.5조 달러의 근처에도 이르지 못합니다.

관건은 버크셔가 국가의 부채가 아니라 국가의 자산으로 평가받는 것입니다. 그러려면 우리 사업 방식이 국가에 보탬이 되어야 합니다. 12~15년 후에는 우리 자본과 자회사도 훨씬 많아질 것입니다. 그러면 수천억 달러에 달하는 우리 자본을 통해서 많은 일자리가 창출되고, 많은 제품이 생산되며, 많은 활동이 일어날 것입니다. 그러므로 우리가 이길 자격을 갖추면 우리가 이긴다고 생각합니다. 나는 우리가 이길 가능성이 대단히 크다고 생각합니다. 찰리?

멍거 나는 내가 죽고 나서 50년 후의 일에 대해서는 크게 걱정하지 않습니다. 우리가 하루하루 걱정할 일은 많지 않습니다. 최대한 앞날을 생각하되, 결과는 나오는 대로 받아들이세요. 내가 다소 철학적입니다. 질문자가 불필요한 걱정을 한다고 생각합니다.

Q 2023 소유경영자에게 제공하는 매각 유인은?

기업의 소유경영자가 누리는 혜택은 두 가지라고 봅니다. 첫째, 기업이 성장하면 보유 지분의 가치가 증가합니다. 둘째, 경영의 자율성을 확보합니다. 버크셔는 자회사 경영진에게 완벽한 자율성을 제공한다고 하지만, 인수되기 전보다는 자율성이 감소할 수밖에 없습니다. 그리고 열정적인 소유경영자일수록 기업 매각을 꺼릴 것입니다. 버크셔는 소유경영자가 기업을 매각하도록 어떤 유인을 제공하나요?

버핏 우리가 찾는 경영자는 자기 회사는 사랑해도 상장회사에 따라다니는 부담은 싫어하는 경영자입니다. 상장회사 경영자는 아무리 짜증스러워도 참으면서 사람들의 이런저런 간섭에 오랜 시간 귀를 기울여야 하며, 업계에서 무임승차한다는 비난을 피하려면 동업자 단체 등과도 좋은 관계를 유지해야 합니다. 경영자는 대부분 업무에서 온갖 방식으로 타협을 해야 합니다.

찰리와 나는 이 문제를 해결했습니다. 내가 지금까지 모셔본 상사는 다섯 사람입니다. 내 인생을 개선해준 상사는 두 사람이지만 나는 다섯 사람 모두 좋아했습니다. 한 상사는 JC페니(J.C. Penney)에서 모신 쿠퍼 스미스(Cooper Smith)였습니다. 나는 JC페니에서 시급 75센트를 받으면서 쿠퍼 스미스 밑에서 일했습니다. JC페니에서 하는 일은 좋아하지 않았지만 쿠퍼 스미스 밑에서 하는 일은 좋아했습니다.

나는 시키는 대로 일할 수밖에 없었습니다. 먼저 남성용 셔츠를 판매하고, 이어서 남성 의류를 판매하며, 다음에는 아동 의류를 판매하는 식이었습니다. 신문사 일도 좋아했습니다. 네브래스카대학 시절에 나는 훌륭한 신문사 경영자를 만났습니다. 벤저민 그레이엄 밑에서도 일했는데 만사가 잘 풀렸습니다.

그러나 자신을 위해서 하는 일만큼 좋은 일은 없습니다. 대기업을 소유할 수 없다면 버크셔 해서웨이에서 자회사를 경영하는 것이 가장 비슷한 방법입니다. 그러면 경멸스러운 애널리스트의 환심을 사려고 많은 시간을 들일 필요가 없습니다. 어려운 시기에 대출을 받으려고 여러 은행을 찾아다닐 필요도 없습니다. 이른바 온갖 자유를 충분히 누린다는 점에 의미가 있다고 생각합니다. 물론 기업을 통째로 소유한다면 더 좋겠지만요.

그러나 소유한 회사에서 내보내고 싶은 형제자매가 있을지도 모릅니다. 어쩌면 회사를 버크셔에 매각해야만 해결되는 수많은 문제가 있을 것입니다. 상장회사가 아니라 가족회사라면 아마 문제 해결이 더 쉬울 것입니다. 그러나 상장회사이더라도 여전히 방법은 있습니다.

예컨대 내가 보유한 수십억 달러짜리 상장회사를 버크셔가 인수하길 원하고, 주주들도 매각에 찬성하며, 나도 원하는 방식으로 살고 싶고, 65세에도 은퇴하지 않고 계속 일하고 싶다면 버크셔에 매각하는 편이 타당합니다. 찰리와 내가 그런 입장이라면 우리는 회사를 버크셔에 매각할 것입니다. 하지만 누구에게나 가능한 방법은 아니겠지, 찰리?

멍거 나는 버크셔가 매우 훌륭한 대안이라고 생각합니다. 우리는 운이 매우 좋았습니다. 끝까지 회사를 경영하려는 사람들 대부분은 버크셔가 대안이라는 사실을 알 것입니다.

Q 2025 인내심 대신 신속함으로 거둔 성과는?

당신은 투자에 인내심이 중요하다고 자주 강조했습니다. 그러나 인내심을 중시한다는 원칙을 깨고 빠르게 행동했을 때 투자에 더 유리했던 적도 있었나요?

버핏 좋은 질문입니다. 누구나 빠르게 행동해야 할 때도 있습니다. 사실 우리는 누구보다도 빠르게 행동한 덕분에 큰돈을 벌기도 했습니다. 우리 자회사 경영자 벤 로스너는 제시카 툰켈의 새할아버지입니다. 벤 로스너에게는 동업자 리오 사이먼(Leo Simon)이 있었는데, 리오는 모시스 애넌버그(Moses Annenberg, 미국 신문 발행인)의 사위였으므로 엄청난 부자였습니다. 1966년 나는 벤 로스너를 대리한다고 말하는 뉴욕 변호사의 전화를 받았습니다.

그 변호사는 "우리는 회사 하나를 당신에게 팔고 싶습니다"라고 말했으므로 나는 찰리에게 전화했습니다. 세부 사항을 들어보니 매우 흥미로웠으므로 찰리와 나는 뉴욕에 있는 그 변호사 사무실에 찾아갔습니다. 벤은 놀라운 인물이었습니다. 그는 동업자 리오가 죽은 다음 리오의 아내 애넌버그를 대신해서 회사를 경영하고 있었습니다. 그러나 벤은 애넌버그 부인과 사이가 좋지 않았습니다. 그는 회사를 헐값인 600만 달러에 매각하겠다고 제안했습니다.

이 회사는 보유 현금이 200만 달러, 필라델피아 번화가에 보유한 부동산이 200만 달러, 매년 벌어들이는 세전 이익이 200만 달러였습니다. 그런데도 가격이 600만 달러였습니다. 벤은 사망한 동업자의 아내와 동업하기가 불편했습니다. 그는 이미 큰 부자였으므로 회사를 빨리 매각하려고 안달이었습니다. 그는 찰리와 내게 "나는 12월 31일까지만 회사를 대신 경영하고 물러나겠습니다"라고 말했습니다.

나는 찰리를 복도로 데리고 나가서 말했습니다. "이 친구가 연말에 실제로 회사를 그만두면, 내가 지금까지 읽은 심리학 책을 모조리 내다 버릴 거야." 이렇게 해서 우리는 그 회사를 인수하게 되었고 이후 벤과 좋은 관계를 유지했습니다. 동부 사람들은 중서부 사람들에 대해 고정관념이 있었습니다. 벤은 첫 번째 아내가 아이오와 출신이어서, 중서부 사람이라면 누구든 괜찮다고 생각했던 것입니다.

이렇게 보유 현금이 200만 달러, 보유 부동산이 200만 달러, 연간 세전 이익이 200만 달러인 회사를 누군가 600만 달러에 팔겠다고 내게 제안하면, 인내심을 발휘하면서 전화가 오기를 기다려서는 안 됩니다. 나는 전화가 오면 자다가도 벌떡 일어납니다. 하지만 그런 전화가 언제 올지는 아무도 모릅니다. 그래서 사업이 재미있는 것이지요.

타당한 거래를 체결할 때는 인내심을 발휘해서는 안 됩니다. 실현 가능성이 없는 이야기를 하는 사람에게도 인내심을 발휘해서는 안 됩니다. 인내심은 언제나 자산이 되는 것도 아니고 언제나 부채가 되는 것도 아닙니다. 그레그?

에이블 기회를 기다릴 때는 우리 경영자 모두 매우 인내심이 강하지만, 필요할 때 빠르게 행동할 태세를 갖추려면 방대한 자료를 읽고 많은 일을 준비해야 한다는 사실도 간과하지 않는다고 생각합니다. 다양한 비상장 기업을 인수할 기회가 오면 우리는 즉시 행동에 나설 것입니다.

버핏 기회는 질서정연하게 오지 않습니다. 매우 불규칙한 방식으로 찾아옵니다. 그래서 때로는 5초 만에 전화를 끊어야 하고, 때로는 5초 만에 기꺼이 거래하겠다고 대답해야 합니다. 그리고 자기 자신을 의심해서는 안 됩니다. 그래서는 사업을 할 수 없습니다. 사업에서 얻는 가장 큰 기쁨은 남들로부터 신뢰를 받는 것입니다. 그래서 셀 수 없을 만큼 돈이 많은데도 94세에 여전히 일하는 것입니다. 내가 어떻게 사느냐, 내 아이들이 어떻게 사느냐는 중요하지 않습니다.

찰리와 나는 사람들이 우리를 신뢰해준다는 사실이 기뻤습니다. 사람들은 60년 전, 70년 전에도 우리를 신뢰했습니다. 투자조합 시절에 우리는 전문 투자자를 조합에 가입시키려 하지 않았습니다. 나는 사람들을 원했습니다. 3개월마다 기관투자가들을 앉혀놓고 그들이 듣고 싶어 하는 말을 해주고 싶지 않았으니까요. 그래서 오늘 여기에 버크셔 주주 여러분이 있는 것입니다. 여러분도 행동할 때가 오면 인내심을 발휘하지 말고 그날 끝내십시오.

평생 동업할 CEO인가?
그렇다면 인수!

현대 인수합병시장은 숫자 게임에 사로잡혀 있다. 사모펀드는 '이자, 세금, 감가상각비, 감모상각비 차감 전 영업이익(EBITDA)' 배수와 내부수익률(IRR) 목표치에만 매달리고, 투자은행은 시너지 효과를 엑셀 시트로 계산해낸다. '구조조정'이라는 이름으로 기업을 해체하고, 자산을 쪼개 팔아 단기 수익을 극대화하는 것이 마치 고도의 전략인 양 포장된다.

하지만 정작 중요한 질문들은 뒷전이다. 이 인수가 정말 기업을 더 나은 방향으로 이끌 것인가? 직원들과 고객들에게는 어떤 영향을 미칠 것인가? 창업자가 평생 쌓아온 기업문화와 철학이 존중받을 것인가? 10년 후에도 이 결합이 의미가 있을 것인가?

월스트리트의 딜 메이커들은 '가치 창출'을 입에 달고 살지만, 그들이 말하는 가치는 대부분 회계상 숫자에 불과하다. 중복 부서를 통폐합하고, 임금을 깎고, 연구개발비를 줄여서 당장의 수익성을 높이는 것. 그리고 3~5년 후 더 비싼 값에 되파는 것. 이것이 그들이 말하는 '부가가치'의 정체다. 상장기업 CEO들조차 분기 실적에 매달리게 되고, 장기 투자보다는 즉각적 효과를 낼 수 있는 비용 절감에 집중하게 된다. 혁신은 뒷전이고, 직원 교육과 기업문화 같은 '소프트한' 자산들은 무시당한다.

버크셔 해서웨이의 인수 철학은 이런 주류 관행과는 정반대다. 워런 버핏은 "우리는 기업을 사서 더 좋게 만드는 것이 아니라, 이미 좋은 기업을 사서 그대로 두는 것"이라고 말한다. 화려한 구조조정 계획이나 비용 절감 시나리오 대신, 그는 경영진의 품격과 사업의 지속 가능성에 집중한다.

이는 단순한 투자 기법의 차이가 아니다. 자본이 기업과 어떤 관계를 맺어야 하는지에 대한 근본적 철학의 차이다. 자본이 기업을 착취의 대상으로 볼 것인가, 아니면 동반 성장의 파트너로 볼 것인가. 버핏은 후자를 선택했고, 그 선택이 버크셔를 세계 최고의 기업 중 하나로 만들었다.

버핏의 인수 철학을 관통하는 첫 번째 원칙은 '투자자에서 사업가로의 시각 전환'이다. 버핏의 초기 투자는 스승 벤저민 그레이엄의 '담배꽁초(cigar butt)' 투자 전략을 따랐다. 재무제표를 현미경으로 들여다보며 시장이 놓친 저평가 종목을 발굴하는 방식이었다. 하지만 이 접근법의 한계는 명확했다. 평범한 회사를 헐값에 사는 것만으로는 복리의 마법을 제대로 누릴 수 없었다.

찰리 멍거의 한마디가 전환점이 되었다. "훌륭한 회사를 합리적인 가격에 사는 것이, 평범한 회사를 싸게 사는 것보다 낫다." 이 통찰이 버핏의 투자 DNA를 재설계했다. 버핏은 장부 너머에 숨어 있는 '비즈니스의 본질'을 읽기 시작했다. 이 회사가 10년, 20년 후에도 돈을 벌어들일 구조적 경쟁우위는 무엇인가? 경쟁사들이 쉽게 모방할 수 없는 '경제적 해자'는 얼마나 견고한가? 브랜드의 가격 결정력, 네트워크 효과, 전환 비용 같은 무형의 자산들이 그의 투자 나침반이 되었다.

1972년 씨즈캔디 인수는 이 철학 전환의 결정적 사건이다. 겉보기엔 자산 규모도 작고 성장성도 제한적이었다. 그러나 버핏은 브랜드 충성도와 강력한 가격 결정력을 보고 이 회사를 인수했다. 적은 자본으로 막대한 수익을 창출하는 비즈니스 모델, 이것이야말로 그가 찾던 이상적 기업이었다. 씨즈캔디를 통해 그는 "숫자 뒤에 숨겨진 사업의 품질"을 보는 눈을 갖게 되었고, 이후 주식은 단순한 종이 쪼가리가 아닌 '위대한 사업의 일부'를 소유하는 수단으로 재정의됐다.

두 번째 원칙은 인적 자산의 중요성이다. 월스트리트는 언제나 재무적 시너지와 구조조정에 열광한다. 하지만 버핏은 사람과 문화라는 무형의 자산에 집중한다. 버크셔 해서웨이가 기업을 인수할 때 가장 중요한 기준은 유능하고 신뢰할 수 있는 경영진이다. 그런데 인수 후가 더 중요하다. 그 경영진이 본업에만 몰두할 수 있도록 완전한 자율성을 보장하는 것이다.

이 철학이 실제로 어떻게 작동하는지 구체적 사례를 보자. 2003년 버크셔가 인수한 유통업체 매클레인의 경우, 인수 당시 CEO였던 그래디 로지어는 "버핏으로부터 단 한 통의 전화도 받지 않았다"고 증언했다. 대신 로지어는 물류 효율성 개선과 고객 서비스 향상에만 집중할 수 있었고, 그 결과 매클레인은 인수 후 5년간 매출이 두 배로 늘었다.

더 흥미로운 사례는 항공기 부품업체 플라이트세이프티 인터내셔널이다. 1996년 15억 달러에 인수된 이 회사의 창업자 알 울치는 당시 이미 74세였다. 일반적인 인수합병이라면 은퇴를 종용했을 것이다. 하지만 버핏은 "당신이 원하는 한 계속 경영하라"며 완전한 자율권을 보장했다. 울치는 85세까지 11년간 더 CEO를 맡으며 회사를 항공 교육 분야 세계 1위로 성장시켰다.

오마하의 작은 본사는 간섭하지 않는다. 분기 실적 압박, 끝없는 회의, 투자자 미팅 같은 비생산적 활동에서 자회사 CEO들을 해방시킨다. "우리는 4할 타자에게 스윙하는 법을 가르치지 않는다"라는 버핏의 말은 이 철학을 단적으로 보여준다. 경영진에게 필요한 건 간섭이 아니라 신뢰다.

또한 버크셔는 기업 인수 시 '영원한 집(A Permanent Home)'을 약속한다. 사모펀드가 단기 수익을 위해 기업을 분할 매각하는 출구 전략에 집중할 때, 버크셔는 창업자에게 "우리는 당신의 회사를 절대 팔지 않는다"고 말한다. 이 약속은 단순한 수사가 아니다. 2006년 전자 부품 유통업체 TTI 인수 당시 창업자 폴 앤드루스는 "남은 대안이 당신뿐이었다"며 버크셔를 선택했다. 2008년부터 단계적으로 인수한 산업용 부품 제조업체 마몬그룹 역시 사모펀드가 더 높은 가격을 제시했지만, 창업 가문은 버크셔의 영속성 약속에 회사를 맡겼다.

창업자들이 버크셔를 선택하는 진짜 이유는 돈이 아니다. 자신이 평생 키운 회사가 영원히 보호받을 수 있다는 안전감이다. 보석 소매업체 헬즈버그 다이아몬드(Helzberg Diamonds)의 바넷 헬즈버그 주니어는 1995년 버크셔에 회사를 매각하면서 "내 아들들이 이 사업을 계속할 수 있을지 확신할 수 없었다. 하지만 버크셔라면 우리 회사의 전통을 영원히 지켜줄 것"이라고 말했다. 창업자의 유산과 기업 문화를 존중하는 이 전략은 버크셔가 인수 경쟁에서 승리할 수 있는, 보이지 않는 무기다.

이러한 철학은 숫자로도 증명된다. 버크셔가 인수한 자회사들의 CEO 평균 재임 기간은 15년이 넘는다. 일반적인 대기업 CEO 평균 재임 기간 4.5년과 비교하면 3배 이상 길다. 안정적인 경영 환경에서 장기적 관점으로 사업을 키울 수 있기 때문이다. 사람과 문화에 투자하는 것, 그것이야말로 가장 견고한 해자를 만드는 방법이다.

심지어 버핏은 경영진이 실수해도 신뢰를 접지 않는다. 2008년 금융위기 당시 버크셔 산하 재보험사인 제너럴리(General Re)가 파생상품으로 큰 손실을 입었다. 일반적인 경우라면 CEO를 교체했을 것이다. 하지만 버핏은 경영진을 그대로 두고 "실수에서 배우는 것이 더 중요하다"며 지원을 아끼지 않았다. 이후 제너럴리는 보수적 운영으로 전환해 안정적 수익을 창출하고 있다.

버크셔의 지배구조는 두꺼운 계약서가 아니라 버핏이 50여 년간 쌓아온 평판이라는 보이지 않는 계약으로 유지된다. 그는 약속을 지키며, 경영진에게 무조건적 신뢰를 보내왔다. 이 평판이야말로 버크셔가 다른 경쟁자들을 제치고 훌륭한 기업을 인수할 수 있는 가장 강력한 무기다. 신뢰만큼 강력한 계약은 없다.

세 번째 원칙은 실패를 통한 진화다. 1993년 덱스터슈 인수는 버핏 생애 최악의 투자였다. 당시 그는 이 신발회사가 견고한 해자를 지녔다고 믿었다. 메인주에 본사를 둔 이 회사는 100년 넘는 역사를 자랑했고 고품질 가죽 부츠로 명성이 높았다. 버핏은 '미국산 고급 신발'이라는 브랜드가 소비자들에게 지속적으로 사랑받을 것이라 확신했다.

그러나 현실은 달랐다. 1990년대 들어 중국과 동남아시아에서 쏟아져 나온 값싼 신발들이 미국 시장을 휩쓸기 시작했다. 덱스터슈가 200달러에 팔던 부츠와 비슷한 품질의 제품을 중국 업체들은 50달러에 공급했다. 소비자들은 브랜드보다 가격을 택했다. 버핏이 믿었던 'Made in USA'라는 해자는 글로벌 공급망 앞에서 무력했다. 회사는 적자를 면치 못했고 결국 2001년 문을 닫았다.

더 치명적인 실수는 인수 대금 지급 방식이었다. 버핏은 현금 대신 버크셔 해서웨이의 분할 전 클래스 A주식 25,203주를 덱스터슈 주주들에게 넘겨주었다. 당시 주가로 계산하면 4억 3,300만 달러였다. 그런데 이 주식들의 현재 가치는 얼마일까? 2024년 기준으로 약 150억 달러에 달한다. 35배가 넘게 뛴 것이다. 버핏은 이를 두고 "덱스터슈를 사기 위해 평생 최악의 결제 수단을 사용했다. 금괴를 내주고 모래를 산 셈이었다"며 스스로를 가차 없이 비판했다.

이 실패에서 버핏은 두 가지 뼈아픈 교훈을 얻었다. 첫째, 아무리 견고해 보이는 해자라도 기술 변화나 글로벌 경쟁 앞에서는 하루아침에 무너질 수 있다는 것이다. 특히 제조업에서는 더욱 그렇다. 둘째, 자사 주식을 인수 대금으로 사용할 때는 극도로 신중해야 한다는 것이다. 버크셔 주식이 저평가되어 있다면, 그것을 내주고 다른 자산을 사는 것은 주주들에게 엄청난 손해를 끼치는 일이다.

이후 버핏은 자사 주식을 인수 대금으로 사용하는 것을 극도로 경계하게 되었다. 실제로 2000년대 이후 버크셔의 대형 인수는 대부분 현금으로 이뤄졌다. 2016년 정밀 부품업체 프리시전 캐스트파츠를 372억 달러에 인수할 때도, 2022년 보험회사 앨러게이니를 116억 달러에 인수할 때도 모두 현금 거래였다.

버핏은 반복해 주주 서한에서 덱스터슈 실패를 언급한다. 자신의 치부를 숨기지 않고 반복해서 되새기는 것이다. 2014년 주주 서한에서 그는 "나는 덱스터슈에서 두 번의 실수를 저질렀다. 첫째는 그 회사를 샀다는 것이고, 둘째는 버크셔 주식으로 샀다는 것이다. 두 번째 실수가 첫 번째보다 훨씬 컸다"고 고백했다. 실패를 인정하고 교훈을 얻는 것, 그리고 그 교훈을 다른 이들과 나누는 것. 이것이 진짜 투자자의 자세다.

네 번째 원칙은 개인 투자자를 위한 실용적 지혜다. 우리는 기업을 통째로 인수할 수는 없다. 하지만 버핏의 인수 철학은 주식시장에 참여하는 우리에게도 똑같이 적용된다. 주식을 매수하기 전 스스로에게 반드시 물어야 한다. "내 투자 자금의 상당 부분을 이 한 사업에 맡겨도 될 만큼 확신하는가?" 이 질문은 단순한 주가 추종자에서 사업의 본질을 꿰뚫어 보는 투자자로 당신을 격상시킬 것이다.

버핏은 1988년 코카콜라 투자를 결정할 때 어떤 과정을 거쳤을까? 그는 먼저 자신이 이해할 수 있는 사업인지부터 확인했다. 탄산음료는 복잡한 기술이 필요하지 않다. 설탕과 물, 그리고 브랜드가 전부다. 하지만 그 브랜드의 힘은 어떤가. 전 세계 200개국에서 하루 19억 병이 소비되는 음료, 100년 넘게 변하지 않은 맛, 어떤 경쟁자도 흉내 낼 수 없는 브랜드 충성도. 버핏은 "코카콜라를 대체할 음료는 없다"고 확신했다. 그 확신을 바탕으로 13억 달러를 투자했고, 이는 현재 200억 달러 이상의 가치로 불어났다.

반대로 그가 피하는 투자도 있다. 2000년 IT 버블 당시 모든 투자자가 닷컴 주식에 열광할 때 버핏은 한 주도 사지 않았다. "나는 그들이 10년 후에도 어떻게 돈을 벌지 모르겠다"는 이유였다. 실제로 2000년 나스닥이 78% 폭락했지만 버크셔는 6.5% 상승했다. 모르는 것에 투자하지 않는다는 원칙을 지킨 덕분이었다.

버핏의 투자철학을 상징하는 일화가 있다. 1973년 워싱턴포스트 주가가 폭락했을 때의 일이다. 시장은 이 회사가 망할 것이라고 떠들어댔다. 하지만 버핏은 달랐다. 그는 워싱턴포스트의 편집국에 직접 찾아가 기자들과 대화를 나눴다. 신문의 품질, 독자 충성도, 광고주들의 반응을 직접 확인했다. 그리고 확신했다. "이 회사는 10년 후에도 여전히 워싱턴 최고의 신문이 될 것이다." 결과는 어땠을까. 그가 투자한 1,100만 달러는 17억 달러로 불어났다. 154배 수익이었다.

여기서 중요한 것은 버핏이 주가 차트를 보지 않았다는 사실이다. 그는 사업을 봤다. 기자들의 열정, 편집진의 전문성, 독자들의 신뢰, 그것이 진짜 자산이라고 믿었다. 주식은 단순한 숫자가 아니라 살아 숨 쉬는 기업의 일부였다.

이런 관점에서 보면 주식 투자는 완전히 다른 의미를 갖는다. 당신이 삼성전자 주식을 산다면, 당신은 반도체시장의 동업자가 되는 것이다. 애플 주식을 산다면 아이폰 생태계의 공동 소유자가 되는 것이다. 네이버를 산다면 한국 인터넷 검색의 파트너가 되는 것이다. 이렇게 생각하면 매일 주가를 확인하며 조바심을 낼 이유가 없다. 대신 이런 질문을 하게 된다. "우리 회사는 경쟁사보다 더 나은 제품을 만들고 있는가? 시장점유율은 확대되고 있는가? 미래 성장 동력은 충분한가?"

2008년 금융위기는 이런 철학의 진가를 보여준 결정적 순간이었다. 시장이 패닉에 빠져 모든 주식을 팔아치울 때, 버핏은 반대로 움직였다. 그는 "남들이 욕심낼 때 두려워하고, 남들이 두려워할 때 욕심내라"라는 자신의 격언을 실천했다. 골드만삭스에 50억 달러를, 제너럴일렉트릭에 30억 달러를 투자했다. 사람들은 그가 미쳤다고 했다. 하지만 5년 후 그 투자들은 모두 큰 수익을 안겨주었다. 핵심은 버핏이 주가가 아니라 사업 가치를 봤다는 것이다.

버핏이 우리에게 남긴 진짜 교훈은 이것이다. 투자에는 왕도가 없다. 화려한 기술 분석도, 복잡한 재무 모델도, 인공지능 알고리즘도 시장을 완벽하게 예측할 수는 없다. 하지만 한 가지 변하지 않는 진리가 있다. 좋은 사업은 시간이 지날수록 가치가 더 커진다는 것이다. 그리고 그런 사업의 동업자가 되는 것, 그것이 진정한 투자의 본질이다.

홍영표

변호사이자 투자자. 성균관대 법학과를 졸업하고 사법시험에 합격. LG전자에서 지배구조, M&A, 회계, 공시 등의 경영법률 자문을 전담했다. 버크셔 해서웨이 주주총회에 자녀와 참석할 정도로 워런 버핏과 찰리 멍거의 열렬한 추종자. 버핏클럽 웹진에 밸류에이션에 관한 글을 기고 중이다. 《워런 버핏 바이블 2021》 공저자, 《돈은 빅테크로 흐른다》 감수.

3장

자본 배분

자사 주식이 저평가되었더라도 자사주 매입을 하면 안 되는 두 가지 상황이 있습니다. 첫째, 자체 사업을 보호하거나 확장하는 용도로 자금이 필요하지만 부채를 더 늘리기는 곤란한 상황입니다. 이때는 자금을 사업 용도에 우선적으로 투입해야 합니다. 물론 자금을 투입한 후에는 사업에서 근사한 실적을 기대할 수 있어야 합니다. 둘째, 흔치는 않지만 기업을 인수하거나 투자할 때, 저평가된 자사주 매입보다 훨씬 많은 가치가 창출되는 경우입니다. `2016`

원하는 제품과 서비스의 생산량을 계속 증가시키려면 시민의 저축을 어떻게든 합리적으로 (더 좋게는 창의적으로) 배치해야 합니다. 이 시스템이 이른바 자본주의입니다. 자본주의는 결함도 있고 남용되기도 하지만 (어떤 점에서는 과거 어느 때보다도 지금 심각하지만) 다른 경제 시스템과는 비할 데 없는 기적을 행할 수도 있습니다. 미국이 증거물 A입니다. (중략) 미국이 무대가 아니었다면 버크셔는 이러한 실적을 달성하지 못했을 겁니다. `2024`

버크셔의 자사주 매입 조건　　　　　　2011

　2011년 9월, 우리는 순자산가치(BPS)의 110% 이내에서 자사주를 매입하겠다고 발표했습니다. 그러나 우리가 시장에서 겨우 며칠 동안 자사주를 6,700만 달러 사들였더니 주가가 BPS의 110%를 넘어가 버렸습니다. 그래도 자사주 매입은 중요한 주제이므로 이에 대해서 설명하겠습니다.

　찰리와 나는 두 가지 조건을 충족하는 자사주 매입을 원합니다. 첫째, 회사에 운전자본이 충분하고 사업에 쓸 유동성도 풍부해야 합니다. 둘째, 보수적으로 계산한 내재가치보다도 주가가 훨씬 낮아야 합니다.

　우리는 두 번째 조건을 충족하지 못하는 자사주 매입을 자주 보았습니다. 물론 악의 없이 두 번째 조건을 위반하는 사례도 있습니다. 자사 주식이 너무 싸다고 고집스럽게 믿는 CEO도 많기 때문입니다. 그러나 분명히 잘못이라고 보아야 하는 사례도 있습니다. 회사에 초과 현금이 있다거나, 주식 발행 때문에 희석된 주식의 가치를 높이려는 목적이라면 이는 자사주 매입의 이유로 충분치 않습니다. 내재가치 이상의 가격에 자사주를 매입하면 기존 주주들이 피해를 보기 때문입니다. 기업 인수든 자사주 매입이든, 자본 배분의 첫 번째 법칙은 가격에 따라 현명한 결정이냐 어리석은 결정이냐가 판가름 난다는 것입니다. (자사주 매입에서 가격/가치 요소를 항상 강조하는 CEO가 JP모간(J.P. Morgan)의 제이미 다이먼(Jamie Dimon)입니다. 그의 연차보고서를 읽어보시라고 추천합니다.)

　찰리와 나는 버크셔 주식이 내재가치보다 낮은 가격에 거래되는 모습을 보면 심경이 착잡합니다. 우리는 기존 주주들에게 돈을 벌어주고 싶고, 이때 가치가 1인 자사주를 0.9나 0.8 이하에 사는 것보다 더 확실한 방법은 없습니다. (우리 이사 한 사람의 표현을 빌리면, 이는 어항의 물을 다 빼낸 다음, 퍼덕거리다가 멈춰버린 물고기를 총으로 쏘는 것과 같습니다.) 그래도 우리는 동업자의 지분을 헐값에 사들이는 일이 내키지 않습니다. 우리가 사주기 때문에 그나마 조금이라도 더 높은 가격을 받는다고 하더라도 말입니다. 따라서 우리가 자사주를 매입할 때, 떠나가는 동업자도 버크셔 주식의 가치를 제대로 알고 팔기를 바라는 마음입니다.

우리가 자사주를 BPS의 110% 이하 가격에 사면 버크셔의 주당 내재가치가 분명히 증가합니다. 그리고 더 싼 가격에 더 많이 살수록 기존 주주들의 이익이 더 커집니다. 따라서 기회가 오면 우리는 기준 가격 이하에서 자사주를 적극적으로 매입할 것입니다. 그러나 주가를 떠받칠 생각은 없으며, 특히 약세장에서는 매수 주문을 내지 않을 것입니다. 그리고 우리가 보유한 현금성 자산이 200억 달러 미만일 때도 자사주를 매입하지 않을 것입니다. 확실한 재무 건전성 유지야말로 버크셔의 최우선 과제이기 때문입니다.

자사주 매입을 논의하는 김에, 주가 등락에 대한 투자자들의 비이성적인 반응도 논의해보고자 합니다. 버크셔는 자사주 매입을 실행하는 회사의 주식을 살 때 그 회사에 두 가지를 기대합니다. 첫째, 이 회사의 이익이 장기간 빠른 속도로 증가하기를 희망합니다. 둘째, 이 회사의 주가 상승률이 장기간 지수 상승률보다 낮기를 바랍니다. 물론 우리가 보유한 주식의 상승률이 지수보다 낮으면 버크셔의 실적에는 당연히 불리할 것입니다.

IBM을 예로 들어봅시다. 모두가 아는 CEO 루 거스너(Lou Gerstner)와 샘 팔미사노(Sam Palmisano)는 20년 전 거의 파산 지경에 이르렀던 IBM을 오늘날 탁월한 기업으로 끌어올렸습니다. 이들의 업적은 정말로 대단합니다.

이들은 재무 관리 능력도 마찬가지로 탁월해서, 특히 최근 몇 년 동안 회사의 재무 유연성이 개선되었습니다. 실제로 IBM만큼 재무 관리를 잘해서 주주들의 이익을 크게 늘려준 대기업을 나는 알지 못합니다. IBM은 부채를 현명하게 사용했고, 거의 현금만으로 부가가치를 높이는 기업 인수를 했으며, 자사주 매입을 적극적으로 실행했습니다.

현재 IBM은 발행주식이 11억 6,000만 주이며, 우리가 5.5%에 해당하는 약 6,390만 주를 보유하고 있습니다. IBM이 앞으로 5년 동안 벌어들이는 이익이 우리에게는 당연히 매우 중요합니다. 이 밖에도 IBM은 5년 동안 자사주 매입에 약 500억 달러를 지출할 것입니다. 오늘의 퀴즈입니다. 버크셔 같은 장기 투자자라면 5년 동안 주가가 어떻게 되기를 바라야 하겠습니까?

여러분을 초조하게 만들지 않겠습니다. 우리는 5년 내내 IBM의 주가가 지지부진하기를 바라야 합니다.

이제부터 계산해봅시다. 5년 동안 IBM의 평균 주가가 200달러라면, 회사는 500억 달러로 2억 5,000만 주를 사들일 것입니다. 그러면 남는 주식은 9억 1,000만 주가 되며 우리 지분은 약 7%로 늘어납니다. 반면에 5년 동안 IBM의 평균 주가가 300달러로 상승한다면, 회사가 사들이는 주식은 1억 6,700만 주에 불과합니다. 이때는 5년 후 남는 주식이 9억 9,000만 주여서 우리 지분은 6.5%가 됩니다.

5년 차에 IBM의 이익이 200억 달러라면, 5년 평균 주가가 더 낮을 때 우리 몫의 이익이 1억 달러 더 많아집니다. 게다가 이후 언젠가는 주식의 가치도 15억 달러나 많아질 것입니다.

논리는 단순합니다. 직접적으로든 간접적으로든(자사주 매입을 실행하는 회사의 주식을 보유) 장래에 주식을 계속 사들이려 한다면, 주가가 상승하면 손해입니다. 오히려 주가가 폭락해야 유리합니다. 그러나 대개 감정 때문에 우리는 이렇게 생각하지 못합니다. 장래에 주식을 계속 사려는 사람까지 포함해서 사람들 대부분은 주가가 상승해야 안도감을 느낍니다. 이런 주주들은 차에 기름을 가득 채웠다는 이유만으로 유가 상승에 환호하는 사람과 같습니다.

이렇게 설명했다고 해서 우리처럼 생각하는 주주가 많아지리라고는 생각하지 않습니다. 수많은 사람의 행태를 보면 이런 기대가 헛되더군요. 그래도 여러분은 우리가 계산한 논리를 이해하시기 바랍니다. 이 대목에서 고백할 것이 있습니다. 나도 초창기에는 주식시장이 상승할 때 환호했습니다. 그 무렵 나는 벤저민 그레이엄의 《현명한 투자자》 8장을 읽었습니다. 투자자들이 주가 등락을 어떤 관점으로 보아야 하는지를 다루는 내용이었습니다. 이때 내 눈에 씌었던 콩깍지가 떨어져 나갔고, 이후 나는 낮은 주가를 더 좋아하게 되었습니다. 그 책을 선택했던 순간이 내 인생 최대의 행운이었습니다.

결국 IBM 투자의 성패는 주로 장래 이익에 좌우될 것입니다. 그러나 두 번째로 중요한 요소는 IBM이 막대한 자금으로 자사주를 얼마나 사들일 것이냐가 될 것입니다. 만일 IBM이 자사주 매입을 통해서 발행주식을 6,390만 주로 줄인다면, 나는 근검절약으로 얻은 명성을 포기하고 버크셔 직원들에게 유급휴가를 주겠습니다.

자사주 매입을 하면 안 되는 두 가지 상황 `2016`

투자업계에서는 종종 자사주 매입에 대해 열띤 논쟁이 벌어집니다. 그러나 이런 논쟁에 참여하더라도 초조해할 필요가 없습니다. 자사주 매입이 타당한지를 평가하기는 어렵지 않으니까요.

기존 주주들에게는 자사주 매입이 항상 유리합니다. 자사주 매입이 매일 주가에 미치는 영향은 대개 미미하겠지만, 시장에 매수자가 늘어나면 매도자에게는 항상 유리한 법이니까요.

그러나 장기 주주들에게는 내재가치보다 낮은 가격에 살 때만 자사주 매입이 유리해집니다. 이렇게 하면 남은 주식들의 내재가치가 곧바로 상승하기 때문입니다. 간단한 비유를 들겠습니다. 동업자 세 사람이 똑같이 1,000달러씩 출자해 3,000달러짜리 회사를 세웠다고 가정합시다. 동업자 두 사람이 나머지 한 사람의 지분을 900달러에 인수하면 두 사람은 곧바로 50달러씩 이익을 얻습니다. 그러나 1,100달러에 인수하면 두 사람은 50달러씩 손실을 봅니다. 이 셈법은 기업과 주주들에게도 그대로 적용됩니다. 그러므로 자사주 매입이 장기 주주들에게 가치를 창출하는가 파괴하는가는 전적으로 매수 가격에 달렸습니다.

그런데도 기업들이 자사주 매입 계획을 발표할 때 기준 매수 가격을 거의 언급하지 않는다는 사실은 이해하기 어렵습니다. 기업이 다른 회사를 인수할 때는 반드시 기준 매수 가격을 언급할 것입니다. 이 가격은 인수 여부를 결정하는 필수 요소이기 때문입니다.

그러나 CEO나 이사회가 자기 회사의 일부를 매수할 때는 가격에 무관심한 경우가 너무도 많은 듯합니다. 이들은 소수가 보유한 비상장회사를 경영하다가 한 사람의 지분을 인수할 때도 이렇게 가격에 무관심할까요? 물론 아닐 것입니다.

그런데 자사 주식이 저평가되었더라도 자사주 매입을 하면 안 되는 두 가지 상황이 있습니다. 첫째, 자체 사업을 보호하거나 확장하는 용도로 자금이 필요하지만 부채를 더 늘리기는 곤란한 상황입니다. 이때는 자금을 사업 용도에 우선적으로 투입해야 합니다. 물론 자금을 투입한 후에는 사업에서 근사한 실적을 기대할 수 있어야 합니다.

둘째, 흔치는 않지만 기업을 인수하거나 투자할 때, 저평가된 자사주 매입보다 훨씬 많은 가치가 창출되는 경우입니다. 오래전에는 버크셔도 종종 이런 대안 중에서 선택해야 했습니다. 그러나 지금은 규모가 커진 탓에 이런 상황의 가능성이 대폭 감소했습니다.

나는 이렇게 제안합니다. 자사주 매입 논의를 시작하기도 전, CEO와 이사회 구성원들은 일어나 손을 잡고 일제히 "자사주 매입이 현명한가 어리석은가는 가격에 달렸다"라고 선언하십시오.

우리 자사주 매입 정책을 요약하겠습니다. 나는 BPS의 120% 이하에서는 버크셔 주식을 대규모로 매입할 권한을 부여받았습니다. 이런 수준에서 자사주를 매입하면 장기 주주들이 분명히 큰 이익을 얻는다고 우리 이사회가 판단했기 때문입니다. 내재가치를 정밀하게 계산할 수는 없지만, BPS의 120%라면 내재가치보다 훨씬 낮은 가격이라고 우리는 추정합니다.

그렇다고 해서 우리가 BPS의 120% 수준에서 우리 주가를 지지한다는 뜻은 아닙니다. 주가가 이 수준에 도달하면 우리는 시장에 과도한 영향을 미치지 않으면서 주식을 최대한 매입하고자 노력할 것입니다.

지금까지 자사주 매입을 해보았지만 쉬운 일이 아니었습니다. 아마도 우리가 자사주 매입 정책을 명확하게 설명해, 버크셔의 내재가치가 BPS의 120%보다 훨씬 높다는 견해를 밝혔기 때문일 것입니다. 그렇다면 좋은 일입니다. 찰리와 나는 버크셔 주식이 내재가치에 매우 근접한 가격대에서 거래되기를 바랍니다. 부당하게 높은 가격에 거래된다면 나중에 실망하는 주주가 생길 터이므로 바라는 바가 아니고, 지나치게 낮은 가격에 거래되는 것 역시 바람직하지 않습니다. 우리 '동업자'의 주식을 헐값에 다시 사들여 돈을 버는 것은 그다지 만족스러운 방법이 아니니까요. 그렇더라도 자사주 매입이 장기 주주와 기존 주주들에게 유리한 시장 상황이 조성될 수 있습니다. 그러면 우리는 곧바로 실행에 나설 것입니다.

끝으로 한 가지 의견을 제시하겠습니다. 자사주 매입에 관한 논쟁이 뜨거워지자 일각에서는 자사주 매입이 비(非)미국적이라고 주장할 지경에 이르렀습니다. 이는 생산 활동에 투입할 자금을 전용(轉用)하는 악행으로 보는 것입니다. 하지만 실제로는 그렇지 않습니다. 요즘 미국 기업과 투자자 모두 자금이 넘쳐나고 있습니다. 근래에 나는 어떤 프로젝트가 매력적인데도 자금이 없어서 무산되었다는 말을 들어본 적이 없습니다. (그런 프로젝트가 있으면 우리에게 연락하십시오.)

더 행복해지는 방법　　　　2012

버크셔가 현금 배당을 지급하기를 바라는 주주가 (내 친구들을 포함해서) 많습니다. 이들은 버크셔가 자회사들로부터 배당받는 것은 좋아하면서 주주들에게는 한 푼도 지급하지 않는 점을 이상하게 생각합니다. 그러면 어떤 경우에 배당이 주주들에게 유리한지 조사해봅시다.

수익성 좋은 기업은 다양한 방법으로 이익을 분배할 수 있습니다. 그러나 경영진이 먼저 현행 사업에서 재투자 기회를 조사해보아야 합니다. 예컨대 효율성 증진, 영역 확장, 제품 라인 확장 및 개선, 경쟁자들의 추적을 따돌리는 경제적 해자 확대 프로젝트 등을 생각할 수 있습니다.

나는 우리 자회사 경영자들에게 해자 확대 기회에 주목하라고 끝없이 요청하며, 이들은 경제성 있는 해자 확대 기회를 다수 찾아냅니다. 그러나 기대했던 효과를 얻지 못할 때도 종종 있습니다. 실패하는 것은 대개 그들이 원하는 결론을 먼저 내려놓은 다음 거꾸로 근거를 찾기 때문입니다. 물론 이 과정은 무의식적으로 진행됩니다. 그래서 더 위험스럽습니다.

여러분의 회장도 그동안 이런 잘못에서 벗어나지 못했습니다. 버크셔의 1986년 연차보고서에서, 나는 버크셔 섬유 사업의 경영과 자본 구조 개선에 20년 동안 공을 들였지만 아무 소용이 없었다고 설명했습니다. 나는 이 사업이 성공하기를 원했지만 나의 소망은 연속된 판단 착오로 이어졌습니다. (심지어 나는 뉴잉글랜드 지역 섬유회사를 하나 더 인수했습니다.) 그러나 소망은 디즈니(Disney) 영화에서나 실현되지, 사업에는 독이 될 따름입니다.

과거에 이런 잘못을 저지르긴 했지만, 현재 가용 자금에 대한 우리의 첫 번째 우선순위는 다양한 우리 사업에 지혜롭게 배분해 효율적으로 사용할 수 있는지 조사하는 것입니다. 우리가 2012년에 121억 달러에 이르는 기록적인 고정자산 투자와 지분 추가 인수를 실시했다는 사실은 버크셔에 자본 배분 기회가 풍부하다는 뜻입니다. 바로 이것이 우리의 강점입니다. 우리는 경제의 수많은 분야에서 활동하므로 다른 기업들보다 선택의 폭이 훨씬 넓습니다. 이런 선택을 통해서 잡초는 건너뛰고 꽃에만 물을 줄 수 있습니다.

현행 사업에 막대한 자본을 투입한 다음에도 버크셔는 계속해서 많은 현금을 창출합니다. 따라서 다음 단계는 현행 사업과 무관한 기업 중에서 인수 대상을 찾아내는 작업입니다. 여기서 우리의 인수 기준은 간단합니다. '인수를 통해 주주들의 BPS를 전보다 더 높일 수 있는가?'입니다.

나는 지금까지 기업 인수를 하면서 많은 잘못을 저질러왔고 앞으로도 저지를 것입니다. 그러나 우리의 인수 실적은 전반적으로 만족스럽습니다. 이는 가용 자금을 자사주 매입이나 배당에 사용했을 때보다 BPS가 훨씬 증가했다는 뜻입니다.

그러나 표준 경고문을 사용하자면, 과거 실적이 미래 실적을 보장하지는 않습니다. 이는 특히 버크셔에 적용되는 말입니다. 그동안 우리 규모가 거대해졌으므로, 이제는 회사 규모도 크고 조건도 유리한 인수 대상을 찾아내기가 전보다 어려워졌습니다.

그렇더라도 대형 인수 거래를 통해서 주당 내재가치를 대폭 높일 기회는 여전히 있습니다. BNSF가 그런 사례로서 현재가치가 장부가액보다 훨씬 높습니다. BNSF에 투자할 자금을 배당이나 자사주 매입에 사용했다면 여러분과 나는 재산이 더 감소했을 것입니다. BNSF 같은 대규모 거래는 흔치 않지만 바다에는 아직 고래가 어느 정도 남아 있습니다.

가용 자금의 세 번째 용도인 자사주 매입은 보수적으로 계산한 내재가치보다 주가가 훨씬 낮을 때 실행해야 합리적입니다. 실제로 엄격한 원칙에 따라 자사주를 매입하면 자금의 효율성이 확실히 높아집니다. 1달러짜리 지폐를 80센트 이하에 산다면 손해 볼 일이 없기 때문입니다. 우리는 작년 연차보고서에서 자사주 매입 기준을 설명했으며, 기회가 온다면 자사주를 대량 매입할 것입니다. 우리는 처음에 BPS가 110% 이내에서만 자사주를 매입하겠다고 말했지만 이는 비현실적인 기준으로 드러났습니다. 그래서 BPS의 약 116%에 대량 매물이 나온 작년 12월에 이 기준을 120%로 높였습니다.

그러나 명심하시기 바랍니다. 자사주 매입을 결정할 때는 가격이 절대적으로 중요합니다. 내재가치보다 높은 가격에 자사주를 매입하면 가치가 파괴됩니다. 우리 임원들과 나는 BPS의 120% 이내에서 자사주를 매입할 때 기존 주주들이 상당한 혜택을 볼 것으로 믿습니다.

이제 배당으로 화제를 돌리겠습니다. 여기서는 몇 가지 가정을 세우고 계산도 조금 해야 합니다. 배당이 유리한지 불리한지 이해하려면 이런 숫자들을 눈여겨보아야 합니다. 이제부터 인내심을 발휘하십시오.

먼저 당신과 내가 순자산가치가 200만 달러인 회사를 반반씩 소유한다고 가정합시다. 이 회사가 순유형자산으로 벌어들이는 이익은 연 12%(24만 달러)이며, 재투자하는 이익에 대해서도 마찬가지로 12%를 벌어들인다고 가정합니다. 그리고 우리 지분을 순자산가치의 125%에 사려는 외부인들이 항상 존재합니다. 따라서 현재 당신과 내가 각각 보유한 지분의 가치는 125만 달러입니다.

당신은 회사 연간 이익의 3분의 1은 배당으로 받고 나머지 3분의 2는 재투자하기를 원합니다. 이렇게 하면 당장 지출할 당기 소득과 장래를 위한 자본 성장이 훌륭하게 균형을 이룬다고 생각하기 때문입니다. 그래서 당신은 당기순이익 중 8만 달러는 배당으로 지급하고 16만 달러는 유보해 회사의 미래 이익을 높이자고 제안합니다. 첫해에 당신이 받는 배당은 4만 달러이며, 이익이 증가함에 따라 이후 배당도 증가하게 됩니다. 배당과 주식의 가치 모두 해마다 8%씩 증가합니다(순자산가치의 12%를 벌어 4%를 배당으로 지급).

10년 뒤 회사의 순자산가치는 431만 7,850달러(최초의 200만 달러가 연복리 8%로 증식됨)이고 10년 차 배당은 8만 6,357달러가 됩니다. 우리가 각각 보유한 지분의 가치는 269만 8,656달러입니다(회사 순자산가치 절반의 125%). 이렇게 배당과 주식의 가치가 계속해서 연 8% 증가할 것이므로 우리는 그 후로도 영원히 행복하게 살 것입니다.

그러나 이보다 더 행복해지는 방법이 있습니다. 이익을 모두 회사에 남겨두고, 매년 보유 주식의 3.2%를 파는 방법입니다. 주식은 순자산가치의 125%에 팔리므로 첫해에 받는 돈은 마찬가지로 4만 달러이고 이후 매년 받는 금액이 증가하게 됩니다. 이 방법을 '매도 배당 기법'이라고 부릅시다.

이 매도 배당 기법을 사용하면 10년 뒤에는 회사의 순자산가치가 621만 1,696달러로 증가합니다(최초의 200만 달러가 연 12% 복리로 증식함). 우리는 매년 보유 주식의 일정 비율을 매도하므로 10년 뒤에는 보유 지분이 각각 36.12%로 감소합니다. 그렇더라도 각자 보유한 지분의 순자산가치는 224만 3,540달러가 됩니다. 그리고 순자산가치 1달러를 외부인들이 1.25달러에 사준다는 사실을 기억하시기 바랍니다. 따라서 각자 보유한 지분의 시장가치는 280만 4,425달러가 되어, 배당을 받을 때보다 약 4% 증가하게 됩니다.

게다가 매도 배당 기법을 선택하면 매년 받는 현금도 배당을 받을 때보다 4%씩 더 증가하게 됩니다. 보십시오! 매년 소비할 현금도 더 많이 받고 자본도 더 많이 증가합니다.

물론 이 계산에서는 회사의 연간 이익이 순자산의 12%이며, 주식이 순자산가치의 125%에 팔린다고 가정합니다. 그런데 실제로 S&P500의 수익률은 순자산가치의 12%를 훨씬 웃돌며, 주가도 순자산가치의 125%보다 훨씬 높습니다. 그리고 장담하긴 어렵지만 두 가정은 버크셔에도 적용되는 듯합니다.

게다가 실제로는 이 가정을 초과 달성할 가능성도 있습니다. 그렇다면 매도 배당 기법이 더욱 유리해집니다. 버크셔의 과거를 돌아보면(인정하건대 이와 비슷한 실적조차 되풀이되지 않을 것입니다) 배당을 받았을 때보다 매도 배당 기법을 사용했을 때 주주들의 실적이 훨씬 좋았을 것입니다.

이렇게 유리한 숫자를 제외하고서도 매도 배당 기법을 지지할 중요한 이유가 두 가지 있습니다. 첫째, 회사는 배당을 결정하면 모든 주주에게 똑같은 비율로 현금을 지급해야 합니다. 예를 들어 이익의 40%를 배당하기로 한다면 30%나 50%를 원하는 주주들은 좌절할 것입니다. 따라서 우리 60만 주주가 원하는 현금 비율을 충분히 논의해야 합니다. 그러나 우리 주주 중에는 소비보다 저축이 많아서 배당 지급을 원치 않는 사람이 매우 많다고 (어쩌면 대부분이라고) 말해도 좋을 것입니다.

반면에 매도 배당 기법을 선택하면 주주들은 각자 현금 수령과 자본 증식 사이의 비율을 원하는 대로 결정할 수 있습니다. 예컨대 연간 이익의 60%, 20%, 0%에서 선택할 수 있습니다. 물론 배당을 선택할 때도 주주가 받은 배당으로 주식을 더 사는 방법이 있습니다. 그러나 이 과정에서 손해를 보게 됩니다. 배당에 대해 세금을 내야 하고, 배당을 재투자하는 과정에서 프리미엄 25%도 지불해야 합니다. (시장에서 주식을 사는 가격은 BPS의 125%라는 점을 기억하십시오.)

매도 배당 기법의 두 번째 장점도 마찬가지로 중요합니다. 모든 납세 주주는 매도 배당 기법을 선택할 때보다 배당을 선택할 때 세금 면에서 (훨씬) 불리해집니다. 배당을 받으면 매년 받는 현금 전액에 대해 세금이 부과되지만, 매도 배당 기법을 선택하면 자본이득에 대해서만 세금이 부과되기 때문입니다.

내 사례를 설명하는 것으로 수학 연습을 마칩니다. 여러분의 환호성이 들리는군요. 지난 7년 동안 나는 매년 버크셔 주식의 약 4.25%를 기부했습니다. 이 과정에서 처음에 7억 1,249만 7,000주(주식 분할 고려)였던 B주는 5억 2,852만 5,623주로 감소했습니다. 회사에 대한 내 지분은 확실히 대폭 줄었습니다.

그런데도 현재 내 지분에 해당하는 회사의 순자산은 실제로 증가했습니다. 즉 7년 전 내가 보유했던 버크셔 지분의 순자산가치보다 훨씬 많아졌습니다. (2005년에는 282억 달러였으나 2012년에는 402억 달러로 늘어났습니다.) 다시 말해서 버크셔에 대한 내 소유권은 대폭 감소했는데도 현재 버크셔에서 굴러다니는 내 돈은 훨씬 많아졌습니다. 그리고 내 몫에 해당하는 버크셔의 내재가치와 회사의 수익력 역시 2005년보다 훨씬 증가했습니다. 나는 현재 매년 내 주식의 4.25% 이상을 기부하고 있지만 (상당 폭 변동은 있을지라도) 장기적으로 내 지분의 가치가 계속 증가할 것으로 기대합니다. (최근 어떤 재단에 내가 평생 기부할 금액을 두 배로 늘렸으므로 내 지분의 가치는 이미 증가했습니다.)

배당 정책은 무엇보다도 명확하고 일관되며 합리적이어야 합니다. 배당 정책이 변덕스러우면 주주들은 혼란에 빠지고 잠재 투자자들은 떠나가 버립니다. 필립 피셔(Philip Fisher)는 54년 전 저서 《위대한 기업에 투자하라(Common Stocks and Uncommon Profits)》에서 이를 훌륭하게 설명했습니다. 그의 저서는 진지한 투자자들의 역대 최고 도서 목록에서 《현명한 투자자》와 1940년 판 《증권분석(Security Analysis)》에 이어 3위를 차지하고 있습니다. 피셔는 식당을 햄버거 매장으로 운영할 수도 있고 중국음식점으로 운영할 수도 있다고 말합니다. 그러나 둘 사이를 변덕스럽게 오가면서 운영한다면 한쪽의 단골손님조차 유지할 수 없다고 설명합니다.

대부분 회사는 배당을 일관되게 지급합니다. 해마다 인상하려고 노력할지언정 삭감은 매우 꺼립니다. 우리의 '4대 투자회사'도 이렇게 합리적이고 수긍 가는 방법을 따르고 있으며, 때로는 적극적으로 자사주를 매입하기도 합니다.

우리는 이들에게 갈채를 보내며, 현재의 방식을 계속 유지해주길 희망합니다. 우리는 배당 인상을 좋아하며, 적정 가격에 실행하는 자사주 매입을 무척 좋아합니다.

그러나 버크셔는 이와 다른 방식을 일관되게 추구했습니다. 우리는 이 방식이 합리적이었다고 생각하며, 지금까지의 설명을 통해서 여러분도 이해하셨길 바랍니다. 우리는 순자산가치 증가와 시장가격 프리미엄에 대한 가정이 합리적이라고 믿는 한 이 정책을 고수할 것입니다. 그러나 두 가정 중 하나라도 심각한 오류가 있다면 이 정책을 재검토할 것입니다.

다섯 개의 과수원과 하나의 버크셔 `2018`

버크셔의 가치를 평가하는 사람들 중 일부는 우리 다양한 자회사들의 세부 사항에 집착합니다. 말하자면 '나무'만 들여다보는 셈입니다. 하지만 우리가 보유한 자회사는 잔가지에서 세쿼이아에 이르기까지 매우 다양하므로 이런 방식으로 분석하면 너무나 지루합니다. 우리 나무 중 일부는 병에 걸려서 10년 이내에 회생할 가능성이 희박합니다. 그러나 대부분은 틀림없이 더 크고 아름다운 나무로 성장할 것입니다.

다행히 우리 나무의 가치를 개별적으로 평가하지 않고도 버크셔의 내재가치를 대강 추정할 수 있습니다. 우리 숲은 주요 '과수원' 5개로 구성되어 있으며 각 과수원의 가치는 상당히 정확하게 평가할 수 있기 때문입니다. 과수원 4개는 몇 가지 기업군과 금융자산이어서 이해하기 쉽습니다. 막대한 가치를 창출하는 다섯 번째 과수원은 다양한 거대 보험사로 구성되어 있는데 평가하기가 쉽지 않으니 나중에 설명하겠습니다.

첫 번째 과수원을 들여다보기 전에 우리가 자본을 배분하는 주된 목적이 무엇인지 다시 말씀드리겠습니다. 그것은 장기 경제성이 밝고 경영 상태가 훌륭한 기업의 전부나 일부를 합리적인 가격에 사들이는 것입니다.

우리는 이런 기준을 충족하는 기업들의 경영권을 가끔 인수할 수 있습니다. 이들 기업은 상장회사 중에서 찾기가 훨씬 쉬우므로 우리는 대개 지분 5~10%를 시장에서 사들입니다. 이렇게 이중 전략으로 거대 자본을 배분하는 기업은 드물기 때문에 우리는 간혹 큰 이점을 누립니다.

최근 몇 년 동안 어떤 자본 배분 방식이 합리적인지 명확하게 드러났습니다. 우리는 똑같은 금액으로 기업을 인수할 때보다 주식을 사들일 때 훨씬 많은 가치를 얻을 수 있었습니다. 그래서 작년 우리가 매수한 시장성 지분 증권은 약 430억 달러였지만 매도한 금액은 190억 달러에 불과했습니다. 찰리와 나는 우리가 투자한 기업들의 가치가, 우리가 인수할 수 있었던 기업들의 가치보다 훨씬 높다고 생각합니다.

최근 우리가 시장성 지분 증권을 사들이긴 했지만, 버크셔 숲에서 여전히 가장 값진 과수원은 우리가 경영하는 수십 개 비보험 자회사들(지분이 대부분 100%이며 최소 80% 이상)입니다. 작년 비보험 자회사들이 벌어들인 돈은 168억 달러입니다. 이 금액은 모든 세금, 지급 이자, 경영자 보상(현금이든 스톡옵션이든), 구조조정 비용, 감가상각비, 상각비, 본사 일반 관리비 차감 후 기준입니다.

우리가 이익을 산출하는 방식은 월스트리트 은행이나 기업들이 흔히 내세우는 산출 방식과 거리가 멉니다. 월스트리트에서는 줄곧 '조정 EBITDA(Earnings Before Interest, Taxes, Depreciation and Amortization - 이자, 법인세, 감가상각비, 감모상각비 차감 전 순이익)'를 내세우는데 이것은 너무도 명백한 비용들조차 차감하지 않고 산출한 이익이기에 온전할 수 없습니다.

예를 들어 경영자들은 회사에서 보상으로 지급하는 스톡옵션을 비용으로 처리하면 안 된다고 주장하기도 합니다. (스톡옵션이 비용이 아니라면 주주들이 주는 선물인가요?) 구조조정 비용은 어떤가요? 물론 작년과 똑같은 방식으로 구조조정이 다시 이루어지지는 않겠지요. 그러나 기업에서는 흔히 다양한 방식으로 구조조정이 진행됩니다. 버크셔에서도 구조조정이 수십 번 진행되었고 그 비용은 항상 우리 주주들이 부담했습니다.

한번은 에이브러햄 링컨(Abraham Lincoln)이 수수께끼를 냈습니다. "개의 꼬리를 다리라고 부른다면 개의 다리는 몇 개일까요?" 이어서 그가 직접 답을 말했습니다. "네 개. 꼬리를 다리로 부른다고 다리가 되는 것은 아니므로." 그러나 링컨이 이 말을 월스트리트에서 했다면 사람들에게 따돌림당했을 것입니다.

찰리와 나는 우리 인수 관련 상각비 14억 달러(10-K 양식에서 K-84 참조)가 진정한 비용이 아니라고 주장하는 바입니다. 우리는 비상장회사와 시장성 지분 증권의 가치를 평가할 때 이런 '상각비'를 GAAP 이익에서 차감합니다.

반면 버크셔의 감가상각비 84억 달러는 적게 책정된 금액입니다. 사실은 우리 자회사들이 현재 경쟁력을 유지하는 데만도 매년 이보다 더 많은 금액을 지출해야 합니다. 이러한 '유지'는 물론 성장에 대해서도 막대한 자본을 지출합니다. 작년 버크셔는 공장, 설비, 기타 고정자산에 145억 달러를 투자해 기록을 세웠는데 이 중 89%가 미국에 투자되었습니다.

버크셔에서 두 번째로 가치가 높은 과수원은 주식 포트폴리오로 대개 거대 기업들의 지분 5~10%로 구성됩니다. 앞에서도 언급했지만 연말 우리 주식 포트폴리오 평가액은 1,730억 달러에 육박했고 취득원가는 이보다 훨씬 낮습니다. 연말 평가액으로 주식 포트폴리오를 모두 처분했다면 연방소득세 약 147억 달러가 부과되었을 것입니다. 그러나 우리는 십중팔구 이 주식 대부분을 장기간 보유할 것입니다. 물론 언젠가 처분하게 된다면 처분 시점의 세율로 연방소득세가 부과될 것입니다.

작년 우리가 투자한 회사(피투자회사)로부터 받은 배당은 38억 달러이고 2019년에는 더 많아질 것입니다. 그러나 우리가 피투자회사로부터 받는 배당보다 매년 피투자회사에 유보되는 막대한 이익이 훨씬 더 중요합니다. 참고로 피투자회사 중 우리 투자액이 가장 많은 5개 사만 살펴봅시다.

2018년 말 현재 버크셔 투자액이 가장 많은 5개 사

주요 피투자회사	연말 지분(%)	배당(100만 달러)*	유보이익 중 버크셔 몫 (100만 달러)**
아메리칸 익스프레스	17.9	237	997
애플	5.4	745	2,502
뱅크 오브 아메리카	9.5	551	2,096
코카콜라	9.4	624	-21
웰스파고	9.8	809	1,263
합계		2,966	6,837

* 현재 연간 배당률 기준
** 2018년 이익 - (보통주 배당 + 우선주 배당) 기준

GAAP에 의하면 피투자회사의 유보이익은 우리 재무제표에 포함할 수 없습니다. 하지만 이 유보이익은 우리에게 엄청난 가치가 있습니다. 장기적으로 보면 피투자회사들의 유보이익은 결국 버크셔에 자본이득을 안겨주었습니다(피투자회사들이 1달러를 유보해서 재투자할 때마다 우리 자본이득은 1달러 이상 증가했습니다).

우리 주요 피투자회사들은 모두 경제성이 탁월하며 대개 유보이익 중 일부를 자사주 매입에 사용합니다. 특히 피투자회사 주식이 저평가되었을 때 유보이익으로 자사주를 매입해서 버크셔의 지분이 증가하면 우리는 매우 흐뭇합니다.

이 표에서 예를 하나 들어보겠습니다. 지난 8년 동안 버크셔가 아메리칸 익스프레스에 투자한 금액은 변동이 없었습니다. 그런데도 아메리칸 익스프레스의 자사주 매입 덕분에 우리 지분은 12.6%에서 17.9%로 증가했습니다. 작년 아메리칸 익스프레스가 벌어들인 이익 69억 달러 중 버크셔 몫은 12억 달러였는데, 우리 취득원가 13억 달러의 약 96%에 이르는 금액이었습니다. 피투자회사의 이익이 증가하면서 유통주식이 감소하면 투자자는 시간이 흐를수록 부자가 됩니다.

버크셔의 세 번째 과수원은 동업자와 함께 경영권을 확보한 기업 4개입니다. 우리 지분은 크래프트 하인즈(Kraft Heinz) 26.7%, 버카디아(Berkadia) 50%, 일렉트릭 트랜스미션 텍사스(Electric Transmission Texas, 풍력 에너지회사) 50%, 파일럿 플라잉 J 38.6%입니다. 이들 기업의 2018년 세후 영업이익 중 우리 몫은 약 13억 달러입니다.

버크셔의 네 번째 과수원은 연말 보유액이 1,120억 달러인 미국 국채 및 기타 현금성 자산 그리고 잡다한 채권 200억 달러입니다. 우리는 재난에 대비해서 현금성 자산을 200억 달러 이상 항상 보유하겠다고 약속했으므로 위 금액 중 일부는 함부로 손댈 수 없는 곳에 잘 숨겨둘 것입니다.

버크셔의 재무 상태는 항상 요새처럼 견고하게 유지될 것입니다. 나는 앞으로도 값비싼 누락의 실수와 눈앞에 보이는 기회를 놓치는 실수도 저지를 것입니다. 때로는 투매 탓에 버크셔 주가가 폭락하기도 할 것입니다. 그러나 우리가 현금 부족 상태에 빠지는 위험은 절대 없을 것입니다.

향후에는 초과 현금으로 우리가 영원히 보유할 기업들을 인수하길 기대합니다. 그러나 가까운 장래에 그렇게 될 가능성은 낮습니다. 장기 전망이 밝은 기업들은 가격이 터무니없이 비싸기 때문입니다. 현실이 이러하므로 2019년에도 우리는 시장성 지분 증권 보유량을 늘리기 쉬울 것입니다. 그렇더라도 거대 기업 인수를 계속 바라고 있습니다. 우리는 88세와 95세인데도 (내가 더 젊습니다) 기업 인수를 생각하면 심장 박동이 빨라집니다(거대 기업 인수 가능성에 대해 썼을 뿐인데도 내 맥박수가 치솟았습니다).

시장성 지분 증권 보유량을 늘리기 쉬울 것이라고 말했지만 이것은 시장 전망이 아닙니다. 찰리와 나는 다음 주나 내년 주가 흐름이 어떨지 전혀 알지 못합니다. 우리는 그런 예측을 해본 적이 한 번도 없습니다. 우리는 단지 '매력적인 기업의 일부(주식)' 가치가 주가보다 높은지 분석하는 일에 관심을 집중할 뿐입니다.

***

버크셔의 내재가치는 소중한 자산이 가득한 우리 숲 네 개의 가치를 더한 다음 유가증권 매각 시 부과되는 적정 세금을 차감하면 거의 정확하게 추정할 수 있습니다.

우리가 완전 소유 자회사들을 매각할 때 부과되는 세금도 고려해야 하지 않느냐는 질문도 나옴 직합니다. 그런 질문은 필요 없습니다. 자회사를 매각할 때 세금을 면제해준다 하더라도 훌륭한 자회사를 하나라도 매각하는 것은 어리석은 짓이니까요. 정말로 훌륭한 기업은 찾아내기가 대단히 어렵습니다. 운 좋게 보유한 기업을 매각하는 것은 말이 안 됩니다.

버크셔 비보험 자회사들 이익은 부채에서 발생하는 이자 비용을 모두 차감한 것입니다. 게다가 우리는 주로 다섯 번째 과수원(탁월한 보험사 집단)에서 창출한 자금으로 과수원 네 개를 보유하고 있습니다. 이 자금은 이른바 '플로트'로, 장기적으로는 무이자 또는 그 이상 가치가 있다고 생각합니다. 플로트의 특성에 대해서는 나중에 설명하겠습니다.

끝으로 가장 중요한 핵심 사항입니다. 버크셔의 가치는 우리 과수원 다섯 개를 하나로 결합할 때 극대화됩니다. 하나로 결합하면 우리 자본 대부분을 객관적으로 매끄럽게 배분할 수 있고, 조직 전체의 위험을 제거할 수 있고, 고립 상태에서 벗어날 수 있고, 매우 낮은 비용으로 자산을 확보할 수 있고, 절세 효과를 높일 수 있고, 간접비를 최소화할 수 있습니다.

버크셔는 전체가 부분의 합보다 훨씬 큽니다.

남아 있는 주주의 관점 2018

앞에서 나는 버크셔가 가끔 자사주 매입을 할 것이라고 말했습니다. 우리가 내재가치보다 낮은 가격에 자사주 매입을 한다면 (틀림없이 그럴 생각이지만) 주식을 팔고 떠나는 주주와 남아 있는 주주 모두에게 이익이 됩니다.

물론 주식을 팔고 떠나는 사람들에게 자사주 매입이 주는 이익은 보잘 것없습니다. 우리는 자사주를 조심스럽게 매입해 버크셔 주가에 미치는 영향을 최소화할 것이기 때문입니다. 그렇더라도 시장에 매수세가 추가되므로 팔고 떠나는 주주에게 조금은 이익이 됩니다.

반면 남아 있는 주주에게는 확실히 이익이 됩니다. 떠나는 주주가 매도하는 가격이 내재가치 1달러당 90센트에 불과하다면, 회사가 자사주를 매입할 때마다 증가하는 주당 내재가치는 모두 남아 있는 주주들이 차지하게 됩니다. 물론 자사주를 매입할 때는 가격에 유의해야 합니다. 과도한 가격에 무턱대고 자사주를 매입하면 가치가 파괴됩니다. 지나치게 낙관적이거나 홍보에 몰두하는 CEO들은 이 사실을 간과하기 쉽습니다.

자사주 매입을 고려하는 기업들은 모든 주주 동업자들이 주식의 가치를 합리적으로 추정할 수 있도록 필요 정보를 제공해야 합니다. 찰리와 나도 이 보고서를 통해서 그런 정보를 제공하려고 노력하고 있습니다. 우리는 동업자가 정보 부족이나 오해 탓에 파는 주식은 사고 싶지 않습니다.

떠나는 주주들 중에는 버크셔의 가치를 우리와 다르게 평가하거나 버크셔보다 더 매력적으로 보이는 투자 대상을 발견한 사람들도 있을 것입니다. 물론 버크셔보다 훨씬 많은 수익을 안겨줄 주식도 얼마든지 있습니다. 또 어떤 주주는 이제 자본을 축적할 시점이 아니라 소비할 시점이라고 판단할 수도 있습니다. 찰리와 나는 아직 자본 소비에 관심이 없습니다. 아마 우리는 노년기에나 자본을 소비할 듯합니다.

***

지난 54년 동안 우리는 버크셔를 떠나는 주주가 아니라 남아 있는 주주의 관점에서 의사결정을 해왔습니다. 따라서 찰리와 나는 분기 실적에 관심을 둔 적이 한 번도 없습니다.

아마 버크셔는 포천 500대 기업 중 월 단위로 이익 보고서나 재무상태표를 작성하지 않는 유일한 기업일 것입니다. 물론 나는 우리 자회사 대부분의 월간 재무보고서를 정기적으로 들여다봅니다. 그러나 찰리와 나는 분기 단위로만 버크셔 전체의 이익과 재무 상태를 파악합니다.

게다가 버크셔는 전사(全社) 예산을 수립하지 않습니다(자회사 단위로 예산을 수립하는 사례는 많습니다). 버크셔가 전사 예산을 수립하지 않는다는 말은 모회사 차원에서 분기 목표를 설정한 적이 없다는 뜻입니다. 이렇게 우리가 모회사 차원에서 분기 목표를 설정하지 않으므로 자회사 경영자들 역시 함부로 분기 목표를 설정하지 않으며 우리가 아끼는 기업문화가 강화됩니다.

그동안 찰리와 나는 경영자들이 월스트리트 사람들의 기대를 충족시키려고 회계와 운영 분야에서 벌이는 온갖 불건전한 행태를 지켜보았습니다. 월스트리트 사람들을 실망시키지 않으려고 시작한 '순진한' 속임수(예컨대 손해액 증가를 외면하거나 손해액 준비금 감소까지 감수하면서 분기 말에 대리점 실적을 부풀리는 행위)가 본격적인 사기를 벌이는 첫걸음이 되기도 합니다. 처음 숫자 조작을 하는 CEO는 "이번 한 번만"으로 끝내려 하지만 한 번으로 끝나는 경우는 거의 없습니다. 상사가 약간의 속임수는 괜찮다고 생각하면 부하들도 속임수를 손쉽게 합리화합니다.

찰리와 나는 애널리스트나 해설자들이 아니라 우리 주주 동업자들을 위해서 일하고 있습니다. 그래서 우리가 받는 숫자들을 고스란히 여러분에게 전해드립니다.

우리는 버크셔 주가가 하락하길 바랍니다 `2019`

과거 여러 연차보고서에서 우리는 합리적인 자사주 매입과 터무니없는 자사주 매입에 대해서 논의했습니다. 우리 생각을 요약하면 다음과 같습니다. 버크셔는 (1) 찰리와 내가 판단하기에 주가가 내재가치보다 낮고 (2) 자사주를 매입한 뒤에도 현금이 충분할 때만 자사주를 매입할 것입니다.

내재가치는 절대 정확하게 산출되지 않습니다. 따라서 추정 내재가치가 1달러이고 주가가 95센트라면 찰리와 나는 서둘러 자사주를 매입할 필요가 없습니다. 2019년에는 가끔 버크셔의 내재가치 대비 주가가 적당히 낮았으므로 50억 달러를 들여 자사주 약 1%를 매입했습니다.

우리는 버크셔 주가가 하락하길 바랍니다. 내재가치 대비 주가가 더 내려가면 우리는 더 적극적으로 자사주를 매입할 것입니다. 그러나 주가를 떠받치지는 않을 것입니다.

A주나 B주를 시가 20만 달러 이상 버크셔에 매도하려는 주주는 버크셔의 마크 밀러드에게 전화(402-346-1400)하라고 주식 중개인에게 알려주시기 바랍니다. 전화는 매도 준비가 되었을 때, 중부 표준시로 오전 8시~8시 30분이나 오후 3시~3시 30분에 하시기 바랍니다.

버크셔와 다른 복합기업의 차이 `2020`

흔히 버크셔는 복합기업으로 분류됩니다. 복합기업은 다양한 자회사를 마구잡이로 보유한 지주회사를 가리킵니다. 이 표현은 버크셔에 들어맞지만 부분적으로만 맞습니다. 역사를 조금만 살펴보면 우리가 전형적인 복합기업과 어떻게 다르고 왜 다른지 이해할 수 있습니다.

그동안 복합기업들은 기업을 통째로 인수하는 방식에만 전념했습니다. 그러나 이 전략에는 두 가지 커다란 문제가 있습니다. 하나는 해결 불가능한 문제로, 진정으로 위대한 기업들은 다른 기업에 인수되기를 원치 않는다는 점입니다. 따라서 기업 인수를 갈망하는 복합기업들은 영속적인 주요 경쟁력이 부족한 기업들을 집중적으로 인수할 수밖에 없었습니다. 이는 그다지 훌륭한 시장이 아니었습니다.

게다가 그저 그런 기업 인수에 집중한 복합기업들은 피인수 기업을 유혹하기 위해 대개 막대한 경영권 프리미엄을 지불해야만 했습니다. 복합기업들은 이 '과도한 가격' 문제의 해법을 알고 있었습니다. 그것은 자기회사 주식을 엄청난 고평가 상태로 만들어 '인수 대금'으로 지불하는 방법이었습니다("당신 개를 1만 달러에 사는 대가로 내 5,000달러짜리 고양이 두 마리를 주겠소.").

복합기업들이 자기 회사 주식을 고평가 상태로 만드는 수단으로는 흔히 선전 기법과 '창의적' 회계 조작이 사용되었는데 이는 좋게 보아도 속임수였고 때로는 선을 넘는 사기 행위였습니다. 이런 속임수가 '성공'하면 복합기업은 자기 회사 주가를 예컨대 기업 가치의 3배로 끌어올려 피인수 기업에 기업 가치의 2배 가격을 지불할 수 있었습니다.

투자자들의 착각은 놀라울 정도로 오랫동안 이어질 수 있습니다. 월스트리트는 거래에서 나오는 수수료를 좋아하고 언론은 다양한 주장이 빚어내는 스토리를 좋아합니다. 때로는 인기 주식의 치솟는 주가가 착각을 현실로 둔갑시키는 '증거'가 되기도 합니다.

물론 파티는 결국 끝나게 되며 많은 기업이 '벌거벗은 임금님'으로 밝혀집니다. 금융계의 역사에는 이런 유명 복합기업이 매우 많습니다. 처음에는 언론, 애널리스트, 투자은행들로부터 천재 기업으로 찬양받았으나 결국 쓰레기 기업으로 전락하는 복합기업이 많습니다.

그래서 복합기업은 평판이 매우 나쁩니다.

주주 지분 늘린 자사주 매입 `2020`

작년 우리는 247억 달러를 들여 'A주' 8만 998주 상당의 자사주를 매입하면서 주주 지분 확대 의지를 보여드렸습니다. 이 자사주 매입을 통해서 여러분은 한 푼도 안 쓰고 버크셔 모든 기업에 대한 지분을 5.2% 높이게 되었습니다.

우리는 오래전부터 추천해온 기준에 따라 자사주를 매입했습니다. 그러면 계속 남아 있는 주주들의 주당 내재가치가 높아지며 자사주 매입 후에도 기회나 난관에 대처할 자금이 충분하다고 믿었기 때문입니다. 그렇더라도 주가에 상관없이 버크셔 자사주를 매입해서는 절대 안 된다고 생각합니다. 이렇게 강조하는 것은, 부끄럽게도 그동안 미국 CEO들은 주가가 하락했을 때보다 상승했을 때 자사주 매입에 투입한 자금이 더 많기 때문입니다. 우리 방식은 정반대입니다.

버크셔의 애플 투자는 자사주 매입의 위력을 생생하게 보여줍니다. 우리는 2016년 말에 애플 주식 매수를 시작해 2018년 7월 초 10억 주(주식분할 반영) 남짓 보유했습니다. 이는 버크셔가 회사 계정으로 보유한 수량이므로, 별도 관리 계정으로 보유하다가 매도한 소량의 주식은 제외한 숫자입니다. 2018년 중반 매수를 완료했을 때 버크셔가 회사 계정으로 보유한 애플 지분은 5.2%였습니다.

이 지분의 취득원가는 360억 달러였습니다. 이후 우리는 연평균 7억 7,500만 달러에 이르는 배당을 정기적으로 받았고, 2020년에는 일부 지분을 매도해 110억 달러를 회수했습니다. 이렇게 매도했는데도 보시다시피 현재 버크셔가 보유한 애플 지분은 5.4%입니다. 우리는 단 한 푼 쓰지 않았는데도 지분이 증가했습니다. 그동안 애플이 끊임없이 자사주를 매입해 유통주식 수를 대폭 줄였기 때문입니다.

그런데 좋은 소식이 더 있습니다. 지난 2.5년 동안 우리도 버크셔 자사주를 매입했으므로 이제 여러분이 간접적으로 보유한 애플 지분은 2018년

7월보다 무려 10%나 증가했습니다. 이렇게 기분 좋은 흐름은 계속 이어지고 있습니다. 버크셔는 연말 이후 자사주를 더 매입했으므로 장래에는 유통주식 수가 더 감소할 것입니다. 애플 역시 자사주를 매입하겠다고 공표했습니다. 이렇게 해서 유통주식 수가 감소하면 버크셔 보험그룹, BNSF, BHE에 대한 우리 주주들의 지분은 물론 애플에 대한 간접 지분도 증가할 것입니다.

자사주 매입의 효과는 천천히 나타나지만 시간이 흐를수록 강력해집니다. 자사주 매입은 탁월한 기업에 대한 투자자의 지분을 지속적으로 높여주는 단순한 방법입니다. 관능적인 여배우 메이 웨스트(Mae West)는 말했습니다. "좋은 것이라면 지나치게 많아도 환상적이죠."

놀라움의 연속 `2021`

다음은 흔히 노련한 투자자들조차 놀라는 버크셔의 특성입니다.

- 사람들은 버크셔를 다소 이상한 거대 금융자산의 집합으로 인식합니다. 그러나 실제로 버크셔는 미국 기업 중 (재무상태표에 유형자산으로 분류된) 인프라(infrastructure) 자산을 가장 많이 보유하고 있습니다. 우리는 인프라 자산 1위를 추구한 적이 전혀 없는데도 1위 기업이 되었습니다.

연말 현재 버크셔의 재무상태표에 표시된 미국 인프라 자산은 1,580억 달러입니다. 이는 작년에 증가한 숫자이며 앞으로도 계속 증가할 것입니다. 버크셔는 인프라 자산을 계속 확대할 것입니다.

- 버크셔는 매년 막대한 연방소득세를 납부합니다. 예컨대 2021년 우리가 납부한 연방소득세는 33억 달러였습니다. 같은 해 재무부가 발표한 연방소득세 납부액 합계는 4,020억 달러였습니다. 버크셔는 주(州)와 외국에도 막대한 세금을 납부합니다. 버크셔 주주들은 "나는 이미 회사에서 납부했습니다"라고 말해도 무방합니다.

버크셔의 역사는 (눈에 띄지 않아서 사람들이 인식하지 못하는) 정부와 미국 기업들 사이의 재무적 협력 관계를 생생하게 보여줍니다. 버크셔의 역사는 '버크셔 파인 스피닝(Berkshire Fine Spinning)'과 '해서웨이 매뉴팩처링(Hathaway Manufacturing)'이 합병에 합의한 1955년 초에 시작됩니다. 이들 유서 깊은 뉴잉글랜드 직물회사는 합병에 큰 기대를 걸면서 주주들에게 승인을 요청했습니다.

예컨대 해서웨이 매뉴팩처링은 주주들에게 "두 회사의 자원과 경영을 결합하면 직물업계에서 가장 강력하고 효율적인 회사 중 하나가 될 것입니다"라고 장담했습니다. 자문회사였던 리먼 브러더스(Lehman Brothers)(네, 글로벌 금융위기에 파산한 그 투자은행입니다)도 이 낙관적 견해를 지지했습니다.

합병이 완료된 날은 폴 리버(버크셔)와 뉴베드퍼드(해서웨이) 양 지역에 매우 기쁜 날이었을 것입니다. 그러나 축하 행사가 끝나고 투자은행들이 돌아간 뒤 주주들이 맞이한 것은 대참사였습니다.

합병 9년 후 버크셔의 순자산은 5,140만 달러에서 2,210만 달러로 감소했습니다. 그 원인에는 자사주 매입, 무분별한 배당, 공장 폐쇄도 있었지만 9년 동안 직원 수천 명을 고용하면서 기록한 영업손실도 있었습니다. 사실은 버크셔만 고전한 것이 아니었습니다. 뉴잉글랜드 직물업계 전체가 돌이킬 수 없는 기나긴 죽음의 행진에 조용히 진입했습니다.

합병 후 9년 동안 재무부 역시 버크셔의 고전 탓에 힘들었습니다. 9년 동안 버크셔가 재무부에 납부한 소득세 합계액은 33만 7,359달러로서 하루 100달러에 불과했습니다.

1965년 초부터 상황이 바뀌었습니다. 새로 구성된 버크셔 경영진은 가용 현금을 재배치하고 모든 이익을 다양한 유망 사업에 투입했는데 이들 사업 대부분이 계속 좋은 실적을 유지했습니다. 이익 재투자와 복리의 위력이 결합하자 매력적인 실적이 나왔고 주주들은 부자가 되었습니다.

버크셔의 궤도 수정으로 혜택을 본 사람은 주주만이 아니었습니다. '조용한 동업자' 재무부도 버크셔의 소득세로 수백억 달러를 받게 되었습니다. 한때 하루 100달러에 불과했던 버크셔의 소득세가 지금은 하루 약 900만 달러에 이릅니다.

조용한 동업자 정부에 관해서 공평하게 말하자면, 우리 주주들은 버크셔가 그동안 미국에서 사업을 한 덕분에 크게 번영할 수 있었다는 사실을 인정해야 합니다. 반면 미국은 버크셔가 없었더라도 1965년 이래로 크게 번영했을 것입니다. 그러나 버크셔는 미국에서 사업하지 않았다면 현재의 모습 근처에도 절대 이르지 못했을 것입니다. 그러므로 국기를 보면 감사의 뜻을 표하십시오.

- 1967년 860만 달러에 내셔널 인뎀너티를 인수한 이후 버크셔는 보험 '플로트'(우리 소유는 아니지만 투자할 수 있는 자금) 규모에서 세계 1위가 되었습니다. 생명보험에서 나오는 소규모 플로트까지 포함하면, 보험 사업에 진출하던 시점에 1,900만 달러였던 버크셔의 플로트 합계액은 1,470억 달러로 증가했습니다.

지금까지 이 플로트는 조달 비용이 마이너스였습니다. 그동안 보험손실과 영업비용 합계액이 보험료를 초과한 해도 여러 번 있었지만 전체적으로는 55년 동안 적정 보험영업이익을 기록하면서 플로트를 창출했습니다.

플로트는 흐름이 매우 안정적이라는 특성도 커다란 장점입니다. 우리 보험 사업과 관련된 자금 유출입은 매일 발생하지만 자금 총합계액이 갑자기 감소하는 일은 없습니다. 그러므로 플로트를 투자할 때는 장기적 관점으로 생각할 수 있습니다.

플로트 개념이 생소하다면 A-5페이지의 자세한 설명을 참고하시기 바랍니다. 놀랍게도 작년 우리 플로트가 90억 달러 증가했습니다. GAAP(일반회계원칙) 순이익과 순자산에는 반영되지 않지만 이는 버크셔 주주들에게 중요한 가치 증대입니다.

우리가 보험 사업에서 막대한 가치를 창출한 것은 1986년 내가 아지트 자인을 고용한 행운 덕분입니다. 토요일 아침 처음 만났을 때, 나는 곧바로 아지트에게 보험 사업 경험이 있는지 물었습니다. 그는 "전혀 없습니다"라고 대답했습니다.

나는 "완벽한 사람은 아무도 없지"라고 말하면서 그를 고용했습니다. 그날이 내게 행운의 날이었습니다. 아지트 채용이야말로 지금까지 내가 한 가장 완벽한 선택이었습니다. 게다가 35년이 지난 지금도 그는 여전히 완벽한 선택입니다.

보험에 관해 한마디만 덧붙이겠습니다. 장담할 수는 없지만 버크셔의 플로트는 보험영업손실을 장기간 기록하지는 않으면서 유지될 것으로 생각합니다. 그러나 보험영업손실을 (아마 대규모로) 기록하는 해는 틀림없이 있을 것입니다.

버크셔는 대재해 위험 관리 능력이 다른 어떤 보험사보다 우수하며, 이 우위는 찰리와 내가 떠난 후에도 오래도록 유지될 것입니다.

버크셔의 가치를 높이는 세 가지 방법　2021

우리가 버크셔의 가치를 높이는 방법은 세 가지입니다. 항상 최우선으로 생각하는 첫 번째 방법은 내적 성장이나 인수를 통해서 버크셔 자회사들의 장기 수익력을 높이는 것입니다. 지금은 인수보다 내적 성장이 훨씬 더 효과적입니다. 그러나 버크셔가 보유한 자원과 비교하면 내적 성장을 이용하는 수익력 증대 기회는 많지 않습니다.

두 번째 방법은 훌륭하거나 위대한 상장기업의 소수 지분을 사는 것입니다. 확실히 매력적인 주식을 살 기회가 넘칠 때도 가끔은 있습니다. 그러나 지금은 흥미로운 기회가 거의 보이지 않습니다.

이는 자명한 이치입니다. 낮은 장기 금리 탓에 주식, 아파트, 농장, 유정 등 모든 생산 자산의 가격이 상승했기 때문입니다. 다른 요소들도 가격에 영향을 미치지만 금리가 항상 중대한 영향을 미칩니다.

세 번째 방법은 자사주 매입입니다. 이 단순한 방법을 통해서 버크셔가 보유한 자회사와 주식에 대한 여러분의 몫이 증가합니다. 가치 대비 가격이 적절하다면 자사주 매입이야말로 여러분의 재산을 늘리는 가장 쉬우면서도 가장 확실한 방법입니다. (자사주 매입은 계속 남아 있는 주주들의 재산도 늘려주지만, 팔고 떠나는 주주와 사회에도 어느 정도 혜택을 안겨줍니다.)

다른 방법들이 매력을 상실할 때 자사주 매입은 간헐적으로 버크셔 주주들에게 매우 타당한 방법이 됩니다. 그래서 지난 2년 동안 우리는 2019년 말 기준 유통주식의 9%에 해당하는 자사주를 총비용 517억 달러에 매입했습니다. 이렇게 해서 계속 남아 있는 우리 주주들은 모든 버크셔 기업을 약 10% 이상 더 보유하게 되었습니다. BNSF와 가이코처럼 지분을 모두 소유한 기업이든, 코카콜라와 무디스처럼 지분을 일부만 소유한 기업이든 말이지요.

그러나 강조하건대 버크셔 자사주 매입이 타당해지려면 버크셔 주가가 반드시 적정 수준이어야 합니다. 다른 기업의 주식을 매입할 때 과도한 가격을 지불하면 안 되듯이, 버크셔 자사주를 매입할 때도 과도한 가격을 지불하면 가치를 파괴하는 셈이 됩니다. 지난 연말부터 2022년 2월 23일까지 우리는 12억 달러를 들여 자사주를 추가로 매입했습니다. 우리의 자사주 매입 욕구는 여전히 크지만, 그래도 매입 여부는 항상 주가에 좌우될 것입니다.

버크셔는 주주들의 수준이 높아서 자사주 매입 기회가 제한되는 측면도 있습니다. 우리 주식을 단기 투기자들이 많이 보유하고 있다면 가격 변동성과 거래량이 대폭 증가할 것입니다. 그렇게 되면 우리가 자사주 매입을 통해서 가치를 창출할 기회가 훨씬 많아집니다. 그렇더라도 찰리와 나는 지금처럼 훌륭하게 장기 보유 자세를 유지하는 우리 주주들이 훨씬 좋습니다. 자사주 매입을 통한 이익 기회가 감소하더라도 말이지요.

끝으로 우리 주식의 가치를 평가할 때 흔히 간과되는 버크셔 특유의 요소가 있습니다. 앞에서도 언급했지만 보험사가 창출하는 양질의 '플로트'는 가치가 매우 큽니다. 공교롭게도 자사주 매입은 '주당 플로트'도 자동으로 늘려줍니다. 지난 2년 동안 버크셔 A주의 주당 플로트는 7만 9,387달러에서 9만 9,497달러로 25% 증가했습니다. 자사주 매입에서 비롯된 의미심장한 증가율입니다.

버크셔의 4대 거인 　　　　　　　　　　　　　　　　　2021

우리 주주들은 버크셔를 통해서 수십 개 기업을 소유하고 있습니다. 그리고 이들 기업 중 일부 역시 수많은 자회사를 소유하고 있습니다. 예컨대 마몬(Marmon Group)은 철도차량 임대업에서 의료기기 제조업에 이르기까지 100개가 넘는 개별 사업을 보유하고 있습니다.

- 그렇더라도 버크셔의 가치에서 매우 큰 비중을 차지하는 것은 우리 '4대 거인'의 사업입니다. 4대 거인 중 선두는 우리 보험사 집단입니다. 버크셔는 이 보험사 집단을 실제로 100% 소유하고 있으며, 이들이 창출하는 막대한 플로트의 가치에 대해서는 앞에서 설명했습니다. 우리 보험사들의 투자 자산은 이들이 약속을 뒷받침하려고 투자하는 엄청난 자본을 통해서 더 증가하고 있습니다.

버크셔의 보험 상품은 주문 제작 방식입니다. 그래서 이 상품은 절대 진부화하지 않으며, 경제 성장과 인플레이션에 발맞추어 매출이 전반적으로 증가할 것입니다. 건전성과 자본은 앞으로도 항상 중요할 것입니다. 우리 회사는 항상 모범이 될 수 있으며 모범이 될 것입니다.

물론 다른 보험사 중에도 비즈니스 모델과 전망이 탁월한 회사들이 있습니다. 그러나 버크셔의 사업을 복제하기는 거의 불가능할 것입니다.

- 우리 4대 거인 중 연말 시장 평가액 기준으로 2위인 애플은 다른 거인들과 유형이 다릅니다. 우리 애플 지분은 1년 전 5.39%보다 증가했으나 5.55%에 불과합니다. 이 증가 폭은 하찮아 보입니다. 그러나 2021년 애플의 이익 0.1%가 무려 1억 달러에 이른다는 사실을 고려해야 합니다. 이

지분율 증가에 우리는 버크셔 자금을 한 푼도 쓰지 않았습니다. 애플이 자사주 매입을 통해서 우리 지분을 높여주었습니다.

버크셔가 보고하는 GAAP 이익에는 애플로부터 받은 배당만 포함된다는 사실을 알아야 합니다. 작년 우리가 애플로부터 받은 배당은 7억 8,500만 달러였습니다. 그렇더라도 애플의 이익 중 우리 '몫'은 무려 56억 달러에 이릅니다. 애플은 유보이익 중 상당액을 자사주 매입에 사용했는데, 우리는 이 결정에 박수를 보냅니다. 애플의 훌륭한 CEO 팀 쿡은 애플 제품 사용자들을 자신의 첫사랑처럼 대합니다. 이는 매우 타당한 방식이며 이러한 경영 방식 덕분에 다른 이해관계자들도 모두 혜택을 보고 있습니다.

- 우리 거인 중 3위인 BNSF는 여전히 미국의 상업을 지탱하는 첫 번째 동맥으로서 버크셔는 물론 미국에도 절대적으로 필요한 자산입니다. 현재 BNSF가 운송하는 필수품들을 트럭으로 운송하면 미국의 탄소 배출량이 급증하게 됩니다.

2021년 BNSF는 이익 60억 달러로 최고 실적을 기록했습니다. 이 이익은 우리가 즐겨 산출하는 구식(舊式) 이익이라는 점에 주목하셔야 합니다. 즉 이자, 세금, 감가상각, 감모상각, 그리고 온갖 형태의 보상까지 차감한 이익입니다. (우리는 이익을 정의할 때 주의해야 합니다. 고상하게 표현하자면, 주가가 상승할수록 기만적인 '조정' 이익이 더 괴상한 모습으로 더 자주 등장합니다. 덜 고상하게 표현하자면, 강세장은 거품을 일으킵니다.)

작년 BNSF는 1억 4,300만 마일을 운행하면서 화물 5억 3,500만 톤을 운송했습니다. 거리와 운송량 두 가지 모두 다른 운송회사들을 압도했습니다. 여러분은 BNSF를 자랑스럽게 여겨도 됩니다.

- 우리 거인 중 4위인 BHE는 2021년 이익 40억 달러로 최고 실적을 기록했습니다. 이는 버크셔가 지분을 처음 취득한 2000년에 기록한 이익 1억 2,200만 달러보다 30배 이상 증가한 실적입니다. 현재 버크셔가 보유한 지분은 91.1%입니다.

BHE가 달성한 사회적 성과도 재무적 성과 못지않게 놀랍습니다. 2000년 BHE는 풍력 발전이나 태양광 발전 실적이 없었습니다. 당시에는 둘 다 거대한 전력산업에 새로 도입된 대수롭지 않은 사업으로 취급받았습니다. 이후 데이비드 소콜(David Sokol)과 그레그 에이블이 이끄는 BHE는 전력산업의 최강자가 되어 (웅성거리지 말아주세요) 풍력 발전, 태양광 발전을 선도하고 있으며 미국의 다수 지역에 걸쳐 송전 사업도 하고 있습니다.

이러한 성과를 담은 그레그의 보고서는 A-3와 A-4에 있습니다. 그 내용은 요즘 유행하는 '위장(僞裝) 환경주의(green-washing)'가 전혀 아닙니다. BHE는 재생 가능 에너지와 송전 사업의 상세한 계획과 실적을 2007년부터 매년 충실히 보고하고 있습니다.

추가 정보를 원하면 BHE의 웹사이트 brkenergy.com을 방문하시기 바랍니다. 이곳 자료가 말해주듯이 BHE는 오래전부터 기후 변화 방지 사업에 모든 이익을 재투자하고 있습니다. 그러므로 향후 더 많은 기회가 기다리고 있습니다. BHE는 미국에 필요한 거대 전력 사업에 적합한 경영진, 경험, 자본, 의욕을 보유하고 있습니다.

지난 58년과 몇 가지 숫자 `2022`

1965년에 버크셔는 유서 깊지만 운이 다한 뉴잉글랜드 직물회사 하나만 보유한 단일 사업 회사였습니다. 그 유일한 사업이 죽음의 행진을 하고 있었으므로 버크셔는 곧바로 다시 출발해야 했습니다. 돌아보면 나는 문제의 심각성을 뒤늦게 깨달았습니다.

그런데 행운이 찾아왔습니다. 1967년 우리는 내셔널 인뎀너티를 인수할 수 있었으므로 자원을 보험 등 직물 이외의 사업으로 배분했습니다.

이렇게 해서 2023년까지 평탄치 않은 여정이 이어졌는데, 우리 주주들은 (이익 유보를 통해서) 계속 저축했고, 우리는 복리의 위력을 이용했으며, 커다란 실수는 저지르지 않았고, 무엇보다도 미국 경제에 순풍이 불었습니다. 미국은 버크셔가 없었더라도 순조롭게 성장했을 것입니다. 그러나 미국이 없었다면 버크셔는 순조롭게 성장하지 못했을 것입니다.

이제 버크셔는 다양한 거대 기업들을 보유한 압도적 기업집단이 되었습니다. 먼저 뉴욕 증권거래소, 나스닥 등에서 매일 거래되는 약 5,000개 상장기업을 살펴봅시다. 여기에는 유명한 미국 대기업들로 구성된 엘리트 집단인 S&P500지수 기업들도 포함됩니다.

2021년 이 500개 기업이 벌어들인 이익은 모두 1.8조 달러였습니다. 2022년 결산 실적은 아직 입수하지 못했습니다. 2021년 실적에 의하면 이익이 30억 달러 이상인 기업은 500개 중 (버크셔를 포함해서) 128개에 불과합니다. 23개는 적자였습니다.

2022년 연말 현재 버크셔는 이 500대 기업 중 8개 기업, 즉 아메리칸 익스프레스, 뱅크 오브 아메리카, 셰브런, 코카콜라, 휴렛팩커드(HP), 무디스, 옥시덴탈 페트롤리움, 파라마운트 글로벌(Paramount Global)의 최대 주주였습니다.

이 8개 기업에 더해서 버크셔는 BNSF의 지분 100%와 버크셔 해서웨이 에너지(BHE)의 지분 92%도 보유하고 있습니다. 두 회사 모두 이익이

30억 달러를 초과합니다(BNSF는 59억 달러, BHE는 43억 달러). 이 두 회사가 상장기업이라면 현재 500대 기업 두 개를 대체하게 됩니다. 이렇게 버크셔는 500대 기업 중 10개를 자회사나 피투자회사로 보유하고 있으므로 다른 어떤 미국 기업보다도 미국 경제의 미래를 충실하게 따라갑니다(연금기금과 투자회사 같은 '신탁' 사업은 이 계산에서 제외했습니다). 게다가 (개별적으로 운영되는 자회사 다수로 구성된) 버크셔의 보험 사업도 그 가치가 BNSF나 BHE와 비슷한 수준입니다.

미래에도 버크셔는 다양한 기업들을 보유할 것이며, 아울러 막대한 현금과 단기 국채도 항상 보유할 것입니다. 그리고 금융 공황이나 전례 없는 보험 손해 등이 발생하는 어려운 시기에 자금난을 초래할 만한 행동도 삼갈 것입니다. 우리 CEO는 항상 최고위험책임자(Chief Risk Officer)를 겸할 것입니다. 위험 관리를 위임하는 것은 무책임한 행동이니까요. 게다가 버크셔의 미래 CEO들은 자기 돈을 투자하여 재산의 상당 부분을 버크셔 주식으로 보유할 것입니다. 그리고 우리 주주들은 이익 유보를 통해서 계속 저축하면서 번영할 것입니다.

버크셔의 행진은 끝없이 이어질 것입니다.

버크셔는 양손잡이 투자자   2024

버크셔는 주식 투자에 양손을 다 사용합니다. 한 손으로는 피지배회사 주식을 80% 이상 보유하면서 경영권을 확보합니다. 일반적으로 우리는 지분 100%를 보유합니다. 이들 189개 자회사는 상장주식과 비슷하지만 절대 똑같지는 않습니다. 이들 자회사의 가치는 수천억 달러에 이르며,

희귀한 보석도 몇 개 있고, 좋지만 절대 엄청나지는 않은 기업이 다수이며, 실망스러운 부진 기업도 일부 있습니다. 심각한 적자 기업은 없지만, 인수를 후회하는 기업은 얼마간 있습니다.

다른 손으로는 애플, 아메리칸 익스프레스, 코카콜라, 무디스 등 잘 알려진 10여 개 고수익 대기업 지분을 몇 퍼센트씩 보유하고 있습니다. 이들 중 다수는 순유형자산이익률이 매우 높습니다. 연말 기준 우리 부분 소유권의 가치는 2,720억 달러였습니다. 당연한 말이지만 정말로 탁월한 기업의 지분 전체가 매물로 나오는 일은 매우 드뭅니다. 그러나 이런 보석 같은 기업의 부분 소유권은 월요일부터 금요일까지 월스트리트에서 매수할 수 있으며 아주 가끔 헐값에 매물이 나오기도 합니다.

여러분(그리고 내 가족)의 재산을 가장 효율적으로 사용할 수만 있다면 우리는 전체 소유권이든 부분 소유권이든 투자 방식을 가리지 않습니다. 대개는 어느 쪽도 흥미롭지 않습니다. 그러나 매우 드물지만 기회가 넘칠 때도 있습니다. 찰리가 그랬듯이 그레그도 그런 시기에 자신의 실행 능력을 생생하게 보여주었습니다.

상장주식은 내가 실수를 저질렀을 때 방향을 더 쉽게 바꿀 수 있습니다. 강조하건대 버크셔가 지금처럼 규모가 크면 이런 선택권도 가치가 크지 않습니다. 우리는 푼돈 때문에 왔다 갔다 할 수 없습니다. 때로는 한 종목을 매수하거나 매도하는 데 1년 이상이 걸리기도 합니다. 게다가 소수 지분으로는 필요할 때 경영진을 교체할 수 없고, 경영진의 결정이 마음에 들지 않을 때 자본흐름을 통제할 수도 없습니다.

피지배회사라면 이런 결정을 우리가 내릴 수 있지만, 실수를 저질렀을 때 매각하기가 훨씬 어렵습니다. 실제로 버크셔는 문제가 끝없이 이어진다고 믿지 않는 한 피지배회사를 매각하는 일이 절대 없습니다. 이런 변함없는 태도 덕분에 일부 기업 소유주들이 버크셔를 찾아옵니다. 그래서 가끔 우리가 결정적으로 유리해지기도 합니다.

엉클 샘에게 감사를 `2024`

원하는 제품과 서비스의 생산량을 계속 증가시키려면 시민의 저축을 어떻게든 합리적으로 (더 좋게는 창의적으로) 배치해야 합니다. 이 시스템이 이른바 자본주의입니다. 자본주의는 결함도 있고 남용되기도 하지만 (어떤 점에서는 과거 어느 때보다도 지금 심각하지만) 다른 경제 시스템과는 비할 데 없는 기적을 행할 수도 있습니다.

미국이 증거물 A입니다. 미국 헌법이 채택되고 미국의 에너지가 분출되던 1789년에는 가장 낙관적이었던 식민지 주민조차 겨우 건국 235년 만에 달성한 미국의 발전을 상상하지 못했을 것입니다.

사실 미국은 건국 초기에 가끔 외국에서 자금을 차입하여 부족한 우리 저축을 보충했습니다. 그러나 동시에 미국인들은 지속적으로 저축해야 했고, 이렇게 축적한 자본을 현명하게 배치해야 했습니다. 생산한 재화를 모두 소비했다면 미국은 물레를 돌리고 있었을 것입니다.

미국의 발전 과정이 항상 보기 좋았던 것은 아닙니다. 미국에는 사람들을 속여 재산을 차지하려는 악당과 선동자가 항상 많았습니다. 그러나 그동안 이런 불법 행위도 있었고 (지금도 여전히 만연하지만) 잔혹한 경쟁이나 와해적 혁신 탓에 자본 배치가 혼란에 빠진 사례도 많았지만, 미국인들은 저축을 통해서 식민지 시대에는 꿈도 꾸지 못했던 양과 질의 재화를 생산해냈습니다.

처음에는 인구가 400만에 불과했는데도 (게다가 초기에는 동족끼리 싸우는 잔혹한 내전까지 치렀는데도) 미국은 눈 깜짝할 사이에 세상을 바꿔놓았습니다.

＊＊＊

매우 소극적인 방법이지만 버크셔 주주들도 미국의 기적 달성에 참여했습니다. 배당을 받아 소비하는 대신 재투자하는 방식으로 말이죠. 처음에는 이 재투자 규모가 미미해서 의미가 거의 없었지만 시간이 흐르면서 우후죽순처럼 재투자가 증가했습니다. 저축 문화가 계속 이어진 데다가 장기 복리의 마법까지 더해졌기 때문입니다.

이제 버크셔의 활동은 미국 전역에 영향을 미칩니다. 그리고 우리 활동은 끝나지 않습니다. 기업들이 망하는 이유는 다양하지만 인간과는 달리 노령 그 자체는 치명적인 이유가 아닙니다. 오늘의 버크셔는 1965년의 버크셔보다 더 팔팔합니다.

그러나 찰리와 내가 항상 인정했듯이, 무대가 미국이 아니었다면 버크셔는 이러한 실적을 달성하지 못했을 것입니다. 반면 미국은 버크셔가 없었더라도 모든 면에서 지금처럼 성공했을 것입니다.

＊＊＊

그래서 엉클 샘(Uncle Sam, 미국 정부)에게 감사합니다. 언젠가 버크셔의 조카들이 2024년보다 더 많은 법인세를 납부하게 되길 바랍니다. 그 돈을 현명하게 쓰십시오. 아무 잘못이 없는데도 인생에서 불운을 맞이한 사람들을 돌봐주십시오. 이들은 더 좋은 대우를 받을 자격이 있습니다. 그리고 정부는 통화를 안정적으로 유지해야 하며, 그러려면 정부의 지혜와 경계가 필요하다는 사실을 잊지 마십시오.

Q 2016 향후 잉여현금흐름 전망

버크셔가 창출하는 잉여현금흐름은 약 100~120억 달러이고 이연법인세가 약 200억 달러입니다. 잉여현금흐름의 향후 전망은 어떤가요? 이런 추세가 앞으로도 비슷하게 이어질 것으로 기대하시나요?

버핏 보유 증권의 미실현 이익에서 비롯되는 이연법인세 액수가 많습니다. 지금 정확한 숫자를 제시할 수는 없지만 증권의 미실현 이익은 600억 달러이고 이연법인세는 210억 달러 정도로 추정합니다. 추가 감가상각에서도 현금흐름이 발생합니다. 철도회사는 세무회계용 감가상각비가 재무회계용 감가상각비보다 훨씬 많습니다. 이연법인세는 당장 납부할 필요는 없지만 임의로 사용할 수 있는 현금도 아닙니다. 대체로 버크셔의 현금흐름은 순이익에 플로트 증감분을 더한 금액이라고 생각합니다. 그동안 증가한 플로트가 800여억 달러였으므로 우리는 여기에 순이익을 더한 금액을 투자할 수 있었습니다.

앞으로도 철도 사업과 에너지 사업에는 장기간에 걸쳐 실제 감가상각비보다 훨씬 많은 금액을 지출할 것입니다. 다른 사업에서는 인플레이션이 발생하지 않는 한 감가상각비 규모가 크게 변동하지 않을 것입니다. 요컨대 자본이득을 제외한 순이익 약 170억 달러에 플로트 증감분이 버크셔가 투자할 수 있는 현금이 됩니다. 물론 우리는 언제든 증권을 매도해서 현금을 확보할 수도 있고 자금을 차입할 수도 있습니다. 흔히 사람들은 플로트의 진가를 깨닫지 못하지만 실제로 플로트는 대단히 중요합니다. 찰리와 나는 해마다 플로트를 늘려 버크셔의 주당 정상 수익력을 높이고 싶습니다. 우리는 매년 이익을 유보했습니다. 유보이익은 대폭 늘어나는 해도 있고 소폭 늘어나는 해도 있었는데 앞으로도 변동성이 클 것입니다.

멍거 우리처럼 우위를 확보한 기업은 극소수에 불과합니다. 버크셔는 사업 기간 내내 쏟아져 들어오는 자금을 계속해서 효율적으로 사용하면서 계속해서 성장했습니다. 우리 시스템은 매우 훌륭합니다. 이 시스템을 바꿀 생각이 없습니다.

버핏 우리는 실수를 많이 했습니다. 그러나 미국 기업들의 실적이 매우 훌륭했던 덕분에, 아주 똑똑하지 않아도 근사한 성과를 거둘 수 있었습니다. 지능을 조금 더 보태면 우리는 정말로 훌륭한 실적을 얻을 수 있습니다.

멍거 그러나 어리석은 행동을 해서는 절대 안 됩니다. 어리석은 행동만 하지 않으면 똑똑할 필요도 없습니다.

Q 2016 초과 현금이 너무 많은데

버크셔 재무상태표의 제조, 서비스, 소매 섹션에 초과 현금이 그렇게 많은 이유는 무엇인가요?

버핏 버크셔는 모든 자회사에 초과 현금이 있습니다. 지금은 초과 현금이 우리 자회사 중 어디에 있든 중요하지 않습니다. 우리 보유 현금은 절대 200억 달러 미만으로 감소하지 않을 것이며 실제로는 이보다 훨씬 많은 금액이 될 것입니다. 크래프트 하인즈 우선주의 만기가 도래하면 현금은 600억 달러가 넘어갈 것입니다. 그 현금을 어느 자회사가 보유하는가는 크게 걱정할 문제가 아닙니다. 지금은 금리가 낮아서 어느 자회사가 보유해도 큰 차이가 없기 때문입니다. 그러나 금리가 상승한다면 우리는 각 자회사의 계좌를 정리할 것입니다. 하지만 버크셔 해서웨이 에너지와 BNSF가 보유한 현금에는 관심을 두지 않을 것입니다. 두 회사는 버크셔의 보증 없이 독자적으로 부채를 일으켜 자금을 조달합니다. 따라서 두 회사에 현금이 풍부해도 버크셔 본사에서는 관여하지 않을 것입니다. 그러나 금리가 일정 수준까지 상승하면 나머지 40~50개 자회사의 계좌를 정리할 것입니다.

멍거 질문자의 아이디어는 다른 기업들처럼 우리도 공급업체에 대한 대금 지급을 늦춰서 운전자본을 더 확보하자는 뜻으로 보이는군요.

버핏 요즘 기업들의 관심사입니다. 작년 월마트는 우리를 포함한 모든 공급업체를 방문해서 6개 항목에 동의해달라고 요청했습니다. 그중 하나가 지불 기간 연장이었습니다. 우리 자회사들은 각자 독립적으로 결정했습니다. 내 짐작으로는 다른 공급업체들보다 지불 기간을 더 연장해주었습니다. 원래 요청한 연장 기간이 30일에서 60일이었는지는 기억하지 못하지만 충분히 연장해주었습니다. 2년 뒤에는 월마트의 매출 대비 매출채권 비율이 상승할 것입니다. 현재 월마트는 아마존 등과 경쟁하면서 많은 압박에 시달리고 있습니다.

우리 자회사들 일부도 공급업체에 대해 지불 기간 연장을 검토할 수는 있지만 실행하지는 않을 것이라고 생각합니다. 버크셔는 현금 부족에 시달리지 않기 때문입니다. 우리 경영자들 대부분은 지불 기간 연장보다는 십중팔구 공급업체와의 관계 유지를 더 원할 것으로 생각합니다.

멍거 우리가 현금이 풍부할 때 현금 부족에 시달리는 공급업체를 배려해주면 호감을 살 수 있습니다. 공급업체와 고객들을 배려해서 항상 상생 관계를 유지하도록 노력하는 것도 좋은 방법입니다.

버핏 우리 플로트는 순조롭게 증가하고 있습니다.

멍거 우리는 필요 없으니 다른 회사가 플로트 부문에서 기록을 세우라고 합시다.

Q 2017 | BPS 1.2배 넘을 때도 자사주 매입하나?

당신이 보유 중인 A주의 향후 계획을 알고 싶습니다. 기부 약정에 따라 대부분 게이츠 재단(Gates Foundation)으로 간다고 들었습니다. 주가가 BPS의 1.2배가 넘을 때도 버크셔는 자사주를 매입하게 될까요?

버핏 최근 2년 동안 내가 기부한 금액은 매년 약 28억 달러였습니다. 애플 주식의 하루 거래 금액 정도이고 버크셔 시가총액의 0.7% 수준입니다. 다시 말하지만 자사주 매입 여부는 버크셔가 개별적으로 협상한 가격에 따라 결정될 것입니다. 나는 A주를 8,000~10,000주 보유한 대주주 몇 사람을 알고 있습니다. 전에 A주 1만 2,000주를 당시 시가에 대량 매매 방식으로 매수한 적이 있는데, 버크셔의 내재가치가 대폭 증가할 것으로 생각했기 때문입니다.

주가가 BPS의 120% 이내라면 자사주를 더 매입할 수 있습니다. 만일 BPS의 124% 가격에 대규모 매물이 나왔는데 주가가 여전히 내재가치보다 훨씬 낮은 수준이고 이사들이 아무 문제 없다고 판단하면, 당연히 자사주를 더 매입할 수 있습니다. 이렇게 대량 매매 방식으로 진행하는 자사주 매입은 시장 흐름에 지장을 주지 않을 것입니다. 내가 매년 7월 기부 약정에 따라 제공하는 주식이 시장 흐름에 지장을 주지 않듯이 말이죠.

일부 자선재단은 기부받은 주식을 한동안 상당 규모의 B주로 보유할 수도 있지만, 자금이 필요하므로 결국은 팔아야 합니다. 내가 죽은 뒤 대규모 의결권이 일정 기간은 유산 형태를 거쳐 신탁 재산으로 유지되겠지만 시간이 흐르면 감소할 것입니다. 장기적으로 버크셔의 지배구조에 아무 문제가 없을 것입니다. 다행히 의결권 상당수는 버크셔의 문화를 굳게 믿으며 (누군가 어떤 계획을 제시해 주가가 20%쯤 폭등하길 바라는 등) 요행 따위는 기대하지 않는 사람들에게 집중될 것입니다. 결국 내 의결권은 감소하게 됩니다.

현재 버크셔 주식은 유동성이 매우 양호합니다. 누군가 대규모 매물을 BPS의 122~124%에 내놓았는데 여전히 내재가치보다 훨씬 낮은 가격이라면, 나는 이사들에게 전화해서 우리 자사주 매입 기준을 변경해도 좋은지 물어볼 것입니다. 전에도 한 번 변경한 적이 있습니다. 장담하건대 만일 변경이 타당하다면 이사들이 허락할 것이고, 타당하지 않다면 허락하지 않을 것입니다. 우리는 대량 매매 방식의 자사주 매입에 아무 문제가 없으며 매도자 역시 거래에 아무 문제가 없다고 생각합니다. 아울러 우리의 자사주 매입 타당성 평가에도 문제가 없다고 봅니다.

멍거 더 보탤 말 없습니다.

Q 2017 버핏 이후의 자사주 매입에 대해

버핏이나 멍거가 세상을 떠난 뒤 매도 압박에 의해 버크셔 주가가 자사주 매입에 적합한 수준까지 하락한다면, 이사회는 자사주를 매입할까요? 주주들을 이용하는 행위라고 생각하지는 않을까요?

버핏 저평가되었을 때 이사회가 자사주를 매입하는 것은 주주들을 이용하는 행위가 아니라고 나는 생각합니다. 사실은 이사회가 자사주를 매입할 수 있는 유일한 방식입니다. 찰리와 내가 훨씬 젊었던 시절에는 사람들이 더 공격적으로 자사주를 매입한 사례도 있습니다. 당시에는 지금보다 자사주 매입이 훨씬 더 타당했습니다. 사람들은 주가를 압박하려고 다양한 기법을 동원했습니다. 잘못된 정보를 포함한 다양한 기법으로 동업자들이 헐값에 주식을 팔도록 유도했습니다. 부끄러운 일이지요.

우리 이사회는 그런 짓을 하지 않을 것입니다. 나는 우리 주가가 더 상승할 것으로 봅니다. 오늘 내가 죽는다면 내일 주가는 상승할 것입니다. 기업 분할 등 온갖 추측이 난무할 것입니다. 월스트리트에서 그럴듯한 이야기가 돌겠지요. 기업의 일부를 분할하면 기업을 통째로 팔 때보다 더 높은 가격을 받는다는 이야기가 나오면서 주가가 일시적으로 상승할 것입니다. 나는 그렇게 추측합니다.

어떤 이유에선가 주가가 자사주 매입에 매력적인 수준까지 하락하더라도, 우리 이사회는 잘못된 정보를 퍼뜨리는 등 부끄러운 짓은 절대 하지 않을 것입니다. 매도하는 주주들은 자사주 매입 덕분에 다소 높은 가격을 받을 것입니다. 그리고 계속 보유하는 주주들은 혜택을 얻을 것입니다. 나는 자사주 매입이 틀림없이 주주에게 유리하다고 생각합니다. 이사회는 주주 친화적으로 행동할 것입니다.

멍거 버핏과 내가 갑자기 멍청해질 수는 있어도 우리 이사회가 멍청해지지는 않을 것으로 생각합니다.

버핏 나도 그렇게 생각합니다.

Q 2018 버크셔의 배당 지급 가능성

보유 현금이 1,500억 달러 이상이고 인수할 기업이 없다면 배당을 지급할 생각인가요?

버핏 그 시점에 가장 효과적인 방법이 무엇인지 생각할 것입니다. 버크셔 주가가 내재가치보다 낮다면 자사주 매입이 배당보다 나을 것입니다. 반면 주가가 내재가치보다 높다면 자사주 매입은 기존 주주에게 불리합니다. 우리는 어떤 방법이든 가장 합리적인 것을 선택하겠습니다. 과거 우리 B주 주주들은 47 대 1로 배당 지급에 반대한 바 있습니다. 우리 이사들은 버크셔 주식을 대규모로 보유 중이고 경영자들 역시 그러하며 모두 주인처럼 생각합니다.

장래에도 지금처럼 저금리가 계속 유지되지는 않을 것이며 기업 인수 가격이 계속 높지도 않을 것이므로 기업 인수 기회가 나타날 것입니다. 우리가 대규모 특별 배당을 지급할 가능성은 매우 낮습니다.

멍거 기존 시스템이 지금처럼 잘 작동한다면 바꿀 필요가 있을까요? 물론 상황이 바뀌면 우리도 생각을 바꿀 수 있습니다. 이미 여러 번 그런 경험이 있습니다. 그러나 쉽지는 않더군요.

Q 2018 애플의 대규모 자사주 매입에 대해

애플의 대규모 자사주 매입에 대해 어떻게 생각하시나요? 1,000억 달러는 막대한 금액인데요.

버핏 나도 1,000억 달러는 막대한 금액이라고 생각합니다. 애플은 놀라운 소비자 제품을 보유하고 있습니다. 이 제품에 대해서는 나보다 여러분이 훨씬 잘 압니다. 자사주 매입은 주가가 내재가치보다 낮고, 여유 자금이 있으며, 매력적인 기업 인수 기회가 없을 때만 해야 합니다.

현재는 500~2,000억 달러 규모로 애플이 적절한 기업을 합리적인 가격에 인수하기가 매우 어렵습니다. 그래서 우리는 애플의 자사주 매입을 환영합니다. 현재 우리가 보유한 애플 지분이 약 5%인데, 시간이 흐르면 자사주 매입 덕분에 6~7%로 증가할 수 있으니까요. 한 푼 안 들이고도 우리 지분이 늘어난다고 생각하면 기쁠 수밖에요. 이는 애플의 제품이 탁월하고, 애플의 생태계가 대단히 광범위하며, 원칙을 철저하게 고수하기 때문에 가능한 것입니다. 나는 애플 주가가 내려가서 우리가 더 매수할 수 있으면 좋겠습니다. 팀 쿡은 자사주 매입, 배당 지급, 기업 인수가 얽힌 복잡한 문제를 매우 간단하게 풀어낼 수 있습니다.

멍거 일반적으로 말해서 기업들이 필사적으로 인수한 기업은 시간이 지나면 가치가 떨어집니다. 자사주 매입이 항상 옳다고 보지는 않지만 현금이 남아돌 때는 기업 인수보다 자사주 매입이 십중팔구 낫습니다. 물론 단지 주가를 높이려고 하는 자사주 매입은 미친 짓이며 부도덕한 행위지만, 그런 경우가 아니라면 자사주 매입은 좋은 일입니다.

Q 2019 주가 하락에도 자사주를 매입하지 않은 이유

2018년 3분기 버크셔는 평균 207달러에 자사주를 약 10억 달러 매입했습니다. 그러나 2018년 12월부터 2019년 4월까지 주가가 대폭 하락했습니다. 현금을 약 1,100억 달러나 보유했는데도 자사주를 대량으로 매입하지 않은 이유는 무엇인가요?

버핏 보유 현금이 1,000억 달러든 2,000억 달러든 버크셔의 자사주 매입 방식은 크게 달라지지 않습니다. 전에는 자사주 매입 기준이 PBR이었습니다. 그러나 이제는 남아 있는 주주들에게 이익이 되는 주가라고 판단될 때만 자사주를 매입합니다. (중략)

올해 1분기에 매입한 자사주는 10억 달러 남짓입니다. 이는 주가가 자사주 매입에 적당했다는 의미일 뿐, 우리가 양껏 매입했다는 뜻은 아닙니다. 1분기에 자사주를 매입한 이후 남아 있는 주주들의 재산은 이전보다 증가했다고 생각합니다. 그러나 그 차이가 크지는 않을 것입니다. 버크셔 주가가 내재가치보다 25~30% 낮고 더 나은 투자 대안이 없다면 자사주 매입에 거액을 투입할 수도 있습니다. 그러나 자사주를 매입해도 주주들의 재산이 증가하지 않는다고 판단되면 우리는 단 한 푼도 쓰지 않을 것입니다.

멍거 앞으로는 자사주 매입에 더 너그러워질 듯합니다.

Q 2019 현금보다 인덱스펀드가 낫지 않나?

버크셔는 초과 현금 중 200억 달러만 현금으로 보유하고 나머지는 인덱스펀드에 투자하는 편이 낫지 않나요?

버핏 지극히 훌륭한 질문입니다. 내 후계자가 채택하고 싶을 법한 대안이군요. 나도 단기 국채보다는 인덱스펀드를 선호합니다. 그러나 우리가 이 전략을 2007~2008년에 실행했다면 2008~2009년 말에 자금을 원하는 대로 사용하기 어려웠을 것입니다. 자금 규모가 10~20억 달러라면 모르겠지만 1,000~2,000억 달러일 때는 단기 국채로 보유하지 않으면 원하는 시점에 사용하기가 어렵습니다. 하지만 지극히 합리적인 의견입니다. 특히 지난 10년 동안 이어진 강세장을 돌아보면 확실히 눈에 띄는 전략입니다.

장래에 버크셔가 거액을 운용할 때는 그 방법도 합리적이라 생각합니다. 그러나 매우 신속하게 1,000억 달러를 지출해야 하는 상황이 올 수도 있으며 그때는 단기 국채가 인덱스펀드보다 훨씬 낫습니다. 우리는 그런 기회가 올 것으로 생각합니다. 그때 다른 사람들은 자본을 배분할 형편이 되지 않을 것입니다.

멍거 내가 다른 사람들보다 더 보수적이라는 점은 인정합니다. 하지만 그래도 괜찮다고 생각합니다. 지나고 보면 S&P500보다 더 유리한 투자 기회도 많았습니다. 하지만 당시에는 절호의 기회에 대비해서 현금을 보유해야 했습니다. 우리처럼 거대한 기업이 현금을 다소 넉넉하게 보유하는 것은 잘못이 아니라고 생각합니다. 하버드대학은 학부모가 선납한 수업료 등 거액의 현금을 모두 털어 사모펀드에 투자했으나 시점을 잘못 선택한 탓에 2~3년 큰 고통에 시달렸습니다. 우리는 하버드대학처럼 시달리고 싶지 않습니다.

버핏 절호의 기회를 잡으려면 거액을 매우 신속하게 동원할 수 있어야 합니다. 물론 그런 기회가 자주 오는 것은 아닙니다. 그러나 향후 20~30년 동안 하늘에서 금이 비처럼 쏟아지는 기회가 두세 번 올 것입니다. 그때는 빨래통을 들고 밖으로 뛰어나가야 합니다. 하지만 그때가 언제인지 알 수 없으므로 우리는 막대한 자금을 보유하고 있어야 합니다.

Q 2020 코로나19 때 매수에 나서지 않은 이유

지난 세계 금융위기 기간에 버크셔는 일종의 최종 대부자 역할을 했습니다. 이번에는 왜 그런 역할을 하지 않았나요?

버핏 매력적인 투자 기회를 발견하지 못했기 때문입니다. 솔직히 말하면 연준이 매우 신속하게 적절한 대응 조처를 했기 때문입니다. 이에 대해 경의를 표합니다. 덕분에 자금이 필요했던 많은 기업이 최근 매우 용이하게 자금을 조달할 수 있었습니다. 그래서 우리는 좋은 기회를 찾을 수가 없었습니다.

상황은 곧바로 바뀔 수도 있고 바뀌지 않을 수도 있습니다. 2008~2009년 우리가 기업에 자금을 제공한 것은 세상에 우리를 알리려는 목적이 아니었습니다. 자금 제공이 현명한 일이라고 생각했고 시장에 경쟁자도 많지 않았기 때문입니다. 그러나 그때 자금 제공을 4~5개월 뒤에 했다면 우리에게 훨씬 유리했을 것입니다. 내가 자금을 제공한 시점은 형편없었지만 그래도 매우 매력적인 기회가 많아서 좋은 성과를 거둘 수 있었습니다. 시장이 공황 상태여서 자금을 제공하려는 경쟁자가 없었기 때문입니다.

최근 미국에 코로나19가 발생했을 때도 주식시장은 한동안 공황 상태였습니다. 자금시장도 얼어붙고 있었습니다. 그러나 연준이 대응에 나서자 상황이 급변했습니다. 하지만 다음 주, 다음 달, 내년에 어떤 일이 발생할지 누가 알겠습니까. 나도 모르고 연준도 모르고 아무도 모릅니다. 향후 펼쳐질 시나리오는 매우 다양합니다. 시나리오에 따라 우리는 많은 자금을 제공할 수도 있고 아닐 수도 있습니다. 지금은 자금을 조달하기 좋은 시점이므로, 자금을 제공하기에는 나쁜 시점입니다. 미국에는 좋은 일이지만 버크셔에는 좋은 일이 아닙니다. 우리도 자금을 다소 조달했지만 말이지요. 아무튼 우리는 언행이 일치합니다.

Q 2020 후계자들의 자본 배분 능력

그레그에게 하는 질문입니다. 버크셔가 강세장에서는 S&P500을 능가하지 못하겠지만 현재와 같은 하락장에는 막대한 보유 자금을 이용해서 좋은 실적을 내리라 기대합니다. 버핏과 멍거가 떠난 뒤에도 버크셔는 이런 투자 기법을 유지할 수 있을까요?

에이블 워런과 찰리가 떠난 뒤에도 버크셔의 문화는 바뀌지 않을 것이라고 생각합니다. 물론 워런과 찰리보다 뛰어나지는 않지만 그래도 이들 못지않게 유능한 인재들이 있으며 이들은 매우 신속하게 기회를 포착할 수 있습니다. 하지만 워런과 찰리는 우리의 엄청난 강점이므로 지금처럼 계속 있어주길 바랄 뿐입니다. 워런?

버핏 현재의 투자 기법을 유지할 것입니다. 그레그, 토드, 테드는 기업을 인수하는 안목이 탁월하므로 자본 배분을 훌륭하게 해낼 것입니다. 찰리와 나는 20년 이상 알고 지낸 경영자들이 있으므로 가끔 인수 문의를 받습니다. 그러나 세 사람이 아는 경영자가 훨씬 더 많습니다. 세 사람의 사고방식은 과거 찰리와 나의 사고방식과 똑같으며 에너지는 더 넘칩니다.

그러므로 세 사람이 자본 배분을 하면 찰리와 내가 하는 방식보다 훨씬 더 개선될 것입니다.

Q 2020 아지트 자인을 자본 배분에서 제외한 이유

앞에서 자본 배분 업무에 대해 말하면서 아지트 자인을 빼놓은 이유는 무엇인가요?

버핏 자인은 자본 배분 업무에 참여하지 않습니다. 아지트의 능력은 단연 세계 최고 수준입니다. 20년 전 나는 아지트의 아버지에게, 아지트와 비슷한 아들이 또 있으면 내게 보내달라고 편지를 보낼 정도였습니다. 아지트는 정말이지 유례를 찾기 힘든 인물입니다. 그러나 그의 역할은 자본 배분이 아니라 보험 위험 평가입니다. 그는 희귀한 재능을 발휘하면서 막대한 자본을 활용하고 있으므로 지극히 소중한 자산입니다. 반면 그레그, 토드, 테드는 장기간 본격적으로 자본 배분 업무를 담당했습니다. 자본 배분은 이들의 업무입니다. 보험은 아지트의 업무이고요. 그래서 자본 배분 업무에 대해서는 세 사람만 언급한 것입니다.

찰리와 나도 버크셔를 떠나기 전까지는 자본 배분 업무를 담당할 것입니다. 우리가 자발적으로 버크셔를 떠나지는 않겠지만 십중팔구 머지않아 비자발적으로 떠나게 되겠지요. 다행히 찰리와 나 모두 건강 상태가 좋습니다.

Q 2020 자사주 매입에 반대하는 주장에 대해

최근 자사주 매입에 반대하는 주장이 나오고 있는데 어떻게 생각하나요?

버핏 지금은 자사주 매입에 대한 반대가 정치적으로 정당한 주장이라고 생각합니다. 자사주 매입에 대해서는 터무니없는 주장이 많습니다. 그러나 자사주 매입의 개념은 매우 단순해서, 주주들에게 현금을 분배하는 것과 같습니다. 예컨대 당신, 그레그, 나 셋이서 각각 100만 달러씩 투자해 맥도날드(McDonald's) 대리점 하나를 인수했다고 가정합시다. 이후 대리점은 순조롭게 성장 중인데 동업자 셋 중 하나는 대리점의 이익 일부를 회수하고자 하고 둘은 이익을 계속 재투자하고자 합니다. 이때는 대리점 이익을 모두 배당으로 지급할 수도 없고, 배당을 동결해서도 안 됩니다. 이때 합리적인 방법은 이익을 회수하려는 동업자가 원하는 만큼 자사주를 매입하는 것입니다. 그러면 이 동업자는 원하는 만큼 이익을 회수할 수 있고 나머지 동업자 둘은 대리점에 대한 지분이 그만큼 증가하게 됩니다. (중략)

나는 주주들이 원치 않는다면 누구에게도 억지로 현금을 분배하지 않습니다. 대신 이익을 모두 버크서에 재투자합니다. 그러나 성장에 필요한 자금을 지출하고도 남은 자금 중 일부는 자사주 매입을 통해 주주들에게 분배했습니다. 기업이 자사주 매입을 결정하는 원칙은 두 가지여야 합니다. 첫째, 건전한 성장에 필요한 자금은 유보해야 합니다. 둘째, 주가가 내재가치보다 훨씬 낮을 때 자사주를 매입해야 합니다. JP모간의 제이미 다이먼도 이런 원칙을 발표했고 우리도 여러 번 언급했습니다.

우리는 앞으로도 남아 있는 주주들에게 유리할 때만 자사주를 매입할 것입니다. 그러나 자사주 매입에 50억 달러를 지출하게 될지 100억 달러를 지출하게 될지는 미리 말할 수가 없습니다. 이는 우리가 올해 기업 인수에 얼마를 지출하게 될지 알 수 없는 것과 같습니다. 둘 다 가격이 중요하기 때문입니다. 하지만 적절한 상황에서는 자사주 매입을 꺼리지 않을 것입니다.

그런데 유행에 편승해서 자사주를 매입하는 기업도 있습니다. 이런 자사주 매입도 남아 있는 주주들에게 유리하다면 아무 문제가 없습니다. 그러나 남아 있는 주주들에게 불리하다면 매우 어리석은 짓입니다. 우리는 성장과 재무 건전성을 넉넉히 유지하고도 남는 자금으로 내재가치보다 낮은 가격에 자사주를 매입하는 기업들을 좋아합니다.

주가가 내재가치보다 낮은 상태라면 자사주 매입을 하지 않는 것이 오히려 커다란 실수라고 생각합니다. 버크셔는 주주들에게 유리한 방식을 선택할 것입니다. 우리는 우리처럼 생각하는 기업에 즐겨 투자합니다. 그러나 모든 기업이 우리처럼 생각하지는 않습니다.

Q 2020 버크셔 주가가 전보다 30% 낮은데

지난 3월에는 버크셔 주가가 1월과 2월 자사주 매입 시점보다 30%나 하락했는데도 왜 자사주를 매입하지 않았나요?

버핏 지난 3월 주가가 30% 하락한 기간은 매우 짧았습니다. 그리고 지금은 버크셔 주가가 내재가치보다 훨씬 낮다고 생각하지도 않습니다. 케인스도 말했듯이 상황이 바뀌면 내 생각도 바뀝니다. 지금이 3개월, 6개월,

9개월 전보다 자사주 매입에 훨씬 매력적이라고 생각하지는 않습니다. 향후 상황을 지켜볼 것입니다. 버크셔의 내재가치가 1년 전보다 감소했습니다. 내가 항공사 주식을 매수한 것은 실수였습니다. 그 밖에도 비슷한 실수들이 있었습니다. 그래서 지금은 과거처럼 자사주 매입이 매력적이지 않습니다.

Q 2021 자사주 매입이 주가 조작?

최근 저명한 상원의원이 자사주 매입을 일종의 주가 조작으로 분류했는데 어떻게 생각하시나요?

버핏 일부 동업자가 현금을 원할 때 비용을 절감하면서 현금을 분배하는 방법이 있습니다. 예컨대 동업자 4명이 100만 달러씩 출자해서 회사를 설립하여 데어리퀸 대리점 몇 개를 인수했다고 가정합시다. 이후 대리점의 실적이 좋아서 3명은 추가로 대리점을 인수하고자 하나 1명은 현금을 회수하여 나가려고 합니다. 이 문제를 해결하는 방법은 두 가지인데, 하나는 4명 모두에게 배당을 지급하는 것입니다. 3명은 배당을 원치 않더라도 말이지요. 나머지 하나는 적정 가격에 자사주를 매입하는 방법입니다. 그러면 1명은 적정 가격에 지분을 넘기고 나가게 됩니다.

이런 자사주 매입을 비난하는 주장은 도무지 이해할 수가 없습니다. 남으려는 사람과 떠나려는 사람 모두에게 유용한데도 말이지요. 실제로 전에 버크셔 주주 대다수는 배당 지급에 반대했습니다. 물론 배당 재투자가 유리하다고 우리가 홍보한 영향도 있습니다. 우리는 이런 무배당 원칙을 57년 동안 고수했고, 우리 개인 주주들 다수는 버크셔 주식을 죽을 때까지 계속 보유하려고 합니다. 이제는 상황이 바뀌어 생각이 달라졌을지도 모르지만 주주 대부분은 계속 재투자를 원합니다.

60년 전에 사람들이 찾아와서 우리에게 거액을 맡겼습니다. 이는 단지 노후를 대비한 저축이 아니라 타고난 투자 성향이었습니다. 지금은 아마 거액이 자선단체로 갔을 것입니다. 주주 중 대다수는 재투자를 원하고 극소수만 현금을 회수해서 나가고자 하는 상황이라면 과연 어떤 방법이 합리적일까요? 대부분 주주에게 유리한 공정 가격으로 주식을 매입해주는 방법일 것입니다. 상장주식이라면 시장이 적정 가격을 알려줍니다. 찰리?

멍거 자사주를 터무니없이 높은 가격에 매입하는 것은 매우 부도덕한 행위입니다. 그러나 기존 주주들에게 유리하도록 자사주를 적정 가격에 매입하는 것은 매우 도덕적인 행위이며, 이를 비난하는 사람들은 미친 사람들입니다.

Q 2022 자사주 매입 규모를 결정하는 공식

2년 전부터 당신은 자사주를 대량으로 매입했는데 그 규모가 월 10~30억 달러였습니다. 제가 추정하는 매입 규모는 주가가 내재가치보다 20% 낮을 때는 월 30억 달러, 10% 낮을 때는 20억 달러, 0~10% 낮을 때는 10억 달러인데 대강 맞나요? 매입 규모에 영향을 주는 다른 요소가 또 있나요?

버핏 당신의 추정은 틀렸습니다. 지난 3~5개월 동안 누군가 500억 달러 규모의 주식을 제안했다면 우리가 샀을 것입니다. 답은 아주 간단합니다. 앞에서도 언급했지만 4월에는 자사주 매입을 하지 않았습니다. 우리는 가치평가와 다른 투자 대안을 고려해도 남아 있는 주주들에게 유리하다고 생각할 때 자사주를 매입합니다. 그렇지 않으면 자사주를 매입하지 않습니다. 우리가 마음에 드는 기업 인수와 자사주 매입 사이에서 선택할 때는 보유 자금 규모가 중요한 요소이긴 하지만 대개 기업 인수를 선택합니다. 우리는 밤늦게까지 공식을 계산하지는 않습니다. (중략)

월요일에 거의 틀림없이 버크셔 주식이 거래되겠지만 우리는 매입하지 않을 것입니다. 언젠가 자사주를 매입할 좋은 기회가 또 오면 조금 더 매입할 것입니다. 버크셔 주주들은 너무 똑똑합니다. 그래서 자사주 매입을 하고 싶어도 쉽지 않습니다. 하지만 어떤 주주도 축출하고 싶지 않습니다. 그러나 계속 남아 있는 주주들을 위해서 주식의 가치를 높이는 것도 우리의 역할입니다. 자사주 매입은 복잡하지 않으며, 우리는 할 때도 있고 하지 않을 때도 있을 것입니다.

자사주 매입을 결정하는 공식은 없습니다. 그러나 앞에서 설명했듯이 원칙은 있습니다. 아마 내 후임자, 그리고 그의 후임자도 자사주 매입에 관한 생각이 비슷할 것입니다. 우리는 합리적이면서 버크셔에 헌신적인 사람들을 찾고 있기 때문입니다.

Q 2023 현금 1,000억 달러가 넘는 상황의 자본 배분

2010년 주주총회에서 "당신이 청중이라면 어떤 질문을 하시겠습니까?"라는 질문을 받았을 때, 당신은 "나라면 버크셔에서 창출하는 현금을 앞으로도 장기간 계속 사용할 수 있는지 질문하겠습니다"라고 대답했습니다.

현금을 1,000억 달러 넘게 보유한 지금도 장래 현금 사용에 대해 낙관하시나요? 아니면 현금을 분배할 시점이 다가온다고 생각하시나요?

버핏 버크셔 주가가 우리가 생각하는 가치보다 낮다면 현금을 분배하는 것도 좋은 방법이 될 수 있습니다. 그러나 우리가 정말로 좋아하는 방법은 훌륭한 기업을 사는 것입니다. 훌륭한 기업을 500억 달러, 750억 달러, 1,000억 달러에 살 수 있다면 살 것입니다. 우리는 훌륭한 기업을 살 수 있으며 이 말은 믿어도 됩니다.

그러나 상장기업은 인수하기가 어렵습니다. 상장기업에 인수를 제안하면서 가격을 제시하면 수개월 후 인수 대상 기업 주주들이 표결해서 조건을 발표합니다. 그러나 그 조건을 받아들이려 해도 다른 기업이 더 좋은 가격 등 온갖 조건을 제안하면 인수 대상 기업은 빠져나갈 수 있습니다. 그러면 델라웨어 법원의 결정에 따라 우리는 위약금 1~2%만 받는 것으로 거래가 무산될 수 있습니다. 이것이 법입니다.

그러므로 비상장기업을 인수하는 편이 더 쉽습니다. 규모가 큰 비상장기업은 그다지 많지 않습니다. 그러나 적절한 상황이 펼쳐졌을 때 대규모 기업을 인수할 수 있는 기업도 우리뿐입니다. 간혹 매우 훌륭한 기업들도 매출채권 회수 등이 부진하여 자금이 부족할 때 자금 조달까지 매우 어려워지는 상황에 직면하기도 합니다. 바로 이때가 티파니(Tiffany)나 할리데이비슨(Harley-Davidson)처럼 훌륭한 기업들이 우리에게 전화하는 시점입니다.

2008년에는 아주 많은 기업이 우리에게 전화했습니다. 또 우리가 전화를 받게 될지는 모르지만 이런 상황은 다시 발생할 수 있습니다. 그러나 그런 상황에서 기업이 전화할 수 있는 곳은 극소수에 불과합니다. 그리고 일부는 기업 매각은 원치 않으면서 단지 50억, 100억, 200억 달러만 빌려 달라고 합니다.

이런 상황에서는 우리 주주들 역시 주식을 지나치게 낮은 가격에 매도할 수도 있습니다. 그러나 우리가 그런 헐값 매도를 유도하는 일은 절대 없을 것입니다. 우리는 사업 현황을 사실대로 주주들에게 알려드릴 것입니다. 그리고 시장 상황이 허락한다면 자사주를 500억 달러 매입할 것입니다.

세계 경제의 흐름은 두고 보면 알겠지만 우리에게 과거처럼 기회가 많지는 않을 것입니다. 그래도 단기 국채의 수익률이 5%가 넘으므로, 우리가 현금 1,300억 달러를 보유하더라도 망하지는 않을 것입니다. 장래에는 수익률이 하락할 것이라고 모두 말하지만 나는 앞으로 수익률이 어떻게 될지 전혀 모르겠습니다.

1981~1982년에는 우대금리가 21.5%까지 상승했습니다. 사람들은 금리가 통제에서 완전히 벗어날 것이라고 걱정했습니다. 그러나 당시 연준 의장이었던 폴 볼커(Paul Volcker)가 금리 상승을 막았습니다. 그때 볼커가 없었다면 어떤 일이 벌어졌을지 아무도 모릅니다. 아무튼 우리는 버크셔를 무난하게 경영하고 있습니다. 아마 무난한 수준보다는 조금 나을 것입니다. 찰리?

멍거 아마 괜찮은 수준은 되겠지요.

Q 2024 현금 1,820억 달러를 운용하지 않는 이유는?

지금 당신은 현금 1,820억 달러를 깔고 앉아 있는데 무엇을 기다리고 있나요? 일부라도 운용하는 편이 낫지 않나요?

버핏 매우 쉬운 질문이군요. 이 테이블 앞에 있는 사람들은 그 돈을 효과적으로 사용할 방법을 몰라서 사용하지 않고 있습니다. 지금 우리는 단기 금리가 5.4%인 상황에서 사용하지 않고 있는데, 단기 금리가 1%여도 우리는 사용하지 않을 것입니다. 나는 사용하지 않는 편이 낫다고 봅니다. 우리는 공이 마음에 드는 코스로 들어올 때만 스윙을 합니다. 공 두 개를 걸러 보냈다고 해서 세 번째 공에 꼭 스윙을 해야 하는 것은 아닙니다.

지금은 100억 달러 규모조차 운용하고 싶지 않습니다. 자금 규모가 1,000만 달러라면 찰리나 내가 운용해서 높은 수익률을 얻을 수 있습니다. 매우 작은 규모라면 운용할 기회가 자주 오니까요. 그러나 100억 달러라면 지금은 기회가 잘 보이지 않습니다. 우리가 투자해서 높은 수익률을 얻었던 일본 기업과 같은 투자 기회가 보이지 않습니다. 나는 단식투쟁 같은 행위를 하는 것이 아닙니다. 지금은 매력적인 기회가 보이지 않아서 상황 변화를 지켜보고 있습니다.

Q 2025 현금성 자산을 최고 수준으로 유지하는 이유

버크셔는 현금과 단기 국채를 합해서 3,000억 달러 넘게 보유하고 있습니다. 이는 총자산의 약 27%로서, 지난 25년의 평균 비율 13%와 비교하면 역대 최고 수준이며, 미국 국채의 5%에 육박합니다. 이는 현재 고평가된 시장에 대응해서 위험을 축소하는 전략인가요, 아니면 후계자 그레그 에이블에게 자본 배분의 재량권을 최대한 제공하려는 목적인가요? 그리고 앞으로 좋은 투자 기회가 온다고 보시나요?

버핏 나는 그레그가 멋지게 보이게 하려고 투자를 보류하는 고상한 행위 따위는 절대 하지 않을 것입니다. (웃음소리) 그레그가 나보다 훌륭해 보인다면 불쾌하니까요. 사실은 얼마 전까지만 해도 우리는 100억 달러를 거의 지출할 뻔했습니다. 우리는 1,000억 달러 지출도 어렵지 않게 결정할 수 있습니다. 제안이 타당하고, 이해할 수 있으며, 가치가 있고, 손실 우려가 없다면 말이지요.

문제는 그런 투자 기회가 절대 질서정연하게 찾아오지 않는다는 점입니다. 환상적인 장기 실적은 질서정연하게 찾아오는 기회로 달성되지 않습니다. 내게는 매년 200거래일씩 80년 동안 1만 6,000거래일이 있었습니다. 매일 똑같이 매력적인 기회가 예컨대 네 번씩 온다면 좋겠지요. 그렇다면 그런 기회에 우리가 거래한 횟수에 따라 실적이 결정될 것입니다. 그러나 우리가 하는 사업은 그런 방식이 아닙니다.

우리는 기회를 대단히 신중하게 선별합니다. 찰리는 내가 너무 많은 일을 벌인다고 항상 생각했습니다. 우리가 평생 50가지 일을 하는 대신 5가지만 한다면 최종 실적이 더 좋을 것이라고 말했습니다. 우리는 항상 집중력이 부족했다고 보았습니다. 나는 현재 우리가 보유한 국채가 3,350억 달러가 아니라 500억 달러 정도라면 좋겠습니다.

그러나 우리는 사업을 그런 방식으로 진행하지 않습니다. 우리는 그동안 많은 돈을 벌었지만, 항상 전액을 투자하고 싶지는 않습니다. 소극적 투자자라면 몇 가지 단순한 자산에 투자해서 평생 보유하는 방식도 나쁘지 않다고 생각합니다. 그러나 우리는 사업을 하기로 했으므로, 매우 불규칙한 방식으로 투자하여 조금 더 좋은 실적을 낼 수 있다고 생각합니다. 그러므로 보유한 국채가 500억 달러로 감소할 때까지 우리가 매년 500억 달러씩 투자한다면, 이는 세상에서 가장 어리석은 방식이 될 것입니다.

시장의 장기 추세는 우상향이지만 가끔은 대단히 매력적인 기회가 옵니다. 그때가 언제인지는 나도 모르고 그레그도 모르며 아지트도 모릅니다. 시장이 내일, 다음 주, 다음 달에 어떻게 될지 아무도 모르며, 사업이 내일, 다음 주, 다음 달에 어떻게 될지 아무도 모릅니다. 그런데도 사람들은 항상 이런 이야기만 합니다. 말하기는 쉬우니까요. 하지만 그런 이야기는 가치가 없습니다. 그런 이야기를 하는 사람이 누구라도 나는 귀를 기울인 적이 없습니다.

반면 내가 (지금은 글자가 너무 작아서 읽을 수 없지만) 일본 기업이 실린 편람의 페이지를 넘기는 것은 보물찾기와 같았습니다. 가끔 중요한 기회를 발견하게 되고, 아주 가끔은 현금을 보유해서 다행이다 싶을 만큼 좋은 기회가 쏟아지기도 합니다. 그때는 다음 주가 될 수도 있고 5년 후가 될 수도 있지만, 50년 후는 아닐 것입니다. 그때가 내일이라면 훨씬 흥미롭겠지만, 그럴 가능성은 매우 낮습니다. 그래도 5년 안에는 기회가 오기 쉬우며, 시간이 흐를수록 확률이 높아집니다. 마치 죽음처럼 말이지요.

예컨대 10세인 사람이라면 이튿날 죽을 확률이 매우 낮지만, 115세이며 특히 남자라면 죽을 확률이 매우 높은 것처럼 말입니다. 온갖 장수 기록은 여자들이 보유하고 있습니다. 그래서 나는 찰리가 더 오래 살 수 있도록 성전환을 시키려 했습니다. (웃음소리)

버크셔 해서웨이,
60년에 걸쳐 완성한 자본 배분 기계

워런 버핏의 버크셔 해서웨이는 전 세계에서 가장 주주 친화적인 기업으로 꼽힌다. '자본주의의 우드스톡'이라는 별명이 붙은 주주총회에는 매년 3~4만 명이 운집해 팬 미팅을 방불케 하는 광경을 연출한다. 버크셔는 버핏이 경영권을 확보한 1965년 이후 60년 동안 주가가 연평균 19.9%, 총 550만% 상승했다(2024년 말 기준). 버핏이 버크셔의 조종간을 잡은 이후 지금까지 한때 찬란했던 기업이 무수히도 역사의 뒤안길로 사라졌지만, 버크셔는 시간이 흐를수록 빛을 발했다.

그런데 버크셔는 몹시 초반에 딱 한 번(1967년)을 제외하면 주주에게 배당을 지급한 적이 없다. '주주 자본주의의 화신'으로 칭송받는 버크셔와 버핏이 아니었던가. 2025년 현재 한국에서 진행 중인 주주환원·권리 강화 담론의 논지에 비추어 보면 언뜻 양립 불가한 이야기처럼 들린다.

배당은 없었지만 버크셔는 광의의 주주환원에 속하는 자사주 매입은 적극 실행해왔다. 다만 버핏이 여러 번 강조했듯 몇몇 실행 조건을 붙여뒀기에 무조건적 당위성 차원에서 가치를 두지는 않았다. 요약건대 버핏은 다른 자본 배분 선택지를 모두 고려하고 비교해 기대수익률이 가장 높은 곳에 투자했고, 자사주 매입도 검토 대상으로서 예외가 아니었다.

"다른 기업의 주식을 매입할 때 과도한 가격을 지불하면 안 되듯이, 버크셔 자사주를 매입할 때도 과도한 가격을 지불하면 가치를 파괴하는 셈

이 됩니다."(자사주 매입, 2021)

알다시피 기업이 택할 수 있는 자본 배분 방법은 크게 다섯 가지다. 즉 사업 재투자와 부채 상환, 다른 기업 인수, 배당, 자사주 매입이다. 그런데 투자자, 특히 전문 투자자는 투자한 기업이 자본 배분을 잘했는지 못했는지 외부자로서 평가할 때가 훨씬 많다. 물론 자기 투자회사의 자본을 어떻게 배분할지도 결정할 것이다. 하지만 사업 자체가 투자업인 데다가 인건비 비중이 압도적으로 크기에 복잡성과 다른 선택지의 유효성 면에서 일반 기업과 비할 바가 아니다.

반면 버핏과 찰리 멍거는 투자자이면서 미국 최대 복합기업을 이끌어 온 경영자이기도 하다. 오랫동안 일상 운영은 산하 기업 수장에게 맡겼지만, 초반에는 직접 섬유 사업을 경영하며 원가를 대폭 절감하는 성과를 올렸고 파산 위기에 빠진 피투자기업 살로먼 브러더스를 살려내기도 했다. 사업가로서 능력이 부족해 투자에 집중했다기보다는 비교우위가 있고 더 큰 가치를 창출할 일을 택했다는 해석이 사실에 가까울 것이다.

어찌 되었든 두 사람 본연의 일은 복합기업의 명운에 중대한 영향을 미칠 상위 결정, 즉 자본 배분이었다.

"자본 배분만큼은 남의 손을 빌리지 않습니다. 그게 우리 일이니까요."
(1994년 주주총회)

시간을 돌아보면 1965년 당시 망해가던 섬유 공장 버크셔 해서웨이 인수가 결정적인 분수령이었다. 이후 버핏에게 미친 영향과 이차적 효과를 모두 고려하면 "완벽한 실패"였다는 발언은 다소 과장된 것으로 보인다. 하지만 애초에 버크셔에 투자했던 이유를 고려하면 당시에는 분명 실패로 인식했을 것이다. 저평가 기업 지분을 대거 매수한 후 더 나은 자본 배분(대개 주주환원 강화 쪽)을 관철해 기업 가치가 상승하면 매도하려던 생각이 컸기 때문이다. 그런데 결국 버크셔 '인수'와 '경영 참여'라는 결과를 얻었으니 경로를 벗어나도 한참 벗어난 사례였다.

2년 후 "행운"으로 표현했던 내셔널 인뎀너티 인수가 없었더라면 아마 지금의 버크셔는 존재하지 않았을지도 모르겠다. 단순히 섬유 공장이 사업을 다각화한 첫 인수라는 의의를 넘어 어쩌면 이후 버핏·멍거의 일과 삶의 궤적을 바꾼 계기가 되었을 것으로 평가한다. 보험사는 먼저 보험료를 받고 보험금은 나중에 지급하는 시차 덕분에 보관하는 보험료인 책임준비금(플로트)을 마치 자기자본처럼 투자해서 수익을 올린다. 분명 타인자본이지만 만기가 상당히 길고 이자를 지급할 필요가 없다. 플로트를 잘 운용해 투자수익을 올리면 남의 돈을 가져다 쓰고도 오히려 이자를 받는다.

지금이야 플로트라는 개념이 널리 알려졌지만 1960년대에는 그렇지 않았을뿐더러, 언젠가 지급할 책임이 있는 돈을 주식 등 위험 증권에 투자하는 것은 또 다른 차원의 문제다. 하지만 당시에도 내로라하는 투자 실적을 뽐냈던 버핏에게 플로트는 아주 매력적이었다. 적어도 유한책임 파트너의 돈을 모아 운용하는 투자조합보다는 훨씬 우월했음이 분명하다(버핏투자조합은 1969년 말 청산했다). 만약의 상황에 대비하는 보험의 특성상 경기나 주식시장이 좋지 않더라도 해약하거나 보험금을 청구하는 계약자 비중은 장기 평균 수준을 잘 벗어나지 않는다. 그래서 플로트는 장기 지평의 투자자에게는 끊김이 훨씬 덜한 효과적인 자금 원천이었다.

그렇게 해서 버핏은 '화수분'이 있는 보험업을 하는 '기업'이라는 매개체로 투자하는 새 장을 열었다. 동시에 보험사 운영 업무를 손수 챙기기보다는 자신의 비교우위를 잘 활용할 수 있는 지주회사 구조를 향해 갔다. 일차적으로는 버핏과 멍거가 버크셔뿐 아니라 다른 여러 매개체로 투자했던 역사*를 정리하기 위해 고안한 구조이지만, 두 사람에게 잘 맞는 방식이었다. 그래도 사업을 경영하고 운영할 누군가는 필요한 법. 안정적으로 현금을 창출해 두 사람이 자본 배분에 활용하려면 단순히 자리만 채울 사람이 아니라 각 사업의 생존을 담보하고 현명히 결정할 책무를 다할 대리인, 심지어 분신에 가까운 인재가 중요했다. 화수분이 깨지면 제아무리 날고 기는 버핏이라고 해도 위력이 떨어질 수밖에 없다. 나아가 사업의 구조적 특성이 유리하거나 경쟁력이 막강해서 (멍거 말마따나) "멍청한 짓만 피해도" 잘 굴러갈 수 있는 조건도 중요했다. 성공의 장기 지속 차원에서나, 두 사람이 가장 잘하는 자본 배분에 집중할 환경을 갖추는 면에서나. 두 사람은 투자와 기업을 넘어 개인 차원의 '역량 배분' 면에서도 가장 효과적인 방식을 추구했던 듯하다.

    투자, 정확히 말해서 타 기업의 일부 소유권을 보유하는 방식에서 출발해 기업이라는 옷을 입고 전체 소유권을 인수하는 방식까지 더하면서 자본 배분 선택지는 훨씬 다채로워졌다. 여기에는 아메리칸 익스프레스를 1960년대에 완전히 인수할 기회를 놓친 쓰라린 기억도 한몫했을 것이다.** 투하자본 대비 압도적인 수익을 올릴 기회는 드물다. 기회에 올라타는 것 자체가 중요할 때는 경영권 확보 여부나 회계 처리 방식보다는 훌륭함에 초점을 두었다(씨즈캔디, 블루칩스탬프, 가이코 등). 물론 (저렴한) 가격도 중요하다. 흔히 역발상 투자자로 평가받는 버핏·멍거에게는 주식시장 침체기(활황기)가 곧 공격(방어) 태세를 갖출 때임을 유념하면, 이때 가격이 더 저렴하기도 하다. 한편으로는 투자수익률을 높일 또 다른 요건인 장기

---

* 다이버시파이드 리테일링 컴퍼니와 블루칩스탬프
** 《버크셔 해서웨이의 재탄생》, 제이컵 맥도너, 222~230쪽

시간 지평을 맘 편히 다지려는 차원도 있었을 것이다. 방어나 대비가 중요할 때는 가격의 중요도가 상당히 높아진다. 이때는 버크셔 산하 자회사도 활황을 누릴 테니 사업의 자본 수요도 커지기에 더욱더 철저히 비교했다.

결국 버핏의 간명한 말에서 드러나듯 규칙이나 '공식'보다는 어떤 상황에서든 자본의 효율을 극대화한다는 원칙과 통념의 이면에 숨은 진실이 더 중요했다.

"그 시점에 가장 효과적인 방법이 무엇인지 생각할 것입니다."(버크셔의 배당 지급 가능성, Q 2018)

버핏·멍거가 평생에 걸친 자본 배분 경험을 쌓아 가꾼 최고의 결과물은 곧 버크셔 해서웨이의 '복합 지주사'라는 구조 자체가 아닐까 싶다. 여러 사업을 하는 데다가 모회사와 자회사라는 구조까지 곁들였을 때 대다수 기업은 시간이 흘러 실패나 해체, 분할 등 좋지 않은 결과를 보인다. 규모가 우위를 낳는 상황은 그리 오래가지 않는다. 일상의 사업을 자율적으로 경영하게 두는 한편 중앙에서 중대한 자본 배분 결정을 담당하는 구조는 시간이 흐르며 미세한 균열이 번져나갈 위험이 있다.

그래서 버크셔는 (당장의 현금 환원이 아니라) 궁극의 주주 가치 달성이라는 목표에 시선을 둔 채 적재적소의 신뢰할 만한 인재라는 무기를 들고 유연한 태도로 상황에 대응하는 최선의 자본 배분 결정을 내놓는 시스템으로 발전하고 진화해왔다. 모든 결정에서 성공을 거두지는 않았지만 웬만한 충격은 흡수할 만큼, 오히려 작은 실패를 어느 정도 감수하고 변화를 꾸준히 모색할 만큼 강건한 체계다. 항상 기회를 노리면서 관망하지만 실제 기회가 찾아왔을 때 신속히 결단하고 움직일 수 있는 원동력은 천문학적인 보유 현금에서도 비롯한다. 투자조합은 언제나 출자금을 100% 투자해야 한다는 압박에 시달리지만 기업은 그럴 필요가 없다.

그렇다고 해서 이 방식이 모두에게 통하지는 않을 것이다. 버핏·멍거에게 비견할 만한 능력을 갖추는 것은 차치하더라도, 투자와 기업 세계를 모두 경험하며 때로 자본주의를 살려낸 최고 수준의 자본 배분 결정을 진심으로 즐기고 오랫동안 지속할 수 있는 사람은 드물다.

세상을 떠난 멍거의 뒤를 이어 버핏도 은퇴를 앞두고 있다. 버크셔의 후계자 결정은 특정 인물을 선정하는 일을 넘어 두 사람이 주도하던 자본 배분을 이어받아 앞으로 지속할 수 있는 시스템을 쌓는 일이기도 했다. 위대한 창업 경영자가 퇴장한 다른 기업의 흔한 말로처럼 불행한 결말을 맞지는 않을지 걱정하는 사람도 많다. 하지만 궁극의 목표를 향해 선택지를 철저히 검토하고 최선의 결정을 내린다는 원칙과 과정을 유지하는 한 버크셔의 시스템은 공고하지 않을까 기대한다. 그래도 전설의 퇴장에 못내 아쉬움을 숨길 방도가 없다.

변영진

닉네임 generalfox. 서울대학교에서 경영학을 전공했고 컨설팅, 가치 평가, 디자인 제품, 아티스트 매니지먼트, 컴퍼니 빌딩, 출판사 등 다양한 분야의 회사를 창업하고 운영했다. 옮긴 책으로 《버크셔 해서웨이의 재탄생》《지름길은 없다》《노마드 투자자 서한》(공동 편역)이 있고 《퀄리티 투자, 그 증명의 기록》을 감수했다.

4장
회계, 가치평가

어떤 방법으로든 실제 GAAP 이익보다 더 높은 '조정 이익'을 만들어내서 과시하려는 경영자가 지금도 매우 많고 해마다 증가하는 듯합니다. 이런 속임수를 쓰는 방법은 많습니다. 애용되는 방법 두 가지는 '구조조정 비용'과 '주식 기준 보상' 누락입니다. `2016`

필수 공개 실적(순이익)과 버크셔가 선호하는 실적(영업이익)의 주된 차이는 우리가 하루 50억 달러가 넘어가기도 하는 미실현 자본손익을 제외한다는 점입니다. 아이러니하게도 우리가 선호하는 영업이익이 2018년까지는 거의 원칙이었다가 이른바 '개선'이 의무화되었습니다. 수 세기 전 갈릴레오의 경험을 돌아보면, 상부의 명령에 쓸데없이 참견해서는 안 되겠지요. 그러나 버크셔는 고집을 부리기도 합니다. `2023`

내재가치 계산법   2010

버크셔의 내재가치를 정확하게 계산할 수는 없지만 그 세 가지 핵심 기둥 중 둘은 측정할 수 있습니다. 찰리와 나는 버크셔의 가치를 추정할 때 두 측정치에 크게 의지합니다.

첫 번째 요소는 주식, 채권, 현금성 자산 등 우리가 실행한 투자입니다. 연말 현재 투자의 시가총액은 1,580억 달러입니다.

우리 투자 자금 중 보험 플로트가 660억 달러입니다. 우리가 인수한 보험에서 본전을 유지하면, 즉 우리가 받은 보험료가 손실과 비용의 합계액과 같으면 이 플로트는 '공짜' 자금이 됩니다. 물론 인수 실적은 변동이 심해서 손실과 이익 사이를 변덕스럽게 오갑니다. 그러나 우리 과거 실적 전체를 보면 인수 사업의 수익성이 매우 높았으며, 미래에도 평균적으로 본전 이상의 실적을 기록할 것으로 기대합니다. 이렇게 된다면 플로트와 유보이익으로 실행하는 우리 투자는 모두 버크셔 주주들에게 가치를 창출해주는 요소로 볼 수 있습니다.

두 번째 요소는 투자와 보험 인수 이외의 원천에서 나오는 이익입니다. 이는 68개 비보험회사가 가져다주는 이익입니다. 버크셔 설립 초기에는 우리가 투자에 초점을 두었습니다. 그러나 지난 20년 동안 우리는 비보험회사에서 창출되는 이익 비중을 늘려왔고 이런 관행은 앞으로도 이어질 것입니다.

다음 표에 이런 흐름이 나타납니다. 첫 번째 표에 우리가 보험 사업을 시작한 3년 뒤인 1970년부터 10년 단위로 주당 투자액을 열거했습니다. 비지배지분은 투자액에서 제외했습니다.

10년 단위 주당 투자액

연말	투자액(달러)	기간	연복리 증가율(%)
1970	66		
1980	754	1970~1980	27.5
1990	7,798	1980~1990	26.3
2000	50,229	1990~2000	20.5
2010	94,730	2000~2010	6.6

지난 40년 동안 주당 투자액의 연복리 증가율은 19.9%였지만, 그동안 우리는 투자 자금으로 사업회사 인수에 주력했으므로 증가율이 갈수록 가파르게 하락했습니다.

이런 흐름의 결과가 아래 표로서, 비보험회사의 주당 이익 추세(비지배지분 제외)를 보여줍니다.

비보험회사의 주당 이익 추세

연말	세전 이익(달러)	기간	연복리 증가율(%)
1970	2.87		
1980	19.01	1970~1980	20.8
1990	102.58	1980~1990	18.4
2000	918.66	1990~2000	24.5
2010	5,926.04	2000~2010	20.5

40년 동안 버크셔 비보험회사의 주당 세전 이익 연복리 증가율은 21.0%였습니다. 같은 기간 버크셔 주가의 상승률은 연 22.1%였습니다.

장기적으로는 주가가 투자 및 이익과 대체로 나란히 움직인다고 볼 수 있습니다. 시장가격과 내재가치가 때로는 장기간 전혀 다른 길을 따라가기도 하지만 결국에는 만나게 됩니다.

세 번째 요소는 다소 주관적이어서, 내재가치를 더해줄 수도 있고 깎아먹을 수도 있습니다. 그것은 '장래에 확보하는 유보이익을 얼마나 효과적으로 활용하는가?'입니다. 다른 회사들이나 우리나, 앞으로 10년에 걸쳐 유보하게 될 이익 규모는 현재 사용 중인 자본 이상이 될 것입니다. 일부 회사는 이 유보이익을 잘 활용해 두 배로 늘릴 것이고, 일부 회사는 잘못 활용해 반토막을 낼 것입니다.

회사의 내재가치를 합리적으로 추정하려면 '현재 회사가 보유한 가치'뿐 아니라 '장래에 유보이익을 어떻게 활용할 것인가?'라는 요소도 항상 고려해야 합니다. 외부 투자자는 CEO가 유보이익을 어떻게 재투자하든 방관할 수밖에 없기 때문입니다. CEO가 유보이익을 효과적으로 재투자할 것으로 기대한다면 회사의 현재가치를 더 높이 평가할 수 있습니다. 그러나 CEO의 재능이나 동기가 의심스럽다면 회사의 현재가치를 할인해야 합니다. 이로부터 실적이 엄청나게 달라질 수 있습니다. 1960년대 말 시어스 로벅(Sears, Roebuck)이나 몽고메리 워드(Montgomery Ward)의 CEO가 재투자한 1달러와, 샘 월튼(Sam Walton, 월마트 설립자)이 재투자한 1달러는 회사의 운명을 전혀 다른 방향으로 이끌어 갔습니다.

상장회사들이 이익을 짜내는 방법 `2007`

상원의원이었던 앨런 심프슨(Alan Simpson)의 유명한 말입니다. "워싱턴에서 대로를 타는 사람들은 교통체증을 걱정할 필요가 없다." 그러나 그가 정말로 한산한 도로를 찾아보았다면 그는 미국 기업계의 회계 관행을 살펴보았을 것입니다.

1994년, 미국 기업들이 어느 도로를 좋아하는지 보여주는 중요한 투표가 있었습니다. 미국 기업의 CEO들은 상원에 압력을 넣어 표결 88 대 9로 재무회계기준위원회(Financial Accounting Standards Board, FASB)의 입을 틀어막았습니다. 상원으로부터 비난받기 전, FASB는 대담하게도 (그것도 만장일치로) CEO가 받는 스톡옵션은 일종의 보상이므로 비용으로 처리해야 한다고 주장했습니다.

상원의 표결 뒤 (이제 상원의원 88명으로부터 회계 원리를 배운) FASB는 기업들이 옵션을 보고할 때 두 가지 기법 가운데 하나를 선택할 수 있다고 결정했습니다. 바람직한 방법은 옵션을 비용으로 처리하는 것이지만, 옵션이 시장가격으로 발행되면 기업은 비용을 무시할 수 있었습니다.

이제 미국 CEO들에게 진실의 순간이 다가왔는데, 이들의 반응은 아름다운 모습이 아니었습니다. 이후 6년 동안 바람직한 방법을 선택한 기업은 S&P 500대 기업 가운데 겨우 둘뿐이었습니다. 나머지 CEO들은 대로 대신 샛길을 선택해, '이익'을 늘리려고 명백한 비용을 무시했습니다. 일부 CEO는 스톡옵션을 비용으로 처리할 경우, 이사들이 경영자에 대한 스톡옵션 제공을 주저할까 걱정했을 것입니다.

심지어 샛길로도 만족하지 못한 CEO가 많았습니다. 완화된 규정에서도 행사가격이 시장가격보다 낮은 스톡옵션을 발행하면 회사 이익에 미치는 영향이 있었습니다. 그러나 방법을 찾았습니다. 이 번거로운 규정을 피하려고 기업들은 슬그머니 날짜를 소급해 스톡옵션을 발행했습니다. 이렇게 해서 겉보기에는 시장가격이지만 실제로는 훨씬 낮은 가격에 스톡옵션을 퍼주었습니다.

수십 년 동안 활개 치던 터무니없는 옵션 회계가 이제는 잠잠해졌지만 다른 회계 기법들이 남아 있습니다. 이 중에서 중요한 것은 연금 비용을 계산할 때 회사가 가정하는 투자수익률입니다. 기업들이 이익을 실제보다 늘리려고 계속해서 무리한 가정을 세우는 것은 놀라운 일이 아닙니다. 연금 제도를 보유한 S&P 기업 363개의 2006년 투자수익률 가정은 평균 8%였습니다. 이 목표가 달성될 가능성을 살펴봅시다.

모든 연금기금의 채권 및 현금 보유 비중은 평균 약 28%이며, 이들 자산의 수익률은 5% 이내로 보아야 합니다. 물론 수익률을 더 높일 수도 있지만 그러면 손실 위험도 그만큼 증가합니다.

이는 연금기금이 8% 수익률을 달성하려면 나머지 자산 72%(대부분 주식으로서 직접 보유하거나 헤지펀드나 사모펀드 등을 통해 간접 보유)의 수익률이 9.2%가 되어야 한다는 뜻입니다. 그것도 모든 수수료를 차감한 다음 9.2%가 나와야 하는데 지금은 과거 어느 때보다도 수수료가 훨씬 높습니다.

그러면 이 예상 수익률은 얼마나 현실적일까요? 2년 전에 내가 언급했던 데이터를 다시 살펴봅시다. 20세기 동안 다우지수는 66에서 11,497로 상승했습니다. 증가 폭이 엄청나 보이지만 연복리로 계산하면 5.3%에 불과합니다. 1세기 내내 주식을 보유한 사람은 대부분 기간에 배당을 두둑히 받았겠지만, 마지막 몇 년 동안 받은 배당은 겨우 2% 안팎이었습니다. 그래도 멋진 한 세기였습니다.

이제는 21세기를 생각해봅시다. 이번에도 수익률 5.3%를 달성하려면 다우지수(최근 13,000 미만)의 2099년 12월 31일 종가가 약 200만에 육박해야 합니다. 그러나 21세기 들어 8년이 지나는 동안 달성한 실적은 다우지수 1,988,000 중 2,000 미만입니다.

예를 들어 14,000이나 15,000처럼 1,000 단위로 다우지수의 상승 돌파를 전망할 때마다 해설자들이 숨 가빠 하는 모습을 보면 재미있습니다. 해설자들이 계속 이런 식으로 반응한다면 이들은 앞으로 92년 동안 1,986번 이상 숨을 몰아쉬게 될 것입니다. 세상에는 무슨 일이든 일어날 수 있겠지만 이런 결과를 정말로 믿는 사람이 있을까요?

배당은 여전히 약 2% 수준입니다. 주식의 수익률이 1900년대처럼 연 5.3%를 달성한다고 해도 연금 자산 중 주식 부분의 수익률은 (비용 0.5%를 차감하면) 7% 정도에 불과합니다. 게다가 요즘의 고급 컨설턴트와 펀드매니저(조력자)들을 고려하면 실제 비용은 0.5%보다 높다고 보아야 합니다.

사람들은 누구나 평균 이상을 기대합니다. 그리고 틀림없이 조력자들은 고객들이 그렇게 믿도록 부추길 것입니다. 그러나 전체로 보면 조력자의 도움을 받는 집단은 평균을 밑돌 수밖에 없습니다. 이유는 간단합니다. 1) 필연적으로 전체 투자자의 수익률은 평균 수익률에서 비용을 차감한 값이고 2) 인덱스 투자자(소극적 투자자)의 수익률은 평균 수익률에서 아주 적은 비용(매매를 거의 하지 않으므로)을 차감한 값인데 3) 인덱스 투자자의 수익률이 평균 수익률이라면 나머지 집단(적극적 투자자)의 수익률도 평균이 되지만, 적극적 투자자는 거래가 많고 운용 및 자문 비용도 많이 발생합니다. 따라서 적극적 투자자는 소극적 투자자보다 비용을 훨씬 많이 부담해 수익률이 낮아집니다. 이는 아무것도 모르는 소극적 투자자가 승리할 수밖에 없다는 뜻입니다.

21세기 동안 주식에서 연 10% 수익률(배당 2%와 주가 상승 8%)을 기대하는 사람이 있다면, 그는 2100년 다우지수가 약 2,400만이라고 암묵적으로 예측하는 사람입니다. 두 자릿수 주식 수익률을 논하는 사람이 있으면 그에게 이 숫자를 설명해주십시오. (그렇다고 그 사람을 당황하게 하라는 뜻은 아닙니다.) 조력자 중에는 《이상한 나라의 앨리스(Alice's Adventures in Wonderland)》에 등장하는 여왕의 후손이 많은 모양입니다. "나는 아침 먹기도 전에 불가능한 일을 여섯 개나 믿은 적도 있어"라고 말한 여왕 말입니다. 고객의 머리에는 환상을 채우면서 자기 주머니에는 수수료를 채우는 입심 좋은 조력자를 조심하십시오.

일부 기업은 미국은 물론 유럽에서도 연금 제도를 운용 중인데, 이들의 회계에는 거의 모두 미국 연금의 수익률이 유럽 연금의 수익률보다 높다고 가정합니다. 이 차이는 수수께끼입니다. 유럽 연금도 미국 펀드매니저에게 맡겨서 환상적인 실적을 올리지 않는 이유가 무엇일까요? 나는 이 수수께끼의 답을 들어본 적이 없습니다. 그러나 수익률 가정을 조사하는 감사와 보험회계사들은 아무 문제가 없다고 생각하는 듯합니다.

그러나 CEO들이 미국 연금의 수익률을 높게 가정하는 데는 그만한 이유가 있습니다. 보고이익을 높일 수 있기 때문이지요. 그리고 내가 생각하는 것처럼 수익률 가정이 틀렸더라도, 그들이 은퇴하고 나서도 오랫동안 화가 미치지 않기 때문입니다.

지난 수십 년 동안 미국 기업들은 당기순이익을 최대한 높이려고 무리한 시도를 해왔지만 이제는 이런 태도를 바꿔야 합니다. 내 동업자 찰리의 말에 귀 기울여야 합니다. "지금까지 왼쪽으로 파울볼 세 개를 날렸다면 다음 공은 다소 오른쪽으로 밀어 쳐라."

장래에 주주들이 연금 비용 때문에 받는 충격보다, 장래에 납세자들이 공적 연금 때문에 받는 충격은 몇 곱절이나 더 클 것입니다. 공적 연금은 엄청난 약속을 하지만 재원은 대개 한심할 정도로 부족하기 때문입니다. 이 시한폭탄은 도화선이 길어서 정치인들이 물러나고 한참 뒤에야 터지므로 이들은 좀처럼 유권자들에게 세금 부담을 안기려 하지 않습니다. 그래서 정치인들은 (때로는 40대 초반의) 유권자들에게 조기 은퇴와 푸짐한 생활비 지원 등을 쉽게 약속합니다. 그러나 사람들의 수명이 길어지고 인플레이션이 확실시되므로 이런 약속을 지키기는 절대 쉽지 않습니다.

지금까지 미국 회계에서 '자율 관리 제도'가 실패했다고 질책했지만, 버크셔의 거대한 재무상태표 항목에도 바로 이런 제도가 적용된다는 사실을 밝혀두고자 합니다. 우리는 모든 보고서에서 보험 사업에 대한 지급준비금을 추측해야 합니다. 우리 추측이 틀린다면 우리 재무상태표와 손익계산서도 틀린다는 뜻입니다. 그래서 우리는 정확하게 추측하려고 온 힘을 다합니다. 그렇더라도 모든 보고서에서 우리 추측은 틀림없이 빗나갈 것입니다.

2007년 말 보험부채로 표시한 560억 달러는 연말까지 발생하는 모든 손실 사건에 우리가 지급하게 될 금액을 추측한 것입니다(현재가치로 할인된 준비금 약 30억 달러는 제외). 우리는 수천 가지 사건을 파악해 (변호사 비용 등 지급 과정에서 발생하는 관련 비용까지 포함해서) 각 사건에 들어갈 비용을 계산했습니다. 예컨대 산재보험에서 보장하는 특정 부상에는 50년 이상 보험금이 지급되기도 합니다.

또한 연말 전에 발생했으나 아직 보고받지 못한 손실에 대한 준비금도 여기에 포함했습니다. 때로는 보험계약자가 손실이 발생한 사실을 모릅니다. (그래서 횡령 사건이 몇 년 동안 드러나지 않을 때도 있습니다.) 그리고 수십 년 전에 발생한 손실이 보고될 때도 있습니다.

다음은 보험부채를 정확하게 추정하기가 얼마나 어려운지를 보여주는 (몇 년 전에 했던) 이야기입니다. 중요한 사업 때문에 유럽에 출장 간 사람이 누이로부터 아버지가 돌아가셨다는 전화를 받았습니다. 그는 당장 돌아갈 수 없는 사정을 설명하면서, 후하게 장례를 치르면 돌아가서 자신이 모든 비용을 부담하겠다고 말했습니다. 그가 돌아오자 누이는 장례를 성대하게 치렀다고 말하면서 모두 8,000달러에 이르는 청구서를 건네주었습니다. 그는 비용을 모두 치렀는데 한 달 뒤 영안실에서 10달러짜리 청구서를 받았습니다. 이 비용도 지급했습니다. 그런데 한 달 뒤에 또 10달러짜리 청구서를 받았습니다. 그다음 달에 세 번째 청구서를 받고 당황한 그는 누이에게 전화해서 무슨 일이냐고 물었습니다. 누이가 대답했습니다. "아, 말해주는 걸 깜빡 잊었는데, 아버지에게 대여용 수의를 입혀드렸어."

보험 사업에는 우리가 모르는 채 묻혀 있는 '대여용 수의'가 틀림없이 많습니다. 우리는 청구서를 정확하게 추측하려고 노력합니다. 그러나 10년이나 20년이 지나도 지금 우리의 추측이 얼마나 부정확한지를 짐작할 수 있을 뿐입니다. 게다가 그 짐작마저 놀라울 수 있습니다. 나는 개인적으로 우리가 제시한 준비금이 적정하다고 믿지만 내 생각은 과거에 여러 번 틀렸습니다.

순이익이라는 변덕스러운 수치 `2010`

앞부분에서 나는 몇몇 숫자가 버크셔의 가치평가와 실적 평가에 유용하다고 지적했습니다.

이제부터 우리는 생략했지만 언론에서는 가장 중시하는 숫자인 '순이익'에 초점을 맞춰봅시다. 순이익이 대부분 회사에서는 중요할지 몰라도 버크셔에서는 거의 의미가 없습니다. 실제 사업 실적과는 상관없이 찰리와 나는 언제든지 우리가 원하는 순이익을 완전히 합법적으로 만들어낼 수 있습니다.

우리가 이렇게 융통성을 발휘할 수 있는 것은, 투자에 대한 '실현' 손익은 순이익에 포함되지만 '미실현' 손익은 포함되지 않기 때문입니다. 예를 들어 어떤 해에 버크셔의 미실현 이익은 100억 달러 증가하고 실현 손실은 10억 달러 발생했다고 생각해봅시다. 우리 순이익은 (손실만 포함되므로) 영업이익보다 적은 숫자로 보고될 것입니다. 만일 우리가 이익을 전년도에 실현했다면 신문 머리기사에는 우리 이익이 X% 감소했다고 나올 것입니다. 실제로는 실적이 대폭 개선되었을지 모르는데도 말입니다.

순이익이 정말로 중요하다고 생각한다면 우리는 보유 중인 막대한 미실현 이익을 정기적으로 실현해 순이익을 만들어낼 수 있습니다. 그러나 안심하십시오. 찰리와 나는 곧 발표할 순이익을 높이려고 증권을 판 적이 한 번도 없습니다. 우리는 1990년대 미국 기업계에서 만연했고 지금도 간혹 뻔뻔스럽게 자행되는 숫자 놀음을 깊이 혐오합니다.

다소 결함은 있어도 영업이익이 우리 실적을 평가하는 대체로 합리적인 지침입니다. 순이익은 무시하십시오. 그래도 우리는 규정에 따라 순이익을 발표해야 합니다. 그러나 기자들이 순이익에 초점을 맞춘다면 그들의 주장은 우리의 실상과는 무관한 이야기가 될 것입니다.

실현 손익과 미실현 손익은 우리 순자산가치 계산에 모두 반영됩니다. 따라서 순자산가치의 증감과 영업이익의 추세에 주목하면 우리 실적을 정확하게 추적할 수 있습니다.

순이익이 얼마나 변덕스러운지에 대해서 추가 설명을 안 할 수가 없군요. 만일 우리 주가지수 풋옵션의 만기가 2010년 6월 30일이었다면, 우리는 이날 거래상대방에게 64억 달러를 지급했을 것입니다. 다음 분기에는 주가가 전반적으로 상승했으므로, 만기가 9월 30일이었다면 지급액은

58억 달러로 감소했을 것입니다. 그러나 실제로는 이들 계약을 평가하는 블랙숄스(Black-Scholes) 공식 때문에 우리 재무상태표상의 부채가 89억 달러에서 96억 달러로 증가했고 여기에 세금 효과까지 추가되어 분기 순이익이 4억 5,500만 달러나 감소했습니다.

장기 옵션 평가에는 블랙숄스 공식이 매우 부적절하다고 찰리와 나는 믿습니다. 2년 전에도 여기에 터무니없는 사례를 제시한 적이 있습니다. 우리는 주가지수 풋옵션 계약을 체결함으로써 우리 의견을 실제 행동으로 보여드렸습니다. 이로써 우리 거래상대방이 사용한 블랙숄스 공식이 틀렸다고 묵시적으로 주장한 것입니다.

그렇더라도 우리는 재무제표에 보고할 때 여전히 블랙숄스 공식을 사용합니다. 블랙숄스 공식은 옵션 평가에 일반적으로 인정된 기준이므로 (거의 모든 일류 경영대학원에서 가르칩니다) 이를 벗어나면 회계를 조작했다고 비난받기 때문입니다. 게다가 우리 감사를 맡은 회계법인도 엄청난 곤경에 처하게 됩니다. 회계법인의 고객 기업 중에는 우리와 주가지수 풋옵션 계약을 맺은 기업들도 있으며, 이들은 블랙숄스 공식으로 옵션을 평가합니다. 이들의 평가와 우리의 평가가 전혀 다르면 회계법인이 둘 다 정확하다고 인정할 수가 없기 때문입니다.

회계법인과 규제당국들이 블랙숄스 공식을 사용하는 것은 명확한 숫자가 나오기 때문입니다. 그러나 찰리와 나는 이런 숫자를 제시하지 못합니다. 우리는 이 계약으로 떠안는 실제 부채가 블랙숄스 공식 계산에 의한 부채보다 훨씬 적다고 믿지만 정확한 숫자는 뽑아낼 수 없습니다. 이는 가이코, BNSF, 버크셔 해서웨이의 정확한 가치를 산정할 수 없는 것과 마찬가지입니다. 그러나 정확한 숫자를 산정하지 못해도 우린 걱정하지 않습니다. 정확하게 틀리는 것보다는 대충이라도 맞는 편이 나으니까요.

존 케네스 갤브레이스(John Kenneth Galbraith)는 경제학자들이 아이디어를 지극히 경제적으로 활용한다고 풍자했습니다. 대학원에서 배운 아이디어를 평생 써먹기 때문이랍니다. 대학교 재무학과의 행태도 이와 비슷합니다. 이들 거의 모두가 1970~1980년대 내내 효율적 시장 가설에 집착하는 고집을 보십시오. 이들은 그 가설의 오류를 밝히는 강력한 사실들조차 '예외'라고 부르면서 무시합니다. (이때 내가 즐겨 쓰는 비유가 있습니다. '평평한 지구 위원회'가 지구를 한 바퀴 돌아오는 배를 보면, 십중팔구 짜증을 내면서 하찮은 예외일 뿐이라고 말할 것입니다.)

현재 학계에서는 블랙숄스가 확고한 진리인 것처럼 가르치고 있지만 이런 관행은 재검토할 필요가 있습니다. 같은 맥락에서 학계는 옵션 평가 방법도 숙고할 필요가 있습니다. 옵션 평가를 전혀 못 하는 사람도 얼마든지 투자에 성공할 수 있습니다. 실제로 학생들이 배워야 하는 것은 기업을 평가하는 방법입니다. 이것이 투자에서 가장 중요합니다.

애용되는 속임수 두 가지 　2016

2015년에도 설명했지만 '제조업, 서비스업, 소매업' 섹션에 표시된 손익 데이터는 GAAP 기준이 아닙니다. 매수가격 회계조정에 관한 GAAP의 규정에 의하면 특정 무형자산은 평균 약 19년에 걸쳐 전액 상각해야 하므로 이 데이터에서 차이가 발생한다고 설명했습니다. 우리는 이런 상각 '비용' 대부분이 진정한 경제적 비용이 아니라고 봅니다. 이렇게 GAAP와 다른 방식으로 데이터를 표시한 것은 위 조정 숫자가 실제로 찰리와 내가 보고 분석하는 방식이기 때문입니다.

무형자산은 결국 모두 상각됩니다. 그렇게 되면 버크셔의 경제성이 실제로 개선되지 않아도 보고이익은 증가합니다. (내가 후계자에게 물려주는 선물입니다.)

지금까지는 GAAP에 의해서 상각비가 실제보다 과장되었다고 설명했지만 (취득원가 기준을 사용하는 탓에) GAAP에 의해서 감가상각비가 실제보다 축소되는 경우도 있습니다. 일부 사례에서는 감가상각비가 실제 경제적 비용보다 훨씬 축소되기도 합니다. 인플레이션이 심각했던 1970년대와 1980년대 초에는 이런 현상을 논하는 글이 수없이 나왔습니다. 다행히 폴 볼커의 과감한 조처 덕분에 인플레이션이 진정되자 감가상각비의 결함에 대한 논의도 수그러들었습니다. 그러나 철도산업에서는 이 문제가 여전히 심각해서 실제 감가상각비가 취득원가를 훨씬 초과하는 항목이 많습니다. 필연적인 결과로 철도산업은 전반적으로 보고이익이 실제 이익보다 훨씬 높게 나옵니다.

매년 GAAP 감가상각비만 지출한다면 우리 철도회사는 곧 설비가 노후화해 경쟁력을 상실할 것입니다. 그러므로 단지 경쟁력을 유지하기 위해서라도 우리는 감가상각비보다 훨씬 많은 비용을 지출해야 합니다. 게다가 이런 괴리 현상은 앞으로 수십 년 동안 유지될 것입니다.

그렇더라도 찰리와 나는 우리 철도회사를 좋아하며, 사길 잘했다고 생각합니다.

***

어떤 방법으로든 실제 GAAP 이익보다 더 높은 '조정 이익'을 만들어내서 과시하려는 경영자가 지금도 매우 많고 해마다 증가하는 듯합니다. 이런 속임수를 쓰는 방법은 많습니다. 애용되는 방법 두 가지는 '구조조정 비용'과 '주식 기준 보상(stock-based compensation)' 누락입니다.

찰리와 나는 GAAP 실적에 (긍정적으로든 부정적으로든) 영향을 미치는 특이 항목들에 대해 경영자들이 논평을 통해서 설명해주길 바랍니다. 우리는 장래 실적을 추정하려고 이런 과거 실적을 살펴보는 것이니까요. 그러나 '조정 주당 이익'을 강조하면서 매우 현실적인 비용에 대해서도 설명하지 않으려는 경영자가 많아서 걱정스럽습니다. 나쁜 행동은 전염되기 때문입니다. 경영자들이 공공연하게 이익을 높여 보고하려고 하면 부하 직원들도 이런 노력에 가담하는 문화가 조성되기 쉽습니다. 이런 행동 탓에 예컨대 보험사들은 손해액 준비금을 과소계상할 수 있는데, 이런 관행을 따르다가 파산한 보험사가 많습니다.

어떤 경영자가 '항상 기대 실적을 달성'한다고 애널리스트들이 감탄하는 모습을 보면 찰리와 나는 당혹스럽습니다. 실제로 사업을 예측하기는 매우 어려우므로 항상 기대 실적을 달성할 수는 없습니다. 뜻밖의 사건이 필연적으로 발생하니까요. 그런데도 월스트리트의 기대를 충족하려고 집착하다 보면 경영자는 회계 분식을 생각하게 됩니다.

속임수를 쓰는 경영자들이 애용하는 두 가지 방법 중 '구조조정 비용' 누락부터 살펴보겠습니다. 버크셔는 1965년 기업을 인수한 첫날부터 구조조정을 진행했습니다. 당시 우리가 보유한 기업은 북부 직물회사 하나뿐이라서 선택의 여지가 없었습니다. 그리고 요즘은 버크셔에서 구조조정이 해마다 대규모로 발생하고 있습니다. 우리가 보유한 기업이 수백 개이다 보니 항상 어디에선가는 변화가 필요하기 때문입니다. 앞에서 언급했듯이 작년에는 향후 수십 년에 대비하려고 듀라셀(Duracell)에 거액을 지출했습니다.

그러나 우리는 버크셔의 정상 수익력을 추정할 때 특정 구조조정 비용을 무시해달라고 말한 적이 한 번도 없습니다. 물론 어느 해에 정말로 중요한 비용이 발생하면 나는 논평을 통해서 언급합니다. 크래프트와 하인즈가 합병했을 때처럼 사업이 전면적으로 재편될 때는 여러 해에 걸쳐 발생하는 거액의 일회성 비용을 반드시 주주들에게 명확하게 설명해야 합니다. 실제로 크래프트 하인즈의 경영자는 (나를 포함한) 이사회의 승인을 받아 그렇게 했습니다. 그러나 경영자가 구조조정을 진행하면서 매년 이 비용을 무시해달라고 주주들에게 말한다면 오해의 소지가 있습니다. 그런데도 이런 거짓말에 넘어가는 애널리스트와 언론인이 너무도 많습니다.

'주식 기준 보상'이 비용이 아니라는 주장은 더 대담한 거짓말입니다. 이렇게 주장하는 경영자는 주주들에게 이렇게 말하는 셈입니다. "여러분이 내게 거액의 스톡옵션이나 제한부 주식을 지급한다면 회사 이익 감소를 걱정할 필요가 없습니다. 내가 '조정'해서 그 영향을 없앨 테니까요."

이번에는 버크셔의 보고이익 증대 기법을 전문적으로 개발하는 가상의 회계 연구소가 있다고 생각해봅시다. 이곳 회계 전문가들은 자신의 능력을 과시하고 싶어 합니다.

대부분 대기업에서 최고경영자 3~4명의 보상 총액 중 주식 기준 보상이 차지하는 비중은 20% 이상입니다. 버크셔에는 이런 자회사 경영자가 수백 명 있고, 우리는 비슷한 규모로 주식 기준 보상을 지급하되, 모두 현금으로만 지급합니다. 게다가 나는 상상력이 부족한 탓에, 이렇게 지급한 보상을 모두 비용으로 처리하고 있습니다.

내가 이렇게 설명하자 회계 전문가들은 웃음을 억지로 참으면서 즉시 지적합니다. 버크셔 경영자들에게 지급한 보상 중 20%는 '주식 기준 보상 대신 지급한 현금'에 해당하므로 '진정한 비용'이 아니라고요. 드디어 버크셔도 '조정 이익'을 제시할 수 있게 되었습니다.

다시 현실로 돌아옵시다. 보고이익에서 주식 기준 보상을 누락하고자

한다면 경영자들은 다음 두 가지 명제 중 하나를 입증해야 합니다. 직원에게 지급한 금품이 비용이 아님을 입증하거나, 이익을 계산할 때 급여를 제외해야 하는 근거를 제시해야 합니다.

회계 분식이 만연하던 1960년대에 기업공개를 준비하던 어떤 경영자가 감사 후보자에게 물었습니다. "둘에 둘을 더하면 얼마지요?" 그는 "어떤 숫자를 염두에 두고 계십니까?"라고 대답했고 당연히 감사에 임명되었습니다.

플로트와 이연법인세 [2018]

대부분 기업이 자금을 조달하는 원천은 부채와 자기자본 두 가지입니다. 버크셔가 자금을 조달하는 원천은 두 가지 더 있지만 먼저 전통적인 원천부터 살펴봅시다.

우리는 부채를 좀처럼 사용하지 않습니다. 그러나 경영자들은 부채를 많이 사용해야 ROE가 상승한다고 주장하면서 우리 정책에 반대합니다. 대개는 이렇게 대담한 경영자들의 주장이 옳습니다. 그러나 매우 드물지만 예측 못 한 시점에 부채 조달 원천이 막혀버리면 이는 치명적인 위험이 됩니다. 대개는 승리하지만 가끔은 목숨을 잃는 러시안룰렛과 같습니다. 회사가 잘되면 큰 보상을 받지만 회사가 망해도 손해를 보지 않는 사람이라면 이런 러시안룰렛도 합리적인 선택이 될 수 있습니다. 그러나 이런 선택이 버크셔에는 미친 짓입니다. 합리적인 사람이라면 없어도 되는 돈을 벌려고 피 같은 돈을 걸지 않으니까요.

우리 연결재무상태표에 나오는 부채(K-65 참조) 대부분은 우리 철도 자회사와 에너지 자회사의 것인데 두 회사 모두 중자산(重資産) 기업입니다. 경기 침체 기간에도 두 회사는 현금을 충분히 창출합니다. 따라서 두 회사는 부채를 사용하는 편이 타당하며 그 부채 상환을 버크셔가 보증하지도 않습니다.

그런데 버크셔의 자기자본 규모라면 이야기가 완전히 달라집니다. 우리의 자기자본 3,490억 달러는 미국 어느 기업과도 비교가 되지 않습니다. 매우 오랜 기간 이익을 모두 유보해 복리의 마법으로 증식시킨 덕분에 값진 '과수원'들을 인수해 열매를 수확할 수 있었습니다. 만일 이익을 모두 배당으로 지급했다면 우리 자기자본은 1965 회계연도 초와 마찬가지로 지금도 2,200만 달러에 불과할 것입니다.

부채와 자기자본 외에 버크셔는 다소 특이한 자금 조달 원천 두 가지로 큰 이득을 보고 있습니다. 앞에서 설명한 플로트가 둘 중 규모가 더 큽니다. 플로트는 지금까지 우리 재무상태표에 '부채'로 표시되고 있지만, 우리에게는 같은 금액의 자기자본보다도 더 유용했습니다. 플로트에서 대개 보험영업이익까지 나왔기 때문입니다. 우리는 남의 돈을 공짜로 쓰면서 대부분 해에 이자까지 받은 셈입니다.

다시 강조하지만 이렇게 좋은 성과가 항상 확실하게 나오는 것은 절대 아닙니다. 보험 위험을 잘못 평가하면 엄청난 손실이 발생하며 이 손실은 오랜 세월이 흐른 뒤에야 드러날 수도 있습니다(석면을 생각해보십시오). 허리케인 카트리나나 마이클이 작아 보일 정도로 거대한 재해가 어쩌면 내일, 어쩌면 수십 년 뒤에 발생할 것입니다. '거대 재해'는 허리케인이나 지진처럼 전통적인 모습으로 나타나거나 사이버 공격처럼 기습적으로 발생해 보험사들의 상상을 뛰어넘는 재해를 일으킬 수도 있습니다. 그런 대재해가 발생하면 우리도 그 손해 중 우리 몫을 분담하게 되며 그 규모는 매우 클 것입니다. 그러나 다른 보험사들과는 달리 우리는 이튿날부터 인수할 기업을 찾고 있을 것입니다.

마지막 자금 조달 원천은 이연법인세로, 우리 보유 규모는 역시 유별난 수준입니다. 이연법인세는 언젠가 납부해야 하므로 부채지만 납부할 때까지는 무이자 자금입니다. 앞에서 언급했듯이 우리 이연법인세 505억 달러 중 147억 달러는 보유 주식의 미실현 이익에서 나옵니다. 현재 자본이득에 부과되는 법인세율은 21%지만 실제로 이 세율은 우리가 주식을 매도하는 시점에 적용됩니다. 그때까지 우리는 사실상 '무이자 대출'을 받아 주식을 보유하는 셈입니다.

이연법인세 283억 달러는 공장과 설비에 대한 감가상각비를 가속 상각하는 과정에서 나옵니다. 이렇게 먼저 내야 하는 세금을 뒤로 미루어 이연법인세를 늘리더라도 그대로 시간이 흐르면 이연법인세는 다시 감소합니다. 하지만 우리는 계속해서 자산을 더 매입합니다. 따라서 현행 세법이 유지되는 한 이 자금 조달 원천은 계속 증가할 것입니다.

장기적으로 보면 버크셔의 자금 조달 기반(우리 재무상태표의 오른편)은 주로 유보이익을 통해서 증가할 것입니다. 우리 역할은 이 유보이익을 잘 활용해서 우리 재무상태표 왼편에 매력적인 자산을 추가하는 것입니다.

유보이익과 복리의 기적　　2019

1924년 당시 경제학자 겸 재무 상담사였던 에드거 로렌스 스미스(Edgar Lawrence Smith)는 《Common Stocks as Long-Term Investments(주식 장기 투자)》를 출간했습니다. 이 얄팍한 책이 투자 세계를 바꿔놓았습니다. 이 책은 스미스 자신도 바꿔놓았습니다. 책을 쓰면서 자신의 투자관을 재평가하게 되었기 때문입니다. 그는 인플레이션 기간에는 주식 수익률이 채권보다 더 높고 디플레이션 기간에는 채권 수익률이 주식보다 더 높을 것이라고 주장할 계획이었습니다. 이 주장은 매우 합리적인 듯했습니다. 그러나 스미스는 곧 충격을 받았습니다.

그의 책은 고백으로 시작되었습니다. "나의 연구는 실패를 기록한 것이다. 선입견이 사실 앞에서 무너진 기록들이다." 투자자들에게는 다행스러운 실패였습니다. 실패 덕분에 스미스가 주식 평가 방법에 대해 더 깊이 생각하게 되었으니까요.

스미스의 핵심적 통찰을 잘 설명해주는 글이 바로 존 메이너드 케인스가 쓴 서평입니다. "스미스가 제시한 가장 중요하고 참신한 개념은 다음과 같다. 훌륭하게 경영되는 제조회사는 이익을 모두 주주에게 분배하지 않는다. 적어도 실적이 좋은 해에는 이익의 일부를 유보해서 사업에 재투자한다. 따라서 건전한 제조회사에는 '복리 이자 요소'가 있다. 건전한 제조회사의 실제 자산 가치는 장기적으로 복리로 증가한다. 주주들에게 배당을 지급하고서도 말이다."

케인스의 이 호평 덕분에 스미스는 유명 인사가 되었습니다. 스미스의 책이 출간되기 전에는 투자자들이 왜 유보이익의 가치를 깨닫지 못했는지 이해하기 어렵습니다. 카네기, 록펠러, 포드(Henry Ford) 등 거부들이 막대한 유보이익을 재투자해 계속해서 이익을 더 키워왔다는 사실은 비밀이 아니기 때문입니다. 이런 방식으로 부자가 된 소자본가들은 오래전부터 미국 어디에나 있었습니다. 그런데도 기업의 소유권이 잘게 쪼개져서 '주식'으로 거래되자, 스미스의 책이 출간되기 전의 주식 투자는 시장의 단기 흐름에 돈을 거는 도박으로 간주되었습니다. 주식은 기껏해야 투기 대상으로 여겨졌으므로 신사들은 채권을 더 좋아했습니다.

전과는 달리 이제는 투자자들이 유보이익 재투자의 개념을 잘 이해하고 있습니다. 요즘은 초등학생들도 케인스가 '참신'하다고 말한 개념을 배웁니다. 저축이 복리로 불어나면 기적을 낳는다는 개념 말입니다.

***

찰리와 나는 오래전부터 유보이익 활용에 관심을 집중했습니다. 유보이익 활용은 쉬울 때도 있었지만 매우 어려울 때도 있었습니다. 특히 유보이익이 막대한 상태에서도 계속 이익이 증가할 때 더 어려웠습니다.

보유 자금을 배분할 때 우리는 이미 보유 중인 다양한 사업에 먼저 투자합니다. 지난 10년 동안 버크셔의 감가상각비 합계는 650억 달러였고 회사 내 부동산, 공장, 장비에 대한 투자액 합계는 1,210억 달러였습니다. 생산 자산에 대한 재투자는 앞으로도 언제나 최우선 과제가 될 것입니다. 아울러 우리는 세 가지 기준을 충족하는 기업들을 인수하려고 끊임없이 노력합니다. 첫째, 유형자본이익률이 높아야 합니다. 둘째, 경영자가 유능하고 정직해야 합니다. 셋째, 가격이 합리적이어야 합니다.

이런 기업을 발견하면 우리는 가급적 지분 100%를 인수하고자 합니다. 그러나 우리 기준을 충족하는 대기업을 인수할 기회는 흔치 않습니다. 대신 변덕스러운 주식시장에서 그런 상장기업의 비지배지분을 대규모로 매수할 기회가 훨씬 더 많습니다.

어느 방법을 선택하든(지배지분을 인수하든, 시장에서 주식을 매수하든) 버크셔의 투자 실적은 주로 그 기업의 미래 이익에 좌우됩니다. 그렇더라도 두 투자 기법 사이에는 회계 측면에서 중요한 차이가 있으며 이를 반드시 이해해야 합니다.

우리 피지배회사(버크셔의 보유 지분이 50%를 초과하는 회사)들의 이익은 곧 우리가 보고하는 영업이익입니다. 즉 보시는 대로입니다.

시장에서 주식을 매수한 비지배회사들에 대해서는 우리가 받은 배당만 우리 영업이익으로 기록합니다. 유보이익은요? 이 유보이익도 많은 가치를 창출하지만 버크셔의 보고 이익에 직접적으로 반영되지는 않습니다. 버크셔를 제외한 거의 모든 기관투자가는 이러한 '이익의 미인식(non-recognition of earnings)'을 대수롭지 않게 생각할 것입니다. 그러나 이는 중대한 누락에 해당합니다.

다음은 우리 투자액이 가장 많은 10개 종목입니다. 여기서는 GAAP 회

2019년 말 현재 투자 규모가 가장 큰 10개 사

피투자회사	연말 지분(%)	배당 (100만 달러)*	유보이익 중 버크셔 몫 (100만 달러)**
아메리칸 익스프레스	18.7	261	998
애플	5.7	773	2,519
뱅크 오브 아메리카	10.7	682	2,167
뱅크 오브 뉴욕 멜론	9.0	101	288
코카콜라	9.3	640	194
델타항공	11.0	114	416
JP모간체이스	1.9	216	476
무디스	13.1	55	137
US뱅코프	9.7	251	407
웰스파고	8.4	705	730
합계		3,798	8,332

* 현재 연간 배당률 기준
** 2019년 이익 - (보통주 배당 + 우선주 배당) 기준

계에 따라 보고하는 이익(버크셔가 10대 피투자회사로부터 받는 배당)과, 피투자회사가 유보해서 활용하는 이익 중 버크셔의 몫을 구분했습니다. 보통 이들 회사는 유보이익을 이용해서 사업을 확장하고 효율성을 개선합니다. 아니면 유보이익으로 자사주를 상당량 매입하기도 하는데, 그러면 회사의 미래 이익 중 버크셔의 몫이 증가합니다.

물론 이들 주식으로 우리가 마침내 실현하는 이익이 '유보이익 중 우리 몫'과 정확하게 일치하지는 않을 것입니다. 이들 주식에서 나오는 수익이 전혀 없을 때도 있습니다. 그러나 논리적으로든, 과거 우리의 경험에 비추어 보든, 이들 주식으로 우리가 실현하는 자본이득은 십중팔구 '유보이익 중 우리 몫 이상'이 될 것입니다(주식을 매도해서 이익을 실현하면 우리는 당시 세율로 소득세를 납부하게 됩니다. 지금은 연방소득세율이 21%입니다).

(다른 보유 종목들과 마찬가지로) 이들 10대 종목에서 우리가 얻는 수익도 변동이 매우 심할 것입니다. 때로는 기업 특유의 사정 탓에, 때로는 주식시장의 침체 탓에 주기적으로 손실이 발생할 것입니다. 그리고 때로는 작년처럼 대규모 이익이 발생할 것입니다. 요컨대 우리 피투자회사들의 유보이익은 버크셔의 가치 성장에 매우 중요합니다.

스미스의 말이 옳습니다.

연방소득세에 관한 놀라운 사실 | 2022

2021년까지 10년 동안 미국 재무부의 세수는 약 32.3조 달러였고 세출은 약 43.9조 달러였습니다.

경제학자, 정치인, 일반인 다수는 이 거대한 재정 적자가 미치는 영향에 대해 견해를 제시하지만 찰리와 나의 대답은 '알지 못한다'이며, 경제와 시장에 대한 단기 예측은 백해무익하다고 굳게 믿습니다. 우리의 과제는 버크셔가 장기적으로 만족스러운 실적을 달성하도록, 그리고 금융 공황이나 심각한 세계적 침체가 발생하더라도 압도적인 지구력을 유지하도록 영업과 재무를 관리하는 일입니다. 버크셔는 끝없이 치솟는 인플레이션도 어느 정도는 방어할 수 있지만 완벽한 수준까지는 절대 아닙니다. 고질적인 대규모 재정 적자는 큰 영향을 미칩니다.

10년 동안 재무부가 거둬들인 세금 32조 달러는 개인소득세(48%), 사회보장세 및 관련 세금(34.5%), 법인세(8.5%), 기타 다양한 세금으로 구성되었습니다. 지난 10년 동안 버크셔가 납부한 법인세는 320억 달러로서, 재무부가 거둔 세금 총액의 거의 0.1%였습니다.

이는 미국에 버크셔만큼 납부하는 납세자 약 1,000명이 있었다면 다른 기업과 1억 3,100만 가구는 연방정부에 세금을 낼 필요가 없었다는 뜻입니다. 단 한 푼도 말이죠.

***

'백만, 십억, 조'는 누구나 아는 숫자 단위지만 우리가 실감하기는 거의 불가능합니다. 그러면 이 숫자를 물리적 차원으로 전환해봅시다.

- 100만 달러를 100달러짜리 신권으로 바꿔서 쌓아 올리면 우리 가슴 높이까지 올라갑니다.
- 10억 달러를 마찬가지로 100달러짜리 신권으로 쌓아 올리면 이번에는 짜릿하게도 약 1,200m 높이까지 올라갑니다.
- 끝으로 버크셔가 2012~2021년 연방소득세로 납부한 320억 달러를 쌓아 올린다고 상상해봅시다. 이번에는 그 높이가 34km를 넘어가는데,

이는 민간 항공기 비행 고도의 약 3배 수준입니다.

연방소득세에 관해서라면 버크셔 주주들은 "나는 이미 회사에서 납부했습니다"라고 말해도 무방합니다.

***

버크셔는 다음 10년 동안 세금을 훨씬 더 많이 내게 되길 바라고 기대합니다. 우리는 국가에 큰 신세를 지고 있으니까요. 미국의 활력은 그동안 버크셔가 이룬 온갖 성공에 엄청난 도움이 되었으며 앞으로도 버크셔에 항상 필요한 요소입니다. 우리는 미국에 부는 순풍을 믿습니다. 이 순풍은 가끔 멎기도 했지만 반드시 다시 불었습니다.

나는 80년째 투자를 하고 있습니다. 이는 미국 역사의 3분의 1이 넘는 기간입니다. 미국 시민들은 자기비판과 자기 불신에 빠지는 경향도 있지만, 장기적으로 미국이 망하는 쪽에 돈을 걸어서 성공한 사람을 나는 한 번도 보지 못했습니다. 여러분 역시 장래에 그런 사람을 보기는 매우 어려울 것입니다.

영업 실적, 사실과 허구　　2023

보통 저자들은 대상 독자를 미리 생각해두는데 흔히 일반 대중을 생각합니다. 그러나 버크셔가 생각하는 대상 독자는 더 제한적입니다. 되팔 생각 없이 버크셔를 믿고 돈을 맡기는 투자자들입니다(남는 돈으로 복권이나 인기 주식을 매수하는 사람들보다는 농장이나 임대 부동산을 사려고 저축하는 사람들과 비슷합니다).

그동안 버크셔에는 그런 '평생' 주주들과 그 상속인들이 이례적으로 많이 증가했습니다. 우리는 그런 주주들을 소중히 여기므로 그런 주주들이야말로 해마다 좋은 소식과 나쁜 소식을 모두 들을 자격이 있다고 믿습니다. 그것도 항상 낙관론과 달콤한 말만 하는 홍보 담당자나 커뮤니케이션 전문가가 아니라 CEO에게서 직접 들어야 한다고 믿습니다.

버크셔가 원하는 이상적인 주주의 모습을 그리자면, 내게 완벽한 모델은 내 누이 버티(Bertie)입니다. 버티를 소개하겠습니다.

버티는 똑똑하고 지혜로우며 내 생각에 도전하길 좋아합니다. 그러나 우리가 큰 소리로 다투거나 반목한 적은 없으며 앞으로도 절대 없을 것입니다.

게다가 버티는 물론 세 딸도 버크셔 주식을 대량으로 보유하고 있습니다. 이들은 수십 년째 보유 중이며 버티는 해마다 내 서한을 읽을 것입니다. 내가 하는 일은 그녀의 질문을 예상해서 솔직하게 대답하는 것입니다.

여러분 대다수처럼 버티도 다양한 회계 용어를 알지만 공인회계사 시험을 치를 정도는 아닙니다. 그녀는 매일 신문 4종을 읽으면서 경제 흐름을 파악하지만 자신이 경제 전문가라고 생각하지는 않습니다. 그녀는 (매우) 현명해서 전문가들을 항상 무시해야 한다는 사실을 본능적으로 알고 있습니다. 내일 상승할 종목을 확실하게 예측할 수 있다면 자신의 소중한 통찰을 무료로 공개하여 사람들이 경쟁적으로 매수하게 할까요? 이는 금을 발견하고 나서 금의 위치가 표시된 지도를 이웃 사람들에게 건네주는 것과 같습니다.

버티는 긍정적이든 부정적이든 인센티브의 위력과 인간의 약점을 이해하고 있으며, 인간의 행동을 관찰하면 파악할 수 있는 '단서'들도 알고 있습니다. 그녀는 누가 '약을 파는' 사람이고 누가 믿을 만한 사람인지 압니다. 간단히 말해서 그녀는 누구에게도 호구가 아닙니다.

그러면 올해 버티의 관심사는 무엇일까요?

먼저 숫자부터 살펴봅시다. 공식 연차보고서는 K-1으로 시작해서 분량이 124페이지에 이릅니다. 이 보고서에는 방대한 정보가 들어 있는데 중요한 정보도 있고 사소한 정보도 있습니다.

주주 중에는 경제 부문 기자들처럼 K-72페이지에 주목하는 사람도 많습니다. 여기에는 '순이익(순손실)'이라는 이른바 '최종 실적'이 나옵니다. 이 숫자가 2021년에는 900억 달러, 2022년에는 -230억 달러, 2023년에는 960억 달러였습니다.

도대체 왜 이렇게 변덕스러울까요?

안내에 따르면 이 '순이익'은 근면하고 헌신적인 SEC의 위임을 받아 진지한 적격 기관인 재무회계기준위원회(FASB)가 발표한 산출 과정을 따랐으며, 세계 최상급 회계법인 딜로이트(Deloitte & Touche, D&T)의 감사를 받았습니다. K-67페이지에서 딜로이트는 주저 없이 밝힙니다. "우리 의견으로는 2023년 12월 31일로 종료되는 3개년 재무제표가 … 회사의 재무 상태와 … 영업 실적을 모든 중요성의 관점에서 공정하게 표시하고 있습니다."

이렇게 신성해진 백해무익한 '순이익' 숫자는 인터넷과 대중 매체를 통해서 전 세계로 신속하게 전달됩니다. 이제 관계자들 모두 자신의 역할을 다했다고 믿습니다. 그리고 법적으로는 자신의 역할을 다했습니다.

그래도 우리 마음은 여전히 불편합니다. 버크셔의 관점에서 보면 '이익'은 버티에게 합리적인 개념이 되어야 합니다. 기업의 가치를 평가하는 출발점으로나마 버티에게 어느 정도 유용해야 합니다. 그래서 버크셔는 버티와 여러분에게 이른바 '영업이익'도 보고합니다. 영업이익이 2021년에는 276억 달러, 2022년에는 309억 달러, 2023년에는 374억 달러였습니다.

필수 공개 실적(순이익)과 버크셔가 선호하는 실적(영업이익)의 주된 차이는 우리가 하루 50억 달러가 넘어가기도 하는 미실현 자본손익을 제외한다는 점입니다. 아이러니하게도 우리가 선호하는 영업이익이 2018년까지는 거의 원칙이었다가 이른바 '개선'이 의무화되었습니다. 수 세기 전 갈릴레오의 경험을 돌아보면, 상부의 명령에 쓸데없이 참견해서는 안 되겠지요. 그러나 버크셔는 고집을 부리기도 합니다.

***

자본이득은 확실히 중요합니다. 향후 수십 년 동안 자본이득은 버크셔의 가치 증대에 매우 중요한 요소가 될 것입니다. 자본이득이 중요하지 않다면 우리가 왜 여러분(과 버티)의 막대한 자금을 유가증권에 투자하겠습니까. 게다가 나는 평생 내 돈도 줄곧 유가증권에 투자하고 있습니다.

나는 처음으로 주식을 매수한 1942년 3월 11일 이후 재산 대부분을 항상 미국 주식으로 보유했습니다. 지금까지는 순조로웠습니다. 내가 '방아쇠를 당긴' 1942년 그 운명의 날, 다우존스산업평균이 100 밑으로 내려갔습니다. 학교 수업이 끝나던 시점에 내 주식은 약 5달러 하락했습니다. 그러나 곧 상황이 호전되었고 이제는 다우지수가 약 38,000에 이릅니다. 미국은 투자자들에게 훌륭한 나라였습니다. 투자자들은 누구의 말에도 귀 기울이지 않고 가만 앉아 있는 것으로 충분했습니다.

그러나 주가의 일간 변동이나 심지어 연간 변동을 반영한 '이익'을 바탕으로 해서 버크셔의 투자 가치를 판단하는 것은 매우 어리석은 일입니다. 벤저민 그레이엄이 내게 가르쳐준 바에 따르면 "시장이 단기적으로는 인기도를 가늠하는 투표소와 같지만 장기적으로는 실체를 측정하는 저울과 같습니다".

충격, 충격! 중요한 미국 기록이 깨지다   **2024**

60년 전, 현 경영진이 버크셔의 경영권을 확보했습니다. 이 경영권 확보는 (나의) 실수였으며 이 때문에 우리는 20년 동안 고생했습니다. 강조하건대 찰리는 나의 명백한 실수를 즉시 찾아냈습니다. 버크셔를 인수한 가격은 싸 보였지만 버크셔의 사업(북부 지역의 대규모 직물 사업)은 사라질 운명이었습니다.

미국 재무부는 모든 곳에서 버크셔의 운명에 관한 조용한 경고를 이미 듣고 있었습니다. 1965년, 버크셔는 법인세를 한 푼도 내지 않았습니다. 회사는 10년째 재정난에 시달리고 있었습니다. 화려한 신생 기업이라면 몰라도 미국 산업의 유서 깊은 기둥에서 경고등이 번쩍이고 있었습니다. 버크셔는 망해가고 있었습니다.

60년 뒤 (여전히 버크셔 해서웨이라는 이름으로 사업하는) 똑같은 회사로부터, 지금까지 (시가총액이 수조 달러에 이르는 빅테크를 포함해서) 어떤 기업으로부터 받은 금액보다 훨씬 많은 법인세를 받았을 때 재무부가 경험했을 충격을 상상해보십시오.

정확히 말해서 작년 버크셔가 네 차례에 걸쳐 국세청에 납부한 법인세 합계액은 268억 달러입니다. 이 금액은 미국 모든 기업이 납부한 법인세의 약 5%에 해당합니다. (게다가 우리는 외국 정부들과 44개 주에도 거액의 법인세를 납부했습니다.)

이렇게 기록적인 법인세 납부를 가능케 한 결정적 요소가 하나 있습니다. 1965~2024년 동안 버크셔 주주들은 현금 배당을 단 한 번만 받았다는 사실입니다. 1967년 1월 3일 우리가 A주에 주당 10센트씩 10만 1,755달러를 지급한 것이 유일한 배당입니다. (버크셔 이사회에 내가 왜 이런 제안을 했는지 기억나지 않습니다. 지금 생각해보니 악몽 같군요.)

60년 동안 주주들이 지속적인 재투자를 지지해준 덕분에 버크셔는 과세 소득을 축적할 수 있었습니다. 처음 10년 동안은 재무부에 납부한 법인세가 매우 적었지만 이제는 누적 금액이 1,010억 달러를 초과하여 계속 증가하고 있습니다.

Q 2015 이연법인세는 영구 플로트인가

버크셔의 이연법인세 370억 달러를 영구 플로트로 보아야 하나요?

버핏 우리 이연법인세에는 보유 증권의 미실현 이익이 포함됩니다. 미실현 이익은 언제든 실현될 수 있습니다. 그리고 공익사업에는 오래전부터 가속 상각을 적용했습니다. 이연법인세 덕분에 현금 유출이 감소하므로 버크셔의 차입금도 그만큼 감소하게 됩니다. 그러나 버크셔가 이연법인세에서 얻는 혜택이 엄청나게 크다고 생각하지는 않습니다. 이연법인세는 숨겨진 자기자본이 아닙니다.

멍거 법인세율이 변경되면 장부에 표시되는 이연법인세도 변경되겠지만 큰 의미는 없습니다.

버핏 보험 사업에서 창출되는 플로트는 훌륭한 자산이지만 이연법인세는 그렇지 않습니다.

Q 2015 미국 세법을 단순화할 필요성

미국 세법을 단순화할 필요가 있지 않나요?

버핏 세법을 변경하려면 하원의원 218명과 상원의원 51명이 찬성하고 대통령이 서명해야 합니다. 기업들은 모두 현재 법인세율에 대해 불평을 늘어놓지만 GDP 대비 기업 이익은 기록적인 수준입니다. 40년 전에는 법인세가 GDP의 약 4%였지만 지금은 약 2%에 불과합니다. 의회는 세법을 더 합리적으로 개정할 수 있습니다. 세출이 GDP의 21~22%라면 세입을 GDP의 19% 선까지는 끌어올려야 합니다. 2~3% 적자는 감당할 수 있습니다. 그러나 17.5조 달러 경제 규모에서 19% 징세는 만만한 일이 아닙니다. 누구에게 얼마를 거두느냐를 놓고 전쟁이 벌어질 것입니다.

기업은 외국에 보유한 자금을 미국으로 들여올 때 법인세를 납부해야 합니다. 나는 법인세를 훨씬 더 공정하게 개정할 수 있다고 생각합니다. 그러나 미국 기업들이 여전히 호황을 누리고 있으므로, 현행 법인세율을 인하해달라고 읍소하지는 않을 것입니다. 기업들의 유형자기자본이익률이 15%이므로 GDP의 2%는 무리한 수준이 아닙니다. 양도성예금증서(CD) 이자가 0.25~0.5%에 불과한 점을 고려하면 주식 투자자들 역시 좋은 실적을 얻고 있습니다.

Q 2016 버크셔 채권은 왜 최고 등급이 아닌가

버크셔 채권의 신용등급이 최고가 아닌 이유가 무엇인가요?

멍거 신용평가기관들의 평가 모형이 잘못된 방식으로 굳어졌기 때문입니다.

버핏 버크셔가 그들의 모형에는 잘 맞지 않습니다. 그들이 주로 다루는 기업들과는 다른 모습이기 때문이지요. 그들이 방문할 때마다 나는 AAAA 등급 기준을 만들어보라고 말합니다. 그러나 전혀 반응이 없습니다.

Q 2016 버크셔에 구조조정이 드문 까닭은

버크셔는 구조조정 비용이 많지 않은데, 인수한 기업 대부분이 독자적으로 운영되기 때문인가요?

멍거 마치 "어머니를 살해하고 보험금을 받으라"는 말처럼 들립니다. 우리는 그런 짓 하지 않습니다. 그런 숫자 조작에는 관심이 없습니다. 우리는 그런 구조조정 비용을 지출한 적도 없고 지출할 생각도 없습니다.
버핏 우리 구조조정 비용은 많지 않을 것입니다. 대부분 기업들보다 더 보수적으로 잡았습니다. 그러나 우리 철도회사는 감가상각비가 과소 계상된 탓에 영업이익이 과대 계상되었다고 봅니다.
멍거 우리는 결점도 기꺼이 광고합니다.
버핏 결점을 모두 광고하는 것은 아닙니다. 앞에서도 밝혔듯이 우리는 실제로는 비용이 아닌 상각과 무형자산 비용을 늘려 이익을 축소할 것입니다. 이런 작업을 다른 기업들보다 더 많이 할 것입니다. 조정 이익도 발표하지 않습니다. 버크셔는 숫자를 부풀려야 할 정도로 궁색하지 않습니다.

Q 2017 가치평가에 BPS 적용이 타당한가

버크셔의 내재가치는 주식 투자보다 사업회사의 실적에 더 좌우되는데 버크셔의 가치평가에 BPS를 적용하는 것이 여전히 타당한가요?

버핏 전보다 타당성이 많이 감소하긴 했어도 어느 정도는 타당합니다. 나는 BPS를 버리고 싶지 않지만 세월이 흐를수록 시장 평가액이 더 중요해질 것입니다. 지금은 이런 변화가 시작되는 단계입니다. 우리 유가증권의 가치는 장부에 표시된 금액을 넘어서지 않습니다. 반면에 우리 사업회사들의 가치는 장부가액을 넘어서며 특히 소규모 자회사들 일부는 가치가 장부가액의 10배에 이르기도 합니다. 그러나 가치가 장부가액보다 낮은 부실 자회사도 있습니다.

물론 가장 좋은 평가 방법은 버크셔의 내재가치를 계산하는 것입니다. 하지만 내재가치 계산은 정확할 수가 없습니다. 다만 버크셔의 내재가치는 BPS의 120%를 초과할 가능성이 매우 큽니다. 만일 버크셔가 보유한 자산이 모두 유가증권이라면 내재가치가 BPS의 120%를 초과하기 어려울 것입니다.

지금까지 우리가 사업회사에서 인식하지 못했던 가치나 회계적으로 인식하지 않았던 가치가 있었다면, 회사가 발전하는 과정에서 일부 인식될 수 있습니다. 만일 버크셔가 비상장회사이고 소유주가 10명에 불과하다면, 매년 모여서 사업을 하나씩 평가하는 방식으로 회사의 가치를 계산할 것입니다. 그러나 지금처럼 보유 자회사가 많으면 이런 방법은 매우 주관적이 됩니다. 내가 생각하기에 가장 쉬운 방법은 현재 우리가 사용하는 기준을 그대로 사용하면서 그 한계를 분명히 인식하는 것입니다.

멍거 나는 보험회사가 보유한 주식의 가치는 실제로 시장 평가액에 못 미친다고 생각합니다. 세금 탓에 장기간 보유해야 하니까요. 그동안 우리는 많은 유가증권을 비상장회사로 대체했습니다. 그래서 우리 유가증권의 가치가 하락하고 완전 소유 자회사들의 가치는 상승하면 기분이 좋습니다.

버핏 지금까지 30년 동안 대체 작업을 진행하고 있습니다.

멍거 잘한 일이 또 있습니다. 많은 시장성 유가증권을, 가치가 훨씬 높은 비시장성 유가증권으로 대체했습니다.

버핏 이런 운용 방식이 더 재미있습니다.

멍거 덕분에 좋은 사람을 많이 알게 되었습니다. 이런 방식으로 운용하지 않았다면 알지 못했겠지요.

Q 2017 중국 시장과 미국 시장을 비교하는 기준

중국 시장과 미국 시장을 비교할 때 가장 좋은 가치평가 기법은 무엇인가요? 시가총액을 GDP로 나눈 비율인가요, 아니면 경기 조정 PER(Cyclically Adjusted PER, CAPE)인가요?

버핏 우리가 증권의 가치를 평가할 때는 질문자가 언급한 두 기법 모두 전혀 중요하지 않습니다. 기업의 가치평가에 중요한 요소는 기업이 창출하는 미래 현금흐름의 현재가치입니다. 사람들은 항상 공식을 찾아다닙니다. 그러나 완벽한 공식은 존재하지 않습니다. 어떤 변수를 입력해야 할지도 우리는 알지 못합니다. 모든 숫자에는 나름대로 어느 정도 의미가 있기 때문입니다. 따라서 간단한 공식에 변수들을 완벽하게 입력하는 식으로 기업의 가치를 평가할 수는 없습니다.

질문자가 언급한 공식 둘 다 많은 사람의 입에 오르내리고 있습니다. 두 공식은 매우 중요할 때도 있고 전혀 중요하지 않을 때도 있습니다. 공식 한두 개로 해결될 만큼 간단하지 않다는 말이지요. 가장 중요한 것은 미래 금리입니다. 흔히 사람들은 현재 금리가 최선이라고 말하면서 현재 금리를 사용합니다. 그러나 30년 국채 금리는 원금 손실 위험 없이 30년 동안 돈을 맡긴 대가로 사람들이 기대하는 금리입니다. 내가 더 나은 금리를 제시할 자신은 없습니다. 그렇더라도 나는 현재 금리를 사용할 생각이 없습니다. 찰리도 질문자가 언급한 척도로 중국 시장과 미국 시장을 비교하지는 않을 것입니다.

멍거 전에도 말했지만 물고기를 잡는 첫 번째 원칙은 물고기가 있는 곳에서 잡는 것입니다. 유능한 어부라면 지금은 중국에서 물고기를 더 많이 찾아낼 수 있습니다. 이것이 요지입니다. 중국에 물고기가 더 풍성합니다.

Q 2017 EBITDA를 불신하는데

당신은 세계 수많은 사람에게 존경과 사랑을 받고 있습니다. 그리고 EBITDA는 기업의 가치평가에 좋은 척도가 아니라고 믿고 계십니다. 당신도 인생에서 후회하는 일이 있습니까? 인생, 가족, 개인사나 사업에서 후회하는 일은 무엇인가요?

버핏 개인적 문제에 대한 답변을 기대하지는 않으시리라 생각합니다. 사업 측면에서 볼 때 내가 찰리를 더 일찍 만났으면 좋았을 뻔했습니다. 처음 만났을 때 나는 29세, 찰리는 35세였는데 이후 우리는 매우 즐거웠습니다. 더 일찍 만났더라면 더 즐거웠을 것입니다. 실제로 더 일찍 만날 기회가 있었습니다. 같은 식료품점에서 일했거든요. 그러나 일한 시점이 달랐습니다.

EBITDA는 최악의 비용입니다. 우리는 플로트에 대해 즐겨 말합니다. 플로트는 돈은 먼저 받고 비용은 나중에 지급할 때 형성되는 자금입니다.

감가상각은 돈은 먼저 지출하고 비용은 나중에 기록할 때 나타납니다. 플로트와 정반대입니다. 좋은 것이 아니지요. 다른 조건이 모두 같다면 감가상각이 없는 기업을 사는 편이 훨씬 좋습니다. 고정자산에 대한 투자가 없는 기업이기 때문이죠. EBITDA는 사람들을 속여 심하게 해를 입힐 수 있는 통계입니다.

멍거 실제로 EBITDA를 사업에 사용하는 사람들의 행태는 훨씬 더 역겹고 혐오스럽습니다. 이는 100제곱미터인 집을 임대하면서 200제곱미터라고 말하는 부동산 중개업자와 같습니다. EBITDA는 부정직한 용어인데도 지금은 널리 사용되고 있습니다. 그러나 제정신인 사람이라면 누구나 감가상각비가 비용이라고 생각합니다.

버핏 월스트리트 사람들에게는 매우 유리한 용어입니다.

멍거 그래서 그들이 이용하는 거죠. EBITDA로 계산하면 훨씬 싸 보이거든요.

버핏 이 용어가 시장에서 수용된다는 사실이 정말 놀랍습니다. 그래서 그들이 이 용어를 사용하고 개념을 납득시키면서 이득을 얻는 것입니다. 헤지펀드의 2% 및 20% 보수도 그런 식이지요. 시장이 수용하는 한 그들은 계속 이용할 것입니다.

멍거 이제는 경영대학원에서도 EBITDA를 사용하고 있습니다. 더 소름끼치는 일입니다. 도둑놈들이 그런 용어를 사용하는 것만으로도 유감스러운데 이제 경영대학원들마저 그런 용어를 따라서 사용하니 대단히 유감스러운 일입니다.

Q 2023 은행의 만기 보유 회계에 대해

최근 당신은 은행들이 투자 포트폴리오의 공정가치가 손익계산서에 반영되지 않게 하려고 만기 보유 회계를 사용하는 행위가 주주들에게 피해를 준다고 주장했습니다. 더 자세히 설명해주시겠습니까?

버핏 손익계산서가 아니라 재무상태표라면 만기 보유 회계를 적용해도 좋다고 생각합니다. 감사들이 직면하는 매우 어려운 문제는 손익계산서 내용이 재무상태표에 반영된다는 점입니다. 재무상태표는 은행이 예금을 지급할 능력이 있는지 등 많은 정보를 제공합니다.
우리는 그런 정보를 재무상태표에 공개합니다. 시장가격을 재무상태표에 공개하는 것이 옳다고 믿기 때문입니다. 그러나 손익계산서에 그런 정보를 계속 표시하는 것은 옳지 않다고 생각합니다. 그래서 우리는 오래전부터 손익계산서에 '기타포괄손익(other comprehensive income)' 등을 추가로 표시했습니다.
나는 감사들의 고민에 깊이 공감합니다. 그러나 감사들은 재무상태표에 가치 정보를 공개할 것인지, 아니면 손익계산서가 의미를 상실하게 할 것인지 결정해야 합니다. (예를 들어 우리가 씨즈캔디를 인수해서 회사의 가치가 높아지더라도 이 사실이 재무상태표에는 반영되지 않으므로 보수주의 원칙은 유지됩니다.)
손익계산서에 시장가격을 반영하면 가치가 5초마다 바뀝니다. 오늘은 주식시장이 열리지 않지만 금요일에는 애플의 주가가 7~8포인트 상승했습니다. 무려 70억 달러에 해당하는 금액입니다. 이런 금액이 반영되면 미친 손익계산서가 됩니다. 이것이 바로 우리의 현주소입니다.
은행에서 제공하는 주택담보대출이 고객에게는 훌륭한 상품이지만 은행에는 끔찍한 상품입니다. 이제는 주택이 사회 전체에서 차지하는 위치가 과거와 완전히 달라졌으므로, 보유 주택의 가격이 폭락해서 내일 아침 은행이 대출금 상환을 요구하게 될지 유의해야 합니다. (웃음소리)

만일 내일 아침 은행이 우리 돈을 모두 요구할 수 있는 상황이라면 우리 행동은 버크셔와 많이 달라져야 합니다. 우리가 추천하는 방법은 몇 년 전까지 버크셔가 하던 방법입니다. 우리는 SEC와 주(州) 당국 등 모두가 요구하는 규정에 따라 재무제표를 작성하겠지만, 주주 여러분은 버크셔가 보는 방식으로 재무제표를 보시라고 추천합니다.

나는 버크셔의 주요 사항을 내 누이에게 설명하는 것과 똑같은 방식으로 주주 여러분에게 설명할 것입니다. 사실은 이렇게 설명할 책임이 모든 경영진에게 있는데도 이들은 오히려 정반대로 전혀 터무니없는 숫자만 주주들에게 잔뜩 제공합니다. 예를 들어 EBITDA는 더없이 나쁜 용어인데도 이들은 계속 사용하고 있습니다. 이는 말하자면 모든 비용 차감 전 이익(Earning Before Everything, EBE)입니다. (웃음소리)

그래도 내가 누이에게 하는 설명은 달라지지 않을 것입니다. 나는 모든 주주에게 말합니다. "우리가 법은 한결같이 준수하더라도, 말은 한결같이 우리가 옳다고 생각하는 대로 할 것입니다." 찰리?

멍거 그럴 것입니다. (박수갈채)

버핏 우리는 자기가 보유한 회사를 이해하는 주주들을 원합니다. 세부 사항까지 이해해야 한다는 뜻은 아닙니다. 분기 보고서 등을 읽어야 한다는 뜻도 아닙니다. 우리가 하는 설명을 옆집 사람의 말처럼 들을 수 있으면 됩니다. 그래서 우리에게는 50~60년 동안 함께하는 주주들이 있습니다.

멍거 나는 회계사들이 규정을 그렇게 변경할 때 도대체 무슨 생각이었는지 이해할 수가 없습니다. 그들이 완전히 미쳤다는 생각이 듭니다. 기업이 실제로 어떻게 운영되는지 이해하는 사람이라면 절대 그렇게 변경할 수 없으니까요. 회계사들이 미쳤던 모양입니다.

버핏 25년 전 나는 감사위원회가 네 가지 질문을 하게 해달라고 감사에게 제안했습니다. 감사가 그 질문에 답하면 주주들이 회사를 훨씬 많이 이해하게 된다고 설명하면서 말이죠. 그러나 이런 질문에 답하면 감사의 책임이 증가하므로 감사에게 불리했습니다. 경영진도 감사가 답하는 것을 원치 않았습니다.

멍거 감사들은 규정을 따르면 책임을 면하는 시스템을 원합니다. 이해는 갑니다. 그러나 작년에 분기마다 유가증권의 시가를 손익계산서에 반영하도록 규정을 변경할 때는 감사들이 책임을 면하려고 그렇게 했다고는 생각하지 않습니다. 말도 안 되는 어떤 이유로 그렇게 했을 것입니다.

군대 장교처럼 크고 복잡한 시스템 속에서 높은 급여를 받으면서 승진하는 사람이 많습니다. 이들을 작은 방에 몰아넣고 새로운 회계 기준을 만들어내라고 하면 어떤 기준을 만들어낼지 아무도 모릅니다.

버핏 우리 감사님 들으세요. 내가 아니라 찰리가 하는 말입니다. (웃음소리) 그러나 나는 찰리 말에 100% 동의합니다. 찰리는 99% 동의하고요. 찰리는 나보다 잘 빠져나간답니다. (웃음소리) 그러나 찰리가 한 말은 엄청나게 중요합니다. 여러분은 실제 진행 상황을 꿰뚫어 볼 수 있어야 합니다.

멍거 회계사도 예외가 아닙니다.

버핏 그렇습니다.

해설 | 4장. 회계, 가치평가

'회계적 수치' 말고 '내재가치'를 찾으라

투자의 성패는 기업 가치평가에 달려 있다. 가격이 가치보다 쌀 때 투자하는 방식이 워런 버핏을 투자 대가로 만든 가치투자다. 가치평가는 미래의 현금흐름에 대한 추정과 그에 대한 적정한 할인을 통해 이루어진다. 미래의 현금흐름을 좌우하는 가장 중요한 것이 경영진의 자본 배분 능력이다. 그래서 버핏은 좋은 경영진이 경영하는 기업을 찾는다. 그리고 회계적으로 주어진 숫자가 아닌 기업의 진정한 현금흐름을 파악하려 한다.

버핏은 2010년 연례 주주 서한에서 버크셔 해서웨이의 내재가치를 이루는 세 가지 요소를 제시했다. 첫째는 주식, 채권 등 투자자산의 가치, 둘째는 자회사들의 이익, 셋째는 경영자가 유보이익을 얼마나 효과적으로 활용해 미래에 어느 정도의 이익을 창출할 것인지에 대한 판단이다. 버핏은 주주들은 경영진의 자본 배분에 대해 할 수 있는 게 없기 때문에 이 세 번째 요소를 잘 판단해야 한다고 하는데, 사실 이를 견제하는 투자자가 있다. 행동주의 투자자다. 그러나 버핏은 행동주의 투자자가 되기보다는 자본 배분을 잘하는 경영진을 찾아서 믿고 경영을 맡기는 것을 선호한다. 좋은 경영진은 기업의 이익을 복리로 성장시킨다.

2019년 서한에서 바로 이 유보이익의 재투자를 통한 복리의 기적에 대해 설명한다. 이익의 일부를 유보한 후 사업에 재투자해 이익을 늘리면 기업의 자산가치가 복리로 증가한다. 따라서 버크셔는 재투자했을 때 복리 효과가 큰 것을 의미하는 유형자산이익률이 높은 기업, 그리고 자본배분 업무를 잘 수행할 수 있는 유능하고 정직한 경영진을 가진 기업을 찾아 인수하려 한다. 물론 내재가치 대비 주가가 쌀 때만 말이다.

버크셔는 이런 조건을 가진 기업의 지분 100%를 인수하는 것을 선호하지만, 그런 기회가 흔치 않다고 말한다. 비상장기업에 초기부터 투자하는 벤처캐피털시장과, 인수합병하는 사모펀드시장이 전 세계적으로 커지면서 비상장기업의 몸값이 높아짐에 따라 이제 비상장기업을 싸게 살 수 있는 기회는 흔치 않다. 다만 상장주식은 종종 내재가치 대비 크게 할인되어 거래되기 때문에 비지배지분을 싸게 인수할 기회가 많다. 최근 한국을 포함해 전 세계의 사모펀드들이 상장주식을 많이 인수하는 이유이기도 하다.

그러나 버크셔가 비지배지분을 보유한 회사가 창출하는 유보이익은 버크셔의 회계적 이익에 직접 반영되지 않는다. 오로지 배당금만 영업이익에 반영된다. 버크셔가 보유한 애플의 막대한 유보이익 중 버크셔의 몫도 버크셔의 이익에는 반영되지 않는다. 더구나 훌륭한 경영자가 현재의 유보이익을 높은 자기자본이익률을 창출하는 곳에 재투자해 사업을 복리로 키운다면 현재의 유보이익은 미래에 훨씬 더 큰 이익으로 돌아올 텐데도 말이다.

이렇듯 회계적 이익과 실제 주주들에게 귀속되는 이익을 잘 구분하는 것이 중요하다. 2010년 서한에서 버핏은 버크셔의 경우 순이익이 큰 의미가 없음을 얘기한다. 순이익에는 실현 손익만 반영되고 미실현 손익은 반영되지 않기 때문에, 대부분의 주식을 장기 보유하는 버크셔의 순이익은 미실현 이익을 반영하지 못한다. 그러나 미국 회계 기준이 2018년에 개정되면서 현재는 지분 증권 대부분의 미실현 평가손익도 순이익에 반영된다. 이에 대해 버핏은 2018년 서한에서 "순이익의 거칠고 변덕스러운 변동"으로 이어질 것이기 때문에 그러한 제도 변경이 합리적이지 않다고 언급하기도 했다.

순이익 외에 버핏과 멍거가 싫어하는 숫자가 '이자, 세금, 감가상각, 감모상각 차감 전 영업이익(EBITDA)'이다. 찰리 멍거 타계 후 첫 주주총회였던 2024년 5월 주총장에서 상영된 멍거 헌정 영상에서, 멍거가 2017년 주총에서 EBITDA를 "도둑놈들의 용어"라고 거칠게 표현한 장면이 나왔다. 버핏과 멍거가 EBITDA를 싫어한다는 것은 널리 알려진 사실이다. 사모펀드업계에서는 가치평가(EV/EBITDA) 시 표준으로 사용하는 EBITDA를 버핏과 멍거가 싫어하는 이유는 무엇일까?

EBITDA는 1980년대 후반 차입매수(LBO) 붐과 함께 널리 사용되기 시작했다. LBO는 대규모 차입을 일으켜 기업을 인수하는 방식이기 때문에 부채 원리금을 상환할 수 있는 현금흐름이 중요했는데, 감가상각비는 실제로 지출된 현금이 아니기 때문에 이를 영업이익에 더해 현금흐름의 대용치로 본 것이다. 더구나 이자 비용은 세전 이익에서 차감되어 법인세를 줄이는 효과가 있는데, 막대한 규모의 차입매수 후 영업이익 규모와 비슷한 이자 비용이 발생한다면 사실상 세금이 면제되는 효과가 있다. 따라서 감각상각비뿐만 아니라 세금도 감안하지 않는 EBITDA를 사용한 것이다.

그러나 버핏과 멍거가 지적한 것처럼 EBITDA는 많은 결점이 있다. 우선 감가상각비는 공짜가 아니다. 특히 수명이 짧은 유형자산에 의존하는 기업이나 기술 변화가 빨라서 유형자산 투자를 지속적으로 해줘야 하는 기업은 감가상각비에 상응하거나 더 큰 자본지출(CAPEX)을 필요로 한다.

이 경우에는 EBITDA-CAPEX*나 영업이익(EBIT)이 현금흐름을 더 잘 보여준다. 무형자산 상각비는 현금 지출로 보지 않고 유형자산 감가상각비만 실제 현금 지출로 간주해 EBITA를 쓰기도 한다.

버핏은 2002년 주주 서한에서 감가상각비도 실제 비용이라는 의미로 "직원들에게 10년 치 월급을 한 번에 주고 다음 10년간은 마치 그 월급이 지출되지 않은 현금처럼 취급하는 게 맞는가?"라고 지적하며 "경영진은 그럼 유형자산 투자는 요정이 대신 해줄 거라고 생각하느냐"고 반문했다.

EBITDA는 사업이 성장할 때 필요한 운전자본 투자도 반영하지 않는다. 물론 이는 경영진의 재량에 많이 좌우되기 때문에 타 기업과의 비교 용이성 등을 위해 반영하지 않을 수 있지만, 성장하는 기업에서는 실제 현금흐름에 큰 차이를 낳을 수 있다.

또한 EBITDA는 좋은 사업과 나쁜 사업을 구분하지 못한다. 예를 들어 유형자산 투자 없이도, 즉 감가상각비 없이 영업이익 100억 원을 창출하는 서비스기업과, 유형자산에 계속 재투자해야 해서 벌어들인 이익 100억 원만큼의 감가상각비가 매년 발생함에 따라 영업이익이 0원인 제조기업이 있다면, 두 기업의 EBITDA는 모두 100억 원이다. 그러나 서비스기업은 계속 이익이 누적될 것이고 제조기업은 버는 족족 공장, 기계장치 등에 투자해야 해서 돈을 벌지 못할 것이다.

EBITDA는 실제 사용할 수 있는 현금흐름과도 괴리가 있다. 우리가 사용하는 EBITDA는 연결재무제표의 숫자인데, 이익이나 현금흐름의 대부분이 연결 종속회사에서 발생하는 경우도 있다. 종속회사의 이익이 모회

---

* CAPEX는 성장을 위한 성장 자본지출과, 현상 유지를 위한 유지 자본지출로 구분되는데, 성장 자본지출은 이익 규모도 늘려줄 것이기 때문에 유지 자본지출만 차감하는 것이 더 적합하다.

사 주주에게 올라오려면 주주총회에서 배당 결의를 해야 하는 등 시간과 절차가 소요되고 세금도 발생할 수 있다. 또는 종속회사의 채권자에 의해 인출이 제한될 수도 있다. 더구나 종속회사가 해외 법인이면 자금을 가져오는 데 더 큰 어려움이 있을 수 있다.

결국 버핏이 강조하는 것은 순이익이나 EBITDA와 같은 회계적 숫자가 아니라 실제 주주들에게 귀속되는 이익이다. 버핏은 1986년 주주 서한에서 '소유주 이익(owner earnings)' 개념을 설명했는데, 이는 기업의 순이익에 감가상각비를 더하고 CAPEX를 뺀 숫자다. 소유주, 즉 주주의 이익이기 때문에 매출원가, 영업비용, 이자 비용, 세금 등 모든 비용을 제하고 남은 주주의 몫인 순이익을 시작점으로 한다.

버핏은 CAPEX를 기업의 장기적 경쟁력과 제품의 단위 수량을 '유지'하기 위한 자본지출이라고 설명했는데, 이는 유지 자본지출을 의미하는 것이다. 현재의 이익 규모를 유지하는 데 들어가는 CAPEX 규모는 경영진이 자체적으로 분석, 파악해 알려주는 경우도 있지만 보통은 추정해야 한다. 추정의 방법론에 정답은 없지만, 가장 많이 쓰이는 방식 중 하나는 실제 발생한 감가상각비가 유지 자본지출의 규모와 비슷하다고 보는 방식이다. 그러나 이는 감가상각비의 회계 처리 방식, 감가상각 기간과 실제 내용연수의 차이 등에 의해 현실을 반영하지 못할 수도 있다.

또 다른 방식은 과거 수년간의 매출 대비 유형자산 규모의 평균 비율이 유지된다고 가정하고, 작년 대비 올해 매출 증감액에 그 비율을 곱한 값을 성장 자본지출로 보는 것이다. 그리고 그 값을 올해 실제 자본지출 금액에서 차감해서 유지 자본지출을 구한다. 어떤 방식에도 정답은 없지만 큰 틀에서 개념을 이해하면 된다.

지금까지 살펴보았듯 버핏과 멍거의 기업 가치평가와 회계를 대하는 방식은 회계적으로 또는 업계 관행에 의해 보고되는 숫자들 속에서 실제 주주 가치를 구하려는 노력으로 정의된다. 그리고 기업 가치를 현재보다 더 높일 수 있는 훌륭한 경영진을 찾는 과정이기도 하다.

김형균
차파트너스자산운용 스페셜시츄에이션본부 본부장. 뉴욕 소재 행동주의 헤지펀드 홀드코 에셋매니지먼트의 시니어 애널리스트를 거쳐 한국 D&H투자자문에서 행동주의 투자를 담당했다. 한국거래소에서 경력을 시작했고, 뉴욕 컬럼비아 경영대학원 MBA 과정에서 가치투자를 공부한 후 행동주의 투자자가 되었다.

5장

채권, 외환, 파생상품 투자

우리는 두 유형 모두 보험의 성격으로 간주합니다. 우리가 프리미엄을 받는 대가로 상대방으로부터 위험을 떠안기 때문입니다. 실제로 우리는 이 파생상품 거래에 보험영업과 똑같은 사고방식을 적용했습니다. 거래상대방 위험을 떠안지 않으려고, 계약을 체결할 때 프리미엄을 선불로 받았습니다. 이는 중요한 요소입니다. `2010`

선물시장을 이용하면 1~2년 뒤에 석유를 살 수 있습니다. 실제로 그런 거래를 한 번 해서 돈을 벌었습니다. 그러나 우리가 원자재 가격을 예측할 수 있다고 생각하지는 않습니다. 단지 선물을 매수했을 뿐입니다. 옥수수, 대두 등의 가격은 예측하지 못합니다. `Q 2016`

바보 취급당할 위험   1997

우리가 선호하는 투자 대상(수익성이 훌륭하고 경영 상태가 좋으며 가격이 합리적인 기업)을 찾을 수 없을 때, 우리는 신규 자금을 대개 초우량 초단기 상품에 투자합니다. 그러나 가끔 다른 곳에 과감하게 투자하기도 합니다. 물론 이런 대체투자는 손실보다 이익 가능성이 높다고 믿습니다. 하지만 훌륭한 기업을 매력적인 가격에 인수할 때만큼 확실하게 이익을 얻을 수는 없습니다. 훌륭한 기업을 매력적인 가격에 사면 단지 시점이 문제일 뿐, 이익은 확실합니다. 대체투자를 할 때도 우리는 이익을 얻는다고 생각합니다. 그러나 때로는 손실이 발생하며 간혹 손실 규모가 커질 수도 있습니다.

연말 우리 대체투자 포지션은 세 가지였습니다. 첫째는 석유 1,400만 배럴에 대한 파생상품 계약으로서, 1994~1995년 확보한 포지션 4,570만 배럴 중 남은 물량입니다. 3,170만 배럴 계약은 1995~1997년에 청산해 세전 이익 약 6,190만 달러를 얻었습니다. 나머지 계약은 1998~1999년에 만료됩니다. 연말 현재 이 계약은 미실현 이익 1,160만 달러입니다. 회계 규정에 의해서 상품 포지션은 장부에 시장가격으로 표시됩니다. 따라서 우리 연례 재무보고서와 분기 재무보고서 양쪽에 파생상품 계약의 미실현 손익이 모두 반영되어 있습니다. 우리가 계약을 체결한 시점에는 석유 선물이 다소 저평가된 듯했습니다. 그러나 지금은 가격에 대해 아무 의견이 없습니다.

둘째 대체투자 포지션은 은입니다. 작년 우리는 은 1억 1,120만 온스를 매수했습니다. 시가평가에 의해서 1997년 이 포지션에서는 세전 이익 9,740만 달러가 발생했습니다. 어떤 면에서는 이 거래가 나의 과거 경험과 연결됩니다. 30년 전, 나는 은을 매수했습니다. 미국 정부가 은의 유통을 금지할 것으로 예측했기 때문입니다. 이후 나는 은의 펀더멘털을 계속 지켜보았지만 보유하지는 않았습니다. 그런데 최근 몇 년 동안 은괴 재고가 대폭 감소했으므로, 작년 여름 찰리와 나는 수요와 공급이 균형을 이루려면 가격이 상승해야 한다고 판단했습니다. 우리가 은의 가치를 계산할 때 인플레이션 가능성은 고려하지 않았다는 점을 밝혀둡니다.

셋째 대체투자 포지션은 미국 재무부 장기 할인채로서, 연말 상각 원가 기준으로 46억 달러여서 규모가 가장 큽니다. 이 채권은 이자를 지급하지 않는 대신, 매수 시점에 가격을 할인해줍니다. 그래서 금리가 변동할 때 시장가격이 가파르게 변합니다. 금리가 상승하면 할인채 가격은 대폭 하락하고, 금리가 하락하면 할인채 가격은 대폭 상승합니다. 1977년에는 금리가 하락했으므로 우리 할인채에서 미실현 세전 이익 5억 9,880만 달러가 발생했습니다. 우리는 이 할인채를 시장가격으로 표시하므로 이 미실현 이익은 연말 순자산가치에 반영됩니다.

현금성 자산을 계속 보유하는 대신 할인채를 매수하면 우리는 바보 취급당할 위험을 떠안게 됩니다. 할인채 매수처럼 거시경제 변수를 기반으로 투자할 때는 성공 확률이 절대 100%에 근접할 수가 없으니까요. 그러나 찰리와 내가 밥값을 하려면 창피를 무릅쓰고 판단에 최선을 다해야 하므로, 승산이 있다고 믿을 때는 가끔 대체투자를 할 것입니다. 우리가 실패하더라도 너그럽게 생각해주시기 바랍니다. 클린턴(Bill Clinton) 대통령과 마찬가지로 우리도 여러분의 고통을 함께 느낍니다. 멍거 가족은 재산의 90% 이상을 버크셔에 투자했고 버핏 가족은 재산의 99% 이상을 버크셔에 투자했으니까요.

정크본드와 주식의 공통점　　2002

　우리는 여전히 주식 거래가 거의 없습니다. 찰리와 나는 현재 보유 중인 주요 종목에 대해서 점점 더 마음이 편해집니다. 대부분 종목이 그동안 시가총액은 감소했지만 이익은 증가했기 때문입니다. 그러나 물량을 늘리고 싶지도 않습니다. 이들 기업의 전망은 밝지만, 아직 주가가 저평가되었다고 생각하지 않기 때문입니다.

　우리는 주식 전반에 대해서도 같은 생각입니다. 지난 3년 동안 주가가 하락하면서 주식의 매력이 대폭 높아지긴 했지만 아직도 관심 가는 종목이 거의 없습니다. 이는 거품이 크게 발생한 기간에 주가가 터무니없이 상승했다는 우울한 사실 때문입니다. 안타깝지만 폭음이 심할수록 숙취도 고통스러울 것입니다.

　현재 찰리와 나는 주식을 멀리하고 있지만 이는 절대 우리 천성이 아닙니다. 우리는 주식 보유하기를 좋아합니다. 매력적인 가격에 살 수 있다면 말이죠. 내가 투자한 61년 중 이런 기회가 있었던 해가 약 50년이었습니다. 이런 해가 다시 올 것입니다. 그러나 세전 수익률 10% 이상(세후 수익률 6.5~7%) 얻을 가능성이 매우 크지 않다면 기다릴 것입니다. 단기 자금 수익률이 세후 1%에도 못 미치므로 기다리는 일이 즐겁지는 않습니다. 그러나 투자에 성공하려면 가끔은 휴식도 필요합니다.

　그래도 작년에 우리는 몇몇 정크본드와 대출에 합리적인 조건으로 투자할 수 있었습니다. 이 섹터에 대한 투자 금액이 6배로 늘어나 연말에는 83억 달러에 이르렀습니다.

　정크본드 투자와 주식 투자는 어떤 면에서 비슷합니다. 둘 다 가격-가치를 추정해야 하고, 수백 개 종목을 뒤져서 위험보상배수가 매력적인 종목 극소수를 찾아내야 합니다. 그러나 둘 사이에는 중요한 차이도 있습니다. 주식에 투자할 때는 모든 종목에서 좋은 성과를 기대합니다. 우리는 재무 구조가 튼튼하고, 경쟁력이 강하며, 경영진이 유능하고 정직한 기업에 집중적으로 투자하기 때문입니다. 이런 기업의 주식을 합리적인 가격에 산다면 손실 보는 일이 드물어야 합니다. 실제로 지난 38년 동안 버크셔(제너럴리와 가이코 제외)가 주식 투자에서 얻은 이익이 손실보다 약 100배 많았습니다.

우리가 정크본드를 살 때는 훨씬 더 한계선상에 있는 기업을 다룹니다. 이런 기업들은 대개 부채가 많으며, 흔히 그 산업의 ROE도 낮습니다. 게다가 경영진의 자질도 종종 의심스럽습니다. 심지어 경영진의 이해관계와 채권자들의 이해관계가 정면으로 충돌하기도 합니다. 그래서 우리는 정크본드에서 가끔 대규모 손실이 발생할 것으로 예상합니다. 그러나 지금까지는 이 분야에서 꽤 좋은 실적을 거두었습니다.

여전히 부채를 꺼립니다 `2005`

미드아메리칸이 포함된 새 연결재무상태표를 보면 버크셔가 차입에 관대해진 것처럼 보일지 모르겠습니다. 그러나 사실은 그렇지 않습니다. 우리는 오로지 다음 세 가지 목적으로 떠안는 소액을 제외하면 여전히 부채를 꺼립니다.

(1) 가끔 우리는 단기 투자 전략으로 미국 국채(또는 정부 기관 채권)를 이용해서 환매조건부채권매매(repo)를 합니다. 이런 거래에는 좋은 기회가

많으며, 유동성이 매우 높은 증권만을 사용합니다. 몇 년 전에 이런 식으로 흥미로운 거래를 여러 건 했는데 이후 포지션이 청산되었거나 만기가 다가오고 있습니다. 따라서 이 거래와 관련된 부채도 대폭 감소했고 머지않아 모두 없어질 것입니다.

(2) 우리는 위험 특성을 이해하는 이자부 매출채권을 담보로 자금을 차입하기도 합니다. 파산한 피노바(Finova, 당시 다양한 매출채권 보유)를 루카디아(Leucadia)와 함께 인수하려고 2001년 우리가 은행 부채 56억 달러를 보증할 때 이런 거래를 했습니다. 이 부채는 모두 상환되었습니다. 더 최근에도 이런 방식으로 클레이턴홈즈가 관리하는 조립주택 매출채권 포트폴리오(잘 분산되었으며 실적이 예측 가능함) 구축 자금을 조달했습니다. 이 매출채권을 증권화해서 매각할 수도 있었지만 우리는 보유하면서 관리하기로 했습니다. 우리도 업계에서 흔히 하는 것처럼 매출채권을 증권화하면 재무상태표에 부채가 올라가지 않고 이익도 앞당겨 실현할 수 있습니다. 대신 수익이 감소합니다. 시장 변수가 바뀌어 증권화가 유리해진다면(가능성은 작지만) 포트폴리오 일부를 매각해 부채를 줄일 수도 있습니다. 그때까지는 그럴듯한 겉모습보다 실속을 우선할 생각입니다.

(3) 미드아메리칸은 부채가 많지만 미드아메리칸이 단독으로 책임지는 부채입니다. 이 부채가 우리 연결재무상태표에 표시되긴 해도 버크셔가 보증하지는 않습니다.

이 부채가 규모는 커도 안전성은 걱정할 필요가 없습니다. 미드아메리칸이 보유한 다양하고도 매우 안정적인 공익사업 이익으로 원리금을 상환하기 때문입니다. 만에 하나 미드아메리칸의 공익사업 자산 한 곳에 청천벽력 같은 사고가 발생하더라도, 다른 자산에서 나오는 이익으로 모든 부채를 충분히 감당할 수 있습니다. 게다가 미드아메리칸은 이익을 모두 유보하고 있는데, 이렇게 주주 지분을 쌓아가는 방식은 공익사업 분야에서 찾아보기 어려운 관행입니다.

위험 관점에서 보면 이자보상배수가 예컨대 2배에 그치더라도 잘 분산된 공익사업 10개를 보유하는 편이, 이자보상배수가 훨씬 높은 공익사업 하나를 보유하는 것보다 훨씬 안전합니다. 부채를 아무리 보수적으로 관리하더라도 단일 공익사업은 재난을 당하면 지급불능에 빠질 수 있기 때문입니다. (카트리나가 닥쳤을 때의 뉴올리언스 전력회사를 기억하십시오.) 그러나 미드아메리칸은 한 지역에 재난이 발생하더라도(예컨대 서부에 지진이 발생해도) 이런 영향을 받지 않습니다. 심지어 찰리처럼 걱정 많은 사람조차 미드아메리칸의 이익이 구조적으로 대폭 감소할 만한 사건을 떠올리지 못할 정도입니다. 미드아메리칸은 다양한 공익사업을 계속 확대해나갈 것이므로 앞으로도 항상 부채를 대규모로 사용할 것입니다.

대략 이 정도입니다. 우리는 인수나 사업 목적으로 대규모 부채를 일으킬 생각이 없습니다. 물론 사업 통념에서는 우리가 지나치게 보수적이어서, 적정 레버리지를 일으키면 안전하게 추가 수익을 얻을 수 있다고 주장할 것입니다.

그럴지도 모르지요. 그러나 수십만 투자자 중 버크셔 주식이 재산 대부분을 차지하는 주주가 많아서(우리 이사와 핵심 경영자 다수도 해당), 회사에 재난이 일어나면 이들도 재난을 당하게 됩니다. 게다가 우리가 50년 이상 보험금을 지급해야 하는 영구 상해 고객들도 있습니다. 이런 분들을 포함한 고객들에게 우리는 어떤 일이 일어나더라도 절대적인 안전을 보장한다고 약속했습니다. 금융 공황, 주식시장 폐쇄(1914년에 장기간 폐쇄), 심지어 미국에 핵, 화학, 생물학 공격이 발생하더라도 말입니다.

우리는 대규모 위험을 기꺼이 인수합니다. 실제로 단일 재해에 대해 판매하는 보험은 우리 한도가 다른 어떤 보험사보다도 높습니다. 우리가 보유한 대규모 투자 포트폴리오도 (1987년 10월 19일 같은) 특정 상황에서는 시장가치가 단기간에 극적으로 하락할 수 있습니다. 그러나 어떤 일이 일어나더라도 버크셔는 이런 문제를 쉽게 해결할 수 있을 정도로 순자산, 이익 흐름, 유동성을 유지할 것입니다.

다른 방법은 모두 위험합니다. 그동안 수없이 많은 매우 똑똑한 사람들이 어렵게 배운 교훈이 있습니다. 장기간 연속해서 인상적인 실적을 올렸더라도 한 번만 제로를 곱하면 모두 제로가 된다는 사실입니다. 나 자신도 이런 경험을 하고 싶지 않지만 내 탓에 다른 사람들이 이런 손실을 보는 것은 더더욱 원치 않습니다.

미안해요, 달러뿐이라서 `2004`

2004년 말 현재 버크셔가 보유한 외환 계약은 12개 통화에 걸쳐 약 214억 달러입니다. 작년에도 언급했듯이 이러한 외환 보유는 우리의 태도가 확실히 바뀌었다는 의미입니다. 2002년 이전에는 나도 버크셔도 외환을 거래한 적이 없습니다. 그러나 미국의 무역 정책 탓에 달러의 가치가 앞으로 장기간 하락 압박을 받는다는 증거가 늘어나고 있습니다. 그래서 2002년 이후 우리는 투자 방향을 설정할 때 이런 조짐에 주의하고 있습니다. (구걸하는 거지에게 W. C. 필즈가 말했습니다. "미안해요. 가진 돈이라곤 달러뿐이라서.")

한 가지는 분명히 밝혀두겠습니다. 우리는 미국의 장래가 못 미더워서 외환을 보유하는 것이 절대 아닙니다. 미국은 이례적인 부국으로서 시장 경제, 법치, 기회의 균등을 존중하는 시스템이 만들어낸 산물입니다. 미국의 경제력은 세계 어느 나라보다도 훨씬 강하며 앞으로도 계속 그러할 것입니다. 미국에 살고 있는 우리는 행운아입니다.

그러나 2003년 11월 10일 내가 〈포천〉 기고문(berkshirehathaway.com 참조)에서 주장했듯이, 미국의 무역 관행이 달러를 짓누르고 있습니다. 달러의 가치는 이미 상당 폭 하락했지만 앞으로도 계속 하락할 듯합니다. 정책이 바뀌지 않는다면 외환시장은 더 혼란에 빠질 수 있으며 정치적·재정적으로 부작용이 발생할 수 있습니다. 실제로 이런 문제가 나타날지는 아무도 모릅니다. 그러나 이런 시나리오의 실현 가능성을 절대 무시할 수 없으므로 정책 입안자들은 지금부터 대안을 연구해야 합니다. 하지만 이들의 복지부동 경향이 아무래도 불길합니다. 지속적인 무역 적자가 미치는 영향을 연구한 318페이지짜리 의회 보고서가 2000년 11월에 발간되었지만 이 보고서에는 먼지만 쌓이고 있습니다. 이 보고서는 1999년 무역 적자가 당시로선 충격적인 2,630억 달러를 기록하자 발간되었습니다. 작년 무역 적자는 6,180억 달러로 증가했습니다.

강조하건대 찰리와 나는 '실물 무역(real trade, 국가 간 상품 및 서비스 교환 행위)'이 미국과 외국 모두에 대단히 유익하다고 믿습니다. 작년 미국의 순수 실물 무역은 1.15조 달러였습니다. 이런 무역은 더 많을수록 좋습니다. 그러나 미국이 외국에서 추가로 들여온 6,180억 달러 상당의 상품과 서비스는 실물 무역이 아니라 일방 거래였습니다. 규모가 충격적이어서 영향이 막대합니다.

이 일방적인 '사이비 무역(pseudo trade)'을 조정하는 항목이 미국에서 외국으로의 '부(富)의 이전(移轉)'입니다. (거래에는 항상 대응 항목이 존재합니다.) 이전은 민간 기업이나 정부 기관이 외국인들에게 차용증서를 써주는 형태이거나, 주식과 부동산 같은 자산의 소유권을 넘겨주는 방식이 됩니다. 어떤 방식이든, 미국에 대한 소유권 중 우리의 몫은 감소하고 외국인들의 몫은 증가합니다. 이렇게 미국의 부를 외국으로 떠넘기는 규모가 현재 매일 18억 달러에 이르는데 작년보다 20% 증가했습니다. 그 결과 현재 외국인들이 보유한 미국의 순자산이 약 3조 달러입니다. 10년 전에는 이들의 순자산이 무시해도 될 정도였습니다.

조 단위로 말하면 대개 감이 오지 않습니다. 그리고 흔히 경상수지 적자(세 항목의 합계로서, 단연 가장 중요한 항목은 무역 적자)와 미국 재정 적자를 '쌍둥이 적자'로 묶어 다루기 때문에 더 혼동하기 쉽습니다. 그러나 둘은 쌍둥이가 아닙니다. 둘은 원인도 다르고 결과도 다릅니다.

재정 적자가 발생해도 미국의 순자산 중 미국인들의 몫은 절대 감소하지 않습니다. 외국인들이 미국의 순자산을 보유하지 않는 한, 재정 적자가 아무리 크게 발생해도 미국에서 산출되는 것은 100% 미국인들의 몫이 됩니다.

재화가 넘치는 부유한 가족인 미국인들은 정부의 GDP 분배 방식(즉 세금 징수 방식과 복지 혜택 분배 방식)을 놓고 의회 의원들을 통해서 논쟁을 벌입니다. 과거에 약속한 복지 혜택을 재검토하는 상황이 되면, '가족 구성원들'은 서로 자기가 고통받는다고 주장하면서 열띤 논쟁을 벌입니다. 그러면 세금이 인상되거나, 약속이 조정되거나, 국내에서 공채가 발행될 수 있습니다. 그래도 논쟁이 마무리되면 GDP라는 거대한 파이는 어떤 방식으로 분배되더라도 모두 가족 구성원들에게 돌아가게 됩니다. 한 조각도 외국으로 나가지 않습니다.

그러나 경상수지 적자가 대규모로 계속 발생하면 전혀 다른 결과가 벌어집니다. 세월이 흐르면서 우리 채무가 증가하면 GDP 중 우리 몫은 갈수록 줄어듭니다. 실제로 미국 GDP 중 외국인들의 몫이 갈수록 증가합니다. 여기서 우리는 항상 소득보다 지출이 더 많은 가족과 같습니다. 세월이 흐를수록, 우리가 벌어들이는 돈 중 '금융회사'로 가는 몫이 늘어납니다.

현재 규모로 경상수지 적자가 이어진다면 10년 뒤에는 미국의 순자산 중 외국인들의 몫이 약 11조 달러에 이를 것입니다. 이런 순자산에 대한 외국인들의 투자수익률을 5% 정도로 잡아도 우리는 이자만으로 해마다 0.55조 달러에 이르는 상품과 서비스를 외국으로 실어 보내야 합니다. (전혀 확실하지는 않지만 인플레이션이 낮다고 가정하면) 10년 뒤에는 미국의 GDP는 약 18조 달러가 될 것입니다. 따라서 10년 뒤 우리 미국 '가족'은 과거에 방종한 대가로 해마다 GDP의 3%를 외국에 공물로 바쳐야 합니다. 재정적자일 때와는 달리 아버지가 저지른 죗값을 아들이 치르게 됩니다.

(미국이 소비를 대폭 줄여 대규모 무역 흑자를 계속 쌓아나가지 않는다면) 이렇게 해마다 외국에 바치는 조공 탓에 미국에서는 틀림없이 정치가 매우 불안해질 것입니다. 그래도 미국 경제가 성장할 것이므로 미국인들의 생활은 지금보다도 더 윤택할 것입니다. 하지만 채권자들에게 영원히 조공을 바쳐야 한다는 사실에 화가 날 것입니다. 지금 미국은 모두가 집주인이 되는 행복한 '소유자 사회(Ownership Society)'를 열망하고 있지만, 다소 과장하자면 불행한 '소작인 사회(Sharecropper's Society)'가 될 것입니다. 공화당과 민주당이 함께 지지하면서 이끌어가는 무역 정책의 종착지가 바로 이런 모습입니다.

조야(朝野) 금융계의 명사들은 현재와 같은 경상수지 적자가 계속될 수 없다고 말합니다. 예를 들어 2004년 6월 29일 연방공개시장위원회 회의록에는 이렇게 쓰였습니다. "대규모 대외 적자가 무한정 이어질 수는 없다고 간부진이 지적했다." 그러나 전문가들은 급증하는 무역 불균형에 대해 글은 계속 이렇게 쓰면서 실질적인 해결책은 제시하지 않습니다.

16개월 전 〈포천〉에 기고한 글에서 나는 "달러 가치의 완만한 하락은 답이 되지 못한다"라고 썼습니다. 그리고 지금까지 실제로 답이 되지 못했습니다. 그런데도 정책 입안자들은 여전히 '연착륙'을 희망하면서, 다른 나라에는 그 나라 경제를 부양(통화 팽창)하라고 주문하고, 미국인들에게는 저축을 늘리라고 말합니다. 나는 이런 권고가 잘못되었다고 생각합니다. 막대한 경상수지 적자 지속은 뿌리 깊은 구조적 문제여서, 무역 정책이 근본적으로 바뀌거나, 금융시장이 불안해질 정도로 달러의 가치가 하락하지 않고서는 해결되지 않습니다.

무역 정책의 현상 유지를 옹호하는 사람들이 즐겨 인용하는 애덤 스미스의 말이 있습니다. "가구 차원에서 사려 깊은 행위가 거대 왕국 차원에서도 옳은 일이다. 어떤 외국 제품의 가격이 우리가 직접 만드는 것보다 더 싸다면, 우리가 더 싸게 생산하는 제품 일부를 주고 그 외국 제품을 사는 편이 낫다."

나도 동의합니다. 그러나 스미스는 제품을 주고 제품을 사라고 말한 것이지, 미국처럼 매년 0.6조 달러에 이르는 부(富)를 주고 제품을 사라고 말한 것이 아닙니다. 게다가 과소비를 유지하려고 매일 농장 일부를 팔아치우는 가정의 행태를 절대 '사려 깊다'라고 평가하지는 않았을 것입니다. 그러나 미국이라는 거대 왕국은 부를 주고 제품을 사고 있습니다.

만일 미국의 경상수지가 0.6조 달러 '흑자'라면, 세계 언론은 미국의 무역 정책을 일종의 극단적 '중상주의', 즉 국가가 수출을 촉진하고 수입을 억제해 재화를 축적하는 전략으로서, 오래전부터 불신당했던 정책으로 간주해 거칠게 비난할 것입니다. 나 역시 그런 정책을 비난할 것입니다. 그러나 원래 의도했던 바는 아닐지 몰라도 외국은 미국에 대해 중상주의 정책을 펴고 있습니다. 이는 미국이 축적한 자산이 막대하고 그동안 쌓아온 신용이 매우 높아서 가능합니다. 실제로 자국 통화 표시 신용카드로 이렇게 끝없이 소비할 수 있는 나라는 미국을 제외하면 세계 어디에도 없습니다. 아직은 외국 투자자 대부분이 크게 걱정하지 않습니다. 이들은 미국을 소비 중독자로 간주하지만 우리가 부자라는 사실도 알고 있습니다. (중략)

우리는 미국이 경상수지 적자를 즉시 대폭 축소하는 정책을 채택하길 바랍니다. 물론 미국이 즉각적인 해결책을 채택하면 버크셔는 외환 거래 계약에서 기록적인 손실을 보게 될 것입니다. 그러나 버크셔의 자원은 달러 자산에 집중되어 있으므로 달러 강세와 저인플레이션 환경이 우리에게 매우 유리합니다.

통화 분야의 최근 흐름을 따라가려면 〈파이낸셜타임스(The Financial Times)〉를 읽으십시오. 런던에서 발간되는 이 신문은 오래전부터 세계 금융 뉴스를 선도했는데 지금은 탁월한 미국판도 있습니다. 무역에 관한 보도와 논평도 일류입니다.

이번에도 경고를 덧붙입니다. 거시경제는 매우 어려운 분야라서, 찰리와 나도 마찬가지지만 능력을 입증한 사람이 거의 없습니다. 통화에 대한 우리의 판단도 얼마든지 틀릴 수 있습니다. (현재 달러 약세를 예상하는 전문가가 너무 많아서 우리는 불안합니다.) 우리 판단이 틀리면 우리 실수가 낱낱이 드러납니다. 역설적이지만 달러의 가치가 대폭 하락하더라도 버크셔의 자산을 모두 달러 표시로 내버려 둔다면 우리 실수를 아무도 눈치채지 못할 것입니다.

연착륙은 희망 사항　　　　　　2006

우리는 직접 보유한 외환 포지션을 거의 모두 정리했는데, 이 과정에서 2006년에 실현한 세전 이익이 약 1억 8,600만 달러입니다. (앞에서 제시한 '금융업과 금융상품'의 실적에 포함되어 있습니다.) 2002년 외환 포지션을 보유하기 시작한 이후 거둔 총이익은 22억 달러입니다. 다음은 통화별 실적입니다.

외환 포지션 총손익(100만 달러)

통화	손익	통화	손익
호주 달러	247.1	멕시코 페소	106.1
영국 파운드	287.2	뉴질랜드 달러	102.6
캐나다 달러	398.3	싱가포르 달러	-2.6
중국 위안	-12.7	한국 원	261.3
유로	839.2	스위스 프랑	9.6
홍콩 달러	-2.5	대만 달러	-45.3
일본 엔	1.9	다양한 옵션	22.9

정확한 금액은 계산하지 않았지만, 우리가 간접적으로 올린 외환 이익도 많습니다. 예를 들어 2002~2003년에는 엔론(Enron) 채권에도 약

8,200만 달러를 투자했는데 일부는 유로화 표시 채권이었습니다. 이 채권에서 우리가 이미 받은 분배금이 1억 7,900만 달러이고, 남은 우리 몫이 1억 7,300만 달러입니다. 이는 총이익이 2억 7,000만 달러이며, 이익 일부는 채권 매입 이후 유로화 가치 상승에서 나왔다는 뜻입니다.

우리가 외환을 사들이기 시작한 시점에는 외국 금리 대부분이 미국 금리보다 높았으므로 직접 외환을 보유하는 편이 유리했습니다. 그러나 2005년에는 금리 차이가 역전되어 미국 금리가 더 높아졌습니다. 따라서 우리는 외환을 보유하는 다른 방법을 찾아보았는데 예를 들면 외국 주식을 보유하거나, 외국에서 대규모 이익을 내는 미국 주식을 보유하는 방법이었습니다. 그러나 강조하지만 외환은 우리가 종목을 선정할 때 주요 요소가 아니라 여러 요소 중 하나에 불과합니다.

미국은 무역 적자가 확대되고 있으므로 장기적으로 달러의 가치가 계속 내려갈 확률이 높습니다. 나는 '실물 무역'이 바람직하다고 확신합니다. 실물 무역이 증가할수록 미국과 세계 모두에 더 좋습니다. 2006년 미국의 순수 실물 무역은 약 1.44조 달러였습니다. 그러나 미국이 상품이나 서비스를 제공하지 않고 수입한 '사이비 무역'도 2006년에 0.76조 달러나 있었습니다. (만일 우리가 수출은 전혀 없이 수입만 GDP의 무려 6%에 해당하는 0.76조 달러를 실시했다면 해설자들은 이런 상황을 어떻게 설명했을까요?) 미국은 상품과 서비스를 제공하지 않으면서 이만큼 수입했으므로, 미국 자산에 대한 소유권이나 차용증을 외국에 넘겨줄 수밖에 없었습니다. 우리는 매우 부유하지만 방종한 가족처럼 생산량보다 많이 소비하려고 재산 일부를 내놓았습니다.

미국은 대단한 부자이며 과거에 책임감 있게 처신했으므로 앞으로도 이런 사이비 무역을 많이 할 수 있습니다. 따라서 세계는 미국의 채권, 부동산, 주식, 기업들을 기꺼이 받아줄 것입니다. 그리고 우리는 아직 이런 재산이 엄청나게 많습니다.

그러나 이런 식의 재산 이전은 중대한 결과를 불러옵니다. 내가 작년에 예측했던 과소비의 악영향이 이미 현실로 나타났습니다. 미국의 '투자 소득' 계정은 1915년 이후 항상 전년보다 증가했으나 2006년에는 감소세로 돌아섰습니다. 이제는 미국인이 외국에 투자해서 벌어들이는 돈보다, 외국인이 미국에 투자해서 벌어 가는 돈이 더 많습니다. 이는 우리의 은행 잔고가 바닥나서 신용카드로 소비하는 것과 같습니다. 부채를 짊어진 모든 사람과 마찬가지로 이제는 미국도 갚아야 할 이자에 대한 이자가 끝없이 증가하는 '부채 복리 효과'에 시달리게 될 것입니다.

그러나 미국인들이 이렇게 어리석은 방향으로 가고 있어도 10~20년 뒤에는 틀림없이 지금보다 더 잘살게 될 것입니다. 1인당 재산이 증가하기 때문입니다. 하지만 미국인들은 막대한 부채에 대해서 이자를 갚아야 하므로 매년 우리 생산량의 상당 부분을 외국으로 실어 보내야 할 것입니다. 이렇게 우리 선조가 과소비해서 진 빚을 갚으려고 우리가 매일 일정 시간을 일해야 한다면 즐거울 리가 없습니다. 장래 어느 시점에 미국 근로자와 유권자들이 매년 외국에 바치는 '조공'에 지치면 심각한 정치적 반발이 일어날 것입니다. 그 여파가 시장에 어떤 결과를 불러올지는 예측할 수 없습니다. 그러나 '연착륙'은 희망 사항에 불과할 것입니다.

우리가 실현한 환차익은 모두 파생상품의 일종인 선물(先物) 계약을 통해서 거둔 것입니다. 그리고 우리는 다른 유형의 선물 계약도 맺었습니다. 이 말이 이상하게 들릴 것입니다. 우리는 제너럴리가 맺은 파생상품 계약을 해지하느라 값비싼 대가를 치렀고, 나는 파생상품 거래가 엄청나게 증가하면 구조적인 문제가 발생할 수 있다고 자주 말했기 때문입니다.

왜 이렇게 위험한 상품을 갖고 노는지 여러분은 의아할 것입니다.

이는 주식이나 채권과 마찬가지로, 파생상품도 가끔 가격이 터무니없이 잘못 매겨지기 때문입니다. 따라서 우리는 오래전부터 선별적으로 파생상품을 팔았습니다. (건수는 작지만 금액은 대개 큽니다.) 현재 남아 있는 계약은 62건입니다. 내가 직접 관리하고 있으며, 거래상대방 위험이 없는 계약들입니다. 지금까지는 실적이 좋아서 세전 이익이 수억 달러에 이릅니다. (외환 선물 계약에서 얻은 이익 규모를 훨씬 넘어섭니다.) 때때로 손실이 발생하겠지만 전체적으로는 파생상품 가격 오류로부터 계속해서 상당한 이익이 나올 것입니다.

잠시 숨을 죽이십시오 `2007`

버크셔는 2007년에 외환 포지션을 하나만 보유했습니다. 여러분, 잠시 숨을 죽이십시오. 그 외환은 브라질 헤알이었습니다. 얼마 전까지만 해도 달러를 헤알로 바꾸는 것은 상상할 수도 없었습니다. 지난 한 세기 동안 브라질 통화는 다섯 번이나 종잇조각이 되었기 때문입니다. 주기적으로 통화의 가치가 떨어지거나 사라지는 나라 사람들이 그랬듯이, 브라질 부자들도 재산을 지키려고 때때로 막대한 자금을 미국에 숨겨두었습니다.

그러나 브라질 사람이 재산을 달러로 바꾸는 신중한 행동을 했다면 지난 5년 동안 재산이 절반으로 줄어들었을 것입니다. 2002~2007년 연말의 달러 대비 헤알화 가치를 나타내는 지수는 100, 122, 133, 152, 166, 199이었습니다. 해마다 헤알화의 가치는 상승하고 달러의 가치는 하락했습니다. 게다가 이 대부분 기간에 브라질 정부는 시장에서 달러를 사들였는데, 혜알은 가치가 상승하지 못하도록 억누르고 달러는 가치를 높이려고 떠받친 것입니다.

우리는 지난 5년 동안 외환 포지션으로 세전 이익 23억 달러를 얻었습니다. 또한 외화 표시 미국 기업 채권에서도 이익을 냈습니다. 예를 들어 2001~2002년에는 2010년 만기 6.875% 아마존닷컴 채권을 액면가의 57%에 3억 1,000만 유로 매입했습니다. 당시 아마존닷컴 채권은 회사가 멀쩡했는데도 정크본드 가격에 거래되었습니다. (그렇고말고요. 가끔은 시장이 터무니없이 비효율적입니다. 명문 경영대학원 재무학과만 제외하면 어디서든 비효율적인 시장을 발견할 수 있습니다.)

유로 표시 아마존 채권에는 더 중요한 장점이 있었습니다. 2002년 우리가 살 때 1유로는 95센트였습니다. 따라서 달러 금액으로는 1억 6,900만 달러에 불과했습니다. 현재 이 채권은 액면의 102%에 거래되며 1유로는 1.47달러입니다. 2005년과 2006년에 일부 채권이 조기 상환되어 우리는 2억 5,300만 달러를 받았습니다. 나머지 채권의 연말 시장가격은 1억 6,200만 달러였습니다. 이 채권의 실현 이익과 미실현 이익을 더하면 2억 4,600만 달러인데, 여기서 약 1억 1,800만 달러는 달러의 가치 하락에서 나온 이익입니다. 환율은 중요합니다.

버크셔는 직간접적으로 외국에서 더 이익을 내려고 노력할 것입니다. 그러나 우리 노력이 결실을 보더라도 우리 자산과 이익은 항상 미국에 집중될 것입니다. 미국에는 온갖 결함도 많고 문제도 끊이지 않지만 그래도 미국의 법치주의, 시장 중심 경제 시스템, 능력주의가 끝없이 성장하는 번영을 가져다줄 것입니다.

지옥행 특급열차를 타는 법　　2004

　제너럴리의 파생상품 계약은 계속 해지하는 중입니다. 우리는 3년 전에 파생상품 사업을 중단하기로 했지만, 정리하기가 말처럼 쉽지는 않습니다. 파생상품은 유동성이 매우 높다고 알려졌지만(게다가 우리가 포지션을 청산하는 동안 시장이 좋았는데도), 연말 현재 남은 계약이 2,890건입니다. 가장 많을 때는 2만 3,218건이었습니다. 파생상품 거래는 지옥과 같아서, 들어가기는 쉬워도 빠져나오기는 끔찍이 어렵습니다. (그 밖에도 지옥과 비슷한 점들이 있습니다.)

　제너럴리의 파생상품 계약은 항상 시가로 평가해야 하며, 그동안 경영진은 양심에 따라 현실적으로 평가하려고 노력했다고 믿습니다. 그러나 만기가 수십 년 뒤이거나 변수가 여러 개 개입된 파생상품은 흔히 시장가격이 매우 모호합니다. 이런 시장가격이 경영진과 트레이더들의 연봉에 영향을 미칩니다. 종종 가공이익이 등장하는 것도 놀랄 일이 아닙니다.

　고속 성장하는 모든 금융기관에는 흔히 커다란 문제(때로는 사기)가 숨어 있다는 사실을 투자자들은 이해해야 합니다. 파생상품 사업의 실제 수익성은 장기간 파생상품시장이 정체될 때 드러납니다. 썰물이 되어야 누가 벌거벗고 수영하는지 드러나는 것처럼 말입니다.

아내가 절친과 달아났지만　　2005

　오래전 마크 트웨인(Mark Twain)이 말했습니다. "고양이 꼬리를 잡아 집으로 데려가려 하면 독특한 방식으로 교훈을 얻게 된다." 마크 트웨인이 지금 나타나서 파생상품 사업 정리 작업을 한다면, 단 며칠 만에 그는 차라리 고양이를 선택할 것입니다.

이어지는 제너럴리의 파생상품 사업 정리 과정에서 작년에 우리가 입은 세전 손실이 1억 400만 달러입니다. 우리가 사업 정리에 착수한 이후 발생한 총손실은 4억 400만 달러입니다.

인수 당시 남아 있던 계약은 2만 3,218건이었습니다. 2005년 초에는 2,890건으로 감소했습니다. 이제는 손실이 끝났을 것으로 기대하시겠지만 아직도 출혈은 계속되고 있습니다. 작년에 남은 계약을 741건으로 축소하는 과정에서, 위의 총손실 4억 400만 달러 중 1억 400만 달러가 발생했습니다.

1990년 제너럴리가 파생상품 사업부를 설립한 것은 보험 고객들의 수요를 충족하려는 목적이었습니다. 그런데 2005년에 정리한 계약 하나는 만기가 100년짜리였습니다! 이런 계약이 도대체 고객의 어떤 수요를 충족하려는 것인지 상상하기도 어렵습니다. 트레이더가 장기 계약으로 실적을 조작해서 성과급을 받으려는 수요가 아니라면 말이죠. 장기 계약이나 변수가 여럿인 계약은 시가평가(파생상품 회계에 사용되는 표준 절차)가 지극히 어려워서, 트레이더들이 가치를 평가할 때 '창의력'을 동원할 여지가 많습니다. 트레이더들이 앞장서서 이런 상품을 다루는 것도 놀랄 일이 아닙니다.

추정 수치를 근거로 막대한 보상이 지급되는 사업은 매우 위험합니다. 두 회사의 트레이더가 난해한 변수 여러 개가 들어간 장기 계약을 체결하면, 두 회사는 이후 이익을 산출할 때마다 이 계약의 가치를 평가해야 합니다. 그런데 이 계약에 대한 두 회사의 평가가 달라질 수 있습니다. 장담하는데 두 회사 모두 자사 이익이 증가하는 방향으로 평가하게 될 것입니다. (나는 이런 계약이 거대한 규모로 이루어진 사례들을 잘 알고 있습니다.) 지금은 서류상의 거래 한 건을 놓고 두 회사 모두 이익이 발생했다고 발표할 수 있는, 참으로 희한한 세상입니다.

내가 해마다 우리 파생상품 거래를 자세히 설명하는 데는 두 가지 이유가 있습니다. 하나는 개인적으로 불쾌한 경험 때문입니다. 나는 제너럴리의 파생상품 사업을 즉시 폐쇄하지 않은 탓에 여러분에게 막대한 손실을 입혔습니다. 제너럴리 인수 시점에 찰리와 나 둘 다 파생상품이 문제라는 사실을 알고 있었고, 경영진에게 이 사업을 중단하고 싶다고 말했습니다. 사업을 확실히 중단시키는 것은 내 책임이었습니다. 그러나 나는 이 상황에 정면으로 대처하지 않고 이 사업부 매각을 시도하면서 여러 해를 허송했습니다. 이런 시도는 실패할 수밖에 없었습니다. 만기 수십 년짜리 뒤얽힌 채무를 풀어낼 현실적인 해법이 없었기 때문입니다. 우리 채무는 폭발 가능성을 측정할 수가 없어서 더욱 걱정스러웠습니다. 게다가 심각한 문제가 발생한다면 금융시장의 다른 부문에서 발생하는 문제와 연관되기 쉬웠습니다.

그래서 고통 없이 빠져나오려던 나의 시도는 실패로 끝났고, 그사이에 파생상품 거래는 계속 쌓여갔습니다. 계속 머뭇거린 나의 잘못입니다. (찰리는 '손가락 빨기'라고 부르더군요.) 그래서 개인의 일이든 사업이든, 문제가 나타나면 즉시 대처해야 합니다.

파생상품 관련 우리 문제를 해마다 논의하는 두 번째 이유는 우리의 경험이 여러 경영자, 감사, 규제당국에 교훈이 되길 바란다는 것입니다. 어떤 면에서 우리는 파생상품이라는 탄광 속에서 죽어가며 경고의 노래를 부르는 카나리아와 같습니다. 세계 파생상품 계약의 건수와 금액은 계속 급속히 증가하면서, 이제는 마지막으로 금융시장이 혼란에 빠졌던

1998년의 몇 곱절이 되었습니다.

우리 경험을 보고 정신 차려야 하는 것은, 비교적 좋은 여건이었는데도 출혈을 피하지 못했기 때문입니다. 제너럴리는 파생상품 분야에서 사업 규모가 비교적 작았습니다. 다행히 시장이 좋았고, 파생상품의 유동성도 높았으며, 재정 압박이나 다른 압력이 없었던 덕분에 효율적으로 포지션을 청산할 수 있었습니다. 과거 회계도 전통을 따랐으므로 실제로 보수적이었습니다. 게다가 파생상품 관련 부정행위도 발견되지 않았습니다.

그러나 장래에 다른 회사에서는 전혀 다른 상황이 벌어질 수 있습니다. 우리보다 포지션이 몇 배나 많은 회사들이 혼란한 시장에서 극단적인 압박을 받으면서 포지션을 청산하려 한다고 상상해보십시오. 이는 사후보다 사전에 관심을 기울여야 하는 시나리오입니다. 뉴올리언스 제방을 점검해야 하는 시점이 카트리나가 오기 전이었던 것처럼 말입니다.

제너럴리의 파생상품을 마지막으로 정리하는 나의 심정이 다음 컨트리송 가사에 나와 있습니다. "아내가 나의 절친과 달아났지만, 내가 그리워하는 사람은 친구라네."

애정이 예전과 같지 않구려   2008

파생상품은 위험합니다. 파생상품 탓에 우리 금융 시스템의 레버리지와 위험이 극적으로 높아졌습니다. 또한 대형 상업은행과 투자은행들을 이해하고 분석하기가 불가능할 지경이 되어버렸습니다. 패니메이(Fannie Mae)와 프레디맥(Freddie Mac)은 파생상품을 이용해서 장기간 이익을 대규모로 조작할 수 있었습니다. 이들의 회계 조작을 파악하기가 매우 어려웠던 탓에, 100명 넘는 인력으로 두 기관만 감독하는 연방 규제기관인 연방주택기업감독청(OFHEO)조차 전혀 눈치채지 못했습니다.

실제로 최근 사건들을 보면, 대형 금융기관의 유명 CEO들조차 복잡하고 방대한 파생상품 사업을 도저히 관리할 수 없다는 사실이 드러납니다. 찰리와 나도 이 불운한 집단에 속합니다. 1998년 버크셔가 제너럴리를 인수했을 때, 884개 거래상대방과 맺은 파생상품 계약 2만 3,218건을 우리는 이해할 수가 없었습니다. (전혀 들어보지 못한 계약도 많았습니다.) 그래서 우리는 사업을 접기로 했습니다. 정리 과정에서 우리가 압박을 받은 것이 아니고 시장이 나빠진 것도 아닌데도, 이 작업이 대부분 완료되기까지 5년이나 걸렸고 4억 달러가 넘는 손실이 발생했습니다. 이 사업을 정리했을 때 우리의 심정을 나타내는 컨트리송 가사가 있습니다. "당신을 잘 알고 나니 나의 애정이 예전과 같지 않구려."

정치인, 해설자, 금융 규제기관들은 장래의 대형 사고를 방지하는 수단으로 '투명성' 제고를 즐겨 사용하지만 이것으로도 파생상품이 일으키는 문제를 해결하지는 못할 것입니다. 내가 알기에는 복잡하고 거대한 파생상품 포트폴리오의 위험을 대충이나마 설명하고 측정하는 보고 시스템조차 존재하지 않습니다. 회계 감사관들도 이런 계약을 감사할 수 없으며, 규제기관도 이들을 규제할 수 없습니다. 기업들의 10-K 양식 '정보 공개' 페이지에서 파생상품 관련 정보를 읽을 때마다 나는 결국 이들의 포트폴리오가 어떻게 될지 모르겠다는 결론에 도달하게 됩니다. (그리고 나서 아스피린을 몇 알 먹습니다.)

규제의 효과성을 보여주는 사례로 패니메이와 프레디맥의 예를 더 자세히 살펴봅시다. 두 거대 기관은 의회가 만들었고, 이들의 업무 영역을 포함한 통제권도 여전히 의회가 보유하고 있습니다. 1992년 의회는 두 거대 기업이 엉뚱한 행동을 하지 못하도록 감독하는 기관으로 OFHEO를 만들었습니다. 이제 이 업무에 할당된 감독 인력으로 보면 패니메이와 프레디맥은 내가 아는 기업 중 가장 강력하게 규제받는 기관이 되었습니다.

2003년 6월 15일, OFHEO는 2002년 보고서(인터넷에서 볼 수 있음)를 의회에 보냈습니다. (사베인즈(Paul Sarbanes)와 옥슬리(Michael Oxley)를 포함해서 상원과 하원의 실권자 4명에게 보냈습니다.) 127페이지짜리 보고서 표지에는 '10년에 걸친 탁월한 실적을 축하하며'라고 자축하는 제목이 들어 있었습니다. 첨부 편지와 보고서는 프레디맥의 CEO와 최고재무책임자(CFO)가 불명예 퇴진하고 최고영업책임자(COO)가 해고당하고 9일 뒤에 배달되었습니다. 편지에는 이들의 퇴진에 대한 언급이 없었고, 늘 그랬듯이 결론은 "두 기관 모두 재무 상태가 건전하고 잘 관리되고 있습니다"였습니다.

실제로 두 기관은 한동안 대규모로 회계 부정을 저질렀습니다. 2006년 마침내 OFHEO는 패니메이의 잘못을 가차 없이 기록하고 모든 관계자의 실수를 비난한 340페이지짜리 보고서를 발표했습니다. 그러나 여러분도 짐작하듯이 의회와 OFHEO에 대한 언급은 없었습니다.

베어스턴스(Bear Stearns)의 붕괴는 파생상품 거래에 포함된 거래상대방 위험을 극명하게 보여줍니다. 나는 2002년 보고서에서 처음 논의할 때, 거래상대방 위험이 시한폭탄이라고 말했습니다. 2008년 4월 3일, 당시 유능한 뉴욕 연준 총재였던 팀 가이트너(Tim Geithner)는 구제 필요성을 이렇게 설명했습니다. "금융 위험에 대비하려고 베어스턴스와 맺은 주요 포지션이 무효가 되었음을 베어스턴스의 거래상대방들이 갑자기 깨달았다면 시장에 더 심각한 혼란이 촉발되었을 것입니다. 이들은 시장이 매우 취약한 상태인데도 앞다투어 이 포지션과 관련된 담보증권을 청산하고 기존과 똑같은 포지션을 만들어내려 했을 것입니다." 연준의 전형적인 표현으로는 "예측 불가능한 규모의 금융 연쇄 반응을 방지하려고 우리가 개입했다"라는 말입니다. 나는 당시 연준의 결정이 옳았다고 생각합니다.

정상적인 주식이나 채권 거래는 현금과 증권을 교환하며 며칠 만에 완료됩니다. 따라서 거래상대방 위험은 금방 사라지며, 신용 문제가 누적되는 일도 없습니다. 이렇게 신속한 결제 절차가 시장의 기능을 유지하는 열쇠입니다. 바로 이런 이유로 1995년 뉴욕증권거래소와 나스닥이 결제 기간을 5일에서 3일로 단축했습니다.

반면 파생상품 계약은 흔히 몇 년이나 심지어 몇십 년 동안 결제가 이루어지지 않은 채, 거래상대방에 대한 청구권이 막대한 규모로 누적되기도 합니다. 계량화하기 어려운 서류상의 자산과 부채가 재무제표에서 중요한 요소가 되었는데도 장기간 검증되지 않습니다. 게다가 거대 금융기관들 사이에 거미줄처럼 복잡한 상호 의존성이 형성됩니다. 수십억 달러 규모의 매출채권과 매입채무가 몇몇 거대 금융기관에 집중되며 이들은 대개 다른 방식으로 막대한 부채도 일으킵니다. 파생상품 거래에서 문제를 피하려면 성병을 피하는 방식이 필요합니다. 내가 누구와 자는가뿐 아니라 내 파트너가 누구와 자는가도 중요합니다.

이 사람 저 사람과 잠자리를 같이하는 방식이 대형 파생상품 딜러에게는 유용할 수 있습니다. 문제가 발생하면 정부가 반드시 도와주기 때문입니다. 다시 말해서 주변 기업들을 모두 감염시킬 수 있는 문제 기업들(기업명은 언급 안 함)만이 확실히 국가의 관심 대상이 되기 때문입니다. 이 짜증스러운 현실로부터 '기업 생존의 제1 법칙'이 도출되어, 야심 찬 CEO들은 난해하고도 거대한 파생상품 포트폴리오를 구축하고 부채를 쌓아 올립니다. 적당히 망쳐놓는 것으로는 성에 차지 않습니다. 상상을 초월할 정도로 엉망을 만들어야 합니다.

나는 파생상품을 이렇게 파멸적으로 설명했는데 버크셔는 왜 파생상품 계약을 251건(미드아메리칸이 사업 목적으로 맺은 계약과, 제너럴리에 남은 계약 몇 건은 제외)이나 맺었는지 의아하게 생각될 것입니다. 이유는 간단합니다. 우리가 맺은 계약은 당시에 가격이 잘못 매겨져 있었고, 일부는 그 정도가 매우 심하다고 생각했기 때문입니다. 나는 이런 계약을 직접 주도했고 이후에도 계속 추적하고 있습니다. 이는 대형 금융회사 CEO는 최고위험책임자(CRO) 역할도 겸해야 한다고 믿기 때문입니다. 우리가 파생상품에서 손실을 본다면 그것은 나의 책임입니다.

우리는 파생상품을 거래할 때, 거래상대방에게 계약 초기에 대금을 지급해달라고 요구합니다. 따라서 버크셔는 항상 돈을 받는 위치가 되며, 중요한 거래상대방 위험을 떠안지 않습니다. 연말 현재 우리가 받은 돈에서 우리가 지급한 손실액을 뺀 금액, 이른바 파생상품 플로트는 모두 81억 달러입니다. 파생상품 플로트도 보험 플로트와 비슷합니다. 파생상품 거래에서 본전만 해도 우리는 공짜 자금을 장기간 이용할 수 있습니다. 물론 확실한 것은 절대 아니지만 우리는 파생상품 거래에서 본전 수준을 넘어설 것이며, 덤으로 플로트를 투자해 상당한 이익을 얻을 것으로 기대합니다.

시장이 불리하게 움직일 때 우리가 제공해야 하는 담보는 계약 금액의 극히 일부에 지나지 않습니다. 심지어 작년 4분기처럼 혼란한 상황에서도 우리가 제공한 담보는 우리 증권 포트폴리오의 1%에도 못 미쳤습니다. (우리는 담보를 제공할 때 제삼자에게 예치하며, 그동안 예치 증권에서 나오는 투자 이익은 우리 몫이 됩니다.) 우리는 2002년 연차보고서에서 담보 제공에 따르는 치명적 위험에 대해 경고했고, 작년에는 다양한 금융기관에서 발생한 실제 사례들을 목격했습니다. (예컨대 콘스텔레이션 에너지(Constellation

Energy)는 미드아메리칸의 지원이 몇 시간만 늦어도 파산했을 것입니다.)

우리 계약은 네 가지 유형으로 분류됩니다. 먼저 금융상품에 관심 없는 분들에게 양해를 구하면서, 몹시 괴로울 정도로 자세히 설명하겠습니다.

- 우리는 작년 보고서에서 설명한 '주식 풋옵션' 포트폴리오를 다소 늘렸습니다. 계약 만기가 일부는 15년이고 일부는 20년입니다. 만기에 기준 지수가 계약 개시 시점보다 내려가면 우리가 돈을 지급해야 합니다. 양쪽 모두 청산 시점을 앞당길 수 없습니다. 따라서 만기일의 가격만 중요합니다.

예를 들어 S&P500지수가 1,300일 때 우리가 15년 만기 풋옵션 10억 달러를 팔았다고 가정합시다. 만기일에 지수가 10% 하락해 1,170이 된다면 우리는 1억 달러를 지급해야 합니다. 그러나 지수가 1,300 이상이면 한 푼도 지급하지 않습니다. 우리 손실이 10억 달러가 되려면 지수가 제로가 되어야 합니다. 만기가 올 때까지 우리는 풋옵션을 팔고 받은 프리미엄(아마도 1억~1억 5,000만 달러)을 원하는 대로 자유롭게 투자할 수 있습니다.

우리가 맺은 풋옵션 계약은 현재 환율 기준으로 모두 371억 달러이며 4대 기준 지수는 미국의 S&P500, 영국의 FTSE100, 유럽의 유로스톡스(Euro Stoxx)50, 일본의 니케이(Nikkei)225입니다. 첫 번째 계약 만기는 2019년 9월 9일이고 마지막 만기는 2028년 1월 24일입니다. 우리는 프리미엄으로 49억 달러를 받아서 이미 투자했습니다. 그사이에 우리는 한 푼도 지급하지 않았습니다. 만기가 먼 훗날이기 때문입니다. 그렇더라도 우리는 블랙숄스 평가법을 써서 연말 부채를 100억 달러로 표시했으며, 이 금액은 보고일마다 계속 바뀔 것입니다. 연말 부채(추정 손실)가 100억 달러이고 우리가 받은 프리미엄이 49억 달러이므로, 이는 시가평가 기준으로 지금까지 우리 손실이 51억 달러라는 뜻입니다.

우리는 시가평가 회계를 지지합니다. 그러나 블랙숄스 공식이 옵션 채무를 평가하는 표준이긴 하지만 장기 옵션을 평가할 때는 이상한 결과가 나온다고 나는 믿습니다. 그 이유는 나중에 설명하겠습니다.

우리 계약에 대해서 사람들이 이해하지 못하는 사항이 하나 있습니다. 우리가 계약 금액 371억 달러를 모두 손해 보려면 4대 지수에 포함된 모든 주식이 각각의 계약 만기일에 휴지가 되어야 합니다. 그러나 예를 들어 4대 지수가 각 계약 개시일보다 25% 하락하고 환율이 현재 수준으로 유지된다면 우리는 2019~2028년 사이에 약 90억 달러를 지급하게 됩니다. 그리고 계약 개시일에서 만기일까지 우리는 프리미엄 49억 달러를 투자해서 소득을 얻게 됩니다. (중략)

블랙숄스 공식은 금융 분야에서 성서의 지위에 올랐으며, 우리는 재무보고 용도로 주식 풋옵션을 평가할 때 이 공식을 사용합니다. 계산할 때 입력하는 핵심 변수로는 만기와 행사가격, 그리고 분석가가 추정하는 변동성, 금리, 배당이 포함됩니다.

그러나 장기 옵션에 이 공식을 적용하면 터무니없는 결과가 나올 수도 있습니다. 공평하게 말하자면, 블랙(Fischer Black)과 숄스(Myron Scholes)는 거의 틀림없이 이 사실을 잘 이해했습니다. 그러나 열성적인 추종자들은 두 사람이 공식을 처음 발표할 때 덧붙였던 경고를 무시하는 듯합니다.

이론을 시험할 때는 극단적 상황을 가정해보면 종종 도움이 됩니다. 예를 들어 우리가 행사가격 903(2008년 12월 31일의 S&P500지수)에 100년짜리 S&P500 풋옵션 10억 달러를 매도했다고 가정합니다. 이 장기 계약에 내재 변동성을 적용하고 적정 금리와 배당에 대한 가정을 더하면 이 계약의 '적정' 블랙숄스 프리미엄은 250만 달러가 나옵니다.

이 프리미엄이 타당한지 판단하려면, 100년 뒤에 S&P500이 오늘보다 내려갈 것인지를 평가해야 합니다. 100년 뒤에는 달러의 가치가 틀림없이 현재가치의 몇 분의 1로 떨어질 것입니다. (인플레이션이 2%만 되어도 1달러의 가치가 14센트로 떨어집니다.) 이 요소 때문에 지수 값은 상승할 것입니다. 그러나 훨씬 더 중요한 점은, 100년 동안 쌓인 유보이익 덕분에 지수에 포함된 대부분 기업의 가치가 엄청나게 증가한다는 사실입니다. 20세기 동안 다우지수는 약 175배 상승했는데 주로 유보이익 덕분이었습니다.

모든 점을 고려할 때, 나는 100년 뒤 지수가 현재보다 하락할 확률은 1%에도 훨씬 못 미친다고 믿습니다. 그러나 하락 확률을 1%로 가정하고, 가장 유망한 지수 하락률을 50%로 가정합시다. 그러면 우리 계약에서 발생하는 손실의 수학적 기댓값은 500만 달러가 나옵니다. (10억 달러 × 1% × 50%)

그러나 우리가 프리미엄 250만 달러를 선불로 받았다면, 투자수익률이 연 0.7%만 나와도 이 손실을 메울 수 있습니다. 0.7%가 넘어가는 수익은 모두 이익이 됩니다. 100년 동안 대출금리가 연 0.7%라면 당신은 돈을 빌리지 않겠습니까?

이번에는 최악의 경우를 생각해봅시다. 내 가정이 옳다면 사례 중 99%는 한 푼도 지급하지 않는다는 점을 기억하십시오. 그러나 1% 확률로 최악의 경우가 되어도 (즉 10억 달러 손실 발생) 조달 비용은 연 6.2%에 불과합니다. 따라서 내 가정이 터무니없든, 공식이 타당하지 않든, 틀림없이 둘 중 하나입니다.

이 극단적 사례에 블랙숄스 공식을 적용했을 때 말도 안 되는 프리미엄이 나오는 것은 이 공식에 포함되는 변동성이 과거 며칠, 몇 달, 또는 몇 년 동안의 주가 변동 폭에 따라 결정되기 때문입니다. 따라서 100년 뒤 미국 기업들의 확률 가중 가치 범위를 추정하기에는 이 척도가 전혀 타당하지 않습니다. (조울증에 걸린 이웃에게 매일 농장 가격을 물어본 다음, 이 변동성을 주로 사용해서 100년 뒤 농장의 확률 가중 가치 범위를 추정한다고 상상해보십시오.)

과거 변동성(historical volatility) 개념은 단기 옵션을 평가할 때는 유용하지만, 옵션의 만기가 길어질수록 효용이 급감합니다. 나는 현재 블랙숄스 공식으로 산출한 우리 장기 풋옵션의 부채 규모가 과장되었으며 이 과장 수준은 만기가 다가올수록 축소될 것으로 생각합니다.

그렇더라도 장기 풋옵션의 재무 보고용 부채를 추정할 때 우리는 계속 블랙숄스 공식을 사용할 것입니다. 이 공식이 일반 통념을 대표하므로, 내가 대안을 제시한다면 사람들이 깊이 의심하기 때문입니다. 나는 이런 상황을 충분히 이해하고도 남습니다. 보수주의자들은 CEO들이 난해한 금융상품을 제멋대로 평가할 때도 수수방관했습니다. 찰리와 나는 이런 낙관주의자 집단에 가담할 생각이 전혀 없습니다.

파생상품은 보험이죠 [2010]

2년 전 2008년 연차보고서에서 나는 버크셔가 251개 파생상품 계약을 체결했다고 말했습니다(미드아메리칸과 제너럴리 등 자회사들이 영업상 체결한 계약 제외). 오늘날 일부 계약은 만료되거나 해지되고 일부 계약은 추가되어 203개로 감소했습니다.

현재 남은 포지션은 모두 내가 직접 책임지고 있으며, 계약은 크게 두 가지 유형으로 구분됩니다. 우리는 두 유형 모두 보험의 성격으로 간주합니다. 우리가 프리미엄을 받는 대가로 상대방으로부터 위험을 떠안기 때문입니다. 실제로 우리는 이 파생상품 거래에 보험영업과 똑같은 사고방식을 적용했습니다. 거래상대방 위험을 떠안지 않으려고, 계약을 체결할 때 프리미엄을 선불로 받았습니다. 이는 중요한 요소입니다.

첫 번째 유형은 2004~2008년에 체결한 여러 파생상품 계약으로서, 특정 하이일드지수에 포함된 사채가 부도나면 우리가 돈을 지급해야 합니다. 사소한 예외는 있지만 우리는 100개 회사로 구성된 여러 지수의 위험에 5년 동안 노출되어 있었습니다.

우리는 이 계약에 대해 모두 34억 달러의 프리미엄을 받았습니다. 2007년 연차보고서에서 처음 이 계약에 대해 설명할 때, 나는 '보험영업이익'을 기대한다고 말했습니다. 즉 우리가 입는 손실이 우리가 받은 프리미엄보다 적을 것이라고 했습니다. 게다가 플로트를 이용해서도 이익을 얻을 것이라고 말했습니다.

여러분도 잘 아시다시피 이후 금융 공황과 심각한 침체가 닥쳤습니다. 하이일드지수에 포함된 기업이 여럿 파산했고 우리는 25억 달러를 지불했습니다. 그러나 이제는 고위험 계약 대부분이 만료되었으므로 우리가 떠안았던 위험도 대부분 사라졌습니다. 따라서 처음 예상했던 대로 보험영업이익이 확실시됩니다. 게다가 우리는 평균 20억 달러에 이르는 무이자 플로트를 계약 기간에 걸쳐 사용했습니다. 요컨대 우리는 적정 프리미엄을 받은 덕분에, 3년 전 시장 상황이 악화했을 때도 손실을 보지 않았습니다.

다른 대규모 파생상품 포지션은 '주가지수 풋옵션'으로서 미국, 영국, 유럽, 일본의 주가가 하락하면 우리가 돈을 지급하는 계약입니다. 이 계약의 기준은 미국의 S&P500, 영국의 FTSE100 등 다양한 주가지수입니다. 2004~2008년에 우리는 대부분 15년 유지되는 계약 47개를 체결하고 프리미엄으로 48억 달러를 받았습니다. 이 계약에서는 계약 만기일 지수만 중요합니다. 그 이전에는 돈을 지급하지 않습니다.

이들 계약에 대해서 먼저 보고할 사항이 있습니다. 2010년 말, 상대방이 먼저 이야기를 꺼내서, 우리는 만기가 2021~2028년인 계약 8건을 해지했습니다. 우리는 이 계약에 대한 프리미엄으로 처음에 6억 4,700만 달러를 받았는데, 계약을 해지하면서 4억 2,500만 달러를 지급했습니다. 따라서 이익 2억 2,200만 달러를 실현했고, 6억 4,700만 달러에 이르는 무이자 자금을 약 3년 동안 아무런 제약 없이 사용했습니다.

이제 연말 기준으로 우리 장부에 남은 주가지수 풋옵션 계약은 39개입니다. 이들 계약에 대해 우리가 처음에 받은 프리미엄은 42억 달러입니다.

물론 이 계약이 장래에 어떻게 될지는 불확실합니다. 그러나 이들을 보는 관점이 하나 있습니다. 계약 만기일 지수가 2010년 12월 31일 지수와 같고 환율이 바뀌지 않는다면 우리는 2018~2026년 만기일에 38억 달러를 지급해야 합니다. 이 금액을 '청산가치'라고 합니다.

그러나 우리 연말 재무상태표에는 남아 있는 주가지수 풋옵션이 부채 67억 달러로 표시되어 있습니다. 다시 말해서 이들 지수가 만기까지 그대로 유지된다면 우리는 부채 67억 달러와 청산가치 38억 달러의 차액인 29억 달러를 이익으로 얻게 됩니다. 나는 청산일까지 주가는 상승하고 우리 부채는 대폭 감소할 가능성이 매우 크다고 믿습니다. 그렇게 되면 우리 이익은 앞으로 더욱 커질 것입니다. 물론 절대로 확실한 이야기는 아닙니다.

그러나 확실한 사실은 '플로트' 42억 달러를 평균 10년 이상 우리가 사용한다는 것입니다. (이 플로트와 하이일드 계약으로 받은 플로트 모두 보험 플로트 660억 달러에는 포함되지 않았습니다.) 돈은 대체할 수 있으므로 이 플로트 자금 일부가 BNSF 인수에 사용되었다고 생각하시기 바랍니다.

앞에서 말씀드렸듯이 우리는 거의 모든 파생상품 계약에 대해 담보를 제공할 의무가 없습니다. 이런 조건을 고려해서 프리미엄도 깎아주었습니다. 우리는 금융위기 기간에도 불안하지 않았는데, 이 기간에 아무런 제약 없이 플로트를 유리하게 투자할 수 있었기 때문입니다. 일부 프리미엄을 포기하고 담보 제공 의무를 면제받은 것은 그만한 가치가 충분히 있었습니다.

잠자리가 편하려면 2012

버크셔가 보험과 같은 위험을 떠안는 파생상품 포트폴리오는 계속해서 포지션을 줄여나가고 있습니다. (그러나 우리 전력 및 가스 회사들은 영업 목적으로 계속 파생상품을 이용할 것입니다.) 포지션을 새로 쌓으려면 (사소한 예외를 제외하고) 항상 담보를 제공해야 하는데, 우리는 그렇게 하고 싶지 않습니다. 시장은 언제든 이례적인 모습을 보일 수 있으므로, 금융계에서 청천벽력 같은 사건이 벌어져 우리가 즉시 막대한 현금을 내놓아야 하는 상황은 만들고 싶지 않습니다.

찰리와 나는 유동성을 충분히 쌓아둔 상태로 경영하는 방식이 옳다고 믿으므로, 현금이 대량으로 유출될 수 있는 채무는 절대 떠안지 않습니다. 이런 방식으로 경영하면 100년 중 99년 동안은 수익률이 낮아질 것입니다. 그러나 남들이 망할 때도 우리는 100년째까지 생존할 것입니다. 그리고 100년 내내 잠자리가 편안할 것입니다.

우리가 매도한 사채 보증 파생상품은 모두 내년에 만기가 됩니다. 이제 우리가 이 거래에서 얻는 세전 이익은 거의 틀림없이 10억 달러에 육박합니다. 우리는 이 파생상품을 팔고 거액의 프리미엄도 선급으로 받았으며, 그 '플로트'가 5년 만기에 걸쳐 평균 약 20억 달러나 되었습니다. 전반적으로 이 파생상품 거래 실적은 매우 만족스러웠으며, 특히 우리가 (대부분 하이일드 채권으로 구성된) 회사채의 신용을 금융 공황과 뒤이은 침체기 내내 보호했다는 사실을 고려하면 더욱 만족스럽습니다.

우리의 주요 파생상품 거래 중에는 미국, 영국, 유럽, 일본의 4대 주가지수 장기 풋옵션 매도도 있습니다. 이 계약은 2004~2008년에 개시되었고, 최악의 상황에서도 추가 제공한 담보는 소액에 불과했습니다. 2010년에는 포지션의 약 10%를 청산하면서 2억 2,200만 달러의 이익을 실현했습니다. 나머지 계약은 2018~2026년에 만기가 도래합니다. 여기서 중요한 것은 만기일의 지수뿐입니다. 우리 거래상대방들에는 옵션 조기 행사권이 없기 때문입니다.

버크셔는 현재 남아 있는 옵션을 매도할 때 프리미엄으로 42억 달러를 받았습니다. 이 옵션이 모두 2011년 말에 만료되었다면 우리는 62억 달러를 지급했을 것입니다. 그러나 2012년 말에 만료되었다면 지급액은 39억 달러가 되었을 것입니다. 이렇게 즉시 청산 채무가 대폭 감소한 덕분에, 2011년 말 85억 달러였던 GAAP 기준 부채가 2012년 말에는 75억 달러로 감소했습니다. 아직 확실치는 않지만 최종 부채는 현재 장부가액보다 훨씬 감소할 것으로 찰리와 나는 믿습니다. 그동안 우리는 이 계약에서 나온 플로트 42억 달러를 적절한 곳에 투자할 수 있습니다.

Q 2015 유가를 장기적으로 예측하나?

버크셔는 흔히 사람들이 생각하는 것보다 유가의 영향을 많이 받습니다. 최근 석유에 투자할 때 유가에 대한 장기 예측을 하셨나요?

버핏 우리는 유가에 대한 장기 예측을 전혀 하지 못합니다. 유가 전망에는 언제든 더 나은 시스템을 이용할 수 있습니다. 선물시장을 이용하면 1~2년 뒤에 석유를 살 수 있습니다. 실제로 그런 거래를 한 번 해서 돈을 벌었습니다. 그러나 우리가 원자재 가격을 예측할 수 있다고 생각하지는 않습니다. 단지 선물을 매수했을 뿐입니다. 옥수수, 대두 등의 가격은 예측하지 못합니다. 질문자가 언급한 투자는 토드나 테드와 내가 했지만, 원자재 가격을 예측해서 투자한 것은 아닙니다. 우리가 투자를 결정할 때는 다른 요소들을 생각합니다.

멍거 나는 [원자재 가격 예측에 대해서는] 질문자보다 더 무식합니다. 그렇게 무식하기도 어려울 겁니다.

버핏 멍거가 이렇게 말하는 것은 처음 들었습니다. 멋진 표현입니다.

Q 2016 버크셔의 신용부도스왑 프리미엄은?

채권 펀드매니저인데 버크셔의 신용부도스왑 프리미엄을 알고 싶습니다.

버핏 6~7년 전에 우리가 체결한 신용부도스왑 포지션 하나가 남아 있습니다. 만기에 액면 금액을 상환받는 제로쿠폰 지방채를 판매하면서 체결했는데 규모가 77억 달러 정도일 것입니다. 우리는 이 포지션이 마음에 들어서 지금도 유지하고 있습니다. 버크셔의 신용부도스왑 프리미엄은 우리 부채 보증에 대한 보험료와 같습니다. 이 프리미엄은 가끔 큰 폭으로 변동합니다. 이는 우리가 계약할 때 지방채에 대해 담보를 제공하지 않았기 때문이기도 합니다. 일부 기업은 내부 규정에 따라 보증을 요구할 것이므로 거래상대방이 신용부도스왑 프리미엄을 지불해야 할 것입니다. 2008~2009년에는 우리 프리미엄이 터무니없는 수준까지 상승했습니다. 그래서 주주총회에서 나는 허용되기만 하면 내가 기꺼이 프리미엄을 받고 대신 보증 서고 싶다는 말까지 했습니다. 실제로 나는 신용부도스왑 동향에 별다른 관심이 없습니다. 우리가 담보를 제공하지 않아서 비싼 값에 프리미엄을 사야 하는 사람들에게는 유감이지만 말입니다. 우리 눈에는 그들이 돈을 낭비하고 있습니다.

멍거 사실 우리는 단기간에 2bp(베이시스포인트, 1퍼센트의 100분의 1) 더 얻으려고 위험을 감수할 생각이 없습니다. 신용부도스왑은 우연히 등장한 역사적 산물이며 우리는 큰 관심을 두지 않습니다. 때가 되면 사라질 상품입니다.

버핏 우리 계약은 모두 만기가 도래하고 있습니다. 두 곳에서 거래가 이루어지고 있지만 규모가 미미합니다. 내가 6~7년 전에 계약한 포지션은 규모가 대폭 감소했습니다.

멍거 우리는 우리 신용부도스왑 포지션으로 장난치지 않습니다.

버핏 사람들은 버크셔 파산에 대한 보험료로 5%를 지급한 적도 있습니다. 나는 당시 허용되기만 하면 이 기회를 이용하고 싶었습니다.

Q 2018 가상화폐는 왜 똥인가

가상화폐 가격이 거품이라고 보는 이유는 무엇인가요?

버핏 비생산적 자산은 가치가 거의 상승하지 않습니다. 예수(Jesus) 시대에 금을 사서 지금까지 보유했다면 수익률이 연 0.05%에 불과할 것입니다. 금 같은 비생산적 자산은 희소성은 있을지 몰라도 산출물이 없기 때문이지요. 이런 자산을 보유한 사람은 나중에 다른 사람이 더 높은 가격에 사주어야만 돈을 벌 수 있습니다.

이번엔 토지를 생각해봅시다. 미국은 800제곱마일(2,100제곱킬로미터)에 이르는 루이지애나 토지를 1,500만 달러에 사들였습니다. 에이커(4,000제곱미터)당 3센트에 산 셈입니다. 당시에는 산출물이 없는 토지였지만 매우 훌륭한 투자였습니다. 빌 그로스(Bill Gross)처럼 우표를 산다면 나중에 누군가에게 더 비싸게 팔아야 돈을 벌 수 있지만, 농장 같은 생산적 자산이라면 그 농장에서 나오는 산출물로 가치를 평가할 수 있습니다.

이것이 바로 투자입니다. 가상화폐는 비생산적 자산이라서 가격이 일시적으로는 유지될 수 있겠지만 끝이 안 좋을 것입니다. 세상에는 이상한 것들을 만들어내는 사기꾼이 많습니다. 순진한 사람들은 이웃이 돈 버는 모습을 보면 영문도 모르는 채 자기도 부자가 되려고 덤벼드니까요.

멍거 나는 가상화폐를 버핏보다 더 싫어합니다. 그저 광기일 뿐입니다. 남들이 똥을 사고파는 모습을 보고서, 자기도 빠질 수 없다고 똥 거래에 뛰어드는 꼴입니다.

버핏 현재 전 세계로 방송되고 있으므로 이 대목은 통역되지 않길 바랍니다.

Q 2021 암호화폐는 가치 없는 인공 금?

현재 암호화폐의 시가총액이 2조 달러인데 여전히 가치 없는 인공 금으로 보시나요?

버핏 비트코인에 관한 질문이 나올 줄 알았습니다. 나는 정치인들이 곤란한 질문을 항상 피하는 모습을 보면서 역겹다고 생각했습니다. 그러나 사실은 나도 질문을 피하려고 합니다. 이 방송을 보는 사람 중 비트코인 보유자가 십중팔구 수십만 명이고, 공매도한 사람은 두 명일 것입니다. 내가 대답하면 40만 명은 화를 내고 두 명만 기뻐하는 상황이 될 것입니다. 오래전 네브래스카에 어떤 주지사가 있었습니다. 그는 재산세나 학교 문제 등 곤란한 질문을 받으면 질문자를 주시하면서 "그 문제는 걱정할 필요 없습니다"라고 말하며 자리를 떴습니다. 나는 이 문제를 걱정할 필요 없다고 생각합니다. 찰리?

멍거 나를 잘 아는 사람이 던지는 질문이라면 황소 앞에서 붉은 깃발을 흔드는 셈입니다. 나는 비트코인이 성공하는 모습을 보기 싫으며, 유괴범 등 범죄자들에게나 유용한 통화는 환영하지 않습니다. 누군가 난데없이 새로운 금융상품을 개발하여 수십억, 수백억 달러를 벌어들이는 것도 마음에 들지 않고요. 더 점잖게 말하자면 나는 비트코인 개발 과정 전체가 역겨우며 문명사회에 해롭다고 생각합니다. 나머지 비판은 다른 사람들의 몫으로 남겨두겠습니다.

버핏 그 문제는 걱정할 필요 없습니다.

Q 2022 비트코인에 대한 견해에 변화는?

비트코인 등 가상화폐에 대한 당신의 견해에 변화가 있나요?

버핏 비트코인에 관한 질문에는 대답하면 안 되지만 그래도 대답하겠습니다. 이 주주총회를 지켜보는 수많은 사람 중 비트코인 매수 포지션인 사람은 많지만 매도 포지션인 사람은 거의 없으며, 누군가 자기 숨통을 막아주길 바라는 사람은 아무도 없습니다. 나는 비트코인 투자자들을 비난하고 싶지 않습니다. 사람들이 내 숨통을 막길 바라지 않으니까요.

이 방에 있는 사람들이 미국의 모든 농지를 소유하고 있는데 그 지분 1%를 사라고 내게 제안한다면, 나는 오늘 당장 250억 달러를 내고 미국 농지의 1%를 소유하겠습니다. 여러분이 미국의 모든 아파트의 1%를 소유하고 있는데 그 지분 1%를 사라고 내게 제안한다면, 이번에도 나는 250억 달러를 내고 미국 아파트의 1%를 소유하겠습니다. 아주 간단합니다. 여러분이 세상의 비트코인을 모두 소유하고 있는데 25달러에 사라고 내게 제안한다면, 나는 사지 않겠습니다. 내가 그 비트코인을 어디에 쓰겠습니까? 나는 그 비트코인을 어떤 식으로든 되팔아야 합니다. 여러분 말고 누구에게라도 팔아야 합니다. 쓸모가 없으니까요.

아파트에서는 임대료가 나오고 농지에서는 식량이 나오지만 비트코인에서는 아무것도 나오지 않습니다. 내가 비트코인을 모두 소유한다면 15년 전에 존재했는지 안 했는지도 모르는 그 비트코인 창시자는 비트코인에 관한 추리소설을 써낼 수 있을 것입니다. 내가 비트코인을 처분하려고 하면 사람들이 말하겠지요. "내가 왜 비트코인을 사야 하나? 이름을 버핏 코인이라고 하면 어떤가? 무슨 일이든 해보게. 하지만 그 대가를 자네에게 지불하지는 않겠네."

바로 이것이 생산적 자산과 비생산적 자산의 차이입니다. 비생산적 자산은 누군가가 더 비싼 가격에 사주어야 합니다. 그런데 이 비생산적 자산에는 이미 막대한 수수료가 지급되었습니다. 이 게임을 조장하는 많은 사람에게 온갖 마찰 비용이 지급되었다는 뜻입니다. 돈을 내고 비트코인을 소유한 사람들도 있고, 수수료를 챙겨 떠난 사람들도 있습니다. 이후 다른 사람들이 거래소에 들어와서 매매합니다. 그러나 거래소에는 돈이 없습니다. 온갖 사기와 마찰 비용 등이 발생하면서 손바꿈만 일어날 뿐입니다.

사람들은 그 숫자와 방정식을 망각하지만 숫자와 방정식은 매우 유용한 도구입니다. 역사 기간 내내 유용한 도구였습니다. 일부 자산은 산출물을 내지 못해도 가치가 있습니다. 훌륭한 그림은 아마 500년 후에도 가치가 있을 것입니다. 유명한 화가의 그림이라면 그럴 가능성이 매우 큽니다. 피라미드를 사면 관광객들에게 보여주고 돈을 받을 수 있습니다. 피라미드는 유명한 고대 유적이어서 사람들이 소문을 듣고 구경하러 올 것입니다. 그러나 기본적으로 가치 있는 자산이 되려면 그 자산에서 산출물이 나와야 합니다.

미국에서 받아주는 화폐는 하나뿐입니다. 우리는 버크셔 코인이나 버크셔 머니 등 무엇이든 만들어낼 수 있지만, 이것을 돈이라고 부르면 곤경에 처합니다. 진짜 돈은 사람들이 선호하는 미국 정부의 화폐뿐입니다. 미국의 남녀노소가 1인당 평균 약 7,000달러씩 보유해서 합계 약 2.3조 달러에 이르는 종이 쪼가리들이 어딘가에서 떠돌아다니고 있습니다. 미국에서 버크셔 머니가 달러를 대체하리라 생각하는 사람은 제정신이 아닙니다. 어쨌든 산출물 없는 자산의 가격이 1년, 5년, 10년 뒤 오를지 내릴지 나는 알지 못합니다.

한 가지 확실한 점은 이런 자산은 증식되지 않는다는 사실입니다. 그런데 사람들은 온갖 물건에 마술을 걸어놓았습니다. 월스트리트가 하는 일이 마술을 거는 일입니다. 그래서 보험회사를 기술회사로 둔갑시킵니다. 이 보험사에서 수십 명이 막대한 돈을 조달하면서 말합니다. "우리가 보험 상품을 판매한다는 사실은 무시하십시오. 우리는 기술회사입니다." 마침내 이들은 보험 상품을 대규모로 판매했고 이후 큰 손실을 보았습니다. 회사를 잘 통하는 방식으로 치장하면 남들의 돈을 먹을 수 있습니다.

멍거 나는 비트코인을 조금 다른 방식으로 봅니다. (웃음소리) 나는 평생 세 가지를 피하려고 노력했습니다. 어리석은 것, 사악한 것, 남보다 멍청해 보이는 것입니다. 비트코인은 이 세 가지 모두에 해당합니다. (웃음소리) 첫째, 제로가 될 가능성이 매우 커서 어리석습니다. 둘째, 연준 시스템과 국가 통화 시스템을 좀먹기 때문에 사악합니다. 셋째, 미국이 중국보다 멍청해 보이게 만듭니다. 중국은 현명하게도 비트코인을 금지했습니다. 우리는 미국 문명이 우월하다고 생각하지만, 중국보다 훨씬 멍청합니다.

Q 2024 언젠가 미국 국채가 팔리지 않는 날

2024년 3월 25일 〈월스트리트저널〉 보도에 따르면 미국 국채시장 규모가 2008~2009년 금융위기 이전의 6배입니다. 언젠가는 세계 시장이 미국 국채를 모두 소화하지 못하리라 생각하시나요?

버핏 물론 내가 알 수는 없지만 미국 국채는 앞으로도 매우 오랜 기간 소화되리라 추측합니다. 미국 국채를 대신할 수단이 많지 않기 때문입니다.

국가 부채 규모는 앞으로도 오랜 기간 그다지 중요한 문제가 아닙니다. 문제는 인플레이션이 심해져서 세계 경제를 심각하게 위협하는 상황입니다. 인플레이션을 논하는 사람은 많지만, 준비통화로서 달러를 대신할 통화는 없습니다.

폴 볼커는 1980년 훨씬 이전부터 인플레이션을 우려했습니다. 당시 나는 그를 몇 번 만나보았는데, 놀라운 인물이었습니다. 당시 금융 시스템이 예측 불가능한 방식으로 붕괴할 수 있었으므로, 그는 살해 협박 등 온갖 압력을 받으면서도 마침내 결단을 내려 위기를 극복했습니다. 금융 시스템을 위태롭게 한 것은 국채 발행 규모가 아니라 인플레이션이었습니다. 인플레이션 탓에 달러 가치가 하락하여 현금은 쓰레기라는 사고방식이 미래 세계 경제 시스템에 악영향을 미칠 수 있었기 때문입니다.

그래서 폴 볼커는 용기 있게 결단을 내렸던 것입니다. 폴 볼커의 마지막 저서 《미스터 체어맨(Keeping at It)》를 읽어보면 당시 상황을 이해할 수 있습니다. 내가 걱정하는 것은 국가 부채 규모가 아니라 재정 적자입니다. 나는 안절부절 속 태우며 걱정할 정도는 절대 아니지만 재정 적자는 주의 깊게 지켜보아야 한다고 생각합니다.

그런데 대중매체는 연준에 관심을 집중합니다. 연준에서는 항상 뉴스거리가 나오며, 이코노미스트들은 연준에서 나오는 온갖 정보에 관해서 항상 말하기 때문입니다. 그러나 우리가 관심을 기울여야 하는 대상은 재정 적자입니다. 제롬 파월(Jerome Powell)은 매우 현명하고 훌륭한 사람이지만 재정정책을 통제하지는 않습니다. 게다가 가끔 왜곡된 주장을 펴기도 합니다. 그러므로 우리는 문제의 근원인 재정 적자를 주목해야 합니다.

Q 2025 환위험을 헤지하는 조치는?

2025년에 외화 대비 미국 달러의 가치가 빠르게 하락하고 있습니다. 이런 환위험이 분기 실적과 연간 실적에 미치는 영향을 최소화하는 조치를 하고 있나요? 버크서는 현재 일본 주식 투자에서 발생하는 환위험을 헤지하려고 엔화로 자금을 차입하고 있습니다. 장래에 환위험을 헤지하지 않으면서 외화 표시 자산에 투자할 계획이 있나요?

버핏 우리는 늘 환위험을 헤지하지 않으면서 외화 표시 자산을 많이 보유하고 있습니다. 그러나 일본은 상황이 다릅니다. 우리는 일본 투자 포지션을 장기간 유지할 생각이며 엔화 자금 차입 비용도 매우 낮으므로 엔화 표시 투자 금액과 엔화 표시 차입 금액을 일치시키려고 합니다. 그러나 이것이 우리 일반 정책은 아닙니다. 사실은 처음으로 시도한 방식입니다. 우리는 외화 표시 증권을 많이 보유하고 있습니다.

우리가 분기나 연간 실적에 영향을 미치려고 하는 행위는 전혀 없습니다. 분기나 연간 실적에 미치는 영향을 기준으로 우리가 하는 행위는 전혀 없다는 뜻입니다. 나는 이사회에서 "우리가 이렇게 하면 연간 실적이 이렇게 될 것이므로 그렇게 해야 합니다"라고 말한 적이 없습니다. 우리는 실적을 부풀리지 않습니다. 중요한 것은 10년이나 20년 후 실적입니다.

단기 실적에 관심을 집중하기 시작하면 곧바로 숫자를 가지고 놀려는 유혹을 느끼게 되고 때로는 숫자로 심각한 장난을 치게 됩니다. 다른 분야에서는 내가 신뢰하던 사람 중에도 숫자를 가지고 놀아도 아무 문제 없다고 생각하는 사람이 있습니다. 그러나 우리는 그런 행동을 하지 않으며 그럴 생각조차 하지 않습니다. 실제로 지난 분기에는 엔화 포지션 때문에

GAAP상 손실이 발생했지만 이는 중요하지 않습니다. 다음 달이나 내년에는 바뀔 테니까요. 우리는 심각한 문제가 발생할 수 있는 외화 포지션은 절대 보유하지 않습니다.

우리가 걱정하는 것은 미국 통화의 큰 흐름입니다. 정부는 장기적으로 자국 통화의 가치를 떨어뜨리고자 하는 경향이 있습니다. 그러나 이를 억제하는 시스템은 없습니다. 독재자를 선출해도, 대표들을 선출해도 이를 억제할 수 없습니다. 정부는 통화 가치를 떨어뜨리는 방향으로 정책을 추진합니다.

연차보고서에서 간략하게 언급했듯이 내가 두려워하는 것은 미국의 재정 정책입니다. 통화에 문제를 일으키는 방향으로 정책이 수립되고 온갖 동기가 작용하기 때문입니다. 그러나 이는 미국에서만 발생하는 문제가 아니라 전 세계에서 발생하는 문제이며, 일부 국가는 자주 통제 불능 상태가 됩니다. 그런 국가에서는 통화의 가치가 깜짝 놀랄 만큼 하락하여 장기간 유지됩니다.

사람들은 경제학을 공부해서 온갖 대책을 수립할 수 있지만, 결국 누군가 통화를 통제하게 되면 지폐를 대량으로 발행하거나, 수 세기 전에 그랬듯이 통화를 깎아낼 수 있습니다. 이는 정부가 사악해서가 아니라 정부가 자연스럽게 작동하는 과정에서 장기적으로 통화의 가치를 떨어뜨리기 때문입니다. 이는 중대한 영향을 미치지만, 이를 견제해서 균형을 유지하도록 시스템을 구축하기는 매우 어렵습니다.

지금까지 사람들이 재정 파탄을 방지하려고 노력하는 모습은 무척 흥미로웠습니다. 이 게임은 아직 끝나지 않았으며 앞으로도 절대 끝나지 않을 것입니다. 제2차 세계대전 후의 초인플레이션은 끝없이 이어지는 수많은 사례 중 하나에 불과하며, 이런 사례는 계속해서 갑자기 나타나고 있습니다.

그래서 통화 가치 하락은 두려운 일이며 우리에게는 이를 억제할 강력한 시스템이 없습니다. 우리가 엔화 포지션을 이런 방식으로 구성한 것은 5대 종합상사 주식을 50년이나 100년 이상 보유할 생각이기 때문입니다. 이 포지션 구성 방식이 옳은 한, 우리는 엔화 표시 채권을 계속 발행할 것입니다. 그러나 이는 우리가 분기 실적이나 연간 실적을 걱정하기 때문은 아닙니다. 그레그, 보텔 말 있나?

에이블 우리는 일본 5대 종합상사 투자와 엔화 포지션에 대해 매우 편안하게 생각하고 있습니다. 당시 우리가 엔화 자금을 차입할 수 있었던 것은 추가로 얻은 기회였습니다. 우리는 일본 5대 종합상사에 투자해서 결국 엔화로 이익을 실현하게 된다는 사실에 대해서도 마음이 매우 편안합니다.

주식 주연,
채권·해외 자산 조연

나는 2007년 《왜 채권쟁이들이 주식으로 돈을 잘 벌까?》라는 책을 쓰기 시작했다. 당시 코스피지수는 사상 최초로 2,000선을 넘어서는 기염을 토했지만, 계산해보면 주식시장의 기대수익률은 5% 내외에 불과했다. 반면 국내 채권의 금리는 속등하여 시중은행들이 발행하는 후순위채 금리가 8%에 육박했다. 주식은 너무 비쌌고 채권은 많이 쌌다. 이런 경우 채권의 비중을 높이고 주식의 비중을 낮추는 것이 정답이라는, 그리고 주식을 보유할 경우 당시의 금리 수준에 비해 적어도 2배 이상의 기대수익률로 계산되는 종목을 잘 선정하여 투자해야 한다는 것이 책의 주된 내용이었다.

2008년 이른 봄, 책이 발간될 무렵부터 세계 금융위기의 여파로 주가는 급락했고 이내 반토막이 되어 1,000선을 계속 위협받고 있었다. 이제는 계산되는 주식시장의 평균 기대수익률이 12%에 육박했고, 기대수익률이 20%를 넘어서는 헐값 종목들이 속출했다. 반면 경제위기에서 벗어나려는 전 세계의 금리 인하 러시 덕분에, 내가 보유했던 채권들의 가격이 급등했다. 이제는 채권이 매우 비싸졌고 주식은 너무 저렴해졌다. 가치투자자들의 입장에선 채권의 비중을 줄이며 주식 비중을 높여야 했다. 큰 성공이었다. 이 성공의 주인공은 당연 주식이었지만 채권이라는 조연이 없었다면 이처럼 성공하지는 못했을 것이다.

채권(여기서는 적어도 3년 만기 이상의 중장기 채권을 얘기한다. 1~2년 만기 채권은 금리 등락에 따른 손익 효과가 크게 없어 예금과 유사한 성격을 지니기 때문이다)을 투자의 조연으로 활용한 때는 그때가 마지막이었다. 2010년에 들어서며 전 세계는 유례없는 저금리 기조를 취했기 때문이다. 보유한 주식에서는 매년 5~10%의 배당이 들어오는데, 기대수익률 3%에도 미치지 못하는 채권을 더 이상 포트폴리오에 편입할 생각이 없었다. 투자자산 10분의 1 이상은 외화 자산으로 보유해야 한다는 내 원칙에 의거하여, 보유한 일부 달러 예금과 브라질 국채 등을 제외하고는 국내 주식에 '몰빵'하다시피 한 것이 지금에 이르렀다. 그동안 국내 주식은 항상 쌌다. 때문에 내 국내 주식 비중은 항상 투자자산의 90% 수준으로 가득했다.

약 15년간 코스피 주식시장은 배당을 포함, 연평균 5% 내외 복리 수익률의 저조한 모습이었다. 하지만 주위의 추정과는 반대로 나를 포함한 많은 가치투자자는 연평균 15% 이상 수익률을 얻을 수 있어 자산은 8배(15% 복리 수익률로 15년을 투자하면 원금은 $(1+0.15)^{15}$인 약 8.14배로 불어난다) 이상으로 불어났다. 매년 평균 7% 이상의 배당을 지급하는 저평가된 주식 종목들이 속출했고 이들을 추가 매수하고 교체 매매하는 정도의 난도 낮은 운영만으로도 가능한 수익률이었다. 이번에도 성공이었다. 이때 조연은 국내 채권이 아니라 달러 예금과 브라질 채권이었다. 국내 주가가 하락할 때마다 가격이 올라준 달러, 원자재발 인플레이션 국면에서 가격이 상승했던 브라질 채권은 주식 저가 매수가 절실할 때마다 든든한 자금원이 되어주었다.

이 장에서는 '채권, 외환, 파생상품' 세 가지 자산 외에도 은과 원자재 같은 유가물(금, 은과 같은 귀금속, 석유 철 등의 원자재, 우표 미술품 같은 수집품 등 시장이 형성되어 있어 가격이 변동하는 투자 대상을 유가물이라고 부른다), 가상화폐(사실

나는 가상화폐도 유가물로 분류하지만 이해 편의상 따로 두었다) 등 주식 이외의 대체자산들에 대한 버핏과 멍거의 생각들을 다루고 있다. 전문적인 용어가 많아 일반 독자들에겐 정확한 이해가 어려운 내용이 많겠지만, 오랜 기간 대체자산들을 연구해온 내 이해로는 그들이 말하고자 했던 내용을 다음과 같이 정리해볼 수 있었다.

1. 주식이 기본이고 최고의 자산이다. 주식에 계속 투자하는 것이 가장 좋다.
2. 하지만 우리도 주식의 가격이 가치 대비 너무 비쌀 경우 주식 비중을 줄인다.
3. 주식을 판 돈을 예금이나 단기 채권으로 들고 가기가 아까운 경우(금리가 많이 낮기 때문에) 다른 종류의 대체자산들에 기회가 있는지 살펴본다.
4. 다른 자산들 중 현저히 싸다고 판단되는 곳에 투자했다. 가격의 전망으로 투자한 것은 결코 아니다.
5. 우리는 대체적으로 성공했다. 하지만 난도가 너무 높아, 많이 하지 않는 것이 좋을 것이다. 우리도 자주 하지 않는다.

그렇다. 그들은 틈만 나면 다음과 같이 주식 투자를 예찬하고, 대체자산들의 약점을 지적한다.

"대체투자는 손실보다 이익 가능성이 높다고 믿습니다. 하지만 훌륭한 기업을 매력적인 가격에 인수할 때만큼 확실하게 이익을 얻을 수는 없습니다."(바보 취급당할 위험, 1997)

"(장기)할인채를 매수하면 우리는 바보 취급당할 위험을 떠안게 됩니다.

할인채 매수처럼 거시경제 변수를 기반으로 투자할 때는 성공 확률이 절대 100%에 근접할 수가 없으니까요. (중략) 우리가 실패하더라도 너그럽게 생각해주시기 바랍니다."(바보 취급당할 위험, 1997)

"파생상품 거래는 지옥과 같아서, 들어가기는 쉬워도 빠져나오기는 끔찍이 어렵습니다. (그 밖에도 지옥과 비슷한 점들이 있습니다.)"(지옥행 특급열차를 타는 법, 2004)

"파생상품은 위험합니다. 파생상품 탓에 우리 금융 시스템의 레버리지와 위험이 극적으로 높아졌습니다."(애정이 예전과 같지 않구려, 2008)

"나는 가상화폐를 버핏보다 더 싫어합니다. 그저 광기일 뿐입니다. 남들이 똥을 사고파는 모습을 보고서, 자기도 빠질 수 없다고 똥 거래에 뛰어드는 꼴입니다."(가상화폐는 왜 똥인가, Q 2018)

이처럼 주식이 버핏과 멍거의 포트폴리오 본질임은 확실하다. 때문에 그들이 파생상품이나 채권, 또는 석유나 은에 투자한 적이 있다고 해서 대체투자를 메인으로 투자하는 식의 오류를 저질러서는 결코 안 될 것이다. 주식이 창이고 주연이며 요리의 원재료라면 채권 등 대체자산들은 방패, 조연, 양념의 역할을 한다. 방패만으로 싸울 수 없고, 조연만으로 영화를 만들기 힘들며, 양념만으로 식사할 수 없다는 사실을 잊지 말자.

오랫동안 버핏과 멍거를 추종한 이유로 이미 그들의 사상은 나에게 체화(體化)되어 있는 듯하다. 이 장에서 다루는 모든 얘기들을 읽어나갈 때도 같은 생각이었다. 예를 들어 오래전부터 파생상품시장의 척도가 되어 있는 '블랙숄스 모형'에 대한 그들의 견해도 평소 나의 생각과 정확히 일치한다.

"블랙숄스 공식은 금융 분야에서 성서의 지위에 올랐으며, 우리는 재무 보고 용도로 주식 풋옵션을 평가할 때 이 공식을 사용합니다. 계산할 때

입력하는 핵심 변수로는 만기와 행사 가격, 그리고 분석가가 추정하는 변동성, 금리, 배당이 포함됩니다. 그러나 장기 옵션에 이 공식을 적용하면 터무니없는 결과가 나올 수도 있습니다. (중략) 이 극단적 사례에 블랙숄스 공식을 적용했을 때 말도 안 되는 프리미엄이 나오는 것은, 이 공식에 포함되는 변동성이 과거 며칠, 몇 달, 또는 몇 년 동안의 주가 변동 폭에 따라 결정되기 때문입니다. 따라서 100년 뒤 미국 기업들의 확률 가중 가치 범위를 추정하기에는 이 척도가 전혀 타당하지 않습니다."(애정이 예전과 같지 않구려, 2008)

일반 독자들의 입장에선 선뜻 이해하기 어려운 표현일 것이다. 조금 쉽게 요약하자면 "금융공학에서는 파생상품의 적정 가격을 측정할 때 가격 데이터만 중요시하고 가치 데이터는 무시하기 때문에 큰 오류가 발생할 수 있다" 정도가 되겠다. 예를 들어 현재 주가가 급격한 속도로 떨어지고 있다면 금융공학은 앞으로도 오랫동안 그 빠른 속도로 가격이 하락할 가능성도 크게 감안하며 파생상품의 적정 가격을 산정하게 된다. 하지만 가치투자자의 입장은 다르다. 만약 최근 주가가 급격히 떨어져 가치 대비 가격이 많이 싸졌다면, 이미 많이 싸졌기 때문에 다음의 움직임 속도는 현저히 둔화될 것이며 장기적으로는 추가 하락의 방향성은 아닐 것이라는 쪽으로 계산하게 될 것이다. 같은 종목이라도 주가가 폭락하면 금융공학에 근거한 투자자들은 손절 매도를 하고, 가치투자자들은 장기 투자를 위해 추가 매수를 하는 차이를 보이는 것과 같은 맥락이다.

버핏과 멍거는 항상 파생상품을 하는 때는 '가격이 터무니없이 잘못 매겨진 때'라고 강조하며 어떤 대체자산 투자에도 가치의 측정에 근거하고 있음을 주장한다. 앞에서 설명한 것처럼 블랙숄스 공식 등 가격 데이터에 근거한 금융공학 모형들은 가끔 치명적인 가격 오류를 만들어내는데 이들은 그런 때를 놓치지 않는 것이다.

　유가물의 경우는 어떨까? 그들은 스스로 항상 원자재의 가격 예측에 대해서는 그렇게 무식하기도 어려울 정도라며 너스레를 떤다. 그렇다면 무슨 근거로 그들은 원자재에 투자했을까? 과거 사례를 들여다보면 은, 석유의 경우 가격이 생산 단가에 미치지 못하여 생산량이 줄어들고 있을 때 투자하고 있음을 알 수 있다. 예를 들어 석유는 지역에 따라 다르지만 통상 배럴당 20~60달러, 평균적으로 약 40달러로 생산되고 있다고 한다. 40달러 이하에 매수할 경우 손해 볼 가능성이 지극히 낮은 것이다. 원자재의 가격이 그 원자재를 생산하는 비용에도 미치지 못한 상황 역시 일종의 치명적인 가격 오류로 인한 저평가 상태로 볼 수 있다.

　이 장을 통해 우리가 얻어가야 할 것은 몇 가지 대체자산에의 구체적인 투자 방식이 아니다. 버핏과 멍거의 대체자산 투자법은 금융공학 등의 이론에서 나오는 것이 아니라 그들만의 오랜 가치투자 연륜에서 나오는 상황별 맞춤식 투자법이기 때문이다. 수많은 상황 속, 수많은 대체자산 중에서 어떤 투자가 적절할지는 그때그때 다를 수 있다. 분명한 것은 그들은 어떤 자산에도 (가상화폐는 제외) 나름의 계산법으로 가치와 가격을 저울질하고 있으며 주식 투자에서도 그러하듯이 대체자산도 가치보다 가격이 현저히 낮을 때 투자한다는 사실이다.

　많은 사람이 버핏과 멍거의 주식 투자 계산법을 추정하지만 정작 버핏과 멍거는 자신들의 계산법을 밝힌 적이 없다. 대체자산 투자에 대해서도 마찬가지다. 어떤 계산법을 대체자산 투자에 활용할지는 순전히 투자자들의 몫이다. 나는 '3% 이하 금리의 채권은 보유하지 않는다', '외환에 투자할 때 스타벅스 커피 등 물가를 비교해보고 우리나라보다 물가가 싼 국가의 외환을 매수 검토한다', '환율이 반토막 나더라도 복리 수익률 6% 이상이 나올 수 있는 브라질 채권은 적극 매수한다' 등 어떠한 대체자산 투자에 임할 때에도 나름의 가치평가 룰을 가지고 활용한다.

앞에서 서술했듯이 내 원칙과 기준에 부합할 때 가치투자했던 국내 채권, 달러 예금, 장기 브라질 채권 등 여러 대체자산은 내 주식 중심 포트폴리오 성과를 더욱 높여주는 데 기여해왔다. 독자들도 나름대로 그 가치를 판단하는 원칙과 기준을 가지고 대체자산들의 투자에 임한다면 주식을 포함한 전체 포트폴리오가 풍요로워질 것이다.

서준식

숭실대학교 경제학과 교수. 신한BNP파리바자산운용의 국내운용부문 총괄부사장으로 일하는 동안 40조 원에 이르는 운용 자산을 책임지며 국내 최고의 채권·금리 전문가로 명성을 날렸다. 지은 책으로 《채권쟁이 서준식의 다시 쓰는 주식 투자 교과서》《투자자의 인문학 서재》 등이 있다.

6장

지배구조

CEO는 특히 해고당할 때 푸짐한 보상을 받을 수 있습니다. 실제로 해고당한 CEO가 그날 하루 책상을 치우면서 버는 돈이, 미국 근로자가 평생 화장실 청소로 버는 돈보다도 많습니다. 2005

1983년 연차보고서 앞단에 버크셔의 '주요 사업 원칙'을 제시했습니다. 첫 번째 원칙은 다음과 같이 시작됩니다. "버크셔의 형식은 주식회사지만 우리의 마음 자세는 동업자입니다." 1983년에 이 원칙이 우리의 관계를 정의했고 현재도 이 원칙이 우리의 관계를 정의합니다. 찰리와 나 그리고 우리 이사들은 이 선언이 수십 년 후에도 버크셔에 기여하리라 믿습니다. 2020

탐욕 타이틀 매치 - CEO의 보수   2003

　미국 기업계가 자기 개혁에 진지한 노력을 기울이는지 판단하려면 CEO의 급여를 보면 됩니다. 그러나 지금까지는 그 성과가 그다지 고무적이지 않습니다. 물론 GE의 제프 이멜트(Jeff Immelt) 등 몇몇 CEO는 경영자와 주주 모두에게 공정한 정책을 주도하고 있습니다. 그러나 전반적으로 이런 사례를 칭찬하는 사람은 많아도 따르는 사람은 많지 않습니다.

　CEO들의 보수가 걷잡을 수 없이 상승한 이유는 쉽게 이해됩니다. 경영진이 직원을 고용하거나 회사가 납품업체와 협상할 때는 양쪽 당사자 모두 관심이 많습니다. 한쪽에서 이득을 보면 다른 쪽은 손해를 보므로 양쪽 모두 걸린 돈에 민감해집니다. 그 결과 진정한 협상이 이루어집니다.

　그러나 지금까지 CEO와 보상위원회가 만나 협상하면 협상 결과에 대해 늘 CEO의 관심이 훨씬 더 높았습니다. 예를 들어 옵션으로 받는 주식이 10만 주인가 50만 주인가는 CEO에게 엄청나게 중요한 사안이 됩니다. 그러나 보상위원회는 이 차이를 그다지 중시하지 않습니다. 대부분 기업의 보고이익에 영향을 미치지 않기 때문입니다. 이런 상황이면 협상은 흔히 '친선게임' 수준으로 느슨해지기 마련입니다.

　1990년대에는 매우 탐욕스러운 CEO들을 모방해 과도한 보상을 추구한 CEO가 대폭 증가했습니다. ('탐욕' 타이틀을 놓고 치열한 경쟁이 벌어질 정도였습니다.) 이런 탐욕을 유행병처럼 퍼뜨린 주체는 대개 컨설턴트와 인사부였습니다. 이들은 월급을 주는 사람이 누구인지 잘 알고 있었으니까요. 한 보상 컨설턴트는 이렇게 말했습니다. "비위를 잘 맞춰야 하는 고객은 두 종류로서, 실제 고객과 잠재 고객입니다."

유니폼이나 달라고 해 `2005`

'회사의 CEO가 누구인가?'는 더할 수 없이 중요한 사안입니다. 질레트는 짐 킬츠(Jim Kilts)가 맡기 전까지 고전하고 있었는데, 특히 자본 배분 실패로 시달리고 있었습니다. 중요한 사례로 질레트는 듀라셀을 인수함으로써 주주들에게 수십억 달러에 이르는 손실을 안겨주었습니다. 그러나 이 손실이 전통적 회계로는 전혀 드러나지 않습니다. 간단히 말해서 질레트가 인수를 통해 얻은 기업 가치보다 지불한 대가가 더 컸다는 뜻입니다. (기업 인수를 논의할 때 경영진과 투자은행 간부들이 이 가장 기본적인 척도를 늘 무시한다는 사실이 놀랍습니다.)

짐은 질레트의 경영을 맡자 즉시 재정 관리를 강화하고 조직 운영을 통제했으며 마케팅을 활성화해 회사의 내재가치를 극적으로 높였습니다. 이후 질레트와 프록터 앤드 갬블(Procter & Gamble)이 합병하면서 두 회사의 잠재력이 확대되었습니다. 짐은 성과에 대해 매우 풍족한 보상을 받았지만 그만한 몫을 해냈습니다. (이는 학문적 평가가 아닙니다. 버크셔가 보유한 질레트 지분이 9.7%이므로 우리도 그에게 보상의 9.7%를 지급한 셈입니다.) 거대 기업의 정말로 비범한 CEO에게는 보상을 아무리 많이 해도 과하지 않습니다. 그러나 그런 인물은 드뭅니다.

미국 임원들에 대한 보상은 실적과 동떨어질 때가 너무도 많습니다. 그런데도 이런 현실은 바뀌지 않을 것입니다. CEO에 대한 보상이 조작되기 때문입니다. 그 결과 실적이 보통 이하인 CEO가 잘못 설계된 보상 기준에 따라 거액을 받는 사례가 너무도 흔합니다. (CEO가 손수 뽑은 인력관리 담당 부사장과, 언제나 극진한 서비스를 제공하는 '래칫, 래칫 앤드 빙고(Ratchet, Ratchet and Bingo)'의 컨설턴트가 도와주는 덕분입니다.)

예를 들어 10년 만기 고정가격 옵션을 생각해봅시다. (이런 옵션을 누가 마다할까요?) 스태그넌트('침체한'의 뜻)사(社)의 CEO 프레드 퓨틀이 이 옵션을 한 다발(가령 회사 지분의 1%) 받았다면 어떻게 해야 그에게 유리한지 자명해집니다. 그는 계속해서 회사의 이익으로 배당은 전혀 지급하지 않고 모두 자사주를 사들이려 할 것입니다.

프레드가 이끄는 스태그넌트가 이름값을 한다고 가정합시다. 회사의 순자산은 100억 달러이고 발행주식이 1억 주인데, 그가 옵션을 받은 이후 10년 동안 매년 벌어들이는 이익이 10억 달러여서 처음에는 주당 10달러가 들어옵니다. 프레드는 계속 배당을 지급하지 않고 이익을 모두 자사주 매입에 사용합니다. 주가가 계속해서 주당 이익의 10배로 유지된다면 10년 뒤 옵션 만기일에는 158% 상승하게 됩니다. 이는 자사주 매입을 통해서 발행주식이 3,870만 주로 감소해 주당 이익이 25.80달러로 증가하기 때문입니다. 회사 실적은 전혀 개선되지 않았는데도, 단지 주주들에게 돌아갈 이익을 유보하는 행위만으로 프레드는 무려 1억 5,800만 달러를 벌게 됩니다. 심지어 스태그넌트의 이익이 10년 동안 20% 감소하더라도 프레드가 버는 돈은 1억 달러가 넘어갑니다.

프레드는 회사 이익을 배당으로 주주들에게 지급하지 않고 부실한 프로젝트와 기업 인수에 낭비하더라도 자신은 막대한 돈을 챙길 수 있습니다. 이런 부실 경영으로 투자수익률이 5%에 그치더라도 그는 거금을 벌 수 있습니다. 스태그넌트의 PER이 10배로 유지된다면 그의 옵션 가치가 6,300만 달러 증가하기 때문입니다. 그러면 주주들은 프레드에게 옵션을 제공한 행위가 과연 주주들의 이익에 부합하는 것이었는지 의심하게 될 것입니다.

물론 '평균적인 배당 정책'(예컨대 이익의 3분의 1을 배당으로 지급)을 따른다면 결과가 이 정도로 극단적이지는 않겠지만, 경영자는 성과 없이도 여전히 푸짐한 보상을 받을 수 있습니다.

CEO들은 배당을 한 푼이라도 지급하면 옵션의 가치가 감소한다는 사실을 이해하고 있습니다. 그런데도 고정가격 옵션 승인을 요청하는 위임장 자료에서 경영자-주주 이해 상충을 설명한 사례를 나는 한 번도 보지 못했습니다. CEO들이 회사 안에서는 자본 비용이 높다고 역설하면서도, 고정가격 옵션이 CEO들에게 제공하는 공짜 자금이라는 사실은 주주들에게 밝히는 법이 없습니다.

이익을 유보하기만 해도 옵션의 가치는 저절로 올라갑니다. 그러나 유보이익에 따라 행사가격이 인상되는 옵션이 발행되었다는 말은 들어본 적이 없습니다. 이른바 '보상 전문가'들이 경영진에게 유리한 온갖 기법에는 통달했어도 이런 옵션은 알지 못하는 모양입니다. ("내게 빵을 주는 사람이 원하는 노래를 부른다"라는 말이 있지요.)

CEO는 특히 해고당할 때 푸짐한 보상을 받을 수 있습니다. 실제로 해고당한 CEO가 그날 하루 책상을 치우면서 버는 돈이, 미국 근로자가 평생 화장실 청소로 버는 돈보다도 많습니다. "성공이 성공을 부른다"라는 옛 속담 따위는 잊어버리십시오. 오늘날 임원실에서 통용되는 원칙은 "실패가 성공을 부른다"입니다.

실적이 신통치 않아도 CEO에게 막대한 퇴직금, 호화로운 특전, 과도한 보상이 제공되는 것은 흔히 보상위원회가 비교 분석 데이터의 노예가 되었기 때문입니다. 절차는 간단합니다. 이사회가 시작되기 전 몇 시간 동안 (아마도 CEO가 임명한) 이사 세 명 정도에게 끊임없이 상승하는 CEO 급여 통계 자료가 퍼부어집니다. 게다가 이들은 다른 경영자들이 새로운 특전을 받는다는 이야기도 듣습니다. 이제 단지 다른 경영자들이 받았다는 이유로 CEO에게 기이한 선물이 쏟아집니다. 보상위원회가 이런 논리를 따르게 되면, 어제까지 터무니없이 과도했던 보상이 오늘은 기본 보상이 됩니다.

보상위원회는 어린 시절 나의 영웅이었던 디트로이트 강타자 행크 그린버그(Hank Greenberg)의 태도를 본받아야 합니다. 행크의 아들 스티브(Steve)는 한때 선수 에이전트였습니다. 한 외야수를 대신해서 메이저리그 팀과 협상하던 스티브는 아버지에게 계약금을 얼마나 요구해야 하는지 물어보았습니다. 진정한 성과주의자였던 행크는 단도직입적으로 말했습니다. "작년 타율이 얼마였어?" "2할 4푼 6리요"라고 스티브가 대답했습니다. 행크가 즉시 답했습니다. "유니폼이나 한 벌 달라고 해."

(잠깐 고백할 사항이 있습니다. 나는 보상위원회의 행태를 비난했지만 실제 보상위원 활동 경험으로 말한 것은 아닙니다. 나는 20개 상장회사에서 이사로 활동했지만 단 한 곳에서만 보상위원으로 위촉되었습니다. 음.)

CEO 성과 보상의 전염성 `2006`

나는 (버크셔와 우리 자회사를 제외하고) 19개 기업의 이사회에서 활동할 때, 보상위원회에서는 마치 전염병 보균자처럼 기피 대상이 되었다고 작년에 말했습니다. 나는 한 회사에서만 보상위원회에 배정되었는데 여기서도 주요 사안을 다룰 때마다 내 의견은 즉시 부결되었습니다. CEO 보수 책정에 대해서 나만큼 경험이 풍부한 사람도 흔치 않다는 점을 고려하면 내가 이렇게 외면당하는 것은 이상한 일입니다. 버크셔에서는 내가 약 40개 주요 사업회사 CEO의 급여와 성과급을 결정하는 1인 보상위원회인데 말입니다.

1인 보상위원회 업무에 내가 들이는 시간은 얼마나 될까요? 사실상 제로입니다. 지난 42년 동안 스스로 다른 회사로 이직한 CEO는 몇 명이나 될까요? 한 명도 없습니다.

버크셔는 사업의 수익 잠재력이나 자본 집약도 같은 요소에 따라 CEO에게 다양한 성과보수 시스템을 적용하고 있습니다. 어떤 방식을 적용하든 나는 단순하고도 공정한 시스템을 유지하려고 노력합니다.

우리가 제공하는 (때로는 거액인) 성과보수는 반드시 CEO가 맡은 회사의 영업 실적에 연동합니다. 실적과 무관하게 지급하는 복권 같은 성과보수는 없습니다. CEO가 통제할 수 없는 환경 탓에 회사 실적이 부실해졌더라도 CEO의 타율이 3할이면 3할만큼 보상합니다. 회사의 성과가 훌륭했더라도 CEO의 타율이 1할 5푼이었다면 보상하지 않습니다. 예를 들면 현재 버크셔가 보유한 주식은 시가 610억 달러인데 이 금액은 한 해에도 10% 정도 쉽게 오르내릴 수 있습니다. 손익이 주주들에게 아무리 중요하다고 해도 과연 시가의 등락에 따라 담당 임원의 보수를 바꿀 필요가 있을까요?

실적은 신통치 않은데도 천문학적인 보수를 받는 CEO들의 기사가 넘쳐납니다. 그러나 미국 CEO들이 전반적으로 풍족한 삶을 누린다는 사실은 널리 알려지지 않았습니다. 물론 이들 중에는 이례적으로 유능한 사람도 많고 거의 모두 주 40시간 이상 일합니다. 하지만 이 과정에서 대개 왕족처럼 호화로운 대우를 받습니다. (버크셔에서는 반드시 이런 방식을 유지할 것입니다. 찰리는 여전히 검소한 생활을 선호하지만 나는 내 멋대로 살고 싶습니다. 버크셔는 팸퍼드 셰프(The Pampered Chef, 주방용품과 식품 판매회사: '제멋대로인 요리사'라는 뜻)를 보유하고 있습니다. 우리 훌륭한 본사 직원들은 나를 '제멋대로인 주인장(The

Pampered Chief)'으로 만들었습니다.)

한 회사에서 CEO에게 특전을 제공하면 다른 회사에서도 곧바로 이를 모방합니다. 이사회실에서 "다른 CEO들은 모두 이런 특전을 받는답디다"라고 말한다면 매우 유치해 보일 것입니다. 그래서 컨설턴트들이 보상위원회에 보상 방안을 제출할 때, 우아한 논리로 포장해서 이런 주장을 펼친답니다.

보상 내용을 공개하거나 '독립적인' 이사들로 보상위원회를 구성하더라도 불합리하고 과도한 보상 관행이 크게 바뀌지는 않을 것입니다. 실제로 내가 수많은 보상위원회에서 거부당한 것은 지나치게 독립적인 사람으로 보였기 때문일 것입니다. 보상 제도 개혁은 몇몇 대형 기관투자가가 전체 보상 시스템을 새로운 관점에서 보라고 회사에 요구할 때만 일어날 수 있습니다. 지금처럼 컨설턴트들이 '비슷한' 기업들을 교묘하게 선택해서 고객 기업과 비교한다면, 현재의 과도한 보상 관행은 영원히 이어질 수밖에 없습니다.

돈 밝히는 이사들 `2006`

우리는 새 이사를 선정할 때 오래전부터 지침으로 삼는 기준이 있습니다. 이사는 주주 지향적이어야 하고, 사업에 대한 지식과 관심이 풍부해야 하며, 진정으로 독립적이어야 합니다. 여기서 '진정으로' 독립적이어야 한다고 표현한 이유가 있습니다. 여러 당국과 감시자들은 이사가 독립적일 것으로 기대하지만 실제로는 이사 보수에 의지해서 생활 수준을 유지하는 이사가 많기 때문입니다. 다양한 형태로 매년 15~25만 달러 지급되는 이사 보수가 소위 '독립적인' 이사의 다른 수입들의 합계액보다 대개 많습니다. 게다가 (정말 놀랍게도) 미국 재계의 인기 컨설팅회사 '래칫, 래칫 앤드 빙고'의 제안에 따라 최근 몇 년 동안 이사 보수가 치솟았습니다. (회사 명칭이 사기꾼 같지만 사기 치는 회사는 아닙니다.)

찰리와 나는 이사가 직무를 수행하려면 네 가지 기준이 필수라고 믿습니다. 법적으로도 이사는 주주들을 충실하게 대변해야 합니다. 그런데도 이런 기준은 흔히 무시당합니다. 대신 이사 후보를 찾는 컨설턴트나 CEO들은 '여성'이나, '라틴아메리카계'나, '외국 출신' 등을 찾는다고 말합니다. 이런 말이 때로는 노아(Noah)의 방주를 채우는 임무처럼 들립니다. 그동안 내게 이사 후보자에 대해서 물어보는 사람은 많았지만 "그는 지혜로운 주인처럼 생각합니까?"라고 물어보는 사람은 없었습니다.

내가 받았던 질문들을 예컨대 미식축구 선수나 중재자나 군사령관 후보자를 찾는 사람들이 들었다면 터무니없다고 생각했을 것입니다. 전문가를 선발하는 사람들은 특수 직무에 필요한 특정 재능과 태도를 갖춘 후보자를 찾기 때문입니다. 버크셔는 기업 경영이라는 특수 직무를 수행하므로 사업적 판단을 중시합니다.

이런 기준으로 우리가 찾아낸 인물이 바로 야후(Yahoo!)의 CFO 수전 데커(Susan Decker)입니다. 그녀는 주주총회 때 우리 이사회에 합류할 예정입니다. 수전을 영입하게 된 것은 행운입니다. 그녀는 우리 네 가지 기준에서 매우 높은 점수를 받았으며, 44세에 불과해서 아시다시피 여러분의 회장보다 훨씬 젊습니다. 우리는 장래에도 젊은 이사들을 더 발굴하겠지만 네 가지 기준은 절대 소홀히 하지 않을 것입니다.

신주 발행까지 하면서 BNSF를 인수한 까닭 　2009

　작년 우리 자회사들은 소규모 거래 기업 몇 개를 현금으로 인수했습니다. 그러나 거대 기업 BNSF를 인수하는 과정에서 우리는 버크셔 주식 약 9만 5,000주를 발행했는데 이는 기존 발행주식 수의 6.1%에 해당합니다. 찰리와 나는 버크셔 주식 발행을 대장 내시경 검사 준비 과정보다도 더 싫어합니다.

　우리가 버크셔 주식 발행을 싫어하는 이유는 단순합니다. 우리는 현재 시장가격에 버크셔를 송두리째 팔 생각이 전혀 없는데, 인수 과정에서 버크셔 주식을 발행해 회사의 상당 부분을 시장가격에 넘기고 싶겠습니까?

　주식 교환형 합병에서 피인수기업 주주들이 인수기업 주식의 시장가격에 주목하는 것은 당연합니다. 그러나 이들은 자사(피인수기업) 주식의 내재가치에도 주목합니다. 인수기업의 주가가 내재가치보다 낮으면 인수기업은 주식 교환만으로는 합리적인 거래를 할 수가 없습니다. 저평가된 주식과 온전히 평가된 주식을 교환하면 인수기업 주주들이 손해 볼 수밖에 없으니까요.

　예를 들어 A회사와 B회사는 규모가 같고 내재가치도 주당 100달러로 같다고 가정합시다. 그러나 시장가격은 둘 다 80달러입니다. 확신은 넘치지만 지혜는 부족한 A회사의 CEO는 A 주식 1.25주와 B 주식 1주를 교환하는 합병을 제안합니다. 그리고 자기 회사 이사들에게 B회사의 가치가 주당 100달러라고 정확하게 말합니다. 그러나 자기 회사 주주들이 내재가치 125달러를 내주게 된다는 사실은 설명하지 않습니다. 이사들 역시 수학 장애인이어서 이 거래가 성사되면 B회사 주주들은 합병회사의 지분 55.6%를 보유하게 되고 A회사 주주들은 44.4%를 보유하게 됩니다.

그러나 이 터무니없는 거래에서 A회사 사람들 모두가 손해 보는 것은 아닙니다. CEO는 이제 두 배로 커진 회사를 경영하게 되었습니다. 그리고 CEO의 지위와 보상은 대개 회사의 규모에 따라 결정됩니다.

인수기업의 주식이 과대평가되면 전혀 다른 이야기가 됩니다. 이때는 주식 교환형 합병이 인수기업에 유리해집니다. 그래서 주식시장에 거품이 발생할 때면 어김없이 교활한 기획자들이 등장해 잇달아 주식을 발행했습니다. 자사 주식을 시장가치로 평가해 합병하면서 이들은 과도한 대가를 지불할 수 있었습니다. 사실은 자사 주식이 위조지폐였으니까요. 이런 사기성 인수는 주기적으로 등장했지만 특히 1960년대 말에 역겨울 정도로 심각했습니다. 실제로 일부 거대 기업은 이런 방식으로 탄생했습니다. (물론 숨어서 킬킬거린 사람은 많지만 이 실상을 공개적으로 인정한 관계자는 없습니다.)

우리가 BNSF를 인수할 때, 피인수기업 주주들은 자사 주식의 가치를 주당 100달러로 매우 합당하게 평가했습니다. 그러나 우리가 부담할 비용은 다소 많았습니다. 100달러 중 40%를 우리 주식으로 지불해야 하는데 찰리와 나는 우리 주식의 내재가치가 시장가치보다 더 높다고 믿었기 때문입니다. 다행히 우리는 오래전에 BNSF 주식 상당량을 시장에서 현금으로 사서 보유하고 있었습니다. 따라서 전체 비용의 약 30%만 버크셔 주식으로 지급하게 되었습니다.

결국 찰리와 나는 인수 대금의 30%를 주식으로 지급하는 점은 불리하지만, 이 인수를 통해 현금 220억 달러를 우리가 오래전부터 이해하고 좋아하는 기업에 투자할 수 있으므로 유불리가 상쇄된다고 판단했습니다. 게다가 우리가 신뢰하고 존경하는 매트 로즈가 BNSF를 경영한다는 장점도 있었습니다. 또한 장기적으로 수십억 달러를 추가로 투자해 합리적인 수익률을 기대할 수 있다는 전망도 마음에 들었습니다. 그러나 마지막 결정은 아슬아슬했습니다. 인수에 들어가는 주식이 더 많아졌다면 이 거래는 타당성을 상실했을 것입니다. 그랬다면 우리는 인수를 포기했을 것입니다.

소녀를 처음 본 10대 소년　2009

나는 인수를 심의하는 이사회에 수십 번 참석했습니다. 흔히 값비싼 투자은행 간부들(값싼 투자은행 간부도 있나요?)이 이사들을 가르치는 이사회였습니다. 이들은 피인수기업의 가치를 자세히 평가하면서, 시장가격보다 가치가 훨씬 높다는 점을 한결같이 강조했습니다. 그러나 나는 이사회에 50년 넘게 참석했지만 투자은행 간부(또는 경영진!)가 기업의 진정한 가치를 논의한 적이 한 번도 없었습니다. 거래 과정에서 인수기업의 주식을 발행하게 되면 단순히 시장가격만으로 인수 비용을 측정했습니다. 만일 이들이 인수당하는 처지였다면 이들은 자사의 주가가 내재가치보다 터무니없이 낮다고 주장했을 것입니다.

주식 교환형 합병을 고려하면서 이사들이 전문가의 조언을 듣는다면, 합리적이고 균형 잡힌 토론을 하는 방법은 하나밖에 없는 듯합니다. 합병이 실패할 때 성공 사례금을 주는 조건으로 두 번째 조언자를 고용해서, 합병에 반대하는 주장을 펼치게 하는 것입니다. 이런 극적인 처방이 없다면, 합병에 대해 전문가의 조언을 듣는 것은 '이발사에게 이발할 때가 되었는지 물어보는 것'과 다를 바 없습니다.

오래전에 있었던 실제 사례를 말하지 않고는 못 배기겠군요. 우리는 잘 굴러가는 대형 은행의 주식을 수십 년째 보유하고 있었는데, 그동안 이 은행은 법규 때문에 인수 업무를 할 수 없었습니다. 마침내 법이 변경되자 우리 은행은 즉시 인수 대상을 찾기 시작했습니다. 그런데 은행 경영자들(유능하고 좋은 은행가들)이 갑작스레 보인 행동은 소녀를 처음 본 10대 소년과 같았습니다.

이들은 곧 훨씬 작은 은행 하나에 관심을 집중했습니다. ROE, 순이자 마진, 대출의 건전성 등 재무 특성이 비슷하며 잘 굴러가는 은행이었습니다. 우리 은행은 주가가 낮아서(그래서 우리가 샀습니다) PER도 매우 낮았고 BPS 근처에서 거래되었습니다. 그러나 미국의 대형 은행들이 앞다투어 인수하겠다고 제안하자 이 소형 은행의 소유주는 BPS의 세 배에 가까운 가격을 제시했습니다.

우리 경영자들은 이 제안에 굴복해 이 가치 파괴적 거래에 합의했습니다. "그다지 나쁜 거래는 아닙니다. 게다가 자그마한 거래일 뿐입니다." 이들은 마치 주주들이 큰 손해를 보기 때문에 망설이는 것처럼 말했습니다. 당시 찰리의 반응입니다. "우리 잔디를 망가뜨리는 개가 세인트버나드가 아니라 치와와라서 박수 쳐야 할까요?"

빈틈없는 소형 은행 소유주가 마지막 요구 조건을 제시했습니다. 실제로는 이보다 더 외교적인 표현을 구사했습니다. "나는 이제 이 은행의 대주주가 되므로 이 은행이 내 재산의 대부분을 차지하게 됩니다. 따라서 이렇게 멍청한 거래를 다시는 하지 않겠다고 약속해주어야 합니다."

합병은 완료되었습니다. 소형 은행 소유주는 더 부자가 되었고, 우리는 더 가난해졌으며, (더 커진) 대형 은행의 경영자들은 오래도록 행복하게 살았습니다.

버핏과 멍거가 떠난 후의 버크셔　　　　　　2019

　30년 전 중서부에 살던, 당시 80대이던 내 친구 조 로젠필드(Joseph Rosenfield, 변호사 겸 사업가)는 지역 신문사로부터 짜증 나는 편지를 받았습니다. 그의 부고 기사에 사용할 약력을 보내달라고 직설적으로 요청한 편지였습니다. 조는 답신을 하지 않았습니다. 어떻게 되었을까요? 1개월 뒤 그는 두 번째 편지를 받았습니다. 이 편지 겉봉에는 '긴급'이라는 표시가 붙어 있었습니다.

　찰리와 나는 이미 오래전 '긴급' 지대에 진입했습니다. 우리에게는 그다지 좋은 소식이 아니지요. 그러나 버크셔 주주들은 걱정할 필요 없습니다. 여러분의 회사는 우리 사망에 100% 준비되어 있습니다.

　우리가 낙관하는 근거는 다섯 가지입니다. 첫째, 버크셔가 보유한 매우 다양한 피지배회사들은 전반적으로 매력적인 자본이익률을 유지하고 있습니다. 둘째, 버크셔는 피지배회사들을 단일 (복합) 기업 안에 보유하고 있으므로 커다란 경제적 혜택을 지속적으로 누리고 있습니다. 셋째, 버크셔는 더없이 건전한 재무 구조 덕분에 극단적인 외부 충격도 견뎌낼 수 있습니다. 넷째, 버크셔는 높은 급여나 명성보다도 경영 자체를 훨씬 더 즐기는, 유능하고 헌신적인 경영자들을 보유하고 있습니다. 다섯째, (주주들을 보호하는) 버크셔 이사들은 주주들의 이익과 기업문화 발전에 항상 관심을 집중하고 있습니다. 다른 대기업에서는 보기 드문 모습입니다. 이런 기업문화의 가치를 탐구한 새 책이 《Margin of Trust(신뢰 마진)》입니다. 로렌스 커닝햄(Lawrence Cunningham)과 스테파니 쿠바(Stephanie Cuba)가 쓴 이 책은 우리 주주총회에서도 판매될 예정입니다.

　찰리와 내가 떠난 뒤에도 버크셔가 계속 번영할 것이라고 확신하는 데에는 매우 현실적인 근거가 있습니다. 멍거 가족은 보유 재산 중 버크셔 주식이 압도적인 비중을 차지하고 있으며 나는 보유 재산의 99%가 버크셔 주식입니다. 나는 버크셔 주식을 매도한 적이 한 번도 없고 앞으로도 매도할 계획이 없습니다. 자선재단에 기부한 경우와 개인 선물로 제공한 사례를 제외하면 내가 버크셔 주식을 처분한 유일한 시점은 1980년이었습니다. 나는 다른 버크셔 주주들과 함께 보유한 버크셔 주식 일부를 버크셔가 보유하고 있던 일리노이 내셔널 뱅크(Illinois National Bank) 주식으로 교환했습니다. 당시 은행지주회사법이 개정되어 버크셔는 1969년에 인수한 일리노이 내셔널 뱅크 주식을 계속 보유할 수 없었기 때문입니다.

현재 내 유언장에는 (유언 집행자는 물론 유언장 공개 후 내 유산을 관리해줄 수탁자에게도) 버크셔 주식을 한 주도 매도하지 말라는 구체적인 지시가 들어 있습니다. 그리고 자산의 극단적 집중에 대해 유언 집행자와 수탁자의 법적 책임을 면제한다는 내용도 들어 있습니다. 유언장에는 유언 집행자와 수탁자에게 매년 내 A주 일부를 B주로 전환해서 다양한 재단에 기부하라는 지시도 들어 있습니다. 이들 재단은 기부받은 주식을 지체 없이 사용해야 합니다. 사망 후 내 버크셔 주식이 모두 시장에 풀리기까지는 12~15년 소요될 전망입니다.

내 유언장에 기부 시점까지 버크셔 주식을 매도하지 말라는 지시가 들어 있지 않다면, 유언 집행자와 수탁자에게 '안전한' 길은 버크셔 주식을 모두 매도해서 그 대금으로 만기가 기부 일정과 일치하는 미국 국채에 재투자하는 방식일 것입니다. 이 전략을 선택하면 이들은 대중의 비난을 면하고 선량한 관리자로서 주의 의무도 준수하는 셈이 됩니다.

처분 기간에도 버크셔 주식은 안전한 고수익 투자가 될 터이므로 나는 마음이 편안합니다. 그러나 뜻밖의 사건으로 내 생각이 빗나갈 가능성도

(낮지만 무시할 수는 없을 정도로) 상존합니다. 그렇더라도 전통적인 방식보다는 내 지시를 따를 때 사회에 훨씬 더 많은 자원을 전달할 가능성이 높다고 나는 믿습니다.

내가 버크셔 주식을 매도하지 말라고 지시한 것은 향후 버크셔 이사들의 판단력과 충실성을 신뢰하기 때문입니다. 막대한 보수를 받는 월스트리트 사람들은 버크셔 이사들을 자주 시험할 것입니다. 이 탁월한 세일즈맨들은 수많은 기업을 상대로 승리를 거둡니다. 그러나 버크셔에는 절대 통하지 않을 것입니다.

지배구조 측면에서 이사회의 진화　2019

최근 몇 년 동안 이사회의 구성과 목적이 뜨거운 논란거리가 되었습니다. 전에는 이사회의 책임을 논할 때 주로 변호사들만 참여했습니다. 그러나 지금은 기관투자가와 정치인들도 참여하고 있습니다.

나는 기업 지배구조를 논할 자격이 있다고 생각합니다. 지난 62년 동안 21개 상장회사에 이사로 참여했기 때문입니다.* 이 중 19개 회사에 나는 대주주로서 참여했습니다. 그리고 주요 변화를 시도한 사례도 몇 번 있습니다.

내가 처음 이사로 활동하던 30여 년 동안은 지배 주주 가족을 제외하면

---

* 버크셔, 블루칩스탬프, 캐피털시티/ABC, 코카콜라, 데이터 다큐먼츠(Data Documents), 뎀스터(Dempster), 제너럴 그로스(General Growth), 질레트, 크래프트 하인즈, 마라카이보 오일(Maracaibo Oil), 먼싱웨어(Munsingwear), 오마하 내셔널 뱅크(Omaha National Bank), 핑커턴스(Pinkerton's), 포틀랜드 가스 라이트(Portland Gas Light), 살로먼, 샌본 맵(Sanborn Map), 트리뷴 오일(Tribune Oil), US에어, 보네이도(Vornado), 워싱턴포스트, 웨스코파이낸셜.

여성 이사가 거의 없었습니다. 올해는 미국 여성의 참정권을 보장하는 미국 수정헌법 제19조 개정 100주년이 되는 해입니다. 여성이 이사회에서도 비슷한 지위를 확보하는 작업은 여전히 진행 중입니다.

그동안 이사회의 구성과 의무에 관한 새로운 규정 및 지침이 다수 제정되었습니다. 그렇더라도 이사회의 가장 중요한 과제는 변함이 없습니다. 평생 회사에 헌신할 유능하고 충실한 CEO를 발굴하고 유지하는 일입니다. 이 과제는 쉽지 않습니다. 하지만 이사회가 이 과제를 제대로 해낸다면 다른 일은 할 필요가 없습니다. 그러나 이 과제를 망쳐버린다면….

이제 감사위원회는 전보다 훨씬 더 열심히 일하며 업무를 대하는 관점도 늘 진지합니다. 그렇더라도 숫자를 속이려는 경영진의 적수는 되지 못합니다. CEO는 자신이 발표한 이익 '예측치(guidance)'를 어떻게든 달성하고 싶어 하기 때문입니다. 내가 직접 경험한 바로 (많지 않아서 다행이지만) 숫자를 속인 CEO 대부분은 대개 돈을 벌려는 욕구보다 자존심을 지키려는 욕구가 더 강했습니다.

이제 보상위원회는 전보다 훨씬 더 컨설턴트에게 의존하고 있습니다. 그 결과 보상 방식도 더 복잡해졌습니다(보상 방식이 단순한데도 컨설턴트에게 해마다 높은 보수를 지불한다면 설명하기 곤란하겠지요). 이제는 위임장 읽기도 고역이 되었습니다.

기업 지배구조에 한 가지 매우 중요한 개선이 이루어졌습니다. CEO를 제외하고 진행되는 정기 '간부회의(Executive session)'가 의무화된 것입니다. 이전에는 CEO의 능력, 기업 인수 판단, 보상 등에 대해 솔직하게 논의하는 사례가 거의 없었습니다. 특히 인수 제안은 여전히 성가신 문제입니다. 인수 관련 법률 조정 과정은 더 정교해졌습니다(수반 비용도 포함되었다는 표현입니다). 그러나 인수에 반대하는 전문가까지 회의에 참석시키는

CEO를 나는 아직 본 적이 없습니다. 물론 나도 참석시킨 적이 없습니다.

판은 인수를 갈망하는 CEO에게 유리하게 짜여 있습니다. 회사에서 인수 전문가 두 사람을 불러서 조언을 들어보는 것도 흥미로울 것입니다. 인수 제안에 대해 한 사람은 찬성하는 견해를, 한 사람은 반대하는 견해를 발표하게 하고 설득에 성공하는 사람에게는 사례금을 10배 지급하는 방식으로 말이죠. 그러나 이런 혁신을 너무 기대하지는 마십시오. 현재 시스템이 주주들에게는 부족할지 몰라도 CEO와 인수 관련 조언자 및 전문가들에게는 훌륭하니까요. 월스트리트의 조언을 받을 때 항상 유념해야 하는 오랜 경고가 있습니다. 이발사에게 이발할 때가 되었는지 물어서는 안 된다는 경고입니다.

지난 몇 년 동안 이사회의 '독립성'이 새삼 강조되고 있습니다. 그러나 이와 관련된 핵심 요소 하나가 항상 간과되고 있습니다. 이제 이사에 대한 보수가 대폭 인상되어서 비부유층 이사(회사의 주식을 보유하지 않은 이사를 지칭 - 옮긴이)들의 잠재의식에 영향을 미칠 정도가 되었다는 점입니다. 예컨대 연 6회에 걸쳐 이틀씩 이사회에 참석하는 대가로 25~30만 달러를 받는 이사에 대해 생각해봅시다. 그가 받는 보수는 미국 가구 중간 소득의 3~4배에 이르는 금액입니다(나는 이렇게 쉽게 돈 벌 기회를 많이 놓쳤습니다. 1960년대 초 포틀랜드 가스 라이트의 이사였을 때 내가 받은 보수는 연 100달러였습니다. 나는 이 돈을 벌려고 연 4회 메인주에 다녀왔습니다).

요즘 이사들의 고용 안정성은 어떨까요? 기막히게 좋습니다. 이사들이 은근히 무시당할지는 몰라도 좀처럼 해고되지는 않습니다. 대신 대개 연령 제한(보통 70세 이상)에 도달하면 이사직에서 밀려나게 됩니다.

비부유층 이사가 다른 이사회에도 초청받아 연 소득 50~60만 달러를 올리고 싶다면 어떻게 처신하게 될까요? 기존에 참여하고 있는 이사회에서 이사로서 독립성을 포기하게 될 것입니다. 새 이사를 구하는 CEO는 후보자가 '훌륭한' 이사인지, 그 후보자가 참여했던 이사회의 CEO에게 확인할 것이기 때문입니다. 물론 '훌륭한'은 완곡한 표현입니다. 후보자가 기존 이사회에서 회사 CEO의 보수나 기업 인수 포부에 대해 심각하게 이의를 제기한 적이 있다면 그는 후보에서 조용히 탈락하게 됩니다. 새 이사를 찾는 CEO는 핏불(pit bull, 투견)이 아니라 코커스패니얼(cocker spaniel, 애완견)을 원하니까요.

이런 온갖 모순에도 불구하고 보수를 갈망하는 이사는 거의 모두 '독립성'을 갖춘 이사로 분류되고 그 회사 주식을 대량 보유한 부유층 이사는 '독립성'이 부족한 이사로 간주됩니다. 얼마 전 한 미국 대기업의 위임장을 보니 이사 8명은 자기 돈으로 자사 주식을 한 주도 매수한 적이 없었습니다(물론 이들은 넉넉한 현금 보수에 더해서 보조금으로 주식도 받았습니다). 이 회사는 장기간 실적이 부진했지만 이사들은 잘 지내고 있습니다.

자기 돈으로 주식을 샀다고 해서 모두가 현명해지거나 사업에 능숙해지는 것은 아닙니다. 그렇더라도 우리 자회사 이사들은 자기 돈으로 자사 주식을 산 경험이 있어서 나는 기분이 좋습니다.

진정한 이사의 요건과 능력　2019

잠시 생각해봅시다. 그동안 내가 만난 이사들은 거의 모두 품위 있고 호감이 가며 지적인 사람들이었습니다. 옷차림도 좋았고 훌륭한 이웃이자 건전한 시민이었습니다. 나는 이들과 함께 지내면서 즐거웠습니다. 이사회에 함께 참여한 덕분에 만날 수 있었고 그래서 가까운 친구가 된 사람들도 있습니다. 그렇더라도 자금 관리나 사업 문제에 관해서라면 나는 이 선량한 사람들을 절대 선택하지 않았을 것입니다.

이들 역시 이를 뽑거나 집 안을 장식하거나 골프 스윙을 개선하는 일이었다면 절대 나에게 도움을 청하지 않았을 것입니다. 나도 만일 '댄싱 위드 더 스타(Dancing With the Stars, 미국 댄싱 경연 대회)'에 참가해야 하는 상황이라면 증인 보호 프로그램이라도 이용해서 즉시 도피할 것입니다. 우리는 누구나 못하는 일이 있습니다. 대부분 사람은 못하는 일이 많습니다. 보비 피셔(Bobby Fischer, 미국 체스의 대가)는 체스 이외의 방법으로 돈을 벌려고 해서는 안 됩니다.

버크셔가 계속해서 찾고 있는 이사는 사업에 정통하고 주주 지향적이며 우리 회사에 관심이 매우 많은 사람입니다. 로봇 같은 기계적 절차가 아니라 생각과 원칙에 따라 행동하는 사람입니다. 물론 이들은 여러분을 대표해서 고객 만족을 추구하고, 동료들을 아끼며, 지역사회와 국가의 훌륭한 시민으로 활동하는 경영자를 찾을 것입니다.

이들 목표는 새로운 것이 아닙니다. 60년 전에도 유능한 CEO들의 목표였고 지금도 그렇습니다. 다른 목표를 제시할 사람이 누가 있겠습니까?

동업자로 대하겠다는 약속 `2020`

버크셔를 맡기 전 나는 일련의 투자조합을 통해서 여러 개인의 자금을 운용했습니다. 초기 투자조합 3개는 1956년에 설립했습니다. 그러나 시간이 흐를수록 여러 투자조합을 관리하기가 번거로워졌고, 1962년 12개 투자조합을 '버핏투자조합(Buffett Partnership Ltd., BPL)'으로 합병했습니다.

그해에 나와 아내의 자금 거의 전액이 다른 유한책임 파트너들의 자금과 함께 투자되었습니다. 나는 급여나 보수를 받지 않았습니다. 대신 무한책임 파트너로서 연 수익률 6% 초과분에 대해서만 성과보수를 받았습니다. 연 수익률이 6%에 미달하면 그 미달분을 이월해 내 미래 성과보수에서 차감하기로 했습니다(다행히 그런 사례는 전혀 발생하지 않았습니다. 투자조합의 실적은 기준 수익률 6%를 항상 초과했습니다). 시간이 흐르면서 나의 부모, 형제자매, 아주머니, 삼촌, 사촌과 사촌 매부의 자금 대부분도 투자조합에 들어갔습니다.

찰리는 1962년 투자조합을 설립해 나와 비슷한 방식으로 운영했습니다. 찰리와 나의 고객 중 기관투자가는 없었으며 금융 지식이 풍부한 사람도 거의 없었습니다. 투자조합에 합류한 사람들은 단지 우리가 우리 자금을 운용하듯이 자기 자금을 운용해줄 것으로 믿었을 뿐입니다. 이들 개인이 친구의 조언에 의지하거나 직관적으로 내린 판단은 옳았습니다. 찰리와 내가 원금의 영구 손실을 지극히 싫어하며, 우리가 상당히 좋은 실적을 예상하지 않았다면 자기 돈을 받지 않았으리라는 판단 말입니다.

1965년 투자조합이 버크셔의 경영권을 인수하고 나서 나는 우연히 경영을 맡게 되었습니다. 훨씬 뒤인 1969년 우리는 투자조합을 해산하기로 했습니다. 연말이 지나 투자조합은 보유 현금과 주식 3종목을 지분에 비례해서 분배했는데, 평가액이 가장 큰 종목은 버크셔의 지분 70.5%였습니다.

한편 찰리는 1977년 투자조합을 해산했습니다. 그가 분배한 자산 중에는 블루칩스탬프의 대규모 지분도 있었는데, 블루칩은 찰리의 투자조합과 버크셔가 함께 지배하던 회사였습니다. 블루칩은 내가 투자조합을 해산할 때 분배한 3종목 중 하나이기도 했습니다.

1983년 버크셔와 블루칩이 합병하면서 버크셔의 등록 주주가 1,900명에서 2,900명으로 증가했습니다. 찰리와 나는 모든 주주(기존 주주, 새 주주, 잠재 주주)가 같은 생각이길 바랐습니다. 그래서 1983년 연차보고서 앞단에 버크셔의 '주요 사업 원칙'을 제시했습니다. 첫 번째 원칙은 다음과 같이 시작됩니다. "버크셔의 형식은 주식회사지만 우리의 마음 자세는 동업자입니다." 1983년에 이 원칙이 우리의 관계를 정의했고 현재도 이 원칙이 우리의 관계를 정의합니다. 찰리와 나 그리고 우리 이사들은 이 선언이 수십 년 후에도 버크셔에 기여하리라 믿습니다.

버크셔 주식 보유는 장수를 촉진할까요? `2020`

현재 버크셔의 소유권(주식)은 다섯 개의 커다란 '양동이'에 들어 있습니다. 한 양동이에는 설립자인 내 주식이 들어 있습니다. 내 주식은 매년 다양한 자선단체에 분배되고 있으므로 이 양동이는 틀림없이 비워질 것입니다.

나머지 네 양동이 중 두 개에는 다른 사람들의 돈을 운용하는 기관투자가들이 버크셔의 주식을 담습니다. 두 기관투자가는 다른 사람들의 돈을 운용한다는 점만 같을 뿐, 투자 방식이 전혀 다릅니다.

한 기관투자가는 인덱스펀드로, 투자 분야에서 비중이 급격하게 증가 중인 대형 펀드입니다. 인덱스펀드는 단지 추종하는 지수를 모방할 뿐입니다. 투자자들 사이에서 인기 높은 지수는 S&P500이며 버크셔도 이 지수에 포함됩니다. 강조하건대 인덱스펀드가 버크셔 주식을 보유하는 것은 단지 보유하도록 정해져 있기 때문입니다. 인덱스펀드는 오로지 '비중'

을 조절하려고 자동으로 주식을 사고파는 펀드입니다.

다른 기관투자가는 부유한 개인, 대학, 연금 수령자 등 다양한 고객의 돈을 운용합니다. 이 전문 펀드매니저는 자신의 가치 평가와 전망을 바탕으로 종목 선정과 교체에 재량권을 행사할 수 있습니다. 힘들지만 명예로운 직업이라 하겠습니다. 이런 '액티브' 집단이 버크셔를 선정해주면 기쁘겠지만, 이들은 항상 더 유망한 투자 대상을 탐색합니다. 일부 펀드매니저는 장기 투자에 주력하므로 매매를 거의 하지 않습니다. 또 일부 펀드매니저는 컴퓨터 알고리즘을 이용해서 나노초(10억분의 1초) 단위로 주식을 매매합니다. 그리고 일부 펀드매니저는 거시경제 전망을 바탕으로 주식을 매매합니다.

네 번째 양동이는 앞에서 설명한 '액티브' 기관투자가처럼 매매하는 개인들이 운용합니다. 이들 개인은 더 매력적인 종목을 발견하면 언제든 버크셔 주식을 매도할 것입니다. 우리는 이런 태도에 대해 불만이 없습니다. 버크셔 역시 보유 주식을 대하는 태도가 비슷하기 때문입니다.

다섯 번째 양동이와 특별한 유대감을 느끼지 못한다면 찰리와 나는 인간 이하일 것입니다. 이들은 미래가 어떻게 되든 우리가 자신의 이익을 대변해줄 것으로 굳게 믿는 100만여 개인 투자자입니다. 이들은 처음 우리와 합류할 때부터 떠날 생각이 없었던 사람들입니다. 우리 초기 투자조합의 파트너들처럼 말이지요. 실제로 지금도 버크셔 주주 중 상당수는 투자조합 시절부터 합류했던 투자자와 그 자녀들입니다.

그 전형적인 역전(歷戰)의 투자자가 쾌활하고 인심 좋은 오마하 안과 의사 스탠 트럴슨(Stan Truhlsen)입니다. 나의 친구이기도 한 그는 2020년 11월 13일 100세가 되었습니다. 1959년 스탠은 다른 젊은 의사 10명과 함께 나와 투자조합을 설립했습니다. 의사들은 투자조합의 이름을 엠디

(Emdee, Ltd.)라고 지었습니다. 이후 이들은 해마다 우리 부부가 집에서 여는 기념 만찬에 참석했습니다.

1969년 우리 투자조합이 버크셔 주식을 분배했을 때 이 의사들은 모두 받은 주식을 계속 보유했습니다. 이들은 투자와 회계를 속속들이 알지 못했지만 버크셔에서 자신이 동업자로 대우받으리라는 점은 확실히 알았습니다.

스탠과 함께 엠디에 참여했던 동료 두 사람은 이제 90대 후반이지만 여전히 버크셔 주식을 보유하고 있습니다. 엠디 참여자들이 이렇게 장수하는 모습을 보니 (아울러 찰리는 97세이고 나는 90세이니) 흥미로운 질문이 떠오릅니다. 버크셔 주식이 장수를 촉진하는 것일까요?

특이하고도 소중한 버크셔의 개인 주주들을 보면 우리가 왜 월스트리트 애널리스트와 기관투자가들을 꺼리는지 이해하실 것입니다. 우리는 원하는 투자자들을 이미 보유하고 있고 이 '동업자'들이 교체되지 않기를 바랍니다. 버크셔의 주주 자리(유통주식 수)는 한정되어 있습니다. 우리는 이미 자리를 차지한 주주들을 무척 좋아합니다. 물론 일부 동업자는 교체될 것입니다. 그러나 찰리와 나는 교체되는 동업자의 수가 극히 작기를 바랍니다. 친구, 이웃, 배우자가 빠르게 교체되기를 바라는 사람도 있을까요? (중략)

버크셔에 주주 자리가 나오면(거의 안 나오면 좋겠지만) 우리는 버크셔를 잘 이해하고 원하는 새 주주들이 차지하길 바랍니다. 찰리와 나는 수십 년 동안 경영을 맡았지만 여전히 실적을 약속할 수 없습니다. 그러나 우리가 여러분을 동업자로 대우하겠다는 약속은 할 수 있으며 실제로 그렇게 할 것입니다.

우리 후계자들 역시 그렇게 할 것입니다.

Q 2015 행동주의 투자자의 분할 위험

장래에 행동주의 투자자들이 버크셔를 분할하려 하지 않을까요?

버핏 우리가 올바르게 경영한다면, 행동주의 투자자들이 버크셔를 분할해도 돈을 벌지 못할 것입니다. 버크셔는 부분의 합이 전체보다 크지 않습니다. 버크셔는 소득 신고서를 소속 자회사들과 공동으로 제출하는 과정에서 많은 혜택을 받고 있습니다. 행동주의 투자자들의 공격을 방어하는 최선책은 좋은 실적을 유지하는 것입니다. 최근 몇 년 동안 행동주의 펀드에 막대한 자금이 유입되었으므로 이들은 분할해볼 만한 기업들을 노리고 있습니다. 향후 내 주식은 기부금으로 사용될 것입니다. 그 무렵에는 버크셔의 시가총액이 엄청나게 커질 터이므로, 행동주의 투자자들이 모두 힘을 모아도 버크셔를 분할하지 못할 것입니다. 행동주의 투자자들을 떨어내고 싶은 기업들은 버크셔에 합류하면 됩니다.

멍거 행동주의 투자자들은 주가가 내재가치보다 높을 때도 기업에 자사주 매입을 종용하는데 이는 매우 어리석은 짓입니다. 동업자가 실제 가치의 120%에 자기 지분을 사라고 제안하면 아무도 사지 않을 것입니다. 그러나 과거 자사주 매입 사례를 보면 주가가 낮을 때 오히려 자사주 매입이 감소했습니다.

버핏 기업은 자금을 사업에 사용해야 하며, 주가가 내재가치보다 훨씬 낮을 때만 자사주를 매입해야 합니다. 버크셔 주가가 순자산가치의 1.2배라면 우리는 버크셔 주식을 대규모로 매입하겠지만 순자산가치의 2.0배라면 매입하지 않을 것입니다.

멍거 나는 행동주의 투자자는 사위로 삼고 싶지 않습니다.

Q 2016 분할 시도에 대한 방어 계획

장래에 행동주의 투자자들이 버크셔 해서웨이 분할을 시도하면 어떤 방법으로 방어할 계획인가요?

버핏 전에는 그런 걱정을 했지만 지금은 그다지 걱정하지 않습니다. 지금은 우리 규모가 거대하기 때문입니다. 버크셔는 언제든지 자사주를 대규모로 매입할 수 있습니다. 우리가 내재가치와 비슷한 가격에 자사주를 매입하는 한, 주가가 내재가치보다 크게 내려갈 수 없으므로 버크셔를 분할해도 큰 이익을 얻을 수 없습니다. 버크셔를 분할하는 과정에서 비용도 많이 발생합니다. 버크셔 해서웨이 에너지는 버크셔를 모회사로 둔 덕분에 지금까지 재생에너지 사업을 진행할 수 있었습니다. 행동주의 투자자들이 매력을 느낄 만한 수익 기회가 없을 것입니다.

물론 기업의 역사를 돌아보면 우량주가 이른바 내재가치보다 훨씬 낮은 가격에 거래된 사례도 있습니다. 1973~1974년에는 일류 우량주인 캐피털시티의 주가가 내재가치 훨씬 밑으로 내려갔습니다. 그러나 이런 상황에서는 누구나 자금이 부족하므로 기회를 이용하기가 어렵습니다. 그래서 나는 그다지 걱정하지 않습니다. 내가 죽으면 주식 분배 방식 때문에 이후 몇 년 동안 내 유산이 버크셔의 최대 주주가 되겠지만 지금 걱정할 문제는 아닙니다.

멍거 이 문제는 걱정할 필요가 없다고 생각합니다. 타당한 걱정이고 버크셔에 유용하다고 생각하지만 말입니다. 나는 낙관합니다.

버핏 왜 유용한지 설명해주겠나?

멍거 버크셔가 사악한 행동주의 투자자들에게 공격당하면 주주들이 강하게 결집할 것입니다. 버크셔를 저버리고 그들 편에 설 사람이 얼마나 되겠습니까?

버핏 나 워런 버핏의 이름으로 이 메시지에 동의합니다.

Q 2017 후계자 보상 방안

후계자에게 어떤 방식으로 보상할 계획인가요? 이에 대해 밝히겠다고 3년 전에 말씀하셨습니다.

버핏 유감스럽게도 이 나이가 되면 3년 전에 한 말은 걱정하지 않게 됩니다. 질문자는 훨씬 젊은 나이니까 당연히 기억하겠지요. 내가 그렇게 말했다는 사실은 인정합니다. 자세히 논의하지는 않겠지만 두 가지 보상 방식이 가능합니다. 나는 후계자가 다음 몇 가지 요건을 갖춘 사람이면 좋겠습니다. 후계자는 이미 거부이고, 오랜 기간 업무 경험을 쌓은 유능한 사람이며, 10배든 100배든 보수 증가가 진정한 동기 부여 요소가 아니어서 시장에서 자신이 받을 수 있는 보수보다 훨씬 낮은 보수도 기꺼이 받아들이려는 사람이면 좋겠습니다. 후계자는 이런 요건을 갖추지 못할 수도 있지만, 갖춘다면 정말 좋겠습니다.

그러나 시장에서 자신이 받을 수 있는 보수를 원한다고 해서 그 사람을 탓할 수는 없습니다. 그럴 때는 기본 보수를 매우 적게 지급하는 대신, 버크셔의 가치 증가분에 대해 상당한 스톡옵션을 제공할 수도 있을 것입니다. 다만 매년 증가하는 유보이익을 고려해서 옵션 행사가격도 매년 인상해야 하겠지요. 이렇게 옵션 행사가격을 인상한 기업은 거의 없지만 워싱턴포스트는 증가하는 유보이익을 고려해서 실제로 그렇게 했습니다. 이 보상 방식을 설계하기는 매우 쉽습니다. 비상장회사들은 실제로 이런 방식으로 설계합니다.

그러나 상장회사 경영자들에게는 다른 방식이 더 유리하므로 이런 방식을 채택하지 않습니다. 후계자는 은퇴 후에도 2년 정도 옵션을 보유해야 합니다. 그래야 후계자는 자신에게 유리한 시점을 선택해서 스톡옵션을 행사해 주식을 모두 처분하는 일이 없을 것이고, 따라서 장기적으로 주주 대다수가 얻는 수준의 실적을 얻게 될 것입니다. 훌륭한 보상 방식을 설계하기는 어렵지 않습니다. 관건은 '후계자가 이미 충분히 돈을 벌어서, 보수 금액에 크게 연연하지 않는 사람인가?'입니다.

멍거 나는 평생 보상 컨설턴트들을 피했습니다. 말로 표현할 수 없을 정도로 보상 컨설턴트들을 경멸하니까요.

버핏 내가 세상을 떠난 다음 이사회가 보상 컨설턴트를 고용한다면 나는 화가 치솟아 다시 살아 돌아올 것입니다.

Q 2023 버크셔 의결권을 통제할 주체는?

장래에 버크셔 의결권을 누가 통제하게 되리라 생각하시나요?

버핏 생각이 매우 깊으시군요. 종합적으로 보면 버크셔 의결권을 통제하는 주체는 인덱스펀드가 될 것으로 보입니다. 그러나 의결권을 모두 행사하여 사회의 분노를 사는 것은 인덱스펀드가 원치 않습니다. 최근 1~2년 동안은 인덱스펀드가 의결권 행사를 상당히 자제하는 모습이었습니다.

그렇게 자제하는 편이 스스로에도 유리합니다.

흥미롭게도 인덱스펀드 운용사의 관심사는 운용 실적이 아니라 운용자산 규모입니다. 인덱스펀드는 운용자산의 규모는 매우 크지만 여기서 나오는 보수는 매우 작습니다. 인덱스펀드는 선구자 뱅가드가 성공을 거두었지만 경쟁자들이 매우 쉽게 복제할 수 있었습니다. 그러나 운용보수는 0.02%에 불과했습니다. 그래서 인덱스펀드 운용사들은 보수를 더 받으려고 고객에게 다른 펀드를 권유하거나 다른 운용 방식을 제안합니다.

처음에 인덱스펀드를 고안한 목적은 운용보수를 낮추는 것이었습니다. 그러나 이제는 운용사들이 인덱스펀드를 일종의 '미끼 상품'으로 삼아 자금을 끌어들이려 하면서, 고객들이 존 보글(John Bogle)의 말을 무시하길 바랍니다. 운용사들은 인덱스펀드의 기본 취지를 포기하고서 인도에 투자하는 펀드 등 운용보수가 높은 다른 펀드들을 권유하고 있습니다. 이들의 권유는 존 보글의 취지에 반하는 것입니다.

이 과정에서 운용사들은 대규모로 의결권을 획득했으며 한동안은 재미있었습니다. 그러나 정부나 미국 대중으로부터 무책임하다고 평가받는 것만은 절대 원치 않습니다. 그래서 이들은 자제하는 경향이 있습니다. 이렇게 운용사들의 이해관계를 파악하면 이들의 장래 행동도 예상할 수 있습니다. 찰리, 운용사들을 옹호하고 싶은가? (웃음소리)

멍거 아니, 방금 자네가 한 말로 충분하네. (웃음소리) 모든 면에서 자네 말이 전적으로 옳아.

버핏 그렇다면 다른 사람에게는 더 묻지 않겠습니다. (웃음소리)

Q 2024 연금기금과 자산운용사 등 대응 방법은?

멍거는 대리인 문제를 설명하면서, 소유자가 재산을 관리할 때 자본주의가 가장 잘 작동한다고 말했습니다. 최근 몇 년 동안 임직원들은 버크셔 주식이 거의 없는 연금기금과 자산운용사들이 버크셔에 주주들의 이익과 상충하는 제안을 하고 있습니다. 수십 년 후 당신이 의결권을 행사할 수 없을 때는 이런 대리인들의 악영향을 어떻게 차단해야 하나요?

버핏 매우 통찰력 있는 질문입니다. 잠정적인 답변은 이미 해드렸지만 장래에 상황이 어떻게 전개될지는 아무도 모릅니다. 버크셔는 훌륭한 패를 갖고 있지만 정치 현실이나 원인 등을 숙고해서 나름의 방법을 찾아야 합니다. 버크셔는 국가에 보탬이 되는 자산으로 인정받아야 합니다. 그러면 국가에 짐이 되는 부채나 악으로 평가될 때보다 더 많은 해결책을 찾을 수 있습니다.

이사들을 포함해서 우리는 이 문제를 항상 염두에 두어야 하며, 일반 통념에 갇혀서는 안 됩니다. 인생에 냉소적일 필요는 없지만 우리가 보유한 막대한 자원을 이용하려고 정치인, 증권사, 기타 뭔가를 판매하려는 온갖 사람들이 우리에게 접근하고 있습니다. 누구에게도 상처 주고 싶지는 않지만, 보험 대리인은 보험을 팔 때 수수료를 얻고 자산운용사는 운용자산이 증가할 때 이익이 증가합니다.

우리 주주 모두가 연 1% 수수료를 내면서 자문사의 투자 조언을 따른다고 가정합시다. 이들의 조언에 따라 1965년부터 버크셔 해서웨이 주식을 매수해서 보유하고 있다면, 지금까지 주주들은 배당을 한 푼도 못 받았는데도 이들은 매년 80억 달러를 수수료로 받고 있을 것입니다. 이렇게 투자자문사와 주주는 이해관계가 다르므로 최고의 방법은 매매 수수료를 한 번만 내고 주식을 사서 보유하는 것입니다.

우리는 인간의 본성이 미치는 영향을 경계해야 합니다. 그동안 찰리가 한 말을 귀담아들으면 사람들 대부분보다 훨씬 앞서 갈 수 있습니다. 찰리는 인센티브 등 24개 심리 요소가 인간의 행동에 큰 영향을 미친다는 사실을 알고 있었습니다. 그는 이런 심리 요소가 인간의 행동에 미치는 영향을 이해하면 다양한 방식으로 사람을 이용할 수 있다고 말했습니다. 그러나 그가 이런 기법을 이용해서 실제로 사람들을 조종하지는 않았습니다.

심리가 인간의 행동에 미치는 영향을 파악하면 사람들의 약점을 이용해서 보험을 판매하거나 운용자산 규모를 늘려 큰돈을 벌 수도 있습니다. 그러나 그런 비열한 짓을 해서는 안 된다고 찰리는 강조했습니다. 그는 이 기법을 파악하고 나서 평생 두 번 사용했지만 자랑스러운 일은 아니어서 다시는 사용할 생각이 없다고 말했습니다. 그리고 남들의 약점을 심리적으로 이용하는 사람이 있다는 사실은 알고 있어야 한다고 가르쳐주었습니다.

나도 결혼 전에는 상대의 환심을 사려고 댄스 같은 활동에 열정적이었습니다. 모두가 그렇게 하지만 반복하지는 않죠. (웃음소리) 그것이 지혜를 얻는 과정이라고 그는 말했습니다. 새로 출간된 찰리의 저서 《가난한 찰리의 연감(Poor Charlie's Almanack)》은 서너 번 읽을 만한 가치가 있습니다. 나는 벤저민 그레이엄의 《현명한 투자자》를 대여섯 번 읽었는데, 읽을 때마다 일부 내용은 더 깊이 생각할 필요가 있다고 깨달았습니다. 서재의 책을 모두 한 번씩 읽는 것보다 찰리처럼 훌륭한 가르침을 주는 인물의 책을 여러 번 읽는 편이 좋습니다.

Q 2025 오늘의 낚시성 뉴스

버핏 5분 남았다는 경고가 왔습니다. 이제 몇 분 동안 여러분과 논의하고자 하는 주제로 넘어가겠습니다.

내일 버크셔 이사회가 열립니다. 우리 이사 11명 중 2명은 나의 자녀 하워드(Howard)와 수지(Susie)인데, 두 사람은 내가 말하려는 내용을 알지만 나머지 이사들은 모릅니다.

이제 그레그가 연말에 버크셔의 CEO가 되어야 하는 시점이 왔다고 생각합니다. 갑작스럽지만 나는 이 안건을 나의 추천안으로 이사들에게 제시합니다. 이사들이 내일 던질 질문이나 구조 등에 대해서 생각할 시간을 제공하려는 뜻입니다. 그리고 몇 달 후 열리는 후속 이사회에서 우리는 이사 11명의 견해에 따라 조처를 하게 됩니다. 이사들 모두 만장일치로 찬성하리라 생각합니다.

이는 연말에 그레그가 버크셔의 CEO가 된다는 뜻입니다. 나는 여전히 자주 드나들 것이며 간혹 보탬이 될 수도 있겠지요. 그러나 사업이든 자본배분이든 최종 결정은 모두 그레그가 합니다.

우연히 큰 기회가 나타나면 특정 측면에서는 내가 도움이 될 수도 있습니다. 정부가 곤경에 빠졌을 때 버크셔는 부채가 아니라 자산이라는 특별한 평판이 있습니다. 그런 시점에는 대개 대중과 정부가 기업에 대해 매우 부정적이므로, 이런 평판을 쌓기는 매우 어렵습니다.

그러나 그레그는 이런 평판을 이용할 수 있습니다. 내가 가까이 있다는 점을 고려해서 이사회는 그레그가 대기업을 인수할 수 있도록 더 많은 권한을 기꺼이 주리라 생각합니다. 그러나 CEO는 그레그입니다. 두말할 필요 없는 사실입니다.

이 계획은 그레그도 지금 처음 듣는 내용입니다. (웃음소리) 내일 이사회는 승계에 관한 세부 사항을 내게 질문할 수 있습니다. 이사들이 내용을 숙지하고 나면 그다음 이사회에서는 중대한 변화를 세상에 발표하게 되고, 우리는 새로운 사업 체제로 전진하게 될 것입니다. 나는 점괘판 등을 만지작거리면서 시간을 보내겠지요. (웃음소리) 그러나 내 버크셔 주식은 한 주도 팔 생각이 없습니다. 결국은 점진적으로 모두 기부하겠지만요. (환호와 긴 기립박수)

덧붙이자면 내가 주식을 모두 계속 보유하기로 한 것은 경제성을 생각해서 내린 결정입니다. 나보다 그레그가 경영할 때 버크셔의 전망이 더 밝다고 생각하기 때문입니다. 우리가 거액을 투자할 기회가 오면, 내 돈이 모두 버크셔에 들어 있다는 사실을 이사회가 기억하면 유용할 것입니다. 나는 지금까지 그레그가 한 일을 보았습니다. 이상 오늘의 낚시성 뉴스였습니다. (웃음소리) 참석해주셔서 감사합니다. (환호와 긴 기립박수)

청중 여러분의 열렬한 반응은 두 가지로 해석할 수 있습니다. 나는 긍정적으로 해석하겠습니다. 감사합니다.

한미 지배구조 문제, 다른 듯 겹친다

2025년 버크셔 해서웨이의 주가 흐름은 기업의 최고경영자가 가지는 중요성을 잘 보여주고 있다. 예년처럼 5월 첫째 토요일에 열린 주주총회에서 워런 버핏은 연말에 경영 일선에서 물러날 것이라고 밝혔다. 이후 버크셔 해서웨이 주가는 약세를 면치 못하고 있다. 주총 직전인 5월 2일에 80만 9,350달러로 사상 최고치를 기록했던 버크셔 해서웨이 A주 주가는 8월 1일 현재 71만 1,480달러로 내려앉으면서 12.1% 하락했다. 같은 기간 동안 12.3% 상승하면서 연일 사상 최고치를 경신하고 있는 S&P500지수와 대비되는 모습이다.

세 달 남짓한 기간에 불과한 단기 주가 등락이기에 큰 의미를 부여할 필요는 없다. 또한 버핏은 자신의 후계자 그레그 에이블이 가진 출중한 능력을 이미 여러 차례 언급했고, 버크셔 해서웨이는 어떤 경영자가 오더라도 잘 운영될 수 있는 구조라고 설명하기도 했다. 그렇지만 2023년 찰리 멍거가 세상을 떠난 데 이어 버핏마저 은퇴한 이후의 버크셔 해서웨이에 대한 일말의 불안이 주가에 투영되고 있음을 부인하긴 어렵다.

버핏은 최고경영자에 대한 평가는 회사의 경제적 자원을 얼마나 잘 배분할 수 있느냐에 좌우된다고 여러 차례 밝혔다. 기업의 설비 투자, 인수합병, 주주환원 등이 모두 경제적 자원 배분과 관련된 이슈들이다.

이 책에도 나오지만 버핏은 버크셔 해서웨이가 투자했던 방송사 캐피털시티의 CEO인 톰 머피를 극찬했다. 머피는 라디오와 TV 방송사들을 적절한 가격에 인수한 후 이들을 기막히게 운영함으로써 가치를 높였다. 캐피털시티에 비교되는 회사가 CBS다. 머피가 CEO에 오른 1966년에 캐피털시티는 지역에서 운영되는 소규모 사업자였던 반면, CBS는 전국적인 영향력을 가진 대규모 미디어 그룹이었다. 버핏은 캐피털시티와 CBS의 경쟁을 나룻배와 초호화 유람선 퀸엘리자베스 2호에 비유했는데, 결국 나룻배가 승리했다. CBS의 경제적 자원 배분이 엉망이었기 때문이다. CBS는 본업과 무관한 완구업체를 매입했고, 야구단 뉴욕 양키스의 지분을 인수해 소유하기도 했다. 인수 자금을 마련하기 위해 증자를 단행해 주당 가치를 희석시켰고, 뉴욕 중심부에 랜드마크 빌딩을 지으면서 자본을 소진했다. 조직도 방만해 사장과 부사장이 42명에 달하기도 했다.

버핏은 무분별한 자사주 매입의 폐해를 지적하기도 했는데, 자사주 매입은 '주가가 내재가치보다 현저히 저평가돼 있고, 더 좋은 투자 기회가 없을 때'에만 이뤄져야 한다. 버핏이 말한 것처럼 내재가치보다 높은 주가 수준에서 자사주를 매입하는 행위는 장기 투자 목적으로 주식을 보유하고 있는 주주들의 부를 단기 매매를 하는 트레이더들에게 넘겨주는 행위에 다름 아니다.

버핏은 유능한 자본 배분자로서 오랫동안 칭송받아온 만큼 그의 빈자리가 커 보인다. 버크셔 해서웨이의 차기 CEO가 될 그레그가 내리는 결정은 늘 버핏과 비교될 것이다. 후임자로서는 탁월한 전임자와 비교되는 것만큼 부담되는 일은 없을 터라, 그레그가 짊어져야 할 부담은 만만치 않을 것이다.

버핏은 CEO들의 탐욕에 대해서도 여러 차례 경고했다. 이런 점은 한국과 구별되는 미국의 독특한 기업 지배구조에 기인한다. 이 책에서 버핏은 버크셔 해서웨이의 의결권과 관련해 장기적으로 인덱스펀드의 영향력이 높아질 것이라고 말했는데, 최근 십수 년간 패시브 투자가 확대되면서 미국 기업 전반에서 벌어지고 있는 소유 구조의 변화를 반영한 발언이다.

미국 주요 기업들의 최대 주주들을 보면 대부분 1위가 뱅가드, 2위가 블랙록, 3위나 4위쯤에 스테이트스트리트(State Street)가 이름을 올리고 있다. 엔비디아(Nvidia)와 마이크로소프트, 애플 등이 모두 그렇다. 버크셔 해서웨이도 인덱스펀드 등을 위해 만들어진 B주식의 경우 1~3대 주주가 모두 위의 투자자들이다.

뱅가드와 블랙록, 스테이트스트리트 등은 모두 ETF가 주력인 기관투자자다. ETF로 대표되는 패시브 투자는 기본적으로 주주권 행사에 관심을 가지지 않는다. 종목 하나하나를 바텀업(bottom-up) 관점에서 선별해 투자하는 액티브 투자와는 달리 패시브 투자는 지수에 투자하는 형태로 이뤄진다. 개별 종목은 투자한 지수를 구성하는 종목군의 한 구성원일 따름이다. 예를 들어 뱅가드 등에서 운용하는 ETF는 애플을 골라서 매수한 것이 아니라 미국 증시를 대표하는 S&P500지수나, 미국 기술주들로 이뤄진 지수에 포함된 종목을 매수하다 보니 결과적으로 애플의 대주주가 된 것이다.

개별 기업의 소유주라는 관념이 희박한 ETF들은 의결권 행사에 적극성을 보이지 않는다. 개별 기업을 대상으로 의결권을 제대로 행사하기 위해서는 각각의 사안에 대해 의견을 가져야 하는데, 이는 많은 비용이 드는 데다가 한편으론 저렴한 수수료라는 패시브 투자의 기본 가치와 충돌하게 된다. 미국의 주요 상장사들에서는 경영진이 주주들로부터 감시받지 않는 권력을 휘두르고 있다. CEO를 비롯한 경영진이 스스로 연봉을 대폭 올리고, 배당과 자사주 매입 등을 통한 단기 주가 부양과 경영진의 인센티브를 연동했다. 주인 없는 기업에 자리 잡은 경영진의 단기주의가 횡행하고 있는 셈이다. 버핏이 경고한 CEO들의 전횡은 패시브 투자의 확대와 무관하지 않다.

기업의 활동은 회사에 고용된 임직원들이 수행한다. 기업에 고용된 임직원들이 기업 소유주인 주주들의 이해관계에 부합하는 활동을 하도록 독려하고 감시하는 역할을 하는 이들이 '이사(director)'이다. 그래서 이사는 주주총회에서 선출한다. 많은 나라에서 지배구조의 문제는, 회사의 소유주는 아니지만 실질적으로 운영을 담당하는 경영진(임직원)과 주주(이사회)의 역학관계를 지칭하는 경우가 많다. 버핏은 2006년 주주총회에서 이사의 역할에 대해 "주주 지향적이어야 하고, 사업에 대한 지식과 관심이 풍부해야 하며, 진정으로 독립적이어야 한다"고 말했다.

한국 기업들의 지배구조는 미국과 명확한 차이가 있다. 기업의 주주들 중 극히 일부가 일상적 기업활동에 참여하는 경우가 많은데, 이들은 지배주주 또는 오너라고 불린다. 경영진도 사실상 지배주주가 임명하기 때문에, 한국의 지배구조 이슈는 실질적으로 회사를 지배하는 지배주주와 다수 소액주주의 이해 상충으로 나타나는 경우가 많았다.

오너 경영은 그 자체가 좋고 나쁘다라는 평가를 내리기 어렵다. 패시브 펀드들이 지배하고 있는 미국에 비하면 장기적인 관점에서 의사결정을 내릴 수 있다는 장점이 있지만, 기업의 여러 의사결정이 지배주주 편향적으로 이뤄져왔다는 비판으로부터도 자유로울 수는 없다. 한국의 재벌 기업들이 지주회사로 전환하는 과정에서 기업의 자산인 자사주를 활용해 돈 한푼 들이지 않고 지배권을 강화한 사례와, 알짜 사업부를 물적분할하면서 소액주주들에게 피해를 준 사례가 너무도 많았다.

2025년 7월에 국회를 통과한 상법 개정안은 한국의 지배구조 개선과 관련해 역사적인 전기를 마련했다. 이사의 충실의무가 '주주로까지 확대'됐다. 버핏이 말한 이사가 가져야 할 덕목들 중 '주주 지향적'인 활동을 해야 한다는 내용이 선언적으로 법조문 안에 들어갔다. '사업에 대한 지식과 관심이 풍부해야 한다'는 덕목은 어떨까. 한국에서는 아직도 결핍의 영역이다. 기업의 사내이사들이야 해당 산업의 전문가들일 테지만, 독립적으로 의견을 개진하면서 경영진을 견제해야 할 책무를 지닌 사외이사들은 대부분 명문 대학의 경제·경영학 전공 교수나 법조계 인사들이다. 교수는 현장감이 떨어지는 경우가 많고, 법조인의 중용은 대관(代官) 업무가 중요한 한국적 특수성의 산물로 볼 수도 있지만, 기업들이 본업과 무관한 사회적 비용을 부담하고 있는 것으로 해석할 수도 있다.

'진정으로 독립적이어야 한다' 역시 한국에서는 적용되는 덕목이 아니다. 지배주주들이 행사하는 권력이 너무도 강력해 이사들은 거수기 역할에서 벗어나지 못하고 있다. 이번 상법 개정에서 '사외이사'라는 명칭을 '독립이사'로 바꾸고, 이사회 구성에서 '독립이사'가 차지하는 비중을 3분의 1로 확대(기존 4분의 1)하기로 한 것도 이사의 독립성을 강화하기 위한 노력의 산물이다.

미국은 주주권 행사에 관심이 적은 패시브 펀드가 주요 상장사들의 최대 주주 자리에 오르면서 경영진들의 전횡이 나타나고 있고, 과도한 주주환원 등 단기주의적 관점에서의 의사결정이 이뤄지고 있다. 한국은 미국과는 전혀 다른 상황이다. 오너로 불리는 지배주주들의 영향력이 너무 커서 소액주주들이 제대로 대접을 받지 못하고 있다.

상법 개정과 관련된 논의에서 절망감을 느끼는 것은 주주들을 바라보는 일부 기업의 태도다. "이렇게 규제가 심하면 누가 한국 증시에 상장할 것인가"라고 항변한다. 주식시장 상장은 기업이 투자자들에게 베푸는 시혜 행위가 아니다. 돈이 필요한 기업이 투자자들을 설득해 자금을 유치하는 과정이 상장이다. "경영권 방어에 돈이 너무 많이 들어간다"고 불평한다. 전제 자체가 잘못됐다. 경영권 방어가 필요하면 오너의 돈으로 해야 한다. 오너를 위해 회삿돈을 써서는 안 된다. 주주권 행사 과잉으로 장기적 기업 가치 제고가 어려울 것이라는 걱정도 있지만, 지금까지 한국 증시에서 주주들로 인해 기업 경영이 타격을 입은 사례가 있다면 단 한 가지라도 이야기해주면 좋겠다. 무엇보다도 주주행동주의의 공격을 불러오는 가장 중요한 이유는 '저평가된 주가'라는 사실을 상장사들은 늘 인식하고 있어야 한다.

버핏이 말했다. "버크셔가 사악한 행동주의 투자자들에게 공격당하면 주주들이 강하게 결집할 것입니다. 버크셔를 버리고 그들 편에 설 사람이 얼마나 있겠습니까." 한국의 상장사들이 새겨들어야 할 말이다. 어떻게 주주들을 기업의 적처럼 취급할 수 있단 말인가.

김학균

신영증권 리서치센터장. 성균관대학교 경제학과를 졸업하고 1997년부터 증권회사 애널리스트로 일해왔다. 신한금융투자, 한국투자증권, 대우증권 리서치센터를 거쳤다. 지은 책으로 《부의 계단》(공저) 《한국경제 대전망》(공저) 《주식투자》가 있다.

7장
버크셔의 기업문화

우리가 돈을 잃을 수는 있습니다. 심지어 많은 돈을 잃어도 됩니다. 그러나 평판을 잃을 수는 없습니다. 단 한 치도 잃어서는 안 됩니다. 우리는 모든 행위를 합법성만으로 평가해서는 안 됩니다. 똑똑하지만 비우호적인 기자가 쓴 기사가 중앙 일간지의 1면에 실려도 당당할 정도가 되어야 합니다. `2010`

버크셔 시스템이 대부분 유지된다면 (1) 내일 버핏이 떠나가고 (2) 능력이 보통 수준인 사람이 후계자가 되며 (3) 버크셔가 다시는 대기업을 인수하지 못하더라도, 현재 보유한 기회와 추진력이 매우 크므로 틀림없이 아주 오랜 기간 초과 실적을 유지할것입니다. `2014`

살로먼 주주 서한 겸 보고서*   1991

살로먼 주주 귀하:

이 보고서에서는 살로먼의 3분기 실적은 물론 향후 살로먼의 진로에 대한 나의 생각도 제시하고자 합니다.

이미 회사에서도 발표하고 대중매체에서도 보도했듯이, 일련의 사건에 의해서 8월 18일 내가 살로먼 임시 회장에 선임되었습니다. 이후 우리는 과거 살로먼이 국채시장 등에서 벌인 활동을 계속 조사했습니다. 이 시점까지 우리의 판단은 다음과 같습니다. 살로먼의 몇몇 임직원이 치명적인 실수를 저질렀습니다. 이로 인해 주주들이 피해를 보게 될 것입니다. 그러나 불법 행위와 오판을 저지른 사람은 그 몇몇에 한정됩니다. 요컨대 우리는 지극히 심각한 문제에 직면했지만 그래도 조직에 만연한 문제는 아니라고 믿습니다.

지배 및 컴플라이언스

8월 18일부터 우리는 증권 자회사인 살로먼 브러더스에, 업계 표준으로 생각되는 규정과 절차를 도입했습니다. 아울러 살로먼 브러더스에서 진행되는 업무를 새로운 방식으로 감시하기 시작했습니다. 예컨대 이사회에 컴플라이언스(compliance, 규정 준수) 위원회를 설립했으며, 이 분야에서 업계를 선도할 것으로 기대합니다. 그러나 규정도 필요하지만, 모범적 행동을 권장하는 조직 분위기가 훨씬 더 중요합니다. 회장으로 재임하는 동안 나는 회사의 최고컴플라이언스책임자를 자처하기로 했으며 살로먼

---

* 워런 버핏, 살로먼 주주 서한 겸 보고서(Letter and Report to the Shareholders of Salomon, Third Quarter), 1991

임직원 9,000명 모두에게 컴플라이언스에 협조해달라고 당부했습니다. 또한 임직원들의 행동이 규정 준수에 그쳐서는 안 된다고 역설했습니다. 어떤 영업 행위를 고려 중이라면 임직원은 자신에게 물어보아야 합니다. 박식하고 비판적인 지역 신문사 기자가 자신의 행위를 신문 1면에 곧바로 보도해 배우자, 자녀, 친구들이 보게 되더라도 괜찮은지 말이지요. 우리 살로먼은 설사 합법적이더라도 역겨운 행위라면 절대 하지 않을 것입니다.

영업 실적

3분기 경상 영업 실적은 탁월했습니다. 주로 채권시장 추세가 매우 유리하게 전개된 덕분입니다. 그러나 이익에 영향을 미치는 주요 조정 항목 두 가지에 유의해야 합니다. 하나는 부정적 영향을, 하나는 긍정적 영향을 미칩니다.

첫째, 우리는 합의, 판결, 벌금, 과료, 소송 비용, 기타 관련 비용에 대비해서 세전 법정준비금 2억 달러를 적립했습니다. 둘째, 이번에 살로먼 브러더스에서 발생한 보상 비용은 평소 예상한 금액보다 약 1억 1,000만 달러 감소했습니다. 일부 소송 비용은 세금 공제가 되지 않으므로 두 항목에는 서로 다른 세율이 적용됩니다. 두 항목의 영향으로 감소한 순이익은 약 7,500만 달러입니다.

소송 비용

두 특별 항목에 대해서 자세히 설명하겠습니다. 먼저 소송 비용입니다. 살로먼이 불법 행위와 오판에 대해 직접 부담하게 되는 최종 비용을 지금은 아무도 정확하게 추정할 수가 없습니다. (매우 중요한 부수비용도 발생합니다. 예컨대 매출 감소, 조달 비용 상승 등입니다. 반면 나중에 설명하겠지만 상당한 부수 이익도 발생할 수 있습니다.) 그러나 비용이 얼마가 되더라도 우리에게는 40억 달러에 이르는 막대한 자기자본이 있으므로 치명상을 입지는 않을 것입니다.

우리는 벌금이나 과료는 모두 신속하게 납부할 것이며, 타당한 배상 요구는 조속히 처리하려고 노력할 것입니다. 그러나 (많을 것으로 예상되는) 부당하거나 과도한 배상 요구에 대해서는 끝까지 법정에서 다툴 것입니다. 즉 우리가 한 잘못에 대해서는 적절하게 보상하겠지만 누구에게도 봉이 되는 일은 없을 것입니다.

회계 규정에 의하면 우리는 감사 및 변호사와 함께 준비금 규모를 재검토해야 합니다. (부족하나마 현재 가용 정보를 바탕으로) 재검토 결과, 감사와 변호사 모두 현재 추정치에 동의했습니다. 추후 상황이 명확해지고 정보가 추가되면 준비금을 상향 조정하거나 하향 조정할 것입니다.

보상

여러분은 살로먼 브러더스의 보상 수준이 높다는 기사를 읽어보았을 것입니다. 여러분 중 일부는 내가 버크셔 해서웨이 연차보고서에 쓴 성과 보상에 관한 글도 읽어보았을 것입니다. 이 글에서 나는 합리적인 성과 보상 제도야말로 경영자에게 보상하는 탁월한 방법이라고 말했습니다. 또한 비범한 경영 성과에는 정말이지 비범한 보상을 해야 한다는 말도 했습니다. 나는 지금도 이런 견해를 유지하고 있습니다. 그러나 살로먼 브러더스의 보상 제도는 일부 중요한 부분에 문제가 있습니다.

그동안 살로먼의 실적 대비 보상은 지나치게 높아서 불합리한 수준이었습니다. 예를 들어 작년 증권 사업부의 ROE는 약 10%로서 미국 기업

평균보다 훨씬 낮았는데도, 100만 달러 이상 받은 소속 임직원이 106명이나 있었습니다. 물론 이들 중 성과가 뛰어나서 그런 보상을 받아 마땅한 사람도 많았습니다. 그러나 전반적인 실적을 보면 이치에 맞지 않았습니다. 1989년 대비 1990년 영업이익은 전혀 증가하지 않았는데도 보상은 1억 2,000만 달러 이상 증가했습니다. 그 결과 주주 이익이 1억 2,000만 달러 감소했습니다.

살로먼 브러더스는 실적의 변동성이 매우 크므로 특히 경영진이 받는 보상은 일반 주주들이 얻는 수익에 연동되어야 타당합니다. 나는 사업부 경영진이 우리 주주들의 수익에 무임승차하는 대신, 자신이 우리 주식을 보유함으로써 부자가 되길 바랍니다. 그러면 우리 우수한 경영진은 아마 상상을 초월할 정도로 엄청난 부자가 될 것입니다.

현재 우리사주조합은 주식이 희석되지 않도록 시장에서 주식을 매수하고 있으며, 장래에는 회사가 직접 자사주를 매입해 발행주식 수를 축소할 수도 있습니다. 앞으로 몇 년 안에 살로먼의 핵심 임직원들이 보상으로 받는 우리사주는 회사 지분의 25% 이상이 될 수 있습니다. 업무 성과가 더 좋을수록 각 임직원이 받는 우리사주가 증가할 것입니다.

이런 성과 보상제 때문에 일부 경영진은 회사를 떠나게 될 것입니다. 그러나 성과가 탁월한 사람들은 바로 이 성과 보상제 때문에 회사에 남을 것입니다. 이들은 3할 5푼짜리 강타자로 인정받아, 그동안 저성과자들에게 분배되던 자기 몫을 되찾게 될 테니까요. 기쁘게도 최우수 경영진 중 일부는 자신이 받는 보상 중 우리사주로 받을 수 있는 비중을 대폭 높여달라고 요청했습니다.

회사를 떠나는 사람이 이례적으로 많더라도 꼭 나쁜 일로 볼 필요는 없습니다. 우리 생각과 가치관에 동의하는 사람들이 더 많은 책임과 기회를 떠안게 될 테니까요. 우리에게 필요한 것은 '사람들에게 잘 어울리는 원칙'이 아니라 '원칙에 잘 어울리는 사람들'입니다.

우리가 추구하는 목표는 수십 년 전 J. P. 모건이 말한 대로 "최고의 방법으로 최고의 서비스를 제공하는" 회사가 되는 것입니다. 우리는 '우리가 어떤 사업을 하는가?'는 물론 '어떤 사업을 거절하는가?'로도 자신을 평가할 것입니다. 모든 대기업이 그렇듯이 살로먼도 실수나 실패를 피할 수 없습니다. 그러나 우리는 능력이 미치는 한 우리 실수를 신속하게 인정할 것이며 신속하게 바로잡을 것입니다.

내가 이 자리를 맡고 내린 최상의 결정은 데릭 모건(Deryck Maughan)을 살로먼 브러더스의 최고운영책임자로 임명한 것입니다. 우리는 고객, 임직원, 주주들에게 탁월한 성과를 안겨주는 살로먼을 만들어내기로 맹세했습니다.

- 임시 회장 워런 버핏

살로먼 근무　1992

나는 살로먼 임시 회장으로 10개월 근무하고 나서 지난 6월 물러났습니다. 1991~1992년 실적을 보면 버크셔는 그동안 나를 그리워하지 않았습니다. 그러나 나는 버크셔가 그리웠고 다시 정상 근무하게 되어 기쁩니다. 세상에 버크셔 경영만큼 재미있는 일은 없으므로 나는 행운아라고 생각합니다.

살로먼 회장 업무는 재미는 전혀 없었지만 흥미롭고 가치 있는 일이었습니다. 작년 9월 〈포천〉의 '가장 높이 평가받는 미국 기업(America's Most Admired Corporations)' 연례 조사에 의하면, 살로먼은 평판 개선도 면에서 311개 기업 중 2위를 기록했습니다. 게다가 살로먼의 증권 자회사 살로먼 브러더스는 작년 세전 이익 기록을 세웠는데 이전 기록을 34%나 초과했습니다.

많은 분이 살로먼의 문제 해결과 회복을 도와주셨는데 몇 분을 특별히 언급하고자 합니다. 살로먼 경영진 데릭 모건, 밥 데넘(Bob Denham), 돈 하워드(Don Howard), 존 맥팔레인(John Macfarlane)이 합심해 노력하지 않았다면 회사가 십중팔구 파산했다고 말해도 과언이 아닙니다. 이들의 노력은 효과적이었고, 사심이 없었으며, 협조적이었고, 지칠 줄 몰랐습니다. 이들에게 한없이 감사하는 마음입니다.

살로먼의 정부 당국 관련 업무 대표 변호사인 '멍거, 톨스 앤드 올슨(Munger, Tolles & Olson)'의 론 올슨도 문제 해결의 핵심 인물이었습니다. 살로먼이 처한 문제는 심각할 뿐만 아니라 복잡하기도 했습니다. 살로먼과 직접 관련된 주요 당국이 적어도 다섯으로서 SEC, 뉴욕 연방준비은행, 미국 재무부, 뉴욕 남부 검찰청, 미국 법무부 반독점국이었습니다. 문제를 조직적으로 신속하게 해결하려면 법률, 사업, 인간관계 기술이 탁월한 변호사가 필요했습니다. 론이 바로 그런 인물이었습니다.

배트 보이에게서 배운 경영의 지혜　　2002

우리는 계속해서 비범한 경영자들의 덕을 보고 있습니다. 이들 중 다수는 이미 부자라서 더 일할 필요가 없는 사람입니다. 그런데도 이들은 계속 일하고 있습니다. 지난 38년 동안 우리 자회사를 그만두고 다른 회사로 간 CEO는 단 한 사람도 없습니다. 현재 75세가 넘는 경영자는 찰리를 포함해서 6명이며, 4년 뒤에는 2명 이상 증가하길 희망합니다. (밥 쇼(Bob Shaw)와 내가 둘 다 72세입니다.) 왜냐하면 '어린 개에게는 낡은 재주를 가르칠 수 없기 때문'입니다.

버크셔 사업회사 CEO들은 그 분야의 달인이며 회사가 자기 재산인 것처럼 경영합니다. 내 역할은 이들을 방해하지 않으면서 이들이 창출하는 초과 자본을 배분하는 일입니다. 쉬운 일이죠.

나의 본보기는 배트 보이(야구 배트 등을 관리하는 소년) 에디 베넷(Eddie Bennett)입니다. 에디는 19세였던 1919년 시카고 화이트삭스(White Sox)에서 일을 시작했는데 이 팀이 그해 월드 시리즈에 진출했습니다. 이듬해 에디는 브루클린 다저스(Dodgers)로 팀을 옮겼는데 이 팀도 월드 시리즈에 진출했습니다. 그러나 우리 영웅은 이 팀에서 문제를 감지했습니다. 그는 1921년 양키스로 옮겼고 이 팀도 역사상 처음으로 월드 시리즈에 진출했습니다. 에디는 상황을 빈틈없이 분석한 다음 양키스에 머물렀습니다. 이후 7년 동안 양키스는 아메리칸 리그에서 다섯 번이나 우승을 차지했습니다.

에디의 이야기는 경영과 무슨 관계가 있을까요? 간단합니다. 승자가 되려면 승자와 함께 일해야 한다는 말입니다. 예를 들어 1927년 에디는 700달러를 받았습니다. 베이브 루스와 루 게릭(Lou Gehrig) 같은 선수를 보유한 전설적인 팀 양키스가 월드 시리즈 수입의 8분의 1을 차지한 덕분이었습니다. (양키스가 우승한 덕분에) 에디가 겨우 4일 동안 일해서 벌어들인 돈이, 다른 평범한 팀에서 배트 보이들이 1년 동안 일해서 번 돈과 비숫했습니다.

에디는 중요한 것은 배트 관리가 아니라는 사실을 간파했습니다. 최고의 선수들과 함께 있어야 한다는 점을 깨달았습니다. 나는 에디에게 배웠습니다. 버크셔에서 나는 늘 미국 기업계 최고의 강타자들에게 배트를 건네주고 있습니다.

단기 실적보다 해자 확대를 택해　2005

우리 기업들은 매일 매우 다양한 방식으로 경쟁력이 조금씩 강해지거나 약해집니다. 고객에게 기쁨을 주거나, 불필요한 비용을 절감하거나, 제품과 서비스를 개선하면 경쟁력이 강해집니다. 그러나 우리가 고객을 냉대하거나 자만심에 빠지면 경쟁력은 약해집니다. 하루 단위로 보면 우리 행동이 미치는 영향은 감지하기 어려울 만큼 작습니다. 그러나 이런 영향이 누적되면 엄청난 결과를 불러옵니다.

이렇게 거의 눈에 띄지 않는 행동이 누적되어 장기 경쟁력이 개선되면 이를 '해자 확대'라고 표현합니다. 지금부터 10~20년 뒤에 우리가 원하는 기업을 보유하려면 해자 확대가 필수적입니다. 물론 우리는 항상 단기에 돈을 벌고 싶어 합니다. 그러나 단기 목표와 장기 목표가 충돌한다면 해자 확대가 우선입니다. 경영진이 단기 이익 목표를 달성하려고 잘못된 결정을 내리고 그 결과 원가, 고객 만족, 브랜드가 손상된다면, 이후 아무리 뛰어난 능력을 발휘하더라도 손상을 회복할 수 없습니다. 오늘날 전임자들에게 물려받은 엄청난 문제에 허덕이는 자동차산업과 항공산업의 경영자들을 보십시오. 찰리가 즐겨 인용하는 벤저민 프랭클린의 말이 있습니다. "예방이 치료보다 열 배 낫다." 그러나 때로는 아무리 치료해도 과거의 잘못이 회복되지 않습니다.

우리 경영자들은 해자 확대에 온 힘을 기울입니다. 그리고 여기서 뛰어난 능력을 발휘합니다. 간단히 말해서 이들은 사업에 열정적입니다. 이들 대부분은 우리가 인수하기 오래전부터 사업을 운영했습니다. 인수한 다음 우리가 한 역할은 방해하지 않은 것뿐입니다. 주주총회에서 여성 네 명을 포함한 이 영웅들을 보시면 탁월한 성과에 감사의 뜻을 표하시기 바랍니다.

사후 내 주식이 매각되더라도　　2006

작년에 나는 보유 버크셔 주식 대부분을 5개 자선재단에 기부하는 약정을 체결했습니다. 이로써 내 주식을 모두 자선 목적에 사용하기로 한 평생 계획 중 일부를 실행했습니다. 약정의 근거와 자세한 내용은 웹사이트(berkshirehathaway.com)에 올려놓았습니다. 세금은 나의 결정이나 시점 선택과 관계가 없다는 점을 덧붙입니다. 지난여름에 첫 기부를 하지 않았더라도 2006년에 나의 연방 및 주 소득세는 전혀 달라지지 않았을 것입니다. 2007년 기부도 마찬가지일 것입니다.

나는 유언장에, 내가 죽으면 현재 보유 중인 버크셔 주식에서 나오는 돈을 결산 후 10년 이내에 자선 목적에 모두 사용해야 한다고 명기했습니다. 내 재산은 구성이 복잡하지 않으므로 결산에 걸리는 기간이 최대 3년일 것입니다. 내가 예상하는 수명 12년(당연히 더 오래 살고 싶지만)에 이 13년을 더하면, 내가 보유한 모든 버크셔 주식에서 나오는 돈은 앞으로 약 25년에 걸쳐 사회적 목적에 분배된다는 뜻입니다.

내가 일정을 이렇게 잡은 것은 내가 아는 유능하고 활기차며 의욕적인 사람들이 이 돈을 비교적 신속하게 사용하길 바라기 때문입니다. 이런 관리 특성은 (특히 시장의 영향을 받지 않는) 기관이 노화함에 따라 약해질 수 있습니다. 현재 5개 재단은 훌륭한 분들이 관리하고 있습니다. 따라서 내가 죽은 다음 이들이 남은 자금을 사려 깊게 지출하도록 서두를 필요가 있습니다.

영구재단을 지지하는 사람들은, 장래에 크고 중요한 사회문제가 반드시 일어날 것이므로 그때 자선 활동이 필요하다고 주장합니다. 나도 동의합니다. 그러나 장래에도 현재 미국의 거부들보다 부유한 거부가 많을 것이므로 자선단체들은 이들에게 기부받을 수 있습니다. 어떤 사업을 지원하면 그 시점에 존재하는 주요 사회문제를 집중적으로 활기차게 해결할 수 있는지는 장래의 기부자들이 그때 직접 판단할 것입니다. 이런 방식을 적용하면 자선 아이디어와 그 효과성을 시장이 검증할 수 있습니다. 거액을 지원받는 단체도 있을 것이고 유용성을 상실하는 단체도 나올 것입니다. 땅 위에 사는 사람들의 결정이 항상 완벽하지는 않겠지만, 땅 밑에 묻힌 사람들이 수십 년 전에 정해놓은 것보다는 더 합리적으로 자금을 배분할 수 있을 것입니다. 물론 나는 언제든 유언장을 다시 쓸 수 있습니다. 그러나 내 생각이 크게 바뀔 가능성은 매우 낮습니다.

몇몇 주주는 자선재단이 버크셔 주식을 파는 과정에서 주가가 하락할 수 있다고 걱정했습니다. 그러나 이렇게 걱정할 필요가 없습니다. 많은 주식은 연간 거래량이 발행주식 수의 100%를 넘어가는데도 주가가 대개 내재가치와 비슷한 수준으로 유지됩니다. 버크셔 주식도 대체로 적정 가격에 거래되지만 연간 거래량은 발행주식 수의 15%에 불과합니다. 자선재단이 버크셔 주식을 팔더라도 이 때문에 증가하는 연간 거래량은 최대 3%포인트 정도이므로 버크셔의 거래량 회전율은 여전히 가장 낮은 수준일 것입니다.

버크셔의 주가는 전반적인 사업 실적에 따라 결정될 것이며 대부분 기간에 합리적인 가격 범위에서 거래될 것입니다. 자선재단이 버크셔 주식을 팔 때 적정 가격을 받는 것도 중요하지만, 새로 주식을 사서 주주가 되는 사람들이 과도한 가격을 치르지 않는 것도 중요합니다(경제원칙 14 참조). 찰리와 나는 버크셔의 정책을 실행하고 주주들과 소통하면서, 주가가 내재가치보다 크게 높아지거나 낮아지지 않도록 온 힘을 기울일 것입니다.

자선재단이 버크셔 주식을 보유하고 있어도 배당, 자사주 매입, 주식 발행에 대한 버크셔 이사회의 결정은 전혀 달라지지 않을 것입니다. 우리는 과거에 지침으로 삼았던 원칙을 그대로 따를 것입니다. 그것은 '어떻게 하면 장기적으로 주주들에게 가장 좋은 실적을 올려줄 수 있는가?'라는 원칙입니다.

뒤집어 생각하라 | 2009

오래전 찰리는 강력한 야심을 드러낸 적이 있습니다. "장차 내가 어디에서 죽게 되는지를 꼭 알아내야겠어. 그곳에는 절대 가지 않을 거야."

이는 프러시아의 위대한 수학자 야코비(Jacobi)에게서 얻은 아이디어입니다. 야코비는 어려운 문제를 풀 때는 "항상 뒤집어 생각하라"라고 말했습니다. (고차원적인 문제가 아닐 때도 이렇게 뒤집는 기법은 효과가 있습니다. 컨트리송을 뒤집어 부르면 당신은 잃어버렸던 차와 집과 아내를 곧 되찾을 것입니다.)

다음은 찰리의 사고방식을 버크셔에 적용한 몇 가지 사례입니다.

- 찰리와 나는 기업이 아무리 흥미로운 제품을 생산하더라도 장래를 평가할 수 없으면 쳐다보지 않습니다. 과거에는 총명한 사람이 아니더라도 자동차(1910년대), 항공기(1930년대), TV(1950년대) 산업의 엄청난 성장세를 내다볼 수 있었습니다. 그러나 이후 성장하는 과정에서 치열한 경쟁이 벌어진 탓에, 이 산업에 진입하는 기업들이 거의 모두 파산했습니다. 생존 기업들조차 대개 타격을 입고 후퇴했습니다.

찰리와 내가 어떤 산업이 확실히 극적으로 성장한다고 예측하더라도, 치열한 경쟁 속에서 기업들의 이익률과 ROE가 얼마가 될지는 알 수 없습니다. 버크셔는 앞으로 수십 년 동안 이익을 합리적으로 예측할 수 있는 기업에만 투자할 것입니다. 그렇더라도 우리는 실수를 많이 할 것입니다.

- 우리가 남의 호의에 의존하는 일은 절대 없을 것입니다. 대마불사(大馬不死)는 버크셔의 대비책이 되지 못합니다. 대신 장차 어떤 현금 수요가 발생해도 얼마든지 충족할 수 있도록 압도적인 유동성을 항상 유지할 것입니다. 게다가 이 유동성은 우리 다양한 자회사에서 쏟아져 나오는 이익으로 끊임없이 채워질 것입니다.

2008년 9월 금융 시스템이 심장마비를 일으켰을 때, 버크셔는 오히려 금융 시스템에 유동성과 자본을 공급해주었습니다. 위기가 절정에 달한 시점, 하나같이 연방정부만 바라보던 업계에 우리는 155억 달러를 쏟아부었습니다. 그중 90억 달러는 높이 평가받던 미국 기업 세 곳에 즉시 투입해 우리가 신뢰한다는 신호를 보내주었습니다. 나머지 65억 달러는 리글리 인수 자금에 투입해, 시장이 공황에 휩싸인 동안 인수 작업을 일사천리로 마무리했습니다.

우리는 탁월한 자금력을 유지하느라 값비싼 대가를 치릅니다. 우리가 습관적으로 보유하는 200억 달러가 넘는 현금성 자산은 현재 수익이 미미합니다. 대신 우리는 두 다리 뻗고 편히 잡니다.

- 우리는 자회사들의 경영을 자율에 맡기며, 감독이나 감시를 전혀 하지 않습니다. 이는 때때로 경영상의 문제점이 뒤늦게야 발견된다는 뜻이며, 간혹 찰리와 내가 원치 않는 방향으로 영업 및 자본 결정이 내려진다는 의미입니다. 그러나 대부분 경영자는 우리가 제공하는 자율성을 탁월하게 활용하며, 대규모 조직에서는 찾아보기 어려운 소중한 주인의식을 발휘해 우리의 신뢰에 보답해줍니다. 우리는 숨 막히는 관료주의 때문에 결정이 지연되어 눈에 안 보이는 비용이 발생하는 것보다는, 차라리 몇몇 잘못된 결정으로 발생하는 눈에 보이는 비용을 감수하고자 합니다.

BNSF 인수를 계기로 이제는 우리 직원이 약 25만 7,000명에 이르렀고 사업부는 수백 개가 되었습니다. 우리는 직원 수와 사업부 수를 더 늘리고 싶습니다. 그러나 버크셔가 위원회, 예산 관리, 복잡한 관리계층이 들끓는 거대 단일 조직이 되는 일은 절대 없을 것입니다. 대신 경영이 독자적으로 이루어지며 의사결정도 대부분 영업 현장에서 내려지는 중 - 대기업들의 집합이 될 것입니다. 찰리와 나는 자본 배분, 기업 위험 관리, 경영자 선발 및 보상에만 전념할 것입니다.

- 우리는 월스트리트의 비위를 맞추려 하지 않을 것입니다. 대중매체나 분석가들의 논평에 따라 주식을 사고파는 투자자들은 우리가 원하는 동

업자가 아닙니다. 우리가 원하는 동업자는 버크셔를 제대로 이해하고 버크셔의 정책에 동의하기 때문에 우리 사업에 장기간 투자하려는 사람입니다. 찰리와 내가 몇몇 동업자와 소규모 벤처를 시작한다면, 목적도 같고 운명도 함께하면서 주주와 경영자로서 기꺼이 결합할 수 있는 사람들을 찾을 것입니다. 사업의 규모가 커진다고 해도 이 사실은 변치 않을 것입니다.

버크셔와 잘 맞는 주주 저변을 확대해나가려고 우리는 주주들에게 유용한 정보를 직접 전달합니다. 우리의 목표는 우리가 주주라면 알고 싶은 정보를 알려드리는 것입니다. 우리는 분기와 연간 재무 정보를 주로 주말(금요일 늦게나 토요일)에 인터넷으로 공개합니다. 이는 여러분과 기타 투자자들이 거래가 없는 주말에 우리 다양한 자회사들을 찬찬히 파악할 수 있도록 충분한 시간을 드리려는 것입니다. (간혹 SEC가 정한 기한 때문에 주말에 공개하지 못할 때도 있습니다.) 이런 정보는 문단 몇 개로 요약할 수가 없으며, 기자들이 가끔 사용하는 낚시성 머리기사로 표현하기에도 적합하지 않습니다.

작년에는 한 문장에서 짧은 어구가 엉뚱하게 보도되었습니다. 1만 2,830개 단어로 구성된 연차보고서에 다음 문장이 있었습니다. "예를 들어 우리는 경제가 2009년 내내 (그리고 십중팔구 그 이후에도) 휘청거릴 것으로 확신하지만, 그래도 시장이 상승할지 하락할지는 알 수 없습니다." 언론사들은 문장의 앞부분만 요란하게 보도하고, 뒷부분에 대해서는 전혀 언급하지 않았습니다. 이는 끔찍한 저널리즘입니다. 찰리와 나는 이 문장은 물론 다른 곳에서도 우리가 시장을 전혀 예측하지 않는다고 분명히 밝혔는데도, 잘못된 정보를 접한 독자들은 아마도 우리가 주식시장을 비관한다고 생각했을 것입니다. 선정주의에 호도된 투자자들은 값비싼 대가를 치렀습니다. 주주 서한이 발표된 날 다우지수 종가는 7,063이었지만 연말 종가는 10,428이었습니다.

이런 사례들을 보면 우리가 최대한 주주들과 직접 온전하게 소통하려는 이유를 이해하실 것입니다.

우리가 만든 집이 우리를 만든다   2010

찰리와 나는 우리 비보험회사들의 주당순이익(earnings per share, EPS)이 계속 빠른 속도로 증가하기를 바랍니다. 그러나 주식 수가 증가할수록, 빠른 속도로 증가하기가 어려워집니다. 기존 자회사들도 좋은 실적을 내야 하고, 좋은 대기업들도 계속 인수해야 합니다. 그래도 우리는 준비가 되어 있습니다. 코끼리 사냥총도 장전해놓았고 내 집게손가락도 근질거립니다.

우리 회사 규모가 거대해서 불리한 점도 있지만 이를 부분적으로나마 상쇄해주는 중요한 장점도 여럿 있습니다.

첫째, 우리 노련한 경영자들은 자신이 맡은 회사와 버크셔에 지극히 헌신적입니다. 우리 CEO 다수는 이미 부자이며, 오로지 자신이 맡은 일을 사랑하기 때문에 일하는 사람들입니다. 이들은 지원병이지, 용병이 아닙니다. 어떤 회사도 이들에게 더 좋은 일을 제안할 수 없으므로 이들을 빼갈 수도 없습니다.

버크셔 경영자들은 자기 회사 경영에 전념할 수 있습니다. 이들은 본부 회의에 참석해서 시달릴 필요가 없고, 자금 조달을 걱정할 필요도 없으며, 월스트리트 사람들 때문에 고생할 일도 없습니다. 이들은 2년마다 내 편지(붙임)를 받고, 원하면 언제든 내게 전화할 수 있습니다. 경영자 중에는 작년에 나와 한 번도 통화하지 않은 사람도 있고, 거의 매일 통화하는 사람도 있습니다. 우리는 절차가 아니라 사람을 신뢰합니다. '신중하게 뽑아서 믿고 맡기는' 방식이 우리 경영자들과 내게 잘 맞습니다.

버크셔 CEO들은 가지각색입니다. MBA 출신도 있고, 대학을 나오지 않은 사람도 있습니다. 예산을 세워서 원칙대로 집행하는 사람도 있고, 직감적으로 경영하는 사람도 있습니다. 우리 경영자들은 타격 스타일이 천차만별인 올스타 야구 선수단과 같습니다. 선수를 바꿀 필요가 거의 없습니다.

두 번째 장점은 우리 회사들이 벌어들이는 자금을 유연하게 배분한다는 점입니다. 우리는 사업에 필요한 자금을 충당한 다음에도 막대한 자금이 남습니다. 다른 회사들 대부분은 남는 자금을 해당 산업 안에서만 재투자합니다. 그러나 해당 산업 안에서만 찾으면 그 기회는 외부 세계가 주는 기회보다 협소하고 불리한 경우가 많습니다. 흔히 몇몇 기회를 놓고 치열한 경쟁이 벌어지기 때문입니다. 이는 파티에 참석한 남자는 많은데 여자는 하나뿐인 상황과 같습니다. 이런 일방적인 상황이 여자에게는 매우 즐겁지만 남자들에게는 끔찍하기 때문입니다.

버크셔는 자본 배분에 획일적인 제한을 두지 않습니다. 찰리와 내가 인수 후보 기업의 장래를 파악할 수만 있으면 됩니다(파악하지 못할 때도 자주 있습니다). 그러면 그 인수 기회를 다른 수많은 기회와 비교할 수 있습니다.

1965년 버크셔의 경영권을 손에 넣었을 때 나는 이 장점을 이용하지 못했습니다. 당시 버크셔의 사업은 직물업뿐이었는데 지난 10년 동안 이 사업에서 막대한 손실을 보았습니다. 이런 상황에서 가장 어리석은 선택은 기존 직물업의 개선과 확장을 추구하는 일이었습니다. 그리고 바로 이 선택을 나는 장기간 추구했습니다. 이어서 번뜩이는 재기를 발휘해 직물 회사를 하나 더 인수했습니다. 으악! 마침내 나는 제정신을 찾았고, 먼저 보험업을 접한 다음 다른 산업에도 진출했습니다.

이렇게 세상에 널린 기회를 이용할 때도 보완할 점이 있습니다. 우리는 한 회사의 매력도를 다른 회사들과 비교할 뿐 아니라 유가증권이 주는 기회와도 비교합니다. (대부분 경영자는 인수 기회를 유가증권 투자 기회와 비교하지 않습니다.) 종종 기업 인수 가격은 주식이나 채권이 주는 수익 기회보다 터무니없이 높을 때가 있습니다. 이런 시점에는 유가증권을 산 다음 때를 기다립니다.

우리는 유연하게 자본을 배분한 덕분에 지금까지 크게 성장할 수 있었습니다. 예컨대 씨즈캔디와 비즈니스 와이어(Business Wire), 즉 수익성은 탁월하지만 재투자 기회는 부족한 두 회사에서 벌어들인 이익을 BNSF 인수 자금으로 사용했습니다.

마지막 장점은 버크셔에 뿌리내린 고유의 문화입니다. 사업에는 문화가 중요합니다.

우선 주주를 대표하는 이사들이 주인처럼 생각하고 행동합니다. 이들이 받는 보상은 변변찮습니다. 스톡옵션도, 양도제한 조건부 주식도 받지 않으며 현금도 거의 받지 않습니다. 상장 대기업들은 거의 모두 이사들에게 임원배상책임보험을 제공하지만 우리는 제공하지 않습니다. 이들이 잘못해서 주주들에게 손해를 끼치면 자신도 손해를 보게 됩니다. 내 지분을 제외하고 우리 이사와 가족들이 보유한 버크셔 주식이 30억 달러가 넘습니다. 따라서 우리 이사들은 버크셔의 활동과 실적을 주인의 눈으로 예리하게 지켜봅니다. 이런 관리인을 둔 여러분과 나는 복도 많습니다.

우리 경영자들도 마찬가지로 주인의식이 강합니다. 이들 중에는 가족이 오랜 세월 키운 회사를 버크셔에 매각한 사람이 많습니다. 우리는 이들이 주인의식을 계속 유지할 수 있도록 환경을 조성하고 있습니다. 회사를 사랑하는 경영자는 우리에게 큰 힘이 됩니다.

문화는 스스로 퍼져나갑니다. 윈스턴 처칠이 말했습니다. "우리가 집을 만들면 이제는 집이 우리를 만든다." 이 말은 사업에도 그대로 적용됩니다. 관료적 절차는 관료주의를 낳고, 오만한 기업문화는 고압적인 행동을 부릅니다. ("뒷좌석에 앉아도 차가 움직이지 않는다면 이제 그는 CEO가 아니다"라는 말도 있습니다.) 버크셔의 '본사'는 연간 임차료가 27만 212달러입니다. 게다가 본사의 가구, 미술품, 콜라 자판기, 구내식당, 첨단 장비 등에 투자한 금액이 모두 30만 1,363달러에 불과합니다. 찰리와 내가 여러분의 돈을 내 돈처럼 아끼는 한, 버크셔 경영자들도 돈을 아낄 것입니다.

우리의 보상 프로그램, 주주총회, 심지어 연차보고서까지도 모두 버크셔 문화를 강화하도록 설계되었으며, 우리 문화에 맞지 않는 경영자는 쫓아내도록 만들어졌습니다. 이 문화는 해가 갈수록 더 강해지고 있으며 찰리와 내가 떠난 다음에도 오래도록 온전히 유지될 것입니다.

우리가 좋은 실적을 내려면 앞에서 설명한 장점이 모두 필요합니다. 경영자들은 자기 몫을 해낼 것입니다. 이 점은 믿어도 됩니다. 그러나 찰리와 내가 자본 배분을 잘 해낼 것인지는 기업 인수를 둘러싼 경쟁에 좌우됩니다. 우리는 온 힘을 다하겠습니다.

CEO에게, "당신 후계자를 미리 추천해주세요" `2010`

수신: 버크셔 해서웨이 경영자('올스타') 귀중

참조: 버크셔 이사
발신: 워런 버핏
일자: 2010. 7. 26.

　　버크셔의 최우선 과제를 다시 강조하고 승계 계획(내가 아니라 여러분의 승계!)에 대해 도움을 받으려고 2년마다 발송하는 서한입니다.

　　최우선 과제는 우리 모두 버크셔의 평판을 계속해서 열심히 지키는 것입니다. 우리가 완벽할 수는 없지만 완벽해지려고 노력할 수는 있습니다. 나는 25년 넘게 이 메모에서 이렇게 말했습니다. "우리가 돈을 잃을 수는 있습니다. 심지어 많은 돈을 잃어도 됩니다. 그러나 평판을 잃을 수는 없습니다. 단 한 치도 잃어서는 안 됩니다." 우리는 모든 행위를 합법성만으로 평가해서는 안 됩니다. 똑똑하지만 비우호적인 기자가 쓴 기사가 중앙일간지의 1면에 실려도 당당할 정도가 되어야 합니다.

　　때로는 동료가 이렇게 말할 것입니다. "남들도 다 그렇게 해." 이 말이 사업 활동에 대한 변명이라면 이는 거의 틀림없이 잘못된 근거입니다. 만일 도덕적 판단을 평가할 때 나온 말이라면 절대로 받아들일 수 없습니다. 언제든 누군가 그런 말로 변명한다면 사실은 타당한 이유를 제시할 수 없다는 뜻입니다. 누군가 그런 변명을 한다면 기자나 판사에게도 그렇게 변명해보라고 말씀하십시오.

　　정당성이나 적법성 때문에 주저하는 일이 있으면 내게 꼭 전화하십시오. 그러나 그렇게 주저할 정도라면 십중팔구 경계선에 매우 근접했다는 뜻이므로 포기해야 합니다. 경계선 근처에 가지 않고서도 돈은 얼마든지 벌 수 있습니다. 어떤 사업 활동이 경계선에 접근했는지 의심스럽다면, 그냥 경계선을 벗어났다고 생각하고 잊어버리십시오.

그 당연한 결과로 나쁜 소식이 발생했다면 즉시 내게 알려주십시오. 나는 나쁜 소식에 대처할 수 있습니다. 그러나 문제가 곪아 터진 다음에는 다루고 싶지 않습니다. 살로먼은 즉각 대처했으면 쉽게 해결할 수 있었던 나쁜 소식을 외면한 탓에 8,000명이나 되는 직원과 함께 몰락하고 말았습니다.

우리가 알면 화낼 일을 누군가 오늘도 버크셔에서 진행하고 있습니다. 어쩔 수 없는 노릇입니다. 이제 직원이 25만 명이 넘어가므로 이들의 부당행위가 발생하지 않는 날은 거의 없을 것입니다. 그러나 부당행위의 기미가 조금이라도 나타나는 즉시 문제 삼는다면 이런 행위를 대폭 줄일 수 있습니다. 부당행위에 대해 말뿐 아니라 행동으로 보여주는 여러분의 태도가 우리 기업문화 발전에 가장 중요한 요소입니다. 규정집이 아니라 문화가 조직의 행태를 더 좌우합니다.

한편 회사의 상황에 대해서는 내게 많이 알려주든 알려주지 않든 여러분 원하는 대로 하시면 됩니다. 여러분 각자 개인 스타일로 회사를 훌륭하게 경영하고 있으므로 내가 도와드릴 필요가 없습니다. 은퇴 후 수당의 변경, 이례적으로 큰 자본적 지출, 기업 인수에 대해서만 내게 밝혀주시면 됩니다.

* * *

승계 문제에 대해서 여러분의 도움이 필요합니다. 나는 여러분 모두 은퇴하지 말고 100세까지 살기를 바랍니다. (찰리는 110세까지.) 그러나 갑자기 일하지 못하게 될 때를 대비해서, 미래 승계자를 추천하는 편지를 내게 (원하시면 내 집으로) 보내주시기 바랍니다. 이 편지는 다른 사람에게는 보여주지 않을 것이며, 내가 CEO에서 물러나면 내 후계자에게 넘겨줄 것입니다. 주요 후보자와, 원하시면 예비 후보자의 강점과 약점을 요약해주시기 바랍니다. 과거에 여러분 대부분이 이 행사에 참여했었고 내게 구두로 아이디어를 준 사람도 있습니다. 그러나 이런 정보는 주기적으로 갱신해야 하고 이제는 자회사가 많이 증가했으므로 내 기억에 의지하는 대신 여러분의 글로 받을 필요가 있습니다. 물론 (블럼킨 일가, 머시만 일가(Merschmans), 어플라이드 언더라이터즈(Applied Underwriters)를 맡은 두 경영자처럼) 두 사람 이상이 경영하는 사례라면 편지를 보낼 필요 없습니다. 격식에 얽매이지 말고 손으로 짧게 써서 보내시면 됩니다. '버핏 친전(親展)'이라고 적어주십시오.

이 모든 협조에 감사드립니다. 그리고 회사를 잘 경영해주셔서 감사합니다. 여러분 덕분에 제가 편합니다.

추신. 사소한 부탁이 하나 더 있습니다. 내게 연설, 기부, 게이츠 재단 소개 등을 부탁하는 제의는 모두 거절해주십시오. 때로는 여러분에게 "그냥 물어보기만 해주세요"라고 요청할 수도 있습니다. 여러분이 단호하게 "안 됩니다"라고 말해야 우리가 편해집니다. 내게 편지를 보내거나 전화하라는 말도 삼가주시기 바랍니다. 주기적으로 우리 76개 자회사가 "버핏이 이런 일에는 관심이 있을 것입니다"라는 제의를 받는다고 생각해보십시오. 즉시 단호하게 안 된다고 말하는 편이 낫겠지요.

버크셔 - 과거, 현재, 미래*　　　　　　2014

처음

1964년 5월 6일, 당시 시베리 스탠턴(Seabury Stanton)이 경영하던 버크셔 해서웨이는 주주들에게 11.375달러에 22만 5,000주를 공개매수한다는 서한을 보냈습니다. 나는 이 서한을 예상하고 있었지만 가격을 보고 깜짝 놀랐습니다.

당시 버크셔의 발행주식은 158만 3,680주였습니다. 그중 약 7%는 내가 관리하던 버핏투자조합이 보유했는데, 내 재산도 거의 모두 이 조합에 들어 있었습니다. 공개매수 서한을 보내기 직전, 스탠턴은 얼마면 버핏투자조합이 보유한 주식을 팔겠느냐고 내게 물었습니다. 나는 11.50달러라고 대답했고 그는 "좋습니다. 그렇게 합시다"라고 말했습니다. 그러고서 버크셔에서 서한이 왔는데 매수 가격이 0.125달러 더 낮았습니다. 나는 스탠턴의 행동에 화가 나서 공개매수에 응하지 않았습니다.

그러나 어처구니없을 정도로 멍청한 결정이었습니다.

당시 버크셔는 형편없는 사업에서 헤어나지 못하는 북부 직물 제조업체였습니다. 직물산업은 어느 모로 보나 사양길에 접어들었습니다. 그러나 버크셔는 다양한 이유로 진로를 바꿀 수가 없었습니다.

직물산업의 문제점은 오래전부터 널리 알려졌는데도 버크셔의 실상은 그러했습니다. 1954년 7월 29일 버크셔 이사회 회의록에도 이 암울한 사실이 나와 있습니다. "뉴잉글랜드의 직물산업은 40년 전에 문을 닫기 시작했습니다. 전쟁 기간에는 이 추세가 중단되었습니다. 그러나 이 추세는

---

* 버크셔 창립 50주년(1964~2014) 기념사 - 워런 버핏

수요와 공급이 균형을 이룰 때까지 이어질 수밖에 없습니다."

이 이사회 약 1년 뒤 (둘 다 19세기에 설립된) '버크셔 파인 스피닝'과 '해서웨이 매뉴팩처링'이 합병해 버크셔 해서웨이가 되었습니다. 공장 14개와 직원 1만 명을 거느린 합병회사는 뉴잉글랜드의 거대 직물회사가 되었습니다. 그러나 두 회사 경영진의 합병 합의는 머지않아 동반자살 합의가 되었습니다. 합병 후 7년 동안 버크셔는 손실을 보았고 순자산이 37%나 감소했습니다.

그사이에 회사는 공장 7개를 폐쇄했고, 간혹 청산 대금으로 자사주를 매입했습니다. 나는 이 패턴에 관심이 끌렸습니다.

나는 회사가 공장을 더 폐쇄해 자사주를 더 매입할 것으로 기대했으므로 1962년 12월 버핏투자조합에서 처음으로 버크셔 주식을 샀습니다. 당시 주가는 7.50달러여서 주당 운전자본 10.25달러보다도 낮고 BPS 20.20달러보다는 훨씬 낮았습니다. 그 가격에 버크셔 주식을 사는 것은 한 모금 남은 담배꽁초를 줍는 것과 같았습니다. 담배꽁초는 축축하고 못생겼지만 공짜로 한 모금 빨 수 있습니다. 그러나 한 모금을 즐기고 나면 더는 기대할 것이 없습니다.

이후 버크셔는 각본을 충실히 따라갔습니다. 곧 공장 두 개를 폐쇄했고 1964년 5월에는 청산 대금으로 자사주 매입에 착수했습니다. 스탠턴이 제안한 가격은 우리 매입원가보다 50%나 높았습니다. 여기서 나는 곧바로 공짜 한 모금을 즐기고 나서 다른 곳에서 또 담배꽁초를 찾을 수 있었습니다.

그러나 나는 스탠턴의 속임수에 화가 나서, 그의 공개매수 제안을 무시한 채 버크셔 주식을 적극적으로 사 모으기 시작했습니다.

1965년 4월까지 버핏투자조합은 당시 발행주식 101만 7,547주 중

39만 2,633주를 사 모았고 5월 초 이사회에서 우리는 정식으로 회사 경영권을 인수했습니다. 겨우 주당 0.125달러를 놓고 벌인 시베리와 나의 유치한 행동 탓에, 그는 일자리를 빼앗겼고 나는 잘 알지도 못하는 형편없는 사업에 버핏투자조합의 자본을 25% 넘게 투자했습니다. 나는 무작정 버크셔를 인수한 것입니다.

버크셔는 누적된 영업손실과 자사주 매입 탓에, 1955년 합병 시점에 5,500만 달러였던 순자산이 1964 회계연도 말에는 2,200만 달러로 감소한 상태였습니다. 이 순자산 2,200만 달러는 모두 직물 사업에 묶여 있었고, 회사는 초과 현금이 없었으므로 은행 대출금 250만 달러도 쓰고 있었습니다. (버크셔의 1964년 연차보고서는 130~142페이지에 실었습니다.)

나는 한동안 운이 좋았습니다. 인수 직후 2년 동안 버크셔는 호황을 누렸습니다. 게다가 그동안 실적 부진으로 누적된 대규모 이월결손금 덕분에 소득세도 내지 않았습니다.

그러나 좋은 시절은 곧 지나갔습니다. 1966년부터 18년 동안 직물 사업을 키우려고 끈질기게 몸부림쳤지만 소용없었습니다. 하지만 고집(멍청함?)에도 한계가 있습니다. 1985년, 나는 마침내 항복하고 직물 사업을 접었습니다.

버핏투자조합의 막대한 자원을 망해가는 사업에 투자한 것은 나의 첫 번째 실수였습니다. 게다가 나는 곧바로 이 실수를 더 키웠습니다. 실제로 두 번째 실수는 첫 번째보다 훨씬 더 심각했으며 결국 내 인생에서 가장 값비싼 실수가 되었습니다.

1967년 초, 나는 버크셔를 통해서 860만 달러에 내셔널 인뎀너티를 인수했습니다. 내셔널 인뎀너티는 작지만 유망한 오마하 보험사였는데 자그마한 자매회사도 덤으로 따라왔습니다. 나는 보험업을 잘 알고 좋아했으므로 내게 잘 맞는 사업이었습니다.

내셔널 인뎀너티의 소유주 잭 링월트는 내 오랜 친구였는데 회사를 나 개인에게 팔고자 했습니다. 그는 회사를 버크셔에 팔 생각이 없었습니다. 그러면 나는 왜 버핏투자조합 대신 버크셔를 통해서 내셔널 인뎀너티를 인수했을까요? 나는 48년 동안 생각해보았지만 아직도 만족스러운 답을 찾지 못했습니다. 단지 엄청난 실수였습니다.

이 훌륭한 회사는 이후 버크셔를 키워나가는 밑바탕이 되었지만, 만일 버핏투자조합을 통해서 인수했다면 나와 내 동업자들이 100% 소유할 수 있었습니다. 게다가 막대한 자본이 거의 20년 동안 섬유 사업에 묶일 일도 없었으므로 버핏투자조합은 거침없이 성장했을 것입니다. 끝으로 이후 우리가 인수한 기업들도 나와 내 동업자들이 100% 소유했을 것이므로, 아무 관계도 없는 버크셔 기존 주주들에게 39%나 나눠줄 일도 없었습니다. 이것이 엄연한 사실인데도 나는 탁월한 기업 100%(내셔널 인뎀너티)를 지분 61%짜리 부실기업(버크셔 해서웨이)과 결혼시켰습니다. 이 결정으로 결국 약 1,000억 달러가 버핏투자조합에서 낯선 사람들에게 넘어갔습니다.

하나만 더 고백하고서 유쾌한 주제로 넘어가겠습니다. 1975년에 내가 뉴잉글랜드 직물회사인 웜벡 밀즈(Waumbec Mills)를 인수했다면 믿으시겠습니까? 물론 인수 가격은 헐값이었습니다. 자산도 풍부하고 버크셔의 기존 직물 사업과 시너지도 기대되었으니까요. 그런데도 정말 놀랍게도 웜벡 인수는 완전 실패였습니다. 몇 년 못 가서 문을 닫을 수밖에 없었습니다.

이번에는 좋은 소식입니다. 북부 섬유산업이 마침내 완전히 사라졌습니다. 내가 뉴잉글랜드 주변을 돌아다닌다는 말을 들어도 이제 여러분은 겁먹을 필요가 없습니다.

나를 바로잡아 준 찰리

내가 운용하는 자산 규모가 작을 때는 이런 담배꽁초 전략이 매우 효과적이었습니다. 1950년대에는 이런 담배꽁초에서 얻은 공짜 수익 덕분에 내 투자 실적이 상대적으로나 절대적으로나 평생 단연 최고를 기록했습니다.

그러나 1950년대에도 내가 담배꽁초에만 투자했던 것은 아닙니다. 가장 중요한 예외는 가이코였습니다. 나중에 가이코의 CEO가 된 로리머 데이비드슨과 1951년에 대화를 나눈 덕분에, 나는 가이코가 훌륭한 기업임을 깨닫고 즉시 내 재산 9,800달러 중 65%를 이 주식에 투자했습니다. 그러나 당시 내가 얻은 이익 중 대부분은 헐값에 투자한 그저 그런 회사 주식에서 나왔습니다. 벤저민 그레이엄이 내게 가르쳐준 기법이 잘 통했습니다.

그러나 이 기법의 중요한 약점이 서서히 드러났습니다. 담배꽁초 투자는 자산 규모가 크지 않을 때만 효과적이었습니다. 자산 규모가 커지면 전혀 효과가 없었습니다.

게다가 헐값에 산 한계 기업이 단기적으로는 매력적이었지만 장기적으로 키워나가기에는 부적합했습니다. 결혼 상대를 선택할 때는 데이트 상대를 고를 때보다 더 엄격한 기준이 필요합니다. (버크셔도 '데이트' 상대로는 매우 만족스러웠습니다. 우리가 시베리의 제안을 받아들여 11.375달러에 주식을 팔았다면 버크셔에 대한 가중 투자수익률은 연 40%에 이르렀을 것입니다.)

나는 찰리 멍거가 바로잡아 준 덕분에, 담배꽁초 투자 방식에서 벗어나 거대 자산으로도 만족스러운 수익을 얻게 되었습니다. 찰리는 현재 내 집에서 100여 미터 떨어진 곳에서 자랐으며, 어린 시절에는 나처럼 우리 할아버지의 식료품 잡화점에서 일했습니다.

우리 주주총회에 참석해본 사람이라면 찰리가 다양한 분야에서 출중하고 기억력이 경이적이며 소신이 뚜렷하다는 점을 알 것입니다. 나도 우유부단한 편은 아니라서 우리는 가끔 의견이 일치하지 않습니다. 그러나 56년 동안 우리는 한 번도 다툰 적이 없습니다. 서로 의견이 엇갈릴 때 찰리는 대개 이렇게 말하면서 대화를 끝냅니다. "워런, 잘 생각해보면 내 말에 동의하게 될 거야. 자네는 똑똑하고 나는 옳으니까."

사람들 대부분은 찰리가 건축에 열정적이라는 사실을 모를 겁니다. 그의 첫 경력은 개업 변호사였지만(시간당 청구액 15달러), 처음으로 큰돈을 번 것은 30대 시절 로스앤젤레스 근처에 아파트 다섯 동을 설계하고 건축한 시점이었습니다. 약 55년 지나 현재 그가 살고 있는 집도 그가 설계했습니다. (나처럼 찰리도 주변 환경이 마음에 들면 꼼짝하지 않습니다.) 최근 몇 년 동안 찰리는 스탠퍼드대와 미시간대의 대형 기숙사 복합 빌딩을 설계했고, 91세인 지금도 다른 대형 프로젝트를 진행하고 있습니다.

내가 보기에 찰리가 만들어낸 가장 중요한 작품은 현재 버크셔의 설계도입니다. 그가 내게 넘겨준 설계도는 단순했습니다. 그저 그런 기업을 헐값에 사는 방식은 모두 잊어버리고, 훌륭한 기업을 적정 가격에 사라는 말이었습니다.

내 행동을 바꾸기는 쉽지 않습니다. (내 가족에게 물어보십시오.) 찰리의 조언 없이도 그동안 상당한 성공을 거두었는데, 경영대학원에 가보지도 못한 변호사의 말에 내가 왜 귀 기울여야 합니까? (나는 경영대학원을 세 군데나 다녔는데 말이지요.) 그러나 찰리는 사업과 투자에 관한 자신의 좌우명을 내게 끝없이 반복했는데, 그의 논리는 반박의 여지가 없었습니다. 결국 버크서는 찰리의 설계도에 따라 세워졌습니다. 나는 종합 건설업자 역할을 맡았고, 버크서 자회사 CEO들은 하도급 업자의 역할을 맡았습니다.

1972년은 버크서의 전환기였습니다. (간혹 내가 구태로 돌아가긴 했지만 말입니다. 1975년 웜벡 인수를 기억하십시오.) 그때 우리는 씨즈캔디 인수 기회를 잡았습니다. 찰리와 나와 버크서가 씨즈캔디의 대주주가 되었고 나중에 버크서와 합병했습니다.

씨즈는 초콜릿을 제조 판매하는 전설적인 서해안 기업이었는데, 연간 세전 이익이 약 400만 달러였는데도 순유형자산은 800만 달러에 불과했습니다. 게다가 재무상태표에 나타나지 않는 거대한 자산까지 있었습니다. 그것은 폭넓고 튼튼한 경쟁우위에서 오는 강력한 가격 결정력입니다. 이 자산 덕분에 씨즈의 이익은 장기적으로 틀림없이 증가할 전망이었습니다. 더군다나 추가로 투자해야 하는 금액도 많지 않았습니다. 다시 말해서 씨즈는 앞으로 수십 년 동안 현금을 쏟아낼 회사였습니다.

씨즈를 지배하는 가족은 3,000만 달러를 원했고 찰리는 그만한 가치가 있다고 말했습니다. 그러나 나는 2,500만 달러를 넘기고 싶지 않았고 이 가격에도 그다지 내키지 않았습니다. (순유형자산 가치의 세 배나 되는 가격에 나는 놀랐습니다.) 나는 지나치게 조심하다가 하마터면 훌륭한 기업을 놓칠 뻔했습니다. 그러나 다행히 그들은 2,500만 달러에 팔기로 했습니다.

지금까지 우리가 씨즈에서 벌어들인 세전 이익은 19억 달러이고, 추가로 투자한 금액은 4,000만 달러에 불과합니다. 그동안 씨즈가 막대한 이익을 벌어들인 덕분에 버크서는 다른 기업들을 인수할 수 있었고 이 기업들도 대규모 이익을 내주었습니다. (토끼가 번식하는 모습을 상상해보십시오.) 그리고 씨즈의 사업 활동을 지켜보면서 나는 강력한 브랜드의 가치에 눈을 떠, 다른 투자에서도 이익을 내게 되었습니다.

찰리가 설계도를 작성해주었는데도 나는 웜벡 이후에도 많은 실수를 저질렀습니다. 가장 참담한 실수는 덱스터슈였습니다. 1993년 우리가 인수했을 때, 이 회사는 실적이 좋아서 전혀 담배꽁초처럼 보이지 않았습니다. 그러나 외국 기업들과의 경쟁 탓에 곧바로 경쟁력을 상실하고 말았습니다. 나는 이를 전혀 내다보지 못했습니다.

무려 4억 3,300만 달러에 인수한 덱스터는 가치가 곧바로 제로로 내려갔습니다. 그러나 일반회계원칙으로 산정한 손실액은 실제로 내 실수가 불러온 손실액의 근처에도 못 미칩니다. 나는 덱스터 인수 대가로 현금 대신 버크셔 주식을 지급했는데 현재 가치가 약 57억 달러입니다. 이는 기네스북에 오를 만한 참사입니다.

이후 내가 버크셔 주식을 지급하고 인수한 기업 중에도 실적 부진 기업이 여럿 있었습니다. 이런 실수는 치명적입니다. 버크셔처럼 훌륭한 기업의 주식을 내주고 그저 그런 기업의 주식을 받으면 심각한 손실을 보게 됩니다.

우리가 투자한 기업이 이런 실수를 저지른 사례도 있습니다. (내가 그 회사 이사로 활동하는 동안에도 간혹 이런 실수가 발생했습니다.) CEO들은 기본 현실도 못 볼 때가 너무나 많은 듯합니다. 우리가 지급하는 주식의 내재가치가, 인수하는 기업의 내재가치보다 높아서는 절대 안 됩니다.

이사회에서 주식 교환형 합병을 설명할 때, 절대적으로 중요한 이 숫자를 제시하는 투자은행 간부를 나는 본 적이 없습니다. 대신 인수 대가로 지급하는 주식에 붙은 '관례적인' 프리미엄에 초점을 맞추거나, (전혀 장담할 수 없는데도) 인수 후 EPS가 증가한다는 점만 강조합니다. EPS를 높이려고 헐떡거리는 CEO와 조력자들은 흔히 '시너지'라는 기발한 개념을 내세웁니다. (그동안 나는 19개 기업에 이사로 참여하면서 인수 후 시너지가 감소하는 사례를 자주 보았지만, '역시너지(dis-synergies)'가 언급된 적은 한 번도 없었습니다.) 미국 이사회에서 인수에 대한 사후 분석을 통해 현실과 예측을 정직하게 비교하는 사례는 거의 없습니다. 인수에 대한 사후 분석은 표준 관행이 되어야 합니다.

장담하건대 내가 떠나고 오랜 세월이 흐르고서도 버크셔 CEO와 이사회는 인수 대가로 주식을 지급하기 전에 내재가치를 신중하게 계산할 것입니다. 100달러짜리 지폐를 10달러짜리 지폐 8장과 교환하는 방식으로는 부자가 될 수 없습니다. (전문가가 이 교환이 공정하다고 값비싼 의견을 제시하더라도 말입니다.)

그동안 버크셔의 기업 인수는 대체로 성공적이었습니다. 그리고 몇몇 대기업 인수 사례는 매우 성공적이었습니다. 유가증권 투자도 마찬가지입니다. 유가증권은 우리 재무상태표에 항상 시가로 평가되므로, 미실현 이익을 포함한 모든 이익이 즉시 우리 순자산에 반영됩니다. 그러나 우리가 인수한 기업은 장부가보다 수십억 달러를 더 받고 팔 수 있더라도 재무상태표에서 재평가하는 일이 절대 없습니다. 그동안 버크셔 자회사들의 가치는 엄청나게 증가했으며 특히 지난 10년 동안 빠르게 증가했습니다.

찰리의 말에 귀 기울인 보람이 있습니다.

버크셔의 오늘

버크셔는 이제 끊임없이 뻗어나가는 복합기업입니다.

투자자들 사이에서 복합기업의 평판이 형편없다는 점은 인정합니다. 당연히 그럴 만합니다. 먼저 복합기업들의 평판이 나쁜 이유를 설명하고서, 복합기업 형태가 버크셔에 오래도록 매우 유리한 이유를 설명하겠습니다.

내가 금융계에 발을 들여놓은 이후 복합기업이 크게 유행한 시기가 몇 번 있었는데 가장 터무니없던 시기가 1960년대 말이었습니다. 당시 복합기업 CEO들이 애용한 방법은 간단했습니다. 인간적 매력, 승진, 분식회계를 이용해서 복합기업의 주가를 PER의 20배 수준으로 띄워 올린 다음, 최대한 서둘러 주식을 발행해 주가가 PER의 10배 수준인 기업들을 인수하는 것입니다. 이들은 인수에 '지분통합법(pooling)' 회계를 적용했으므로 실제로 회사에는 아무 변화가 없었는데도 EPS가 자동으로 증가했는데, 이를 자신의 경영 성과로 내세웠습니다. 이어서 투자자들에게 이런 복합기업의 PER은 더 상승할 수 있다고 설명했습니다. 그리고 끝으로 이 과정을 한없이 되풀이해 EPS를 계속 높이겠다고 약속했습니다.

1960년대가 지나가면서 월스트리트는 이 속임수를 더 애용했습니다. 합병을 통해서 막대한 보수를 챙길 수만 있다면, 월스트리트 사람들은 기업들이 의심스러운 술책으로 EPS를 늘려도 항상 눈감아주었습니다. 감사들은 복합기업의 회계에 성수를 뿌려 축복해주었고 심지어 숫자를 더 짜내는 방법까지 알려주기도 했습니다. 쉽게 쏟아져 나오는 돈에 사람들의 윤리 감각이 마비되었습니다.

그 결과 합병 활동이 맹렬하게 퍼져나갔는데 언론도 이를 찬양하면서 부채질했습니다. ITT, 리턴인더스트리즈(Litton Industries), 걸프 앤드 웨스턴(Gulf & Western), LTV 같은 기업들이 찬양받았고 그 CEO들은 명사가 되었습니다. (그러나 한때 유명했던 이런 복합기업들은 이미 오래전에 사라졌습니다. 요기 베라(Yogi Berra)가 말했듯이 "야심가들의 부정행위는 모두 폭로됩니다".)

당시는 (터무니없이 속 보이는) 온갖 회계 부정도 문제 삼지 않는 분위기였습니다. 투자자들은 회계의 천재를 확보하면 복합기업의 성장에 큰 도움이 된다고 보았습니다. 회사의 영업 실적이 아무리 나빠도 보고이익은 틀림없이 만족스럽게 나올 것으로 믿었기 때문입니다.

1960년대 말 내가 참석한 회의에서, 한 욕심 많은 CEO가 '대담하고 창의적인 회계 기법'을 자랑스럽게 떠벌렸습니다. 애널리스트 대부분은 그의 말을 들으면서 고개를 끄덕이고 있었습니다. 애널리스트들은 실제 영업 실적이 어떻게 되든 이 경영자는 자신이 제시한 추정치를 틀림없이 충족할 것으로 믿는 표정이었습니다.

그러나 마침내 12시를 알리는 종이 울리자 모든 마차와 말이 다시 호박과 쥐로 바뀌었습니다. 과대평가된 주식을 계속 발행하는 사업 모델은 (행운의 편지 사업 모델과 마찬가지로) 부의 창출이 아니라 재분배에 불과하다는 사실이 다시 밝혀졌습니다. 미국에서는 두 가지 사업 모델이 겉모습만 정교하게 위장한 채 주기적으로 만발합니다. (모든 기획자의 꿈이지요.) 결말도 항상 똑같아서 순진한 사람들의 돈이 사기꾼에게 넘어갑니다. 그러나 행운의 편지와는 달리 주식은 사기 규모가 엄청나게 큽니다.

버핏투자조합과 버크셔는 미친 듯이 주식을 발행하는 기업에는 투자해본 적이 없습니다. 이런 행태는 그 기업의 과장 선전, 취약한 회계, 과도한 주가, 노골적인 부정을 시사하는 확실한 조짐입니다.

그러면 찰리와 내가 버크셔의 복합기업 구조에 매력을 느끼는 이유는 무엇일까요? 간단히 말해서 복합기업 구조를 현명하게 이용하면 장기 자본성장률을 이상적으로 극대화할 수 있기 때문입니다.

자본주의의 장점 한 가지는 효율적인 자본 배분입니다. 즉 시장을 통해 자본이 유망 기업으로 배분되며, 이런 흐름을 거부하면 경제가 쇠퇴한다는 주장입니다. 옳은 주장입니다. 다소 과장된 표현일지는 몰라도 대개 시장에 의한 자본 배분이 다른 대안보다 훨씬 효율적입니다.

그렇더라도 합리적인 자본 흐름이 종종 막힐 때가 있습니다. 1954년 버크셔 이사회 회의록에서도 분명히 드러나듯이, 경영진은 직물산업에서 자본을 회수해야 마땅했는데도 헛된 희망과 이기심 탓에 수십 년이나 꾸물거렸습니다. 실제로 나 자신도 쓸모없어진 직물 공장 포기를 너무 오랫동안 미뤘습니다. 쇠퇴하는 기업의 CEO가 새로운 사업에 대규모 자본을 재배분하는 일은 거의 없습니다. 그렇게 하려면 오랜 동료를 해고해야 하고 자신의 실수를 인정해야 하니까요. 게다가 자신이 새로운 사업의 CEO가 된다는 보장도 없습니다.

개인 투자자들 역시 여러 기업과 산업 사이에서 자본을 재배분하려면 상당한 세금과 마찰 비용을 부담해야 합니다. 면세 기관투자가들도 자본을 재배분하려면 중개 기관을 이용해야 하므로 막대한 비용을 부담해야 합니다. 투자은행, 회계사, 컨설턴트, 변호사, 차입매수자 등 입맛 까다로운 전문가들이 배를 채워달라고 요구합니다. 금융 전문가들은 이용료가 비쌉니다.

반면에 버크셔 같은 복합기업은 최소 비용으로 자본을 합리적으로 재배분할 수 있습니다. 물론 복합기업 구조 자체가 성공을 보장하는 것은 아닙니다. 우리는 그동안 많은 실수를 저질렀고 앞으로도 더 저지를 것입니다. 그러나 우리 조직 구조의 장점은 엄청납니다.

우리 버크셔는 세금 등 큰 비용을 들이지 않고서도 막대한 자금을 추가 투자 기회가 부족한 기업에서 풍부한 기업으로 재배분할 수 있습니다. 게다가 우리는 한 산업에만 매달릴 때 나타나는 편견도 없고, 한 산업을 유지하면서 기득권을 지키려는 동료도 없습니다. 이는 중요합니다. 옛날부터 투자 결정을 말[馬]이 했다면 자동차산업은 탄생하지 않았을 것입니다.

우리의 커다란 강점 또 하나는 훌륭한 기업의 일부, 즉 주식을 살 수 있다는 점입니다. 대부분 경영진은 이런 선택을 하지 못합니다. 그동안 이 전략적 대안은 매우 유용했습니다. 다양한 선택 대안 덕분에 우리 의사결정이 더 효과적이었습니다. 주식시장이 매일 제시하는 기업 일부(주식)의 가격은, 흔히 우리가 기업을 통째로 인수할 때 치러야 하는 가격보다 훨씬 쌉니다. 게다가 우리는 유가증권으로 실현한 이익 덕분에 일부 대기업을 인수할 수 있었습니다.

실제로 세상의 무한한 기회가 버크셔에 열려 있습니다. 대부분 기업보다도 버크셔에 훨씬 더 많은 기회가 열려 있습니다. 물론 우리는 전망을 평가할 수 있는 기업에만 투자합니다. 그래서 우리 선택 범위가 심하게 제약됩니다. 찰리와 내가 10년 뒤 모습을 전혀 내다보지 못하는 기업이 매우 많습니다. 그래도 한 산업에서만 활동하는 경영진보다는 선택 범위가 훨씬 넓습니다. 게다가 버크셔는 한 산업에서만 활동하는 기업들보다 규모를 훨씬 더 키워나갈 수 있습니다.

앞에서도 언급했지만 씨즈캔디는 자본을 적게 쓰면서도 막대한 이익을 창출했습니다. 물론 이렇게 창출한 자금을 현명하게 사용해서 캔디 사업을 더 확장할 수 있었다면 좋았을 것입니다. 그러나 이런 시도는 대부분 소용이 없었습니다. 그래서 우리는 세금 등 마찰 비용도 부담하지 않으면서, 씨즈가 창출하는 초과 현금으로 다른 기업들을 인수했습니다. 씨즈가 독립 기업으로 유지되었다면 이익을 주주들에게 분배하고 주주들은 이를 재배분해야 했으므로 이 과정에서 막대한 세금과 마찰 비용이 발생했을 것입니다.

버크셔의 강점 하나는 세월이 흐를수록 더 중요해지고 있습니다. 이제 탁월한 기업의 소유주와 경영자들은 기업을 매각할 때 가장 먼저 버크셔를 선택하고 있습니다.

성공적인 기업을 보유한 가족에게는 기업 매각을 고려할 때 몇 가지 선택 대안이 있습니다. 흔히 가장 좋은 선택은 그대로 계속 보유하는 것입니다. 자신이 잘 아는 훌륭한 기업을 계속 보유하는 것보다 좋은 대안은 흔치 않습니다. 그러나 월스트리트 사람들이 기업을 계속 보유하라고 권유하는 일은 거의 없습니다. (이발사에게 이발할 때가 되었는지 물어보아서는 안 됩니다.)

소유주 가족 일부는 팔려고 하고 일부는 계속 보유하려고 한다면 대개 기업을 공개하는 편이 합리적입니다. 그러나 소유주 가족 모두가 기업을 팔려고 한다면 보통 두 가지 대안을 고려하게 됩니다.

첫째 대안은 두 기업을 결합해서 '시너지'를 짜내려는 경쟁자에게 파는 방법입니다. 경쟁자는 소유주 가족을 도와 회사를 키운 동료 다수를 반드시 해고하려 합니다. 그러므로 배려 깊은 소유주는 오랜 동료가 옛 컨트리송 "그녀는 떼돈 벌고 나는 속았다네(She got the goldmine, I got the shaft)"를 슬프게 부르며 떠나게 하지 않을 것입니다.

둘째 대안은 월스트리트 인수자에게 파는 방법입니다. 과거에 이들은 자신을 '차입매수자'라고 정확하게 불렀습니다. 그러나 1990년대 초 이들의 평판이 나빠지자 서둘러 명칭을 '사모펀드'로 변경했습니다. (RJR과 《문 앞의 야만인들(Barbarians at the Gate)》을 기억하십니까?)

이들은 단지 명칭만 바꿨을 뿐입니다. 예전과 다름없이, 인수한 기업의 자기자본은 극적으로 줄이고 부채는 산더미처럼 쌓아 올렸습니다. 실제로 흔히 사모펀드가 제시하는 인수 가격은 인수 대상 기업을 담보로 조달할 수 있는 최대 부채액에 좌우되었습니다.

나중에 일이 순조롭게 풀려서 자기자본이 증가하면 사모펀드는 대개 추가로 자금을 조달해 부채비율을 다시 높였습니다. 그리고 이렇게 조달한 자금으로 대규모 배당을 지급해 자기자본을 대폭 낮추었으며 때로는 마이너스로 만들기도 했습니다.

실제로 사모펀드들은 '자기자본'을 금기어로 취급하고 부채를 사랑합니다. 지금은 부채 조달 비용이 매우 낮으므로 이들은 흔히 최고 한도액을 제시합니다. 그리고 나중에 회사를 되팔 때는 대개 다른 차입매수자에게 팝니다. 회사는 사실상 한 조각 상품이 됩니다.

버크셔는 회사를 매각하려는 소유주들에게 세 번째 대안을 제공합니다. 직원과 문화가 그대로 유지되는 영원한 집입니다. (간혹 경영진은 바뀔 수 있습니다.) 게다가 우리가 인수하는 기업은 재무 건전성과 성장성이 극적으로 향상됩니다. 그리고 은행이나 월스트리트 애널리스트들을 상대할 일도 영원히 사라집니다.

세 번째 대안에 관심 없는 소유주도 있습니다. 그러나 관심 있는 소유주에게는 버크셔 외에 다른 대안이 많지 않습니다.

가끔 전문가들이 어떤 자회사를 분사하라고 우리에게 제안합니다. 그러나 이런 제안은 이치에 맞지 않습니다. 우리 자회사들의 가치는 분사했을 때보다 버크셔에 속해 있을 때 더 높기 때문입니다. 우리는 세금 한 푼 내지 않으면서 자금을 자회사들 사이에서 이동하거나 새로운 사업에 직접 투입할 수 있습니다. 게다가 회사를 분리하면 일부 비용이 중복해서 발생합니다. 매우 명백한 예를 들어보겠습니다. 버크셔는 이사회가 하나뿐이며, 들어가는 비용도 아주 적습니다. 그러나 우리 자회사 수십 개를 분사하면 이사회에 들어가는 비용이 치솟을 것입니다. 아울러 관리·조정 비용도 급증할 것입니다.

끝으로 우리 자회사 A는 자회사 B 덕분에 세금 효율성이 대폭 높아지기도 합니다. 예를 들어 현재 우리 공익기업들은 세금 공제 혜택을 받고 있는데, 이는 다른 버크셔 자회사들이 막대한 과세소득을 창출하기 때문에 가능한 것입니다. 덕분에 버크셔 해서웨이 에너지는 풍력과 태양 에너지를 개발하는 대부분 공익기업보다 커다란 이점을 누리고 있습니다.

거래 기준으로 보수를 받는 투자은행들은 상장회사를 인수하려면 시장가격에 20~50% 프리미엄을 덧붙여야 한다고 주장합니다. 이들은 일단 회사 경영권을 확보하면 많은 이점을 누리게 되므로 프리미엄은 '지배권 가치'에 대한 정당한 대가라고 말합니다. (인수에 굶주린 경영자라면 누가 이런 주장을 반박하겠습니까.)

몇 년 뒤, 이들은 천연덕스러운 표정으로 다시 나타나서, 인수했던 회사를 분사해 '주주 가치를 창출'해야 한다고 진지하게 주장합니다. 물론 분사하면 모회사는 아무 보상도 받지 못하고 '지배권 가치'를 상실하게 됩니다. 투자은행들은 분사 회사 경영진이 모회사의 숨 막히는 관료주의에서 벗어나 기업가정신을 발휘할 터이므로 분사 회사가 번창할 것이라고 설명합니다. (우리가 만나본 그 유능한 경영진에 대해서는 언급하지 않겠습니다.)

나중에 그 모회사가 분사 회사를 다시 인수하려 하면 투자은행들은 '지배권 가치'에 대해서 또다시 막대한 프리미엄을 요구할 것입니다. (투자은행업계의 지극히 '유연한' 사고방식 덕분에, 거래가 보수를 낳는 것이 아니라 보수가 거래를 낳는다는 말이 나왔습니다.)

물론 버크셔도 언젠가 규정에 따라 분사하게 될 수도 있습니다. 1979년, 버크셔는 은행지주회사법에 관한 새 규정에 따라, 우리가 보유하던 일리노이 내셔널 뱅크를 분사했습니다.

그러나 우리가 자발적으로 분사하는 것은 이치에 맞지 않습니다. 지배권 가치, 자본 배분의 유연성, 중요한 세금 이점을 상실하기 때문입니다. 현재 우리 자회사들을 탁월하게 운영 중인 경영자들이 분사 후에는 이런 이점을 누리지 못하므로 높은 실적을 유지하기 어려울 것입니다. 게다가 모회사와 분사 회사 운영 비용도 상당히 증가할 것입니다.

분사에 대한 논의를 마치기 전에, 앞에서 언급한 복합기업 LTV가 주는 교훈을 살펴보겠습니다. 여기서는 간략하게 다루므로, 금융 역사에 관심 있는 분은 〈디매거진(D Magazine)〉 1982년 10월호에 실린 지미 링(Jimmy Ling)의 글을 읽어보시기 바랍니다. 인터넷에서 찾아보십시오.

링은 수많은 속임수를 동원해서, 1965년 매출이 3,600만 달러에 불과하던 LTV를 겨우 2년 만에 포천 500대 기업 중 14위로 올려놓았습니다. 링은 경영 기술을 발휘한 것이 절대 아닙니다. 그러나 자신을 과대평가하는 사람을 과소평가해서는 절대 안 된다고 찰리가 오래전에 내게 말해주었습니다. 링은 자신을 과대평가하는 능력이 단연 최고였습니다.

링이 사용한 자칭 '재배치 전략'은 대기업을 인수한 다음 다양한 사업부를 개별적으로 분사하는 방식이었습니다. 그는 1966년 연차보고서에서 이 마법을 설명하면서 "반드시 2 더하기 2가 5나 6이 되는 기업만을 인수해야 한다"라고 말했습니다. 그의 이런 말에 언론, 대중, 월스트리트는 환호했습니다.

1967년, 링은 대형 정육회사 '윌슨(Wilson & Co)'을 인수했는데 골프 장비회사와 제약회사 지분도 보유한 회사였습니다. 곧이어 그는 모회사를 3개 사업부, 즉 윌슨(Wilson & Co), 윌슨 스포팅 굿즈(Wilson Sporting Goods), 윌슨 파마슈티컬(Wilson Pharmaceuticals)로 분사했고 3개 회사는 또 일부 사업부를 분사했습니다. 세 회사는 곧 월스트리트에서 미트볼(Meatball), 골프볼(Golf Ball), 구프볼(Goof Ball, 안정제)로 유명해졌습니다.

그러나 링은 이카루스(Icarus)처럼 태양에 지나치게 접근했던 것으로 드러났습니다. 1970년대 초, 링의 제국은 녹아내렸고, 그도 LTV에서 분사(해고)되었습니다.

금융시장은 주기적으로 현실로부터 괴리됩니다. 이 말은 믿어도 좋습니다. 지미 링 같은 사람은 계속 등장할 것입니다. 그의 말은 그럴듯하게 들릴 것입니다. 언론은 그의 말을 빠짐없이 보도하고 은행들은 그를 위해 분투할 것입니다. 그가 하는 말은 계속해서 실현될 것이며 일찌감치 그의 말을 따른 사람들은 뿌듯함을 느낄 것입니다. 그러나 조심하십시오. 그가 어떻게 말하더라도 2 더하기 2는 항상 4라는 사실을 명심하십시오. 누군가 이 셈법이 구식이라고 말하더라도 절대 지갑을 열지 마십시오. 몇 년 뒤 더 싼 가격에 살 수 있습니다.

현재 버크셔는 (1) 비길 데 없는 명품 기업들을 보유 중이며 대부분 경제 전망도 밝고 (2) 탁월한 경영자들이 자회사 운영과 버크셔에 헌신하고 있으며 (3) 수익원은 매우 다양하고 재무 건전성은 최고이며 어떤 상황에서도 풍부한 유동성이 유지될 것이고 (4) 회사 매각을 고려하는 소유주와 경영자들이 가장 먼저 선택하는 협상 대상이며 (5) 지난 50년 동안 쌓아온 (대부분 대기업과 여러모로 다른) 독특한 기업문화가 이제 굳건하게 자리 잡았습니다.

이런 강점들이 우리의 성장을 뒷받침하는 훌륭한 토대입니다.

버크셔의 다음 50년

이제 앞길을 살펴봅시다. 그러나 내가 50년 전에 미래를 예측했다면 일부 예측은 완전히 빗나갔을 것입니다. 이 점을 염두에 두고, 오늘 내 가족이 버크셔의 미래에 대해 물어보면 내가 해주고 싶은 말을 하겠습니다.

- 가장 먼저 버크셔 장기 주주의 영구 자본 손실 가능성은 다른 어떤 회사의 주주보다도 낮다고 나는 믿습니다. 버크셔의 주당 내재가치는 장기

적으로 거의 틀림없이 증가할 것이기 때문입니다.

그러나 이 예측에 대해서 주의할 점이 있습니다. 버크셔의 주가가 이례적으로 높은 시점(예컨대 간혹 버크셔 주가가 BPS의 두 배에 접근할 때)에 주주가 된다면 오랜 기간이 지나야 이익을 실현할 수 있을 것입니다. 다시 말해서 비싼 가격에 사면 건전한 투자가 무모한 투기로 변할 수도 있습니다. 버크셔도 예외가 아닙니다.

그러나 버크셔가 자사주를 매입하는 가격보다 약간 높은 가격에 산다면, 적당한 기간이 지나면 이익을 얻을 것입니다. 버크셔 이사회는 주가가 내재가치보다 훨씬 낮다고 믿을 때만 자사주 매입을 승인하기 때문입니다. (다른 경영진은 흔히 무시하지만 우리는 이것이 자사주 매입의 핵심 기준이라고 생각합니다.)

1~2년 후에 팔 계획으로 사는 사람이라면, 버크셔 주식을 얼마에 사더라도 나는 아무것도 장담할 수 없습니다. 보유 기간이 1~2년에 불과하다면 버크셔 주식의 내재가치 변화보다는 주식시장의 전반적인 흐름에 따라 투자 실적이 크게 좌우되기 때문입니다. 수십 년 전 벤저민 그레이엄은 말했습니다. "시장이 단기적으로는 투표소와 같지만 장기적으로는 저울과 같다." 가끔 투자자들의 투표는 (아마추어나 전문가나 똑같이) 미친 짓에 가깝습니다.

나는 시장흐름 예측 방법을 알지 못하므로, 5년 이상 보유할 생각일 때만 버크셔 주식을 사라고 권합니다. 단기 차익을 얻으려는 분은 다른 곳을 알아보기 바랍니다.

주의 사항이 또 있습니다. 차입금으로 버크셔 주식을 사면 안 됩니다. 1965년 이후 버크셔 주식이 고점에서 약 50% 하락한 적이 세 번 있었습니다. 언젠가 이와 비슷한 하락이 다시 발생하겠지만 그 시점은 아무도 모릅니다. 버크셔 주식이 장기 투자자에게는 거의 틀림없이 만족스러운 실적을 안겨줄 것입니다. 그러나 차입금을 사용하는 투기자들에게는 막대한 손실을 안겨줄 수도 있습니다.

- 나는 버크셔가 재정난에 빠질 가능성은 거의 제로라고 믿습니다. 우리는 항상 1,000년 만의 홍수에 대비하고 있으며, 만일 그런 홍수가 발생한다면 우리는 대비하지 않은 사람들에게 구명조끼를 판매할 것입니다. 2008~2009년 시장 붕괴 기간에 우리는 '응급 구조대'로서 중요한 역할을 담당했으며 이후 재무 건전성과 수익 잠재력을 두 배 이상 강화했습니다. 버크셔는 미국 기업계를 지키는 견고한 요새이며 앞으로도 그 역할을 계속 수행할 것입니다.

이런 역할을 하려면 어떤 상황에서도 세 가지 요소를 유지해야 합니다. (1) 강력하고 안정적인 이익 흐름을 유지하고 (2) 막대한 유동자산을 보유하며 (3) 단기적으로는 거액의 현금 수요가 없어야 합니다. 그러나 기업들은 대개 세 번째 요소를 무시하다가 뜻밖의 문제에 직면하게 됩니다. 수익성 높은 기업의 CEO들은 부채 규모가 아무리 커도 만기에 부채를 다시 조달할 수 있다고 생각합니다. 2008~2009년에 경영자들은 이런 사고방식이 매우 위험하다는 사실을 깨달았습니다.

우리가 세 가지 요소를 항상 유지하는 방식은 다음과 같습니다. 첫째, 우리는 매우 다양한 사업으로부터 막대한 이익 흐름을 유지하고 있습니다. 우리는 경쟁우위가 확고한 대기업들을 다수 보유하고 있으며 장래에도 더 인수할 것입니다. 전례 없는 대형 재해가 발생해서 대규모 보험영업손실이 발생하더라도 버크셔는 잘 분산된 수익원 덕분에 수익성을 계속 유지할 것입니다.

둘째, 현금입니다. 건전한 기업들은 현금이 ROE를 낮추는 비생산적 자원이라고 생각해 보유 현금을 최소화하려는 경향이 있습니다. 그러나 사람에게 산소가 필요하듯이 기업에는 현금이 필요합니다. 풍부할 때는 전혀 생각하지 않지만, 부족해지면 이것만 찾게 됩니다.

2008년에 그런 사례가 발생했습니다. 그해 9월, 오래도록 번영한 기업들조차 자금 결제가 제대로 이루어질지 갑자기 걱정하게 되었습니다. 하룻밤 사이에 산소가 사라진 것입니다.

버크셔는 자금 결제에 전혀 문제가 없었습니다. 실제로 2008년 9월 말부터 10월 초까지 3주 동안 우리는 미국 기업계에 156억 달러에 이르는 자금을 새로 공급했습니다.

이는 우리가 항상 최소 200억 달러에 이르는 현금성 자산을 보유했기 때문에 가능했습니다. 그것도 정말로 필요할 때 현금화가 어려운 자산이 아니라 단기 국채로 보유했기 때문에 가능했습니다. 이런 상황에서 채무의 만기가 도래하면 오로지 현금으로만 상환할 수 있습니다. 현금 없이 집을 나서면 안 됩니다.

셋째, 우리는 갑자기 거액이 필요해질 수 있는 사업이나 투자는 절대 하지 않을 것입니다. 이는 거액의 단기 부채도 일으키지 않고, 우리가 대규모 담보를 제공하는 파생상품 계약 등도 하지 않는다는 뜻입니다.

몇 년 전, 우리는 담보 제공 부담도 가볍고 가격에 큰 오류가 있어 보이는 파생상품 계약들을 체결했습니다. 이런 계약들은 수익성이 매우 좋았습니다. 그러나 최근 새로 작성된 파생상품 계약서에서는 막대한 담보를 요구했습니다. 그래서 수익 잠재력이 아무리 높더라도 우리는 파생상품 계약을 하지 않기로 했습니다. 우리 공익 자회사 사업 목적에 필요한 몇 건을 제외하면 우리는 몇 년 전부터 이런 파생상품 계약을 하지 않고 있습니다.

　게다가 우리는 계약자에게 현금 인출권을 주는 보험 상품은 판매하지 않을 것입니다. 대부분 생명보험 상품에 포함된 환매권이, 극심한 공황기에는 대규모 환매 사태를 불러올 수도 있습니다. 그러나 우리 손해보험계약에는 그런 환매권이 들어 있지 않습니다. 우리 수입 보험료가 감소하더라도 우리 플로트가 감소하는 속도는 매우 느릴 것입니다.

　사람들이 지나치다고 생각할 정도로 우리가 보수적인 데에는 그만한 이유가 있습니다. 간혹 사람들은 틀림없이 공포감에 사로잡히지만 그 시점은 전혀 예측할 수 없기 때문입니다. 거의 모든 날이 무사히 지나가더라도 내일은 항상 불확실한 법입니다. (나는 1941년 12월 6일이나 2001년 9월 10일에도 특별히 불안하지 않았습니다.) 따라서 내일 일을 예측할 수 없다면 모든 가능성에 대비해야 합니다.

　현재 64세이고 65세에 은퇴할 CEO라면 확률이 매우 낮은 위험은 경시할지도 모릅니다. 실제로 그의 판단은 99% 적중할 것입니다. 그러나 우리는 이런 확률에 만족하지 않습니다. 고객이 맡겨준 돈으로 우리가 러시안룰렛을 하는 일은 절대 없습니다. 약실이 100개이고 총알이 하나만 들어 있더라도 말입니다. 단지 돈을 벌려고 돈 잃을 위험을 감수하는 것은 미친 짓입니다.

　- 버크셔는 이렇게 보수적이지만 해마다 주당 수익력을 높여갈 수 있다고 생각합니다. 그렇다고 해마다 영업이익이 증가한다는 뜻은 절대 아닙니다. 미국 경제는 (대부분 성장하지만) 성장과 침체를 거듭하며, 침체할 때는 우리 당기이익도 감소할 것입니다. 그러나 우리는 협력회사들을 인수하고 신규 분야에 진출하면서 계속해서 자연스럽게 성장할 것입니다. 따

라서 버크셔의 근원적인 수익력은 해마다 증가할 것입니다.

수익력은 대폭 증가하는 해도 있고 소폭 증가하는 해도 있을 것입니다. 우리가 기회를 잡는 시점은 시장, 경쟁, 우연에 좌우될 것입니다. 우리는 현재 보유한 건실한 기업과 앞으로 인수할 새 기업들을 바탕으로 계속 전진할 것입니다. 게다가 대부분 해에 미국 경제가 우리에게 강한 순풍을 불어줄 것입니다. 홈그라운드가 미국인 우리는 축복받은 사람들입니다.

- 나쁜 소식은 버크셔의 장기 수익률이 극적으로 높을 수는 없으며 지난 50년 수익률의 근처에도 미치기 어렵다는 점입니다. 버크셔는 규모가 너무 커졌습니다. 버크셔의 수익률이 미국 기업의 평균보다는 높겠지만 차이는 크지 않을 것입니다.

(십중팔구 10~20년 뒤) 마침내 버크셔의 이익과 자본 일부는 경영진이 합리적으로 재투자하기 어려운 수준에 이를 것입니다. 그때는 가장 좋은 초과이익 분배 방법이 배당인지, 자사주 매입인지, 아니면 둘 다인지를 우리 이사들이 결정해야 할 것입니다. 버크셔 주가가 내재가치보다 훨씬 낮다면 대규모 자사주 매입이 거의 틀림없이 가장 좋은 선택입니다. 버크셔 이사들이 올바른 결정을 내릴 것이므로 여러분은 걱정할 필요 없습니다.

- 버크셔만큼 주주 지향적인 회사는 없을 것입니다. 항상 "버크셔의 형식은 주식회사지만 우리의 마음 자세는 동업자입니다"로 시작되는 주주 원칙(117페이지 참조)을 우리는 30년 넘게 해마다 재확인했습니다. 여러분과 맺은 이 약속은 더없이 확고합니다.

대단히 박식하고 사업 지향적인 우리 이사회는 이 동업 약속을 기꺼이 실행합니다. 돈 때문에 이사 업무를 맡은 사람은 아무도 없습니다. 버크셔처럼 이사 보수가 적은 회사는 거의 없으니까요. 대신 우리 이사들은 보유 중인 버크셔 주식에서 보상받고, 중요한 기업을 잘 관리한다는 사실에서 만족감을 느낍니다.

우리 이사들이 가족과 함께 보유 중인 상당 규모의 버크셔 주식은 회사에서 받은 것이 아니라 시장에서 직접 산 것입니다. 게다가 다른 대기업들은 거의 모두 임원배상책임보험을 제공하지만 우리는 제공하지 않습니다. 버크셔 이사들은 주주 여러분의 처지에서 생각합니다.

나는 우리 문화를 더 잘 유지하려고 내 아들 하워드를 후임 비상임 회장으로 제안했습니다. 이렇게 제안한 유일한 이유는, CEO를 잘못 뽑았을 때 회장이 직접 나서서 교체하기 쉽게 하려는 것입니다. 장담하건대 버크셔에서 이런 문제가 발생할 확률은 매우 낮습니다. 아마도 다른 어떤 상장회사보다도 낮을 것입니다. 그러나 내가 19개 상장회사에 이사로 참여하면서 보니, 신통치 않은 CEO도 회장을 겸임할 때는 교체하기가 매우 어려웠습니다. (대개 교체되긴 했지만 매우 늦었습니다.)

하워드가 비상임 회장으로 선출되면 보수를 받지 않을 것이며, 다른 이사들과는 달리 업무도 맡지 않을 것입니다. 그는 단지 안전밸브 역할만 할 것입니다. 예를 들어 어느 이사든지 CEO에 대해 불안감을 느끼면 하워드에게 찾아가서 다른 이사들도 불안해하는지 물어볼 수 있습니다. 여러 이사가 불안해하면 하워드는 회장으로서 이 문제에 신속하고도 적절하게 대처할 것입니다.

- 올바른 CEO 선택은 지극히 중요하므로 버크셔 이사회는 이 일에 많은 시간을 들입니다. 버크셔 경영은 주로 자본 배분 작업이며, 탁월한 경영자를 선발해서 오래도록 자회사를 맡기는 일도 포함됩니다. 물론 필요

하면 자회사 CEO를 교체해야 합니다. 따라서 버크셔 CEO를 맡을 사람은 합리적이고, 침착하며, 단호하고, 사업을 폭넓게 이해하며, 사람들의 행동을 깊이 통찰할 수 있어야 합니다. 자신의 한계를 인식하는 것도 중요합니다. (IBM의 톰 왓슨 1세는 말했습니다. "나는 천재가 아닙니다. 그러나 일부 분야에서는 뛰어나므로 그 분야에서만 활동합니다.")

인격도 매우 중요합니다. 버크셔 CEO는 자기 자신이 아니라 회사에 모든 것을 걸어야 합니다. (편의상 남성형 대명사로 표현했지만 CEO 선발에 성차별이 있어서는 절대 안 됩니다.) 그는 틀림없이 매우 많은 돈을 벌 것입니다. 그러나 자신의 업적이 아무리 크더라도, 자존심이나 탐욕에 이끌려 소득이 가장 높은 동료만큼 보수를 받으려 해서는 안 됩니다. CEO의 행동은 경영자들에게 엄청난 영향을 미칩니다. CEO가 주주들의 이익을 가장 중시한다고 분명하게 이해하면 경영자들도 모두 이런 사고방식을 받아들이게 됩니다.

내 후계자는 다른 능력도 갖춰야 합니다. 회사를 쇠퇴시키는 기본 요소인 오만, 관료주의, 자기만족을 물리칠 수 있어야 합니다. 이런 암이 회사에 퍼지면 가장 강력한 회사도 흔들립니다. 이를 입증할 사례는 무수히 많지만, 우정에 금이 가지 않도록 먼 과거 사례만 공개하겠습니다.

전성기에 GM, IBM, 시어스 로벅, US스틸(U.S. Steel)은 거대 산업을 선도했습니다. 이들은 난공불락의 강자처럼 보였습니다. 그러나 오만, 관료주의, 자기만족이 결국 이들 회사를 경영진이 상상도 못 했던 나락으로 떨어뜨렸습니다. 한때 강력했던 재무 구조와 수익력도 아무 소용이 없었습니다.

버크셔의 규모가 끊임없이 증가함에 따라, 오로지 빈틈없고 단호한 CEO만이 이런 쇠퇴 요소들을 물리칠 수 있습니다. CEO는 찰리의 기도를 절대 잊어서는 안 됩니다. "제가 죽을 장소를 말씀해주시면 그곳에는 절대 가지 않겠나이다." 우리가 문화적 가치를 상실하면 버크셔의 경제적 가치도 붕괴합니다. 'CEO가 하는 말'이야말로 버크셔의 독특한 문화를 유지하는 열쇠입니다.

다행히 우리 문화 구조는 확고하게 자리 잡았으므로 장차 CEO들이 성공하도록 강력하게 뒷받침할 것입니다. 현재 버크셔의 놀라운 권한 위임이 관료주의를 방지하는 이상적인 해결책입니다. 사업 측면에서 보면 버크셔는 하나의 거대 기업이 아니라 대기업들의 모임입니다. 우리 본사에는 위원회가 설치된 적도 없고, 자회사에 예산을 제출하라고 요구한 적도 없습니다. (내부 용도로 예산을 수립하는 자회사는 많습니다.) 우리 본사에는 법무실도 없고, 다른 기업들이 당연히 보유하는 인력 관리, 홍보, 투자자 관리, 전략, 인수 담당 부서 등도 없습니다.

물론 감사 기능은 활발합니다. 감사가 무감각하면 바보가 되니까요. 그러나 우리는 경영자들이 수탁자로서 투철한 사명감으로 회사를 운영한다고 매우 깊이 신뢰합니다. 사실 우리가 자회사들을 인수하기 전부터 이들은 똑같은 일을 하고 있었습니다. 게다가 우리가 복잡한 관료제를 도입해 계속해서 지시하고 끝없이 검토할 때보다 우리가 이들을 신뢰할 때 더 좋은 실적이 나옵니다. 찰리와 나는 처지가 바뀌어 우리가 경영자라면 원할 만한 방식으로 경영자들과 소통하려고 노력합니다.

- 우리 이사들은 버크셔 이사회가 잘 아는 내부자 중에서 미래의 CEO가 나와야 한다고 믿습니다. 또한 오랜 기간 일할 수 있도록 비교적 젊은 사람이어야 한다고 생각합니다. CEO들의 평균 재임 기간이 10년을 훨씬 넘어갈 때 버크셔가 가장 잘 돌아갈 것입니다. 어린 개에게는 낡은 재

주를 가르칠 수 없기 때문입니다. 그리고 이들은 65세에 은퇴하지도 않을 것입니다. (눈치채셨나요?)

　버크셔가 기업을 인수하거나 대규모 맞춤형 투자를 진행할 때, 우리 상대들이 버크셔 CEO를 친밀하면서 편안하게 대할 수 있어야 합니다. 이렇게 신뢰를 쌓고 관계를 다지는 데에는 시간이 걸립니다. 그러나 그 보상은 막대합니다.

　이사회와 나는 이제 적합한 후임 CEO를 찾았다고 믿습니다. 내가 죽거나 물러나면 다음 날 바로 책임을 떠맡을 후계자입니다. 일부 주요 분야에서는 그가 나보다 더 나을 것입니다.

- 투자는 항상 버크셔에 매우 중요하며 여러 전문가가 담당하게 될 것입니다. 이들은 CEO에게 보고하게 됩니다. 넓은 의미에서 투자 결정은 버크셔의 사업 및 인수 계획과 조정이 필요하기 때문입니다. 그렇더라도 투자 담당자들은 커다란 자율성을 누릴 것입니다. 투자 분야 역시 앞으로 다가올 수십 년에 잘 대비하고 있습니다. 버크셔 투자팀에서 여러 해 근무한 토드 콤즈와 테드 웨슐러는 모든 면에서 일류이며, 기업 인수를 평가할 때 CEO에게 큰 도움이 될 것입니다.

　전반적으로 말해서 버크셔는 찰리와 내가 떠난 이후에 대해서도 이상적인 대응 태세를 갖추었습니다. 이사, 경영자, 경영자들의 후계자 등 우리는 인재를 적재적소에 배치했습니다. 게다가 우리 문화도 모든 사람에게 깊이 뿌리내렸습니다. 우리 시스템은 재생력도 있습니다. 대체로 좋은 문화와 나쁜 문화 모두 계속 이어지는 속성이 있습니다. 우리와 가치관이 비슷한 기업 소유주와 경영자들은 버크셔에 매력을 느껴 계속해서 합류할 것입니다.

- 버크셔를 특별하게 해주는 핵심 구성 요소인 주주들에게도 경의를 표하지 않을 수 없습니다. 버크셔의 주주들은 다른 어떤 거대 기업의 주주들과도 확실히 다릅니다. 이 사실은 작년 주주총회에서 주주제안이 제출되었을 때 놀라운 모습으로 나타났습니다.

주주제안: 회사는 필요 이상의 자금을 보유 중이고, 주주들은 버핏 같은 억만장자가 아니므로, 이사회는 매년 상당액의 배당 지급을 검토한다.

이 주주제안을 발의한 주주는 주주총회에 나타나지 않았으므로 공식적으로 발의하지도 않았습니다. 그런데도 대리투표 집계가 이루어졌는데 결과가 놀라웠습니다.

비교적 적은 수의 주주가 대규모 지분을 보유한 A주에서는 당연히 배당에 대한 반대가 더 많아서 89 대 1이었습니다.

B주 주주들의 투표 결과가 주목할 만했습니다. 주주 수십만(어쩌면 거의 100만) 중 반대가 6억 6,075만 9,855표, 찬성이 1,392만 7,026표여서 비율이 47 대 1이었습니다.

우리 이사들은 '반대' 투표를 추천했지만 회사는 주주들에게 영향력을 행사하지 않았습니다. 그런데도 투표의 98%는 사실상 "이익을 배당으로 지급하지 말고 모두 재투자하십시오"라고 말했습니다. 우리 주주들의 생각이 우리 경영철학과 이 정도로 잘 통한다는 사실은 놀랍고도 보람 있는 일입니다.

여러분을 동업자로 둔 나는 행운아입니다.

- 워런 버핏

부회장의 생각 - 과거와 미래*　　　　　　2014

버크셔 해서웨이 주주 귀하:

나는 워런 버핏이 이끄는 버크셔가 50년 동안 비범하게 성공하는 모습을 자세히 관찰했습니다. 이제부터 버핏의 축사에 내 독자적인 생각을 덧붙이고자 합니다. 내가 추구하는 목표는 다음 다섯 가지입니다.

(1) 망해가던 자그마한 직물회사를 오늘날의 막강한 버크셔로 바꿔놓은 경영 시스템과 정책을 설명하고
(2) 경영 시스템과 정책이 개발된 과정을 설명하며
(3) 버크셔가 크게 성공한 원인을 설명하고
(4) 조만간 버핏이 떠나더라도 이렇게 뛰어난 실적이 유지될지 예측하며
(5) 지난 50년 동안 버크셔가 거둔 탁월한 실적이 다른 사람들에게도 유용한 시사점을 주는지 검토하는 것입니다.

버핏이 이끄는 버크셔의 경영 시스템과 정책(이하 '버크셔 시스템')은 초기에 확정되었으며 다음과 같습니다.

(1) 버크셔는 복합기업으로서 사업을 확장해나가되, 장래를 예측하기 어려운 사업은 피한다.
(2) 모회사는 별도 자회사를 통해서 거의 모든 사업을 영위하며, 자회

---

* 버크셔 창립 50주년 기념사 - 찰리 멍거

사 CEO에게 매우 극단적으로 자율권을 부여한다.

(3) 복합기업 본사는 작은 사무실에 회장, CFO, CFO의 내부 통제 업무를 주로 지원하는 소수 직원만 둔다.

(4) 버크셔는 항상 손해보험사들을 우선해 인수한다. 손해보험사들은 상당한 플로트를 창출해 투자 자금을 확보하면서 안정적으로 보험영업이익을 올려야 한다.

(5) 자회사들은 각자 고유 시스템으로 운영되므로 버크셔 전반적인 인사 시스템, 스톡옵션 시스템, 성과보수 시스템, 은퇴 시스템 등은 도입하지 않는다.

(6) 버크셔 회장은 다음 활동을 담당한다.

(ⅰ) 거의 모든 증권 투자를 관리하며 주로 버크셔의 손해보험 자회사들을 이용한다.

(ⅱ) 주요 자회사의 모든 CEO를 선정하고, 이들의 보수를 결정하며, 갑자기 후계자가 필요해지면 비공식적으로 후계자 추천도 받는다.

(ⅲ) 자회사들이 경쟁우위를 확보한 다음에는 이들의 초과 현금을 재배분한다. 이상적인 용도는 새 자회사 인수다.

(ⅳ) 자회사 CEO가 접촉을 원하면 즉시 응해야 하며, 회장이 추가 접촉을 요구하는 일은 거의 없어야 한다.

(ⅴ) 회장은 자신이 소극적인 주주라면 알고 싶은 내용을 길고 논리적이며 유용한 서한으로 작성해 연차보고서에 싣는다. 그리고 주주총회에서 여러 시간 질문에 답한다.

(ⅵ) 회장은 자신이 버크셔를 떠난 다음에도 고객, 주주, 임직원들 사이에서 문화가 장기간 유지되도록 본보기가 된다.

(vii) 최우선적으로 충분한 시간을 확보해 조용히 책을 읽고 사색한다. 아무리 나이가 많아져도 학습을 통해서 발전해야 하기 때문이다.

(viii) 많은 시간을 들여 임직원의 성과를 열렬히 칭찬한다.

(7) 신규 자회사는 원칙적으로 주식이 아니라 현금으로 인수한다.

(8) 유보이익 1달러로 창출되는 시장가치가 1달러를 초과하는 한, 버크셔는 배당을 지급하지 않는다.

(9) 버크셔는 매우 잘 이해하는 훌륭한 기업을 적정 가격에 인수하도록 노력한다. 이 회사에는 본사의 지원 없이도 잘 경영하면서 장기간 근무할 훌륭한 CEO도 있어야 한다.

(10) 버크셔는 자회사의 CEO를 선정할 때, 신뢰할 수 있고 기술과 활력을 갖췄으며 회사와 환경을 사랑하는 사람을 찾는다.

(11) 버크셔의 중요한 원칙은 자회사를 절대 매각하지 않는 것이다.

(12) 버크셔는 한 자회사의 CEO를 전혀 관계없는 자회사 CEO로 절대 보내지 않는다.

(13) 버크셔는 단지 나이가 많다는 이유로 자회사 CEO에게 은퇴를 절대 강요하지 않는다.

(14) 버크셔는 부채가 거의 없도록 할 것이며, (ⅰ) 어떤 상황에서도 거의 완벽한 신용도를 유지하고, (ⅱ) 흔치 않은 기회가 오면 투입할 수 있도록 현금과 신용을 유지한다.

(15) 버크셔는 대기업을 매각하려는 사람이 언제든 편리하게 접촉할 수 있어야 한다. 대기업 인수 제안을 받으면 즉각 관심을 기울인다. 거래가 성사되지 않더라도 제안에 대해 아는 사람은 회장과 한두 사람으로 한정된다. 외부에도 절대 발설하지 않는다.

버크셔 시스템과 버크셔의 규모 둘 다 매우 이례적인 요소입니다. 내가 아는 대기업 중에는 두 요소를 절반 정도 갖춘 기업도 없습니다.

버크셔는 어떤 과정을 거쳐 이렇게 독특한 기업이 되었을까요?

버핏은 겨우 34세에 버크셔의 지분 약 45%를 보유했고 나머지 모든 대주주에게 완벽하게 신임받았습니다. 그는 원하는 시스템을 무엇이든 도입할 수 있었으므로 원하는 대로 버크셔 시스템을 구축했습니다.

버핏은 버크셔의 성과 극대화에 도움이 될 만한 요소들만 선택했습니다. 그는 모든 회사에 적합한 시스템을 구축하려 한 것이 아닙니다. 실제로 버크셔 자회사들조차 버크셔 시스템을 사용하지 않아도 됩니다. 일부 자회사는 다른 시스템을 사용하면서 번창하고 있습니다.

버핏이 버크셔 시스템을 개발한 목적은 무엇이었을까요?

그동안 내가 진단한 주요 주제는 다음과 같습니다.

(1) 그는 자신을 포함해 가장 중요한 사람들의 합리성, 기술, 헌신을 계속해서 극대화하고 싶었습니다.

(2) 그는 모든 분야에서 양쪽 모두에게 유리한 결과를 원했습니다. 예를 들면 상대에게 충실함으로써 상대가 충성하게 하는 방식입니다.

(3) 그는 장기 실적이 극대화되는 의사결정을 원했으므로, 의사결정자들이 오래도록 근무하면서 자신이 뿌린 씨를 거두게 했습니다.

(4) 그는 본사가 비대해지면서 관료화되는 악영향을 최소화하고자 했습니다.

(5) 벤저민 그레이엄 교수처럼 그는 자신이 얻은 지혜를 널리 나누어주고자 했습니다.

버핏이 버크셔 시스템을 개발할 때, 그는 앞으로 얻게 될 혜택을 모두 내다보았을까요? 아닙니다. 그는 관행을 개선하는 과정에서 우연히 혜택을 맛보았습니다. 그러나 이런 혜택을 맛본 다음에는 그 관행을 더욱 개선했습니다.

버크셔가 이렇게 성공한 원인은 무엇일까요? 주요 요소 4개만 떠오릅니다.

(1) 버핏의 건설적 특성
(2) 버크셔 시스템의 건설적 특성
(3) 행운
(4) 일부 주주와 (언론을 포함한) 숭배자들의 헌신이 이상할 정도로 강렬했으며 널리 확산되었음

나는 4개 요소 모두 도움이 되었다고 믿습니다. 그러나 중요한 원인은 건설적 특성, 이상한 헌신, 그리고 둘의 상호작용이었습니다.

특히 버핏은 몇몇 분야에만 관심을 집중하고 노력을 극대화했으며, 이런 상태를 50년 동안 유지했다는 사실이 놀랍습니다. 버핏이 성공한 방식은 로저 페더러(Roger Federer)가 훌륭한 테니스 선수가 된 방식과 같습니다.

실제로 버핏이 사용한 것은 유명한 농구 코치 존 우든(John Wooden)의 승리 기법이었습니다. 우든은 최고 선수 7명에게 경기 시간을 거의 모두 할당하면서부터 매우 빈번하게 승리를 거두었습니다. 즉 항상 최고 선수들이 상대 팀과 싸운 것입니다. 그리고 최고 선수들은 경기 시간이 늘어나면서 실력이 더 빨리 향상되었습니다.

버핏은 우든의 기법을 우든보다도 더 효과적으로 활용했습니다. 우든은 선수 7명의 기술을 개발했으나 버핏은 자기 한 사람의 기술을 집중적으로 개발했고, 농구 선수들의 기술은 세월이 흐를수록 쇠퇴했으나 버핏의 기술은 50년 동안 나이가 들어갈수록 더욱 향상되었기 때문입니다.

게다가 버핏은 주요 자회사에 장기간 근무하는 CEO들에게 막강한 권한을 집중적으로 부여했으므로 자회사에서도 강력한 우든 효과를 창출했습니다. 이런 우든 효과는 CEO들의 기술과 자회사들의 실적을 높여주었습니다.

이렇게 버크셔 시스템이 자회사와 CEO들에게 자율성을 부여하자 버크셔는 성공을 거두면서 유명해졌고, 그 결과 더 훌륭한 자회사와 훌륭한 CEO들이 버크셔로 몰려들었습니다.

그리고 더 훌륭한 자회사와 CEO들에게는 본부가 관심을 기울일 필요성이 감소했으므로 이른바 '선순환'이 형성되었습니다.

버크셔가 항상 손해보험사를 우선해 인수한 정책은 얼마나 효과적이었을까요?

놀라울 정도로 효과적이었습니다. 버크셔의 야망은 불합리할 정도로 거대한데도 그 야망이 충족될 정도였습니다.

흔히 손해보험사들이 보통주에 투자하는 금액은 대략 자기자본 규모인데 버크셔 보험 자회사들도 그렇게 했습니다. 그리고 지난 50년 동안 S&P500지수의 수익률이 세전 연 10% 수준이었으므로 버크셔는 줄곧 순풍을 받았습니다.

그리고 버핏이 예상했던 대로, 초기 수십 년 동안 버크셔 보험 자회사들의 주식 투자 수익률이 지수 수익률보다 훨씬 높았습니다. 나중에 버크서가 보유한 주식과 평가이익 규모가 거대해지면서 지수 초과수익률이 전체 실적에 미치는 영향이 미미해지자 더 훌륭한 강점을 얻게 되었습니다. 아지트 자인이 거대한 재보험 사업을 신설해 막대한 플로트를 창출하면서 거액의 보험영업이익을 올렸습니다. 그리고 버크셔가 가이코 지분을 모두 확보하고 나서 가이코의 시장점유율이 4배로 증가했습니다. 버크셔의 나머지 보험 사업들도 대폭 개선되었습니다. 주로 평판을 높이고, 보험영업 원칙을 고수하며, 좋은 틈새시장을 발굴해 지켜내고, 탁월한 사람들을 모집해 유지한 덕분입니다.

이후 버크셔가 거대하고 매우 신뢰할 만한 거의 유일한 기업으로 널리 알려지자, 버크셔 보험 자회사들은 사모(私募)증권 등 남들은 살 수 없는 매력적인 증권도 사들일 수 있었습니다. 사모증권은 대부분 만기가 있었으며 탁월한 실적을 안겨주었습니다.

버크셔 보험 자회사들이 올린 놀라운 실적은 당연한 결과가 아니었습니다. 일반적으로 손해보험사들은 경영을 매우 잘해도 실적이 평범한 수준에 그칩니다. 그리고 실적이 평범한 손해보험사는 쓸모가 없습니다. 그러나 버크셔 보험 자회사들의 실적은 놀랍도록 뛰어났으므로, 버핏이 현재 능력을 그대로 유지한 채 회춘해 다시 보험사를 경영하더라도 따라가지 못했을 것입니다.

버크셔는 사업을 확장해가는 과정에서 아무 문제가 없었을까요? 없었습니다. 사업을 확장할수록 좋은 기회도 확대되었습니다. 확장 과정에서 흔히 나타나는 악영향은 버핏이 막아냈습니다.

버크셔는 왜 주식 대신 현금으로 기업을 인수했을까요? 버크셔 주식을 내주고 인수할 만큼 가치 있는 기업이 드물었기 때문입니다.

일반적으로 기업을 인수하면 인수한 기업의 주주들이 손해를 보는

데, 왜 버크셔가 기업을 인수했을 때는 버크셔 주주들이 큰 이익을 보았을까요?

버크셔가 기업을 인수하는 시스템이 우수했기 때문입니다. 버크셔에는 '인수부' 같은 부서가 없었으므로, 인수 실적을 달성해야 한다는 압박도 없었습니다. 거래를 성사시켜야 돈을 버는 '조력자'들에게 조언을 들은 적도 없습니다. 버핏은 장기간 주식 투자 경험을 통해서 기업에 대해 대부분 경영자보다 뛰어난 지식을 쌓았는데도, 망상에 빠져 전문 지식을 과시하는 일도 없었습니다. 끝으로 버핏은 그동안 남들보다 훨씬 좋은 기회를 접했는데도 초인적인 인내심을 발휘해 인수를 자제했습니다. 예를 들어 버크셔를 맡은 초기 10년 동안, 직물 사업은 거의 망해가고 있었고 새로 인수한 기업이 둘이었으므로 순수하게 늘어난 기업 수는 하나였습니다.

그동안 버핏이 저지른 큰 실수는 무엇일까요? 대개 사람들은 일을 실행하는 과정에서 실수를 저지르지만 버핏이 저지른 큰 실수라고는 인수를 실행하지 않은 실수가 대부분이었습니다. 예를 들어 월마트가 크게 성공할 것으로 확신하면서도 월마트 주식을 사지 않았습니다. 부작위도 매우 중요한 실수입니다. 성공이 거의 확실한 여러 기회를 놓치지 않았다면 현재 버크셔의 순자산이 500억 달러 이상 늘어났을 것입니다.

이번에는 조만간 버핏이 떠나더라도 버크셔가 이렇게 뛰어난 실적을 유지할 것인지 예측해보겠습니다.

나는 유지한다고 봅니다. 버크셔의 자회사들은 경쟁우위가 확고하므로 사업 추진력도 강하기 때문입니다.

게다가 철도 자회사와 공익 자회사 덕분에 이제는 신규 고정자산에 막대한 자금을 투자할 기회도 있습니다. 현재 여러 자회사가 '협력회사 인수'를 진행하고 있습니다.

버크셔 시스템이 대부분 유지된다면 (1) 내일 버핏이 떠나가고 (2) 능력이 보통 수준인 사람이 후계자가 되며 (3) 버크셔가 다시는 대기업을 인수하지 못하더라도, 현재 보유한 기회와 추진력이 매우 크므로 틀림없이 아주 오랜 기간 초과 실적을 유지할 것입니다.

그러나 버핏이 곧 떠나더라도 '능력이 보통 수준'인 사람이 후계자가 되지는 않을 것입니다. 예를 들어 아지트 자인과 그레그 에이블은 실력이 입증된 인물로서 '세계적인' 경영자라는 표현으로도 부족합니다. 나는 '세계를 선도하는' 경영자라고 부르겠습니다. 두 사람은 일부 주요 분야에서 버핏을 능가하는 경영자들입니다.

그리고 자인과 에이블은 (1) 누가 어떤 제안을 해도 버크셔를 떠나지 않을 것이며 (2) 버크셔 시스템을 많이 변경하지 않을 것이라고 나는 믿습니다.

버핏이 떠난 다음에도 신규 기업 인수가 중단되는 일은 없을 것입니다. 현재 버크셔는 거대하면서도 활력이 넘치므로 유망한 인수 기회들이 찾아올 것이고, 버크셔는 보유 현금 600억 달러를 건설적으로 사용할 것입니다.

끝으로 지난 50년 동안 버크셔가 거둔 탁월한 실적이 다른 사람들에게도 유용한 시사점을 주는지 검토해보겠습니다.

답은 분명히 '예스'입니다. 초기에 버크셔가 직면한 커다란 과제는 작고 이름 없는 기업을 크고 유용한 기업으로 변화시키는 일이었습니다. 버핏은 관료주의를 피하고, 아주 오랜 기간 사려 깊게 사업을 개선해가면서, 자신과 같은 사람들을 영입해 이 문제를 해결했습니다.

반면에 일반 대기업에서는 관료주의가 본사를 지배하고, CEO들은 59세쯤 잠시 경영을 맡아 생각에 잠겼다가 정년에 도달하면 곧바로 쫓겨납니다.

나는 다른 기업에서도 일종의 버크셔 시스템을 더 자주 시도하고, 나쁜 관료주의 속성을 암처럼 취급해야 한다고 믿습니다. 조지 마셜(George Marshall)은 관료주의를 바로잡는 훌륭한 사례를 만들었습니다. 그는 의회에 요청해 연공서열을 무시하고 장군을 선택할 권한을 획득했으며, 이는 제2차 세계대전을 승리로 이끄는 한 요소가 되었습니다.

- 찰리 멍거

방송 시작합니다. 스탠바이, 큐! 2015

찰리와 나는 마침내 21세기에 진입하기로 했습니다. 2015년 우리 주주총회는 모두 전 세계에 인터넷 생방송(webcast)됩니다. 주주총회를 보려면 4월 30일 토요일 하절기 중부 표준시 오전 9시에 finance.yahoo.com/brklivestream으로 들어가면 됩니다. 야후! 웹캐스트에서는 먼저 30분 동안 경영자, 이사, 주주들과 인터뷰를 진행합니다. 이어서 9시 30분부터 찰리와 내가 질문에 답변합니다.

이렇게 진행 방식을 바꾼 목적은 두 가지입니다. 첫째, 이렇게 하면 주주총회 참석자 수가 그대로 유지되거나 감소할지도 모릅니다. 작년에는 참석자가 4만 명을 넘는 기록을 세워 수용하는 데 무리가 있었습니다. 게다가 센추리링크 센터 주경기장은 일찌감치 다 찼고 이어 별실까지 만원

이어서 인근 오마하 힐튼의 대형 회의실 두 개까지 사용했습니다. 에어비앤비(Airbnb)까지 동원했는데도 대형 호텔 객실은 모두 매진되었습니다. 에어비앤비는 특히 예산이 넉넉지 않은 방문객들에게 유용했습니다.

웹캐스트를 시작한 두 번째 이유가 더 중요합니다. 찰리는 92세이고 나는 85세입니다. 우리가 여러분과 자그마한 사업을 경영하는 동업자라면 여러분은 우리가 엉뚱한 길로 빠지지 않았는지 가끔 확인하고 싶을 것입니다. 그러나 우리가 멀쩡한지 확인하려고 주주들이 오마하까지 와야 한다면 곤란한 일입니다. (그래도 평가할 때는 우리 모습이 전성기의 모습만큼 인상적이지는 않다는 사실을 감안해주시기 바랍니다.)

Q 2015 기업문화 유지 방법

저는 독일에서 왔습니다. 버크셔는 기업문화를 어떻게 유지하나요?

버핏 우리가 떠난 뒤에도 버크셔의 기업문화는 훌륭하게 유지될 것입니다. 버크셔의 기업문화는 어느 대기업보다도 뿌리가 깊습니다. 최근에는 독일 기업 하나를 인수했습니다. 35년 동안 가족이 소중하게 키운 오토바이 소매회사입니다. 2년 전 남편이 죽자 아내는 기업문화 때문에 회사를 버크셔에 매각하고자 했습니다. 30~40년 전이었다면 유럽인들은 버크셔의 기업문화를 알지 못했을 터이므로 이런 일이 없었을 것입니다.

뿌리 깊은 기업문화는 버크셔의 핵심 요소입니다. 주주의 97%가 배당을 원하지 않았다는 사실도 버크셔의 기업문화를 보여줍니다. 버크셔에서는 보수를 원하는 사람이 아니라, 주주를 대표해서 책무를 떠맡으려는 사람이 이사가 됩니다. 사람들은 기업문화를 믿기 때문에 버크셔에 합류합니다. 버크셔의 기업문화는 세월이 흐를수록 강해졌으므로 앞으로도 계속 더 강해질 것이라고 확신합니다. 우리 기업문화는 제도로 자리 잡았습니다. 앞으로도 수십 년 동안 유지될 것이라고 모두가 믿어 의심치 않습니다.

멍거 유럽 기업들은 인수하기가 쉽지 않았습니다. 유럽의 전통은 미국 등 다른 나라들과 다릅니다. 독일은 전통적으로 기술과 자본주의에 강점이 있습니다. 우리는 독일인들의 솜씨를 높이 평가합니다. 독일인들은 더 짧은 시간에 더 많이 생산합니다. 물론 워런과 나도 생산성이 매우 높습니다. 우리는 특히 독일 엔지니어들을 높이 평가합니다.

버핏 이제는 기업을 버크셔에 매각하려는 유럽 소유주가 몇 년 전보다 많아졌습니다. 5년 안에 우리가 독일 기업을 더 인수하지 못한다면 나는 뜻밖이라고 생각할 것입니다. 버크셔는 이해할 수 있는 기업을 인수할 것입니다. 우리는 자금이 많고 유럽 기업들은 미국 기업들보다 가격이 매력적이므로 적당한 기업을 찾을 가능성이 있습니다.

멍거 우리가 떠난 뒤에도 버크셔는 잘 돌아갈 것입니다. 이익 성장률은 초창기에 절대 못 미치겠지만 이익 규모는 더 증가할 것입니다.

버핏 버크셔는 수도원이 아니지만 장담컨대 찰리와 나와 경영자들은 보수보다도 일에 더 관심이 많습니다. 기업문화는 최고경영자가 주도해야 합니다. 기업문화를 따를 때 보상하고 따르지 않을 때 처벌하면 세월이 흐를수록 강해질 수밖에 없습니다. 기업문화가 튼튼해지려면 오랜 세월이 걸립니다. 부모의 행동을 따르는 어린아이처럼, 기업문화가 처음에는 모래 한 알만 한 존재에 불과합니다. 그러나 훌륭한 문화를 물려받으면 문화를 유지하기가 훨씬 쉽습니다. 그리고 규모가 작은 기업일수록 문화를 확립하기가 더 쉽습니다.

버크셔에서 일하는 직원은 34만 명이 넘습니다. 현재 부당행위를 하는 사람이 12명, 15명, 100명이 있을지도 모릅니다. 경영자는 부당행위를 발견하는 즉시 조처해야 합니다. 커비(Kirby) 진공청소기를 인수했을 때, 우리는 노인들에 대한 불건전 영업 관행을 발견했습니다. 그래서 65세 이상 노인이 원할 경우 이유 불문하고 커비 진공청소기를 전액 환불해주도록 영업 정책을 변경했습니다.

가이코는 해마다 보험금 청구 수백만 건을 처리합니다. 자동차 사고가 발생하면 과실 책임에 대해 항상 합의가 이루어지는 것은 아닙니다. 가이코도 절대 완벽할 수 없으므로, 입장을 바꿔서 상대를 이해하려고 항상 노력합니다.

멍거 우리는 현재 상황에 안주하지 않습니다. 계속 배우면서 성장할 때 기업문화도 발전합니다. 우리가 한 시점에 멈춰버린다면 끔찍한 상황이 벌어질 것입니다.

Q 2015 비밀 성과보수

복합기업 텔레다인의 해체를 보고 무엇을 배우셨나요?

버핏 나는 텔레다인(Teledyne)의 CEO 헨리 싱글턴(Henry Singleton)을 지켜보면서 많이 배웠습니다.

멍거 싱글턴은 워런이나 나보다 훨씬 똑똑했습니다. 눈을 가리고 체스를 둘 정도였습니다. 그러나 투자는 버핏이 더 잘합니다. IQ는 싱글턴보다 낮아도 항상 투자만 생각하니까요. 싱글턴은 핵심 경영진에게 매우 교묘하게 성과보수를 지급했습니다. 그는 결국 3개 부서를 동원해서 비리를 저질렀습니다. 경영진은 비밀리에 성과보수를 받고서 정부를 대상으로 로비 활동을 과도하게 했습니다.

버핏 성과보수는 영향력이 막강합니다. 그러나 비밀 성과보수는 비리를 조장할 위험이 있으므로 경계합니다. 나는 정말로 품위 있는 사람들이 비리에 관여하는 사례를 두 번 이상 보았습니다. 이들은 CEO에게 충성하려고 실적을 조작했습니다. 버크셔는 악용될 위험이 있는 보상 제도는 폐지합니다.

멍거 싱글턴은 텔레다인을 버크셔에 매각하고 인수 대금으로 버크셔 주식을 받고자 했습니다. 마지막까지 똑똑했던 인물이지요.

버핏 내셔널 인뎀너티의 훌륭한 경영자 잭 링월트에 관한 이야기입니다. 링월트의 친구이자 테니스 파트너가 이 회사의 보험금 지급 업무 책임자였습니다. 친구는 링월트에게 2만 5,000달러짜리 보험금 청구가 들어왔다고 보고했습니다. 그러자 링월트는 보험금 청구 이야기만 들으면 골치 아파 죽겠다고 잔소리를 늘어놓았습니다. 잭은 농담으로 한 말이었지만, 친구는 잔소리가 싫어서 보험금 청구 사실을 숨기기 시작했습니다. 이 때문에 회사가 발표하는 실적도 왜곡되었습니다. 친구는 별도로 금전적 보상을 받지 않았는데도, 잔소리를 듣지 않으려고 비리를 저질렀습니다. 경영자는 사소해 보이는 메시지에도 주의를 기울여야 합니다. 경영자가 월스트리트 사람들을 실망시키고 싶지 않다고 말하면 직원들은 실적을 조작합니다. 버크셔는 이런 일을 방지하려고 노력합니다.

우리는 다음 100년을 생각하면서 회사를 운영합니다. 경영자들은 장기적 관점으로 의사결정을 합니다. 그렇다고 단기 실적을 무시하는 것은 아니지만, 정말로 중요한 것은 지금이 아니라 3~10년 후 회사의 실적이라고 생각합니다.

Q 2016 본사 직원 20여 명의 다양성

본사에 직원 20여 명이 함께 근무하고 있습니다. 그런데 직원과 이사들의 다양성이 부족해 보입니다. 다양성을 높일 필요성을 느끼십니까?

버핏 복수 질문이군요. 우리는 오래전부터 대부분 기업들보다 훨씬 명확한 기준으로 이사를 선정하고 있습니다. 우리가 찾는 이사는 사업에 대한 이해가 깊고, 주주 지향적이며, 버크셔에 관심이 많은 사람입니다. 이런 사람들을 찾아낸 덕분에 우리는 최고의 이사회를 구성했다고 생각합니다. 이들은 분명히 돈 때문에 이사회에 참여한 것이 아닙니다. 이사 후보를 찾아주는 컨설팅회사들도 내게 전화합니다. 이들이 던지는 질문은 우리가 찾는 이사의 기준과 확실히 다릅니다. 이들이 찾는 이사 후보는 예컨대 테라노스(Theranos, 혈액 한 방울로 수십 가지 질병 검사가 가능하다고 발표했으나 사기로 드러난 기업) 같은 회사의 신뢰도도 높여줄 만큼 유명한 거물급 인사입니다.

그러나 우리는 자기 시간의 10%만 들여서 매년 20~30만 달러를 받으려는 사람이나, 이름만 빌려주고 돈벌이를 하려는 저명인사에는 관심이 없습니다. 우리가 원하는 이사의 기준은 여전히 사업에 대한 이해가 깊고, 주주 지향적이며, 버크셔에 관심이 많은 사람입니다. 우리 이사들이 보유한 주식은 모두 다른 주주들처럼 자기 돈으로 산 주식입니다. 그래서 우리 이사들은 항상 주주들과 똑같은 입장을 유지합니다. 그동안 내가 참여한 이사회 중 3~4곳에서 나는 마냥 놀고먹으면서도 주식을 받은 적이 있습니다. 우리는 관여해야 하는 일과 관여해서는 안 되는 일을 분별하는 현명한 이사회를 원합니다.

나는 올해 크리스마스 사진에도 작년 크리스마스 사진에 나왔던 직원 25명이 그대로 나오길 희망합니다. 우리 본사 직원들은 정말 놀라운 사람들입니다. 예를 들어 이번 주주총회를 주주들이 즐거워하는 성공적인 행사가 되게 하려고, 본사 직원 25명 모두가 힘을 모아 끊임없이 일했습니다. 흔히 사람들은 많은 직원을 거느린 우리 주주총회 담당 부서의 책임자가 컨설턴트들까지 고용해서 행사를 준비했다고 짐작할지 모르겠습니다. 그러나 우리 직원들은 모두가 서로 도우면서 직접 행사를 준비했습니다. 우리 직원들 덕분에 나는 일하기가 정말 편합니다. 이는 우리 본사에 위원회가 없는 덕분이기도 합니다. 본사에 내가 모르는 위원회가 있을 수도 있지만, 나는 한 번도 초대받은 적이 없습니다. 본사 어디에선가는 파워포인트를 사용할지 모르지만, 나는 파워포인트를 본 적도 없고 사용법을 배울 생각도 없습니다. 우리는 불필요한 일거리를 만들지 않습니다. 차라리 야구 경기 등을 함께 보러 갑니다. 다른 회사들의 운영 방식도 보았지만, 우리 운영 방식이 더 마음에 듭니다.

멍거 오래전 천주교 LA 대주교의 일을 할 때, 내 선임 파트너가 대주교에게 허풍떨면서 말했습니다. "우리에게 이런 일을 시킬 필요가 필요가 없습니다. 신도 중에도 훌륭한 세무변호사가 많습니다." 대주교는 한심하다는 듯이 그를 바라보면서 말했습니다. "작년 내가 중대한 수술을 받을 때도 성당에 다니는 외과 전문의를 찾지 않았다오." 우리가 이사를 선정하는 것도 이런 방식입니다.

Q 2016 승계 계획에 변화가 있나?

아지트 자인이 태드 몬트로스(Tad Montross)에게서 재보험 사업을 넘겨받았는데, 승계 계획에 변화가 있나요?

버핏 태드는 버크셔에서 놀라운 일을 해냈습니다. 제너럴리는 한때 문제 아였지만 지금은 우량 기업이 되었습니다. 나는 그를 더 오래 붙잡아두려고 노력했습니다. 그러나 질문자도 말했듯이, 재보험 사업은 아지트가 맡는 편이 타당합니다. 아지트는 가드(Guard)라는 회사도 관리하고 있습니다. 몇 년 전에 인수했는데, 본사는 펜실베이니아주 윌크스배리(Wilkes-Barre)에 있습니다. 소기업 보험 분야에서 탁월한 실적을 내고 있습니다. 아지트가 2년 전 시작한 특수보험이 대성공을 거두고 있습니다.

직원들도 매우 유능해서 엄청난 일을 해내고 있습니다. 4만 명이 모이는 주주총회를 제대로 치르려면 수없이 회의를 거듭하면서 수백만 달러를 지출해야 할 듯하지만, 우리 유능한 본사 직원들이 큰돈 들이지 않고 거뜬히 해내는 것과 마찬가지입니다. 유능한 사람들은 무슨 일이든 무한히 해낼 수 있습니다. 그리고 보험에 관한 일이라면 아지트가 얼마든지 다룰 수 있습니다.

나의 승계 계획은 늘 그랬듯이 월요일 이사회에서 다룰 예정입니다. 참석자 모두 무엇이 가장 타당한지 알고 있으므로 생각이 일치합니다. 그러나 5년 후에는 다른 방식이 타당할지도 모릅니다. 앞으로 언제 어떤 일이 벌어질지 누가 알겠습니까? 장래에는 이사회에 참여하는 사람들이 바뀔지도 모르지요. 하지만 향후 제너럴리를 아지트가 관리한다는 사실에는 변함이 없을 것입니다.

멍거 유능한 사람들은 많은 일을 해내지만, 무능한 사람들은 어떤 방법을 동원해도 바뀌지 않습니다. 빈틈없이 대응하고자 한다면 우리 시스템을 사용할 수밖에 없습니다.

버핏 조직에 대한 통설 따위는 따를 필요가 없다고 생각합니다. 우리는 가장 합리적으로 판단하려고 노력합니다. 우리에게 군대 조직도 같은 거창한 조직도는 지금도 없고 앞으로도 절대 없을 것입니다.

멍거 전에 워런과 나는 어떤 일에 X달러 이상은 지출하지 않기로 결정했습니다. 그러자 한 중간관리자가 우리에게 말했습니다. "두 분 다 제정신이 아니시군요. 정말 어리석은 결정입니다. 이렇게 수준 높은 사업에는 지출액을 높여야 합니다." 이 말에 우리는 서로 쳐다보았고, 결국 그가 말하는 방식을 따랐습니다. 우리는 직함을 따지지 않았습니다.

버핏 그 중간관리자의 말이 옳았습니다.

멍거 그의 말이 옳았습니다. 그래서 그가 제시한 방식을 따랐습니다.

버핏 하루는 여성 청소원이 내 사무실에 들어왔습니다. 루비라는 이 청소원은 내가 하는 업무가 의심스러웠던 모양입니다. 이날 그녀는 진상을 규명하기로 작정하고 말했습니다. "버핏 선생님, 말을 잘 고르시나 봐요?" 그녀는 내가 경마로 돈을 번다고 생각했나 봅니다.

Q 2016 차기 CEO 보상 계획

성과 보상 제도는 위력이 대단합니다. 버크셔의 차기 CEO에게 어떤 방식으로 보상할 계획인가요?

버핏 우리는 각 자회사에 적합한 성과 보상 제도를 찾아내려고 노력합니다. 우리 자회사들 중에는 CEO가 지극히 중요한 회사도 있고, 이미 시장을 지배하고 있는 회사도 있습니다. 한 소유경영자는 회사를 버크셔에 매각하고 나서도 계속 경영하고 싶어 했습니다. 나는 회사를 인수하고서 그에게 말했습니다. "어떤 보상 제도가 필요한지 말해보세요." 그는 "나는 당신이 말해줄 것으로 생각했습니다"라고 대답했습니다. 그래서 내가 말했습니다. "나는 자회사 CEO가 타당하다고 생각하는 보상 제도를 도입하고 싶습니다." 그는 타당하다고 생각하는 보상 제도를 말했고, 우리는 지금까지도 그 보상 제도를 사용하고 있습니다. 심지어 단어 하나도 바꾸지 않았습니다.

우리 자회사들 중에는 사업하기 매우 어려운 회사도 있고, 매우 쉬운 회사도 있으며, 자본이 많이 들어가는 회사도 있고, 자본이 거의 들어가지 않는 회사도 있습니다. 단순한 보상 공식을 만들어 모든 자회사에 천편일률적으로 적용한다면, 막대한 돈을 낭비하게 될 뿐 아니라 잘못된 유인까지 제공하게 됩니다. 나는 내 후계자에 관한 생각을 정리해서 메모 두 건을 이사회에 보냈습니다. 어쩌면 세 번째 메모를 보낼지도 모르겠습니다. 그러나 메모 내용 공개는 현명하지 않다고 생각합니다.

멍거 은행업과 투자은행업에서 잘못된 유인의 사례가 많이 나옵니다. 만일 회계 관행에 의해서 서류상으로만 존재하는 이익을 기준으로 직원들에게 보상을 제공한다면, 직원들은 잘못된 일을 벌여 은행을 위험에 빠뜨리고 나라에도 해를 끼치게 됩니다. 이것이 금융위기가 발생한 주된 원인이었습니다.

은행들은 이익을 내지 못하고서도 이익을 많이 냈다고 보고했습니다. 회계 규정 덕분에 대출에 과거 대손율을 적용할 수 있었기 때문입니다. "과거에 이런 대출에서 손실이 발생하지 않았으니까, 앞으로도 발생하지 않겠지"라고 말하면서 직원들은 마구 고금리 대출을 제공하고 막대한 보상을 받아 챙겼습니다. 이런 규정을 만든 회계사들은 제정신이 아니었습니다. 그런데도 수치심조차 없습니다.

버핏 매우 탐욕스러운 CEO는 피라미드식 보상 체계를 설계합니다. 겉보기에는 CEO가 자신의 배를 채우기보다는 남들에게 보상하는 듯하지만, 사실은 많은 부정이 숨겨져 있습니다. 스톡옵션 가격 설정이 그런 예입니다. 나는 이사회에서 오가는 대화를 들었습니다. 이사회는 스톡옵션을 터무니없이 낮은 가격에 발행했습니다. 여러 사람의 이익이 걸려 있으므로 이들은 종종 이런 결정을 내립니다. 기업이 주식을 낮은 가격에 발행하는 것만큼 어리석은 일이 또 있을까요? 그러나 컨설턴트는 보상 제도가 매우 복잡하고 어려운 일인 것처럼 포장해 이런 사실을 숨깁니다.

멍거 우리는 단순하고도 올바른 보상 제도를 원합니다. 아이들이 잘못된 행동을 할 때마다 보상한다면 집 안은 곧바로 난장판이 될 것입니다.

Q 2017 버크셔 내부 위험 관리

웰스파고는 버크셔의 최대 보유 종목입니다. 근래에 웰스파고에서 판매 실적 조작 행위가 드러났는데, 은행의 분권 구조에 따라 지점장들에게 자율권이 과도하게 부여된 것이 주된 원인으로 밝혀졌습니다. 버크셔에는 이런 위험이 없다고 생각하십니까?

버핏 규모가 비슷한 기업들 중에서 버크셔만큼 분권화된 기업도 드물 것입니다. 우리는 규정보다는 기본 원칙을 훨씬 더 중시합니다. 그래서 우리 주주총회에서 상영되는 버크셔 영화에는 해마다 살로먼이 등장합니다. 내가 우리 경영자들에게 공문을 거의 보내지 않는 이유이기도 합니다. 나는 2년마다 보내는 메모에서 우리 경영자들에게 이렇게 말합니다. 우리에게 돈은 충분합니다. 더 벌면 좋겠지만, 반드시 더 벌어야 하는 것은 아닙니다. 그러나 평판은 단 한 치도 잃으면 안 됩니다. 버크셔의 평판은 바로 여러분에게 달렸습니다.

우리가 올바른 문화를 확립하고, 이 문화를 바탕으로 이사와 경영자들을 고용한다면, 1,000페이지짜리 규정집에 의존할 때보다 더 좋은 실적이 나올 것이라고 찰리와 나는 믿습니다. 그래도 문제는 발생할 것입니다. 이제는 우리 직원이 36만 7,000명에 이릅니다. 이는 오마하 도심 인구와 맞먹는 규모입니다. 오늘 우리가 이야기하는 동안에도 누군가는 부당행위를 하고 있을 것입니다. 관건은 '경영자들이 부당행위를 찾아내서 바로잡으려고 하는가?'이며, '경영자들이 못 하면 오마하 본사에서 부당행위 정보를 입수해 바로잡는가?'입니다.

웰스파고는 세 가지 심각한 잘못을 저질렀습니다. 그중에서도 하나가 특히 심각한 잘못이었습니다. 성과 보상 제도는 거의 모든 기업에 있습니다. 그렇다고 성과 보상 제도 자체에 문제가 있는 것은 아닙니다. 다만 성과 보상의 기준에 대해서는 매우 주의해야 합니다. 부당행위에 대해서 보상해서는 안 되니까요. 따라서 부당행위를 찾아내는 시스템이 필요합니다. 사실 웰스파고는 성과 보상의 기준이 교차 판매를 통해 제공하는 고객 1인당 서비스 건수였습니다. 그래서 웰스파고는 분기마다 열리는 투자자 설명회에서도 고객 1인당 서비스 건수가 많다는 점을 강조했습니다. 이것이 회사의 중점 사업이었으므로 직원들도 주로 이 숫자를 기준으로 보상받고 승진했습니다. 그러나 이 기준은 결국 부당행위를 조장한 것으로 밝혀졌습니다.

우리는 잘못을 저질렀습니다. 어느 회사든 성과 보상 기준 설정에 잘못을 저지를 수 있습니다. 그러나 어느 시점에 이르면 그 잘못을 발견하게 됩니다. 웰스파고 경영진이 이 잘못을 왜 발견하지 못했는지는 나도 잘 모릅니다. 대개 중대한 문제가 발생하기 전에 CEO는 기미를 알아챕니다. 바로 그 순간, CEO는 반드시 행동에 나서야 합니다. (중략)

내가 자회사에서 벌어지는 부당행위 정보를 입수하는 주된 원천은 직통 전화입니다. 직통 전화 통화는 연간 약 4,000건인데, 대부분은 사소한 문제들입니다. 예컨대 옆 사람 입 냄새가 심하다는 수준이지요. 그러나 몇몇 건은 심각한 사안이어서 우리 내부 감사팀이 조사에 착수합니다. 대부분 무기명 제보이므로, 내부 감사팀은 제보 내용을 각 자회사에 다시 조회합니다. 그러나 심각한 사안은 내게 보고합니다. 이에 대처한 사례가 두 번 이상 있었습니다. 일부 사안은 비용까지 지출하면서 조사하기도 합니다. 모회사에서 절대 용납하지 않을 관행이 이 과정에서 밝혀지기도 했습니다. 완벽하지는 않겠지만 훌륭한 시스템이라고 생각합니다.

웰스파고에도 틀림없이 내부 감사팀과 직통 전화가 있을 것입니다. 장담컨대 이 문제에 관한 제보가 많았을 것입니다. 그러나 누가 언제 어떻게 대처했는지 모르겠습니다. 제보를 받고서도 (틀림없이 받았을 것입니다) 무시하거나 접수를 거부했다면 엄청난 잘못을 저지른 것입니다. 찰리, 자네 생각은 어떤가?

멍거 이런 문제를 법으로 해결할 수 있다고 생각하면 착각이지요. 직원이 많으면 부당행위도 많은 법입니다. 그래서 컴플라이언스(준법감시) 부서가 있습니다. 증권회사들은 모두 대규모 컴플라이언스 부서를 보유하고 있습니다. 우리도 컴플라이언스 부서를 둔다면 거대한 부서가 될 것입니다. 그렇겠지, 워런?

버핏 물론이지.

멍거 꼭 컴플라이언스 기능을 강화해야 문제가 해결되는 것은 아닙니다. 그동안 우리는 경영자 선발과 신뢰 중시 기업문화 확립에 공을 들였고, 그 결과 문제가 감소했습니다. 우리는 다른 기업보다 문제가 적다고 생각합니다.

버핏 그러나 앞으로도 간혹 문제가 발생할 것입니다.

멍거 물론이지요. 언젠가 뜻밖의 문제가 발생할 겁니다.

버핏 찰리가 존경하는 벤저민 프랭클린은 예방 한 숟가락이 치료 한 바가지보다 낫다고 말했습니다. 나는 신속한 치료 한 바가지가 뒤늦은 치료 한 양동이보다 낫다고 말하고 싶습니다. 문제는 쉽게 사라지지 않습니다. 살로먼의 존 굿프렌드(John Gutfreund)는 이 문제를 교통위반 딱지라고 불렀습니다. 결국 회사는 파산 직전까지 몰렸습니다. 다른 CEO는 직면한 문제를 가벼운 반칙 정도로 평가했습니다. 그 결과 회사는 엄청난 피해를 입었습니다. 우리는 즉각적으로 대처해야 합니다.

솔직히 말해서 나는 직통 전화와 익명의 투서보다 나은 시스템을 보지 못했습니다. 지난 6~7년 동안 내가 받은 제보 3~4건에 의해서 커다란 변화가 이루어졌습니다. 이런 제보는 거의 모두 익명입니다. 그러나 누군가의 잘못을 지적했다는 이유로 보복당할 일은 없으므로, 실명이더라도 별 차이는 없을 것입니다. 장담컨대 우리가 여기 있는 동안에도 버크셔에서 누군가는 십중팔구 부당행위를 하고 있을 것입니다. 대부분은 소액을 훔치는 등 사소한 일일 것입니다. 그러나 그것이 웰스파고에서 벌어졌던 것 같은 심각한 판매 실적 조작 행위라면 우리 역시 심각한 피해를 입을 것입니다.

Q 2017 투자회사 권한 위임과 가치 창출

애플은 아이폰을 제공하고, 가이코는 저비용 자동차보험을 제공하며, 3G 캐피털(3G Capital)은 원가를 절감해 가치를 창출합니다. 버크셔가 통제권을 포기할 정도로 권한을 위임하면서 창출하는 가치는 무엇인가요?

버핏 우리가 통제권을 포기할 정도로 권한을 위임한다는 질문자의 표현은 정확하다고 생각합니다. 나는 이런 권한 위임 덕분에 우리 자회사들이 더 잘 운영된다고 주장합니다. 예컨대 행동주의 투자자나 단기 차익을 노리는 누군가의 표적이 될 수 있는 S&P500 상장회사일 때보다 낫다는 말입니다. 나는 우리 권한 위임 방식이 실제로 자회사들에 매우 긍정적인 가치를 제공한다고 생각합니다. 물론 자회사에 따라 차이는 있겠지요.

아마 여기에 참석한 우리 자회사 경영자가 50명 정도일 것입니다. 이들이 TV에 출연해서 공개적으로 발언하는 일은 없을 것입니다. 이들을 조용한 곳으로 데려가서 물어보십시오. 버크셔가 권한은 전적으로 위임하면서 자금은 확실히 지원해주는 덕분에 회사가 더 잘 운영된다고 생각하는지 물어보십시오. 어떤 프로젝트든 타당성만 있으면 곧바로 자금을 지원받을 수 있고, 2008년 세계 금융위기와 같은 상황은 걱정할 필요가 없다는 말입니다.

나는 이런 불간섭주의가 우리 자회사들의 가치를 대폭 높여줄 수 있다고 생각합니다. 반면에 자회사 경영자들에게 우리가 개발한 더 훌륭한 시스템을 사용하라고 요구하거나, 우리가 토니보다 가이코를 더 잘 운영할 수 있다고 주장한다면 우리 자회사들의 가치는 높아지지 않습니다. 그러나 자본 배분에는 우리가 매우 객관적입니다. 우리는 경영자들의 업무 부담을 덜어줄 수 있습니다.

감히 말하건대 우리는 자회사 경영자들이 일반 상장회사를 운영할 때보다 시간을 20% 이상 절감하게 해줄 수 있습니다. 애널리스트들을 만나거나 은행과 상대하는 등 온갖 시간을 절감할 수 있으니까요. 이제 우리 경영자들은 모든 시간을 자회사 운영에 투입할 수 있습니다. 그래서 나는 우리가 다리를 책상에 걸친 채 빈둥거리더라도 가치를 창출한다고 생각합니다.

멍거 우리는 세상에 모범사례가 되려고 노력합니다. 나는 버크셔에 모범사례가 되려는 정신이 조금이나마 있기 때문에 이런 대규모 주주총회가 계속 열릴 수 있다고 생각합니다. 나는 오랜 기간 주주총회를 면밀히 지켜보고 나서 이렇게 주장하는 바입니다. 우리는 모범사례가 되고, 항상 합리성을 유지하며, 정직하려고 노력하고 있습니다. 나는 버크셔를 자랑스럽게 생각합니다.

버핏 우리 비상장 자회사 가이코는 실적이 탁월하며, 상장되더라도 탁월한 실적을 유지할 것입니다. 그동안 가이코는 시장점유율이 2.5%에서 12%로 급증했는데, 주된 이유는 가이코의 훌륭한 비즈니스 모델과 토니의 경영 능력이지만 다른 사소한 이유도 있습니다. 8~10개월 전 우리 주요 경쟁사 중 두 곳 이상은 수익성 목표를 달성하려면 신규 보험계약을 축소해야 한다고 발표했습니다. 반면 가이코는 신규 계약 확대에 박차를 가하기로 결정했는데, 훌륭한 판단이라고 생각합니다. 만일 가이코가 상장회사였다면 이런 결정을 내리기가 어려웠을 것입니다.

우리는 가이코의 5~10년 뒤 모습만 생각합니다. 우리는 신규 계약 탓에 단기 실적이 악화되더라도 상관없다고 생각하지만 경쟁 보험사들은 단기 실적에 압박을 받습니다. 가이코의 모회사 버크셔와 버크셔의 주주들은 단기 실적에 집착하지 않지만 경쟁 보험사의 주주들은 생각이 다르기 때문입니다. 나는 우리가 더 열심히 일해서가 아니라 시스템이 우수하기 때문이라고 생각합니다. 찰리와 나는 하는 일이 거의 없습니다.

Q 2018 기업문화가 유지되고 강화될까?

버크셔의 문화는 계속 유지되고 강화될 수 있나요?

버핏 우리 문화는 매우 강하고 주주들 덕분에 더 강해지고 있습니다. 우리 주주들은 다른 기업의 주주들과 다르고 우리가 주주를 대하는 시각도 다릅니다. 일부 기업은 주주들이 없어지길 바랍니다. 하지만 우리는 주주들이 있어서 기쁩니다. 우리는 개인 주주들을 좋아하고, 기관투자가들을 별도로 우대하지 않습니다. 우리는 동업자가 될 주주들을 원합니다.

이사들도 마찬가지입니다. 나는 19개 이사회에 참여해보았지만 버크셔 이사회와 비슷한 곳은 하나도 없었습니다. 우리 이사들은 버크셔 주식을 대량으로 보유하고 있고 특별한 대우를 받지 않습니다. 모두 주주 지향적이고 항상 버크셔를 생각하며 버크셔를 잘 압니다. 이들은 자신과 동업자들을 위해서 버크셔를 운영합니다. 우리 경영자들도 마찬가지입니다. 우리 경영자들 중에는 2세, 3세, 4세까지 있습니다. 물론 완벽한 사람들은 아닙니다. 그러나 개성이 매우 다양하고, 강력하면서도 긍정적인 문화를 갖추고 있습니다. 사람들은 우리 문화를 자발적으로 수용하고 확산합니다. 우리 문화는 지속될 것입니다.

우리는 언행도 일치합니다. 말로는 모든 임직원이 훌륭한 동업자라고 주장하면서 막대한 스톡옵션을 나눠 갖는 이사회도 많지만 우리는 그렇게 하지 않습니다. 우리 문화는 계속 강해지고 있으며, 우리는 이를 더 강화하려고 노력합니다.

멍거 주주총회나 경영자 점심 모임에 참석할 때마다 나는 현재 우리 경영자들이 모두 떠난 뒤에도 우리 문화와 가치가 오래도록 유지될 것이라고 확신하게 됩니다. 우리 문화는 잘 작동하면서 오래도록 유지될 것이며 다른 기업에서 우리 문화를 복제하기는 절대 쉽지 않을 것입니다. 버크셔 모델을 모방한 사례가 거의 없다는 사실을 생각하시기 바랍니다. 버크셔는 오래도록 유지될 자격이 있습니다.

Q 2021 자회사 관리가 어려워지지 않나?

버크셔는 보유 중인 수많은 자회사에 관해서 거의 언급하지 않고 있습니다. 버크셔의 규모가 지나치게 커져서 관리하기 어렵기 때문인가요?

버핏 물론 버크셔의 규모가 커져서 이제 1억 달러짜리 기업 인수에는 시간을 소비할 수가 없습니다. 최근 세상을 떠난 훌륭한 경영자는 우리가 15년 전에 인수한 기업을 지금까지 탁월하게 경영했습니다. 인디애나주 엘크하트에서 레저 차량을 생산하는 멋진 회사입니다. 나는 한 번도 가본 적이 없어서 찾아가지도 못한답니다. 그곳에서 누군가 숫자를 정리해서 매달 나에게 보내주고 있습니다. 나는 사업을 잘 이해하고 기억하며, 경영자는 회사 운영을 즐겼습니다. 그러나 내가 간섭하는 것은 원치 않았습니다.

버크셔는 훌륭한 기업과 훌륭한 경영자에게 잘 맞는 시스템을 보유하고 있습니다. 훌륭한 기업을 발굴하는 일도 우리 몫이지만, 그렇게 발굴한 기업을 훌륭한 기업으로 육성하는 것도 우리에게 달렸습니다. 맨주먹으로 TTI를 설립해서 키워낸 무명의 폴 앤드루스도 탁월한 경영자입니다. 그는 TTI를 경영하는 동안 이익을 8배나 늘렸습니다. 그도 행복했고, 직원들도 행복했으며, 우리도 행복했습니다. 연말에 나는 그에게 전화해서 말했습니다. "폴, 자네는 모든 면에서 탁월한 실적을 냈으니 연봉을 인상해야겠네." 그는 대답했습니다. "그 이야기는 내년에 하시죠." 그는 회사를 사랑했습니다. 내가 버크셔를 사랑하듯이 말이지요. 각종 보고서 요청으로 그에게 부담을 준 적이 없습니다.

폴 앤드루스 같은 사람이 반사회적 행동을 하는 모습은 상상하기도 어렵습니다. 우리는 그런 사람을 더 확보하고 싶습니다. 물론 버크셔의 규모가 커질수록 그런 회사를 인수하기가 더 어려워집니다. 하지만 우리는 그런 회사를 많이 보유하고 있습니다. 우리는 기업 인수를 중단할 생각이 없지만, 가까운 장래에는 인수할 기업이 보이지 않습니다. 대신 자사주 매입을 통해서 자회사에 대한 우리 지분을 더 높이려고 합니다. 그러면 우리 주주들의 지분이 해마다 더 증가하게 됩니다. 찰리?

멍거 나는 버크셔가 관리하기 어려울 정도로 커졌다고 생각하지 않습니다. 버크셔는 극도로 분권화된 구조여서 다른 미국 대기업과 매우 다르기 때문입니다. 우리 자회사들은 많은 권한을 갖고 있으며, 별다른 문제가 없는 한 이 방식은 매우 오랜 기간 유지될 것입니다. 지금까지 우리 분권화 방식은 단점보다 장점이 많았는데도, 아무도 모방하지 않는 듯합니다.

버핏 전적으로 옳은 말입니다. 그러나 분권화는 올바른 기업문화가 없으면 효과가 없습니다. 우리는 올바른 기업문화가 있습니다.

멍거 그레그가 우리 기업문화를 유지할 것입니다.

버핏 경영진이 5년 안에 거액을 벌려고 하는 기업문화라면 효과가 없을 것입니다.

멍거 물론입니다. 기업문화는 필수 요소입니다. 기업문화가 유지된다면 우리 방식은 매우 오랫동안 잘 유지될 것입니다. 모두가 놀랄 정도로 말이지요. 로마 제국도 매우 분권화된 덕분에 오랫동안 유지되었습니다.

Q 2022 경영진 교체 이후 운영에 대해

장기 주주인 우리 가족은 버크셔를 영원히 보유할 계획입니다. 그러나 경영진이 교체되어도 버크셔가 똑같은 방식으로 운영될지 모르겠습니다. 그리고 아지트가 떠날 때를 대비해서 보험 사업의 위험 평가 방법을 알고 싶습니다.

버핏 버크셔의 미래에 대해서는 앞으로도 오랫동안 걱정할 필요 없습니다. 핵 공격 등에 대해서는 아직 해결책이 없지만, 버크셔에는 앞으로도 오래도록 이어질 건전한 기업문화와 주주들이 있습니다. 내가 내일 죽는다면 첫해에는 모두가 '버크셔는 어떻게 될까? 분할되는 것 아니야?'라고 말할 것입니다. 그러나 의결권이 잘 관리되고 있으므로 기업 분할(spin off)은 일어날 수 없습니다.

우리 이사회는 버크셔의 기업문화가 기업 운영의 99.9%를 지탱한다는 사실을 잘 이해하고 있습니다. 이사회는 각종 위원회 구성이나 외부 전문가 영입이 아무 의미도 없다고 생각합니다. 다른 기업들은 다양한 이유로 이런 방식을 채택하지만 버크셔는 전혀 다릅니다.

버크셔는 우리를 신뢰해주는 사람들을 위해서 존재하는 기업입니다. 우리는 사람들의 신뢰를 충족시키기만 하면 됩니다. 아주 간단합니다. 우리에게는 그런 임무를 수행할 사람들도 있고 엄청난 자원도 있습니다. 그리고 자유가 있는 한 그 임무를 수행하기는 어렵지 않습니다. 1년 후 세상 사람들은 버크셔가 어떻게 되었는지 이야기할 것입니다. 철도는 똑같은 방식으로 운행될 것입니다. 물론 누군가 큰돈을 벌 생각으로 찾아와서, 버크셔는 상장폐지하는 편이 낫다거나 이 회사만 '순수하게' 남기는 편이 낫다고 말하면서 자회사들을 매각하려 할지도 모릅니다.

그러나 '순수한' 것은 우리의 동업 관계입니다. (웃음소리) 버크셔와 주주들의 관계야말로 특별하다고 우리는 생각합니다. 이 관계는 변하지 않으며, 소유권도 그다지 변하지 않는다고 생각합니다. 물론 버크셔를 영원히 유지할 수는 없습니다. 그러나 그 시점에는 버크셔의 우수한 기업문화를 세상 사람들이 더 잘 이해해주길 기대합니다. 기업문화가 그대로 유지된다면 100년 후에도 버크셔는 건재할 것입니다. 핵전쟁이 일어나지 않는다면 말이지요. 버크셔는 영원을 추구하는 회사이므로 사업 종료일이 없습니다.

버크셔에는 은퇴를 기다리는 사람도 없고, 스톡옵션을 바라는 사람도 없으며, 다른 일자리를 찾는 사람도 없습니다. 자신이 원하는 일을 하고 있기 때문입니다. 버크셔의 대우가 다른 기업보다 좋아서도 아닙니다. 헤드헌터들이 찾아와서 두둑한 보수를 제시하면서 이 사람 저 사람 스카우트하려 해도 성공하지 못할 것입니다. 우리가 버크셔와 같은 회사를 또 설립할 수 있을지는 모르겠습니다. 처음 인수할 때 우리는 버크셔를 어떤 회사로 만들게 될지 알지 못했습니다.

처음에 버크셔는 형편없는 직물 공장이었습니다. 이 형편없는 직물 공장을 20년 정도 운영하다가 중단하고서 이런저런 사업을 할 계획이 아니었습니다. 우리는 단지 남보다 계속 한발 앞섰을 뿐입니다. 그러나 이제는 상장기업을 어떻게 경영해야 하는지 분명히 알고 있습니다. 우리가 항상 원했던 한 가지는 우리와 잘 맞는 사람들이었습니다. 1952년 내가 플라밍고 호텔 카지노에서 보았던 사람들은 정말 아닙니다. 우리는 우리를 신뢰하는 사람들을 원했습니다.

나는 7명과 함께 투자조합 형태로 사업을 시작했습니다. 찰리도 똑같이 투자조합으로 시작했습니다. 우리는 기관을 방문하지도 않았고, 운용자산 규모를 늘리려고 수수료를 지급하지도 않았습니다. 우리는 사람들에 만족했습니다. 나는 기본 원칙이 적힌 종이를 사람들에게 건네주었는데, 우리가 모두 똑같은 생각인지 확인하고 싶었기 때문입니다.

나는 말했습니다. "투자조합 계약서는 읽지 않으셔도 됩니다. 내가 여러분을 이용할 리가 없다는 뜻입니다. 내가 여러분을 이용하리라 생각하신다면 나는 여기 있으면 안 됩니다. 그러나 여러분 모두 나와 똑같은 생각이어야 하며, 내가 나를 평가하는 똑같은 기준으로 나의 실적을 평가하셔야 합니다."

투자조합 사람들은 나를 신뢰해주었고 여전히 나와 함께하고 있습니다. 그들이나 자녀나 손주가 지금도 버크셔의 주주로 남아 있습니다. 이 사람들은 동업자들입니다. 다시 투자조합을 운영하기는 어렵겠지만, 이 사람들과 함께라면 다시 운영하겠습니다. 이 분야에 계속 남아 있으면 나는 똑같이 하려고 노력할 것입니다. 나를 믿어줄 사람들을 찾으려고 노력할 것입니다. 그러나 "지난달 S&P500 대비 실적은 어땠나요? 매수·매도 포지션이 어떻게 되나요?" 같은 질문을 하는 사람들은 원치 않습니다.

나는 3년 동안 주식을 매도했는데, 내가 원하던 포지션은 아니었습니다. 그런데 나는 할 수 없는 일을 사람들은 내가 할 수 있다고 생각한 듯합니다. 그래서 나는 마침내 나를 믿어주는 사람들 소수를 찾아냈고, 이들은 내게 돈을 맡겼습니다. 이후 우리는 오래오래 행복하게 살았습니다.

새 경영진, 그리고 그 뒤로 이어지는 경영진들은 이미 뿌리내린 우리 기업문화를 관리하는 사람들입니다. 주주들도 이 사실을 믿고 직원들도 이 사실을 믿습니다. 그렇다고 다른 일은 더 잘할 수가 없다는 말이 아닙니다. 다만 우리에게 훌륭한 기업문화가 있다는 뜻입니다. 그리고 훌륭한 이사들과 주주들이 있고 회사 규모도 거대해서, 우리 기업문화를 바꾸려는 어떠한 시도도 막을 수 있다는 뜻입니다.

'우리 이사회가 이렇게 하면 어떻고 저렇게 하면 어떨까?'는 어리석은 이야기입니다. 우리는 항상 법을 지킬 것입니다. 우리는 델라웨어 회사이므로 델라웨어주 법을 따릅니다. 그러나 다른 델라웨어 회사들이 하는 일을 똑같이 해야 하고 똑같은 방식으로 델라웨어 법규를 생각해야 한다는 뜻은 아닙니다. 우리는 법을 따를 것이며, 우리를 신뢰하는 사람들을 위해서 회사를 경영할 것입니다. 신뢰해주셔서 감사합니다.

전권 위임이
자회사들을 춤추게 한다

버크셔 해서웨이는 세계 최대의 복합기업이다. 식품, 의류, 가구, 미디어, 보험, 에너지, 철도, 항공, 배터리, 정밀기계 등 방대한 산업에 걸쳐 수많은 자회사를 보유하고 있다. 주요 자회사만 70여 개에 달하는데, 이들은 성격도 완전히 다르고 서로 간에 시너지도 크지 않다. 버핏이 사업의 시너지보다는 장기적인 자본 효율성을 고려해 기업을 인수하기 때문이다. 그 결과 버크셔는 "사업 측면에서 하나의 거대 기업이 아니라 대기업들의 모임"(2014)에 가깝다. 한국의 대기업이 이런 식으로 사업을 계속 확장해나간다면 경영도 쉽지 않을뿐더러 문어발식 확장이라며 엄청난 비난을 받을 것이다. 하지만 버크셔는 오랫동안 놀라운 실적을 거두며 존경받는 기업으로 성장해왔다. 그 밑바탕에 버크셔의 독특한 문화가 자리하고 있다.

버크셔 문화의 첫 번째 요소는 권한 위임과 불간섭주의다. 버핏은 버핏 투자조합 시절 '어소시에이티드 코튼숍(Associated Cotton Shops)'이라는 여성 의류 매장을 인수하고 나서, 회사의 소유주이자 경영자였던 벤저민 로스너에게 경영을 계속 맡겼다. 버핏은 회사가 제대로 운영되려면 로스너가 꼭 필요하다는 사실을 알았고, 로스너 역시 회사 일을 너무 좋아해서 그만둘 수 없었기 때문이다. 버크셔를 통해 처음 인수한 회사인 '내셔널 인뎀너티'라는 보험회사 역시, 인수 이후에도 기존 소유주이자 경영자였던 잭 링월트에게 경영을 계속 맡겼다.

이처럼 처음부터 버핏은 유능한 경영자와 훌륭한 회사를 한 쌍으로 인수하기 시작했다. 나중에 씨즈캔디를 인수하고 나서는 잠시나마 사업과 경영에 큰 관심과 열정을 보이기도 했지만, 얼마 지나지 않아 본인은 "회사를 소유하는 것을 좋아하지, 회사를 경영하는 것은 좋아하지 않는다"*는 사실을 깨닫고 경영에서 완전히 손을 뗐다. 권한 위임과 불간섭주의 문화는 이렇게 자연스럽게 시작되었고 점차 확고한 문화로 자리 잡았다.

1986년 버크셔는 〈월스트리트저널〉에 기업 인수 광고를 냈는데 "(버크셔가 직접 경영할 수 없으니) 경영진이 그대로 남아 있어야 한다"는 조건을 내걸었다. 버핏은 1990년 주주 서한에서 이러한 조건을 다시 한번 명확히 설명한다. "우리는 장기 보유하려고 기업을 인수하지만 모회사에는 자회사를 담당할 경영자도 없고, 둘 계획도 없습니다. 우리 자회사들은 모두 이례적일 정도로 독자적으로 운영되고 있습니다. 주요 자회사 경영자들은 여러 해 오마하에 방문한 적도 없고, 서로 만나본 적도 없습니다. 우리가 기업을 인수하면 매도자들은 매각하기 전과 마찬가지로 기업을 계속 경영합니다. 이들이 우리 방식을 따르는 것이 아니라 우리가 이들의 방식을 따릅니다."

2021년 주주총회에서 버핏이 언급한 사례가 이를 잘 보여준다. "최근 세상을 떠난 훌륭한 경영자는 우리가 15년 전에 인수한 기업을 지금까지 탁월하게 경영했습니다. 인디애나주 엘크하트에서 레저 차량을 생산하는 멋진 회사입니다. 나는 한 번도 가본 적이 없어서 찾아가지도 못한답

---

* 《스노볼 1》, 앨리스 슈뢰더, 667쪽

니다. 그곳에서 누군가 숫자를 정리해서 매달 나에게 보내주고 있습니다. 나는 사업을 잘 이해하고 기억하며, 경영자는 회사 운영을 즐겼습니다. 그러나 내가 간섭하는 것은 원치 않았습니다."(Q 2021)

권한 위임과 불간섭주의 덕분에, 수백 개 기업을 거느린 복합기업 버크셔의 본사 직원은 수십 명에 불과하다. 오마하의 건물 한 층에 30명이 채 안 되는 인력만 두고 있다. 관료제적 통제 없이 각 자회사의 CEO와 경영진이 사업의 모든 주요 의사결정을 내린다. 버핏은 "인수한 다음 우리가 한 역할은 방해하지 않은 것뿐"(2005)이라고 말한다. 이런 철저한 분권과 극단적인 자율 경영 문화는 버크셔가 거대한 제국으로 성장하는 데 선순환 효과를 가져왔다. "버크셔 시스템이 자회사와 CEO들에게 자율성을 부여하자 버크셔는 성공을 거두면서 유명해졌고, 그 결과 더 훌륭한 자회사와 훌륭한 CEO들이 버크셔로 몰려들었습니다. 그리고 더 훌륭한 자회사와 CEO들에게는 본부가 관심을 기울일 필요성이 감소했으므로 이른바 '선순환'이 형성되었습니다."(2014)

신뢰와 정직은 버크셔 문화의 두 번째 요소다. 자율 경영과 불간섭주의가 신뢰와 정직이라는 주춧돌 위에 세워지지 않았다면 결국 무너져 내렸을 것이다. 살로먼 브러더스 사례는 신뢰와 정직이 회사의 존립과 성패에 얼마나 큰 영향을 미칠 수 있는지 잘 보여준다. 버핏은 1991년부터 1992년 사이 잠시 동안 살로먼의 CEO 역할을 맡게 되는데 그 과정이 흥미롭다.

버핏과 살로먼의 인연은 1976년 가이코가 파산 위기에 직면한 시기로 거슬러 올라간다. 가이코(Government Employees Insurance Co)는 공무원 보험회사라는 이름에서도 드러나듯 평균적으로 위험이 낮은 선별된 고객층을 대상으로 보험을 직판해 수수료 비용을 절감하고 이렇게 아낀 비용을 더 낮은 보험료의 형태로 고객에게 돌려주며 꾸준히 성장하던 보험회사였다. 그렇게 건실하게 성장하던 가이코는 어느 순간 '성장'이 최고 목표가 되었고 무분별한 성장 정책으로 위험 관리가 뒷전으로 밀리며 보험 사고가 늘어나고 회사 실적이 악화되었다. 1976년 초, 회사는 역대 최악의 영업 실적을 발표했고 파산 위기에 직면했다. 61달러에 거래되던 주식은 2달러 수준까지 폭락했고 가이코는 살아남기 어려워 보였다.

하지만 누구보다 가이코라는 회사를 잘 알았던 버핏은 가이코가 살아날 수 있을 것으로 판단하고 가이코에 투자를 단행했고, 이때 살로먼의 CEO 존 굿프렌드는 가이코가 발행하는 전환주를 인수하며 버핏의 투자를 도왔다. 가이코 투자를 함께하며 버핏은 굿프렌드를 믿고 존경할 수 있는 사람으로 받아들였다.

한참 시간이 지난 1987년, 이번에는 굿프렌드가 버핏에게 도움을 요청한다. 1986년 살로먼의 수익성이 감소하자 살로먼의 최대 주주였던 미노코(Minorco)는 보유 주식 매각을 원했고, 매각 대상으로 로널드 페렐먼(Ronald Perelman)을 찾았다. 페렐먼은 적대적 인수합병 전문가로 명성을 떨치고 있었는데, 특히 1985년 경영난을 겪던 세계적인 화장품회사 레브론(Revlon)을 차입매수(LBO) 방식으로 적대적 인수한 후 자산 매각과 구조 조정을 통해 막대한 이익을 거두면서 유명해졌다.

적대적 인수 가능성에 직면한 굿프렌드는 버핏에게 전화를 걸어 살로먼의 백기사 역할을 부탁했고, 버핏은 1987년 10월 7억 달러를 투자하여 살로먼의 상환 전환 우선주를 인수한다. 버크셔는 살로먼의 최대 주주가 되었고 버핏은 회사의 이사회에 합류하게 된다. 굿프렌드는 적대적 인수 공세를 막을 수 있었고, 버핏에게도 괜찮은 투자처럼 보였다.

하지만 불과 몇 년 뒤인 1991년 버핏은 큰 곤경에 처하게 된다. 살로먼에서 국채 입찰을 담당한 트레이더 폴 모저(Paul Mozer)가 불법적인 방식으로 미국 국채를 거래한 것이다. 폴 모저는 호승심이 대단한 인물이었는데, 함께 일하던 동료가 자신보다 성과급을 포함한 연봉이 5배 가까이 더 많다는 사실을 알고 자신의 성과를 높이기 위해 욕심을 부리게 된다. 당시 미 재무부는 한 회사가 단일 경매에 나온 미국 국채의 35% 이상을 입찰하지 못하도록 규제했다. 살로먼 같은 대기업이 시장을 독점하는 것을 막기 위한 조치였다. 하지만 모저는 수차례 살로먼의 여러 고객 명의로 입찰에 참여해 이 규정을 피했다. 이 과정에서 명의를 도용당한 고객들에게는 단 한 마디의 설명도 없었다.

1991년 8월, 이 사실을 알게 된 미국 재무부는 살로먼의 국채 경매 입찰을 금지한다고 발표했다. 국채 경매 입찰 금지 자체는 큰 문제가 아니었지만 그로 인해 파생될 신용 위험이 심각한 문제였다. 살로먼은 6개월 이내에 갚아야 하는 단기 부채가 장기 자본의 6.5배가 넘었다. 이 단기성 채무의 채권자들은 살로먼의 신용도에 조금이라도 문제가 생기면 곧바로 자금을 회수할 가능성이 높았다. 살로먼은 파산 위기에 직면했다.

이 사태의 책임을 지고 굿프렌드가 회사를 떠났고 버핏이 CEO로 취임했다. 살로먼의 파산 가능성과 이어지는 도미노 효과로 인해 전 세계 금융 시스템이 붕괴될 수 있다는 버핏의 간절한 탄원이 설득력을 발휘하여 입찰 금지 조치가 해제되었고, 살로먼은 기적적으로 살아남을 수 있었다. 1992년 5월 살로먼이 안정을 찾게 되자 버핏은 살로먼 CEO를 그만두고 오마하로 돌아갔다.*

---

* 살로먼 사례는 앨리스 슈뢰더의 《스노볼》과 캐럴 루미스의 《포천으로 읽는 워런 버핏의 투자철학》 참고.

1991년 살로먼 주주 서한은 버핏이 살로먼 CEO로 근무했던 10개월의 기간 중에 작성한 것이다. "어떤 영업 행위를 고려 중이라면 임직원은 자신에게 물어보아야 합니다. 박식하고 비판적인 지역 신문사 기자가 자신의 행위를 신문 1면에 곧바로 보도해 배우자, 자녀, 친구들이 보게 되더라도 괜찮은지 말이지요. 우리 살로먼은 설사 합법적이더라도 역겨운 행위라면 절대 하지 않을 것입니다." 버핏은 모든 행위를 합법성만으로 평가해서는 안 된다고 강조한다. "남들도 다 그렇게 해"라는 말은 사업 활동에 대한 변명이 될 수 없다고 말한다. 정당성이나 적법성 때문에 주저하는 일이 있으면 십중팔구 경계선에 매우 근접했다는 뜻이므로 포기하라고 조언한다.

신뢰와 정직은 버핏의 서한에서 지속적으로 강조된다. 2010년 버크셔 경영자들에게 보낸 편지에서 버핏은 "우리가 돈을 잃을 수는 있습니다. 심지어 많은 돈을 잃어도 됩니다. 그러나 평판을 잃을 수는 없습니다. 단 한 치도 잃어서는 안 됩니다"라고 강조했다.

버크셔 문화의 세 번째 요소는 장기적 관점의 주주 중심 경영이다. 주주 지향성은 주주 서한에 반복해서 언급되는 "버크셔의 형식은 주식회사지만 우리의 마음 자세는 동업자"라는 주주 원칙에 잘 드러난다. 주주 지향성은 최고경영자 선발부터 보상, 심지어 기부 과정에까지 버크셔의 모든 의사결정에 핵심으로 자리하고 있다. 버핏이 찾는 최고경영자는 "주주 지향적이며, 버크셔에 관심이 많은 사람"(Q 2016)이다. 이들은 주인처럼 생각하고 행동하는 주인의식이 강한 사람들로, "버크셔에서는 보수를 원하는 사람이 아니라, 주주를 대표해서 책무를 떠맡으려는 사람이 이사가 된다"(Q 2015)고 한다. 아울러 이들 경영진이 받는 보상 역시 일반 주주들이 얻는 수익에 연동된다. 한편 대부분의 회사에서는 이사회가 기부 대상을 결정하는 데 비해 버크셔는 주주들이 기부 대상을 결정하도록 주주 지정 기부 프로그램을 실행하기도 했다. (주주 지정 기부 프로그램은 일부 자금이 낙태 지지 단체에 기부되면서 뜻하지 않은 정치적 논란으로 이어지자 2003년 중단되었다.)

나아가 주주의 이익은 장기적 관점에서 평가된다. "우리는 다음 100년을 생각하면서 회사를 운영합니다. (중략) 단기 실적을 무시하는 것은 아니지만, 정말로 중요한 것은 지금이 아니라 3~10년 후 회사의 실적이라고 생각합니다."(Q 2015) 버크셔의 대표적인 자회사인 가이코의 사례는 이를 잘 보여준다. "8~10개월 전 우리 주요 경쟁사 중 두 곳 이상은 수익성 목표를 달성하려면 신규 보험계약을 축소해야 한다고 발표했습니다. 반면 가이코는 신규 계약 확대에 박차를 가하기로 결정했는데, 훌륭한 판단이라고 생각합니다. (중략) 우리는 가이코의 5~10년 뒤 모습만 생각합니다. 우리는 신규 계약 탓에 단기 실적이 악화되더라도 상관없다고 생각하지만 경쟁 보험사들은 단기 실적에 압박을 받습니다. 가이코의 모회사 버크셔와 버크셔의 주주들은 단기 실적에 집착하지 않지만 경쟁 보험사의 주주들은 생각이 다르기 때문입니다."(Q 2017)

이런 장기적 관점은 버크셔의 모든 의사결정과 행동에 스며들어 있다. 주주들에게 하는 조언(5년 이상 보유할 생각일 때만 버크셔 주식을 사십시오, 2014)에도 담겨 있고, 회사의 리스크 관리에서도 드러난다. "우리는 항상 1,000년 만의 홍수에 대비하고 있으며, 만일 그런 홍수가 발생한다면 우리는 대비하지 않은 사람들에게 구명조끼를 판매할 것입니다."(2014) 성과 보상도 장기적 관점에서 이루어진다.

버핏의 리더십 아래 60년 가까이 확고히 자리 잡은 버크셔의 기업문화는 장기적 관점의 주주 중심 경영, 자회사로의 철저한 권한 위임과 불간섭주의, 정직과 신뢰라는 세 가지 요소가 핵심에 자리하고 있다. 버크셔의 놀라운 성과는 이런 버크셔의 독특한 문화와 분리해서 생각할 수 없다. 버핏은 버크셔가 "문화적 가치를 상실하면 버크셔의 경제적 가치도 붕괴한다"(2014)고 했다. 이 문화는 버크셔 곳곳에 스며들어 있으며, 그 문화에 동조하는 기업들을 자석처럼 끌어들이고, 서로 강화하며 성장해왔다.

버핏은 말한다. "우리의 보상 프로그램, 주주총회, 심지어 연차보고서까지도 모두 버크셔 문화를 강화하도록 설계되었으며, 우리 문화에 맞지 않는 경영자는 쫓아내도록 만들어졌습니다. 이 문화는 해가 갈수록 더 강해지고 있으며 찰리와 내가 떠난 다음에도 오래도록 온전히 유지될 것입니다."(2010) 문화는 버크셔의 보이지 않는 가장 강력한 무형자산이다.

박성진

이언투자자문 대표·CIO. 고려대학교 경영학과를 졸업하고 KAIST 경영공학 박사 과정을 수료했다. 투자는 결국 사람과 세상을 이해하는 일이라 생각한다. 독서 모임 '거인의 어깨'와 '사피엔스'에서 지적 동료들과 함께 책 읽는 시간을 즐긴다. 옮긴 책으로《완벽한 종목 추천》(공역)《마이클 모부신 운과 실력의 성공 방정식》(공역)《현명한 투자자의 인문학》이 있다.

8장

시장에 대한 관점

공포가 덮칠 때 절대 잊지 말아야 할 두 가지가 있습니다. 첫째, 만연한 공포는 투자자의 친구라는 사실입니다. 주식을 헐값에 살 기회이기 때문이지요. 둘째, 내가 공포에 휩쓸리면 공포는 나의 적이라는 사실입니다. `2016`

버크셔는 일반 통념상 필요한 규모를 훨씬 초과하는 현금과 미국 단기 국채도 보유하고 있습니다. 2008년 금융위기 기간에도 버크셔는 영업을 통해서 충분한 현금을 창출했으므로 기업어음이나 은행 대출, 채권시장에 어떤 방식으로도 의존하지 않았습니다. 우리는 금융위기 발생 시점을 예측한 것이 아니라 항상 대비하고 있었습니다. `2023`

심각한 소화불량　　　　　　　　　　2007

　　2007년 미국 달러는 주요 통화에 대해 더 약세가 되었는데, 그 이유는 단순합니다. 외국인들이 산 미국 제품보다, 미국인들이 산 외국 제품이 많기 때문입니다. 그래서 미국은 매일 약 20억 달러에 이르는 차용증과 자산을 외국으로 실어 보낼 수밖에 없었습니다. 이 때문에 시간이 흐르면서 달러의 가치가 하락 압박을 받게 되었습니다.

　　달러의 가치가 떨어지면 외국에서 미국 제품은 가격이 싸지고, 미국에서 외국 제품은 가격이 비싸집니다. 그래서 통화의 가치가 하락하면 무역 적자가 해결되어야 합니다. 실제로 미국의 무역 적자는 달러 가치가 대폭 하락하면서 확실히 완화되고 있습니다. 그러나 곰곰이 생각해보십시오. 유로의 평균 환율이 94.6센트였던 2002년에는 독일(미국의 5위 무역 상대국)에 대한 무역 적자가 360억 달러였는데, 유로의 평균 환율이 1.37달러인 2007년에는 독일에 대한 무역 적자가 450억 달러로 증가했습니다. 마찬가지로 캐나다 달러의 평균 환율이 64센트였던 2002년에는 캐나다에 대한 무역 적자가 500억 달러였는데, 평균 환율이 93센트인 2007년에는 무역 적자가 640억 달러로 증가했습니다. 그렇다면 지금까지 달러 가치 폭락이 무역 적자 해소에 큰 도움이 되지 않았다는 뜻입니다.

　　최근 외국 국부펀드들이 미국 기업들을 사들이는 현상에 대해 논란이 많습니다. 그러나 이는 우리가 자초한 일이지, 외국 정부들의 사악한 음모가 아닙니다. 우리 무역 적자 탓에 외국에서 미국으로 대규모 투자가 이루어지는 것입니다. 우리가 매일 외국에 20억 달러씩 억지로 떠맡기면 외국은 그 돈을 미국 어딘가에 투자할 수밖에 없습니다. 그들이 채권 대신 주식을 선택한다고 해서 왜 우리가 불평해야 합니까?

미국의 달러 약세는 석유수출국기구(OPEC), 중국 등의 잘못이 아닙니다. 다른 선진국들도 우리와 마찬가지로 석유를 수입하고 있으며, 중국 수입품과 경쟁을 벌이고 있습니다. 합리적인 무역 정책을 펴려면 미국은 몇몇 나라를 제재하거나 몇몇 산업을 보호해서는 안 됩니다. 다른 나라의 보복 행위를 불러올 만한 행동을 해서도 안 됩니다. 미국과 외국 모두에 이로운 진정한 무역이 위축될 수 있기 때문입니다.

따라서 우리 입법자들은 현재의 무역 불균형 상태가 계속 이어질 수 없다는 사실을 인식하고, 가까운 장래에 무역 적자를 대폭 줄이는 정책을 채택해야 합니다. 그러지 않으면 우리가 매일 세계에 억지로 떠안기는 20억 달러 때문에 세계가 심각한 소화불량에 걸릴 것입니다. (미국의 무역 적자가 유지될 수 없다는 점에 대해서는 다음 논평을 참조: 앨런 그린스펀(Alan Greenspan)의 2004년 11월 19일 논평, 2004년 6월 29일 FOMC 회의록, 벤 버냉키의 2007년 9월 11일 발표문.)

아무리 큰 숫자도 0을 곱하면　　2010

자동차 경주의 기본 원리는, 1등으로 들어오려면 1등으로 주행을 마쳐야 한다는 것입니다. 이 격언은 사업에도 똑같이 적용되며 버크셔에서도 모든 행동의 지침이 됩니다.

부채를 사용해서 큰 부자가 된 사람도 분명히 있습니다. 그러나 부채를 사용하다가 알거지가 된 사람도 있습니다. 부채를 효과적으로 사용하면 이익이 확대됩니다. 배우자는 당신이 똑똑하다고 여기고 이웃들은 당신을 부러워합니다. 그러나 부채에는 중독성이 있습니다. 부채가 불려준

이익을 한번 맛본 사람들은 부채의 매력을 잊지 못합니다. 그러나 우리가 초등학교 3학년 시절에 배웠듯이(2008년에 다시 배운 사람도 있습니다), 아무리 큰 숫자를 여럿 곱해도 그중 0이 하나라도 있으면 곱은 0이 됩니다. 역사를 돌아보면 부채는 매우 똑똑한 사람들이 사용하더라도 0을 만들어낸 사례가 너무도 많습니다.

부채는 회사에도 치명상을 입힐 수 있습니다. 흔히 부채가 많은 회사들은 만기가 되면 다시 돈을 빌려 부채를 상환할 수 있다고 가정합니다. 이 가정이 평소에는 타당합니다. 그러나 간혹 회사에 문제가 생기거나 세계적으로 신용경색이 발생하면 만기에 돈을 빌릴 수 없습니다. 이때는 현금이 있어야만 부채를 상환할 수 있습니다.

비로소 이때 회사들은 신용이 산소와 같다는 사실을 알게 됩니다. 산소가 풍부할 때는 사람들이 산소를 무시합니다. 그러나 산소가 부족해지면 사람들은 산소만 주목합니다. 신용도 마찬가지입니다. 회사는 신용을 잠시만 유지하지 못해도 무너질 수 있습니다. 실제로 2008년 9월 여러 산업에서 하룻밤 사이에 신용이 사라지면서 미국 전체가 하마터면 무너질 뻔했습니다.

찰리와 나는 버크셔에 조금이라도 위협이 될 만한 거래에는 전혀 관심이 없습니다. (이제 둘의 나이를 더하면 167이므로 '인생 새 출발'은 우리 버킷리스트에 없습니다.) 우리는 여러분이 평생 모은 돈 대부분을 우리에게 맡겼다는 사실을 언제나 의식하고 있습니다. 게다가 주요 자선사업도 우리를 의지합니다. 끝으로 우리 보험 가입자들이 일으킨 사고로 장애인이 된 사람들도 앞으로 수십 년 동안 우리가 돈을 지급할 것으로 믿고 있습니다. 단지 추가 수익 몇 포인트를 얻으려고 이 모든 사람을 위태롭게 하는 것은 무책임한 짓입니다.

내 이력을 보면 우리가 재무 모험주의를 극도로 싫어하는 이유가 드러납니다. 찰리와 나는 내가 52년 거주한 곳에서 반경 100미터 이내에서 함께 자랐고, 오마하 도심에 있는 같은 공립 고등학교(나의 아버지, 아내, 자녀, 두 증손도 졸업한 학교)에 다녔는데도, 그가 35세가 되어서야 만났습니다. 그러나 소년 시절 우리는 둘 다 나의 할아버지 잡화점에서 약 5년 간격을 두고 일했습니다. 내 할아버지 이름은 어니스트(Ernest)였는데, 할아버지만큼 이 이름이 어울리는 사람도 없을 것입니다. 할아버지 밑에서 일한 사람은 창고 일을 하더라도 누구나 그의 영향을 받았습니다.

다음 편지는 1939년 할아버지가 막내아들이자 나의 삼촌인 프레드(Fred)에게 보낸 것입니다. 할아버지는 다른 네 자녀에게도 비슷한 편지를 보냈습니다. 할아버지가 고모 앨리스(Alice)에게 보낸 편지는 아직도 내가 갖고 있습니다. 1970년, 내가 유언 집행자가 되어 고모의 안전 금고를 열었을 때, 현금 1,000달러와 함께 있었던 편지입니다.

프레드와 캐서린에게

단지 현금이 없어서 언젠가 온갖 방식으로 고초를 겪는 사람들을 나는 오랜 세월 수없이 보았단다. 당장 현금이 필요해서 재산 일부를 헐값에 팔아야만 했던 사람들도 보았고 말이다.

그래서 나는 즉시 쓸 수 있는 자금 일정액을 오랜 세월 유지해왔다.

나는 급히 자금이 필요한 상황이 발생하더라도 사업에 지장이 없도록, 오랜 세월 습관적으로 비상금을 적립해놓았다. 그리고 이 자금을 요긴하게 사용한 사례도 두어 번 있었다.

따라서 나는 누구에게나 비상금을 필요하다고 생각한다. 너희에게는 이런 일이 절대 없기를 바라지만, 아마 언젠가 돈이 필요해질 것이며, 그것도 절실하게 필요한 때가 올 것이다. 이런 생각에 나는 너희가 결혼했을 때 너희 이름이 적힌 봉투에 먼저 200달러를 넣으면서 기금을 적립하기 시작했다. 이후 해마다 봉투에 돈을 보태서 이제는 기금이 1,000달러가 되었구나.

너희가 결혼한 지 10년이 지났고, 이제 이 기금이 완성되었다.

이 봉투를 너희 안전 금고에 보관하면서, 이 기금을 만든 목적에 맞게 사용하기 바란다. 이 자금 일부가 필요한 때가 오면 가급적 최소 금액만 사용하고 되도록 빨리 채워 넣는 방법을 권한다.

이 기금을 투자해서 이자를 벌고 싶은 마음도 있을 것이다. 그런 생각은 잊어라. 투자로 버는 이자 몇 푼보다는, 언제든 쓸 수 있는 돈 1,000달러가 있다는 정신적 만족감이 더 소중하단다. 특히 그 투자로 단기간에 이익을 실현할 수 없다면 말이다.

나중에 이 방법이 좋다고 생각되거든, 너희 자녀들에게도 이렇게 해 주기 바란다.

참고로 말하면, 버핏 가문에는 자녀에게 막대한 재산을 물려준 사람도 없었지만, 재산을 전혀 물려주지 않은 사람도 없었단다. 우리 가문 사람들은 번 돈을 모두 쓰는 일이 절대 없어서 항상 일부는 저축했는데 그 결과가 매우 좋더구나.

이것은 너희가 결혼하고 10년을 채운 날에 쓴 편지다.

어니스트 버핏
"아빠가"

할아버지는 경영대학원에 다녀본 적이 없고 사실은 고등학교도 졸업하지 못했지만, 확실하게 생존하려면 유동성이 중요하다는 점을 분명히 이해했습니다. 버크셔는 할아버지의 1,000달러 해법을 조금 발전시켜, 우리 규제 대상 공익기업과 철도회사 보유분을 제외하고서도 현금을 적어도 100억 달러 보유하겠다고 맹세했습니다. 이 맹세 때문에 우리는 습관적으로 현금을 200억 달러 이상 보유하고 있는데, 이는 유례없는 보험손실(지금까지 우리의 최대 손실은 허리케인 카트리나에서 입은 약 30억 달러로서, 보험업계 최대의 재해였음)에 대비하고, 심지어 금융대란 기간에도 기업 인수나 투자 기회를 신속하게 잡으려는 목적입니다.

우리는 현금 대부분을 단기 국채로 보유하고 있으며, 수익률을 조금 더 높이려고 다른 단기 증권에 투자하지 않습니다. 이는 기업어음과 MMF의 취약성이 명백하게 드러난 2008년 9월보다 훨씬 오래전부터 우리가 고수해온 정책입니다. 우리는 투자 저술가 레이 데보(Ray DeVoe)의 말 "강도에게 빼앗긴 돈보다, 수익률을 높이려다 날린 돈이 더 많다"에 동의합니다. 버크셔는 은행 대출에 의지하지 않으며, 거액의 담보를 제공해야 하는 계약도 하지 않습니다. (중략)

대신 현재 매달 들어오는 10억 달러가량의 이익을 모두 유보해 우리 사업을 강화하고 있습니다. 이렇게 해서 우리 순자산은 지난 40년 동안 4,800만 달러에서 1,570억 달러로 증가했고 내재가치는 훨씬 더 증가했습니다. 이렇게 끊임없이 재무 건전성을 강화해온 회사는 어디에도 없습니다.

부채를 이토록 경계하는 탓에, 우리는 수익률 면에서 약간 손해를 봅니다. 대신 막대한 유동성 덕분에 우리는 두 다리 뻗고 편히 잡니다. 게다가 간혹 발생하는 금융대란 기간에 다른 기업들은 허둥지둥 생존을 도모하지만, 우리는 막강한 자금과 냉정한 태도로 공세를 취하게 될 것입니다. 그래서 2008년 리먼 파산에 이은 공황 25일 동안 우리는 156억 달러를 투자할 수 있었습니다.

지난 240년간 번영해온 것처럼　　2015

선거가 있는 해에는 후보자들이 미국의 문제점들을 끝없이 이야기합니다. (물론 자신이 해결할 수 있는 문제만 이야기합니다.) 이런 요란한 주장 탓에 미국인들은 장차 자녀들의 생활 수준이 현재 수준보다 낮아질 것으로 믿습니다.

그러나 이는 완전히 틀린 생각입니다. 오늘날 미국에서 태어나는 아기들은 역사상 가장 운 좋은 사람들입니다.

현재 미국의 1인당 GDP는 약 5만 6,000달러입니다. 작년에도 말했지만 이는 불변가격 기준으로 내가 태어난 1930년보다 무려 6배나 많은 금액입니다. 나의 부모나 당시 사람들은 꿈도 꾸지 못했던 엄청난 금액이지요. 그렇다고 오늘날 미국 시민이 1930년보다 본질적으로 더 똑똑해진 것도 아니고 더 열심히 일하는 것도 아닙니다. 단지 업무 효율성이 훨씬 높아져서 생산량이 훨씬 증가했을 뿐입니다. 이 강력한 추세는 틀림없이 계속 이어질 것이며, 미국이 달성한 놀라운 경제도 여전히 건재할 것입니다.

일부 해설자는 현재 우리 실질 GDP 성장률이 연 2%에 불과하다고 한탄합니다. 물론 우리 모두 성장률이 더 상승하길 바랍니다. 그러나 사람들이 한탄하는 2% 성장률로 간단한 계산을 해봅시다. 2% 성장률로도 경제가 놀라울 정도로 발전할 수 있습니다.

미국의 인구 증가율은 연 0.8% 정도입니다. (출생률에서 사망률을 차감한 자연인구증가율이 0.5%이고, 이민에 의한 증가율이 0.3%) 따라서 GDP 성장률은 2%이지만 1인당 GDP 성장률은 약 1.2%입니다. 그다지 인상적인 수준은 아닌 듯합니다. 그러나 한 세대를 25년으로 계산하면 한 세대 동안 1인당 '실질' GDP 성장률은 34.4%에 이릅니다. (복리 효과 때문에 성장률이 25×1.2% 보다 높아집니다.) 그러면 차세대의 1인당 실질 GDP는 무려 1만 9,000달러나 증가하게 됩니다. 모든 국민의 1인당 실질 GDP가 똑같이 증가한다고 가정하면, 4인 가구의 실질 GDP는 연 7만 6,000달러나 증가합니다. 오늘날 정치인들은 미래의 아이들을 위해서 눈물을 흘리지 않아도 됩니다.

실제로 현재 아이들은 대부분 유복하게 지내고 있습니다. 내 이웃에 사는 상위 중산층 가구들은 모두 내가 태어나던 시절 존 록펠러 1세보다도 높은 생활 수준을 누리고 있습니다. 록펠러는 전대미문의 대부호였지만 예컨대 운송, 오락, 통신, 의료 서비스 등 오늘날 우리가 당연하게 누리는 혜택조차 누리지 못했습니다. 록펠러는 분명히 권력과 명성을 보유했는데도 현재 내 이웃만큼도 유복하게 살 수 없었습니다.

차세대가 함께 나눌 파이는 현재보다 훨씬 커지겠지만 파이 분배 방식에 대해서는 여전히 치열한 논쟁이 벌어질 것입니다. 지금과 마찬가지로 사람들은 증가한 상품과 서비스를 더 차지하려고 서로 다툴 것입니다. 생산 연령층과 은퇴 연령층이 서로 다투고, 건강한 사람들과 노쇠한 사람들이 다툴 것이며, 상속인들과 자수성가한 사람들이 다투고, 투자자들과 노동자들이 다툴 것이며, 특히 시장에서 높이 평가받는 재능을 보유한 사람들과 단지 부지런히 일만 하는 사람들이 다툴 것입니다. 이런 충돌은 과거에도 항상 있었고 앞으로도 영원히 이어질 것입니다. 그 전쟁터는 의회가 될 것이며, 그 무기는 돈과 투표가 될 것입니다. 그래서 로비 산업은 계속 성장할 것입니다.

그래도 좋은 소식이 있습니다. 장래에는 패배하는 사람들조차 과거보다 상품과 서비스를 훨씬 많이 소비하게 될 것입니다. (마땅히 그래야 합니다.) 더 소비하는 상품과 서비스의 질도 극적으로 개선될 것입니다. 사람들이 원하는 상품과 서비스를 생산하는 데에는 시장 시스템이 최고입니다. 게다가 시장 시스템은 사람들이 필요성을 미처 깨닫지 못하는 상품과 서비스까지 제공합니다. 나의 부모는 어린 시절에 TV의 필요성을 깨닫지 못했고 나는 50대에도 PC의 필요성을 깨닫지 못했습니다. 그러나 TV와 PC의 필요성을 깨닫는 순간, 사람들의 생활은 혁신적으로 바뀌었습니다. 현재 나는 매주 10시간 인터넷으로 브리지 게임을 즐깁니다. 그리고 이 주주 서한을 쓸 때도 '검색' 기능이 매우 유용합니다. (그러나 만남을 주선하는 앱 틴더(Tinder)는 사용하지 않습니다.)

실제로 지난 240년 동안 미국이 실패하는 쪽에 돈을 거는 행위는 끔찍한 실수였으며, 지금도 돈을 걸 때가 아닙니다. 사업과 혁신이라는 미국의 황금 거위는 앞으로도 계속해서 더 큰 알을 더 많이 낳을 것입니다. 미국은 사회보장 제도 약속을 지킬 것이며, 아마도 더욱 풍요롭게 유지할 것입니다. 그리고 미국 아이들의 생활 수준은 부모보다 훨씬 높아질 것입니다.

이렇게 순풍을 타고 버크셔는 (그리고 다른 수많은 기업도) 거의 틀림없이 번창할 것입니다. 찰리와 나의 뒤를 잇는 경영자들은 아래 우리 청사진을 따르면서 주당 내재가치를 높일 것입니다. (1) 우리 자회사들의 수익력을 끊임없이 개선, (2) 자회사가 거래하는 기업들을 인수해 자회사의 이익을 증대, (3) 투자한 회사들의 성장에서 이득, (4) 버크셔 주가가 내재가치보다 상당 폭 낮을 때 자사주 매입, (5) 때때로 대규모 기업을 인수. 또한 주주 여러분의 실적을 극대화하고자 하므로, 버크셔 주식을 추가 발행하는 일은 드물 것입니다.

생산성과 번영　　2015

　앞에서 나는 우리 동업자들이 크래프트 하인즈에서 비효율성을 뿌리 뽑아 직원의 생산성을 높인다고 말했습니다. 이런 생산성 향상이 1776년 건국 이후 미국인들의 생활 수준을 대폭 높여준 비결이었습니다. 그러나 생산성과 번영 사이의 밀접한 관계를 제대로 이해하는 미국인은 아직도 극소수에 불과하므로 이 '비결'이라는 표현이 여전히 어울립니다. 먼저 미국에서 가장 극적인 생산성 향상 사례인 농업을 살펴보고 이어서 버크셔의 세 분야를 보면서 둘의 관계를 파악하고자 합니다.

　1900년에는 미국의 민간 노동인구가 2,800만 명이었습니다. 그중에서 농업에 종사하는 인구가 무려 40%에 이르는 1,100만 명이었습니다. 당시 가장 중요한 작물은 지금과 마찬가지로 옥수수였습니다. 옥수수 경작 면적은 약 9,000만 에이커(36만 km²)였고, 에이커당 산출량은 30부셸(816kg)이어서 연간 총산출량은 27억 부셸(7,300만 톤)이었습니다.

　이후 트랙터가 등장했고 파종, 수확, 관개, 비옥화, 종자 개량 등 농업 생산성을 획기적으로 높여주는 혁신 기법들이 잇달아 나왔습니다. 현재 옥수수 재배에 사용되는 면적은 약 8,500만 에이커(34만 km²)입니다. 그러나 생산성이 증가한 덕분에 에이커당 산출량은 150부셸(4,082kg)이 넘어서 연간 총산출량은 130~140억 부셸(3.5~3.8억 톤)에 이릅니다.

산출량 증가는 이야기의 절반에 불과합니다. 산출량은 엄청나게 증가했는데도 농업 종사자 수는 오히려 극적으로 감소했습니다. 현재 농업 종사자는 미국 노동인구 1억 5,800만의 겨우 2%에 불과한 약 300만 명입니다. 이렇게 농업 기술이 개선된 덕분에 오늘날 수천만 노동인구가 시간과 재능을 다른 분야에 투입할 수 있었고, 이렇게 인적 자원이 재분배된 덕분에 현재 미국인들은 비농업 제품과 서비스를 훨씬 많이 소비할 수 있습니다.

지난 115년을 돌아보면 농업 혁신이 농민뿐 아니라 사회 전체에 얼마나 유익했는지 쉽게 이해할 수 있습니다. 만일 농업 생산성이 이렇게 향상되지 않았다면 미국은 현재의 모습 근처에도 도달하지 못했을 것입니다. (말에게 투표권이 없어서 천만다행이었습니다.) 그러나 당시 하루하루 기준으로 보면, 단순 작업 효율성이 월등히 높은 기계에 일자리를 빼앗긴 농장 노동자들에게는 이른바 '공익' 이야기가 공허하게 들렸을 것입니다. 이런 생산성 향상의 이면에 대해서는 나중에 더 논의하겠습니다.

여기서는 먼저 버크셔 자회사들에 중대한 영향을 미친 세 가지 효율성 이야기를 하겠습니다. 이와 비슷한 변화는 미국의 모든 기업에서 흔히 일어났습니다.

- 제2차 세계대전 직후인 1947년, 미국 노동인구는 모두 4,400만 명이었고, 여기서 철도산업에 종사하는 인구는 약 135만 명이었습니다. 그해 클래스 1 철도회사들의 화물 유상 톤-마일(revenue-ton-miles) 합계는 6,550억이었습니다.

2014년이 되자 클래스 1 철도회사들의 톤-마일은 182% 증가해 1.85조가 되었지만, 직원은 1947년 이후 86%나 감소해 18만 7,000명에 불과했습니다. (직원은 여객 부문에서도 감소했지만, 대부분은 화물 부문에서 감소했습니다.) 생산성이 이렇게 경이적으로 향상된 결과, 인플레이션을 감안한 화물 톤-마일 요금은 1947년 이후 55%나 하락해, 화주들의 비용을 현재 화폐가치 기준으로 연 900억 달러나 절감해주고 있습니다.

놀라운 통계가 또 있습니다. 현재 화물 수송의 생산성이 1947년과 같은 수준이라면 현재의 화물 수송량 소화에 필요한 직원은 300만 명이 훨씬 넘을 것입니다. (물론 직원이 이렇게 많다면 화물 운임이 대폭 상승할 것이며, 그 결과 실제 수송량은 훨씬 감소할 것입니다.)

우리 BNSF는 1995년 '벌링턴 노던(Burlington Northern)'과 '산타페(Santa Fe)'가 합병해 설립되었습니다. 이 합병회사가 1996년에 만 1년 동안 수송한 화물은 4억 1,100만 톤-마일이었고, 당시 직원은 4만 5,000명이었습니다. 작년 수송한 화물은 7억 200만 톤-마일(71% 증가)이었고 직원은 4만 7,000명(겨우 4% 증가)이었습니다. 이렇게 생산성이 극적으로 증가한 덕분에 주주와 화주 모두 이득을 보았습니다. BNSF는 안전성도 개선되었습니다. 보고된 상해가 1996년에는 20만 인시(man-hours)당 2.04였으나, 이후 50% 넘게 감소해 0.95가 되었습니다.

- 100여 년 전 자동차가 발명되자 자동차보험산업도 형성되었습니다. 처음에는 보험 상품이 전통적인 보험대리점을 통해서 판매되었습니다. 그러나 이 과정에서 수수료 등 보험영업 비용이 큰 비중을 차지해 수입 보험료 1달러당 약 40센트나 되었습니다. 당시에는 지역 보험대리점이 여러 보험사를 대표하면서 각 보험사와 개별적으로 수수료를 협상했으므로 주도권이 보험대리점에 있었습니다. 보험료는 카르텔 방식으로 결정되었으므로, 보험계약자를 제외하고 관계자 모두가 만족했습니다.

이 무렵 미국의 독창성이 작동하기 시작했습니다. 일리노이주 머나에 사는 농부 조지 메헐(George Mecherle)은 오로지 한 회사의 보험 상품만 판매하는 전속 보험설계사라는 아이디어를 생각해냈습니다. 그는 스테이트 팜 뮤추얼(State Farm Mutual)이라는 보험사를 설립했습니다. 이 회사는 수수료와 비용을 절감해 보험료를 낮추었고, 곧 업계 최강자가 되었습니다. 이후 수십 년 동안 스테이트팜은 자동차보험과 주택소유자보험 판매량을 폭발적으로 늘리면서 업계를 선도했습니다. 역시 전속 보험설계사 제도를 도입한 올스테이트(Allstate)가 장기간 업계 2위를 유지했습니다. 스테이트팜과 올스테이트의 보험영업 비용은 둘 다 약 25%였습니다.

1930년대 초, 상호회사 형태의 도전자 유나이티드 서비스 오토 어소시에이션(United Service Auto Association, USAA)도 장교들에게 직접 자동차보험을 판매했습니다. 군인들은 근무지가 변경되어도 효력이 유지되는 보험이 필요하다는 사실을 바탕으로, 이 회사는 혁신적인 마케팅 기법을 도출했던 것입니다. 지역 보험대리점들은 영구 거주자들을 대상으로 보험을 계속 연장하는 영업 방식을 원했으므로 군인들에게는 관심이 없었습니다.

USAA의 직접 판매 방식은 영업비용이 스테이트팜이나 올스테이트보다도 낮았으므로 장교 고객들에게 보험료를 더 깎아주었습니다. 당시 USAA 직원이었던 리오 굿윈과 릴리언 굿윈은 직접 판매 대상을 더 넓혀보자는 꿈을 꾸었습니다. 1936년 이들은 자본금 10만 달러로 거번먼트 임플로이이 인슈런스(Government Employees Insurance Co)를 설립했습니다. (길고 복잡한 회사명을 나중에 가이코로 줄였습니다.)

이 신생 기업은 1937년 영업 첫해에 자동차보험을 23만 8,000달러 판매했습니다. 작년 가이코의 매출은 USAA의 두 배가 넘는 226억 달러였습니다. (벌레는 먼저 일어나는 새가 먹지만, 치즈는 두 번째로 발견하는 쥐가 먹습니다.) 작년 가이코의 보험영업 비용은 보험료의 14.7%였는데, 대형 보험사 중 보험영업 비용이 더 낮은 회사는 USAA뿐이었습니다. (가이코도 USAA만큼 효율적이지만, 성장을 촉진하려고 광고비를 훨씬 많이 지출하고 있습니다.)

낮은 영업비용으로 가격 경쟁력을 확보한 가이코는 여러 해 전, 업계 2위인 올스테이트 자동차보험을 따라잡았습니다. 그리고 아직은 격차가 크지만 스테이트팜 자동차보험의 실적에 접근하고 있습니다. 나는 100번째 생일인 2030년 8월 30일, 가이코가 정상을 차지했다고 발표할 계획입니다. 여러분 일정표에 기록해두시기 바랍니다.

가이코는 직원 약 3만 4,000명으로 보험계약자 1,400만 명을 섬기고 있습니다. 보험대리점 시스템으로 보험계약자 1,400만 명을 섬기려면 직원이 몇 명이나 필요한지를 정확하게 알 수는 없습니다. 그러나 보험사 직원과 대리점 직원을 더해서 적어도 6만 명은 필요할 것이라고 나는 생각합니다.

- 우리 전력회사 버크셔 해서웨이 에너지(BHE)는 사업 환경이 바뀌고 있습니다. 과거에 지역 전력회사는 효율성이 높지 않아도 생존할 수 있었습니다. 즉 사업을 방만하게 하면서도 수익성은 양호하게 유지할 수 있었습니다.

이는 전력회사가 대개 그 지역에서 유일한 공급자였고, 당국은 규정된 ROIC가 유지되는 수준으로 전력회사의 요금 인상을 허용했기 때문입니다. 그래서 업계에는 "사장실을 개조해도 자동으로 수익이 늘어나는 회사는 전력회사뿐"이라는 농담도 있습니다. 실제로 일부 CEO는 이런 방식으로 회사를 운영했습니다.

그러나 이제는 모두 바뀌고 있습니다. 현재 우리 사회는 풍력발전과 태양광발전에 연방정부가 보조금을 지급하는 것이 장기적으로 국가에 이롭다고 판단합니다. 이 정책에 따라 연방정부가 세금을 공제해주고 있으므로, 일부 지역에서는 재생 가능 에너지가 가격 경쟁력을 유지합니다. 그러나 이런 세금 공제 등 정부의 지원 탓에 기존 전력회사, 특히 원가가 높은 전력회사는 결국 경제성이 악화할 수 있습니다. 하지만 BHE는 (효율성이 낮아도 수익성을 유지할 수 있었던) 오래전부터 효율성에 역점을 두었으므로 오늘날 시장 경쟁력이 매우 강합니다. (그리고 장래에도 경쟁력이 매우 강할 것입니다.)

1999년, BHE는 아이오와 전력회사를 인수했습니다. 우리가 인수하기 전 이 전력회사의 직원은 3,700명이었고 전력 생산량은 1,900만 메가와트시(MWh)였습니다. 현재는 직원이 3,500명이고 생산량은 2,900만 메가와트시입니다. 이렇게 생산성이 대폭 향상되었으므로 우리는 16년 동안 요금을 인상하지 않았습니다. 그러나 같은 기간 업계 요금은 44% 상승했습니다.

우리 아이오와 전력회사는 안전 기록도 탁월합니다. 우리가 인수하기 전년도에는 직원 100명당 부상자가 7명이었는데 2015년에는 0.79명이었습니다.

2006년, BHE는 오리건과 유타가 주사업장인 퍼시피코프(PacifiCorp)를 인수했습니다. 우리가 인수하기 전년도에 퍼시피코프의 직원은 6,750명이었고 전력 생산량은 5,260만 메가와트시였습니다. 작년에는 직원이 5,700명이었고 전력 생산량은 5,630만 메가와트시였습니다. 여기도 안전 기록이 극적으로 개선되었습니다. 2005년에는 직원 100명당 부상자가 3.4명이었는데 2015년에는 0.85명으로 감소했습니다. 이제

BHE의 안전 기록은 업계에서 상위 10%에 속합니다.

BHE의 실적이 이렇게 탁월하므로, 우리가 전력회사를 인수하겠다고 제안하면 해당 지역 규제당국이 환영합니다. 우리 운영이 효율적이고 안전해서 신뢰할 수 있으며, 타당성 있는 프로젝트라면 자본을 무제한 투자한다는 사실을 알고 있기 때문입니다. (BHE는 버크셔가 인수한 이후 배당을 한 번도 지급하지 않았습니다. 미국의 민간 전력회사 중 BHE만큼 재투자에 적극적인 회사는 어디에도 없습니다.)

생산성 향상(그리고 그동안 미국이 이룬 기타 수많은 성과)은 지금까지 사회에 엄청난 혜택을 안겨주었습니다. 생산성 향상이야말로 미국인들이 더 많은 상품과 서비스를 소비하게 해준 (그리고 앞으로도 계속 소비하게 해줄) 요소입니다.

그러나 생산성 향상에도 단점이 있습니다. 첫째, 최근 몇 년 동안 달성된 생산성 향상의 혜택 대부분이 부자들에게 돌아갔습니다. 둘째, 생산성 향상은 흔히 격변을 불러옵니다. 혁신과 효율성이 세상을 뒤집어놓으면 자본가와 노동자 모두 끔찍한 대가를 치르게 됩니다.

자본가를 위해서 눈물을 흘릴 필요는 없습니다. (비상장회사 소유주이든, 상장회사 주주들이든 상관없습니다.) 이들은 스스로 자신을 보호해야 합니다. 이들은 투자를 잘하면 막대한 보상을 받을 수 있으므로, 투자를 잘못했을 때는 손실을 보는 것이 당연합니다. 게다가 광범위하게 분산투자해서 계속 보유하기만 해도 틀림없이 성공합니다. 미국에서는 사람들이 투자에 성공해서 얻은 이익이, 투자에 실패해서 입은 손실보다 항상 훨씬 많았습니다. (20세기 100년 동안 다우지수에 포함된 기업들이 배당을 계속 늘렸는데도 이 지수는 66에서 11,497로 치솟았습니다.)

그러나 장기근속 노동자는 사정이 다릅니다. 혁신과 시장 시스템이 상호작용하면서 효율성이 높아지면 노동자들은 불필요한 존재로 전락할 수 있습니다. 다른 곳에서 괜찮은 일자리를 구하는 사람도 있겠지만, 구하지 못하는 사람도 있습니다.

원가 경쟁이 벌어져 신발 생산 주도권이 아시아로 넘어가자, 한때 번창했던 우리 자회사 덱스터는 사업을 접었고, 메인주 소도시에서 일하던 직원 1,600명은 실업자가 되었습니다. 직원 다수는 나이가 많아서 다른 기술을 배울 수가 없었습니다. 우리는 투자액을 모두 날렸지만 버틸 수 있었습니다. 그러나 직원들은 생계 수단을 잃었고 다른 일자리를 찾을 수 없었습니다. 똑같은 시나리오가 우리 뉴잉글랜드 직물 공장에서도 20년에 걸쳐 천천히 진행되었습니다. 우리 뉴베드퍼드 공장도 가슴 아픈 사례입니다. 나이 많은 직원 다수가 포르투갈어를 쓰고 영어를 거의 못했습니다. 이들에게는 대안이 없었습니다.

그렇다고 해서 생산성 향상을 억제하거나 불법화하는 것이 답이 될 수는 없습니다. 만일 정부가 농업 부문에서 1,100만 명을 계속 고용하도록 강제했다면 현재 미국인들의 생활 수준은 훨씬 낮아졌을 것입니다.

근로 의지는 있지만 재능을 시장에서 인정받지 못하는 사람들에게 다양한 사회안전망으로 괜찮은 생활을 제공하는 방식으로 이런 혼란을 해결해야 합니다. (나는 근로소득세 공제를 확대 개편해서 근로 의지가 있는 사람들을 지원하는 방식에 찬성합니다.) 미국인 대다수의 생활 수준을 계속 높이는 대가로 불운한 사람들이 가난해져서는 안 됩니다.

기후 변화가 버크셔에 미칠 파장 　2015

　모든 상장회사와 마찬가지로, 우리도 SEC 규정에 따라 매년 10-K 보고서에 '위험 요소'를 열거해야 합니다. 그러나 이런 '위험 요소'가 내가 기업을 평가할 때 유용한 적이 있었는지 모르겠습니다. 이는 여기 열거된 위험 요소가 비현실적이어서는 아닙니다. 그러나 정말로 위험한 요소는 대개 잘 알려져 있습니다. 게다가 10-K 위험 요소는 다음 세 가지를 평가할 때 거의 도움이 되지 않습니다. (1) 위험한 사건이 실제로 발생할 확률, (2) 실제로 발생할 때 예상되는 손실 범위, (3) 손실이 발생하는 시점. 지금부터 50년 지나야 발생하는 위험이라면, 사회문제가 될지는 몰라도 현재 투자자에게 손실을 안겨주는 문제는 아닙니다. (중략)

　내가 이 섹션을 쓰는 것은 올해 주주총회에서 기후 변화를 논의해달라는 주주 제안을 받았기 때문입니다. 제안자는 기후 변화가 우리 보험영업에 미치는 위험을 보고하고, 우리의 대응 방안을 설명해달라고 요청했습니다.

　기후 변화는 지구에 커다란 문제를 일으킬 가능성이 높다고 생각합니다. 나는 '확실하다' 대신 '가능성이 높다'라고 말했습니다. 나는 과학에 소질도 없을뿐더러, Y2K에 대한 대부분 '전문가들'의 예측이 비참하게 빗나갔던 사실을 기억하기 때문입니다. 그러나 아무리 문제의 가능성이 높고 즉시 대응하면 그 가능성을 조금이나마 줄일 수 있더라도, 지구에 엄청난 위험이 다가온다는 확실한 증거를 요구하는 것은 어리석은 일입니다.

　이는 파스칼(Blaise Pascal)이 제기한 신의 존재에 대한 내기와 비슷합니다. 실제로 신이 존재할 가능성이 조금이라도 있다면 신이 존재한다고 믿는 편이 유리하다고 파스칼은 주장했습니다. 실제로 신이 존재한다면 믿은 사람은 무한한 보상을 받게 되지만, 믿지 않은 사람은 영원히 고통받기 때문입니다. 마찬가지로 지구에 커다란 문제가 발생할 가능성이 1%에 불과하고 당장 대응하지 않으면 기회가 사라진다면, 수수방관이야말로 무모한 행위가 될 것입니다. 여기서 이른바 노아의 법칙이 나옵니다. "반드시 방주가 있어야 생존할 수 있다면, 오늘 하늘에 구름 한 점 없어도 당장 방주를 짓기 시작해야 한다."

버크셔는 온갖 위험을 보장하는 거대 보험사이므로, 기후 변화가 특히 버크셔에 위험하다고 주주 제안자가 믿는 것도 충분히 이해할 수 있습니다. 제안자는 기후 변화 탓에 재산 피해가 급증한다고 걱정할지 모르겠습니다. 우리가 10년이나 20년 만기 보험을 고정가격에 판매한다면 그렇게 걱정할 만합니다. 그러나 보험은 관례상 1년 단위로 판매하며, 위험도 변화를 고려해 매년 가격을 다시 책정합니다. 손해 가능성이 증가하면 보험료도 즉시 인상됩니다.

내가 처음으로 가이코에 열광했던 1951년으로 돌아가 봅시다. 당시 가이코의 계약당 손해액 평균은 연 30달러 수준이었습니다. 당시 내가 2015년에는 계약당 손해액이 약 1,000달러로 증가할 것이라고 예측했다면 여러분은 어떤 반응을 보였을까요? 손해액이 그렇게 급증해도 회사가 버틸 수 있느냐고 질문했겠지요. 물론 버틸 수 있습니다.

그동안 인플레이션 탓에, 사고가 발생하면 치료비와 자동차 수리비가 엄청나게 상승했습니다. 그러나 비용이 상승한 만큼 보험료도 즉시 인상되었습니다. 역설적이지만 비용이 계속 상승한 덕분에 보험사들의 가치가 훨씬 높아졌습니다. 비용이 상승하지 않았다면 현재 가이코의 연간 매출은 230억 달러가 아니라 6억 달러에 머물 것입니다.

사람들은 기후 변화를 우려하지만, 지금까지는 허리케인 등 기후 관련

보험 사고의 빈도가 늘어나지 않았고 손해도 증가하지 않았습니다. 그 결과 최근 몇 년 동안 대재해보험료도 꾸준히 하락했습니다. 그래서 우리는 대재해보험 사업에서 한 걸음 물러났습니다. 대재해의 빈도와 손해가 증가한다면 아마 버크셔의 보험 사업은 더 성장하고 수익성도 더 좋아질 것입니다.

시민 입장에서는 기후 변화 걱정 탓에 밤잠을 설치는 것도 당연합니다. 저지대에 사는 주택 보유자라면 이사도 고려할 만합니다. 그러나 대형 보험사 주주의 관점으로만 생각한다면 기후 변화는 걱정할 일이 아닙니다.

시장 시스템이 이룬 기적 `2016`

우리 재임 기간 내내 그랬듯이, 활기 넘치는 미국 경제는 버크셔의 정상 수익력 제고에 큰 힘이 되어줄 것입니다. 그동안 미국이 이룬 성과를 한마디로 요약하면 '기적'입니다. (내 생애의 거의 3배에 해당하는) 240년 전부터 미국인들은 창의력, 시장 시스템, 수많은 인재, 야심 찬 이민자들, 법치주의를 결합해 우리 선조가 꿈도 꾸지 못한 풍요를 일궈냈습니다.

경제학자가 아니어도 그동안 미국 시스템이 얼마나 효율적으로 작동했는지 이해할 수 있습니다. 단지 주위를 둘러보기만 하면 됩니다. 7,500만 채에 이르는 자가 주택, 풍부한 농지, 2억 6,000만 대의 자동차, 매우 생산성 높은 공장들, 훌륭한 의료센터, 인재가 가득한 대학교 등. 이들 모두가 1776년 당시 척박한 토지, 원시적인 구조, 빈약한 생산 위에 미국인들이 쌓아 올린 성과입니다. 미국은 백지에서 시작해 모두 90조 달러에 이르는 부를 축적했습니다.

물론 주택, 자동차, 기타 자산을 소유한 미국인들 중에는 큰 부채를 진 사람이 많습니다. 그러나 이들이 파산한다고 해서 이들의 자산도 사라지는 것은 아닙니다. 대개 자산의 소유권은 미국 대출기관을 통해서 다른 미국인에게 이전됩니다. 미국의 부는 고스란히 남아 있습니다. 거트루드 스타인(Gertrude Stein, 미국 시인, 소설가)은 말했습니다. "돈은 항상 그대로이고, 주머니만 바뀔 뿐이다."

미국의 풍요를 일궈낸 일등 공신은 바로 미국의 시장 시스템입니다. 자본, 인재, 노동의 흐름을 능숙하게 정리해낸 일종의 교통경찰이지요. 시장 시스템은 보상을 배분하는 주역이기도 했습니다. 그리고 (연방, 주, 지역) 정부도 세금 등을 통해서 부의 상당 부분을 재분배했습니다.

예를 들어 미국은 생산 연령대 시민들이 노인과 어린이들을 돕기로 결정했습니다. 이런 지원을 흔히 '수급권(entitlements)'이라고 부르는데, 사람들은 노인층에게 제공되는 혜택이라고 생각합니다. 그러나 매년 400만 명 태어나는 미국 아기들에게도 공교육 수급권이 제공된다는 사실을 기억하시기 바랍니다. 이 사회적 지원에 들어가는 비용은 아기 한 명당 약 15만 달러이며 자금 대부분이 지역에서 조달됩니다. 연간 비용 합계는 6,000억 달러가 넘으며 GDP의 약 3.5%에 이릅니다.

미국의 부를 어떤 방식으로 분배하더라도, 사방에 널린 엄청난 부는 거의 모두 미국인들의 것입니다. 물론 외국인들도 우리 부의 일정 부분을 소유하고 있습니다. 그러나 이들의 부가 미국 재무상태표에 미치는 영향은 미미합니다. 미국 시민들도 외국 자산을 비슷한 규모로 소유하고 있기 때문입니다.

강조하건대 초창기 미국인들이 그 이전 사람들보다 더 똑똑하거나 근면했던 것은 아닙니다. 그러나 이 대담한 선구자들은 사람들의 잠재력을 촉발하는 시스템을 만들어냈고 후손들은 이 시스템을 바탕으로 발전했습니다.

이 시스템 덕분에 먼 장래에도 우리 후손들의 부는 계속 증가할 것입니다. 물론 일시적으로 부가 증가하지 않을 때도 간혹 있을 것입니다. 그러나 부의 증가 추세가 중단되지는 않을 것입니다. 과거에도 거듭 말했고 장래에도 말하겠지만, 오늘날 미국에서 태어나는 아기들은 역사상 가장 운 좋은 사람들입니다.

미국 경제가 발전한 덕분에 주주들은 막대한 수익을 거두었습니다. 20세기에 다우지수는 66에서 11,497로 상승해, 주주들은 17,320%에 이르는 자본이득은 물론 꾸준히 증가하는 배당까지 받았습니다. 이 추세는 계속되고 있습니다. 2016년 말까지 지수는 72% 더 상승해 19,763이 되었습니다.

장래에 미국 기업들(그리고 주식)의 가치는 거의 틀림없이 훨씬 더 높아질 것입니다. 혁신, 생산성 향상, 기업가정신, 풍부한 자본이 이를 뒷받침할 것입니다. 항상 존재하는 비관론자들은 여전히 비관론을 팔면서 돈을 벌지도 모릅니다. 그러나 이들이 자신의 터무니없는 비관론을 실행에 옮긴다면 망할 것입니다.

물론 낙오하는 기업도 많을 것이고 파산하는 기업도 있을 것입니다. 이런 옥석 가리기는 역동적인 시장 시스템이 빚어낸 결과입니다. 게다가 앞으로도 간혹 거의 모든 주식이 폭락할 것이며 극심한 공포까지 발생할 수도 있습니다. 이런 충격이 언제 발생할지는 아무도 알 수 없습니다. 나도, 찰리도, 경제학자들도, 대중매체도 말이지요. 뉴욕 연준의 메그 매코널(Meg McConnell)이 공포의 실체를 적절하게 묘사했습니다. "우리는 체계적 위험을 찾아내려고 많은 시간을 들이고 있습니다. 그러나 실제로는 체계적 위험이 우리를 찾아냅니다."

공포가 덮칠 때 절대 잊지 말아야 할 두 가지가 있습니다. 첫째, 만연한 공포는 투자자의 친구라는 사실입니다. 주식을 헐값에 살 기회이기 때문이지요. 둘째, 내가 공포에 휩쓸리면 공포는 나의 적이라는 사실입니다. 투자자는 공포에 휩쓸릴 필요가 없습니다. 재무 구조가 건전한 미국 대기업에 장기 분산투자하면서 불필요한 비용만 피하더라도 거의 틀림없이 좋은 실적을 얻을 것입니다.

버크셔는 거대한 규모 탓에 탁월한 실적을 내기 힘듭니다. 자산 규모가 증가하면 수익률은 하락하는 법이니까요. 그렇더라도 버크셔는 우량 자회사들, 철옹성처럼 건전한 재무 구조, 주주 지향적 문화를 갖추고 있으므로 꽤 훌륭한 실적은 낼 것입니다. 그래야 우리가 만족할 것입니다.

순풍을 타고 가는 미국 `2018`

3월 11일이면 내가 미국 기업에 처음 투자한 지 만 77년이 됩니다. 11세가 되던 1942년 나는 6세부터 모은 전 재산 114.75달러를 투자했습니다. 내가 산 종목은 시티서비스 우선주 3주였습니다. 나는 자본가가 되어 기분이 좋았습니다.

이제 내가 주식을 산 시점에서 77×2년 과거로 거슬러 올라가 봅시다. 그러면 조지 워싱턴(George Washington)이 미국 초대 대통령이 되기 1년 전인 1788년이 나옵니다. 이 신생국이 불과 77×3년 후 현재와 같은 국가가 될 것이라고 상상한 사람이 당시에 누가 있었을까요? 1788년부터 1942년까지 77×2년 동안 미국은 인구 400만 명(당시 세계 인구의 약 0.5%)의 신생국에서 세계 최강국으로 성장했습니다. 그러나 1942년 봄 미국은 위기에 직면했습니다. 미국은 불과 3개월 전에 참전한 제2차 세계대전에서 연합군과 함께 고전하고 있었습니다. 매일 나쁜 소식이 들려왔습니다.

매일 걱정스러운 소식이 들렸지만 그해 3월 11일 미국인들은 거의 모두 전쟁에 승리할 것으로 믿었습니다. 미국인들의 낙관은 승리에 그치지 않았습니다. 타고난 비관론자들을 제외한 미국인들은 자녀와 그 이후 세대들 모두 자신보다 훨씬 더 잘살게 되리라 믿었습니다. 물론 앞길이 순탄치 않다는 사실은 알고 있었습니다. 순탄한 적이 없었으니까요. 건국 초기에 남북전쟁으로 미국 남성의 4%가 죽자 링컨 대통령은 연설에서 "지금 우리는 자유로 잉태되어 모든 사람이 평등하다는 믿음으로 세워진 이 나라가 오래도록 유지될 수 있는지 내전을 통해서 시험받고 있습니다"라고 말했습니다. 1930년대에는 대공황이 발생해 대량 실업으로 극심한 고통을 받았습니다.

그런데도 내가 주식에 처음 투자한 1942년, 미국인들은 전쟁이 끝나면 번영이 찾아올 것으로 믿었습니다. 이 믿음은 옳았습니다. 실제로 미국이 이룬 성과에는 '숨이 막힐 정도'라는 표현이 안성맞춤입니다.

이 주장이 맞는지 숫자로 확인해봅시다. 내가 114.75달러를 무보수 S&P500 인덱스펀드에 투자하고 배당도 모두 재투자했다면 내 돈은 (이 주주 서한 인쇄 직전인) 2019년 1월 31일 세금 공제 전 60만 6,811달러가 되었을 것입니다. 투자 원금이 5,288배 늘어난 것입니다. 같은 기간 연금기금이나 대학기금 등 비과세 기관이 100만 달러를 투자했다면 약 53억 달러로 늘어났을 것입니다.

충격적인 숫자를 하나 더 알려드리겠습니다. 만일 위 비과세 기관이 펀드매니저와 컨설턴트 등 다양한 '조력자들'에게 투자해 매년 자산의 1%만 보수로 지급했어도 원리금은 그 절반인 26억 5,000만 달러로 줄어들었을 것입니다. 지난 77년 동안 S&P500의 실제 수익률은 연 11.8%였지만 기관의 수익률은 보수 탓에 연 10.8%로 낮아졌기 때문입니다.

재정 적자 탓에 나라가 망한다고 줄곧 비관론을 펴는 사람들이 있습니다(나도 오랜 기간 그랬습니다). 실제로 미국의 국가 부채는 지난 77년 동안 약 400배 증가했습니다. 무려 40,000% 증가했다는 뜻입니다! 우리가 이런 추세를 예견했고, 걷잡을 수 없이 커지는 적자와 통화가치 하락에 겁먹었다고 가정합시다. 그래서 우리 재산을 지키려고 주식 대신 114.75달러로 금 3.25온스(약 92g = 약 25돈)를 샀다고 합시다.

그러면 우리 재산이 지켜졌을까요? 지금 우리가 보유한 금의 가치는 약 4,200달러로, S&P500 인덱스펀드에 투자했을 때의 1%에도 못 미칩니다. 이 황홀한 금속은 '열정 넘치는 미국'의 근처에도 따라오지 못했습니다. 미국은 어느 정당이 집권해도 놀라운 번영을 이어갔습니다. 1942년 이후 집권한 대통령 중 7명은 공화당에서 나왔고 7명은 민주당에서 나왔습니다. 이들 대통령 집권 기간에 미국은 우대금리가 21%까지 도달하는 장기 인플레이션도 겪었고 논란 많고 값비싼 전쟁도 여러 번 치렀습니다. 대통령이 사임하기도 했고, 주택 가격이 전국적으로 폭락하기도 했으며, 금융위기 등 수많은 문제에 시달렸습니다. 그때마다 겁나는 뉴스가 쏟아졌지만 이제는 모두 지나간 일입니다.

세인트 폴 대성당을 지은 건축가 크리스토퍼 렌(Christopher Wren)은 그 성당에 안장되어 있습니다. 그의 묘비에는 다음과 같은 글이 적혀 있습니다. "내 기념비를 찾는다면 주위를 둘러보시오. (1666년 대화재 후 렌은 런던에 52개 성당을 재건했음 - 옮긴이)" 미국 경제에 회의적인 사람들은 이 메시지를 마음에 새겨야 합니다.

다시 1788년으로 돌아가 봅시다. 당시 미국에는 열정 넘치는 사람들과 이들의 꿈을 실현하고자 하는 미숙한 통치 체제를 제외하면 정말 별것이 없었습니다. 연준의 추산에 의하면 현재 미국 가계가 보유한 재산은 108조 달러로 가늠하기도 불가능한 수준입니다.

앞에서도 설명했지만 버크셔의 번영을 이끌어온 요소는 유보이익이었습니다. 미국도 마찬가지입니다. 국가 회계에서 유보이익에 해당하는 항목은 '저축'입니다. 미국인들은 저축을 했습니다. 만일 우리 조상이 저축하지 않고 생산물을 모두 소비했다면 투자도 못 했을 것이고, 생산성 향상도 없었을 것이며, 생활 수준도 개선되지 않았을 것입니다.

* * *

찰리와 나는 버크셔 성공의 상당 부분이 이른바 '순풍을 타고 가는 미국' 덕분이라고 기꺼이 인정합니다. 만일 미국 기업이나 개인이 이를 '혼자서 이룬 성과'라고 자랑한다면 도를 넘는 오만입니다. 그런 자랑은 노르망디 미군 묘지에 묻힌 전몰장병들을 모독하는 행위입니다.

세상에는 미국 말고도 전망 밝은 나라가 많이 있습니다. 우리는 이에 대해 기뻐해야 합니다. 모든 나라가 함께 번영하면 미국도 더 번영하고 더 안전해지기 때문입니다. 버크셔는 외국에도 대규모로 투자하고자 합니다. 그러나 향후 77년 동안에도 우리 이익 대부분은 거의 틀림없이 '순풍을 타고 가는 미국'에서 나올 것입니다. 우리는 순풍을 타고 가게 되어 정말 운이 좋습니다.

이제 비밀도 아닌 우리 무기   2023

　간혹 시장이나 경제 요인에 의해서 우량 대기업의 주식과 채권 가격이 현저하게 잘못 매겨지기도 합니다. 실제로 시장은 갑자기 작동을 멈추거나 심지어 사라지기도 합니다. 1914년에는 4개월 동안 작동을 멈추었고 2001년에는 며칠 동안 멈추었습니다. 이제는 미국 투자자들이 과거보다 더 차분해졌다고 믿는다면 2008년 9월을 돌이켜 보십시오. 신속한 의사소통과 경이로운 기술 덕분에 전 세계가 즉시 마비될 수 있으며, 신호는 이미 오래전부터 나오고 있습니다. 이런 즉각적인 마비 현상이 자주 발생하지는 않겠지만 그래도 발생할 것입니다.

　실적이 확실하고 자금력이 막강한 버크셔는 시장 마비 현상에 즉시 대응할 수 있으므로 가끔 커다란 기회를 맞이하게 됩니다. 주식시장이 버크셔 초창기보다 훨씬 커지긴 했지만, 오늘날 적극적인 투자자들이 나의 학창 시절 투자자들보다 정서가 더 안정적이지도 않고 교육 수준이 더 높지도 않습니다. 어떤 이유에서든 현재 시장은 나의 젊은 시절보다 훨씬 더 카지노 같은 모습을 보입니다. 이제는 가정에 자리 잡은 카지노가 매일 투자자들을 유혹합니다.

　투자자들은 한 가지 사실을 절대 잊어서는 안 됩니다. 월스트리트는 고객들이 돈 벌기를 바랄지 몰라도 실제로는 고객들의 과도한 매매 활동을 유발합니다. 이때 월스트리트는 온갖 어리석은 아이디어를 활발하게 전파합니다. 월스트리트에서 모두는 아니더라도 누군가는 항상 그런 행동을 합니다.

　가끔은 추잡한 상황이 발생하기도 합니다. 그러면 정치인들은 격분하지만, 가장 극악한 범인들은 처벌도 받지 않은 채 부자가 되어 사라집니다. 손실을 본 주변 친구는 당황하며, 원한을 품기도 합니다. 그는 돈 때문에 도덕이 땅에 떨어졌음을 알게 됩니다.

버크셔에는 지금까지 바뀌지 않았고 앞으로도 바뀌지 않을 투자 원칙이 하나 있습니다. 영구적 원금 손실 위험을 절대 떠안지 않는다는 것입니다. 미국에 부는 순풍과 복리의 위력 덕분에, 평생 훌륭한 결정을 두 번 내리고 심각한 실수를 저지르지 않으면 지금까지 미국 시장은 큰돈을 벌게 해주었고 앞으로도 큰돈을 벌게 해줄 것입니다.

***

버크셔는 지금까지 경험한 것보다 더 큰 금융위기에도 대응할 수 있다고 믿습니다. 이 능력은 우리가 절대 포기하지 않을 것입니다. 간혹 그랬듯이 금융위기가 발생하면 버크셔의 목표는 (2008~2009년에 미력이나마 힘을 보탰듯이) 미국의 자산으로서 역할을 담당하는 것입니다. 즉 부주의 등으로 금융위기에 불을 붙이는 기업이 아니라 그 불을 진화하는 기업이 되는 것입니다.

우리 목표는 현실적입니다. 버크셔의 힘은 이자 비용, 세금, 상당한 감가상각비와 상각비를 차감하고서도 나이아가라 폭포처럼 쏟아지는 다양한 이익에서 옵니다(버크셔에서 'EBITDA'는 금지된 척도입니다). 아울러 세계 경기가 장기간 침체에 빠져 미국 경제가 거의 마비되는 상황에서도 우리 영업에는 현금이 거의 필요하지 않습니다.

현재 버크셔는 배당을 지급하지 않고 있으며, 자사주 매입은 100% 임의로 결정합니다. 매년 만기가 도래하는 부채는 절대 큰 금액이 아닙니다.

버크셔는 일반 통념상 필요한 규모를 훨씬 초과하는 현금과 미국 단기국채도 보유하고 있습니다. 2008년 금융위기 기간에도 버크셔는 영업을 통해서 충분한 현금을 창출했으므로 기업어음이나 은행 대출, 채권시장에 어떤 방식으로도 의존하지 않았습니다. 우리는 금융위기 발생 시점을 예측한 것이 아니라 항상 대비하고 있었습니다.

지극히 보수적인 재무 정책이 주주 여러분께 드리는 버크셔의 약속입니다. 이런 정책은 아마 대부분 기간에 필요 없었던 것으로 밝혀질 것입니다. 요새처럼 튼튼한 내화성 건물인데도 화재보험에 가입하는 것처럼 말이지요. 그래도 우리는 버티처럼 버크셔를 믿고 돈을 맡긴 주주들에게 (장기간 평가 손실이 발생하는 것은 피할 수 없지만) 영구적 손실은 안기고 싶지 않습니다.

버크셔는 철옹성입니다.

Q 2015 경제 규모 대비 주가

'시가총액/GDP'나 '기업 이익/GDP' 등 전에 당신이 언급했던 평가 지표가 높게 나옵니다. 현재 전반적으로 주가가 지나치게 높다고 생각하시나요?

버핏 일각에서는 '기업 이익/GDP'가 높다고 우려할지도 모르겠습니다. 기업들은 미국의 법인세율이 터무니없이 높다고 주장하지만 최근 몇 년 동안 미국 기업들은 좋은 실적을 기록했습니다. 사실 미국 기업들은 믿기 어려울 정도로 성공했습니다. '시가총액/GDP'는 금리의 영향을 매우 많이 받습니다.

현재 미국은 초저금리, 유럽은 마이너스 금리로서 사람들이 상상하지 못했던 상황이 이어지고 있습니다. 국채 수익률이 1%일 때는 국채 수익률이 5%일 때보다 이익의 가치가 훨씬 높아집니다. 이자가 거의 안 나오는 채권을 보유하는 것보다는 훨씬 유리하기 때문입니다. 주식의 가치를 평가하려면, 이런 초저금리가 얼마나 오래 지속될 것인지 판단해야 합니다. 일본처럼 초저금리가 수십 년 유지된다면 주식이 싸 보일 것입니다. 그러나 금리가 정상 수준으로 돌아간다면 주식이 비싸 보일 것입니다.

멍거 금리 예측에 실패한 우리에게 사람들은 왜 미래 금리를 예측해달라고 할까요?

버핏 우리는 거시 변수를 기준으로 거래를 결정하지 않습니다. 버크셔는 거시 변수 때문에 기업 인수를 거절한 적이 없습니다. 우리는 12~24개월 뒤에 상황이 어떻게 될지 알지 못합니다. 그러나 훌륭한 기업을 보유하고 있다면 상황이 어떻게 되든 상관없습니다. 기업을 인수할 때 중요하게 고려하는 사항은 '기업의 경쟁우위가 얼마나 강한가'와 '장래 수익성 전망이 얼마나 밝은가'입니다. 이코노미스트는 한 기업에 한 사람만 있어도 지나치게 많다고 생각합니다.

Q 2015 버크셔 해서웨이 브랜드

버크셔는 에너지, 부동산 중개, 자동차 판매 등 여러 사업의 브랜드를 변경하고 있습니다. 이런 브랜드 변경 탓에 평판이 손상될 위험은 없을까요? 프루트 오브 더 룸(Fruit of the Loom)은 회사명이 버크셔 해서웨이 가먼트(속옷)로 변경되나요?

버핏 질문자 말씀대로 우리는 '버크셔 해서웨이 홈 서비스'라는 프랜차이즈 회사를 만들었습니다. 2년 전 푸르덴셜(Prudential) 부동산 사업부로부터 이 회사의 지분 3분의 2를 인수했고, 나머지 지분 3분의 1도 인수하기로 계약했습니다. 일정 기간 후에는 우리가 푸르덴셜이라는 명칭을 사용할 수 없으므로 버크셔 해서웨이로 브랜드를 변경했습니다. 그레그 에이블도 에너지 사업부의 명칭으로 버크셔 해서웨이를 사용하게 해달라고 요청했습니다. 밴튤(Van Tuyl)도 전국 단위 자동차 판매 프랜차이즈 사업이므로 버크셔 해서웨이로 회사명을 변경하는 편이 합리적입니다. 그러나 사업부에서 브랜드를 오용하는 사례가 발견되면 브랜드 사용권을 박탈해 평판 손상을 막을 것입니다.

버크셔 해서웨이가 과연 유명 브랜드가 될 것인지는 전혀 모르겠습니다. 그러나 자회사들 중에는 슬로건에 '버크셔 해서웨이 자회사'라고 표시하는 회사가 많습니다. 아마 버크셔 브랜드가 엄청난 자산이 되지는 않을 것입니다.

멍거 버크셔 브랜드는 가치가 매우 높지만, 이미 브랜드 가치가 높은 '씨즈캔디' 대신 '버크셔 해서웨이 땅콩 캔디'를 사용한다면 미친 짓입니다.

버핏 소매상과 브랜드는 항상 충돌합니다. 브랜드는 소비자의 마음을 사로잡으려고 애쓰고, 소매상은 항상 PB 상품(자체 개발 상품)을 팔려고 합니다. 샘 월튼은 내게 샘스 콜라(Sam's Cola) 6개 들이를 보내준 적이 있습니다. RC콜라(RC Cola)는 1960년대에 처음 다이어트 콜라를 출시했습니다. 이런 PB 상품에도 불구하고 질레트는 강력한 브랜드 덕분에 면도기시장 매출액의 70%를 차지하고 있습니다. 브랜드는 모든 방법을 동원해서 보호해야 합니다. 강력한 브랜드는 생존합니다.

Q 2015 인플레이션에 버티는 업종은?

향후 인플레이션 전망은 어떤가요? 인플레이션 환경에서 보유하기에 가장 유리한 종목은 무엇인가요?

버핏 내 금리 전망은 심하게 빗나갔습니다. 나는 이런 저금리나 마이너스 금리가 5~6년 이상 이어지리라고는 예상하지 못했습니다. 지금처럼 적자가 2~3% 수준이라면 감당할 수 있습니다. 그러나 금융위기 이후 연준은 10조 달러였던 재무상태표를 40조 달러로 확대했습니다. 지금까지는 저축 생활자들이 저금리 탓에 고생한 것을 제외하면 큰 문제가 없었습니다. 그러나 찰리와 나는 현재 상황을 제대로 이해하지 못하고 있습니다. 버크서는 대부분 기업들보다 실적이 좋을 것입니다. 우리는 만반의 준비를 갖추고 있습니다. 흔치 않은 기회가 나타나면 즉시 행동에 나설 것입니다. 현재 보유 중인 현금이 600억 달러가 넘습니다. 경제가 혼란에 휩싸이면 우리는 기꺼이 행동에 나설 것입니다.

멍거 우리는 거시경제 요소들을 예측하려고 평생 노력했지만 거의 나아지지 않았습니다. 전문가가 경제 지표를 발표하면 사람들은 전문가가 어느 정도 안다고 착각합니다. 차라리 전문가가 "나는 모릅니다"라고 말하는 편이 낫습니다.

버핏 어떤 일이 발생하든 버크셔는 심리적으로나 금전적으로나 준비가 되어 있습니다.

인플레이션 환경에서 보유하기에 가장 유리한 종목은 추가 자본이 필요 없는 회사입니다. 일반적으로 부동산이 대표적인 예입니다. 55년 전에 집을 지었거나 샀다면 이후 추가 자본이 필요 없었으며 인플레이션에 의해 가치가 상승했습니다. 반면 전력회사나 철도회사라면 인플레이션 기간에 감가상각비가 증가해 추가 자본이 들어갑니다. 대규모 자본 투자가 필요한 기업들은 전반적으로 불리해집니다.

인플레이션 기간에는 유명 브랜드가 매우 유리합니다. 씨즈캔디는 오래 전에 브랜드를 구축했습니다. 인플레이션 기간에는 유명 브랜드 제품의 가격이 상승하므로 브랜드의 가치도 상승합니다. 질레트는 양키스와 레드삭스가 맞붙는 1939년 월드시리즈 라디오 중계권을 10만 달러에 사들였습니다. 이 기간에 각인된 질레트 제품 이미지는 수십 년 동안 남았습니다. 질레트는 1939년에 효과적으로 투자한 덕분에 1960~1980년 큰돈을 벌어들였습니다. 지금 수많은 사람들에게 비슷한 인상을 심어주려면 막대한 돈이 들어갈 것입니다.

멍거 만일 인플레이션이 걷잡을 수 없이 치솟으면 어떤 상황이 벌어질지 알 수 없습니다. 대공황 이후 심각한 인플레이션이 두 번 발생하자 히틀러(Adolf Hitler)가 등장했습니다. 인플레이션이 씨즈캔디에 유리하더라도 우리는 인플레이션을 원치 않습니다.

Q 2015 소득 불평등

소득 불평등에 대해서 어떻게 생각하시나요?

버핏 현재 미국인의 평균 소득과 GDP는 내가 태어난 1930년보다 6배 증가했습니다. 당시 연 소득이 9,000달러였다면 지금은 연 소득이 5만 4,000달러입니다. 나는 미국에서 일하는 사람이라면 누구나 품위 있는 삶을 누릴 수 있어야 한다고 생각합니다.

나는 최저임금 인상에 반대하지 않습니다. 그래도 수요와 공급은 생각해야 합니다. 소득 불평등을 축소하겠다고 최저임금을 극적으로 인상하면 일자리가 감소해 품위 있게 살기가 더 어려워질 수도 있습니다. 근로소득세액 공제 제도를 개편하는 쪽이 더 효과적이라고 생각합니다.

멍거 방금 버핏이 한 말은 민주당이 제시하는 소득 불평등 개선책입니다. 나는 공화당의 관점에 동의하는데, 최저임금을 대폭 인상하면 빈곤층이 고통받습니다.

Q 2015 중국의 구조적 변화에 대해

중국에 구조적 변화가 필요할까요?

버핏 장기적으로 보면 중국이 잘 해낼 것으로 생각합니다.

멍거 나는 현재 중국의 변화를 적극 지지합니다. 최근 중국은 부패 척결 운동을 벌이고 있는데, 대국이 이렇게 현명한 정책을 펼치는 모습은 정말 오랜만에 봅니다. 국가가 도둑의 소굴이 되어서는 안 됩니다. 중국은 다방면으로 싱가포르를 모방하고 있는데 매우 좋은 정책입니다. 중국의 변화는 매우 고무적입니다. 중국은 총살도 몇 건 집행했습니다. 경고하기에 매우 효과적인 방법입니다.

버핏 지난 40년 동안 중국이 달성한 고도성장은 정말이지 기적입니다.

멍거 이런 대국이 이렇게 발전한 사례는 역사상 처음입니다. 내가 어린 시절에는 중국인의 80%가 문맹이었습니다. 싱가포르 정치인들을 포함해서 몇몇 사람이 발전에 엄청나게 기여했습니다. 버크서도 현인들을 모방하고 있습니다.

버핏 중국은 거의 200년 동안 잠들어 있었습니다. 지난 40년 동안 중국인들은 새 시스템을 통해서 잠재력을 발산했습니다. 이 시스템은 중국의 장래에도 강력한 영향을 미칠 수밖에 없습니다. 200년 동안 잠들어 있던 중국인들이 잠재력을 다시 폭발적으로 발산할 수 있다는 사실이 놀랍습니다. 중국과 미국은 오랜 기간 초강대국의 지위를 유지할 것입니다. 중국이 잠재력을 발휘하게 된 것은 좋은 일입니다. 두 나라는 서로 상대의 결점 대신 장점을 보아야 합니다. 상대가 잘되어야 둘 다 잘된다는 사실을 명심해야 합니다.

Q 2016 트럼프가 대통령이 된다면

도널드 트럼프(Donald Trump)가 미국 대통령이 되면 버크셔에 어떤 위험이 있나요?

버핏 큰 문제는 없을 것입니다. 정치는 우리를 포함해서 모든 기업에 매우 중대한 요소입니다. 도널드 트럼프와 힐러리 클린턴(Hillary Clinton) 중 누가 대통령이 되더라도 버크셔의 실적은 계속 좋을 것으로 예상합니다.
멍거 이 분야에 대해서는 언급하지 않겠습니다.
버핏 우리는 가격 통제를 받아본 적도 있습니다. 장기간 연방 법인세가 52% 이상인 적도 있었습니다. 다양한 규제도 받아보았습니다. 그런데도 미국 기업들은 200년 동안 탁월한 실적을 냈습니다. 기업은 사회에 적응했고 사회는 기업에 적응했습니다. 미국은 사업하기에 놀라울 정도로 좋은 곳입니다. 유형자기자본이익률로 판단하면, 채권 투자자들이 손실을 보는 동안에도 주식 투자자들은 손실을 보지 않았습니다. 지난 몇 년 동안 농부들은 소득이 감소했지만 기업 경영자들은 소득을 걱정할 필요가 없었습니다.

내가 살아오는 동안 1인당 GDP는 6배 증가했습니다. 전반적으로 1인당 실질 생산량이 6배가 된 것입니다. 이 추세는 계속 이어질 것입니다. 20년 뒤에는 미국의 1인당 GDP가 훨씬 증가할 것입니다. 질도 더 높아질 것입니다. 어떤 대통령도 이 추세를 바꿀 수는 없습니다. 어느 정도 영향을 미칠 수는 있어도 추세를 중단시킬 수는 없습니다. 찰리, 이제 자네가 비관론을 제시하게.
멍거 나도 낙관적인 이야기를 하겠습니다. 나는 우리 시스템의 실제 장점이 GDP로 나타난 실적보다 훨씬 크다고 생각합니다. GDP 실적도 좋지만, 지난 100년 동안 우리가 이룬 실제 성과는 GDP 실적보다 훨씬 좋습니다. 장래에도 과거처럼 성과가 좋으리라는 보장은 없어도, 반드시 과거만 못하리라고 볼 이유도 없습니다.

버핏 내가 아는 탁월한 투자자들 중에, 50년 전에 태어났더라면 더 좋을 뻔했다고 말하는 사람은 없습니다. 그러나 미국 대중 대부분은 옛날이 나았다고 말하면서, 요즘 태어나는 사람들이 불운하다고 생각합니다. 잘못된 생각입니다. 지금처럼 혁신 속도가 빠른 적이 없습니다. 우리 생활 방식이 얼마나 달라졌는지 생각해보십시오. 20년 전에는 생각도 못 했던 방식을 지금은 자유롭게 선택하고 있습니다. 나는 지금도 유선 전화를 사용하고 있지만 사람들은 훨씬 앞서 가고 있습니다.

Q 2016 마이너스 금리와 가치평가의 관계

미국 금리가 제로에서 마이너스로 내려가면 가치평가에 어떤 영향을 미치게 되나요?

버핏 미국에서는 금리가 마이너스로 내려간 적이 없지만, 금리가 0%에서 -0.5%로 내려가는 것은 금리가 4%에서 3.5%로 내려가는 것과 크게 다르지 않습니다. 물론 이자 0.5%를 지급해야 하는 사람이라면 기분이 다를 수는 있겠지요. 기준금리가 0.5% 인하된다면 어느 정도 의미는 있겠지만 극적인 수준은 아닙니다. 그러나 저금리 환경이 전반적으로 미치는 영향은 극적입니다.

우리 저금리 환경은 내가 예상했던 것보다 훨씬 장기간 이어지고 있습니다. 금리가 제로일 때는 금리가 15%에 이르던 볼커 시절보다 기업 인수 가격이 높아집니다. 과거 금리가 정상일 때나 높을 때보다 자금 조달 비용이 매우 낮기 때문에 기업 인수에 더 높은 가격을 치르는 것입니다. 2,600년 전 이솝이 말한 원칙이 "손안의 새 한 마리가 숲속의 새 두 마리보다 낫다"입니다. 이제는 우리 손안의 새 한 마리가 유럽 숲속의 새 10분의 9마리와 같습니다.

지금은 매우 이례적인 시기입니다. 현재 금리가 제로에 가까워서 프리시전 캐스트파츠 인수에 내가 더 높은 가격을 지불했느냐고 묻는다면 그렇다고 답하겠습니다. 나는 지나치게 높은 가격을 지불하지 않으려고 노력하지만 그래도 금리의 영향을 받게 됩니다. 금리가 현재 수준으로 장기간 유지된다면 자산 가격에 엄청난 영향을 미치게 될 것입니다.

멍거 나는 마이너스 금리에 대해서 제대로 아는 사람이 없다고 생각합니다. 우리는 마이너스 금리를 경험해본 적이 없습니다. 대공황 기간을 제외하면 미국 경제가 정지한 적도 없습니다. 현대 일본은 온갖 통화정책에도 경제가 25년 동안 수렁에 빠져 정지했지만 미국은 그런 적이 없습니다. 마이너스 금리를 연구하고 가르친 위대한 경제학자들 중에도 제대로 이해하는 사람이 없습니다. 우리는 단지 최선을 다할 뿐입니다.

버핏 경제학자들은 여전히 이해하지 못하고 있습니다.

멍거 우리는 자신이 이해하지 못한다는 사실을 알기 때문에 유리합니다.

버핏 이 내용을 영화로 만들면 재미있겠습니다. 저금리는 기업 인수 가격에도 어느 정도 영향을 미칩니다. 저금리가 이렇게 오랜 기간 지속되리라고는 아무도 예상하지 못했을 것입니다.

멍거 마이너스 금리가 혼란스럽지 않은 사람은 마이너스 금리에 대해서 깊이 생각해보지 않은 사람입니다.

Q 2016 유가 하락과 통화정책

유가 급락 탓에 실직하는 사람이 많습니다. 이런 상황이 통화정책에 영향을 미칠까요?

멍거 큰 영향 없을 것입니다.

버핏 석유는 중요한 산업입니다. 유가 하락은 많은 분야에 영향을 미칩니다. 소비자들에게는 큰 호재가 되지만, 우리가 보유한 루브리졸 등 일부 기업에는 큰 악재가 됩니다. 미국 전체로 보면 호재가 될 것입니다. 석유를 수입하기 때문이지요. 바나나 가격 하락이 미국에 유리한 것처럼, 유가 하락도 미국에 유리합니다.

그러나 유가는 매우 많은 분야에 영향을 미치므로, 유가 하락 탓에 피해를 보는 분야도 많습니다. 특히 자본적 지출에서 피해가 발생합니다. 2~3주마다 주유소를 찾는 소비자들에게는 유가 하락이 이득입니다. 그러나 저유가가 이어질 것으로 예상되면 자본적 지출이 대폭 감소합니다. 하룻밤 사이에 유전의 가치가 절반으로 떨어지거나 제로가 되기도 합니다. 사람들이 즉시 주문을 중단하면 우리 화학 사업도 큰 영향을 받습니다. 미국은 형편이 더 나아지고 사우디아라비아는 형편이 더 나빠집니다. 유가 하락에도 불구하고 미국 경제는 계속 발전하고 있습니다. 그 영향은 지역에 따라 달라집니다.

멍거 그 정도면 됐습니다.

Q 2016 부동산시장에 대한 평가

현재 부동산시장을 어떻게 보시나요?

버핏 2012년만큼 매력적이지는 않습니다. 지금과 같은 저금리 환경에서 자본환원율(capitalization rate, 부동산에서 나오는 연간 순수입을 부동산 가격으로 나눈 비율)이 매우 낮은 부동산을 사면 이익보다 손실 가능성이 더 높다고 생각합니다. 조달 금리가 매우 낮으면 부동산 구입 유혹이 커질 수 있는데, 그래도 사면 안 된다고 생각합니다. 물론 내 생각이 틀릴 수 있습니다. 현재 미국 주거용 부동산 전반에서 거품은 보이지 않습니다. 오마하 등 미국 대부분 지역의 주거용 부동산 가격에 거품이 끼지는 않았다고 생각합니다. 2012년과는 매우 다릅니다. 앞으로 거품이 터질 곳이 부동산시장이라고는 생각하지 않습니다.

Q 2017 중국 주식 투자

중국 주식시장에 투자해도 누군가는 당신이 기록한 실적을 낼 수 있나요?

버핏 찰리, 자네가 중국 전문가 아닌가?
멍거 이와 벼룩 중 어느 쪽이 먼저 출현했는지 따지는 것과 같습니다. 나는 중국 주식시장이 미국 주식시장보다 확실히 저평가되었다고 생각합니다. 중국 주식시장은 장래가 확실히 밝지만 성장통(成長痛)도 당연히 있을 것으로 봅니다. 우리는 이런 기회에 유연하게 대응합니다. 특정 원칙에 따라 어느 시장에 진입할 것인지를 결정하지는 않습니다.

버핏 어쨌든 찰리가 주요 뉴스를 전했습니다. "멍거는 중국 시장이 미국 시장을 능가할 것으로 예측."

Q 2017 크래프트 하인즈 구조조정에 대해

버크셔 해서웨이는 3G캐피털과 손잡고 크래프트 하인즈에 투자했습니다. 그런데 3G캐피털이 합병 과정에서 2,500명을 해고했습니다. 이 결정이 버크셔에 악영향을 미치지 않을까요?

버핏 버크셔도 직물 사업을 하던 시절, 장기간에 걸쳐 2,000명을 해고했고(일부는 은퇴하거나 자발적으로 퇴사) 결국 직물 사업을 중단했습니다. 버크셔가 투자한 볼티모어 백화점도 문을 닫을 수밖에 없었습니다. 다행히 후임 경영자가 이 백화점을 매각했지만 결국 폐업했습니다. 볼티모어에서 경쟁하던 다른 백화점들 역시 생존할 수가 없었습니다. 당시에는 월마트가 등장했고 지금은 아마존이 등장해서 모든 것을 바꿔놓았기 때문입니다. 앞에서 양계 장비를 제작하는 우리 자회사 CBT에 대해 언급했는데, 우리 장비의 생산성이 높아질수록 농장의 일자리는 감소합니다.

100년 전에는 미국 근로자의 80%가 농업에 종사했습니다. 그동안 미국의 생산성이 향상되지 않았다면 지금도 미국 근로자의 80%는 농장에서 일하고 있을 것이며, 우리는 훨씬 낙후된 생활을 하고 있을 것입니다. 지금 우리는 자동차를 포함한 모든 산업에서 생산성 향상에 노력을 기울이고 있습니다. 월마트는 백화점보다 생산성이 높았습니다. 생산성을 계속 높이지 않으면 생활 수준은 개선되지 않습니다. 미국은 생산성이 높아서 사람들이 수준 높은 생활을 하고 있습니다.

크래프트 하인즈는 더 적은 인원으로 270억 달러에 이르는 매출을 달성했습니다. 지난 200년 동안 미국 기업들이 해온 일을 하고 있는 것입니다. 미국 기업들은 생산성을 향상시켰고 덕분에 우리는 풍요를 누리고 있습니다. 3G캐피털은 매우 신속하게 생산성을 향상시킵니다. 한 사람이 할 수 있는 일을 두 사람에게 맡기지 않습니다. 대신 퇴직금은 후하게 지급합니다. 덱스터슈도 곤경에 직면했습니다. 변화가 절실하게 필요했지요. 사람들에게 변화는 고통스럽습니다. 나도 가능하면 변화를 피하고 싶습니다. 그러나 우리가 1인당 소비를 늘리는 유일한 방법은 1인당 생산성을 높이는 것뿐입니다.

멍거 전적으로 옳은 말입니다. 우리가 농경 시대로 돌아갈 수는 없습니다. 나는 젊은 시절 네브래스카 서부 농장에서 1주일을 지낸 적이 있는데, 정말 싫었습니다. 온종일 엘리베이터 안에 앉아 크랭크를 돌리던 기사를 다시는 보고 싶지 않습니다. 그런 일이 얼마나 고역이겠습니까. 그런 반복 작업을 누가 하고 싶겠습니까. 과거 회사가 기울어갈 때는 우리도 그렇게 할 수밖에 없었습니다. 나는 3G캐피털에 도의적 책임이 전혀 없다고 봅니다. 누구에게도 이롭지 않은 정치적 반발에 불과합니다.

버핏 밀턴 프리드먼(Milton Friedman)이 어느 공산국가에 대규모 건설 프로젝트를 권유했습니다. 공산국가는 노동자 수백만 명을 동원해서 삽으로 건설 공사를 진행했습니다. 보유 중인 토목 기계 몇 대를 사용하면 공사 기간을 20분의 1로 줄일 수 있는데도 이들은 토목 기계를 사용하지 않았습니다. 프리드먼은 삽 대신 토목 기계를 사용하면 기간을 20분의 1로 줄일 수 있는데 도대체 왜 기계를 사용하지 않느냐고 물었습니다. 담당자는 노동자들이 실직하기 때문이라고 대답했습니다. 그러자 프리드먼이 말했습니다. "그러면 노동자들에게 삽 대신 숟가락을 쓰게 하시지요?"

Q 2017 인공지능이 미칠 영향

인공지능은 버크셔에 어떤 영향을 미칠까요?

버핏 인공지능에 대해서는 내게 별다른 통찰이 없습니다. 단언하건대 향후 20년, 아니 십중팔구 더 이른 기간 안에 인공지능 분야에서 많은 사건이 발생하겠지요. 내게 별다른 통찰이 없음을 거듭 밝히지만, 인공지능 탓에 일부 분야에서는 일자리가 대폭 감소할 것이라고 생각합니다. 이것이 사회에는 좋은 일이지만 해당 기업에는 나쁜 일이 될지도 모릅니다. 극단적인 상황을 가정해봅시다. 한 사람이 버튼을 누르기만 하면 다양한 기계와 로봇이 우리나라에 필요한 재화를 모두 생산한다고 가정합시다. 지금 1억 5,000만 명이 하는 일을 한 사람이 해낸다는 말입니다. 그러면 우리 생활은 개선될까요, 악화될까요? 주당 근로 시간은 확실히 감소할 것입니다. 이는 좋은 일이긴 하지만, 사람들 사이의 관계도 엄청나게 바뀌어야 하고 사람들이 정부 등 온갖 기관에 기대하는 바도 바뀔 것입니다. 현실적으로 말하면, 한 사람만 일하게 되지는 않을 것입니다. 인공지능이 사회에는 엄청난 혜택을 안겨주지만 예컨대 민주주의에는 엄청난 문제를 안겨줄 수 있습니다. 무역이 미국에 미치는 영향과 비슷할 것입니다. 무역은 사회에 혜택을 안겨줍니다. 무역 덕분에 우리는 양말 등 온갖 수입품을 월마트에서 싼 가격에 살 수 있습니다. 이런 제품을 수입하는 대신 미국에서 생산한다면 우리는 더 비싼 가격을 지불해야 합니다. 그러나 사람들은 무역이 주는 이런 혜택을 일상생활 속에서는 간과하기 쉽습니다. 반면에 자유무역 탓에 피해를 보는 사람들은 그 고통을 뼈저리게 느낍니다. 그 고통이 정치적 반발로 나타납니다.

이른바 생산성 향상에 대해 세계가 어떻게 적응할지는 매우 불확실합니다. 나는 하나도 모르지만, 인공지능이 사회에는 엄청난 혜택을 안겨주는 반면, 정치에 미치는 영향은 예측하기 매우 어렵다고 생각합니다. 특히 인공지능의 발전 속도가 빠르면 그 영향은 더 커질 것입니다.

멍거 버핏은 모든 사람이 무역의 영향을 받는 흥미로운 세상을 묘사했습니다. 한 사람이 모든 재화를 생산하고 나머지 사람들은 모두 여가를 즐긴다면 이는 국가에 이롭지 않다고 생각합니다.

버핏 단기간에 생산성이 두 배로 높아져서, 지금 1억 5,000만 명이 하는 일을 7,500만 명이 할 수 있다면 어떻게 될까요?

멍거 사람들은 놀라울 정도로 빠르게 반응할 것입니다.

버핏 어떤 방식일까요?

멍거 호의적으로 반응할 겁니다. 실제로 일어났던 일인데 모두 호시절로 기억할 것입니다. 사람들은 연 5% 성장을 기록하던 아이젠하워(Dwight Eisenhower) 대통령 시절을 좋아했습니다. 처음으로 에어컨을 사용하게 되었으므로 불평하는 사람이 없었습니다. 특히 남부 사람들은 땀과 악취에 밤잠 설치던 시절로 다시는 돌아가고 싶지 않을 것입니다.

버핏 사람들의 근무 시간이 절반으로 감소할 수도 있지만, 사람들 중 절반이 해고당할 수도 있습니다. 이는 예측하기 매우 어렵다고 생각합니다. 최근 대통령 선거 역시 예측하기 어려웠습니다.

멍거 우리는 엄청난 생산성 향상에 잘 적응했습니다. 이후에는 연 몇 퍼센트 수준에 불과했습니다. 생산성 향상이 연 25%에 이르더라도 걱정할 필요가 없다고 봅니다. 그러나 연 2%에 못 미친다면 걱정해야 합니다. 우리가 걱정할 것은 생산성 저하입니다.

버핏 인공지능 관련 예측이 매우 매혹적인 주제이긴 하지만, 실제로 예측하기는 매우 어렵습니다. 현재 가이코 직원은 3만 6,000명입니다. 만일 5,000~10,000명으로도 똑같은 일을 해낼 수 있다면, 특히 다른 여러 분야에서도 갑자기 이런 일이 발생한다면 우리는 엄청난 혼란에 휩싸이게 될 것입니다. 내가 인공지능에 대해서는 잘 모르지만, 지금까지 우리는 이런 일을 겪은 적도 없고 앞으로도 없을 것으로 생각합니다.

멍거 자네는 걱정할 필요 없을 걸세.

버핏 내가 86세라서?

멍거 세상이 그렇게 빨리 바뀌진 않을 거야.

Q 2017 건강보험과 버크셔

건강보험(healthcare)이 기업에 가장 중요한 문제인가요? 건강보험 문제가 버크셔에도 영향을 미칠까요?

버핏 1960년 무렵에는 법인세가 GDP의 약 4%였고 지금은 GDP의 약 2%입니다. 당시 건강보험은 GDP의 약 5%였는데 지금은 GDP의 약 17%입니다. 미국 기업들은 법인세 탓에 경쟁력이 저하된다고 말하지만 실제로 법인세는 GDP의 4% 수준에서 2% 수준으로 감소했습니다. 반면에 대부분을 기업이 부담하는 의료비는 GDP의 5% 수준에서 17% 수준으로 증가했습니다. 제대로 말하자면 의료비는 미국 기업에 기생하면서 경쟁력을 갉아먹는 기생충 같은 존재입니다. 기업들도 이 사실을 알고 있지만 대처 방안이 많지 않습니다. 버크서는 이런 조세 제도 탓에 세계 경쟁력이 손상될 정도는 아닙니다. 우리 의료비는 믿기 어려울 정도로 급증했고 앞으로도 대폭 증가할 것입니다. 1960년 무렵 의료비가 GDP의 5% 수준이었던 나라는 6개였습니다. 지금 미국은 의료비가 GDP의 17%지만 6개국은 GDP의 10~11%입니다. 이들 국가의 의료비도 상당히 높은 수준이지만 그래도 미국보다는 5~6%포인트 낮습니다.

멍거 그들은 사회의료 보장 제도(socialized medicine)입니다.

버핏 당시 내가 한 말은 무시당했지만 지금은 주목받고 있습니다. 의료비 문제는 지금도 미국 사회의 골칫거리지만 향후 어느 정당이 집권하더라도 더 큰 골칫거리가 될 것입니다. 해결이 거의 불가능하지요.

오바마케어(Obamacare, 건강보험개혁법) 대체 목적으로 이틀 전 통과된 새 법안이 매우 흥미롭습니다. 트럼프가 제안한 이 건강보험 법안이 만약 작년에 발효되었다면 내 연방소득세가 17% 감소했을 것입니다. 나 같은 사람에게는 엄청난 감세입니다. 이 법안은 다른 영향도 미치겠지만, 만일 트럼프가 제안한 대로 통과된다면 조정 후 총소득이 연 25만 달러 이상이거나 투자소득이 많은 사람들이 엄청난 감세 혜택을 받게 됩니다. 이들이 감세 혜택을 받으면 재정 적자가 증가하거나 다른 사람들의 세금이 늘어나게 됩니다. 지금은 이 정도가 이 법안이 통과될 때 예상되는 효과입니다. 상원에서는 다른 결정을 내리겠지만 어떤 일이 벌어질지 누가 알겠습니까. 아무튼 이틀 전에 이런 법안이 통과되었습니다.

멍거 건강보험에 대해서는 확실히 같은 생각입니다. 나는 건강보험이 마음에 들지 않습니다. 우리가 받는 의료 서비스가 지나치게 많습니다. 거의 죽은 사람에 대해서도 과도한 화학치료가 제공되고, 건강보험 등 의료 시스템에서 온갖 미친 짓이 벌어지고 있습니다. 뿌리 깊은 기득권 탓에 바꾸기는 매우 어렵겠지만, 외부에서 합리적인 사람이 객관적으로 보면 미국 의료 시스템에서 개선점을 찾아낼 수 있다고 생각합니다. 사람들은 모두 새 구명치료법, 새 화학치료법, 신약을 좋아하지만 이런 미친 시스템 탓에 비용이 걷잡을 수 없이 증가합니다. 그래서 미국 기업들은 정부가 의료비를 지급하는 나라의 기업들보다 훨씬 불리한 처지에 놓이게 됩니다. 나는 버핏의 견해에 전적으로 동의합니다.

버핏 내기를 한다면 10년 뒤 의료비는 GDP의 17%보다 높을까요, 낮을까요?

멍거 현재 추세가 계속 이어진다면 갈수록 더 높아질 것입니다. 현재 추세가 계속 유지되어야 기득권자들에게 매우 유리한데, 이들은 목소리도 매우 크고 활동적인 반면 나머지 사람들은 아예 무관심합니다. 그러므로 결과는 당연히 형편없을 것입니다. 이 문제에 대해서는 양대 정당이 서로 몹시 혐오하는 탓에 합리적으로 생각하지 못하므로 양당 모두 문제 해결에 도움이 되지 못할 것입니다.

버핏 연방정부 예산이 약 3.5조 달러 규모인데 미국 의료비 지출액이 약 3조 달러라는 사실이 흥미롭습니다. 누구나 최고의 치료를 원한다는 점은 충분히 이해할 수 있습니다. 그러나 연방정부 예산과 비교해보아도 의료비 지출액은 지나친 거액입니다. 미국 기업들의 세계 경쟁력에 대해 논하자면, 의료비야말로 갈수록 미국 기업들의 발목을 잡는 단연 가장 큰 변수라 하겠습니다. 양대 정당이 이 문제에 대처하기는 매우 어렵습니다. 근본적으로 정치적인 문제니까요.

멍거 매우 부도덕한 행태입니다. 죽어가는 환자를 둘러싼 의료인들을 보면 시체에 몰려드는 하이에나 무리가 연상되어서 보기 좋지 않습니다.

버핏 캘리포니아 의료인들 사례를 설명해주겠나?

멍거 레딩(Redding)에서 있었던 일입니다. 내가 매우 즐겨 설명하는 사례지요. 레딩에는 매우 야심 찬 심장병 전문의가 많았는데 이들은 심장이 주요 사망 원인이라고 생각했습니다. 그래서 찾아오는 모든 환자에게, 그의 심장이 위험하며(아내를 과부로 만들 수 있으며) 치료할 수 있다고 말했습니다. 이들은 모든 사람에게 심장 수술을 권유했습니다. 당연히 심장 수술 건수가 엄청나게 많아졌습니다. 수술 결과는 탁월했는데, 처음부터 수술 필요성이 전혀 없는 사람들이었기 때문이지요. 덕분에 이들은 막대한 돈을 벌었습니다. 병원 경영진은 레딩 사례를 본받으라고 산하 계열 병원들에 지시했습니다. 이것은 실화입니다. 계열 병원들은 모두 레딩 사례를 따랐습니다. 그러던 중 한 병원에서 가톨릭 신부에게 심장이 위험하다고 (아내를 과부로 만들지 모른다고) 말하면서 심장 수술을 권했는데, 신부는 병원을 믿지 않았고 결국 비리를 폭로했습니다.

버핏 폭로자는 신부였습니다. 신부가 병원의 말을 믿지 않은 이유는 짐작할 수 있습니다. 병원 사람들이 타성에 젖어 모든 사람에게 똑같은 말투로 설득했던 모양입니다.

멍거 나중에 나는 비리 의료인들의 면허를 박탈한 의사들 중 한 사람을 만나, 비리 의료인들이 자신의 잘못을 알고 저지른 일이냐고 물었습니다. 그는 대답했습니다. "아닐세, 찰리. 그들은 자신의 행위가 환자들에게 이롭다고 생각하고 있었다네." 그래서 과잉 진료 문제를 바로잡기가 그토록 어려운 것이겠지요. 그런 진료를 통해서 돈도 많이 벌면서 더 출세한다는 착각에 빠진 것입니다. 그래서 그런 진료가 많습니다. 거의 광적인 수준이었습니다. 심장 수술 비율이 정상의 20배에 달했습니다. 병원 경영진은 이런 상황을 간파하고서 계열 병원들에 이런 방식을 전파하고자 했던 것입니다.

버핏 수술 성공률이 완벽한 수준이었습니다.

Q 2017 노동시장 유연과 사회 안전망

미국에서 좋은 일자리들이 사라지고 있습니다. 기업들은 오로지 경제성만 고려해야 하나요? 버크서의 자회사가 해외로 이전하겠다고 요청하면 당신은 허락하겠습니까?

버핏 사실 과거에 미국에서 생산되던 제품 상당수가 외국에서 생산된 수입품으로 대체되었습니다. 1955년, 그레이엄 뉴먼(Graham Newman Corp)이 프루트 오브 더 룸(당시 회사명은 유니언 언더웨어(Union Underwear))을 인수할 때, 나도 그곳에 있었습니다. 당시 프루트 오브 더 룸 제품은 거의 모두 미국에서 생산되었습니다. 만일 지금도 제품을 모두 미국에서 생산한다면 이 회사는 생존하지 못할 것입니다. 덱스터슈에서도 똑같은 일이 발생했습니다. 덱스터는 숙련된 근로자들을 보유한 훌륭한 기업이었습니다. 결국 우리는 신발을 원가에 팔았는데도 외국산 수입 신발과 경쟁할 수가 없었습니다. 무역은 수출과 수입 양방향으로 이루어지며, 규모가 커질수록 경제적 혜택도 커집니다. 무역은 생산성을 높여 세계 전체에 혜택을 안겨줍니다.

그러나 이 과정에서 희생자가 나옵니다. 뉴베드퍼드 직물 공장 노동자들과 덱스터 신발 공장 노동자들은 결국 일자리를 잃었습니다. 노동자들의 일자리를 지키려고 신발이나 속옷 가격을 5% 인하한다고 발표했더라도 미국 대중은 이 사실을 전혀 몰랐을 것입니다.

나는 두 가지가 필요하다고 생각합니다. 미국은 엄청나게 부유한 국가입니다. 1인당 GDP가 6만 달러에 육박합니다. 내가 태어난 시점보다 6배나 증가했습니다. 이런 번영을 뒷받침한 것이 바로 무역입니다. 1970년, 미국의 수출은 GDP의 5%에 불과했습니다. 지금은 약 12%로 알고 있습니다. 우리는 우리가 가장 잘하는 일을 하고 있습니다. 우리에게는 최고 교육책임자(Educator in Chief)가 필요합니다. 그 자리는 대통령이 맡아야 마땅하며, 특정 대통령이 아니라 앞으로 수십 년 동안 모든 대통령이 맡아야 합니다. 그는 자유무역이 전체적으로 미국에 이롭다는 사실을 대중에게 상세히 설명해야 합니다.

더 나아가 자유무역 과정에서 발생하는 희생자들을 돌보는 정책을 수립해야 합니다. 3억 2천만 미국 국민에게 조금이나마 이롭다면, 나 자신은 자유무역 과정에서 실직해 인생이 비참해지더라도 상관없습니다. 우리에게는 희생자들을 돌볼 자원이 있습니다. 투자자들은 분산투자를 통해서 무역이 주는 혜택을 얻을 수 있습니다. 이들은 특정 산업 탓에 희생될 위험도 없습니다. 그러나 노동자들은 그런 위험을 피할 수가 없습니다. 영어도 못하는 뉴베드퍼드 직물 공장의 55세 노동자에게는 다른 기술을 가르쳐줄 수도 없습니다. 공익을 증진하는 과정에서 이런 사람들이 희생된다면 정부가 정책을 통해 이런 사람들을 돌보아야 합니다. 미국은 부유하므로 이들을 돌볼 수 있으며 앞으로도 자유무역을 통해서 계속 혜택을 얻을 것입니다. 우리는 3억 2,000만 국민이 자유무역의 혜택을 누리게 하는 동시에, 이 과정에서 발생하는 희생자가 방치되지 않도록 해야 합니다.

멍거 바로 그런 이유로 실업보험이 존재하는 것입니다. 유감스럽게도 자본주의 시스템은 진화하고 개선되는 과정에서 반드시 일부 사람에게 피해를 입힙니다. 그 피해는 막을 방법이 없습니다.

버핏 자본주의 시스템은 잘못 사용된 자본에 대해서도 무자비합니다. 이런 위험은 분산투자를 통해서 피할 수 있습니다. 자본주의 시스템은 수십 년 동안 기술을 연마한 불운한 사람들에게도 무자비합니다. 그러나 우리 사회는 매우 부유하므로 이런 사람들을 돌볼 수 있습니다. 이틀 전 내 소득세를 17%나 줄여주는 법안이 통과되었습니다.

멍거 그래도 나는 한 푼도 쓰지 않을 작정입니다.

버핏 나도 그렇습니다. 법안이 어떻게 될지 누가 알겠습니까. 쇼핑센터를 지나가는 오마하 주민 수천 명에게 이 법안 덕분에 내 세금이 대폭 감소한다고 말해주어도, 사람들은 자신에게 어떤 영향이 미치는지 전혀 생각하지 못할 것입니다. 우리는 1인당 GDP가 5만 6,000~5만 8,000달러여서 4인 가족이면 23만 달러에 이릅니다. 불운한 희생자를 방치해서는 안 됩니다.

멍거 비스마르크(Otto von Bismarck, 독일의 정치가)는 법이 소시지와 같아서, 만들어지는 과정을 보지 않는 편이 낫다고 말했습니다.

버핏 그래도 누군가는 지켜보아야 합니다.

Q 2018 미국과 중국의 경쟁과 상생

미국과 중국 사이에 무역 전쟁이 벌어지지 않고 상생 관계가 유지될 수 있을까요?

버핏 8월이면 나는 88세가 됩니다. 올해는 8자로 끝나는 해이므로 8월에는 중국인들에게 행운의 숫자인 8이 넘치게 됩니다. 내가 인수할 만한 중국 기업이 있는지 찾아봐 주시기 바랍니다.

미국과 중국은 경제 부문에서 초강대국 지위를 오랜 기간 누릴 것입니다. 미국과 중국은 여러 면에서 상생 관계입니다. 물론 긴장 관계가 될 때도 있습니다. 그러나 무역에서는 상생 관계를 유지하며 세계의 흐름을 좌우할 것입니다.

다행히 민주당과 공화당 모두 자유무역이 주는 혜택을 잘 알고 있습니다. 둘 사이에 의견 차이가 있긴 하지만 자유무역의 혜택은 너무도 크고 명백합니다. 세계가 발전하려면 무역에 의존할 수밖에 없습니다. 미국과 중국은 현명한 나라들이므로 아주 어리석은 일은 하지 않을 것입니다. 다소 어리석은 일을 벌이면서 타협할 수는 있겠지만요.

1970년 미국의 수출과 수입은 GDP의 5%였습니다. 지금은 수출이 GDP의 11.5%이고 수입이 14.5%입니다. 나는 미국의 무역 적자가 너무 커지지 않기를 바랍니다. 미국이 원하는 상품을 수입하는 대가로 종이 쪼가리(채무증서)만 지급하는 상황은 바람직하지 않습니다. 미국에 대한 외국의 청구권이 증가하고 있습니다. 이런 청구권은 미국에 대한 외국의 투자로 바뀌고 있습니다. 지금까지 미국과 중국의 무역은 매우 훌륭하게 진행되었지만 한쪽이 지나친 욕심을 부릴 때는 문제가 발생합니다. 그러나 무역에 대한 견해 차이 때문에 세계 발전을 그르치는 일은 없을 것입니다.

멍거 두 나라 모두 발전하고 있으며 중국이 더 빠르게 발전하고 있습니다. 중국은 오랜 기간 빈곤 상태에 머물렀으며 높은 저축률 등 장점을 갖춘 덕분에 더 빨리 성장할 것입니다. 두 나라는 함께 잘 지낼 것입니다. 서로 반감을 품는 일만은 절대 피해야 합니다.

Q 2018 트럼프의 무역 전쟁 가능성

도널드 트럼프의 정책 탓에 무역 전쟁이 벌어지지는 않을까요?

버핏 미국과 중국 사이에 밀고 당기기는 있겠지만 무역 전쟁까지 가는 일은 없을 것입니다.

멍거 미국 철강산업은 믿기 어려울 정도로 불리한 처지에 놓였습니다. 심지어 도널드 트럼프도 옳은 판단을 내릴 때가 있지요.

버핏 프랭클린 루스벨트(Franklin Roosevelt) 대통령이 화롯가 담화로 국민과 소통했듯이 대통령은 최고교육책임자가 되어야 합니다. 무역이 주는 혜택은 눈에 잘 보이지 않으므로 설득하기가 어렵습니다. 무역 덕분에 제품과 서비스 가격이 얼마나 저렴해지는지를 우리는 알기 어렵습니다. 그러나 무역의 부정적인 면은 눈에 잘 보이며 사람들은 그 고통을 뼈저리게 느낍니다. 미국이 신발 제조 경쟁에서 밀리면 메인주 신발 공장에서 긍지를 느끼며 근무하던 노동자들은 해고당합니다. 이들이 55세에 다른 일자리를 구해야 하는 처지가 되면 애덤 스미스와 데이비드 리카도(David Licardo)가 말하는 무역의 혜택 따위는 남의 이야기에 불과합니다.

혜택은 보이지 않고 비용만 보이는 문제는 정치적으로 해결하기가 어렵습니다. 그래서 대통령은 공동의 이익을 위해서 각 개인이 불편을 감수하지 않으면 우리 모두가 큰 대가를 치르게 된다는 사실을 설명해야 합니다. 그리고 우리는 공동의 이익을 추구하는 과정에서 희생당하는 사람들을 돌봐야 합니다. 우리는 정책을 통해서 경제적 성과를 거두되, 이 과정에서 희생당하는 사람들을 구제해야 합니다. 우리에게는 이 땅에 태어나는 모든 아이를 교육할 책무가 있습니다. 경제 활동에 종사하는 사람들은 청소년과 노인들을 돌봐야 합니다. 메인주 덱스터 신발 공장 노동자, 매사추세츠주 뉴베드퍼드 직물 공장 노동자, 오하이오주 영스타운 제철소 노동자들을 설득하기는 쉽지 않습니다.

Q 2018 금리 흐름과 국채 매수

향후 장기 국채 발행량이 늘면 금리가 어떻게 될 것으로 예상하시나요?

버핏 나는 모릅니다. 다행히 연준을 포함해서 아무도 모릅니다. 우리는 현금성 자산을 모두 단기 국채로 보유 중인데 평균 만기가 약 4개월입니다. 최근 금리가 상승한 덕분에 2018년에는 세전 이익이 작년보다 적어도 5억 달러는 증가할 것입니다. 현재 금리 수준에서 장기 국채를 매수한다면 끔찍한 투자가 될 것입니다. 현재 장기 국채 수익률은 연 3% 남짓이고 세후 수익률은 2.5%이며 연준은 인플레이션 2% 수준을 원하므로 이를 고려하면 투자자가 기대할 수 있는 수익률은 연 0.5% 정도에 불과합니다. 그래서 나는 주식 등 생산성 자산을 훨씬 선호합니다. 수조 달러에 이르는 채권시장에서 투자자들은 어떤 만기 채권이 가장 유리한지 파악하려고 호들갑을 떨지만 우리는 전혀 관심이 없습니다.

멍거 부당하게도 당국이 금리를 대폭 낮춘 탓에 예금 이자가 터무니없이 내려갔습니다. 그러나 대공황을 방지하려면 당국은 금리를 인하할 수밖에 없었습니다. 내가 이렇게 기묘한 저금리를 경험한 것은 평생 한 번뿐입니다. 하지만 여기 주주총회장에 모인 분들은 모두 혜택을 보았습니다. 저금리 덕분에 버크셔 주식을 포함해서 자산 가격이 상승했기 때문이지요. 우리 모두 부당하게 이득을 본 셈인데, 앞으로도 계속 보게 되길 기대합니다.

버핏 1942년 18.75달러에 전시 공채를 매수했다면 10년 뒤 원리금으로 25달러를 받았으므로 수익률은 연 2.9%였습니다. 따라서 전시 공채가 훌륭한 투자 대상이 아니었다는 사실은 초등학생도 알 수 있습니다. 정부는 전쟁 탓에 심각한 인플레이션이 발생하리라는 사실을 알고 있었습니다. 전쟁으로 인해 정부는 GDP의 120%에 이르는 막대한 재정 적자를 감수할 수밖에 없었으므로 미국은 역사상 최대 규모로 케인스 경제 이론을 시험하게 되었습니다. 그래서 수익률이 연 2.9%에 불과한데도 국민 모두 전시 공채 매수에 적극적으로 참여했습니다. 하지만 이후 장기 국채는, 수익률이 일시적으로 연 14%에 이르렀던 1980년대 초를 제외하면 매력적이었던 적이 없습니다. 가끔은 정말로 이상한 사건이 발생하는데 이때 잘 대응해야 합니다.

멍거 당시 나는 돈이 없어서 전시 공채를 매수한 적이 없습니다.

Q 2018 혁신과 해자

전통적인 해자보다 혁신이 더 중요하다는 일론 머스크(Elon Musk)의 주장이 옳은가요?

멍거 일론은 전통적인 해자가 물웅덩이에 불과하다며 혁신에 의한 경쟁력 유지가 중요하다고 주장했습니다. 맞는 말입니다. 그러나 터무니없는 소리입니다. 버핏은 전통적인 해자를 만들려는 것이 아니니까요.

버핏 최근 혁신 속도가 빨라지면서 해자가 전보다 약해지는 측면도 많습니다. 하지만 사람들은 항상 해자를 구축하려고 노력합니다. 우리는 항상 해자를 개선하고 강화하도록 노력해야 합니다. 일부 분야에서는 일론이 해자를 무너뜨릴 수도 있을 겁니다. 그러나 일론이 캔디회사를 설립해서 우리와 대결을 벌이지는 않을 것입니다. 우리 해자가 매우 튼튼하니까요. 우리 자회사들은 훌륭한 해자를 보유하고 있습니다. 낮은 생산원가도 매우 중요한 해자입니다. 가이코는 다른 대형 자동차보험사에 비해 낮은 생산원가로 핵심 보험 상품을 유리하게 판매합니다. 한편 가이코를 보면 알 수 있듯이 기술만이 생산원가를 낮춰주는 것은 아닙니다.

Q 2018 경자산 기업의 수익성

당신은 1999년 〈포천〉 기고문에서 미국 기업들의 세후 이익이 GDP의 6%를 계속 초과하지는 못할 것이라고 했습니다. 그런데 2008년 이후 미국 기업들의 세후 이익이 GDP의 8~10% 수준으로 상승했습니다. 그 이유가 무엇이라고 생각하나요?

버핏 미국의 시가총액 4대 기업들은 사업에 순유형자산이 필요하지 않습니다. 과거에 AT&T, GM, 엑슨모빌 등은 막대한 자본을 투입해야 이익을 낼 수 있었지만 이들은 그렇지 않습니다. 지난 20~30년 동안 미국 산업의 수익성이 전반적으로 훨씬 높아졌습니다. 미국 산업이 경자산(輕資産, asset-light) 경제로 바뀐 덕분에 순자산 이익률이 상승한 것입니다. 게다가 그동안 세율도 인하되었습니다. 과거 카네기는 제철소를 짓고 나면 여기서 돈을 벌어 다른 제철소를 짓는 방식으로 사업을 확장했습니다. 막대한 자본이 들어가는 방식이었지요. 그러나 요즘은 경자산 기업이나 마이너스 자산 기업들이 돈을 법니다. IBM은 순자산가치가 마이너스입니다. 지금 우리가 사는 세상은 30년 전과 다릅니다. 30년 전 나는 이런 세상이 올 줄 몰랐기 때문에 〈포천〉에 그렇게 쓴 것입니다. 그러나 구식 중자산 산업들도 여전히 수익성을 유지하고 있습니다.

멍거 버핏이 투자는 잘했지만 예측은 잘 못했습니다. 특히 〈포천〉 기고문은 그다지 정확하지 않았습니다.

버핏 내 예측이 틀렸지만, 그럴 만한 이유가 있었지요.

Q 2018 제품 반응을 실감하는 기법

당신은 다이너스 클럽(Diners Club) 대신 아메리칸 익스프레스를 선택했고 RC콜라 대신 코카콜라를 선택했는데, 이런 제품이 성공할 줄 어떻게 예측하셨나요?

버핏 신용카드시장에 먼저 진출한 회사는 다이너스 클럽이었습니다. 아메리칸 익스프레스는 여행자 수표 사업이 향후 어떻게 될지 모른다는 두려움 때문에 뒤늦게 신용카드 사업에 진출했습니다. 아메리칸 익스프레스는 다이너스 클럽과 경쟁을 벌이면서 수수료를 더 높게 책정했습니다. 신용카드의 가치를 더 높이고 더 근사한 이미지를 연출했습니다. 그래서 아메리칸 익스프레스 카드를 사용하는 사람은 근근이 살아가는 서민이 아니라 부유층처럼 보였습니다. 반면 랠프 슈나이더(Ralph Schneider)가 이끄는 다이너스 클럽은 신용카드 사업에 먼저 진출했지만 큰 성과를 내지 못했습니다.

그동안 온갖 콜라가 쏟아져 나왔지만 진짜는 코카콜라입니다. 나는 RC 콜라가 코카콜라의 절반 값이더라도 마실 생각이 없습니다. 1900년에는 6.5온스(180cc)짜리 코카콜라가 5센트였는데 인플레이션을 고려하면 그동안 가격이 엄청나게 내려간 셈입니다. 코카콜라는 정말로 싼 제품입니다. 씨즈캔디처럼 말이지요. 10대 소년이 여자 친구 부모에게 씨즈캔디를 선물하고서 친구에게 키스를 받으면, 이후에는 캔디 가격을 전혀 생각하지 않게 되니까요.

우리는 사람들이 따귀를 때리고 싶은 제품이 아니라 키스해주고 싶은 제품을 원합니다. 우리는 애플의 생태계도 높이 평가했지만 제품 특성도 비범하다고 생각합니다. 1963년 샐러드유 스캔들이 터지고 나서 사람들은 아메리칸 익스프레스의 생존을 걱정했지만 카드 사용을 중단한 사람은 아무도 없었습니다.

멍거 한마디만 보태겠습니다. 코카콜라가 처음 개발된 직후 누군가 우리에게 투자를 권유했다면 우리는 거절했을 것입니다.

버핏 우리는 다양한 환경에서 소비자들이 제품에 반응하는 모습을 보려고 합니다. 필립 피셔의 《위대한 기업에 투자하라(Common Stocks and Uncommon Profits)》에 수소문 기법이 나오는데, 돌아다니면서 소문을 수집하기만 해도 많이 배울 수 있습니다. 이런 기법을 요즘은 채널 점검(channel checks)이라고 하지요. 제품에 대해 실제로 감을 잡을 수 있는 좋은 기법입니다. 토드와 테드도 이 기법을 많이 사용해서 사람들에게 큰 도움을 줍니다. 찰리는 이 기법을 코스트코에 적용합니다. 코스트코 제품은 고객들에게 엄청나게 매력적입니다. 코스트코는 고객들에게 놀라움과 기쁨을 선사하는데, 사업에 이렇게 좋은 방법은 없습니다.

Q 2019 열정적인 자본주의자

정치 성향을 말씀해주시겠어요?

버핏 나는 열정적인 자본주의자입니다. 미국에 시장 시스템과 법치주의 등이 구현되지 않았다면 나는 지금 이 자리에 없을 것입니다. 따라서 자본주의에 대한 나의 열정에는 변함이 없을 것입니다. 그러나 자본주의에는 규제도 필요하다고 생각합니다. 특히 나라가 크게 번영할 때 뒤처진 사람들을 돌보는 규제도 필요합니다.

멍거 미국처럼 번영하는 나라에서는 정부가 사회 안전망을 관리해야 한다고 생각합니다. 그러나 사회 안전망 일부는 정부의 관리가 매우 비효율적이어서 마음에 들지 않습니다. 더 효율적으로 관리하면 좋겠습니다. 하지만 더 너그럽게 관리하는 것도 좋을 듯합니다.

버핏 우리는 JP모간, 아마존과 함께 의료 사업을 시작했습니다. 매년 의료비로 지출하는 금액이 엄청난데도 의료 서비스는 만족스럽지 않다고 보기 때문입니다. 우리는 민간 부문에서 대폭적인 개선이 이루어지길 기대합니다. 대부분 업무에서 민간 부문이 공공 부문보다 효율적이라고 생각하기 때문입니다. 물론 민간 부문이 제대로 해내지 못한다면 다른 방법을 찾아야 하겠지만, 나는 민간 부문이 공공 부문보다 더 나은 답을 찾아낼 것으로 생각합니다. 나는 미국이 2020년이나 2040년, 2060년에 사회주의 국가가 될 것으로 생각하지 않습니다.

Q 2019 자본주의의 창조적 파괴

자동화가 확산됨에 따라 정규직은 감소하고 임시직만 증가하는 듯한데 향후 고용 문제를 어떻게 전망하시나요?

버핏 200년 전에는 이런 질문이 나왔겠지요? "트랙터와 콤바인 등 농기계의 발전 추세 탓에 농민의 90%가 실직 위험에 처했는데 심각한 문제 아닌가요?" 그러나 1776년 이후 수많은 일자리가 사라졌는데도 지금 미국에는 탁월한 경제 시스템이 만들어낸 일자리 1억 6,000만 개가 있습니다. 이것이 바로 자본주의입니다. 이제 1인당 생산량은 갈수록 더 증가하고 있습니다.

우리는 미래가 어떤 모습이 될지 전혀 알 수 없습니다. 어떤 사업이든 어떤 직업이든, 미래에는 그 모습이 달라질 것입니다. 그러나 자본주의는 갈수록 많은 사람을 고용하게 될 것입니다. 지금 미국은 역사상 가장 많은 사람을 고용하고 있습니다. 중공업회사들은 생산성을 높이기 위해서 생산량은 유지하면서 직원 수를 줄이거나, 직원 수는 유지하면서 생산량을 늘리려고 노력하고 있지만요.

이것이 자본주의입니다. 미국인의 창의력이 바닥날까 걱정할 필요 없습니다. 사람들은 온갖 사업에서 돈을 벌고 싶어 하며 기꺼이 창의력을 발휘합니다. 지금 자본주의 경제는 잘 돌아가고 있고 앞으로도 계속 잘 돌아갈 것입니다. 물론 일부 산업은 고전하고 있고 혼란에 휩싸이기도 할 것입니다. 자동차가 등장한 이후 편자의 생산량은 감소할 수밖에 없으니까요.

1776년 미국 인구는 400만 명에 불과했고 80%가 농업에 종사했지만 지금은 1억 6,000만 일자리가 3억 3,000만 인구를 부양하고 있습니다. 자본주의 경제는 앞으로도 계속 잘 굴러갈 것입니다. 차세대 혁신이 어떤 모습일지는 알 수 없지만 자본주의 경제가 반드시 이루어낼 것입니다.

멍거 우리는 쓸모없는 일은 모조리 로봇에 넘겨주고 싶어 합니다. 워런도 말했듯이 이것이 지난 200년 동안 우리가 해온 일입니다. 이제는 다시 대장장이가 되려는 사람도 없고 길에서 말똥을 수거해서 비료로 쓰려는 사람도 없습니다. 그런 일자리가 사라진 것은 기쁜 일입니다.

그런데 경제 피라미드의 바닥에 있는 사람들은 피라미드의 꼭대기에 있는 사람들의 재산이 빠르게 증가하는 모습을 보면서 미래를 깊이 걱정합니다. 이는 심각한 세계 금융위기 탓에 세상에 막대한 돈이 풀리면서 우연히 나타난 현상입니다. 금리가 제로 수준으로 떨어지자 자산 가격이 상승해서 부자들의 재산이 더 늘어난 것입니다. 누군가 돈을 벌려고 의도적으로 벌인 일이 아니라 우연의 산물이며 곧 지나갈 일입니다. 생산성 향상이 주는 과실은 모든 사람에게 돌아갈 것입니다. 어떤 계층에 조금 더 돌아간다고 걱정할 필요 없습니다.

버핏 옛날 찰리와 나는 잡화점에서 일했습니다. 손님이 완두콩 통조림을 달라고 하면 우리는 사다리를 타고 올라가 통조림을 꺼내서 상자에 담아 손님의 트럭에 실었습니다. 요즘 생산자로부터 소비자에게 유통되는 식품의 양은 엄청나게 증가했지만 그 유통 과정에 종사하는 사람의 수는 상대적으로 감소했습니다. 이제 식품 유통의 효율성은 비교가 안 될 정도로 높아졌습니다. 할아버지는 이런 잡화점이 사라지게 될지 모른다고 고민했습니다. 그리고 실제로 사라졌습니다. 하지만 유통망은 더 효율적인 모습으로 돌아왔습니다. 우리는 자그마한 창조적 파괴를 눈으로 본 셈입니다. 그리고 솔직하게 말하면 창조적 파괴 덕분에 우리는 잡화점 일에서 벗어나 투자를 하게 되었습니다. 잘된 일이지요.

Q 2020 코로나19와 주식시장

버핏 이번 버크셔 주주총회는 기분이 나지 않는군요. 나의 60년 동업자 찰리 멍거가 여기 있지 않기 때문입니다. 나는 여기 오는 사람 대부분이 찰리의 말을 들으러 온다고 생각합니다. 그러나 걱정하지 마세요. 찰리는 96세이지만 장담컨대 건강합니다. 그는 예전처럼 사고력도 양호하고 목소리도 또렷하답니다. 다만 이번에 오마하까지 먼 길을 오는 것이 바람직하지 않다고 보았을 뿐입니다. 찰리는 활동을 다양하게 늘리면서 새로운 생활을 즐기고 있습니다. 그래서 매일 다양한 사람들을 만나고 있고 기술 분야에서는 나보다 앞서 가고 있습니다. 아무튼 찰리는 건강하므로 내년에는 이 자리에 다시 올 것입니다. 내년에는 모든 면에서 정상적인 모습으로 주주총회를 진행하게 될 것입니다.

보험 사업을 담당하는 부회장 아지트 자인도 뉴욕에서 안전하게 지내고 있습니다. 자인 역시 무리해서 오마하까지 올 필요가 없다고 보았습니다. 대신 보험 사업을 제외한 모든 사업을 담당하는 그레그 에이블이 내 왼쪽에 있습니다. 그레그가 경영하는 수십 개 기업은 매출액 합계가 1,500억 달러 이상이며 직원도 30만 명이 넘습니다. 아지트와 그레그가 없어도 내가 현재 업무를 감당할 수 있을지 의문입니다.

지난 몇 개월 동안 모두가 궁금해하는 사항은 '미국의 보건과 경제 상황이 향후 몇 개월, 어쩌면 몇 년 동안 과연 어떻게 전개될 것인가'입니다. 보건에 대해서는 나 역시 아는 바가 정말 없습니다. 학창 시절에 회계학 공부는 그럭저럭 했지만 생물학은 엉망이었거든요. 이런 다양한 문제에 대해서 나도 여러분과 똑같은 방식으로 배우는 중입니다.

지금 이 상황에서 보자면 보건 분야와 경제 분야에서 매우 다양한 사건이 발생할 수 있을 듯합니다. 보건과 경제가 서로 영향을 주고받을 수 있기 때문입니다. 보건 분야에 대해서는 아는 바가 없지만 나는 우리 상황이 최선도 아니고 최악도 아니라고 생각합니다. 초기에 코로나19의 잠재력을 평가하기는 정말 어려웠습니다. 지금도 코로나19에 대해 많이 배우고 있지만 아직도 우리는 제대로 파악하지 못하고 있습니다. 그래도 매우 현명한 사람들이 코로나19 연구에 노력을 기울이고 있습니다.

코로나19로 인한 보건 분야의 변수는 범위가 다소 축소되었을지 몰라도 경제 분야의 변수는 범위가 여전히 매우 넓습니다. 사회의 상당 부분이 자발적 폐쇄 상태에 들어갈 때 어떤 일이 발생할지 우리는 알지 못합니다. 2008~2009년에는 은행 등 금융기관들이 모두 위기에 처해 미국 경제가 탈선했습니다. 이번에도 미국 경제는 탈선 상태가 되었으며, 높은 생산성과 거대 인구를 보유한 초일류 국가의 노동자들이 엄청난 불안과 혼란에 시달리고 있습니다.

그래도 나는 미국 경제의 미래에 대해 말하고자 합니다. 나는 여전히 확신하고 있기 때문입니다. 제2차 세계대전 당시에도 미국 경제의 미래를 확신했고, 쿠바 미사일 위기에도 확신했으며, 9·11 테러와 금융위기 역시 미국을 막을 수 없다고 확신했습니다. 우리는 과거에도 커다란 문제에 직면했습니다. 물론 코로나19와 똑같은 문제는 아니었고 이와 비슷한 문제에 직면한 적도 없었습니다. 그러나 우리는 더 어려운 문제에도 대처했고 미국에서는 항상 기적이 일어났습니다. 이번에도 그럴 것입니다.

여러분이 태어날 시점과 장소를 선택할 수 있다고 가정해봅시다. 여러분은 남자가 될지 여자가 될지 모르고, 지능이 높을지 낮을지도 모르며, 특별한 재능을 타고날지 결함을 안고 태어날지도 모릅니다. 그렇다면 여러분이 선택하는 시점은 1720년도, 1820년도, 1920년도 아닐 것입니다. 여러분은 바로 오늘, 바로 미국을 선택할 것입니다. 1789년 미국 독립 이후 사람들은 미국으로 오고 싶어 했습니다. 지난 231년 동안 미국으로 오고 싶어 하는 사람들이 항상 있었다는 말입니다. 미국은 대단히 젊은 나라입니다. 찰리와 나와 그레그 에이블의 나이를 더하면 미국의 나이보다 많습니다. 그 정도로 미국은 매우 젊은 나라입니다. 그런데도 미국은 기적을 이루었습니다. 이 짧은 기간에 미국이 이룬 기적을 생각해보십시오.

1789년 미국 인구는 390만이었고 그중 70만이 노예였습니다. 세계 인구의 0.5%에도 못 미치는 인구였습니다. 그들 중 어느 누구도, 가장 낙관적인 사람조차 231년 후 미국의 모습을 제대로 상상하지 못했을 것입니다. 이제 미국 도로에는 자동차만 2억 8,000만 대가 돌아다니고 있습니다. 5시간이면 항공기로 대륙을 횡단할 수 있고, 어느 주(州)에나 훌륭한 대학과 훌륭한 병원 시스템이 있으며, 사람들은 아무도 상상하지 못했던 방식으로 오락을 즐기고 있습니다. 미국은 231년 후 누구도 상상하지 못한 기적을 이루어냈습니다.

그러나 주식시장이 내일, 다음 주, 다음 달, 내년에 어떻게 될지는 나도 그리고 아무도 모릅니다. 장기적으로 미국은 계속 발전할 것이지만 9·11 테러 전날에도 우리는 바로 이튿날 시장조차 내다보지 못했습니다. 코로나19가 발생한 것은 불과 몇 개월 전입니다. 미국은 틀림없이 발전하겠지만 시장에서는 어떤 일이든 일어날 수 있습니다. 그러므로 투자에는 조심해야 합니다.

1987년 10월 19일 월요일, 시장은 단 하루 만에 22%나 폭락했습니다.

1914년에는 주식시장이 약 4개월 동안 문을 닫았고, 9·11 테러 당시에는 4일 동안 문을 닫았습니다. 내일 무슨 일이 발생할지는 아무도 모릅니다. 내가 열한 살에 처음으로 주식을 산 이후 미국은 거대한 순풍을 탔습니다. 그러나 순풍이 하루도 빠짐없이 부는 것은 아니며, 내일 시장이 어떻게 될지는 아무도 모릅니다.

코로나19 같은 세계적 감염병이 돌면 시장이 어떤 영향을 받을지 예측하기 어렵습니다. 따라서 빌린 돈으로 투자해서는 절대 안 됩니다. 버크셔 역시 차입금으로 투자하는 일은 없습니다. 우리는 투자할 때 말 그대로 최악의 상황을 생각하며, 그것도 한 분야가 아니라 여러 분야에서 동시에 문제가 발생할 경우를 생각합니다. 아무리 큰 수를 여러 번 곱해도 거기에 제로를 한 번만 곱하면 모두 제로가 됩니다. 그러므로 순풍을 타고 가는 미국에 투자하더라도 빌린 돈으로 투자해서는 안 됩니다.

내가 보기에 미국에 부는 순풍은 끝나지 않았습니다. 미국 주식을 장기간 보유하면 좋은 성과를 얻을 것입니다. 30년 만기 미국 국채는 현재 수익률이 1.25%에 불과하며 여기서 소득세까지 납부해야 합니다. 게다가 연준의 인플레이션 목표는 연 2%입니다. 주식의 수익률은 장기 국채보다 높을 것이고, 단기 국채보다도 높을 것이며, 매트리스 밑에 숨겨둔 현금보다도 높을 것입니다. 안전마진(margin of safety)을 충분히 확보한다면 미국 주식은 대단히 훌륭한 투자 대상입니다.

우리는 주식이 기업의 일부라고 항상 생각합니다. 그러나 사람들이 주식을 대하는 태도는 다릅니다. 주식은 분 단위로 가격이 형성되며 언제든 매매할 수 있어서 사람들은 매 순간 평가가 필요하다고 생각합니다. 하지만 그것은 정말 어리석은 생각입니다. 1949년 벤저민 그레이엄이 내게 가르쳐주었습니다. 주식은 차트에 따라 가격이 오르내리는 종이 쪼가리가 아니라 기업의 일부라고 말이지요.

여러분이 코로나19 발생 이전부터 좋아하던 기업의 주식을 보유하고 있다면, 단지 주가가 바뀌었다는 이유로 주식을 매도할 필요는 없습니다. 여러분이 그 기업과 경영진을 정말 좋아하며 기업의 본질이 바뀌지 않았다면 그 주식은 여전히 매우 유리한 투자가 됩니다. 아니면 미국에 투자해도 됩니다. 개별 종목을 독자적으로 평가할 생각이 아니라면 미국의 대표 주식들을 매수해서 묻어두는 편이 좋습니다. 내가 대학 졸업 시점에 그렇게 투자했다면 투자 원금은 100배가 되었을 것이며 덤으로 내가 받은 배당도 계속 증가했을 것입니다.

미국에는 놀라운 순풍이 불고 있습니다. 그러나 순풍은 중단될 때도 있고 그 시점은 아무도 예측할 수 없습니다. 이때 차입금 때문에 또는 심리적 불안감 때문에 타격을 받아서는 안 됩니다. 그러나 미국 주식을 수십 년 동안 계속 보유할 수 있다면 여러분은 국채를 보유하거나 남들의 조언을 따를 때보다 훨씬 좋은 성과를 거두게 될 것입니다. 사람들은 아무 소용 없는 조언에 막대한 비용을 치르고 있습니다. 남의 조언 덕분에 초과수익을 얻을 수 있다고 생각한다면 정말로 잘못 판단하는 것입니다.

미국을 대표하는 우량주에 투자하십시오. 대부분 사람에게 최선의 선택은 S&P500 인덱스펀드를 보유하는 것입니다. 그러나 S&P500 인덱스펀드는 팔아도 남는 것이 많지 않으므로 금융사 직원들은 다른 상품을 권유할 것입니다.

나는 평생 미국에 돈을 걸겠습니다. 버크셔의 내 후계자도 그럴 것으로 기대합니다. 버크셔가 미국에 돈을 거는 방법은 두 가지입니다. 우리는 기업을 통째로 인수하거나, 기업의 일부를 매수합니다. 지금이 주식 매수에 적기라는 말은 아닙니다. 나는 주가가 언제 상승할지 모릅니다. 그러나 미국 대표 주식들을 매수해서 20~30년 동안 보유할 수는 있습니다. 누구나 동업자가 된다는 생각으로 주식을 매수할 수 있습니다. 그러면 주식을 가격 등락에 따라 사고파는 종이 쪼가리로 보지 않을 수 있습니다.

아시다시피 지난 4월 우리는 주식 약 60억 달러를 순매도했습니다. 이는 주식시장 침체를 예상해서도 아니고, 누군가 목표 주가를 낮춰서도 아니며, 기업들이 올해 이익 추정치를 낮추어서도 아닙니다. 단지 내가 평가에서 실수했다고 판단했기 때문에 매도했습니다. 이해할 수 있는 실수였습니다. 주식을 매수할 때 우리는 확률 가중 판단을 했습니다.

우리는 항공사 주식들이 매력적이라고 판단해서 투자했습니다. 우리는 4대 항공사 주식 약 10%씩을 70~80억 달러에 매수했고, 여기서 나오는 이익(배당 + 유보이익 중 버크셔의 몫)이 약 10억 달러라고 평가했으며, 향후 계속 증가할 것으로 보았습니다. 항공사 주식은 뉴욕증권거래소를 통해서 매수했지만 우리는 기업을 통째로 인수한다는 생각으로 매수했습니다. 그러나 항공사에 대한 나의 생각은 틀린 것으로 밝혀졌습니다. 탁월한 4대 항공사 CEO들의 잘못 때문은 아니었습니다.

내 생각이 틀리길 바라지만, 4대 항공사들은 상황이 크게 변화한 탓에 각각 평균 100~120억 달러 이상을 차입하게 될 것입니다. 그리고 일부 항공사는 주식을 발행하거나 신주인수권을 판매해야 할 것입니다. 항공사 승객 수가 작년 수준으로 회복되려면 2~3년이 걸릴지도 모릅니다.

Q 2020 마이너스 금리는 유지될까?

마이너스 금리가 되면 보험사의 플로트는 자산이 아니라 부채가 될 텐데 버크셔 보험사들은 어떻게 대응하나요?

버핏 마이너스 금리가 장기간 유지된다면 주식 등을 보유하는 편이 좋습니다. 지난 10년 동안 금리는 이상한 흐름을 보였습니다. 이렇게 저금리가 장기간 유지되는데도 인플레이션이 없을 줄은 생각하지 못했습니다. 우리는 현금성 자산 1,200억 달러 중 대부분을 단기 국채로 보유했는데 이자가 거의 없었습니다. 단기 국채는 장기 투자 대상으로는 형편없지만 갑자기 기회가 왔을 때 사용할 수 있는 유일한 지급 수단입니다. 전 세계가 마비되더라도 우리는 자신을 보호하고 보험계약자들에게 보험금을 지급할 수 있어야 하므로 단기 국채가 필요합니다. 우리는 이런 위험을 매우 진지하게 고려합니다.

전 세계가 돈을 계속 찍어내도 장기간 마이너스 금리가 유지될 수 있을지는 의문입니다. 지금까지는 내 생각이 틀렸지만 그래도 믿기 어렵습니다. 지난 2,000년 동안 생산 능력을 초과해서 돈을 계속 찍어내도 마이너스 금리가 유지되는 경우는 없었습니다. 두고 보면 알겠지요. 아마 가장 흥미로운 경제 문제가 될 것입니다. 지금까지 10여 년 동안은 돈을 계속 찍어내도 저금리가 유지되었습니다. 이제 '더 많은 돈을 계속 찍어내도 저금리가 유지된다는 가설'을 검증해야 하는 시대가 오고 있습니다.

자금을 계속 조달해도 마이너스 금리가 유지된다면 나는 재무장관 자리라도 기꺼이 맡을 생각입니다. 골치 아플 일이 없을 테니까요. 우리는 최종 결과를 제대로 알지 못하는 상태에서 일을 진행하고 있으며 그 결과는 극단적일 수 있습니다. 하지만 그렇게 하지 않아도 극단적인 결과가 발생할 수 있습니다. 누군가 이 문제를 해결해야 하겠지요.

Q 2021 세계 20대 기업 목록: 30년 전, 현재, 30년 후?

버핏 나중에 더 언급하겠지만, 지금은 경제의 대다수 분야에서 경기가 매우 좋습니다. 그러나 국제 항공여행 등 일부 분야는 매출이 대폭 감소하여 여전히 심각한 상황입니다. 특히 손쉽게 돈을 벌 생각으로 하루에 30~40회 매매하는 신규 투자자들은 다음 두 가지를 검토해보기 바랍니다. 슬라이드 L1을 띄워주십시오.

화면은 3월 31일 현재 시가총액 기준 세계 20대 기업 목록입니다. 대부분 여러분에게 친숙한 기업들이며 1위는 시가총액이 2조 달러를 웃도는 애플입니다. 20위 기업의 시가총액은 3,300억 달러 남짓입니다. 사우디아람코(Saudi Aramco)는 전문 업체입니다. 사우디 정부가 이 회사 지분 95%를 보유하고 있는지는 모르겠지만, 지분 일부를 매도하려 하고 있습니다. 보시다시피 시가총액 상위 6대 기업 중 5개가 미국 기업입니다. 미국이 예전만 못하다고 사람들이 말한다면, 세계 시가총액 상위 6대 기업 중 5개가 미국 기업이라는 사실을 기억하시기 바랍니다.

1790년에는 미국 인구가 세계 인구의 0.5%에 불과한 390만 명이었고 그중 60만 명은 노예였습니다. 아일랜드의 인구가 미국보다 많았고, 러시아는 5배였으며, 우크라이나는 2배였습니다. 지금 미국은 어떤가요? 건국 후 불과 232년이 지난 지금 미국에는 야심 찬 미래 청사진이 있습니다. 세계 시가총액 상위 6대 기업 중 5개가 미국 기업인 것은 우연이 아닙니다. 미국인이 훨씬 더 똑똑하거나 강해서도 아닙니다. 미국은 토양이 기름지고 기후도 좋습니다. 그러나 그런 나라는 미국 말고도 많습니다. 미국은 시스템이 믿기 어려울 정도로 잘 작동했습니다. 불과 수백 년 전 인구가 세계 인구의 0.5%였던 나라에서 세계 시가총액 상위 6대 기업 중 5개

슬라이드 L1. 2021년 3월 31일 기준 세계 시가총액 상위 20대 기업

나라	기업	시가총액 (십억 달러)	나라	기업	시가총액 (십억 달러)
미국	애플	2,050	대만	TSMC	534
사우디 아라비아	사우디아람코	1,920	미국	비자	467
미국	마이크로소프트	1,789	미국	JP모간체이스	464
미국	아마존	1,560	미국	존슨 앤드 존슨	432
미국	알파벳	1,390	한국	삼성전자	430
미국	페이스북	838	중국	구이저우마오타이	385
중국	텐센트	752	미국	월마트	382
미국	테슬라	641	미국	마스터카드	353
중국	알리바바	614	미국	유나이티드헬스	351
미국	버크셔 해서웨이	587	프랑스	LVMH	336

가 나왔다는 사실을 생각해보십시오.

그러면 30년 후에는 이들 20개 기업 중 몇 개가 이 목록에 남아 있을지 추측해보십시오. 현재는 이들이 최강 기업입니다. 그러나 30년 후에도 이들 20개 기업이 모두 이 목록에 남아 있지는 않을 것입니다. 5개일까요? 8개일까요? 30여 년 전 목록이 담긴 슬라이드 L2를 봅시다.

1989년의 시가총액 기준 세계 20대 기업 목록을 보면 적어도 두 가지가 흥미롭습니다. 1989년 목록에 포함된 20대 기업 중 현재 목록에 포함된 기업은 단 하나도 없습니다. 당시 목록에 포함된 미국 기업 6개는 모두 친숙한 기업들입니다. GE, 엑슨, IBM, 머크(Merck) 등 모두 생존해 있습니

슬라이드 L2. 1989년 기준 세계 시가총액 상위 20대 기업

나라	기업	시가총액 (십억 달러)	나라	기업	시가총액 (십억 달러)
일본	일본흥업은행	104	일본	노무라증권	46
일본	스미토모은행	73	네덜란드	로열더치페트롤리엄	41
일본	후지은행	69	미국	필립모리스	38
일본	다이치간교은행	64	일본	일본제철	36
미국	엑슨	63	일본	도카이은행	35
미국	제너럴일렉트릭	58	일본	미쓰이은행	34
일본	도쿄전력	56	일본	마쓰시타전기	33
미국	IBM	55	일본	간사이전력	33
일본	토요타	53	일본	히타치	32
미국	AT&T	48	미국	머크	30

다. 그러나 30년 후에도 세계 20대 기업 목록에 남아 있는 기업은 하나도 없습니다. 몇 분 전 내가 퀴즈를 냈을 때, 하나도 없다고 대답한 사람은 거의 없을 것입니다. 나도 30년 후에 목록에 남아 있을 기업이 0이라고는 생각하지 않지만, 과거 사례는 놀라운 일이 얼마든지 발생할 수 있다고 알려줍니다.

일본에서는 매우 장기간 놀라운 강세장이 이어졌으므로 당시 20대 기업 중 일본 기업이 많았습니다. 그러나 현재 목록에는 일본 기업이 하나도 없습니다. 미국 기업은 당시 목록에는 6개였고 지금은 13개입니다. 그러나 당시 6개 기업 중 현재도 목록에 남아 있는 기업은 하나도 없습니다. 한 가지 더 생각해보시기 바랍니다. 1989년은 암흑기가 아니었습니다.

예컨대 미국이 자본주의를 처음 발견한 시점이 아니라는 말입니다. 사람들은 주식시장에 관해서 잘 안다고 생각했고 효율적 시장 이론이 유행했습니다. 자본주의가 퇴보하는 시점이 아니었습니다. 당시 목록에서 1위 기업은 시가총액이 1,040억 달러였습니다. 30여 년 동안 목록에서 1위 기업의 시가총액은 약 1,000억 달러에서 2조 달러로 (약 20배) 증가했습니다.

20위 기업의 시가총액은 340억 달러에서 10배 남짓 증가했습니다. 이는 현재 미국인들의 관심사인 평등에 대해 시사하는 바가 있습니다. 그리고 인플레이션에 대해서도 시사하는 바가 있지만 그동안 인플레이션이 심하지는 않았습니다. 하지만 자본주의가 놀라울 정도로 잘 작동했다는 점은 분명합니다. 매우 놀라운 증가율입니다. 여러분은 현재 시가총액이 2조 달러인 1위 기업에 투자해도 30년 후에는 마찬가지로 30배 벌게 된다고 생각할 것입니다. 하지만 그것은 불가능해 보이며 아마 불가능할 것입니다. 1989년에도 사람들은 지금처럼 자신감이 넘쳤습니다. 그러나 세상은 매우 극적으로 바뀔 수 있습니다.

여러분이 과신에 빠지기 전에 다른 사례를 하나 더 소개하겠습니다. 공교롭게도 인덱스펀드 옹호론으로서 단지 인덱스펀드를 보유하기만 하면 된다는 주장입니다. 인덱스펀드는 모두 '약속의 땅(promised land)'이 될 터이므로, 어느 인덱스펀드를 보유해야 하는지만 알면 된다는 말입니다. 그러면 실적이 좋을 수밖에 없습니다. 이는 내가 선호하는 방식으로서 미국 주식에 분산투자하기만 하면 됩니다. 단, 30년 동안 계속 보유해야 합니다. 자신이 종목 선정을 잘한다고 생각하거나 그런 사람을 안다고 생각하는 사람도 있지만 이는 비용이 많이 들어가는 방식입니다. 1989년에는 이런 방식이 통하지 않았습니다.

주식이야말로 필수 투자 대상이었습니다. 그런데 사람들은 다양한 업종에 매료됩니다. 사람들은 인기 업종에 속한 기업의 기업공개(IPO)에는 앞다투어 참여합니다. 스팩에도 몰려듭니다. 사람들은 매출이나 이익을 무시하지만, 그래서는 안 됩니다. 1903년에 버크셔 해서웨이는 어디에 있었을까요? 1903년에 나의 아버지가 태어난 사실은 대단한 뉴스가 아니었습니다. 그러나 헨리 포드가 포드자동차(Ford Motor Company)를 창업한 사실 역시 대단한 뉴스가 아니었습니다. 포드는 이미 두 번이나 실패했지만 이후 자동차로 세상을 바꾸는 인물이 됩니다. 세상에 자동차가 없다면, 가이코처럼 위대한 자동차보험사도 존재하지 않을 것입니다. 자동차는 미국을 탈바꿈시켰습니다. 포드는 일당 5달러를 도입했는데 당시에는 엄청난 변화였습니다. 조립 공정도 도입했습니다.

이제 여러분이 미국의 모든 고속도로와 자동차 2억 9,000만 대를 대강 훑어보고 나서 1903년으로 돌아갔다고 가정합시다. 그러면 이렇게 말하겠지요. "아주 쉽네. 대세는 자동차야, 자동차." 당시 버크셔는 어떤 상태였을까요? 아직은 확인하지 맙시다. 그런데 버크셔의 자회사 중에는 오래전 프리츠커(Pritzker) 가족으로부터 인수한 마몬그룹이 있습니다. 프리츠커 가족은 수많은 기업을 인수하여 마몬그룹이라는 회사명을 붙였습니다. 제이(Jay)와 밥(Bob)이 회사명을 마몬으로 결정한 이유는 알지 못하지만 이들은 마몬그룹을 보유했습니다. 1911년에는 이 회사의 자동차가 제1회 인디500(인디애나폴리스 500마일 자동차 경주)에서 우승했습니다.

이 회사가 1911년 제1회 인디500에서 우승한 것은 우리의 자랑입니다. 이 회사는 백미러도 발명했습니다. 백미러가 사회에 크게 이바지했는지는 나도 모릅니다. 그러나 인디500 경기 중 조수석에 앉아 뒤를 돌아보며 경쟁자들의 추격 상황을 알려주던 사람은 멀미가 났을 것입니다. 그래서 백미러를 발명한 것이지요. 이제 여러분은 자동차가 놀라운 상품이라고 판단했다고 가정합시다. 이후 인디500을 계기로 모든 자동차에 백미러가 장착되었고 미국에 자동차 2억 9,000만 대가 돌아다니게 되었습니다.

나는 역사를 돌아보면서 자동차회사들의 이름을 언급했습니다. 원래는 철자 M으로 시작하는 자동차회사를 슬라이드에 모두 열거할 생각이었습니다. 그러나 그 숫자가 너무 많아서 철자 MA로 시작하는 회사로 한정했는데도 자동차회사가 거의 40개였습니다. 우리 자회사 마몬 역시 1930년대에는 자동차회사로서 매우 특별한 자동차를 판매했습니다. 아무튼 당시에는 장래가 매우 유망해서 자동차 사업에 진출한 회사가 2,000개 이상이었습니다. 기억하시겠지만 2009년에는 미국 자동차회사가 셋이었으며 그중 둘이 파산했습니다. 그러므로 종목을 선정할 때는 단지 장래가 유망한 업종을 찾는 것으로는 부족합니다.

한때 메이택(Maytag)도 자동차를 생산했고 올스테이트 보험사와 듀폰도 자동차를 생산했습니다. 심지어 네브래스카주에도 자동차회사가 있었습니다. 요즘 돈벌이가 되는 사업이라면 누구나 시작하듯이 당시에도 모두가 자동차 사업을 시작했습니다. 그러나 실제로 성공하는 자동차회사를 선택해서 돈을 번 사람은 극소수였습니다. 헨리 포드는 포드자동차의 동업자 몇 사람이 마음에 들지 않았습니다. 그래서 회사 인수 방법을 연구했는데 여기서 자동차 할부금융이 시작되었습니다. 당시 투자자들은 포드자동차 주식을 살 방법이 없었습니다. 물론 GM이 자동차시장을 지배하게 되었습니다. 헨리 포드가 모델 T를 모델 A로 전환하는 데 실패했기 때문입니다. 이렇게 종목 선정은 말처럼 쉽지가 않습니다.

Q 2021 과도한 경기 부양책이 부르는 인플레이션 위험

전 재무장관 래리 서머스 교수는 1.9조 달러에 이르는 바이든(Joe Biden)의 과도한 경기 부양책이 인플레이션을 부를 수 있다고 비판했는데 어떻게 생각하시나요?

버핏 래리는 늘 삼촌 폴 새뮤얼슨의 저서를 읽었을 것입니다. 그는 매우 똑똑한 인물입니다. 3월 19일 그가 인플레이션 위험을 경고한 이후, 그런 우려의 목소리가 더 커지고 있습니다. 아무 영향도 미치지 않는 경제 활동은 없습니다. 부채를 계속 대규모로 늘리면 부채 유지비용이 대폭 증가합니다. 일본이 지금까지 편 정책을 사람들은 불가능하다고 생각했습니다. 사람들은 매우 위험하다고 판단하여 일본 채권을 공매도했습니다. 답은 우리도 모릅니다. 그러나 래리의 견해는 중요하며, 반대쪽 견해 못지않게 훌륭하다고 생각합니다.

현재 정책이 어떤 결과를 불러올지 우리는 모릅니다. 부채가 GDP의 100%에 이르면 매우 위험하다는 생각이 한때는 일반 상식이었지만, 지금은 그다지 타당한 생각이 아닙니다. 우리는 과거에 사실로 믿었던 일 중 상당수가 사실이 아니었음을 깨닫게 됩니다. 그러므로 현재 우리가 하는 일이 옳은지도 아직 알 수 없습니다. 가장 좋은 방법은 우리가 결과를 알 수 없다고 인정하고, 결과가 어떻게 되더라도 좋은 실적을 얻는 길로 가는 것입니다. 이것이 버크셔에서 추구하는 방법입니다. 우리는 거시경제 예측으로는 돈을 벌 수 없다고 생각합니다. 우리는 최고의 실적을 추구하지 않아도 적정 실적을 얻을 수 있다고 확신합니다.

멍거 래리의 생각이 옳은지는 확실치 않습니다. 그는 똑똑한 사람이며,

그런 비판은 용기 있는 행동입니다. 래리는 그런 식으로 말한 유일한 인물이므로 그를 칭찬합니다.

버핏 장담하는데 그는 새 행정부에서 자리를 얻지 못할 것입니다.

멍거 그래서 그를 칭찬하는 것입니다. 그렇다고 행정부에 자리를 얻는 것이 잘못이라는 뜻은 아닙니다. 자기 생각을 소신껏 말해서 마음에 든다는 뜻입니다.

Q 2022 이번 인플레이션의 수준

현재 진행 중인 인플레이션은 예컨대 1970년대나 1980년대의 인플레이션과 비교하면 수준이 어느 정도인가요? 인플레이션이 미치는 충격을 줄이려면 어떻게 해야 하나요?

버핏 앞에서도 설명했지만 사람들이 기꺼이 돈을 낼 만한 기술을 습득하면 인플레이션을 극복할 수 있습니다. 그리고 우리 회사의 관점에서 볼 때 현재 인플레이션은 예사롭지 않은 수준입니다.

네브래스카 퍼니처 마트 회장 어브 블럼킨은 최근 인터뷰에서, 지난 2년 동안 제품 가격이 계속 상승했는데도 사람들은 전보다 돈이 많아서 기꺼이 구매한다고 말했습니다. 그러나 돈은 많이 풀렸지만, 제2차 세계대전 시절에 그랬듯이 구매할 수 없는 제품도 있습니다. 사람들은 차도 살 수 없고 냉장고도 살 수 없습니다. 심지어 설탕이나 커피 등도 원하는 만큼 살 수 없습니다. 사람들의 주머니는 두둑해졌는데도 제품은 많지 않아서 물가가 상승하고 있습니다.

인플레이션은 똑같은 법이 없습니다. 두 번째 인플레이션은 첫 번째 인플레이션과 다릅니다. 첫 번째 인플레이션이 사람들의 태도에 영향을 미치는 탓에, 두 번째 인플레이션이 발생했을 때 사람들의 활동이 달라지기 때문입니다. 흥미로운 현상입니다. 저자들은 교과서를 쓸 때 최근 경험을 바탕으로 씁니다. 사람들이 이런 교과서를 읽으면 이후에는 행동이 달라집니다. 그래서 사람들이 얻는 결과도 전과 달라집니다. 미국 정부는 엄청나게 많은 돈을 계속 사람들에게 공급했습니다. 어느 시점에 이르자 돈의 가치가 전보다 떨어지게 되었습니다.

여러분이 깜짝 놀랄 만한 숫자가 있습니다. 나도 깜짝 놀랐습니다. 연준은 법에 따라 모든 연방준비은행의 실적을 결합한 연결재무제표를 공개합니다. 그중에는 목요일마다 공개하는 재무상태표도 있습니다. 약 15년 전에도 연준은 이런 자료를 발간했습니다. 흥미롭게도 사람들은 이제 현금이 죽었으므로 현금이 불필요한 사회라고 말합니다. 10년이나 15년 전에는 유통통화(currency in circulation)가 약 8,000억 달러였습니다. 그런데 지난 목요일 보고서에 의하면 지금은 유통통화가 약 2.3조 달러입니다. 현재 미국 인구가 약 3억 3,000만 명이고 유통통화가 거의 2.3조 달러이므로 1인당 유통통화는 7,000달러입니다. 이론상 남녀노소 모두 7,000달러씩 보유하는 셈입니다. 연준의 부기는 정확하므로 실제로 막대한 돈이 풀렸다고 보아야 합니다. 나는 그 돈이 어디에 있는지 모르겠습니다. 그 돈이 러시아에 있는지, 남미에 있는지, 아니면 찰리가 모두 가졌는지 나는 모르겠습니다. 경이적인 금액입니다. 만일 미국 정부가 모든 미국 가구에 100만 달러씩 보내주기로 했다면 어떤 일이 벌어질까요?

약 1억 3,000에 이르는 미국 가구에 정부가 현금 100만 달러씩 보내준다는 말입니다. 여기에는 조건이 붙습니다. 돈을 받은 사람이 30일 이내에

이 사실을 발설하면 그 돈은 사라집니다. 과거 TV 쇼에서 상금이 갑자기 사라졌던 것처럼 말이죠. 그러나 30일 후에는 그 돈을 사용할 수 있습니다. 연준이 추정하는 미국 가구의 재산 합계액이 약 130조 달러인데 이제 갑자기 두 배로 늘어납니다. 정부는 모든 가구에 현금을 보냈지만 이 사실을 공개하지 않습니다. 단지 가구별로 당신이 복권에 당첨되었다는 식으로 알려줄 뿐입니다.

이제 사람들의 평균 재산은 두 배가 되었고 전체적으로는 재산이 130조 달러 증가했습니다. 1개월이 지나서 이 돈을 쓸 수 있습니다. 어떤 일이 벌어질까요? 물가가 상승할 것입니다. 물가가 즉시 상승할까요? 사람들은 남들도 현금을 받았다는 사실을 모르므로, 급히 달려가 물건을 사려 하지 않습니다. 그러나 정부가 현금을 보낸 시점에 정부가 분배한 금액이 드러나면 곧바로 소문이 퍼집니다. 바로 이런 금액이 자원 배분을 논의할 때 가리키는 숫자입니다. 이 숫자는 물가에 영향을 미칩니다. 미칠 수밖에 없습니다.

집에 갔더니 내 재산이 하룻밤 사이에 10배로 늘어났는데 다른 사람들의 재산도 모두 10배로 늘어났다고 가정합시다. 그렇더라도 빵이나 자동차 등 공급되는 제품은 늘어나지 않습니다. 단지 돈의 가치가 하락할 뿐입니다. 돈의 구매력이 감소한다는 뜻입니다. 사람들이 구매할 수 있는 제품은 증가하지 않습니다. 매우 이상한 모습입니다. 정부가 막대한 돈을 사람들에게 보내주었지만, 사람들은 제품을 전보다 더 많이 구매할 수가 없습니다. 공급망이 붕괴했기 때문입니다. 이런 일은 늘 발생합니다.

마침내 사람들은 네브래스카 퍼니처 마트로 몰려가서 물건을 사기 시작합니다. 다른 회사에도 몰려갑니다. 이제 색다른 행태가 등장합니다. 사람들은 귀금속도 삽니다. 일반적으로 보석상은 수익성 높은 사업이 아닙니다. 2년 전에는 모든 보석상 사업주가 매장 임대료를 감당할 수 있을지 걱정해야 하는 처지였습니다. 이제는 모든 보석상이 전에는 상상도 못 했던 호경기를 누리고 있습니다. 사람들은 할인판매 기간을 기다리지 않고 매장에 들어오고, 들어온 사람들은 빈손으로 나가는 법이 없습니다. 덕분에 재고가 대폭 감소했습니다.

사람들은 가진 돈을 쓰고 있습니다. 정부가 사람들에게 어떤 방식으로든 막대한 돈을 보내준 효과가 나타나고 있습니다. 정부는 매우 간접적인 방식을 사용했는데, 이 거대한 시스템은 설명하기가 복잡합니다. 바로 이것이 현재 상황입니다. 장담하는데 정부가 미국의 모든 가구에 100만 달러씩 보내주었는데도 사람들이 이 사실을 모르면, 내일 사람들이 어떻게 행동할지 예측하기 어렵습니다. 그러나 정부가 달마다 돈을 보내주면 어느 시점에는 사람들이 이 사실을 알게 되고 사람들은 서둘러 물건을 사기 시작합니다. 그러면 경제 분야에서 수많은 일이 발생합니다.

그래서 그동안 수많은 인플레이션이 발생했습니다. 정부가 막대한 돈을 풀면 인플레이션을 피하기는 거의 불가능합니다. 그러나 정부가 돈을 푼 것은 훌륭한 결정이었습니다. 실제로 연준이 돈을 풀지 않았다면 우리 생활은 지금보다 엄청나게 악화했을 것입니다. 그것은 중대한 결단이었습니다. 그리고 인플레이션이 발생한 원인이기도 합니다. 이 인플레이션을 끝낼 수 있을지는 아무도 모릅니다. 인플레이션을 잡으려다가 경기 침체를 부를 수도 있으며 온갖 사건을 일으킬 수도 있습니다. 그러나 이 경기 침체는 주기적으로 찾아오는 우연일 수도 있습니다.

다른 일이 벌어질 수도 있습니다. 오늘 신문을 읽은 사람이 1년 뒤에는 "1년 전에 내가 왜 신문을 읽었지?"라고 생각할 수도 있습니다. 세상일이 그렇습니다. 1942년 내가 처음 주식을 샀을 때, 이후 어떤 일이 발생할지 모두 알았을까요? 물론 나는 전혀 알지 못했습니다. 그러나 아이디어 하나면 충분했습니다. 잘 포장된 아이디어도 아니었습니다. 미국이 제2차 세계대전에 막 참전했을 때 거의 모든 아이가 한 생각이었습니다. 미국이 승리하리라는 생각이었습니다.

미국이 승리한다면 전면적인 승리가 될 터였습니다. 당시 저축채권의 금리는 2.9%였습니다. 우리 집에서도 샀으므로 알고 있었습니다. 이 채권의 명칭이 처음에는 전쟁채권(war bond)이었는데, 이후 국방채권(defense bond)으로 바뀌었다가 마침내 저축채권(savings bond)이 되었습니다. 명칭은 다르지만 모두 똑같은 채권입니다. 정부가 돈을 대규모로 찍어내면 돈의 가치는 떨어집니다. 이제 내가 경제에 대해 아는 것은 모두 말했습니다. 찰리가 보완 설명을 해줄 것입니다.

멍거 정부는 전례 없는 규모로 돈을 찍어냈습니다. 이 돈을 자신이 사업자나 고용주라고 주장하는 모든 사람에게 보내주었습니다. 한동안 나라가 돈에 빠져 허우적거릴 정도였습니다. 다른 방도가 없었을 것입니다. 그러나 지금까지 그렇게 큰 규모로 돈을 찍어낸 적은 한 번도 없었습니다.

버핏 하지만 문제도 전례 없이 심각하지 않았나?

멍거 정부의 결정이 잘못되었다는 뜻은 아닐세.

버핏 제롬 파월이 내게는 영웅입니다. 이유는 아주 간단합니다. 그는 자신이 해야 하는 일을 했습니다. 당시 그는 가만 앉아서 손가락만 빨고 있을 수도 있었습니다. 실제로 과거에 그렇게 처신한 연준 의장도 있습니다. 만일 파월이 손가락만 빨았다면 세상이 줄줄이 무너졌을 것입니다. 그래도 사람들은 파월이 아니라 바이러스나 중국 등을 비난했을 것입니다.

멍거 정말로 흥미로운 사례가 일본입니다. 일본 정부가 처음에는 모든 채권을 사들였고 이후에는 주식을 사들였습니다. 그 후 어떻게 되었을까요?

25년 동안 경기 침체가 이어졌습니다. 이를 누가 예측했겠습니까?

버핏 아무도 예측하지 못했습니다. 우리는 누가 예측해도 관심이 없습니다. 우리 생각은 매우 단순합니다. 여러분이 우리를 신뢰하므로 우리는 쓸데없는 일을 할 이유가 없다는 것입니다. 우리는 버크셔를 철옹성처럼 견고하게 세우려고 노력하지만, 핵전쟁까지 견뎌낼 수는 없습니다. 그러나 버크셔는 어떤 기업보다도 잘 견뎌낼 수 있습니다. 그래서 완벽한 느낌은 아니어도 기분이 좋습니다. 우리는 여러분에게 그 이상을 약속하고 싶지만, 그럴 수는 없습니다.

Q 2023 달러의 준비통화 지위 상실 가능성

나는 13세이고 6번째로 주총에 참석한 대프니(Daphne)입니다. 현재 미국의 부채 추정치는 31조 달러로서 GDP의 약 125%입니다. 연준은 인플레이션과 싸운다고 주장하면서도 지난 몇 년간 막대한 돈을 찍어냈습니다. 중국, 사우디, 브라질 등 주요 경제국들은 달러 사용에서 멀어지고 있습니다. 장차 달러가 세계 준비통화의 지위를 잃을 것으로 보시나요?

버핏 당신에게 이 자리에 와서 질문에 답해달라고 부탁하고 싶군요. 매우 흥미로운 질문입니다. 현재 달러 대신 준비통화로 선택할 만한 통화는 보이지 않습니다. 이 상황을 제이 파월만큼 잘 이해하는 사람은 없다고 생각합니다. 재정정책은 관리하지 않지만 가끔 몇 가지 힌트를 줍니다.

최근 코로나 팬데믹이 발생했을 때 우리는 사실상 준전시(準戰時) 상황이었습니다. 그러나 지폐 발행이 어느 수준에 이르면 통제 불능 상태가 되는지 아는 사람은 아무도 없습니다. 특히 세계 준비통화라면 그 답을 아는 사람이 더 없습니다. 그렇다고 지폐를 계속 발행해서 어느 수준에 이르면 통제 불능이 되는지 확인해볼 수도 없습니다. 그 수준에 이르면 만사가 끝장이기 때문입니다. 그래서 우리는 매우 신중해야 합니다.

미국은 케인스 이론을 제2차 세계대전에 적용해서 이득을 보면서, 전시 인플레이션을 방지하려고 모든 노력을 기울였습니다. 1945년 8월 전쟁이 끝났고 1946년 1월경에는 인플레이션이 아마 1% 정도였습니다. 그러나 1946년 말에는 15% 수준까지 상승했습니다. 미국은 많은 일을 쉽게 벌일 수 있지만 그래도 정도가 지나치면 회복하기 어렵습니다. 지니가 병에서 빠져나오면 다시 병 속에 가두기 어려운 것처럼 말이죠.

통화에 대한 믿음을 상실하면 사람들의 행동이 완전히 달라집니다. 은행예금이나 연금에 대한 생각도 달라지고, 소비생활도 화폐의 구매력이 비슷하게 유지되던 시점과 달라집니다. 그러면 온갖 일이 발생할 수 있지만, 어떤 일이 발생할지는 아무도 예측할 수 없습니다. 하지만 좋은 일이 아닌 것은 분명합니다. 지켜봐야 하겠지만 이는 양당의 정치인들에 한정되는 문제가 아닙니다.

그러나 사람들은 태도를 취하는데, 이들 중에는 상황을 이해하는 사람도 있고 이해하지 못하는 사람도 있습니다. 나도 의료 위원회에 선출된다면 상황을 이해하지 못할 것입니다. 사람이 만사에 통달할 수는 없으므로, 이해하지 못하는 것은 잘못이 아닙니다. 모든 사람이 아이작 뉴턴처럼 될 수는 없습니다. 그러나 아이작 뉴턴 행세를 하면서 돌아다니거나 결정을 내려서는 안 됩니다. 이제는 자기 충족 현상이 된 인플레이션 기대심리를 억제하기가 전보다 많이 어려워졌습니다.

연차보고서에서도 언급했듯이 버크셔는 인플레이션에 잘 대비하고 있지만 완벽하지는 않습니다. 인플레이션이 어떻게 전개될지 알 수 없으므로 완벽하게 대비할 방법은 없습니다. 이제 인플레이션은 매우 정치적인 결정이며 어느 정도는 부족주의(部族主義) 결정이기도 합니다. 사람들은 리더가 문제를 인식해서 실제로 대응해주길 기대합니다. 미국은 온갖 재화가 모여드는 부유한 나라이지만, 그래도 무한히 돈을 찍어 부채를 키울 수는 없습니다. 어떻게 될지 지켜보는 것도 흥미로울 것입니다. 찰리?

멍거 어느 시점에 이르면 돈을 찍어서 표를 사는 행위가 역효과를 낳을 것입니다. 그 시점이 언제일지는 모르지만, 역효과를 낳는 위험한 행위는 멀리해야 합니다. 일본처럼 문화가 이례적으로 강한 나라는 다소 이상한 일을 벌이기도 합니다.

일본은 국채 대부분을 되샀고 보통주와 채권도 대량으로 매수했습니다. 일본 중앙은행이 사실상 일본 전체를 보유하고 있는데도 나라가 돌아가고 있습니다. 30년째 경제가 정체 상태이지만 일본은 망하지 않을 것입니다. 나는 일본을 높이 평가합니다. 그러나 미국이 일본을 모방해서는 안 됩니다. 미국 문화는 일본처럼 강하지 않으니까요.

버핏 일본은 화합하는 문화이지만 미국은 그런 문화가 아니지요.

멍거 네, 그렇습니다. 일본 사람들은 모두 잘 받아들이고 잘 대처하지만 미국 사람들은 불평합니다. (웃음소리)

버핏 내년 주총에서는 더 어려운 질문을 해주시기 바랍니다. (웃음소리) 감사합니다.

나는 오늘 미국에 다시 태어나도 기쁠 것입니다. 미국은 멍청한 짓을 잔뜩 저지르고서도 잘 빠져나갈 수 있으니까요. 물론 잘못을 무한히 저지를 수는 없겠지요. 이런 잘못을 막으려는 사람들도 있습니다. 그러려면 지극히 인기 없는 사람이 될 각오를 해야 합니다. 연준 의장 시절 폴 볼커는 그런 각오 덕분에 매우 거북한 역할도 해낼 수 있었습니다.

예전에 네브래스카에도 그런 정치인이 있었습니다. "도대체 어떻게 낙태를 주장할 수 있습니까?" 등 정말로 어려운 질문을 받으면 그는 눈을 똑바로 보면서 "내 견해가 옳습니다"라고 말하고 다음 이야기로 넘어갔습니다. 그런데 정치인들은 인플레이션에 대해서도 어떤 식으로든 "내 견해가 옳습니다"라고 말하지만, 이런 행동이 초래할 결과에 대해서는 제대로 생각하지 않습니다. 흥미롭게도 이들은 자기 말에 실제로 책임을 지는 대신, 하원의원 435명 중 한 사람이 되려고만 합니다.

아무튼 실제로 대신할 통화가 없는 상태에서 세계 준비통화가 사라지는 상황은 생각하기 어렵습니다. 그러나 계속 돈을 찍어내는 것도 미친 짓입니다. 사실 미국은 제2차 세계대전 동안 (필연적으로) 돈을 찍어내면서 경제가 성장했습니다. 그 결과 심각한 인플레이션을 겪었지만 이제는 그 여파가 당시보다 10배나 더 클지도 모릅니다.

이제 달러 대신 부동산이나 회사 지분 등 다른 것을 보유하고 싶어지는 시점이 다가오고 있습니다. 그러나 최상의 대비책은 자신의 수익력을 키우는 것입니다. 그 도시에서 최고의 의사, 변호사, 교사가 되거나 심지어 10위만 되더라도 풍요롭게 생활할 수 있습니다. 생산적인 경제에서는 자신의 재능으로 성공할 수 있습니다. 그러나 단지 달러를 비축하는 방법으로는 성공하지 못할 것입니다. 지역사회에 이바지하면서 자신의 가치를 유지해야 성공합니다. 그러므로 최상의 투자는 항상 자신에 대한 투자입니다. 이것이 내 대답입니다.

멍거 이제 돈은 조금씩만 찍어내게 되고 수많은 젊은이가 곧바로 자산운용업계에 뛰어드는 상황이 오겠군요. (웃음소리)

버핏 우리가 그랬듯이 말이죠. (웃음소리)

멍거 네. 바로 우리가 그랬지요. 우리가 나쁜 본보기였습니다. 내가 진입하던 시점에는 자산운용업계가 이렇게 거대해질 줄 몰랐습니다. 이에 대해 사과하고 싶습니다. (웃음소리)

버핏 그래도 멍거는 잘 해냈습니다. (웃음소리)

Q 2025 수입 인증서 제도는 관세와 다른가?

2003년 당신은 〈포천〉 기고문에서 수입 인증서 제도를 도입해 무역 적자를 제한해야 하며, 수입 인증서는 기본적으로 관세에 해당한다고 했습니다. 최근에는 관세가 전쟁 행위라고 했습니다. 무역 장벽에 관한 견해가 바뀌었나요, 아니면 수입 인증서가 관세와 다르다고 보시나요?

버핏 수입 인증서는 관세와 다릅니다. 수입 인증서의 목적은 수입과 수출의 균형을 유지하여 무역 적자가 과도하게 증가하지 않도록 방지하는 데 있습니다. 사실은 당시 제3세계 국가들이 조금 더 발전할 수 있도록 지원하는 등 다양한 조항도 포함되어 있었지만, 기본적으로는 무역수지 균형을 유지하도록 설계되었습니다. 나는 무역수지 균형이 세계에 이롭다고 생각하며, 무역수지가 더 균형을 이룰수록 세계에 더 이롭다고 생각합니다. 앞으로도 코코아는 가나에서 재배되고 커피는 콜롬비아에서 재배되는 편이 나을 것입니다.

미국이 지금은 대표적인 산업국가이지만 250년 전만 해도 오로지 농업만 하는 국가였습니다. 그러나 이제는 무역 적자가 갈수록 증가하여 국가 부채도 갈수록 증가하고 있어서 수입 인증서 제도를 구상하게 된 것입니다.

찰리는 이 제도가 루브 골드버그 장치(Rube Goldberg machine)처럼 지나치게 복잡한 방식이라고 말했지만, 그래도 관세보다는 훨씬 나은 제도라고 나는 생각합니다.

무역이 전쟁 행위가 될 수 있음은 두말할 필요가 없으며, 미국은 다른 나라들로부터 반감을 사게 되었다고 생각합니다. 미국은 미국이 가장 잘하는 일을 해야 하고, 다른 나라들은 그들이 가장 잘하는 일을 해야 합니다. (박수갈채) 250년 전 미국은 담배와 면화를 잘 생산하여 다른 나라들과 무역했습니다. 지금은 핵무기를 보유한 나라가 8개국이며 그중 일부는 매우 불안정한 국가입니다. 몇몇 국가만 자기가 승리했다고 말하고 다른 국가들은 질투하게 되는 상황이 된다면 이는 바람직하지 않다고 생각합니다. (박수갈채)

그래서 수입 인증서 아이디어를 제시했지만 아무 소용이 없었습니다. 이 자료를 원하는 분은 주소를 알려주시면 보내드리겠습니다. 핵심 내용은 무역을 무기로 사용해서는 안 된다는 것입니다. 250년 전과는 달리 미국은 엄청나게 중요한 국가가 되었습니다. 세계 인구 75억 명이 미국에 반감을 느끼는 상황에서 미국인 3억 명만 스스로 잘났다고 떠들어댄다면 이는 심각한 착각이며, 옳지도 않고 현명하지도 않다고 생각합니다.

다른 나라들도 더 번영하고 우리를 지지할수록 우리도 더 번영할 것이며, 우리 자녀들도 더 안전해질 것입니다. (박수갈채) 그러나 나의 수입 인증서 아이디어가 애덤 스미스의 《국부론》처럼 큰 영향을 미치리라 기대하지는 마십시오. (웃음소리)

'미스터 마켓'과 '위대한 능멸자' 상대하기

워런 버핏은 2020년 2월 22일 공개한 2019년 버크셔 해서웨이 연차보고서에서 이렇게 말했다. 코로나19 팬데믹으로 인해 주가가 크게 떨어지기 직전이었다.

"금리를 예측하는 것은 우리 방식이 아닙니다. 찰리와 나는 앞으로 1년, 10년, 30년 동안 금리가 어떻게 변할지 전혀 알지 못합니다. 다소 냉소적으로 들릴 수도 있겠지만, 그런 예측을 자신 있게 말하는 전문가들은 미래에 대해 말하는 것보다 그들의 태도 자체를 통해 본인을 더 많이 드러냅니다.

우리가 말할 수 있는 것은, 지금 수준의 금리와 세금 환경이 앞으로도 계속된다면 주식은 장기적으로 채권보다 훨씬 나은 수익을 가져다주리라는 전망입니다.

물론 이 낙관적인 전망에는 한 가지 경고가 따릅니다. 주식시장은 내일 당장이라도 크게 하락할 수 있습니다. 때때로 50% 혹은 그보다 큰 규모의 폭락이 발생하기도 합니다. 그럼에도 불구하고 제가 작년에 언급한 '미국 경제의 순풍(American Tailwind)'과 복리의 기적이 함께 작용한다면, 빚 없이 자기 돈으로 투자하고 감정을 잘 다스릴 수 있는 사람에게는 주식이야말로 최고의 선택이 될 것입니다. 레버리지(빚)를 사용하거나 감정에 휘둘리는 사람이라면? 정말 조심하십시오!"

이 글은 짧지만 다음과 같은 깊은 통찰을 담고 있다.

변동성과 예측 불가능성

2025년 7월, 일본에 대지진이 일어나 엄청난 쓰나미가 덮칠 것이라는 예측이 있었다. 이 영향으로 일본 여행 수요가 크게 줄었다. 하지만 결과적으로 재앙은 없었다. 현명한 사람들은 대지진설이 엉터리라는 것을 처음부터 알고 있었다. 이 해프닝으로 얻은 유일한 소득은 예측하는 사람들이 어떤 사람인가 하는 것이다.

우리가 살고 있는 이 세상은 복잡계다. 복잡계란 구성 요소 하나하나는 단순하더라도 이들이 상호작용하면서 전체적으로 예측하기 어려운 결과를 만들어내는 시스템을 말한다. 맑을 것이라는 일기예보를 믿고 우산 없이 나왔다가 비를 맞았다고 비난하지만, 기상청은 아무런 잘못이 없다. 대기 자체가 복잡계이기 때문에 날씨 예측은 애초에 정확하기 어렵다. 수많은 입자와 에너지가 상호작용하며 끊임없이 변화를 만들어내고 이 변화가 또 다른 변화를 낳기 때문이다. 일기예보가 틀릴 수 있다는 사실을 받아들이는 사람은 기상청을 비난하지 않는다.

주식시장 역시 복잡계다. 날씨, 지진 예측이 어렵듯 주식시장의 단기적인 변화는 예상이 어렵다. 주식시장은 변동성이 큰 곳이다. 지난 10년을 돌아보면 한국 주식시장은 한 차례를 제외하고 1년에 한 번꼴로 고점 대비 15% 이상 하락했으며 한 번은 50% 정도 하락했다. 기간을 20년, 30년으로 넓혀도 비슷한 통계를 확인할 수 있다.

중요한 것은 이 변동성을 받아들이는 태도다. 변동성이 언제 시작될지 예측하기 어렵다는 사실을 받아들이는 사람들은 예측 대신 준비를 한다. 한두 번은 맞힐 수 있지만 항상 맞힐 수는 없다는 것을 알기 때문에 높은 변동성을 현실로 받아들인다. 레버리지를 사용하지 않고 항상 어느 정도 현금을 남겨놓는다. 2020년 코로나19 팬데믹으로 인해 50% 정도의 하락이 발생했을 때 주식시장에서 퇴출된 사람이 많았다. 그중에는 투자 고수도 꽤 있었다. 그들의 실패는 이 변동성을 바라보는 생각이 틀렸기 때문이다. 변동성을 회피할 수 있다고 생각했기 때문에 과도한 레버리지를 사용했고 단 한 번의 폭락에 모든 것을 잃었다.

현명한 투자자는 변동성을 있는 그대로 받아들인다. 많은 투자자가 안전마진과 적절한 분산을 쉽게 이야기하지만 이 변동성에 대한 고찰 없이는 고수라고 말하기 힘들다. 주식시장이 크게 하락해 어려울 때 앞으로의 전망을 묻는 사람들이 있다. 이런 사람들은 아무리 큰 돈을 벌었다 하더라도 고수라고 할 수 없다. 진정 현명한 투자자는 말이 아닌 행동으로 변동성을 받아들이는 사람들이다. 버핏은 주식시장에서 더 이상 매수할 기업이 없을 때 매년 현금을 쌓아간다. 예측 대신 대비를 하는 것이다.

변동성을 받아들이고 대비하는 투자자는 조울증 환자인 미스터 마켓(Mr. Market)을 상대로 현명한 거래를 할 수 있지만, 예측에 의존하는 사람은 '위대한 능멸자(The Great Humiliator)' 주식시장에 휘둘려 최악의 선택을 할 때가 올 것이다.

장기 성장과 복리

"현재도 그렇습니다. 이렇게 몇 년간 주식시장이 부진하다 보면 별의별 얘기가 다 나오기 마련입니다. 한국 기업들의 경쟁력은 그렇게 약하지 않습니다. 한국이라는 국가도 그렇게 약한 국가가 아닙니다. 이런 시기도 언제 그랬냐는 듯이 다 순리대로 지나갈 것이고, 한국 기업들도 경쟁력이 빛나는 시기도 다시 올 것입니다. 지금은 블랙박스 구간입니다. 어떻게 될지는 아무도 모릅니다. 초단기 전망을 누가 제대로 맞출 수 있겠습니까? 다만, 나는 믿습니다. 내년 어느 시점이 오면 이런 혼란스러운 분위기가 언제 그랬냐는 듯이 좋은 시절이 올 것이라 믿습니다. 겨울이 있으면 봄이 있다는 진리는 주식시장에도 적용될 것입니다. 언제나처럼."

한국 정치가 요동치고 그로 인해 경제와 주식시장이 하락할 것이라는 전망이 강했던 2024년 12월 10일 아침, 내가 소셜미디어에 올린 글의 일부다. 한국 기업들의 2024년 실적이 나쁘지 않았고 전망이 괜찮은데도 저평가된 기업이 많았다. 그럼에도 불구하고 '국장(한국 주식시장) 탈출은 지능순'이라는 말이 유행한 것처럼 한국 시장은 안 된다는 분위기가 팽배하던 시점이었다. 하지만 불과 8개월 만에 주식시장은 크게 상승했다. 한국은 경기에 민감한 구조이기 때문에, 경기 침체기에는 다른 시장보다 더 크게 하락하지만 경기 회복기에는 더 크게 상승하는 특징이 있다. 어려운 시기일수록 자본주의 체제에 대한 믿음을 가지고 감정보다는 데이터에 집중해야 한다.

버핏은 "미국에 베팅하라(Don't bet against America)"라는 말을 즐겨 사용한다. 단기적으로는 어떤 일도 일어날 수 있는 곳이 주식시장이지만, 장기적으로 미국 경제와 주식시장은 성장할 것이라는 믿음이 있기 때문이다. 미국이 가진 체제적 강점과 자본주의가 가지는 혁신 역량을 높게 평가하는 것이다.

한국 역시 강한 나라다. 미국과는 다르지만 한국만의 강점이 있고, 위기를 경험해도 빠르게 회복할 수 있는 역량을 가지고 있다. 높은 교육열과 근면성 덕분에 한국에도 장기적으로 순풍이 끊임없이 불어올 것이다. 벤저민 그레이엄의 말처럼, 주식시장은 단기적으로는 감정에 좌우되는 인기 투표장이지만 장기적으로는 체중계와 같다. 한국 기업들이 가지고 있는 역량을 믿고 주식시장에 계속 남아서 좋은 투자 기회를 찾아야 한다. 장기적으로 주식시장의 수익성이 부동산이나 채권에 비해 높았고 앞으로도 그럴 가능성이 높다. 이 기반 위에서 복리라는 마법은 시간이 지날수록 눈덩이처럼 부를 키워주는 도구가 될 것이다.

감정 통제

주식시장에는 언제나 두려움과 욕심이 교차한다. 가격이 오르면 더 오를 것 같은 착각에 빠지고, 떨어지면 끝없이 추락할 것 같은 불안에 휩싸인다. 이 과정에서 많은 투자자가 '이성'을 잃는다. 그래서 벤저민 그레이엄은 1940년대 중반 이렇게 말했다. "지금까지 증권 분석 기법은 많이 발전했지만 중요한 부분에서 진척이 전혀 없는데 그것은 바로 인간의 본성이다." 80여 년이 지났지만 여전히 진척이 없다는 사실이 그다지 놀랍지 않다.

시장에 공포가 퍼질 때 사람들 대부분은 회피하려 한다. 반대로 주가가 급등하고 분위기가 과열되면 '지금 아니면 안 된다'는 조급함에 휩싸여 무리한 투자를 한다. 이러한 군중 심리에 휘둘리는 순간이야말로 가장 큰 실수가 나오는 시점이다. 투자에서 실패하는 것은 대부분 지적 능력이 부족해서가 아니라 감정적으로 결정하는 인간의 본성 때문이다. "다른 사람들이 탐욕을 부릴 때 두려워하고, 두려워할 때 탐욕을 부려라"라는 버핏의 말은 따르기가 쉽지 않다.

버핏은 이런 투자자들에게 가장 필요한 덕목으로 '감정 통제'를 꼽는다. 뛰어난 분석 능력보다 더 중요한 것은 극단적인 시장 상황에서도 감정을 통제할 수 있는 힘이라는 것이다. 감정을 통제하는 유일한 방법은 원칙을 정해놓고 지키는 것이다. 기업을 분석할 때 정해진 기준을 철저하게 따르고, 주식시장이 크게 오르거나 떨어지더라도 그 원칙을 바꿔서는 안 된다. 자신의 약점도 냉정하게 평가하고 분석해야 한다. 사람은 쉽게 변하지 않기 때문에, 한번 저지른 실수는 시간이 지나서 또다시 저지르기 마련이다. 자신의 약점을 파악하고 급변하는 순간에 그 약점을 극복해 침착할 수 있도록 원칙을 세워서 지켜야 한다.

버핏이 2020년 초 작성한 글에 담겨 있는 통찰을 간단하게 살펴보았다. 이제 처음으로 돌아가 8장을 다시 읽어보자. 워런 버핏과 찰리 멍거의 조언을 여러 번 읽고 깊이 생각해 자신의 것으로 만들길 바란다. 언젠가 변동성이 큰 시기에 든든한 힘이 되어줄 것이다.

정채진

전업 투자자. 고려대학교 경제학과를 졸업하고 롯데케미칼에서 구매 담당자로 근무했다. 피터 린치의 책에 감명받아 투자업계로 전업해 아크투자자문, 슈프림에셋투자자문, 리딩투자자문 등에서 인하우스 애널리스트, 펀드매니저로 일했다. 삼프로TV의 전신인 팟캐스트 '신과 함께'에 출연, 가치투자의 장점을 소개해 호평을 받았다. 지은 책으로《코로나 투자 전쟁》(공저)이 있고 옮긴 책으로《완벽한 종목 추천》(공역)《마이클 모부신 운과 실력의 성공 방정식》(공역)《기대투자》가 있다.

9장

보험업

간단히 말해서 보험은 약속을 판매하는 행위입니다. '고객'은 지금 돈을 내고, 보험사는 어떤 사건이 발생하면 장래에 돈을 지급하겠다고 약속합니다. `2014`

지난 수십 년 동안, 이렇게 "돈은 먼저 받고 보험금은 나중에 지급하는" 모형 덕분에 버크셔는 대체로 소규모 보험영업이익을 내면서 거액('플로트')을 투자할 수 있었습니다. 우리는 '뜻밖의 손실'도 추정하지만, 지금까지는 이런 추정만으로 충분했습니다. 우리는 보험사업에서 보험금 지급이 극적으로 증가해도 좌절하지 않습니다. (이 글을 쓰는 시점 현재 산불을 생각해보십시오.) 손해를 보장하는 보험료를 책정하고 나서 뜻밖의 손실이 발생하면 냉정하게 우리 몫을 떠안는 것이 우리 역할입니다. `2024`

최악의 시나리오에 투자 확대   1997

가끔은 우리 플로트 원가가 가파르게 치솟을 것입니다. 우리 보험 사업 중 변동성이 가장 큰 대재해보험의 비중이 크기 때문입니다. 우리는 보험사와 재보험사에 대재해보험을 판매하고 있습니다. 안목 있는 보험사들은 버크셔를 선호합니다. 대재해가 발생하면 대재해보험사들의 재무 건전성이 시험대에 오르는데 여기서 버크셔가 단연 으뜸이기 때문입니다.

초대형 재해는 드물게 발생하므로, 우리는 대재해보험 사업에서 대부분 해에 대규모 흑자를 낼 수 있지만 가끔 막대한 적자를 기록하게 됩니다. 다시 말해서 우리 대재해보험 사업의 매력도를 평가하려면 매우 장기간이 소요됩니다. 우리 대재해보험 사업에서 정말로 끔찍한 실적은 발생 가능성이 있는 정도가 아니라 확실히 발생한다고 보아야 합니다. 단지 언제 발생하는가의 문제일 뿐입니다.

작년 우리 대재해보험 사업은 운이 매우 좋았습니다. 세계적으로 대재해가 발생하지 않아서 대규모 보험손실이 없었으므로 우리 수입 보험료가 거의 모두 이익이 되었기 때문입니다. 그러나 이렇게 좋은 실적에는 어두운 면도 있습니다. '순진한' 투자자들(보험영업 지식이 부족해서 판매원들의 설명에 의존하는 사람들)이 이른바 '대재해채권(catastrophe bond)'을 매수함으로써 재보험 사업에 진출했기 때문입니다. 그러나 대재해채권도 조지 오웰(George Orwell) 방식의 잘못된 명칭입니다. 채권은 원래 발행자가 돈을 지급해야 합니다. 그런데 대재해채권은 사실상 채권 투자자가 잠정적으로 지급을 보장하는 계약입니다.

법에 의하면 주(州) 당국의 허가를 받은 주체만 보험 상품을 판매할 수 있습니다. 기획자들은 이 법을 우회하려고 이렇게 난해한 계약을 만들어냈습니다. 그러나 이런 보험계약을 '채권'으로 부르는 탓에, 순진한 투자자들은 이 계약의 위험을 실제보다 훨씬 과소평가할 수도 있습니다.

이런 계약을 할 때 가격을 제대로 받지 못하면 투자자들은 엄청난 위험을 떠안게 됩니다. 그러나 대재해보험은 그 치명적인 특성 탓에, 가격이 잘못되었더라도 매우 오랜 기간 모르고 지내기 쉽습니다. 예를 들어보겠습니다. 주사위 두 개를 던져서 12가 나올 확률은 36분의 1입니다. 이제 1년에 한 번 주사위를 던진다고 가정합시다. 채권 투자자는 12가 나오면 5,000만 달러를 지급하기로 합니다. 그리고 이 위험을 떠안는 대신 보험료로 연 100만 달러를 받기로 합니다. 그러나 이렇게 계약했다면 보험료가 지나치게 낮습니다. 그렇더라도 오랜 기간 손쉽게 돈을 벌고 있다고 생각하면서 지낼 수 있습니다. 실제로 투자자가 10년 연속 돈 벌 확률이 75.4%나 됩니다. 하지만 투자자는 결국 무일푼이 될 것입니다.

이 주사위 사례에서는 확률을 쉽게 계산할 수 있습니다. 그러나 대형 허리케인과 지진은 확률을 계산하기가 훨씬 어렵습니다. 버크셔가 할 수 있는 최선의 방법은 각 사건의 확률 범위를 추정하는 정도입니다. 이런 대재해는 매우 드문 데다가 정확한 데이터도 부족하므로 기획자들이 농간을 부리기가 쉽습니다. 기획자들은 이른바 전문가들을 고용해서 잠재 투자자들에게 손실 확률에 대해 조언해줍니다. 전문가들은 이 거래에 자기 돈을 걸지 않습니다. 이들은 선취보수를 받으며, 예측이 아무리 빗나가더라도 절대 돌려주지 않습니다. 게다가 위험이 높을 때도 예컨대 주사위 두 개를 던져 12가 나올 확률이 36분의 1이 아니라 100분의 1이라고 단언합니다. (물론 그 전문가는 자신이 말한 확률이 정확하다고 믿겠지만 이는 핑곗거리에 불과하고 투자자는 더 위험해집니다.)

이른바 투자자들의 자금이 이렇게 (이름값을 톡톡히 하는) 대재해채권에 유입된 탓에 대재해보험료가 대폭 인하되었습니다. 그래서 1998년 우리는 대재해보험 판매를 축소할 것입니다. 그래도 대규모 장기 계약이 여러 건 유지되고 있으므로 계약 규모가 급감하지는 않을 것입니다. 그중 계약 규모가 가장 큰 두 건이 작년에 설명했던 플로리다 허리케인 보험과, 캘리포니아 지진공사(California Earthquake Authority)와 맺은 캘리포니아 지진보험입니다. 캘리포니아 지진보험으로 '최악의 시나리오'에서 우리가 입는 세후 손실은 약 6억 달러입니다. 이 금액이 커 보이겠지만 버크셔 시가총액의 약 1%에 불과합니다. 만일 적정 가격을 받을 수 있다면 우리는 '최악의 시나리오'에서 떠안는 위험을 기꺼이 대폭 확대할 생각입니다.

안정적인 12%보다 변동성 높은 15% 1998

1998년 12월 21일, 220억 달러에 제너럴리를 인수하는 작업이 완료되었습니다. 이제 우리는 미국 최대 재보험사 제너럴리의 지분을 100% 보유할 뿐 아니라, 제너럴리가 지분 82%(매수 계약분 포함)를 소유한 세계 최고(最古) 재보험사 콜론리(Cologne Re)도 보유하게 되었습니다. 두 회사는 함께 124개국에서 모든 분야의 재보험 상품을 판매하고 있습니다.

지난 수십 년 동안 재보험업계에서 제너럴리의 이름은 우수성, 진정성, 전문성의 대명사였습니다. 그리고 론 퍼거슨(Ron Ferguson)은 제너럴리를 이끌면서 이 평판을 더욱 높였습니다. 제너럴리와 콜론리 경영자들의 역량에 버크셔가 보탤 수 있는 것은 전혀 없습니다. 오히려 우리가 배워야 할 것이 많습니다.

그렇더라도 제너럴리는 버크셔에 인수되어 큰 혜택을 보게 되며, 앞으로 10년 후에는 (인수되지 않았을 때보다) 이익이 대폭 증가할 것이라고 믿습니다. 우리가 이렇게 낙관하는 것은 제너럴리 경영진이 회사의 강점을 최대한 활용하도록 재량권을 제공할 것이기 때문입니다.

잠시 재보험 사업을 살펴보면 제너럴리가 버크셔에 인수되면서 왜 큰 혜택을 보게 되는지 이해할 수 있습니다. 재보험 수요 대부분은 갑자기 대규모 손실이 발생해 실적이 나빠질까 걱정하는 원(原)보험사에서 나옵니다. 사실 재보험사는 원보험사가 떨어내려는 변동성을 흡수해주는 대가로 돈을 버는 것입니다.

그러나 아이러니하게도 상장 재보험사 역시 실적이 안정적이어야 주주와 신용평가기관으로부터 높은 등급을 받습니다. 장기적으로는 만족스러운 실적이 기대되더라도 재보험사의 이익이 급등락하면 신용등급과 PER 양쪽에서 타격을 받게 됩니다. 이런 현실 탓에 간혹 재보험사는 판매한 재보험 중 상당 부분을 재재보험사(retrocessionaire)로 떠넘기기도 하고 재보험 판매를 거절하기도 합니다.

반면에 버크셔는 장기적으로 높은 수익성이 기대되기만 하면 변동성을 기꺼이 받아줍니다. 우리 자본 구조는 철옹성 같아서, 실적이 변동해도 최고 등급이 그대로 유지되기 때문입니다. 그래서 우리는 규모가 아무리 큰 재보험도 판매할 수 있는 완벽한 구조를 갖추고 있습니다. 실제로 우리는 지난 10년 동안 이 강점을 이용해서 강력한 재보험 사업을 구축했습니다.

이제 제너럴리 특유의 판매력, 기술력, 경영 능력을 결합하면 우리는 업계의 모든 측면에서 구조적 강점을 활용할 수 있습니다. 특히 제너럴리와 콜론리는 지금 국제 시장 진출에 박차를 가할 수 있으므로, 성장하는 재보험업계에서 거의 틀림없이 우위를 차지하게 될 것입니다. 합병 위임장에도 명시되었듯이 제너럴리는 버크서 덕분에 세금과 투자 혜택도 보게 됩니다. 그러나 이 합병을 뒷받침하는 가장 타당한 이유는, 이제 제너럴리의 탁월한 경영진이 성장을 가로막던 제약에서 벗어나 최고의 역량을 발휘할 수 있다는 점입니다.

버크셔는 제너럴리가 운용하던 투자 포트폴리오를 넘겨받기로 했습니다. (콜론리의 투자 포트폴리오는 넘겨받지 않습니다.) 그러나 제너럴리의 보험영업에는 개입하지 않습니다. 다만 이익 변동성을 얼마든지 감내할 수 있는 버크셔의 재무 건전성을 십분 활용해, 과거처럼 절제력을 유지하면서 기존 사업 비중을 높이고 제품 라인을 확장하며 사업 지역을 확대해달라고 요청할 것입니다. 오래전부터 하는 말이지만 우리는 안정적인 수익률 12%보다 변동성 높은 수익률 15%를 선호합니다.

앞으로 론의 경영진은 제너럴리가 새로 얻은 잠재력을 최대한 활용할 것입니다. 론과 나는 오래전부터 알고 지내면서 양쪽 회사에서 많은 거래를 했습니다. 실제로 제너럴리는 1976년 파산 직전까지 몰린 가이코를 회생시키는 일에 핵심적인 역할을 했습니다.

보상은 성과를 낳고 `1998`

위대한 아이디어와 위대한 경영자가 결합하면 틀림없이 위대한 결과가 나옵니다. 그 생생한 사례가 바로 가이코입니다. 아이디어는 고객에게 직접 판매함으로써 원가를 낮춘 자동차보험이고 경영자는 토니 나이슬리입니다. 간단히 말해서 가이코를 토니보다 잘 경영할 수 있는 사람은 세상 어디에도 없습니다. 그의 직관은 틀리는 법이 없고, 그의 에너지는 무한

하며, 그의 솜씨는 흠잡을 데가 없습니다. 토니는 보험영업 원칙을 유지하고 있는데도 시장점유율 증가 속도가 더 빨라지고 있습니다.

이런 속도 상승에는 우리 보상 정책이 한몫을 했습니다. 대리점을 통하지 않고 보험 상품을 직접 판매하려면 초기에 막대한 투자를 해야 합니다. 그래서 5년 동안은 큰 이익이 나오지 않습니다. 그러나 우리는 이런 투자비용 탓에 가이코 직원들이 신규 계약을 꺼리는 일이 없도록 보상 공식에서 비용을 제외했습니다. 그러면 계약을 갱신할 때 상당한 이익이 나옵니다. 우리는 보너스와 이익 분배 평가 기준의 50%를 1년 후 갱신한 계약에서 나오는 이익으로 정했습니다. 그리고 나머지 평가 기준 50%는 계약자 증가로 정했습니다. 이렇게 해서 우리는 속도를 높였습니다.

우리가 인수하기 1년 전인 1995년, 가이코는 마케팅 지출액이 3,300만 달러였고 전화 상담원이 652명이었습니다. 작년 마케팅 지출액은 1억 4,300만 달러로 증가했고 전화 상담원은 2,162명으로 늘어났습니다. 이렇게 노력한 결과가 아래 나타난 신규 계약 건수와 기존 계약 건수입니다.

가이코 자동차보험계약 건수

연도	신규 자동차보험계약*	기존 자동차보험계약*
1993	354,882	2,011,055
1994	396,217	2,147,549
1995	461,608	2,310,037
1996	617,669	2,543,699
1997	913,176	2,949,439
1998	1,317,761	3,562,644.6

* '임의보험'만 포함: 할당받은 의무보험 등은 제외

1999년에도 우리는 마케팅 예산을 증액해서 1억 9,000만 달러 이상 지출할 것입니다. 적절한 고객 서비스에 필요한 인프라를 함께 구축할 수 있는 한, 버크셔는 가이코의 신규 계약 확대 사업에 무제한 투자할 것입니다.

분기 이익이나 연간 이익을 걱정하는 보험사들은 첫해에 들어가는 막대한 비용 탓에 신규 계약 확대 사업을 주저합니다. 장기적으로 아무리 많은 이익이 기대되더라도 말이지요. 그러나 우리가 계산하는 방식은 다릅니다. 우리는 단지 1달러를 지출했을 때 1달러 이상이 창출되는지만 평가합니다. 만일 이렇게 계산해서 유리하다고 판단하면, 더 많이 지출할수록 나는 더 만족스럽습니다.

물론 낮은 가격과 엄청난 광고만으로는 절대 성공할 수 없습니다. 보험금 청구가 들어왔을 때 공정하고 신속하며 친절하게 처리해야 합니다. 바로 우리가 그렇게 처리합니다. 여기 우리의 모습을 보여주는 공정한 평가표가 있습니다. 우리 매출이 가장 많은 뉴욕주 보험국이 최근 발표한 자료에 의하면, 1997년 가이코에 대한 불만율은 5대 자동차보험사 중 가장 낮았을 뿐 아니라 나머지 4개 회사 평균의 절반보다도 낮았습니다.

1998년 가이코의 이익률은 6.7%로서 우리 예상보다 높고 우리가 원하는 수준보다도 높았습니다. 이런 실적은 업계 전반적인 현상입니다. 최근 몇 년 동안 자동차 사고 빈도와 피해 수준 모두 예상 밖으로 감소했습니다. 우리는 1998년 보험료를 3.3% 인하했고 1999년에도 더 인하할 것입니다. 그러면 우리 이익률이 머지않아 목표 수준인 4%까지 낮아질 것이며 어쩌면 훨씬 더 낮아질 수도 있습니다. 그렇더라도 우리 이익률은 다른 보험사들보다 여전히 훨씬 높으리라고 믿습니다.

1998년 가이코의 성장률과 수익성 모두 탁월했으므로, 지급된 이익

분배금과 보너스 역시 탁월했습니다. 실제로 1년 이상 근무한 모든 직원 9,313명에게 지급된 이익 분배금 1억 300만 달러는 급여의 32.3%로서, 아마도 미국 대기업에서 지금까지 기록한 최고 비율일 것입니다. (직원들은 회사가 제공하는 퇴직연금에서도 추가 혜택을 받습니다.)

앞으로는 우리 이익 분배 평가 기준 중 수익성 요소가 거의 틀림없이 하락할 터이므로 32.3%는 최고 기록으로 유지될지 모릅니다. 그러나 성장률은 아마 더 상승할 것입니다. 대체로 두 기준을 결합하면 앞으로도 수십 년 동안 거액의 이익 분배금이 지급될 전망입니다. 우리 직원들은 성장률에 대해 다른 방식으로도 보상받는데 작년 4,612명이 승진했습니다.

가이코의 실적은 지금까지도 인상적이었지만 앞으로 올릴 실적은 훨씬 더 인상적입니다. 1998년 우리 시장점유율이 대폭 증가했지만 겨우 3%에서 3.5%로 증가했을 뿐입니다. 현재 우리가 확보한 고객보다 10배나 많은 잠재 고객이 우리를 기다리고 있습니다.

지금 이 글을 읽는 분도 우리 잠재 고객일지 모릅니다. 우리 보험료를 확인하는 사람들 중 약 40%는 가이코를 이용하면 보험료를 절약할 수 있습니다. 100%가 아닌 것은 보험사마다 평가 기준이 다른 탓에, 특정 지역에 거주하거나 특정 직업에 종사하는 사람은 일부 보험사에서 더 높은 평가를 받을 수 있기 때문입니다. 그러나 전국 규모 보험사 중 우리 보험료가 어떤 보험사보다도 낮을 때가 많다고 우리는 믿습니다. 게다가 우리는 40개 주에서 주주들에게 보통 8%에 이르는 특별 할인을 제공할 수 있습니다. 전화로 확인해보시기 바랍니다.

이제 우리 광고가 끝났다고 생각하실지 모르겠지만 하나 더 있습니다. 이번에는 상장회사 경영자들에게 하는 광고입니다.

버크셔가 토니 나이슬리처럼 탁월한 CEO에게 회사 운영 방법을 지시한다면 이는 어리석음의 극치가 될 것입니다. 우리가 쓸데없이 참견한다면 우리 경영자들은 대부분 일을 그만둘 것입니다. (우리 경영자의 75%는 이미 부자이므로 굳이 누구 밑에서 일할 필요가 없는 사람들입니다.) 게다가 이들은 야구로 비유하면 마크 맥과이어(Mark McGwire)와 같은 거장이므로 스윙에 대해서 조언할 필요가 없습니다.

그런데도 버크셔가 회사를 인수하면 최고의 경영자조차 더 능력을 발휘하게 할 수 있습니다. 첫째, 우리는 일상적으로 CEO를 따라다니는 형식적이고 비생산적인 일들을 모두 없애줍니다. 우리 경영자들은 자신의 일정을 전적으로 자신이 결정합니다. 둘째, 우리는 아주 단순한 임무만을 부여합니다. (1) 자신이 회사 지분을 100% 보유하고 (2) 회사가 자신의 유일한 자산이며 (3) 100년 이상 회사를 팔거나 합병하지 못한다는 생각으로 회사를 경영해달라고 요구합니다. 따라서 우리는 경영자들이 의사결정할 때 회계 실적을 조금도 고려할 필요가 없다고 말합니다. 우리는 경영자들이 회계 실적이 아니라 중요한 사안에 대해 생각하기를 바랍니다.

상장회사 CEO 가운데 이 정도로 재량권을 행사하는 CEO는 거의 없습니다. 이는 주주들이 단기 전망과 보고이익에 집착하기 때문입니다. 그러나 버크셔 주주들은 이와 전혀 달라서, 상장회사 주주들 가운데 투자 기간이 가장 긴 사람들입니다. (앞으로도 수십 년 동안 그럴 것입니다.) 실제로 우리 주식 대부분을 보유한 투자자들은 죽는 순간까지도 주식을 팔지 않을 것입니다. 그래서 우리는 경영자들에게 다음 분기 이익이 아니라 최장기 가치를 높이는 방향으로 회사를 경영하라고 요청합니다. 그렇다고 우리가 당기 실적을 무시하는 것은 아닙니다. 당기 실적도 대부분 매우 중요합니다. 그러나 더 강력한 경쟁력을 구축하는 대신 당기 실적을 높이는 것은 절대 원하지 않습니다.

나는 가이코 사례가 버크셔의 경영 방식을 잘 보여준다고 생각합니다. 찰리와 나는 토니에게 간섭하지 않고, 그가 재능을 중요한 일에 모두 쏟아 넣을 수 있도록 환경을 조성해주었습니다. 그는 이사회, 언론 인터뷰, 증권사 프레젠테이션, 애널리스트 면담 등에 시간이나 정력을 낭비할 필요가 없습니다. 게다가 자금 조달, 신용등급, EPS에 대한 시장의 기대 등에 대해서 단 한 순간도 고민할 필요가 없습니다. 우리의 지배구조 덕분에 이런 경영 방식이 앞으로도 수십 년 동안 계속 이어진다는 사실을 그도 잘 알고 있습니다. 이렇게 자유로운 환경에서 토니의 회사는 거의 무한한 잠재력을 사업에 투입해 탁월한 성과를 거둘 수 있습니다.

가이코와 같은 환경에서 번창할 수 있는 수익성 높은 대기업을 경영하고 있다면, 21페이지에 실린 우리 인수 기준을 확인하고서 전화하시기 바랍니다. 나는 신속하게 답변할 것이며, 찰리 외에는 누구에게도 당신에 대해 언급하지 않겠다고 약속합니다.

최고의 광고는 입소문　　1999

버크셔의 보상 정책은 임직원들의 목표와 일치하면서 이해하기 쉽도록 수립됩니다. 신규 고객 획득에는 많은 비용이 들어갑니다(앞에서 언급했듯이 이 비용은 계속 상승 중입니다). (가이코가 버크셔에 인수되기 전에 그랬듯이) 이 비용을 보너스 계산에 포함한다면 임직원들은 신규 고객 획득에 대해 불이익을 받게 됩니다. 버크셔의 이익에 크게 기여하면서도 말이지요. 그래서 임직원들에게 신규 고객 획득 비용을 우리가 부담하겠다고 말했습니다. 보험계약자 증가율도 보상 기준에 포함되므로 이제 임직원들은 초기에 수익성이 없는 사업에 대해서도 보상받게 되었습니다. 게다가 1년 후 갱신 계약에서 나오는 이익에 대해서도 추가로 보상받게 됩니다.

우리가 광범위하게 광고하고 있지만, 신규 고객을 획득하는 최고의 원천은 우리 가격과 서비스에 만족하는 기존 계약자들의 입소문입니다. 작년 〈키플링거즈 퍼스널 파이낸스 매거진(Kiplinger's Personal Finance Magazine)〉 기사에 우리 고객의 만족도가 잘 나타납니다. 이 잡지가 20개 주 보험국을 조사한 바에 의하면 가이코에 대한 불만율이 대부분 주요 경쟁사들보다 훨씬 낮았습니다.

이렇게 강력한 고객들의 추천 덕분에 우리는 광고비로 연 5,000만 달러만 지출해도 십중팔구 현재 계약 수준을 유지할 수 있을 것입니다. 물론 이는 추정이며 토니는 계속해서 광고비를 늘릴 것이므로(나도 가세할 것이므로), 이 추정이 정확한지도 절대 알 수 없을 것입니다. 다만 (전화 상담원과 통신 설비에 들어가는 막대한 추가 비용은 물론) 2000년 광고비 지출액 3억~3억 5,000만 달러 중 대부분이 고객을 대폭 늘리고 가이코의 브랜드 이미지를 강화하기 위한 선택적 지출이라는 점을 강조하고자 합니다.

나는 이 지출이야말로 버크셔에서 할 수 있는 최고의 투자라고 생각합니다. 이 광고를 통해서 가이코는 해마다 평균 1,100달러를 지불할 수많은 가구와 직접적 관계를 맺게 됩니다. 즉 우리는 미국을 선도하는 직접판매회사가 되는 셈입니다. 그리고 우리가 장기적 관계를 맺는 가구가 증가할수록 우리에게 현금이 쏟아져 들어올 것입니다(인터넷 사업은 고객이 증가할수록 현금이 빠져나가지만 말이지요). 작년 가이코의 고객은 76만 6,256명 증가했고, 영업이익과 플로트가 증가하면서 현금은 5억 9,000만 달러 증가했습니다.

지난 3년 동안 개인용 자동차보험시장에서 우리 점유율은 2.7%에서

4.1%로 상승했습니다. 그러나 우리 점유율은 훨씬 더 상승할 수 있습니다.

속는 셈 치고 전화주세요　2004

원자재처럼 상품이 표준화된 시장에서 번창하는 다른 방법은 원가를 낮추는 것입니다. 대형 자동차보험사 중 가이코가 이 방법으로 명성을 얻은 회사입니다. 앞에서 보았듯이 내셔널 인뎀너티는 실적의 부침이 심한 사업 모델입니다. 그러나 원가 우위를 확보한 회사는 계속해서 가차 없이 이 전략을 추진해야 합니다. 가이코가 바로 이런 전략을 추구했습니다.

1세기 전 자동차가 처음 등장했을 때, 손해보험업은 카르텔 방식으로 운영되었습니다. 대부분 북동부에 자리 잡은 대형 보험사들이 '요율'을 책정하면 그만이었습니다. 사업을 확대하려고 가격을 낮추는 보험사는 없었습니다. 대신 보험사들은 강력하고 평판 좋은 대리점을 확보하려고 경쟁하면서 대리점에는 높은 수수료를 제공했고, 고객들로부터는 비싼 보험료를 받았습니다.

1922년, 일리노이주 머나에 사는 농부 조지 메힐은 고비용 대기업들이 유지하는 가격 제도의 허점을 이용하려고 스테이트팜을 설립했습니다. 스테이트팜은 전속 보험설계사들을 고용해, (보험사들을 손쉽게 속이는) 독립 보험대리점들보다 보험 모집 비용을 낮게 유지했습니다. 스테이트팜은 저원가 구조 덕분에 마침내 자동차와 주택 등 가계보험시장의 25%를 차지하면서, 한때 막강했던 경쟁사들을 큰 차이로 따돌렸습니다. 1931년에 설립된 올스테이트도 비슷한 유통 시스템을 가동했고, 곧 가계보험시장에서 스테이트팜에 뒤이어 2인자가 되었습니다. 이렇게 자본주의는 마법을 걸었고 이런 저원가 영업은 막을 수 없는 대세처럼 보였습니다.

그러나 리오 굿윈이라는 사람에게는 더 효율적인 자동차보험 사업 아이디어가 있었습니다. 1936년, 그는 겨우 20만 달러로 가이코를 설립했습니다. 굿윈의 계획은 대리점을 완전히 없애버리고 자동차 소유자와 직접 거래하는 것이었습니다. 자동차보험은 의무적으로 가입하는 값비싼 상품이므로, 유통 메커니즘에 비싼 중개인을 개입시킬 필요가 없다고 그는 생각했습니다. 사업보험에 가입할 때는 전문가의 조언이 필요하겠지만 자동차보험에 대해서는 대부분 소비자가 잘 안다고 추론했습니다. 이는 강력한 통찰이었습니다.

처음에 가이코는 공무원들에게만 자사의 저비용 보험 상품 홍보 우편물을 보냈습니다. 나중에는 지평을 넓혀 방송과 인쇄물 광고로 전화 문의를 유발해 답해주는 전화 마케팅의 비중을 높였습니다. 그리고 오늘날에는 인터넷 영업의 비중을 키우고 있습니다.

1936~1975년 동안 가이코는 시장점유율을 0에서 4%로 높여 미국 4위 자동차보험사가 되었습니다. 이 대부분 기간에 매출과 이익을 동시에 대폭 증가시키는 탁월한 실적을 올렸습니다. 이 기세는 아무도 못 막을 것처럼 보였습니다. 그러나 1970년 나의 친구이자 영웅인 CEO 로리머 데이비드슨이 은퇴한 직후, 그 후계자가 손해액 준비금을 낮게 책정하는 중대한 실수를 저질렀습니다. 이로부터 원가 정보가 왜곡되어 보험료가 낮게 책정되었습니다. 1976년, 가이코는 파산 직전까지 몰렸습니다.

이후 가이코의 CEO가 된 잭 번은 보험료를 인상하는 등 영웅적 노력으로 혼자서 회사를 구하다시피 했습니다. 그러나 회사를 구하려면 보험료 인상이 불가피했지만 고객들이 이탈한 탓에 1980년에는 시장점유율이 1.8%로 떨어졌습니다. 이후 회사에서 착수한 사업다각화가 현명하지 못했습니다. 사업을 다양하게 벌이는 과정에서 핵심 사업에 대한 초점이 흐려지면서 가이코의 성장세가 둔화해, 1993년 시장점유율은 미미하게 증가한 1.9%에 그쳤습니다. 이어서 토니 나이슬리가 회사를 맡게 되었습니다.

이후 회사는 엄청나게 바뀌었습니다. 2005년 가이코의 시장점유율은 십중팔구 6%에 이를 것입니다. 게다가 토니는 성장률만큼이나 수익성까지 끌어올렸습니다. 실제로 가이코는 관계자 모두에게 커다란 이득을 안겨주었습니다. 2004년 고객들은 자동차보험 비용을 10억 달러나 절감했고, 직원들은 이익 분배금으로 평균 연봉의 24.3%에 해당하는 1억 9,100만 달러를 받았으며, 소유주인 버크셔는 탁월한 투자수익률을 거두었습니다.

좋은 소식이 더 있습니다. 잭 번이 회사를 구하던 1976년, 뉴저지주는 수익성 유지에 필요한 적정 보험료를 인가해주지 않았습니다. 그래서 그는 즉시 (그리고 당연히) 뉴저지주에서 사업을 철수했습니다. 이후에도 가이코는 수익성을 확보하기 어려운 지역으로 판단해 뉴저지주와 매사추세츠주에는 진출하지 않았습니다.

그러나 2003년, 뉴저지주는 자동차보험의 고질적 문제들을 다시 보게 되었고, 보험 사기를 억제하며 보험사들의 공정 경쟁 환경을 조성하는 법을 제정했습니다. 그렇더라도 주 당국이 주도하는 이런 변화는 오랜 기간이 걸리는 어려운 작업이라고 보아야 합니다.

그런데 정반대 상황이 벌어졌습니다. 뉴저지주 보험국장 홀리 배키(Holly Bakke)는 굳은 의지로 입법 취지를 실행에 옮겼습니다. (그녀는 어떤 분야에서도 성공했을 인물입니다.) 가이코는 보험국의 협조를 얻어 뉴저지주 재진출 관련 실무 문제들을 해결하고 지난 8월 인가를 받아냈습니다. 이후 가이코가 뉴저지주 운전자들로부터 받은 반응은 우리가 기대했던 것보다 몇 곱절이나 뜨거웠습니다.

현재 우리 보험 가입자 14만 명(뉴저지 시장의 약 4%)은 다른 지역의 우리 고객들처럼 막대한 비용을 절감하고 있습니다. 그리고 뉴저지주에 퍼진 입소문 덕분에 문의 전화가 쇄도하고 있습니다. 우리가 들은 바로는 뉴저지주의 전환율(전화 문의가 보험계약으로 이어지는 비율)이 다른 어떤 지역보다도 훨씬 높습니다.

물론 우리가 모든 사람에게 돈을 절약해줄 수 있다고 주장하지는 않습니다. 등급 시스템이 다른 몇몇 보험사는 일부 운전자들에게 우리보다 낮은 보험료를 제시할 수도 있습니다. 그러나 전국적으로 영업하는 어떤 보험사보다도 가이코가 가장 많은 고객에게 가장 낮은 보험료를 제시한다고 우리는 믿습니다. 게다가 뉴저지주를 포함한 대부분 주에서 버크셔 주주들은 8% 할인 혜택을 받습니다. 따라서 속는 셈 치고 15분만 들여서 GEICO.com을 방문하거나 800-847-7536으로 전화해서 비용이 대폭 절감되는지 확인하시기 바랍니다. (그러면 다른 버크셔 제품도 사고 싶어질 것입니다.)

20세 대학원생의 행운　　2010

이제부터는 기업의 내재가치가 순자산가치보다 훨씬 높아질 수 있다는 사실을 여러분이 이해하도록 사례를 설명하겠습니다. 이 이야기 덕분에 나는 멋진 추억을 다시 맛보게 되는군요.

60년 전 지난달 가이코가 등장해 이후 내 인생의 큰 흐름을 바꿔놓았습니다. 당시 20세의 컬럼비아 대학원생이었던 나는 매주 한 번 수업을 듣던 존경하는 벤저민 그레이엄과의 인연으로 가이코를 방문하게 되었습니다.

하루는 도서관에서 《미국인명사전(Who's Who in America)》에 등재된 그레이엄 정보를 읽던 중, 그가 가이코 회장임을 알게 되었습니다. 나는 보험에 대해 아는 바가 전혀 없었고 이 회사 이름도 들어본 적이 없었습니다. 마침 사서가 보험사 총목록을 찾아주어서 가이코 소개 페이지를 읽은 다음 나는 이 회사를 방문하기로 했습니다. 다음 토요일, 나는 아침 일찍 워싱턴행 기차에 올랐습니다.

그러나 내가 본사에 도착했을 때, 회사는 문이 잠겨 있었습니다. 나는 미친 듯이 문을 두드렸고 마침내 경비원이 나타났습니다. 건물에 직원이 아무도 없는지 묻자 경비원은 홀로 근무하던 로리머 데이비드슨에게 안내해주었습니다.

이때가 행운의 순간이었습니다. 이후 네 시간 동안 데이비드슨은 내게 보험업과 가이코를 가르쳐주었습니다. 이때 멋진 우정이 시작되었습니다. 머지않아 나는 컬럼비아대학을 졸업하고 오마하에서 주식 중개인이 되었습니다. 내가 주로 추천한 종목은 당연히 가이코였고 덕분에 고객 수십 명을 확보해 멋지게 출발했습니다. 가이코는 내 재산도 크게 불려주었습니다. 데이비드슨을 만난 직후, 내 포트폴리오 9,800달러 중 75%를 가이코로 채웠기 때문입니다. (그런데도 분산투자가 과도하다는 느낌이었습니다.)

이후 데이비드슨은 가이코의 CEO가 되어 회사를 꿈도 꾸지 못한 수준으로 끌어올렸습니다. 그러나 그가 은퇴하고 몇 년 뒤인 1970년대 중반, 회사는 곤경에 처했습니다. 그 결과 가이코 주가가 95% 넘게 폭락했는데, 이때 버크셔는 시장에서 약 3분의 1을 사들였고, 이후 가이코가 자사주 매입을 해 버크셔의 지분이 50%로 증가했습니다. 버크셔가 지분 절반을 사들인 원가는 4,600만 달러였습니다. (이렇게 막대한 지분을 보유했지만 우리는 회사에 경영권을 행사하지 않았습니다.)

1996년 초, 우리는 가이코의 나머지 지분 50%를 사들였습니다. 이때 95세였던 데이비드슨은 자신이 사랑하는 가이코가 영원히 버크서 소속이 되어 무척 기쁘다는 말을 비디오테이프에 담아 보냈습니다. (그리고 "워런, 다음에는 약속부터 하고 찾아오게"라는 농담으로 말을 맺었습니다.)

지난 60년 동안 가이코에는 많은 일이 있었지만 핵심 목표(미국인들의 자동차보험료 대폭 절감)에는 변함이 없습니다. (1-800-847-7536으로 전화하거나 GEICO.com을 찾으십시오.) 다시 말해서 충분히 자격을 갖추어 고객을 확보하겠다는 것입니다. 이 목표에 집중함으로써 가이코는 시장점유율 8.8%에 이르는 미국 3위 자동차보험사로 성장했습니다.

1993년 토니 나이슬리가 가이코 경영을 맡기 전에는 시장점유율이 10년 넘게 2.0% 수준이었습니다. 그러나 토니가 경영하면서 가이코는 전혀 다른 회사가 되었습니다. 보험영업 원칙을 준수하고 비용을 절감하면서 끊임없이 성장했습니다.

토니의 업적을 숫자로 제시하겠습니다. 1996년, 우리는 가이코의 나머지 지분 50%를 약 23억 달러에 사들였습니다. 이는 가이코 지분 100%를 46억 달러에 사들였다는 뜻입니다. 당시 가이코의 순유형자산은 19억 달러였습니다.

순유형자산을 초과해서 우리가 지불한 금액 27억 달러가 당시 가이코의 '영업권' 가치였습니다. 이 영업권은 당시 가이코와 거래하는 보험계약자들의 경제적 가치였습니다. 1995년, 이들 고객이 회사에 지불한 보험료는 28억 달러였습니다. 따라서 우리는 가이코 고객의 가치를 이들이 지불한 연간 보험료의 약 97%(27/28)로 평가했습니다. 보험업계 기준으로 보면 매우 높은 가격이었습니다. 그러나 가이코는 평범한 보험사가 아니었습니다. 회사의 낮은 비용 덕분에 보험 고객들에게 항상 혜택이 돌아갔고 그래서 고객들의 충성도가 이례적으로 높았습니다.

오늘날에는 보험료 규모가 143억 달러이며 계속 증가 중입니다. 그런데도 우리 장부에 표시된 가이코의 영업권은 겨우 14억 달러이며, 가이코의 가치가 아무리 증가해도 이 금액은 바뀌지 않을 것입니다. (회계 규정에 의하면 영업권은 경제적 가치가 감소하면 장부가액을 상각하지만, 경제적 가치가 증가할 때는 변경하지 않습니다.) 1996년 인수 시점에 사용했던 '보험료 규모의 97%' 기준을 적용하면 오늘날 가이코 영업권의 실제 가치는 약 140억 달러에 이릅니다. 그리고 지금부터 10년, 20년 뒤에는 이 가치가 훨씬 더 커질 것입니다. (2011년에도 출발이 순조로운) 가이코는 끝없이 이익을 안겨주는 선물입니다.

중요한 주석이 있습니다. 가이코는 미국 최대 규모 가계보험 대리점들과 제휴해, 가이코 자동차보험 고객들에게 주택보험을 판매하고 있습니다. 위험은 이들이 부담하고 우리는 이들을 대신해서 우리 고객들과 계약합니다. 작년에 우리가 판매한 새 계약은 76만 9,898건으로, 재작년보다 34% 증가했습니다. 이 사업을 통해서 우리는 수수료 수입을 얻게 됩니다. 또한 우리 보험 고객들과의 관계가 강화되므로 고객 유지에 도움이 된다는 점도 중요합니다.

나는 토니와 데이비드슨에게 큰 신세를 졌습니다(그리고 보니 경비원에게도).

바보들에게만 싸 보이는　　　　　　　2002

보험업에서 장기적으로 지원가 플로트를 창출하려면 (a) 보험영업 원칙이 확고해야 하고 (b) 준비금을 보수적으로 적립해야 하며 (c) 지급 능력이 위태로워질 정도로 위험을 떠안는 일이 없어야 합니다. 우리 주요 보험사들은 하나만 제외하고 모두 이 기준을 충족하고 있습니다.

그 하나는 제너럴리입니다. 작년에 이 회사는 여러모로 기준에 미달했습니다. 그러나 다행히 조 브랜든의 리더십과, 그의 파트너 태드 몬트로스의 조력 덕분에 제너럴리는 여러 방면에서 엄청나게 개선되었습니다.

1998년 내가 버크셔와 제너럴리의 합병에 동의했을 때, 나는 이 회사가 앞에서 설명한 세 가지 원칙을 고수한다고 생각했습니다. 내가 수십 년 동안 사업을 분석한 바로는 제너럴리는 보험영업 원칙을 한결같이 준수했고 준비금도 보수적으로 적립했습니다. 인수 시점에 나는 제너럴리의 기준 위반을 감지하지 못했습니다.

그러나 내가 완전히 틀렸습니다. 경영진과 내가 모르는 사이에 제너럴리의 문화와 관행이 크게 바뀐 탓에 이 회사의 현재가치가 대단히 과대평가되어 있었습니다. 게다가 제너럴리는 그동안 온갖 위험을 대규모로 떠안았으므로, 예컨대 테러리스트들이 미국에 대형 핵폭탄이라도 여러 개 터뜨린다면 치명상을 입을 처지였습니다. 물론 이런 재난이 일어날 가능성은 매우 희박합니다. 그러나 보험사는 이렇게 '불가능한' 사건이 일어나더라도 재무 구조가 튼튼하게 유지되도록 위험을 제한해야 합니다. 실제로 제너럴리가 버크셔에 인수되지 않았다면 세계무역센터 테러 사건만으로도 존립이 위태로웠을 것입니다.

세계무역센터 테러 사건이 일어났을 때, 제너럴리의 사업에서 내가 감지하지 못했던 약점이 드러났습니다. 그러나 나는 운이 좋았습니다. 새로 권한을 위임받은 조와 태드가 과거의 잘못을 신속하게 바로잡기 시작했습니다. 이들은 무엇을 해야 하는지 알았고 이를 실행에 옮겼습니다.

그러나 보험계약을 해지하려면 시간이 걸립니다. 우리가 핵, 화학, 생물학 공격 위험을 낮추기 전에 다행히 2002년이 무사히 지나갔습니다. 이제 이 문제는 지나갔습니다.

한편 제너럴리의 보험영업 태도가 그동안 극적으로 바뀌었습니다. 우리가 규모에 상관없이 가격이 적절한 보험만 인수하고자 한다는 점을 이제는 직원 전체가 이해하고 있습니다. 조와 태드는 보험영업 수익성만으로 제너럴리의 실적을 평가합니다. 규모는 전혀 상관하지 않습니다.

끝으로 우리는 적정 준비금을 적립하려고 모든 노력을 기울이고 있습니다. 그렇게 하지 못하면 진정한 원가를 알 수 없습니다. 그리고 원가를 알지 못하는 보험사는 큰 문제에 부닥칠 수밖에 없습니다.

2001년 말, 제너럴리는 이전에 발생했으나 지급하지 않은 모든 손실에 대해 준비금을 적립하려고 했습니다. 그러나 이 시도는 완전히 실패했습니다. 따라서 우리는 이전 기간에 대한 추정 오류를 수정하려고, 제너럴리의 2002년 보험영업 실적에서 13억 1,000만 달러를 차감했습니다. 제너럴리에서 드러난 적립금 오류를 보니 컨트리송 가사가 떠오릅니다. "그때 내가 몰랐던 일을 지금도 모르면 좋으련만."

장담하는데 앞으로 우리의 최우선 과제는 적정 준비금 적립이 될 것입니다. 그러나 성공한다고 보장할 수는 없습니다. 대부분 손해보험사 경영자들은 준비금을 과소 적립하는 경향이 있습니다. 그리고 이런 파괴적 성향을 바로잡으려면 특정 사고방식이 필요합니다. 놀랍게도 이는 보험 통계 전문 지식과 아무런 관계가 없습니다. 그리고 재보험사는 일반 보험사보다도 적정 준비금을 적립하기가 훨씬 더 어렵습니다. 그렇더라도 우리 버크서는 전반적으로 준비금을 잘 적립하고 있으며, 제너럴리에 대해서도 반드시 그렇게 할 것입니다.

요컨대 이제 제너럴리는 막대한 저원가 플로트를 창출할 태세를 갖췄고 심각한 파국 위험도 제거되었다고 나는 믿습니다. 내가 과거에 보았던 강력한 경쟁력도 여전히 보유하고 있습니다. 그리고 작년에는 매우 중요한 경쟁우위도 확보했습니다. 지금까지 AAA 등급을 유지하던 세계 3대 경쟁 보험사가 최근 신용평가회사 한 곳 이상에서 신용등급을 강등당했습니다. 그러나 제너럴리는 모두 AAA 등급을 받았으므로 이제 단연 우수한 재무 구조를 인정받게 되었습니다.

이보다 더 중요한 특성은 없습니다. 최근 (선도적인 중개회사들이 주요 보험사에 늘 추천했던) 세계 최대 규모의 재보험사가 정당한 청구에 대해서도 보험금 지급을 거의 모두 중단했습니다. 이 재보험사로부터 보험금을 지급받지 못한 보험사 수백 개는 이제 대규모 상각을 해야 하는 처지가 되었습니다. '값싼' 재보험은 바보들에게만 싸 보이는 거래입니다. 가장 강력한 재보험사가 아니라면 10년이나 20년 뒤의 약속을 믿고 오늘 돈을 맡기는 것은 위험하며 심지어 치명적이기 때문입니다.

나쁜 공에는 스윙하지 마세요   2004

보험사들의 실적이 대부분 부진했던 이유는 간단합니다.

(1) 보험사들이 판매하는 상품이 (품질이 규격화된) 원자재(commodity)와

같기 때문입니다. 보험계약서 양식이 표준화되어 있고, 똑같은 상품을 판매하는 보험사가 많으며, 일부 상품은 이윤 동기가 강하지 않은 상호회사(주주가 아니라 보험 가입자들이 '소유'한 회사)에서도 판매하고 있습니다. 게다가 보험 가입자 대부분은 보험사를 가리지 않습니다. "질레트 면도날을 사야겠어" 또는 "코카콜라를 마셔야겠어"라고 말하는 사람은 수없이 많지만, "내셔널 인뎀너티(NICO)의 보험에 가입하고 싶습니다"라고 말하는 사람은 찾아보기 어렵습니다. 따라서 보험업계에서는 늘 가격 경쟁이 치열합니다. 예컨대 항공기 탑승권을 생각하면 됩니다.

그러면 버크셔는 이렇게 경제성이 암담한 보험업계에서 어떻게 지속적인 경쟁우위를 확보했는지 궁금할 것입니다. 우리는 여러 가지 방법으로 이 문제에 대응했습니다. 먼저 NICO의 전략을 살펴봅시다.

우리가 (상업용 자동차 및 일반배상책임보험 전문 보험사) NICO를 인수할 때, 보험업계의 고질적인 문제를 극복할 만한 특성이 이 회사에는 없는 듯했습니다. 회사 인지도가 높지 않았고, 정보 우위(보험 회계사를 한 명도 둔 적이 없음)도 없었으며, 원가도 낮지 않았고, 총대리점을 통해 보험을 판매하는 낡은 방식을 쓰고 있었습니다. 그런데도 지난 38년 동안 NICO는 거의 모든 해에 탁월한 실적을 올렸습니다. NICO를 인수하지 않았다면 버크셔의 자산 규모는 현재의 절반에도 도달하지 못했을 것입니다.

우리에게는 대부분 보험사가 도저히 흉내 낼 수 없는 사고방식이 있었습니다. 다음 페이지를 보십시오. NICO처럼 1986~1999년 동안 매출이 계속 감소하는데도 이런 사업 모델을 고수하는 상장회사가 또 있을 것이라고 상상할 수 있습니까? 단언하는데 이렇게 매출이 엄청나게 감소한 것은 매출 유지가 불가능했기 때문이 아닙니다. 보험료를 낮추기만 하면 NICO는 언제든 수십억 달러에 이르는 보험료 수입을 얻을 수 있었습니

내셔널 인뎀너티의 연도별 실적

연도	수입 보험료 (100만 달러)	연말 직원 수	영업비용/ 수입 보험료(%)	보험영업손익/보험료 (%, 2004년 말 기준)*
1980	79.6	372	32.3	8.2
1981	59.9	353	36.1	-0.8
1982	52.5	323	36.7	-15.3
1983	58.2	308	35.6	-18.7
1984	62.2	342	35.5	-17.0
1985	160.7	380	28.0	1.9
1986	366.2	403	25.9	30.7
1987	232.3	368	29.5	27.3
1988	139.9	347	31.7	24.8
1989	98.4	320	35.9	14.8
1990	87.8	289	37.4	7.0
1991	88.3	284	35.7	13.0
1992	82.7	277	37.9	5.2
1993	86.8	279	36.1	11.3
1994	85.9	263	34.6	4.6
1995	78.0	258	36.6	9.2
1996	74.0	243	36.5	6.8
1997	65.3	240	40.4	6.2
1998	56.8	231	40.4	9.4
1999	54.5	222	41.2	4.5
2000	68.1	230	38.4	2.9
2001	161.3	254	28.8	-11.6
2002	343.5	313	24.0	16.8
2003	594.5	337	22.2	18.1
2004	605.6	340	22.5	5.1

* 한 해의 진정한 수익성은 오랜 기간이 지나야 파악됩니다. 첫째, 보험금 청구는 대개 연말이 지나야 접수되므로 청구 건수와 금액을 추정할 수밖에 없습니다. (이런 청구를 보험 용어로는 미보고발생손해액이라고 합니다.) 둘째, 보험금 정산에는 수년에서 심지어 수십 년도 걸리므로 이 과정에서 뜻밖의 일이 많이 발생합니다. 따라서 위 표는 2004년에 평가한 과거 연도별 실적의 최적 추정치에 불과합니다. 1999년까지의 이익률은 십중팔구 정확할 것입니다. 남은 청구가 거의 없다는 점에서 '만기'에 도달했기 때문입니다. 그러나 이후 최근 연도 실적에는 추정이 많이 포함되었습니다. 특히 2003년과 2004년 실적은 대폭 변경되기 쉽습니다.

다. 그러나 우리는 지극히 낙관적인 경쟁자들을 따라 보험료를 낮추는 대신, 수익성이 유지되는 가격을 고수했습니다. 우리는 결코 고객을 저버리지 않았지만 고객이 우리를 떠났습니다.

(2) 지속적인 매출 감소는 어떻게든 막아내는 것이 미국 기업 대부분의 '제도적 관행'입니다. 작년에 매출이 감소했는데 앞으로도 매출이 계속 감소할 것이라고 주주들에게 보고하고 싶은 CEO가 어디 있겠습니까. 특히 보험업계에서 매출 유지 경쟁이 치열한 것은, 어리석은 가격 정책을 펴도 그 결과가 한동안 드러나지 않기 때문입니다. 보험사가 손실률을 낙관하면 보고이익이 과대평가되지만 진정한 손실 비용은 대개 여러 해가 지나야 드러나기 때문이지요. (이런 일종의 자기기만 탓에 가이코는 1970년대 초에 파산 직전까지 몰렸습니다.)

끝으로 (3) 매출이 감소하면 해고가 따른다는 공포감이 작용합니다. 해고통지서를 피하려고 직원들은 부당하게 낮은 보험료를 정당화합니다. 판매 조직을 온전히 유지하고 유통 시스템을 만족시키려면 적자 영업을 용인할 수밖에 없다고 이들은 생각합니다. 경영진이 이 방식을 받아들이지 않으면 이들은 조만간 틀림없이 다가올 회복세에 회사가 동참하지 못하게 된다고 주장합니다.

해고를 면하려는 이러한 행태를 막으려고, NICO는 매출이 아무리 감소해도 직원을 한 사람도 해고하지 않겠다고 약속했습니다. (NICO는 도널드 트럼프가 경영하는 부동산회사와는 전혀 다릅니다.) 표에서 보듯이 NICO는 노동 집약도가 높지 않아서, 간접비가 늘어나도 버틸 수 있습니다. 그러나 보험영업 원칙이 무너져서 보험료가 부당하게 내려가면 생존할 수가 없습니다. 올해 보험영업의 수익성에 무관심한 회사라면 내년에도 수익성에 무관심하기가 쉽습니다.

무해고 정책을 채택한 회사는 호황기에도 과도하게 고용하는 일이 없도록 특별히 주의해야 합니다. 30년 전, 캐피털시티의 CEO 톰 머피는 가상의 이야기로 이 교훈을 내게 깨우쳐주었습니다. 한 직원이 상사에게 보조원 채용을 허락해달라고 요청하면서, 연봉 2만 달러만 지급하면 되므로 큰 부담이 없다고 말했습니다. 그러나 상사는 보조원 채용을 300만 달러짜리 결정으로 보아야 한다고 말했습니다. 연봉 인상, 복리후생, 기타 비용(직원이 늘어나면 화장지 사용량도 증가)을 고려하면 평생에 걸쳐 그 직원에게 들어가는 비용이 십중팔구 그 정도 된다는 말이었습니다. 그리고 회사가 심각한 위기에 처하지 않는 한, 그 보조원의 기여도가 아무리 낮아도 해고하기 어렵다는 점도 지적했습니다.

NICO처럼 회사를 운영하려면 불굴의 용기가 회사의 문화 깊숙이 배어 있어야 합니다. 위 표에서 1986~1999년 실적은 누구나 순식간에 훑어볼 수 있습니다. 그러나 경쟁사들은 월스트리트의 찬사를 받으면서 매출 증가를 자랑하는 동안, 하루하루 매출액이 감소하는데도 끝까지 원칙을 고수할 수 있는 CEO는 거의 없습니다. 하지만 1940년 설립 이후 회사를 맡은 CEO 4명 중 원칙에서 후퇴한 사람은 하나도 없었습니다. (CEO 4명 중 대학 졸업자는 한 사람뿐이었습니다. 우리 경험에 비춰 보면 탁월한 경영 능력은 대개 천성입니다.)

NICO를 슈퍼스타로 만든 스타 경영자는 1989년 이후 회사를 맡은 돈 우스터(Don Wuster)입니다. (그가 유일한 '대학 졸업자'입니다.) 그가 프로 야구 선수 배리 본즈(Barry Bonds)처럼 탁월한 장타율을 기록한 것은 나쁜 공에는 스윙하지 않고 걸어 나갔기 때문입니다. 돈은 지금까지 NICO의 플로트를 9억 5,000만 달러로 늘렸는데 장기적으로 이 자금의 원가는 틀림없이 마이너스가 될 것입니다. 현재 보험료가 하락 중이므로 이 플로트 규모도 조만간 대폭 감소하겠지만, 그렇더라도 찰리와 나는 그에게 더욱 힘찬 박수를 보낼 것입니다.

버크셔의 가장 소중한 자산　2001

내셔널 인뎀너티 재보험 사업을 이끄는 아지트 자인은 계속해서 버크셔에 엄청난 가치를 보태주고 있습니다. 겨우 직원 18명을 거느리고 아지트는 자산 규모 기준으로는 세계 최대 수준 재보험 사업을 운영하고 있으며, 개별 위험 규모 기준으로는 단연 세계 최대 위험을 떠안고 있습니다.

나는 아지트가 1986년 입사한 이래 판매한 거의 모든 보험을 자세히 알고 있는데 3대 보험영업 원칙 위반 사례를 단 한 번도 보지 못했습니다. 물론 그가 원칙을 이례적으로 잘 지킨다고 해서 손실이 완벽하게 방지되는 것은 아닙니다. 그러나 어리석은 손실은 방지됩니다. 바로 이것이 핵심입니다. 투자와 마찬가지로 보험사도 탁월한 결정을 내리기보다는 주로 어리석은 결정을 피할 때 장기적으로 뛰어난 실적을 올리게 됩니다.

9월 11일 이후 아지트는 유난히 바빴습니다. 우리가 판매해서 온전히 우리 계정으로 보유 중인 보험에는 다음 상품이 포함됩니다. (1) 남미 정유 시설 손해액이 10억 달러를 초과할 때 5억 7,800만 달러까지 보장하는 재산보험, (2) 여러 대형 국제 항공사가 테러로 입는 손해액에 대해 10억 달러까지 보장하는 취소 불능 제삼자 보상 책임보험, (3) 테러나 태업에 의해 다른 보험사와 계약한 보험에서 발생하는 손해액이 6억 파운드를 초과할 때, 대형 북해 석유 굴착용 플랫폼에 대해 5억 파운드까지 보장하는 재산보험, (4) 테러 등에 의해 시어스타워(Sears Tower)에서 입는 손해액이 5억 달러를 초과할 때 거액을 보장하는 보험 등. 우리는 2002년 월드컵 축구와 2002년 동계 올림픽 등에 대해서도 거대한 보험 상품을 다수 판매했습니다. 그러나 손해액 합계액이 지나치게 커지는 일이 없도록 집단적인 보험 판매는 자제했습니다. 예를 들어 핵 폭발과 화재 위험을 고려해, 한 도시 안에서 매우 많은 사무실과 아파트의 손실을 보장하는 일은 없습니다.

아지트처럼 거대 보험 상품을 신속하게 제안할 수 있는 사람은 없습니다. 9월 11일 이후, 그의 신속한 제안 능력은 더욱 중요한 경쟁우위가 되었습니다. 비길 데 없는 우리의 재무 건전성도 마찬가지입니다. 이른바 재재보험사로 위험 상당 부분을 상습적으로 떠넘기는 재보험사들은 입지가 약해졌으므로, 대형 재해가 한 번 더 발생하면 생존하기가 어려울 것입니다. 재재보험사들도 연쇄고리로 연결되어 있다면, 약한 고리 하나만 끊어져도 모두가 곤경에 처할 수 있습니다. 따라서 재보험의 보장 능력을 평가할 때, 보험사들은 연결고리에 포함된 모든 재보험사를 대상으로 스트레스 테스트를 해야 하며, 경제가 매우 침체한 상태에서 발생하는 재해 손실에 대해서 숙고해보아야 합니다. 썰물이 되어야 누가 벌거벗고 수영하는지 드러나니까요. 버크서는 위험을 남에게 의지하지 않고 스스로 모두 떠안습니다. 세계에 어떤 문제가 발생하더라도 우리 신용도에는 아무 문제가 없을 것입니다.

아지트의 사업에도 부침이 있습니다. 그러나 보험영업 원칙은 흔들리지 않을 것입니다. 아지트는 버크서에 더없이 소중한 자산입니다.

아지트부터 구해주세요! `2009`

1985년 어느 토요일, 버크셔에 대단히 중요한 사건이 일어났습니다. 아지트 자인이 오마하의 내 사무실에 찾아온 것입니다. 나는 즉시 그가 슈퍼스타임을 깨달았습니다. (그를 발굴한 마이크 골드버그(Mike Goldberg)는 이제 성(聖) 마이크로 격상되었습니다.)

우리는 고전을 면치 못하던 내셔널 인뎀너티의 소규모 재보험 사업을 아지트에게 맡겼습니다. 그동안 그는 이 사업을 유례를 찾기 어려운 거대 재보험회사로 키웠습니다.

현재 겨우 직원 30명을 거느린 아지트의 사업은 보험업 여러 분야에서 거래 규모 기록을 세웠습니다. 아지트는 보험 수십억 달러를 인수하면서도, 단 한 푼도 다른 보험사에 넘기지 않고 모두 떠안습니다. 3년 전 그가 거대한 부채를 인수해준 덕분에, 로이즈(Lloyd's)는 문제투성이 보험을 인수한 조합원 2만 7,972명과의 관계를 정리할 수 있었습니다. 그가 아니었으면 322년 전통 보험사의 생존이 위태로워졌을 것입니다. 이 단일 계약으로 받은 보험료가 71억 달러였습니다. 2009년에 그는 앞으로 약 50년에 걸쳐 보험료 500억 달러가 창출될 수 있는 생명 재보험계약을 체결했습니다.

아지트의 사업은 가이코와 정반대입니다. 가이코에서는 수백만 건에 이르는 소액 보험이 대부분 해마다 갱신됩니다. 아지트가 인수하는 보험은 비교적 소수이며 구성도 해마다 크게 바뀝니다. 그는 규모가 크고 이례적인 보험이 필요할 때 찾아야 하는 인물로 세계 전역에 알려졌습니다.

찰리와 나와 아지트가 탄 보트가 침몰한다면, 그리고 우리 중 한 사람만 구할 수 있다면 아지트를 구하십시오.

약속을 지키는 상대가 되렵니다   2014

간단히 말해서 보험은 약속을 판매하는 행위입니다. '고객'은 지금 돈을 내고, 보험사는 어떤 사건이 발생하면 장래에 돈을 지급하겠다고 약속합니다.

이런 약속은 수십 년 동안 시험받지 않을 때도 있습니다. (20대에 생명보험에 가입하는 사람들을 생각해보십시오.) 따라서 (경제가 혼란에 빠진 상황에서도) 보험사는 보험금 지급 능력과 의지를 유지하는 일이 절대적으로 중요합니다.

버크셔의 약속은 누구의 약속보다도 확실합니다. 최근 몇 년 동안 세계에서 가장 크고 수준 높은 보험사들이 보여준 행동에서도 이 사실이 확인됩니다. 일부 보험사는 석면 피해 배상금 등 초장기 대형 부채를 떨어내고자 했습니다. 즉 자신의 부채(대부분 석면 배상금에서 발생하는 잠재 손실)를 재보험사에 양도하고 싶었습니다. 그러나 재보험사를 잘못 선정하면(즉 재보험사가 장래에 재정난에 빠지거나, 약속을 지키지 않으면) 원보험사는 그 부채를 다시 떠안게 될 위험이 있습니다.

작년, 우리는 단일 상품을 30억 달러에 판매함으로써 재보험업계 1위 자리를 재확인했습니다. 이보다 규모가 큰 상품은 2007년 71억 달러에 우리가 로이즈에 판매한 상품뿐입니다.

내가 알기로 단일 보험료가 10억 달러를 초과한 손해보험 상품은 역사상 8개뿐입니다. 그리고 이 8개 상품을 모두 버크셔가 팔았습니다. 이들 상품 중 일부는 지금부터 50여 년에 걸쳐 우리가 상당한 보험금을 지급하게 될 것입니다. 대형 보험사들이 이렇게 확실한 지급 약속이 필요할 때 선택하는 상대는 버크셔뿐이었습니다.

해가 져도 건초를 만들겠습니다　　2016

이제 버크셔의 다양한 사업 중 먼저 가장 중요한 섹터인 보험을 보겠습니다. 손해보험은 1967년 860만 달러에 '내셔널 인뎀너티'와 자매회사인 '내셔널 화재해상'을 인수한 이후 우리 사업의 확장을 견인한 엔진입니다. 현재 내셔널 인뎀너티는 순자산 기준으로 세계 최대 손해보험사입니다.

우리가 손해보험 사업에 매력을 느낀 이유 하나는 자금 측면에서 유리하다는 점입니다. 손해보험사는 먼저 보험료를 받고 나중에 보험금을 지급합니다. 극단적으로는 석면 노출 재해 보상 보험처럼 수십 년에 걸쳐 보험금을 지급하는 사례도 있습니다. 이렇게 돈을 먼저 받고 나중에 지급하는 구조이므로, 우리는 '마지막에는 남들에게 가는 자금'(플로트)을 대량으로 보유하게 됩니다. 그동안 우리는 이 플로트를 투자해서 이익을 냅니다. 개별 보험료와 보험금은 들어오고 나가는 금액이 들쭉날쭉하지만 플로트는 규모가 훨씬 안정적으로 유지됩니다. 그 결과 사업이 성장함에 따라 플로트도 증가합니다. 다음 표는 우리 사업의 성장 과정을 보여줍니다.

연도별 플로트 규모

연도	플로트(100만 달러)
1970	39
1980	237
1990	1,632
2000	27,871
2010	65,832
2016	91,577

최근 우리는 거액의 보험을 판매해 플로트를 1,000억 달러 이상 늘렸습니다. 이 밖에도 가이코와 여러 특수보험에서는 플로트가 거의 틀림없이 빠른 속도로 증가할 것입니다. 그러나 내셔널 인뎀너티의 재보험 사업부는 이탈하는 대형 보험계약이 많아서 플로트가 틀림없이 점차 감소할 것입니다.

장기적으로 우리 플로트는 감소할지도 모릅니다. 그렇더라도 그 속도는 매우 완만해서 기껏해야 연 3%에도 미치지 못할 것입니다. 우리 보험계약의 특성상, 우리가 보유한 현금보다 더 많은 자금을 즉시 지급해야 하는 상황은 절대 발생할 수 없습니다. 이는 우리가 의도적으로 만들어낸 구조로서, 우리 보험사들의 독보적인 재무 건전성을 유지해주는 핵심 요소입니다. 이 구조는 어떤 경우에도 그대로 유지할 것입니다.

수입 보험료가 비용과 최종 손실액 합계액을 초과하면 우리는 플로트 투자 이익에 더해서 보험영업이익도 얻게 됩니다. 이렇게 보험영업이익이 발생하면 우리는 무이자 자금뿐 아니라 추가 이자까지 얻는 것입니다.

그러나 모든 보험회사가 이렇게 환상적인 실적을 얻으려고 덤벼드는 과정에서 극심한 경쟁이 벌어지는 탓에, 손해보험업종 전체로 보면 간혹 상당한 보험영업손실이 발생하고 있습니다. 이 손실은 보험업계가 플로트를 보유하려고 지불하는 비용인 셈입니다. 이렇게 치열한 경쟁 때문에, (플로트에서 이익을 얻더라도) 보험업종의 유형자산이익률은 계속해서 다른 업종의 평균에도 못 미칠 것이 거의 확실합니다.

게다가 현재 세계적인 초저금리 탓에 이런 상황은 틀림없이 계속될 것입니다. (버크셔를 제외한) 거의 모든 손해보험사들은 채권에 집중적으로 투자하고 있습니다. 기존 고수익 채권들의 만기가 도래해 저수익 채권들로 교체되면 플로트에서 나오는 이익은 꾸준히 감소할 것입니다. 이런 이유

등으로 앞으로 10년 동안 보험산업의 실적은 과거 10년 실적에 못 미치기 쉬우며, 특히 재보험 전문 회사들의 실적이 나쁠 것입니다.

그렇더라도 나는 우리의 장래를 매우 낙관합니다. 버크셔는 독보적인 재무 건전성 덕분에 다른 손해보험사들보다 훨씬 유연하게 투자할 수 있습니다. 우리는 대안이 많아서 항상 유리하고 간혹 커다란 기회도 잡게 됩니다. 다른 보험사들은 대안이 부족할 때도 우리에게는 대안이 많습니다.

게다가 우리 손해보험사들은 보험영업 실적이 탁월합니다. 우리는 14년 연속 보험영업이익을 기록해 세전 이익 280억 달러를 올렸습니다. 이는 우연이 아닙니다. 우리 실적이 이렇게 좋은 것은, 우리 보험사 경영자 모두 플로트의 중요성을 알지만 무리한 영업으로 실적이 부실해지지 않도록 매일 주의하기 때문입니다. 보험사들 모두 이런 메시지를 말로만 앞세우지만 버크셔는 구약성서 방식의 신앙으로 받아들입니다.

그러면 플로트는 내재가치에 어떤 영향을 미칠까요? 버크셔의 순자산가치를 계산할 때 우리 플로트는 모두, 내일 상환해야 하고 다시는 채워지지 않는 부채처럼 분류됩니다. 그러나 이는 정확한 관점이 아니므로 플로트는 회전자금으로 보아야 합니다. 매일 우리가 보험금 및 관련 비용을 지급할 때마다 플로트는 감소합니다. (2016년에는 600만 건이 넘는 보험금 청구에 대해 무려 270억 달러를 지급했습니다.) 마찬가지로 매일 우리가 보험을 판매할 때마다 플로트가 증가합니다.

이렇게 회전하는 플로트가 무비용이면서 장기간 유지된다면 (나는 계속 그럴 것으로 믿습니다) 이 부채는 회계상의 부채보다 실제 부담이 훨씬 적다고 생각합니다. 계속 쓸 수 있는 돈 1달러와, 내일 지급해서 사라질 돈 1달러는 완전히 다릅니다. 그러나 GAAP에서는 두 가지 부채를 똑같이 취급합니다.

이렇게 과대평가된 부채에 대응하는 항목이 우리 보험회사 장부에 자산으로 잡혀 있는 '영업권' 155억 달러입니다. 실제로 이 영업권 대부분은 우리가 보험사들을 인수할 때 플로트 창출력에 대해 치른 가격을 나타냅니다. 그러나 영업권의 원가는 영업권의 진정한 가치와 아무 상관이 없습니다. 예를 들어 계속해서 거액의 보험영업손실이 발생한다면, 취득원가가 얼마이든 장부상의 영업권은 가치가 없다고 보아야 합니다.

다행히 버크셔는 그런 경우가 아닙니다. 찰리와 나는 우리 보험사 영업권의 진정한 경제적 가치가 장부가액을 훨씬 초과한다고 믿습니다. (즉 '품질이 비슷한' 플로트를 창출하는 보험사가 있다면 이 장부가액에 우리가 기꺼이 사들이겠습니다.) 우리 보험사 장부에 표시된 영업권 155억 달러는 플로트가 280억 달러였던 2000년에도 거의 같은 금액이었습니다. 그러나 이후 우리 플로트는 640억 달러나 증가했는데도 순자산가치에는 전혀 반영되지 않았습니다. 이렇게 값진 자산이 반영되지 않았다는 사실도 버크셔의 내재적 기업가치가 장부가액보다 훨씬 높다고 믿는 (중요한) 이유 중 하나입니다.

버크셔 보험사들의 경제성이 탁월한 것은 비즈니스 모델을 복제하기 어려운 훌륭한 보험사들을 경영하는 비범한 경영자들 덕분입니다. 주요 사업부를 소개하겠습니다.

플로트 규모가 첫째인 자회사는 아지트 자인이 경영하는 버크셔 해서웨이 재보험그룹입니다. 아지트는 자본이 부족하거나 부담스러워서 다른 보험사들이 모두 꺼리는 위험을 보장합니다. 그의 영업은 능력, 속도, 결단력, 그리고 무엇보다도 보험 사업에 특화된 두뇌를 결합하는 방식입니다. 그러나 그가 우리 자원으로 감당하기에 부적합한 위험을 떠안는 법은 절대 없습니다.

실제로 우리는 대부분 대형 보험사들보다 훨씬 더 보수적으로 위험을 회피합니다. 예를 들어 대참사가 일어나서 2,500억 달러에 이르는 손실(지금까지 발생했던 최대 손실액의 3배)이 발생해도, 수익원이 다양한 버크셔는 전체적으로 상당한 연간 이익을 냅니다. 게다가 우리는 여전히 현금이 넘쳐날 것이므로, 대참사로 충격에 빠진 시장에서 큼직한 투자 기회를 찾아 나설 것입니다. 그러나 다른 대형 보험사와 재보험사들은 모두 막대한 적자를 기록하거나 파산할 것입니다.

1986년 어느 토요일 아지트가 버크셔에 입사했을 때, 그는 보험 사업 경험이 전혀 없었습니다. 그런데도 당시 우리 보험사 경영자 마이크 골드버그는 그에게 재보험 사업 의사결정권을 넘겨주었습니다. 당시 결정으로 마이크는 성인의 반열에 올랐습니다. 이후 아지트가 버크셔에 수백억 달러에 이르는 가치를 창출했기 때문입니다. 만일 아지트와 같은 인물이 하나 더 있어서 나와 바꿀 수 있다면 주저하지 말고 즉시 바꾸십시오!

최근까지 태드 몬트로스가 경영한 제너럴리도 재보험업계의 강자입니다. 태드는 39년 동안 제너럴리를 경영하고 나서 2016년 은퇴했습니다. 어느 모로 보나 걸출한 인물이었던 태드에게 깊이 감사합니다. 지금은 아지트와 16년 동안 일한 카라 레구엘(Kara Raiguel)이 제너럴리의 CEO입니다.

실제로 건전한 보험영업이 되려면 네 가지 원칙을 고수해야 합니다. (1) 보험손실을 일으킬 수 있는 모든 위험 요소를 이해한다. (2) 어떤 위험이 손실로 이어져서 비용이 발생할 가능성을 보수적으로 평가한다. (3) 평균적으로 예측 보험금과 영업비용을 모두 충당하고도 이익이 나오도록 보험료를 책정한다. (4) 적정 보험료를 받을 수 없을 때는 영업을 포기한다.

흔히 보험사들은 앞의 세 가지 원칙은 잘 지키지만, 네 번째 원칙을 지키지 못합니다. 이들은 경쟁자들이 적극적으로 벌이는 영업을 도저히 외면하지 못합니다. "남이 하니 우리도 해야 한다"라는 구태는 어느 사업에서나 문제를 일으키지만, 보험업계만큼 심각한 분야도 없습니다. 태드는 그런 터무니없는 주장에 귀를 기울인 적이 없으며 카라도 그럴 것입니다.

끝으로 66년 전 내 심장을 타오르게 한 (지금도 여전히 타오르게 하는) 보험사 가이코가 있습니다. 가이코는 토니 나이슬리가 경영하는데, 그는 18세에 입사해 2016년까지 55년이나 근무했습니다.

1993년 토니가 CEO가 된 이후 회사는 날아가고 있습니다. 토니보다 훌륭한 경영자는 없습니다. 그는 탁월하고 헌신적이며 건전하게 일합니다. (지속적으로 성과를 내려면 건전한 태도가 필수적입니다. 찰리는 IQ가 160인 경영자를 쓰면 좋다고 말합니다. 자기 IQ가 180이라고 생각하지만 않는다면 말이지요.) 아지트와 마찬가지로 토니도 버크셔에 수백억 달러에 이르는 가치를 창출해주었습니다.

1951년 1월 가이코를 처음 방문했을 때, 나는 가이코가 보유한 엄청난 원가 우위에 완전히 매료되었습니다. 나는 가이코가 성공할 자격을 갖췄으므로 틀림없이 성공할 것으로 보았습니다. 당시 가이코는 연간 매출이 800만 달러였습니다. 2016년, 가이코는 세 시간마다 매출 800만 달러를 올리고 있습니다.

자동차보험료는 대부분 가정에 적지 않은 비용입니다. 그래서 비용 절감이 중요합니다. 그러나 비용 절감은 저비용 영업으로만 달성됩니다. 실제로 이 주주 서한을 읽는 사람의 40% 이상이 가이코의 보험에 가입하면 비용을 절감할 수 있습니다. 당장 읽기를 중단하고 geico.com을 찾아보거나 800-847-7536으로 전화하십시오.

가이코는 낮은 원가로 강력한 해자를 만들어 경쟁자들이 넘어오지 못하게 했습니다. 그 결과 가이코의 시장점유율은 해마다 대폭 높아지고 있으며, 2016년에는 약 12%에 도달했습니다. 우리가 경영권을 인수한 1995년에는 점유율이 2.5%였습니다. 그동안 직원은 8,575명에서 3만 6,085명으로 증가했습니다.

가이코는 2016년 하반기에 성장 속도가 극적으로 높아졌습니다. 자동차보험업계 전반적으로 보험금 비용이 갑자기 증가하자, 일부 보험사들은 신규 고객 확보를 주저할 정도가 되었습니다. 그러나 가이코는 이런 상황에서 신규 고객 확보에 더 공을 들였습니다. 해는 틀림없이 다시 뜰 터이므로, 우리는 해가 졌을 때도 건초를 만듭니다.

이 서한을 작성하는 시점에도 가이코는 승승장구하고 있습니다. 보험료가 상승하면 사람들은 보험 상품을 더 많이 비교하며, 그러면 가이코를 선택하게 됩니다.

자회사의 지능, 버크셔의 자본 2017

플로트의 단점은 위험이 따른다는 것인데, 때로는 대규모 위험이 따르기도 합니다. 보험업에서는 예측 불가능한 사건이 발생할 수 있습니다. 대표적인 사례가 3세기 동안 근사한 실적을 기록했던 로이즈 보험회사입니다. 1980년대 들어 몇몇 롱테일 보험에 잠재했던 거대한 문제가 나타나 로이즈는 한때 파산 위험에 직면했습니다(다행히 지금은 완전히 회복했습니다).

버크셔 보험 자회사 경영자들은 보수적이고 조심스러우며, 기업문화 역시 오래전부터 이런 자질을 중시하고 있습니다. 이런 절제력 덕분에 우리는 대부분 해에 보험영업이익을 내고 있으며 덕분에 플로트의 원가는 마이너스입니다. 결국 우리는 막대한 자금을 사용하면서 이자까지 받는 셈입니다. 하지만 그동안 경고했듯이, 최근 몇 년 동안 대재해가 많지 않았던 것은 단지 운이 좋았기 때문입니다. 지난 9월 거대한 허리케인 세 개가 텍사스, 플로리다, 푸에르토리코를 강타한 사실을 보면 알 수 있습니다.

나는 이번 허리케인들로 인한 보험업계의 손해를 약 1,000억 달러로 추정합니다. 그러나 이 추정치는 크게 빗나갈 수도 있습니다. 과거 사례를 보면 처음에는 대재해 손해 추정치가 대개 과소평가되었습니다. 유명한 보험 애널리스트 다울링(V. J. Dowling)이 지적했듯이 보험사의 손해액 준비금은 스스로 평가하는 시험과 비슷합니다. 무지, 희망 사항, 때로는 명백한 사기 탓에 보험사의 재무 상태가 매우 오랜 기간 왜곡될 수 있으니까요.

현재 우리가 추정하는 버크셔의 허리케인 손해는 30억 달러(세후 기준으로는 약 20억 달러)입니다. 실제로 보험업계의 손해가 약 1,000억 달러이고 버크셔의 손해가 30억 달러라면 업계 손해에서 우리 손해가 차지하는 비중은 약 3%입니다. 장래에 대재해가 발생할 때도 이 비중은 약 3%로 예상할 수 있다고 봅니다.

세 허리케인 탓에 순비용 20억 달러가 발생했지만 버크셔의 GAAP 순자산 감소율은 1% 미만이라는 사실에 주목하기 바랍니다. 다른 재보험사들 중에는 순자산 감소율이 7% 이상, 더 나아가 15%를 훌쩍 넘는 회사가 많습니다. 하마터면 손해가 훨씬 더 커질 수도 있었습니다. 허리케인 어마(Irma)가 플로리다를 통과할 때 경로를 조금만 동쪽으로 바꿨다면 손해가 1,000억 달러는 추가되었을 것입니다.

1년 동안 미국에서 대재해로 인해 4,000억 달러 이상 손해가 발생할 확률은 약 2%라고 생각합니다. 물론 정확한 확률을 아는 사람은 아무도 없습니다. 그러나 세월이 흐를수록 위험이 커진다는 점만은 분명히 알고 있습니다. 대재해 취약 지역에 들어서는 구조물의 숫자와 가치가 모두 증가하기 때문입니다.

4,000억 달러짜리 대재해가 닥치더라도 끄떡없을 만큼 재무 상태가 건전한 보험사는 버크셔 하나뿐입니다. 이때 우리가 입는 손해는 약 120억 달러인데, 우리 비보험 자회사들이 1년 동안 벌어들이는 이익에도 훨씬 못 미치는 금액입니다. 그러나 전 세계의 다른 손해보험사들은 다수가 (사실은 아마 대부분이) 문을 닫게 될 것입니다. 이렇게 우리 재무 상태가 비길 데 없이 건전하기 때문에 다른 보험사들은 거액의 재보험에 가입해야 할 때 오로지 버크셔만 찾습니다.

버크셔는 2016년까지 14년 연속 보험영업이익을 기록하면서 세전 이익으로 모두 283억 달러를 벌어들였습니다. 나는 버크셔가 대부분 해에 보험영업이익을 달성하겠지만 가끔 손실도 기록할 것이라고 말했습니다. 내 경고는 2017년 현실로 나타났습니다. 우리는 보험영업에서 세전 손실 32억 달러를 기록했습니다.

우리 보험 자회사들에 관한 많은 추가 정보가 이 보고서 뒤 10-K에 나옵니다. 여기서는 요점 하나만 보태고자 합니다. 우리 탁월한 경영자들이 여러 보험 자회사에서 여러분을 위해 일하고 있습니다. 손해보험업은 기업 비밀도, 특허도, 지역적 이점도 없는 사업입니다. 중요한 것은 지능과 자본입니다. 우리 보험 자회사 경영자들은 지능을 공급하고 버크셔는 자본을 공급합니다.

가이코와 토니 나이슬리   2018

　가이코와 토니 나이슬리는 분리할 수 없는 관계입니다.
　토니는 1961년 18세에 가이코에 입사했습니다. 나는 1970년대 중반에 그를 만났는데, 40년 동안 탁월한 보험영업 실적을 기록하면서 고속 성장을 거듭하던 가이코가 갑자기 파산에 직면한 시점이었습니다. 당시 선임된 지 얼마 안 되는 경영진이 가이코의 손해율을 지나치게 과소평가한 결과 보험료를 과도하게 낮춘 탓이었습니다. 이런 적자 보험계약 230여만 건이 장부에 드러났지만 여러 달 후 만기가 도래해야 보험료를 인상할 수 있었습니다. 그사이 가이코의 순자산가치는 빠른 속도로 0에 접근하고 있었습니다.
　1976년 가이코를 구원할 CEO로 잭 번이 영입되었습니다. 나는 그를 만난 즉시 완벽한 적임자라고 판단했고 가이코 주식을 공격적으로 사들이기 시작했습니다. 수개월 후 버크셔는 가이코 주식 약 3분의 1을 사 모았습니다. 이후 우리는 단 한 푼 지출하지 않았는데도 지분이 약 2분의 1로 증가했습니다. 가이코가 회복하고 나서 계속해서 자사주를 매입한 결과였습니다. 이렇게 우리가 가이코 지분 절반을 취득한 원가는 모두 4,700만 달러로 요즘 뉴욕 최고급 아파트 한 채 가격에 불과합니다.
　17년이 지난 1993년, 토니는 CEO로 승진했습니다. 당시 가이코의 평판과 수익성은 회복되었지만 성장성은 회복되지 않았습니다. 1992년 말 가이코의 자동차보험계약은 190만 건으로, 위기 전에 세웠던 기록에 훨씬 못 미쳤습니다. 매출 기준으로는 미국 자동차보험사들 중 겨우 7위였습니다.
　토니가 가이코를 회복시킨 뒤, 1995년 말 버크셔는 가이코의 나머지

지분 50%를 23억 달러에 인수하겠다고 제안했습니다. 처음 우리가 지분 50%를 취득한 원가의 약 50배 가격입니다(그런데도 사람들은 내가 인수 가격을 절대 올리지 않는다고 불평합니다!). 우리는 훌륭하지만 성장 여지가 많은 가이코를 인수했습니다. 아울러 훌륭한 CEO도 함께 영입했는데, 그는 내가 꿈에도 생각하지 못한 수준으로 가이코를 성장시켰습니다.

이제 가이코는 매출이 1995년보다 1,200배 증가해 미국 2위 자동차 보험사가 되었습니다. 우리가 인수한 이후 벌어들인 보험영업이익 합계는 세후 155억 달러이며 플로트는 25억 달러에서 221억 달러로 증가했습니다.

내 추정에 의하면 토니가 가이코를 경영하는 동안 증가한 버크셔의 내재가치는 500억 달러가 넘습니다. 게다가 그는 모든 면에서 모범적인 경영자여서, 직원 4만 명이 미처 몰랐던 자신의 능력을 발견하고 연마하도록 지원해주었습니다.

작년 6월 30일 토니는 오랜 동반자 빌 로버츠(Bill Roberts)에게 CEO 자리를 넘겨주고 물러났습니다. 나는 빌이 일하는 모습을 수십 년 동안 지켜보았는데 이번에도 토니의 결정이 옳았습니다. 토니는 의장직을 유지하고 있으며 남은 평생 가이코를 기꺼이 도울 것입니다. 그럴 수밖에 없습니다.

버크셔 주주 모두 토니에게 감사해야 하며 가장 먼저 내가 감사해야 합니다.

버크셔 보험사가 유리한 점   2019

　손해보험은 1967년 860만 달러에 '내셔널 인뎀너티'와 자매 회사인 '내셔널 화재해상'을 인수한 이후 우리 사업의 확장을 견인한 엔진입니다. 현재 내셔널 인뎀너티는 순자산 기준으로 세계 최대 손해보험사입니다. 보험은 유망한 사업이며 버크셔의 지불 능력은 타의 추종을 불허합니다.

　우리가 손해보험 사업에 매력을 느낀 이유 중 하나는 보험업의 비즈니스 모델이 훌륭하다는 데 있습니다. 손해보험사는 먼저 보험료를 받고 나중에 보험금을 지급합니다. 극단적으로는 석면 노출 재해 보상 보험이나 산업재해 보상 보험처럼 수십 년에 걸쳐 보험금을 지급하는 사례도 있습니다.

　이렇게 돈을 먼저 받고 나중에 지급하는 구조이므로 손해보험사들은 '마지막에는 남들에게 가는 자금(플로트)'을 대량으로 보유하게 됩니다. 그동안 보험사들은 이 플로트를 투자해서 이익을 냅니다. 개별 보험료와 보험금은 들어오고 나가는 금액이 들쭉날쭉하지만 플로트는 규모가 훨씬 안정적으로 유지됩니다. 그 결과 사업이 성장함에 따라 플로트도 증가합니다. 다음 표는 우리 사업의 성장 과정을 보여줍니다.

　장기적으로 우리 플로트는 감소할지도 모릅니다. 그렇더라도 그 속도는 매우 완만해서 기껏해야 연 3%에도 미치지 못할 것입니다. 우리 보험 계약의 특성상 우리가 보유한 현금보다 더 많은 자금을 즉시 지급해야 하는 상황은 절대 발생할 수 없습니다. 이는 우리가 의도적으로 만들어낸 구조로, 우리 보험사들의 독보적인 재무 건전성을 유지해주는 핵심 요소입니다. 이 강점은 어떤 경우에도 그대로 유지할 것입니다.

　수입 보험료가 비용과 최종 손실액 합계액을 초과하면 우리는 플로트

연도별 플로트 규모

연도	플로트(100만 달러)
1970	39
1980	237
1990	1,632
2000	27,871
2010	65,832
2018	122,732
2019	129,423

* 생명보험, 연금 보험, 건강보험에서 창출되는 플로트 포함

투자수익에 더해 보험영업이익도 얻게 됩니다. 이렇게 보험영업이익이 발생하면 무이자 자금뿐 아니라 추가 이자까지 얻는 셈입니다.

보험업계 전체로 볼 때 현재 플로트의 가치는 과거보다 훨씬 낮아졌습니다. 거의 모든 손해보험사가 사용하는 표준 전략이 우량 등급 채권 투자이기 때문입니다. 따라서 금리 변동은 손해보험사들에 엄청나게 중요한데 지난 10년 동안은 채권 수익률이 애처로울 정도로 낮았습니다.

만기 도래나 발행사의 수의 상환권 행사에 따라 보험사들은 보유 중이던 고금리 채권을 저금리 채권으로 교체하고 있습니다. 한때 5~6%였던 채권 수익률이 이제는 2~3%에 불과합니다(금리가 마이너스인 나라에 사업을 집중한 보험사들은 수익률이 더 낮습니다).

일부 보험사는 수익 감소를 막기 위해서 등급이 더 낮은 채권을 매수하거나, 더 높은 수익을 약속하지만 유동성이 없는 '대체'투자를 선택하기도 합니다. 그러나 이는 대부분 기관이 감당하기 어렵고 위험한 게임

입니다.

버크셔의 상황은 다른 보험사들보다 유리합니다. 무엇보다도 우리는 자본 규모가 독보적으로 거대하고 현금이 풍부하며 다양한 비보험 사업에서 큰 이익을 내고 있으므로 다른 보험사들보다 훨씬 더 유연하게 투자할 수 있습니다. 우리는 대안이 많아서 항상 유리하며 간혹 커다란 기회도 잡게 됩니다. 게다가 우리 손해보험사들은 보험영업 실적이 탁월합니다. 최근 17년 중 2017년에만 세전 손실 32억 달러를 기록했을 뿐, 나머지 16년 동안 보험영업이익을 기록했습니다. 지난 17년 동안 벌어들인 세전 이익 합계는 275억 달러였습니다.

이는 우연이 아닙니다. 우리 실적이 이렇게 좋은 것은 우리 보험사의 모든 경영자들이 무리한 위험을 엄격하게 평가하기 때문입니다. 다른 보험사들도 이런 메시지를 말로 앞세우지만 버크셔는 구약성서 수준의 신앙으로 받아들입니다. 다시 강조하지만 이렇게 좋은 성과가 항상 확실하게 나오는 것은 절대 아닙니다. 향후에는 17년 중 16년 동안 보험영업이익을 기록하기가 어려울 수도 있습니다. 항상 위험이 도사리고 있으니까요.

이제 잠시 눈을 감고 활력 넘치는 새 보험사가 어느 지역에서 등장할지 상상해보십시오. 뉴욕일까요? 아니면 런던이나 실리콘밸리? 윌크스배리는 어떨까요?

2012년 말 우리 보험 사업부를 이끄는 매우 소중한 경영자 아지트 자인이 내게 전화해서 말했습니다. 가드 보험그룹(GUARD Insurance Group)이라는 윌크스배리(펜실베이니아 소도시) 소재 보험사를 (당시 순자산가치 수준인) 2억 2,100만 달러에 인수하려 한다고요. 그는 CEO 시 포구엘(Sy Foguel)이 버크셔에서 스타가 될 것이라는 말도 덧붙였습니다. 둘 다 처음

들어보는 이름이었습니다.

그야말로 대박이었습니다. 2019년 가드의 수입 보험료는 19억 달러로 2012년 이후 379%나 증가했고 보험영업이익도 만족스러운 수준이었습니다. 버크셔에 합류한 시 포구엘은 신제품을 개발하고 미국 내 신규 시장을 개척해 가드의 플로트를 265% 증가시켰습니다.

1967년에는 아무도 예상 못 한 오마하에서 거대 보험사가 등장했습니다. 이번에는 윌크스배리에서 등장할 듯합니다.

보험 사업 실적　2023

2023년 우리 보험 사업은 실적이 유난히 좋아서 매출, 플로트, 보험영업이익 면에서 신기록을 세웠습니다. 손해보험 사업은 버크셔의 번영과 성장을 이끄는 핵심입니다. 지난 57년 동안 우리 보험 사업은 규모가 거의 5,000배(1,700만 달러에서 830억 달러로)나 성장했지만 아직도 성장의 여지가 많습니다.

게다가 우리는 피해야 하는 보험 사업과 사람들의 유형에 관해서 (너무도 자주, 그리고 고통스럽게) 많이 배웠습니다. 가장 중요한 교훈은 날씬하든 뚱뚱하든, 남성이든 여성이든, 젊은이든 노인이든, 외국인이든 내국인이든 우리 보험업자가 될 수 있지만, 낙천주의자는 우리 보험업자가 될 수 없다는 사실입니다. 낙천주의가 인생에 아무리 바람직한 자질이더라도 말이지요.

손해보험 사업에서 나오는 뜻밖의 실적(6개월이나 1년짜리 보험이 만료되고 나서 수십 년 후에도 나올 수 있습니다)은 거의 모두 나쁜 실적입니다. 보험회계는 이런 현실을 인식하도록 설계되었지만 추정 오류가 엄청나게 커질 수 있습니다. 그리고 사기꾼이 관여하면 이를 탐지하는 데 많은 시간과 비용이 들어갑니다. 버크셔는 미래 손실 보상금을 정확하게 추정하려고 항상 노력하지만 (화폐와 '법률' 두 분야에서) 인플레이션은 예측할 수 없는 요소입니다.

우리 보험 사업에 관한 이야기는 그동안 매우 자주 했으므로, 새로 주주가 된 분들은 18페이지를 읽어보시기 바랍니다. 여기서는 1986년 아지트 자인이 버크셔에 합류하지 않았다면 우리 모습이 현재와 같지 않으리라는 점만 다시 말씀드리겠습니다. 그 행운의 날이 오기 전까지 (1951년 초에 시작되어 앞으로도 계속 이어질 가이코와의 놀라운 경험을 제외하면) 나는 우리 보험 사업을 일으키려고 분투하면서 황야에서 방황하고 있었습니다.

버크셔에 합류한 이후 아지트가 이룬 성과는 우리 다양한 손해보험사들의 재능 넘치는 경영자들이 뒷받침한 결과이기도 합니다. 이들의 이름과 얼굴은 대부분 언론과 대중에게 알려지지 않았습니다. 그러나 미국 야구 명예의 전당에 헌액된 선수들이 야구에 크게 기여한 것처럼 이 경영자들은 버크셔 손해보험 사업에 크게 기여했습니다.

버티와 여러분은 비길 데 없는 자금력, 평판, 재능을 갖추고 세계 시장에서 활동하는 놀라운 손해보험 사업 일부를 보유하고 있다는 사실에 자부심을 느끼셔도 좋습니다. 2023년에는 보험 사업이 성공했습니다.

경제적 위험이 증가하면 손해보험업도 성장 | 2024

손해보험은 여전히 버크셔의 핵심 사업입니다. 손해보험사들이 따르는 재무 모형은 대기업들이 따르는 모형 중에서도 (매우) 희귀합니다.

관례적으로 기업들은 먼저 (또는 동시에) 노무, 자재, 재고자산, 유형자산 등에 비용을 지출하고 나서 제품이나 서비스를 판매합니다. 따라서 CEO들은 판매하기 전에 이미 제품의 원가를 잘 알고 있습니다. 판매 가격이 원가보다 낮으면 경영자들은 문제가 있다는 사실을 곧 알게 됩니다. 출혈 판매는 무시하기 어렵습니다.

손해보험 상품을 판매할 때는 우리가 먼저 보험료를 받고 나서 훨씬 뒤에 우리 상품의 원가를 알게 됩니다. 때로는 이 진실의 순간이 30년 이상 지연되기도 합니다. (우리는 50여 년 전에 발생한 석면 피해에 대해서도 여전히 막대한 보험금을 지급하고 있습니다.)

이 사업 방식에는 손해보험사가 돈을 먼저 받고 대부분 비용은 나중에 지급한다는 바람직한 측면도 있지만, CEO와 이사들이 상황을 미처 깨닫기도 전에 (때로는 막대한) 손실이 발생하는 위험도 있습니다.

작물보험이나 우박보험 등 손해가 신속하게 보고되고 평가되어 보험금이 지급되는 일부 보험 상품에서는 이런 불일치 위험이 최소화되고 있습니다. 그러나 다른 보험 상품은 회사를 파산으로 몰고 가면서도 경영진과 주주들에게 더없는 기쁨을 안겨줄 수 있습니다. 의료과실보험이나 제조물책임보험의 적용 범위를 생각해보십시오. 롱테일 보험, 즉 사고 발생 후 보험금 정산에 오랜 기간이 걸리는 보험 상품에 대해서는 손해보험사가 주주와 규제당국에 장기간(심지어 수십 년 동안) 대규모 가공이익을 보고할 수도 있습니다. CEO가 낙관주의자이거나 사기꾼이라면 회계가 매우 위험해질 수 있습니다. 이런 가능성은 상상에 그치지 않습니다. 역사를 돌아보면 그런 사례가 종류별로 매우 많았습니다.

최근 수십 년 동안, 이렇게 "돈은 먼저 받고 보험금은 나중에 지급하는"

모형 덕분에 버크셔는 대체로 소규모 보험영업이익을 내면서 거액(플로트)을 투자할 수 있었습니다. 우리는 '뜻밖의 손실'도 추정하지만 지금까지는 이런 추정만으로 충분했습니다.

우리는 보험 사업에서 보험금 지급이 극적으로 증가해도 좌절하지 않습니다. (이 글을 쓰는 시점 현재 산불을 생각해보십시오.) 손해를 보장하는 보험료를 책정하고 나서 뜻밖의 손실이 발생하면 냉정하게 우리 몫을 떠안는 것이 우리 역할입니다. '일방적인' 평결, 허위 소송, 명백한 사기에 대해 이의를 제기하는 것도 우리 역할입니다.

아지트가 경영을 맡으면서 우리 보험 사업은 오마하의 무명 기업에서 세계를 선도하는 기업으로 발전했으며, 위험을 평가하는 안목과 요새처럼 튼튼한 재무 상태로 유명해졌습니다. 게다가 그레그, 우리 이사들, 나 모두 우리가 받는 보상으로 버크셔에 거액을 투자했습니다. 우리는 옵션이나 기타 일방적 형태의 보상을 받지 않습니다. 여러분이 손실을 보면 우리도 손실을 봅니다. 이런 방식은 주의를 기울이도록 권장하지만, 선견지명까지 보장하지는 않습니다.

***

손해보험사의 성장은 경제적 위험의 증가에 좌우됩니다. 위험이 없으면 보험도 필요 없습니다.

불과 135년 전만 해도 세상에는 자동차, 트럭, 항공기가 없었습니다. 이제는 미국 한 나라에 있는 자동차만 3억 대이며 이들이 매일 막대한 손해를 입히고 있습니다. 허리케인, 토네이도, 산불로 발생하는 재산 피해는 막대하고 계속 증가 중이며, 그 패턴과 최종 비용은 갈수록 예측이 어려워지고 있습니다.

이런 위험을 보장하는 10년짜리 상품을 판다면 어리석은 일이지만, 이런 위험을 1년 떠안는다면 대체로 감당할 수 있다고 생각합니다. 이후 생각이 바뀌면 우리는 계약 조건을 변경할 것입니다. 내 생애에 자동차보험사 대부분이 1년짜리 상품을 포기하고 다양한 6개월짜리 상품을 도입했습니다. 이 변화를 통해서 플로트는 감소했으나 더 현명한 보험영업이 가능해졌습니다.

***

버크셔처럼 막대한 규모의 위험을 기꺼이 떠안을 수 있는 민간 보험사는 없습니다. 때로는 이런 강점이 중요해질 수 있습니다. 그러나 보험료가 부적절할 때는 우리도 영업을 축소해야 합니다. 우리가 경쟁에 밀리지 않으려고 부적절한 가격에 보험 상품을 판매해서는 절대 안 됩니다. 그런 정책은 기업의 자살행위입니다.

손해보험 상품에 적정 가격을 책정하는 작업은 일부는 기술이고 일부는 과학이어서 낙천주의자들이 할 사업이 절대 아닙니다. 아지트를 채용한 버크셔 경영진 마이크 골드버그는 다음과 같이 잘 표현했습니다. "우리는 보험영업 직원들이 매일 불안해하면서도 무력감은 느끼지 않는 상태로 근무하길 바랍니다."

***

종합적으로 고려해서 우리는 손해보험 사업을 좋아합니다. 버크셔는 눈 깜짝하지 않고 극단적인 재정적·심리적 손실을 다룰 수 있습니다. 우리는 재보험사에 의존하지 않기 때문에 중요하고도 영속적인 비용 우위를 누립니다. 끝으로 우리는 (낙관주의자가 아닌) 탁월한 경영자들을 보유하고 있으며, 특히 손해보험 사업이 창출하는 막대한 투자 자금을 매우 잘 활용할 수 있습니다.

지난 20년 동안 우리 보험 사업이 창출한 세후 보험영업이익은 320억 달러로서, 매출 1달러당 세후 이익이 약 3.3센트였습니다. 그 20년 동안 우리 플로트는 460억 달러에서 1,710억 달러로 증가했습니다. 플로트는 앞으로도 다소 증가할 듯하며, 보험영업을 현명하게 하면 (그리고 운이 좋으면) 무비용 자금이 될 가능성이 어느 정도 있습니다.

Q 2015 보험 사업 성공 비결

버크셔는 어떻게 보험 사업에서 성공을 거두었나요?

버핏 이례적인 행운을 세 번 만난 덕분입니다.
1. 20세 시절 어느 토요일 아침, 나는 워싱턴행 기차에 올라 가이코 본사를 찾아갔습니다. 그날 근무하던 유일한 사람이 나중에 CEO가 된 로리머 데이비드슨이었는데, 20세 풋내기에게 무려 4시간에 걸쳐 보험 사업을 설명해주었습니다. 어느 경영대학원에서도 이렇게 잘 배울 수는 없었을 것입니다.
2. 1967년, 잭 링월트가 홧김에 회사를 매각하기로 결정한 덕분에 내셔널 인뎀너티를 인수했습니다. 링월트는 변덕이 심한 성격이었으므로, 계약이 한 시간만 더 지체되었더라도 인수가 무산되었을 것입니다.
3. 1980년대 중반 어느 토요일, 보험 업무 경험이 없는 젊은이 하나가 일자리를 구하러 버크셔 사무실에 찾아왔습니다. 이렇게 고용한 젊은이가 아지트 자인이었으니, 이런 행운이 또 있을까요?

이렇게 3연승을 달성할 확률이 얼마나 되겠습니까? 보험 사업이야말로 내 적성에 가장 잘 맞는 사업이었습니다. 기회는 수시로 나타나므로 좋은 사업 아이디어에 항상 관심을 기울이고 있어야 합니다.

멍거 오마하에서 창업한 재보험회사도 거대 기업으로 성장했습니다.

Q 2015 버크셔는 대마불사인가

버크셔는 대마불사 기업인가요?

버핏 유럽 규제당국은 시스템적으로 중요한 금융기관(Systemically Important Financial Institution, SIFI), 다시 말해서 대마불사형 보험사들을 주목합니다. 이런 보험사는 9개 정도입니다. 금융안정감시위원회(Financial Stability Oversight Board)는 미국 대형 은행들과 GE, 메트라이프(Met Life) 같은 기업들을 살펴봅니다. 엑슨모빌, 애플, 월마트 같은 대기업들은 SIFI에 해당하지 않습니다. SIFI는 매출의 85% 이상이 금융 사업에서 나오는 회사로 정의되기 때문입니다. 버크셔는 금융 사업에서 나오는 매출이 20%에 불과합니다.

실제 관건은 '버크셔에 문제가 발생하면 미국 금융 시스템이 위태로워지는가'입니다. 버크셔는 SIFI 지정에 관해 논의해본 적이 없고, SIFI로 지정될 타당한 근거도 없습니다. 버크셔는 다른 회사에 문제가 발생해도 큰 피해를 보는 일이 없도록 항상 신중한 방식으로 사업을 운영합니다. 금융위기 기간에 금융 시스템을 지원한 유일한 회사가 버크셔였습니다. 우리는 금융위기가 고조되었을 때 골드만삭스와 GE에 투자했습니다. 버크셔는 현금 등 모든 면에서 사업의 안전성을 확보한 독특한 기업입니다. 나는 버크셔가 SIFI로 지정될 가능성은 전혀 없다고 생각합니다.

멍거 그래도 대규모 금융 거래는 여전히 매우 위험합니다. 파생상품 거래는 무허가 중개업소나 도박장 운영만큼이나 위험합니다. 파생상품이 위험 분산에 유용하다는 주장은 터무니없는 소리입니다. 금융 시스템은 여전히 위험합니다. 우리 경쟁자들은 당국의 규제가 불필요하다고 생각하지만 나는 그런 생각 자체가 위험하다고 생각합니다. 오히려 규제가 부족하다고 봅니다.

버핏 도드-프랭크법(Dodd-Frank Act) 탓에 2008년 연준과 재무부가 취한 조치들이 힘을 잃었습니다. 금융 시스템의 혼란을 막으려면 연준과 재무부는 조치를 취해야 합니다. 중앙은행이 필요한 조치를 모두 취하겠다고 말하면 사람들이 그 말을 신뢰해야 합니다. 재무장관 행크 폴슨이 MMF에서 원금 손실이 발생하지 않도록 정부가 보증한다고 말했을 때, 사람들이 그 말을 믿었기 때문에 금융 시스템이 혼란에 빠지지 않았습니다.

사람들이 당국을 믿지 못하면 공황 상태에 휩쓸리게 됩니다. 버냉키와 폴슨은 금융위기 기간에 공황 확산을 막아냈습니다. 과거에 은행들은 공황을 방지하려고 금을 쌓아두었습니다. 도드-프랭크법 탓에 정부가 하는 보증이 힘을 잃었습니다.

Q 2015 대체투자로 간주되는 재보험

이제 재보험 사업은 속성이 바뀌어 대체투자 사업으로 간주됩니다. 이런 상황을 어떻게 이용할 계획인가요?

버핏 우리 경쟁자들도 알고 싶어 하는 정보가 아닐까요? 그동안 막대한 자본이 재보험업계로 유입된 탓에 보험료가 인하되면서 재보험 사업의 매력도도 낮아졌습니다. 이제 재보험은 사람들에게 판매하는 유행 상품이 되었습니다. 재보험사들은 재보험을 '시장과 상관관계가 낮은 자산'으로 포장해 연기금에도 판매하고 있습니다. 재보험을 판매하고 받은 자금으로 버뮤다에 가서 헤지펀드를 운용할 수도 있습니다.

향후 10년 동안 재보험 사업의 수익성은 과거 30년 수준에 못 미칠 것입니다. 사업 전망이 전보다 어두워졌지만 버크셔가 할 수 있는 일은 많지 않습니다. 그러나 버크셔만 할 수 있는 거래도 있습니다. 지금까지 이루어진 10억 달러 이상 재보험계약은 8건인데 모두 버크셔가 한 거래입니다.

멍거 경쟁이 갈수록 치열해지면서 과대 선전이 판치고 있습니다.

버핏 재보험 분야에서는 우리 평판이 최고이므로, 나가서 적극적으로 홍보할 수도 있습니다. 그러나 버크셔에 어울리는 방식이 아닙니다.

Q 2016 독일 재보험사를 매각한 이유

버크셔는 재보험업을 고수하면서 왜 뮤닉리(Munich Re) 주식은 팔아버리셨나요?

버핏 연차보고서에도 밝혔지만 나는 앞으로 10년 동안 재보험업의 실적이 지난 10년만큼 나오기 어렵다고 생각합니다. 내 생각이 틀릴지도 모르지만 현재 재보험업의 경쟁 역학을 10년 전과 비교해서 내린 판단입니다. 우리는 보유하고 있던 상당량의 뮤닉리 주식과 스위스리(Swiss Re) 주식을 모두 처분했습니다. 둘 다 경영 상태가 양호한 훌륭한 기업들입니다. 우리는 두 회사 경영진을 좋아합니다. 그러나 저금리 탓에 앞으로 10년 동안 재보험업의 전반적인 매력도는 지난 10년보다 낮다고 봅니다.

재보험사의 수입 중 상당 부분은 플로트 투자에서 나옵니다. 하지만 버크셔처럼 막대한 자본을 보유한 재보험사는 거의 없으므로 플로트 사용에 제약이 따릅니다. 다른 재보험사들은 수익력도 버크셔에 못 미칩니다. 나는 두 회사를 부정적으로 평가하는 것이 아니라 재보험업을 다소 부정적으로 보는 것입니다.

우리 버크셔는 난관에 대처할 수 있습니다. 우리는 비즈니스 모델을 유연하게 수정할 수 있으며 실제로도 그동안 보험업과 재보험업에서 비즈니스 모델을 수정해왔습니다. 그러나 우리를 제외한 모든 대형 재보험사들은 기존 비즈니스 모델에 속박되어 있습니다. 실제로 이들은 자본 배분에 선택의 여지가 많지 않습니다. 앞으로도 좋은 실적을 내겠지만 지난 10년에는 미치지 못할 것입니다. 지난 10년과 같은 방식으로 사업한다면 우리 실적 역시 좋지 않을 것입니다. 그러나 우리는 보험영업에 유연성을 발휘할 수 있습니다.

우리에게는 다른 수단이 있습니다. 재보험업계에 막대한 자금이 유입되면 기존 재보험사들은 자금을 운용하기가 더 어려워집니다. 특히 유럽에 투자처를 찾는 자금이 유입되면서 이제는 수익률이 마이너스로 바뀌었습니다. 앞으로 상당 기간 시장 전망이 (끔찍할 정도까지는 아니지만) 밝지 않습니다.

멍거 재보험 상품 신규 공급이 많아서 경쟁이 매우 치열합니다. 이미 경쟁이 치열한 재보험업계에 금융계 사람 다수가 새로 유입되었습니다. 프리시전 캐스트파츠는 품질이 뛰어나고 신뢰도가 높아서 고객들의 충성도가 높지만, 재보험업계 고객들은 언제든 미련 없이 거래처를 바꾸려고 합니다. 우리는 경쟁우위를 확보한 시장을 선호합니다.

버핏 경제학 기본 용어로 표현하면, 재보험 상품의 공급은 증가했지만 수요는 증가하지 않았습니다. 공급을 늘린 주체는 펀드매니저들인데, 이들은 비과세 혜택을 받으면서 해외에 투자하고자 했습니다. 재보험사들은

(브로커들이 소개하는) 극소수 거액 고객들을 통해서 확보한 자금을 세금이 유리한 곳에서 운용하기도 합니다. 실제로는 재보험업의 탈을 쓴 투자 활동이지만 모습은 재보험 상품 공급으로 나타납니다. 이렇게 재보험 상품 공급이 증가한 데다가 플로트의 수익률도 저조하므로 재보험업의 전망은 예전 같지 않습니다.

Q 2016 마이너스 금리와 플로트 운용

미국 금리가 마이너스가 되어도 플로트 운용에서 이익이 나오나요?

버핏 실제로 우리는 유럽에도 플로트를 보유하고 있는데 이곳은 우량 등급(AAA나 AA) 채권과 중기 채권의 수익률이 마이너스입니다. 우리는 항상 막대한 자금을 보유하고 있으므로 항상 금리의 영향을 받습니다. 그러나 수익원이 매우 다양하므로, 대부분 보험사들이 생각하지 못하는 방식으로 플로트를 사용할 수 있습니다. 현재 보유 중인 단기 국채가 500억 달러가 넘는데, 6월에는 크래프트 하인즈 우선주에서 83억 달러가 들어오니 다시 600억 달러가 넘어갈 것입니다.

금리가 0.25%에서 -0.25%로 바뀌는 정도라면 그다지 괴로운 수준은 아닙니다. 이제는 저금리 탓에 플로트의 가치가 10~15년 전에 못 미칩니다. 그래도 우리는 일반 보험사들보다 훨씬 가치 있게 사용할 수 있습니다. 현재 저금리는 보험사들만의 고민거리가 아닙니다. 은퇴자들에게도 고민거리입니다. 지금 고정금리 상품에 투자한 사람들은 이자소득이 미미하며 유럽에서는 마이너스가 될 수도 있습니다. 그래도 우리는 플로트 증가를 원합니다. 플로트는 오랜 기간 우리에게 매우 유용했으며 장래에도 매우 유용할 것입니다. 플로트가 재무상태표에는 부채로 표시되지만 실제로는 엄청난 자산입니다.

멍거 더 보탤 말 없습니다.

버핏 이제 전력을 다하는군요.

Q 2016 플로트와 재재보험 사업

당신은 장기간 플로트를 사용하려고, 손실을 감수하면서도 재재보험 사업을 하고 있습니다. 실제로 그만한 가치가 있나요?

버핏 우리는 매우 장기간 자금을 사용하려고 손실 확률을 감수합니다. 현재는 금리가 낮아서 이런 자금의 유용성이 높지 않습니다. 그러나 이런 자금을 우리가 보유하는 기간은 매우 긴 반면, 지금과 같은 저금리가 무한정 이어지지는 않을 전망입니다. 그리고 이런 저금리 상황에서도 수익률이 꽤 괜찮은 투자 기회가 가끔은 있을 것으로 생각합니다. 우리는 자본을 매우 유연하게 배분하므로 자금을 유리한 수익률로 사용할 수 있습니다. 장기적으로 보면 높은 수익률로 자금을 사용할 기회가 한두 번은 올 것입니다.

멍거 정말로 매력적인 기회가 나타난다면, 우리는 거금을 사용하는 대가로 어느 정도 비용을 치를 용의가 있습니다. 이런 비용은 옵션 프리미엄인 셈입니다.

버핏 2008~2009년에는 이 옵션이 매우 유용했습니다.

Q 2017 소급 재보험 거래에 대해

AIG의 실적을 고려할 때, 최근 실행한 소급 재보험 거래가 버크셔에 유리하다고 보시나요?

버핏 우리가 하는 거래는 모두 유리하다고 판단해서 하는 거래입니다. 아마 이 소급 재보험 거래가 생소하게 들릴 것입니다. AIG는 보험 책임 200억 달러를 우리에게 떠넘기는 대신, 보험료 102억 달러를 선불로 지급했습니다. 이런 거래의 타당성은 아지트 자인이 평가합니다. 지금까지 버크셔에 내가 벌어준 돈보다 그가 벌어준 돈이 훨씬 많습니다. 우리는 오늘 102억 달러를 받는 대신 장기적으로 최대 200억 달러까지 지급하는 이 대규모 거래가 유리하다고 판단했습니다. AIG도 이런 거래를 할 만한 이유가 있었습니다. 그동안 AIG는 준비금 부족 논란에 시달렸는데, 이 문제를 종식하려고 우리에게 102억 달러를 지급한 것입니다.

관건은 우리가 보험금을 지급하게 되는 시점입니다. 이에 대해 99%는 아지트가 생각하고 1%는 내가 생각합니다. 이 거래를 우리가 어떻게 예측하든, 그 예측은 빗나갈 것입니다. 지금까지 우리는 이런 거래를 꽤 많이 했지만 이 거래가 가장 큽니다. 그래서 더 보수적으로 접근하려고 했습니다. 과거 우리는 런던 로이즈와도 소급 재보험 거래를 했습니다. 10억 달러가 넘는 보험료를 받았지만 이 거래는 확실히 우리에게 불리했습니다. 해당 보험료로 얼마나 벌었느냐에 따라 달라지겠지만, 우리에게 불리할지 모르는 거래가 두 건 더 있습니다. 그러나 나쁘지는 않습니다. 이런 거래는 전반적으로 만족스러웠습니다.

하지만 우리 보유 현금이 900억 달러에 이른다는 점이 다소 문제입니다.

1분기에 받은 102억 달러가 현재 벌어들이는 돈은 푼돈에 불과합니다. 이 거래가 타당성을 갖추려면 이 돈을 잘 활용해야 합니다. 이 돈은 장기간 우리가 보유하게 될 것이며, 우리는 비교적 보수적으로 계산했다고 생각합니다.

AIG의 계산 방식은 우리와 다릅니다. 보험 책임 200억 달러를 재무상태표에서 덜어냈으므로 AIG 관점에서는 매우 좋은 거래였다고 나는 생각합니다. 투자업계도 AIG의 거래에 만족하리라 생각합니다.

멍거 나는 본질적으로 위험해 보이는 거래가 결국 유리한 거래가 된다고 생각합니다. 이런 거래에서 아지트와 워런보다 나은 사람은 세상에 없다고 생각합니다. 이렇게 경험이 풍부한 사람은 어디에도 없기 때문입니다. 이런 거래가 대폭 증가하더라도 나는 크게 걱정하지 않을 것입니다.

버핏 우리는 이런 대규모 보험을 고객에게 만족스러운 조건으로 판매할 수 있는 사실상 세계 유일의 보험사였습니다. 50년이 지난 뒤에도 200억 달러를 지급해줄 것으로 믿기 때문에 102억 달러를 기꺼이 건네줄 만한 보험사는 극소수에 불과할 것입니다.

멍거 여기서 극소수는 하나뿐이라는 뜻입니다.

Q 2018 사이버 위험 보장 상품

사이버 위험에 대해 보장하는 상품을 고려해보셨나요?

버핏 나는 대재해로 인해 연간 손해액 4,000억 달러가 발생할 확률을 2%로 추정합니다. 그러나 사이버 위험에 대해서는 확률을 논할 수 있는 사람이 아무도 없다고 생각합니다. 우리는 사이버 위험을 설명할 수 없고 이와 연관해서 어떤 사건이 벌어질지도 알지 못합니다. 사이버 사건에 대해 다양한 상상을 할 수 있겠지만, 마음이 비뚤어진 사람들에게 아이디어를 제공하고 싶지는 않습니다.

우리는 지진과 허리케인 발생 확률은 계산할 수 있지만 사이버 위험은 계산할 수 없습니다. 사이버 위험은 보험업계에서 미지의 영역이며 그 위험이 더 커질 터이므로 경쟁 상황을 고려하면 우리 진행 사항을 많이 노출할 수 없습니다. 여러분의 짐작이 더 정확할 수도 있습니다.

멍거 증권 트레이딩을 하던 컴퓨터가 고장 나면 누군가 하루아침에 망할 수도 있겠지요. 우리는 컴퓨터를 이용한 증권 트레이딩을 하지 않습니다.

버핏 우리는 그런 멍청한 방식으로 실수할 가능성이 낮지만, 그런 실수로 많은 회사가 망할 수 있습니다. 우리는 초대형 재해가 발생해서 한 해에 120억 달러에 이르는 손해가 발생해도 어느 정도 이익을 낼 수 있습니다. 하지만 그런 초대형 재해가 발생하면 다른 보험사들은 대부분 파산할 것입니다. 대재해에 관한 한 우리는 다른 보험사들과 완전히 차별화되어 있습니다.

멍거 은퇴를 앞둔 사람이 한 발만 회사에 걸친 채 의사결정을 해서는 안 됩니다. 버핏은 전 재산을 버크셔 주식으로 보유하고 있습니다.

Q 2019 보험 사업의 내재가치 평가

버크셔 보험 사업의 내재가치를 어떻게 평가하나요?

버핏 우리 보험 사업은 플로트를 창출합니다. 플로트는 결국 돌려줘야 하는 남의 돈이지만 만기가 매우 깁니다. 게다가 우리 플로트는 앞으로도 계속 증가할 가능성이 높습니다. 사람들은 1,240억 달러에 이르는 플로트를 무이자로 우리에게 맡겼고, 사실상 영원히 찾아가지 않겠다고 약속까지 한 셈입니다.

우리 보험 사업을 이렇게 키우기까지는 매우 오랜 세월이 걸렸습니다. 나는 어떤 변수를 고려하더라도 우리 손해보험 사업이 세계 최고라고 생각합니다. 우리 보험 사업의 가치는 막대하며 특히 버크셔 그룹 안에 있기 때문에 더 높다고 생각합니다. 나는 보험 사업의 가치를 대단히 높게 평가하지만 정확한 가치는 알지 못합니다. 내가 과거에 보험 사업의 가치를 평가한 적이 있다면 그 가치는 과소평가되었다고 보아야 합니다. 우리는 고객들이 무이자로 맡긴 돈을 투자해서 막대한 이익을 냈고 보험영업으로도 이익을 냈습니다. 보험 사업은 버크셔의 핵심입니다.

보험 사업에는 사람들이 생각하지 못하는 역설적인 측면이 있습니다. 예를 들어 여러 손해보험사를 거느리고 다양한 보험 사업을 하면서 어떤 상황에서도 보험금을 지급할 수 있으려면 막대한 자본을 보유하고 있어야 합니다. 그러나 막대한 자본을 항상 보유하는 것은 수익성에 악영향을 미칩니다. 특히 최악의 상황에서 발생하는 최대 손실까지 대비하려고 재보험에 가입하면 수익성을 확보하기가 어렵습니다. 따라서 최악의 상황에 대비하려면 수익성 악화에도 불구하고 막대한 자본을 보유해야 합니다.

버크셔는 보험 사업에 이상적인 구조를 갖추고 있습니다. 우리가 보유한 막대한 자산들은 자연재해와 상관관계가 낮으므로 다른 보험사의 재보험에 가입할 필요가 없습니다. 그리고 우리는 대부분 보험사들보다 자금을 더 효율적으로 사용할 수 있습니다.

흥미롭게도 (회사의 형태는 아니지만) 로이즈까지 포함한 세계 3대 보험사는 지난 30년 동안 한때 파산 직전까지 몰리기도 했습니다. 그러나 우리는 이례적인 자연재해가 발생했을 때도 위험에 처하지 않았습니다. 가장 큰 자연재해는 2005년 발생한 허리케인 카트리나였는데 우리에게는 최악의 상황도 아니었습니다. 3대 보험사 중 둘은 우리와 맺은 계약 덕분에 위기에서 벗어날 수 있었고 지금은 모두 건전하게 운영되고 있습니다.

보험사가 어떤 상황에서도 지불 능력을 유지하려고 막대한 자본을 계속 보유한다면 수익성을 유지하기가 정말 어렵습니다. 그러나 버크셔는 수익성을 유지할 수 있습니다. 자금을 원하는 방식으로 사용할 수 있기 때문입니다. 따라서 보험 사업은 버크셔에 매우 소중한 자산입니다. 우리는 보험 사업을 절대 매각하지 않을 것입니다. 누군가 플로트에 해당하는 금액을 지불하겠다고 제안해도 절대 매각하지 않을 것입니다. 그런데 이렇게 소중한 플로트가 재무상태표상에는 부채로 표시되니 참으로 터무니없는 일입니다.

이 플로트를 창출하기까지 매우 오랜 세월이 걸렸습니다. 어느 보험사든 플로트를 창출하기는 지극히 어렵습니다. 다른 보험사들은 우리처럼 플로트를 창출할 수 없다고 생각합니다. 너무도 오랜 세월이 걸리니까요.

우리는 지금도 새로운 보험 사업을 개발하고 있습니다. 지금부터 10~20년이 흐르면 이 새로운 보험 사업도 버크셔에 중요한 자산이 될 것입니다. 20억 달러대였던 수입 보험료를 300억 달러대로 키운 가이코처럼 말이지요. 가이코의 토니 나이슬리는 버크셔에 500억 달러가 넘는 가치를 창출해주었습니다.

멍거 보험은 지금 현금을 받아 활용하고 나중에 그 일부만 돌려주면 되니까 아주 쉬운 사업입니다. 하지만 멍청하게 운영되는 보험사도 많습니다.

운영 실력이 평균을 훨씬 뛰어넘지 못한다면 결국 적자를 피할 수 없습니다. 대부분 보험사의 운영 실력은 그저 그런 수준입니다. 버크셔는 운영 실력이 훨씬 좋아서 높은 수익을 내고 있습니다. 우리가 실력을 유지하지 못한다면 우리도 무사하지 못할 것입니다.

Q 2019 보험 가격 산정에 대해

색다른 보험의 가격을 정할 때는 아지트 자인과 협의한다고 했는데 자세히 설명해주시겠습니까?

버핏 아지트의 말을 직접 들어보겠습니다.
아지트 자인 믿을 만한 데이터가 부족한 상황에서는 보험료 책정이 과학보다 예술에 가깝습니다. 우리는 해당 위험과 관련된 과거 데이터를 수집하는 등 먼저 과학적으로 접근합니다. 그러나 과거 데이터가 부족하면 그런 사건이 발생할 확률이 얼마인지 주관적으로 판단해야 합니다. 이런 상황에서는 우리가 떠안는 위험의 상한선을 반드시 설정합니다. 나쁜 일이 발생하거나 우리가 실수하더라도 재무상태표나 손익 계산서에 큰 피해를 입지 않고 흡수할 수 있을 정도로 손실 규모를 제한합니다. 평가가 불가능할 때는 보험 판매를 포기할 때도 많습니다.
하지만 산출한 확률이 주관적이더라도 안전마진이 충분하다고 생각할 때는 위험을 떠안기도 합니다. 이때는 마지막으로 엄밀한 테스트를 합니다. 워런에게 전화해서 "워런, 이런 거래가 있는데 어떻게 생각하세요?"라고 물어봅니다.

멍거 쉬운 일이 아닌데, 자네 대신 아무나 그 일을 해도 괜찮겠나?

버핏 나를 대신할 수 있는 사람은 자인뿐입니다. 자인 같은 사람은 어디에도 없으니까요.

자인도 말했듯이 우리는 최악의 상황을 검토하고 그래도 확률이 마음에 들면 보험을 판매합니다. 지난 100년 동안 알래스카나 캘리포니아 등에서 진도 6.0 이상의 지진이 발생한 횟수는 알 수 있습니다. 이 밖에도 우리가 찾을 수 있는 데이터는 많습니다.

그러나 9·11 테러 직후에는 상황이 전혀 달랐습니다. 그다음 주 월요일, 비행 중이던 캐세이퍼시픽 항공기는 거액의 책임보험에 가입하고서야 비로소 홍콩에 착륙할 수 있었습니다. 시어스타워에 저당권을 설정한 기관들도 갑자기 겁에 질려 보험에 가입하려고 몰려들었습니다. 그러나 이런 보험을 판매할 사람은 세상에 자인과 나 둘뿐이었습니다. 자인이 나보다 100배는 낫지만 이런 상황에서는 우리 둘의 생각이 대체로 일치했습니다. 나는 거액의 손실도 기꺼이 떠안을 각오였습니다. 게다가 다른 보험사들은 보상 한도를 높이려 하지 않았으므로 온 세상이 마비될 지경이었습니다.

요즘도 판매하려는 보험사가 없는 상품에 대해서는 우리에게 문의가 옵니다. 말하자면 증권시장이 폭락했을 때 우리에게 지원 요청이 오듯이, 보험시장이 마비되었을 때도 우리에게 판매 문의가 오는 것입니다. 이런 거래가 우리 주력 사업은 아니지만 우리는 언제나 준비되어 있습니다.

아지트는 다른 어느 회사에서도 찾아볼 수 없는 탁월한 인재입니다. 우리는 이런 위험에 대한 이야기를 무척 즐깁니다. 그가 먼저 내게 적정 가격을 생각해보라고 말합니다. 그래서 내가 생각해보고 가격을 말하면 그는 이렇게 대답합니다. "정신 나갔어요, 워런?" 이어서 그는 내가 간과한 사항을 지적합니다. 우리는 이렇게 즐거운 대화를 나누면서 많은 돈을 벌었습니다. 버크셔 주주들은 정말 복이 많습니다. 아지트 같은 인재는 평생 한 번 고용하기도 어렵습니다.

Q 2019 테슬라가 보험업에 진출한다면

일론 머스크는 테슬라(Tesla)가 자동차에서 온갖 데이터를 수집하므로 일반 자동차보험사보다 더 유리한 조건으로 보험을 판매할 수 있다고 말합니다. 향후 가이코에 위협이 되지 않을까요?

버핏 실제로 GM 등 여러 자동차회사가 자동차보험 사업을 시도했습니다. 그러나 보험사가 자동차 사업에 진출해서 성공하기 어려운 것처럼, 자동차회사가 보험 사업에 진출해서 성공하기도 어렵습니다. 나는 보험 사업에 진출하려는 자동차회사보다 기존의 프로그레시브(Progressive) 보험사에 대해 훨씬 더 걱정합니다. 보험은 절대 쉬운 사업이 아니니까요. 운전자의 행태 정보 등 다양한 데이터가 중요하긴 하겠지만, 이런 정보를 이용해서 보험 사업에서 돈을 벌 것으로는 생각하지 않습니다.

Q 2020 감염병 보험 상품

버크셔는 향후 감염병에 대해 보상하는 보험 상품도 판매할 수 있나요?

버핏 판매할 수 있습니다. 우리는 다양한 보험 상품을 판매합니다. 우리가 100억 달러까지 보장하는 감염병 보험 상품을 원하는 사람도 있었습니다. 그 상품은 판매하지 않습니다. 그러나 적정 가격을 제시했다면 판매했을 것입니다. 물론 판매했다면 손해를 보았겠지요. 적정 가격이라면 우리는 거액을 보장하는 매우 이례적인 보험도 기꺼이 판매합니다. 물론 우리가 상습 방화범에게 화재보험을 판매하는 일은 없습니다.

우리는 9·11 테러 직후에도 보험 상품을 많이 판매했습니다. 그 시점에 보험 상품 판매를 마다하지 않은 보험사는 전 세계에 버크셔와 AIG 둘뿐이었습니다. 물론 9·11 테러 직후 어떤 사건이 발생할지는 우리도 알 수 없었습니다. 그러니까 사람들이 보험에 가입하는 것이지요. 하지만 가격만 적정하다면 우리는 세계적인 감염병 보험 상품도 기꺼이 판매할 생각입니다.

Q 2021 가이코와 프로그레시브의 경쟁력 비교

가이코와 프로그레시브의 경쟁력을 비교 분석해주시겠습니까?

버핏 보험업에서 가장 중요한 위험 매칭률(matching rate to risk) 면에서는 최근 몇 년 동안 프로그레시브가 최고였습니다. 보험사는 위험 매칭률을 정확하게 산정해야 합니다. 90세 고객과 20세 고객의 사망 확률이 똑같다고 생각하는 생명보험사는 머지않아 파산합니다. 그 보험사는 90세 고객의 위험을 모두 떠안게 되고, 다른 보험사들은 20세 고객의 위험을 떠안게 되기 때문입니다.

이 원리는 자동차보험에도 똑같이 적용됩니다. 16세 청년의 운전 스타일과, 결혼한 40세 직장인의 운전 스타일은 매우 다릅니다. 그러므로 모든 보험 고객에 대해 적정 보험료를 부과하는 보험사는 실적이 매우 좋아집니다. 프로그레시브가 이 업무를 매우 잘 해냈으며 우리는 더 잘하고 있습니다.

프로그레시브와 가이코 둘 다 1930년대에 사업을 시작했습니다. 원가 면에서는 우리 보험 상품이 오랜 기간 더 유리했습니다. 80여 년 후 시장점유율이 우리는 약 13%이고 프로그레시브는 약 12%여서 두 회사가 시장의 약 25%를 차지하고 있습니다. 그러므로 매우 느리게 변화하는 경쟁 상황이지만 최근에는 프로그레시브가 매우 훌륭한 성과를 냈습니다. 그동안 우리도 매우 잘했으며 업무도 매우 크게 개선했습니다.

분기 실적을 지나치게 중시할 필요는 없지만 1분기 우리 수익성은 좋았습니다. 그러나 코로나 발생으로 우리는 환급 규정에 따라 28억 달러를 고객들에게 돌려주었습니다. 이는 미국에서 가장 큰 금액이라고 생각합니다. 앞으로도 가이코와 프로그레시브 둘 다 매우 잘할 것입니다. BNSF와 유니언퍼시픽 역시 잘할 것입니다. 다만 우리 가이코와 BNSF가 조금 더 잘하길 바랍니다.

자인 프로그레시브가 매우 잘한다는 점에는 의문의 여지가 없습니다. 인수, 위험 매칭률, 보험금 청구 처리 모두 매우 잘합니다. 그러나 나는 가이코가 프로그레시브를 따라잡는 중이라고 생각합니다. 약 1년 전에는 프로그레시브의 이익률이 가이코의 거의 두 배였고 성장률도 거의 두 배였습니다. 지금도 성장률은 프로그레시브가 가이코보다 압도적으로 높지만 이익률은 가이코가 확실히 따라잡았습니다. 장래에는 이익률 차이가 없어질 것으로 기대합니다.

그러나 가이코는 텔레매틱스(telematics, 무선통신과 GPS를 결합하여 자동차에서 제공하는 위치 정보, 안전 운전, 오락, 금융 등 다양한 서비스)의 가치를 뒤늦게 인식한 탓에 위험 매칭률 이용 기회를 놓쳤습니다. 이제 우리는 위험 매칭률 관리에 텔레매틱스가 중요하다는 사실을 인식하고 관심을 더 기울이고 있습니다. 현재 가이코는 여러 분야를 주도하고 있으며, 머지않아 위험 매칭률 분야에서도 경쟁사들을 따라잡을 것입니다.

버핏 지금부터 5년 후에도 최대 자동차보험사는 여전히 스테이트팜이겠지만 2위는 가이코와 프로그레시브가 될 것으로 나는 예측합니다. 지금까지 가이코도 지극히 잘했지만 보험료 책정 면에서는 프로그레시브가 더 잘했습니다. 나는 가이코가 매우 빠르게 따라잡는 중이라고 생각합니다.

자인 지금까지 프로그레시브도 확실해 잘했지만, 브랜드 관리는 가이코가 훨씬 앞섰다고 생각합니다. 비용 관리 면에서도 가이코가 어떤 자동차보험사보다도 훨씬 잘했다고 생각합니다.

Q 2021 제로 금리와 플로트의 가치

버크셔가 자금을 확실히 제로 금리로 조달할 수 있더라도, 보험 사업에서 창출되는 플로트는 여전히 가치가 있나요?

버핏 제로 금리에서는 플로트의 가치가 대폭 감소합니다. 주주 서한에서도 언급했듯이 우리는 플로트를 유연하게 활용할 수 있습니다(그런 보험사는 거의 없습니다). 그러나 세상 만물이 금리의 영향을 받는 탓에 플로트의 가치도 극적으로 감소했습니다. 정부가 마이너스 금리로 자금을 빌릴 수 있게 되면 상트페테르부르크의 역설(St. Petersburg Paradox)과 비슷한 상황이 벌어집니다. 이런 기회를 이용하려는 사람들은 흥미로운 기회를 찾을 수도 있지만, 이런 상황이 무한정 이어지면 이론 수학처럼 터무니없는 결과가 발생합니다.

만일 내가 약 0% 금리로 자금을 조달해서 연 -2% 금리로 정부에 대출해야 한다면 나는 결국 파산하게 됩니다. 그러므로 나는 뭔가 다른 활동을 해야 합니다. 우리는 다른 나라에서 이런 방식이 더 극단적으로 실행되는 모습을 보았습니다. 그러나 폴 새뮤얼슨처럼 탁월한 인물을 포함해서 누구도 이런 상황을 생각하지 못했습니다. 그 결과가 어떨지는 우리도 정말 모릅니다. 그러나 어떤 식으로든 결과는 나올 것입니다.

Q 2021 화성 프로젝트 보험에 대해

아지트에게 던지는 질문입니다. 일론 머스크가 화성 프로젝트에 관한 보험에 가입하겠다고 하면 보험을 판매하시겠습니까?

자인 쉬운 질문이군요. 거절하겠습니다.
버핏 나는 보험료에 달렸다고 생각합니다. 일론이 로켓에 탑승하느냐에 따라서도 보험료가 달라질 수 있습니다. 보험에는 직접적인 이해관계(skin in the game)가 중요합니다.
자인 나는 주로 일론 머스크의 반대편에 서는 보험을 판매할 생각입니다.
버핏 일론 머스크와 내가 공모하면 아지트를 함정에 빠뜨릴 수 있겠군요.

Q 2022 플로트의 안정성과 수익성을 낙관하는 이유

올해 주주 서한에서 당신은 자사주 매입 덕분에 주당 플로트가 증가했다고 말했습니다. 그리고 가끔 시련기가 와도 우리 플로트는 안정적으로 유지될 것이며 조달원가도 제로에 가까울 것으로 당신은 기대하고 있습니다. 경쟁자들도 플로트를 창출하려고 노력할 텐데 그렇게 낙관하는 근거는 무엇인가요?

버핏 흥미롭게도 경쟁자들은 우리와 같은 방식으로 노력하지 않습니다. 플로트가 조달 비용을 고려해도 유용하다는 판단이 서지 않는다면 우리는 보험 사업을 하지 않을 것입니다. 이것이 당신 질문에 대한 답입니다. 실제로 플로트가 유용할지는 매우 오랜 기간 아무도 모릅니다. 지금까지는 유용했으나 나의 판단일 뿐입니다. 그리고 나의 판단은 얼마든지 틀릴 수 있습니다. 그러나 찰리와 나는 플로트가 유용할 가능성이 매우 크며 우리가 매우 유리한 위치에 있다고 생각합니다.

하지만 9·11 테러가 발생할 줄 누가 알았겠습니까. 장담할 수는 없다는 뜻입니다.

멍거 검토하면서 잠재력이 얼마나 되는지 생각해보십시오. 우리 플로트로 세후 수익률 8%를 확신할 수 있는 주식에 투자할 수 있다면 엄청난 돈을 벌게 됩니다.

버핏 네. 버는 돈이 무려 110~120억 달러나 됩니다. 매년 버는 돈이 말입니다.

멍거 네. 정말 엄청난 돈입니다. 게다가 플로트는 계속 성장하고 있습니다. 그러니까 긴장을 푸십시오. (웃음소리) 우리는 플로트를 보유하게 되어서 기쁩니다.

버핏 그러나 찰리는 두 가지 조건을 달았습니다. 우리가 확신할 수 있어야 하고 투자할 수 있어야 한다고 말이죠. 바로 이것이 우리가 하는 일이며, 누구 못지않게 잘할 수 있습니다. 그렇지 않다면 우리는 보험 사업을 하지 않을 것입니다. 어느 사업에 들어갈지 판단하는 것이 우리 업무입니다. 그리고 간혹 타당성이 없으면 사업을 포기하는 것도 우리 업무입니다. 직물 사업처럼 말이지요. 그러나 이런 판단은 쉽지 않습니다.

1967년 어느 날 11시 45분경, 잭 링월트가 내 사무실에 잠시 들렀습니다. 전혀 예상 못 한 방문이었습니다. 찰리와 나는 곧바로 분위기를 조성했습니다. 잭은 1년에 한 번 규제당국에 미친 듯이 화를 냅니다. 그는 당국의 규제에 질색했습니다. 그래서 "이 망할 보험사 팔아버려야겠어"라고 혼잣말을 하곤 했습니다. 언젠가 그를 본 찰리가 "잭이 열 받았더군"이라고 말해서 나는 "그러면 그를 데려오게"라고 대답한 적이 있습니다. 이렇게 사무실에 들른 잭은 망할 보험사를 처분하고 싶다고 말했습니다.

그는 규제당국 때문에 미칠 지경이었습니다. 그때 내가 말했습니다. "좋아, 내가 사겠네. 원하는 가격이 얼마인가?" 그는 "그러면 주당 50달러로 하지"라고 대답했습니다. 나는 말했습니다. "좋아, 거래 끝났네. 우리는 감사도 필요 없고 아무것도 필요 없다네." 그런데 곧바로 잭의 마음이 바뀌었습니다. 그러나 체면 때문에 거래를 취소할 수는 없었습니다. 그가 말했습니다. "대리점들도 자네에게 넘기길 바라겠지?" 나는 아니라고 대답했습니다.

내가 그렇다고 대답했다면 그는 "그렇다면 거래 못 하겠네"라고 말했을 것입니다. 그래서 나는 말했습니다. "나는 원치 않으니 자네가 계속 소유하게, 잭." 그는 "그래도 자네에게 넘기길 바랄 텐데?"라고 말했지만 나는

"절대 아니야. 나는 자네가 계속 소유하길 바란다네"라고 대답했습니다. 그는 빠져나갈 구실을 찾고 있었습니다. 그러나 이렇게 15~20분이 지나자 그는 내가 어떤 조건이든 모두 동의하리라는 사실을 알았습니다. 마침내 그는 주당 50달러에 팔겠다고 말하고 거래를 마무리했습니다. 천운이었습니다.

멍거 자네는 우리 플로트가 정말 마음에 들지 않나?

버핏 물론 마음에 들지. 그러나 우리는 아지트가 오고 나서야 플로트를 최대한 활용하게 되었습니다. (웃음소리) 1986년 그가 내 사무실에 제 발로 찾아올 줄 누가 알았겠습니까? 나는 보험사를 내가 원하는 방식으로 운영할 수가 없었습니다. 아지트야말로 우리 보험 사업이 제대로 돌아가게 만든 인물입니다. 나중에 우리가 가이코를 보유하게 될 줄 누가 알았겠습니까? 세상에는 온갖 일이 생깁니다. 그러므로 기회가 오면 잡을 수 있도록 준비가 되어 있어야 합니다. 곧바로 대응할 수 있어야 합니다. 다행히 버크셔가 그런 환경입니다. 다른 환경에서는 내가 일을 할 수 없으므로 떠날 수밖에 없습니다.

만일 이사회가 "모든 인수 거래를 검토하는 위원회를 설립해야겠소"라고 말도 안 되는 소리를 한다면 나는 "좋습니다. 나는 그런 검토를 받고 싶지 않으니 다른 경영자를 찾아보십시오"라고 말할 것입니다. 나는 남은 인생에 할 일이 또 있습니다. 운도 중요하지만, 타당한 기회가 오면 즉시 본격적으로 대응할 준비가 되어 있어야 합니다. 그래서 반드시 충분한 자원을 확보해두어야 합니다.

멍거 버크셔에는 관료주의가 없어서 매우 오랜 기간 많은 돈을 추가로 벌수 있었습니다.

버핏 덕분에 내 인생이 더 행복해졌습니다.

멍거 그것이 이상적인 인생입니다. (박수 소리)

버핏 네, 그렇습니다. 마침내 우리는 플로트 활용에 매우 유리한 위치를 차지하게 되었으며, 지키지 못할 약속 따위는 전혀 할 필요가 없어졌습니다. 아지트가 합류하기 훨씬 전에 우리는 소형 보험사를 둘 인수해서 자회사로 보유하고 있었습니다. 하나는 내가 잘 알지 못했고 하나는 내가 직접 경영했습니다. 그러나 둘 다 완전한 실패작이었습니다. 내버려 두면 둘 다 파산할 상황이었으므로 우리는 가만있을 수 없었습니다. 방법은 모회사가 부채를 대신 상환하거나 다른 보험사에 흡수시키는 것이었는데, 우리는 후자를 선택했습니다.

이상하게 들리겠지만 나는 버크셔를 크기가 무한한 그림으로 생각합니다. 캔버스가 계속 확장되고 있으므로 나는 원하는 그림을 계속 그려야 합니다. 누군가 다른 그림을 그리고 싶어 하면, 나는 덧칠해서 지운 작은 여백을 내줍니다. 사실 나는 그림을 전혀 알지 못합니다. 미술관에 갔을 때 내가 알고 싶은 것은 화장실 위치뿐입니다. 나는 관심이 없습니다. 그러나 다른 사람들은 그림을 보면 뭔가를 발견합니다. 그리고 이후에도 추가로 뭔가를 발견합니다. 그림에 대한 지각 능력이 나와 다르다는 뜻입니다. 나에게 버크셔는 내가 그리는 그림입니다. 이 그림에서 내 동업자들이 멋진 모습으로 나오길 바랍니다.

내가 정말로 좋아하는 것은 버크셔 그림입니다. 이 그림이 내 머릿속에 있는 한, 나는 그림에서 뭔가 다른 것을 계속 발견합니다. 그러면서 매일 매 순간을 즐기게 됩니다. 그러나 다른 사람들에게 말하지는 않습니다. 나는 그림을 보면서 "이것은 다르게 그렸어야 했어"라고 생각할 때가 있습니다. 그러면 머릿속으로 덧칠을 하고 나서 흡족해합니다. 인간이 왜 이런 식으로 반응하는지 누가 알겠습니까.

그러나 나는 무엇을 할 때 행복해지고 무엇을 할 때 행복해지지 않는지 확실히 압니다. 나는 행복해지는 방법을 발견했습니다. 그렇다면 내가 이 방법을 바꿀 이유가 있나요? 질문 내용은 잊었지만 이것이 나의 짧은 답변입니다.

Q 2024 자율주행이 보험업에 미칠 영향

일론 머스크의 주장대로 완전 자율주행차 덕분에 사고 건수가 절반으로 감소하여 보험료가 인하되면 가이코는 어떤 영향을 받을까요?

버핏 극단적인 예를 생각해봅시다. 뭔가 말도 안 되는 이유로 내년 미국에서 발생하는 자동차 사고가 3건에 불과하다고 가정합시다. 어떤 이유로든 사고가 감소하면 비용도 감소합니다. 하지만 사고 건수를 줄이기는 전보다 더 어려워졌습니다. 그래도 실제로 사고 건수가 감소하면 우리 데이터가 보여주듯이 보험료는 내려갑니다.

전에는 사고 건수에 관해서 말하는 사람이 많았습니다. GM은 과거에 대규모로 보험 사업을 했습니다. 우버는 처음 사업을 시작할 때 보험사도 설립했지만, 보험료를 잘못 책정한 탓에 지금은 파산 직전입니다. 보험 사업은 항상 실제보다 훨씬 쉬워 보이고 재미있어 보입니다. 돈은 먼저 받지만 자신의 어리석은 결정은 나중에야 드러나기 때문입니다. 종이 쪼가리를 건네주고 돈을 받기 때문에 매력적인 사업이기도 합니다.

사고 건수가 50% 감소하면 사회에는 좋은 일이지만 보험사 매출에는 나쁜 일입니다. 그러나 우리는 사회에 좋은 일을 추구하고 있습니다. 1억 승객 마일당 사망자가 나의 어린 시절에는 15명이었습니다. 그러나 제2차 세계대전 이후에도 이 숫자는 7 수준에서 더 떨어지지 않았습니다. 랠프 네이더(Ralph Nader, 미국 변호사, 정치인)는 아마도 미국 역사상 미국 소비자에게 가장 크게 기여한 인물입니다. 오로지 그의 노력 덕분에, 7 수준이던 1억 승객 마일당 사망자 수가 2 밑으로 떨어졌기 때문입니다.

흥미롭게도 코로나 팬데믹 기간에는 사망자 수가 우연히 급감했는데, 사람들이 운전을 많이 하지 않았기 때문입니다. 그런데 운전한 거리는 감소했지만 운전 방식은 더 위험했습니다. 내 말이 맞나, 아지트?

자인 네, 맞습니다. 기술 발전을 통해서 사고 건수가 감소한다는 테슬라의 주장은 분명히 입증될 수 있습니다. 그러나 사고로 인해서 발생하는 수리비가 급증한다는 사실도 고려해야 합니다. 그러므로 사고 건수에 건당 비용을 곱한 값도 테슬라가 주장하는 만큼 감소할지는 확실치 않습니다. 테슬라는 직간접적으로 보험 판매도 시도해보았지만 지금까지 그다지 성공하지 못했습니다.

시간이 지나야 알겠지만 자동화는 많은 비용을 운전자로부터 장비 제조업체로 이전한다고 생각합니다.

Q 2025 AI가 보험업에 미칠 영향

AI가 갈수록 더 유능해지면서 해석하기가 더 어려워지고 있습니다. 보험업계의 위험 평가, 가격 책정, 위험 전가 능력에 AI가 어떤 영향을 미친다고 보시나요? 보험영업이나 자본 배분 분야에서 버크셔가 과거에 경험했던 혼란과 비슷할까요?

버핏 자인의 IQ가 나보다 약 100포인트 높으니 자인이 먼저 대답하게 하겠습니다.

자인 AI가 보험업에 진정한 게임 체인저가 된다는 저의 생각에는 의문의 여지가 없습니다. AI는 우리가 위험을 평가하는 방식, 위험에 대한 가격을 책정하는 방식, 위험을 판매하는 방식을 바꿀 것이며 나아가 보험금을 지급하는 방식까지 바꿔놓을 것입니다. 그렇긴 해도 사람들은 AI 이후의 새 유행을 뒤쫓으려고 또 엄청난 자금을 지출하리라 생각합니다. 우리는 가장 빠르게 움직이거나 시장을 선도하는 방식에는 그다지 익숙하지 않습니다.

우리는 기회가 구체화되어 실패 위험과 성공 가능성을 더 잘 판단할 수 있을 때까지 기다리면서 지켜보는 편입니다. 그래서 지금 우리 보험사들이 개별적으로 AI에 조금씩 손대면서 활용하는 방법을 알아보고는 있지만, 아직 본사 차원에서 거액을 투자하면서 본격적으로 노력을 기울이지는 않습니다. 우리는 준비 상태를 유지하고 있다가 기회가 나타나면 신속하게 뛰어들 것입니다.

버핏 나는 향후 10년 동안 AI를 통해서 개발되는 모든 것을 준다고 해도 자인과 절대 바꾸지 않을 것입니다. 향후 10년 동안 손해보험 사업에 1,000억 달러를 사용할 수 있을 때, 최고의 AI 제품을 사용할 것인지, 아니면 자인이 결정하게 할 것인지 선택해야 한다면 나는 자인을 선택할 것입니다. 이 말은 농담이 아닙니다.

Q 2025 가이코의 장기 경쟁력 강화

2년 전 주주총회에서 아지트 자인은 가이코가 IT 시스템 현대화와 통합 작업에 고전 중이라고 밝히면서, 경쟁자들은 텔레매틱스를 이용해서 가격 책정 전략에서도 앞서고 있다고 말했습니다. 그러나 이제는 강력한 가격 책정과 영업 개선을 통해서 가이코가 상황을 호전시킨 듯합니다. 토드가 가이코를 경영하면서 내린 조치가 향후 장기 경쟁력 강화에 어떻게 기여할 수 있는지 설명해주시겠습니까?

자인 토드는 가이코의 경영을 맡아 영업을 훌륭하게 호전시켰습니다. 가이코는 두 가지 면에서 경쟁자에 뒤처지고 있었습니다. 첫째는 버핏이 말하는 이른바 위험 매칭률이고, 둘째는 텔레매틱스였습니다. 5~6년 전에는 텔레매틱스 분야에서 우리가 경쟁 보험사 중 최하위였습니다.

그러나 이후 우리가 빠르게 치고 나간 덕분에 이제는 텔레매틱스 분야에서도 경쟁 열위를 벗어났습니다. 이제 가이코의 텔레매틱스는 업계 최고 수준이라고 주장할 수 있습니다. 이렇게 해서 한 분야에서는 우리가 열세를 만회했습니다. 둘째로 위험 매칭률 분야에서도 우리는 경쟁자들을 따라잡았다고 생각합니다. 우리 위험 매칭률 역시 업계 최고 수준입니다.

여기에 더해서 토드는 원가 절감에 노력을 기울여 5만 명에 육박했던 직원을 3만 명 수준으로 줄였습니다. 이를 통해서 내 짐작에는 적어도 연 20억 달러가 절감됩니다. 덕분에 가이코는 사업의 초점이 훨씬 명확해져서 지난 7개 분기 동안 합산비율 80%대를 기록했습니다. 나는 살아 있는 동안 이렇게 낮은 합산비율을 기록하는 회사가 나오리라고는 전혀 생각하지 못했습니다.

나는 가이코가 큰일을 해냈다고 생각합니다. 80%대 합산비율은 개인 자동차보험영업에서 최대 이익을 내는 회사가 된다는 뜻입니다. 우리는 큰 성과를 달성했지만, 임무를 완수했다고 거드름 피우고 싶지는 않습니다. 지금까지 많이 달성하긴 했지만 기술 분야에서 훨씬 많이 달성해야 한다고 생각합니다.

이미 논의했듯이 앞으로는 AI가 큰 영향을 미칠 것이므로 우리는 준비 태세를 갖춰야 합니다. 현재 가이코는 매우 훌륭한 상태라고 생각합니다. 워런, 덧붙일 말씀 있나요?

버핏 대단히 흥미로운 사례 연구입니다. 그래서 사업이라는 게임은 매우 흥미롭습니다. 우리 사업들은 저마다 조금씩 다르고 모두 나름의 과제를 안고 있지만, 기회도 많습니다. 1976년 우리는 5,000만 달러에 가이코 지분 절반을 인수했습니다. (지금은 지분 100%를 보유하고 있습니다.) 가이코가 1분기에 벌어들인 돈이 20억 달러이므로 우리는 5,000만 달러를 투자해서 1분기 동안 10억 달러를 벌어들인 셈입니다. 즉 1분기 동안 투자액의 20배를 벌어들인 것입니다.

사업을 키우는 과정에는 오랜 기간이 걸립니다. 그러나 흥미롭게도 120년 전까지만 해도 자동차보험은 존재하지 않았습니다. 하지만 지금은 손해보험 사업 중 단연 규모가 가장 큰 부문입니다.

자인 한 가지만 덧붙이자면 가이코는 보험영업이익에 더해서 290억 달러에 이르는 플로트도 제공합니다.

버핏 네. 5,000만 달러에 인수한 기업을 통해서 무이자 자금 290억 달러를 확보했다는 사실 역시 중요합니다. 게다가 한 분기에 10억 달러나 되는 이익까지 벌어들였습니다. 자동차보험이 흥미로운 점은 1936년에 판매하기 시작한 상품을 지금도 똑같이 판매하고 있다는 사실입니다. 다만 가격을 책정하는 방식이 당시보다 더 정교해졌을 뿐입니다.

USAA 출신인 설립자는 공무원이 일반인보다 운전을 조심스럽게 한다고 판단했습니다. 그는 보험회계사 등 전문가는 아니었지만 그런 판단을 내리고 나서, 크게 성장하던 직장인 USAA에서 나와 몇백 달러로 가이코를 설립했습니다. 그는 첫해부터 보험영업으로 이익을 냈고 둘째 해에도 이익을 냈습니다.

이는 분식회계를 동원하는 기업공개 같은 사업이 아니었습니다. 단지 적정 보험료를 책정해서 돈을 버는 사업이었으며, 그는 1936년 이후 계속 이 방식을 고수했습니다. 실제로 여러분의 자동차보험은 당시의 자동차보험과 매우 비슷합니다.

이 거대한 보험 사업은 갑자기 등장하여 지금도 여전히 성장하고 있습니다. 자동차보험에 가입하길 좋아하는 사람은 아무도 없지만 사람들은 확실히 운전을 좋아합니다. 가이코 이야기는 대단히 흥미롭습니다. 그동안 가이코는 세 번 정도 탈선했지만 이후 기본으로 돌아왔습니다. 아주 멋진 기업입니다.

전에 이 주주총회에서 로리머 데이비드슨의 영상을 보여드린 적이 있습니다. 1951년 1월 어느 토요일 내가 가이코를 방문했을 때, 그는 회사 건물에 남아 있는 유일한 사람이었습니다. 알고 보니 가이코 워싱턴 본사에서는 토요일이 휴일이었습니다. 내가 문을 계속 두드리자 마침내 수위가 나를 들여보내 주었습니다. 내가 수위에게 "당신 말고 내가 이야기를 나눌 만한 사람이 있나요?"라고 말하자 그가 대답했습니다. "6층에 한 사람 있습니다." 그 로리머 데이비드슨이라는 사람이 내게 아주 멋진 호의를 베풀어주었습니다.

살다 보면 인생을 극적으로 바꿔주는 사람을 몇 번 만나게 됩니다. 그런 사람을 만나면 소중히 여기세요. 버크셔 이사회에도 그런 분들, 즉 톰 머피, 샌디 가츠먼, 월터 스콧(Walter Scott), 빌 스콧(Bill Scott)이 있었습니다. 올바르고, 재능이 놀라우며, 함께 일하기가 즐겁고, 항상 자기 몫 이상을 하는 분들이므로 우리가 평생 간직할 자산 같은 사람들이었습니다. 토요일 오후에 로리머 데이비드슨과 말할 기회가 생기면 귀 기울여 들으십시오. 이는 "페이지를 모두 넘기는" 행동과 같습니다. 인생에서 행운을 만나면 이용하세요.

Q 2025 사모펀드들의 보험사 인수가 버크셔에 미칠 영향

최근 몇 년 동안 블랙스톤(Blackstone), 아폴로(Apollo), KKR 등 대형 사모펀드들이 보험회사들을 적극적으로 인수하여 영구자본 조달, 플로트 관리 등 버크셔가 개발한 비즈니스 모델의 복제를 시도하고 있습니다.
현재 이들 사모펀드는 흔히 높은 레버리지와 공격적인 투자 전략을 사용해서 보험사 인수시장에서 경쟁하고 있는데 버크셔의 보험 사업과 보험 영업 원칙에 어떤 영향을 미친다고 보시나요? 이런 사모펀드 모형이 보험 계약자들에게 위험을 떠넘긴다고 생각하시나요? 그리고 이런 경쟁 때문에 현재 버크셔가 안전하고 수익성 높은 보험 사업 기회를 찾기가 더 어려워졌나요?

자인 일부 질문은 아주 간단히 답할 수 있습니다. 사모펀드들이 보험업계에도 진입했다는 점에는 의문의 여지가 없으며 이제 우리는 인수 경쟁력이 강하지 않습니다. 전에는 우리가 보험사를 꽤 많이 인수했지만 지난

3~4년 동안은 하나도 인수하지 못했습니다.

보험 사업은 두 가지로 구분해서 파악해야 합니다. 하나는 손해보험 사업이고 하나는 생명보험 사업입니다. 질문자가 언급한 사모펀드들의 활동이 생명보험 사업에서는 매우 활발하지만 손해보험 사업에서는 활발하지 않습니다.

말씀하신 대로 이들 사모펀드는 레버리지와 신용 측면에서 위험을 떠안고 있습니다. 경기가 좋아서 신용 스프레드가 낮은 기간이라면 사모펀드는 매우 보수적인 부문에서 조달한 자금으로 훨씬 높은 수익을 냅니다. 경기가 좋고 신용 스프레드가 낮게 유지되는 한, 이들은 레버리지 덕분에 큰돈을 법니다.

그러나 언젠가는 규제당국이 화를 내면서 사모펀드들이 보험계약자를 대신해서 지나치게 많은 위험을 떠안는다고 말할 수도 있으며, 그러면 사모펀드들은 낭패를 보게 됩니다. 우리는 이런 상황이 제공하는 위험 대비 보상을 좋아하지 않으므로, 지금은 이 부문에서 경쟁할 수 없다고 밝히면서 백기를 들었습니다.

버핏 버크셔의 비즈니스 모델을 복제하려는 사람들은 있지만, CEO가 전 재산을 회사에 영원히 투자하는 모델까지 복제하려는 사람은 없는 듯합니다. 그들은 상황도 다르고 관심사도 다른가 봅니다. 이런 것이 자본주의이지만, 아마 그들은 상황이 전혀 달라서 업무에 임하는 수탁자 책임에 대해서도 생각이 다른 것이겠지요.

이런 방식은 통할 때도 있고 통하지 않을 때도 있습니다. 이런 방식이 통하지 않을 때 이들은 다른 사업을 찾아갑니다. 그러나 버크셔에서 하는 방식이 통하지 않는다면, 나는 내가 평생 한 일을 후회하면서 인생의 말년을 보내게 됩니다. 그러므로 개인이 처하는 상황은 전혀 다릅니다.

버크셔를 복제할 수 있는 손해보험사는 없습니다. 처음에는 그렇지 않았습니다. 처음에 우리는 몇 마일 거리에 있는 내셔널 인뎀너티를 보유하고 있었는데, 마음만 먹으면 누구나 복제할 수 있었습니다. 그때는 아지트가 버크셔에 합류하기 전이었습니다. 1986년 아지트가 버크셔에 합류하자 이제는 모두가 복제를 포기할 수밖에 없었습니다.

해설 **9장. 보험업**

보험으로 벌고,
플로트 투자로 더 번다

보험업 특유의 용어들에 익숙하지 않은 독자에게 해설이 다소 생소하게 느껴질 수 있다. 하지만 보험업은 버크셔 해서웨이의 핵심 사업 중의 하나로, 기본적인 이해를 가지고 본문을 읽는다면 흥미롭게 다가오는 부분이 많다. 나는 용어들의 해석을 중심으로 본문의 이해를 돕기 위해 해설을 작성했다.

워런 버핏이 보험업과 관련해 이야기할 때 항상 언급하는 단어가 있다. 바로 '플로트'다. 플로트는 보험회사가 고객에게서 받은 보험료 중 아직 지급하지 않은 보험금을 의미한다. 이 자금은 향후 보험금 지급을 위해 보유하고 있지만, 그사이에 보험사는 이 자금을 운용할 수 있다.

보험회사의 수익은 크게 두 가지로 구분된다. 고객으로부터 보험료를 받아 보험금과 사업비를 제한 후 얻는 보험 영업이익과, 고객이 낸 보험료를 채권, 주식, 부동산 등에 운용해서 얻는 투자 영업이익이다.

버핏은 투자의 귀재이다 보니 보험 영업이익도 중요하지만 투자 영업이익에서 본인의 에지를 낼 수 있다고 판단한 듯하다. 버핏은 이렇게 이야기한다. "플로트는 우리가 실제로 소유하지는 않지만, 오랫동안 사용할 수 있는 돈이다. 이는 마치 남의 돈으로 투자하고, 이익은 우리가 가져가는 구조다."

다만 여기에 리스크가 없는 것은 아니다. 사고가 예상보다 많아 보험금이 급증하면 플로트 규모가 줄거나 손실이 발생할 가능성이 있으며, 플로트를 잘못 운용하면 손해가 발생할 수도 있다.

'대재해보험(catastrophic insurance)'은 태풍, 지진, 산불, 팬데믹, 테러 등 극단적이고 예외적인 사건으로 발생할 수 있는 대규모 경제적 손실을 보전하기 위한 보험이다. 우리나라에서는 잘 통용되지 않는 용어인데, 손해보험사의 일반 보험(재산보험, 특종보험)으로 분류가 가능할 것으로 보인다. 이러한 재난은 낮은 빈도로 발생하기 때문에 평상시에는 돈을 꾸준히 벌다가 한번 사건이 발생하면 대규모 자금이 지급되는 구조다. 물론 이벤트가 발생한 이후에는 위험 프리미엄(요율) 인상을 통해 후행적으로 손실을 보전받을 수 있다.

보험회사는 큰 위험을 모두 떠안을 수 없기 때문에 '재보험(reinsurance)'에 가입한다. 재보험은 보험회사가 대규모 손실 위험을 감당하지 못할 경우를 대비해, 자신이 인수한 보험계약의 일부를 다른 보험회사(재보험사)에 넘김으로써 위험을 분산하고 재정 안정성을 확보하는 제도다. 우리나라에는 코리안리라는 전문 재보험사가 있지만, 원수보험사들도 재보험 사업을 같이 영위하고 있다.

재보험 말고도 보험회사는 회사의 위험을 다른 투자자들에게 넘길 방법이 있으니 '대재해채권(catastrophe bond)'을 통한 것이다. 실무적으로는 캣본드라고 불린다. 채권 투자자는 지정 재해가 없으면 채권 만기 시 원금과 높은 이자를 돌려받을 수 있지만 재해가 일어나면 원금 손실이 발생하게 된다. 고위험 고수익 채권인 셈이다.

버크셔 해서웨이는 크게 3가지, 즉 자동차보험(50%), 일반 보험(17%), 재보험(28%)으로 분류되는 보험업을 영위한다. 한국의 실손보험과 유사한 상품을 취급하지만 전체 보험 수익에서 차지하는 비중은 높지 않다.

버크셔 해서웨이는 자동차보험사 가이코를 1996년에 인수한 뒤, 전통적 보험설계사 채널을 과감히 배제하고 온라인 견적 시스템을 갖춘 뒤 전화 및 웹사이트를 통해 직접 판매에 나섰다. 당시로서는 혁신적인 이 방식을 통해 중개 수수료 비용을 줄여 보험료 인하에 기여했다.

적극적인 시장점유율 확대 전략도 눈에 띄었다. 보험회사는 신규 계약이 단기간에 급증하면 이와 관련된 영업비용이 증가하면서 단기적으로는 회계상의 실적이 악화되는 것처럼 보일 수 있다. 경쟁 보험사들은 이를 우려해 영업을 자제했지만 버크셔는 단기적인 실적보다 장기적인 성과를 중시했기 때문에 적극적인 영업 정책을 펼쳐갈 수 있었다. 시스템 혁신과 영업 드라이브가 어우러진 결과, 7위권이었던 가이코의 시장점유율 순위가 2위권까지 뛰어올랐다.

버핏은 가이코를 설명할 때마다 토니 나이슬리의 경영 능력을 극찬한다. 18세에 가이코 콜센터 직원으로 입사한 이래 60년간 일한 나이슬리는 기존 보험사와 전통에서 탈피해 직판 모델과 대중 마케팅 전략으로 큰 성장을 이끌었다. 버핏은 수십 개의 자회사 CEO에게 자율권을 부여하지만 토니 나이슬리는 그중에서도 절대적 신뢰를 받았다. 버핏이 중시하는 검소함, 고객 중심, 장기주의를 실천한 리더였다.

보험에서 '언더라이팅(underwriting)'이란 보험사가 개별 고객이나 계약의 위험을 평가하고, 그에 따른 보험 인수 여부, 보장 범위, 보험료 등을 결정하는 과정 또는 행위를 말한다. 언더라이팅 능력이 우수한 보험사는 위험을 통제하면서도 안정적인 수익을 창출할 수 있다. 반면, 위험을 과소평가하거나 과도한 경쟁에 노출되어 언더라이팅에 소홀하게 될 경우 보험사는 파산으로 이어질 수 있다.

대형 자연재해는 낮은 확률로 발생하지만 한번 발생할 경우 대규모 비용을 수반하게 된다. 또한 언제 발생하게 될지 누구도 정확하게 예측하기 어렵다. 과거의 데이터가 있기는 하지만 불규칙하게 발생하기 때문에 과거의 자료를 온전히 믿어서도 안 된다. 여기서 보험회사의 진정한 능력이 나타나게 된다. 업력이 오래된 회사일수록 회사 내부의 과거 데이터가 축적되어 있어 언더라이팅의 오류를 줄일 수 있다. 우리는 이를 '경험손해율(experience loss ratio)'이라고 부른다. 과거에 실제 지급되었던 보험료를 참고하여 보험 설계를 하는 것이다.

경험손해율이 무색해지는 경우도 있다. 새로운 사건이 많이 발생하고 있기 때문이다. 예전에는 발생하지 않았던 다양한 방법으로 테러가 발생하기도 하고, 과거에 볼 수 없었던 규모의 대형 화재와 홍수 등이 발생하는 것이다. 보험사들은 지금까지 발생하지 못했던 계산 불가능한 위험까지도 보험에 반영해야 하는 상황에 직면하게 되었다.

보험회사는 이미 발생한 사고뿐 아니라 아직 발생하지 않은 사고에 대해서도 일정 부분 미리 준비금을 쌓아두어야 하는데, 이를 '발생손해액 준비금'이라 하며 이는 부채 계정에 속하게 된다. 다만 보고된 사건과 보고되지 않은 사건의 궁극적인 원가를 보험사가 모두 파악한다는 것은 매우 어려운 일이다.

금융회사는 회계 정책에 따라 실적이 크게 요동치기도 한다. 특히 신임 대표이사가 왔을 때 손실을 의도적으로 과대 계상함으로써 이후 실적이 크게 개선된 것처럼 보이는 '빅 배스(big bath)'가 자주 발생하곤 한다. 금융업은 준비금과 충당금을 쌓는 데 재량의 여지가 있기 때문에 회계 정책을 깐깐하게 가져가느냐 조금 느슨하게 가져가느냐에 따라 실적이 엇갈릴 수 있다. 그렇다 보니 금융업의 밸류에이션은 이익 조정의 가능성이 있는 순이익을 이용한 주가수익배수(PER)보다는, 변동 폭이 작은 자본을 베이스로 한 주가순자산배수(PBR)를 많이 사용하게 된다.

워런 버핏은 매년 발행하는 주주 서한에서 보험 사업과 플로트를 버크셔의 성장 동력이라고 강조해왔다. 또한 "플로트는 우리가 실제로 소유하지는 않지만, 오랫동안 사용할 수 있는 돈이다", "보험업은 우리가 투자할 수 있는 자금의 원천이며, 복리 효과를 극대화할 수 있게 한다"고 언급했다. 버핏은 플로트를 통해 애플, 코카콜라, 아메리칸 익스프레스 등 우량기업에 장기 투자하며 높은 수익을 거두었다. 위험할 수 있는 일이지만 버핏이기 때문에, 미국 시장이었기 때문에 가능한 일이 아닌가 싶다.

버핏이 보험업에서 큰 성공을 거둔 비결은 실용성에서 찾을 수 있다. 경쟁사들이 시장점유율 확대를 위해 출혈 경쟁에 나설 때에도 영업손실이 발생할 수 있는 보험 건은 철저히 배제했다. 당연한 일이 아니냐고 생각할지 모르겠지만 실제로 우리나라 대부분의 손해보험회사는 보험 영업이익에서는 적자를 보고 투자 영업이익을 통해 흑자를 보는 구조가 대부분이다. 버핏은 업계 관행, '남들도 하니까'라는 식의 생각은 철저히 배제하고 실용 노선을 선택했다. 자금 운용에서도 경쟁사들은 낮은 금리의 채권 투자에 집중하는 모습을 보였지만 버핏은 다양한 투자안을 선택해 투자수익을 극대화했다.

이건규

르네상스자산운용 대표. 자산운용사 설립 3년 만에 운용자산 3,000억 원을 돌파했다. 가치투자로 유명한 VIP자산운용 설립 초기 창립 멤버로 참여해 CIO를 역임했다. 가치투자를 기반으로 하지만 가치주뿐 아니라 성장주에도 편견 없이 투자하는 유연함이 있어서 '한국 가치투자 차세대 리더'로 불린다. 지은 책으로 《워런 버핏 익스프레스》《투자의 가치》가 있다.

10장

금융업

나는 간섭하지 않습니다. 멍거의 유명한 경고를 유념하기 때문입니다. "평생 비참하게 살고 싶으면, 상대방의 행동을 바꾸려는 사람과 결혼하라." 2015

우리는 은행을 더 인수할 생각이었고, 실제로 은행을 더 인수했다면 십중팔구 보험 사업을 확장하지 않았을 것입니다. 그러나 은행지주회사법 때문에 우리는 은행을 처분하고 보험 사업을 확장했습니다. 은행이 규모도 더 크고 인수 대상도 더 많아서 우리에게 더 매력적이었지만 말이죠. Q 2023

현금이 넘치는데도 차입하는 이유   2003

　우리는 클레이턴 인수를 통해서 대규모 조립주택 금융 사업도 인수했습니다. 클레이턴도 다른 동종 기업들과 마찬가지로 지금까지는 고객에게 제공한 대출금을 증권화했습니다. 이렇게 해서 재무상태표의 부채 부담이 감소했지만 (GAAP에 의해) 이익이 조기 실현되는 부작용도 있었습니다.

　그러나 우리는 이익을 서둘러 실현할 필요가 없고 재무상태표도 매우 건전하므로, 대출자산을 증권화하는 것보다는 계속 보유하는 편이 장기적으로 더 유리하다고 믿습니다. 그래서 클레이턴은 대출자산을 보유하기 시작했습니다.

　이자가 나오는 건전한 매출채권이라면 (은행처럼) 거의 모두 차입금으로 유지해도 문제가 없다고 생각합니다. 따라서 버크셔는 직접 자금을 차입해 1%포인트를 가산한 금리로 클레이턴에 매출채권 유지 자금을 제공할 것입니다. 이렇게 가산금리를 적용하면 버크셔는 탁월한 신용에 대해 공정한 보상을 받게 되며, 클레이턴은 여전히 매력적인 금리로 자금을 지원받게 됩니다.

　2003년, 버크셔는 20억 달러를 차입해 클레이턴에 제공했고, 클레이턴은 사업을 접는 대출회사들로부터 대규모 포트폴리오를 여러 건 인수했습니다. 그리고 우리가 제공한 자금 일부로는 클레이턴이 연초에 일으켰으나 증권화하지 못한 대출채권을 유지하고 있습니다.

　우리가 막대한 현금을 쌓아두고도 차입하는 이유가 궁금할 것입니다. "사람은 누구나 제 힘으로 살아야 한다"라는 철학 때문입니다. 대출을 제공하는 자회사는 모회사로부터 조달하는 자금에 대해 적정 금리를 지급해야 하지, 특혜를 받아서는 안 됩니다. 부자 아버지 탓에 자식의 판단이 흐려져서는 안 되기 때문입니다. 그리고 버크셔에 쌓아둔 현금은 기업을 인수하거나 유망한 증권을 살 자금입니다. 클레이턴의 대출 포트폴리오는 가까운 장래에 50억 달러 이상으로 증가할 것이며, 합리적인 신용 기준을 유지한다면 상당한 이익을 낼 것입니다.

훨씬 합리적인 관행　2008

여기서는 클레이턴홈즈의 모기지 사업을 자세히 설명하고, 다른 금융 회사에 대한 설명은 섹션 끝에 요약표로 대신하겠습니다. 이는 클레이턴의 최근 경험이 주택 공급과 담보대출에 관한 공공 정책 토론에 유용하다고 생각하기 때문입니다. 먼저 그 배경을 간단히 살펴보겠습니다.

클레이턴은 조립주택산업을 선도하는 최대 기업으로서 작년에 2만 7,499가구를 공급했습니다. 이는 주택산업의 총공급량 8만 1,889가구의 약 34%에 해당합니다. 대부분 주택업체가 극심한 침체 상태이므로 2009년 우리 점유율은 상승할 것으로 보입니다. 산업 전체로 보면 주택 판매량은 1998년 37만 2,843가구로 정점을 기록한 이후 계속 감소세를 유지했습니다.

그동안 대부분 주택업체의 판매 관행은 정말 형편없었습니다. 이에 대해서는 뒤에 더 설명하겠지만 "돈을 빌려서는 안 되는 고객들에게, 빌려주어서는 안 되는 기관들이 빌려준" 꼴이었습니다.

우선 어느 정도 계약금이 필요한데도 이를 무시하는 사례가 많았습니다. 때로는 속임수가 동원되기도 했습니다. (대출 건당 3,000달러를 수수료로 받는 대출 모집인들 눈에는 잠재 고객이 '2,000달러짜리 먹잇감'으로 보였다고 말합니다.) 게다가 고객들은 잃을 게 없다는 이유로, 도저히 감당할 수 없는 막대한 금액을 매월 상환하겠다고 약정했습니다. 이렇게 이루어진 담보대출을 월스트리트 회사들은 증권화해서 순진한 투자자들에게 팔았습니다. 이런 연쇄 범죄는 실패할 수밖에 없으며 실제로 실패했습니다.

그러나 클레이턴은 이 기간 내내 직접 대출을 제공함으로써 훨씬 합리적인 관행을 유지했습니다. 실제로 클레이턴이 창출하고 증권화한 대출에 투자한 사람들은 원리금을 한 푼도 손해 보지 않았습니다. 그러나 클레이턴의 사례는 예외에 해당합니다. 산업 전반적으로 손실이 어마어마합니다. 그 여파가 지금까지 이어지고 있습니다.

규모가 훨씬 큰 재래주택시장은 이와 같은 1997~2000년 조립주택 파동을 '탄광 속의 카나리아'가 보내는 경고로 받아들였어야 합니다. 그러나 투자자, 정부, 신용평가회사 들은 조립주택 파동에서 아무 교훈도 얻지 못했습니다. 급기야 2004~2007년 동안 재래주택에서도 똑같은 실수가 반복되었습니다. 금융회사들은 상환 능력이 없는 고객들에게 기꺼이 대출해주었고, 고객들은 감당할 수 없는데도 상환하겠다고 기꺼이 약정했습니다. 양자 모두 '주택 가격 상승'만 믿고 이 터무니없는 계약을 맺은 것입니다. 이는 "내일 걱정은 내일 하면 돼"라고 말한 스칼렛 오하라(Scarlett O'Hara) 방식이었습니다. 이제 그 여파가 우리 경제 구석구석까지 미치고 있습니다.

그러나 클레이턴의 고객 19만 8,888명이 주택시장 붕괴 기간에도 계속해서 원리금을 정상적으로 상환해준 덕분에, 우리가 예상치 못한 손실은 없었습니다. 이는 우리 고객들의 신용도가 유난히 높아서가 아니었습니다. 신용점수(FICO score, 신용위험의 표준 척도)를 보면 전국 중앙값은 723이지만 우리 고객의 중앙값은 644이고, 35%는 흔히 '비우량(sub-prime)'으로 분류되는 620 미만입니다. 그러나 차입자의 신용점수가 훨씬 높은 재래 주택 담보대출에서 오히려 참사가 많이 발생했습니다.

우리가 제공한 대출의 연말 연체율은 3.6%로서, 2006년의 2.9%보다 약간 증가한 수준이었습니다. (우리는 다른 금융회사들로부터도 다양한 대출 포트폴리오를 대량으로 사들여 보유하고 있습니다.) 2008년 클레이턴이 담보권을 행사한 비율은 3.0%였는데 2006년에는 3.8%, 2004년에는 5.3%였습니다.

그러면 소득이 많지 않고 신용점수도 전혀 높지 않은 우리 고객들의 실적이 그토록 좋았던 이유는 무엇일까요? 답은 간단합니다. 대출의 기본을 잘 지켰기 때문입니다. 우리 고객들은 대출금 상환액 전부를 자신의 (기대소득이 아닌) 실제 소득과 비교한 다음, 상환 계약을 지킬 수 있는지 판단했습니다. 쉽게 말해서 고객들은 주택 가격이 오르든 내리든 원리금을 상환하겠다는 마음으로 대출을 받았던 것입니다.

우리 고객들이 하지 않은 행위도 마찬가지로 중요합니다. 고객들은 재융자를 받지 않고 원리금을 상환했습니다. 초기에 금리를 깎아주고 나중에 금리를 높이는 '미끼 금리'도 선택하지 않았습니다. 원리금 상환이 힘들어지면 언제든 이득을 남기고 주택을 팔 수 있을 것으로 추측하지도 않았습니다. 지미 스튜어트(Jimmy Stewart, 미국 영화배우)도 이런 사람들을 사랑했을 것입니다.

물론 우리 고객 중에도 곤경에 처하는 사람이 많을 것입니다. 그리고 대부분 고객은 곤경이 닥치면 이를 극복할 저축도 많지 않을 것입니다. 주로 고객의 실직 때문에 연체나 담보권 행사가 발생하지만 사망, 이혼, 병원비도 모두 문제가 될 수 있습니다. 실업률이 상승하면 (2009년에는 틀림없이 상승할 것입니다) 곤경에 처하는 클레이턴 고객이 증가할 것이며 우리 손실도 증가할 것입니다(그래도 관리 가능한 수준일 것입니다). 그러나 이런 문제가 주택 가격 등락에 좌우되지는 않을 것입니다.

요즘 주택 위기에 관한 해설을 보면 흔히 중대한 사실을 간과하고 있습니다. 담보권이 행사되는 주된 사유가 '주택 가격이 대출금보다 내려가서(이른바 '깡통주택')'가 아니라는 사실입니다. 담보권이 행사되는 것은 차입자가 계약에 따라 매월 원리금을 상환하지 못하기 때문입니다. 빌린 돈이 아니라 자기 돈으로 적지 않은 계약금을 치른 사람은 오늘 주택 가격이 대출금보다 내려갔다는 이유만으로 주택을 포기하는 일이 거의 없습니다. 그러나 매월 원리금을 상환할 수 없을 때는 주택을 포기합니다.

내 집 마련은 멋진 일입니다. 우리 가족은 현재 집에서 50년 동안 행복하게 살았고 앞으로도 잘 살 것입니다. 집은 실제 거주 목적으로 사야지, 매매 차익이나 재융자를 기대하고 사서는 안 됩니다. 그리고 자신의 소득 수준에 맞는 집을 사야 합니다.

주택 구입자, 대출회사, 중개인, 정부는 현재 주택 위기에서 교훈을 얻어 장래에는 이런 혼란이 절대 발생하지 않게 해야 합니다. 주택을 살 때는 계약금을 반드시 10% 이상 내야 하고, 매월 상환액도 차입자의 소득으로 충분히 감당할 정도가 되어야 합니다. 차입자의 소득을 면밀하게 확인해야 합니다.

사람들이 집을 장만하는 것은 바람직하지만 미국의 주된 목표가 되어서는 안 됩니다. 사람들이 집을 유지하는 것이 주된 목표가 되어야 합니다.

클레이턴의 대출 사업이 고객들 탓에 피해를 보지는 않았지만, 신용위기 탓에 위기를 맞고 있습니다. 어떤 형태로든 정부의 보증을 받는 금융회사들(연방예금보험공사가 예금을 보증해주는 은행, 연준이 기업어음을 보증해주는 대기업, 로비 등 창의적인 기법으로 정부의 보호를 받는 기타 기관들)은 조달금리가 매우 낮습니다. 반면에 버크셔처럼 신용등급이 높은 기업들은 국채 기준 가산금리가 기록적인 수준까지 올라갔습니다. 게다가 정부 보증을 받는 기관들은 자금이 풍부하지만, 다른 대출회사들은 신용도가 아무리 높아도 자금을 구하기가 어렵습니다.

이렇게 유례없는 '가산금리' 탓에, 정부의 보증을 받지 못하는 대출회사들은 보증받는 금융회사들과 도저히 경쟁할 수가 없습니다. 결국 정부가 부자와 빈자를 결정합니다. 그래서 기업들은 앞다투어 은행지주회사로 전환하고 있지만 버크셔는 그렇게 할 수가 없습니다.

버크셔는 신용등급이 최상(미국에서 7개 사뿐인 AAA등급)인데도, 정부 보증을 받는 부실한 경쟁자들보다 조달금리가 훨씬 높습니다. 지금은 정부의 보증을 받는 부실기업이, 보증을 받지 않는 매우 견실한 기업보다 훨씬 유리합니다.

오늘날의 극단적인 상황은 곧 지나갈 것입니다. 최악에는 우리가 부분적 해결책이라도 찾아서 클레이턴이 대출 사업을 이어가게 할 것입니다. 그러나 우리가 정보 보증을 받는 대출회사들과 장기간 경쟁해야만 한다면 클레이턴의 실적은 틀림없이 나빠질 것입니다.

난장판이 된 이유 `2009`

이 섹터에 속한 가장 큰 자회사는 클레이턴홈즈로서 미국 1위 조립주택 제조회사입니다. 클레이턴이 항상 1위였던 것은 아닙니다. 10년 전에는 3대 제조회사가 플리트우드(Fleetwood), 챔피언(Champion), 오크우드였는데 이들의 생산량이 산업 전체의 44%를 차지했습니다. 그러나 이후 세 회사 모두 파산했습니다. 그동안 산업 전체의 생산량은 1999년 38만 2,000채에서 2009년에는 6만 채로 감소했습니다.

이 산업이 난장판이 된 이유는 두 가지입니다.

첫째는 미국 주택 착공 건수(아파트 포함)인데, 미국 경제가 회복되려면 감수해야 하는 요소입니다. 2009년에는 주택 착공이 55만 4,000건으로, 통계가 작성된 지난 50년 동안 단연 최저 기록입니다. 역설적이지만 이는 좋은 소식입니다.

몇 년 전만 해도 사람들은 매년 약 200만 건에 이르는 주택 착공 건수(주택 공급 측면)가 호재라고 생각했습니다. 그러나 가구 형성(주택 수요 측면)은 약 120만 건에 불과했습니다. 이런 불균형 상태가 몇 년 이어지고 나자 미국에는 아니나 다를까 주택이 남아돌게 되었습니다.

주택 과잉 문제를 해결하는 방법은 세 가지입니다. (1) 수많은 주택을 부숴버립니다. 이는 노후 차량 보상 프로그램이 도입되었을 때 자동차를 부숴버리던 방식과 비슷합니다. (2) 가구 형성을 촉진합니다. 예컨대 10대들의 동거를 권장하는 방식입니다. 지원자가 부족할 일은 없을 듯합니다. (3) 가구 형성 숫자보다 주택 착공 건수를 훨씬 낮춥니다.

미국은 현명하게도 세 번째 방법을 선택했습니다. 이제 1~2년 지나면 주택 문제가 대부분 해결될 것입니다. 다만 주택 공급이 터무니없이 과도했던 일부 지역과 고가 주택은 예외입니다. 물론 주택 가격은 '거품' 수준보다 훨씬 낮게 유지될 것입니다. 그러나 주택 매도자가 고통받는 만큼, 주택 매수자는 이득을 보게 됩니다. 몇 년 전 돈이 부족해서 주택을 사지 못했던 사람들은 이제 거품이 터졌으므로 적당한 주택을 고를 수 있을 것입니다.

조립주택산업이 난장판이 된 두 번째 이유는 산업의 특정 요소입니다.

그것은 '조립주택'과 '재래주택'의 담보대출 금리 차이가 가혹할 정도로 크다는 점입니다. 더 설명하기 전에 분명히 밝혀두겠습니다. 지금부터는 버크셔의 이해관계가 걸린 이야기이므로 특별히 유의해서 들으셔야 합니다. 이제 경고했으니, 담보대출 금리 차이가 미국의 수많은 저소득자와 클레이턴에 왜 문제가 되는지 설명하겠습니다.

주택담보대출시장의 형태를 결정하는 것은 정부 규정이며, 이를 실행하는 기관은 연방주택국(FHA), 프레디맥, 패니메이입니다. 이들 기관의 대출 기준은 매우 엄격합니다. 이들이 보증하는 담보대출은 대부분 증권화되어 사실상 미국 정부의 채무가 되기 때문입니다. 현재 이러한 보증 기준을 충족하는 '재래주택' 구입자는 약 5.25% 금리로 30년 대출을 받을 수 있습니다. 게다가 최근 연준은 이런 대출을 대규모로 매입했는데, 이는 대출 금리를 바닥 수준으로 유지하려는 조처입니다.

반면에 '조립주택'은 이런 정부 기관들이 보증하는 대출을 거의 받지 못합니다. 따라서 조립주택을 사는 사람은 대출금에 대해 약 9% 금리를 부담해야 합니다. 현금으로 사면 클레이턴의 조립주택은 매우 쌉니다. 그러나 대부분 주택 구입자와 마찬가지로 담보대출을 받아야 한다면, 대출금리 차이 때문에 저렴한 조립주택의 장점이 흔히 사라져버립니다.

대부분 저소득층인 조립주택 구입자들의 원리금 상환 실적이 왜 그토록 좋았는지는 작년에 설명했습니다. 이들의 태도가 가장 중요했습니다. 이들은 되팔거나 재융자받기 위해서가 아니라 거주하기 위해서 주택을 샀습니다. 따라서 우리 고객들은 대개 자신의 확실한 소득으로 상환할 수 있는 만큼만 대출을 받았고, 조속히 상환을 완료하고자 했습니다. 이들이 실직하거나, 건강을 잃거나, 이혼하면 우리는 원리금을 못 받을 수도 있습니다. 그러나 단지 주택 가격이 하락했다는 이유로 주택을 포기하는 고객은 거의 없었습니다. 실직 문제가 심각해지고 있는 지금도 클레이턴 고객의 연체율이나 부도율은 여전히 합리적인 수준이어서 큰 문제가 되지 않을 것입니다.

우리는 조립주택 구입자들도 재래주택 구입자와 비슷한 조건으로 대출 받게 하려고 노력해왔습니다. 그러나 지금까지는 성과가 거의 없었습니다. 그래서 금리 차별 탓에 조립주택의 원리금 상환 부담이 너무 커졌고, 책임감이 있어도 소득이 낮은 사람들은 결국 내 집 마련을 포기해야 했습니다. 계약금과 소득 기준을 충족하는 사람들이 모두 저금리로 대출을 받을 수 있도록 정부 기관들의 보증 요건이 완화되지 않는다면, 조립주택산업은 계속 고전하면서 축소될 것입니다.

그러나 이런 상황에서도 클레이턴은 앞으로 (잠재력에는 크게 못 미치겠지만) 계속 이익을 낼 것으로 믿습니다. CEO 케빈 클레이턴은 버크셔의 이익을 자신의 이익처럼 생각하는 더없이 훌륭한 경영자입니다. 우리 제품은 일류이고 저렴하며 끊임없이 개선되고 있습니다. 게다가 우리는 클레이턴이 건전하다고 확신하므로 버크셔의 신용으로 클레이턴의 담보대출 제도를 계속 지원할 것입니다. 그렇더라도 버크셔는 정부 기관들처럼 낮은 금리로는 자금을 조달할 수 없습니다. 이런 악조건 때문에 매출이 한계에 부딪히고, 저가 주택을 갈망하는 수많은 가족과 클레이턴이 피해를 보게 될 것입니다.

내 집 마련이 우선　　　　　2010

클레이턴은 업계 전체에서 생산된 조립주택 5만 46채 중 47%에 해당하는 2만 3,343채를 생산했습니다. 37만 2,843채가 생산되었던 절정기 1998년(당시 우리 점유율은 8%)과 비교해보십시오. 작년 매출도 어느 모로 보나 끔찍했지만, 내가 2009년 보고서에서 언급한 대출 문제가 계속 상황을 악화하고 있습니다. 말하자면 (연방주택국, 프레디맥, 패니메이를 통해서 대출해주는) 정부의 주택금융 정책이 일반 주택에 유리해서 조립주택의 가격 이점이 힘을 잃고 있습니다.

우리는 조립주택 구입자들에게 다른 어떤 회사보다도 많은 자금을 대출해줍니다. 따라서 미국의 주택대출 관행을 재정비하려는 사람들은 우리의 경험을 참고할 필요가 있습니다. 이제부터 들여다봅시다.

클레이턴은 고객에게 제공한 주택담보대출 20만 804건을 보유하고 있습니다. (매입한 주택담보대출도 있습니다.) 대출 계약 시점에 우리 고객들의 평균 신용점수는 648이었고 47%는 640 이하였습니다. 은행에서는 이런 점수면 신용이 의심스럽다고 간주할 것입니다.

그런데도 우리 포트폴리오는 어려운 상황에서도 좋은 실적을 냈습니다. 다음은 지난 5년 동안 우리가 제공한 대출에서 발생한 손실입니다.

대출 손실 비중

연도	평균 대출 금액 대비 손실 비중(%)
2006	1.53
2007	1.27
2008	1.17
2009	1.86
2010	1.72

우리 차입 고객들은 직장을 잃거나, 건강을 상하거나, 이혼 등을 하게 되면 곤경에 처합니다. 고객들은 경기 침체에 큰 타격을 받았습니다. 그러나 이들은 집에 그대로 머물고 싶어 했고, 차입 금액이 대개 소득 대비 적정 수준이었습니다. 그리고 우리는 주택담보대출을 우리 계정으로 보유하고 있었습니다. 즉 우리는 대출을 증권화하거나 재매각하지 않았습니다. 이는 우리가 대출을 잘못하면 우리가 대가를 치른다는 뜻입니다. 따라서 우리는 대출할 때 정신을 바짝 차렸습니다.

전국의 주택 구입자들이 우리 고객들처럼 행동했다면 미국은 지금처럼 위기를 겪지 않았을 것입니다. 우리 기법은 단지 계약금을 충분히 받고, 차입 고객의 고정수입 규모에 맞춰 월 상환액을 합리적으로 설정하는 방식이었습니다. 이 정책 덕분에 클레이턴은 파산을 면했고 고객들은 집을 지켜냈습니다.

내 집 마련은 대부분 미국인에게 합리적인 선택이며, 특히 지금처럼 주택 가격이 싸고 금리가 낮을 때는 더욱 그러합니다. 모든 사항을 고려할 때, 내가 인생에서 세 번째로 잘한 투자는 내 집을 장만한 것이었습니다. (이보다 나은 투자 두 건은 결혼반지였습니다.) 물론 월세를 살면서 이 돈으로 주식을 샀다면 돈을 훨씬 많이 벌었을 것입니다. 그러나 3만 1,500달러로 산 집에서 내 가족은 52년 동안 아름다운 추억을 만들어냈고 앞으로도 더 만들 것입니다.

그러나 자신이 감당하기 어려운 큰 집을 욕심내고, 금융회사(대개 정부가 보증해주는 회사)가 이런 환상을 조장하면, 내 집 마련의 꿈은 악몽으로 돌변할 수도 있습니다. 미국의 사회적 목표는 가족이 환상적인 집에 사는 것이 아니라 형편에 맞는 집에 사는 것이 되어야 합니다.

상상력이 넘치는 투자은행들　　　　2015

　　클레이턴의 영업에서 핵심 자산은 128억 달러에 이르는 모기지 포트폴리오입니다. 우리 모기지의 약 35%는 조립주택을 통해서 창출됩니다. 그리고 약 37%는 우리 소매 영업을 통해서 창출됩니다. 나머지는 주로 독립 소매상을 통해서 창출되는데, 그중에는 우리 주택을 판매하는 소매상도 있지만 경쟁자들의 주택만 판매하는 소매상도 있습니다.

　　그동안 대출회사들은 사업을 시작하기도 하고 접기도 했습니다. 그러나 클레이턴은 공황 상태였던 2008년과 2009년 금융위기 기간에도 버크셔의 지원에 힘입어 대출을 계속 제공할 수 있었습니다. 실제로 우리는 이 기간에 클레이턴은 물론 경쟁사들의 소매 사업에도 귀한 자금을 계속 제공했습니다. 우리가 골드만삭스와 GE에 자금을 제공한 사실은 주요 뉴스가 되었습니다. 그러나 우리가 클레이턴에 조용히 제공한 자금 덕분에 수천 가구가 주택을 소유하고 경쟁사들이 생존할 수 있었던 사실은 알려지지 않았습니다.

　　우리 소매 매장들은 항상 지역 은행 등 다른 곳에서도 대출받을 수 있다는 사실을 큰 글씨로 쉽게 작성해서 주택 구입자들에게 제공하며, 고객이 이 정보를 제공받았다는 사인까지 확보해둡니다. (우리가 사용하는 양식을 119페이지에 실제 크기로 실었습니다.)

　　주택담보대출 관행은 차입자와 사회 양쪽에 매우 중요합니다. 주로 무모한 주택담보대출 관행이 2008년 금융위기와 이후 대침체를 불러왔다는 점에는 의문의 여지가 없습니다. 해롭고 부패한 주택담보대출 관행이 널리 퍼져 시장을 무너뜨린 과정은 이런 식입니다. (1) 예를 들어 캘리포니아 대출회사가 대출을 제공하고 나서 (2) 곧바로 이 대출을 예컨대 뉴욕 투자은행이나 상업은행에 매각하면 (3) 이들은 주택담보대출을 담보로 난해한 주택저당증권을 발행해 세계 곳곳의 순진한 기관들에 판매했습니다.

게다가 상상력 넘치는 투자은행들은 부실 주택저당증권을 가공해서 파생상품까지 만들어 혼란을 더했습니다. (월스트리트가 '혁신'을 일으킬 때는 조심하십시오!) 그리고 새로 발행되는 주택저당증권 한 종목을 평가하려고 해도 투자자는 수만 페이지에 이르는 따분한 서류를 읽어야 하는 상황이었습니다.

대출회사와 증권 발행회사 모두 자기 돈을 투입하지 않고서도 거래 규모를 키우고 가격을 높이면서 돈을 벌었습니다. 대출신청서를 허위로 작성하는 뻔뻔스러운 차입자도 많았지만 대출회사들은 모르는 척했습니다. 당연한 일이지만 가장 부실한 대출에서 가장 많은 이익이 나왔습니다. 언변 좋은 월스트리트 세일즈맨들은 고객들이 이해하지 못하는 상품을 만들어 팔면서 연 수백만 달러를 벌었습니다. (주요 신용평가기관들이 이렇게 복잡한 상품을 평가할 능력이 있었는지도 의문입니다. 아무튼 이들은 평가 등급을 매겼습니다.)

금융위기 당시 의회에서 아마도 금융 분야에 가장 밝은 인물이었던 바니 프랭크(Barney Frank)는 최근 2010년 도드-프랭크법을 이렇게 평했습니다. "이 법 집행 과정에서 나타난 커다란 약점은 당국이 주택담보대출 위험을 대출회사에 떠안기지 않았다는 점입니다." 지금도 일부 의원과 해설자들은 최종 투자자나 보증회사와의 이해충돌을 방지하려면 대출회사가 위험의 1~5%를 떠안아야 한다고 계속 주장합니다.

우리 클레이턴이 떠안는 위험은 100%입니다. 우리가 제공한 대출은 우리가 보유하니까요(정부 보증 요건을 갖춘 몇 건은 제외). 따라서 대출 과정에서 잘못을 저지르면 그 대가를 우리가 치릅니다. 그 대가는 매우 커서, 주택 판매에서 나오는 이익이 무색해질 정도입니다. 작년 우리가 조립주택 8,444채에 대해 담보권을 실행하고 떠안은 손실이 1억 5,700만 달러였습니다.

2015년 우리가 제공한 대출금 평균액은 겨우 5만 9,942달러여서 다른 대출회사에 비하면 하찮은 금액이지만 그래도 우리 저소득 차입 고객들에게는 부담스러운 거액입니다. 우리 고객들이 적당한 주택을 구입하면서 부담하는 월별 원리금 합계액은 평균 522달러입니다. (우리 주주총회 때 이 주택을 전시하므로 한번 살펴보십시오.)

물론 차입 고객 중에는 실직하는 사람도 있고 이혼하거나 사망하는 사람도 있습니다. 과도한 카드 부채를 지거나 자금 관리에 실패하는 사람도 있습니다. 그러면 우리는 손실을 보게 되고 차입 고객은 계약금을 잃게 됩니다. (그래도 고객은 거주하는 동안 납부한 대출 원리금이 집세보다는 훨씬 쌌을 것입니다.) 우리 차입 고객들은 소득과 신용점수가 낮은데도, 대침체 기간 원리금 납부 실적은 소득이 몇 배나 많은 일반 차입자들보다 훨씬 좋았습니다.

우리 모기지 포트폴리오의 실적이 좋았던 이유 하나는 우리 차입 고객들은 내 집 마련 욕구가 강했다는 점입니다. 그리고 포트폴리오 자금 중 거액을 변동금리나 단기 고정금리로 조달했던 것도 마찬가지로 중요한 이유입니다. 최근 몇 년 동안 단기금리는 믿기 힘들 정도로 내려갔으나 우리 모기지 포트폴리오에서 나오는 소득은 고정금리였으므로 금리 차이가 계속 커졌습니다. (그런데 우리가 단순히 단기로 자금을 조달해서 장기 채권을 샀더라도 비슷한 수익을 얻었을 것입니다.)

그러나 클레이턴처럼 자금을 단기로 조달해서 고정금리로 장기 대출하는 사업은 일반적으로 위험합니다. 과거에 일부 주요 금융기관은 이런 방식으로 사업하다가 파산했습니다. 그러나 버크셔는 단기금리로 운용하는 현금성 자산이 항상 200억 달러 이상이므로 이런 위험이 자연스럽게 상쇄됩니다. 사실은 이런 현금성 자산이 대개 400~600억 달러 수준입니다. 예를 들어 우리가 0.25%로 운용하는 자산이 600억 달러라면, 단기금리가 급등했을 때 우리가 얻는 이익이, 클레이턴의 모기지 포트폴리오 130억 달러 조달원가 상승에서 발생하는 손실보다 훨씬 클 것입니다. 이를 금융 용어로는 버크셔의 자산 민감도가 높다고(항상 높을 것입니다) 표현하며, 우리는 금리가 상승하면 유리해집니다.

내가 유난히 긍지를 느끼는 주제가 있는데 규제당국과 관련된 이야기입니다. 대침체가 발생하자 규제당국은 모기지 대출회사, 사후 관리회사, 유동화 전문회사들을 철저하게 조사해 수십억 달러에 이르는 벌금을 부과했습니다.

규제당국은 클레이턴에 대해서도 대출 관행을 계속 조사했는데 대출, 사후 관리, 채권 회수, 광고, 준법감시, 내부 통제 등을 살펴보았습니다. 우리는 연방기관 중 연방통상위원회(Federal Trade Commission), 주택도시개발부(the Department of Housing and Urban Development), 금융소비자보호국(Consumer Financial Protection Bureau)의 감독을 받습니다. 우리를 감독하는 주(州) 기관은 수십 개나 됩니다. 지난 2년 동안 연방과 25개 주의 다양한 규제당국이 65회에 걸쳐 클레이턴을 조사했습니다. 그 결과가 어땠을까요? 이 기간 우리에게 부과된 벌금은 3만 8,200달러였고, 우리가 고객에게 환불한 금액은 70만 4,678달러였습니다. 작년 우리는 조립주택 담보대출 중 2.64%에 대해 담보권을 실행해야 했지만, 연말 현재 차입 고객의 95.4%는 원리금을 착실하게 상환하면서 부채를 줄여나가고 있습니다.

기대하지 않은 시너지　　　　　　　　　　2016

　클레이턴홈즈의 매출은 대부분 조립주택 판매에서 나오지만 이익은 대부분 대규모 모기지 포트폴리오에서 나옵니다. 작년 클레이턴은 미국 신규 주택의 5%에 해당하는 4만 2,075채를 판매해 미국 최대 주택 건설업체가 되었습니다. (공평하게 말하면 매출액은 다른 대형 건설업체들이 훨씬 많습니다. 일반주택이 조립주택보다 훨씬 비싸기 때문입니다.)

　2015년, 클레이턴은 처음으로 일반주택 건설업체를 인수해 새로운 분야로 진출했습니다. 2016년에도 일반주택 건설업체 둘을 인수했고 앞으로도 더 인수할 것입니다. 2017년에는 일반주택이 클레이턴의 주택 판매량에서 차지하는 비중은 약 3%가 되고, 매출액에서 차지하는 비중은 약 14%가 될 전망입니다.

　그렇더라도 클레이턴의 주력 사업은 미국 신규 주택의 약 70%를 차지하는, 15만 달러 미만의 조립주택이 될 것입니다. 클레이턴은 전체의 절반에 육박하는 주택을 건설하고 있습니다. 따라서 버크셔에 인수되던 2003년과는 위상이 완전히 달라졌습니다. 당시에는 판매량 기준으로 업계 3위였으며 직원은 6,731명이었습니다. 지금은 인수한 기업들을 포함하면 직원이 1만 4,677명입니다. 이 숫자는 장차 더 증가할 것입니다.

　최근 몇 년 동안 클레이턴은 초저금리 덕분에 이익이 대폭 증가했습니다. 클레이턴이 제공하는 모기지 대출은 장기(평균 25년) 고정금리지만 차입은 단기 변동금리이기 때문입니다. 따라서 금리가 하락하면 모기지 포트폴리오에서 나오는 이익이 대폭 증가합니다. 이런 장기 대출 단기 차입 방식은 금융기관에 심각한 문제를 일으킬 수 있으므로 통상적으로는 우리가 피하는 방식입니다. 그러나 전체로 보면 버크셔는 항상 자산 민감형

이어서, 단기금리가 상승하면 클레이턴의 이익은 감소하더라도 우리 연결이익은 증가합니다.

작년 클레이턴은 전체 포트폴리오의 약 2.5%에 해당하는 조립주택 8,304채에 대해 담보권을 실행했습니다. 고객의 인구통계를 보면 이 비중을 이해할 수 있습니다. 클레이턴의 고객 대부분은 신용점수가 그다지 높지 않은 저소득 가구입니다. 경기가 침체하면 실직 위험에 처하는 가장이 많습니다. 고소득 가구와는 달리, 이혼이나 사망이 발생하면 큰 타격을 받는 가구도 많습니다. 이런 위험을 부분적으로나마 완화해주는 요소는, 고객들 거의 모두 내 집 마련 욕구가 강하고, 보험료와 재산세를 포함해도 월 상환액이 평균 587달러에 불과하다는 점입니다.

클레이턴은 오래전부터 차입 고객 지원 제도를 운용하고 있습니다. 가장 인기 있는 두 가지는 대출 기간 연장과 채무 탕감입니다. 작년에는 약 1만 1,000명이 대출 기간 연장을 받았고 3,800명이 상환액 340만 달러를 영구 탕감받았습니다. 이렇게 고객을 지원하면 회사는 이자나 수수료 수입을 얻지 못합니다. 지난 2년 동안 이렇게 지원받은 차입 고객의 93%는 지금도 주택을 보유하고 있습니다. 담보권을 실행하면 회사에도 상당한 손실이 발생하므로(작년 손실액은 모두 1억 5,000만 달러) 우리 지원 제도는 차입 고객은 물론 회사에도 유용합니다.

클레이턴과 버크셔는 훌륭한 동업자입니다. 케빈 클레이턴은 버크셔에 일류 경영진과 문화를 제공했습니다. 대신 버크셔는 대침체기에 조립주택 산업이 붕괴할 때 독보적인 생존 능력을 제공했습니다. (대출회사들이 사라졌을 때, 클레이턴은 자사 대리점은 물론 경쟁사 제품을 판매하는 대리점에도 신용을 제공했습니다.) 버크셔는 기업을 인수할 때 절대 시너지를 기대하지 않습니다. 그러나 클레이턴을 인수하고 나서 정말로 중요한 시너지가 발생했습니다.

Q 2015 클레이턴홈즈가 약탈적 대출을 했나?

〈시애틀타임스〉에는 클레이턴홈즈의 '약탈적 대출 관행'에 대한 기사가 실렸고, 3G캐피털은 버크셔와 함께 팀홀튼(Tim Hortons)과 하인즈를 인수하고 나서 두 회사에서 일자리를 대폭 축소했습니다. 지금까지 버크셔가 추구해온 따뜻한 자본주의가 변질된 듯해서 마음이 아픕니다.

버핏 클레이턴홈즈 관련 기사에는 중대한 오류가 있습니다. 클레이턴홈즈는 탁월한 주택건설회사로서 모범적인 주택담보대출 관행을 유지하고 있습니다. 2008년 주택시장 거품이 붕괴한 주된 원인은 주택담보대출 실행 기관들과 주택담보대출 보유 기관들이 완전히 분리된 것입니다. 주택담보대출 실행 기관들은 대출자산을 전 세계에 팔아버렸으므로, 대출자산이 부실화되어도 손실을 보지 않았습니다. 그러나 클레이턴은 주택 구입자들에게 직접 주택담보대출을 제공했고 대출자산을 계속 보유했습니다. 약 30만 가구에 제공한 주택담보대출 약 120억 달러를 지금도 보유하고 있습니다. 주택담보대출이 부실화되면 주택 구입자는 집을 잃고 대출자산 보유 기관은 손실을 봅니다.

클레이턴은 대출자산을 100% 보유하고 있으므로 주택 구입자들의 손실을 모두 떠안게 됩니다. 따라서 부도 위험이 큰 사람들에게는 주택담보대출을 제공하려 하지 않습니다. 이에 따라 대출 기준 강화에 대해서도 많은 논의가 진행되고 있습니다. 그러나 클레이턴의 고객 대부분은 저소득층이어서, 클레이턴이 대출을 제공하지 않으면 주택을 구입할 수가 없습니다. 그래서 클레이턴은 원리금을 상환할 수 있는 사람들에게 신중하게 대출을 제공합니다. 그래도 사망, 이혼, 실직 탓에 약 3%는 원리금을 상환하지 못합니다.

우리 주주총회 행사장에 전시된 110제곱미터짜리 클레이턴 조립주택을 둘러보시기 바랍니다. 6만 9,500달러면 가전제품까지 완비된 조립주택을 배달해드립니다. 주택 구입자는 2만 5,000달러를 더 들여서 토지만 확보하면 됩니다. 이렇게 클레이턴은 저렴한 가격에 주택을 판매하면서 대출도 제공해 고객들의 내 집 마련을 지원하고 있습니다.

나도 〈시애틀타임스〉를 읽었는데, 클레이턴의 주택 판매 이익률이 20%라는 기사는 터무니없는 오보입니다. 기사는 진술서를 인용하면서 클레이턴의 매출총이익이 20%라고 지적합니다. 그러나 매출총이익을 순이익으로 혼동했습니다. 매출총이익에는 판매비, 일반관리비, 법인세가 포함되어 있습니다. 따라서 클레이턴의 매출총이익은 20%지만 세전 순이익은 3%이고 세후 순이익은 2%에 불과합니다. 게다가 클레이턴 고객들은 언제든 다양한 기관으로부터 대출을 받을 수 있습니다.

여기 클레이턴이 고객들에게 제공하는 서류를 보면 대출기관 4~5개가 작지 않은 글자로 열거되어 있습니다. 나는 지난 3년 동안 클레이턴 주택과 관련된 불만 전화를 받은 적이 한 번도 없으며, 클레이턴의 대출 관행에 대해서 사과할 일도 없습니다.

클레이턴은 거의 모든 주에서 규제를 받고 있습니다. 지난 3년 동안 여러 주에서 91차례나 조사를 받았지만, 납부한 벌금 중 최대 금액이 5,000달러였고 환불액도 11만 달러에 불과했습니다. 차입 고객 대부분은 신용점수가 620 미만이고 원리금 상환액 평균이 월 600달러 수준입니다. 나는 고객 3만 명이 저렴하게 주택을 장만하게 해준 클레이턴에 긍지를 느낍니다. 이들 대부분은 십중팔구 20년 이내에 원리금을 모두 상환할 것입니다. 클레이턴 주택은 정말 저렴합니다.

멍거 내가 대출 관행은 잘 알지 못하지만 그동안 클레이턴은 조립주택을 매우 효율적으로 생산하고 판매해 시장점유율 50%를 달성했습니다. 클레이턴은 생산성이 매우 높았습니다. 그러나 저소득층 고객들에게 대출을 제공해서 마침내 100%가 주택을 보유하게 할 수는 없습니다.

버핏 사망, 이혼, 실직에 의한 연체는 저가 주택은 물론 고가 주택에서도 발생하는 현상입니다. 2008~2009년 침체기에 일반 주택의 연체율은 클레이턴 주택의 연체율보다 몇 배나 높았습니다.

3G캐피털은 사업 능력이 탁월합니다. 3G는 유휴 인력이 많은 기업을 인수해서 인력을 감축해 생산성을 높입니다. 예컨대 버거킹(Burger King)은 3G의 인력 감축 이후 경쟁자들보다 성장률이 월등히 높아졌습니다. 내가 알기로, 정책적으로 대규모 유휴 인력을 유지하는 회사는 하나도 없습니다. 우리 버크셔에도 유휴 인력이 많지 않기를 바랍니다.

멍거 기업에는 적정 인력이 있어야 합니다. 러시아 노동자들은 "기업이 급여를 주는 시늉만 하니까 우리도 일하는 시늉만 한다"라고 말합니다. 이런 방식으로는 경제가 제대로 돌아가지 않습니다. 물론 버크셔는 적정 일자리에 적정 인력을 원합니다.

버핏 과거 철도는 직원이 160만 명에 이르는 비효율적인 사업이었습니다. 현재 철도는 직원이 20만 명 미만인데도 훨씬 많은 화물을 훨씬 더 안전하게 운송하고 있습니다. 자본주의에는 효율성이 반드시 필요합니다. 나는 3G에 경의를 표합니다.

직원이 3만 3,000명인 가이코에는 유휴 인력이 없어서, 3G가 더 손대기 어려울 정도로 효율성이 높다고 봅니다. 버크셔는 초창기 직물 사업에서 인력을 감축할 수밖에 없었고 이후 신문 사업에서도 인력을 감축할 수밖에 없었습니다. 버크셔의 일부 자회사에는 유휴 인력이 있을지도 모르지만 비대한 수준까지는 아니라고 믿습니다. 버크셔 소유주 안내서에서는 과도한 유휴 인력 탓에 발생하는 손실을 절대 용납하지 않습니다. 우리 본부 인력은 25명에 불과합니다.

멍거 이제 나올 이야기는 다 나온 듯합니다. 사람들은 해고를 두려워하지만, 과거 농사짓던 사람들이 모두 일자리를 유지했다면 미국은 어떻게 되었을까요? 기업에는 적정 인력이 있어야 합니다.

Q 2023 모든 은행의 예금 보장이 은행에 미치는 영향

실리콘밸리 은행 사건 때문에 지금은 사실상 모든 은행의 예금이 보장되었는데 이 조치가 대형 은행과 지역 은행에 어떤 영향을 미칠까요?

버핏 건전한 기법을 사용하는 은행을 선택한다면 은행은 완벽한 투자 대상이 될 수 있습니다. 찰리와 나는 1969년 처음으로 버크셔에서 은행을 인수했습니다. 당시 우리가 은행에 투자한 금액이 1,900만 달러였고 보험사에 투자한 금액이 1,700만 달러였습니다. 1970년 은행지주회사법이 통과되지 않았다면 우리는 보험사 대신 은행을 다수 보유하게 되었을 것입니다.

인수할 은행을 더 찾던 우리는 해리 키프(Harry Keefe)의 안내를 받으며 시카고를 돌아다녔습니다. 그러나 1970년 은행지주회사법이 통과되었으므로 우리는 보유 은행을 10년 안에 처분할 수밖에 없었습니다.

멍거 그 은행은 회수 불능 대출금이 전혀 없었습니다. 불필요한 비용도 전혀 없었으며, 위험을 떠안지 않고 돈을 벌었습니다. 정부에 떠넘기는 예금보험 위험도 전혀 없었습니다. 지역 사회에 기여하는 건전하고 훌륭한 금융기관이었습니다. 자격을 갖춘 사람이라면 누구나 신용대출을 받을 수 있었습니다.

버핏 우리는 은행을 더 인수할 생각이었고, 실제로 은행을 더 인수했다면 십중팔구 보험 사업을 확장하지 않았을 것입니다. 그러나 은행지주회사법 때문에 우리는 은행을 처분하고 보험 사업을 확장했습니다. 은행이 규모도 더 크고 인수 대상도 더 많아서 우리에게 더 매력적이었지만 말이죠.

당시에는 은행을 지극히 건전하게 경영할 수 있었고, 양도성예금증서(CD)도 없었습니다. 지금도 은행을 건전하게 경영하면 큰돈을 벌 수 있습니다. 우리는 은행을 더 발굴할 수도 있었지만 은행지주회사법 때문에 불가능했습니다.

코로나 팬데믹이 발생했을 때 우리는 제일 먼저 은행 주식을 매도했고 지난 6개월 동안에도 추가로 매도했습니다. 지금 대형 은행이나 지역 은행 주주들이 어디로 이동하는지 우리는 알지 못합니다.

나는 FDIC 보장 한도가 넘는 돈을 지역 은행에 예금하고 있지만 전혀 걱정하지 않습니다. 그러나 은행의 미래는 사건에 따라 결정되며 정치인들이 개입하기도 합니다. 은행 시스템이 어떻게 돌아가는지 전혀 이해하지 못하는 사람이 매우 많습니다. 게다가 이와 관련된 미국 대중과의 의사소통에도 부족한 점이 많습니다. 그래서 미국 대중은 과거 어느 때보다도 은행에 대해 혼란스러워하고 있습니다.

이런 혼란은 영향을 미치지만 그 결과가 어떻게 될지는 아무도 모릅니다. 모든 사건은 다른 모습으로 전개되기 때문입니다. 물리학에서는 어떤 일이 발생하더라도 원주율이 3.14로 시작된다는 사실에는 변함이 없습니다. 그러나 예금의 유동성은 어떻게 될지 알 수 없습니다. 2008년에 예금의 유동성이 바뀌었고 이로 인해 모든 것이 달라졌습니다. 그래서 우리는 은행주 보유에 매우 신중합니다. 아직 은행주 한 종목을 보유 중이지만 이는 뱅크 오브 아메리카와의 거래(신주인수권부 우선주 인수)에서 비롯된 주식입니다.

나는 뱅크 오브 아메리카를 좋아하며 그 경영진도 마음에 듭니다. 이 거래도 내가 제안한 것이므로 이 주식을 계속 보유하고 있습니다. 그러나 이 주식이 어떻게 될지는 나도 모릅니다. 최근 수개월 동안 전혀 예상 못 했던 사건이 매우 많이 발생했기 때문입니다.

그러나 미국 대중이 은행 시스템을 이해하지 못하며 일부 의원도 전혀 이해하지 못한다는 나의 믿음은 더 굳어졌습니다. 나도 이해하지 못하는 일이 수없이 많지만 의원이 되면 온갖 일에 대해 견해가 있어야 합니다. 하지만 그 일을 실제로 이해하면 자신의 견해를 그대로 밝히지 않는 편이 유리할 때도 가끔 있습니다. 찰리?

멍거 내가 살아오는 동안 은행업에 많은 사건이 발생했습니다. 나는 뱅크 오브 아메리카가 설립 초기에 실행했던 적격 이민자 우대 정책을 모두 환영했습니다. 그리고 은행에서 처음 제공한 신용카드들은 모두 문명에 크게 기여했다고 생각합니다. 그러나 은행업은 더 불건전해질수록 증권업의 모습을 띠게 되었고, 나는 시민으로서 더 싫어하게 되었습니다. 모두가 부자가 되길 원하면서 남들을 질투하는 상황을 나는 싫어하며 깊이 불신합니다. 이런 분위기는 지극히 해롭습니다.

버핏 이야기를 좋아하는 분들에게 실화 하나를 또 들려드리겠습니다. 실명은 밝히지 않겠지만 피트 제프리스(Pete Jefferies)는 아닙니다. 우리 영웅 진 아베크(Gene Abegg)가 은퇴해야 하는 시점이 와서 우리는 그를 대신

할 인물을 고용했습니다. 사업을 완벽하게 유지하려고 우리가 영입한 사람은 찰리의 센트럴고등학교 동창이었습니다. 내가 이 친구를 선택했다는 사실을 찰리는 알지 못했습니다.

멍거 버핏이 내게 물어보았다면 그를 고용하지 않았을 것입니다. (웃음소리)

버핏 내가 찰리에게 물어보았다면 아무도 고용하지 않았을 겁니다. 이 친구는 매우 예의 바르고 풍채도 좋아서 어느 모로 보나 은행가처럼 보였습니다. 우리 은행은 내실은 훌륭했으나 건물은 그 일대에서 가장 초라했으므로 이 친구가 제일 먼저 원한 것은 새 건물이었습니다. 당시 우리는 수익성이 가장 높은 은행이었지만 건물은 그렇게 보이지 않았거든요. (웃음소리)

하지만 우리에게 필요한 것은 훌륭한 은행가였지, 훌륭한 건물이 아니었습니다. 그래서 나는 그에게 건물을 원하는 대로 구입해도 좋지만 우리 경쟁사 건물보다 높으면 안 된다고 말했습니다. 그러자 그는 흥미를 모두 잃었습니다. (웃음소리) 그는 도심에서 가장 높은 건물의 최상층에서 근무하고 싶었는데, 나는 건물의 수평 증축은 상관없지만 수직 증축은 안 된다고 말했으니까요.

나는 이 친구가 인생에서 바라던 바를 알게 되었습니다. 결국 그는 은행 경영을 맡지 않게 되었습니다. 이것이 내가 은행업에 관해서 아는 전부입니다.

버크셔는 어떻게 '서브프라임' 사태를 피했나?

여기까지 온 독자라면 집중력이 다소 흐트러졌을지도 모르겠다. (나는 그랬다!) 독자 대부분은 이 책에서 '실질적인 투자 원칙'을 얻고자 했을 것이고, 그런 내용은 앞 장에서 이미 충분히 다뤘다. 남은 건 버크셔 포트폴리오의 세부 기업들에 대한 이야기다. 그중에서도 가장 험난한 (그리고 분량도 많은) 보험업을 바로 이 앞 장에서 읽었으니, 여기서 집중력을 잃었다 해서 부끄러워할 필요는 없다.

피곤하다면 잠시 쉬어 가기를 권한다. 창밖을 보거나 산책을 하거나 음악을 들어도 좋다. 이 장은 피곤하다고 대충 읽어 넘기기에는 너무나 중요한 내용을 담고 있다.

거듭 말하지만 버크셔는 '보험업 기반의 지주회사'다. 즉 금융회사다. 버핏은 금융회사 경영자로서 금융업의 본질에 대해 누구보다 많이 고민했을 것이다. 금융업은 자본주의 체제의 근간으로서, 현대 사회 시스템의 하부 구조, 즉 인프라를 형성한다. 일이 잘못되면 사회 전체에 큰 충격을 줄 수 있다. 민간 기업으로서 수익 창출 욕구를 지니는 것이 마땅하지만 무한정의 욕구가 용인될 수는 없다. 이기심과 공공성 사이에 균형을 잡아야 하는 것이 이 업의 본질이며, 그 균형의 역사가 현대 자본시장의 역사다.

그 균형이 철저히 붕괴된 결과가 2008년 금융위기였다. 여파는 아직도 가시지 않았다. 20년 가까이 지난 일이지만 현재 정책 당국자들과 금융회사 경영진의 뇌리에 강하게 남아 있다. 이들이 어떤 교훈을 얻었고, 현재의 의사결정에 어떻게 반영되고 있는지가 앞으로의 금융위기를 예상하는 핵심 근거일 것이다.

금융위기 당시 버크셔의 '금융업'은 어떠했을까? 뜬금없어 보이지만 보험업을 제외한 버크셔의 대표 금융업은 '클레이턴홈즈'라는 조립식 주택 기업이었다. 클레이턴홈즈는 조립식 주택을 만들어서 고객에게 인도하는데, 대부분의 주택 구입이 그러하듯이 고객에게 융자를 제공한다. 대출 만기는 거의 20년 이상으로서 회사는 상당한 장기 채권을 보유하게 되며, 회사의 자금 조달은 그보다 짧은 만기로 구성된다. 이러한 '단기 자본 조달 - 장기 자본 대여'는 상당히 위험한 구조의 금융 사업 모델이다. 이 회사는 금융위기를 이겨낼 수 있었을까?

클레이턴홈즈는 2008년 금융위기 동안 이익이 전년 대비 반토막 나는 피해를 입었다. 그러나 같은 시기 다른 주택 제조 기업들이 파산한 것에 비하면, 이익이 난 것 자체로 기적적이라 할 수 있다. 그 근원은 연체율에 있는데, 다른 모기지업체들이 약 6.4%의 연체율을 보인 것에 비해 클레이턴홈즈의 연체율은 3.6%에 불과했다.

클레이턴홈즈에 특별히 우량한 고객이 많았을까? 그들의 고객 선별 능력이 뛰어났을까? 조립식 주택의 고객은 저소득층이다. 본문에서 버핏이 밝히듯이 클레이턴홈즈 고객의 신용점수 중앙값은 644점으로, 전국 중앙값 723에 현저히 못 미쳤다. 고객 중 35%는 620점 미만으로, 금융위기의 핵심이 된 바로 그 '서브프라임' 고객이었다. 심지어 조립식 주택의 고객은 정부의 보증도 못 받아서 일반 주택 대비 현저히 높은 금리를 지불해야 했다. 고객의 신용도는 뛰어난 성과의 원인이 아니었다.

클레이턴홈즈의 차별점은 그저 '기본을 지킨' 것뿐이었다. 금융회사의 이익은 고객이 목적을 달성하는 것을 전제로 해야 한다. 클레이턴홈즈의 사업은 고객에게 집을 만들어주는 것이다. 집은 거주 공간이고, 가정을 꾸려나가는 구심점이다. 클레이턴홈즈는 단순하게 '상환 능력이 있는' 고객에게 '상환 가능한' 대출을 제공했다. 그게 전부였다. '팔고 치우는' 게 아니라, '사간 사람이 계속 집을 유지할 수 있는지'를 보았다.

다른 '금융'회사는 어떠했는가? 소득이 부족한 고객에게도 '집값 상승'을 근거로 대출을 제공하고, 해당 대출을 '증권화'해서 다른 투자자에게 '팔아넘겼다'. 대출을 증권화해서 팔 때마다 수수료를 받을 수 있었고, 해당 대출의 건전성에 대해서는 아무런 책임을 지지 않았다. 이들은 고객이 '가정을 안정적으로 꾸려나가는' 데에 관심이 없었다. 이들은 고객에게 '집값이 오르면 부자가 될 수 있다'는 꿈을 팔았다. 그리고 그 꿈은 실현되지 않았다. 차입자는 파산했고, 집은 압류당했고, '모기지 증권' 투자자는 손실을 보았다. 경기 침체로 수많은 사람이 직업을 잃었고, 금융회사의 임직원은 성과보수를 받았다.

케인스의 제자 하이먼 민스키(Hyman Minsky)는 금융시장의 불안정성을 차입자와 대여자의 태도에서 찾았다. 호황이 장기간 유지되면 차입자는 자산 가격 상승을 기대하며 무리하게 자산을 매입하고, 대여자 또한 과거의 자산 가격 상승을 기반으로 자산 가치의 담보 능력을 평가하여 대출을 실행한다. 대출이 늘어나면서 자산 가격은 더욱 상승하고, 이는 앞서의 과정을 더욱 부추긴다. 어느 시점이 오면 차입자는 소득만으로는 이자를 감당할 수 없는 상태가 되며, 자산 가격이 상승해야만 이 모든 '파티'가 지속 가능하게 된다. 여기에서 무언가 어떤 이유로든 순환 고리의 한 축을 끊어버리면 모든 게 붕괴된다. 한순간에.

위험 평가에서 핵심은 타이밍의 예측이 아니라 행위자의 태도에 있다.

차입자가 실제 필요가 아닌 가격 상승을 기대하며 빚을 일으키고, 대여자가 차입자의 건전성보다는 수수료 이익에 취해서 대출을 승인할 때, 이미 시스템은 위험해져 있다.

거꾸로 말해서, 차입자가 실제 수요에 기반해서 대출을 시도하고, 대여자가 차입자를 엄격하게 평가하는 동안에는 (시장에서 뭐라 떠들든 간에) 생각보다는 위험이 적다는 뜻이기도 하다.

2022년 금리 인상 이후 2023년 '실리콘밸리뱅크'가 파산하는 사태가 벌어졌다. 이때 연준은 기존에 정해진 예금 보증 한도를 넘어서서 예금을 보증하고 긴급 대출을 시행했다. 이에 대해 '사회 정의 위반'이니 '새로운 양적완화'니 논란이 많았다. 워런 버핏은 이에 대해 "파월은 잘하고 있다"로 일축했다.

금융 시스템 안정성의 핵심은 세세한 '보증 한도'나 '신용 평가 규정'에 있지 않다. 각 행위자가 본분을 망각하지 않고 얼마나 이기심과 공공성 사이의 균형을 맞추느냐에 있다.

한편 클레이턴홈즈는 버크셔 해서웨이의 자회사로 있으면서 상당한 시너지를 냈다. 널리 알려져 있다시피 버핏은 '시너지'라는 단어를 싫어한다. 기업을 비싸게 사 오면서 '시너지'를 이유로 비싼 가격을 정당화하는 경영진이 많기 때문이다. 버크셔는 기업을 인수할 때 시너지를 기대하지 않는데, 클레이턴홈즈에 관해서는 '정말로 중요한' 시너지가 발생했다. 이 시너지는 금융회사가 무리하게 사업을 확장하지 않고서도 건전하게 지속 가능한 형태로 수익을 창출할 수 있음을 시사한다.

잘 알려지지 않은 사실이지만 버크셔는 1970년대에 일리노이 내셔널 뱅크라는 은행을 소유했었다. 은행지주회사법이 제정되면서 버크셔는 은행과 비은행을 동시에 소유할 수 없었다. 1979년, 법에 따른 강제 매각 기간이 도래하기 전까지 버크셔 소유의 은행은 상당히 좋은 성과를 냈다. 버크셔의 보험업과 금융업이 '근본을 지키면서' 장기간에 걸쳐 좋은 성과를 냈듯이, 버크셔가 은행을 소유할 수 있었다면 금융위기의 역사도 다른 방향으로 흘러가지 않았을까? 흥미로운 상상이다.

  이 정도면 10장을 즐겁게 읽을 욕구가 생기지 않았을까? 충분히 쉬었으니 본문을 읽어보자. (심지어 분량도 적다!)

홍진채

홍진채

라쿤자산운용 대표. 서울대 학생 시절 투자연구회 SMIC 회장을 지냈다. 2016년까지 10년간 한국투자밸류자산운용에서 펀드매니저로 일하며 3,000억 원 이상 규모의 펀드를 책임 운용했다. 2018년부터 트레바리의 독서 모임을 이끄는 등 독서광이기도 하다. 저서로 《거인의 어깨》《주식하는 마음》이 있고 《다모다란의 투자 전략 바이블》을 공역했다.

11장
제조·서비스업

나는 B 여사 가족과 경쟁하느니 차라리 회색 곰과 맞붙어 싸우는 편이 낫겠다고 생각했습니다. 이들은 탁월한 방식으로 제품을 구매하고 경쟁자들은 상상도 하지 못할 정도로 운영비를 낮춰, 그렇게 절감한 비용 상당액을 고객들에게 넘겨줍니다. 그야말로 이상적인 사업 방식입니다. 고객에게 이례적인 가치를 창출함으로써 기업도 이례적인 경제성을 확보하는 방식이니까요. `1983`

BNSF는 운송량과 자본적 지출이 북미의 다른 5개 철도회사보다 많은데도, 회사 인수 이후 이익률은 5개 회사보다 악화했습니다. 나는 우리 서비스 지역이 가장 넓으므로 우리 이익률은 개선될 수 있고 개선되어야 한다고 믿습니다. (중략) 100년 후에도 BNSF는 미국과 버크셔의 주요 자산으로 유지될 것입니다. 이 말은 믿어도 됩니다. `2023`

보트피플의 역전 드라마*　　　　　　　2004

찰리 로즈 1983년에 네브래스카 퍼니처 마트를 인수하셨지요? 블럼킨 여사에 대해서 말씀해주시지요.

버핏 여사는 러시아에서 탈출해 작은 보트를 타고 시애틀에 도착했습니다. 영어를 한 마디도 못 했으므로 글이 쓰인 띠를 목에 두르고 있었습니다. 여사는 띠에 쓰인 대로 아이오와주 포트닷지(Fort Dodge)에 머물렀지만 영어를 배울 수가 없었으므로, 적십자사가 여사를 러시아계 유대인이 많이 살던 오마하로 이주시켜주었습니다. 여기서 큰딸이 학교에 다니면서 배운 영어를 여사에게 가르쳐주었습니다. 이후 여사는 16년 동안 500달러를 모아 사업을 시작했고, 중고 의류를 팔아 번 돈으로 1인당 50달러를 들여 부모와 형제자매를 러시아에서 미국으로 데려왔습니다. 1937년, 여사는 모든 면에서 온갖 이점을 누리던 모든 사람과 경쟁해 모두 물리쳤습니다.

로즈 어떤 방법으로 물리쳤나요?

버핏 여사는 세심하고 빈틈이 없었습니다. 자기 지식의 한계를 인식했고 능력범위를 잘 알았습니다. 항상 능력범위 안에 머물면서 고객을 세심하게 관리했습니다. 제품을 싸게 팔았습니다. 오랜 기간이 걸렸지만, 인구가 70만에 불과한 오마하에서 미국 최대 가정용 가구 매장을 일궈냈습니다.

로즈 어떻게 해서 인수하게 되었나요?

버핏 여사는 내가 좋아하는 스타일이었습니다. 그녀가 89세일 때 인수

---
* "In His Own Words - Conversation with Charlie Rose(그 자신의 말 - 찰리 로즈 대담)," PBS(2024/05/02).

했는데, 그녀는 103세까지 일했습니다. 중간에 2년 쉰 적도 있습니다. 나는 여사의 근사한 집을 방문한 적이 있는데, 소파와 램프와 침대에 작은 녹색 가격표가 달려 있었습니다. 여사는 가격표를 보면서 매장과 비슷한 분위기를 즐겼습니다. 여사는 정말 놀라운 사람이었습니다. 글을 읽지도 쓰지도 못했지만, 모든 경영대학원에서 연구해야 하는 인물입니다.

로즈 연구하면 무엇을 배울 수 있나요?

버핏 사업의 본질을 배우지요. 고객관리가 가장 중요하다는 사실을 배웁니다. 여기서 고객관리는 아무도 흉내 내지 못할 정도로 유리한 조건에 제품을 제공하는 것입니다. 여사는 그렇게 했고 매일 미친 듯이 일했습니다. 열정적이었습니다. 포천 500 CEO 중 10명을 선발해서 여사와 경쟁을 벌여도 여사가 승리할 것입니다.

B 여사님, 장수 만세! 1983

67년 전, 당시 23세였던 블럼킨 여사는 러시아 국경경비대원을 적당한 말로 따돌리고 미국으로 탈출했습니다. 그녀는 중학교 수준의 정규교육조차 받지 못했으며 영어를 전혀 몰랐습니다. 미국에서 몇 년 보낸 다음, 그녀는 딸에게 영어를 배웠습니다. 딸이 학교에서 배워온 단어를 매일 저녁 그녀에게 가르쳐주었습니다.

여러 해 중고 의류를 판 블럼킨 여사는 1937년 마침내 500달러를 모았습니다. 가구점을 열어 꿈을 실현할 밑천을 모은 것입니다. 당시 미국 가구 도매업의 중심지 시카고에서 아메리칸 퍼니처 마트(American Furniture Mart)를 보자마자, 그녀는 네브래스카 퍼니처 마트라는 가구점으로 꿈을 실현하겠다고 결심했습니다.

그녀는 지리나 제품상 이점도 없이 겨우 자본금 500달러로 기반이 확고하고 부유한 경쟁자들과 맞서야 했으므로 온갖 걸림돌에 부닥칠 수밖에 없었습니다. 사업 초기에 얼마 안 되던 밑천이 바닥나자 'B 여사(이제는 오마하에서 코카콜라나 상카(Sanka) 커피만큼이나 유명해진 애칭임)'는 경영대학원에서는 가르쳐주지 않는 방식으로 대처했습니다. 집에 있던 가구와 가전제품을 팔아, 채권자들에게 약속했던 돈을 어김없이 지불한 것입니다.

B 여사가 고객들에게 훨씬 싼 가격에 제품을 판매하자 오마하 가구 소매상들은 가구 제조업체와 카펫 제조업체에 압력을 넣어 그녀에게 제품을 공급하지 못하게 했습니다. 그러나 그녀는 다양한 전략으로 제품을 확보해 훨씬 싸게 판매했습니다. B 여사는 공정거래법 위반 혐의로 법정에 소환당하기도 했습니다. 그러나 그녀는 모든 소송에서 승리했을 뿐 아니라 값진 평판까지 얻게 되었습니다. 한 소송에서는 그녀가 시세보다 훨씬 싼 가격에 카펫을 팔면서도 이익을 남길 수 있음을 법정에서 입증하고 나서, 담당 판사에게도 카펫을 1,400달러어치나 팔았습니다.

현재 네브래스카 퍼니처 마트가 1만 9,000제곱미터짜리 매장 하나에서 일으키는 매출이 연 1억 달러가 넘습니다. 미국 가정용 가구 매장 중에는 매출이 이와 비슷한 매장조차 없습니다. 이 단일 매장에서 나오는 가구, 카펫, 가전제품 매출은 오마하 모든 경쟁자의 매출 합계액보다도 많습니다.

내가 기업을 평가할 때 항상 자신에게 던지는 질문은 '내가 자본과 숙련 인력을 충분히 조달할 수 있다면 그 기업과 어떤 방식으로 경쟁할 것인가?'입니다. 나는 B 여사 가족과 경쟁하느니 차라리 회색 곰과 맞붙어 싸우는 편이 낫겠다고 생각했습니다. 이들은 탁월한 방식으로 제품을 구매하고 경쟁자들은 상상도 하지 못할 정도로 운영비를 낮춰, 그렇게 절감한 비용 상당액을 고객들에게 넘겨줍니다. 그야말로 이상적인 사업 방식입니다. 고객에게 이례적인 가치를 창출함으로써 기업도 이례적인 경제성을 확보하는 방식이니까요.

빈틈없고 현명한 B 여사는 가족의 미래를 멀리 내다보고 작년에 회사를 팔기로 했습니다. 나는 수십 년 동안 블럼킨 가족과 회사를 높이 평가했으므로 거래를 서둘러 마무리했습니다. 그러나 이제 90세가 된 B 여사는 집에 들어앉아 있으면 오히려 '실성할 위험'이 있었습니다. 그래서 그녀는 여전히 회장직을 유지하면서 주 7일 매장을 지키고 있습니다. 카펫 판매가 그녀의 전문 분야입니다. 그녀가 직접 일으키는 카펫 매출이 다른 카펫 소매상의 대형 영업부 실적과 맞먹을 것입니다.

게다가 블럼킨 가족은 모두 경영 능력이 뛰어납니다. 유전학자들은 블럼킨 가족을 보면 환호할 것입니다. B 여사의 아들 루이 블럼킨은 네브래스카 퍼니처 마트의 사장을 맡아 여러 해 경영하면서, 미국에서 가구와 가전제품을 가장 빈틈없이 구매하는 인물로 널리 인정받았습니다. 루이는 가장 훌륭한 스승을 만났다고 말하고 B 여사는 가장 훌륭한 학생을 가르쳤다고 말합니다. 두 사람 모두 옳습니다. 루이와 그의 세 아들 모두 블럼킨 가족의 사업 능력, 노동윤리에 더해서 가장 중요한 인품까지 갖추었습니다. 게다가 이들은 정말로 좋은 사람들입니다. 우리는 이들과 동업하게 되어 기쁩니다.

탭 댄스를 추는 이유　　　　　1999

　　버크셔 경영자들은 여러모로 매우 이례적인 인물들입니다. 일례로 우리 경영자들 대다수는 이미 회사를 경영하면서 막대한 재산을 모은 부자입니다. 이들이 일하는 것은 돈이 필요해서도 아니고 계약에 얽매여서도 아닙니다. 버크셔는 그런 계약을 하지 않습니다. 이들이 오래도록 열심히 일하는 것은 자신의 회사를 사랑하기 때문입니다.

　　내가 굳이 '자신의 회사'라고 표현한 것은 실제로 우리 경영자들이 회사를 전적으로 책임지기 때문입니다. 이들은 오마하 본사로 와서 프레젠테이션을 할 필요도 없고, 예산을 승인받을 필요도 없으며, 자본적 지출에 대해 의견을 구할 필요도 없습니다. 우리는 단지 경영자들에게 자신의 회사가 앞으로 100년 동안 가족이 보유할 유일한 자산이라고 생각하면서 경영해달라고 부탁할 뿐입니다.

　　찰리와 나는 버크셔 주주들을 대하듯이 우리 경영자들을 대하려고 노력하며, 입장이 뒤바뀌었을 때 우리가 받고자 하는 대우를 주주와 경영자들에게 제공하고자 합니다. 나도 돈이 필요해서 일하는 것은 아니며, 내가 버크셔 일을 사랑하는 이유는 단순합니다. 나는 성취감을 느낄 수 있고, 옳다고 생각하는 일을 자유롭게 할 수 있으며, 내가 좋아하고 신뢰하는 사람들과 매일 소통할 수 있기 때문입니다. 탁월한 달인인 우리 경영자들이라고 다르겠습니까?

　　우리 경영자들은 케네디(John F. Kennedy) 대통령의 지시 "국가가 우리를 위해 무엇을 해줄 수 있는지 묻지 말고, 우리가 국가를 위해 무엇을 할 수 있는지 물어야 한다"를 종종 버크셔에서 따르는 듯합니다. 작년에 있었던 놀라운 이야기입니다. RC윌리는 유타주를 지배하는 가정용 가구회사로서, 1995년 우리가 빌 차일드 가족으로부터 인수했습니다. 빌이 이끄는 경영자들은 대부분 모르몬(Mormon) 교도여서, RC윌리 매장은 일요일에 문을 연 적이 없습니다. 이런 방식으로는 사업하기가 어렵습니다. 일요일에 쇼핑을 즐기는 고객이 많으니까요. 그런데도 빌은 이 원칙을 고수했고, 1954년 매출 25만 달러였던 회사를 인수해 1999년 매출 3억 4,200만 달러짜리 회사로 키웠습니다.

RC윌리가 유타주 밖에서도 성공할 수 있다고 생각한 빌은 1997년 보이시(Boise, 아이다호의 주도)에 매장을 개설하겠다고 제안했습니다. 기존 경쟁자들은 주 7일 영업하는 지역에 새로 진출하면서도 일요일 휴무 정책을 고수하려는 그의 생각에 나는 매우 회의적이었습니다. 그래도 경영자는 빌이었습니다. 나는 내키지는 않았지만 그에게 자신의 사업적 판단과 종교적 신념 둘 다 따라보라고 말해주었습니다.

이때 빌이 정말로 이례적인 제안을 했습니다. 그가 개인 돈으로 토지를 사서 매장을 짓고(실제로 약 900만 달러가 들었습니다) 사업이 성공하면 원가에 버크셔로 넘기겠다고 말했습니다. 한편 매출이 그의 기대에 못 미치면 사업을 접어야 하며 버크셔는 한 푼도 부담하지 않습니다. 그러면 빌은 막대한 투자 손실을 혼자 떠안게 됩니다. 나는 그에게 제안은 고맙지만 사업이 잘될 때 버크셔가 이익을 얻는 조건이라면 안될 때 손실도 부담해야 마땅하다고 말했습니다. 그러나 빌은 주장을 굽히지 않았습니다. 자신의 종교적 신념 탓에 실패한다면 손실도 자신이 떠안고 싶다고 말했습니다.

작년 8월 문을 연 매장은 곧바로 대성공을 거두었습니다. 그러자 빌은 곧 매장을 (가격이 급등한 여분의 토지까지 포함해서) 우리에게 넘겼고 우리는 원가만 지급했습니다. 게다가 빌은 2년 동안 잠긴 자본에 대해서도 이자 한 푼 받지 않았습니다.

다른 상장회사에도 이런 경영자가 있다는 말을 나는 지금까지 들어본 적이 없습니다. 빌 차일드 같은 사람들과 동업할 수 있어서 나는 매일 아침 탭 댄스를 추면서 출근한답니다.

* 주석: 8월 보이시 매장을 조용히 열고서 약 한 달 뒤, 우리는 성대한 개장 행사를 치렀습니다. 당연히 나도 테이프를 끊으러 행사에 참석했습니다(여러분의 회장도 잘하는 일이 있답니다). 나는 청중 앞에 서서, 매출이 기대 수준을 훨씬 뛰어넘은 덕분에 우리 매장이 아이다호에서 단연 최대 가정용 가구 매장이 되었다고 말했습니다. 그리고 연설 도중 내 기억력이 기적적으로 개선되었습니다. 연설 끝 무렵에는 보이시 매장 개설이 내 아이디어였다는 기억까지 되살아나더군요.

항공기쯤은 가져주는 센스　　1999

우리 항공 서비스회사 플라이트세이프티 인터내셔널(FSI)과 이그제큐티브 제트(EJA)는 둘 다 자기 분야에서 압도적인 선도 기업입니다. 넷젯 프로그램으로 항공기 분할소유권을 판매하고 관리하는 EJA는 규모가 2위 경쟁사와 3위 경쟁사를 합한 것보다 더 큽니다. 조종사 훈련을 담당하는 FSI는 규모가 2위 경쟁사의 약 5배입니다.

또 다른 공통점은 두 회사 모두 창업자가 여전히 경영하고 있다는 사실입니다. 알 울치(Al Ueltschi)는 1951년 1만 달러로 FSI를 설립했고, 리치 산툴리(Rich Santulli)는 1986년 항공기 분할소유권산업을 만들어냈습니다. 두 사람 모두 돈이 필요해서가 아니라 회사를 키우려고 일하는 놀라운 경영자들입니다.

두 회사 모두 업계를 선도하고 있지만 경제적 특성은 다릅니다. FSI는 막대한 자본을 지출해야 합니다. 대당 가격이 1,500만 달러까지 이르는 시뮬레이터를 222대 보유하고 있기 때문입니다. 게다가 한 시뮬레이터에서 한 번에 단 한 사람만 훈련받을 수 있으므로 FSI는 매출 1달러당 자본 투자가 매우 높습니다. 따라서 적정 ROE를 유지하려면 영업이익률도 높아야 합니다. 작년 FSI와, FSI가 지분 50%를 보유한 자회사 플라이트세이프티 보잉(FlightSafety Boeing)의 자본적 지출은 2억 1,500만 달러였습니다.

반면에 EJA는 고객이 항공기를 보유합니다. 물론 우리도 탁월한 서비스를 보장하려면 핵심 항공기들을 소유해야 합니다. 예를 들어 추수감사절 다음 일요일은 1년 중 가장 바쁜 날입니다. 항공기 169대의 일부를 소유한 고객 1,412명 중 다수가 오후 3~6시 사이에 항공편 귀항을 원하므로 항공기가 부족합니다. 이날 모든 고객을 원하는 시점에 원하는 곳으로 차질 없이 보내드리려면 우리는 기업 소유 항공기를 공급받아야 합니다.

그래도 항공기 대부분을 고객들이 소유하므로 이 사업에서는 적정 수준의 세전 이익률로도 훌륭한 ROE를 달성할 수 있습니다. 현재 우리 고객들이 소유한 항공기의 가치는 20억 달러가 넘으며 우리가 추가로 주문한 항공기가 42억 달러 상당입니다. 현재 우리 매출을 제약하는 요소는 항공기 부족입니다. 지금 우리는 전 세계 업무용 제트기 생산량의 약 8%를 공급받고 있는데 우리 몫을 더 늘리고 싶습니다. 1999년에는 항공기 공급이 부족했는데도 EJA의 반복 매출(월간 관리 보수 + 시간당 항공 요금)은 46% 증가했습니다.

분할소유권산업은 아직 초창기입니다. EJA는 현재 유럽에서 임계 규모를 쌓아가고 있으며, 장기적으로는 세계 전역으로 사업을 확대할 것입니다. 그 과정에 막대한 비용이 들어가겠지만 우리는 얼마든지 부담할 것입니다. 규모야말로 우리와 고객 모두에게 핵심 요소입니다. 세계 전역에 항공기를 가장 많이 보유한 기업이 고객들에게 최상의 서비스를 제공할 수 있으니까요. "항공기 일부만 사도 항공단을 이용하게 됩니다"라는 EJA의 주장은 과장이 아닙니다.

EJA에는 다른 주요 이점도 있습니다. 2대 경쟁사 모두 항공기 제작사의 자회사여서 모회사의 항공기만 판매하기 때문입니다. 그래서 경쟁사들이 제공하는 객실 스타일과 임무 수행 능력에는 심각한 제약이 있습니다. 반면에 EJA는 5개 제작사의 매우 다양한 항공기를 제공합니다. 따라서 경쟁사들은 고객에게 모회사가 제작한 항공기만 제공하지만, 우리는 고객이 원하는 항공기라면 무엇이든 제공할 수 있습니다.

작년 이 보고서에서 나는 1995년부터 소유한 호커(Hawker) 1000의 지분 4분의 1(연 200시간)에 가족이 매우 만족했다고 설명했습니다. 나도 매우 만족했으므로 직후 세스나 V 울트라(Cessna V Ultra) 지분 16분의 1도 샀습니다. 이제 EJA와 보르샤임에 대한 연간 지출액을 더하면 내 연봉의 10배나 됩니다. 여러분이 버크셔에 대한 연간 지출액을 정할 때도 이 정도를 생각해보시기 바랍니다.

작년 버크셔의 사외이사 두 사람도 EJA와 계약했습니다. (아마 우리가 지급하는 보수가 지나치게 많은 모양입니다.) 두 이사와 나도 다른 고객들과 똑같은 금액을 치렀다는 점을 밝혀둡니다. EJA는 최혜국 정책을 따르므로 누구에게도 특별 가격을 적용하지 않습니다.

이제 여러분도 결심하십시오. 작년 EJA가 마지막 시험을 통과했습니다. 찰리도 계약한 것입니다. EJA의 서비스를 찰리처럼 웅변적으로 지지

해줄 사람은 어디에도 없습니다. 1-800-848-6436으로 전화해서 분할소유권 계약서를 보내달라고 부탁하십시오.

신문사를 계속 소유하는 이유 · 2006

우리 자회사들의 이익이 항상 증가하기만 하는 것은 아닙니다. 산업의 근본적인 경제성이 흔들리면, 유능한 경영자라고 해도 실적 둔화 속도를 늦출 수 있을 뿐입니다. 근본적인 경제성이 무너지면 유능한 경영자도 결국 쓰러지게 됩니다. (오래전에 지혜로운 친구가 내게 말해주었습니다. "훌륭한 기업가로 명성을 얻고 싶다면 반드시 경제성 좋은 분야로 진출해야 한다네.") 신문산업은 경제성이 확실히 악화하고 있습니다. 그래서 우리 〈버펄로뉴스〉의 실적도 하락 추세로 접어들었습니다. 이런 하락 추세는 거의 틀림없이 계속 이어질 것입니다.

찰리와 내가 젊은 시절에는 미국에서 높은 수익을 올리기에 신문 사업이 가장 쉬웠습니다. 그다지 똑똑하지 않은 신문 발행인이 유명한 말을 했습니다. "내가 이렇게 출세한 것은 두 가지 훌륭한 미국 제도 덕분입니다. 하나는 족벌주의이고 하나는 독점입니다." 신문이 아무리 부실하거나 경영진이 아무리 무능해도 도시에 신문이 하나뿐이라면 그 신문은 돈을 쓸어 모을 수밖에 없었습니다.

신문산업이 이렇게 막대한 이익을 올린 이유는 간단합니다. 20세기 대부분 기간에 신문은 미국 대중이 정보를 얻는 주요 원천이었습니다. 주제가 스포츠든, 금융이든, 정치든, 신문이 최고의 원천이었습니다. 게다가 일자리를 찾거나 동네 슈퍼마켓의 식료품 가격을 파악하기에도 신문 광고가 가장 쉬운 방법이었습니다.

그래서 대다수 가구가 신문을 매일 보아야 했지만 신문을 두 가지나 구독하려는 마음은 없었습니다. 광고주들은 판매 부수가 가장 많은 신문을 선호했고, 독자들은 광고와 뉴스 지면이 가장 많은 신문을 원했습니다. 이런 순환 논리에 따라 "가장 두꺼운 신문이 살아남는다(Survival of the Fattest)"라는 신문산업 정글의 법칙이 만들어졌습니다.

따라서 주요 도시에 신문이 둘 이상일 때는(100년 전에는 거의 모든 도시에 신문이 둘 이상이었습니다), 앞서 나가는 신문이 유일한 승자로 떠올랐습니다. 경쟁이 사라진 다음에는 신문사가 광고료와 구독료를 마음대로 정했습니다. 대개 해마다 광고료와 구독료를 모두 인상했으므로 신문사는 돈을 쓸어 담았습니다. 신문사 소유주에게는 천국이 따로 없었습니다. (신문들은 예컨대 자동차산업이나 철강산업의 엄청난 수익성에 대해서는 못마땅해하는 어조로 자주 보도했지만, 돈을 쓸어 담는 신문산업에 대해서는 절대 보도하는 일이 없었습니다. 흥미로운 일이지요.)

그러나 오래전 1991년 주주 서한에서, 이렇게 세상과 격리되어 호황을 누려온 신문산업의 환경이 바뀌는 중이라고 나는 주장했습니다. "대중매체산업은 불과 몇 년 전까지 나나 산업 관계자나 대출회사들이 생각했던 것보다 경제성이 훨씬 나빠질 것입니다." 이 말과 이후 나의 경고에 일부 신문사는 불쾌감을 드러냈습니다. 그런데도 신문사 소유권은 불멸의 슬롯머신인 것처럼 계속해서 높은 가격에 거래되었습니다. 실제로 주요 세계적 사건들을 상술하고 분석하던 신문사의 똑똑한 간부들조차 자신의 발밑에서 진행되는 상황을 못 보거나 무관심했습니다.

그러나 이제는 거의 모든 신문사 소유주가 가입자 획득 전쟁에서 계속 밀리고 있다는 사실을 실감하고 있습니다. 간단히 말하면 사람들은 신문의 존재를 잊어버린 듯, 인터넷을 비롯해서 케이블방송과 위성방송을 먼저 떠올립니다.

버크셔에서는 스탠 립시가 〈버펄로뉴스〉를 훌륭하게 운영 중이고, 나는 그 편집자 마거릿 설리번(Margaret Sullivan)을 큰 자랑으로 여깁니다. 〈버펄로뉴스〉의 보급률은 미국 대형 신문사 중 최고입니다. 게다가 버펄로시의 인구와 경기가 좋지 않은데도 대부분 대도시 신문사보다도 좋은 재무 실적을 유지하고 있습니다. 그렇더라도 이 사업은 끊임없이 이익률 하락 압박을 받고 있습니다.

물론 〈버펄로뉴스〉는 인터넷 뉴스 사업을 선도하고 있으며 계속해서 더 많은 독자와 광고를 유치할 것입니다. 그러나 클릭 한 번에 무료로 제공되는 대체 정보원과 오락이 많은 탓에, 인터넷 뉴스 사이트의 수익 잠재력은 과거 경쟁이 없던 시절 종이 신문의 극히 일부에 불과합니다.

지금도 지역 거주자가 그 지역 신문을 소유하게 되면, 스포츠팀을 소유한 구단주처럼 즉시 저명인사가 됩니다. 그리고 권력과 영향력도 얻게 됩니다. 그래서 부자들은 신문사에 강한 매력을 느낍니다. 게다가 공익 정신이 있는 부자들은 지역 신문을 소유함으로써 지역 사회에 이바지할 수 있다고 생각합니다. 바로 이런 이유로 피터 키위트(Peter Kiewit)는 40여 년 전 〈오마하 신문〉을 샀던 것입니다.

따라서 수익성에 상관없이 주요 스포츠팀을 인수하는 사람이 있는 것처럼, 앞으로도 수익성에 상관없이 신문사를 인수하는 개인이 나타날 것입니다. 그러나 신문사 소유주를 꿈꾸는 사람들이 주의할 사항이 있습니다. 신문사의 매출이 비용에도 못 미쳐 손실이 급증하지 말란 법은 없습니다. 신문사는 고정비 비중이 커서, 판매 부수가 감소하면 타격이 큽니다. 게다가 스포츠팀 구단주는 아마도 명성을 계속 유지하겠지만, 신문의 중요성이 감소하면 신문사 소유주가 누리는 '심리적 가치'도 감소하게 됩니다.

전에도 말했듯이 우리는 신문사가 돌이킬 수 없는 적자 상태로 빠지지 않는 한 계속 보유할 것입니다. 찰리와 나는 신문을 사랑하며 (우리는 하루에 다섯 부씩 구독합니다) 자유롭고 열정적인 신문이 훌륭한 민주주의 유지에 핵심 요소라고 믿습니다. 우리는 종이 신문과 인터넷 신문을 결합하면 신문의 파산을 막을 수 있을 것으로 기대하며, 버펄로에서 지속 가능한 사업 모델 개발에 노력을 기울일 것입니다. 나는 우리가 성공하리라 생각합니다. 그러나 신문으로 큰돈을 벌던 시대는 지나갔습니다.

나무 말고 숲 `2016`

우리 제조, 서비스, 소매회사들은 막대 사탕에서 제트기에 이르기까지 다양한 상품을 판매합니다.

일부 기업은 경제성이 탁월해서 세후 순유형자산이익률이 100%를 초과하기도 합니다. 다른 기업들도 대부분 12~20% 수준으로 양호한 실적을 내고 있습니다.

그러나 몇몇 기업은 수익률이 매우 낮은데 이는 내가 자본 배분에 심각한 실수를 저지른 결과입니다. 대부분 그 기업이나 업종의 경제 특성을 내가 잘못 평가한 탓에 지금 우리가 대가를 치르고 있습니다. 때로는 경영진의 충성도나 능력을 잘못 평가하기도 했습니다. 장담하는데 앞으로도 나는 실수를 또 저지를 것입니다. 다행히 항상 단도직입적인 찰리가 곁에서 내 터무니없는 아이디어에 대해 "그건 아니야"라고 말해줄 것입니다.

우리 제조, 서비스, 소매 집단에 속한 기업들을 하나의 기업으로 보면 탁월합니다. 2016년에 보유한 순유형자산은 평균 256억 달러였고 부채는 거의 없이 초과 현금이 매우 많았는데도 세후 순유형자산이익률이 24%였습니다.

물론 경제성이 뛰어난 기업이더라도 인수 가격이 지나치게 높으면 부실한 투자가 될 수 있습니다. 우리는 대부분 기업을 인수할 때 순유형자산에 상당한 웃돈을 치렀으며, 이는 우리 영업권과 기타 무형자산 항목에 거액으로 나타납니다. 그렇더라도 우리는 이 섹터에서 근사한 순유형자산이익률을 기록하고 있습니다. 경기가 침체하지 않는다면 2017년 이 집단의 이익은 증가할 것입니다. 2016년 인수한 듀라셀과 프리시전 캐스트파츠도 처음으로 만 1년 이익을 이 집단에 보탤 것입니다. 게다가 2016년 듀라셀에서는 대규모 일회성 비용이 발생하기도 했습니다.

이 섹터에 속한 기업은 너무 많아서 개별적으로 언급할 수가 없습니다. 게다가 현재 경쟁자와 잠재 경쟁자들도 이 보고서를 읽습니다. 이들이 우리 실적을 파악하면 우리 자회사 몇몇은 불리해질 수도 있습니다. 따라서 버크셔 평가에 크게 중요하지 않은 일부 자회사에 대해서는 규정에 의한 필수 정보만 공개하겠습니다. 그러나 관건은 버크셔라는 숲이 성장하는 것입니다. 나무 한 그루에 지나치게 집중한다면 어리석은 행동입니다.

철도회사와 전력회사 `2016`

우리 BNSF 철도와 우리 지분이 90%인 공익기업 버크셔 해서웨이 에너지(BHE)는 다른 자회사와 주요 특성이 구분되는 대형 자회사들입니다. 따라서 이들의 결합재무제표 실적을 우리의 GAAP 기준 재무상태표와 손익계산서에서 분리해 별도 섹션으로 다루고자 합니다. 작년 두 회사의 이익을 더하면 버크셔 세후 영업이익의 33%나 됩니다.

두 회사의 핵심 특성은 버크셔의 보증 없이 거액을 장기 부채로 조달해 규제 대상 자산에 초장기로 투자한다는 점입니다. 두 회사는 심각한 침체기에도 이자를 충분히 감당할 만큼 수익력이 강하므로 실제로 우리의 보증이 필요하지 않습니다. 예를 들어 작년에는 철도회사들의 실적이 부진했는데도 BNSF의 이자보상배수는 6배가 넘었습니다. (우리가 사용하는 이 자보상배수의 정의는 '이자 및 세전 이익/이자'입니다. 흔히 사용되는 'EBITDA(이자, 법인세, 감가상각비, 감모상각비 차감 전 순이익)/이자'는 심각한 결함이 있는 척도라고 봅니다.)

그리고 BHE는 어떤 상황에서도 이자를 상환할 수 있는 두 가지 요소를 갖췄습니다. 첫째는 모든 공익기업에 공통적인 요소로서, 필수 서비스를 독점적으로 제공하는 회사라서 침체기에도 이익이 잘 유지된다는 점입니다. 둘째는 다른 공익기업에서는 찾아보기 어려운 요소로서, 수익원이 매우 다양해서 당국 한 곳에서 규제를 받더라도 심각한 타격을 입지 않는다는 점입니다. BHE는 이렇게 수익원이 다양한 데다가 재무 구조가 건전한 버크셔의 자회사이므로 지금까지 자금 조달 비용을 대폭 낮출 수 있었습니다. 따라서 우리와 고객 모두 혜택을 보고 있습니다.

작년 BHE와 BNSF가 공장과 설비에 투자한 금액은 모두 89억 달러로서 미국의 인프라에 막대한 자금을 투입했습니다. 합리적인 수익을 약속해주기만 한다면 우리는 이렇게 막대한 투자를 매우 좋아합니다. 그리고 우리는 공익산업의 장래성을 깊이 신뢰합니다.

이렇게 신뢰하는 근거는 우리에게 과거 경험이 있는 데다가, 운송과 에너지 분야에 사회가 끝없이 막대한 투자를 해야 하기 때문입니다. 정부는 자본가들이 핵심 프로젝트에 끊임없이 자금을 투입하도록 유도해야 정부 자신에도 이롭습니다. 그리고 우리도 정부와 국민이 인정하는 방식으로 사업을 영위해야 우리 자신에게 이롭습니다.

가격을 낮추면 정부와 국민이 매우 기뻐합니다. 아이오와에서 BHE가 공급하는 전력의 소매 요금은 킬로와트시(kWh)당 7.1센트입니다. 그러나 아이오와에서 다른 주요 전력회사인 얼라이언트가 공급하는 소매 요금은 평균 9.9센트입니다. 인접한 주의 소매 요금도 비슷한 수준이어서 네브래스카는 9.0센트, 미주리는 9.5센트, 일리노이는 9.2센트, 미네소타는 10.0센트입니다. 미국 평균은 10.3센트입니다. 우리는 아이오와 주민들에게 적어도 2029년까지는 기본요금을 인상하지 않겠다고 약속했습니다. 우리 요금이 최저이므로, 우리는 생활비에 쪼들리는 고객들에게 실제로 비용을 절감해드리고 있습니다.

BNSF는 다른 주요 철도회사들과 가격을 비교하기가 훨씬 어렵습니다. 화물 구성과 평균 수송 거리가 매우 다르기 때문입니다. 그래도 매우 거칠게나마 비교하자면, 작년 톤-마일당 요금이 우리는 3센트 미만이었고 나머지 4대 미국 철도회사의 요금은 4~5센트였습니다.

BHE와 BNSF 둘 다 환경 친화 기술 분야를 계속 선도하고 있습니다. 풍력발전 분야에서는 아이오와가 단연 앞서 가는데, 작년 소매 고객들에게 판매된 풍력발전량 중 55%를 우리가 생산했습니다. (우리가 진행 중인 추가 풍력발전 프로젝트가 완료되면 2020년에는 그 비중이 89%로 증가할 것입니다.)

저렴한 전력 요금은 이차편익(二次便益)까지 제공합니다. 그동안 대규모 첨단 기술 시설들이 아이오와에 줄지어 들어섰는데, 전력 요금이 저렴한 데다가(데이터 센터들은 전력 사용량이 막대) 기술회사 CEO 대부분은 재생에너지 사용에 열광적이기 때문입니다. 풍력발전으로 말하자면 아이오와는 미국판 사우디아라비아에 해당합니다.

BNSF 역시 다른 주요 철도회사들과 마찬가지로 화물 1톤을 500마일 운송하는 데 디젤 연료 단 1갤런(약 4리터)을 소비할 뿐입니다. 그래서 연료 효율성이 트럭보다 4배나 높습니다. 게다가 철도는 고속도로 교통 정체 현상까지 대폭 줄여주므로 고속도로 유지 관리에 들어가는 세금도 절감해줍니다.

결국 BHE와 BNSF가 보유한 자산은 버크셔 주주들은 물론 미국에도 매우 중요한 자산입니다.

비보험 자회사의 거대 기업 인수 2017

전체로 보았을 때(투자 소득 제외) 비보험 사업의 2017년 세전 이익은 200억 달러로 2016년보다 9억 5,000만 달러 증가했습니다. 2017년 이익의 약 44%는 두 자회사에서 나왔습니다. 우리 철도회사 BNSF와 버크셔 해서웨이 에너지(우리 지분 90.2%)입니다.

두 회사 다음으로 이익을 많이 낸 우리 비보험 자회사 5개(클레이턴홈즈, IMC, 루브리졸, 마몬, 프리시전 캐스트파츠)의 2017년 세전 이익 합계는 55억 달러로, 2016년에 기록한 54억 달러와 거의 같은 수준입니다. 그다음 자회사 5개(포리스트리버, 존즈 맨빌(Johns Manville), 마이텍(MiTek), 쇼(Shaw), TTI)의 2017년 세전 이익 합계는 21억 달러로, 2016년 17억 달러보다 증가했습니다. 나머지 자회사들의 2017년 세전 이익 합계는 37억 달러로, 2016년에 기록한 35억 달러와 거의 같습니다.

비보험 자회사들의 감가상각비 합계액은 76억 달러였고 자본적 지출 합계액은 115억 달러였습니다. 버크셔는 항상 사업 확대를 추구하므로 늘 자본적 지출이 감가상각비보다 훨씬 많습니다. 우리 투자는 거의 90%가 미국에서 이루어집니다. 미국의 경제적 토양은 여전히 비옥하니까요.

상각비로도 13억 달러가 지출되었습니다. 나는 우리 상각비 대부분이 진정한 비용이 아니라고 생각합니다. 그러나 이를 부분적으로 상쇄하는 악재가 있습니다. 다른 철도회사들과 마찬가지로 BNSF도 철도를 최상의 상태로 유지하려면 감가상각비보다 훨씬 많은 비용을 지출해야 합니다.

버크셔의 목표는 비보험 자회사 그룹의 이익을 대폭 증가시키는 것입니다. 이를 위해서는 거대 기업을 하나 이상 인수해야 합니다. 인수 자금은 충분합니다. 버크셔가 보유한 현금과 단기 국채(평균 만기 88일)는 2016년 말 864억 달러에서 2017년 말 1,160억 달러로 증가했습니다. 그러나 이렇게 막대한 유동성이 벌어들이는 이익은 매우 적어서 찰리와 내가 기대하는 수준에 훨씬 못 미칩니다. 이 잉여 자금이 더 생산적인 자산으로 전환되면 우리 미소가 더 환해질 것입니다.

법인세율 인하와 자회사 이익 증가율 `2018`

이제 버크셔에서 가장 소중한 과수원인 비보험 자회사들을 살펴보겠습니다. 그러나 경쟁자들이 이용할 만한 정보는 함부로 공개하지 않는다는 점을 기억해두시기 바랍니다.

전체로 보았을 때 비보험 자회사들의 2018년 세전 이익은 208억 달러로 2017년보다 24% 증가했습니다. 2018년 인수한 자회사에서 나온 이익은 이번에도 미미한 수준입니다.

2018년 이익 증가율이 세전 기준으로는 24%지만 세후 기준으로는 이보다 훨씬 큰 47%입니다. 주로 2018년 초 시행된 법인세율 인하 덕분입니다. 법인세율 인하가 미친 영향이 이토록 큰 이유를 알아봅시다.

먼저 경제 현실을 봅시다. 좋든 싫든 미국 정부는 의회가 정하는 바에 따라 버크셔가 벌어들이는 이익 중 일부를 소유하게 됩니다. 미국 정부(재무부)는 버크셔로부터 거액의 배당(즉 세금)을 받는 특별한 종류의 주식(이하 AA주)을 보유하는 셈입니다. 2017년까지는 법인세율이 35%였으므로 정부는 AA주로 두둑한 배당을 받았습니다. 1965년 우리가 버크셔를 인수하던 해에는 한 푼도 못 받았지만 이제는 매년 수십억 달러를 받아 가고 있습니다. 그러나 작년 법인세율이 21%로 인하되자 정부는 보유 중이던 AA주 40%(14%/35%)를 버크셔에 무상으로 돌려주었습니다. 따라서 버크셔가 벌어들이는 이익 중 A주와 B주 주주들의 몫이 대폭 증가했습니다.

이에 따라 여러분과 내가 보유한 버크셔 주식의 내재가치도 대폭 상승했습니다. 똑같은 이유로 버크셔가 보유한 주식의 내재가치도 거의 모두 상승했습니다.

이것이 주요 뉴스입니다. 그러나 법인세율 인하 탓에 우리 이익이 감소한 측면도 있습니다. 예를 들어 우리 대형 공익기업들이 받던 세금 혜택이 공익기업 고객들에게 넘어갔습니다. 한편 우리가 국내 기업들로부터 받는 막대한 배당에 적용되는 세율은 약 13%로 거의 바뀌지 않았습니다(배당세율은 오래전부터 낮게 유지되고 있습니다. 기업들이 벌어들인 이익에 대해 이미 세금을 납부했기 때문입니다). 하지만 전체적으로 보면 법인세율 인하 덕분에 버크셔와 우리가 보유한 주식의 가치가 대폭 상승했습니다.

이제 비보험 자회사들의 실적을 다시 살펴봅시다. 이 과수원에서 우뚝 솟은 나무 두 그루가 철도회사 BNSF와 버크셔 해서웨이 에너지입니다. 두 회사가 2018년에 벌어들인 세전 이익은 93억 달러로 2017년보다 6% 증가했습니다. 두 회사 다음으로 이익을 많이 낸 우리 비보험 자회사 5개를 알파벳 순서로 열거하면 클레이턴홈즈, IMC, 루브리졸, 마몬, 프리시전 캐스트파츠입니다. 이들의 세전 이익 합계는 2017년 55억 달러에서 2018년 64억 달러로 증가했습니다. 그다음으로 이익을 많이 낸 자회사 5개(포리스트리버, 존즈 맨빌, 마이텍, 쇼, TTI)의 세전 이익 합계는 2017년 21억 달러에서 2018년 24억 달러로 증가했습니다.

나머지 자회사들 수십 개의 세전 이익 합계는 2017년 33억 달러에서 2018년 36억 달러로 증가했습니다.

버크셔의 결혼 생활 `2019`

소중한 버크셔 이사 겸 전대미문의 위대한 경영자였던 톰 머피가 오래전 내게 기업 인수에 관해 중요한 조언을 해주었습니다. "훌륭한 경영자라는 평판을 얻으려면 반드시 훌륭한 기업들만 인수해야 한다네."

그동안 버크셔는 수십 개 기업을 인수했습니다. 처음에 나는 이들 모두 '훌륭한 기업'이라고 생각했습니다. 그러나 일부는 실망스러운 기업으로 드러났고 몇 개는 끔찍한 실패작이었습니다. 반면 상당수는 내 기대를 뛰어넘었습니다.

고르지 않은 인수 실적을 돌아보면서 나는 기업 인수가 결혼과 비슷하다고 판단했습니다. 결혼은 행복한 결혼식으로 시작되지만 이후 현실은 기대했던 모습에서 벗어나기 일쑤입니다. 가끔은 두 사람의 기대를 뛰어넘는 큰 기쁨을 안겨주기도 하지만 환멸로 이어질 때도 있습니다. 이런 모습을 기업 인수에 적용해보면, 충격을 받는 쪽은 대개 인수하는 기업입니다. 인수를 시도하는 동안 환상에 빠지기 쉽기 때문입니다.

비유하자면 버크셔의 결혼 실적은 대체로 괜찮은 편이어서 양쪽 모두 오래전에 내린 결정에 만족하고 있습니다. 우리 배우자 중 일부는 매우 훌륭했습니다. 그러나 일부 배우자를 보면 곧바로 내가 무슨 생각으로 프러포즈를 했는지 의심하게 됩니다.

다행히 내 실수에서 비롯된 악영향은 시간이 흐를수록 감소했습니다. 부실한 기업 대부분이 그렇듯이 이들은 사업이 계속 침체했고, 버크셔에서 차지하는 사업 자본 비중도 시간이 흐를수록 계속 감소했습니다. 반면 '훌륭한' 기업들은 성장해 매력적인 투자 기회를 추가로 제공했습니다. 이렇게 상반된 흐름 때문에 훌륭한 기업들이 버크셔의 전체 자본에서 차지하는 비중이 점차 증가했습니다.

이런 자본 흐름의 극단적인 사례가 초기 버크셔의 직물 사업입니다. 1965년 초 우리가 버크셔의 경영권을 인수했을 때, 거의 모든 자본이 고전하던 이 직물 사업에 들어가야 했습니다. 비수익 직물 사업은 상당 기간 전체 수익률을 대폭 끌어내렸습니다. 그러나 우리는 마침내 '훌륭한' 기업들을 다양하게 인수했고, 1980년대 초에는 버크셔의 전체 자본에서 차지하는 직물 사업의 비중이 미미한 수준으로 감소했습니다.

현재 우리 자본은 대부분 자회사에 투자되어 있으며 이들의 유형자본 이익률은 양호하거나 탁월한 수준입니다. 그중에서 우리 보험 사업이 슈퍼스타입니다. 보험 사업은 성과를 측정하는 방식이 독특해서 대부분 투자자에게 생소합니다. 이에 대해서는 다른 섹션에서 논의하겠습니다.

우리는 다양한 비보험 자회사들을 이익 규모에 따라 분류합니다. 이때 이익은 이자, 감가상각비, 세금, 비현금 급여, 구조조정 비용 등 성가시지만 매우 현실적인 비용(CEO와 월스트리트 사람들은 투자자들에게 무시하라고 권유하는 비용)을 모두 차감한 이익입니다.

버크셔의 비보험 그룹을 이끄는 쌍두마차인 철도회사 BNSF와 버크셔 해서웨이 에너지의 2019년 이익 합계(버크셔 해서웨이 에너지는 우리 지분 91%에 해당하는 이익만 계산)는 83억 달러로서, 2018년보다 6% 증가했습니다. 두 회사 다음으로 이익을 많이 낸 우리 비보험 자회사 5개를 알파벳 순서로 열거하면 클레이턴홈즈, IMC, 루브리졸, 마몬, 프리시전 캐스트파츠입니다. 이들의 2019년 이익 합계는 48억 달러로서 2018년과 거의 같습니다.

그다음으로 이익을 많이 낸 자회사 5개(버크셔 해서웨이 오토모티브, 존즈 맨빌, 넷젯, 쇼, TTI)의 이익 합계는 2018년 17억 달러에서 2019년 19억 달러로 증가했습니다. 나머지 자회사들 수십 개의 이익 합계는 2018년 28억 달러에서 2019년 27억 달러로 감소했습니다.

우리 비보험 자회사들 전체의 이익 합계는 2018년 172억 달러에서 2019년 177억 달러로 3% 증가했습니다. 기업 인수와 매각이 이 실적에 미친 영향은 거의 없습니다.

***

끝으로 버크셔의 사업이 얼마나 다양한지 보여주는 사례 하나를 소개하겠습니다. 2011년부터 우리는 루브리졸을 보유했습니다. 오하이오에 기반을 둔 회사로서 오일 첨가제를 생산해 세계 전역에 판매하고 있습니다. 그런데 2019년 9월 26일 인접한 소규모 사업장에서 발생한 불이 루브리졸 소유의 대규모 프랑스 공장에 옮겨붙었습니다. 그 결과 루브리졸은 심각한 재산 피해를 입었고 사업도 중단되었습니다. 그래도 거액의 보험금 덕분에 재산 손실과 사업 중단 손실의 충격이 완화될 것입니다. 그런데 작고한 라디오 진행자 폴 하비(Paul Harvey)의 표현을 빌리면 '아직 못다 한 이야기'가 있습니다. 루브리졸에 거액의 보험금을 지급하는 보험사가 바로 버크셔의 자회사입니다.

마태복음 6장 3절에서는 "오른손이 하는 일을 왼손이 모르게 하라"라고 가르칩니다. 여러분의 회장은 이 가르침을 그대로 따랐습니다.

버크셔 해서웨이 에너지　　2019

올해는 버크셔 해서웨이 에너지 인수 20주년입니다. 그동안 이룬 성과를 돌아보겠습니다.

먼저 전력 요금부터 살펴보겠습니다. 2000년 우리가 버크셔 해서웨이 에너지의 지분 76%를 인수하면서 전력 사업에 진출했을 때 아이오와 고객들이 지불하던 전력 요금은 킬로와트시당 평균 8.8센트였습니다. 이후 우리가 부과한 주택용 전력 요금의 상승률은 연 1% 미만이었고 2028년까지 기본요금을 인상하지 않겠다고 약속했습니다. 반면 다른 대형 투자자가 보유한 아이오와 전력회사의 작년 요금은 61% 더 높았습니다. 이 회사는 최근에도 요금을 인상했으므로 이제는 차이가 70%로 벌어졌습니다.

이렇게 요금 차이가 크게 벌어진 주된 이유는 우리가 풍력발전에서 큰 성과를 거두었다는 점입니다. 2021년에는 버크셔 해서웨이 에너지가 보유한 풍력발전 터빈으로 아이오와에서 생산하는 전력이 약 2,520만 메가와트시(MWh)에 이를 전망입니다. 이 생산량이면 현재 아이오와 고객들의 연간 소비량 약 2,460만 MWh를 모두 충족하게 됩니다. 다시 말해서 버크셔 해서웨이 에너지가 아이오와주에서 풍력발전으로 자급자족을 달성하게 된다는 뜻입니다.

반면 다른 아이오와 전력회사는 풍력발전 비중이 10%에도 못 미칩니다. 우리가 알기로 2021년까지 풍력발전 자급자족을 달성하는 다른 전력회사는 어디에도 없습니다. 2000년 버크셔 해서웨이 에너지의 주요 고객은 농부들이었습니다. 그러나 지금은 주요 고객 다섯 중 셋은 거대 첨단 기술 기업입니다. 이들이 아이오와에 공장을 설립한 이유 중 하나는 버크셔 해서웨이 에너지가 저비용 재생 가능 에너지를 공급하는 것이라고 생각합니다.

물론 바람이 항상 부는 것은 아니므로 우리 풍력발전기도 24시간 내내 가동되지는 않습니다. 바람이 불지 않을 때는 비풍력발전기로 필요한 전력을 확보합니다. 반면 풍력발전량이 남아돌 때는 잉여 전력을 이른바 '배전망'을 통해서 다른 전력회사에 공급합니다. 그러면 그만큼 석탄이나 천연가스 등 탄소 자원을 이용한 전력 생산이 감소하게 됩니다.

현재 버크셔가 보유한 버크셔 해서웨이 에너지 지분은 91%이며 월터 스콧 2세 및 그레그 에이블과 동업 중입니다. 우리가 인수한 이후 버크셔 해서웨이 에너지는 배당을 한 번도 지급한 적이 없고 지금까지 유보한 이익이 280억 달러입니다. 전력회사들은 관행적으로 이익의 80% 이상 고배당을 지급해왔으므로 버크셔 해서웨이 에너지는 전력업계에서 특이한 사례에 해당합니다. 우리는 더 많이 투자할수록 더 좋다는 생각입니다.

현재 버크셔 해서웨이 에너지는 운영 능력과 경험이 풍부하므로 초대형 전력 프로젝트도 수행할 수 있습니다. 예컨대 1,000억 달러 이상 투자가 필요한 전력 인프라를 구축해 국가, 지역 사회, 주주들에게 혜택을 제공할 수 있습니다. 우리는 언제든 이런 기회를 이용할 의지와 능력을 갖추고 있습니다.

두 거대 기업 BNSF와 BHE　　　　2020

우리 회사에 대해 최근에 알게 된 사실이 있습니다. 버크셔가 미국에 보유한 설비 투자(미국의 '사업 기반 시설'을 구성하는 자산 유형)의 GAAP 평가액이 미국 기업 중 최고라는 것입니다. 이들 미국 '고정자산'에 대한 버크셔의 감가상각 원가는 1,540억 달러입니다. 우리 다음으로 고정자산의 감가상각 원가가 많은 기업은 AT&T로 1,270억 달러입니다.

단지 우리가 보유한 고정자산 평가액이 최고라고 해서 우리가 투자에 성공했다고 볼 수는 없습니다. 최고의 실적을 달성하려면 최소의 자산으로 높은 이익률을 내야 하며, 약간의 추가 자본만으로도 상품이나 서비스 매출을 확대할 수 있어야 합니다. 실제로 우리는 이렇게 이례적인 기업을 몇 개 보유하고 있지만 이들은 규모가 비교적 작고 성장성도 낮습니다.

중자산 기업도 훌륭한 투자 대상이 될 수 있습니다. 사실 우리는 두 거대 기업 BNSF와 BHE가 있어서 매우 기쁩니다. 우리가 BNSF를 인수하고서 만 1년이 지난 2011년 두 거대 기업의 순이익 합계가 42억 달러였습니다. 2020년에는 고전하는 기업이 많았는데도 두 거대 기업의 순이익 합계가 83억 달러였습니다. BNSF와 BHE에는 향후 수십 년 동안 거액의 자본적 지출이 필요합니다. 좋은 소식은 둘 다 추가 투자에 대해 적정 수익률이 기대된다는 점입니다.

먼저 BNSF를 살펴봅시다. 이 철도회사는 철도, 트럭, 파이프라인, 바지선, 항공기 등으로 미국 안에서 운송되는 화물의 전체 장거리 톤-마일 (화물 톤 수와 운송 거리를 곱한 값) 중 약 15%를 운송하고 있습니다. 운송량 면에서 BNSF가 압도적인 1위입니다. 미국 철도의 역사는 매우 흥미롭습니다. 약 150년 동안 철도 건설 광풍, 부정행위, 과잉 건설, 파산, 구조조정과 합병을 거친 후 마침내 철도산업은 수십 년 전 합리화된 성숙 산업으로 부각되었습니다.

BNSF는 1850년 일리노이주 북동부에서 12마일짜리 철도로 사업을 시작했습니다. 이후 지금까지 390개 철도를 인수하거나 합병했습니다. BNSF의 유구한 역사는 다음 자료를 참고하시기 바랍니다.

http://www.bnsf.com/bnsf-resources/pdf/about-bnsf/History_and_Legacy.pdf

버크셔는 2010년 초 BNSF를 인수했습니다. 이후 BNSF는 고정자산에 410억 달러를 투자했는데 이는 감가상각비를 200억 달러 초과하는 규모입니다. 철도 운송은 야외 스포츠와 같습니다. 극도로 춥거나 더운 날씨에도 길이가 1마일이나 되는 열차를 사막이든 산악이든 지형 조건 가리지 않고 안전하게 운행해야 하기 때문입니다. 대규모 홍수도 주기적으로 발생합니다. BNSF는 28개 주에 걸쳐 2만 3,000마일의 철도를 보유하고 있으며 비용이 얼마가 들더라도 방대한 철도 시스템의 안전성을 유지하고 서비스를 극대화해야 합니다.

BNSF는 지금까지 버크셔에 상당한 배당을 지급했습니다. 모두 418억 달러입니다. 그런데 BNSF는 사업과 유지·보수에 필요한 자금을 모두 지출하고서 남은 현금이 약 20억 달러를 초과할 때만 배당을 지급합니다. 이렇게 보수적인 정책 덕분에 BNSF는 버크셔의 보증 없이 자금을 저금리로 조달할 수 있습니다.

BNSF에 관해서 한마디만 보태겠습니다. 작년 CEO 칼 아이스(Carl Ice)와 2인자 케이티 파머(Katie Farmer)는 심각한 경기 침체에 대응하면서도 비용을 탁월하게 관리했습니다. 화물 운송량이 7% 감소했는데도 두 사람은 BNSF의 이익률을 2.9%포인트 증가시켰습니다. 칼은 오래전 계획에 따라 연말에 은퇴했고 케이티가 후임 CEO 자리를 이었습니다. 여러분의 철도회사는 잘 관리되고 있습니다.

BNSF와는 달리 BHE는 배당을 지급하지 않습니다. 이는 전력산업의 관행에 비추어 보면 매우 이례적입니다. 우리가 BHE를 보유한 21년 동안 이렇게 엄격한 정책이 계속 유지되었습니다. 철도산업과 달리 미국 전력산업은 거대한 변신이 필요하므로 결국 엄청난 비용을 투입해야 합니다. 이 변신 과정에서 BHE가 향후 수십 년 동안 벌어들이는 이익을 모두 지출하게 될 것입니다. 우리는 이 도전을 환영하며 추가 투자에 대해 적절한 보상을 받게 되리라 믿습니다.

BHE의 노력 한 가지에 관해 설명하겠습니다. BHE는 180억 달러를 투자해 서부 전역의 노후 배전망 상당 부분을 수리하고 확장합니다. 2006년 BHE가 시작한 이 프로젝트는 2030년에 완료될 예정입니다. 네, 2030년입니다.

재생 가능 에너지가 등장하면서 우리 프로젝트는 사회에 필수적인 일이 되었습니다. 지금까지 오랜 기간 널리 보급된 석탄발전소는 인구 밀집 지역 근처에 건립되었습니다. 그러나 풍력 및 태양광 발전에 가장 적합한 장소는 대개 외딴 지역입니다. 2006년 BHE 분석에 의하면 서부 송전선에 막대한 투자가 필요했습니다. 그러나 이런 투자를 감당할 만큼 재무상태가 건전한 기업이나 정부 기관은 거의 없었습니다.

BHE는 미국의 정치, 경제, 사법 제도를 믿고 이 프로젝트를 진행하기로 했습니다. 우리는 수십억 달러를 투자한 뒤에야 유의미한 매출을 기대할 수 있습니다. 송전선이 여러 주의 경계선과 관할 구역을 통과해야 하는데 저마다 규정과 선거구가 다릅니다. BHE가 고객들에게 전력을 공급하기 위해서는 수많은 토지 소유자와 거래해야 하고, 재생에너지 공급자 및 먼 곳의 전력 유통회사와 복잡한 계약을 체결해야 하며, 곧바로 신세계가 열리길 기대하는 몽상가와 기존 체제를 지키려는 사람들 모두를 설득해야 합니다. 뜻밖의 사건과 지연도 피할 수 없습니다.

그러나 BHE는 이 프로젝트를 완수하기에 충분한 경영 능력, 의지, 자금을 보유하고 있습니다. 우리는 서부 송전 프로젝트를 진행하는 동시에 규모가 비슷한 다른 프로젝트를 탐색하고 있습니다. 어떤 장애물이 가로막더라도 BHE는 갈수록 더 깨끗한 에너지를 공급하는 선도 기업이 될 것입니다.

예상을 벗어난 BNSF와 BHE의 실적 `2023`

철도는 미국 경제의 미래에 지극히 중요합니다. 원가, 연료 사용량, 탄소 농도를 기준으로 평가하면 철도는 무거운 물자의 장거리 운송에 확실히 가장 효율적인 수단입니다. 단거리 운송에는 트럭이 더 효율적이지만, 미국인들에게 필요한 상품 다수는 수백 마일, 심지어 수천 마일 떨어진 고객들에게 운송되어야 합니다. 미국은 철도 없이는 돌아갈 수가 없으며, 철도 사업에는 항상 막대한 자본이 필요합니다. 실제로 철도 사업에는 대부분 미국 기업보다 훨씬 많은 자본이 소모됩니다.

BNSF는 북미를 뒤덮은 6대 철도 시스템 중 규모가 가장 큽니다. 우리 철도는 본선 철로 2만 3,759마일, 터널 99개, 교량 1만 3,495개, 기관차 7,521대, 기타 다양한 고정자산 700억 달러를 보유하고 있습니다. 내가 추측하기에 이들 자산을 대체하려면 적어도 5,000억 달러가 들어가고 기간은 수십 년이 걸릴 것입니다.

BNSF는 사업을 단지 현재 수준으로 유지하는 것만으로도 매년 감가상각비보다 많은 비용을 지출해야 합니다. 이는 어떤 산업이든 주주들에게 심각한 현실적 문제이지만 특히 자본 집약적 산업에서 불리한 점입니다.

BNSF는 14년 전 우리가 인수한 이후 GAAP 감가상각비를 초과해서 지출한 비용 합계가 무려 220억 달러로서, 연간 지출액이 15억 달러를 넘어갑니다. 맙소사! 이는 BNSF가 주기적으로 부채를 증가시키지 않는 한, 버크셔 주주들에게 지급하는 배당이 항상 보고이익보다 훨씬 적을 수밖에 없다는 뜻입니다. 하지만 우리는 부채를 증가시킬 생각이 없습니다.

그러므로 버크셔가 받는 배당이 인수 가격 기준으로는 다소 아쉽긴 해도 괜찮은 수준이고, 자산의 대체 가치 기준으로는 푼돈에 불과합니다. 이는 나와 버크셔 이사회에 놀랄 일이 아닙니다. 그래서 2010년 우리는 BNSF를 대체 가치의 극히 일부만 지불하고 인수할 수 있었습니다.

북미 철도 시스템은 막대한 석탄, 곡물, 자동차, 수출입 제품 등을 편도(片道)로 장거리 운송합니다. 그러나 귀로(歸路)에서는 수익 부족 문제가 자주 발생합니다. 가혹한 날씨 탓에 철도, 교량, 장비 사용이 어려워질 때도 많습니다. 홍수 때문에 악몽 같은 일이 발생하기도 합니다. 이들 모두 놀랄 일이 아닙니다. 나는 항상 안락한 사무실에 앉아서 지내지만 철도회사 직원 다수는 고되고 위험한 야외 환경에서 일하고 있습니다.

철도 사업처럼 어렵고 때로는 외로운 환경에서 일하려는 미국인이 갈수록 줄어들고 있습니다. 3억 3,500만 미국인 중에는 절망이나 정신장애 탓에 철도에 누워 자살을 선택하는 사람도 있습니다. 100량으로 구성된 열차는 육중한 무게 탓에, 멈추려면 1마일 이상이 필요합니다. 당신이라면 그런 곤경에 빠진 기관사가 되고 싶겠습니까? 북미에서는 이런 충격적 사건이 매일 한 번씩 발생하고 유럽에서는 훨씬 더 자주 발생합니다.

철도산업에서는 임금 협상을 결국 대통령과 의회가 맡게 될 수도 있습니다. 게다가 미국 철도회사들은 원치 않아도 매일 위험한 제품들을 운송해야 합니다. '공공운송인(common carrier)'이라는 용어에서도 철도회사의 책임이 드러납니다.

작년 BNSF는 매출이 감소했고 이익은 예상보다 더 감소했습니다. 연료비는 감소했지만, 정부에서 발표한 임금 인상률은 미국 인플레이션 목표보다 훨씬 높았습니다. 향후에도 이런 현상은 다시 발생할 수 있습니다.

BNSF는 운송량과 자본적 지출이 북미의 다른 5개 철도회사보다 많은데도 회사 인수 이후 이익률은 5개 회사보다 악화했습니다. 나는 우리 서비스 지역이 가장 넓으므로 우리 이익률은 개선될 수 있고 개선되어야 한다고 믿습니다.

나는 겨울 날씨가 혹독한 노스다코타와 몬태나에서도 BNSF가 경제 동맥 유지에 기여한다는 사실에 특히 자부심을 느낍니다. 철도는 운행하는 동안에는 그다지 주목받지 못하지만, 운행을 멈추면 즉시 미국 전역에서 주목받게 됩니다.

100년 후에도 BNSF는 미국과 버크셔의 주요 자산으로 유지될 것입니다. 이 말은 믿어도 됩니다.

***

작년 실적이 더 실망스러웠던 자회사는 BHE입니다. 방대한 가스 파이프라인은 물론 대형 전력회사들의 실적도 대부분 예상 수준이었습니다.

그러나 몇몇 주에서는 규제당국의 태도가 바뀌면서 수익성 악화나 심지어 파산 우려마저 나오고 있습니다(실제로 캘리포니아 최대 전력회사가 파산했고, 현재 하와이에서도 그런 조짐이 보입니다). 공익사업이 한때는 미국에서 가장 안정적인 사업으로 인정받았지만, 이런 지역에서는 이익을 예측하기도 어렵고 자산 가치를 평가하기도 어렵습니다.

모든 주가 확정된 자기자본이익률을 제공하겠다고 약속했으므로(간혹 실적이 우수하면 보너스도 제공), 100여 년 전부터 전력회사들은 막대한 자금을 조달해서 사업 규모를 확장했습니다. 이런 방식으로 전력회사들은 완공에 수년이 걸리는 설비에도 막대한 자금을 투자했습니다. 발전과 송전 설비 건설에는 대개 여러 해가 걸리므로 규제당국도 미래 지향적인 정책을 유지했습니다. 서부의 여러 주를 포괄하는 BHE의 광범위 송전 프로젝트는 2006년에 시작되었으며 완공까지 수년이 남았습니다. 그리고 완공되면 미국 면적의 30%를 차지하는 지역에 전력을 공급하게 됩니다.

이렇게 미래 지향적인 정책이 유지되었으므로, 인구 증가율이나 산업의 수요가 예상을 초과해도 민간 전력회사와 공공 전력회사 모두 계속 전력을 공급했습니다. 이 '안전마진' 방식은 규제당국, 투자자, 대중에게 합리적으로 보였습니다. 그러나 이제는 몇몇 주에서 확정된 자기자본이익률을 제공하겠다던 약속을 파기했고, 투자자들은 이런 파기가 확산할까 우려하고 있습니다. 기후 변화도 투자자들의 우려 사항입니다. 이제는 지하 송전 방식이 의무화될지도 모릅니다. 그러나 수십 년 전이라면 지하 송전선 건설에 들어가는 엄청난 비용을 과연 누가 감당하려 했을까요?

버크셔는 지금까지 발생한 손실액 추정치를 산출했습니다. 비용은 더 강하게 더 자주 발생한 산불 때문에 발생했으며, 대류성 폭풍이 더 자주 발생하면 비용은 계속 증가할 것입니다.

산불로 인한 BHE의 최종 손실액이 집계되어 향후 취약한 여러 서부 주에 대한 투자가 과연 바람직한지를 합리적으로 판단할 수 있으려면 여러 해가 지나야 할 것입니다. 다른 지역의 규제 환경이 바뀔지도 지켜보아야 합니다.

다른 전력회사들도 퍼시픽 가스 앤드 일렉트릭(Pacific Gas and Electric)이나 하와이안 일렉트릭(Hawaiian Electric)과 비슷한 생존 문제에 직면할지도 모릅니다. 현재 발생한 문제 때문에 몰수가 이루어진다면 이는 확실히 BHE에 부정적이지만, 그래도 두 회사와 버크셔는 뜻밖의 악재가 발생해도 생존할 수 있는 구조입니다. 이는 우리 보험 사업에서 자주 발생하는 일입니다. 우리 기본 상품은 위험 인수이고, 항상 어딘가에서는 위험을 인수하니까요. 버크셔는 뜻밖의 손실이 발생해도 생존할 수 있지만, 다 알면서도 이미 많이 낭비한 곳에 돈을 더 쓰지는 않을 것입니다.

버크셔의 사례가 어떻게 되든, 최종 결과는 전력 산업에 나쁜 징조가 될 수 있습니다. 일부 전력회사는 더는 투자를 받지 못해서 어쩔 수 없이 공영 전력회사로 전환될 것입니다. 1930년대에 네브래스카는 이 방식을 선택했으며 미국 전역에 공영 전력회사가 많이 있습니다. 결국은 유권자, 납세자, 사용자들이 그 방식을 선택하게 될 것입니다.

사태가 진정되고 나면 미국의 전력 수요와 이에 따른 자본적 지출이 충격적으로 증가할 것입니다. 나는 규제당국의 수익률 약속 파기를 예상하지 못했고 가능성조차 고려하지 않았으므로, BHE의 두 파트너와 함께 값비싼 실수를 저질렀습니다.

Q 2016 재생에너지

버크셔 해서웨이 에너지는 전력을 모두 태양광과 풍력 같은 재생에너지만으로 생산할 수 있나요?

버핏 방금 영화에서 보여드린 결정을 포함해서 발전에 관한 모든 결정은 이른바 공익사업위원회(Public Utility Commission)를 통과해야 합니다. 공익사업위원회가 승인하지 않으면 아무것도 변경할 수 없습니다. 퍼시피코프는 6개 주의 규제 탓에 재생에너지를 도입할 수 없습니다. 6개 주는 우리 비용편익분석에 동의하지 않습니다. 그러나 아이오와주는 모든 면에서 재생에너지를 적극 지원하고 있습니다. 소비자 집단과 주지사가 그 혜택을 이해하고 있었습니다.

우리 주요 경쟁자 중에 얼라이언트(Alliant)가 있습니다. 이 회사는 우리와 다른 방식으로 재생에너지를 생산하고 있습니다. 이 회사는 요금이 우리보다 훨씬 비싼데도 1년 이내에 요금을 인상해야 합니다. 반면 우리는 13년 동안 요금 인상이 필요 없습니다. 주정부가 내린 결정입니다. 우리는 연방정부로부터 세금 공제 혜택을 받은 덕분에 재생에너지 프로젝트를 진행할 수 있었습니다.

탄소 배출량 감소의 혜택은 전 세계에 돌아가므로 그 비용을 시민 모두가 분담해야 마땅하다고 생각합니다. 그런데 아이오와에서는 주로 석탄을 대체하는 재생에너지를 지원합니다. 천연가스에서도 탄소가 대량 배출되는데 말이지요. 나는 연방정부가 세금 공제 혜택을 제공함으로써 사회 전체가 비용을 분담하는 방식이 합리적이라고 생각합니다. 풍력발전소를 세워 탄소 배출량을 줄이면 그 혜택이 아이오와 주민에게만 돌아가는 것이 아니니까요. 지금은 관할 지역에 따라 정책 지원 방식이 다르지만 지속적인 변화가 기대됩니다. 우리는 자본이 풍부합니다. 우리는 연결 기준 이익이 많아서 연방정부에 막대한 세금을 납부하고 있으므로 세금 공제 혜택을 이용할 수 있습니다. 그래서 대규모 사업에 유리한 상황입니다.

멍거 우리는 재생에너지 전환에 우리 몫보다 훨씬 많이 기여하고 있다고 생각합니다. 우리 고객에게 부과하는 전력 요금도 더 낮습니다. 다른 기업들도 모두 우리처럼 한다면 세상이 훨씬 좋아질 것입니다. 내 견해는 기후 변화를 우려하는 사람들과 다소 다릅니다. 나도 모든 재생에너지 전환을 지지하지만 이유는 다릅니다. 나는 탄화수소를 보존해서 화학공업의 원료물질 공급원(chemical feedstock)으로 사용하자는 입장입니다.

버핏 네브래스카주는 풍력발전을 적극 지원하지 않고 있습니다. 여기서 2마일 떨어진 아이오와주의 전력 요금이 아마 오마하 요금보다 쌀 것입니다. 바람은 미주리강은 물론 네브래스카주 전역에도 불고 있습니다. 네브래스카주 전력공사는 주의 지원 덕분에 비과세채권을 발행하는데도 전력 요금이 강 건너 아이오와주보다 더 비쌉니다.

아이러니하게도 아이오와주는 우리가 훨씬 싼 가격에 전력을 제공하는 덕분에, 전력 사용이 많은 기술회사들의 거점이 되었습니다. 아이오와주에는 공장들이 잇달아 들어서고, 일자리가 줄지어 창출되며, 재산세 수입도 늘어나고 있습니다. 우리가 값싼 풍력발전 전기를 제공하기 때문에 구글의 거대한 서버 팜(server farm)이 들어서서 일자리를 창출하고 있습니다. 네브래스카주는 1930년대에 설립한 전력공사를 자랑으로 여기지만 최근에는 원가 경쟁력이 약해지고 있습니다.

Q 2016 3G와 원가 절감

버크셔는 3G와 공동으로 크래프트 하인즈를 인수했습니다. 3G가 원가를 절감하는데 크래프트 하인즈의 판매량과 매출액이 감소하는 이유는 무엇인가요?

버핏 원가 절감은 반드시 해야 할 때도 있고 해서는 안 될 때도 있습니다. 톰 머피의 방식이 가장 좋습니다. 그는 필요 없는 사람은 절대 고용하지 않았으므로 해고할 필요도 없었습니다. 버크셔 본사에서 쓰는 방식도 비슷합니다. 지금 필요한 사람이 아니라면 처음부터 필요한 사람이 아니었습니다. 물론 철도처럼 경기순환형 사업이라면, 운송량이 감소할 때 해고가 필요할 수도 있겠지요.

아무 일도 하지 않거나 쓸데없는 일을 하는 사람들로 가득 찬 기업이 도처에 널려 있습니다. 그동안 3G의 원가 절감을 보고 내가 받은 인상은, 매출이 감소하지 않도록 지극히 현명한 방식으로 원가를 절감했다는 것입니다. 지금은 포장소비재산업의 매출 추세가 좋지 않습니다. 시간이 지나면 원가 절감이 성공적이었는지 밝혀질 것입니다. 과연 원가 절감 탓에 매출이 감소했을까요? 나는 그렇게 판단할 근거를 전혀 발견하지 못했습니다. 크래프트 하인즈에는 매출이 증가할 제품 라인도 있고 매출이 감소할 제품 라인도 있다고 생각합니다. 전체적으로 보면 포장소비재산업의 판매량은 크게 바뀌지 않을 것입니다. 약간 감소할 수는 있겠지만요. 나는 3G보다 더 합리적인 방법으로 인수 기업의 원가를 신속하게 절감한 회사를 본 적이 없습니다. 나는 매달 모든 경쟁사의 실적과 비교하면서 실적 부진의 조짐을 찾아보고 있지만 아직 전혀 발견하지 못했습니다.

멍거 때로는 매출 축소가 매우 현명한 선택이 될 수도 있습니다. 손실이 발생하는 매출은 포기하는 편이 나으니까요. 흔히 기업에 불필요한 직원이 있는 것처럼, 고객들 중에도 없느니만 못한 불필요한 고객이 있습니다. 그러나 외부에서 보면 매출의 소폭 감소가 좋은 신호인지 나쁜 신호인지 판단하기 어렵습니다. 기업은 남아도는 직원이 많을 때보다 없을 때 모든 면에서 낫다고 생각합니다. 남아도는 직원은 도움이 되지 않습니다.

버핏 한 분야에서 사고방식이 느슨해지면 십중팔구 다른 분야에서도 사고방식이 느슨해지기 쉽습니다. 지금까지 나는 19개 기업의 이사회에 참여했는데, 그중에는 탁월한 기업도 있었고 느슨한 기업도 있었습니다. 둘 사이의 차이는 엄청납니다. 탁월한 기업을 보유하면 느슨한 사고방식을 떨쳐낼 수 있습니다. 그러나 탁월한 기업이 없으면 자신의 사고방식이 느슨한지조차 깨닫기 어렵습니다. 예컨대 버크셔가 매년 10억 달러를 낭비해서 이익이 4% 감소해도 모르고 지나갈 수 있습니다.

멍거 나도 모르고 지나갈 겁니다.

버핏 찰리는 알아챌 것입니다. 오래전 담배회사들이 전형적인 사례인데, 손쉽게 거금을 벌어들이던 회사들은 돈을 함부로 낭비했습니다. 이들은 경영을 잘 하지 않아도 돈벌이가 되었으므로 이런 상황을 이용했습니다.

Q 2017 프리시전 캐스트파츠에 대해

프리시전 캐스트파츠의 최신 정보를 부탁합니다.

버핏 협력회사들을 인수했습니다. 우리 경영자가 탁월하므로 앞으로 협력회사들을 더 인수할 계획입니다. 우리는 항공기 분야에서 강력한 지위를 확보하고 있습니다. 이미 협력회사를 둘 인수했지만 합당한 인수 기회가 더 있을 것입니다. 장기간에 걸쳐 더 인수할 것입니다. 매수 가격 조정 중 주요 항목은 무형자산 상각뿐인데, 연 4억 달러가 넘지만 비공제 항목입니다. 그래도 나는 4억 달러가 넘는 이익으로 생각합니다. 나는 프리시전 캐스트파츠의 경제적 영업권이 연 4억 달러씩이나 감소한다고 생각하지 않습니다. 이에 대해서는 어느 정도 설명한 바 있습니다. 매우 장기적으로 보면 3D 프린팅에 대해 걱정할 수도 있겠지만, 항공기 제작 분야에서는 걱정할 필요가 없다고 봅니다.

항공기 공급은 변동성이 매우 커질 수 있습니다. 그러나 장기 수요에 대해서는 전혀 걱정하지 않습니다. 관건은 '경쟁사가 더 잘 만들거나 더 싸게 만들든가, 3D 프린팅이 우리 시장 일부를 빼앗아 가는가?'입니다.

나는 프리시전 캐스트파츠의 경쟁력이 매우 장기간에 걸쳐 대단히 강하다고 생각합니다. 프리시전 캐스트파츠를 이용하지 않는다면 신형 항공기 도입이 지연될 수도 있으니까요. 우리 전시장 옆방에 있는 엔진을 살펴보시기 바랍니다. 수백 명을 수송하는 내용연수 20~25년 엔진을 조립할 때, 항공기 제작회사나 엔진 조립회사는 작업의 품질은 물론 공급업체의 신뢰성에 대해서도 걱정하게 됩니다. 부실한 부품 탓에 항공기나 엔진의 완성도가 99%에 그치면 곤란하니까요. 신뢰도는 지극히 중요합니다. 나는 프리시전 캐스트파츠만큼 평판 좋은 회사는 없다고 봅니다. 우리가 인수하길 정말 잘했습니다.

멍거 우리는 적정 가격에 정말 좋은 회사를 인수했습니다. 싼 가격은 절대 아니었습니다. 옛날에는 좋은 기업도 싸게 살 수 있었지만 지금은 훨씬 높은 가격을 치러야 합니다.

버핏 싼 가격이 절대 아니지요. 매년 4억 달러씩 오랜 기간 상각해야 합니다. 회계처리 방식이 그렇다는 말인데 자세히 설명하지는 않겠습니다. 내년 1분기부터 기업들은 회계 탓에 악몽 같은 일을 겪게 됩니다. 월스트리트 증권회사들처럼 기업들도 보유 주식을 시가평가해야 하니까요. 코카콜라나 아메리칸 익스프레스의 평가액 변동이 매 분기나 매일 손익계산서에 반영된다는 말입니다. 그러면 정말 혼란스러워집니다. GAAP 이익을 보고할 때는 우리가 설명하겠지만, 이제 GAAP 이익만 보는 것은 의미가 더 없어지게 됩니다.

멍거 그다지 좋은 아이디어가 아닙니다.

버핏 형편없는 아이디어지요. 그래도 우리는 잘 대처할 수 있습니다. GAAP 회계가 버크셔 가치평가에 얼마나 유용하며 언제 가치평가를 왜곡하는지는 내가 설명하겠습니다. 회계가 가치를 평가해주지는 않습니다. 그러나 제대로 이해하면 회계는 매우 유용한 도구가 됩니다. 그리고 회계 감사가 제 역할을 하지 못한다고 비난해서도 안 됩니다.

멍거 회계 감사가 역할을 못 한다고 탓하는 것이야말로 정말 어리석은 짓입니다.

버핏 동감입니다. 우리는 회계 감사 내역을 항상 제공할 것이며, 어느 방향으로든 결함이 있으면 설명할 것이고, 보유 주식을 평가할 때 어느 숫자는 이용해야 하고 어느 숫자는 무시해야 하는지도 설명할 것입니다. 우리는 여러분이 보유 주식을 제대로 이해하시길 바랍니다. 그래서 회사의 가치 추정에 정말로 중요하다고 판단되는 사항은 자세히 설명할 것입니다. 2018년부터는 새 회계 규정이 시행되므로, 순이익만 보면 올해에는 순진한 사람이지만 내년에는 터무니없는 멍청이가 됩니다.

Q 2017 온라인 쇼핑이 의류 자회사에 미칠 영향

프루트 오브 더 룸(남성 및 소년 속옷 제조회사)이 온라인 쇼핑 때문에 고전하고 있나요?

버핏 아직까지는 그다지 고전하지 않습니다. 인터넷은 소매업의 판도에 큰 변화를 불러온다고 보아야 하며, 이런 변화로부터 전혀 영향받지 않는 기업은 없습니다. 세상은 본격적으로 변하고 있습니다. 그러나 프루트 오브 더 룸은 실제로 많이 변하지 않았으며, 우리 가구 사업은 올해 버크셔 주간에 매출 4,500만 달러를 달성해 또다시 신기록을 세웠습니다. 우리 가구 사업은 자체 온라인 사업을 제외하면 온라인으로부터 받는 영향이 거의 없습니다. 동일 매장 매출 실적도 매우 좋습니다.

10년 전에 우리가 예상하지 못했던 일도 많이 발생했습니다. 하나는 이곳 오마하 네브래스카 퍼니처 마트의 온라인 매출이 대폭 증가했다는 사실입니다. 전체 매출의 10%에 육박하는 수준입니다. 그래도 고객 대다수는 여전히 매장에 와서 직접 가구를 고릅니다. 그리고 매장까지 오가는 시간이나 계산대 앞에 줄 서서 기다리는 시간을 절약하려는 고객들은 온라인 쇼핑을 선택합니다. 우리는 계속 실적을 지켜보고 있습니다. 지금까지는 프루트 오브 더 룸이나 가구 사업이 온라인의 영향을 크게 받지 않았습니다.

그렇다고 해서 10년 뒤에도 소매업의 모습이 지금과 비슷하리라고 내가 착각하는 것은 아닙니다. 지난 수십 년 동안 소매업의 지형은 극적으로 변화해 백화점 매출이 온라인 매출로 진화했습니다. 과거 오마하 대형 백화점은 짜릿할 정도로 다채로운 옷 수천 벌을 보유했습니다. 당시 쇼핑센터는 획일적인 모습이었으나 이후 놀라울 정도로 다양성과 편의성을 갖추게 되었습니다. 이어서 사람들은 할인매장으로 갔습니다. 지금은 싼 가격에다 상품 구색이 극치에 이르고 집으로 배달까지 해주는 인터넷을 이용합니다. 이제 백화점은 온라인으로 연결되어 상품 구색이 확대되고 훨씬 편리해졌으며 서비스 속도도 극적으로 빨라졌습니다.

유명 브랜드들은 다양한 방식으로 시험대에 오릅니다. 이들은 직접 온라인으로 판매할 것인지, 아마존에 입점할 것인지, 아니면 과거 유통 방식을 고수할 것인지 결정해야 합니다. 소매업과 브랜드 관리에는 매우 흥미로운 관심사가 많습니다. 장담하는데 앞으로 10년 동안 놀라운 일들이 발생할 것입니다.

멍거 우리가 지금도 백화점 사업을 하고 있다면 마음이 영 불편하겠지요. 팔아버려서 다행이지 않은가, 워런?

버핏 우리는 운이 아주 좋았습니다. 우리가 백화점을 운영할 때는 사업이 아주 엉망이었습니다. 사업이 그보다 조금 나았다면 계속 버텼을 겁니다. 당시 찰리와 나와 샌디 가츠먼이 동업 중이었는데, 이사였던 샌디 덕분에 백화점 사업에서 벗어날 수 있었습니다. 그에게 깊이 감사합니다. 당시 인수 가격이 주당 6달러였는데, 백화점 사업을 정리한 결정의 가치가 지금 주당 10만 달러는 될 것입니다. 당시 사업이 조금 더 나았더라도 현재 주가는 10~12달러에 불과하겠죠. 가끔은 운이 따라줍니다. (멍거를 바라보며) 백화점에 대해 미련 없지?

멍거 미련 없네.

Q 2017 에너지 분야에서 선호하는 자산

버크셔 해서웨이 에너지가 인수하려는 자산의 핵심 특성이 따로 있나요? 예컨대 배전 자산과 발전 자산 중 어느 쪽을 선호하나요?

버핏 발전 자산은 세월이 흐르면 구식이 되므로 본질적으로 더 위험하다고 볼 수 있습니다. 게다가 자본 투자도 더 많이 해야 합니다. 그래서 발전 자산이 자본 기반의 대부분을 차지하는 경향이 있습니다. 우리는 전력 사업이 대체로 나쁘지 않다고 생각합니다. 전력 수요 증가세가 과거 수준에는 못 미칩니다. 일부 자산은 구식이 될 것입니다. 그러나 관리 부실 탓에 자산이 구식이 된다면 공익사업위원회는 이 부분에 대해서는 전력 요금 인상을 허용하지 않을 것입니다. 우리는 전력회사가 여전히 매우 근사한 자산이라고 생각합니다. 하지만 가격이 매우 높습니다. 저금리 환경 때문이지요.

장담하건대 10년 뒤에는 우리 풍력 및 태양광 발전 자산은 물론 일반 발전 자산도 지금보다 훨씬 증가할 것입니다. 여러 주의 공익사업위원회가 우리를 선호합니다. 슬라이드 자료를 보면 우리 전력 요금이 다른 전력회사들보다 쌉니다. 그레그 에이블이 이룬 탁월한 성과입니다. 안전성, 신뢰성, 가격, 재생에너지 등 모든 면에서 이룬 성과입니다. 버크셔 해서웨이 에너지보다 더 잘 운영되는 회사는 상상하기 어렵습니다. 실적이 이러하므로 우리를 원하는 주(州)가 많습니다. 그러나 지금은 일부 전력회사의 인수 가격이 지나치게 높아서 버크셔 주주들이 납득하기 어려운 수준입니다. 그래서 올해에는 인수하기 어렵지만 내년이나 내후년에는 인수가 가능할지 모릅니다. 나는 기회가 있을 것으로 생각합니다.

멍거 그레그가 우리 전력회사를 경영하는 방식은 예사롭지 않아서 모든 면에서 다른 전력회사들보다 훨씬 낫습니다. 고객과 규제당국들도 우리를 높이 평가하고 있습니다. 안전 기록도 더 좋습니다. 경영진도 훌륭하고, 자산의 질도 높으며, 훨씬 더 안전합니다. 그러나 누군가 버크셔에 300억 달러 규모의 핵발전소를 건설해달라고 요청하면 우리는 거절할 것입니다.

버핏 네브래스카에는 공영 전력회사가 있습니다. 비상장회사입니다. 이 회사는 ROE 규제를 받지 않습니다. 이들은 비과세채권으로 자금을 조달할 수 있습니다. 그러나 우리는 과세채권을 발행해야 합니다. 네브래스카는 여건이 아이오와와 크게 다르지 않습니다. 하지만 우리가 여기서 강 건너 몇 마일 거리에 있는 아이오와에서 판매하는 전력 요금이 네브래스카 전력 요금보다 쌉니다. 대단한 회사입니다. 18년 전 내게 버크셔 해서웨이 에너지를 소개해준 우리 이사 월터 스콧에게 감사합니다. 나는 전력 사업 자체가 대단하다고는 생각하지 않습니다. 내가 지금 주식 포트폴리오를 구성한다면 전력회사는 한 종목도 넣지 않을 것입니다. 그러나 우리가 버크셔 해서웨이 에너지를 보유하고 있어서 기쁩니다.

멍거 일반 전력회사와 근본적으로 다르면서 더 좋은 회사입니다.

버핏 훨씬 좋은 회사지요.

Q 2018 3개 회사의 의료 시스템 개선

3개 회사(버크셔, 아마존, JP모간)가 함께 의료 시스템 개선을 시도하는 이유는 무엇인가요?

버핏 의료회사를 설립할 계획은 없습니다. 서로 존경하고 신뢰하는 3개 회사 CEO들이 힘을 모아 의료 시스템 개선을 시도하려는 것입니다. 거의 불가능한 일이라는 찰리의 말이 옳을지도 모르겠습니다. 1960년 의료비는 GDP의 5%였지만 지금은 18%입니다. 이는 세계 어느 나라와 비교해도 터무니없이 높은 수준입니다. 의료비는 미국 기업들에 기생하면서 원가를 올리는 촌충 같은 존재입니다. 그동안 1인당 의사·간호사 수는 감소했는데도 의료비는 오히려 증가하고 있습니다.

우리는 이 분야 CEO를 발굴할 것이며 오랜 기간이 걸리지는 않을 것입니다. 우리 목적은 이익이 아니라 직원들이 더 낮은 비용으로 더 좋은 의료 서비스를 받게 하려는 것입니다. 세 회사의 직원 합계가 100만 명을 넘어가므로 개선책 마련에 큰 힘이 될 것입니다. 그러면 현재 GDP의 18%인 의료비가 우리 자녀들 세대에 20~22%로 상승하지 않을 수도 있습니다. 우리는 남보다 좋은 여건을 확보하고 있으므로 시도해보려고 합니다.

멍거 이 분야에 성공 사례가 있습니다. 존 록펠러가 의료 시스템을 대폭 개선했습니다. 그래서 우리는 의료 시스템 분야에서 그를 모방하려고 합니다.

버핏 록펠러는 장수했으므로 우리는 장수 방법도 모방하려고 합니다. 한 CEO가 계약서를 작성하려고 했으나 다른 CEO가 반대해서 계약서는 작성하지 않기로 했습니다. 가능하면 형식적인 절차는 생략하려고 합니다.

Q 2020 소비 습관 변화로 고전하는 소매업

지난 4월 17일 인터뷰에서 찰리는 코로나19가 지나간 다음에도 버크셔가 보유한 일부 소기업은 사업을 재개하지 못할 것이라고 말했습니다. 어떤 기업을 말하는 것인가요?

버핏 버크셔가 보유한 기업은 대개 여러 자회사를 거느리고 있습니다. 예컨대 마몬은 보유 자회사가 97개나 됩니다. 이들 중 몇 개는 코로나19 발생 이전부터 고전하고 있었습니다. 경기가 매우 좋을 때도 고전하는 기업이 몇 개는 있었으니까요. 그런데 지난 몇 달 동안 고객들의 소비 습관이 바뀌면서 이들의 실적 악화 추세가 더 빨라지고 있습니다. 이렇게 고전하는 우리 소매 자회사가 많지는 않으며, 우리 자회사 중 규모가 중간 이상인 기업들이 사업을 재개하지 못할 가능성은 상상할 수가 없습니다.

물론 세상은 실제로 많이 변화하고 있으며 이런 변화가 우리 기업들에는 전혀 달갑지 않을 것입니다. 예컨대 쇼핑센터에 입주한 매장 임차인 중에는 임차료를 내기 어려운 사람이 많습니다. 소매점에 대한 수요와 공급은 크게 바뀔 것입니다. 사무실을 사용하던 사람 중에도 이제는 재택근무 등 다른 방식으로 사업을 할 수 있다고 생각하는 사람이 많습니다. 세상에 변화가 일어나면 사람들은 그 변화에 적응합니다.

Q 2020 항공산업 침체와 프리시전 캐스트파츠

그레그에게 하는 질문입니다. 프리시전 캐스트파츠는 항공산업 침체에 어떻게 대응하고 있나요?

에이블 프리시전 캐스트파츠의 사업은 대부분 항공산업에 속하며 세 가지 분야로 구분됩니다. 그중 방위산업 분야는 여전히 매우 견실하게 운영되고 있습니다. 그러나 나머지 분야의 실적은 항공기 수요에 직접적으로 좌우됩니다. 프리시전 캐스트파츠는 보잉(Boeing)의 수요에 따라 사업을 지속적으로 조정하고 있습니다. 매주 보잉의 생산 주문에 따라 사업을 조정하고 있습니다.

버핏 보잉은 며칠 전 250억 달러를 조달했고 그전에도 140억 달러를 조달했습니다. 1년 전만 해도 보잉은 보유 현금이 충분한 상태였습니다. 에어버스(Airbus)도 비슷한 상황입니다. 장래 상황이 어떻게 될지는 이들도 모르고 나도 모릅니다. 그래도 미국에서 항공기가 사라지지는 않을 것입니다.

하지만 관건은 '새 항공기에 대한 대규모 수요가 존재하느냐'입니다. 바로 이 수요가 프리시전 캐스트파츠, GE, 보잉에 직접 영향을 미칩니다. 그러나 이들은 수요에 영향을 미칠 수 없습니다. 미국에서는 사람들이 항공기 여행을 중단했습니다. 장래에 항공기 여행 수요가 어떻게 될지, 사람들의 여행 습관이 어떻게 될지는 예측하기 어렵습니다.

보잉이 심각한 타격을 입는다면 프리시전 캐스트파츠 역시 심각한 타격을 입을 것입니다. 항공산업의 다른 기업들도 마찬가지입니다. 그러나 항공산업은 규모가 거대하며 미국이 강점을 보유한 분야입니다. 보잉은 대단히 중요한 기업입니다. 수출 규모가 막대하고 창출하는 일자리도 매우 많습니다. 항공산업이 모두 잘되기를 바라는 마음입니다. 하지만 우리가 할 수 있는 일은 많지 않습니다.

Q 2020　자본 집약적 기업과 인플레이션

그동안 버크셔는 철도회사 등 자본 집약적 기업에도 투자했는데, 인플레이션 위험에 대해 어떻게 생각하나요?

버핏 향후 법인세율은 인하될 확률보다 인상될 확률이 훨씬 높다고 생각합니다. 몇 년 전 우리 이익 중 정부의 몫(법인세)이 컸던 것처럼 말이지요. 물론 대통령과 의회를 어느 정당이 차지하느냐에 따라 다소 차이가 있을 것입니다. 인플레이션이 발생하면 자본 집약적 기업은 더 불리해질 것입니다. 수익성은 비슷하더라도 추가 자본이 필요 없는 기업이 더 유리합니다. 이런 기업은 성장성이 낮지만 추가 자본이 들어가지 않으므로 막대한 현금을 창출해줍니다. 버크셔도 이런 자회사를 보유하고 있어서 세금을 절감하면서 자본을 효율적으로 배분할 수 있습니다.

사람들은 누구나 성장에 추가 자본이 많이 들어가지 않는 기업을 원합니다. 그러나 에너지 사업은 성장할수록 더 많은 자본이 필요합니다. 철도 사업은 성장하지 않는데도 추가 자본이 필요하고요. 그래서 자본 집약적 사업은 불리합니다.

현재 미국 주식시장의 시가총액은 약 30조 달러인데 상위 4~5개 기업의 시가총액 합계가 약 4조 달러입니다. 이들은 수익성이 높은데도 많은 추가 자본이 필요 없기 때문에 시가총액이 큰 것입니다. 우리도 그런 훌륭한 기업들을 보유하고 있습니다. 50~60년 동안 기업을 경영하면서 우리가 배운 사실은 추가 자본 없이 성장하는 기업이야말로 탁월한 기업이라는 것입니다. 보험사가 그런 기업입니다. 보험사는 추가 자본이 필요 없으며 우리는 보험사가 창출하는 자본으로 훌륭한 기업들을 보유할 수 있었습니다. 그러므로 보험사는 장기간 버크셔의 성장을 견인한 가장 중요한 요소였습니다. 그레그, 자네가 자본 집약적 기업에 대해 설명해주게.

에이블 우리 에너지회사와 철도회사는 (법규나 계약에 의해서) 어느 정도 가격 결정력을 보유하고 있습니다. 따라서 인플레이션이 발생하더라도 비용 증가분 중 상당 부분을 보상받게 되므로 수익성을 유지할 수 있습니다.

버핏 우리는 철도회사를 보유해서 매우 기쁩니다. 그동안 많은 자본을 투자했지만 철도회사는 앞으로도 수십 년 동안 대단히 견실한 실적을 유지할 것이라고 봅니다. 처음에 말했듯이 나는 100년을 내다보고 철도회사를 인수했고 인플레이션이 발생하더라도 돈을 더 벌려고 노선을 연장했습니다. 그래도 인플레이션은 발생하지 않는 편이 좋고 자본도 들어가지 않는 편이 좋습니다. 우리는 자본이 풍부하므로 수익성만 보장된다면 자본 집약적 기업을 더 인수할 수 있습니다.

Q 2021 의료 시스템 개선을 위한 합작투자

의료 시스템 개선을 위한 버크셔, JP모간, 아마존의 합작투자가 중단되었는데 이로부터 어떤 교훈을 얻으셨나요?

버핏 우리는 GDP의 17%를 차지하는 의료산업을 바꾸기가 어렵다는 사실을 깨달았습니다. 우리는 중앙 집중형으로 운영되는 미국 의료 시스템에 대한 지식이 JP모간이나 아마존보다 부족했으므로 두 회사보다 더 많이 배울 수 있었습니다. 덕분에 우리의 비효율성을 발견하여 두 회사보다 더 큰 비용을 절감할 수 있었습니다.

수많은 사람의 기득권이 걸린 시스템의 변경에는 추가로 고려할 흥미로운 요소가 있습니다. 1941년 비어즐리 롬멜(Beardsley Rommel)은 원천징수라는 기발한 아이디어를 내놓았습니다. 덕분에 사람들은 연방소득세 신고 기한인 4월 15일에 세금을 납부하면서 정부와 정치인들을 증오하는 대신, 뜻밖의 보너스 같은 세금 환급을 기대하게 되었습니다.

그러므로 사람들은 자신이 직접 의료보험료를 지불하지 않으면, 회사로부터 받는 의료 혜택의 가치가 연 10,000~15,000달러에 이른다는 사실을 모르기 쉽습니다. 그래서 사람들 대부분은 회사가 의료비를 내주지 않으면 자신이 내야 한다는 사실을 생각하지 못합니다. 그런데 시스템이 기묘해서 회사는 보험료에 대해 세금 공제를 받지만, 보험료를 개인이 직접 내면 세금 공제를 받지 못합니다.

그래서 사람들 대부분은 의료비를 자신이 부담하는 비용으로 생각하지 않습니다. 정부가 연방소득세에 원천징수 시스템을 도입한 것은 천재적인 발상이었습니다. 덕분에 사람들은 4월 15일 막대한 소득세를 납부하면서 화낼 필요가 없어졌습니다. 마찬가지로 사람들은 의사에게 화낼 필요가 없습니다. 의료비가 GDP의 17%를 차지한다는 사실은 마음에 들지 않지만 이는 모호한 숫자에 불과하니까요. 게다가 병원 이사회는 사회에서 명망 높은 사람들로 구성되므로 그럴듯해 보입니다. 하지만 우리는 GDP의 17%를 의료비로 지출하고 있습니다. 주요 국가 중 의료비가 GDP의 11%를 넘어가는 나라는 없습니다. 그런데도 미국의 코로나 사망률은 다른 나라보다 훨씬 높았습니다. 코로나 사망률로 평가하면 우리는 더 많은 돈을 내고서 더 부실한 의료 서비스를 받은 셈입니다.

멍거 빗나가긴 했지만 워런은 코끼리를 겨냥해서 총을 쏘고 있습니다. 싱가포르는 의료비가 미국의 20%에 불과한데도 의료 시스템은 훨씬 좋습니다. 워런은 코끼리를 겨냥해서 총을 쏘고 있지만 사람들은 자기 돈이 낭비된다는 사실을 실감하지 못하고 있습니다.

버핏 나는 촌충과 싸웠고 촌충이 이겼습니다.

멍거 촌충이 이겼군요. 멋진 표현입니다. 나도 써먹을 생각입니다.

Q 2023 상업용 부동산의 전망은?

상업용 부동산을 어떻게 전망하시나요? 손실은 얼마나 심각할 것이며, 특히 어느 섹터나 지역의 전망이 어두운가요?

멍거 버크셔는 상업용 부동산에 적극적으로 투자한 적이 한 번도 없습니다. 상업용 부동산은 버크셔 같은 기업보다 과세 대상 투자자에게 더 유리합니다. 그러므로 상업용 부동산은 버크셔에 큰 영향을 미치지 않을 것입니다. 그러나 미국과 세계의 도심 지역들이 공동화하면 매우 심각하고 불쾌한 영향을 미칠 것입니다. 국가는 시련을 극복하겠지만 건물 소유주는 많이 바뀔 것입니다.

버핏 그래서 건물은 남지만,

멍거 소유주들은 떠납니다.

버핏 사람들 대부분은 부동산을 취득할 때 비소구 담보대출(채무자의 상환 의무가 담보물로 한정되는 대출)을 원합니다. 찰리와 나는 부동산 전문가에게 질문한 적이 있습니다. "이런 건물의 가치는 어떻게 결정되나요?" 그는 대답했습니다. "차주가 서명 없이 빌릴 수 있는 금액에 좌우됩니다." 부동산 시장을 전반적으로 살펴보면 사람들의 이러한 태도 때문에 지금과 같은 현상이 나타난다는 사실을 이해할 수 있습니다. 그래서 대출기관이 건물의 소유주가 되는 것이지요.

물론 대출기관은 대개 부동산을 원치 않으므로 차주에게 대출 기간을 연장해주는 경향이 있습니다. 대규모 상업용 부동산이 개발될 때는 온갖 활동이 함께 벌어집니다. 그러나 여기에는 필연적인 결과가 따릅니다. 2.5%에 자금을 빌렸던 사람들이 현재 금리를 감당하지 못하자 대출기관에 건물을 돌려주기 시작했습니다. 찰리가 부동산에 대한 경험이 풍부합니다. 부동산으로 사업을 시작했거든요.

멍거 부동산은 어렵습니다. 우리가 더 잘하는 일이 좋습니다. (웃음소리)

버핏 몇 달 전 찰리의 집에서 두어 시간 이야기하고서 나오던 날이었습니다. 당시 집에는 그의 딸 하나만 있었습니다. 내가 말했습니다. "찰리, 나는 우리가 해온 일을 계속할 생각이라네." 그러자 찰리는 고개도 들지 않고 곧바로 대답했습니다. "자네가 할 줄 아는 것은 그것뿐이잖아, 워런." (웃음소리) 찰리의 말이 옳습니다.

Q 2025 버크셔의 전력회사를 산불로부터 보호하려면

향후 서부 지역에서 산불이 발생했을 때 그 책임으로부터 우리 전력회사를 보호하는 전략은 무엇인가요?

버핏 매우 좋은 질문입니다. 우리는 2005년 퍼시피코프를 인수하는 과정에서 실수를 저질렀습니다. 내심 자본가였던 월터 스콧, 데이비드 소콜과 나 세 사람이 7개 주에 걸쳐 퍼시피코프를 분할하지 않고 통째로 인수한 것은 커다란 실수였습니다.

미국은 어느 지역이나 전력이 필요하지만 일부 지역에서는 민간 기업 형태로 전력회사를 운영하면 매우 어리석은 짓이 됩니다. 우리는 민주 국가에서 이 문제를 해결하는 방법을 아직 찾지 못했습니다.

에이블 산불은 사라지지 않는 현실적인 위험입니다. 산불 위험은 해마다 더 커지고 있습니다. 우리가 할 수 있는 것은 산불이 우리 시스템과 자산에 미치는 영향을 축소하고 산불로 인해 발생하는 우리 책임을 줄이는 정도입니다. 산불 위험은 근절할 수는 없고 줄일 수 있을 뿐입니다.

이제는 서부는 물론 텍사스를 포함한 미국 전역에서 산불이 발생하고 있으므로 우리는 에너지 설비 전체의 산불 위험에 대처하고 있으며, 특히 산불 위험 관리 방법에 노력을 집중하고 있습니다. 먼저 우리는 자산에 투자하고 자산을 유지 관리하는 방법을 검토하고 있습니다. 우리 자산이 산불을 일으키지 않도록 대책을 세우고, 산불이 발생해도 견딜 수 있도록 시스템을 강화하고 있습니다. 이는 운영 방식에 초점을 둔 대처법입니다. 우리는 그다음 대책도 세우고 있습니다. 워런이 언급한 네브래스카 대류성 폭풍 같은 기상 이변이 서부 지역에서도 발생하고 있습니다. 이런 기상 이변이 발생하면 우리는 시스템 전원 차단 등 시스템 관리 방식 변경도 검토해야 합니다. 2020년 산불이 접근할 때 퍼시피코프는 시스템 전원을 차단하지 않았습니다. 우리 직원과 경영진은 항상 전력을 계속 공급해야 하며, 어떤 경우에도 시스템 전원을 차단해서는 안 된다고 평생 교육받았기 때문입니다.

2020년 산불 사건 이후 우리는 자산 관리와 위험 축소 방법을 검토하던 중 때로는 시스템 전원 차단도 필요하다고 인식하게 되었습니다. 이제는 산불이 몇 마일 이내로 접근하면 우리는 산불이 확산하여 고객 중에서 사상자가 발생하지 않도록 전원을 차단합니다. 이제 우리 팀은 위험 관리 방식을 변경했습니다. 지속적인 전력 공급보다는 산불 확산 방지와 대중 보호에 초점을 맞춥니다.

현재 위험을 이런 방식으로 관리하는 전력회사는 아마 우리 하나뿐일 것이며, 우리는 이 방식이 옳다고 확신합니다.

사회자(베키 퀵) 시스템 전원을 차단해서 병원이 정전되면 환자가 사망하는 위험이 발생하지 않을까요?

에이블 우연히 정전이 발생해서 병원 환자가 사망하는 사례도 많습니다. 우리는 주요 시설에서 발생하는 위험도 끊임없이 재평가하고 있습니다. 위험 관리 방법에 대해서 우리 고객들로부터 많은 피드백을 받고 있습니다. 우리는 고객 교육에 훨씬 많은 시간을 사용하고 있습니다. 산불이 발생하면 어떻게 대처해야 하는지 고객들에게 설명합니다.

마지막으로 에너지 정책 관련 사항입니다. 산불 위험은 우리가 전력 사업에 투자할 때 떠안기로 한 위험이 전혀 아니며, 만일 산불 위험을 떠안아야 했었다면 아무도 에너지 사업에 투자하지 않았으리라는 사실을 주 정부와 규제당국이 이해하게 해야 합니다.

전력 사업은 전력 자산에 관해서 명확하게 정의된 위험을 떠안는 대가로 명확하게 정해진 수익을 얻고 있습니다. 그러나 산불 위험은 정의된 위험 범위에서 크게 벗어납니다. 현재 우리가 얻는 수익률로는 산불 위험까지 떠안을 수 없습니다. 그러므로 산불 위험에 대한 답을 찾으려면 우리는 주정부 및 규제당국과 지속적으로 협력할 수밖에 없습니다. 이 문제에 묘책은 없습니다. 그러나 산불이라는 본질적 위험은 사라지지 않으므로 우리 임직원 모두 이 위험을 축소하려고 매일 노력하고 있습니다.

버핏 세상에는 해결할 수 없는 문제도 있습니다. 우리가 해법도 모르면서 투자자들의 돈으로 사업에 뛰어들어서는 안 됩니다. 우리가 이 문제를 주정부나 연방정부에 주장할 수는 있지만 이는 정치적으로 결정되는 문제입니다.

손실을 피할 수 없는 사업이라면 그만두어야 합니다. 우리는 우리 실정을 최선을 다해 설명하겠지만, 끝내 우리 뜻이 반영되지 않는다면 여러분의 돈으로 멍청한 사업을 할 수는 없습니다. 우리는 최선을 다해 현명한 길을 제시하겠지만 여러분의 돈을 잃을 수는 없습니다.

흔히 소송으로 이어지는 정치적 사안은 대응 방법을 찾기가 매우 어렵습니다. 우리는 우리가 생각하는 합리적인 시스템을 최선을 다해 설명하여 우리 견해를 밝힐 것입니다. 올바른 해법이 사회에 이롭기 때문입니다. 그러나 세상에는 해법이 없는 문제도 있으며, 해법이 없는 문제라면 우리는 풀려고 하지 않을 작정입니다.

문제는 부하 직원들의 일자리입니다. 부하 직원들은 당연히 사업을 지속하고자 합니다. 그러므로 경영자는 어려운 선택의 갈림길에 서게 됩니다. 하지만 이것이 경영자의 역할입니다.

에이블 산불에 관해서 한마디 덧붙이면, 우리는 원인에 상관없이 산불 관련 피해를 모두 보장해주는 최종 보험자는 될 수 없습니다. 현재 우리는 2020년 산불과 관련해서 이와 비슷한 난제에 직면한 상황입니다.

2020년 대형 산불이 네 건 발생했습니다. 우리가 항상 주장했듯이 한 건은 우리 서비스 지역 밖에서 낙뢰에 의해 발생했습니다. 그 산불이 우리 서비스 지역 안으로 확산한 사건인데도 법원의 결정에 따라 산불 피해를 우리가 책임지게 되었습니다. 우리는 우리 책임이 아니라는 단호한 태도를 계속 견지하고 있습니다. 우리는 산불을 일으키지 않았고 원인을 제공하지도 않았습니다. 그런데도 이런 위험을 떠안게 되므로 우리는 위험을 철저하게 관리해야 합니다.

우리는 끝까지 소송할 것입니다. 다행히 5년 후 오리건 산림청은 당시 발생한 나머지 산불들은 진화되었으므로 네 번째 산불에 영향을 미치지 않았다고 발표했습니다. 이 네 번째 산불이 최대 산불로서 손해배상 청구 금액의 60%를 차지합니다. 우리는 이 정보를 법원에 제출하고 있습니다. 이것이 우리 법적 전략의 개요입니다. 우리는 각 주 입법부와 협력하면서 우리의 책임, 경제적 피해, 그리고 비경제적 피해에 대한 명확한 정의를 받아내려고 노력 중입니다. 다시 말하지만 우리는 최종 보험자가 될 수 없습니다. 주에서 발생하는 피해를 모두 우리가 책임질 수는 없습니다.

버핏 내 돈이라면 어리석은 사업을 해도 되지만 여러분의 돈으로 어리석은 사업을 할 수는 없습니다. 우리가 여러분의 돈으로 어리석은 사업을 하면 여러분이 우리를 해고해야 합니다. 어리석은 사업은 내 돈보다는 남의 돈으로 하기가 더 쉽습니다. 이것이 흔히 정부에서 발생하는 문제 중 하나입니다. 이런 문제가 민간 기업에 발생해서는 안 됩니다. (웃음소리와 박수갈채)

미국은 제2차 세계대전 기간에 자동차 대신 선박을 지극히 신속하게 생산해냈듯이, 에너지 정책도 현명하게 실행해야 합니다. 우리가 생각해낸 답은 민간 기업과 정부의 힘을 결합하는 방법입니다.

제2차 세계대전 기간에는 목표가 명확했으므로 해야 할 일을 해냈지만 평시에도 민주 국가에서 이런 정책을 실행할 수 있을까요? 3억 3,000만 명이 저마다 자기 이익을 주장하고, 의사결정자들은 20년 전에 그랬듯이 책임은 지지 않고 결정만 하려고 할 때도 이런 정책 실행이 과연 가능할까요? 그래도 이것이 경영이며 우리는 최선을 다할 것입니다.

버핏도 실패했다,
다만 '작게' 했을 뿐

   버핏의 투자는 크게 씨즈캔디 이전과 이후로 나눌 수 있다. 씨즈캔디 이전에는 단순 초저평가 기업들 위주로 투자했으며, 이후에는 소위 퀄리티가 높은 기업들에 장기 투자했다.

   본문에는 네브래스카 퍼니처 마트의 유명한 B 여사(로즈 블럼킨)에 대한 이야기가 언급된다. 러시아 이민자 출신의 B 여사는 무일푼에서 시작해서 기존 강자들을 쓰러뜨리고 지역의 1위 가구 유통업체를 일궈냈다. 오랜 기간 B 여사를 지켜봐온 버핏은 네브래스카 퍼니처 마트의 해자를 '낮은 가격'에서 찾아냈다.

   비용 절감이 철저하게 몸에 밴 B 여사는 마진을 낮게 유지하고 초과 이익의 대부분을 '낮은 제품 가격'으로 고객들에게 환원했다. 좋은 제품을 낮은 가격에 살 수 있게 하자 고객이 점점 불어났고 경쟁 업체들은 하나 둘 쓰러져나갔다. "좋은 제품을 저렴한 가격에 판다면 고객들은 물속이라도 찾아올 것"이라는 버핏의 말은 B 여사를 두고 한 것이었다.

   버핏은 B 여사와 B 여사의 철학이 체화된 가족들이 경영하는 조건이라면 네브래스카 퍼니처 마트의 해자는 지속될 수 있을 것이라고 판단했다. 결국 인수는 성공적이었다. 기업 '퀄리티'의 핵심을 정확히 판단한 결과였다.

   물론 버핏의 인수에는 이렇게 성공적인 사례만 있었던 것은 아니었다.

대표적인 실패 사례는 본문에 언급된 프리시전 캐스트파츠라고 볼 수 있다. 항공기 대형 부품 제조사 프리시전 캐스트파츠는 당시 보잉을 주요 고객사로 두고 있었고, 규모의 경제를 갖춰 충분히 잘 경영되었다. 투자 부문의 후계자 중 한 명인 토드 콤즈의 추천으로 당시 이익의 20배 수준에 인수할 정도로 버핏은 사업의 퀄리티를 인정했다.

그러나 리스크는 기업 내부에 있지 않았다. 최대 고객사 보잉이 누적된 문제들로 쓰러지게 되자, 프리시전 캐스트파츠도 함께 어려워졌다. 보잉은 효율화가 어려운 항공기 제조업 특성에 오랜 관료화가 더해지면서 안전 불감증이 극에 달했다. 그 결과 2020년대 이후 지속적인 항공기 사고로 수주 물량의 인도가 지연되며 실적이 악화했다. 여론의 악화는 불가피했고 그사이 경영진의 잦은 교체는 혼란을 더했다.

회사 자체의 퀄리티는 좋았으나, 회사의 운명을 좌우할 수 있는 최대 규모 고객사의 퀄리티는 그렇지 못했다. 버크셔의 경영진은 프리시전 캐스트파츠의 고객사가 극도로 집중되어 있다는 리스크를 고려하지 못한 것이다. 고객사의 운명과 함께할 수밖에 없는 사업인데, 가장 중요한 고객사에 대한 분석이 제대로 이뤄지지 않은 것이다. 치명적인 리스크를 감안하지 않은 대가는 컸다.

또한 3G캐피털과 함께 인수한 크래프트 하인즈도 실패한 사례라고 할 수 있다. 단순히 극도의 비용 절감을 통해 생산성을 높이면 성공할 것이라고 생각했던 부분이 패착이었다. 이미 가공 포장 식품 분야에서는 코스트코의 커클랜드와 같은 자체 브랜드(PB) 상품들이 약진해 자리 잡은 상황이었다.

한편으로는 코카콜라 투자의 성공이 오히려 독으로 작용한 것 같은 느낌도 든다. 콜라는 대형 유통업체들이 PB 상품을 통해 내재화하고자 했으나 실패한 대표적 품목이었기 때문이다. 그러나 크래프트 하인즈의 제품들은 콜라가 아니었고, PB 상품들의 경쟁적인 가격과 높아지는 품질에 매대를 빼앗기고 있었다.

경쟁 상황에 대한 정확한 판단 없이 비용 절감만을 통해 가치를 끌어올릴 수 있다는 아이디어는 결국 오판이었다. 이후 크래프트 하인즈의 주가는 폭락했고 버크셔는 큰 손실을 기록하게 되었다. 주가 폭락 이후, 커클랜드와 같은 PB 상품들의 압도적인 경쟁우위에 한숨짓는 버핏의 인터뷰 모습이 공개되기도 했다.

본문에 언급된 항공기 공유 사업인 이그제큐티브 제트의 넷젯도 성공한 사업은 아니었다. 넷젯은 하나의 항공사 비행기만 선택하지 않고 다양한 기종을 선택할 수 있다는 장점을 내세웠다. 그러나 고객들은 항공사 기종 선택에서 큰 매력을 느끼지 못했다. 항공기 공유에 대한 인식이 낮아 시장이 제대로 형성되지 않았던 유럽은 사업에 지속적인 부담이었다. 초기 투자 규모가 크기 때문에 이용 빈도를 높여 비용 효율을 극대화해야 하는 사업적 특성상, 유럽에서 돌아올 때 수요가 적다는 것은 치명적이었기 때문이다. 결국 넷젯은 지속적인 골칫덩이로 전락하게 되었고 어느 순간부터 버핏은 더 이상 넷젯을 언급하지 않게 되었다.

때때로 인수한 사업이 향후 환경의 변화로 쇠퇴하기도 했다. 버핏을 대표하는 사업이기도 했던 신문 사업은 인터넷의 출현으로 지역의 독점적인 정보 유통이라는 해자를 잃었다.

그러나 이런 실패에도 불구하고 규모가 컸던 에너지, 철도 사업에서는 큰 성공을 거두었다. 보통 인수 이후 창출되는 현금흐름을 대부분 배당으로 회수했던 경쟁사들과는 달리, 버크셔는 그 이상의 자금을 에너지와 철도 사업에 계속 투자했다. 장기적으로 서비스 질에서 경쟁사들 대비 우위에 서게 되었다.

이런 공익사업들은 서비스를 이용하는 고객들뿐만 아니라, 규제 사업이기 때문에 관할 지자체들과의 관계도 중요하다는 사실을 버핏은 잊지 않았다. 때문에 지속적인 투자를 통해 고객만족도를 높였고 이는 지자체에도 긍정적인 이미지를 심어주었다. 이는 인근 지역으로 사업을 확장할 때 관할 지자체의 승인을 얻기 쉽게 만들어줬다. 꾸준한 사업 확장은 규모의 경제에서 나오는 이익을 가져다주었다.

철도 사업에 대한 버핏의 통찰은 과점과 비용우위였다. 수십 년간 인수합병을 통해 북미 철도 사업은 3개의 기업만 남은 상황이었다. 또한 운송 수단으로서 트럭 대비 비용 효율성이 높았다. 버핏은 미국의 꾸준한 경제 성장은 비용 효율성이 높은 철도 운송의 수요를 확장시켜줄 것이고, 과점화된 환경은 안정적인 이익을 가져다줄 수 있다고 봤다. 이런 버핏의 통찰은 맞아떨어졌고 공익사업들은 버크셔 가치의 상당 부분을 차지하게 되었다.

버핏은 씨즈캔디 이후 추가 성장에 필요한 자본이 적거나 거의 없는 기업들을 선호했다. 그러나 1990년대 후반 이후 전략을 선회했다. 큰 규모의 자본 투자가 불가피하더라도 해자가 뚜렷한 사업을 선택한다면 충분히 좋은 투자가 될 수 있다는 것을 보여줬다. 이는 규모가 커진 버크셔를 고려할 때 현실적인 판단이었다. 이런 버핏의 유연함은 기술 기업에 투자하지 않는다는 통념을 깨고 애플에 대대적으로 투자할 수 있는 바탕이 되기도 했다.

투자자들은 버핏의 모든 투자가 성공한 것은 아니라는 데 주목할 필요가 있다. 매번 그 사업에 대한 통찰을 갖고 과감한 투자에 나섰으나 처참한 결과를 맞이할 때도 많았다. 산업용 신발 제조업체 덱스터슈에 대한 투자 또한 크게 실패한 유명한 사례다.

그러나 투자에 성공한 규모 대비 실패한 투자 규모가 작거나 미미한 수준이었다는 게 버핏의 특징이기도 하다. 많은 실패에도 불구하고 규모가 큰 공익사업에서 성공을 크게 거둔 게 대표적이다. 버핏은 시기별로 버크셔에서 가장 중요한 4~5가지 사업을 언급해왔는데 모두 장기적으로 성공했다는 게 공통점이다.

투자자들은 매번 신중한 자세로 특정 사업에 대해 통찰을 가지려 노력해야 하고, 통찰을 가질 수 있는 분야에 한정해서 투자에 나서야 한다. 그러나 아무리 자신 있는 영역이라도 성공 확률이 100%는 아니기 때문에 얼마든지 실패할 수 있다.

버핏의 사례를 보면 실패는 반드시 '작게' 해야 한다는 것을 알 수 있다. 또한 성공은 반드시 '크게' 해야 하는데, 그래야 모든 실패를 넘어설 수 있기 때문이다. 투자 비중 관리의 핵심이라 할 만하다. 주변의 성공적인 투자자들 또한 비슷한 경향을 보인다. 모든 투자에서 성공하지 못하더라도 결국 자산이 증가하는 것은 실패를 '작게' 하기 때문이다.

버핏의 주주 서한은 투자자들에게 한 편의 장대한 투자 서사라고 할 수 있다. 그만큼 오랜 세월 투자의 천재가 겪고 느끼고 배운 바를 가감 없이 구체적인 사례와 더불어 엮어냈다. 버크셔 전체 역사가 담겨 있어 많은 분량이지만 주주 서한을 관통하는 줄기는 단순하다. 좋은 기업을 싸게 사는 것이 투자의 핵심이며, 때때로 실패를 겪더라도 그것을 뛰어넘는 성공을 통해 성장해야 한다는 것이다. 버핏의 수많은 기업과 경영진, 경제 상황에 대한 소회 등이 이런 단순한 상식에 수렴한다.

투자 성공의 핵심은 해자가 뚜렷한 기업들, 즉 확신의 영역에 집중해야 하며, 항상 훌륭한 경영자들과 함께하려는 노력이 중요하다는 것이다. 모르몬교 신도로서 일요일 영업을 하지 않았음에도 불구하고 큰 성공을 거둬 버핏의 혀를 내두르게 했던, 유타주 가구업체 RC윌리의 빌 차일드는 버핏과 함께한 훌륭한 경영자들의 빙산의 일각에 불과하다.

마침 한국은 상법 개정 등 기업의 거버넌스 개혁이 이뤄지는 과정에 있다. 과거 사업과 경영진 분석에 더해 '대주주의 의중'이라는 추가 요소에 대한 분석이 불가피했던 상황에서 벗어나 진일보한 투자 환경이 펼쳐질 것으로 기대된다.

한국의 모든 투자자가 버핏이 친히 세세하게 알려주는 지혜를 발판으로 삼아 좋은 환경에서 성공적인 투자에 나서기를 응원한다.

이은원

SK증권 강남금융센터에서 글로벌 주식 랩(wrap) 상품을 운용하고 있다. 무크지 〈버핏클럽〉 1~5권의 '워런 버핏의 주주서한 정밀 분석' 코너를 맡았고, 네이버 카페 '버핏클럽'에 '이은원의 투자 단상' 칼럼을 연재하고 있다. 지은 책으로 《워런 버핏처럼 적정주가 구하는 법》이 있다.

12장
버크셔 경영 실적 보고

1956년 기본 원칙 중 "나는 동업자들에게 실적을 보장하지 못한다"는 지금도 유효합니다. 그러나 여러분이 주식을 보유하는 동안 버크셔에서 얻는 실제 성과가, 찰리와 내가 얻는 성과와 같다는 점은 보장할 수 있습니다. 우리는 현금 보상, 양도제한 조건부 주식, 스톡옵션을 받지 않을 것이므로, 우리가 얻는 성과는 여러분보다 높지 않을 것입니다. `2001`

물론 우리 피투자회사 중 일부는 유보이익으로 회사의 가치를 거의 높이지 못해 실망을 안겨줄 것입니다. 그러나 다른 피투자회사들은 가치가 크게 높아질 것이며 몇몇은 극적으로 높아질 것입니다. 전체적으로 보면 버크셔의 피투자회사들(이른바 우리 주식 포트폴리오)의 막대한 유보이익 중 우리 몫에서 자본이득 이상의 이익이 나올 것으로 예상합니다. 이 예상은 지난 56년 동안 적중해왔습니다. `2020`

2001년 실적 보고 `2001`

2년 전 1999년 실적을 보고할 때, 우리는 절대실적과 상대실적 모두 역사상 최악을 기록했다고 말했습니다. 나는 "상대실적이 우리의 관심사"라고 덧붙였는데, 이는 1956년 5월 5일 처음 투자조합을 설립한 이래로 내가 세운 관점입니다. 그날 저녁 창립 동업자 7명과 만나는 자리에서 내가 나눠준 '기본 원칙'이라는 제목의 짧은 서류에는 이런 문장이 들어 있었습니다. "우리 실적이 좋은지 나쁜지는 증권 전체의 실적과 비교해 측정한다." 우리는 처음에는 다우지수를 벤치마크로 사용했지만 이후에는 널리 사용되는 S&P500지수로 벤치마크를 변경했습니다. 1965년 이후 상대실적은 앞에 연도별로 기록되어 있습니다. 작년 버크셔의 실적은 5.7%포인트 더 높았습니다.

"상대실적으로는 먹고살 수 없소"라고 주장하면서 우리의 상대실적 평가 방침에 반대하는 사람도 있습니다. 그러나 버크셔 부회장 찰리 멍거와 내가 생각하듯이 S&P500을 보유해도 장기적으로 상당히 만족스러운 실적이 나온다고 기대한다면, 장기 투자자는 매년 S&P500지수보다 조금만 높은 수익을 올려도 틀림없이 만족스러운 보상을 받게 됩니다. 씨즈캔디처럼 계절성은 높으나(여름에는 상당한 적자 발생) 수익성 좋은 회사를 보유해도 1년 내내 잘 먹고 살 수 있듯이, 매년 절대실적은 아무리 변동이 심해도 S&P500을 앞서기만 한다면 우리는 항상 풍족한 수익을 거둘 수 있습니다.

작년 우리 자회사들이 올린 실적은 만족스러웠지만 내가 올린 실적은 전혀 만족스럽지 않았습니다. 버크셔 주식 포트폴리오 대부분을 내가 운용하는데, 지난 몇 년과 마찬가지로 올해 실적도 부진했습니다. 더 중요한 사실은, 핵심 안전장치도 없는 상태에서 내가 제너럴리의 영업을 허락했고, 9월 11일 테러 사건이 터지면서 발목을 잡혔다는 점입니다. 이 오류와 대응책에 대해서는 나중에 더 설명하겠습니다.

1956년 기본 원칙 중 "나는 동업자들에게 실적을 보장하지 못한다"는 지금도 유효합니다. 그러나 여러분이 주식을 보유하는 동안 버크셔에서 얻는 실제 성과가, 찰리와 내가 얻는 성과와 같다는 점은 보장할 수 있습니다. 우리는 현금 보상, 양도제한 조건부 주식, 스톡옵션을 받지 않을 것이므로 우리가 얻는 성과는 여러분보다 높지 않을 것입니다.

게다가 나는 재산의 99% 이상을 버크셔 주식으로 계속 보유할 것입니다. 나와 아내는 지금까지 주식을 판 적이 없고 팔 계획도 없습니다. 찰리와 나는 지난 몇 년 동안 자주 드러난 행태에 혐오감을 느낍니다. 주주들은 막대한 손실에 시달리는 동안, 시장 붕괴를 부른 CEO, 증권사, 기타 고위직들은 막대한 돈을 벌어 떠났습니다. 실제로 이들은 투자자들에게 주식을 사라고 역설하면서, 자기 주식은 은밀한 기법까지 동원하면서 내던졌습니다. 뻔뻔스럽게도 이들은 주주를 동업자가 아니라 봉으로 취급했습니다.

엔론이 주주를 배반한 기업의 상징이 되었지만 미국 기업계에 이런 터무니없는 행태는 아직도 얼마든지 있습니다. 경영자들의 이런 흔한 태도를 보여주는 이야기가 하나 있습니다. 어느 파티에서 아주 멋진 여성이 엉덩이를 흔들며 CEO에게 다가와 촉촉한 입술로 속삭였습니다. "원하시는 것 뭐든 해드릴게요. 뭘 원하는지 말씀만 하세요." CEO는 주저 없이 대답했습니다. "내 스톡옵션 행사가격 좀 낮춰주구려."

끝으로 하나만 덧붙이겠습니다. 장래에는 버크셔의 실적이 과거 실적의 근처에도 못 미칠 것입니다. 찰리와 나는 틀림없이 평균 실적을 초과하려고 노력할 것이며, 부진한 실적에 안주하지 않을 것입니다. 그러나 버크셔는 두 가지 조건이 과거와 확연히 달라졌습니다. 과거에는 흔히 기업과 증권을 지금보다 훨씬 싼 가격에 살 수 있었습니다. 더 중요한 사실은 당시에는 운용 자금 규모가 지금보다 훨씬 작았다는 점입니다. 과거에는 1,000만 달러짜리 투자 아이디어로도 기적을 일으킬 수 있었습니다. (1973년 워싱턴포스트와 1976년 가이코 투자가 그런 예입니다.) 그러나 지금은 3,000만 달러짜리 투자 아이디어 10개를 동원해도 올릴 수 있는 버크셔의 순자산가치가 0.25%에 불과합니다. 이제는 상당한 이익을 내려면 '코끼리'를 잡아야 합니다. 그러나 코끼리를 찾기는 쉽지 않습니다.

대신 긍정적인 측면도 있습니다. 우리는 다른 어느 회사보다도 훌륭한 경영자를 많이 보유하고 있습니다. (우리 훌륭한 경영자 다수에 대해서는 로버트 마일즈(Robert P. Miles)의 새 책《워렌 버핏이 선택한 CEO들(The Warren Buffett CEO)》을 읽어보시기 바랍니다.) 게다가 이들 대부분이 경영하는 회사들은 경제성도 양호하거나 탁월합니다. 이들의 능력, 에너지, 충성도는 정말이지 비범합니다. 지금까지 버크셔 설립 이후 37년 동안 우리 자회사 CEO 중 다른 회사로 옮긴 사람은 하나도 없습니다.

2002년 실적 보고 `2002`

작년 실적에 대해서 유의할 점이 또 있습니다. 여러분이 최근 몇 년 동안 계속 재무보고서를 읽었다면 '형식적인(pro-forma)' 손익계산서를 수없이 보았을 것입니다. 거의 모두 회계감사가 허용하는 것보다도 '이익'을 훨씬 불려놓은 손익계산서입니다. 이런 보고서에서 CEO들은 "이것도 계산에서 제외하고, 저것도 계산에서 제외하며, 오로지 이익을 늘려주는 요소만 계산에 포함하십시오"라고 주주들에게 말합니다. 경영진은 나쁜 소식은 모두 잊으라고 해마다 말하면서도 부끄러워할 줄을 모릅니다.

버크셔는 지금까지 형식적인 이익이 실제 이익보다 높았던 적이 없었습니다. 그러나 이번에 우리는 새 역사를 쓰게 되었습니다. 작년에는 우리가 보고한 형식적인 이익이 실제 이익보다 높았습니다. 이는 두 가지 유리한 요소에 의해서 보고이익이 증가했기 때문입니다.

첫째, 2002년에는 대규모 재해가 없었던 덕분에, 버크셔(및 기타 보험사들)의 보험 사업 이익이 평균적인 해보다 많았습니다. 그러나 이와 반대로 대형 허리케인이나 지진이나 인재 등이 발생하면, 흔히 보험사들은 이런 '이례적인' 재해만 일어나지 않았다면 이익이 X가 되었을 것이라고 보고합니다. 즉 이런 대형 재해는 드물게 발생하는 현상이므로, "진정한" 이익을 계산할 때는 제외해야 한다는 주장입니다. 그러나 이는 터무니없는 기만입니다. '이례적인' 재해는 보험 사업에서 영원히 반복해서 일어날 것이며, 주주들의 돈으로 영원히 반복해서 지급해야 하기 때문입니다.

그런 의미에서 우리는 보험산업의 선례를 따르고자 합니다. 작년에는 대규모 재해가 한 건도 없었으므로, '정상' 보험영업 실적을 계산하려면 우리 실적을 하향 조정해야 합니다.

둘째, 2002년에는 채권시장이 우리가 사용한 금융상품 전략에 유리한 방향으로 전개되었습니다. 우리가 이 전략으로 얻는 이익은 틀림없이 1~2년 안에 감소하거나 사라질 것입니다.

따라서 유리하게 작용한 '이례적인' 요소 두 가지가 없었다면 작년 우리 세전 이익은 약 5억 달러 감소했을 것입니다. 그렇더라도 과도한 이익을 쌓게 되어서 기쁩니다. 잭 베니(Jack Benny, 코미디언)는 어떤 상을 받으면서 말했습니다. "나는 이런 영예를 누릴 자격이 없습니다. 그러나 나는 관절염을 앓고 있는데 이런 병에 시달릴 이유도 없지요."

2007년 실적 보고　　　　　　　　　　　2007

작년 우리 76개 사업회사의 실적은 전반적으로 좋았습니다. 실적이 나빴던 몇몇 회사는 벽돌, 카펫, 부동산 중개 등 주로 주택 관련 사업을 하는 회사들이었습니다. 이들의 실적 부진은 심각하지 않은 수준이고 일시적인 현상에 불과합니다. 이들 기업은 여전히 강력한 경쟁력을 유지하고 있으며, 경기가 좋을 때나 나쁠 때나 우리 일류 경영자들이 올바르게 이끌고 있습니다.

그러나 일부 대형 금융회사들은 엄청난 문제를 경험하고 있습니다. 작년 주주 서한에서 설명했던 "취약한 대출 관행" 탓입니다. 웰스파고의 CEO 존 스텀프(John Stumpf)는 대출회사들의 최근 행태를 다음과 같이 적절하게 분석했습니다. "과거 방식이 제대로 효과를 발휘하고 있는데도, 대출회사들은 흥미롭게도 손해 보는 새 방식을 만들어내고 있습니다."

여러분은 자동차 범퍼에 붙은 2003년 실리콘밸리 스티커의 구호를 기억하실 겁니다. "하느님, 제발 거품 한 번만 더 일으켜주세요." 불행하게도 이 소원이 즉시 이루어져서 거의 모든 미국인이 주택 가격은 영원히 상승한다고 믿게 되었습니다. 그리고 주택 가격 상승으로 모든 문제가 해결된다고 확신한 대출회사들은 차입자의 소득과 재산은 중요하지 않다고 생각하면서 돈을 삽으로 퍼주었습니다. 오늘날 미국에서는 이런 잘못된 신념 탓에 수많은 사람이 고통받고 있습니다. 주택 가격이 하락하면서 수

많은 실책이 드러나고 있습니다. 썰물이 빠져나가면 그동안 누가 벌거벗고 수영했는지 드러납니다. 이제 일부 거대 금융회사들의 추한 모습이 드러나고 있습니다.

이제는 기쁜 소식을 전하겠습니다. 버크셔가 최근 인수한 대기업 TTI(CEO 폴 앤드루스)와 이스카(Iscar, CEO 제이콥 하파즈(Jacob Harpaz))가 2007년에 훌륭한 실적을 올렸습니다. 작년에 보고한 바와 같이 이스카는 지금껏 내가 본 어느 제조회사보다도 인상적이었는데, 작년 가을 훌륭한 한국 공장을 방문한 다음 나는 이 생각을 더욱 굳히게 되었습니다.*

끝으로 버크셔의 주춧돌에 해당하는 보험사들도 탁월한 실적을 올렸습니다. 그 이유 하나는 우리가 보험업계에서 최고의 경영자들을 보유하고 있다는 점인데 이에 대해서는 나중에 더 설명하겠습니다. 또한 2007년에는 운도 매우 좋아서 2년 연속 대규모 보험 재해가 발생하지 않았습니다.

그러나 이제는 파티가 끝났습니다. 2008년에는 우리를 포함해서 보험업계의 이익률이 틀림없이 하락할 것입니다. 보험료는 낮아지고 위험은 대폭 증가했기 때문입니다. 미국에서 3년 연속 심각한 보험 재해가 발생하지 않는다고 하더라도 보험업계의 이익률은 십중팔구 4%포인트가량 하락할 것입니다. 태풍이나 지진이 발생한다면 실적이 훨씬 나빠질 수도 있습니다. 따라서 앞으로 몇 년 동안 보험 사업의 실적 저하에 대비해야 합니다.

---

* 이스라엘 절삭공구업체 이스카의 모회사인 IMC 그룹이 세계 1위 텅스텐업체인 대구텍을 인수하자 버핏은 2007년 10월 25일 대구를 방문했다. POSCO 설립의 모태가 되었던 대한중석이 대구텍의 전신이다.

버크셔의 실적 평가 척도 `2007`

버크셔의 실적은 주로 두 가지 요소로 평가합니다. 첫 번째 요소는 주식, 채권, 현금성 자산으로 구성된 투자입니다. 연말 기준으로 투자는 모두 1,410억 달러였습니다(금융 자회사와 공익 자회사의 투자분은 두 번째 요소로 분류).

우리 투자 자금 중 보험 플로트(우리 보험사들이 일시적으로 보유한 외부 자금)가 590억 달러입니다. 우리가 인수한 보험에서 본전을 유지하면, 즉 우리가 받은 보험료가 손실과 비용의 합계액과 같으면 이 플로트는 '공짜' 자금이 됩니다. 물론 인수 실적은 변동이 심해서 손실과 이익 사이를 변덕스럽게 오갑니다. 그러나 우리 과거 실적 전체를 보면 인수 사업의 수익성이 높았으며, 미래에도 평균적으로 본전 이상의 실적을 기록할 것으로 기대합니다. 이렇게 된다면 우리는 무이자 자금으로 투자해 버크셔 주주들의 가치를 창출한다고 볼 수 있습니다.

두 번째 요소는 투자와 보험 인수 이외의 원천에서 나오는 이익입니다. 이는 66개 비보험회사가 가져다주는 이익입니다. 버크셔 설립 초기에는 우리가 투자에 초점을 두었습니다. 그러나 지난 20년 동안 우리는 비보험회사에서 창출되는 이익의 비중을 늘려왔고 이런 관행은 앞으로도 이어질 것입니다.

다음 표에 이런 흐름이 나타납니다. 첫 번째 표에 14년 단위로 주당 투자액을 열거했습니다. 비지배지분은 투자액에서 제외했습니다.

비보험회사의 주당 투자액 추이

연말	주당 투자액(달러)	기간	주당 투자액 연복리 증가율(%)
1965	4		
1979	577	1965~1979	42.8
1993	13,961	1979~1993	25.6
2007	90,343	1993~2007	14.3

지난 42년 동안 주당 투자액의 연복리 증가율은 27.1%였습니다. 그러나 그동안 우리는 갈수록 사업회사 인수에 주력했으므로 증가율이 하락 추세를 보였습니다.

이런 흐름의 결과가 아래 표로서 비보험회사의 주당 이익 추세를 보여줍니다. 역시 비지배지분은 투자액에서 제외했습니다.

비보험회사의 주당 이익 추이

연말	주당 세전 이익(달러)	기간	주당 세전 이익 연복리 증가율(%)
1965	4		
1979	18	1965~1979	11.1
1993	212	1979~1993	19.1
2007	4,093	1993~2007	23.5

전체 기간 연복리 증가율은 17.8%였으며 우리가 사업회사 인수에 주력함에 따라 증가율이 더 빠르게 상승하고 있습니다.

두 표가 과거 실적 이해와 평가에는 유용할지 모르겠지만 미래 실적 추정은 완전히 오도할 수 있습니다. 버크셔는 과거와 같은 실적을 반복할 수 없으며 심지어 과거와 비슷한 실적조차 낼 수 없습니다. 이제 자산과 이익 규모가 너무도 커져서 장래에는 높은 수익률을 내기가 어렵기 때문입니다.

동업자 찰리와 나는 앞으로도 방금 설명한 두 척도로 우리 실적을 계속 평가할 것이며, 정기적으로 실적을 갱신해서 보고할 것입니다. 이제는 과거와 비슷한 실적조차 낼 수 없지만 그래도 여러분을 실망시키지 않도록 온 힘을 다하겠습니다.

그동안 버크셔에 합류한 경영자들이 찰리와 나에게 큰 힘이 되어줄 것입니다. 우리 경영자들은 여러모로 이례적인 집단입니다. 첫째, 대부분 돈이 필요해서 일하는 사람들이 아닙니다. 이들 중 다수가 막대한 금액을 받고 회사를 우리에게 팔았으며, 돈이 필요해서가 아니라 사업을 사랑하기 때문에 지금도 회사를 경영하고 있습니다. 물론 이들도 공정한 보상을 바라지만, 단지 돈 때문에 그토록 생산적으로 열심히 일하는 것은 아닙니다.

둘째도 다소 관련된 내용이지만, 우리 CEO들은 은퇴하는 바로 그날까지 그 회사를 경영할 것입니다. 거의 모든 회사의 핵심 간부들이 피라미드의 정상을 열망합니다. 따라서 현재 경영하는 자회사나 사업부는 잠시 거쳐 가는 정류장 정도로 생각합니다. 그들이 5년 뒤에도 여전히 그 자리에 있다면 아마도 자신이 실패했다고 생각할 것입니다.

반대로 우리 CEO들의 성공 기준은 내 자리를 차지하는 것이 아니라 현재 맡은 회사의 장기 실적입니다. 이들은 현재 자리에서 영원히 근무한다는 사고방식으로 의사결정을 합니다. 나는 버크셔의 이러한 경영 구조가 매우 드물고 모방하기도 어려워서 우리의 진정한 강점이라고 생각합니다.

2008년 금융위기와 버크셔의 실적　　2008

2008년에는 우리 순자산이 115억 달러 감소해 A주와 B주 모두 BPS가 9.6% 줄어들었습니다. 현 경영진이 회사를 맡은 지난 44년 동안, BPS는 19달러에서 7만 530달러로 증가해 연복리 수익률로는 20.3%를 기록했습니다.

'부록. 버크셔와 S&P500의 실적 비교'를 보면, 버크셔의 순자산가치와 S&P500지수 실적 모두 2008년이 최악이었습니다. 회사채와 지방채, 부동산과 상품 실적 역시 2008년에는 참혹했습니다. 연말에는 모든 투자자가 큰 손실을 본 채 어찌할 바를 몰랐는데, 마치 셔틀콕이 되어 배드민턴 라켓에 연거푸 두들겨 맞는 작은 새와 같았습니다.

작년에는 시간이 흐르면서 세계 거대 금융기관들의 치명적인 문제점들이 잇달아 드러났습니다. 이에 따라 신용시장이 장애를 일으켰고 머지않아 주요 기능을 상실하고 말았습니다. 내가 어린 시절 음식점 벽에서 보았던 다음 글귀가 미국 전역을 휩쓰는 표어가 되었습니다. "하느님 외에는 모두 현금만 받습니다."

4분기가 되자 주택 가격과 주가가 폭락하면서 신용위기가 미국 전체를 공포의 도가니로 몰아넣었습니다. 기업 활동이 이렇게 빠른 속도로 위축되는 모습을 나는 한 번도 본 적이 없습니다. 미국과 대부분 국가가 악순환의 고리에 갇혀버렸습니다. 공포 탓에 기업 활동이 위축되었고 위축된 기업 활동이 더 큰 공포를 불러왔습니다.

경제가 소용돌이치면서 추락하자 정부는 초대형 대응책을 내놓았습니다. 포커 용어를 빌리면 재무부와 연준은 '올인(all in)' 했습니다. 전에는 컵으로 약물을 투여했다면 이번에는 양동이로 약물을 퍼부었습니다. 이렇게 상상도 못 할 정도로 약물을 투여하면 틀림없이 부작용이 나타날 것입니다. 정확히 어떤 부작용이 나타날지는 아무도 모르지만 맹렬한 인플레이션이 나타날 수도 있습니다. 게다가 주요 기업들이 정부의 지원에 기대게 되었습니다. 그리고 시와 주(州)들도 정부에 엄청난 지원을 요청할 것입니다. 이들로부터 국민의 혈세를 지켜내는 일은 정치인들에게 난제가 될 것입니다. 이들은 순순히 물러서지 않을 것입니다.

부정적 측면이 아무리 많아도, 금융 시스템의 완전 붕괴를 막으려면 정부의 강력하고도 즉각적인 조처가 필수적이었습니다. 만일 작년에 금융 시스템이 붕괴했다면 미국 경제 전체가 대재앙을 맞이했을 것입니다. 좋든 싫든 미국의 금융계와 산업계, 그리고 일반 대중 모두 한배에 탄 상황이었습니다.

그러나 이렇게 악재가 쏟아졌지만 미국은 과거에 이보다 훨씬 더한 고통도 겪었다는 사실을 잊어서는 안 됩니다. 20세기만 해도 미국은 세계대전을 두 번 치렀고(한 번은 미국이 초반에 밀리는 형세였음), 공황과 침체는 10여 번이나 겪었으며, 1980년에는 악성 인플레이션으로 우대금리가 21.5%까지 치솟았고, 1930년대에는 대공황으로 실업률이 장기간 15~25%까지 올라갔습니다. 미국에는 난제가 부족한 적이 없었습니다.

그러나 우리는 이 모든 난제를 극복했습니다. 이런 걸림돌이 있었는데도 미국인의 실질 생활 수준은 1900년대에 거의 7배나 개선되었고, 다우지수는 66에서 11,497로 상승했습니다. 반면에 그 이전 수십 세기 동안에는 인류의 생활 수준 개선이 미미한 수준에 그쳤습니다. 미국의 경제 발전 과정이 순탄하지는 않았지만 그동안 경제 시스템은 놀라울 정도로 효과적이었습니다. 덕분에 인간의 잠재력을 최대한 발휘할 수 있었으며 앞으로도 계속 발휘할 수 있을 것입니다. 미국의 전성기는 아직 시작하지도 않았습니다.

'부록. 버크셔와 S&P500의 실적 비교'를 다시 보십시오. 이 44년 중 S&P500지수가 상승한 해는 75%였습니다. 앞으로 44년 동안에도 S&P500이 상승하는 해의 비중은 비슷할 것으로 추측합니다. 그러나 어느 해에 상승하고 하락할지는 내 동업자 찰리와 나 누구도 예측할 수 없습니다. (또한 다른 어떤 사람도 예측할 수 없다고 우리는 굳게 믿습니다.) 예를 들어 우리는 미국 경제가 2009년 내내 (그리고 십중팔구 그 이후에도) 휘청거릴 것으로 확신하지만 그래도 시장이 상승할지 하락할지는 알 수 없습니다.

실적이 좋은 해든 나쁜 해든, 찰리와 나는 오로지 네 가지 목표에 집중합니다.

(1) 버크셔의 재무 상태를 견고한 요새처럼 튼튼하게 유지합니다. 막대한 초과 유동성을 유지하고, 단기 부채를 소규모로 제한하며, 수십 가지 수익원을 확보합니다.
(2) 자회사들의 '해자'를 확대해 경쟁우위를 튼튼하게 유지합니다.
(3) 다양한 수익원을 새로 획득하고 개발합니다.
(4) 그동안 버크셔에 탁월한 실적을 안겨준 우수 경영진을 확대하고 육성합니다.

대부분 버크셔 자회사의 실적은 경제의 영향을 많이 받는 탓에 작년 이익이 잠재력에 못 미쳤으며 2009년에도 이런 상태가 이어질 것입니다. 주택 건설 관련 자회사들이 특히 큰 피해를 보았고 소매회사들도 큰 타격을 받았습니다. 그러나 전체적으로는 우리 제조, 서비스, 소매 자회사들이 상당한 이익을 올렸고 대부분 (특히 대기업들은) 경쟁력이 계속 강화되고 있습니다. 게다가 버크셔의 양대 사업인 보험과 공익 사업이 다행히 경제 전반과 무관하게 좋은 실적을 올려주었습니다. 두 사업 모두 2008년에 탁월한 실적을 기록했으며 전망도 매우 밝습니다.

작년 보고서에서 예측했듯이 우리 보험사들이 2007년에 올렸던 이례적인 보험영업이익이 2008년에는 반복되지 않았습니다. 그렇더라도 우리 보험사들은 6년 연속 보험영업이익을 기록했습니다. 이는 585억 달러에 이르는 보험 '플로트'가 공짜 자금보다도 유리하다는 뜻입니다. 실제로 우리는 2008년에 보유한 플로트에서 28억 달러를 보험영업이익으로 벌어들였습니다. 그래서 찰리와 나는 즐겁습니다.

그동안 대부분 보험사는 상당한 보험영업손실을 보았으므로 재정 상태가 우리와는 딴판입니다. 물론 우리도 언젠가는 보험영업손실을 볼 것입니다. 그러나 우리 보험사 경영진은 최고이며 대부분 견고하고도 소중한 독점력을 보유하고 있습니다. 이런 강점을 고려하면 우리는 앞으로도 장기간 보험영업이익을 올릴 것이며, 따라서 우리 플로트는 공짜 자금이 될 것으로 나는 믿습니다. 버크셔의 핵심 사업인 우리 보험사들은 단연 최강입니다.

찰리와 나는 공익사업에 대해서도 똑같이 열성적입니다. 우리 공익사업은 작년에 이익을 기록했으며 장래에도 이익을 낼 태세입니다. 우리 공익사업 경영자 데이비드 소콜과 그레그 에이블은 공익사업에서 누구도 넘보지 못할 실적을 올렸습니다. 나는 이들이 가져오는 새 프로젝트를 무척 좋아합니다. 공익사업은 자본 집약적 사업이라서 대개 규모가 크기 때문입니다. 이런 프로젝트를 이용하면 근사한 수익률로 막대한 자본을 투자할 수 있습니다.

작년에는 자본 배분도 순조롭게 진행되었습니다. 버크셔는 항상 기업과 증권을 사는 쪽이므로, 혼란스러운 시장이 우리에게 순풍으로 작용했습니다. 투자할 때 비관론은 우리의 친구이고 도취감은 우리의 적입니다.

우리는 정상 시장에서는 불가능했을 조건으로 대규모 투자 세 건을 했습니다. 이 투자 덕분에 버크셔의 연간 세전 이익이 약 15억 달러 증가할 것이며 자본이득까지도 얻을 수 있습니다. 우리는 마몬 인수 작업도 마무리했습니다. (현재 지분 64%를 보유 중이며 앞으로 6년 동안 나머지 주식도 인수할 예정입니다.) 또한 일부 자회사는 협력회사들을 인수했는데 이를 통해서 경쟁력과 수익력이 강화될 것입니다.

지금까지는 좋은 소식이었습니다. 그러나 달갑지 않은 소식도 있습니다. 2008년에 나는 터무니없는 투자도 했습니다. 큰 실수를 적어도 하나 저질렀고 작은 실수는 여러 번 저질렀습니다. 자세한 설명은 뒤에 하겠습니다. 게다가 주요 사항을 누락하는 실수도 저지른 탓에, 새로운 사실이 드러났을 때 즉각 대처하지 못한 채 손가락만 빨고 있었습니다.

게다가 전체 시장이 하락함에 따라, 우리가 계속 보유 중인 주식과 채권의 시장가치도 대폭 하락했습니다. 찰리와 나는 이에 대해 걱정하지 않습니다. 사실은 우리 포지션을 늘릴 자금이 있는 한, 우리는 이런 가격 하락을 오히려 즐깁니다. 오래전 벤저민 그레이엄은 "가격은 우리가 치르는 것이고 가치는 우리가 받는 것이다"라고 가르쳐주었습니다. 주식이든 양말이든, 나는 가격이 내려갔을 때 우량 상품을 즐겨 사들입니다.

버크셔의 실적 평가 방법 `2009`

처음부터 찰리와 나는 실적을 평가하는 합리적이고도 확고한 기준이 필요하다고 믿었습니다. 이런 기준이 있어야 우리가 멋대로 자금을 운용하고 나서 뒤늦게 기준을 만들어 실적을 정당화하려는 유혹을 떨쳐낼 수 있습니다.

S&P500을 기준으로 선택한 것은, 우리 주주들이 인덱스펀드를 보유하면 거의 비용을 들이지 않고서도 얻을 수 있는 실적이기 때문입니다. 우리가 단지 S&P500 정도의 실적을 낸다면 우리에게 비용을 쓸 이유가 있을까요?

더 어려운 문제는 'S&P500과 비교할 버크셔의 실적을 어떻게 측정하는가?'입니다. 단순하게 주가 등락률을 측정하자는 주장도 충분히 일리가 있습니다. 사실 장기적으로는 주가 등락률이 최상의 기준입니다. 그러나 연도별로는 주가가 매우 변덕스러울 수 있습니다. 심지어 10년 동안 주가 등락률을 측정하더라도 기간 중 주가가 터무니없이 상승하거나 하락해 실적이 크게 왜곡될 수 있습니다. 마이크로소프트의 스티브 발머(Steve Ballmer)와 GE의 제프 이멜트는 이 문제에 대해 할 말이 많을 것입니다. 이들은 경영권을 넘겨받은 이후 주가가 코피 터질 정도로 폭락했기 때문입니다.

우리의 연도별 실적을 평가하는 이상적인 기준은 버크셔의 주당 내재가치 증감일 것입니다. 그러나 내재가치는 도저히 정확하게 계산할 수가 없습니다. 그래서 우리는 다소 조잡한 대용물로 BPS를 사용합니다. 물론 이 척도에도 나름의 단점이 있습니다. 그리고 대부분 기업은 BPS가 내재가치보다 낮게 나오는데 버크셔도 확실히 그렇습니다. 전반적으로 우리 기업들은 BPS가 내재가치보다 훨씬 낮습니다. 특히 우리 주력 기업인 보험회사들은 차이가 막대합니다. BPS는 이렇게 저평가되는 척도지만 찰리와 나는 내재가치 변동을 추적하기에는 BPS가 가장 유용하다고 믿습니다. 이 척도를 사용하면 앞에서 설명했듯이 1965년 초부터 현재까지 버크셔 BPS의 연복리 증가율은 20.3%입니다.

만일 주가를 척도로 사용한다면 버크셔의 실적은 더 높아져서 연복리 증가율이 22%가 됩니다. 이 연복리 증가율 차이는 얼마 안 되지만, 45년간 적용하면 시장가치가 801,516% 증가한 것으로 나옵니다(BPS 증가율은 434,057%). 이는 1965년에는 버크셔 주가가 당시 직물 관련 자산의 BPS보다 낮았지만 지금은 일류 자회사들의 BPS보다 늘 높기 때문입니다.

요약하면 부록의 표 '버크셔와 S&P500의 실적 비교'에는 긍정적인 메시지 둘과 매우 부정적인 메시지 하나가 들어 있습니다. 첫째, 1965~1969년에서 2005~2009년까지 5년 단위로 묶은 41개 기간 중, 우리 BPS 증가율이 S&P500지수 상승률보다 낮았던 기간이 한 번도 없었습니다. 둘째, 시장 수익률이 플러스인 기간에는 우리가 S&P500에 뒤처질 때도 있었지만, 시장 수익률이 마이너스였던 11개 기간에는 우리가 항상 S&P500을 앞섰습니다. 다시 말해서 우리는 공격보다 방어를 더 잘했고, 앞으로도 계속 그럴 것입니다.

매우 부정적인 메시지 하나는, 우리 규모가 증가함에 따라 우리의 실적 우위가 극적으로 감소했으며 이런 추세는 앞으로도 틀림없이 이어진다는 점입니다. 그렇더라도 버크셔에는 탁월한 기업과 정말로 뛰어난 경영자가 많으며, 이들의 재능을 극대화하는 비범한 기업문화가 형성되어 있습니다. 찰리와 나는 이런 요소들 덕분에 장기적으로 평균을 뛰어넘는 실적이 앞으로도 이어질 것으로 믿습니다. 그러나 거대한 규모가 걸림돌이 될 것이므로 장래에는 우리의 실적 우위가 과거보다 훨씬 감소할 것입니다.

2010년 실적 보고

2010년 우리 실적의 백미는 '벌링턴 노던 산타페(BNSF)' 인수입니다. 이 회사는 내 기대 이상으로 잘 돌아가고 있습니다. 이 철도회사를 보유함으로써 버크셔의 '정상' 수익력이 세전으로는 거의 40%, 세후로는 30% 이상 증가할 것으로 보입니다. 이 회사를 인수하는 과정에서 우리 주식 수가 6% 증가했고 현금 220억 달러가 사용되었습니다. 그러나 우리는 이 현금을 곧바로 채웠으므로 이 거래는 경제성이 매우 좋았습니다.

'표준 연도'는 부회장 찰리 멍거나 내가 정확하게 정의할 수 있는 개념이 아닙니다. 그러나 현재 우리 수익력을 추정할 목적으로 생각해본다면, 보험 부문에서 대규모 재해가 발생하지 않은 해로서 사업 여건이 2010년보다는 다소 좋고 2005년이나 2006년보다는 다소 나쁜 해를 들 수 있습니다. 이렇게 가정한다면 현재 우리가 보유한 자산의 표준 수익력은 자본손익을 제외하고 세전으로는 약 170억 달러, 세후로는 약 120억 달러가 됩니다. 찰리와 나는 이 금액을 바탕으로 매일 수익 증대 방안을 모색하고 있습니다.

찰리와 나는 BNSF의 장래를 매우 밝게 봅니다. 주요 경쟁자인 트럭보다 비용과 환경 면에서 훨씬 유리하기 때문입니다. 작년 BNSF는 디젤 연료 1갤런으로 화물 1톤을 500마일 운송해 연료 효율 면에서 신기록을 세웠습니다. 이는 우리 철도의 연료 효율이 트럭보다 3배나 높다는 뜻이며, 영업비용 면에서 매우 유리하다는 의미입니다. 게다가 온실가스 배출이 감소하고 석유 수입 필요성도 대폭 감소하므로 나라에도 이익입니다. 철도 운송이 증가하면 우리 사회에 혜택이 돌아갑니다.

장기적으로 미국의 상품 운송량은 계속 증가할 것이며, BNSF는 여기서 발생하는 이익을 모두 차지하게 될 것입니다. 그러나 운송량 증가를 뒷받침하려면 철도에 막대한 투자를 해야 하며, 이런 자금을 공급하기에 버크셔만큼 적합한 주체도 없습니다. 아무리 경제가 침체하고 시장이 어수선해도 우리는 차질 없이 자금을 댈 수 있습니다.

작년 (미국 경제에 대한 비관론이 팽배했는데도) 버크셔는 부동산과 장비에 60억 달러를 지출해 자본 투자에 대한 열정을 과시했습니다. 이 금액 중 90%에 해당하는 54억 달러가 미국 안에서 지출되었습니다. 장래에는 우리 사업이 틀림없이 외국으로도 확장되겠지만 그래도 미국 안에 투자되는 금액이 압도적으로 많을 것입니다. 2011년에도 자본 지출 80억 달러로 신기록을 세울 것이며 증가액 20억 달러는 모두 미국에 투자될 것입니다.

돈은 항상 기회를 찾아 흘러가며 미국에는 기회가 풍부합니다. 요즘 사람들은 흔히 "불확실성이 크다"라고 말합니다. 그러나 예를 들어 1941년 12월 6일(일본의 진주만 기습 전날), 1987년 10월 18일(다우지수가 하루에 22.6% 폭락한 블랙 먼데이 전날), 2001년 9월 10일(9·11 테러 전날)을 돌아봅시다. 오늘이 아무리 평온해도 내일은 항상 불확실한 법입니다.

이런 현실에 겁먹지 마십시오. 내가 평생 사는 동안 정치인과 전문가들은 미국이 끔찍한 문제에 직면했다고 끊임없이 탄식했습니다. 그러나 현재 미국인들의 생활 수준은 내가 태어났을 때보다 무려 여섯 배나 높아졌습니다. 비관론자들은 지극히 중요하고도 확실한 요소를 간과하고 있습니다. 인간의 잠재력은 무한하며, 이런 잠재력을 일깨워주는 미국 시스템(남북전쟁과 불황이 자주 방해했는데도 2세기에 걸쳐 기적을 일궈낸 시스템)은 여전히 활기차고 효과적이라는 사실입니다.

현재 우리는 미국 건국 시절의 선조보다 태생적으로 더 똑똑한 것도 아니고 일을 더 열심히 하는 것도 아닙니다. 그러나 우리 주위를 돌아보면 미국은 우리 선조가 꿈도 꾸지 못하던 세상이 되었습니다. 1776년(미국 독립선언), 1861년(남북전쟁), 1932년(주가가 정점에서 10분의 1로 폭락), 1941년(진주만 기습)과 마찬가지로, 미국의 전성기는 아직 시작하지도 않았습니다.

5년 단위 실적 분석　　2010

타인의 자금을 맡아서 운용하는 사람들은 애초에 실적 목표를 수립해놓아야 한다고 찰리와 나는 믿습니다. 이런 기준이 없으면 펀드매니저들은 멋대로 자금을 운용하고 나서 뒤늦게 기준을 만들어 실적을 정당화하기 쉽습니다.

버크셔는 오래전에 실적 목표를 말씀드렸습니다. 그것은 주당 내재가치를 S&P500지수 상승률(배당 포함)보다 빠른 속도로 끌어올리는 것입니다. 우리는 목표 달성에 성공하는 해도 있고 실패하는 해도 있을 것입니다. 그러나 장기적으로 이 목표를 달성하지 못한다면 우리는 투자자들에게 제 역할을 다하지 못하는 셈입니다. 투자자들이 인덱스펀드를 보유해도 그 이상의 실적을 얻을 수 있기 때문입니다.

여기서 마주치는 난제가 내재가치 계산입니다. 찰리가 계산하는 내재가치와 내가 계산하는 내재가치조차 일치하지 않을 것입니다. 내재가치는 정확한 계산이 불가능합니다.

따라서 우리는 실적 평가에서 주관성을 배제하려고, 내재가치에 비해 '과소평가되기 쉬운' BPS를 대용치로 사용하고 있습니다. 실제로 일부 회사는 내재가치가 BPS보다 훨씬 높습니다. (나중에 사례 연구를 보여드리겠습니다.) 그러나 그 프리미엄(내재가치 - BPS)은 해에 따라 크게 바뀌는 일이 거의 없으므로 BPS는 우리 실적을 추적하는 합리적인 척도가 될 수 있습니다.

부록에 실린 표는 우리 실적과 S&P500의 실적을 비교한 자료입니다. 초기에는 우리 실적이 매우 좋았지만 지금은 단지 만족스러운 정도입니다. 분명히 말씀드리지만 우리가 초기에 올렸던 탁월한 실적을 다시는 보지 못할 것입니다. 현재 운용 중인 자본이 거대한 탓에 이례적인 실적이 나올 가능성이 사라졌습니다. 그러나 우리는 지수보다 높은 실적을 얻으려고 노력할 것이며 이것이 합리적인 평가 기준이라고 생각합니다.

그런데 연도별 실적은 무시해서도 안 되지만 절대적으로 중시해서도 안 됩니다. 지구가 태양 둘레를 한 바퀴 도는 기간이 어떤 투자 아이디어나 사업 판단이 결실을 보는 기간과 꼭 일치하지는 않기 때문입니다. 예를 들어 작년에 가이코는 보험 고객을 늘리려고 광고에 9억 달러를 지출했지만 이렇게 증가한 보험 고객에서 바로 이익이 나오는 것은 아닙니다. 광고비를 두 배로 지출해도 높은 효과가 유지된다면 우리는 단기 실적이 더 나빠지더라도 기꺼이 두 배를 지출할 것입니다. 우리가 철도나 전력 사업에 대규모 투자를 하는 것도 먼 장래에 수익성 개선을 기대하기 때문입니다.

실적을 보는 장기적 관점을 제공하려고, 연도별 실적을 5년 단위 실적으로 정리해 다음 페이지에 제시했습니다. 5년 단위로 묶으면 모두 42개 기간이 되는데 여기서 매우 흥미로운 이야기가 나옵니다. 상대실적 기준으로 보면 우리의 최고 기간은 1980년대 초에 끝났습니다. 그러나 시장의 황금기는 이후 17년 동안 이어졌고, 버크셔도 상대실적 우위는 감소했어도 절대실적 면에서는 뛰어난 성과를 올렸습니다.

1999년 이후에는 시장이 힘을 잃었습니다(이미 눈치채셨죠?). 따라서 상대실적 기준으로는 버크셔가 S&P500을 만족스러울 정도로 앞섰지만 절

버크셔와 S&P500의 5년 단위 실적 비교(연간 변동률: %)

연도	버크셔의 BPS(1)	S&P500 상승률(배당 포함)(2)	상대실적(1) - (2)
1965~1969	17.2	5.0	12.2
1966~1970	14.7	3.9	10.8
1967~1971	13.9	9.2	4.7
1968~1972	16.8	7.5	9.3
1969~1973	17.7	2.0	15.7
1970~1974	15.0	-2.4	17.4
1971~1975	13.9	3.2	10.7
1972~1976	20.8	4.9	15.9
1973~1977	23.4	-0.2	23.6
1974~1978	24.4	4.3	20.1
1975~1979	30.1	14.7	15.4
1976~1980	33.4	13.9	19.5
1977~1981	29.0	8.1	20.9
1978~1982	29.9	14.1	15.8
1979~1983	31.6	17.3	14.3
1980~1984	27.0	14.8	12.2
1981~1985	32.6	14.6	18.0
1982~1986	31.5	19.8	11.7
1983~1987	27.4	16.4	11.0
1984~1988	25.0	15.2	9.8
1985~1989	31.1	20.3	10.8
1986~1990	22.9	13.1	9.8
1987~1991	25.4	15.3	10.1
1988~1992	25.6	15.8	9.8
1989~1993	24.4	14.5	9.9
1990~1994	18.6	8.7	9.9
1991~1995	25.6	16.5	9.1
1992~1996	24.2	15.2	9.0
1993~1997	26.9	20.2	6.7
1994~1998	33.7	24.0	9.7
1995~1999	30.4	28.5	1.9
1996~2000	22.9	18.3	4.6

연도	버크셔의 BPS(1)	S&P500 상승률(배당 포함)(2)	상대실적(1) - (2)
1997~2001	14.8	10.7	4.1
1998~2002	10.4	-0.6	11.0
1999~2003	6.0	-0.6	6.6
2000~2004	8.0	-2.3	10.3
2001~2005	8.0	0.6	7.4
2002~2006	13.1	6.2	6.9
2003~2007	13.3	12.8	0.5
2004~2008	6.9	-2.2	9.1
2005~2009	8.6	0.4	8.2
2006~2010	10.0	2.3	7.7

주: '1971~1975'와 '1972~1976'은 전년도 9월 30일에 시작. '1967~1971'은 1966년 9월 30일부터 1971년 12월 31일까지 63개월 포함. 나머지 기간은 모두 역년(曆年: 1월 1일~12월 31일) 기준임.
1979년부터 회계 규정이 변경되어 보험회사들이 보유 주식을 시가로 평가하게 되었음. 이전까지는 취득원가와 시가 중 낮은 가격으로 평가했음. 위 표에서 1978년까지의 버크셔 실적은 변경된 규정에 따라 수정했고, 나머지 실적은 모두 원래 보고했던 숫자로 계산했음.
S&P500의 실적은 세전 기준이나, 버크셔의 실적은 세후 기준임. 만일 버크셔가 자산을 모두 S&P500으로 보유하고 세금을 냈다면, 지수 수익률이 플러스인 해에는 실적이 S&P500에 뒤처졌을 것이고, 지수 수익률이 마이너스인 해에는 S&P500를 앞섰을 것임. 그러나 장기적으로는 세금 비용 때문에 실적이 지수보다 상당 폭 낮았을 것임.

대실적 기준으로는 적당한 성과에 그쳤습니다.

앞으로 우리는 S&P500보다 평균 몇 포인트 높은 실적을 올릴 것으로 기대합니다. 물론 이 정도 실적도 절대 장담할 수는 없습니다. 만일 이 목표를 달성한다면, 주식시장이 나쁜 해에는 우리가 앞서고, 주식시장이 좋은 해에는 우리가 뒤처질 것입니다.

2011년 실적 보고

이사회의 주요 업무는 적합한 사람에게 회사 경영을 맡기고, 미래에 회사를 떠맡을 차세대 리더들을 차질 없이 발굴해 육성하는 일입니다. 내가 참여해본 이사회 19개 중에서 버크셔의 이사들이 후계 계획에 가장 많은 시간과 노력을 기울였습니다. 게다가 버크셔 이사들이 노력한 만큼 성과도 있었습니다.

2011년 초에 토드 콤즈가 버크셔에 펀드매니저로 합류했고 연말 직후에는 테드 웨슐러가 들어왔습니다. 두 사람 모두 투자 기술이 탁월하고 버크셔에 매우 헌신적입니다. 두 사람은 2012년에 각각 수십억 달러씩 운용하게 될 것입니다. 이들은 두뇌, 판단력, 인품이 뛰어나서, 찰리와 내가 버크셔를 떠난 다음 전체 포트폴리오를 능히 관리할 수 있는 사람들입니다.

우리 이사회도 내 뒤를 이을 CEO 후보자를 열렬히 지지합니다. 이사회는 그를 여러 번 만나보았으며 그의 경영 능력과 인품을 높이 평가합니다. (또한 탁월한 예비 후보도 둘이나 있습니다.) 때가 오면 경영권이 매끄럽게 이전될 것이고 버크셔의 전망도 여전히 밝을 것입니다. 나는 98%가 넘는 재산을 버크셔 주식으로 갖고 있으며 모두 다양한 자선단체에 기부하기로 했습니다. 이런 식으로 재산을 한 종목에 집중해서 보유하는 것은 통념에 어긋납니다. 그러나 나는 걱정하지 않습니다. 우리가 보유한 기업들이 다양하고도 우수하며 그 경영자들의 뛰어난 자질도 익히 알고 있기 때문입니다. 자산이 이러하므로 내 후계자는 출발이 순조로울 것입니다. 그러나 이런 이야기를 한다고 해서 찰리와 내가 어디론가 간다고 생각하지는 마십시오. 우리는 여전히 매우 건강하고 우리 일을 사랑합니다.

우리는 보유 주식을 단기 전망에 따라 사고파는 유가증권이 아니라, 훌륭한 기업에 참여한 동업자 지분으로 생각합니다. 그러나 이들 회사의 이익 중 우리 몫은 우리 재무제표에 극히 일부만 반영됩니다. 실제로 받은 배당만 재무제표에 표시되기 때문입니다. 그러나 장기적으로는 이들 회사의 미분배 이익 중 우리 몫도 매우 중요한 역할을 합니다. 이들이 다양한 방법으로 활용되어 미래 이익과 배당을 높여주기 때문입니다. 예컨대 미분배 이익으로 자사주 매입을 하면 회사의 미래 이익 중 우리 몫이 증가하게 됩니다.

우리가 '4대 투자회사'에 대한 현재 지분을 작년 연초부터 계속 보유했다면 배당으로 8억 6,200만 달러를 받았을 것입니다. 그리고 이 금액만 버크셔 손익계산서에 나타났을 것입니다. 그러나 4대 투자회사의 이익 중 우리 몫은 훨씬 커서 33억 달러가 되었을 것입니다. 찰리와 나는 재무제표에 나타나지 않는 24억 달러도 우리의 미래 이익을 높여주므로 24억 달러 이상의 가치가 있다고 믿습니다. 이런 이유로 배당을 포함한 4대 투자회사의 이익 합계액은 2012년에 증가할 것이며 앞으로도 장기간 거의 매년 증가할 것으로 기대합니다. 10년 뒤에는 4대 투자회사의 현재 지분에서 나오는 우리 이익이 배당 20억 달러를 포함해서 70억 달러가 충분히 될 것입니다.

이제 좋은 소식은 모두 나왔습니다. 다음은 2011년에 발생한 고통스러운 일들입니다.

몇 년 전, 나는 텍사스 일부 지역에 전기를 공급하는 '에너지 퓨처 홀딩스(Energy Future Holdings)'의 채권 몇 종목에 약 20억 달러를 투자했습니다. 이것은 실수였습니다. 그것도 큰 실수였습니다. 이 회사의 전망은 주로 천연가스 가격에 좌우되는데, 우리가 채권을 산 직후부터 가격이 폭락해 지금도 회복하지 못하고 있습니다. 이후 우리는 이자로 매년 약 1억 200만 달러를 받았지만, 가스 가격이 대폭 상승하지 않는다면 이 회사는 원리금 상환 능력을 상실하게 될 것입니다. 우리는 2010년에 투자 금액 중 10억 달러를 상각했고 작년에도 추가로 3억 9,000만 달러를 상각했습니다.

연말 현재 우리가 보유한 이 채권의 시장가격은 8억 7,800만 달러입니다. 가스 가격이 현재 수준을 유지한다면 손실이 더 증가해 아마도 현재 장부가격이 거의 제로가 될 것입니다. 반면에 가스 가격이 대폭 상승한다면 상각 금액의 일부나 전부까지도 회수할 수 있습니다. 아무튼 이 채권을 살 때 했던 나의 손익 확률 계산은 완전히 빗나갔습니다. 여러분의 회장이 중대한 실책을 저지른 것입니다.

2011년, 우리가 대량으로 보유하던 아주 매력적인 채권 세 종목이 조기 상환되었습니다. 버크셔에 매년 세전 이익 약 12억 달러를 안겨주던 채권을 스위스리, 골드만삭스, GE가 128억 달러에 되산 것입니다. 이렇게 해서 생긴 커다란 소득 공백의 대부분을 우리는 루브리졸을 인수해서 메웠습니다.

작년에 나는 "주택 경기가 십중팔구 1~2년 안에 회복되기 시작할 것"이라고 말했습니다. 내 생각은 완전히 틀렸습니다. 우리가 보유한 다섯 회사의 실적은 주택 경기에 크게 좌우됩니다. 특히 클레이턴홈즈가 직접적인 영향을 받는데 이 회사는 2011년 미국 주택의 약 7%를 지은 미국 최대 주택 건설업체입니다.

주택 경기는 회복될 것입니다. 이 말은 믿어도 됩니다. 장기적으로 주택 수는 가구 수를 따라갈 수밖에 없습니다. 그러나 2008년 이전에는 가구 수보다 주택 수가 더 많아졌습니다. 그 결과 지나치게 커진 거품이 요란하게 터지면서 경제를 통째로 흔들어놓았습니다. 이 때문에 다른 문제가 발생했습니다. 침체 초기에는 가구 수 증가 추세가 둔화했고 2009년에는 가구 수가 극적으로 감소했습니다.

그러나 끔찍했던 수급 상황이 이제는 역전되었습니다. 지금은 주택 수보다 가구 수가 매일 더 증가하고 있습니다. 불확실한 기간에는 사람들이 결혼을 미루지만 결국은 호르몬을 억제하지 못합니다. 사람들이 침체기 초기에는 시집이나 친정에서 함께 살더라도 머지않아 이런 생활에서 벗어나고 싶어집니다.

현재 주택 건축 착공은 연 60만 건이어서 가구 증가 수보다 훨씬 적으므로, 이제는 주택 구입이나 임차가 증가하면서 과거의 주택 공급 과잉 상태가 빠른 속도로 해소되고 있습니다. (이 속도는 지역에 따라 다를 것입니다. 수급 상황이 지역에 따라 다르기 때문입니다.) 그러나 이렇게 수급이 개선되는 동안, 우리 주택 관련 자회사들이 고전하면서 2006년 5만 8,769명이었던 고용 인원이 현재는 4만 3,315명으로 감소했습니다. 주택 섹터는 건설뿐 아니라 온갖 관련 사업을 먹여 살리는 매우 중요한 경제 부문이지만 아직 침체에서 벗어나지 못하고 있습니다. 경제의 거의 모든 부문이 빠른 속도로 꾸준히 회복되고 있는데도 고용 회복이 이토록 지연되는 주된 이유가 바로 여기에 있다고 생각합니다.

현명한 통화정책과 재정정책이 경기 침체 완화에는 큰 역할을 하지만 가구 수를 늘리거나 남아도는 주택을 없애지는 못합니다. 다행히 인구통계와 시장 시스템이 머지않아 균형을 회복시켜줄 것입니다. 그때가 되면 우리는 다시 매년 주택을 100만 채 이상 건설하게 될 것입니다. 이렇게 되면 전문가들은 급락하는 실업률을 보면서 놀랄 것입니다. 이들은 1776년 이후 항상 옳았던 사실을 다시 깨달을 것입니다. 미국의 전성기는 시작되지도 않았다는 사실 말입니다.

2012년 실적 보고 `2012`

1965년 내가 버크셔의 경영을 맡은 이후, 앞의 실적 비교표에서 보듯이 한 해에 241억 달러나 벌어들이고서도 S&P500지수에 뒤지리라고는 꿈에도 생각하지 못했습니다.

그러나 실제로 이런 일이 벌어졌습니다. 지난 48년 중 버크셔의 BPS 증가율이 S&P500지수 상승률(배당 포함)에 못 미친 해는 9년이었습니다. 그 9년 중 8년은 S&P500 상승률이 15% 이상이었다는 점에 주목하시기 바랍니다. 우리는 시장에 역풍이 몰아칠 때 실적이 더 좋습니다.

지금까지 우리는 5년 단위로 묶어서 실적을 비교했을 때는 43개 기간에서 단 한 번도 S&P500에 뒤진 적이 없습니다. 그러나 최근 4년 동안은 S&P500지수 상승률이 매년 플러스를 유지하면서 우리 실적을 앞섰습니다. 2013년에도 시장이 강세를 유지한다면 우리가 세운 5년 단위 43회 연승 기록은 깨어집니다.

그래도 한 가지는 확실히 믿으셔도 됩니다. 버크셔의 실적이 어떻게 나오든 부회장 찰리 멍거와 나는 평가 척도를 바꾸지 않을 것입니다. 우리의 임무는 내재적 기업 가치(실제보다 상당히 저평가되는 BPS로 평가)를 S&P500지수 상승률보다 더 빨리 끌어올리는 것입니다. 이렇게 하면 버크셔의 주가가 연도별로는 예측할 수 없더라도 장기적으로는 S&P500지수를 능가할 것입니다. 그러나 이렇게 하지 못한다면 우리 경영진은 투자자들에게 아무런 가치를 제공하지 못하는 셈입니다. 저비용 인덱스펀드에 투자하면 누구나 S&P500 수익률을 얻을 수 있기 때문입니다.

찰리와 나는 버크셔의 내재적 기업 가치가 장기적으로 S&P500 수익률을 약간 웃돌 것이라고 믿습니다. 이렇게 확신하는 것은 우리에게 탁월한 기업, 훌륭한 경영자들, 주주 지향적 문화가 있기 때문입니다. 하지만 우리의 상대실적은 시장이 보합이나 약세를 보일 때 거의 틀림없이 우세할 것입니다. 시장이 유난히 강세를 보이는 해에는 우리 실적이 지수에 뒤처진다고 생각하시기 바랍니다.

2013년 실적 보고

대규모 기업 인수 두 건을 완료했습니다. 거의 180억 달러를 주고 NV에너지(NV Energy)의 전체 지분과 하인즈의 대주주 지분을 사들였습니다. 둘 다 우리와 잘 맞는 회사이며 앞으로 100년 동안 번창할 것입니다.

게다가 하인즈를 인수하면서 장래에 대기업 인수에 적용할 동업 모델도 만들어냈습니다. 이번에 우리는 '3G캐피털' 투자자들과 동업했는데, 이 회사를 이끄는 호르헤 파울로 레만(Jorge Paulo Lemann)은 내 친구입니다. 그의 유능한 동료인 CEO 베르나도 히스(Bernardo Hees)와 회장 알렉스 베링(Alex Behring)이 사업을 맡게 됩니다.

버크셔는 자금 조달을 담당합니다. 이 역할을 맡으면서 우리는 하인즈 우선주 80억 달러를 인수했습니다. 우선주의 표면금리는 9%이지만 다른 조건이 붙어 있어서 연 수익률은 약 12%가 됩니다. 버크셔와 3G는 각각 42억 5,000만 달러에 하인즈 보통주 지분을 절반씩 인수했습니다.

하인즈 인수에는 '사모펀드'와 비슷한 측면도 있지만 중요한 차이가 있습니다. 버크셔는 주식을 단 한 주도 팔 생각이 없다는 사실입니다. 우리는 오히려 주식을 더 사들일 생각이며 실제로 그럴 가능성이 있습니다. 장래에 주식을 팔려는 3G 투자자가 나오면 우리는 지분을 늘릴 수 있습니다. 아니면 장래 어느 시점에 우리 우선주 일부를 (그 시점의 적정 가치로 평가해) 보통주로 전환하면 버크셔와 3G 모두에 이로울 수도 있습니다.

우리는 6월에 하인즈의 경영권을 인수했고 지금까지는 영업 실적이 고무적입니다. 그러나 올해 버크셔 연차보고서에는 하인즈의 이익 중 소액만 반영되었습니다. 인수와 사업 구조조정 과정에서 발생한 일회성 비용이 모두 13억 달러나 되기 때문입니다. 2014년에는 대규모 이익이 나올 것입니다.

이제 하인즈를 포함해서 버크셔가 보유한 포천 500 수준 기업이 8.5개입니다. 앞으로 491.5개만 더 인수하면 됩니다.

우리 공익 자회사 미드아메리칸 에너지가 56억 달러에 인수한 NV 에너지는 네바다주 인구의 약 88%에게 전력을 공급합니다. 이 회사는 우리의 기존 전력 사업과 잘 맞으며, 재생에너지 분야에 대규모 투자 기회를 열어줄 수도 있습니다. NV 에너지는 미드아메리칸이 인수하는 마지막 대기업이 되지는 않을 것입니다.

찰리와 내가 코끼리를 찾는 동안, 우리 자회사들은 계속 협력회사 인수를 진행하고 있습니다. 작년에는 협력회사 인수 계약이 25건이었으며 모두 31억 달러를 지출할 예정입니다. 인수 규모는 190만 달러에서 11억 달러까지 다양합니다.

찰리와 나는 이런 거래를 권장합니다. 이들은 우리 기존 사업과 잘 들어맞으며 우리 전문 경영자들이 관리하기 때문입니다. 그 결과 일을 더 벌이지 않아도 이익이 늘어나게 됩니다. 장래에도 이런 협력회사 인수는 계속 이어질 것입니다. 전체적으로 보면 상당한 규모가 될 것입니다.

작년에 우리는 가장 확실한 협력회사 인수에 35억 달러를 투자했습니다. 이미 우리가 경영권을 확보한 두 훌륭한 회사의 주식을 추가로 사들인 것입니다. 하나는 2008년에 인수한 마몬으로서 이제 지분을 100% 소유하게 되었습니다. 다른 하나는 2006년에 인수한 이스카로서 베르트하이머(Wertheimer) 가문이 보유 지분 20%에 대해 풋옵션을 행사했으므로 우리가 받아주었습니다.

이로써 우리의 수익력이 세전 3억 달러 증가했고 현금도 8억 달러 늘어났습니다. 그러나 작년 주주 서한에서도 설명했던 터무니없는 회계 규정 탓에 우리가 장부에 기재한 금액은 실제 지급한 금액보다 18억 달러나 감소했고, 그래서 버크셔의 순자산가치도 그만큼 감소했습니다. (그 계정과목이 '주식발행초과금'이었는데, 무슨 의미인지 생각해보십시오.) 이런 기묘한 회계 탓에 버크셔의 내재가치가 순자산가치보다 18억 달러만큼 더 높아졌습니다.

우리는 자본 배분이 유연해서 언제든 비지배지분에도 소극적으로 거액을 투자할 수 있으므로, 자신이 직접 경영할 수 있는 기업만 인수하는 다른 회사들보다 월등히 유리합니다. 우디 앨런(Woody Allen)은 이런 아이디어를 내놓았습니다. "양성애자가 되면 토요일 밤에 데이트할 확률이 두 배로 높아진다." 과연 우리는 양성애자처럼 사업회사를 인수할 수도 있고, 비지배지분에 소극적으로 투자할 수도 있으므로, 끝없이 쏟아져 들어오는 현금을 합리적으로 사용할 확률이 두 배입니다.

2014년 실적 보고   2014

　2014년 10월 우리는 '밴튤 오토모티브(Van Tuyl Automotive)' 인수 계약을 체결했습니다. 탁월하게 운영되는 78개 자동차 딜러로 구성된 회사입니다. 나는 몇 년 전 이 회사 소유주 래리 밴튤(Larry Van Tuyl)을 만났습니다. 당시 그는 회사를 팔게 된다면 버크셔에 팔겠다고 했습니다. 최근 인수가 완료되었으므로 이제 우리는 자동차도 취급하게 되었습니다.

　래리와 그의 아버지 세실(Cecil)은 모든 현지 경영자를 소유-동업자(owner-partner)로 만들면서 62년 동안 이 그룹을 키웠습니다. 이렇게 이익 공동체를 만드는 방식으로 계속 성공을 거듭했습니다. 이제 밴튤은 탁월한 딜러당 매출 실적으로 미국 5위 자동차 그룹이 되었습니다.

　최근 몇 년 동안 제프 래처(Jeff Rachor)가 래리와 함께 일하고 있으며 앞으로도 이런 관계가 성공적으로 이어질 것입니다. 미국에 있는 자동차 딜러는 약 1만 7,000개인데, 소유권을 이전하려면 반드시 자동차 제조회사의 승인을 받아야 합니다. 우리는 자동차 제조회사로부터 환영받으면서 자동차 딜러들을 계속 인수하려고 합니다. 우리가 이렇게 환영받으면서 합리적인 가격에 딜러들을 인수하게 된다면 머지않아 밴튤의 매출 90억 달러는 몇 곱절로 늘어날 것입니다.

　이제 밴튤을 포함해서 버크셔가 보유한 포천 500(매출 세계 상위 500사) 수준 기업이 9.5개(하인즈를 0.5개로 계산)입니다. 앞으로 490.5개만 더 낚으면 됩니다. 우리는 낚싯줄을 드리우고 있습니다.

2015년 실적 보고 　　　　　　　　　　　　　　　　　　　2015

　　2015년에는 실적이 좋았습니다. 작년에는 보험사들도 실적이 개선되었지만 비보험회사에서 가장 중요한 실적 개선이 이루어졌습니다. 2014년에는 실적이 부진했던 BNSF 철도가 작년에는 고객 서비스를 극적으로 개선했습니다. 이렇게 서비스를 개선하려고 우리가 작년에 투자한 자본적 지출이 약 58억 달러입니다. 이는 미국 어떤 철도회사의 자본적 지출보다도 압도적으로 많은 금액이며, 우리 연간 감가상각비의 3배에 육박하는 규모입니다. 이 돈은 제값을 다했습니다.

　　BNSF는 트럭, 철도, 해운, 항공, 파이프라인 등으로 이동하는 모든 도시 간 화물의 약 17%(톤-마일 기준)를 운송하고 있습니다. 운송량 면에서 우리는 미국 7대 철도회사(2개 사는 캐나다 회사) 중 강력한 1위여서, 화물 톤-마일이 2위 철도회사보다 45%나 많습니다. 따라서 우리가 일류 서비스를 유지해야 우리 화주들이 번영할 수 있을 뿐 아니라 미국 경제도 순조롭게 돌아갈 수 있습니다.

　　2015년에는 대부분 철도회사의 실적이 실망스러웠습니다. 톤-마일 합계가 감소했고 이익도 감소했습니다. 그러나 BNSF는 톤-마일을 유지했고 세전 이익은 68억 달러(별도로 표시하지 않는 한 모두 세전 이익 기준)로 증가해 기록을 세웠습니다. (2014년보다 6억 600만 달러나 증가했습니다.) 우리는 BNSF의 경영자 매트 로즈와 칼 아이스에게 감사해야 합니다.

- BNSF는 가장 수익성 높은 우리 5대 비보험회사 중에서 최대 기업입니다. 우리 5대 비보험회사(버크셔 해서웨이 에너지, BNSF, IMC, 루브리졸, 마몬그룹)의 2015년 세전 이익은 131억 달러로서, 2014년보다 6억 5,000만 달

러 증가했습니다.

이 5대 기업 중 2003년에도 우리가 보유했던 기업은 당시 세전 이익이 3억 9,300만 달러였던 버크셔 해서웨이 에너지(미드아메리칸 에너지)뿐입니다. 이후 5대 기업 중 3개는 모두 현금을 주고 사들였습니다. 그러나 BNSF를 인수할 때는 대금의 약 70%는 현금으로 지급하고 나머지는 주식 6.1%를 발행해 지급했습니다. 따라서 이들이 벌어들인 연간 이익은 127억 달러에 이르지만 지난 12년 동안 우리 주식은 그다지 희석되지 않았습니다. 그래서 단순한 성장 대신 주당 실적 향상을 추구하는 우리의 목표가 충족되었습니다.

- 내년에는 '6대 기업'을 논할 것입니다. 새로 들어오는 기업은 프리시전 캐스트파츠(PCC)로, 1개월 전 320억 달러가 넘는 현금을 지급하고 인수한 기업입니다. PCC는 버크셔 모델에 완벽하게 들어맞으므로 우리 주당 정상 수익력을 대폭 높여줄 것입니다.

CEO 마크 도네건이 이끄는 PCC는 세계 최고의 항공기 부품 공급업체입니다. (대부분 부품이 항공기 신제품에 장착되지만 예비용 부품의 비중도 작지 않습니다.) 마크의 업적을 보면 우리 이스라엘 절삭공구 제조업체 IMC의 제이콥 하파즈가 생각납니다. 두 사람 모두 매우 평범한 원자재를 가공해 세계 주요 제조업체들이 사용하는 특수한 제품을 만들어냅니다. 둘 다 다빈치(Leonardo da Vinci)의 솜씨입니다.

PCC 제품은 대부분 대형 항공기에 들어가는 핵심 부품이며 대개 수년간의 장기 계약을 체결해 공급합니다. 13개국 162개 공장에서 근무하는 이 회사의 직원 3만 466명은 다른 산업에도 제품을 공급하고 있습니다. 이 사업을 키우면서 마크는 많은 기업을 인수했으며 앞으로도 더 인수할 것입니다. 버크셔의 자본을 그가 효율적으로 활용해줄 것으로 기대합니다.

PCC 인수에 대해서 개인적으로 감사할 일이 있습니다. 토드 콤즈가 도와주지 않았다면 나는 PCC를 인수하지 못했을 것입니다. 몇 년 전 그는 내가 이 회사에 주목하게 해주었고 그 사업과 마크에 대해서도 가르쳐주었습니다. 토드 콤즈와 테드 웨슐러는 둘 다 본업이 펀드매니저지만(각각 운용하는 자산이 약 90억 달러), 다른 방식으로도 기꺼이 능숙한 솜씨로 버크셔에 크게 이바지합니다. 두 사람을 고용한 것은 나의 최고 업적에 속합니다.

- PCC 인수가 완료되면 버크셔는 포천 500대 기업 규모의 회사 10.25개를 보유하게 됩니다. (우리가 지분 27%를 보유한 크래프트 하인즈는 0.25개로 계산했습니다.) 이제 우리에게 전화해서 매각 의사를 밝힐 미국 대기업은 98%도 남지 않았습니다. 우리는 전화를 기다리고 있습니다.

- 규모가 더 작은 우리 수십 개 비보험회사의 세전 이익은 2014년 51억 달러에서 2015년 57억 달러로 증가했습니다. 이들 중 작년 이익이 7억 달러가 넘는 회사는 1개, 4~7억 달러인 회사는 2개, 2.5~4억 달러는 7개, 1~2.5억 달러는 6개였으며 0.5~1억 달러는 11개였습니다. 우리는 이들을 모두 좋아합니다. 세월이 흐르면서 우리 소형 비보험회사들의 숫자와 이익 모두 증가할 것입니다.

- 미국의 인프라가 무너지고 있다는 이야기도 나오지만 이는 버크셔에 대한 이야기가 아닙니다. 우리가 작년 부동산, 공장 및 설비에 투자한 금

액은 160억 달러로서 이 돈의 86%가 미국에서 지출되었습니다.

앞에서도 언급했지만 2015년 BNSF는 자본적 지출 면에서 기록을 세웠습니다. 매해 연말 우리 철도회사의 설비는 연초보다 개선될 것입니다.

버크셔 해서웨이 에너지도 비슷합니다. 이 회사는 지금까지 재생 가능 에너지에 160억 달러를 투자했고 현재 미국 풍력발전의 7%와 태양광 발전의 6%를 차지하고 있습니다. 실제로 우리 자회사의 풍력발전량은 4,423메가와트로서, 2위 기업의 6배에 이릅니다.

그뿐이 아닙니다. 작년 버크셔 해서웨이 에너지는 '기후변화 협약(Paris Climate Change Conference)'을 지지해 장래 재생 가능 에너지 개발에 대규모로 투자했습니다. 우리가 이 약속을 이행하는 편이 환경 보호는 물론 버크셔의 경제성 측면에서도 매우 타당할 것입니다.

- 계속 성장하는 우리 버크셔 대형 보험사들은 2015년에도 보험영업이익을 올려 12년 연속 흑자를 기록했고 플로트도 늘렸습니다. 이 13년 동안 플로트는 410억 달러에서 880억 달러로 증가했습니다. 보험영업이익도, 플로트 규모도 버크셔 이익에는 반영되지 않았지만, 우리는 플로트를 이용해서 막대한 투자 이익을 창출합니다.

같은 기간 우리가 벌어들인 보험영업이익은 2015년에 번 18억 달러를 포함해서 모두 260억 달러입니다. 버크셔의 미반영 순자산은 확실히 보험 사업에 가장 많습니다. 우리는 이 다면적 사업을 48년 동안 키워왔으며, 아무도 모방할 수 없습니다.

- 찰리와 내가 인수 대상 기업을 찾는 동안, 우리 자회사들은 계속해서 협력회사들을 인수하고 있습니다. 작년에는 협력회사 인수 계약이 29건

이었으며, 모두 6억 3,400만 달러를 지출할 예정입니다. 인수 규모는 30만 달러에서 1억 4,300만 달러까지 다양합니다.

찰리와 나는 가격이 합리적이라면 협력회사 인수를 권장합니다. (그러나 대부분 제안 가격은 합리적이지 않습니다.) 이들은 우리 기존 사업과 잘 들어맞으며, 우리 전문 경영자들이 관리하기 때문입니다. 그 결과 일을 더 벌이지 않아도 이익이 늘어나므로 매우 매력적입니다. 장래에도 이런 협력회사 인수는 계속 이어질 것입니다.

- 우리가 호르헤 파울로 레만, 알렉스 베링, 베르나도 히스와 함께 인수한 하인즈는 작년 크래프트와 합병하면서 규모가 두 배 넘게 증가했습니다. 합병 전에는 우리 지분이 약 53%였고, 취득원가는 42억 5,000만 달러였습니다. 지금은 우리 지분이 약 27%이고, 취득원가는 98억 달러이며, 보유 주식은 3억 2,540만 주입니다. 새 합병회사는 연 매출이 270억 달러이고, 크래프트에서 나오는 오스카마이어(Oscar Mayer) 핫도그는 물론 곁들여 먹을 하인즈 케첩과 겨자도 함께 제공합니다. 여기에 코카콜라를 더하면 여러분도 내가 가장 좋아하는 식사를 즐길 수 있습니다. (올해 주주총회에는 오스카마이어 위너모빌(Wienermobile)도 등장하니 아이들을 데려오십시오.)

우리는 크래프트 하인즈 주식을 전혀 팔지 않았는데도, 합병이 완료되자마자 GAAP에 따라 투자액 68억 달러를 상각하게 되었습니다. 이 때문에 재무상태표에 표시된 우리 크래프트 하인즈 주식 평가액이 우리 취득원가보다는 수십억 달러 높아지고, 시장 평가액보다는 수십억 달러 낮아지게 되었습니다. 이런 결과를 보고 좋아할 사람은 회계사뿐입니다.

우리는 크래프트 하인즈 우선주도 보유하고 있습니다. 재무상태표 평가액은 77억 달러이고 매년 우리가 받는 배당은 7억 2,000만 달러입니다. 이 우선주는 거의 틀림없이 6월(우선주 발행계약서에서 허용하는 가장 이른 시점) 83억 2,000만 달러에 상환될 전망입니다. 이는 크래프트 하인즈에는 호재지만 버크셔에는 악재입니다.

호르헤 파울로와 그의 동료들은 더없이 훌륭한 동업자입니다. 우리는 기본 욕구와 욕망을 채워주는 대기업들을 함께 열정적으로 인수해 보유하면서 키워나갑니다. 그러나 우리가 이 목표를 추구하는 방식은 그들과 다릅니다.

그들이 엄청나게 성공한 방식은 개선의 여지가 많은 기업을 인수해 불필요한 비용을 매우 신속하게 없애버린 것입니다. 그들의 방식은 생산성을 대폭 높여주는데, 생산성이야말로 지난 240년 동안 미국의 경제 성장을 이끈 가장 중요한 요소였습니다. '노동시간당 상품 및 서비스 산출량'(즉 생산성)이 증가하지 않으면 경제는 침체할 수밖에 없습니다. 미국에는 생산성을 대폭 높일 수 있는 기업이 많으므로 파울로와 그의 동료들에게는 기회가 많습니다.

버크셔 역시 생산성 향상을 갈망하고 관료주의를 혐오합니다. 그러나 우리는 거품 낀 기업을 피하는 방식으로 이 목표를 추구합니다. 즉 PCC처럼 원가 의식이 투철하고 효율적인 경영자가 오랜 기간 운영한 기업을 인수합니다. 이런 기업을 인수하고 나서 우리가 하는 역할은 경영자(또는 사고방식이 비슷한 후계자)가 역량을 극대화하고 보람을 느낄 수 있는 환경을 조성해주는 것입니다. (나는 간섭하지 않습니다. 멍거의 유명한 경고를 유념하기 때문입니다. "평생 비참하게 살고 싶으면, 상대방의 행동을 바꾸려는 사람과 결혼하라.")

버크셔는 계속해서 전대미문의 극단적인 분권주의를 추구할 것입니다. 그러나 우리는 호르헤 파울로와 동업할 기회도 찾을 것입니다. 그가 팀홀튼을 인수할 때처럼 우리는 자금만 빌려줄 수도 있고, 하인즈를 인수할 때처럼 우리는 주식을 사면서 자금까지 빌려줄 수도 있습니다. 우리는 버카디아와 훌륭하게 동업했던 것처럼 가끔 다른 사람들과 동업할 수도 있습니다.

그러나 버크셔는 우호적 인수에만 동업자로 참여할 것입니다. 물론 적대적 인수가 타당할 때도 있습니다. CEO 중 일부는 주주들을 섬겨야 한다는 사실조차 망각하며 일부는 한심할 정도로 무능하기 때문입니다. 둘 다 이사들이 문제를 보지 못하거나 변화를 꺼리는 경우입니다. 이런 때는 새로운 인물이 필요합니다. 그렇더라도 우리는 이런 '기회'를 남들에게 넘겨줄 생각입니다. 버크셔는 우리를 환영해주는 곳에만 찾아갈 것입니다.

- 작년에도 버크셔의 '4대 투자회사(아메리칸 익스프레스, 코카콜라, IBM, 웰스파고)' 지분이 모두 증가했습니다. IBM(2014년 7.8%가 8.4%로 증가)과 웰스파고(9.4%가 9.8%로 증가)는 주식을 추가로 매입했습니다. 한편 코카콜라와 아메리칸 익스프레스는 자사주 매입을 실행한 덕분에 우리 지분이 증가했습니다. 코카콜라의 우리 지분은 9.2%에서 9.3%로 증가했고, 아메리칸 익스프레스의 우리 지분은 14.8%에서 15.6%로 증가했습니다. 이런 증가율이 대수롭지 않아 보인다면 이렇게 생각해보십시오. 4대 투자회사 전체에 대한 우리 지분이 1%포인트 증가할 때마다 이들의 연간 이익 중 버크셔의 몫이 5억 달러나 증가합니다.

네 회사 모두 사업성이 탁월하고 경영자들은 유능한 동시에 주주 지향적입니다. 버크셔는 그저 그런 회사의 지분을 100% 보유하는 것보다, 훌륭한 회사의 지분 일부를 보유하는 편이 훨씬 좋습니다. 모조 다이아몬드를 통째로 소유하는 것보다는 최상급 다이아몬드의 일부를 소유하는 편이 낫기 때문입니다.

연말 보유 지분 기준으로 볼 때, 2015년 4대 투자회사의 이익 중 우리 몫은 47억 달러에 이릅니다. 그러나 우리가 보고한 이익에는 우리가 작년에 받은 배당 약 18억 달러만 포함되어 있습니다. 하지만 착오 없으시기 바랍니다. 우리 보고에 포함되지 않은 이익 약 30억 달러 역시 우리에게 똑같이 소중합니다.

4대 투자회사에 유보된 이익은 흔히 자사주 매입에 사용되거나(장래 이익에서 우리 몫을 늘려줌), 유리한 사업 기회에 투자 자금으로 사용됩니다. 두 방법 모두 장기적으로 4대 투자회사의 주당 이익을 대폭 높여줄 것입니다. 그러면 버크셔가 받는 배당이 증가할 것이며 우리 미실현 자본이득도 증가할 것입니다.

2016년 실적 보고 　2016

2016년 버크셔의 순자산 증가액은 275억 달러이며 A주와 B주의 BPS 증가율은 똑같이 10.7%입니다. 현 경영진이 회사를 맡은 지난 52년 동안, BPS는 19달러에서 17만 2,108달러로 증가해 연복리 수익률로는 19%를 기록했습니다. (이 보고서의 주당 실적은 모두 버크셔 A주 기준임. B주의 실적은 A주의 1,500분의 1임.)

52년 중 전반기에는 버크셔 BPS 증가율이, 정말로 중요한 숫자인 우리 내재가치 증가율과 대체로 일치했습니다. 이는 우리가 자산 대부분을 유가증권 형태로 보유하면서 정기적으로 시장가격 기준으로 자산을 재평가했기 때문입니다(매도 시 부과되는 세금은 차감). 월스트리트 용어로 표현하면 당시 우리 재무제표는 대부분이 "시가로 평가"되었습니다.

그러나 1990년대 초부터 우리는 기업 소유에 중점을 두었고 이 과정에서 재무상태표 숫자(BPS)의 타당성이 감소하게 되었습니다. 이는 소유 기업에 적용되는 회계 규정(GAAP)이 유가증권 평가에 적용되는 회계 규정과 매우 다르기 때문입니다. 즉 우리 소유 기업에 대해서는 보유 가치가 명백하게 감소하면 상각해 평가액을 낮추지만, 보유 가치가 증가하면 절대 평가액을 높이지 않습니다.

우리는 두 가지 사례를 모두 경험했습니다. 결혼에서와 마찬가지로 기업을 인수한 뒤에도 종종 뜻밖의 사실이 드러나기 때문입니다. 나는 몇몇 기업을 인수하면서 어리석게도 경제적 영업권에 대해 지나치게 높은 가격을 치렀습니다. 그래서 나중에 영업권을 상각하게 되었고 결국 버크셔의 순자산가치가 감소했습니다. 그러나 우리가 인수한 기업 일부는 큰 성공을 거두기도 했지만, 우리는 순자산가치를 단 한 푼이라도 높인 적이 없습니다.

우리는 이런 회계 불균형에 대해 다투려는 것이 아닙니다. 그러나 이런 불균형 탓에 시간이 흐를수록 버크셔 내재가치와 BPS의 차이가 벌어질 수밖에 없습니다. 현재 우리 소유 기업들은 미반영 이익이 막대하며 계속 증가 중이므로 버크셔의 내재가치는 BPS보다 훨씬 높습니다. 특히 우리 손해보험 회사들은 그 차이가 정말로 크며 다른 자회사들 역시 차이가 큽니다.

그러나 장기적으로 주가는 내재가치를 따라갑니다. 실제로 버크셔 주가가 그랬습니다. 그래서 부록의 표에서 보듯이 버크셔의 52년 주가 상승률이 BPS 증가율보다 훨씬 높은 것입니다.

우리의 목표

동업자인 버크셔 부회장 찰리 멍거와 나는 버크셔의 정상 수익력이 해마다 증가할 것으로 기대합니다. 물론 실제로는 이익이 감소하는 해도 가끔 있을 것입니다. 미국 경기가 주기적으로 침체하기 때문이지요. 게다가 미국 기업들 대부분의 실적이 좋을 때도, 대재해가 발생하거나 기타 보험산업 특유의 사건이 발생해서 버크셔의 실적이 악화할 수도 있습니다.

이렇게 기복이 있더라도 우리 책무는 장기적으로 높은 성장을 달성하는 것입니다. 여러분의 자본을 관리하는 버크셔 이사들은 결국 이익을 모두 유보하기로 했습니다. 실제로 2015년과 2016년, 버크셔는 2위 기업보다 수십억 달러나 더 유보하면서 유보이익 금액 기준으로 미국 1위 기업이 되었습니다. 이렇게 재투자된 이익은 틀림없이 제 몫을 할 것입니다.

물론 어떤 해에는 우리 이익이 빈약할 것이고, 드물지만 어떤 해에는 이익이 전혀 없을 것입니다. 찰리와 나에게 이익을 늘리는 마법 같은 계획이 있는 것은 아닙니다. 다만 큰 꿈을 갖고 심리적·재정적으로 대비하고 있다가, 기회가 나타나면 신속하게 대응할 생각입니다. 약 10년마다 먹구름이 우리 경제를 뒤덮고서 잠시 금을 비처럼 퍼부을 것입니다. 이때는 반드시 티스푼이 아니라 빨래통을 들고 밖으로 뛰어나가야 합니다. 우리는 그렇게 할 것입니다.

앞에서 설명했듯이 우리는 대부분 이익을 투자 활동으로 얻는 기업에서, 기업 인수를 통해 가치를 성장시키는 기업으로 점진적으로 전환했습니다. 처음에는 신중하게 소규모 기업을 인수했으므로 버크셔 이익에 미치는 영향이 유가증권보다 훨씬 작았습니다. 그러나 이렇게 신중하게 접근했는데도 나는 터무니없는 실수를 저질렀습니다. 특히 1993년 4억 3,400만 달러에 인수한 덱스터슈가 대표적입니다. 덱스터의 가치는 곧바로 제로가 되었습니다. 설상가상으로 나는 인수 대금을 주식으로 지급했습니다. 당시 지급한 버크셔 주식 2만 5,203주는 2016년 말 가치로 60억 달러가 넘습니다.

이 사고 후에도 세 가지 주요 사건(긍정적 사건 둘, 부정적 사건 하나)을 거쳐 우리는 현재의 방침을 굳히게 되었습니다. 1996년 초, 우리는 가이코의 나머지 지분 절반을 현금으로 인수했습니다. 우리 포트폴리오 투자 종목이었던 가이코는 완전 소유 자회사가 되었습니다. 거의 무한한 잠재력을 보유한 가이코는 현재 세계 최고라고 자부하는 우리 손해보험 사업의 핵심이 되었습니다.

이후 1998년 말 제너럴리를 인수하면서 어리석게도 나는 또 막대한 버크셔 주식을 대가로 지급했습니다. 초기에는 다소 문제가 있었지만 제너럴리는 우리가 높이 평가하는 훌륭한 보험사가 되었습니다. 그렇더라도 제너럴리를 인수하면서 버크셔 주식 27만 2,200주를 발행한 것은 나의 끔찍한 실수였습니다. 이 때문에 우리 유통주식 수가 무려 21.8%나 증가했습니다. 나의 실수 탓에 버크셔 주주들은 받은 것보다 훨씬 많은 대가를 지불했습니다. (성경에서는 이런 행위를 추천할지 몰라도 기업 인수에서는 절대 축복받는 행위가 아닙니다.)

2000년 초, 나는 미드아메리칸 에너지의 지분 76%(이후 90%로 증가)를 인수해 내 실수를 만회했습니다. 탁월하게 관리되는 이 공익기업은 사회적으로 유용하면서 수익성도 높은 대규모 투자 기회를 계속 가져다주고 있습니다. 미드아메리칸 현금 인수를 계기로 우리는 다음과 같은 방침을 굳혔습니다. (1) 우리 보험 사업을 계속 확대하고 (2) 사업이 다각화된 비보험 대기업들을 적극적으로 인수하며 (3) 주로 내부에서 창출한 현금으로 기업을 인수한다. (요즘 나는 버크셔 주식 발행을 대장 내시경 검사 준비 과정보다도 더 싫어합니다.)

상대적으로 중요성이 감소하긴 했지만 우리 주식 및 채권 포트폴리오도 1988년 이후 계속 증가해 막대한 자본이득, 이자, 배당을 안겨주고 있습니다. 이 포트폴리오 수익은 기업 인수 자금 조달에 큰 역할을 하고 있습니다. 색다른 기법이지만 버크셔가 자본 배분에 적용하는 이중 전략은 커다란 강점입니다.

다음은 우리가 사업 방향을 본격적으로 수정하기 시작한 1999년 이후의 재무 실적입니다. 이 18년 동안 증가한 버크셔의 유통주식 수는 8.3%에 불과합니다. 대부분 BNSF를 인수하는 과정에서 증가했는데 다행히 이는 합리적인 주식 발행 사례였습니다.

1999년 이후 재무 실적

연도	세후 이익(10억 달러)		연도	세후 이익(10억 달러)	
	사업소득(1)	자본이득(2)		사업소득(1)	자본이득(2)
1999	0.67	0.89	2008	9.64	-4.65
2000	0.94	2.39	2009	7.57	0.49
2001	-0.13	0.92	2010	11.09	1.87
2002	3.72	0.57	2011	10.78	-0.52
2003	5.42	2.73	2012	12.60	2.23
2004	5.05	2.26	2013	15.14	4.34
2005	5.00	3.53	2014	16.55	3.32
2006	9.31	1.71	2015	17.36	6.73
2007	9.63	3.58	2016	17.57	6.50

(1) 투자에서 얻은 이자와 배당은 포함, 자본손익은 제외.
(2) 이 표에서는 주로 실현 자본손익만 포함. 그러나 GAAP 기준을 적용한다면 미실현 손익도 포함해야 함.

앞으로도 (그 시점은 전혀 알 수 없지만) 우리 투자에서 계속 상당한 소득이 발생해 기업 인수 자금 상당 부분을 공급할 것으로 기대합니다. 동시에 버크셔 자회사들을 경영하는 탁월한 CEO들은 각 회사의 이익 증대에 노력을 집중할 것이며 간혹 협력회사 인수를 통해서도 이익을 늘릴 것입니다. 우리는 버크셔 주식 발행을 회피하고 있으므로, 버크셔의 이익이 증가하면 곧바로 주당 이익 증가로 연결될 것입니다.

가장 중요한 척도는 주당 정상 수익력 2017

2017년 버크셔의 순자산 증가액은 653억 달러이며 우리 클래스 A 주식과 클래스 B 주식의 BPS 증가율은 똑같이 23%입니다. 현 경영진이 회사를 맡은 53년 동안 BPS는 19달러에서 21만 1,750달러로 증가해 연복리 수익률로는 19.1%를 기록했습니다. 지난 30년 동안은 우리 실적을 이처럼 무난히 설명할 수 있었습니다.

그런데 2017년 실적은 이런 형식으로는 도저히 설명할 수 없습니다. 순자산 증가액 중 상당액이 우리 영업 실적과 무관하기 때문입니다(그렇더라도 순자산 증가액 650억 달러는 객관적인 실적이니 안심하십시오). 버크셔가 영업으로 벌어들인 이익은 360억 달러에 불과합니다. 나머지 290억 달러는 의회가 세법을 개정한 12월에 발생한 이익입니다(버크셔의 세법 관련 손익에 대한 상세한 설명은 K-32, K-89, K-90 참조).

우리 재무 실적을 밝혔으니 곧바로 영업 실적을 논하고 싶습니다. 그러나 먼저 새 회계 규정(GAAP)을 언급하지 않을 수 없군요. 장래에는 새 회계 규정 탓에 분기 및 연차보고서가 우리 순이익을 심각하게 왜곡하고 해설자와 투자자를 오도하는 사례가 매우 많을 것입니다.

새 규정에 의하면 우리는 보유 주식의 미실현 손익 증감분을 모든 순이익에 포함해야 합니다. 이 때문에 우리 GAAP 순이익이 매우 거칠게 급변할 것입니다. 우리가 보유한 유가증권은 크래프트 하인즈 주식을 제외하고도 1,700억 달러에 이르므로 평가액이 분기에 100억 달러 이상 변동하기 쉽습니다. 순이익이 이런 규모로 급변한다면 정작 중요한 영업 실적은 흔적도 찾아보기 어려울 것입니다. 분석 목적이라면 버크셔의 순이익은 무용지물이 된다는 뜻입니다.

과거에는 회계 규정에 따라 실현 손익을 순이익에 포함해야 했습니다. 이 때문에 실현 손익을 다룰 때마다 설명하기가 어려웠는데, 이제는 새 규정 때문에 더 어려워졌습니다. 과거에 분기 실적이나 연간 실적을 공표할 때 우리는 이런 실현 손익에 관심을 기울이지 말아달라고 자주 경고했습니다. 미실현 손익과 마찬가지로 실현 손익도 무작위로 변동하기 때문입니다.

우리는 주로 적절한 시점이라고 생각될 때 유가증권을 매도하지, 순이익에 영향을 미치려고 매도하지는 않습니다. 그 결과 포트폴리오 실적이 전반적으로 부진한 기간에 대규모 이익을 실현한 적도 있고, 반대로 포트폴리오 실적이 전반적으로 양호한 기간에 이익을 실현하지 않은 적도 있습니다.

기존 규정에 의해 실현 손익이 왜곡되는 데다가 새 규정에 의해 미실현 손익마저 혼란스러워졌으므로 우리는 분기마다 실적 관련 조정 사항들을 공들여 설명할 것입니다. 그러나 TV에서는 대개 기업이 실적을 발표하는 즉시 순이익에 대해 논평하고, 신문 주요 뉴스에서는 항상 전년 대비 GAAP 순이익 증감에 주목합니다. 따라서 대중 매체에서 보도하는 실적에 주목하다 보면 사람들은 과도한 기대감이나 공포심에 휩쓸릴 수 있습니다. 우리는 이런 문제점을 완화하고자 앞으로도 금요일 장 마감 이후나 토요일 아침 일찍 재무 보고서를 발표하던 관행을 유지하려고 합니다. 이렇게 하면 투자 전문가도 월요일 개장 전까지 분석 시간을 충분히 확보해 정확한 논평을 제공할 수 있습니다. 그렇더라도 회계에 문외한인 주주들은 상당한 혼란을 겪게 될 것입니다.

버크셔에서 가장 중요한 척도는 주당 정상 수익력 증가입니다. 이것이 오랜 동업자 찰리 멍거와 내가 중점을 두는 것입니다. 여러분도 이 척도에 주목하시기 바랍니다.

급변한 GAAP 이익, 일관된 영업이익　　2018

2018년 버크셔가 GAAP에 따라 벌어들인 이익은 40억 달러입니다. 이익의 구성을 보면 영업이익 248억 달러, 무형자산 손상으로 인한 비현금 손실 30억 달러(거의 모두 크래프트 하인즈 지분에서 발생), 투자 유가증권 매각으로 실현한 자본이득 28억 달러, 보유 투자 유가증권의 미실현 자본이득 감소로 인한 손실 206억 달러입니다.

마지막으로 열거한 손실 206억 달러는 새 GAAP에 따라 손익에 포함된 항목입니다. 2017년 연차보고서에서도 강조했지만, 부회장 찰리 멍거와 나 둘 다 새 원칙이 합리적이라고 생각하지 않습니다. 이렇게 시가 평가 방식이 변경된 탓에 버크셔의 순이익이 "매우 거칠게 급변할 것"이라고 우리는 줄곧 생각했습니다.

2018년 우리 분기 실적을 보면 이 예측이 적중한 것으로 나옵니다. 1분기와 4분기에는 우리 GAAP 손실이 각각 11억 달러와 254억 달러였습니다. 그런데 2분기와 3분기에는 GAAP 이익이 각각 120억 달러와 185억 달러였습니다. 이렇게 우리 GAAP 이익은 거칠게 급변했지만 버크셔 자회사들 대부분은 정반대로 4개 분기 모두 일관되게 만족스러운 영업이익을 냈습니다. 2018년 우리 자회사들의 영업이익은 2016년에 달성한 기록인 176억 달러를 41%나 초과했습니다.

우리 분기 GAAP 이익은 앞으로도 계속해서 거칠게 오르내릴 수밖에 없습니다. 새 GAAP에 따라 우리는 유가증권 평가손익을 곧바로 순이익에 반영해야 하는데, 보유 주식 포트폴리오 규모가 막대한 탓에(2018년 말 1,730억 달러에 육박) 하루 평가액 변동이 20억 달러를 손쉽게 넘어갈 것이기 때문입니다. 실제로 주가 변동이 심했던 4분기에는 하루 '평가익'이나 '평가손' 변동액이 40억 달러를 넘어간 날도 많았습니다.

조언을 해드릴까요? 영업이익에만 관심을 집중하고 다른 손익에는 관심을 두지 마십시오. 그렇다고 해서 우리가 보유한 투자 유가증권의 중요성이 감소했다는 뜻은 아닙니다. 때에 따라 변동은 심하겠지만 우리 투자 유가증권이 장기적으로는 많은 이익을 안겨줄 것입니다.

＊＊＊

우리 연차보고서를 오래전부터 읽은 분들은 알아챘겠지만, 이 서한의 첫 단락 표현 방식이 바뀌었습니다. 거의 30년 동안 우리는 주주 서한 첫 단락에서 버크셔 BPS 증가율을 언급했습니다. 이제는 이런 관행을 버려야 할 때입니다.

올해 마지막으로 표시한 BPS 연간 변동률은 이제 타당성을 상실한 척도입니다. 이유는 세 가지입니다. 첫째, 버크셔는 주로 시장성 지분 증권(주식)에 투자하는 회사에서 주로 자회사를 보유하는 회사로 서서히 변해왔기 때문입니다. 찰리와 나는 앞으로도 이런 변화가 큰 틀에서는 계속 이어질 것으로 예상합니다. 둘째, GAAP에 따라 우리가 보유한 시장성 지분 증권은 시가로 평가되지만 우리 자회사들은 현재 가치보다 훨씬 낮은 순자산가치로 평가되므로 최근 그 괴리가 커지고 있기 때문입니다. 셋째, 장래에 버크셔는 자사주를 대규모로 매입할 가능성이 있는데, 매입 가격이 순자산가치보다는 높고 내재가치 추정치보다는 낮을 것입니다. 자사주를 그 가격에 매입하는 이유는 간단합니다. 주당 순자산가치는 하락하지만 주당 내재가치는 상승하기 때문입니다. 이렇게 되면 BPS라는 척도는 갈수록 타당성을 상실하게 됩니다.

앞으로 우리가 재무 실적을 분석할 때는 버크셔의 시장가격에 초점을 맞추게 될 것입니다. 시장은 지극히 변덕스럽습니다. 그러나 장기적으로는 버크셔의 주가야말로 사업 실적을 평가하는 최고의 척도가 될 것입니다.

***

더 진행하기 전에 좋은 소식을 전하고자 합니다. 우리 재무제표에는 반영되지 않았지만 정말로 좋은 소식입니다. 2018년 초에 우리는 경영진의 업무 분장을 새로 했습니다. 아지트 자인이 보험 사업을 총괄하고 그레그 에이블이 나머지 사업을 모두 책임지게 되었습니다. 이 조치는 오히려 늦은 감이 있습니다. 지금 버크셔는 내가 혼자 관리할 때보다 훨씬 잘 관리되고 있으니까요. 아지트와 그레그는 정말 보기 드문 인재로 버크셔의 피가 온몸에 흐르고 있습니다.

회계 장부와 현실 세계의 괴리　2019

　2019년 버크셔는 GAAP 기준으로 814억 달러를 벌어들였습니다. 이익의 구성을 보면 영업이익 240억 달러, 실현한 자본이득 37억 달러, 보유 투자 유가증권의 미실현 자본이득 증가로 인한 이익 537억 달러로 나뉩니다. 이들 이익은 모두 세후 기준입니다.

　위 이익 중 537억 달러에 대해서 설명하겠습니다. 이는 2018년부터 시행된 새 GAAP에서 비롯된 이익입니다. 기업은 보유 주식의 '미실현' 손익 증감도 이익에 반영해야 한다는 규정입니다. 작년 주주 서한에서 밝혔듯이 동업자 찰리 멍거와 나 둘 다 새 규정에 동의하지 않습니다.

　회계 전문가들이 새 규정을 채택한 것은 실제로 이들의 생각이 엄청나게 바뀌었다는 의미입니다. 2018년 이전의 GAAP에서는 (주업이 증권 거래인 기업들을 제외하고) 보유 주식의 미실현 이익은 실적에 절대 포함할 수 없었고 미실현 손실도 오로지 '비일시적 손상(Other than temporary impairment)'으로 판단될 때에만 실적에 포함할 수 있었습니다. 이제 버크셔는 (투자자, 분석가, 해설자들에게 핵심 뉴스가 되는) 매 분기 순이익에 보유 주식의 가격 등락을 모조리 명시해야 합니다. 아무리 변덕스럽게 오르내리더라도 말이지요.

　버크셔의 2018년 실적과 2019년 실적이 새 규정의 영향을 분명하게 보여주는 대표적인 사례입니다. 주식시장이 하락한 2018년에는 우리 미실현 손실이 206억 달러였고 GAAP 이익은 40억 달러에 불과했습니다. 반면 주식시장이 상승한 2019년에는 우리 미실현 이익이 앞에서 언급한 대로 537억 달러로 증가했고 그 덕분에 GAAP 이익이 814억 달러로 급증했습니다. 시장의 변덕 탓에 GAAP 이익이 무려 1,900%나 증가한 것입니다!

지난 2년 동안 회계 장부가 아니라 이른바 현실 세계에서 버크셔가 보유한 주식은 약 2,000억 달러였으며 우리가 보유한 주식의 내재가치는 2년 동안 계속해서 견실하게 상승했습니다.

찰리와 나는 힘주어 말합니다. 여러분은 (2019년에도 거의 바뀌지 않은) 영업이익에 관심을 집중해야 하며, 실현 이익이든 미실현 이익이든 분기 및 연간 투자 손익은 무시해야 합니다. 그렇다고 해서 우리가 보유한 투자 유가증권의 중요성이 감소했다는 뜻은 아닙니다. 때에 따라 변동은 심하겠지만 우리 투자 유가증권이 장기적으로는 많은 이익을 안겨줄 것입니다.

유보이익 중 우리 몫 `2020`

2020년 버크셔가 GAAP에 따라 벌어들인 이익은 425억 달러입니다. 이익의 네 가지 구성을 보면 영업이익 219억 달러, 실현한 자본이득 49억 달러, 보유 투자 유가증권의 미실현 자본이득 증가로 인한 이익 267억 달러, 몇몇 자회사와 관계사에 대한 상각 손실 110억 달러입니다. 이들 이익은 모두 세후 기준입니다.

이익 중에는 영업이익이 가장 중요합니다. 작년 우리 GAAP 이익 중 금액이 가장 크지 않더라도 말이지요. 버크셔의 주안점은 영업이익을 늘리고 유망한 대기업을 인수하는 것입니다. 그러나 작년에는 목표를 하나도 달성하지 못했습니다. 대기업을 인수하지 못했고 영업이익은 9% 감소했습니다. 그렇지만 버크셔의 주당 내재가치는 증가시켰습니다. 유보이익을 증가시켰고 자사주를 약 5% 매입했기 때문입니다.

GAAP 이익 중 자본이득이나 자본손실은 (실현 금액이든, 미실현 평가액이든) 주식시장의 등락에 따라 해마다 변덕스럽게 오르내릴 것입니다. 그러나 내 오랜 동업자 찰리 멍거와 나는 오늘 자본손익이 얼마이든 우리 투자 유가증권이 장기적으로는 많은 자본이득을 안겨줄 것으로 확신합니다.

여러 번 강조했지만 찰리와 나는 버크셔가 보유한 유가증권(연말 평가액 2,810억 달러)을 우리가 사 모은 기업들이라고 생각합니다. 이들의 영업은 관리하지 않지만 이들의 장기 번영은 공유하기 때문입니다. 하지만 회계 관점에서 보면 이들의 이익 중 우리 몫은 버크셔의 이익에 포함되지 않습니다. 이들의 이익 중 우리가 배당으로 받은 금액만 버크셔의 이익에 포함됩니다. GAAP에 의하면 우리 몫 중 이들이 유보한 막대한 금액은 눈에 보이지 않습니다.

유보이익이 눈에 보이지 않는다고 해서 마음에서 멀리하면 안 됩니다. 보이지 않아도 버크셔의 가치를 크게 높여주기 때문입니다. 이들 피투자회사는 유보이익으로 사업을 확장하고, 기업을 인수하고, 부채를 상환하고, 종종 자사주를 매입합니다(자사주를 매입하면 미래 이익 중 우리 몫이 증가합니다). 작년 주주 서한에서도 언급했듯이 유보이익은 미국의 역사 내내 미국 기업들의 성장을 견인했습니다. 유보이익은 카네기와 록펠러를 거부로 만들어주었고 오랜 기간에 걸쳐 수많은 주주도 마법처럼 부자로 만들어주었습니다.

물론 우리 피투자회사 중 일부는 유보이익으로 회사의 가치를 거의 높이지 못해 실망을 안겨줄 것입니다. 그러나 다른 피투자회사들은 가치가 크게 높아질 것이며 몇몇은 극적으로 높아질 것입니다. 전체적으로 보면 버크셔의 피투자회사들(이른바 우리 주식 포트폴리오)의 막대한 유보이익 중 우리 몫에서 자본이득 이상의 이익이 나올 것으로 예상합니다. 이 예상은 지난 56년 동안 적중해왔습니다.

마지막 GAAP 숫자는 꼴사나운 상각 손실 110억 달러입니다. 이는 전적으로 내가 2016년에 저지른 실수의 결과입니다. 그해 프리시전 캐스트파츠를 인수할 때 지나치게 높은 가격을 지불했기 때문입니다. 아무도 나를 속이지 않았습니다. 단지 내가 이 회사의 정상 수익 잠재력을 지나치게 낙관했을 뿐입니다. 작년 이 회사의 주요 고객인 항공산업이 전반적으로 침체하자 나의 오판이 드러난 것입니다. 버크셔가 인수하던 시점의 프리시전 캐스트파츠는 최고의 성과를 내던 훌륭한 기업이었습니다. CEO 마크 도네건은 인수 전과 다름없이 사업에 계속 에너지를 쏟아붓는 열정적인 경영자입니다. 그에게 경영을 맡긴 것은 우리의 행운입니다.

장기적으로 프리시전 캐스트파츠의 순유형자산이익률이 높을 것이라는 나의 판단은 옳았다고 생각합니다. 그러나 미래 평균 이익에 대한 판단은 틀렸고 따라서 내가 계산한 적정 인수 가격도 틀렸습니다. 이는 기업 인수 거래에서 내가 저지른 첫 번째 실수가 아닙니다. 그러나 커다란 실수입니다.

한편 회계 관점에서 보면 이들의 이익 중 우리 몫은 버크셔의 이익에 포함되지 않습니다. 이들의 이익 중 우리가 배당으로 받은 금액만 버크셔의 이익에 포함됩니다. GAAP에 의하면 우리 몫 중 이들이 유보한 막대한 금액은 눈에 보이지 않습니다.

예상보다 좋았던 2024년 실적 `2024`

2024년 버크셔 실적은 내 예상보다 좋았습니다. 우리 189개 사업회사 중 53%는 이익이 감소했지만 말이죠. 단기 국채 수익률이 상승했고, 우리가 이 유동성 높은 단기 증권 보유량을 대폭 늘렸기 때문에 당연히 투자 소득이 대폭 증가한 덕분입니다.

우리 보험 사업도 이익이 대폭 증가했는데 가이코가 실적 개선을 주도했습니다. 토드 콤즈는 지난 5년 동안 가이코의 사업 구조를 대대적으로 개선하여 효율성을 높이고 보험영업 관행을 현대화했습니다. 가이코는 오랫동안 간직한 보석과 같아서 크게 다듬을 필요가 있었는데 토드가 이 작업을 끈기 있게 해냈습니다. 아직 완료되지 않았지만 2024년 개선 실적은 눈부십니다.

대류 폭풍 피해가 많이 증가한 사실을 반영하여 2024년에는 손해보험료가 전반적으로 상승했습니다. 기후 변화가 시작되었음을 알리는 신호인지도 모르겠습니다. 그러나 2024년에는 거대한 사건이 발생하지 않았습니다. 언젠가 어느 날이든, 정말로 충격적인 보험손실이 발생할 것이며, 이런 손실이 1년에 한 번만 발생한다는 보장도 없습니다.

손해보험 사업은 버크셔에 대단히 중요하므로 나중에 더 논의하겠습니다.

보험을 제외하고 버크셔에서 가장 큰 두 사업인 철도 사업과 전력 사업도 총이익이 증가했습니다. 그러나 둘 다 아직 개선의 여지가 많습니다.

연말 무렵 우리는 약 39억 달러를 들여 전력 사업 지분을 약 92%에서 100%로 높였습니다. 39억 달러 중 29억 달러는 현금으로 지급했고 나머지는 버크셔 B주로 지급했습니다.

***

2024년 우리가 기록한 영업이익 합계는 474억 달러입니다. (끝없이 강조해서 불평하는 사람도 있겠지만) 우리는 (K-68 페이지에 의무적으로 보고하는)

GAAP 이익 대신 영업이익을 자주 강조합니다.

우리 영업이익에서는 실현 손익이든 미실현 손익이든 주식과 채권에서 발생하는 자본손익은 제외합니다. 연도별로는 자본손익이 거칠면서도 예측 불가능하게 변동하겠지만 장기적으로는 자본이익이 되리라 생각합니다(그렇지 않다면 이런 증권을 왜 사겠습니까.). 우리가 투자하는 기간은 거의 예외 없이 1년을 훨씬 초과합니다. 수십 년을 생각하면서 투자할 때도 많고요. 때로는 이런 장기 보유 종목들이 교회 종소리가 울리듯 우리 투자 수익을 요란하게 실현해줍니다.

다음은 2023~2024년 이익 명세입니다. 모든 숫자가 감가상각비, 상각비, 법인세 차감 후입니다. 우리는 월스트리트에서 좋아하는 결함투성이 척도 EBITDA를 사용하지 않습니다.

(단위: 100만 달러)

	2024	2023
보험 - 보험영업이익	9,020	5,428
보험 - 투자 소득	13,670	9,567
BNSF	5,031	5,087
버크셔 해서웨이 에너지	3,730	2,331
기타 피지배회사	13,072	13,362
피투자회사*	1,519	1,750
기타**	1,395	-175
영업이익	47,437	37,350

* 크래프트 하인즈, 옥시덴탈 페트롤리움, 버카디아 등 버크셔의 지분이 20~50%인 기업들.
** 외화 표시 부채 사용으로 발생한 외화 환산 차익 포함. 2024년 약 11억 달러, 2023년 약 2억 1,100만 달러.

경영 실적 평가 기준을
바꾼 까닭은?

워런 버핏의 경영 실적 보고의 특징은 '평가 기준'을 먼저 설정하는 부분이다. 기준을 먼저 세워놓아야 나중에 결과를 가공하여 왜곡하지 않을 수 있기 때문이다. 버핏은 그 기준에 의해 냉정한 평가를 내렸고 덕분에 버크셔 주주들은 정확한 경영 성과를 확인할 수 있었다.

2010년 실적 보고 내용 중 5년 단위 성과를 나열한 부분이 인상적이다. 당시 버크셔의 주당순자산가치(BPS) 연평균 변동률과 배당 포함 S&P500 상승률을 1965년부터 2010년까지 5년 단위로 묶어 비교했다. 그 결과 5년 구간 전체에서 버크셔의 성과가 S&P500을 앞섰다. 45년간 버핏이 언급한 장기 성과에서 한 번도 지수에 지지 않은 것이다.

2018년부터 성과 측정 지표가 BPS 증가율에서 주가 상승률로 바뀌었다. 이전까지 버핏은 BPS 증가를 내재가치 측정에 대한 대용으로 활용했다. 본질적으로 내재가치는 정확한 계산이 불가능하기 때문이다. 이후 사업 환경이 변화하면서 가치를 창출하는 요인으로 무형자산의 비중이 커지자, 더 이상 BPS가 내재가치를 정확히 반영하기가 어려워졌다. 성과 측정 지표를 주가 상승률로 대체한 배경이다.

2000년대를 기점으로 버크셔의 성과는 질적 차이를 보여준다. 2000년대 이전에는 투자 성과가 압도적이었고 이후에는 사업 성과의 규모가 전체 성과를 이끌었다. 이는 규모가 커지면서 자본의 집중도를 유지하려는 노력이 자연스럽게 반영된 측면이 크다.

2000년대 이후 주식시장을 끌고 가는 큰 축이 인터넷을 위시한 기술 기업들인 탓도 있었다. 제조, 소매, 유통업 등 전통 산업에 강점을 지닌 버핏으로서는, 비상장이지만 자신이 잘 알고 있는 사업들을 인수하는 것이 더 효율적이라고 판단한 것으로 보인다. 이 과정에서 상장이든 비상장이든 기업을 평가하는 기준에는 변화가 없다고 주주들을 안심시켜왔다.

세상의 변화와 흐름에 맞춰 투자해야 한다는 세간의 명제를 따르지 않고도 대단한 성과를 낸 것이 특징이다. 물론 그의 강점이 빛을 발한 1970~1990년대는 압도적인 성과를 냈지만, 그렇지 않은 2000년대 이후에는 성과의 기울기가 많이 낮아졌다.

어설프게 시류를 따라 변신을 시도하기보다, 최대한 자신의 강점을 발휘할 여지를 찾아다닌 것으로 판단된다. 성과의 크기보다 중대한 리스크를 회피함으로써 장기적인 복리의 틀을 깨지 않으려 노력한 것으로 보인다.

그러는 와중에 세상의 변화 속에 자신의 강점을 발휘할 수 있는 새로운 영역을 끊임없이 탐구해온 것으로 판단된다. 비록 실패했지만 IBM에 대한 투자가 단초였다. 이는 이후 애플 투자에서 큰 성공을 거두는 기반이 되었다. 이 성공으로 버핏은 재평가를 받았다.

코로나 시기 과감하지 못한 모습은 멍거의 소회처럼 아쉬움이 남는 부분이다. 투자자들은 코로나로 시장이 폭락하던 당시, 2008년 금융위기처럼 훌륭한 기업들을 줍줍하는 멋진 모습을 기대했었다.

그러나 이런 아쉬움에도 불구하고 버핏이 수십 년간 유지해온 성과는 투자 역사상 기록적이라 할 만하다. 아무리 유명한 투자의 구루라고 하더라도 20년 이상 장기 성과를 훌륭하게 유지하기가 쉽지 않기 때문이다.

버핏의 경영 보고는 '자화자찬'과는 거리가 멀다. 오히려 항상 보수적인 입장을 견지하는 것이 특징이다. 좋은 시절에도 일희일비하지 않고 보수적인 전망을 빼놓지 않는다. 장기 성장을 이뤄내는 정신적 힘을 지켜내기 위한 노력으로 느껴지기까지 한다. 최대한 객관적인 성과를 확인할 수 있도록 노력을 기울인 부분이 인상적이다.

이은원

SK증권 강남금융센터에서 글로벌 주식 랩(wrap) 상품을 운용하고 있다. 무크지 〈버핏클럽〉 1~5권의 '워런 버핏의 주주서한 정밀 분석' 코너를 맡았고, 네이버 카페 '버핏클럽'에 '이은원의 투자 단상' 칼럼을 연재하고 있다. 지은 책으로 《워런 버핏처럼 적정주가 구하는 법》이 있다.

13장

학습과 삶의 지혜

멍거: 돌아보면, 돈을 더 많이 벌지 못한 것이나 더 유명해지지 못한 것은 후회되지 않습니다. 더 빨리 현명해지지 못해서 유감스러울 뿐입니다. 그래도 다행스러운 것은 내 나이 92세에도 여전히 무식해서 배울 것이 많다는 사실입니다. Q 2016

글쓰기와 마찬가지로 가르치는 행위는 내 생각을 개발하고 명확하게 정리하는 데 유용했습니다. 찰리는 이 현상을 오랑우탄 효과라고 부릅니다. 오랑우탄 옆에 앉아 내가 소중히 여기는 아이디어를 정성껏 설명하면, 오랑우탄은 끝까지 설명해도 여전히 어리둥절하겠지만 내 생각은 더 명확해질 것입니다. 2021

감사의 말씀　　　　　　　　　　　　　2021

　내가 학생들에게 투자를 처음 가르친 시점은 70년 전이었습니다. 이후 나는 거의 매년 모든 연령대의 학생들에게 즐겁게 투자를 가르쳤고, 2018년 마침내 투자 교육에서 물러났습니다.

　그 과정에서 내가 가르치기 가장 어려웠던 학생들은 내 손자가 포함된 5학년이었습니다. 이 11세 아이들은 자리에서 계속 꼼지락거리면서 멍한 눈으로 나를 응시하고 있었습니다. 그러다가 내가 코카콜라와 그 유명한 비밀 공식을 언급하자 아이들 모두 즉시 손을 들었습니다. 나는 '비밀'이야말로 아이들의 마음을 사로잡는 비결임을 깨달았습니다.

　글쓰기와 마찬가지로 가르치는 행위는 내 생각을 개발하고 명확하게 정리하는 데 유용했습니다. 찰리는 이 현상을 오랑우탄 효과라고 부릅니다. 오랑우탄 옆에 앉아 내가 소중히 여기는 아이디어를 정성껏 설명하면, 오랑우탄은 끝까지 설명해도 여전히 어리둥절해하겠지만 내 생각은 더 명확해질 것입니다.

　대학생들을 가르치면 그 효과가 훨씬 좋습니다. 나는 대학생들에게 당장 돈이 필요한 처지가 아니라면 (1) 자신이 원하는 분야에서 (2) 원하는 사람들과 근무하는 일자리를 찾으라고 권유했습니다. 물론 경제 현실 탓에 그런 일자리를 찾기 어려울 수도 있습니다. 그렇더라도 그런 노력을 절대 포기해서는 안 됩니다. 그런 일자리를 찾으면 이제는 일이 전혀 힘들지 않기 때문입니다.

　찰리와 나는 초기에 몇 번 실수하고 나서 그런 일자리를 찾았습니다. 우리는 둘 다 내 할아버지의 잡화점에서 시간제로 일을 시작했는데 찰리는 1940년에, 나는 1942년에 일했습니다. 우리 일은 재미가 없었고 급여도 거의 없었으므로 우리가 생각하는 일자리가 절대 아니었습니다. 나중에 찰리는 변호사가 되었고 나는 주식 중개인이 되었습니다. 그러나 직업 만족도는 여전히 낮았습니다.

마침내 우리는 버크셔에서 좋아하는 일을 발견했습니다. 이제는 (거의 예외 없이) 우리가 좋아하고 신뢰하는 사람들과 수십 년째 '일'하고 있습니다. 폴 앤드루스 같은 경영자나 작년에 언급한 버크셔 가족들과 손잡는 것은 인생의 기쁨입니다. 우리 본사에서는 유능하고 품위 있는 사람들이 일하고 있으며, 얼간이는 없습니다. 이직률은 아마 연간 1명 정도입니다.

그러나 우리가 여러분을 위해서 재미있고 만족스럽게 일하는 이유 또 하나를 강조하고자 합니다. 찰리와 내게는 오랜 기간 개인 주주들이 우리에게 보여주는 신뢰만큼 큰 보상이 없습니다. 이들은 자신의 돈을 우리가 확실하게 관리해줄 것으로 기대하면서 수십 년 동안 우리와 함께했습니다.

물론 우리가 동업자를 선택하듯이 우리 마음대로 주주를 선택할 수는 없습니다. 곧바로 되팔려는 사람도 누구든지 버크셔 주식을 매수할 수 있습니다. 실제로 그런 주주도 있습니다. 예를 들면 규정을 준수해야 하므로 버크셔 주식을 대량으로 보유하는 인덱스펀드가 그런 주주입니다.

그러나 버크셔에는 "죽음이 우리를 갈라놓을 때까지" 계속 보유하려는 마음으로 합류한 개인과 가족 주주가 정말 이례적일 정도로 매우 많습니다. 이들 중에는 재산 대부분(아마도 과도한 비중)을 맡긴 사람도 많습니다.

이들도 가끔 인정하겠지만 이들은 버크셔보다 더 좋은 주식을 선택할 수도 있었을 것입니다. 그러나 가장 마음 편하게 보유할 주식으로는 이들도 버크셔를 우선해서 꼽을 것입니다. 그리고 대개 마음 편하게 투자하는 사람들의 실적이, 끊임없이 바뀌는 뉴스, 소문, 전망을 좇는 사람들의 실적보다 좋습니다.

　장기간 함께하는 개인 주주들이야말로 찰리와 내가 항상 원하는 '동업자'이며 우리가 의사결정할 때 끊임없이 생각하는 사람들입니다. 이들에게 우리는 말합니다. "여러분을 위해서 일하니 기분이 좋으며, 신뢰해주셔서 고맙습니다."

훌륭한 동업자 확보가 최고　　2022

　찰리와 나는 생각이 매우 비슷합니다. 그러나 내가 한 페이지에 걸쳐 설명하는 내용을 찰리는 한 문장으로 요약합니다. 게다가 그의 설명이 항상 더 조리 정연하며, 다소 직설적일지 몰라도 더 교묘합니다.
　다음은 주로 최근 팟캐스트에서 뽑아온 찰리의 생각입니다.

- 세상에는 어리석은 도박꾼이 넘치지만 이들의 실적은 끈기 있는 투자자에 못 미칩니다.
- 세상을 있는 그대로 보지 못한다면 왜곡된 렌즈를 통해서 사물을 판단하는 셈입니다.
- 내가 죽을 장소를 알 수만 있다면 그곳에는 절대 가지 않을 것입니다.
　(이와 관련된 생각) 일찌감치 자신이 원하는 부고 기사를 써놓고 나서 그에 걸맞게 처신하십시오.
- 자신이 합리적인지 아닌지에 무관심하면 합리적이 되려고 노력하지 않습니다. 그러면 불합리한 상태에 머물러 비참한 결과를 얻게 됩니다.

- 인내심은 학습할 수 있습니다. 한 가지 일에 오랫동안 집중할 수 있으면 매우 유리합니다.
- 우리는 고인으로부터 많이 배울 수 있습니다. 존경하는 고인과 혐오하는 고인의 글을 읽으십시오.
- 다른 멀쩡한 배까지 헤엄쳐 갈 수 있다면, 가라앉는 배에서 벗어나십시오.
- 훌륭한 기업은 우리가 은퇴한 뒤에도 계속 굴러가지만, 평범한 기업은 그러지 않습니다.
- 워런과 나는 시장의 거품에 주목하지 않습니다. 우리는 훌륭한 장기투자 대상을 발굴해서 장기간 고집스럽게 보유합니다.
- 벤저민 그레이엄은 말했습니다. "주식시장이 단기적으로는 (인기도를 가늠하는) 투표소와 같지만 장기적으로는 (실체를 측정하는) 저울과 같다." 어떤 기업이 계속 가치를 창출하면 현명한 누군가가 이를 알아채고 매수하기 시작합니다.
- 투자할 때 100% 확실한 것은 절대 없습니다. 그러므로 차입금을 이용하면 위험합니다. 연속되는 큰 숫자에 제로를 곱하면 그 값은 항상 제로가 됩니다. 한번 망해도 다시 부자가 될 수 있다고 믿지 마십시오.
- 많은 것을 소유해야 부자가 되는 것은 아닙니다.
- 훌륭한 투자자가 되려면 계속 학습해야 합니다. 세상이 바뀌면 우리도 바뀌어야 하니까요.
- 워런과 나는 철도 주식을 수십 년 동안 혐오했지만 세상이 바뀌어 미국 경제에 필수적인 거대 철도회사가 마침내 4개만 남았습니다. 우리는 이 변화를 뒤늦게야 깨달았지만 그래도 깨달아서 다행이었습니다.
- 끝으로 찰리가 수십 년 동안 써먹은 결정타 두 문장을 덧붙입니다.

"워런, 잘 생각해보면 내 말에 동의하게 될 거야. 자네는 똑똑하고 나는 옳으니까."

보통 그런 식이지요. 나는 찰리와 통화할 때마다 항상 뭔가를 배웁니다. 그와 통화하면 생각하게 되고 웃음도 짓게 됩니다.

***

찰리의 원칙 목록에 나의 원칙도 덧붙이겠습니다. 매우 현명하고 지성적인 동업자를 찾으십시오. 나이가 조금 더 많으면 더 좋습니다. 그리고 그의 말에 귀를 기울이세요.

찰리 멍거 - 버크셔 해서웨이를 설계한 인물 2023

찰리 멍거는 100번째 생일을 불과 33일 앞둔 11월 28일 세상을 떠났습니다.

찰리는 오마하에서 태어나고 자랐지만 인생의 80%를 다른 지역에서 거주했습니다. 그래서 35세였던 1959년이 되어서야 나를 처음 만났습니다. 1962년에 그는 자산운용업을 하기로 했습니다.

3년 뒤 그는 버크셔의 경영권을 인수한 나의 결정이 멍청했다고 말했습니다. 옳은 말이었습니다! 그러나 이미 결정된 일이므로 나의 실수를 바로잡는 방법을 알려주겠다고 장담했습니다.

버크셔를 인수한 회사는 당시 내가 경영하던 자그마한 투자조합이었는데, 찰리의 가족은 한 푼도 투자하지 않은 상태였습니다. 게다가 이후 찰리가 버크셔 주식을 한 주라도 보유하게 되리라고는 우리 둘 다 예상하지 못했습니다.

그런데도 1965년 찰리는 내게 조언했습니다. "워런, 이제부터 버크셔 같은 회사는 인수하지 말게. 그러나 이제 버크셔 경영권을 인수했으니까 앞으로는 적당한 기업을 훌륭한(싼) 가격에 인수하지 말고, 훌륭한 기업을 적당한 가격에 인수하여 자회사를 늘리게. 다시 말해서 자네의 영웅 벤저민 그레이엄에게 배운 것은 모두 잊어버리게. 그레이엄의 방식은 소규모로 투자할 때만 통한다네." 낡은 습관에 젖어 있던 나는 이후 찰리의 지시를 따랐습니다.

여러 해 지나 찰리는 나의 동업자가 되어 버크셔를 경영하면서, 나의 낡은 습관이 도질 때마다 경종을 울려주었습니다. 찰리는 죽는 날까지 이 역할을 지속했고, 덕분에 초기 투자자들과 함께 찰리와 나는 지금까지 상상했던 것보다 훨씬 큰 부자가 되었습니다.

실제로 찰리는 현재의 버크셔를 그려낸 '설계자'였고, 나는 그의 비전을 날마다 실행에 옮긴 '시공자'였습니다.

찰리는 설계자로 활동한 공적을 인정받으려 하지 않고 대신 내가 인사와 칭찬을 받게 했습니다. 찰리는 나에게 형이자 다정한 아버지였습니다. 그는 자신의 판단이 옳은 줄 알면서도 결정권을 내게 주었으며, 내가 실수를 저질러도 절대로 나를 탓하지 않았습니다.

실제로 세상에 위대한 건축물이 세워지면 설계자의 이름은 남아도, 콘크리트를 붓거나 창문을 만든 시공자의 이름은 곧바로 잊힙니다. 버크셔는 위대한 기업이 되었습니다. 나는 오랜 기간 버크셔의 건설을 맡은 시공자이고, 찰리는 영원히 공적을 인정받아 마땅한 설계자입니다.

실수 - 네, 버크셔는 실수를 합니다 　　2024

　가끔 나는 인수하는 기업의 미래 경제성을 평가하는 과정에서 실수를 저질렀으며 그때마다 자본 배분이 잘못되었습니다. 이런 실수는 상장주식(이른바 기업 일부에 대한 소유권)에 관해서 판단할 때와 기업 지분을 100% 인수할 때 둘 다 발생합니다.

　때로는 버크셔가 고용하는 경영자의 능력이나 충성도를 평가할 때도 실수를 저질렀습니다. 충성도가 실망스러울 때 입게 되는 상처는 금전적 충격 수준을 넘어서므로 그 고통은 결혼 실패의 고통에 가까울 정도입니다.

　인사 관련 판단에서 내가 기대할 수 있는 것은 적절한 타율(성공률)이 전부입니다. 실수 정정을 미룬다면, 즉 찰리 멍거가 말하는 이른바 '손가락 빨기'는 중대한 잘못입니다. 사라지길 바란다고 해서 문제가 사라지지는 않는다고 찰리가 내게 말해주곤 했습니다. 아무리 불편해도 문제를 해결하려면 행동이 필요합니다.

***

　2019~2023년 여러분께 보낸 서한에서 나는 '실수'와 '잘못'이라는 단어를 16회나 사용했습니다. 같은 기간에 그런 단어를 전혀 사용하지 않은 대기업이 많습니다. 감사하게도 아마존은 2021년 서한에서 잔인할 정도로 솔직한 소견을 제시했습니다. 그러나 다른 서한은 대부분이 가벼운 화제와 사진이었습니다.

　내가 이사로 참여하는 상장 대기업들의 이사회나 애널리스트 콜에서도 '실수'나 '잘못'은 금지된 말이었습니다. 이런 금기는 경영진이 완벽하다는 의미여서 나는 항상 불안했습니다(때로는 법적 문제가 발생할 수도 있어서 논의를 제한하는 편이 바람직하긴 했습니다. 우리 사회는 소송을 너무 좋아하니까요).

Q 2015 젊은이들에게 주는 조언

좋은 평판을 얻고 영향력 있는 사람들과 네트워크를 구축하고 싶은데 어떻게 해야 하나요? 친구와 동료들로부터 사랑도 받고 싶습니다.

멍거 최선을 다해서 노력하세요. 좋은 평판을 쌓으려면 오랜 기간이 걸립니다. 사람들 대부분은 천천히 쌓아갈 수밖에 없지요. 살아가면서 바르게 처신하는 것이 가장 중요합니다.

버핏 사람은 나이가 들면 자신에게 합당한 평판을 얻게 됩니다. 한동안은 사람들을 속일 수 있겠지요. 기업도 마찬가지입니다. 버크셔는 평판의 덕을 아주 많이 보았습니다. 평판 덕분에 회사가 달라졌습니다. 정말입니다.

멍거 젊은 시절, 나는 무례한 질문을 함부로 던지는 밉상이었습니다. 나중에 큰 부자가 되어 후하게 인심을 쓰면서부터 비로소 호감을 얻게 되었습니다.

버핏 초창기에는 찰리와 나 둘 다 밉상이었습니다. 그러나 아주 훌륭한 선생님들을 만났습니다. 내가 존경하는 분들이었습니다. 존경받고 싶다면 존경하는 사람들을 닮으십시오. 주변에서 존경하는 사람들을 찾아내어 그들의 장점을 적고 그들을 닮겠다고 결심하십시오. 다른 사람들의 단점이 마음에 들지 않는다면 그와 같은 자신의 단점을 없애십시오. 결혼 상대를 고를 때 가장 중요한 것은 지성이나 유머가 아닙니다. 기대 수준이 높지 않은 사람을 찾으세요.

멍거 저축도 할 줄 모르는 사람은 도와줄 방법이 없습니다.

버핏 어린 시절부터 저축 습관을 키워야 합니다. 그러면 인생이 엄청나게 달라집니다. 버크셔는 재미있는 만화 시리즈를 통해서 어린이들에게 저축 습관을 키워주려고 노력하고 있는데 실제로 효과가 좋다고 생각합니다. 일찌감치 자녀들에게 돈에 관해서 좋은 습관을 키워주면 인생이 달라질 수 있습니다. 자녀가 어릴 때 서둘러 시작하세요.

Q 2015 《국부론》과 자본주의

《국부론》을 읽고 무엇을 배우셨나요?

버핏 《국부론》에서 경제학을 배웠습니다. 빌 게이츠가 내게 《국부론》 원본을 주었습니다. 애덤 스미스, 케인스, 리카도, 《고객의 요트는 어디에 있는가》를 읽으면 지혜가 풍부해질 것입니다.

멍거 애덤 스미스는 시대를 초월한 인물입니다. 역사상 가장 현명한 사람 중 하나죠. 그는 자본주의 시스템에서 나오는 생산성의 위력을 보여주었습니다. 공산주의가 처절하게 무너질 때, 사람들은 생산성의 위력을 뼈저리게 실감했습니다.

버핏 자본주의 시스템에 의해서 생산성이 개선되었습니다. 자본주의는 사람들이 각자 가장 잘하는 일을 계속할 수 있게 해줍니다. 우리는 각자 생산성이 가장 높은 분야에서 일해야 합니다.

멍거 버핏도 자신의 장 수술을 손수 하지 않습니다.

Q 2015 놀고먹지 못할 만큼

전에 상속에 대해 언급하실 때, 자녀들이 무슨 일이든 할 수 있지만 놀고먹지는 못할 만큼만 재산을 물려주겠다고 하셨지요?

버핏 내 재산의 99% 이상을 자선단체에 기부하겠다고 약속했습니다. 그동안 상속세 면세 한도가 인상되었습니다. 상속 계획은 개인적인 일입니다. 내가 소기업 하나만 소유하고 있다면 생각이 지금과 다를 것입니다. 재산을 어떻게 할 것인지 궁리해보면 선택 대안이 많지 않습니다. 찰리가 말했듯이, 묘지에는 '미국의 400대 부자(Forbes 400)' 명단이 없습니다.

나는 세상에 더 필요한 것이 없으므로, 안전 금고에 넣어둔 주식 증서가 아무 소용이 없습니다. 그러나 세상 사람들에게는 이 주식 증서가 엄청나게 유용할 것입니다. 주식 증서를 지금 잘 사용할 수 있는데도 안전 금고에 계속 넣어두어야 할까요? 누구나 이 문제에 대해 생각해보아야 합니다. 내 돈을 어떻게 써야 가장 유용한지 자신에게 물어보아야 합니다. 내 돈은 수많은 사람에게 대단히 유용하게 사용될 수 있습니다. 찰리와 나는 아주 소박한 생활을 좋아합니다.

멍거 정치인들이 상속세 면세 한도를 500만 달러로 인상했습니다. 매우 건설적인 법 개정입니다. 미국 정치인들이 항상 미친 짓만 하는 것은 아니군요.

Q 2015 등록금 상승

교육비가 상승해서 대학에 가기가 어렵습니다.

멍거 미국 평균 가구라면 교육비가 싼 대학에 다니면서 보조금을 받으면 됩니다. 대학들이 멋대로 교육비를 인상하는 것은 큰 문제입니다.

버핏 사람들 대부분이 교육비 때문에 고생합니다. 대공황이 닥쳤을 때는 모든 대학이 과잉 인력을 해고했습니다. 적절한 유인이 없으면 대학들은 교육비만 계속 인상할 것입니다.

멍거 흔히 사람들은 자신의 서비스가 가치 있다고 주장하면서 가격을 인상하려고 합니다. 나는 우리 고등교육 시스템에 잘못이 많다고 생각합니다. 나는 규모 적정화가 필요하다고 보지만 이를 수용하려는 미국 대학은 하나도 없습니다. 학생들이 최선의 대안을 찾아내야 합니다. 적절한 유인이 없다면 대학들은 언제까지고 교육비만 계속 인상할 것입니다.

Q 2016 이례적으로 운이 좋았습니다

인생을 돌아볼 때, 다른 방식을 선택했다면 더 행복했을 것이라고 후회되는 부분이 있습니까?

버핏 이제 내 나이가 85세인데 나보다 더 행복한 사람을 상상할 수가 없습니다. 나는 내가 좋아하는 것을 먹으면서, 내가 사랑하는 사람들과 함께, 내가 하고 싶은 일을 하고 있습니다. 정말이지 이보다 더 좋을 수는 없습니다. 나는 어느 누구 밑에서도 일하지 않겠다고 일찌감치 결심했습니다. 이 결심 덕분에 나는 어떤 스트레스도 받지 않고 살았습니다. 당신이나 사랑하는 주위 사람의 건강 악화는 정말 비극입니다. 다른 방도가 없으므로 받아들일 수밖에 없습니다.

찰리와 나는 정말로 축복받았습니다. 찰리는 92세에도 매일 환상적인 일을 하고 있습니다. 그는 92세인데도 젊은 시절 못지않게 흥미롭고, 매력적이며, 보람 있으면서, 사회에 기여하는 일을 하고 있습니다. 우리는 이례적으로 운이 좋았습니다. 우리의 동업은 행운입니다. 함께 일하니까 더 재미있습니다. 나는 불만이 전혀 없습니다. 사업에 대해서 말하자면, 직물 사업을 시작하지 않았더라면 좋았을 것입니다.

멍거 돌아보면 돈을 더 많이 벌지 못한 것이나 더 유명해지지 못한 것은 후회되지 않습니다. 더 빨리 현명해지지 못해서 유감스러울 뿐입니다. 그래도 다행스러운 것은 내 나이 92세에도 여전히 무식해서 배울 것이 많다는 사실입니다.

Q 2016 유머 감각의 원천은

당신의 주주 서한과 인터뷰를 보면 항상 유머 감각이 빛납니다. 이런 유머 감각을 어디에서 얻으시나요?

버핏 유머는 내가 세상을 바라보는 방식에서 나옵니다. 세상은 매우 흥미로우면서도 우스꽝스러운 곳입니다. 유머 감각은 나보다 찰리가 더 좋습니다. 찰리는 유머 감각을 어디에서 얻는지 들어봅시다.

멍거 세상을 정확하게 바라보면 웃을 수밖에 없습니다. 터무니없으니까요.
버핏 멍거의 멋진 답변으로 Q&A를 마무리하겠습니다.

Q 2017 학습 기계와 소문

찰리는 당신이 학습 기계라고 합니다. 지금까지 배운 것 중 무엇이 가장 흥미로웠습니까?

버핏 찰리가 나보다 훨씬 대단한 학습 기계입니다. 나는 전문가입니다. 찰리는 내 전문 영역에 대해서도 나만큼 박식하며, 세상사에 대해서는 나보다 학습 속도가 훨씬 빠릅니다. 세상은 항상 매력이 넘치는 곳입니다. 어떤 잘못을 깨달을 때 우리는 매우 즐거워질 수 있습니다. 예컨대 낡은 아이디어가 실제로 옳지 않았음을 제대로 깨달았을 때입니다. 그러면 새로운 아이디어에 적응해야 합니다. 물론 쉬운 일은 아닙니다. 미국에서 진행되고 있는 일들, 특히 온갖 정치적 사건들이 나는 엄청나게 흥미롭습니다. 세상이 빠르게 펼쳐지듯이 세상은 빠르게 움직이고 있습니다. 나는 미래 예측을 즐깁니다. 그러나 여러분에게 유용할 정도로 특별한 통찰이 있는 것은 아닙니다.

멍거 버핏이 애플 주식을 매수한 것은 좋은 신호라고 봅니다. 그는 손자와 어울리면서, 태블릿 PC를 가져가도 좋은지 물어보기도 하고 시장 조사도 했습니다. 나는 우리가 계속 배웠다고 생각합니다. 더 중요한 점은 우리가 과거에 배운 것을 잊지 않았다는 사실입니다. 이것이 정말 중요합니다. 예를 들어 돈을 마구 찍어내면서 거짓말을 해댄 푸에르토리코 사람들을 보십시오. 미국령이 파산할 것이라고 누가 짐작이나 했겠습니까? 나라면 파산을 예측했을 것입니다. 그들은 천치처럼 행동했으니까요.

버핏 우리는 푸에르토리코 채권을 사지 않았습니다.

멍거 사지 않았지요. 우리는 유럽 시장에서도 국채로 포트폴리오를 구성합니다. 그리스 채권도 사지 않고 오로지 독일 채권만 삽니다. 버크셔 사람들은 모두 합리적입니다. 게다가 항상 좋은 기회를 노립니다. 공황 같은 기회가 오면, 남들은 한 손을 못 쓰는 상황에 처해도 우리는 양손을 사용합니다. 그리고 다양한 선택 대안을 이용합니다. 그동안 우리는 엄청나게 많이 배웠습니다. 최근 10년 동안 온갖 경험을 했죠. 20년 전에는 생각도 못 했던 일들이었습니다.

버핏 최고의 투자서 중 하나가 1958년 필립 피셔가 쓴 《위대한 기업에 투자하라》입니다. 나는 이 책에서 많은 질문을 던지는 이른바 '수소문' 기법을 배웠습니다. 벤저민 그레이엄에게는 배우지 못한 기법입니다. 가끔은 이 기법이 매우 유용합니다.

멍거 버핏은 이 기법을 샐러드유 스캔들 당시 아메리칸 익스프레스에 적용했고, 수십 년이 지난 지금은 애플에 적용하고 있습니다.

버핏 일부 사례에서는 많은 질문을 던져서 많이 배울 수 있습니다. 필립 피셔가 가르쳐준 기법입니다. 이 책은 매우 오래 전에 나왔습니다. 피셔가 영원한 승자로 꼽은 기업들 중 일부는 계속 쇠퇴했습니다. 그러나 단지 질문을 던지는 것으로도 우리는 많이 배울 수 있습니다. 예를 들어 내가 훨씬 젊고 열정적인데 석탄산업에 관심이 있어서 석탄회사 하나를 선택하려고 한다면, 10개 석탄회사를 방문해 사장에게 다음과 같은 질문을 던질 것입니다. "당신이 10년 동안 무인도에 가서 지내야 하고 그동안 가족의 돈을 경쟁사 중 한 곳에 모두 투자해야 한다면 어느 회사를 선택할 것이며 그 이유는 무엇입니까?" 이어서 다음과 같은 질문도 던질 것입니다. "경쟁사 중 한 곳의 주식을 공매도해야 한다면 어느 회사를 선택하겠습니까?"

사람들은 누구나 경쟁자에 대해 이야기하길 좋아합니다. 1개 회사 사람보다는 10개 회사 사람들과 경쟁자에 대해 이야기할 때, 우리는 석탄산업의 경제성을 더 잘 파악할 수 있습니다. 그러나 어떤 기법이든 유용할 때도 있고 유용하지 않을 때도 있습니다. 그래도 나는 항상 배우겠다는 생각입니다. 특히 버크셔에 유용한 것을 배우고 싶습니다. 소문 기법은 세상에 매우 유용한 태도입니다. 누가 한 말인지는 모르겠지만, 문제는 새로운 아이디어를 얻는 것이 아니라 낡은 아이디어를 버리는 것입니다. 이 말에는 많은 진실이 담겨 있습니다.

멍거 이스카나 프리시전 캐스트파츠가 10년 전에 나타났다면 우리는 절대 인수하지 않았을 것입니다. 우리는 배우고 있습니다. 세상에나, 아직도 배우고 있다니까요!

Q 2017 가장 늙어 보이는 시체

당신은 어떤 인물로 알려지고 싶습니까?

멍거 내가 워런에게 자신의 장례식에서 듣고 싶은 말이 무엇이냐고 물었을 때, 그가 이렇게 말했던 기억이 납니다. "지금까지 본 중 가장 늙어 보이는 시체라고 모두가 말하면 좋겠네."

버핏 아마 지금까지 내가 한 말 중 가장 재치 있는 말일 겁니다. 내가 원하는 것은 아주 단순합니다. 나는 가르치는 것을 좋아합니다. 나는 평생 공식적으로든 비공식적으로든 가르치고 있습니다. 나는 단연 가장 훌륭한 스승으로부터 배웠습니다. 나도 훌륭한 스승이었다고 누군가 생각해준다면 매우 기쁠 것입니다.

멍거 가르침을 잊지 않게 하려면 어느 정도 굴욕감도 안겨주어야 합니다. 우리 둘 다 그렇게 했지요.

버핏 과거에 농구 팬이었던 분들은 월트 체임벌린(Wilt Chamberlain)을 기억할 것입니다. 그의 묘비에는 "마침내 나 혼자 잠드는구나"라고 쓰여 있다고 합니다.

Q 2017 90세로 돌아가고 싶습니다

지금 당신의 꿈은 무엇입니까?

멍거 내 꿈이오? 글쎄요….
버핏 첫 번째 꿈은 건너뛰자고.
멍거 가끔 다시 90세 시절로 돌아가고 싶은 마음이 간절합니다! 젊은이들에게 해주고 싶은 말이 있습니다. 정말로 하고 싶은 일이 있으면 93세가 되기 전에 하세요.
버핏 나도 똑같은 말을 학생들에게 해주고 싶습니다. 세상에 나가면 여러분이 하고 싶은 일을 찾으십시오. 한두 번 만에 찾지는 못할 수도 있습니다. 그래도 이런 노력을 미루지는 마십시오. 키르케고르(Søren Kierkegaard)는 말했습니다. 인생을 평가할 때는 뒤를 돌아보아야 하지만 인생을 살아갈 때는 앞을 보아야 한다고. 찰리는 자신이 죽을 장소만 알면 그곳에는 절대 가지 않겠다고 말합니다. 사람들은 인생을 어느 정도 다시 구성하고 싶어 합니다. 그러나 인생에는 다시 구성할 수 없는 일도 있습니다. 나이가 들면 어떤 일을 할 때 기분이 좋은지 생각해보고 적어도 그 방향을 유지하도록 노력하십시오. 인생에는 행운도 어느 정도 필요하지만 불운도 어느 정도 발생한다는 사실을 받아들여야 합니다.

멍거 장례식에서 목사가 말했습니다. "이제 누구든 나와서 고인에 관한 미담을 해주시기 바랍니다." 그러나 아무도 나오지 않자 다시 말했습니다. "아무 미담이나 해주시면 됩니다." 마침내 한 사람이 나와서 말했습니다. "그래도 고인이 그의 형만큼 못된 사람은 아니었습니다."

Q 2019 남의 자금을 운용하려면?

회사를 세워서 다른 사람들의 자금을 운용하려고 하는데 조언을 부탁드립니다.

버핏 나도 똑같은 경험이 있습니다. 1956년 5월 뉴욕에서 오마하로 돌아오자, 증권회사를 운영하던 우리 가족은 내게 주식 중개 업무를 도와달라고 했습니다. 그러나 투자를 하고 싶었던 나는 투자조합을 설립하고자 했습니다. 남의 돈을 잃을 위험이 있다고 생각했다면 설립하지 않았을 것입니다. 내가 걱정했던 것은 "다른 사람들도 나처럼 생각하고 행동할 것인가?"였습니다.

1956년 5월 일곱 사람이 함께 저녁을 먹었습니다. 대학 시절 룸메이트와 그의 어머니, 나머지는 친척이었습니다. 나는 투자조합 계약서를 보여주면서 읽어볼 필요도 없고 변호사도 필요 없다고 말했습니다. 대신 이렇게 말했습니다.

"나는 여기 이 기본 원칙을 지킬 수 있다고 생각하며, 이 기본 원칙에 따라 평가받고 싶습니다. 내 말에 동의하신다면 펀드를 운용하겠습니다. 주가가 폭락하거나 남들이 무슨 소리를 해도 여러분은 겁에 질려 떠나지 않을 테니까요. 우리 생각이 똑같다면 나는 펀드 운용에 대해 걱정하지 않습니다. 그러나 똑같지 않다면 펀드를 운용하지 않겠습니다. 내가 옳다고 생각하는 투자에 대해서 여러분은 실망할지 모르기 때문입니다."

생각이 일치하지 않는다면 남의 돈을 운용해서는 안 됩니다. 그리고 당신이 지키려는 원칙과 평가받는 기준을 제시하는 기본 원칙도 세워야 합니다. 나는 투자조합에 단 하나의 기관도 받아들이지 않았습니다. 기관은 위원회가 온갖 결정을 내리기 때문입니다. 그리고 기대 수준이 감당하기 어려울 정도로 높은 사람은 절대 받아들이면 안 됩니다. 따라서 가입하려는 사람이 많아도 대부분 거절해야 합니다. 이는 매우 작은 규모로 운용을 시작해서 객관적인 실적을 쌓아가야 한다는 뜻입니다.

나중에 당신이 쌓은 실적을 보고 확신한 부모가 전 재산을 맡기겠다고 할 때 "최고의 실적은 어려울지 몰라도 장기적으로 적정 실적은 자신 있습니다"라고 말한다면 자격을 갖춘 셈입니다.

멍거 한 변호사는 자주 찾아와서 내게 이렇게 말합니다. "어떻게 하면 변호사 일 그만두고 억만장자가 될 수 있나요?" 나는 모차르트(Wolfgang Amadeus Mozart)를 찾아간 청년 이야기가 떠오릅니다. 청년이 "교향곡을 쓰고 싶습니다"라고 말하자 모차르트는 "자네 몇 살인가?"라고 물었습니다. 그가 "스물두 살입니다"라고 대답하자 모차르트는 "너무 어려"라고 말했습니다. 그가 "하지만 선생님은 열 살에 교향곡을 쓰셨잖아요"라고 말하자 모차르트가 대답했습니다. "그래. 하지만 나는 아무에게도 조언을 구하지 않았다네."

Q 2019 다른 사람의 행동을 이해하라

사람은 나이가 들수록 인간의 본성을 더 잘 이해하게 된다고 하셨는데 자세히 설명해주세요.

버핏 나는 어떤 척도로 평가해도 내리막길을 걷고 있습니다. 지금 내가 SAT 시험을 본다면 20대 초에 비해 창피한 점수가 나올 것입니다. 그러나 나이가 들수록 인간의 행동은 더 잘 이해하게 됩니다. 찰리와 나는 젊은 시절부터 다른 사람들의 인생에 관한 책을 엄청나게 많이 읽었습니다. 그러나 IQ가 아무리 높고 책을 아무리 많이 읽어도 인간의 행동을 깊이 이해할 수 없습니다. 경험도 많이 필요합니다.

멍거 몇 년 전 죽은 세계적인 지도자 리콴유(Lee Kuan Yew, 1923~2015)가 평생 거듭 강조한 슬로건이 있습니다. "효과적인 방법을 찾아내서 사용하라." 이 단순한 철학만 잘 따라도 놀라운 성과를 거둘 것입니다.

버핏 효과적인 방법을 찾아내라는 말은 다른 사람들의 행동을 이해하라는 뜻입니다. 찰리와 나는 전혀 예상 못 한 방식으로 극단적인 행동을 일삼는 사람을 많이 보았습니다.

멍거 요즘 우리는 매일 밤 극단적인 행동을 봅니다. TV만 켜면 된답니다.

Q 2019 돈으로 살 수 없는 두 가지

지금 인생에서 가장 소중하게 여기는 것은 무엇인가요?

멍거 나는 인생을 좀 더 살고 싶소.
버핏 돈으로 살 수 없는 두 가지가 시간과 사랑입니다. 나는 지금까지 내 시간을 거의 완벽하게 통제할 수 있어서 정말로 운이 좋았습니다. 찰리도 마찬가지고요. 우리가 지금까지 돈을 원했던 것도 인생을 우리가 원하는 대로 살고 싶어서였답니다. 우리 둘의 육체는 늙어가고 있지만 이와 상관없이 우리가 사랑하는 일을 매일 할 수 있어서 기쁩니다.
나는 돈으로 무엇이든 살 수 있지만 이와 상관없이 내가 하는 일이 더 재미있습니다. 찰리는 기숙사 설계도 하고 나보다 독서도 더 많이 하면서 인생을 즐기고 있습니다. 그러나 우리에게 시간은 한정되어 있습니다. 그래서 우리는 인생에서 좋아하는 일을 최대한 많이 하려고 시간을 효율적으로 사용하고 있습니다.
멍거 정말로 좋아하는 일을 하면서 시간을 보내는 사람은 누구든지 행운아이며 축복받은 사람입니다.
버핏 우리가 미국에서 태어난 것부터가 엄청난 행운입니다. 캐나다에서 태어난 질문자도 행운아입니다. 기분 상하지 마세요.

Q 2020 신용카드 대출과 투자

최근 몇 년 동안 연방기금 금리에 비해 신용카드 금리가 많이 상승했는데 어떻게 생각하나요?

버핏 신용카드 금리는 카드사들의 경쟁과 손실 가능성에 좌우됩니다. 최근 몇 달 동안 손실 가능성이 대폭 증가했습니다. 나는 신용카드 금리에 대해서 많이 알지 못하지만 일반적인 조언은 할 수 있습니다. 신용카드 대출을 함부로 이용해서는 안 됩니다.

얼마 전 한 친구가 찾아와서 내게 투자 조언을 부탁했습니다. 큰 금액은 아니었지만 그녀에게는 소중한 돈이었습니다. 내가 물었습니다. "신용카드 대출을 쓰고 있나요?" 그녀는 얼마를 쓰고 있는지 대답했습니다. 금리가 아마 18% 수준이었을 것입니다. 나는 말했습니다. "18% 수익률은 나도 내지 못합니다." 18% 금리로 대출을 쓰고 있다면 투자보다 대출금 상환이 훨씬 낫다는 뜻입니다. 그러나 그녀가 원하는 대답은 아니었습니다. 이후 그녀는 딸에게 1,000~2,000달러가 있는데 어떻게 투자해야 하느냐고 물었습니다. 나는 딸에게 돈을 빌려 신용카드 대출금을 상환하고 대출금리인 18%에 해당하는 금액을 딸에게 지불하라고 말했습니다. 딸에게 이렇게 유리한 투자는 찾기 어려우니까요. 고금리 대출을 쓰면서 부자가 될 수는 없습니다. 사람들은 신용카드 대출을 즐겨 사용하지만, 금리가 12% 수준이더라도 절대 사용해서는 안 됩니다. 신용이 좋은 분이라면 나를 찾아오세요. 내가 그 금리로 대출해드리겠습니다.

Q 2022 다학제를 실용적으로 적용하는 방법은?

투자 판단과 인생에 다학제(multi-disciplinary)를 실용적으로 적용하는 방법은 무엇인가요?

멍거 학문을 두 가지 이상 알고 있으면 확실히 도움이 됩니다. 망치만 들고 있는 사람에게는 세상 만물이 못으로 보인다는 속담이 있습니다. 모든 학문을 조금씩 알지 못하면 판단을 그르칠 수 있습니다. 이것이 내가 항상 하는 말입니다. 그러나 남의 영역에 들어가서 "당신은 한 분야의 전문가이고 나는 여러 분야를 아니까 내가 더 잘 압니다"라고 말하면 사람들이 몹시 화나서 당신을 증오합니다. 내가 입증할 수 있습니다. 여러 번 경험했으니까요. (웃음소리)

버핏 중국에는 노인을 공경하는 문화가 있습니다. 그래서 찰리가 나보다 존경받습니다. (웃음소리) 중국에 관해서는 찰리와 경쟁할 생각조차 없습니다. 내가 나이로 찰리를 따라잡을 수 없으니까요.

Q 2022 천직을 찾는 사람에게 주는 조언

천직을 찾는 사람에게 어떤 조언을 해주시겠습니까?

버핏 매우 흥미로운 질문입니다. 나는 원하는 일을 발견했다는 점에서 매우 운 좋은 사람입니다. 나의 아버지는 자신의 사업에 관심이 없었습니다. 그러나 아버지 사무실에는 책이 있었고 나는 아버지를 좋아했으므로 사무실에 내려가서 책을 읽으면서 흥미를 느꼈습니다. 아버지가 프로 복서가 아니라서 다행입니다. 그랬다면 내 이가 남아나지 않았을 테니까요. (웃음소리) 내가 천직을 발견한 것은 순전히 우연이었습니다. 그러나 당신도 보면 그것이 천직인지 알 수 있을 것입니다. 그렇다고 당장 선택할 수 있는 것은 아니겠지만요.

주주 서한에도 썼지만 나는 학생들에게 자신이 좋아하는 일을 찾으라고 말합니다. 그 일을 하면서 인생의 대부분을 보내게 되는데 왜 좋아하지도 않는 일을 평생 하려고 합니까? 물론 가끔은 좋아하지 않는 일도 해야 하겠지요. 그러나 가장 존경하는 사람 밑에서 좋아하는 일을 하십시오. 전에 스탠퍼드대에서 강연한 적이 있습니다. 이틀 뒤 누군가 톰 머피의 사무실에 나타났습니다. 현명한 행동이었습니다. 바로 내가 학교를 졸업하고 그렇게 했습니다. 나는 벤저민 그레이엄 밑에서 일하고 싶었습니다. 보수가 얼마이든 상관없었습니다. 내가 하고 싶은 일이었으니까요.

나는 3년 동안 조르고 나서야 벤(벤저민 그레이엄) 밑에서 일하게 되었습니다. 이후 나는 벤보다도 더 상사로 모시고 싶은 사람을 발견했습니다. 바로 나였습니다. (웃음소리) 이후 나는 나 자신을 위해서 일하고 있습니다. 평생 나의 상사는 네 사람이었습니다. 한 분은 링컨 저널(The Lincoln Journal)에 있던 훌륭한 분인데 잠시 이름이 생각나지 않네요. 오마하 JC 페니의 쿠퍼 스미스도 훌륭한 분이었습니다. 그러나 나는 지금도 나 자신을 위해서 일하는 편을 좋아합니다. 찰리와 나는 내 할아버지 밑에서도 일했는데 재미가 없었습니다. 찰리, 자네는 1940년에 그 잡화점에서 일했는데 왜 그곳을 선택했지?

멍거 나는 단지 경험을 쌓으려고 일했지. 돈은 필요 없었어. 아버지가 용돈을 넉넉히 주셨고 개인적으로 하는 사업도 있었으니까. 잡화점에서는 장난삼아 일한 셈이야.

버핏 장난삼아 하루 열두 시간씩 일했다는 말인가?

멍거 그렇다네. 장난삼아.

버핏 자네 시간을 잘 투자했다고 생각하나? 지금 돌이켜 보아도 말이야.

멍거 전에 해본 적이 없어서 경험을 조금 쌓고 싶었어. 아주 오래 할 생각은 아니었네.

버핏 음. 나는 경험을 쌓으려고 일하진 않았네.

멍거 질문자에게 주는 조언입니다. 당신이 잘하지 못하는 일을 찾아내서 그런 일을 모두 피하세요. 바로 그 방식으로 워런과 내가 천직을 찾아냈습니다.

버핏 전적으로 맞는 말입니다.

멍거 우리가 다른 일에서는 모두 실패했습니다.

버핏 우리는 온갖 일을 다 해보고 나서 마침내 이상적인 고용주를 발견했습니다. 우리 자신입니다. (웃음소리) 우리가 정말로 존경하는 대상이었습니다.

멍거 워런은 존경하는 사람 밑에서 일해야 한다고 말했죠. 그가 면도를 해주던 사람이었습니다. 워런과 나는 면도를 했으니까요.

버핏 나쁘지 않은 조언입니다. 선택할 수 있다면 말이죠. 찰리는 1940년대에 입대했는데 상사를 선택할 수 없었습니다. 그러므로 이 조언은 보탬이 되지 않았습니다. (웃음소리) 찰리, 누구 밑에서 일했나?

멍거 잘 생각해보면 우리 둘 다 실패한 경우가 두 가지야. 첫째, 흥미를 느끼지 못하는 일에는 절대 성공하지 못했어. 그렇지?

버핏 맞아.

멍거 우리 적성에 안 맞는 아주 힘든 일에도 절대 성공하지 못했어.

버핏 그래. 우리는 어떤 일이든 우리가 좋아하는 일을 60년째 하고 있지. 우리 방식으로 즐기면서 말일세.

멍거 그런데 놀랍게도 자네는 똑똑한 사람이라면 흥미 없는 일도 잘할 수 있다고 생각해. 그러나 잘할 수 없다네.

버핏 실제로 내게 그런 사례가 많다네. 하지만 여기서는 이 정도로 해두세.

Q 2023 자녀에게 유산을 상속하는 방법은?

대부분 부모는 자녀에게 유산을 상속하는 과정에서 문제에 직면하는데 당신의 해법을 듣고 싶습니다.

버핏 나는 나이도 먹고 기부 선언 등도 하면서, 가족을 끔찍이 아끼는 거부들의 상속 문제를 자주 지켜보았습니다. 나는 세 자녀가 모두 읽고, 이해하고, 의견을 말하기 전에는 유서에 서명하지 않습니다. 지금은 내 자녀가 60대여서 이런 방식이 문제가 없지만 자녀가 20대였다면 그다지 성공하지 못했을 것입니다. 이 방식의 성패는 가족에 달렸습니다. 자녀들이 서로를 어떻게 생각하느냐에 달렸습니다.

성패는 보유한 기업의 특성에도 좌우되므로 변수는 수없이 많습니다. 성년이 된 자녀가 유서를 읽고서야 고인의 뜻을 처음 알게 되었다면 그 부모는 엄청난 실수를 저지른 것입니다. 나는 온갖 상황을 겪어보았는데, 평소 자녀에게 아무 말 안 하다가 유서를 통해서 자기 뜻을 강요하는 사람들도 있습니다. 이는 심각한 실수여서 바로잡을 방법이 없습니다. 이에 대해서는 찰리가 경험이 풍부합니다.

멍거 버크셔에도 유산 상속이라는 간단한 문제가 있습니다. 이 망할 주식을 계속 갖고 있으면 됩니다. (웃음소리)

버핏 하지만 모든 사람에게 적합한 방법은 아니잖은가, 찰리.

멍거 그래, 95%에게만 맞는 방법이지. (웃음소리)

버핏 재산이 수십억 달러일 때, 이 재산을 모두 자녀에게 물려줘야 하는지도 모르겠어.

멍거 그건 다른 문제네. 그 재산을 어딘가에 묻어둬야 한다면 나는 기꺼이 버크셔 주식에 투자하겠어.

버핏 투자 문제는 그렇게 해결할 수도 있겠군요. 하지만 자녀가 넷이고 한 자녀가 다른 한 자녀와 사이가 좋지 않다면 개인적인 문제가 남습니다. 이는 사람의 문제입니다. 가장 중요한 과제는 자녀들이 화목하게 지내는 일입니다. 자녀들의 화목을 평생 바라더라도 이들의 관계는 망가질 수 있으며 그 원인은 유산이 아닐 수도 있습니다.

사람들이 막대한 재산에 관한 유서 내용을 알지 못했던 사례를 나는 많이 보았습니다. 자녀들이 모두 15분 이내에 변호사를 선임하면 이후 이들은 화목하게 지내지 못합니다. 목표 설정이 중요합니다. 자녀들이 특정 가치관을 갖길 바란다면 당신도 그 가치관에 따라 살아야 합니다. 자녀들에게 가치관에 관해 이야기해야 합니다. (웃음소리)

자녀들은 태어나는 날부터 당신이 정말로 좋아하는 것을 보면서 배웁니다. 자녀들에게 특정 가치관을 심어주려면 당신의 행동으로 가르쳐야 하며, 솜씨 좋게 작성한 유언장으로 대신할 수는 없습니다. 물론 유언장에도 그 가치관을 담아야 합니다. 자녀들은 나이를 먹으면 자신의 가치관을 유산의 규모와 연계해서 형성하게 됩니다. 유산이 가족 농장이냐 유가증권이냐에 따라 가치관이 크게 달라집니다.

내 친구인 한 갑부는 1년에 한 번 자녀들을 불러 저녁을 먹고서, 공란으로 작성된 소득세 신고서에 서명하게 합니다. 그는 자녀들에게 넘겨준 유산이 얼마인지 알려주고 싶지 않았기 때문입니다. 이런 방법은 효과가 없을 것입니다. 실제로 그에게 얼마나 효과가 있었는지는 알지 못합니다. 찰리와 내가 늘 하는 말이 있습니다. 인생을 살아가는 방법을 알고 싶으면, 먼저 사망 기사를 써놓고 그 기사에 맞게 살아가라는 말입니다. TTI의 경영자 폴 앤드루스는 내가 아는 누구보다도 훌륭한 인생을 살았습니다.

폴은 유산 문제를 생각하다가 나를 찾아왔습니다. 61세였던 그에게는 필요한 것보다 훨씬 많은 돈이 있었습니다. 그는 즐겨 기부했으며 온갖 선행을 했습니다. 그는 말했습니다. "나는 1년 동안 내 회사 TTI에 대해서 걱정했습니다. 내게는 필요한 돈이 모두 있습니다. 내 가족에게도 필요한 돈이 모두 있습니다. 그런데 회사는 어떻게 해야 할까요? 평생 나를 도와준 직원들인데 말이죠."

그는 말을 이었습니다. "회사를 경쟁사에 매각하면, 합병하는 과정에서 자기 직원들은 남기고 내 직원들은 해고할 것입니다. 회사를 사모펀드에 매각하면, 그들은 출구 전략을 세워서 곧바로 매각할 것입니다. 내가 당신을 찾아온 것은 당신이 훌륭해서가 아니라 남은 대안이 당신뿐이기 때문입니다." (웃음소리)

우리는 이 회사를 인수했고 모두 내내 행복하게 살았습니다. 그는 인생이 무엇인지 아는 사람이었습니다.

Q 2023 해로운 사람을 멀리할 수 없다면

행복한 인생을 살려면 해로운 사람들을 멀리하라고 하셨는데, 해로운 사람들이 가족처럼 멀리할 수 없는 사람들이면 어떻게 해야 하나요?

버핏 어렵겠지만 접촉을 최소화하십시오. 이것이 의심할 여지가 없는 답입니다. 요령의 대가 찰리가 해준 말이 있습니다. "반드시 행실이 좋은 사람들과 교류해야 합니다. 물론 가족은 예외로 해야 합니다." 못살게 구는 주정뱅이 아버지와 산다는 것이 어떤 것인지 나는 모릅니다. 그런 아버지를 어떻게 대해야 할까요?

맥아더 재단을 설립한 존 맥아더(John MacArthur, 미국 목회자)에 관한 이야기가 매우 흥미롭습니다. 맥아더를 포함한 5형제 중 4명은 이런저런 분야에서 슈퍼스타가 되었으나 이들에게는 떠돌이 주정뱅이인 미친 아버지가 있었습니다. 형제들은 즉시 집을 떠나야 한다고 판단했고 맥아더가 형제 셋을 데리고 나왔습니다.

찰리와 나는 결함이 많았는데도 아버지가 잘 돌봐주었으니 운이 좋았습니다. 아버지가 자식을 돌보지 않으면 매우 어려운 문제가 됩니다. 내가 그런 상황이었더라도 아마 어떻게든 벗어났겠지만 내 인생은 많이 달라졌을 것입니다. 찰리?

멍거 보탤 말 없습니다.

Q 2023 머스크가 자신을 과대평가한다고 보시나요?

당신은 자신의 IQ가 170이라고 생각하는 IQ 150인 사람보다, 자신의 IQ가 120이라고 생각하는 IQ 130인 사람을 선호한다고 말했습니다. 일론 머스크를 가리키는 말이라고 생각합니다. 최근 테슬라, 스페이스X(Space X), 스타링크(Starlink) 등으로 성공한 점을 고려해도 그가 자신을 과대평가한다고 여전히 보시는지요?

멍거 네. 나는 일론 머스크가 자신을 과대평가한다고 생각합니다. 그는 재능이 뛰어나서 과대평가할 필요가 없는데도 과대평가합니다.

버핏 1~2주 전에 방영한 빌 마허(Bill Maher) 프로그램에서 일론과 인터뷰했습니다. 일론은 빌 마허에게 정면으로 맞서 훌륭하게 토론했는데 볼만한 프로그램입니다. 일론은 명석한 친구입니다. 그의 IQ는 170이 넘을지도 모릅니다. 그가 꾸는 꿈에는 근거가 있습니다.

멍거 터무니없이 극단적인 목표를 세워 시도하지 않았다면 그가 지금과 같은 성과를 달성하지 못했을 것입니다. 그는 불가능할 일을 떠맡아 시도하길 좋아합니다. 그러나 워런과 나는 할 수 있는 쉬운 일만 찾아다닙니다. (웃음소리)

버핏 놀이를 즐기면서 할 수 있는 일을 한답니다. (웃음소리)

멍거 우리가 일하는 방식은 일론과 전혀 다릅니다.

버핏 우리는 여러 분야에서 일론과 경쟁하고 싶지 않습니다.

멍거 실패도 많이 하고 싶지 않습니다.

버핏 네, 그렇습니다. 우리에게 맞지 않는 일을 하면 인생이 피폐해집니다. 일론은 중요한 업적을 이미 달성했습니다. 그에게 광신주의라는 표현은 적합하지 않습니다.

멍거 아니요, 적합한 표현입니다.

버핏 알겠습니다. (웃음소리) 그래도 광신주의는 정말 아닙니다. 불가능한 문제를 해결하려는 헌신입니다. 그는 가끔 그런 일을 할 것입니다. 그러나 찰리와 내게는 그런 일이 고통스럽습니다. 나는 내가 살아가는 방식이 좋습니다. 나는 그의 방식을 따르면 즐겁지 않을 것이고, 그도 나의 방식을 따르면 즐겁지 않을 것입니다.

빌 마허 인터뷰를 보십시오.

Q 2023 손주와 상속인들에게 지혜를 전수하는 방법

당신은 손주와 상속인들에게 지혜를 어떻게 전수하시나요? 투자는 어떻게 가르치나요?

멍거 손주는 워런보다 내가 더 많습니다. 내가 손주들을 대하는 방식은 매우 철학적입니다. 그렇게 살아야 자연스러운 인생이겠지요. 나는 내 방식대로 살고 있습니다. 손주들은 원하면 내가 사는 방식을 따를 수도 있고, 아니면 다른 방식으로 살아갈 수도 있습니다. 물론 다른 방식으로 살아간다면 내 마음에 들지 않겠지요. (웃음소리)

나는 손주의 남자 친구나 여자 친구 중 일부가 싫어도 좋아하는 척합니다. (웃음소리) 남들이 모두 그러는 것처럼 나도 무척 노력한답니다. (웃음소리) 그리고 평소에는 입을 꾹 다물고 침묵을 유지합니다. 이것이 내가 손주를 대하는 방식입니다.

버핏 지난 30년 동안 내 세 자녀는 훨씬 똑똑해졌는데, 나는 더 똑똑해졌다고 생각합니다. (웃음소리)

멍거 나도 알아. 그러나 도움도 더 많이 필요해졌지.

버핏 그건 확실히 맞네. (웃음소리) 그 말은 전적으로 인정합니다. 그래서 내게는 성장할 여지가 있고 개선될 여지가 많은 거죠.

멍거 우리 모두 성장할 여지가 많습니다. 나는 US스틸에서 1년 동안 일했습니다. 로스앤젤레스에 있는 조립 부서로서 대규모 사업장이었습니다. 그러나 상황이 지극히 나빠져서 3년 뒤에는 다시 푸른 들판으로 돌아갔습니다. 공장 전체가 완전히 파괴되었습니다.

나는 그렇게 될 줄 몰랐습니다. 그 나이에 그렇게 무식한 것은 죄악이었습니다. 나를 가르치던 교수들은 나보다도 더 무식했습니다. 내가 젊은 시절에는 사업의 기본 경제성을 과학적으로 분석하는 사람이 아무도 없었습니다.

버핏 마치 고백하는 시간 같군요. 그러나 이제 3시 30분이 되었으므로 중단하겠습니다. 이야기하다 보면 30분이 지나갈 수도 있으니까요. (웃음소리) 와주셔서 대단히 감사합니다. 4시 30분에 이 자리에서 주주총회를 하겠습니다.

Q 2024 찰리와 하루를 더 지낸다면 하고 싶은 일은?

찰리와 하루를 더 지낸다면 함께 무엇을 하시겠습니까?

버핏 흥미로운 질문이군요. 실제로 나는 찰리와 함께 하루를 더 지냈으니까요. 우리는 매일 좋아하는 방식으로 좋아하는 일을 하면서 함께 살아왔습니다. 찰리는 학습을 좋아했습니다. 영화에서도 언급했듯이 그는 관심사가 나보다 훨씬 광범위했습니다. 그러나 나처럼 특정 분야를 깊이 알려는 마음은 강하지 않았습니다. 우리는 골프와 테니스 등 온갖 활동을 함께 하면서 매우 재미있게 보냈습니다.

흥미롭게도 우리는 투자에 실패했을 때가 아마도 더 재미있었습니다. 동료와 함께 정말 열심히 노력해서 실패에서 벗어나는 과정이, 10년 전에 낸 아이디어로 가만히 앉아서 이익이 계속 증가하는 모습을 지켜보는 것보다 훨씬 재미있기 때문입니다. 그는 99.9년을 사는 동안 나를 속인 적이 한 번도 없습니다.

그는 육군 복무 기간을 제외하면 단 하루도 자발적으로 운동을 한 적이 없다고 공공연히 말했습니다. 그는 음식에 대해서도 고민한 적이 없습니다. 우리는 상대를 의심한 적이 한 번도 없습니다. 그러므로 내가 찰리와 하루를 더 지냈더라도 전과 똑같은 일을 하면서 지냈을 것입니다. 우리는 우리가 죽는 날을 알고 싶지도 않았습니다. 죽는 날을 알지 못하는 편이 훨씬 유리합니다.

찰리는 자기가 죽을 장소를 알면 그곳에는 절대 가지 않겠다고 항상 내게 말했습니다. (웃음소리) 실제로 그는 이런 마음으로 어느 곳이나 다녔습니다. 그는 99세에도 세상에 관심이 있었고, 세상도 그에게 관심이 있었습니다. 놀라운 일입니다. 최근 몇 년 동안 내가 찰리에게 한 말이 있습니다. 99세에 정점에 도달해서 세상 사람들이 보고 싶어 찾아오는 사람을 나는 본 적이 없다는 말입니다. 사람들은 찰리를 만나고 싶어 했고, 찰리는 사람들에게 기꺼이 말해주고자 했습니다.

내 생각에 찰리를 제외하면 그런 사람은 달라이 라마(Dalai Lama)뿐입니다. 두 사람 사이에 공통점이 많은지는 모르지만, 찰리는 자기가 원하는 대로 말하면서 원하는 방식으로 인생을 살았고 연단에도 즐겨 올라갔습니다. 찰리는 내게 화를 낸 적이 없고 나도 찰리에게 화를 낸 적이 없습니다. 근래에는 자주 하지 않았지만, 장거리 통화료가 비싸던 시절에 찰리와 매일 하던 전화 통화도 재미있었습니다.

우리는 학습을 좋아했으므로 함께 계속 학습했습니다. 우리는 많은 실수를 통해서도 배웠으므로 시간이 흐를수록 조금씩 더 영리해졌습니다. 찰리와 나는 주파수가 일치해서 99세와 93세가 되었을 때도 세상은 우리에게 여전히 흥미로운 곳이었습니다. 이런 주주총회에서 사람들이 나나 찰리에게 던질 만한 질문이 있습니다. 지난 2,000년 동안 살았던 사람 중 단한 사람과 점심을 먹을 수 있다면 누구를 선택하겠습니까?

이 질문에 대해 찰리는 자기가 그들의 책을 모두 읽었으므로 이미 그들을 모두 만난 셈이라고 말합니다. 그는 번거롭게 식당에 가서 그들을 만날 필요도 없다고 말합니다. 놀랍게도 그냥 책을 통해서 벤저민 프랭클린을 만난 것입니다.

흥미로운 질문이었습니다. 다음에는 그런 사람을 만나는 방법과 최대한 자주 만나는 방법을 찾아보시기 바랍니다. 굳이 죽는 날까지 기다릴 필요가 있을까요? 남들 걱정은 하지 마세요. (박수갈채)

Q 2024 유산 일부를 동일 비중 S&P500 인덱스펀드로 운용할 생각은?

당신은 아내에게 남기는 유산 중 90%는 저비용 S&P500 인덱스펀드로, 나머지 10%는 단기 국채로 운용하게 한다고 하셨습니다. 그러나 지금은 7개 기술주가 시가총액 가중 S&P500지수에서 차지하는 비중이 4분의 1을 초과합니다. 유산 일부를 동일 비중 S&P500 인덱스펀드로 운용할 생각은 없으신가요?

버핏 흥미로운 질문입니다. 나는 가끔 떠오르는 생각을 정리해서 약 3년마다 유언장을 수정합니다. 그러나 지금까지 전혀 수정하지 않은 내용도 있는데, 그동안 내가 모은 재산에 비하면 아주 적은 금액이지만 누가 보기에도 큰 돈을 아내에게 남긴다는 내용입니다. 그 유산의 수익률이 S&P500보다 높든 낮든 아내의 생활에는 전혀 차이가 없을 것입니다. 나는 아내가 평생 써도 남을 만큼 충분한 돈을 남겨주고 싶을 뿐입니다. 동시에 아내에게 마음의 평화도 최대한 주고 싶으며, 유산을 관리하는 수탁자가 S&P500 대비 초과 실적을 내든 말든 걱정할 필요가 없게 해주고 싶습니다. 가장 중요한 점은 아내는 재무 상태를 걱정하지 않아도 되는 것이고, 수탁자는 소송당할 걱정을 하지 않아도 되는 것입니다. 그러므로 관건은 재무 상태가 아닙니다.

확실히 내 재산의 99% 이상은 자선재단으로 갑니다. 나의 세 자녀는 70세, 69세, 65세인데 다행히 나보다 더 사려 깊으며, 돈이 필요한 기간도 길지 않습니다. 죽은 다음에 어떤 일이 발생할지는 아무도 모르지만, 남길 재산이 많으면 감사의 마음을 전하고 싶은 사람도 많은 법입니다. 떠나는 사람은 가족을 돌보고 싶어 하지만 내 가족은 돈이 필요 없습니다. 내 자녀들은 내가 남기는 자선기금의 분배를 담당하게 됩니다. 매우 잘 해내겠지만 나는 이들이 자선기금을 분배하는 모습을 보고 싶습니다.

인생에서 발생하는 모든 문제를 해결할 수는 없습니다. 다만 최선을 다하면 됩니다. 나는 수많은 부자와 알고 지냈으므로 그들의 특성, 활동, 지출 방식을 알고 있습니다. 막대한 재산을 유족들에게 남겨주면 이후 유족들 사이가 나빠지기도 합니다. 사람들의 행동은 정말 흥미롭습니다. 재산을 훌륭하게 관리하는 사람도 있고 형편없이 관리하는 사람도 있습니다.

변호사들은 유언 보충서(부록)를 사용하지 말라고 항상 말합니다. 다시 말해서 마음이 바뀌면 기존 유언장은 찢어버리고 새로 유언장을 작성하라는 말입니다. 유언 보충서를 추가하지 말라고 합니다. 나는 그 말이 옳다고 생각합니다. 1960년대에 한때 세계 최고의 부자였던 폴 게티(Paul Getty)에 관한 매우 흥미로운 글을 읽었습니다. 그는 아내가 다섯이었습니다. 그런데 납치범들이 그의 손자를 납치하여 귀 한쪽을 보내기도 했습니다. 그의 인생은 행복하지 않았습니다.

그의 행동 한 가지는 흥미로웠습니다. 그는 유언 보충서를 좋아해서 25건이나 작성했는데, 이를 통해서 관련된 사람들에 대한 자신의 감정을 즐겨 표현했습니다. 말하자면 유언장에서 이상한 내용이 드러났습니다. 막대한 돈을 번 한 친구는 몇 년 전 가족에게 남기는 유언장의 첫 문장을 "나는 이스턴항공(Eastern Airlines) 이코노미석에서 이 유언장을 작성하는 중이다"라고 썼습니다. 그는 생활 방식으로 상속인들을 평가하겠다는 뜻을 밝힌 셈입니다.

사람들이 남긴 유언장은 정말 흥미롭습니다. 한 사내가 막대한 유산을 아내에게 남기면서 제시한 조건은, 재혼해서 적어도 한 남자가 그의 죽음을 애도하게 해야 한다는 것이었습니다. (웃음소리) 나는 내 재산을 세상의 정말 중요한 문제 해결에 사용하는 방법을 찾아내지 못했습니다. 30~40세 시절에 나는 몇 가지 목표가 있었는데 이 목표 달성을 위해서 내 재산 사용 방법을 유언장에 적을 수도 있었습니다. 그러나 안타깝게도 이 목표는 달성 가능성이 없다고 판단했습니다. 나는 다른 중요한 문제도 해결하고자 했지만 아무도 해결책을 찾아내지 못했습니다. 그러므로 내가 해결하지 못할 수도 있다는 사실을 예상해야 합니다.

우리는 유언장을 작성해두어야 합니다. 아직 유언장을 작성하지 않은 사람은 지금이라도 유언장을 작성해야 합니다. 우리가 언제 어떻게 될지 모르기 때문입니다. 미국 대통령 4명이 유언장도 남기지 못하고 죽었습니다. 지금까지 배출된 미국 대통령은 45명에 불과한데 대통령 4명이 유언장도 남기지 못하고 죽었다는 사실을 상상할 수 있나요? 링컨 대통령이 그 4명 중 한 사람으로서 유언장을 남기지 못하고 사망했습니다.

저는 그 이유에 관심이 있으므로 링컨 연구자께서 메일로 설명해주시기 바랍니다. 인간은 나약한 존재여서 누구나 약점과 별난 습관 등이 있습니다. 그러므로 약점과 별난 습관이 있어도 자신에게 너무 가혹해서는 안 됩니다. 하지만 지나치게 너그러워서도 안 됩니다. 우리가 과거는 바꿀 수 없지만, 미래는 바꿀 수 있습니다.

Q 2025 투자철학을 개발하려는 젊은이에게 주는 조언

투자에 관심 있는 젊은이로서 당신의 통찰을 듣고 싶습니다. 경력 초기에 당신이 배운 중요한 교훈은 무엇인가요? 자신의 투자철학을 개발하려는 젊은 투자자들에게 어떤 조언을 해주시겠습니까?

버핏 좋은 질문입니다. 누구와 어울리느냐가 엄청나게 중요합니다. 당신이 모든 결정을 올바르게 하리라 기대해서는 안 됩니다. 당신의 인생은 당신이 함께 일하고 존경하며 친구로 지내는 사람들의 인생과 같은 방향으로 흘러갈 것입니다.

나는 지난 2년 동안 세상을 떠난 동료 몇 사람에 대해서 말했습니다. 규모가 버크셔의 1만분의 1인 회사에서 일하더라도 나는 이들을 동료로 선택했을 것입니다. 이들이 있었기에 나는 지금보다 더 나은 사람이 되고 싶었습니다. 나보다 나은 사람과 많은 시간을 보내면 내가 전보다 나아졌다고 느끼게 됩니다. 내 인생이 내가 어울리는 사람들의 방향으로 진행되기 때문입니다.

그러나 이런 사실은 만년에야 알게 됩니다. 나이가 많이 들기 전에는 이런 요소들이 매우 중요하다고 실감하기가 어렵습니다. 당신 주위에 톰 머피, 샌디 가츠먼, 월터 스콧 같은 사람이 있으면, 큰돈을 버는 사람을 찾아내서 모방할 때보다 더 나은 인생을 살게 됩니다.

나라면 배울 것이 많은 똑똑한 사람들과도 어울리려고 노력할 것이며, 이미 부자라서 돈이 필요 없더라도 내가 기꺼이 하고 싶은 일을 찾아내려 할 것입니다. 당신이 인생에서 정말로 찾아야 할 것은 돈이 필요 없어도 계속 하고 싶은 일입니다. 나는 아주 오래전에 그런 일을 찾아냈습니다.

내가 이름을 언급한 동료들도 모두 그런 일을 찾아냈습니다. 이들은 항상 자기 몫 이상으로 일했으면서도 자기 몫 이상으로는 절대 인정받으려고 하지 않았습니다. 이들은 동료들이 자신에게 기대하는 방식으로 처신했습니다. 이런 사람을 만나면 소중하게 여기십시오. 이런 사람을 만나지 못하면 어떤 일이든 지속하면서 생계를 유지하십시오. 그러나 찾아다니기를 포기하지는 마십시오. 언젠가 당신을 크게 도와줄 사람을 만나게 될 것입니다.

앞에서 언급했듯이 나는 휴일에 가이코를 찾아가서 잠긴 문을 두드렸습니다. 그 문 뒤에서 어떤 일이 기다리는지 누가 알겠습니까. 그러나 10분 뒤 나는 엄청난 도움을 줄 사람을 만났습니다. 물론 누군가 당신을 도와준다면 당신도 그 사람을 도와줄 방법을 찾아야 합니다. 그러면 선의와 선행이 선순환하면서 증가합니다. 그러나 인생에서는 그 반대 현상이 나타날 수도 있습니다.

다행히 나는 좋은 환경을 만나 그런 인생을 살았습니다. 그러나 나쁜 환경을 만나 역경을 극복해야 하는 사람들도 있습니다. 하지만 좋은 환경을 만났다고 해서 죄책감을 느끼지는 마십시오. 당신이 미국에 살고 있다면 이미 크게 앞서 가는 셈입니다. 세계 인구 80억 중 미국인은 3억 3,000만에 불과하니까요. 이 행운을 계속 최대한 이용하십시오.

당신이 해서는 안 되는 일을 요구하는 사람이나 기업들과는 어울리지 마십시오. 직업에 따라 선발하는 사람의 유형이 다릅니다. 흥미롭게도 투자업계에는 큰돈을 벌고 나서 떠나는 사람이 매우 많습니다. 여러분은 돈이 필요하든 필요하지 않든 지속적으로 할 일을 선택하십시오. 그레그도 돈이 필요 없고 아지트도 돈이 전혀 필요 없습니다. 그러나 이들은 자기 일을 즐기면서 기막히게 잘합니다. 나는 장기적으로 이 방식이 효과적이라는 점을 알고 있습니다.

최고의 경영자가 누구인지는 논란의 여지가 많지만, 내가 아는 최고의 경영자는 98세까지 장수한 톰 머피 시니어였습니다. 톰 머피처럼 사람들이 잠재력을 한껏 발휘하게 한 사람을 나는 본 적이 없습니다. 더 나은 사람이 되고 싶은 사람이라면 톰 머피 같은 인물 밑에서 일해야 합니다. 하지만 이것이 성공에 이르는 유일한 방법이라는 말은 아닙니다. 다만 확실하게 성공하는 가장 유쾌한 방법이라고 생각합니다.

버크셔에서 하는 경험은 매우 극적입니다. 샌디 가츠먼은 1963년부터 2년 전 죽을 때까지 일했습니다. 월터 스콧은 30년 동안 근무했습니다. 함께 일하면서 이런 인물을 모를 수가 없습니다. 버크셔에서는 누구나 항상 배우게 됩니다. 사업에 성공하는 방법뿐 아니라 인생에 성공하는 법도 배웁니다.

이것이 내 조언입니다. 이런 방식으로 살면 어떤 이유에서인지 더 오래 살게 됩니다. 매우 놀랍습니다. 내가 장수하는 것은 코카콜라 등의 덕분이지만요. (박수갈채) 행복한 사람은 평생 내키지 않는 일을 하는 사람보다 더 오래 산다고 생각합니다.

Q 2025 인생에서 좌절했을 때 어떻게 극복하셨나요?

인생의 지혜에 관한 질문입니다. 인생에서 큰 좌절을 경험하셨나요? 좌절을 당했을 때 어떻게 극복하셨나요?

버핏 누구나 좌절을 경험합니다. 큰 좌절을 경험하는 유난히 불운한 사람들도 있지만, 작은 좌절만 경험하고 넘어가는 운 좋은 사람들도 있습니다. 찰리도 좌절을 경험했고 나도 좌절을 경험했습니다. 전혀 즐겁지 않지만 그것도 인생입니다.

인생의 좌절에 대해서 해드릴 특별한 조언은 없습니다. 그러나 당신이 큰 좌절을 경험하고 있다면 인생에는 좌절이 따라오는 법입니다. 당신은 죽을 때 틀림없이 좌절하게 됩니다. (웃음소리) 누구나 그런 좌절을 겪을 수밖에 없습니다. 이례적으로 운이 나쁜 사람들도 있고 이례적으로 운이 좋은 사람들도 있습니다. 행운을 만난 사람들은 대개 그것이 행운이 아니라 자기 실력이라고 생각하지만 이들도 좌절을 경험하게 됩니다.

의료 문제와 인생의 다양한 측면에서 이제 당신은 좌절을 경험할 가능성이 작습니다. 좋은 시대에 태어났기 때문입니다. 중국의 역사를 쭉 살펴보았을 때, 당신은 어느 시대에 태어나고 싶습니까? 100년 전, 500년 전, 1,000년 전인가요, 아니면 지금인가요? 의문의 여지가 없습니다. 당신은 운이 좋았습니다.

내가 20대째 양치기라면 매일 양을 보살피는 일에 진절머리가 났을 것입니다. 지금은 인생이 모든 면에서 훨씬 좋아졌습니다. 당신은 20만 년 동안 자궁에서 머물다가 적절한 시점에 태어났으므로 행운을 잡았다고 생각해야 합니다.

나라면 인생에서 지금까지 일어난 나쁜 일 대신 좋은 일에 주목하겠습니다. 나쁜 일은 늘 일어나는 법이니까요. 다소 불운이 따르더라도 대개 훌륭한 인생이 될 수 있습니다. 나는 지금까지 큰 불운을 만나지 않았지만 내 친구 중에는 만난 사람도 있습니다.

94년 동안 나는 원하는 것이라면 무엇이든 마실 수 있었습니다. 사람들은 내게 온갖 끔찍한 일이 발생하리라 예측했지만 아직 발생하지 않았습니다. (웃음소리와 박수갈채) 프로 운동선수들의 수명을 살펴본다면 당신이 야구팀이나 농구팀에 선발되지 않아서 다행이라고 생각할 것입니다. 찰리와 나는 운동을 많이 하지 않았습니다. 근래에는 건강을 유지하려고 조심하고 있지만요.

최대한 인생의 밝은 면을 보십시오. 당신은 현재 이곳에 있고, 건강하며, 먼 곳에서 방문했고, 관심사를 배울 수 있으므로 매우 운 좋은 사람입니다. 200년 전에 태어났다면 어떤 상황이었을지 비교해보십시오.

행운 없이도
성공과 행복을 얻을지니

　버크셔 해서웨이는 초거대 복합기업이다. 비기술 기업으로 최초로 시가총액 1조 달러를 달성한 이 회사는 에너지, 철도, 전력망, 주택 제조, 보험 등 미국의 유무형 인프라를 책임지고 있다. 버크셔 해서웨이 에너지는 연간 34기가와트 이상의 전력을 생산하는 미국 내 최대 민간 청정에너지 사업자이며, 이 회사의 33,800km에 달하는 천연가스 파이프라인은 미국 전체 천연가스 소비의 약 15%를 수송한다. BNSF는 미국 최대 화물철도 운영사로, 미국 내 철도 화물의 약 25%를 운송한다. 클레이턴홈즈는 2024년 한 해 약 61,000호의 주택을 건설했으며, 이는 미국 전체 신규 주택의 약 4%에 달한다. 버크셔 해서웨이의 보험업은 연간 200억 달러 이상의 보험료 수입을 창출하고, 보험 플로트는 1,640억 달러에 육박한다. 버크셔 해서웨이의 어마어마한 현금은 그룹 전체의 안정성에도 기여하지만, 이를 넘어 미국 경제 전체가 위기에 빠졌을 때 수많은 회사와 국가기관이 도움을 청하러 달려가는 창구가 되기도 한다.

　워런 버핏은 '투자를 잘한다'라는 재능 하나를 기반으로, 실수로 잘못 매입한 스러져가는 방직회사 하나를 60년간 이렇게 키워냈다. 그의 성공은 자본주의의 효율적인 자본 배분의 힘을 생생하게 입증한다. 효율적인 자본 배치는 미국을 현재의 자리에 있게 한 근간이다. 수많은 혁신적인 기술 기업도 자본의 도움이 없었다면 지금처럼 크게 성장할 수 없었을 터이니, 효율적인 자본 배치의 성과를 만천하에 알린 버핏은 미국의 성공에도 크게 이바지했다고 볼 수 있다.

이쯤에서 질문이 떠오른다. 그는 행복할까? 세상에는 부유하지만 행복하지 않은 창업가, 억만장자가 많다. 가난이 불행의 근원이 되기는 쉽지만, 부유함이 행복의 근원이기는 쉽지 않은 것 같다. 버핏은 어떠한가?

그는 직접 이렇게 답한다. "나는 내가 좋아하는 것을 먹으면서, 내가 사랑하는 사람들과 함께, 내가 하고 싶은 일을 하고 있습니다. 정말이지 이보다 더 좋을 수는 없습니다." 그의 전기 《스노볼》에는 성공을 측정하는 기준을 "당신을 사랑해주기를 원하는 사람이 실제로 당신을 사랑하는가"라고 밝힌 바 있다. 그는 그 기준에 맞게 행동하고, 행복을 누리고 있다.

그는 세상을 이롭게 한다든가 하는 큰 이상을 가지고 삶에 뛰어든 것이 아니었다. 그저 어린 시절 남보다 이른 시기에 '복리의 힘'을 깨닫고, 그 힘을 현실로 가져다줄 스승들을 잘 만났다. 그는 시장이 선호하는 인기 주식들을 눈에 띄게 잘 골라낸 것도 아니었다. 오히려 대중이 열광하지 않는, 얼핏 평범해 보이는 기업들을 통해 그 성과를 냈다. 그의 탁월함은 '능력범위' 안에서 머무르며, 실수를 인정하고 고쳐나가며, 믿을 만한 사람을 찾아 위임한 데에 있다. (시가총액 1조 달러가 넘어가는 버크셔 해서웨이의 본사 인원은 25명 내외다.)

물론 그는 운이 좋았다. 삶에서 운의 영향을 배제할 수는 없다. 그러나 '많은 운이 있어야만 성공할 수 있는 삶'과 '많은 운이 없어도 성공할 수 있는 삶'은 내가 선택할 수 있다. 그의 삶을 찬찬히 살펴보면, 특정 어느 지점에서 대박이 터져서 삶이 바뀌는 드라마틱한 장면이 없다. 대부분의 창업 스토리에서 그런 이야기는 흔히 접하지 않는가. 현금이 얼마 남지 않아 파산 직전까지 몰렸는데 다음 날 대박이 터졌다든가 하는. 버핏의 이야기에는 그런 '드라마'가 없다.

우리가 버핏으로부터 배워야 할 가장 중요한 지혜는 투자 기법보다는 '삶을 대하는 태도'일지도 모른다. 드라마틱하고 영웅적인 삶은 주목받는다. 그러나 모두가 그렇게 살아갈 수는 없다. 평범한 다수가 평온하게 삶을 꾸려나갈 수 있을 때 이 사회는 건강하게 유지된다.

현대 사회에서 평온한 삶은 생각보다 멀리 있지 않다. 우리가 전쟁 중이거나 독재 정권 치하에 살고 있지 않은 한은, 평온한 삶은 대부분의 경우 우리의 선택이다. 버는 것보다 적게 쓰고, 남은 돈이 복리로 늘어날 수 있는 구조를 만들면 된다. 얼마나 많이 벌어서 얼마나 많이 남기고 얼마의 성장률로 그 잉여를 늘릴 수 있느냐는 사람마다 다르다.

중요한 건 속도보다 방향이다. 방향만 잘 잡혀 있다면, 오늘 하루 발 뻗고 잘 여유를 가질 수 있다면, 주변 사람을 돌아보고 사랑하는 사람과 의미 있는 시간을 보낼 수 있다.

버핏이 가장 신뢰한 스승이자 친구, 찰리 멍거의 말을 들어보자. "지출이 수입보다 적어야 하고, 투자에 빈틈이 없어야 하며, 해로운 사람들과 해로운 활동을 피해야 하고, 평생 계속 배워야 하며, 만족 지연을 많이 해야 합니다. 이렇게 하면 거의 틀림없이 성공합니다. 그러나 이렇게 하지 않고서 성공하려면 많은 행운이 필요합니다. 많은 행운이 없어도 이길 수 있는 게임을 하십시오."

누구나 할 수 있는 일이다. 소비할 수 있는 금액 이상을 소비하지 않기, 신뢰할 수 없는 사람과 거리를 두기, 재산의 일부분을 복리로 늘어날 수 있는 자산에 배분하기, 주변 사람을 속이지 않기, 사랑하는 사람과 좀 더 많은 시간을 보내기.

버핏은 왜 오늘까지도 일을 할까? 그는 "단지 남에게 신뢰받는 기분이 좋을 뿐"이라고 했다. 버핏이 일생에 걸쳐 중요하게 생각한 것은 평판이다. 평판은 특정 하루의 대박이 아니라, 좋은 구조를 갖추고 원칙에 맞게 하루하루를 살아낸 결과가 누적되어 얻어지는 것이다.

버핏은 90년 넘는 일생을 그렇게 살아왔다. 누구나 그렇게 할 수 있다. 당신의 선택이다.

홍진채

라쿤자산운용 대표. 서울대 학생 시절 투자연구회 SMIC 회장을 지냈다. 2016년까지 10년간 한국투자밸류자산운용에서 펀드매니저로 일하며 3,000억 원 이상 규모의 펀드를 책임 운용했다. 2018년부터 트레바리의 독서 모임을 이끄는 등 독서광이기도 하다. 저서로 《거인의 어깨》 《주식하는 마음》이 있고 《다모다란의 투자 전략 바이블》을 공역했다.

부록

부록 1. 버크셔와 S&P500의 실적 비교(1965~2024)
부록 2. 유머, 명언

부록 1
버크셔와 S&P500의 실적 비교(1965~2024)

연도	버크셔 주가 상승률(%)	S&P500 상승률(%, 배당 포함)
1965	49.5	10.0
1966	-3.4	-11.7
1967	13.3	30.9
1968	77.8	11.0
1969	19.4	-8.4
1970	-4.6	3.9
1971	80.5	14.6
1972	8.1	18.9
1973	-2.5	-14.8
1974	-48.7	-26.4
1975	2.5	37.2
1976	129.3	23.6
1977	46.8	-7.4
1978	14.5	6.4
1979	102.5	18.2
1980	32.8	32.3
1981	31.8	-5.0
1982	38.4	21.4
1983	69.0	22.4
1984	-2.7	6.1
1985	93.7	31.6
1986	14.2	18.6
1987	4.6	5.1
1988	59.3	16.6
1989	84.6	31.7
1990	-23.1	-3.1
1991	35.6	30.5
1992	29.8	7.6
1993	38.9	10.1
1994	25.0	1.3
1995	57.4	37.6

연도	버크셔 주가 상승률(%)	S&P500 상승률(%, 배당 포함)
1996	6.2	23.0
1997	34.9	33.4
1998	52.2	28.6
1999	-19.9	21.0
2000	26.6	-9.1
2001	6.5	-11.9
2002	-3.8	-22.1
2003	15.8	28.7
2004	4.3	10.9
2005	0.8	4.9
2006	24.1	15.8
2007	28.7	5.5
2008	-31.8	-37.0
2009	2.7	26.5
2010	21.4	15.1
2011	-4.7	2.1
2012	16.8	16.0
2013	32.7	32.4
2014	27.0	13.7
2015	-12.5	1.4
2016	23.4	12.0
2017	21.9	21.8
2018	2.8	-4.4
2019	11.0	31.5
2020	2.4	18.4
2021	29.6	28.7
2022	4.0	-18.1
2023	15.8	26.3
2024	25.5	25.0
연복리 수익률(1965~2024)	19.9%	10.4%
총수익률(1964~2024)	5,502,284%	39,054%

부록 2
유머, 명언

대여용 수의 2021

어떤 사람이 출장 중에 누이로부터 아버지가 돌아가셨다는 전화를 받았습니다. 그는 장례를 치르러 돌아갈 수 없는 사정을 설명하면서 대신 장례 비용을 자신이 부담하겠다고 말했습니다. 그는 돌아오자마자 장례비 청구서 4,500달러를 즉시 지급했습니다. 1개월 뒤와 2개월 뒤에 받은 각각 10달러짜리 추가 청구서도 지급했습니다. 그러나 3개월 뒤에도 10달러짜리 청구서가 오자 그는 누이에게 전화해서 물었습니다. 누이가 대답했습니다. "아, 말해주는 걸 깜빡 잊었는데, 아버지에게 대여용 수의를 입혀드렸어."

과부의 원가 개념 2002

버크셔는 원가 개념을 중시합니다. 우리가 본보기로 삼는 과부 이야기를 하겠습니다. 이 과부는 남편 부고 기사를 실으러 지역 신문사에 갔습니다. 신문사 직원이 단어당 25센트라고 말하자 그녀는 "프레드 브라운 사망"으로 실어달라고 부탁했습니다. 그러자 직원이 최소 단어가 6개라고 말했습니다. 과부가 대답했습니다. "알았어요. 그러면 '프레드 브라운 사망, 골프 클럽 판매.'로 합시다."

약삭빠른 젊은이 2005

우리 경영자들과 선명하게 대조되는 한 젊은이의 모습이 떠오릅니다.

그는 매우 우둔하고 못생긴 재계 거물의 외동딸과 결혼했습니다. 결혼식 후 근심에서 벗어난 재계 거물이 새 사위를 불러 장래를 논의하기 시작했습니다.

"자네는 내가 항상 원했던 둘도 없는 아들일세. 여기 회사 주식 50%를 받게. 이제부터 자네는 나와 지위가 동동한 소유주라네."

"감사합니다, 아버님."

"이제 자네는 무슨 일을 맡을 텐가? 판매는 어떤가?"

"죄송하지만 저는 사하라 사막에서 목말라 죽어가는 사람에게 물도 팔지 못합니다."

"그러면 인력관리본부를 맡으면 어떤가?"

"저는 사람들에게 전혀 관심이 없습니다."

"괜찮네. 다른 업무가 얼마든지 있으니까. 어떤 일을 하고 싶은가?"

"사실 마음에 드는 일이 없습니다. 제 주식을 다시 사시면 어떨까요?"

아내 찾기 2006

자회사들로부터 홍수처럼 쏟아져 들어오는 현금을 활용하려면, 버크셔는 계속 "코끼리 사냥"(거대 기업 인수)을 해야 합니다. 그래서 찰리와 나는 생쥐들은 무시하고 훨씬 큰 사냥감에 노력을 집중해야 합니다.

전형적인 예가 어떤 노인의 이야기입니다. 슈퍼마켓에서 한 노인이 몰고 가던 쇼핑카트가 한 젊은이의 쇼핑카트와 충돌했습니다. 노인은 잃어버린 아내를 찾느라 몰두한 나머지 쇼핑카트를 부딪치게 되었다고 젊은이에게 사과했습니다. 젊은이도 마침 잃어버린 아내를 찾아 헤매던 중이었으므로, 두 여자를 함께 찾으면 훨씬 더 효율적일 것이라고 노인에게 제안했습니다. 노인은 이 제안을 받아들이면서, 젊은이의 아내가 어떤 모습인지 물었습니다. 젊은이는 대답했습니다. "제 아내는 아주 매력적인 금발이고, 몸매는 주교가 스테인드글라스를 깨고 들여다볼 정도로 늘씬하며, 몸에 꽉 끼는 흰색 반바지를 입었습니다. 어르신 부인은 어떤 모습이신가요?" 노인은 즉시 대답했습니다. "내 아내는 됐으니 당신 아내를 함께 찾읍시다."

이 조건에 맞는 기업을 팔고자 한다면 밤이든 낮이든 내게 전화하시기 바랍니다. 그리고 내가 스테인드글라스를 산산조각 내는지 보십시오.

월스트리트의 오래된 농담 2009

고객: 5달러에 XYZ 주식을 사게 해줘서 고맙습니다. 지금은 18달러로 상승했더군요.

주식 중개인: 네. 지금은 겨우 시작 단계에 불과합니다. 사실은 현재 이 회사 실적이 기막히게 좋아서, 5달러에 거래되던 당시보다도 지금 18달러에 사는 편이 더 유리할 정도입니다.

고객: 젠장. 그때 사지 말고 기다렸어야 하는데.

한 노인의 독립적 사고 2011

"남이 하니 우리도 해야 한다"라는 구태는 어느 사업에서나 문제를 일으키지만 보험업계만큼 심각한 분야도 없습니다. 보험영업을 잘하려면 다음 사례의 노인처럼 독립적인 사고방식이 필요합니다. 한 노인이 집으로 차를 몰고 가던 중 아내로부터 전화를 받았습니다. "앨버트, 조심하세요. 라디오에서 그러는데, 고속도로에서 차 한 대가 역주행하고 있대요." 앨버트가 대답했습니다. "라디오에서 하는 말은 엉터리야. 한 대가 아니라 수백 대라고."

그치지 않는 폭풍우는 없다네 2012

2012년에는 자본 배분 결정을 내릴 때 "불확실성"을 탓하면서 부들부들 떠는 CEO가 많았습니다. (이익과 현금 양면에서 기록적인 실적을 낸 회사가 많았는데도 말입니다.) 찰리와 나는 전문가들이 무슨 소리를 하든, 가치 있는 사업에 대규모로 투자하기를 좋아합니다. 그래서 우리는 게리 앨런(Gary Allan)의 새 컨트리송 가사 "그치지 않는 폭풍우는 없다네(Every Storm Runs Out of Rain)"를 마음에 새깁니다.

한 번만 제로를 곱하면 2005

그동안 수없이 많은 매우 똑똑한 사람들이 어렵게 배운 교훈이 있습니다. 장기간 연속해서 인상적인 실적을 올렸더라도 한 번만 제로를 곱하면 모두 제로가 된다는 사실입니다. 나 자신도 이런 경험을 하고 싶지 않지만, 내 탓에 다른 사람들이 이런 손실을 보는 것은 더더욱 원치 않습니다.

과거 재무 데이터 2008

단지 과거 재무 데이터만으로 미래 흐름을 알 수 있다면 포브스 400은 도서관 사서들이 차지할 것입니다.

난해한 용어 2008

투자자들은 과거 기반 모델을 의심해야 합니다. 베타, 감마, 시그마 등 난해한 용어를 써서 만든 모델들은 대개 훌륭해 보입니다. 그러나 투자자들은 이런 용어 뒤에 숨은 가정들을 간과하기가 너무도 쉽습니다. 그래서 경고합니다. 공식을 내세우는 인간들을 조심하십시오.

비관론과 도취감 2008

투자할 때 비관론은 우리의 친구이고 도취감은 우리의 적이다.

가격과 가치 2008

오래전 벤저민 그레이엄은 "가격은 우리가 치르는 것이고 가치는 우리가 받는 것이다"라고 가르쳐주었습니다. 주식이든 양말이든, 나는 가격이 내려갔을 때 우량 상품을 즐겨 사들입니다.

모조 다이아와 최상급 다이아 2015

버크셔는 그저 그런 회사의 지분을 100% 보유하는 것보다, 훌륭한 회사의 지분 일부를 보유하는 편이 훨씬 좋습니다. 모조 다이아몬드를 통째로 소유하는 것보다는 최상급 다이아몬드의 일부를 소유하는 편이 낫기 때문입니다.

10년마다 쏟아지는 금 2016

약 10년마다 먹구름이 우리 경제를 뒤덮고서 잠시 금을 비처럼 퍼부을 것입니다. 이때는 반드시 티스푼이 아니라 빨래통을 들고 밖으로 뛰어나가야 합니다.

주식 발행만은 제발 2016

요즘 나는 버크셔 주식 발행을 대장 내시경 검사 준비 과정보다도 더 싫어합니다.

돈 많은 사람과 경험 많은 사람이 만나면 2016

"돈 많은 사람과 경험 많은 사람이 만나면, 경험 많은 사람은 돈을 얻게 되고 돈 많은 사람은 경험을 얻게 된다."

오랑우탄 효과 2021

글쓰기와 마찬가지로 가르치는 행위는 내 생각을 개발하고 명확하게 정리하는 데 유용했습니다. 찰리는 이 현상을 오랑우탄 효과라고 부릅니다. 오랑우탄 옆에 앉아 내가 소중히 여기는 아이디어를 정성껏 설명하면, 오랑우탄은 끝까지 설명해도 여전히 어리둥절해하겠지만 내 생각은 더 명확해질 것입니다.

죽음이 우리를 갈라놓을 때까지 2021

버크셔에는 "죽음이 우리를 갈라놓을 때까지" 계속 보유하려는 마음으로 합류한 개인과 가족 주주가 정말 이례적일 정도로 매우 많습니다.

연속되는 큰 숫자에 제로를 곱하면? 2022

투자할 때 100% 확실한 것은 절대 없습니다. 그러므로 차입금을 이용하면 위험합니다. 연속되는 큰 숫자에 제로를 곱하면 그 값은 항상 제로가 됩니다. 한번 망해도 다시 부자가 될 수 있다고 믿지 마십시오.

찾아보기

가드(Guard) 526, 691, 692
가라니멀(Garanimal) 166
가이코(GEICO) 51, 56, 75, 99~101, 106, 111, 121, 123, 193, 205, 206, 279, 314, 329, 379, 486, 516, 522, 533~535, 545, 546, 549, 565, 566, 571, 597, 608, 625, 651~654, 656~664, 670, 674, 677, 681, 682, 685, 686, 691, 696, 707, 708, 710~713, 719, 722~724, 730, 854, 831, 848, 870, 881, 925
가이트너, 팀(Tim Geithner) 389
가츠먼, 샌디(Sandy Gottesman) 102, 724, 806, 926
가치투자 120, 121, 358, 416, 417
가치투자자 162, 412, 415
간사이전력 623
간접비 268, 670
갈릴레이, 갈릴레오(Galileo Galilei) 51, 317, 345
감가상각비 59, 239, 263, 264, 281, 288, 331, 336, 338, 350, 354, 360~362, 585, 781, 784, 788, 791, 792, 795, 860, 882
감모상각비 263, 281, 781
감사위원회 357, 436
강세장 74, 116, 281, 297, 299, 623
개인소득세 63, 341, 914
갤브레이스, 존 케네스(John Kenneth Galbraith) 330
거번먼트 임플로이이 인슈런스(Government Employees Insurance Co.) 565
거스너, 루(Lou Gerstner) 250
거시경제 42, 50, 71, 368, 378, 414, 442, 585, 628
걸즈 잉크 오브 오마하(Girls Inc. of Omaha) 81, 85
걸프 앤드 웨스턴(Gulf & Western) 491
게릭, 루(Lou Gehrig) 467
게이츠 재단(Gates Foundation) 291, 481
게이츠, 빌(Bill Gates) 161, 214, 897
게티, 폴(Paul Getty) 922, 923
경기 조정 PER(Cyclically Adjusted PER, CAPE) 352

경상수지 375~378
경영권 프리미엄 272
경자산(asset light) 기업 181, 182, 608, 609
경쟁우위 56~59, 61, 104, 106, 166, 240, 488, 501, 511, 517, 583, 658, 668, 673, 700, 823, 840
경제적 영업권 803, 868
경험손해율(experience loss ratio) 731
고라츠(Gorat's) 196
고자본(capital-intensive) 기업 111, 112, 217
고정보수 48, 114, 115
고헌, 재키(Jackie Gaughan) 146, 147
골드만삭스(Goldman Sachs) 150, 246, 697, 746, 853
골드버그, 마이크(Mike Goldberg) 674, 694
공개매수 482, 483
공개시장위원회(FOMC) 377
공매도 403, 627
공익기업 67, 140, 157, 496, 497, 558, 780, 781, 785, 870
공익사업 348, 371, 372, 797, 824, 825, 841
공익사업위원회(Public Utility Commission) 799, 807
공정가치 355
과거 변동성(historical volatility) 395
구글(Google) 58, 105, 106, 112, 118, 121, 140
구이저우마오타이(Kweichow Moutai) 622
구조조정 240, 241, 264, 333, 350, 593, 792, 857
구조조정 비용 263, 264, 317, 331, 332, 350, 788
국부펀드 553
국채 스트립 41, 84
굿윈, 리오(Leo Goodwin) 205, 565, 659
굿윈, 릴리언(Lillian Goodwin) 205, 565,
굿프렌드, 존(John Gutfreund) 533, 546, 547
그레이엄 뉴먼(Graham Newman Corp) 601
그레이엄, 벤저민(Benjamin Graham) 43, 50, 68, 75, 173, 186, 187, 234, 240, 252, 345, 450, 486, 500, 513, 618, 642, 842, 892, 894, 902, 911, 940
그로브, 앤디(Andy Grove) 107
그로스, 빌(Bill Gross) 402
그린 베이 앤드 웨스턴 철도(Green Bay and Western Railroad Company) 176
그린 비즈니스(green business) 139
그린버그, 스티브(Steve Greenberg) 425

그린버그, 행크(Hank Greenberg) 425
그린스펀, 앨런(Alan Greenspan) 554
그린필드, 멕(Meg Greenfield) 158
글래드웰, 말콤(Malcolm Gladwell) 156
글로리아닐슨(Gloria Nilson) 203
금융공학 415, 416
금융소비자보호국(Consumer Financial Protection Bureau) 749
금융안정감시위원회(Financial Stability Oversight Board) 697
금융위기 68, 212, 246, 275, 298, 398, 406, 411, 529, 534, 551, 580, 581, 584, 613, 615, 697, 698, 746, 747, 759, 760, 763, 838, 884
기대수익률 311, 411, 412
기술적 분석 50
기술주 105, 106, 116, 134, 135, 139, 181, 455, 921
기업공개(IPO) 334, 625, 723

나스닥(Nasdaq) 245, 283, 390
나이슬리, 토니(Tony Nicely) 105, 534, 535, 651, 652, 654, 656, 657, 660, 663, 664, 681, 685, 686, 708, 730
난소 복권(ovarian lottery) 153
남해회사(South Sea Company) 49
내부수익률(IRR) 239
내셔널 인뎀너티(National Indemnity) 205, 206, 276, 283, 313, 484, 485, 524, 544, 658, 668~672, 674, 676, 677, 687, 696, 727
내셔널 화재해상 676
네브래스카 퍼니처 마트(Nebraska Furniture Mart) 122, 187, 194, 196, 207, 628, 631, 767~770, 805, 821
네이더, 랠프(Ralph Nader) 722
네이버 246
네트워크 효과 240
넷젯(NetJets) 122, 773, 788, 823
노던퍼시픽(Northern Pacific) 76, 176
노무라증권 623
노아(Noah) 428, 571
뉴턴, 아이작(Isaac Newton) 45, 48, 49, 635
능력범위(circle of competence) 73, 123, 188
능력주의 383
니케이225(Nikkei225) 392

다빈치, 레오나르도(Leonardo da Vinci) 861

다우존스산업평균 345
다우지수 45, 49, 68, 73, 150, 323, 324, 345, 394, 475, 568, 574, 829, 846
다울링, V. J.(V. J. Dowling) 683
다윈, 찰스(Charles Darwin) 199
다이너스 클럽(Diners Club) 609, 610
다이먼, 제이미(Jamie Dimon) 249, 301
다이버시파이드 리테일링(Diversified Retailing) 314
다이치간교은행 623
다학제(multi-disciplinary) 909
달라이 라마(Dalai Lama) 920
담배꽁초 투자 176, 240, 483, 486, 489
당기순이익 258, 325
대리인 문제 449
대만반도체매뉴팩처링(TSMC) 166, 167, 622
대재해보험 572, 647~649, 729
대체자산 413~417
대체투자 367, 368, 413, 414, 698
대침체 212, 746, 748, 749, 751
데넘, 밥(Bob Denham) 466
데보, 레이(Ray DeVoe) 558
데어리퀸(Dairy Queen) 172, 303
데이비드슨, 로리머(Lorimer Davidson) 123, 486, 659, 662~664, 696, 724, 725
데이비스, 셸비 컬럼(Shelby Cullom Davis) 64
데이터 다큐먼츠(Data Documents) 435
데커, 수전(Susan Decker) 428
덱스터슈(Dexter shoes) 61, 216, 243, 244, 489, 569, 594, 601, 606, 824, 869
델타항공(Delta Airlines) 125, 339
뎀스터(Dempster) 435
도네건, 마크(Mark Donegan) 204, 218, 861, 880
도드-프랭크법(Dodd-Frank Act) 698, 747
도셰, 파이트(Piet Dossche) 202
도카이은행 623
도쿄전력 623
독립이사 86, 88, 457
뒤부아, 블랑슈(Blanche DuBois) 129
듀라셀(Duracell) 332, 422, 780
듀폰(DuPont) 112, 626
디즈니(Disney) 256
딜로이트 앤드 투셰(Deloitte & Touche) 344

라이트 형제(Wright Brothers) 59

라이트, 오빌(Orville Wright) 59
래처, 제프(Jeff Rachor) 859
래칫, 래칫 앤드 빙고(Ratchet, Ratchet and Bingo) 422, 428
러시안룰렛 334, 503
레구엘, 카라(Kara Raiguel) 680
레만, 호르헤 파울로(Jorge Paulo Lemann) 856, 864, 865
레브론(Revlon) 546
렌, 크리스토퍼(Christopher Wren) 577
로버츠, 빌(Bill Roberts) 686
로스너, 벤(Ben Rosner) 165, 215, 236, 543
로스앤젤레스 애슬레틱 클럽(Los Angeles Athletic Club) 177
로열더치페트롤리엄(Royal Dutch Petroleum) 623
로이즈(Lloyd's) 674, 675, 682, 703
로저스, 진저(Ginger Rogers) 156
로젠필드, 조(Joseph Rosenfield) 433
로즈, 매트(Matt Rose) 212, 430, 860
로즈, 찰리(Charlie Rose) 118, 767, 768
로즈, 프레드(Fred Rose) 70
로지어, 그래디(Grady Rosier) 226, 241
로치, 존(John Roach) 211
록펠러, 존(John Rockefeller Sr.) 111, 337, 560, 809, 879
롬멜, 비어즐리(Beardsley Rommel) 814
롱 앤드 포스터(Long and Foster) 203
루미스, 캐럴(Carol Loomis) 157, 547
루브 골드버그 장치(Rube Goldberg machine) 638
루브리졸(Lubrizol) 122, 591, 783, 786, 788, 789, 853, 860
루스, 베이브(Babe Ruth) 114, 467
루스벨트, 프랭클린(Franklin Roosevelt) 605
루안, 빌(Bill Ruane) 102
루카디아 내셔널(Leucadia National) 371
르네상스테크놀로지(Renaissance Technologies) 126
리글, 피트(Pete Liegl) 213, 215
리글리(Wrigley) 150, 472
리먼 브러더스(Lehman Brothers) 275, 559
리얼로지(Realogy) 203
리카도, 데이비드(David Licardo) 605, 897
리콴유(Lee Kuan Yew) 907

리턴인더스트리즈(Litton Industries) 491
립시, 스탠(Stan Lipsey) 146, 778
링, 지미(Jimmy Ling) 498, 499
링월트, 잭(Jack Ringwalt) 205, 485, 524, 544, 696, 716
링컨, 에이브러햄(Abraham Lincoln) 264, 576, 923

마라카이보 오일(Maracaibo Oil) 435
마루베니(Marubeni) 95, 96
마몬그룹(Marmon Group) 242, 280, 625, 626, 783, 786, 788, 810, 842, 858, 860
마셜, 조지(George Marshall) 519
마스터카드(MasterCard) 622
마쓰시타전기 623
마이크로소프트(Microsoft) 58, 140, 181, 455, 622, 843
마이텍(MiTek) 783, 786
마일즈, 로버트(Robert P. Miles) 831
마찰 비용 46, 48, 405, 494, 495
마허, 빌(Bill Maher) 917
만기 보유 회계 355
매그니피센트 세븐(Magnificent 7) 182
매도 배당 259, 260
매코널, 메그(Meg McConnell) 574
매클레인(McLane) 225, 226, 241
맥과이어, 마크(Mark McGwire) 655
맥도날드(McDonald's) 301
맥아더, 존(John MacArthur) 916
맥팔레인, 존(John Macfarlane) 466
맨틀, 미키(Mickey Mantle) 71
머니마켓펀드(MMF) 62, 128, 129, 558, 698
머스크, 일론(Elon Musk) 607, 710, 714, 715, 719, 916, 917
머크(Merck) 623
머피, 톰(Tom Murphy) 60, 61, 222, 454, 671, 786, 801, 911, 926
먼싱웨어(Munsingwear) 435
멍거, 톨스 앤드 올슨(Munger, Tolles & Olson) 466
메달리온펀드(Medallion Fund) 140
메이요 클리닉(Mayo Clinic) 56
메이택(Maytag) 626
메트라이프(Met Life) 697
메헐, 조지(George Mecherle) 565, 658
멜론, 앤드루(Andrew Mellon) 112

모건, 데릭(Deryck Maughan) 465, 466
모저, 폴(Paul Mozer) 547
모차르트, 볼프강 아마데우스(Wolfgang Amadeus Mozart) 906, 907
몬트로스, 태드(Tad Montross) 526, 665, 666, 680, 681
몽고메리 워드(Montgomery Ward) 321
무디스(Moody's) 41, 279, 285, 339
무역수지 637, 638
뮤닉리(Munich Re) 699
미노코(Minorco) 546
미드아메리칸 에너지(MidAmerican Energy) 202, 203, 370~372, 391, 392, 395, 857, 861, 870
미스터 마켓(Mr. Market) 639, 641
미쓰비시(Mitsubishi) 95, 96
미쓰이(Mitsui) 95, 96
미쓰이은행 623
민스키, 하이먼(Hyman Minsky) 761
밀러드, 마크(Mark Millard) 144, 271

바이든, 조(Joe Biden) 627
반독점법 134
발머, 스티브(Steve Ballmer) 843
배릭, 에디(Eddie Barrick) 146
배키, 홀리(Holly Bakke) 660
밴튤 오토모티브(Van Tyul Automotiv) 583, 859
밴튤, 래리(Larry Van Tyul) 859
밸리언트(Valeant) 102~104
뱅가드(Vanguard) 74, 89, 448, 455
뱅크 오브 뉴욕 멜론(Bank of New York Melon) 339
뱅크 오브 아메리카(Bank of America) 122, 265, 283, 339, 757
버냉키, 벤(Ben Bernanke) 128, 554, 698
버카디아(Berkadia) 266, 866, 882
버크셔 파인 스피닝(Berkshire Fine Spinning) 275, 483
버크셔 해서웨이 에너지(Berkshire Hathaway Energy, BHE) 73, 208, 217, 274, 282~284, 290, 445, 497, 566~568, 781~783, 786, 788~791, 793, 794, 796~799, 807, 808, 860, 861, 863, 882, 929
버크셔 해서웨이 오토모티브(Berkshire Hathaway Automotive) 788
버티(Bertie) 92, 343~345, 581, 691

버펄로뉴스(Buffalo News) 146, 147, 187, 217, 776, 778, 779
버핏, 수지(Susie Buffett) 451
버핏, 어니스트(Ernest Buffett) 556, 558, 613, 889, 911
버핏, 하워드(Howard Buffett) 451, 505
버핏투자조합(Buffett Partnership Ltd.) 77, 313, 439, 482~485, 492
번, 잭(Jack Byrne) 53, 659, 660, 685
벌린, 어빙(Irving Berlin) 207
벌링턴 노던 산타페(Burlington Northern Santa Fe, BNSF) 76~78, 133, 212, 213, 217, 257, 274, 279, 281, 283, 284, 290, 329, 398, 429, 430, 473, 477, 564, 712, 765, 780~784, 786, 788, 791~796, 845, 860, 861, 863, 871, 882, 929
법인세율 336, 348, 349, 582, 784, 785, 812
베넷, 에디(Eddie Bennett) 467
베니, 잭(Jack Benny) 830
베라, 요기(Yogi Berra) 491
베링, 알렉스(Alex Behring) 856, 864
베어, 바비(Bobby Bare) 61
베어스턴스(Bear Stearns) 389
베이조스, 제프(Jeff Bezos) 100, 107, 117, 121
베타(beta) 53, 62, 941
벨, 밴스(Vance Bell) 202
벨, 알렉산더 그레이엄(Alexander Graham Bell) 133
벨리지오일(Belridge Oil) 120
병입회사(bottling company) 181
보고이익 76, 325, 331, 333, 421, 491, 655, 670, 795. 832
보글, 존(John Bogle) 448
보네이도(Vornado) 435
보르샤임(Borsheim's) 187, 196, 775
보사넥, 데비(Debbie Bosanek) 142, 212
보상위원회 421, 424~427, 436
보잉(Boeing) 229, 811, 822
보험영업손실 277, 501, 677, 679, 732, 841
보험영업이익 277, 335, 516, 645, 677, 678, 682, 684, 686, 688~690, 692, 694, 723, 841, 863, 882
복합기업 271, 272, 312, 490~493, 498, 510, 511, 523, 543, 545, 929
본즈, 배리(Barry Bonds) 671

볼커, 폴(Paul Volcker) 307, 331, 407, 590, 636
부작위(不作爲) 220, 221, 517
부족주의(部族主義) 635
불간섭주의 534, 543, 544, 545
브랜든, 조(Joe Brandon) 142, 665
블랙, 피셔(Fischer Black) 393
블랙록(BlackRock) 144, 455
블랙숄스(Black-Scholes) 공식 329, 330, 392~395, 414, 415
블랙스톤(Blackstone) 725
블럼킨, 로즈(Rose Blumkin) 177, 206, 207, 768~770, 765, 821
블럼킨, 론(Ron Blumkin) 195
블럼킨, 루이(Louie Blumkin) 195, 207, 770
블럼킨, 어브(Irv Blumkin) 195, 628
블루칩스탬프(Blue Chip Stamps) 57, 314, 435, 440, 441
비스마르크, 오토 폰(Otto von Bismarck) 603
비자(Visa) 622
비즈니스 와이어(Business Wire) 477
비지배지분 319, 338, 359, 835, 836, 858
빅 배스(big bath) 731
빅스, 바턴(Barton Biggs)74
빈센티, 루이스(Louis Vincenti) 160
빌헬름 슐츠 유한회사(Wilhelm Schulz GmbH) 203

사모펀드(private equity) 48, 223, 224, 227, 239, 241, 242, 297, 323, 359, 360, 495, 496, 725, 726, 856, 915
사베인즈, 폴(Paul Sarbanes) 389
사외이사 457, 775
사우디아람코(Saudi Aramco) 622
사우스웨스트항공(Southwest Airlines) 125
사이먼, 리오(Leo Simon) 236
사이먼스, 제임스(James Simons) 126, 140
사이비 무역(pseudo trade) 375, 380
사회보장세 175, 341
산툴리, 리치(Rich Santulli) 773
살로먼 브러더스(Salomon Brothers) 69, 90, 152, 182, 312, 435, 461~466, 480, 530, 533, 545~548
삼성전자 245, 622
상속세 175, 900
상카(Sanka) 커피 771

상트페테르부르크의 역설(St. Petersburg Paradox) 714
새뮤얼슨, 폴(Paul Samuelson) 136, 627, 714
샌본 맵(Sanborn Map) 435
샘스클럽(Sam's Club) 225
서머스, 래리(Larry Summers) 136, 627, 628
서브프라임 모기지 사태 212, 759
석유수출국기구(OPEC) 94, 554
설리번, 마거릿(Margaret Sullivan) 778
성과보수 48, 82, 114, 115, 182, 227, 426, 440, 511, 523, 761
성장 자본지출 361, 362
세쿼이아펀드(Sequoia Fund) 102~104
셰브런(Chevron) 167, 172, 283
셰이, 랠프(Ralph Schey) 193
소급 재보험 703
소비자물가지수 178
소유경영자 221, 224, 225, 233, 234, 528
소유자 사회(Ownership Society) 376
소유주 안내서(Owner's Manual) 106, 755
소유주 이익(owner earnings) 362
소작인 사회(Sharecropper's Society) 376
소콜, 데이비드(David Sokol) 282, 816, 841
손익계산서 42, 355, 357, 783, 831, 852
쇼, 밥(Bob Shaw) 467
쇼인더스트리(Shaw Industries) 202, 783, 786, 788
쇼퍼테인먼트(shoppertainment) 195
숄스, 마이런(Myron Scholes) 393
수급권 573
수익률 곡선(yield curve) 137
수입 인증서 637~639
순유형자산 258, 488, 608, 663, 780
순유형자산이익률 285, 779, 780, 880
순이자마진 432
순자산가치 85, 87, 200, 249, 258, 259, 261, 262, 328, 368, 444, 609, 661, 678, 679, 685, 689, 831, 838, 858, 868, 876
쉐드, 프레드(Fred Schwed) 76
슈나이더, 랠프(Ralph Schneider) 610
슐로스, 에드윈(Edwin Schloss) 50
슐로스, 월터(Walter Schloss) 49~51
스미스, 애덤(Adam Smith) 136, 377, 605, 639, 897
스미스, 에드거 로렌스(Edgar Lawrence Smith)

336~338
스미스, 쿠퍼(Cooper Smith) 234, 911
스미토모(Sumitomo) 95, 96
스미토모은행 623
스위스리(Swiss Re) 699, 853
스콧, 빌(Bill Scott) 724
스콧, 월터(Walter Scott) 724, 790, 808, 816, 925, 926
스콧페처(Scott Fetzer) 193, 194
스타 퍼니처(Star Furniture) 194, 195
스타링크(Starlink) 916
스타인, 거트루드(Gertrude Stein) 573
스탠턴, 시베리(Seabury Stanton) 482, 483
스텀프, 존(John Stumpf) 833
스테이트스트리트(State Street) 455
스테이트팜 뮤추얼(State Farm Mutual) 564~566, 658, 713
스톡옵션(stock option) 263, 264, 322, 446, 447, 477, 511, 529, 536, 540, 830
스튜어트, 지미(Jimmy Stewart) 738
스팩(Special Purpose Acquisition Company, SPAC) 227, 229, 623
스페이스X(Space X) 916
스피처, 엘리엇(Eliot Spitzer) 89
시, 메리(Mary See) 204
시걸, 벅시(Bugsy Siegel) 146
시스템적으로 중요한 금융기관(Systemically Important Financial Institution, SIFI) 697
시어스 로벅(Sears, Roebuck) 321, 506
시카고, 벌링턴 앤드 퀸시(Chicago, Burlington and Quincy) 76
시티서비스(Cities Service) 169, 575
신용부도스왑 400, 401
신용점수(FICO score) 737, 738, 744, 748, 751, 760
실버슈타인, 래리(Larry Silverstein) 69, 70
실사(due diligence) 220, 221
심프슨, 루(Lou Simpson) 51~53
심프슨, 앨런(Alan Simpson) 321
싱글턴, 헨리(Henry Singleton) 523
씨즈캔디(See's Candies) 57~60, 67, 105, 140, 165, 166, 187, 204, 217, 221, 240, 314, 355, 477, 488, 494, 544, 585, 586, 610, 821, 824, 829

아르노, 피터(Peter Arno) 76, 77
아마존(Amazon) 100, 101, 105, 107, 111, 117, 118, 120, 121, 181, 188, 290, 383, 593, 611, 622, 806, 808, 813, 895
아메리칸 익스프레스(American Express) 41, 43, 56, 90, 91, 104, 105, 172, 173, 179, 265, 266, 283, 285, 314, 339, 609, 610, 732, 804, 866, 902
아메리칸 퍼니처 마트(American Furniture Mart) 768
아메리칸항공(American Airlines) 125
아베크, 진(Gene Abegg) 757
아스테어, 프레드(Fred Astaire) 156
아이빈스, 몰리(Molly Ivins) 61
아이스, 칼(Carl Ice) 793, 860
아이젠하워, 드와이트(Dwight Eisenhower) 596
아이칸, 칼(Carl Icahn) 232
아인슈타인, 알베르트(Albert Einstein) 162
아틀레드(Atled) 119
아폴로(Apollo) 725
안전마진(margin of safety) 617, 641, 709, 797
알리바바(Alibaba) 622
알파벳(Alphabet) 111, 181, 622
애넌버그, 모시스(Moses Annenberg) 236
애로, 케네스(Kenneth Joseph Arrow) 136
애틀리, 클레멘트(Clement Attlee) 138
애플(Apple) 91, 105, 106, 111, 112, 116, 117, 122, 133~135, 137, 140, 165, 172~175, 181, 182, 265, 273, 274, 280, 281, 285, 294, 295, 339, 355, 359, 455, 533, 610, 622, 697, 732, 824, 884, 901, 902
액티브(active) 투자 114, 126, 442, 455
앤드루스, 폴(Paul Andrews) 209, 213, 242, 537, 538, 834, 890, 915
앨러게이니(Allaghany) 141~143, 167, 232, 244
앨런, 게리(Gary Allan) 939
앨런, 우디(Woody Allen) 858
야코비(Jacobi) 471
야후(Yahoo!) 428, 519
약세장 85, 250
양도성예금증서(CD) 349, 756
양도제한 조건부 주식 477, 827, 830
어소시에이티드 코튼숍(Associated Cotton Shops) 543
어플라이드 언더라이터즈(Applied Underwriters)

947

481
얼라이언트(Alliant) 782, 799
엉클 샘(Uncle Sam) 286, 287
에너지 퓨처 홀딩스(Energy Future Holdings) 852
에어버스(Airbus) 811
에어비앤비(Airbnb) 520
에이블, 그레그(Greg Abel) 95, 125, 175, 179, 180, 211, 237, 282, 299, 308, 410, 453, 518, 614, 616, 790, 807, 810, 813, 817~819, 841, 876
엑손(Exxon) 112, 623
엑손모빌(Exxon Mobil) 66, 608, 697
엔론(Enron) 379, 830
엔비디아(Nvidia) 455
엠디(Emdee) 442, 443
연방소득세 174, 265, 275, 276, 340, 341, 342, 469, 484, 598, 617, 814
연방예금보험공사(FDIC) 69, 739, 756
연방주택국(FHA)742, 744
연방주택기업감독청(OFHEO) 388, 389
연방통상위원회(Federal Trade Commission) 749
연방통신위원회(Federal Communications Commission) 225
영업권 663, 664, 679, 780, 803, 868
예수 그리스도(Jesus Christ) 402
옐런, 재닛(Janet Yelen) 135
오랑우탄 효과 887, 889, 941
오마하 내셔널 뱅크(Omaha National Bank) 435
오바마케어(Obamacare) 598
오웰, 조지(George Orwell) 647
오지어, 앨(Al Auzier) 196~198
오크우드홈즈(Oakwood Homes) 196~198, 201, 740
오하라, 스칼렛(Scarlett O'hara) 737
옥슬리, 마이클(Michael Oxley) 389
옥시덴탈 페트롤리움(Occidental Petroleum) 93, 94, 141, 144, 145, 147, 167~172, 283, 882
올스테이트(Allstate) 565, 566, 626, 658
올슨, 론(Ron Olson) 88, 466
와해 기술 117, 162
왓슨, 토머스(Thomas Watson Sr.) 125, 506
우든, 존(John Wooden) 514, 515
우리사주 464
우리사주조합 464
우스터, 돈(Don Wuster) 671, 672

운용보수 86, 88, 89, 113, 151, 153, 182, 449
운전자본 57, 58, 249, 290, 361, 483
울치, 알(Al Ueltschi) 241, 773
울프, 멜빈(Melvyn Wolff) 194, 195
워런트(warrant) 93, 119, 145, 172
워싱턴, 조지(George Washington) 575
워싱턴포스트(Washington Post) 41, 158, 245, 435, 446, 831
월마트(Walmart) 107, 225, 290, 321, 517, 593, 595, 622, 697
월튼, 샘(Sam Walton) 321, 584
웜벡 밀즈(Waumbec Mills) 485, 488, 489
웨슐러, 테드(Ted Weschler) 77, 120, 139, 299, 300, 400, 508, 610, 851, 862
웨스코파이낸셜(Wesco Financial) 160, 161, 435
웨스트, 메이(Mae West) 274
웰스파고(Wells Fargo) 41, 43, 44, 104, 105, 265, 339, 530~533, 833, 866
위대한 능멸자(The Great Humiliator) 639, 641
위장 환경주의(green-washing) 282
위험 매칭률(matching rate to risk) 711~713, 722
윌리엄스, 테드(Ted Williams) 152
윌슨 스포팅 굿즈(Wilson Sporting Goods) 498
윌슨 파마슈티컬(Wilson Pharmaceuticals) 498
윌슨(Wilson & Co.) 498
윙클, 립 밴(Rip Van Winkle) 92
유가증권 133, 172, 267, 345, 351, 352, 357, 477, 490, 494, 852, 867~869, 873~875, 877~879, 914
유나이티드 서비스 오토 어소시에이션(United Service Auto Association, USAA) 565, 566, 724
유나이티드항공(United Airlines) 104
유나이티드헬스(United Health) 622
유니언퍼시픽(Union Pacific) 133, 712
유니언 언더웨어(Union Underwear) 601
유동성 64, 72, 96, 109, 119, 146, 249, 292, 371, 373, 384, 387, 398, 472, 499, 558, 688, 757, 784, 840, 881
유로스톡스50(Euro Stoxx 50) 392
유보이익 85, 86, 265, 266, 281, 288, 319, 321, 336~340, 358, 359, 394, 446, 447, 512, 578, 619, 827, 869, 878, 879
유지 자본지출 361, 362
유통통화 629

유형자기자본이익률 349, 588
유형자산이익률 87, 285, 359, 677, 779, 780, 880
은행지주회사법 434, 497, 733, 755, 756, 762
이그제큐티브 제트(Executive Jet Aviation) 193, 773~775, 823
이라무즈피, 필립(Philippe Erramuzpe) 202
이멜트, 제프(Jeff Immelt) 421, 843
이솝(Easop) 121, 590
이스카(Iscar) 834, 858, 903
이스턴항공(Eastern Airlines) 923
이연법인세 288, 334, 336, 348
이자보상배수 372, 781
이카루스(Icarus) 498
이토추(Itochu) 95, 96
인덱스펀드 34, 74, 81~83, 89, 109, 126, 130~132, 144, 153, 296, 297, 441, 447, 448, 455, 576, 577, 618, 624, 843, 847, 855, 890, 921
인디500(Indi 500) 623, 626
인시(man-hours) 564
일당 석유환산배럴(barrels of oil-equivalent per day, BOEPD) 93, 94
일렉트릭 트랜스미션 텍사스(Electric Transmission Texas) 266
일리노이 내셔널 뱅크(Illinois National Bank) 434, 762
일반회계원칙(Generally Accepted Accounting Principles, GAAP) 79, 91, 95, 97, 264, 265, 277, 281, 317, 330~332, 339, 399, 409, 678, 683, 735, 781, 791, 795, 804, 864, 868, 871~880, 882
일본제철 623
일본흥업은행 623
임원배상책임보험 477, 505
잉여현금흐름 288

자기자본이익률(ROE) 84, 112, 187, 200, 217, 223, 226, 334, 359, 370, 432, 463, 472, 502, 774, 797, 808
자본이득 79, 260, 265, 288, 340, 345, 374, 827, 842, 867, 871, 874, 877~879
자본적 지출 181, 480, 591, 765, 771, 774, 784, 791, 796, 798, 860, 863
자본환원율(capitalization rate) 592
자산운용협회(Investment Company Institute) 87
자인, 아지트(Ajit Jain) 105, 277, 300, 516, 518, 526, 614, 672, 674, 679, 691, 696, 703, 708, 709, 712~715, 720~723, 725, 876
잡스, 스티브(Steve Jobs) 134
재무상태표 130, 274, 289, 326, 329, 334~336, 355, 371, 397, 488, 490, 573, 584, 629, 702, 707, 708, 735, 781, 864, 868
재무설계사 47
재무회계기준위원회(FASB) 322, 344
재재보험사(retrocessionaire) 650, 673
재정정책 128, 129, 137, 138, 174, 407, 634, 854
저자본(capital-light) 기업 111, 112, 217
저축대부조합 161
전략비축유 94, 169
정리신탁공사(Resolution Trust Corp) 69
정크본드 41, 42, 196, 369, 370, 383
제너럴그로스(General Growth) 435
제너럴다이내믹스(General Dynamics) 209
제너럴리(General Re) 242, 370, 381, 384~388, 391, 395, 526, 649~651, 665~667, 680, 830, 870
제너럴일렉트릭(GE) 112, 229, 230, 623, 697, 746, 811, 843, 853
제프리스, 피트(Pete Jefferies) 757
조단즈(Jordan's) 194, 195
존슨 앤드 존슨(Johnson & Johnson) 622
존즈 맨빌(Johns Manville) 783, 786
주가순자산배수(PBR) 120, 296, 732
주가이익배수(PER) 44, 86, 112, 120, 218, 423, 432, 491, 650, 731
주당순자산가치(BPS) 249, 250, 254, 256~258, 260, 291, 292, 350, 351, 432, 483, 500, 847, 843, 844, 847~850, 855, 867, 868, 872, 875, 876, 883
주식 기준 보상(stock-based compensation) 317, 331, 333
주주 자본주의 311
주주제안 509
주주환원 187, 311, 312, 453
주택도시개발부(Department of Housing and Urban Development) 749
준비통화 407, 633, 634
중상주의(重商主義) 378
중자산(asset-heavy) 335, 609, 791

증권거래위원회(SEC) 86
증권화 197, 198, 371, 735, 737, 745, 761
지그만, 샘(Sam Ziegman) 146, 147
지배구조 7, 35, 243, 292, 435, 436, 453, 454, 456, 457, 656
지배권 가치 497
지배주주 456, 457
지배지분 203, 338
지분통합법(pooling) 491
지주회사 186, 187, 271, 313, 434, 456, 497, 733, 740, 755, 756, 759, 762
질레트(Gillette) 41, 43, 44, 56, 422, 435, 584, 585, 668,

차일드, 빌(Bill Child) 194, 772, 773, 826
차입매수(Leveraged Buy-Out, LBO) 210, 223~225, 360, 493, 495, 496, 546
챔피언 인터내셔널(Champion International) 740
처칠, 윈스턴(Winston Churchill) 138, 478
체임벌린, 윌트(Wilt Chamberlain) 904
초과수익 53, 110, 113, 115, 127, 130, 163, 516, 618,
총자산이익률(ROA) 225
최고경영책임자(CEO) 333, 453, 522, 548
최고교육책임자(CEO) 602, 605
최고영업책임자(COO) 389
최고위험책임자(CRO) 284, 391
최고재무책임자(CFO) 210, 224, 226, 389, 428, 511
출구 전략(exit strategy) 210, 241, 915

카네기, 앤드루(Andrew Carnegie) 111, 337, 609, 879
카니발 크루즈라인(Carnival Cruise Lines) 128
카스파로프, 게리(Garry Kasparov) 177
캐피털시티 브로드캐스팅(Capital Cities Broadcasting) 60
캐피털시티/ABC(Capital Cities/ABC) 435, 454, 671
캘리포니아 지진공사(California Earthquake Authority) 649
커닝햄, 로렌스(Lawrence Cunningham) 433
커비(Kirby) 187, 522
커티스, 제이미 리(Jamie Lee Curtis) 160
컴플라이언스(compliance) 461, 462, 532

케네디, 존 F.(John F. Kennedy) 771
케인스, 존 메이너드(John Maynard Keynes) 147, 227, 228, 337, 338, 607, 634, 761, 897
켄트, 클라크(Clark Kent) 48
코로나19 207, 298, 614, 615, 617, 618, 640, 642, 809, 810
코리건, 제리(Gerry Corrigan) 152
코스트코(Costco)56, 104, 134, 610, 611
코스피지수 411
코카콜라(Coca-Cola) 41, 43, 44, 56, 67, 90, 91, 104, 105, 108, 109, 172, 173, 179~181, 244, 245, 265, 279, 283, 285, 339, 435, 609, 610, 668, 732, 769, 822, 864, 866, 889, 926
콘스텔레이션 에너지(Constellation Energy) 391
콘티넨탈항공(Continental Airlines) 125
콜론리(Cologne Re) 649~651
콜옵션 144, 148
콤즈, 토드(Todd Combs) 53, 77, 508, 822, 851, 862, 881
쿠바, 스테파니(Stephanie Cuba) 433
쿡, 팀(Tim Cook) 133, 134, 178, 281, 295
퀵, 베키(Becky Quick) 155, 818
크래프트 하인즈(Craft Heinz) 266, 289, 333, 435, 562, 593, 594, 701, 801, 822, 823, 862, 864, 865, 873, 874, 882
크래프트(Craft) 333, 864
클레이턴, 짐(Jim Clayton) 196, 208
클레이턴, 케빈(Kevin Clayton) 202, 743, 751
클레이턴홈즈(Clayton Homes) 196, 197, 201, 208, 371, 736, 740, 750, 752, 760~762, 783, 786, 788, 853, 929
클린턴, 빌(Bill Clinton) 368
클린턴, 힐러리(Hillary Clinton) 588
키르케고르, 쇠렌(Søren Kierkegaard) 904
키위트, 피터(Peter Kiewit) 778
키프, 해리(Harry Keefe) 755
키플링, 조지프 러디어드(Joseph Rudyard Kipling) 80
킨슬러, 브래드(Brad Kinstler) 57
킬츠, 짐(Jim Kilts) 422

테라노스(Theranos) 525
테슬라(Tesla) 622, 710, 720, 916
테이틀먼(Tatelman) 194, 195

텍사스 퍼시픽 토지신탁(Texas Pacific Land Trust) 171, 172
텍사코(Texaco) 172
텍스-트로닉스(Tex-Tronics) 209
텐센트(Tencent) 622
텔레다인(Teledyne) 523
텔레매틱스(telematics) 713, 722
토요타(Toyota) 623
톤-마일(ton-mile) 563, 564, 782, 792, 860
통화정책 129, 590, 591, 854
투밈, 셜리(Shirley Toomim) 195
투자회사법(Investment Company Act) 86
투하자본이익률(ROIC) 57, 187, 217, 226, 566
툰켈, 제시카(Jessica Toonkel) 215, 236
트럴슨, 스탠(Stan Truhlsen) 442
트럼프, 도널드(Donald Trump) 588, 605
트리뷴 오일(Tribune Oil) 435
트웨인, 마크(Mark Twain) 384
티파니(Tiffany) 306
틴더(Tinder) 561
팀홀튼(Tim Hortons) 752, 866

파라마운트 글로벌(Paramount Global) 283
파머, 케이티(Katie Farmer) 793
파스칼, 블레즈(Blaise Pascal) 570
파월, 제롬(Jerome Powell) 407, 632
파일럿 트래블 센터(Pilot Travel Centers) 208
파일럿 플라잉 J(Pilot Flying J) 202, 208, 266
팔미사노, 샘(Sam Palmisano) 250
패니메이(Fannie Mae) 387~389, 742, 744
패시브(passive) 투자 114, 126, 455~457
팸퍼드 셰프(The Pampered Chef) 426
퍼거슨, 론(Ron Ferguson) 649
퍼시피코프(PacifiCorp) 567, 816, 817
퍼시픽 가스 앤드 일렉트릭(Pacific Gas and Electric) 798
펀드 오브 펀드(fund-of-fund) 81~83
페더러, 로저(Roger Federer) 514
페렐먼, 로널드(Ronald Perelman) 546
페이스북(Facebook) 111, 140, 622
포구엘, 시(Sy Foguel) 689, 690
포드, 헨리(Henry Ford) 625, 626, 627
포드자동차(Ford Motor Company) 625, 626
포리스트리버(Forest River) 213, 783, 786
포브스 400(Forbes 400) 939

포천 500(Fortune 500) 112, 269, 498, 768, 857, 859, 862
포천(Fortune) 157, 374, 377, 466, 547, 608, 609, 637
포틀랜드 가스 라이트(Portland Gas Light) 435, 437
폴슨, 헨리(Henry Hank Paulson) 128, 698
푸르덴셜(Prudential) 583
푸시 마케팅(push marketing) 100
풀 마케팅(pull marketing) 100
풀머, 필(Phillip Fulmer) 196
풋옵션 148, 328, 329, 392, 393, 395~397, 399, 414, 858
프랭크, 바니(Barney Frank) 747
프랭클린, 벤저민(Benjamin Franklin) 146, 468, 533, 921
프레디맥(Freddie Mac) 387~389, 742, 744
프로그레시브(Progressive) 710~713
프로테제 파트너스(Protégé Partners) 34, 81~86
프록터 앤드 갬블(Procter & Gamble) 422
프루트 오브 더 룸(Fruit of the Loom) 583, 601, 805
프리드먼, 밀턴(Milton Friedman) 594, 595
프리시전 캐스트파츠(Precision Castparts) 100, 203, 218~221, 229, 244, 783, 802, 803, 810, 811, 822, 880, 903
프리츠커(Pritzker) 625
플라이트세이프티 보잉(FlightSafety Boeing) 774
플라이트세이프티 인터내셔널(FlightSafety International) 59, 241, 773
플로트(float) 13, 186, 268, 276, 277, 279, 280, 288, 290, 291, 313, 319, 334, 335, 348, 353, 391, 396~399, 503, 511, 516, 620, 645, 647, 657, 665, 667, 672, 676~679, 682, 686, 688, 690, 694, 699~702, 706~707, 713~718, 723, 725, 728, 729, 732, 835, 841, 863, 929
플리트우드(Fleetwood) 740
피노바(Finova) 371
피셔, 보비(Bobby Fischer) 439
피셔, 필립(Philip Fisher) 261, 610, 902
필립모리스(Philip Moris) 623
필즈, W. C(W. C. Fields) 195, 373
핑커턴스(Pinkerton's) 435

하딩, 존(John Harding) 102
하비, 폴(Paul Harvey) 789
하와이안 일렉트릭(Hawaiian Electric) 798
하워드, 돈(Don Howard) 466
하이일드지수 396
하인즈(Heinz) 752, 856, 857, 859, 864, 866
하파즈, 제이콥(Jacob Harpaz) 834
할리데이비슨(Harley-Davidson) 306
할인채 368, 413, 414
합산비율 722, 723
해리스 도일(Harris Doyle) 201
해서웨이 매뉴팩처링(Hathaway Manufacturing) 275
해슬럼(Haslam) 202, 208
해자(垓子, moat) 56, 105, 106, 165, 240, 242~244, 255~256, 468, 469, 607, 608, 681, 821, 823~825, 840
행동주의 358, 363, 444, 445, 458, 534
허긴스, 척(Chuck Huggins) 57
헤지펀드(hedge fund) 34, 48, 82, 114, 115, 323, 363, 699
헬즈버그 다이아몬드(Helzberg Diamonds) 242
헬즈버그, 바넷 주니어(Barnett Helzberg Jr.) 242
현금 배당 44, 84, 90, 255, 347
현금성 자산 11, 42, 250, 266, 308, 319, 368, 473, 502, 606, 620, 749, 835
현대 포트폴리오 이론(Modern Portfolio Theory) 50
홀럽, 비키(Vicki Hollub) 94, 144, 169, 171
홈서비스(Home Services) 202, 203
환매권 503
환매조건부채권매매(repo) 43, 370
효율적 시장 이론(efficient market theory) 624
후지은행 623
훌리안로렌스(Houlihan Lawrence) 203
휴렛팩커드(HP) 141, 283
히스, 베르나도(Bernardo Hees) 856, 864
히타치(Hitachi) 623
히틀러, 아돌프(Adolf Hitler) 586

10-K 264, 388, 570, 684
3G캐피털(3G Capital) 593, 594, 752, 754, 822, 856
9·11 테러 615, 617, 709, 711, 715, 846

AIG 703, 704, 711
AT&T 608, 623, 791
BYD 161
CBS 454
EBITDA(이자, 세금, 감가상각비, 감모상각비 차감 전 영업이익) 239, 263, 353, 354, 356, 360~362, 580, 781, 882
FTSE100 392, 396
GM 151, 506, 608, 626, 710, 719
IBM 67, 105, 106, 116, 125, 250~252, 506, 609, 623, 866, 884
IMC 783, 786, 788, 834, 860, 861
ITT 491
JC페니(J.C. Penney) 234
JP모간(J.P. Morgan) 249, 301, 611, 808, 813
JP모간체이스(J.P. Morgan Chase) 339, 622
KKR 725
LTV 491, 498
LVMH 622
NV 에너지(NV Energy) 856, 857
RC윌리(RC Willey) 194, 771~772, 826
RC콜라(RC Cola) 584
S&P500 12, 34, 35, 50, 74, 81~85, 102, 109, 110, 113, 127, 130~132, 175, 259, 297, 299, 393, 394, 396, 441, 534, 541, 576, 577, 618, 843, 848~850, 856, 883, 921,